Martin Finkenberger

Johann von Leers (1902–1965)

Propagandist im Dienste
von Hitler, Perón und Nasser

Vandenhoeck & Ruprecht

Das vorliegende Buch ist die geringfügig überarbeitete Fassung der im Wintersemester 2020/21 am Fachbereich Geschichts- und Kulturwissenschaften (Friedrich-Meinecke-Institut) der Freien Universität Berlin angenommenen Dissertation.

Bibliografische Information der Deutschen Nationalbibliothek:
Die Deutsche Nationalbibliothek verzeichnet diese Publikation in der Deutschen Nationalbibliografie; detaillierte bibliografische Daten sind im Internet über https://dnb.de abrufbar.

© 2023 Vandenhoeck & Ruprecht, Robert-Bosch-Breite 10, D-37079 Göttingen, ein Imprint der Brill-Gruppe
(Koninklijke Brill NV, Leiden, Niederlande; Brill USA Inc., Boston MA, USA; Brill Asia Pte Ltd, Singapore; Brill Deutschland GmbH, Paderborn, Deutschland; Brill Österreich GmbH, Wien, Österreich)
Koninklijke Brill NV umfasst die Imprints Brill, Brill Nijhoff, Brill Hotei, Brill Schöningh, Brill Fink, Brill mentis, Vandenhoeck & Ruprecht, Böhlau, V&R unipress und Wageningen Academic.

Alle Rechte vorbehalten. Das Werk und seine Teile sind urheberrechtlich geschützt. Jede Verwertung in anderen als den gesetzlich zugelassenen Fällen bedarf der vorherigen schriftlichen Einwilligung des Verlages.

Umschlagabbildungen: Porträt Johann von Leers 1933 (li.) und um 1958 (re.) Bundesarchiv. Bild 183-2004-0825-502/Fotograf: Bengsch, Alexander; Auswärtiges Amt, Pol. Archiv, BAV 104 KAIR/1893

Satz: SchwabScantechnik, Göttingen
Druck und Bindung: Beltz Grafische Betriebe, Bad Langensalza
Printed in the EU

Vandenhoeck & Ruprecht Verlage | www.vandenhoeck-ruprecht-verlage.com

ISBN 978-3-525-30612-3

Danksagung

Die vorliegende Veröffentlichung, die im Sommer 2020 am Fachbereich Geschichts- und Kulturwissenschaften der Freien Universität Berlin als Dissertation eingereicht und für die Drucklegung geringfügig überarbeitet wurde, befasst sich mit dem nationalsozialistischen Schriftsteller, Publizisten und Hochschullehrer Johann von Leers, der seit Ende der 1920er Jahre eine uferlose Flut antisemitischer Propagandaschriften verfasst hat und seinen Überzeugungen Zeit seines Lebens verhaftet geblieben ist. Sie knüpft an die Diplom-Arbeit des Autors am Otto-Suhr-Institut der FU Berlin und darauf aufbauende Forschungen an, die sich mit den Ursachen und Traditionen befassten, die zur Entstehung und Formierung eines rechtsextremen „Lagers" in der Bundesrepublik Deutschland geführt hatten. Dabei ging es weniger um den organisierten Rechtsextremismus, der, gemessen an seiner parlamentarischen Präsenz und politischen Relevanz, weitgehend bedeutungslos geblieben ist. Das Augenmerk galt stattdessen dem Spektrum der Traditionsverbände, Interessen- und Lobbyorganisationen, Kulturgruppen und Zeitschriften, in denen bzw. um die sich frühere Völkische, Nationalisten und Nationalsozialisten sammelten.

Einer ihrer Wortführer war seit den frühen 1950er Jahren der Religionswissenschaftler Herbert Grabert (1901–1978) aus dem Umfeld Alfred Rosenbergs, den die Entnazifizierung Ende der 1940er Jahre aus seiner akademischen Laufbahn geworfen hatte. Der von ihm in Tübingen begründete und nach ihm benannte Verlag gab bis Anfang der 2010er Jahre ehemaligen Nationalsozialisten und Rechtsextremisten jenseits aller Wahlkonjunkturen ein Forum.[1] Herbert Grabert und Johann von Leers kannten sich aus der Arbeitsgemeinschaft Deutsche Glaubensbewegung (ADG), die sich 1933/34 als Zentrum der völkisch-religiösen und neopaganen Bewegung konstituiert hatte. Herbert Grabert ver-

---

1 Siehe FINKENBERGER, MARTIN: Herbert Grabert (1901–1978): Religionswissenschaftler – Revisionist – Rechtsextremist, in: Bausteine zur Geschichte der Universität Tübingen (Bd. 9), Tübingen 1999, S. 55–100; DERS.: Herbert Grabert und der „deutsche Bauernglaube" im Nationalsozialismus, in: Jahrbuch für Volkskunde 2000, S. 51–76.

öffentlichte seinerzeit auch einige Beiträge in der Zeitschrift „Nordische Welt", die Johann von Leers von 1933 bis 1937 herausgegeben hat.

Persönliche wie berufliche Gründe erlaubten es mir erst vor einigen Jahren, mich erneut der Biografie Johann von Leers' zuzuwenden. Viele haben mir dabei bei meinen Recherchen geholfen. Dazu zählen insbesondere die Mitarbeiterinnen und Mitarbeiter der zahlreichen Archive, deren Bestände ich nutzen konnte und die mir Unterlagen unkompliziert zur Verfügung gestellt haben. Stellvertretend genannt seien das Bundesarchiv mit seinen Standorten in Berlin, Koblenz und Ludwigsburg, das Politische Archiv des Auswärtigen Amtes (Berlin), das Institut für Zeitgeschichte (München), die Wiener Library (London), die National Archives Record Administration (Washington) sowie das Archiv der Universität Jena. Ungleich höher waren dagegen die Hürden, um Zugang zu Unterlagen des Bundesnachrichtendienstes (Berlin/Pullach) und des Bundesamtes für Verfassungsschutz (Köln) zu erlangen. Ein besonderer Dank gilt den Mitarbeiterinnen und Mitarbeitern des Deutschen Historischen Instituts Moskau, ohne deren Hilfe die Auswertung des umfangreichen persönlichen Nachlasses sowohl von Johann von Leers als auch des Bundes Völkischer Europäer (BVE), in dem Johann von Leers 1933/34 mitwirkte, nicht möglich gewesen wäre. Die Unterlagen werden im Sonderarchiv des Staatlichen Russischen Militärarchivs verwahrt. Die Mitarbeiter der Universitätsbibliothek Bonn und der Bibliothek der Friedrich-Ebert-Stiftung haben Literaturwünsche zuverlässig und schnell bearbeitet.

Zu Dank bin ich schließlich zahlreichen Einzelpersonen verpflichtet, die mir bei der Beschaffung entlegener Literatur geholfen haben, mir in großzügiger Weise Einblick in ihre Unterlagen ermöglichten, Material zur Verfügung stellten oder einzelne Kapitel dieser Arbeit kritisch kommentierten. Nennen möchte ich insbesondere Dr. Kilian Bartikowski (Berlin), Kevin Coogan † (New York), Dr. Michael Hagemeister (Bochum), PD Dr. Christoph Jahr (Berlin), Prof. Dr. Horst Junginger (Leipzig), Prof. Dr. Arno Klönne † (Paderborn), Dr. Marcus Klein (Bonn), Christoph Knüppel (Herford), Dr. Michael Kohlstruck (Berlin), Prof. Dr. Holger Meding (Köln), Dr. Christian Schmitt (Rostock), Dr. Bettina Stangneth (Hamburg) und Dr. Ingo Wiwjorra (Nürnberg). Die Tochter Gesine von Leers † (Berlin) war so freundlich, mir in einem frühen Stadium meiner Recherchen eine Reihe von Fragen zu beantworten und private Dokumente zur Verfügung zu stellen.

Prof. Dr. Uwe Puschner (FU Berlin) zeigte von Anfang an Interesse an meinem Thema und hat als „Doktorvater" die Arbeit nicht nur durch seine nie versiegenden Kenntnisse unterstützt, sondern in allen ihren Phasen mit wohlmeinenden Ratschlägen begleitet. Für seine Hilfestellungen danke ich ebenso wie für sein Vertrauen, das mir ein großes Maß an Freiheit in der Ausarbeitung eingeräumt hat. Allen Kommilitoninnen und Kommilitonen im Colloquium von Prof. Puschner danke ich für die Kommentare zu meinen Präsentationen. Prof. Dr. Martin Lücke (FU Berlin) danke ich für seine Bereitschaft, das Zweitgutachten zu übernehmen, Prof. Dr. Dominik Geppert (Universität Potsdam) für die Möglichkeit, während seiner Bonner Jahre an seinem Oberseminar und Doktorandencolloquium teilzunehmen. Alle Ergebnisse und Schlussfolgerungen dieser Arbeit liegen selbstverständlich in der alleinigen Verantwortung ihres Autors.

Schlussendlich sei ein persönlicher Dank ausgesprochen – meinen Eltern, die mir ein Studium nach meinen Interessen ermöglicht haben, vor allem aber meiner Frau Susanne, ohne deren Unterstützung diese Arbeit niemals fertiggestellt worden wäre. Gerade ihr Verständnis und ihre Bereitschaft, meine Forschungen mit Interesse, Wohlwollen und einem keineswegs selbstverständlichen, bisweilen überstrapazierten Ausmaß an Geduld zu begleiten, weiß ich ebenso zu schätzen wie ihren Sprachwitz, der dem Sujet gelegentlich eine erheiternde Seite abgewinnen ließ.

Martin Finkenberger
Bonn, Juli 2022

Abkürzungsverzeichnis

AA	Auswärtiges Amt
ADG	Arbeitsgemeinschaft Deutsche Glaubensbewegung
ADL	Anti Defamation League
AfZ	Archiv für Zeitgeschichte
A.I.Z.	Arbeiter Illustrierte Zeitung
AJC	American Jewish Committee
AJR	Association of Jewish Refugees in Great Britain
ARE/ARU	Alliance Raciste Européenne / Alliance Raciste Universelle
BArch	Bundesarchiv
BDC	Berlin Document Center
BdL	Bund der Landwirte
BfV	Bundesamt für Verfassungsschutz
BVE	Bund Völkischer Europäer
CIA	Central Intelligence Agency
CIC	Counter Intelligence Corps
C.V.	Centralverein deutscher Staatsbürger jüdischen Glaubens
DAG	Deutschen Adelsgesellschaft
DAIA	Delegación de Asociaciones Israelitas Argentinas
DJG	Deutsch-Japanische Gesellschaft
DKEG	Deutsches Kulturwerk Europäischen Geistes
DMM	Deutsches Museum München
DNVP	Deutschnationale Volkspartei
DNSZ	Deutsche National- und Soldatenzeitung
DPA	Deutsche Presseagentur
DRP	Deutsche Reichspartei
DSZ	Deutsche Soldatenzeitung
DUZ	Deutscher Unabhängiger Zeitungsdienst
DWD	Deutscher Wissenschafts-Dicnst
ENO	Europäische Neuordnung

ESB	Europäische Soziale Bewegung
EWD	Europäischer Wissenschafts-Dienst
FAZ	Frankfurter Allgemeine Zeitung
FdD	Feinde der Demokratie
FDP	Freie Demokratische Partei
FSU	Friedrich-Schiller-Universität
GSF	Gesellschaft zum Studium des Faschismus
HHStAW	Hessisches Hauptstaatsarchiv, Wiesbaden
HIA	Hoover Institut Archive
HIAG	Hilfsgemeinschaft auf Gegenseitigkeit
HJ	Hitler-Jugend
HWG	Herman-Wirth-Gesellschaft
HZ	Historische Zeitschrift
IFL	Imperial Fascist League
IfZ	Institut für Zeitgeschichte
JCIO	Jewish Central Information Office
KBI	Kommentare, Berichte, Informationen
KPD	Kommunistische Partei Deutschlands
LA	Landesarchiv
LICA	Ligue Internationale Contre l'Antisémitisme
MfS	Ministerium für Staatssicherheit
Ms.	Manuskript
MSI	Movimento Sociale Italiano
NARA	National Archives and Records Administration
NPD	Nationaldemokratische Partei Deutschlands
NRP	National Renaissance Party
NSDAP	Nationalsozialistische Deutsche Arbeiterpartei
NSLB	Nationalsozialistischer Lehrerbund
OC	Organisation Consul
ÖSB	Österreichische Soziale Bewegung
ODESSA	Organisation der ehemaligen SS-Angehörigen
ONT	Orden der Neutempler
OPN	Ordre Politique National
OSS	Office of Strategic Services
PA AA	Politisches Archiv des Auswärtigen Amtes
PEN	Poets, Essayists, Novelists (Schriftstellerverband)
RDS	Reichsbund Deutscher Seegeltung
RGVA	Russisches Staatliches Militärarchiv
RW	Reichswart

RZ	Rezension
SA	Sturmabteilung
SD	Sicherheitsdienst
SHLB	Schleswig-Holsteinische Landesbibliothek
SPD	Sozialdemokratische Partei Deutschlands
SPÖ	Sozialdemokratische Partei Österreichs
SRP	Sozialistische Reichspartei
SS	Schutzstaffel
ThHStAW	Thüringisches Hauptstaatsarchiv, Weimar
UA	Universitätsarchiv
UNS	Union Nationaler Schriftsteller
VAR	Vereinigte Arabische Republik
VdU	Verband der Unabhängigen
VfZ	Vierteljahrshefte für Zeitgeschichte

Inhalt

Danksagung 5

Abkürzungsverzeichnis 8

1. Einleitung 15
   1.1 Gegenstand, Relevanz, Forschungsstand und biografische Methode 15
   1.2 Gliederung und Fragestellungen 30
   1.3 Quellen und Primärliteratur 38

2. Formative Jahre: „Seit meiner Jugend in völkischen Gedanken lebend" 44
   2.1 Herkunft und „Handlungsmilieus" 44
       2.1.1 Geschwister: „Mein lieber Hansi" 46
       2.1.2 Prägungen der Schulzeit 50
   2.2 Suchbewegungen und Zäsuren 55
       2.2.1 Religiöse Suchbewegungen 58
       2.2.2 „Dämonen der Tiefe" und „Mächte der Finsternis" .. 61
       2.2.3 Stilisierungen 64
   2.3 Studium, Promotion und Referendariat 69
   2.4 Gewalterfahrungen im Freikorps 74
       2.4.1 Ehrhardt, Consul, Wiking 76
       2.4.2 Rückzug aus den Freikorps 79
   2.5 Berufliches Scheitern: Intermezzo im Auswärtigen Amt ... 80
       2.5.1 Stationen und Aktionsradius 80
       2.5.2 Abbruch der Diplomatenausbildung 82
       2.5.3 Basis künftiger Netzwerke 87

3. Eintritt in die Arena der Politik: „Erkenntnis und Bekämpfung der jüdischen Weltpest" 89
   3.1 Das Koordinatensystem: „Erlösung durch Weltanschauung" . 89
       3.1.1 Julius Streicher und Theodor Fritsch 90
       3.1.2 „Mit Recht schreibt Günther" 93

3.1.3 Stichwortgeber für Richard W. Darré 98
3.1.4 Prophet der Erlösung: Adolf Hitler 102
3.2 Die politische Praxis: Als „Rabauki" im Einsatz 109
    3.2.1 Gewalterfahrung in der Subkultur: SA-Aktivismus 110
    3.2.2 Propagandist der Partei: „Gauredner" und Redakteur 120
    3.2.3 Kampfansagen: „Auf dem Weg ins Dritte Reich" 131
    3.2.4 Im Konflikt mit der Justiz: „Dem Weltfeind an den Kragen" 134
    3.2.5 Stilbildend: „Nazipropaganda [...] im Urzustand" 143

4. Positionierungen: Handlungsfelder eines völkischen Netzwerkers 165
    4.1 Inklusion: Die antidemokratische Rechte als Bündnispartner 166
        4.1.1 Gesellschaft zum Studium des Faschismus 166
        4.1.2 Nationaler Club von 1919 168
    4.2 Gleichschaltung: Der Schriftstellerverband PEN 170
    4.3 Repräsentation: Als Studentenfunktionär auf internationalem Parkett 181
    4.4 Sammlungsbewegungen 185
        4.4.1 „Weltanschauungskampf um Herman Wirth" 185
        4.4.2 „Mit Christus [...] kann ich nichts anfangen" 238
        4.4.3 „Die Judenfrage ist der Prüfstein völkischer Gesinnung" 246
    4.5 Konfliktlinien: Das Verhältnis zu Rosenberg und Goebbels 283
        4.5.1 „Wir sind Ihre Freunde": Das Verhältnis zu Rosenberg 284
        4.5.2 „Hans Dampf in allen Gassen": Das Verhältnis zu Goebbels 301

5. Antisemitische Agitation: „Die Judenfrage wurde fast zu meinem Hauptstudium" 325
    5.1 Die „Judenfrage" als Gegenstand 325
        5.1.1 „Jüdische Verschwörung" als „Gegenmythos" 329
        5.1.2 Propaganda für einen Schlüsseltext des modernen Antisemitismus 336
    5.2 Von der Idee zur Praxis: Die „Lösung" der „Judenfrage" 341
        5.2.1 Straßenpropaganda und Politikberatung 343
        5.2.2 Weltanschauliche „Schulung" und „Erziehung" 363

6. Berufung nach Jena: „[I]n einzigartiger Weise geeignet" 377
    6.1 Als „Nazi-Theoretiker" an der Universität Jena 377
    6.2 Vom Dozenten zum ordentlichen Professor: Die Blitzkarriere 382
    6.3 Lehre und Forschung im Kontext „kämpferischer Wissenschaft" ... 384
    6.4 Streitpunkte: „Bauernforschung" und „Kaiserpolitik" 387

7. Grenzziehungen, Marginalisierung, Allgegenwart:
"[P]roduktiv wie ein Karpfen, der 10.000 Eier laicht" 400
7.1 Grenzziehungen auf akademisch-publizistischem Gebiet 400
7.2 Marginalisierung, Entfremdung, Distanz 424
7.3 Allgegenwärtige Agitation: Propagandist der zweiten Reihe 431
7.4 Der Völkermord als „öffentliches Geheimnis" 438
7.5 Die Rationalisierung der Verbrechen der Exekutoren der „Endlösung" 450
7.6 „Kulturtransfer": Antisemitismus als Exportgut 454
7.7 Expertise an Schnittstellen von Wissenschaft und Weltanschauung 483

8. Alte Kameraden, neue Netzwerke: „[T]his wonderful, free Argentine" 490
8.1 „Der Jude ist schuld": Schlussakkorde 490
8.2 „Wir frieren in den Nächten und hungern": Internierung 1945/46 ... 495
    8.2.1 Die Internierung als traumatische Erfahrung 495
    8.2.2 Geschichtsrevisionistische Politisierung 499
8.3 „Onkel Hans": Spuren und Konturen der Illegalität seit 1947 505
    8.3.1 Fluchtmotive 508
    8.3.2 Zwischenstationen 513
    8.3.3 Netzwerke im Schatten der Ehefrau 517
    8.3.4 Brüche: Der Weg in die Isolation 521
8.4 Auf dem Weg „in die Freiheit": Flucht, Emigration, Auswanderung 527
    8.4.1 Fluchtmotive 528
    8.4.2 Fluchtwege 542
8.5 „[T]his wonderful, free Argentine": Alte Kameraden, neue Netzwerke 546
    8.5.1 Prekäre Existenz in Buenos Aires 548
    8.5.2 Alte Kameraden und neue Netzwerke 558
    8.5.3 Geistige Heimat: Dürer-Verlag und „Der Weg" 561
    8.5.4 Konturen einer „faschistischen Internationale" 600

9. Endstation Ägypten: „[B]ulwark against jewish-zionist imperialism" 610
9.1 „Strandgut des Dritten Reiches": Die deutsche Kolonie am Nil 610
9.2 Von Buenos Aires nach Kairo 614
    9.2.1 Motive und Wege 614
    9.2.2 Fluchthelfer und Türöffner 636
9.3 „Antisemitische Internationale"? Konturen eines Propagandanetzwerks 652
    9.3.1 Öffentliche Auftraggeber 654
    9.3.2 Helfer und Unterstützer 668
    9.3.3 Publizistik in eigener Verantwortung 679
    9.3.4 Zuträger des BND: „Nazi-Emi" und „Hannes" 685

9.4 Weltanschauung: Vernichtung, Befreiung, Erlösung 689
    9.4.1 „Israel should be eliminated form the Near East" 689
    9.4.2 Die „blutige Saugpumpe des Israelvertrages" 692
    9.4.3 „[O]pposed to all jewish and mob movements" 694
    9.4.4 Erneuerung der deutsch-russischen Freundschaft 700
9.5 Wege in die Bedeutungslosigkeit 703
    9.5.1 Publizistische und kommerzielle Erfolglosigkeit 703
    9.5.2 Weltanschaulicher Außenseiter statt Vordenker 721
    9.5.3 Im „Souterrain von Publizistik und Literatur" 728
    9.5.4 Organisationsverbote 737
    9.5.5 Bruch mit rechtsextremen Wahlparteien 743
    9.5.6 Anlaufstelle für Fanatiker 751
9.6 Dynamiken öffentlicher Skandalisierung: „SS-Treffpunkt Kairo" ... 763
    9.6.1 „Mein Kampf" im Marschgepäck 765
    9.6.2 Das Memorandum von B'nai B'rith 776
    9.6.3 Flüchtige NS-Täter und „politische" Exilanten 784
    9.6.4 „NS-Kontinuität in Bonn"? Passaffäre(n) 791
    9.6.5 Korrekturversuche 804
9.7 „Staatsfeind Nr. 1": Die gescheiterte Rückkehr in die Bundesrepublik 809
    9.7.1 Motive 811
    9.7.2 Initiativen 813
    9.7.3 Scheitern 823
9.8 Epilog: Der Streit um die Deutungshoheit 826

10. Zusammenfassung 834

11. Quellen und Literatur 838
    11.1 Archivalien 838
    11.2 Johann von Leers: Schriftenverzeichnis 843
        11.2.1 Veröffentlichungen bis 1945 843
        11.2.2 Veröffentlichungen nach 1945 848
    11.3 Private Unterlagen und Auskünfte 855
    11.4 Nachschlagewerke, Editionen und Quellensammlungen 855
    11.5 Zeitgenössische Literatur, Memoiren und Selbstzeugnisse 857
    11.6 Sekundärliteratur 861

12. Abbildungsnachweis 884

13. Anhang: Lebensdaten im Überblick 885

14. Register 889

1. Einleitung

1.1 Gegenstand, Relevanz, Forschungsstand und biografische Methode

Johann von Leers (1902–1965) war, wie die zeitgeschichtliche Forschung schon vor mehr als 40 Jahren festgestellt hat, „einer der produktivsten antisemitischen Publizisten der NS-Bewegung".[1] Davon zeugen nicht nur sein kaum überschaubares Œuvre dutzender Bücher, hunderter Aufsätze und tausender (!) Zeitungsartikel, die sich allenfalls im Ansatz erfassen lassen (siehe Kap. 11), sowie weitläufige Korrespondenzen mit Gleichgesinnten weltweit. Einige seiner Schriften hatten zugleich kanonischen Charakter für die nationalsozialistische Weltanschauung. Ein 1935 aufgelegtes „Verzeichnis wertvoller Bücher für den SS-Mann" des Rasse- und Siedlungs-Hauptamtes empfahl in den Rubriken „Blut und Boden" und „Des deutschen Volkes Feinde" seine Bücher „Juden sehen Dich an" (1933) und „Odal" (1935) zur Lektüre.[2] In einem Grundlagenwerk, in dem Reichskanzlei und Reichsministerium des Innern durch prominente Nationalsozialisten „Aufbau und Wirtschaftsordnung des nationalsozialistischen Staates" darstellen ließen, stand eine von ihm verfasste „Rassengeschichte des deutschen Volkes" neben Aufsätzen Alfred Rosenbergs, Heinrich Himmlers und Richard Walther Darrés.[3] Der Reichsorganisationsleiter der NSDAP verwies in seinem „Schulungsbrief" zur Vertiefung darin veröffentlichter Beiträge auf seine Werke.[4] Die Relevanz, die seinen Schriften für die NS-Weltanschauung beigemessen

---

1 GOLDHAGEN, ERICH: Weltanschauung und Endlösung. Zum Antisemitismus der nationalsozialistischen Führungsschicht, in: VfZ 24 (1976), S. 378–405, hier S. 400.
2 RASSE- UND SIEDLUNGS-HAUPTAMT SS (HRSG.): Verzeichnis wertvoller Bücher für den SS-Mann, o. O. [Berlin] 1935.
3 LEERS, [JOHANN] VON: Rassengeschichte des deutschen Volkes, in: LAMMERS, H[ANS] H[EINRICH]/PFUNDTNER, HANS (HRSG.): Grundlagen, Aufbau und Wirtschaftsordnung des nationalsozialistischen Staates (Bd. 1, Gruppe 1, Teil 4), Berlin o. J. [1936].
4 Siehe beispielhaft Der Schulungsbrief 5 (1938) 11, S. 407 f.

wurde, ermisst sich auch daran, dass sie in den 1950er Jahren in einem Atemzug mit „Mein Kampf" und „Der Mythos des 20. Jahrhunderts" genannt wurden.[5]

Umso erstaunlicher ist es deshalb, dass die Geschichtswissenschaft Johann von Leers, abgesehen von Studien und Dokumentensammlungen zu einzelnen Fragestellungen, viele Jahrzehnte nicht weiter beachtet hat, selbst dort, wo es zu vermuten gewesen wäre.[6] In den grundlegenden Arbeiten etwa über Himmlers Forschungsorganisation „Ahnenerbe"[7] oder das Amt Rosenberg[8], die die kulturpolitischen Ambitionen des NS-Regimes unter den Vorzeichen einer „Polykratie der Ressorts"[9] offen legten, wird er nur beiläufig erwähnt, obgleich er mit beiden Institutionen seit Anfang der 1930er Jahre in widersprüchlicher Weise eng verflochten gewesen ist. Ebenso blass blieb er in Helmut Heibers monumentaler Studie über eine der zentralen Institutionen der Geschichtspolitik im „Dritten Reich".[10] Hier wie auch in zahlreichen anderen Veröffentlichungen kam Johann von Leers allenfalls in Nebensätzen und Fußnoten vor. Dabei besteht in der historischen Forschung kein Zweifel, dass er „einer der einflussreichsten Protagonisten der antisemitischen Staatsdoktrin des NS-Staates"[11] gewesen ist. Ihn als „Hitler's number-one anti-Semite"[12] zu bezeichnen, erscheint angesichts seines gewaltigen Ausstoßes an Pamphleten und Propagandaschriften nicht übertrieben. Ob ihn seine zeitweilige Verbindung zu den Brüdern Otto und Gregor Straßer tatsächlich zum „Wortführer" der „sozialrevolutionäre[n]

---

5 Siehe etwa Freeden, Herbert: Fighter and Conquerors, in: AJR Information, September 1953, S. 3; Reichmann, Eva: Die Flucht in den Hass, Frankfurt am Main 1956, S. 246.
6 Zu den Ausnahmen siehe Brenner, Hildegard: Die Kunst im politischen Machtkampf der Jahre 1933/34, in: VfZ 10 (1962), S. 17–42, hier S. 18–25; Dies.: Die Kunstpolitik des Nationalsozialismus, Reinbek bei Hamburg 1963; Wulf, Joseph: Literatur und Dichtung im Dritten Reich. Eine Dokumentation, Reinbek bei Hamburg 1966, S. 68–101. Beide Autoren behandelten vor allem die kultur- und kunstpolitischen Kontroversen im Zuge der Gleichschaltung 1933/34, an denen Johann von Leers beteiligt gewesen ist.
7 Kater, Michael H.: Das „Ahnenerbe" der SS 1935–1945. Ein Beitrag zur Kulturpolitik des Dritten Reiches (Studien zur Zeitgeschichte, Bd. 6), München ³2001.
8 Bollmus, Reinhard: Das Amt Rosenberg und seine Gegner. Studien zum Machtkampf im nationalsozialistischen Herrschaftssystem, Stuttgart 1970.
9 So bereits Bracher, Karl Dietrich/Sauer, Wolfgang/Schulz, Gerhard: Die nationalsozialistische Machtergreifung. Studien zur Errichtung des totalitären Herrschaftssystems 1933/34, Wiesbaden 1960, S. 599–611.
10 Heiber, Helmut: Walter Frank und sein Reichsinstitut für Geschichte des neuen Deutschlands (Quellen und Darstellungen zur Zeitgeschichte, Bd. 15), Stuttgart 1966.
11 Benz, Wolfgang: „Der ewige Jude". Metaphern und Methoden nationalsozialistischer Propaganda (Dokumente, Texte, Materialien: Veröffentlichungen vom Zentrum für Antisemitismusforschung der Technischen Universität Berlin, Bd. 75), Berlin 2010, S. 39.
12 Tauber, Kurt P.: Beyond Eagle and Swastika. German Nationalism since 1945 (Bd. 2), Middletown (Connecticut) 1967, S. 1112.

NS-Linke[n]"[13] machte, kann dagegen angezweifelt werden. Das gilt auch für effektvolle Einschätzungen populärwissenschaftlicher Veröffentlichungen oder journalistische Beiträge. Hier galt der „Obernazi"[14] wahlweise als „Theoretiker der NSDAP"[15] oder „der führende Kopf bei der Formulierung rassenpolitischer Grundsätze"[16], als „Chefideologe des Reichspropagandaministeriums"[17], „Professor von Rosenbergs Gnaden"[18] oder, nach seinem Tod, als „ein bekannter Kriegsverbrecher"[19] – in jedem Fall aber als „ziemlich verrückter Nazi" und „unverbesserlicher Narr, was politisches Denken betraf".[20]

Sieht man von polemischen Zuspitzungen wie der eines „Kriegsverbrechers" ab, gegen deren Urheber sich Familienangehörige vor Gericht zur Wehr setzten, enthielten solche Etikettierungen stets auch zutreffende Elemente. Sie spiegeln die vielen Facetten seiner Persönlichkeit, die zahlreichen Stationen seines Lebensweges auf drei Kontinenten und seinen zügellosen Aktionismus wider. Noch 1958 bemerkte ein Korrespondent der Frankfurter Allgemeinen Zeitung (FAZ), der ihn in Kairo aufsuchte, ihm sei ein zwar „gedrungener", gleichwohl „ungestümer älterer Herr mit rotem Gesicht und lebhaft funkelnden Augen" begegnet.[21] Eben dieser Aktionismus war es auch, der bereits in den 1930er Jahren seine Parteigenossen irritierte. Die einen rühmten ihn als *alten Kämpfer für den Führer und seine Bewegung,* der auf *unzähligen Versammlungen* nicht nur *sein Leben für die Partei eingesetzt* habe, sondern sich darüber hinaus *als Wissenschaftler und Forscher einen großen Namen* gemacht hatte.[22] Carl Schmitt, der „Kronjurist" des „Dritten Reiches", hatte ihn im Juli 1938 anlässlich seines 50. Geburtstags zu einer privaten Tischgesellschaft eingeladen und

---

13 VOLLNHALS, CLEMENS: Oswald Spengler und der Nationalsozialismus. Das Dilemma eines konservativen Revolutionärs, in: Jahrbuch des Instituts für Deutsche Geschichte, Tel-Aviv 1984, S. 263–303, hier S. 285f.
14 O. V.: Obernazi erhielt Pass, in: Neues Deutschland vom 31.01.1959.
15 O. V.: Oman Amin, in: Die Welt vom 16.01.1959.
16 MOSSE, GEORGE L.: Die völkische Revolution. Über die geistigen Wurzeln des Nationalsozialismus, Meisenheim 1991, S. 83.
17 RÖPKE, ANDREA/SCHRÖM, OLIVER: Stille Hilfe für braune Kameraden. Das geheime Netzwerk der Alt- und Neonazis, Berlin ²2002, S. 16.
18 O. V.: Exil-Faschist bleibt Deutscher, in: Hamburger Echo vom 14.01.1959; O. V.: Oman Amin, in: Die Welt vom 16.01.1959.
19 So LOTZ, WOLFGANG: Fünftausend für Lotz. Der Bericht des israelischen Meisterspions Wolfgang Lotz, Frankfurt am Main 1973, S. 62–73. Die Behauptung, Johann von Leers sei ein „Kriegsverbrecher" gewesen, wurde ursprünglich zunächst in Presseorganen aus der DDR erhoben. Siehe O. V.: Das Spinnennetz der 5. Kolonne, in: Berliner Zeitung vom 12.02.1960.
20 ZIERER, OTTO: Mein Abenteuer, zu schreiben, München 1981, S. 213.
21 PZG.: Eisele und Zind, in: FAZ vom 13.12.1958.
22 FSU, Rektor (Astel) an Reichstatthalter, 08.10.1941 [UAJ, Bestand BA 2161, Bl. 146–148]; Vermerk Hermann Wille, 03.11.1937 [IfZ, MA 286].

ließ ihm in *Erinnerung an manches gute Gespräch* und in *Erwartung seiner Fortsetzung* ein Exemplar seines gerade erschienenen „Leviathan" mit persönlicher Widmung zukommen.[23] Der völkische Genealoge Bernhard Koerner sah in seinen Werken *tiefgründige Gelehrtenarbeit, die doch lebenswarm und volksverbunden bleibt.*[24] Parteiinternen Rivalen dagegen galt er als *Saboteur, der weder in die Bewegung noch auf einen Lehrstuhl* gehöre.[25] Andere verballhornten ihn aufgrund seiner Verehrung für den Laienforscher Herman Wirth als „Sonnenanbeter".[26] Unsicherheit bestand aber nicht nur in den eigenen Reihen, sondern auch unter politischen Gegnern im In- und Ausland. Die SPD hielt ihn fälschlich für einen „Nazi-Gauführer".[27] Der Publizist Konrad Heiden bezeichnete ihn als „nationalsozialistischen Kulturpolitiker".[28] Zu realistischeren Einschätzungen kamen wachsame Beobachter des aufkommenden Nationalsozialismus. Den „Abwehrblättern" des Vereins zur Abwehr des Antisemitismus fiel er als „angriffslüsterne[r] Schreiberling" auf.[29] Die Zeitung des Centralvereins deutscher Staatsbürger jüdischen Glaubens nannte ihn einen „fanatischen Judenhasser".[30] Eine Nachrichtenagentur charakterisierte ihn als „the leading authority on the Jewish question".[31] „La Tribune Juive" (Straßburg) galt er als „blutrünstiger Antisemit vom Schlage Julius Streichers"[32], während er für „The Jewish Chronical" (London) der „berüchtigte judenhetzerische Professor" war.[33]

---

23 MEHRING, REINHARD: Carl Schmitt. Aufstieg und Fall, München 2009, S. 384. Überliefert ist zudem die Einladung zu einer „Abendgesellschaft" im Februar 1936. Siehe HARICH-SCHNEIDER, ETA: Charaktere und Katastrophen. Augenzeugenberichte einer reisenden Musikerin, Berlin/Frankfurt am Main/Wien 1978, S. 124, sowie Widmung im „Leviathan" aus dem Nachlass von Johann von Leers [Privatarchiv]. Zum Begriff „Kronjurist" siehe SÖLLNER, ALFONS: „Kronjurist des Dritten Reiches". Das Bild Carl Schmitts in den Schriften der Emigranten, in: Jahrbuch für Antisemitismusforschung 1 (1992), S. 191–216.
24 Koerner an Johann von Leers, 26.05.1938 [BArch, N 2168/3, Bl. 12]. Zu Koerner siehe GERSTNER, ALEXANDRA: Neuer Adel. Aristokratische Elitenkonzeptionen zwischen Jahrhundertwende und Nationalsozialismus, Darmstadt 2008, S. 69–77, 376–420.
25 Hansen an Hauptamtsleiter des NSDSTB der Universität Jena, 27.10.1936 [IfZ, MA 286].
26 HARICH-SCHNEIDER: Charaktere, S. 124.
27 Sozialdemokratischer Pressedienst, 04.02.1933, S. 21.
28 HEIDEN, KONRAD: Die Geschichte des Nationalsozialismus bis Herbst 1933, Zürich 1934, S. 24.
29 O. V.: Ketzereien in der Harzburger Front, in: Abwehrblätter 42 (1932) 10 (Dezember), S. 225.
30 H[OLLÄNDER], L[UDWIG]: Wem nützt das?, in: C.V.-Zeitung 12 (1933) 8 vom 23.02.1933, S. 57 f.
31 O. V.: Keep Up Figth Against the Jews, is Nazi's Plea, in: Jewish Telegraphic Agency 17 (1935) vom 08.03.1935.
32 O. V.: „Geschichtsprofessor" Johann von Leers, in: La Tribune Juive 18 (1936) 43 vom 23.10.1936, S. 659.
33 The Jewish Chronical (London) vom 22.01.1937.

Fiel schon die Einschätzung seiner Person vor 1945 schwer, trifft dies erst recht auf die weiteren Lebensstationen zu, zunächst in der Illegalität in der Nähe von Bonn (1947 bis 1950), dann mit offenem Visier in Buenos Aires (1950 bis 1956) und schließlich in Kairo (1956 bis 1965). Dass Johann von Leers sich seit Anfang der 1950er Jahre als einer der „prominenten Führer antisemitischer und neonazistischer Bewegungen" exponierte, ist unbestreitbar.[34] Auch die Darstellung, er habe als „deutscher Nazi" in Kairo „den Arabern den Hass auf die Juden beibringen"[35] wollen und „Nassers Leuten" geholfen, „die alte Streicher-Propaganda für den arabischen Bedarf neu aufzupolieren"[36], war nicht abwegig. Ihn als „the new leader of the international Nazi underground movement"[37] zu bezeichnen, der in dieser Funktion Adolf Eichmann abgelöst habe, simplifiziert jedoch seine Bedeutung. Dies gilt auch für die Behauptung, seine Wohnung in Kairo sei zum „center for Nazi intrigue and a meeting place for some of the world's most depraved criminals" geworden.[38] Angesichts solcher Übertreibungen verwundert es nicht, dass biografische Nachschlagewerke selbst über zentrale Stationen dieses Lebensabschnitts falsche Informationen enthalten, deren Verfasser offensichtlich Gerüchten aufsaßen, die nicht zuletzt durch Johann von Leers und seine Ehefrau gestreut worden waren. Solche Fehler erlaubten es dem Paar, Presseartikel und Buchveröffentlichungen als Verunglimpfung zurückzuweisen: Ihr Mann sei *weder Kriegsverbrecher*, noch habe er *irgendeinen Flecken auf seiner Ehre*, empörte sich Gesine von Leers 1960.[39] Was über ihn berichtet worden sei, sei *alles totale Lüge*, behauptete sie kurz vor ihrem Tod.[40]

Für dieses widersprüchliche Bild über Johann von Leers gibt es eine Reihe von Gründen: Einer davon ist zweifelsohne die problematische Quellenlage (siehe Kap. 1.3). Umso reichhaltiger fällt dagegen seine Publizistik aus. Trotz der immensen Hinterlassenschaften besteht das Werk allerdings weit überwiegend aus immer wieder reproduzierten Versatzstücken antisemitischer Propaganda, die für die tagespolitische Auseinandersetzung allenfalls graduell angepasst wurden. Und obgleich Johann von Leers seit 1938 einen Professorentitel trug

---

34 Pearlman, Moshe: Die Nazi-Untergrundbewegung, in: Deutsche Rundschau 87 (1961), S. 327–334, hier S. 333.
35 Duve, Freimut: Vom Krieg in der Seele. Rücksichten eines Deutschen, Frankfurt am Main 1994, S. 58.
36 Delmer, Sefton: Der Chef trägt niemals ein Jackett, in: SPIEGEL 21 (1967) 35 vom 21.08.1967, S. 90.
37 Hitler's Nazis in Nasser's Egypt, in: Comments [Ende 1964].
38 Meskil, Robert: Hitler's Heirs. Where are they now?, New York 1961, S. 169.
39 Gesine von Leers an unbekannten Adressaten, 02.09.1960 [BfV, 054-P-10013, Bl. 185 f.].
40 Gesine von Leers an Jünger, 02.02.1972 [DLA Marbach, Sig. HS 5294539].

und in seiner eigenen Wahrnehmung ein ernstzunehmender Historiker war, blieb er auf diesem Gebiet bedeutungslos. Stattdessen gehörte er zu jenem Typus von Schriftstellern und Agitatoren, die sich aus dem reichhaltigen Fundus antisemitischer Propagandatopoi fleißig bedienten, diesen selbst aber kaum neue Elemente geschweige denn originelle Gedanken hinzufügten.[41] Bedeutung erlangte er stattdessen durch einen ausgeprägten Fanatismus, der sich in charismatischer Vortrags- und Erzählkunst präsentierte. Erschwerend tritt hinzu, dass Johann von Leers weit überwiegend den Status eines freiberuflichen Publizisten hatte und sich damit einem organisationsgeschichtlichen Zugang, wie er für biografische Studien hilfreich ist, verschließt. Eine Ausnahme stellt allenfalls seine Berufung an die Universität Jena dar, wo er von 1936 bis 1945 lehrte. Seine Biografie unterscheidet sich damit wesentlich von der anderer Propagandisten wie Otto Dietrich, Hans Fritzsche oder Paul Carell.[42] Und obgleich er in zahlreichen öffentlichen Kontroversen und Auseinandersetzungen auftrat, sahen sich bereits Zeitgenossen zu gehässigen Kommentaren veranlasst. Goebbels etwa belustigte sich 1936 über den „Hans Dampf in allen Gassen".[43] Rosenbergs Mitarbeiter dagegen bemängelten die Qualität seiner Schriften.[44] Gleichwohl wahrte Johann von Leers Zeit seines Lebens Distanz gegenüber den Apparaten von Partei und Staat. *Als 1933 die große Postenjagd einsetzte, hielt ich mich zurück,* behauptete er zu Beginn der 1950er Jahre.[45] Dieses Selbstbild trifft insofern zu, als er tatsächlich niemals ein bedeutsames Amt ausgeübt hat. Im Gegensatz etwa zu Dietrich strebte er nicht danach, seinen Einfluss konsequent auszubauen.[46] Wie sein langjähriger Weggefährte Herman Wirth, kann er als Solitär charakterisiert werden, der seine *Position in der Bewegung*

---

41 Zur antisemitischen Literaturproduktion siehe bereits LAQUEUR, WALTER: Deutschland und Russland, Berlin 1965 sowie PFAHL-TRAUGHBER, ARMIN: Der antisemitisch-antifreimaurerische Verschwörungsmythos in der Weimarer Republik und im NS-Staat (Vergleichende Gesellschaftsgeschichte und politische Ideengeschichte der Neuzeit, Bd. 9), Wien 1993; MEYER ZU UPTRUP, WOLFRAM: Kampf gegen die „jüdische Weltverschwörung". Propaganda und Antisemitismus der Nationalsozialisten 1919–1945, Berlin 2003.
42 KRINGS, STEFAN: Hitlers Pressechef. Otto Dietrich (1897–1952). Eine Biografie, Göttingen 2010; BONACKER, MAX: Goebbels' Mann beim Radio. Der NS-Propagandist Hans Fritzsche (1900–1953) (Schriftenreihe der Vierteljahrshefte für Zeitgeschichte, Bd. 94), München 2007; BENZ, WIGBERT: Paul Carell. Ribbentrops Pressechef Paul Karl Schmidt vor und nach 1945, Berlin 2005; PLÖGER, CHRISTIAN: Von Ribbentrop zu Springer. Zu Leben und Wirken von Paul Karl Schmidt alias Paul Carell, Marburg 2009.
43 Die Tagebücher von Joseph Goebbels. Teil I: Aufzeichnungen 1923–1941, Bd. 3/II (März 1936 bis Februar 1937), München 1993–2008, Eintrag vom 19.03.1936.
44 Hansen an Hauptamtsleiter NSDSTB der Universität Jena, 27.10.1936 [IfZ, MA 286].
45 Johann von Leers an Wittfogel, 26.01.1952 [HIA, Collection K. Wittfogel, Box Nr. 29].
46 KRINGS: Hitlers Pressechef, S. 479.

durch *Opfer und Leistung* erworben haben wollte.[47] Er sei „ein Einzelgänger" gewesen, der sich keiner Organisation anschloss und stattdessen alleine „einer von seinen Feinden beherrschten Welt" entgegenstellte, unterstützt nur „von seiner klugen und tapferen Frau", hieß es 1956 in einem Nachruf in der Zeitschrift „Der Weg" über den britischen Antisemiten Arnold Spencer Leese.[48] Dem unbekannten Verfasser dieser Zeilen dürfte dabei auch Johann von Leers, zu diesem Zeitpunkt einer der maßgeblichen Autoren dieser Zeitschrift, vor Augen gestanden haben.

Das Desinteresse an seiner Person ist möglicherweise aber auch dem Umstand geschuldet, dass frühere Weggefährten nach 1945 seine Bedeutung herunterzuspielen suchten oder ihre Beziehung zu ihm übergingen. Der Publizist Klaus Mehnert (1906–1984) etwa, der ihn Anfang der 1930er Jahre in Berlin im Umfeld des „Tat"-Kreises kennengelernt hatte, glaubte in seinen Memoiren in Johann von Leers einen der „unabhängigeren Köpfe der Partei" sehen zu können, der aber in ihrem „innersten Kern [...] nicht viel Einfluss hatte".[49] Distanzierter fiel das Urteil des Diplomaten Werner Otto von Hentig aus, der ihn seit Ende der 1920er Jahre aus dem Auswärtigen Amt kannte. Johann von Leers müsse demnach zu jenen Persönlichkeiten des „Dritten Reiches" gezählt werden, „die so große Idealisten waren, dass sie zunächst die Wirklichkeit nicht wahrhaben wollten, dann aber in Schuld verstrickt sich nur noch im Kampfe für die schlechte Sache, dem Teufel einmal verschrieben, halten konnten."[50] Der Indologe und Religionswissenschaftler Jakob Wilhelm Hauer dagegen, der im Führerrat der Arbeitsgemeinschaft Deutsche Glaubensbewegung (ADG) mit ihm zusammenarbeitete, diktierte 1951 während einer Befragung einem Mitarbeiter des Instituts für Zeitgeschichte ins Protokoll, Johann von Leers sei zwar *genial begabt* gewesen, ansonsten aber *wohl ohne bemerkenswerten politischen Einfluss* geblieben.[51] Für Günther Franz, seinen Kontrahenten an der Universität Jena seit 1936, war er nicht etwa ein furchtbarer, sondern *ein äußerst fruchtbarer historischer Publizist.*[52] Friedrich Hielscher, der Johann von Leers angeblich Ende der 1920er Jahre in Berlin in die Kreise der antidemokratischen Rechten eingeführt hatte, erinnerte sich seiner „vielwisserischen Halbbildung", die er in

---

47   Johann von Leers an Wittfogel, 26.01.1952 [HIA, Collection K. Wittfogel, Box Nr. 29].
48   O. V.: Arnold Spencer Leese, in: Der Weg 10 (1956) 5, S. 302.
49   MEHNERT, KLAUS: Ein Deutscher in der Welt. Erinnerungen 1906–1981, Stuttgart 1981, S. 119.
50   HENTIG, WERNER OTTO VON: Mein Leben eine Dienstreise, Göttingen 1962, S. 294.
51   Niederschrift der Unterredung mit Hauer im Auftrag des IfZ vom 09. und 11.08.1951 [IfZ, ZS 2205].
52   FRANZ, GÜNTHER: Mein Leben (Ms), o. O. 1982, S. 112.

„teigiger Höflichkeit" vorgetragen habe.[53] Der Rassenforscher Hans F. K. Günther wiederum, der ihn zu Beginn seiner Karriere förderte, erwähnte ihn im Gegensatz zu Ludwig Ferdinand Clauß in seinen verklärenden Erinnerungen überhaupt nicht.[54] Gleiches trifft auf die Memoiren Otto Straßers zu, einem der Exponenten der nationalsozialistischen Linken, ebenso auf den „Lebensbericht" des Dichters Hans Friedrich Blunck, der Johann von Leers während der Gleichschaltung des Schriftstellerverbandes PEN erlebt hatte[55], auf die Erinnerungen des Agrarhistorikers Heinz Haushofer, einem Vertrauten Darrés im Reichsnährstand, wo er mit Johann von Leers gemeinsame publizistische Projekte betrieb[56], und schließlich auch auf Renate Riemeck, die nach ihrer Promotion 1943 Assistentin am Historischen Seminar in Jena geworden war.[57]

Die hier Genannten konnten aus nachvollziehbaren Gründen kein Interesse daran haben, sich mit Johann von Leers auseinanderzusetzen. Dies nämlich hätte unweigerlich Fragen nach ihren zeitweise engen Verbindungen mit diesem Propagandisten aufgeworfen. Entgegen kam dieser Exkulpation, dass eine der frühen Analysen der nationalsozialistischen Herrschaftspraxis auf der Basis zweifelhafter Quellen offenkundig falsche Behauptungen verbreitet hatte. Als der nationalrevolutionäre Publizist Ernst Niekisch an die berüchtigte Tagung über „Das Judentum in der Rechtswissenschaft" vom Oktober 1936 erinnerte, schob er Carl Schmitt fälschlicherweise jenen Redebeitrag unter, den der ebenfalls eingeladene Johann von Leers gehalten hatte.[58] Gegenüber Richtigstellungen zeigte er sich uneinsichtig.[59] Dies verhalf Johann von Leers zwar für einige Zeit zu einer erstaunlichen Präsenz in den Nischen der privaten Korrespondenz, wie die darauf folgende kontroverse Auseinandersetzung zwischen Niekisch,

---

53 HIELSCHER, FRIEDRICH: 50 Jahre unter Deutschen, Hamburg 1954, S. 135. Siehe auch SENNHOLZ, MARCO: Johann von Leers. Ein Propagandist des Nationalsozialismus, Berlin 2013, S. 45. Dort heißt es, allerdings ohne Beleg, Johann von Leers habe über Hielscher „tiefe Einblicke in die diffusen Binnenstrukturen der nationalrevolutionären Szenerie erhalten".
54 GÜNTHER, HANS F. K.: Mein Eindruck von Adolf Hitler, Pähl 1969.
55 STRASSER, OTTO: Mein Kampf. Eine politische Autobiografie, Frankfurt am Main 1969; BLUNCK, HANS FRIEDRICH: Licht auf den Zügeln. Lebensbericht (Bd. 1), Mannheim 1952/53; DERS.: Unwegsame Zeiten (Bd. 2), Mannheim 1952/53.
56 HAUSHOFER, HEINZ: Mein Leben als Agrarier. Eine Autobiographie 1924–1978, München 1982. Zur Kooperation mit Johann von Leers siehe HAUSHOFER, HEINZ/LEERS, JOHANN VON: Baiern führen den Pflug nach Osten. Wie des Reiches älteste Ostmark entstand, Goslar 1938.
57 RIEMECK, RENATE: Ich bin ein Mensch für mich. Aus einem unbequemen Leben, Stuttgart 1992, S. 78.
58 NIEKISCH, ERNST: Das Reich der niederen Dämonen, Hamburg 1953, S. 201.
59 Mohler an Schmitt, 21.07.1954, zit. nach MOHLER, ARMIN (HRSG.): Carl Schmitt – Briefwechsel mit einem seiner Schüler, Berlin 1995, S. 164 f.

Schmitt, Ernst Jünger und Armin Mohler dokumentiert.⁶⁰ Die abermalige Lektüre des einschlägigen Beitrags von Johann von Leers aus dem Jahre 1936 über den vermeintlich kriminellen Charakter des Judentums schien alle Beteiligten allerdings nur darin zu bestärken, die Schrift und ihren Autor kollektiver Amnesie anheimfallen zu lassen. Es ist in diesem Zusammenhang auch bemerkenswert, dass in Schmitts Nachlass nur ein Schreiben von Johann von Leers aus dem Jahre 1942 überliefert ist, weitere Korrespondenzen aber fehlen.⁶¹

Solche Distanzierungen blieben nicht ohne Wirkung und machten sich vor allem in jenem Teil der Sekundärliteratur bemerkbar, der sich mit der Rolle von Johann von Leers in verschiedenen Sammlungsbewegungen Anfang der 1930er Jahre befasste. Als Hans Buchheim 1953 im Auftrag des Instituts für Zeitgeschichte die ADG im sogenannten Kirchenkampf zu verorten suchte, wurde sein Resümee deutlich von der Perspektive Hauers beeinflusst.⁶² Die materialreiche Studie von Hans-Jürgen Lutzhöft über den „Nordischen Gedanken in Deutschland" erwähnte Johann von Leers nur unauffällig im Literaturverzeichnis.⁶³ Margarete Dierks, die selbst der Ludendorff-Bewegung entstammte, unterschlägt ihn in ihrer apologetischen Hauer-Biografie komplett.⁶⁴ Erst den Arbeiten von Klaus Scholder, Kurt Meier und Ulrich Nanko war es vorbehalten, an diesem Bild Korrekturen vorzunehmen.⁶⁵

---

60 MOHLER, ARMIN (HRSG.): Carl Schmitt – Briefwechsel mit einem seiner Schüler, Berlin 1995; KIESEL, HELMUTH (HRSG.): Ernst Jünger – Carl Schmitt. Briefe 1930–1983, Stuttgart 1999; LEHNERT, ERIK (HRSG.): Armin Mohler. Lieber Chef … Briefe an Ernst Jünger 1947–1961, Schnellroda 2016.
61 LAAK, DIRK VAN/VILLINGER, INGEBORG (BEARB.): Nachlass Carl Schmitt. Verzeichnis seines Bestandes im Nordrhein-Westfälischen Hauptstaatsarchiv (Veröffentlichungen der staatlichen Archive des Landes Nordrhein-Westfalen, Reihe C: Quellen und Forschungen, Bd. 32), Siegburg 1993, S. 100. Umgekehrt gilt, dass auch in den überlieferten Beständen von Johann von Leers keine Korrespondenzen mit Schmitt nachweisbar sind.
62 BUCHHEIM, HANS: Glaubenskrise im Dritten Reich. Drei Kapitel nationalsozialistischer Religionspolitik, Stuttgart 1953.
63 LUTZHÖFT, HANS-JÜRGEN: Der Nordische Gedanke in Deutschland 1920–1940 (Kieler Historische Studien, Bd. 14), Stuttgart 1971.
64 DIERKS, MARGARETE: Jakob Wilhelm Hauer 1881–1962. Leben – Werk – Wirkung, Heidelberg 1986.
65 SCHOLDER, KLAUS: Die Kirchen und das Dritte Reich (Bd. 2). Das Jahr der Ernüchterung 1934, Frankfurt am Main/Berlin 1988; MEIER, KURT: Kreuz und Hakenkreuz. Die evangelische Kirche im Dritten Reich, München 1992, S. 79–106; NANKO, ULRICH: Die deutsche Glaubensbewegung. Eine historische und soziologische Untersuchung, Marburg 1993. Im Gegensatz dazu fügte Baumann unter anderem durch die Behauptung, Johann von Leers sei „der geistige Vater der NS-Institution Lebensborn" gewesen, den Spekulationen eine neue Facette hinzu. Siehe BAUMANN, SCHAUL: Die Deutsche Glaubensbewegung und ihr Gründer Jakob Wilhelm Hauer (1881–1962) (Religionswissenschaftliche Reihe, Bd. 22), Marburg 2005, S. 260.

Seit Mitte der 1990er Jahre begann sich der Blick, der Johann von Leers bislang vornehmlich als Akteur im sogenannten Kirchenkampf oder Wortführer der kulturpolitischen Kontroversen in der Frühphase der NS-Herrschaft gesehen hatte, abermalig zu weiten. Begünstigt wurde diese Entwicklung durch die Öffnung von Archiven, die der historischen Forschung lange Zeit verschlossen geblieben waren. Impulse gaben zudem Studien zur Hochschul- und Wissenschaftsgeschichte seit 1933 sowie zu einzelnen Akteuren.[66] Eine besondere Bedeutung hatten die zahlreichen Veröffentlichungen zur Geschichte der nationalsozialistischen „Musteruniversität" in Jena, zu einzelnen ihrer Fakultäten und zu ihrem leitenden Personal.[67] Ergänzt wurden diese um Beiträge zu den Fachdisziplinen selbst.[68] Seit einiger Zeit treten zudem Studien hinzu, die sich mit dem Selbstverständnis und der Funktion einer nach akademischer Anerkennung strebenden „Judenforschung" befassen[69] oder die Techniken und Inhalte der weltanschaulichen Schulung der SS und deren Bedeutung insbesondere für die Exekutoren des Völkermordes untersuchen.[70] Ein weite-

---

66 In vergleichender Perspektive HEIBER, HELMUT: Universität unterm Hakenkreuz (Teil I, II/1 und II/2), München 1991–1994. Zur Geschichte der Religionswissenschaft JUNGINGER, HORST: Von der philologischen zur völkischen Religionswissenschaft. Das Fach Religionswissenschaft an der Universität Tübingen von der Mitte des 19. Jahrhunderts bis zum Ende des Dritten Reiches (Conubernium, Bd. 51), Stuttgart 1999. Zu einem der zentralen Wissenschaftsorganisatoren SCHREIBER, MAXIMILIAN: Walther Wüst. Dekan und Rektor der Universität München 1935–1945 (Beiträge zur Geschichte der Ludwig-Maximilians-Universität München, Bd. 3), München 2008.

67 Siehe HOSSFELD, UWE/JOHN, JÜRGEN/LEMUTH. OLIVER/STUTZ, RÜDIGER (HRSG.): „Kämpferische Wissenschaft". Studien zur Universität Jena im Nationalsozialismus, Köln 2003; JOHN, JÜRGEN/WALTHER, HELMUT G. (HRSG.): Wege der Wissenschaft im Nationalsozialismus. Dokumente zur Universität Jena 1933–1945 (Quellen und Beiträge zur Geschichte der Universität Jena, Bd. 7), Stuttgart 2007; HOSSFELD, UWE: Gerhard Heberer (1901–1973). Sein Beitrag zur Biologie im 20. Jahrhundert, Berlin 1997.

68 HAUSMANN, FRANK-RUTGER: „Vom Strudel der Ereignisse verschlungen". Deutsche Romanistik im „Dritten Reich", Frankfurt am Main ²2008; MÜLLER, LAURENZ: Diktatur und Revolution. Reformation und Bauernkrieg in der Geschichtsschreibung des „Dritten Reiches" und der DDR, Stuttgart 2004.

69 STEINWEIS, ALAN E.: Studying the Jew. Scholarly Antisemitism in Nazi Germany, Cambridge 2006; RUPNOW, DIRK: Judenforschung im Dritten Reich. Wissenschaft zwischen Politik, Propaganda und Ideologie, Baden-Baden 2011; JUNGINGER, HORST: Die Verwissenschaftlichung der „Judenfrage" im Nationalsozialismus (Veröffentlichungen der Forschungsstelle Ludwigsburg der Universität Stuttgart, Bd. 19), Darmstadt 2011.

70 MATTHÄUS, JÜRGEN/KWIET, KONRAD/FÖRSTER, JÜRGEN/BREITMAN, RICHARD: Ausbildungsziel Judenmord? „Weltanschauliche Erziehung" von SS, Polizei und Waffen-SS im Rahmen der „Endlösung", Frankfurt am Main 2003; HEIN, BASTIAN: Elite für Volk und Führer? Die Allgemeine SS und ihre Mitglieder 1925–1945 (Quellen und Darstellungen zur Zeitgeschichte, Bd. 92), München 2012; HARTEN, HANS-CHRISTIAN: Himmlers Lehrer. Die Weltanschauliche Schulung in der SS 1933–1945, Paderborn 2014.

res leisteten Forschungen über die Netzwerke flüchtiger Nationalsozialisten, die nach 1945 insbesondere in Südamerika einen sicheren Anlaufpunkt fanden und sich dort ihrer strafrechtlichen Verantwortung entziehen konnten.[71] Eine größere Aufmerksamkeit erfuhr Johann von Leers auch in der seit Beginn der 2000er Jahre verstärkt geführten Kontroverse, inwiefern ein „islamischer Antisemitismus" der Gegenwart in der Tradition der nationalsozialistischen Weltanschauung steht.[72]

Dies führte auch zu einer Reihe von Veröffentlichungen, die sich einzelnen Aspekten der Biografie widmeten. Zu nennen ist neben Vorstudien des Verfassers dieser Arbeit[73] der Beitrag des amerikanischen Erziehungswissenschaftlers Gregory P. Wegner, der sich auf die Publizistik von Johann von Leers im Kontext schulischer Erziehung konzentriert, dabei aber deren Bedeutung für die weltanschauliche Schulung der SS verkennt und zudem eine Reihe sachlicher Fehler enthält.[74] Den umfassendsten Versuch einer Rekonstruktion und Analyse des Lebensweges stellt die 2013 erschienene Dissertation von Marco Sennholz dar, die jedoch zahlreiche Quellenbestände nicht berücksichtigt, ins-

---

71 MEDING, HOLGER M.: Flucht vor Nürnberg? Deutsche und österreichische Einwanderung in Argentinien, 1945–1955 (Lateinamerikanische Forschungen, Beihefte zum Jahrbuch für Geschichte von Staat, Wirtschaft und Gesellschaft Lateinamerikas, Bd. 19), Köln/Weimar/Wien 1992; SCHNEPPEN, HEINZ: Odessa und das Vierte Reich. Mythen der Zeitgeschichte, Berlin 2007; GOÑI, UKI: Odessa. Die wahre Geschichte. Fluchthilfe für NS-Kriegsverbrecher, Berlin ²2007; STEINACHER, GERALD: Nazis auf der Flucht. Wie Kriegsverbrecher über Italien nach Übersee entkamen (Innsbrucker Forschungen zur Zeitgeschichte, Bd. 26), Innsbruck 2008.

72 Beispielhaft KÜNTZEL, MATTHIAS: Von Zeesen bis Beirut. Nationalsozialismus und Antisemitismus in der arabischen Welt, in: RABINOVICI, DORON/SPECK, ULRICH/SZNAIDER, NATAN (HRSG.): Neuer Antisemitismus? Eine globale Debatte, Frankfurt am Main 2004, S. 271–293; TAGUIEFF, PIERRE-ANDRÉ: Fanatiques antijuifs sur la voie du jihad. Dans le sillage de Haj Amin al Husseini et de Johann von Leers, in: Revue d'Histoire de la Shoah 2/2016 (Nr. 205), S. 475–510, hier S. 497–508.

73 FINKENBERGER, MARTIN: Johann von Leers und die „faschistische Internationale" der fünfziger und sechziger Jahre in Argentinien und Ägypten, in: ZfG 59 (2011) 6, S. 522–543; DERS.: Der völkische Antisemit Johann von Leers in den religionspolitischen Auseinandersetzungen 1933/34, in: PUSCHNER, UWE/VOLLNHALS, CLEMENS (HRSG.): Die völkisch-religiöse Bewegung im Nationalsozialismus. Eine Beziehungs- und Konfliktgeschichte (Schriften des Hannah-Arendt-Instituts für Totalitarismusforschung, Bd. 47), Göttingen 2012, S. 375–398; DERS.: „Die Judenfrage ist der Prüfstand völkischer Gesinnung". Der „Bund Völkischer Europäer" 1933 bis 1936, in: Jahrbuch für Antisemitismusforschung 26 (2017), S. 61–89.

74 WEGNER, GREGORY PAUL: A propagandist of extermination. Johann von Leers and the Anti-Semitic Formation of Children in Nazi Germany, in: Paedagogica Historica 43 (2007) 3, S. 299–325. Ähnlich oberflächlich FISHMAN, JOEL: The Postwar Career of Nazi Ideologue Johann von Leers, aka Omar Amin, the „First-Ranking German" in Nasser' Egypt, in: Jewish Political Studies Review 26 (2014) 3/4, S. 54–72.

besondere die Nachkriegsbiografie nur im Ansatz ausleuchtet und überdies mit einer Reihe von Falschinformationen und strittigen Wertungen aufwartet.[75]

Die Zurückhaltung erklärt sich allerdings auch damit, dass die biografische Methode in der Geschichtswissenschaft lange Zeit in keinem guten Ruf stand. Im Zeichen sozial- und strukturgeschichtlicher Fragestellungen in den 1970er und 1980er Jahren galt sie methodisch als unzureichend und überholt. Der Vorwurf lief im Wesentlichen darauf hinaus, biografische Arbeiten nähmen unzulässige Vereinfachungen vor, konstruierten Sinnstiftung, ließen Distanz zum Untersuchungsgegenstand vermissen und wiesen einen Mangel an kritischer Analyse auf.[76] Als eine der Ursachen dafür wurde die „Beschränktheit der Quellen" genannt, da es oft „insbesondere an Ego-Dokumenten" fehle.[77] Ein biografischer Zugriff könne zwar durchaus „ein tieferes Verständnis der Funktionsweise des NS-Herrschaftssystems" ermöglichen, stoße aber auf „methodische und sachliche Probleme".[78]

Diese Kritik ist insofern nachvollziehbar, als sich tatsächlich die Frage stellt, welche historische Relevanz und welches Erklärungspotenzial biografische Zugänge und Erkenntnisse zu Einzelfällen für Forschungen zur Geschichte des Nationalsozialismus haben, die auf ein besseres Verständnis der Voraussetzungen, der Realität und der Nachgeschichte des NS-Regimes abzielen[79] und nach „Verallgemeinerbarkeit des individuellen Exempels"[80] streben. Dieser Frage müssen sich insbesondere auch Studien stellen, die sich mit NS-Funktionären der zweiten oder dritten Reihe befassen. Gerade sie laufen Gefahr, dass ihre Erkenntnisse jenseits des individuellen Karriereverlaufs redundant sind. Gleichwohl kam es in den 1990er Jahren zu einer „Revitalisierung der Biografie als Darstellungs-

---

75 Neben dem – von Sennholz erwähnten – Bestand im Sonderarchiv Moskau bleiben unter anderem auch die Bestände des Reichssicherheitshauptamtes (R 58) und der Kanzlei Rosenberg (N 8) im Bundesarchiv unberücksichtigt. Zu einer kritischen Einschätzung der Arbeit siehe die Rezension von Daniel Mühlenfeld in: H-Soz-Kult, 30.01.2015 [www.hsozkult.de].

76 CÜPPERS, MARTIN: Walther Rauff. In deutschen Diensten. Vom Nazivebrecher zum BND-Spion (Veröffentlichungen der Forschungsstelle Ludwigsburg der Universität Stuttgart, Bd. 24), Darmstadt 2013, S. 10.

77 BIRN, RUTH BETTINA: „Neue" oder alte Täterforschung? Einige Überlegungen am Beispiel von Erich von dem Bach-Zelewski, in: Totalitarismus und Demokratie 7 (2010), S. 189–212, hier S. 191.

78 MOMMSEN, HANS: Forschungskontroversen zum Nationalsozialismus, in: APZG 57 (2007) 16/17, S. 14–21, hier S. 16.

79 SCHULTE, JAN ERIK/VOLLNHALS, CLEMENS: Einführung, in: Totalitarismus und Demokratie 7 (2010), S. 179–181, hier S. 180.

80 PAUL, GERHARD/MALLMANN, KLAUS-MICHAEL: Sozialisation, Milieu und Gewalt. Fortschritte und Probleme der neueren Täterforschung, in: DIES.: Karrieren der Gewalt. Nationalsozialistische Täterbiographien (Veröffentlichungen der Forschungsstelle Ludwigsburg und Universität Stuttgart, Bd. 2), Darmstadt 2004, S. 1–32, hier S. 4.

methode"[81] und „Renaissance des biografischen Ansatzes".[82] In Zusammenhang mit der „neueren Täterforschung", die sich in den 1990er Jahren zu etablieren begann, wurden dabei Struktur- und Organisationsgeschichte mit dem Konzept der politischen Generation verbunden und Netzwerke der Kommunikation und Interaktion analysiert.[83] Als ein Auslöser dieser Renaissance können Studien wie die von Christopher Browning angesehen werden.[84] Befruchtet wurde sie durch Einzelstudien über Prototypen nationalsozialistischer „Schreibtischtäter" wie Werner Best[85] und Franz A. Six[86] sowie durch Kollektivbiografien, die sich mit Funktionsträgern in Schlüsselinstitutionen des NS-Staates befassten. Dazu zählten etwa das Führungskorps im Reichssicherheitshauptamt[87], die Kirchenreferenten im SD-Hauptamt[88] oder die Experten des Rasse- und Siedlungsamtes.[89] Die Bedeutung der weltanschaulichen Schulung, die von diesen Funktionseliten gesteuert wurde, erfuhr dabei eine grundlegend neue Bewertung.[90]

In den Blick gerieten hier die Vertreter jener jungen akademischen Eliten der Geburtsjahrgänge zwischen 1900 und 1910, die an den Schnittstellen von nationalsozialistischer Weltanschauung und Politik agierten und ihr Handeln mit funktionalen, sachlichen und technischen Erwägungen begründeten. Im Mittelpunkt stand dabei weniger das autonom handelnde Individuum, sondern Fragen nach generationellen Prägungen, typischen Erfahrungsmustern und sozioökonomischen Voraussetzungen, unter denen sich Weltbilder geformt hatten und aus denen sich Motive kollektiven Handelns ableiten ließen. Karriereverläufe

---

81 Siehe dazu im Kontext des „Falls Schwerte" RUSINEK, BERND-A: Schwerte/Schneider. Die Karriere eines Spagatakteurs 1936–1995, in: KÖNIG, HELMUT (HRSG.): Der Fall Schwerte im Kontext, Opladen/Wiesbaden 1998, S. 14–47, hier S. 16.
82 SCHREIBER: Walther Wüst, S 12: CÜPPERS: Walther Rauff, S. 10 f.
83 BAJOHR, FRANK: Neuere Täterforschung, Version 1.0, in: Docupedia-Zeitgeschichte, 18.6.2013. Siehe auch Hachmeisters Vorwort zu KRINGS: Hitlers Pressechef, S. 10.
84 BROWNING, CHRISTOPHER: Ganz normale Männer. Das Reserve-Polizeibataillon 101 und die „Endlösung" in Polen, Reinbek bei Hamburg 1993.
85 HERBERT, ULRICH: Best. Biographische Studien über Radikalismus, Weltanschauung und Vernunft 1903–1989, Bonn 2001.
86 HACHMEISTER, LUTZ: Der Gegnerforscher. Die Karriere des SS-Führers Franz Alfred Six, München 1998.
87 WILDT, MICHAEL: Generation des Unbedingten. Das Führungskorps des Reichssicherheitshauptamtes, Hamburg 2002.
88 DIERKER, WOLFGANG: Himmlers Glaubenskrieger. Der Sicherheitsdienst der SS und seine Religionspolitik 1933–1941 (Veröffentlichungen der Kommission für Zeitgeschichte, Reihe B: Forschungen, Bd. 92), Paderborn 2002.
89 HEINEMANN, ISABEL: „Rasse, Siedlung, deutsches Blut". Das Rasse- und Siedlungshauptamt der SS und die rassenpolitische Neuordnung Europas, Göttingen 2003, S. 561–565.
90 Siehe MATTHÄUS, JÜRGEN/KWIET, KONRAD/FÖRSTER, JÜRGEN/BREITMAN, RICHARD: Ausbildungsziel Judenmord? „Weltanschauliche Erziehung" von SS, Polizei und Waffen-SS im Rahmen der „Endlösung", Frankfurt am Main 2003 und HEIN: Elite für Volk und Führer?, S. 238 f.

wurden vor dem gemeinsamen Erfahrungshintergrund dieser Einzelpersonen und Gruppen betrachtet und in Beziehung zu historisch-gesellschaftlichen Entwicklungen des 20. Jahrhunderts gesetzt, um daraus eine Typologie zu entwickeln. Ihren Ausdruck fand dies in Begriffen wie etwa „Generation der Sachlichkeit"[91], „Generation des Unbedingten"[92] oder „Kriegsjugendgeneration".[93] Als Kennzeichen dieser Generation gilt dabei, dass ihre Erfahrungen durch „bedeutsame und langfristig folgenreiche Ereignisse und Entwicklungen" geprägt wurden, die sie „scharf von denen anderer Altersgruppen unterschieden haben".[94] Dies traf zumal auf die Angehörigen des Jahrgangs 1902 zu, die das fehlende „Fronterlebnis", die Wirren im Zusammenbruch 1918/19 und soziale Abstiegsängste zu einem trotzigen Lebensgefühl verarbeiteten. All dies wurde zu einer „generationellen Selbststilisierung"[95] überhöht, als deren vorherrschende Kennzeichen „Kühle", „Härte" und „Sachlichkeit" gelten. Zu den Prägestätten des damit kultivierten Lebensstils entwickelten sich die bündische Jugend und die völkische Studentenbewegung.

Solche Zuschreibungen können, wie Kapitel II darstellen wird, zweifelsohne auch für Johann von Leers geltend gemacht werden. Als völkischer Schwärmer in der Tradition der Jugendbewegung, der durch die Grenzlanderfahrung aufgrund des zeitweiligen Wohnortes der Familie im Elsass geprägt worden war, erlebte er die Kriegsniederlage von 1918 als traumatischen Einschnitt, der ihn schließlich ins Milieu der republikfeindlichen Freikorps führte. Im Vergleich zu anderen Protagonisten seiner Generation werden allerdings auch Unterschiede deutlich. Am Auffälligsten mag dabei erscheinen, dass ihm, trotz schwieriger ökonomischer Verhältnisse nach dem frühen Tod seines Vaters, ein zügiger Studienabschluss gelang und trotz „Gedränge [...] auf dem Arbeitsmarkt" ein standesgemäßer Berufseinstieg vor Augen stand. Johann von Leers musste sich nicht als Teil jener „überflüssigen Generation" der nach 1900 Geborenen fühlen, die angesichts der „Überfüllung des Arbeitsmarktes" mit „besonders schlechten Perspektiven" konfrontiert waren.[96] Der politische Umbruch und die wirtschaftliche Krise der 1920er Jahre radikalisierten ihn jedoch in anderer Weise: Als Angehöriger des Landadels entstammte er jener jahrhundertealten

---

91 HERBERT: Best, S. 42.
92 WILDT: Generation des Unbedingten.
93 Zur Begriffsgeschichte siehe HERBERT: Best, S. 43 f.
94 HERBERT, ULRICH: Drei politische Generationen im 20. Jahrhundert, in: REULECKE, JÜRGEN (HRSG.): Generationalität und Lebensgeschichte im 20. Jahrhundert, München 2003, S. 95–114, hier S. 96 f. Siehe auch HERBERT: Best, S. 42.
95 EBD.: Best, S. 45.
96 PEUKERT, DETLEV J.K.: Die Weimarer Republik. Krisenjahre der Klassischen Moderne, Frankfurt am Main 1987, S. 20. Siehe auch DIERKER: Himmlers Glaubenskrieger, S. 76.

Herrschaftselite, die ihre soziale und kulturelle Macht nicht länger verteidigen konnte und in der industriellen Moderne endgültig verlor. Die Auflösung traditioneller Werte seit dem späten Kaiserreich führte zu einer Annäherung erst an die rechtsradikalen Bewegungen und schließlich, wenngleich in widersprüchlicher Form, an den Nationalsozialismus.[97]

Individuelle Faktoren sollten deshalb auch in einem „Generationszusammenhang"[98], so Karl Mannheims Begriff in einem vielfach zitierten Aufsatz, nicht ausgeblendet werden. Dies gilt zumal für die Angehörigen der mittleren Ebenen kollektiv handelnder Formationen. Gerade hier, stellte Wolfgang Dierker in seiner Studie über eine Teilgruppe des SD-Personals fest, hätten sich „weitergehende generationshistorische Interpretationsansätze" als „wenig tragfähig" erweisen.[99] Kritisch zu hinterfragen ist außerdem, ob eine fehlgeschlagene Entwicklung der Persönlichkeit als Folge von Traumatisierungen in der Kindheit und Jugend zwingend in einem gewaltbereiten Milieu enden musste.[100] Ebenso wenig lässt sich die spätere Beteiligung an nationalsozialistischen Gewaltverbrechen aus einem mehr oder weniger typischen Sozialisationsverlauf erklären.[101] Die Zugehörigkeit zu einer bestimmten Generation, lässt sich zusammenfassend sagen, disponiert nicht für bestimmte Einstellungen und einen daraus folgenden Karriereverlauf. Deutlich wurde diese auch im Kontext der „neueren Täterforschung"[102], die sich mit Einzelpersonen und Gruppen „jenseits der Führungsetage"[103] befasste, die als „Nahtäter"[104] in den Einsatzgruppen, bei der Wehrmacht oder als Kollaborateure exzessiv Verbrechen ausübten. Die vorliegende Studie will beispielhaft den Typus eines „Weltanschauungstäters" herausarbeiten, der das Wechselspiel von Propaganda und Schulung einerseits und der Exekution nationalsozialistischer „Judenpolitik" andererseits erkennen lässt. Johann von Leers gehörte zum Kreis jener ihrer Gesinnung nach militan-

---

97 MALINOWSKI, STEPHAN: Vom König zum Führer. Deutscher Adel und Nationalsozialismus, Frankfurt am Main ²2004.
98 MANNHEIM, KARL: Das Problem der Generationen, in: Kölner Vierteljahrshefte für Soziologie 7 (1928), S. 157–185, 309–330. Wiederabgedruckt in DERS.: Wissenssoziologie. Auswahl aus dem Werk, Neuwied/Berlin 1970, S. 509–565.
99 DIERKER: Himmlers Glaubenskrieger, S. 76.
100 LONGERICH, PETER: Heinrich Himmler, München 2008, S. 759.
101 ALY, GÖTZ: Rezension in: Die ZEIT vom 20.02.2004. Siehe auch WEISBROD, BERND: Generation und Generationalität in der Neueren Geschichte, in: APZG 55 (2005) 8, S. 3–8, hier S. 7.
102 PAUL/MALLMANN: Sozialisation, S. 1.
103 EBD., S. 4.
104 SCHULTE, JAN ERIK/VOLLNHALS, CLEMENS: Einführung, in: Totalitarismus und Demokratie 7 (2010), S. 179–181, hier S. 179.

ten „SS-Intellektuellen"[105] und „Schreibtischtätern", deren Karriere sich vollständig aus dem sozialen und kulturellen Kontext des „Dritten Reiches" erklären lässt.[106] Zwar verfügte er, formal betrachtet, über eine hohe akademische Qualifikation. Berufsspezifische Kenntnisse oder lebensweltliche Bezüge außerhalb des subkulturellen Milieus der völkischen und nationalistischen Verbände und Organisationen und der NSDAP waren ihm jedoch fremd. Ein seit Jugendzeiten geschlossenes antisemitisches Weltbild bildete den Kern seiner Propaganda und Publizistik, die vor allem seit 1941 den „Vollstreckern" des Völkermords in ihren oftmals situativen Zwängen eine moralische Rechtfertigung ihres Handelns geben sollte. Eben dies macht seine Biografie einzigartig.

1.2 Gliederung und Fragestellungen

Kapitel III untersucht zunächst den Eintritt von Johann von Leers in die nationalsozialistische Bewegung und seine Rolle als Propagandist der Partei insbesondere in Berlin und Brandenburg. Sein Geburtsjahr, seine Wurzeln im protestantischen Landadel und sein Bildungsweg schienen ihn zu einem typischen Vertreter der „Generation des Unbedingten" zu prädestinieren. Gleichwohl ist nach den individuellen Faktoren der formativen Jahre zu fragen, die zur Entwicklung seiner Persönlichkeit beigetragen haben und für seine Weltanschauung bestimmend wurden. Ohne der „biographischen Illusion"[107] des Zwangsläufigen und Zielgerichteten verfallen zu wollen, werden dabei anhand vorliegender Ego-Dokumente Schlüsselszenen identifiziert und Zäsuren sichtbar gemacht, die verdeutlichen, welchen Einfluss das Gedankengut der völkischen Bewegung auf ihn ausgeübt hat, die seit dem ausgehenden 19. Jahrhundert zum Sammelbecken unterschiedlichster Strömungen wurde und der sich Johann von Leers Zeit seines Lebens zugehörig fühlte. Bereits als Jugendlicher entwickelte er ein ausgeprägtes Interesse für mythisch-historische Stoffe und religiöse Fragestellungen.

Diese individuellen Faktoren müssen allerdings in Zusammenhang mit den sozialen und kulturellen Dispositionen seines „Handlungsmilieus"[108] und ihren Sozialisationseffekten gesehen werden: Die gesellschaftlichen, politischen und ökonomischen Umwälzungen des späten 19. und frühen 20. Jahrhunderts

---

105 Siehe dazu INGRAO, CHRISTIAN: Hitlers Elite. Die Wegbereiter des nationalsozialistischen Massenmords, Berlin 2012, S. 53–75, hier S. 57.
106 HACHMEISTER: Der Gegnerforscher, S. 7.
107 BOURDIEU, PIERRE: Die biographische Illusion, in: BIOS. Zeitschrift für Biographieforschung, oral history und Lebensverlaufsanalysen 3 (1990) 1, S. 75–81.
108 PAUL/MALLMANN: Sozialisation, S. 9 f.

erlebte Johann von Leers als – keineswegs untypisch für seinen Stand – soziale Deklassierung und wirtschaftlichen Niedergang. Geordnete Verhältnisse wurden prekär und festgefügte familiäre Bindungen begannen sich aufzulösen.[109] Die Strukturkrise der Landwirtschaft traf die Familie mit voller Wucht. Das seit dem späten 18. Jahrhundert bewirtschaftete Rittergut Vietlübbe nahe der Stadt Gadebusch in Mecklenburg-Schwerin wurde durch diese Entwicklung zunächst in seiner Existenz bedroht, bis es schließlich in den 1920er Jahren im Ruin verloren ging. Prägende Eindrücke vermittelte ihm in dieser Phase der militante Antisemitismus des 1893 gegründeten Bundes der Landwirte (BdL), dessen Agitatoren die traditionelle Abneigung auf dem Land gegen die Handel treibenden Juden rassisch umformten.[110] Nachdem Johann von Leers, der nach juristischem Studium und Promotion standesgemäß eine Diplomatenausbildung antreten konnte, im Auswärtigen Amt beruflich gescheitert war, schloss er sich 1929 der NSDAP an und wurde bald einer ihrer missionarischen und wortgewaltigen Propagandisten. Seine weltanschaulichen Überzeugungen verdankte er zum Teil der persönlichen Begegnung mit einer Reihe von Ideologen, die er, wie gezeigt werden kann, zu Erweckungserlebnissen stilisierte (siehe Kap. 3.1). Johann von Leers stand in der Tradition von Theodor Fritsch, begeisterte sich für Julius Streicher und sah in Richard Walther Darré, Hans F. K. Günther und vor allem Herman Wirth die „Propheten" und „Systembauer" einer verheißungsvollen Zukunft. Dazu förderte er die Verbreitung ihres Gedankengutes und synthetisierte Versatzstücke ihrer Ansichten zu einem dualistischen Weltbild, das die Urheber aller politischen Krisen und gesellschaftlichen Verwerfungen und damit auch des eigenen Scheiterns auf ein imaginäres „Weltjudentum" projizierte. In dieser Konstellation schienen Rettung und Erlösung nur in einem siegreichen „Endkampf" gegen den „Weltfeind" möglich, für den es einer charismatischen Führergestalt bedurfte.

Mit dieser schlichten, gleichwohl wirkungsmächtigen Mischung aus politischer Utopie und praktischer Handlungsanleitung bewährte sich Johann von Leers in der „Kampfzeit" als Journalist und Redner der NSDAP, für die er beinahe täglich öffentlich auftrat. Als „nationaler Sozialist" positionierte er sich zunächst an der Seite Gregor Straßers und im gewaltbereiten Milieu der SA. Anhand der zahlreichen Intrigen und Kontroversen lässt sich aufzeigen, dass die selbstironische

---

109 MALINOWSKI, Vom König zum Führer, S. 260–282. Zum Paradigma vom Niedergang siehe auch WIENFORT, MONIKA: Der Adel in der Moderne, Göttingen 2006.
110 Zum aggressiven Potenzial der antisemitischen Agitation des BdL siehe KIMMEL, ELKE: Methoden antisemitischer Propaganda im Ersten Weltkrieg. Die Presse des Bundes der Landwirte, Berlin 2001, S. 45; VOLKOV, SHULAMIT: Kontinuität und Diskontinuität im deutschen Antisemitismus 1878–1945, in: VfZ 35 (1985), S. 221–243, hier S. 231.

Bezeichnung als verbaler *Rabauki* keine Koketterie darstellte.[111] Dass er sich in seinen Ausführungen nicht immer an taktischen Erwägungen der Parteiführung orientierte und in einzelnen Fragen programmatischen Eigensinn bewahrte, trug ihm die Gegnerschaft prominenter Nationalsozialisten ein, allen voran, wie Kapitel IV zeigen wird, Rosenberg und Goebbels. Seine Darstellung zu den Ursachen dieser konflikthaften Beziehungen, die seine Frau zu einer Todfeindschaft stilisierte und die er seit Ende der 1950er Jahren floskelhaft wiederholte, ist dabei allerdings kritisch zu hinterfragen. Nicht weniger wirkungsvoll waren auch seine Auftritte in den Klubs und Gesellschaften der antidemokratischen Rechten seit Ende der 1920er Jahre, in denen Intellektuelle und Funktionseliten verschiedener sozialer und politischer Milieus parteiübergreifend zusammentrafen.[112] Auf der Basis ähnlicher weltanschaulicher Überzeugungen entstanden hier dynamische Netzwerke, die sich um Zeitschriften gruppierten und zahleiche personelle Überschneidungen aufwiesen. Als „Mehrzweckführer"[113] mit missionarischem Eifer zielte seine Agitation darauf ab, konservativ-bürgerliche Milieus für den Nationalsozialismus zu gewinnen. Die Netzwerke sollten sich zudem später für die eigene Karriere als förderlich erweisen. Die *vielfachen Beziehungen zu allen möglichen leitenden Männern*[114], derer sich Johann von Leers später rühmte, waren mehr als eitle Attitüde. Das schloss jedoch nicht aus, Kritik an den Strategien arrivierter Persönlichkeiten zu üben, obgleich diese selbst sich „der völkischen Ideologie verpflichtet"[115] fühlten. Exemplarisch dafür sind die Angriffe auf Hans Grimm, die ihm nicht nur langanhaltend die Feindschaft des Schriftstellers eintrugen, sondern auch in der NSDAP für Konflikte sorgten.

Die Machtübertragung an Hitler am 30. Januar 1933 deutete Johann von Leers als Erlösung und Aufbruch in ein „Drittes Reich". Sein eigenes Sendungsbewusstsein manifestierte sich in einem gesteigerten Aktionismus auf dem Terrain von massentauglicher Propaganda, weltanschaulicher Schulung, akademischer Forschung und politischer Beratung – und damit an den Schnittstellen von „Ideologie und Politik".[116] Symptomatisch dafür sind drei antisemitisch akzentuierte Sammlungsbewegungen, deren Entstehung teilweise auf die späten

---

111 Johann von Leers an Gesine von Leers, 05.12.1931 [BArch, N 2168/52, Bl. 29].
112 MALINOWSKI: Vom König zum Führer, S. 422–456.
113 EBD., S. 434.
114 Johann von Leers an Wossidlo, 30.06.1938 [Universität Rostock, Wossidlo-Archiv, NRW, K II-0046-6].
115 VORDERMAYER, THOMAS: Bildungsbürgertum und völkische Ideologie. Konstitution und gesellschaftliche Tiefenwirkung eines Netzwerks völkischer Autoren (1919–1959), Berlin 2016, S. 4.
116 KROLL, FRANK-LOTHAR: Utopie als Ideologie. Geschichtsdenken und politisches Handeln im Dritten Reich, Paderborn 1998, S. 18.

1920er Jahre zurückreichte und die er, wenn auch in unterschiedlicher Weise, prägte. Am Beispiel der Herman-Wirth-Gesellschaft (1929 bis 1934), der Arbeitsgemeinschaft Deutsche Glaubensbewegung (1933/34) und des Bundes Völkischer Europäer (1933 bis 1935/36) soll untersucht werden, welche weltanschaulichen Überzeugungen in dieser Phase sein Denken bestimmten und welche politischen Ziele er damit verband. Dabei wird auch auf die Ursachen einzugehen sein, die ihn jeweils veranlasst haben, sich aus diesen Sammlungsbewegungen zurückzuziehen. Darüber hinaus profilierte Johann von Leers sich zeitweise als Funktionär auf kulturpolitischem Gebiet, der zur Abrechnung mit missliebigen Literaten schritt und das neue Regime im Ausland als Repräsentant vertrat. Die Gleichschaltung des Schriftstellerverbandes PEN und der Deutschen Hochschule für Politik, vor allem aber die „Huizinga-Affäre" an der Universität Leiden im Frühjahr 1933, zeigten ihm allerdings auch die Grenzen seiner Bedeutung auf. Ähnliches gilt für seine Versuche, als politischer Berater Einfluss auf antijüdische Maßnahmen des Regimes zu nehmen, um die von ihm seit seinen politischen Anfängen proklamierte „Judenfrage" jetzt einer radikalen „Lösung" zuzuführen.

Im Unterschied zu anderen prominenten völkischen Ideologen, die bis Mitte der 1930er Jahre als „Gescheiterte" ins zweite Glied zurücktreten mussten[117], fanden seine Überzeugungen allerdings, wie Kapitel V zeigen wird, dauerhaft Eingang in die Propaganda. Die nationalsozialistische „Judenpolitik" war in allen ihren Phasen seit 1933 von der Diskriminierung und Ausgrenzung aus dem politischen, wirtschaftlichen und kulturellen Leben über die forcierte Vertreibung und Segregation in den Ghettos bis zum Völkermord in den Vernichtungslagern ein „administrativer Prozess"[118] und eine „arbeitsteilige Kollektivtat"[119], die ohne die zahlreichen „Schwungräder des Genozids"[120] nicht möglich gewesen wäre. Zwar blieb Johann von Leers als Berater der „Judenpolitik" ohne Einfluss, wie das Beispiel der Deutsch-Japanische Gesellschaft, deren Beirat er 1933/34 angehörte, belegt.[121] Umso wichtiger war allerdings seine Rolle, die Ziele der antijüdischen Politik seit 1933 öffentlich zu erklären, ihre Wendungen zu erläutern und seit 1941 die Nutznießer und Vollstrecker

---

117 Zahlreiche Beispiele dieser „Gescheiterten" bei BREUER, STEFAN: Die Völkischen in Deutschland. Kaiserreich und Weimarer Republik, Darmstadt ²2010, S. 248 f.
118 HILBERG, RAUL: Die Vernichtung der europäischen Juden (Bd. 1), Frankfurt am Main ⁹1999, S. 56–58 sowie S. 1061–1070.
119 PAUL, GERHARD: Von Psychopathen, Technokraten des Terrors und „ganz gewöhnlichen" Deutschen. Die Täter der Shoah im Spiegel der Forschung, in: DERS.: Die Täter der Shoah. Fanatische Nationalsozialisten oder ganz normale Deutsche?, Göttingen ²2003, S. 13–90, hier S. 15.
120 PAUL/MALLMANN: Sozialisation, S. 4.
121 HAASCH, GÜNTHER (HRSG.): Die Deutsch-Japanischen Gesellschaften von 1888 bis 1996, Berlin 1996.

der „Endlösung" – ein Begriff, der in seiner Bedeutung einem vielfältigen Wandel unterworfen war[122] – mit Begründungen zu versorgen, die ihrer moralischen Rechtfertigung dienen konnten. Aufgrund dessen soll Johann von Leers als „Weltanschauungstäter"[123] bezeichnet werden, der mit den Realitäten des Massenmordes zwar nicht unmittelbar konfrontiert wurde, von diesem aber genaue Kenntnisse hatte und ihn in seiner verbrecherischen Dimension guthieß. Dabei agierte er nicht als verlängerter Arm eines unmittelbaren Vorgesetzten eines Ministeriums, geschweige denn als opportunistischer Befehlsempfänger. Johann von Leers war vielmehr von jener jüdischen Weltverschwörung überzeugt, wie sie seiner Überzeugung nach in den „Protokollen der Weisen von Zion" schlüssig dargelegt worden war. Anhand seiner Publizistik soll untersucht werden, in welchem Ausmaß seine Hetzpropaganda gegen „Juden als Juden"[124] seit 1929 von Gewaltphantasien geprägt wurde, welchen Wandlungen seine Vorstellungen zu einer „Lösung" der „Judenfrage" seit 1933 unterlagen und in welcher Form diese Vorstellungen schließlich als Element eines antisemitischen Basiskonsens zum Gegenstand eines Erziehungsprogramms für den Vollzug einer rassisch begründeten Vernichtungspolitik wurden. Dies lässt sich in der Publizistik des NS-Lehrerbundes, mehr noch aber für die Schulungsarbeit der SS nachweisen, deren wichtigster Autor Johann von Leers zeitweise gewesen ist. Es sei dahingestellt, ob diese, wie Ernst Nolte vor mehr als 50 Jahren formulierte, „reine Mordpropaganda" tatsächlich als „das geisteswissenschaftliche Komplement zu der Mitarbeit von Hochschullehrern der Medizin in Auschwitz"[125] zu betrachten ist. Gleichwohl kann anhand seiner Publizistik vor allem seit 1942, die in Kapitel VII untersucht wird, beurteilt werden, welche Rückschlüsse Leser aufgrund des kontinuierlichen Stroms an begleitender Propaganda auf den Massenmord insbesondere an den europäischen Juden ziehen konnten – der damit ein „öffentliches Geheimnis"[126] wurde. Zugleich soll die bisherige „Fixierung" der Forschung auf Chef-Propagandisten erweitert und anhand dieses Agitators aus der zweiten Reihe ein besseres Verständnis für das

---

122 DÖRNER, BERNWARD: Die Deutschen und der Holocaust. Was niemand wissen wollte, aber jeder wissen konnte, Berlin 2007, S. 45.
123 Zu einer Typologie von Tätern siehe PAUL/MALLMANN: Sozialisation, S. 17.
124 Siehe dazu JAHR, CHRISTOPH: Antisemitismus vor Gericht. Debatten über die juristische Ahndung judenfeindlicher Agitation in Deutschland (1879–1960), Frankfurt am Main/ New York 2011, S. 15–16.
125 NOLTE, ERNST: Zur Typologie des Verhaltens der Hochschullehrer im Dritten Reich, in: APZG 15 (1965) 46, S. 3–14, hier S. 9. Auch in DERS.: Marxismus, Faschismus, Kalter Krieg. Vorträge und Aufsätze 1964–1976, Stuttgart 1977, S. 145.
126 LONGERICH, PETER: „Davon haben wir nichts gewusst!" Die Deutschen und die Judenverfolgung 1933–1945, München 2006, S. 201; DÖRNER: Die Deutschen und der Holocaust, S. 460.

System der Diffusion und, soweit dazu überhaupt gesicherte Aussagen möglich sind, der Rezeption antisemitischer Propaganda entwickelt werden, die bis in die Wochen vor der Kapitulation unablässig verbreitet wurde und das Wechselspiel von Wissenschaft, Propaganda und Politik verdeutlicht.[127] Als eine Besonderheit tritt nämlich hervor, dass seine Schriften durch die Berufung auf einen Lehrstuhl an der Universität Jena, wo Johann von Leers seit 1936 eine außerordentliche Blitzkarriere gelang, akademisch verbrämt wurden. Zwar ist er, wie Kapitel VI verdeutlicht, als Wissenschaftler nicht weiter ernst zu nehmen und zeichnet sich durch jenen „Mangel an geistiger Originalität" aus, der nationalsozialistischen Ideologen eigen war.[128] Gleichwohl leistete er, wie gezeigt werden soll, einen spezifischen Beitrag zur Entstehung und Begründung einer nationalsozialistischen „Judenforschung", die sich als akademische Disziplin verstand und entsprechend etablieren wollte.[129]

Die vorliegende biografisch-täterorientierte Studie versteht sich allerdings auch als Beitrag zur Nachgeschichte des Nationalsozialismus, die sich mit dem Verbleib von Angehörigen früherer Funktionseliten nach 1945 befasst.[130] Als „Weltanschauungstäter" zeichnete sich Johann von Leers dabei durch radikale Verweigerung und Verneinung aller Optionen aus, die eine Integration in die postnationalsozialistische Gesellschaft ermöglicht hätten. Kriegsniederlage und Kapitulation bedeuteten für ihn deshalb nur vordergründig einen Bruch. Zwar waren Internierung und Lagerhaft mit traumatischen Erfahrungen verbunden, zumal er kurzzeitig befürchten musste, in einem der Nürnberger Nachfolgeprozesse auf einer Anklagebank zu sitzen. Was folgte, war zudem eine beispiellose soziale Deklassierung. In seinen weltanschaulichen Überzeugungen bewies er gleichwohl ungebrochene Kontinuität und setzte die publizistische Zwangspause, die 1945 eingetreten war, spätestens seit 1949/50 konsequent fort. Kapitel VIII analysiert deshalb, weshalb ein Angehöriger der nationalsozialistischen Weltanschauungselite sich der „Rückkehr in die Bürgerlichkeit"[131] geschweige

---

127 Krings: Hitlers Pressechef, S. 16.
128 Kroll: Utopie als Ideologie, S. 12.
129 Zum Begriff „Judenforschung" als „Terminus der Täter" siehe Rupnow: Judenforschung, S. 15.
130 Zur Verknüpfung eines biografisch-täterorientierten Ansatzes mit organisations- und strukturgeschichtlichen Fragestellungen siehe Conze, Eckart/Frei, Norbert/Hayes, Peter/ Zimmermann, Moshe: Das Amt und die Vergangenheit. Deutsche Diplomaten im Dritten Reich und in der Bundesrepublik, München 2010.
131 Siehe Herbert, Ulrich: Rückkehr in die Bürgerlichkeit? NS-Eliten in der Bundesrepublik, in: Weisbrod, Bernd (Hrsg.): Rechtsradikalismus in der politischen Kultur der Nachkriegszeit. Die verzögerte Normalisierung in Niedersachsen (Veröffentlichungen der Historischen Kommission für Niedersachsen und Bremen; 38: Quellen und Untersuchungen zur Geschichte Niedersachsens nach 1945, Bd. 11), Hannover 1995, S. 157–173.

denn einer „Ausgrenzung in den Wohlstand"[132] verweigerte und damit von jener „Elitenkontinuität" ausschloss, die es beispielsweise zahlreichen SD-Intellektuellen ermöglichte, in der Bundesrepublik wichtige Rollen in Industrie, Management und Publizistik einzunehmen.[133] Zugleich will es aufzeigen, welche besondere Form der Konfrontation mit dem nationalsozialistischen Erbe der Bundesrepublik aus diesem Verhalten erwuchs. Nach der Flucht aus amerikanischer Internierung war Johann von Leers Ende 1946 in die Illegalität abgetaucht, um im Schatten seiner Frau frühere Netzwerke zu reaktivieren und in bescheidenem Umfang publizistisch tätig zu werden. Gleichwohl trug er sich spätestens seit 1948 mit dem Gedanken, gemeinsam mit seiner Familie Deutschland zu verlassen. Tatsächlich kam es allerdings erst im Sommer 1950 zur Übersiedlung nach Argentinien. Die Motive für diesen Entschluss und die Umstände seiner Auswanderung, die sowohl als Flucht als auch Emigration gedeutet werden kann, sollen deshalb ebenso untersucht werden wie die Netzwerke, die ihm diese Ausreise ermöglichten.

In Buenos Aires fand Johann von Leers Zugang zu den Kreisen früherer Nationalsozialisten und Kollaborateure, die bereits dort lebten, aber auch zu Vertretern der radikalen Strömungen der perónistischen Partei. Als Mitarbeiter des Dürer-Verlags und der Zeitschrift „Der Weg", deren Autoren oft schon der „antisemitischen Internationale" der Zwischenkriegszeit angehört hatten, konnte er seine frühere Propaganda fortsetzen. Unter wechselnden Pseudonymen verfasste er zahlreiche Beiträge, die die Herrschaftspraxis des Nationalsozialismus beschönigten und seine Verbrechen verharmlosten. Nicht zuletzt unter seinem Einfluss profilierte sich „Der Weg" als Kampfblatt im Geiste der SS, das auch in der Bundesrepublik seine Leser fand. Damit gerieten „Der Weg" und die hinter ihm stehenden Kreise nicht nur in den Blick der Sicherheitsbehörden, sondern auch der Presse. Die Einschätzung der daraus drohenden Gefahren stand allerdings, wie gezeigt werden kann, in Widerspruch zum tatsächlichen Einfluss, den Johann von Leers ausübte. Trotz seines neuerlichen Ausstoßes an Propagandaartikeln und gelegentlicher journalistischer Beiträge in seriösen Organen lebte er in Buenos Aires weitgehend mittellos mit seiner Familie in prekären Verhältnissen. Als überzeugter „Weltanschauungstäter" gelang es ihm im Gegensatz zu anderen Angehörigen der nationalsozialistischen Gesinnungsgemeinschaft in Südamerika nicht, lukrative Geschäftsfelder zu besetzen. Umso stärker musste er sich deshalb mit dem Niedergang des Kampfblattes „Der Weg" seit Mitte der 1950er Jahre auch sein persönliches Scheitern eingestehen.

---

132 HERBERT: Best, S. 472.
133 Siehe dazu HACHMEISTER: Der Gegnerforscher, S. 294–315.

Gliederung und Fragestellungen

Das Angebot, nach Ägypten überzusiedeln, erwies sich somit nicht nur als neue, sondern erkennbar letzte Chance, um weiterhin als Propagandist Wirkung entfalten zu können. Den ungewöhnlichen Weg eröffneten ihm Funktionäre der Arabischen Liga und des ägyptischen Staatsapparates. Einige von ihnen gehörten dem Umfeld Amin el-Husseinis an, der zwischenzeitlich ebenfalls in Kairo lebte. Das abschließende Kapitel IX untersucht die Motive für den abermaligen Wohnortwechsel, der durch den Niedergang des Perónismus in Argentinien und die drohende Insolvenz des „Wegs" ausgelöst wurde. Der Blick soll dabei zunächst auf den Kreis der Unterstützer geworfen werden, die ihm 1956 den Neustart ermöglichten. Die personellen Kontinuitäten, die hier sichtbar werden, reichen zurück auf die Netzwerke der „antisemitischen Internationale" der Zwischenkriegszeit. Angesichts zahlreicher Spekulationen, die bereits in der zeitgenössischen Presse kolportiert wurden, ist außerdem zu fragen, für welche Auftraggeber er tatsächlich publizistisch-propagandistisch tätig geworden ist. In einem weiteren Schritt wird schließlich analysiert, welche Versatzstücke seiner bisherigen Propaganda Johann von Leers im Kontext des israelisch-arabischen Konfliktes aktualisierte.

So fieberhaft seine Aktivitäten zunächst auch waren, so deutlich wird jedoch, dass er zunehmend in Isolation geriet. Ausgelöst wurde diese Entwicklung durch den körperlichen und geistigen Verfall nach zwei Schlaganfällen, der selbst seinen Fürsprechern in Kairo nicht verborgen blieb. Die zugänglichen Quellen legen den Schluss nahe, dass Johann von Leers seit etwa 1958 zwar weiterhin geduldet war, offizielle Stellen ihn aber mit allenfalls bedeutungslosen Aufträgen betrauten. Gleichzeitig setzte jedoch eine widersprüchliche Entwicklung ein. Schon seine skandalträchtige Enttarnung durch zwei Journalisten unmittelbar nach seiner Übersiedlung 1956 hatte ihn zu einer öffentlichen Person gemacht. Je einflussloser er de facto spätestens seit 1958 als politischer Akteur wurde, worüber sein uferloser Briefwechsel mit einigen prominenten Persönlichkeiten der Zeitgeschichte, weit überwiegend aber mit Randfiguren des Rechtsextremismus und Gleichgesinnten der „antisemitischen Internationale" nicht hinwegtäuschen konnte, desto schrillere Farben nahm das Bild an, das die Presse jetzt periodisch von ihm zeichnete. Angeheizt wurde diese Skandalisierung, wie gezeigt werden kann, durch die nicht nur in der Bundesrepublik aufkommenden Debatten über die Nachwirkungen der NS-Zeit und vor allem die strafrechtliche Ahndung ihrer Verbrechen. Spätestens seit Adolf Eichmanns Entführung gerieten zunehmend jene Funktionseliten in den Blick, die sich durch ihre Flucht nach Südamerika ihrer Verantwortung entziehen konnten. Ermittlungen der Justiz musste Johann von Leers zwar nicht befürchten; seine Anwesenheit in Ägypten ließ sich allerdings in den zahlreichen Konfliktsituationen im Nahen Osten und im israelisch-arabischen Verhältnis propagandistisch nutzen: Kairo als Schaltzentrale ehemaliger Wehrmachts- und Rüstungsexperten, flüchtiger SS-Angehöriger oder früherer NS-Propagandisten geriet zu einem wiederkehrenden Sujet in den Medien und wurde in den folgenden Jahren immer weiter ausgeschmückt.[134] Johann von Leers personifizierte dabei das Zentrum einer verschworenen und nahezu perfekt abgeschirmten Geheimorganisation, die über immense finanzielle Ressourcen verfügte, ihre Mitglieder weltweit effektiv zu schützen vermochte und in einflussreichen Positionen platzierte, um so am Ziel einer neuerlichen Machtübernahme zu arbeiten.[135] Durch Gespräche mit Journalisten trug er selbst allerdings nicht unwesentlich dazu bei, dieses Bild einer Spinne im Netz zu reproduzieren. Erklären lässt sich ein solches Verhalten damit, dass Inszenierungen dieser Art für Johann von Leers zu den wenigen verbliebenen Möglichkeiten zählten, überhaupt noch Aufmerksamkeit zu erregen. Die Auseinandersetzung um seinen Reisepass und die Umstände seiner Verlängerung, die Anfang 1959 sogar den Bundestag in Bonn erreichte, ist nur ein Beispiel dieser widersprüchlichen Entwicklung, in der die Relevanz seiner Person und ihr faktischer Einfluss auseinanderklafften. Dies führt abschließend zu der Frage nach seiner tatsächlichen Bedeutung als Akteur einer „faschistischen Internationale".

1.3 Quellen und Primärliteratur

So stetig und redundant die Sujets waren, die Johann von Leers auf der Basis seiner völkischen Weltanschauung behandelte, so rastlos verlief sein Leben an Orten auf drei Kontinenten. Dies musste sich auf die Quellen auswirken, die nur bruchstückhaft und verstreut überliefert sind.[136]

Für den Lebensweg bis 1945 stützt sich die Arbeit auf den überlieferten Nachlass im Bundesarchiv in Berlin und im Russischen Staatlichen Militärarchiv in

---

134 Beispielhaft für groteske Übertreibungen MESKIL, ROBERT: Hitler's Heirs. Where are they now?, New York 1961; BROCKDORFF, WERNER (= FRIEDRICH JARSCHEL): Flucht vor Nürnberg. Pläne und Organisation der Fluchtwege der NS-Prominenz im „Römischen Weg", München/Wels 1969.

135 Siehe STEINACHER, GERALD: Argentinien als NS-Fluchtziel. Die Emigration von Kriegsverbrechern und Nationalsozialisten an der Río de la Plata 1946–1955. Mythos und Wirklichkeit, in: MEDING, HOLGER M./ISMAR, GEORG (HRSG.): Argentinien und das Dritte Reich. Mediale und reale Präsenz, Ideologietransfer, Folgewirkungen (Deutsch-Lateinamerikanische Forschungen, Bd. 4), Berlin 2008, S. 231–253, hier S. 232.

136 Zu diesem Phänomen, das auch für völkische Autoren und Organisationen der Kaiserzeit zu konstatieren ist, siehe PUSCHNER, UWE: Die völkische Bewegung im wilhelminischen Kaiserreich. Sprache – Rasse – Religion, Darmstadt 2001, S. 21 f.

Moskau.[137] Vor allem der Bestand im dortigen Sonderarchiv enthält neben einer beträchtlichen Zahl an Korrespondenzen mit Weggefährten wie insbesondere Hans F. K. Günther, Herman Wirth und Richard Walther Darré auch einige Ego-Dokumente, die ansatzweise einen Blick auf seine innere Verfasstheit erlauben. Dort, wo Johann von Leers sich in den 1930er Jahren an öffentlichen Kontroversen beteiligte, wird auf einschlägige Organisationsbestände zurückgegriffen.

Die Flucht in die Illegalität Ende 1946 und das wechselhafte Leben seit 1950 in Argentinien und Ägypten bedingten, dass für diese Lebensphase Quellen in einer vergleichbar dichten Form nicht vorliegen. Sofern zum Zeitpunkt des Todes 1965 ein persönlicher Nachlass bestand, ist dieser vermutlich vernichtet worden.[138] Die umfangreichen Briefwechsel, die sich in Überlieferungen seiner Korrespondenzpartner finden, lassen allerdings ein schlüssiges Bild über sein Denken und Handeln seit Anfang der 1950er Jahre zu. Ein besonderer Stellenwert kommt auch den Unterlagen der Sicherheitsbehörden zu, in deren Blickfeld er seit seiner Übersiedlung nach Argentinien geriet. Zu nennen sind die Dossiers der Central Intelligence Agency (CIA) wie auch des Bundesnachrichtendienstes (BND) und des Bundesamtes für Verfassungsschutz (BfV).[139] Diese Unterlagen enthalten eine Vielzahl an Informationen, bedürfen allerdings einer kritischen Bewertung,

---

137 Der im Bundesarchiv in Berlin vorhandene Teilnachlass (N 2168) enthält zahlreiche Manuskripte und einige private Korrespondenzen. Er gelangte nach 1990 aus dem früheren Zentralen Staatsarchiv der DDR in Potsdam ohne Hinweise zur Bestandsgeschichte dorthin. Das Zentrale Staatsarchiv der DDR hatte den Nachlass im Herbst 1957 zusammen mit anderen Archivalien erhalten, die seinerzeit aus der Sowjetunion zurückgeführt wurden. Ergänzt wird dieser Teilnachlass durch eine Abgabe aus dem Politischen Archiv des Auswärtigen Amtes an das Bundesarchiv Koblenz aus dem Jahre 1965. Der Teilnachlass in Moskau (Fond 1283) enthält zahlreiche Korrespondenzen, Presseausschnitte und Manuskripte. Auf den Bestand wurde bereits Anfang der 1990er Jahre hingewiesen. Siehe ALY, GÖTZ/HEIM, SUSANNE: Das Zentrale Staatsarchiv in Moskau („Sonderarchiv"). Rekonstruktion und Bestandsverzeichnis verschollen geglaubten Schriftguts aus der NS-Zeit, Düsseldorf 1993, S. 38. Der Bestand konnte mit Unterstützung durch das Deutsche Historische Institut Moskau ausgewertet werden. Die Überlieferungsgeschichte zeigt, dass die im Bundesarchiv verwahrten Unterlagen offensichtlich 1945 in die Hände der sowjetischen Besatzungsbehörden gerieten. Johann von Leers wies 1952 selbst darauf hin, sein Archiv sei *bei der Ausplünderung unseres Hauses durch die Roten verloren gegangen*. Johann von Leers an Grimm, 18.06.1952 [DLA, NL Grimm, Sig. HS001316235]. Um die Lesbarkeit der Arbeit zu erleichtern, wurden Quellenzitate maßvoll an die neue deutsche Rechtschreibung angepasst.
138 Nach Angaben seiner Tochter sollen Korrespondenzen nach dem Tod von Johann von Leers durch dessen Ehefrau vor der Rückkehr der Familie in die Bundesrepublik Deutschland in Kairo vernichtet worden sein. Auskunft Gesine von Leers [Interview 26.02.2006].
139 Unterlagen der CIA sind in der National Archives and Records Administration (NARA) in Washington [Record Group 236, Eintrag ZZ-16, Box 32, NND 36822] seit vielen Jahren zugänglich. Der Bestand von BND und BfV wurde dem Verfasser 2013 bzw. 2015 auf Antrag zugänglich gemacht.

da ihre Urheber nicht immer zu erkennen sind und an deren Glaubwürdigkeit mitunter Zweifel besteht. Sie enthalten zudem eine Reihe von Fehlinformationen und kolportieren oftmals, was von dritter Seite über Johann von Leers behauptet wurde. Dies gilt auch für einen Bestand personenbezogenen Unterlagen, der Korrespondenzen und Protokolle von Gesprächen mit Akteuren des Rechtsextremismus umfasst.[140] Trotz der unbefriedigenden Quellenlage, die für historische Studien über die Entstehung und Entwicklung des Rechtsextremismus als ein Teil der politischen Kultur in der Bundesrepublik bereits vor fast 40 Jahren konstatiert wurde[141], erlauben sie dennoch einen Einblick in das internationale Netzwerk von Antisemiten und Rechtsextremisten, in dem Johann von Leers, wie gezeigt werden soll, zeitweise eine tragende Rolle spielte.

Völlig gegensätzlich stellt sich die Situation hinsichtlich der publizistischen Hinterlassenschaften dar. Schon die völkischen Schriftsteller und Weltanschauungspropheten im Kaiserreich waren davon überzeugt, ihre Ziele am besten durch eine Flut literarischer Erzeugnisse und durch permanente Agitation erreichen zu können. Monografische Werke ihrer oft von „messianischem Eifer"[142] geleiteten Repräsentanten und das periodisch erscheinende Schrifttum gelten deshalb zu Recht als wichtige Quellen zur Erforschung der völkischen Weltanschauung und Bewegung dieser Zeit. Eine Schlüsselrolle nahmen dabei Zeitschriften ein, die im Entstehungsprozess der völkischen Bewegung seit der Jahrhundertwende zum „Träger der Weltanschauung wie der Bewegung" wurden.[143] Aus den darin enthaltenen Beiträgen, Auflagenhöhe, Leserschaft und Verbreitung lassen sich Rückschlüsse für die Analyse des „völkischen Komplexes" im wilhelminischen Kaiserreich bis zum Ersten Weltkrieg ziehen.[144] Verstärkt wird dies durch eine von völkischen Vordenkern wie Theodor Fritsch praktizierte Strategie der „Interpenetration"[145], der seine Zeitschrift „Hammer" für fremde Autoren öffnete und eigene Autoren ermunterte, in konkurrieren-

---

140 Der Bestand nicht klar erkennbarer Provenienz setzt sich aus dem Archiv des Publizisten Ni-Nikolaus Ryschkowsky und Unterlagen von Toni Nikolaus Schreiber, einem früheren Anhänger Otto Straßers, zusammen. Es wird heute im Antifaschistischen Presse- und Bildungszentrum (APABIZ) in Berlin verwahrt.
141 DUDEK, PETER/JASCHKE, HANS-GERD: Entstehung und Entwicklung des Rechtsextremismus in der Bundesrepublik. Zur Tradition einer besonderen politischen Kultur (Bd. 2), Opladen 1984, S. 23.
142 PUSCHNER, UWE: Weltanschauung und Religion, Religion und Weltanschauung. Ideologie und Formen völkischer Religion, in: Zeitenblicke 5 (2006) 1, S. 3.
143 DERS.: Die völkische Bewegung im wilhelminischen Kaiserreich, S. 21.
144 EBD.
145 BREUER, STEFAN: Gescheiterte Milieubildung. Die Völkischen im deutschen Kaiserreich, in: ZfG 52 (2004), S. 995–1016, hier S. 1012.

den Organen zu publizieren. Eine solche Vernetzung und Infiltration[146] trifft auch für die völkische Bewegung und ihre Repräsentanten der späten 1920er und frühen 1930er Jahre zu, die ihren Vorgängern im Ausstoß an Zeitschriften, Werbematerialien und Pamphleten nicht nachstanden. Insofern überrascht es nicht, dass auch Johann von Leers sich als Herausgeber einer Zeitung versuchte. Die „Nordische Welt", die er gemeinsam mit seiner Ehefrau zwischen 1933 und 1937 verantwortet hat und für die er zahlreiche Beiträge verfasste, spielte in der Phase völkisch-religiöser Sammlung seit 1933 eine wichtige Rolle. Sie erlaubt es auch, seinen Standort in diesem durch zahlreiche Bünde, Kleingruppen und Zirkel geprägten Kosmos zu bestimmen. Als Organ der Gesellschaft für germanische Ur- und Vorgeschichte war die „Nordische Welt" zudem maßgeblich daran beteiligt, die Ideen Herman Wirths zu popularisieren.

Seine weitläufige Publizistik, die mit der eines Ernst Graf zu Reventlow verglichen werden kann[147], blieb allerdings nicht auf einzelne Sujets beschränkt. Als Propagandist seiner Partei bediente er, teilweise unter Pseudonym (nachweislich als „M. T[h]omas" im „Angriff" und vermutlich als „Quak" in der „NS-Landpost"), zahlreiche Gauzeitungen mit feuilletonistischen Artikeln und tagespolitischen Analysen.[148] Er stecke *über Kopf und Kragen in der Arbeit*, die ihn *stark in Anspruch* nehme, zumal er *meistens eine ganze Menge terminierter Zeitungsarbeit* zu erledigen habe, schrieb Johann von Leers 1938 dem Schriftsteller Hans Friedrich Blunck.[149] Wie fest er in die nationalsozialistische Presselenkung eingebunden war, verdeutlicht die Tatsache, dass seine Beiträge durch die „Nationalsozialistische Parteikorrespondenz" verbreitet wurden, die seit 1933 von allen Zeitungen bezogen werden musste und seitdem auch mit seinen Beiträgen politisch-weltanschaulichen Charakters versorgte.[150] Darüber hinaus betätigte er

---

146 Siehe EBD. („Vernetzungsstrategie") sowie PUSCHNER, UWE: Verwissenschaftlichung der Weltanschauung. Völkische Aspirationen, Strategien und Rezeptionen in der langen Jahrhundertwende, in: FAHLBUSCH, MICHAEL/HAAR, INGO/PINWINKLER, ALEXANDER (HRSG.): Handbuch der Völkischen Wissenschaften (Bd. 1: Biographien), Berlin/Boston 2017, S. 9–18, hier S. 13 („Infiltrationsstrategie").

147 BOOG, HORST: Graf Ernst zu Reventlow (1869–1943). Eine Studie zur Krise der deutschen Geschichte seit dem Ende des 19. Jahrhunderts (Diss. phil.), Heidelberg 1965, S. 13.

148 Auf das Pseudonym „M. T[h]omas" wies Johann von Leer später selbst hin, siehe LÜDTKE, GERHARD (HRSG.): Kürschners Deutscher Gelehrtenkalender 1940/41 (Bd. 2), Berlin 1941, S. 28 f. Zu „Quak" siehe Mappe 14 im Bestand des Sonderarchivs Moskau. Dort sind ausschließlich Beiträge von Johann von Leers zum Thema „Kritische Betrachtungen" abgeheftet, darunter solche unter dem genannten Pseudonym. Zu den nach 1945 eingesetzten Pseudonymen siehe Kap. 8 und 9.

149 Johann von Leers an Blunck, 21.09.1938 [SHLB, NL Blunck, Cb 92.56: 52, Bl. 10].

150 Beispielhaft genannt sei der Beitrag „Die Frau im öffentlichen Leben", der 1934 von zahlreichen Zeitungen und Zeitschriften übernommen wurde, siehe u. a. Arbeit und Staat (Jg. 1935, Nr. 37/38), Oldenburger Staatszeitung (16.04.1935), Deutsche Zeitung (19.09.1934), Deutsche

sich als Korrespondent der „NSZ-Rheinfront" (Kaiserslautern), deren Berliner Redaktion mit seiner Privatanschrift übereinstimmte, und seit April 1935 als „ständiger Berliner Mitarbeiter" für den „Hakenkreuzbanner" (Mannheim).[151]

Anhand dieser Veröffentlichungen lässt sich nicht nur seine antisemitische Semantik[152] analysieren, sondern auch die Wege ihrer Verbreitung und Vermittlung. Neben den zahlreichen Massenmedien mit zum Teil hohen Auflagen, überregionaler Verbreitung und Leitbildfunktion wie der „Angriff", der neben dem „Völkischen Beobachter" „zweitwichtigste[n] Tageszeitung"[153] der NSDAP, sowie Propagandaschriften sind seine Aufsätze in Fachpublikationen und vor allem den Leitmedien der weltanschaulichen Schulung („NS-Monatshefte", „Weltkampf", „Odal", „SS-Leitheft", „Volk und Rasse") zu nennen. Johann von Leers setzte seine Kontakte zu Redaktionen zudem dafür ein, Veröffentlichungen befreundeter Autoren durch Rezensionen gezielt zu bewerben. Bisweilen entstand daraus eine Art „Rezensionskartell auf Gegenseitigkeit", wie dies etwa in der Korrespondenz mit Blunck deutlich wird.[154]

Problematischer ist es dagegen, einen Überblick über das publizistische Wirken seit Ende der 1940er Jahre zu gewinnen. Neben dem „Weg", für den er zwischen 1950 und 1956 kontinuierlich tätig gewesen ist und der ihm sein publizistisches Profil zu verdanken hatte, fanden seine Veröffentlichungen oft nur Verbreitung in Zeitschriften politisch bedeutungsloser Kleingruppen („Völkische Plattform", „Die Anklage", „Folk og Land", „Nordisk Kamp") oder in den

---

Metallarbeiter-Zeitung (01.09.1934), Schleswig-Holsteinische Zeitung (30.08.1934), Das Reich der Frau (August 1934), Pommersche Zeitung (26.08.1934), Bremer Zeitung (26.08.1934), Stuttgarter Tageblatt (22.08.1934), Generalanzeiger Ludwigshafen (22.08.1934), Volksparole (16.08.1934), Der Deutsche (11.08.1934), Westfälische Landeszeitung (12.08.1934), Mannheimer Tageblatt (12.08.1934), Leipziger Tageszeitung (12.08.1934) und Saarbrücker Zeitung (12.08.1934). Siehe auch NS-Lehrerbund, Hauptstelle Presse und Propaganda, an Johann von Leers, 12.05.1943 [BArch, NS 12/1433].

151 Siehe dazu die Ankündigung einer Kundgebung mit Johann von Leers in Mannheim im „Hakenkreuzbanner" vom 26.01.1936. 1937 trat er erneut in der Stadt auf. Siehe O. V.: Das wahre Gesicht des Judentums, in: Hakenkreuzbanner vom 20.03.1937.
152 Siehe dazu JAHR: Antisemitismus vor Gericht, S. 28–30.
153 LONGERICH: „Davon haben wir nichts gewusst!", S. 9.
154 Johann von Leers an Blunck, 28.04.1933 [SHLB, NL Blunck, Cb 92.56: 52, Bl. 1], ebenso Blunck an Johann von Leers, 30.11.1933. Blunck dankte für die Zusendung des Buches „Der Junge von der Feldherrnhalle" [SHLB, NL Blunck, Cb 92.51: 52, Bl. 3]. Siehe auch Blunck an Johann von Leers, 16.11.1934: Blunck ließ Johann von Leers sein neu erschienenes Buch „Große Fahrt" zukommen und bat um Rezensionen [SHLB, NL Blunck, Cb 92.51: 52, Bl. 4]. Siehe dazu Johann von Leers an Blunck, 20.10.1934: *Selbstverständlich werde ich ihr Buch ‚Große Fahrt' in einer Anzahl ganz großer Leitartikel in der Deutschen Zeitung, im Odal des Reichsbauernführers, in der NSZ-Rheinfront und wo immer ich diese Besprechung unterbringen kann, besprechen.* [SHLB, NL Blunck, Cb 92.56: 52, Bl. 3]. Am 02.11.1934 schickte von Leers Blunck seine für die „Deutsche Zeitung" verfasste Rezension zu [SHLB, NL Blunck, Cb 92.56: 52, Bl. 4].

Organen jener Gesinnungsgemeinschaften, die als Schwundformen der völkisch-religiösen Bewegung überlebt hatten („Der Quell", „Volkswarte"). Damit war Johann von Leers ins „Souterrain von Publizistik und Literatur"¹⁵⁵ zurückgekehrt, das schon ein Kennzeichen der völkischen Bewegung im Kaiserreich gewesen ist. Wiederbelebt wurde auch die Eigenart, unter Pseudonym zu publizieren. Aufgrund wechselnder Namen ist er allerdings nicht immer als Urheber zu erkennen. Neben den bereits seit den 1950er und 1960er Jahren bekannten Decknamen sollen in dieser Arbeit wenigstens zwei weitere offen gelegt werden.

Abb. 1: Die Geschwister Werner, Kurt und Johann von Leers (v. l. n. r.)

Abb. 2: Familienaufnahme mit Johann von Leers (5. v. r.), o. D.

---

155 PUSCHNER, Die völkische Bewegung im wilhelminischen Kaiserreich, S. 18.

2. Formative Jahre: „Seit meiner Jugend in völkischen Gedanken lebend"

Die Fassade ist heruntergekommen, das Mauerwerk ruiniert, Fensterscheiben sind zerstört und das weitläufige Gelände verwahrlost: Gut Vietlübbe unweit der Ortschaft Gadebusch im heutigen Mecklenburg-Vorpommern gilt seit Jahren als ein „Schandfleck im Dorf", fasste eine Lokalzeitung im Frühjahr 2013 Stimmen unter den Einwohnern zusammen. Seine Zukunft jedoch war zu diesem Zeitpunkt ungewiss. Bereits zum zweiten Mal stand das historische Anwesen damals zur Versteigerung an. Doch ein Käufer fand sich auch diesmal nicht. Dabei war der Kaufpreis bereits deutlich gesunken. Statt der ursprünglich 61.000 Euro, die das Gutshaus noch wert sein sollte, hätten bereits 30.500 Euro für den Erwerb ausgereicht. Selbst dieser geringe Betrag aber lockte keine Kaufwilligen ins Amtsgericht Grevesmühlen.[1] Die Anwohner müssen deshalb weiter mit dem Anblick der Ruine leben, deren frühere Pracht sich allenfalls erahnen lässt.

2.1 Herkunft und „Handlungsmilieus"

Schon gar nichts erinnert daran, dass Johann von Leers am 25. Januar 1902 auf diesem Gut im damaligen Amt Gadebusch im Herzogtum Mecklenburg-Schwerin als erster Sohn des Rittergutsbesitzers Kurt von Leers (1871–1917) und dessen Ehefrau Elisabeth (1877–1940), Tochter des Rittmeisters Friedrich Otto von Buch (1845–1921) und seiner Ehefrau Elisabeth (1853–1916) aus dem Uradelsgeschlecht der Podewils, geboren wurde und evangelisch-lutherisch

---

1   SCHMIDT, MICHAEL: Historisches Anwesen konnte erneut nicht versteigert werden. Gutshaus Vietlübbe bleibt Ladenhüter, in: Gadebusch-Rehnaer-Zeitung vom 12.04.2013. Siehe https://www.svz.de/lokales/gadebusch/artikel/gutshaus-vietluebbe-bleibt-ladenhueter-40101191 [Eingesehen am 11.10.2022].

getauft worden ist.² Die Familie väterlicherseits entstammte dem Hamburg-Mecklenburgischen Zweig dieses Geschlechts, das sich bis ins 16. Jahrhundert zurückverfolgen lässt und angeblich *holländischer Herkunft* gewesen sein soll.³ Nachdem sie *im ausgehenden 18. Jahrhundert nach Deutschland eingewandert waren*⁴, blieben die von Leers über mehrere Generationen zunächst in Hamburg ansässig und betätigten sich in Holstein und Mecklenburg in Kaufmannsberufen sowie als Händler und Fabrikanten, die unter anderem mit Kupfermühlen und Messingwerken ihr Geld verdienten. Die Erhebung in den Adelsstand erfolgte 1791, als Kaiser Leopold II. Johann Jakob Leers (1732–1814), Großherzoglich Mecklenburg-Schwerinscher Amtsrat und Geheimer Finanz- und Domänenrat in Schwerin, in den Reichsadel aufnahm. Johann Jakob Leers war es auch, der 1786 Gut Vietlübbe erwarb und so den Grundstein für einen Familiensitz legte, der mehr als 150 Jahr erhalten blieb. In den folgenden Jahrzehnten wurden die Besitztümer stark erweitert. Sohn Johann Jakob von Leers (1782–1855), seit 1838 Landrat in Mecklenburg-Schwerin, kaufte mehrere Güter (Schönfeld, Mühlen-Eixen mit Groß-Eixen und Goddin) hinzu, die er als Fideikommisse stiftete. Eines davon übernahm gegen Ende des 19. Jahrhunderts Kurt von Leers.

2 Zum vollständigen Taufnamen Johann Jakob [gelegentlich auch „Jacob"] Werner Wilhelm Hans Friedrich Ernst Rudolf von Leers siehe KOERNER, BERNHARD (HRSG.): Genealogisches Handbuch Bürgerlicher Familien. Ein deutsches Geschlechterbuch (Bd. 17), Görlitz 1910, S. 301. Zu dem völkischen Genealogen, der später auch mit Johann von Leers korrespondierte [BArch, N 2168/3, Bl. 12] und in dessen Zeitschrift „Nordische Welt" publizierte [u. a. NW 1 (1933) 7/8, S. 15–18] siehe GERSTNER, ALEXANDRA: Neuer Adel. Aristokratische Elitenkonzeptionen zwischen Jahrhundertwende und Nationalsozialismus, Darmstadt 2008, S. 69–77, 376–420. Zur Herkunft siehe Lebenslauf Promotion, 09.02.1925 [UA Rostock, Promotionsakte], Personalbogen zum Eintritt in den Auswärtigen Dienst, 15.07.1926 [PA AA, Rep. IV. Personalia, Bd. 1, Nr. 8643, Bl. 3–4] sowie Lebenslauf zur Aufnahme in die SS, 22.06.1936 [BArch, BDC-SSO, 6400025846]. Zur Religionszugehörigkeit Matrikel Universität Rostock [UA Rostock, Matrikel] sowie Personalbogen Auswärtiges Amt. Der Austritt aus der Kirche erfolgte 1932. Zu Eltern und Großeltern väterlicher- und mütterlicherseits Fragebogen, 02.11.1936 [ThHStAW, PA Nr. 18260, Bl. 12–13].
3 Siehe KOERNER: Genealogisches Handbuch Bürgerlicher Familien, S. 288–301; Lebenslauf, 01.11.1936 [ThHStAW, PA Nr. 18260, Bl. 10–11]. Demnach habe die Familie des Vaters *in der holländischen Geschichte eine gewisse Rolle gespielt*. An anderer Stelle wird sogar *eine leitende Rolle* behauptet [UAJ, Bestand D 1868].
4 Lebenslauf, 01.11.1936; Abschrift Zeugnis der Reife, 01.03.1921 [ThHStAW, PA Nr. 18260, Bl. 11, 98–99]. Siehe dagegen Erklärung zur Genealogie der Familie von Leers (Vera Freifrau von Wackerbarth), 20.08.1989 [Privatarchiv]: Demnach *phantasierte* sich Werner von Leers die *holländische Herkunft* zusammen.

2.1.1 Geschwister: „Mein lieber Hansi"

Aus der 1901 geschlossenen Ehe sollten zwei weitere Söhne hervorgehen. Kurz nach Johann wurde Werner von Leers (1904–1954) geboren, acht Jahre später Kurt Mathias von Leers (1912–1945). Nach den wenigen vorliegenden Dokumenten zu urteilen, zeichneten sich die Geschwister durch grundverschiedene Charaktere aus, sodass ihre Beziehungen untereinander nicht frei von Konflikten blieben. *Er habe nicht den Ehrgeiz* geschweige denn *Talent und Zeit* dafür, *Friedensengel zwischen Euch zu spielen*, heißt es beispielsweise in einem Brief von Kurt von Leers an den älteren seiner Brüder. Stattdessen ziehe er es vor, seine Brüder *getrennt zu genießen, weil sie sich sonst vereint schlagen*.[5] Die hier angedeuteten Spannungen mit Werner von Leers dürften der Tatsache geschuldet gewesen sein, dass letztlich er es gewesen ist, der in einer Situation persönlicher Überforderung den ökonomischen Ruin des Familienguts in den 1920er Jahren zu verantworten hatte (siehe Kap. 2.5.2). Die eigenwillige Seite seiner Persönlichkeit zeigte sich überdies darin, dass Werner von Leers mehrfach mit der Justiz in Konflikt geriet: Im September 1937 wurde er wegen eines Vergehens gegen das „Gesetz gegen heimtückische Angriffe auf Staat und Partei und zum Schutz der Parteiuniformen" zwei Wochen in Untersuchungshaft genommen.[6] Aus den spärlich überlieferten Quellen geht hervor, dass er zu diesem Zeitpunkt schon einmal zu einer Geldstrafe verurteilt worden war. Im Mai 1943 erfolgte erneut eine Festnahme, diesmal aufgrund eines Haftbefehls wegen *Beleidigung u[nd] übler Nachrede*. Nach drei Tagen in der Untersuchungshaftanstalt Moabit wurde er allerdings wieder entlassen.[7] Gleichwohl gelang es Werner von Leers, als Landwirt zeitweise ein Auskommen zu finden und in die Fußstapfen der Familie zu treten. Johann von Leers will ihm dabei in den 1940er Jahren sogar mit Ratschlägen zur Seite gestanden haben: Sein Bruder verwalte *eine Vielzahl von Gütern und landwirtschaftlichen Betrieben*, wolle aber jetzt selbst

---

[5] Kurt von Leers an Johann von Leers, o. D. [BArch, N 2168/2, Bl. 80].
[6] Gefängnis Berlin Lehrterstraße, 23.09.1943 [LA Berlin, A Pr. Br. Rep. 030-02-05, Nr. 324].
[7] Merkblatt Abteilung K, 19.05.1943 [LA Berlin, A Pr. Br. Rep. 030-02-05, Nr. 324]. Die bei Sennholz überlieferte Behauptung, Werner von Leers habe aus „oppositionelle[r] Haltung" heraus dem NS-Staat „von Anfang an feindlich gegenüber" gestanden, ist nicht belegt. Die Darstellung, Werner von Leers sei 1943 von Moabit aus „nach Dachau überstellt" worden, wird durch die Namenslisten und Zugangsbücher in der KZ-Gedenkstätte Dachau nicht bestätigt [Archiv KZ-Gedenkstätte Dachau, Auskunft vom 02.04.2019]. Insofern kann die Behauptung, Himmler habe sich wie später bei seinem Bruder Kurt (s. u.) „auch dieses Mal" aufgrund einer Intervention durch Johann von Leers bereit erklärt, der „Entlassung zuzustimmen", nicht zutreffen. Siehe SENNHOLZ, MARCO: Johann von Leers. Ein Propagandist des Nationalsozialismus, Berlin 2013, S. 275 f.

wieder ankaufen, sodass er ihm empfohlen habe, *dies in Ungarn zu tun*, wo derzeit *ausgezeichnete landwirtschaftliche Verhältnisse bestehen*, schrieb er einem Freund der Familie.[8]

Mochte das Verhältnis zu Werner von Leers vor allem durch Rivalitäten geprägt gewesen sein, wie sie unter gleichaltrigen Geschwistern vorkommen, bestand zu dem deutlich jüngeren Bruder ein distanziertes Verhältnis. Sie seien *so verschiedene Menschen*, charakterisierte Kurt von Leers 1932 diese Beziehung, ohne Details zu nennen.[9] Neben dem beträchtlichen Altersunterschied spielten ganz offensichtlich auch Differenzen in Fragen von Religion und Glauben eine Rolle. Obgleich protestantisch getauft, hatte sich Kurt von Leers bereits als Schüler dem Katholizismus genähert und war als 18-Jähriger konvertiert. 1938 nahm er als Priesteramtskandidat des Bistums Osnabrück in Münster ein Studium der Katholischen Theologie auf, das er ab 1939 an der Jesuitenhochschule St. Georgen in Frankfurt am Main fortsetzte. Den völkischen Ideen seines Bruders stand Kurt von Leers nicht nur reserviert gegenüber. Zeitweise müssen sie auch Gegenstand heftiger Auseinandersetzung gewesen sein: *Was nennst Du eigentlich Deine ‚völkische' Weltanschauung, zu der ich im Gegensatz stehen soll*, griff er Johann von Leers an, um sich selbst an einer Antwort zu versuchen: Zustimmen könne er diesem Begriff, sofern damit gemeint sei, *dass wir heute in Deutschland im Begriffe sind, Morsches und in sich selbst zusammenbrechende Ladenhüter vergangener Jahrhunderte auszukehren*, um die *Bahn frei zu machen für eine Neugestaltung des Vaterlandes*. Diese Neugestaltung aber müsse zu jenen gottgewollten *Urideen* zurückkehren, die seinem Bruder derzeit *verhüllt* blieben.[10] Noch am Tag vor der Hochzeit seines Bruders im September 1932 mahnte Kurt von Leers diesen zur *Rückkehr zu Christus* und verband damit die Hoffnung, Johann von Leers werde jenen *Frieden* am *Fuß des Heilandskreuzes* finden, von dem ihn und seine Frau *ein edles aber mißgeleitetes Streben entführt hätte*.[11] Solche Versuche der Bekehrung blieben freilich erfolglos. Glaubt man Johann von Leers, will er dem Lebensweg seines Bruders mit einer Mischung aus Desinteresse und Respekt begegnet sein: Sein jüngerer Bruder sei *katholisch geworden* und habe *die ersten Weihen* erhalten, jenen Beruf zu ergreifen, *an dem er mit ganzem Herzen hängt*, schrieb er im November 1942 einem Freund der Familie. Er selbst sei zwar *in dieser Hinsicht durchaus anderer Meinung*, wolle ihn aber auf seinem Weg *nicht stören*, fühle er sich doch *glücklich dabei*.[12] Zu die-

---

8   Johann von Leers an Wendland, 12.11.1942 [RGVA, Fond 1283/12a, Bl. 119].
9   Kurt von Leers an Johann von Leers, o. D. [28.09.1932] [RGVA, Fond 1283/56, Bl. 220].
10 Kurt von Leers an Johann von Leers, o. D. [BArch, N 2168/2, Bl. 80].
11 Kurt von Leers an Johann von Leers, o. D. [28.09.1932] [RGVA, Fond 1283/56, Bl. 220].
12 Johann von Leers an Wendland, 12.11.1942 [RGVA, Fond 1283/12a, Bl. 119].

sem Zeitpunkt allerdings musste diese Darstellung äußerst befremdlich wirken. Wenige Tage zuvor nämlich war Kurt von Leers wegen seiner „Kompromisslosigkeit dem NS-Staat gegenüber" verhaftet und ins Gefängnis der Gestapo in Frankfurt am Main verbracht worden, wo er, wie Glaubensbrüder berichteten, „grausam schikaniert und gefoltert"[13] wurde. Über die tatsächlichen Hintergründe liegen nur vage Hinweise vor. So heißt es, Kurt von Leers habe aufgrund seiner Arbeit in der „Jugendseelsorge" die Aufmerksamkeit auf sich gelenkt.[14] Ein Kommilitone erinnerte sich, die Gestapo sei der „irrigen Meinung" gewesen, Kurt von Leers habe „staatsfeindliche Reden" geführt und „unter Hinweis auf Augustinus" und dessen Schriften „immer wieder" betont, „wie wenig der derzeitige Staat dem christlichen Ideal entspreche".[15] In diese Richtung deutet auch der Hinweis, die Verhaftung sei „wegen angeblich regimekritischer Äußerungen" erfolgt.[16] Nachdem Kurt von Leers während der Verhöre allerdings standhaft geblieben sei und sich geweigert haben soll, „Belastendes" gegen andere Seminaristen oder die Hausleitung auszusagen, wurde er am 19. Februar 1943 als Schutzhäftling ins KZ Dachau überstellt. Worauf zurückzuführen ist, dass er am 18. Oktober wieder entlassen wurde, lässt sich nicht zweifelsfrei bestimmen.[17] Eine Erklärung könnte sein, dass er zwischenzeitlich an Tuberkulose erkrankt war. Ob auch „das Kommissariat der Fuldaer Bischofskonferenz" und Osnabrücks Bischof Wilhelm Berning (1877–1955) „beim Reichssicherheitshauptamt"[18] intervenierten, muss offen bleiben. Ebenso fehlen Belege für die später verbreitete Mutmaßung, Johann von Leers habe die Entlassung „direkt durch den Reichsführer der SS" erwirkt, dies aber an die Bedingung geknüpfte, „dass sein Bruder sich von seinem dezidiert kath[olischen] Glauben und seinen bekannten

---

13 KRÜGER, RENATE/MOLL, HELMUT: Kurt Mathias von Leers, in: MOLL, HELMUT (HRSG.): Zeugen für Christus. Das deutsche Martyrologium des 20. Jahrhunderts, Bd. 1, Paderborn 2000, S. 263f. Der Eintrag enthält allerdings eine Reihe falscher Angaben zu Johann von Leers, der als „Buchhändler" bezeichnet wird, „eine Professur für Raumkunde auf rassischer Grundlage" innegehabt haben soll und „in leitender Stellung im Reichspropagandaministerium tätig" gewesen sei.
14 Siehe DIAMANT, ADOLF: Gestapo Frankfurt am Main. Zur Geschichte einer verbrecherischen Organisation in den Jahren 1933 bis 1945, Frankfurt am Main 1988, S. 215.
15 KRÜGER/MOLL: Kurt Mathias von Leers, S. 263f.
16 HEHL, ULRICH VON (HRSG.): Priester unter Hitlers Terror. Eine biographische und statistische Erhebung (Veröffentlichungen der Kommission für Zeitgeschichte, Reihe A: Quellen, Bd. 37), Paderborn ³1996, S. 838.
17 Siehe WENDEL-GILLIAR, MANFRED: Das Reich des Todes hat keine Macht auf Erden: Priester und Ordensleute. 1933 bis 1945 KZ Dachau (Bd. 3; Diözesen L–M sowie orthodoxe Geistliche), Rom 2004, S. 79, 93. Dort heißt es einschränkend sowie vermutlich in Anlehnung an Hehl, die Verhaftung sei „wegen angeblich regimekritischer Äußerung" erfolgt. Zu den Haftdaten siehe Archiv der KZ-Gedenkstätte Dachau, Auskunft vom 13.12.2006.
18 HEHL: Priester unter Hitlers Terror, S. 838.

Lebensplänen" abwende.[19] Die Geschichte wirft allerdings ein bezeichnendes Licht auf das Verhältnis der Brüder. Verbürgt ist, dass Kurt von Leers nach seiner Entlassung in ein Lungensanatorium im Schwarzwald verlegt wurde, wo er am 3. August 1945 verstorben ist.[20]

Die Kindheit auf dem Gut der Familie verlief gleichwohl zunächst behütet. Er sei, glaubt man romantisierenden Erinnerungen rund 40 Jahre später, auf einem *stillen* und *wunderhübschen* Gut *mit Wald und großem See und einem lieben, einstöckigen alten Gutshause* aufgewachsen. Die Lebensverhältnisse dieser versunkenen Heimat idealisiert er im Rückblick als zwar *einfach*, aber *gesichert*, obwohl sein Vater, *ein stiller freundlicher Mann*, der *mit ganzem Herzen* in seiner Arbeit als *Land- und Forstwirt* aufging, *schwer zu kämpfen hatte, das Gut zu halten*. Die Wirtschaft auf dem *Rübenboden* nämlich sei *sehr kapitalintensiv* gewesen. Der Familie jedoch stand *kein Barvermögen* zur Verfügung.[21] Insofern war von den „besseren Verhältnissen"[22], denen Johann von Leers entstammen sollte, kaum mehr als eine Fassade vorhanden. Die ökonomische Notlage, die hier angedeutet wird und auf die noch einzugehen ist, blieb nicht ohne Folgen. Nachdem sein Vater Kurt von Leers das Gut nicht länger unterhalten konnte, ein Verkauf aber scheiterte, musste es verpachtet werden und die Familie Vietlübbe um 1909/10 verlassen. Wie um den Bruch zu dokumentieren, zog sie vorübergehend in den äußersten Südwesten des damaligen Deutschen Reiches ins 1871 geschaffene Reichsland Elsass-Lothringen, wo sich dem Vater Kurt von Leers, der inzwischen in eine kaiserliche Beamtenlaufbahn eingetreten war,

---

19 KRÜGER/MOLL: Kurt Mathias von Leers, S. 263 f. Nach Angaben der Autoren musste dieser Versuch „zwangsläufig zum Scheitern verurteilt" gewesen sein, ohne dass dies näher erklärt würde. Siehe auch die Darstellung bei SENNHOLZ: Johann von Leers, S. 276.
20 KRÜGER/MOLL: Kurt Mathias von Leers, S. 263 f.
21 Siehe auch die Ballade „Alte Zeit", die während der Internierung verfasst wurde und im Nachlass von Blunck überliefert ist: *Könnt' ich die alten Tage noch, die Tage der Kindheit erwecken! // Das blühte wie Rotdorn und Heidekraut, das kichert aus allen Ecken … // Könnt' ich das alte Herrenhaus mit den hohen // Kastanienbäumen // und den runden Scheunen, mit Stroh gedeckt heimrufen mit den Träumen. // Könnt' ich den Kinderjubel hell im sommerheißen Garten // noch einmal mitjubeln, wie einst er klang – wie gerne wollt ich warten. // [...] Könnt' ich die Klänge, die längst verhallt, noch einmal hören klingen // wie morgens vom Park der Tauber rief und wie die Pferde gingen, // die über den Hof zum Acker gefahren und die große Pumpe drehten, // das Malmen der Kühe im alten Stall und die Winde, die Winters wehten, // das Krachen der Kienäste im Kamin, die knisternden sprühenden Funken, // wenn wir Kinder den Tanz der Flammen sahen, Heimat, lang versunken!* [SHLB, NL Blunck, Cb 92.51: 52a, Anlage Bl. 1–6]. Zur Entstehung siehe Blunck an Gesine von Leers, 15.10.1947: *Sie werden darüber staunen, dass ich die Ballade über Don Juan für die beste halte* [SHLB, NL Blunck, Cb 92.51: 52a, Bl. 7].
22 HARTEN, HANS-CHRISTIAN/NEIRICH, UWE/SCHWERENDT, MATTHIAS: Rassenhygiene als Erziehungsideologie des Dritten Reiches. Bio-bibliographisches Handbuch (Edition Bildung und Wissenschaft, Bd. 19), Berlin 1999, S. 265.

eine berufliche Perspektive eröffnet hatte.²³ *[Z]wei Jahre* lebte die Familie in der Ortschaft Geudertheim in der Nähe von Straßburg, wo auch der jüngere Bruder geboren wurde. So fremd Johann von Leers die neue Umgebung mit ihrem ungewohnten Dialekt anfangs erscheinen musste, so wohl schien er sich hier zu fühlen. Als 1940 eine Berufung an die dort geplante Reichsuniversität in Aussicht stand, wusste er sich vor Begeisterung kaum zu bremsen. Der Gedanken an eine Lehrtätigkeit in Straßburg sei *bezaubernd* und *herrlich*, ließ er seinem langjährigen Förderer Hans F. K. Günther (siehe Kap. 3.1.2) wissen. Sollte ihn ein Ruf dorthin erreichen, so ginge er *noch gestern hin*. Auch ein Leben abseits der Großstadt malte er sich bereits aus und träumte davon, *in einem der alten elsässischen Dörfer eines der vielen kleinen Schlösschen mit ein wenig Weinberg und einem hübschen Garten zu mieten*.²⁴ Der Aufenthalt im Elsass blieb allerdings nur eine Episode. Bereits 1913 kehrte die Familie nach Vietlübbe zurück. Nachdem Johann von Leers, ganz in der Tradition adeliger Erziehungsideale, bis dato das Privileg von Hausunterricht genossen hatte, setzt nunmehr eine wechselhafte Laufbahn an öffentlichen Schulen ein.²⁵

2.1.2 Prägungen der Schulzeit

Bis zur Quarta besuchte er das Humanistische Gymnasium in Stralsund, wohin die Familie zunächst gezogen war, und bis zur Untersekunda von Ostern 1915 bis zum 12. September 1917 das Städtische Gymnasium Waren²⁶, nachdem die Familie dorthin verzogen war. Das Abitur legte er schließlich am 1. März 1921 am Gymnasium in Neustrelitz ab (siehe Kap. 2.3), dem Wohnsitz der Familie nach dem plötzlichen Tod des Vaters. Bereits während der Schulzeit traten die außergewöhnlichen Talente hervor, über die Johann von Leers zweifelsohne verfügte. Dazu zählte eine *starke Begabung für Sprachen und für Deutsch,* die ihm 1926 eine standesgemäße Berufslaufbahn eröffnen sollte und später politischen Gesinnungsgenossen wie auch akademischen Weggefährten immer wieder Bewunderung und Respekt abnötigte.²⁷ So lernte er als Schüler neben Latein und Griechisch auch Englisch und Französisch sowie Spanisch und Russisch.

---

23 SENNHOLZ: Johann von Leers, S. 18.
24 Johann von Leers an Günther, 09.12.1940 [RGVA, Fond 1283/10a, Bl. 186].
25 Zum Wandel dieses adeligen Erziehungsideals im Kaiserreich siehe WIENFORT, MONIKA: Der Adel in der Moderne, Göttingen 2006, S. 125.
26 Auskunft Susan Lambrecht (Waren) vom 27.02.2012.
27 Lebenslauf, 01.11.1936 [ThHStAW, PA Nr. 18260, Bl. 10]. Siehe auch SCHIRACH, BALDUR VON: Die Pioniere des Dritten Reiches, Essen o. J. [1933], S. 142 f. Die *unheimliche Sprachbegabung* bemerkte auch der Rassenforscher Hans F. K. Günther. Siehe Günther an Johann von Leers, 27.11.1943 [RGVA, Fond 1283/10a, Bl. 157].

Als er 1936 anlässlich seiner Aufnahme in die SS behauptete, er könne *heute fast alle europäischen Großsprachen außer Italienisch lesen* und sich *in ihnen unterhalten,* war dies keineswegs übertrieben.[28] Die Sprache des Achsenpartners südlich der Alpen brachte er sich noch im Selbststudium bei. Dies ermöglichte ihm, während eines Gastsemesters einige Jahre später in Rom mit Funktionären der faschistischen Partei ebenso wie mit antisemitischen Eiferern seines Schlages zu korrespondieren und nach seiner Rückkehr die Schrift eines Gesinnungsgenossen ins Deutsche zu übertragen.[29] Mit ähnlicher Ausdauer begann er 1942 Türkisch zu lernen, als neuerlich ein Auslandsaufenthalt *vielleicht* in Konstantinopel in Aussicht stand: Er habe *viel Freude an dieser schönen, vernünftigen und klaren Sprache,* teilte er einem Korrespondenzpartner mit.[30]

Als Ausdruck für seinen *stürmischen Geist,* den ihm sein jüngerer Bruder Kurt später attestierte, können auch jene Neigungen gelten, die er bereits während der Schulzeit entwickelte.[31] Dass er sich „leidenschaftlich dem Theater und der Literatur" widmete, ist dabei ebenso hervorzuheben wie seine Begeisterung für historische Erzählungen und volkskundliche Stoffe, aus der, wie eine offiziöse Biografie später ausführte, seine „umfassende Kenntnis der deutschen und nordischen Vorgeschichte" erwuchs.[32] Das Interesse an solchen Sujets verdankte sich gewiss der familiären Tradition, der gemäß er seit seiner Jugend *in völkischen Gedanken* gelebt habe, wie Johann von Leers festhielt.[33] Sagen und Märchen nahmen in dieser Welt eine große Bedeutung ein, galten sie doch als von fremden Einflüssen unberührt und unverfälscht, sodass sie den Zugang zum „verlorenen Heiligtum" eines Volkes ermöglichten, wie bereits Ernst Wachler (1871–1945), einer der wirkungsmächtigen Wegbereiter der völkisch-religiösen Bewegung um die Jahrhundertwende, schrieb.[34] Dass in den Schriften und in der Dichtung eines Volkes dessen „tiefstes Seelenleben"[35] zum Ausdruck komme, davon war auch Johann von Leers überzeugt. Umso wichtiger erschien ihm später als nationalsozialistischer Propagandist die *Notwendigkeit*

---

28 Lebenslauf zur Aufnahme in die SS, 22.06.1936 [BArch, BDC-SSO, 6400025846]. Auf einer Karteikarte zu seiner Person im Bestand des Amtes Rosenberg wird die Zahl der Sprachen mit 10 (!) angegeben [BArch, NS 15/219, Bl. 110].
29 OLIVERO, LUIGI: Babylon unter Davidsternen und Zuchthausstreifen. Amerikanische Jugend von heute, Berlin o. J. [um 1944].
30 Johann von Leers an Frenssen, 18.10.1942 [SHLB, NL Frenssen, Cb 21.56: 1020, Bl. 9].
31 Kurt von Leers an Johann von Leers, o. D. [28.09.1932] [RGVA, Fond 1283/56, Bl. 220].
32 SCHIRACH: Die Pioniere des Dritten Reiches, S. 142 f.
33 Lebenslauf zur Aufnahme in die SS, 22.06.1936 [BArch, BDC-SSO, 6400025846].
34 PUSCHNER, UWE: Die völkische Bewegung im wilhelminischen Kaiserreich. Sprache – Rasse – Religion, Darmstadt 2001, S. 225, 228.
35 LEERS, JOHANN VON: Slawen und Deutsche, in: Jahrbuch des Instituts für Grenz- und Auslandsstudien 1936, Berlin 1935, S. 25–34, hier S. 26.

der Bergung des alten Sagegutes, zumal zur weltanschaulichen Ausrichtung der Schulen.[36] Nicht zuletzt vor diesem Hintergrund sind seine Erzählungen seit Mitte der 1930er Jahre zu lesen, die vielfach historische Begebenheiten, die im Kanon völkischer Geschichtsschreibung Schlüsselereignisse darstellten, ruhmreich verklärten (siehe Kap. 5.2.2).[37]

Die Rolle eines Vorbildes nahm dabei Richard Wossidlo (1859–1939) ein. Der Sagenforscher und Wegbereiter der Volkskunde in Mecklenburg, der Jahrzehnte am Gymnasium in Waren Latein und Griechisch lehrte und als *Volksprofessor*[38] verehrt wurde, war dort *drei Jahre* sein *Klassenlehrer*.[39] Wossidlos Einfluss auf seinen Schüler reichte allerdings weit über den im Unterricht vermittelten Stoff hinaus. Als väterlicher Freund und Mentor dürfte er Johann von Leers überdies in seiner geistigen Entwicklung maßgeblich beeinflusst haben. Durch die Art seiner Darstellung von *Volkstum, Volkssitte und Volksbrauch* und sein *Hinhorchen* auf den *stillen Strom der Überlieferung,* wie sie *durch die Geschichte geht,* habe dieser die *Freude an der Wissenschaft* in ihm *geweckt* und damit *innerlich* seinem Leben *Sinn und Aufgabe gegeben,* erinnerte sich Johann von Leers.[40] Wossidlo war es offensichtlich auch, dessen hoch gestellten Ansprüche seinen Forschergeist förderten.[41] Schon als *Primaner* konnte er an der *Ausgrabung von Rethra* unter Leitung des Prähistorikers Carl Schuchhardt (1859–1943) teilnehmen, die den Standort dieses slawischen Heiligtums aus vorchristlicher Zeit lokalisieren wollte.[42] Jahre später sollte ihn Wossidlos Sammlungstechnik zur Überlieferung

---

36 Johann von Leers an Wossidlo, 30.06.1938 [Universität Rostock, Wossidlo-Archiv, NRW, K II-0046-6].

37 Siehe insbesondere LEERS, JOHANN VON: Für das Reich. Deutsche Geschichte in Geschichtserzählungen, Langensalza/Berlin/Leipzig ²1941. Die in dem Sammelband zusammengestellten Erzählungen waren zuvor in der vom NS-Lehrerbund publizierten Schülerzeitung „Hilf mit" erschienen.

38 Zum Begriff siehe Hanna Kurthe an Johann von Leers, 19.05.1938 [BArch, N 2168/3, Bl. 14–16].

39 Johann von Leers an von Wulffen, 13.05.1939 [RGVA, Fond 1283/10a, Bl. 557]. Siehe auch LEERS, JOHANN VON: Professor Richard Wossidlo: Ein Dank, in: Mecklenburg. Zeitschrift des Heimatbundes Mecklenburg 34 (1939) 1, S. 12–17, dort mit falscher Datierung. Angesichts des Zeitraums seines Schulbesuchs am Gymnasium Waren von Ostern 1915 (Untertertia) bis 12. September 1917 (Untersekunda) und der Tatsache, dass Wossidlo nur untere Klassen als „Ordinarius" betreute, ist anzunehmen, dass Johann von Leers ihn nur in der Untertertia tatsächlich als Klassenlehrer hatte [Auskunft Susan Lambrecht (Waren) vom 27.02.2012].

40 Johann von Leers an Wossidlo, 24.01.1939 [RGVA, Fond 1283/10a, Bl. 536 f.].

41 Wossidlo sei eine jener Lehrerpersönlichkeiten gewesen, die „Faulheit, Oberflächlichkeit und Bequemlichkeit gar nicht leiden konnte[n]", schrieb Johann von Leers später. Siehe LEERS: Professor Richard Wossidlo, S. 13.

42 Johann von Leers an Kummer, 11.07.1958 [UAJ, Bestand V, Abt. XL, Nr. 54]. Zur kontroversen Diskussion um den Standort siehe zusammenfassend WICHERT, SVEN: Vademecum Rethram. Eine Revision, in: Bodendenkmalpflege in Mecklenburg-Vorpommern 56 (2008),

vor allem von Erzählungen und Redensarten sowie von Festen und Bräuchen als *Vorbild* inspirieren, in ähnlicher Weise ein *Zettelarchiv aufzubauen*, um die *alten handwerksgeschichtlichen Dinge* zu dokumentieren.[43]

Es war deshalb keineswegs eine Floskel, wenn er sich seinem *lieben alten Lehrer*[44] Zeit seines Lebens zu *großer Dankbarkeit*[45] verpflichtet fühlte und *Verehrung und Verbundenheit*[46] entgegenbrachte. Wie vertraut diese Beziehung war, sollte sich seit Mitte der 1930er Jahre zeigen, als er mit seinem nunmehr hochbetagten Lehrer neuerlich einen intensiven Austausch pflegte und diesem anlässlich seines 80. Geburtstags eine bronzene Apollostatute zum Geschenk machte.[47] Bei aller gegenseitigen Sympathie, die Johann von Leers im April 1938 zu einem letzten Besuch in Waren veranlasste, lag diesem Kontakt auch Kalkül zugrunde.[48] Während Wossidlo mit Stolz auf seinen wohl begabtesten Schüler blickte[49], der als weithin bekannter Publizist mit prominenten Nationalsozialisten verkehrte und nunmehr an der Universität Jena zu einer akademischen Karriere ansetzte, vermochte Johann von Leers durch die Fürsprache eines renommierten Volkskundlers das Bild des plumpen Agitators abzustreifen, das ihm seit seinem Eintritt in die Arena der Politik 1929 anhaftete. Insofern überrascht es nicht, dass er Wossidlo zur anerkannten Autorität in weltanschaulichen Kontroversen wie etwa zur Bedeutung der Slawen für die Siedlungsgeschichte

---

S. 103–113. Zur zeitgenössischen Interpretation siehe SCHUCHHARDT, CARL: Arkona, Rethra, Vineta. Ortsuntersuchungen und Ausgrabungen, Berlin 1926.

43 Johann von Leers an Wossidlo, 13.03.1939 [Universität Rostock, Wossidlo-Archiv, NRW, K II-0046-10]. Die Idee wurde nicht weiter verfolgt.

44 Johann von Leers an Wossidlo, 16.09.1938 [RGVA, Fond 1283/10a, Bl. 541 sowie Universität Rostock, Wossidlo-Archiv, NRW, K II-0046-8]. Ähnlich bereits Johann von Leers an Wossidlo, 22.10.1935: Dort ist von *meinem lieben alten hochverehrten Lehrer* die Rede [Universität Rostock, Wossidlo-Archiv, NRW, K II-0046-1].

45 Johann von Leers an Wossidlo, 21.04.1938 [Universität Rostock, Wossidlo-Archiv, NRW, K II-0046-2.1].

46 Johann von Leers an Wossidlo, 03.03.1939 [Universität Rostock, Wossidlo-Archiv, NRW, K II-0046-9.1].

47 Johann von Leers an Wossidlo, 22.10.1935 [Universität Rostock, Wossidlo-Archiv, NRW, K II-0046-1]. Zur Statue siehe von Brunn an Johann von Leers, 08.06.1939 [BArch, N 2168/64, Bl. 47].

48 Johann von Leers an Wossidlo, 21.04.1938 [Universität Rostock, Wossidlo-Archiv, NRW, K II-0046-2]. Siehe auch Gesine von Leers an Wossidlo, 23.05.1938, die auf den *Niederschlag* des Besuches ihres Mannes verweist [Universität Rostock, Wossidlo-Archiv, NRW, K II-0046-4]. Zur Planung weiterer Besuche, die allerdings nicht mehr stattgefunden haben, siehe Johann von Leers an Wossidlo, 13.09.1938 [Universität Rostock, Wossidlo-Archiv, NRW, K II-0046-11] und 03.03.1939 [Universität Rostock, Wossidlo-Archiv, NRW, K II-0046-9]. Zur Wertschätzung für Johann von Leers siehe Hanna Kurthe an Johann von Leers, 19.05.1938 [BArch, N 2168/3, Bl. 14 f.].

49 Siehe dazu Hanna Kurthe an Johann von Leers, 31.05.1938 [BArch, N 2168/3, Bl. 16].

Ostdeutschlands erklärte und gegen Kritiker verteidigte. Obgleich Wossidlo in seinen „vorbildlichen Untersuchungen zur Sagengeschichte Mecklenburgs" zwar festgestellt habe, dass sich in diesem Landstrich „ein auffällig großer Bestandteil vorchristlich religiöser Vorstellungen germanischer, nicht slawischer Prägung"[50] erhalten habe, schien er diese nicht völlig zu negieren. Wossidlos Kritiker tat Johann von Leers mit der Behauptung ab, dieser *slawischen [...] Komponente* komme *sowohl blutsmäßig wie siedlungsmäßig* ein *gar nicht weg zu denkender Teil der Geschichte Ostdeutschlands* zu, sodass das *heutige deutsche Volk* auch ein *Erbe dieser Völker* in sich trage.[51] Wie sehr ihm daran lag, die Ansichten seines ehemaligen Lehrers der Nachwelt festzuschreiben, verdeutlicht zudem sein Aktionismus in Wossidlos letzten Lebensjahren.

So bemühte er sich, dessen Veröffentlichungen in Tageszeitungen und Fachblättern genuin nationalsozialistischer Provenienz, an denen er mitarbeitete, zu rezensieren. Wossidlos *Büchlein* über *Erntebräuche* etwa werde er in der „NS-Landpost", ein Organ des Reichsnährstandes, *groß besprechen und empfehlen*, kündigte er 1935 an.[52] Ein *Sagenvolksbuch* dagegen, das er *großartig* fand, wolle er in dem Monatsblatt „Odal" vorstellen.[53] Darüber hinaus unternahm Johann von Leers den Versuch, Wossidlo im Schulunterricht zu kanonisieren. Die Zusammenarbeit mit einem Dortmunder Schulbuchverlag geht ebenso auf ihn zurück[54] wie der Versuch, dessen Theorien in der Zeitung „Volksaufklärung und Schule" des NS-Lehrerbundes *vor den Kreisen der Lehrerschaft zu entwickeln.*[55] Sogar Ideen für neue Veröffentlichungen trug Johann von Leers an ihn heran. Im Herbst 1938 schlug er Wossidlo vor, *eine Glaubensgeschichte des Landes* anhand von Volkssagen zu schreiben, die *nacheinander die Überlieferungen aus der germanischen, der wendischen, dann der mittelalterlichen Zeit* umfasse, *soweit sie in Sagen und Märchen Niederschlag gefunden haben.*[56]

---

50 LEERS, JOHANN VON: Radegast. Die Geschichte eines Gottes – und eine Parallele, in: Rasse 6 (1939), S. 135–142, hier S. 136.
51 Johann von Leers an Wossidlo, 16.09.1938 [RGVA, Fond 1283/10a, Bl. 541 sowie Universität Rostock, Wossidlo-Archiv, NRW, K II-0046-8].
52 Johann von Leers an Wossidlo, 22.10.1935 [Universität Rostock, Wossidlo-Archiv, NRW, K II-0046-1].
53 Johann von Leers an Wossidlo, 16.09.1938 [RGVA, Fond 1283/10a, Bl. 541 sowie Universität Rostock, Wossidlo-Archiv, NRW, K II-0046-8]; Johann von Leers an Wossidlo, 03.03.1939 [Universität Rostock, Wossidlo-Archiv, NRW, K II-0046-9].
54 Johann von Leers an Wossidlo, 30.06.1938 [Universität Rostock, Wossidlo-Archiv, NRW, K II-0046-6].
55 Johann von Leers an Wossidlo, 04.01.1939 [RGVA, Fond 1283/10a, Bl. 539].
56 Johann von Leers an Wossidlo, 16.09.1938 [RGVA, Fond 1283/10a, Bl. 541 sowie Universität Rostock, Wossidlo-Archiv, NRW, K II-0046-8]. Siehe auch Gesine von Leers an Diederichs Verlag, 09.05.1938 [BArch, N 2168/3, Bl. 19].

Unmittelbar nach der Feier seines 80. Geburtstags und wenige Wochen vor dessen Tod drängte er Wossidlo dazu, eine *Darstellung der Landesgeschichte in der Sagenwelt* zu verfassen, um daraus *die hohe Bedeutung der Sagenforschung als Geschichtsquelle ableiten* zu können.[57]

2.2 Suchbewegungen und Zäsuren

Das so geweckte Interesse an volkskundlichen Stoffen ging einher mit einer selbsterdachten Erhabenheit ganz in der Art der „Adelsanmaßung" und „Selbstveredelung", wie sie völkischen Aktivisten eigen sein konnte.[58] Zeit seines Lebens betrieb Johann von Leers eine intensive genealogische Spurensuche im eigenen Familienverband, die geschichtsträchtige Persönlichkeiten und historische Kämpfergestalten sowie Träger geheimen „Wissens" zu entdecken suchte, um damit den Verlust gesellschaftlicher Exklusivität und privilegierter Stellung zu kompensieren und, in völkischen Kreisen keineswegs ungewöhnlich, eine alternative Identität zu konstruieren.[59] Diesem Bedürfnis nach Dignität und Distinktion, das sich eines gleichermaßen schneidenden wie belehrenden Tons bedienen konnte, entsprangen auch phantasievolle und spekulative Annahmen über einzelne Vorfahren, die, seit Kriegsbeginn 1939 zumal im Einklang mit nationalsozialistischen Kolonisations- und Siedlungsplänen, dem Selbst- und Weltbild Stimmigkeit verleihen sollten.

So hob er, obgleich *der Herkunft nach Mecklenburger*, ausdrücklich die Wurzeln seiner Familie im Preußentum und deren Verhaftung im preußischen Staatsgedanken hervor. Dieses *Erbe preußischer Generale und Staatsmänner*

---

57 Johann von Leers an Wossidlo, 03.03.1939 [Universität Rostock, Wossidlo-Archiv, NRW, K II-0046-9]. Laut Sennholz soll Johann von Leers Wossidlo 1938 auch zur Verleihung der Leibniz-Medaille vorgeschlagen haben. Siehe SENNHOLZ: Johann von Leers, S. 36. In dem als Beleg angeführten Schreiben äußerte Wossidlo allerdings nur eine entsprechende Vermutung, die Johann von Leers zurückwies. Siehe Wossidlo an Johann von Leers, 30.06.1938 [BArch, N 2168/2, Bl. 10 f.]; Johann von Leers an Wossidlo, 30.06.1938 [Universität Rostock, Wossidlo-Archiv, NRW, K II-0046-6].
58 Siehe VONDUNG, KLAUS: Von der völkischen Religiosität zur politischen Religion des Nationalsozialismus: Kontinuität oder neue Qualität?, in: PUSCHNER, UWE/VOLLNHALS, CLEMENS (HRSG.): Die völkisch-religiöse Bewegung im Nationalsozialismus. Eine Beziehungs- und Konfliktgeschichte (Schriften des Hannah-Arendt-Instituts für Totalitarismusforschung, Bd. 47), Göttingen 2012, S. 29–41, hier S. 39; MALINOWKSI, STEPHAN: Vom blauen zum reinen Blut. Antisemitische Adelskritik und adliger Antisemitismus 1871–1944, in: Jahrbuch für Antisemitismusforschung 12 (2003), S. 147–169, hier S. 150 f.
59 WEHLER, HANS-ULRICH: Deutsche Gesellschaftsgeschichte (Bd. 4). Vom Beginn des Ersten Weltkriegs bis zur Gründung der beiden deutschen Staaten 1914–1949, München ³2008, S. 323–331; GERSTNER: Neuer Adel, S. 393.

verdanke sich vor allem dem Zweig der pommerschen Vorfahren einer seiner Großmütter, der sich bis hin zu Graf Heinrich von Podewils (1696–1760), Staatsminister unter Friedrich dem Großen, zurückverfolgen lasse. Eben deshalb empfinde er sich als *Friedericianer*. Gleichermaßen erhaben zeigte er sich auch angesichts jenes Podewils, der als einer der *letzten Männer des heidnischen Widerstandes* gelten könne und *die dreckigen Lügenmönche im Namen des Radegast [...] mit der Bleikeule über die hohlen Pfaffenschädel gesegnet* habe.[60] Einen unangepassten Geist machte er zudem bei jenem Großonkel aus, der im amerikanischen Unabhängigkeitskrieg in der „stolze[n] Rebellenarmee des schönen General Lee" gekämpft haben soll.[61]

Waren solche Behauptungen noch halbwegs überprüfbar, so begab sich Johann von Leers an anderer Stelle in den Bereich des Spekulativen. Dies gilt etwa für die Vermutung, Spuren der Vorfahren mütterlicherseits aus dem Zweig der Familie von Buch ließen sich bereits *im 9. Jahrhundert unter Kaiser Otto I.* nachweisen[62], als diese *als sächsische Grenzgrafen einst mit der Ostlandsiedlung über die Elbe gezogen* seien, während die *großmütterlichen Vorfahren* der von Podewils im hohen Mittelalter *das Haus Demmin gegen Heinrich den Löwen verteidigt* hätten.[63] Erst recht aber traf dies auf den Versuch zu, eine direkte Linie zu einem der frühen Glossatoren des mittelalterlichen „Sachsenspiegels" als „unmittelbarer Vorfahr"[64] zu ziehen und sich selbst damit höhere Weihen zu verleihen. Zwar fiel sein Urteil über dieses um 1225 entstandene Werk und dessen Verfasser Eike von Repgow ambivalent aus: Obgleich dieser als „Wissender des Rechts" zu würdigen sei, der „dem Bauern das gute Recht seiner Erbfolge"[65] gegeben habe, dürfe nicht übersehen werden, dass darin auch jenes unter Heinrich IV. erlassene „kaiserliche Privileg"[66] fortgeschrieben worden war, das Antisemiten seines Schlages als Ursprung „jüdischer Hehlerei" galt (siehe Kap. 5.2.2). Gleichwohl ließ Johann von Leers nicht locker in seinen Bemühungen, auch solche Vorfahren mütterlicherseits in die Galerie der Glossatoren aufzunehmen, zu denen nur vage Angaben vorlagen. Einem Lokal-

---

60 Johann von Leers an Kummer, 11.07.1958 [UAJ, Bestand V, Abt. XL, Nr. 54].
61 Johann von Leers an Cox, 21.05.1955 [Duke University, NL Earnest Sevier Cox]. Zu seiner Einschätzung von General Lee siehe auch LEERS, JOHANN VON: Kräfte hinter Roosevelt, Berlin ³1942, S. 7.
62 Johann von Leers an Wittfogel, 26.01.1952 [HIA, Collection K. Wittfogel, Box Nr. 29].
63 Johann von Leers an Darré, 19.08.1942 [RGVA, Fond 1283/12a, Bl. 69 f.].
64 LEERS, JOHANN VON: „God is selven recht", in: Der Weg 7 (1953) 6, S. 333–339, hier S. 338.
65 LEERS, J[OHANN] v[ON]: Eike von Repgow, in: SS-Leitheft 3 (1937/38) 6, S. 20–26, hier S. 26.
66 LEERS, [JOHANN] v[ON]: Die Kriminalität des Judentums, in: Das Judentum in der Rechtswissenschaft. Ansprache, Vorträge und Ergebnisse der Tagung der Reichsgruppe Hochschullehrer des NS Rechtswahrerbundes, Bd. 3, Berlin o. J. [1936], S. 8.

historiker im Kreis Oberbarnim etwa, der Mitte der 1930er Jahre ein Lebensbild des märkischen Hofrichters Johann von Buch (1290–um 1356) ausarbeitete, der zu den bedeutendsten Sachsenspiegel-Glossatoren zählte, setzte er in scharfem Ton auseinander, dass auch dessen Vater Nicolaus von Buch als ein solcher Glossator zu betrachten sei.[67] Wie um den Beweis dafür anzutreten, dass auch dieser als „Rechtssprecher und wissender Mann des alten Rechtes" gelten müsse, erfand er später für einen Schulungstext einen Dialog, in dem Nicolaus von Buch ahnungsvoll vor einer „böse[n] Sitte" warnte, die sich im Land breitzumachen beginne: „Römische Rechtsgelehrte" würden demnach „bei den Gerichten zugelassen" und wollten mit ihren „Ränken und Schlichen" den Sachsenspiegel „umstoßen" und so „das fremde Recht hineinbringen ins Sächsische Land, das lateinische Recht, das sie zu Bologna gelehrt haben". Es versteht sich von selbst, dass sein Sohn die rechten Schlüsse zu ziehen weiß und alles unternehmen werde, damit römische Juristen „uns das deutsche Recht nicht mit römischen Brocken vergiften". Für „den gemeinen Mann" wolle er dazu ein „Richtsteig-Landrecht" und für „den ritterbürtigen Mann" ein „Richtsteig-Lehensrecht" aufschreiben, „damit wir eine eigene Ordnung in allen Gerichtsdingen im Lande haben, worin sie nachher kein Loch mehr reden können."[68] Bedenkt man, dass die historischen Fachdisziplinen sich schon Jahrzehnte um eine textkritische Edition der Sachsenspiegel-Glossen und deren „verwickelte"[69] Überlieferung bemühten, mag es auf den ersten Blick erstaunen, in welcher Selbstverständlichkeit Johann von Leers solche Ansichten bar wissenschaftlicher Substanz vortrug. Das gilt umso mehr, stellt man in Rechnung, dass der Fachdiskussion auch Mitte der 1930er Jahre Johann von Buch als erster Glossator des Sachsenspiegels galt.[70]

Eine solche Hybris deutet freilich nur auf einen typischen Charakterzug seiner Persönlichkeit hin, der es nichts anhaben konnte, sich mit waghalsigen Überzeugungen auf der Basis weltanschaulicher Prämissen gegen die Erkenntnisse der Fachwissenschaft zu stellen. Ähnlich verhielt er sich in seinen Mutmaßungen über den slawischen Ursprung des Wortes „Eichsen" in der Bezeichnung des

---

67 Johann von Leers an Schmidt, 01.03.1937 [BArch, N 2168/2, Bl. 83]; Schmidt an Johann von Leers, 23.05.1938 [BArch, N 2168/3, Bl. 10].
68 LEERS: Für das Reich, S. 145 f.
69 KAUFMANN, FRANK-MICHAEL (HRSG.): Glossen zum Sachsenspiegel-Landrecht. Buch'sche Glosse (Monumenta Germaniae Historica, Fontes iuris Germanici antiqui, Nova Series VII, T. 1) Hannover 2002, S. VI.
70 EDB. Siehe auch PETERSEN, STEFAN: Rez[ension] zu: Glossen zum Sachsenspiegel-Landrecht, in: Concilium medii aevi 7 (2004), S. 1003–1005 und die dortigen Verweise auf die Fachliteratur der Jahre 1934/35.

Familiengutes, das er auf den *hochsommerlichen Sonnengott* zurückführte[71], und einer Diskussion über die Herkunft des Familiennamens. Als eine Tageszeitung 1938 dafür den Heiligen Hilarius ins Spiel brachte, aus dessen Endsilben Namen wie Lehrs und Leers entstanden sei sollen, empfand er dies zwar als *sehr nett*, angesichts der engen Verbindung zu einer Persönlichkeit der Kirchengeschichte aber *zu heilig* und damit inakzeptabel. Die Version, die er dem entgegenhielt, war jedoch nicht weniger spekulativ und vor allem von dem Wunsch beseelt, der Familie eine mustergültige Tradition im Geiste von „Blut und Boden" anzudichten. Die *langen Seemannsstiefel*, die im Holländischen Laars hießen und sich noch heute im Wappen der von Leers fänden, deuteten demnach auf eine *einfache alte Schuhmacherfamilie oder Schifferfamilie* hin und damit *ehrbares Handwerk oder niederdeutsche Seefahrt*, fabulierte er.[72]

2.2.1 Religiöse Suchbewegungen

Dass er „seit jeher ein unermüdlicher Sucher und Forscher"[73] gewesen sei, wie die bereits zitierte offiziöse Kurzbiografie aus dem Jahre 1933 bemerkt hatte, zeigte sich auch in seiner Haltung zu den protestantischen Glaubensüberzeugungen, mit denen er aufgewachsen war, von denen er sich aber bereits in seiner Gymnasialzeit zu entfremden begann und mit denen er schließlich einen Bruch vollzog. Die Suche nach Alternativen zu der ihm „seelisch fremde[n] Religion", die sich ihm insbesondere in einem *erstarrten Luthertum* offenbarte[74], machte ihn Anfang der 1930er Jahre zu einem gläubigen Anhänger des Laienforschers Herman Wirths (siehe Kap. 4.4.1), führte ihn in die Arbeitsgemeinschaft Deutsche Glaubensbewegung, in der sich seit 1933 völkisch-religiöse und neopagane Gruppen sammelten (siehe Kap. 4.4.2), und ließ ihn in den 1950er Jahren zum Islam konvertieren (siehe Kap. 9.4.3). Damit erwies er sich als keineswegs untypischer Vertreter der völkischen Bewegung, in der „Religion und insbesondere Religiosität" als die „entscheidenden Antriebskräfte für das völkische Denken und Handeln und für den völkischen Radikalismus"[75] gelten können. Die „lebhaft geführten Religionsdiskurse" seit dem ausgehenden

---

71 Johann von Leers an Wossidlo, 13.09.1938 [Universität Rostock, Wossidlo-Archiv, NRW, K II-0046-11.1].
72 Johann von Leers an Axel von Leers, o. D. [um August 1939] [RGVA 1283/4, Bl. 9 f.].
73 SCHIRACH: Die Pioniere des Dritten Reiches, S. 142 f.
74 Johann von Leers an Wittfogel, 26.01.1952 [HIA, Collection K. Wittfogel, Box Nr. 29].
75 PUSCHNER, UWE: Völkisch. Plädoyer für einen „engen" Begriff, in: CIUPKE, PAUL/HEUER, KLAUS/JELICH, FRANZ-JOSEF/ULBRICHT, JUSTUS H. (HRSG.): „Erziehung zu deutschen Menschen". Völkische und nationalkonservative Erwachsenenbildung in der Weimarer Republik (Geschichte und Erwachsenenbildung, Bd. 23), Essen 2007, S. 53–66, hier S. 65.

19. Jahrhundert, in denen die christlichen Kirchen etwa angesichts der Konfrontation mit fernöstlichen Religionen und der Erkenntnisse der modernen Naturwissenschaften zunehmend unter Druck gerieten, dürften ihren Einfluss ausgeübt haben.[76] Johann von Leers betonte denn auch ausdrücklich, *wie sehr er auf völkischem Boden gerade auch in religiöser Hinsicht stehe.*[77] Wer wie er *das Christentum [...] ablehnt*, fasste er 1943 seine Überzeugung zusammen, brauche deswegen *nicht die Vorsehung* und *das Walten Gottes ablehnen*. Ebenso wenig gebe es Gründe dafür, *Gott* und *die Göttliche Weltordnung [...] als überholt zu erklären.*

Über die Motive dieser Abwehr christlicher Glaubensinhalte lässt sich jedoch nur vorsichtig urteilen, da kaum zeitgenössische Dokumente vorliegen, sondern überwiegend rückblickende Betrachtungen aus der Distanz mehrerer Jahre oder Jahrzehnte. Sie geben allerdings zu erkennen, dass es neben der Lektüre einschlägiger Autoren aus dem „geistigen Fundament völkischen Denkens"[78] wie Lagarde, Chamberlain und Gobineau, die ihm später als „Ahnende und Vorausschauende" des Nationalsozialismus galten[79], vor allem persönliche Erlebnisse gewesen sind, die seine *Flucht* ausgelöst haben. Glaubt man seinen Erinnerungen, sei ihm das Christentum bereits zu Kindeszeiten durch *zwei ‚erweckte' Tanten gründlich verekelt* worden, die ihn in einer *penetranten Christlichkeit und Heilsgewissheit* mit den Lehren des im südwestdeutschen Pietismus verankerten Bußpredigers Johann Christoph Blumhardt (1805–1880) *elendeten* und *eine Atmosphäre von grässlicher Muckerei und Erwähltheit um sich verbreiteten, in die sie mich als Junge durchaus hineinziehen wollten.*[80] Später als *radikaler Judengegner,* wie er sich selbst apostrophierte, habe er das Christentum zudem *wegen seiner jüdischen Grundlagen* als *in tiefster Seele verhasst* empfunden. Diese Erklärungen aus Kindheit und Jugend, die sich auf „Literatur und

---

76 PUSCHNER, UWE: Weltanschauung und Religion, Religion und Weltanschauung. Ideologie und Formen völkischer Religion, in: Zeitenblicke 5 (2006) 1, S. 11.
77 Johann von Leers an Kellerbauer, 24.07.1943 [RGVA, Fond 1283/12, Bl. 190].
78 PUSCHNER, UWE: Verwissenschaftlichung der Weltanschauung. Völkische Aspirationen, Strategien und Rezeptionen in der langen Jahrhundertwende, in: FAHLBUSCH, MICHAEL/HAAR, INGO/PINWINKLER, ALEXANDER (HRSG.): Handbuch der Völkischen Wissenschaften (Bd. 1: Biographien), Berlin/Boston 2017, S. 9–18, hier S. 14.
79 Siehe beispielhaft LEERS, [JOHANN] V[ON]: Warum sind die Universitäten und Hochschulen so wichtig?, in: Der Angriff vom 19.01.1932; DERS.: Sie sind ja intellektuell!, in: Deutsche Studenten-Zeitung 2 (1934) 12 vom 21.06.1934; DERS.: Rassische Geschichtsbetrachtung. Was muss der Lehrer davon wissen? Langensalza/Berlin/Leipzig ²1936, S. 7.
80 Johann von Leers an Pfarrer Klapp (Weimar), 06.11.1943 [RGVA, Fond 1283/12, Bl. 139 f.]; Johann von Leers an Wittfogel, 26.01.1952 [HIA, Collection K. Wittfogel, Box Nr. 29]. Zu Blumhardt siehe SCHREY, HEINZ-HORST: Blumhardt, Christoph, in: Neue Deutsche Biographie 2 (1955), S. 335.

Gefühl" stützten, schienen durch die unerwartete Kriegsniederlage und den revolutionären Umbruch eine Bestätigung zu erfahren: Als 1918 der Glaube an die gottgewollte Größe des Deutschen Reiches erschüttert wurde und das Bündnis von Thron und Altar endete, das auch die evangelischen Landeskirchen seit der Reformationszeit geprägt hatte, als „die Herren Geistlichen" vom Kaiser abfielen und „die Herren Pastören" in der verhassten „Judenrepublik" an die Seite der neuen Machthaber „drängelten", habe er dieses „nationale Versagen der Kirchen" als „respektlos" und abstoßend empfunden.[81]

Es überrascht deshalb nicht, dass seine wachsende Distanz schließlich zum Bruch mit dem Christentum führte: Nachdem Johann von Leers sich 1926 bei seinem Eintritt ins Berufsleben (siehe Kap. 2.5) noch zur evangelisch-lutherischen Konfession bekannt hatte[82], vollzog er 1932 seinen Austritt, den er damit begründete, dass ihm *unter den vielen Religionen der Welt die christliche eine ganz besonders ungeeignete zur Erkenntnis göttlichen Wesens erscheint*.[83] 1935 nannte er sich in einem weit verbreiteten Personenlexikon „deutschgläubig".[84] Anlässlich der Volkszählung im Mai 1939 kündigte er an, er wolle sich als *gottgläubig* bezeichnen.[85] Diese Behauptung erscheint umso erstaunlicher, weil die Distanz zum christlichen Glauben schon in den 1920er Jahren mit einer Hinwendung zum Islam verbunden gewesen sein soll. Seine *Neigung* dazu will er bereits in seiner *Kinderzeit* festgestellt haben.[86] Ein junger, namentlich nicht genannter Onkel und früherer *Instruktionsoffizier in der Türkei* soll ihn mit dem Islam bekannt gemacht haben, *dessen tapfere, klare Religiosität* ihn daraufhin *immer angezogen* habe.[87] Ob dies zutrifft, ist ebenso wenig belegt, wie seine Behauptung, er habe es *schon als Student* als *Unglück empfunden,* dass einst die Deutschen *nicht den Islam,* sondern das Christentum *als fremde Religion annehmen mussten*.[88] Auch die Darstellung, wonach er aufgrund der ursprünglichen Zielsetzung der seit Ende der 1920er Jahre maßgeblich durch ihn und seine Ehefrau geprägten Gesellschaft für germanische Ur- und Vorgeschichte

---

81 LEERS, JOHANN VON: Die Zeit der Freikorps, in: Der Weg 8 (1954) 3, S. 174–180, hier S. 175 f.
82 Personalbogen Johann von Leers, 15.07.1926 [PA AA, Rep. IV. Personalia, Bd. 1, Nr. 8643, Bl. 3 f.].
83 Johann von Leers an von Wulffen, 13.05.1939 [RGVA, Fond 1283/10a, Bl. 557]. Egon von Wulffen, Major a. D., war durch einen Artikel in der Zeitschrift „Rasse" auf von Leers aufmerksam geworden und Mitglied einer Deutschen-Philosophischen Gesellschaft, deren Mitglieder sich zum Ziel gesetzt hatten, *die Eigenart Deutschen Wesens immer deutlicher herauszuschälen.* Siehe von Wulffen an Johann von Leers, 23.05.1939 [RGVA, Fond 1283/10a, Bl. 554–556].
84 DEGENER, HERRMANN A.L. (HRSG.): Degeners „Wer ist's" (X. Ausgabe), Berlin 1935.
85 Johann von Leers an von Wulffen, 13.05.1939 [RGVA, Fond 1283/10a, Bl. 557].
86 Johann von Leers an Schrumpf, 11.04.1944 [RGVA, Fond 1283/10a, Bl. 345].
87 Johann von Leers an Wittfogel, 26.01.1952 [HIA, Collection K. Wittfogel, Box Nr. 29].
88 Johann von Leers an Zierer, 08.05.1954 [Privatarchiv].

(siehe Kap. 4.4.1), die *die religiöse Aussprache über das Suchen unseres Volkes und über seine alte einheimische Religion und ihre Verdrängung durch das Christentum zu vertiefen* suchte, wie folgerichtig auf den Islam stoßen musste, der sich ihm mit seinen *Kernwahrheiten* als *die höchste Wahrheit offenbart* habe, *die religiös in der Welt vorhanden ist*, erscheint bemüht.[89] Zutreffend ist allerdings, dass er bereits Anfang der 1930er Jahre Kontakte zur Islamischen Gemeinde in Berlin unterhalten hat[90], später in Kreisen arabischer Nationalisten verkehrte und seit Anfang der 1940er Jahre persönlich die Freundschaft zu einem der geistigen Führer des Islams pflegte, mit dem er Mitte der 1930er Jahre in Kontakt getreten war (siehe Kap. 7.6).

2.2.2 „Dämonen der Tiefe" und „Mächte der Finsternis"

Die religiöse Sinnsuche ist somit auch als Komplementär zu seinem beispiellosen Fanatismus in der so apostrophierten *Judenfrage* zu betrachten, die zum Dreh- und Angelpunkt seiner Überzeugungen werden sollte. Trotz aller Vorsicht auch hier gegenüber retrospektiven Einlassungen, die er mehrere Jahrzehnte später angefertigt hat, deutet vieles darauf hin, dass die *tiefe[n] Wurzeln* seiner geistigen und weltanschaulichen Entwicklung, die ihn schließlich *im Judentum* den *bittersten Feind* erkennen ließ, im epochalen Wandel 1918/19 mit seinen unmittelbaren Auswirkungen auf ihn und seine Angehörigen zu suchen sind.[91] In der bereits zitierten Nachkriegsballade „Alte Zeit" werden Kindheit und Jugend zu einer Welt verklärt, die *glücklich und frei wie keine später im Leben* gewesen sei, die aber nach dem Übergang von Kaiserreich zu Demokratie, die die *Dämonen der Tiefe* und *Mächte der Finsternis* zu verantworten hatten, im Chaos *versank*.[92]

---

89 Johann von Leers an Schrumpf, 11.04.1944 [RGVA, Fond 1283/10a, Bl. 345]. Siehe auch Curriculum Vitae (Ms.), o. D. [nach 1956] [PA AA, AV-NA, Nr. 18933, o. P.], wonach sein Interesse am Islam erst 1936 erwacht sein soll: *Parallèlement* [Anm.: zu seinen Kontakten zu arabischen Nationalisten in dieser Phase] *son profond interêt pour l'esprit de l'Islame s'eveilla.*

90 Siehe Hielscher, Friedrich: 50 Jahre unter Deutschen, Hamburg 1954, S. 134. Sennholz verweist, allerdings ohne Beleg, auf den Kontakt zu dem in Berlin studierenden Syrer Mohammed Nafi Tschelebi (1901–1933), der 1927 das Berliner Islam-Institut gegründet hatte: „Die Begegnung mit Tschelebi" hatte demnach „für seine religiöse Entwicklung weitreichende Folgen. Zum einen verhalf sie ihm zu einer profunden Kenntnis des Islam, zum anderen – und das sollte sich als noch wichtiger erweisen – nahm er den Islam nun auch als ethische Alternative zum Christentum wahr." Siehe Sennholz: Johann von Leers, S. 36. Zu Tschelebis Rolle als „Oberhaupt der orthodoxen Muslime" siehe Lehner, Kurt M.: Friedrich Hielscher. Nationalrevolutionär, Widerständler, Heidenpriester, Paderborn 2015, S. 41.

91 Johann von Leers an Wittfogel, 26.01.1952 [HIA, Collection K. Wittfogel, Box Nr. 29].

92 Die Ballade und weitere Gedichte vermutlich aus der Zeit der Internierung 1945/46 finden sich im Nachlass von Friedrich Blunck [SHLB, NL Blunck, Cb 92.51: 52a, Anlage Bl. 1–6].

Eine Disposition für solche Erklärungsmuster förderten die gesellschaftlichen Kreise, in denen die Familie verkehrte. Einfluss auf seine geistige Entwicklung übte dabei zweifelsohne auch Gustav Roesicke (1856–1924) aus.[93] Der Reichstagsabgeordnete und Führer des 1893 gegründeten Bund der Landwirte (BdL), dem die Familie freundschaftlich verbunden war, bestimmte bis zum Ersten Weltkrieg in der Öffentlichkeit maßgeblich das Bild dieser einflussreichen Interessenorganisation. Eine wichtige Facette ihrer Programmatik und Propaganda war ein aggressiver Antisemitismus, der die traditionelle Abneigung auf dem Land gegen Handel treibende Juden rassisch-völkisch umformte.[94] Solche Gedanken fanden in dem heranwachsenden Johann von Leers offensichtlich einen interessierten Zuhörer. Das „verderbliche Wuchern der Landjuden" galt ihm denn auch als eine der Ursachen der landwirtschaftlichen Krise im Kaiserreich, die tradierte bäuerliche Lebenswelten zerstörte.[95] Spuren dieses Antisemitismus finden sich noch Anfang der 1950er Jahre in seinen Erinnerungen, als er „Hypothekenwucher und Getreidebörsetricks"[96] für den ökonomischen Niedergang der Familie verantwortlich machte. Tatsache ist, dass die Folgen der krisenhaften Entwicklung in Vietlübbe mit voller Wucht zu spüren waren und Johann von Leers, zumal nach dem frühen Tod seines Vaters, der 1917 im Alter von nur 46 Jahren überraschend an einem Herztod starb, in den kommenden Jahren in eine Situation der permanenten Überforderung bis hin zum Nervenzusammenbruch brachten: Streitigkeiten mit dem Pächter, langwierige Verhandlungen mit Banken, deren Kredite nicht mehr bedient werden konnten, drohende Offenbarungseide und Zwangsvollstreckungen und schließlich ein Haftbefehl, den zwei seiner Gläubiger erwirken konnten, ließen eine standesgemäße Berufsbiografie scheitern (siehe Kap. 2.5.2) und verfolgten ihn noch über Jahre hinweg.[97] *Mein väterliches Gut versank in der Agrarkrise von 1929*, erinnerte er sich später dieser traumatischen Erfahrungen.[98] Spätestens in dieser Phase dürfte sein latenter Antisemitismus manifeste Formen angenommen haben: Den Ruin des Familien-

---

93 Johann von Leers an Wittfogel, 26.01.1952 [HIA, Collection K. Wittfogel, Box Nr. 29].
94 Siehe KIMMEL, ELKE: Methoden antisemitischer Propaganda im Ersten Weltkrieg. Die Presse des Bundes der Landwirte, Berlin 2001, S. 45; VOLKOV, SHULAMIT: Kontinuität und Diskontinuität im deutschen Antisemitismus 1878–1945, in: VfZ 35 (1985), S. 221–243, hier S. 231.
95 LEERS, JOHANN VON: Zur Geschichte des deutschen Antisemitismus, in: Handbuch der Judenfrage. Die wichtigsten Tatsachen zur Beurteilung des jüdischen Volkes, Leipzig [39]1935, S. 514–544, hier S. 523.
96 Johann von Leers an Wittfogel, 26.01.1952 [HIA, Collection K. Wittfogel, Box Nr. 29].
97 Haftbefehl gegen Johann von Leers, 01.10.1929 [BArch, N 2168/5, Bl. 58].
98 Johann von Leers an Wittfogel, 26.01.1952 [HIA, Collection K. Wittfogel, Box Nr. 29].

gutes suchte er mit der Erklärung zu rationalisieren, dass *im Hintergrund Juden und insbesondere die große Kornfirma Josephy in Rostock gewirkt hätten, die es zu Fall brachten*.[99] Dieses persönliche Schicksal stand ihm auch vor Augen, als er nach seinem Eintritt in die NSDAP als Agitator über Land zog und in seinen Reden gegen jenen „Judenwucher" wetterte, der die „Hoffnungslosigkeit der Zukunft" vieler Höfe zu verschulden habe, die „von einer Judenbank erwürgt" worden seien.[100] Noch 1953 erinnerte er sich der „Gaunereien [...] der berüchtigten Firma Josephy", die seinerzeit „halb Mecklenburg in den Ruin gerissen hatte".[101] Eine Bestätigung dieser Ansichten schienen ihm die Ursachen der Zäsur von 1918/19 zu liefern, die in der verachteten und schließlich bekämpften „Judenrepublik" mündete. Die militärische Niederlage, die Flucht des Kaisers, revolutionäre Umtriebe und das „Schanddiktat von Versailles" wirkten schockartig auf die Angehörigen der „Kriegsjugendgeneration" und stellten einen entscheidenden Einschnitt in ihrem Leben dar.[102] *I was [...] a boy of 17 years, and I can remember as if it had been yesterday, how bitter I felt*, behauptete er 1955.[103] Die Urheber dieser Entwicklung auch dafür waren allerdings schnell ausgemacht: *Immer deutlicher* will ihm seinerzeit geworden sein, dass *der Jude unser Reich untergrub und Deutschland unter dem Schlagwort der Freiheit zu seiner Machtsphäre machen wollte*.[104] Dass überdies die Russische Revolution durch eine *erdrückende Mehrzahl von Juden an der Spitze der Kommunisten* ins Werk gesetzt worden sei, galt ihm als Belege für die Annahme, *die Juden organisierten die Linksbewegungen, um an ihrer Spitze*

---

99 Ebd. Bei der Firma handelte es sich um die seit 1900 in Rostock existierende „Getreide-, Pferde-, Futter- und Düngemittelhandlung" der Familie Josephy, die 1929 allerding selbst Bankrott ging. Siehe STELLMANN, JAN-PATRICK: Leben und Arbeit des Neuropathologen Hermann Josephy (1887–1960). Sowie eine Einführung in die Geschichte der deutschen Neuropathologie (Diss. med.), Hamburg 2010, S. 50–54.
100 THOMAS, M.: Landagitation, in: Der Angriff vom 20.02.1930. Siehe auch LEERS, [JOHANN] V[ON]: Die „Osthilfe" der Reaktion. Millionen Morgen Landes werden zwangsversteigert, in: Roter Adler. Zeitung des Gaues Brandenburg der NSDAP vom 21.09.1932 (Beilage zu „Der Angriff"): „An die Stelle der vielen selbständigen Kreditbanken ist heute der Hypothekenkonzern der Preußischen Centralboden-Kreditbank des Juden Fränkel getreten [...]. Und nun wurde Jahr für Jahr der deutsche Landmann ausgeraubt. Die Zinsen zwischen 9 v. H. und 20 v. H. bei einer Auszahlung von weniger als 70 v. H. in vielen Fällen wurden ruinös für die Landwirtschaft."
101 LEERS, J. V.: Die landwirtschaftliche Marktordnung 1933–1945, in: Der Weg 7 (1953) 3/4, S. 151–158, hier S. 157.
102 LONGERICH, PETER: Die braunen Bataillone. Geschichte der SA, München 1989, S. 90.
103 Johann von Leers an du Bois, 08.06.1955 [University of Massachusetts Amherst Libraries, Special Collections and University Archives, W. E. B. Du Bois Papers, MS 312].
104 Johann von Leers an Wittfogel, 26.01.1952 [HIA, Collection K. Wittfogel, Box Nr. 29].

die nichtjüdischen Staaten zu erobern und dann die Goyim mit eisernen Ruten zu tyrannisieren.[105]

Es sei dahingestellt, welche dieser Ansichten bereits zu den unumstößlichen Überzeugungen eines pubertierenden Schülers gehörten, der durch Lektüreerlebnisse und familiäres Umfeld mit antisemitischer Propaganda in Berührung gekommen war, und wo es sich um retrospektive Selbstdeutungen handelte. Gleichwohl zeigt der weitere Lebensweg, in welchem Ausmaß die „Judenfrage" zum zentralen Erklärungsmuster und Lebensthema wurde. Ideologischen Halt und gesellschaftliche Perspektiven versprachen die antisemitischen Parolen der nationalsozialistischen Programmatik wie auch die Idee eines neuen Adels des guten Blutes, wie sie die Kreise um Darré und Himmler propagierten.[106]

2.2.3 Stilisierungen

Nicht weniger skeptisch ist jenen Stilisierungen zu begegnen, die Johann von Leers anhand von Schlüsselereignissen in seiner Schul- und Jugendzeit sowie während des Studiums vornahm, um den Anschein einer nationalsozialistischen Musterbiografie zu erwecken. Wie schon die spekulative Ahnenforschung über die Wurzeln seiner Familie zeigte sich auch hierin ein Hang zu Inszenierung und Legendenbildung mit einem Ansatz von Hochstapelei. Auffällig ist der Versuch, seine von Jugend an schwächliche Konstitution und Statur zumindest verbal zu kompensieren. Dass er später in der Parteipresse in Anspielung auf seine Körpergröße (1,65 Meter) als „der kleine Dr. v. Leers"[107] bezeichnet wurde, war zwar anerkennend gemeint, legte zugleich aber offen, wie wenig er dem nationalsozialistischen Rasseideal entsprach. In einem 1936 verfassten Lebenslauf zur Aufnahme in die SS räumte er unumwunden ein, *gesundheitlich immer etwas kränklich* gewesen zu sein.[108] Herman Wirth vertraute er an, wie stark er unter einer *alten Herzkrankheit* leide.[109] Gleichwohl ist eine Reihe von Zeugnissen

---

105 Ebd. Siehe auch GROSSMAN, KURT R.: Selbstbekenntnisse des Herrn von Leers, in: Aufbau 22 (1956) 38 vom 21.09.1956.

106 MALINOWSKI, STEPHAN: Vom König zum Führer. Deutscher Adel und Nationalsozialismus, Frankfurt am Main ²2004, S. 560. Zu den Vorläufern solcher Konzeptionen siehe insbesondere GERSTNER: Neuer Adel.

107 O. V.: Morgenfeier, in: Der Angriff vom 08.12.1930. Zur Anspielung auf die Körpergröße siehe auch O. V.: Horst-Wessel-Sturm im „Clou", in: Der Angriff vom 13.12.1930.

108 Lebenslauf zur Aufnahme in die SS, 22.06.1936 [BArch, BDC-SSO, 6400025846]. Siehe auch Bericht über meine Tätigkeit als Professor für Deutsche Kultur und Geschichte an der Universität Rom, 30.03.1942. Demnach sei er während des Aufenthaltes *immer irgendwie kränklich* gewesen und habe *viel mit meinem Herzleiden zu tun* gehabt [ThHStAW, PA Nr. 18260, Bl. 155–165, hier Bl. 161].

109 Johann von Leers an Wirth, 12.07.1944 [RGVA, Fond 1283/10a, Bl. 426].

überliefert, in denen er sich zum kämpferischen Heißsporn stilisierte. Gegenüber der völkischen Publizistin Lenore Kühn (1878–1955) etwa (siehe Kap. 4.4.1) äußerte er 1944 sein Bedauern, nicht *draußen* im Krieg sein zu können, um *in der Marine den Kampf gegen die mir seit meiner Kindheit tödlich verhassten Engländer zu führen.*[110] Hans F. K. Günther dagegen berichtete er, wohl eingedenk traditioneller Erziehungsideale des Adels, in seiner Jugend *viel geritten* zu sein und *gefischt und gejagt* zu haben.[111] Dass er dennoch die *amtliche Turnstunde* im Klassenverband mied, begründete er mit ihrem einfallslosen Ablauf, wodurch sie zum *Gipfelpunkt der Spießerei* geworden sei und die obendrein der *Jude Rosenthal* als *Fahnenbegleiter flankierte.*[112] Solche Selbstbilder, die Tatendrang vorspielten, dürften allerdings Wunschdenken entsprungen sein und vor allem dazu gedient haben, offenkundige Schwäche auf diesem Gebiet zu überspielen.[113]

Damit einher gingen eine Idealisierung soldatischer Lebensformen und ihrer spezifischen Tugenden, die er bestenfalls aus Erzählungen kannte. Als Angehöriger des, so auch der Titel eines zeitgenössischen Romans des Schriftstellers Ernst Glaeser (1902–1963), Jahrgangs 1902 hatte Johann von Leers den Ersten Weltkrieg zwar „bewusst" erlebt, war „für den aktiven Kriegsdienst aber zu spät geboren".[114] Er sei *leider noch zu jung* gewesen, um am Krieg teilnehmen zu können, bedauerte er 1926 bei seinem Eintritt ins Auswärtige Amt.[115] Umso anschaulicher wusste er Fronterfahrungen im Schützengraben zu schildern, die den Eindruck erweckten, sie beruhten auf eigenen Erlebnissen. Nur wer den Krieg mitgemacht habe, phantasierte Johann von Leers beispielsweise 1934, könne darum wissen, „wie in einer Pause des furchtbaren Erlebens ein Sonnenaufgang oder ein Abendrot doch die ganze Schönheit der Welt wieder bewusst werden ließ", sodass „die Widerstandskraft gegen das Elend" wieder „erstarkte".[116] Literarische Fiktion und reale Begebenheiten lassen sich auch

---

110 Johann von Leers an Kühn, 28.04.1944 [BArch, N 1375/1032].
111 Johann von Leers an Günther, 09.12.1940 [RGVA, Fond 1283/10a, Bl. 186]. Zu den adeligen Erziehungsidealen im 19. Jahrhundert siehe Wienfort: Der Adel in der Moderne, S. 124.
112 Johann von Leers an Günther, 09.12.1940 [RGVA, Fond 1283/10a, Bl. 186].
113 Zeugnis der Reife, 01.03.1921 [ThHStAW, PA Nr. 18260, Bl. 98 f.]. Im Fach Turnen ist die Note *genügend* vermerkt.
114 Zum Begriff „Kriegsjugendgeneration" und zu seiner Geschichte siehe Herbert, Ulrich: Best. Biographische Studien über Radikalismus, Weltanschauung und Vernunft 1903–1989, Bonn 2001, S. 42 f. Zum Zitat Longerich, Peter: Heinrich Himmler, München 2008, S. 327. Siehe auch Glaeser, Ernst: Jahrgang 1902, Potsdam 1928, S. 243: „Wir bedauerten unsere Jugend. Denn sie verhinderte uns am Heldentum."
115 Personalbogen Johann von Leers, 15.07.1926 [PA AA, Rep. IV. Personalia, Bd. 1, Nr. 8643, Bl. 3 f.].
116 Leers, Johann von: Das Buch in Unterricht und Leben, in: Deutsches Bildungswesen, April 1934 (Sonderdruck).

in späteren Erinnerungen an paramilitärische Wehrverbände, denen er in der Nachkriegszeit angehört haben will (siehe Kap. 2.4), nicht immer sauber trennen. So behauptete er in einer 1933 veröffentlichten und von ihm autorisierten Kurzbiografie, „noch als Schüler" am Kapp-Putsch teilgenommen und als Student „immer wieder" den Weg „ins Freikorps und ins Wehrstudententum" gefunden zu haben.[117] Mehr als ein Mitläufer dürfte er jedoch kaum gewesen sein. Umso größer fiel deshalb das Bedürfnis aus, sich in literarischen Fiktionen als „soldatischer Mann"[118] zu stilisieren. Diese Neigung tritt etwa in seinem Jugendbuch „Der Junge von der Feldherrenhalle" hervor, dessen pubertierendem Protagonisten er Züge verlieh, die er für sich selbst gerne reklamiert hätte: „Soldat zu werden wurde Rolfs große Sehnsucht", wird die Hauptperson dieser trivialen Erzählung charakterisiert, die 1933 erschien. Als dieser 1921 den Entschluss fasst, sich „zur Truppe" der Freikorps in Oberschlesien „durchzuschlagen, koste es was es wolle", zeigte er sich nicht nur „von einem fanatischen Willen besessen", sondern wusste auch um die historische Bedeutung dieser Entscheidung: „Er war jetzt fünfzehn Jahre, über sein Alter hinaus kräftig und abgehärtet, der beste Turner seiner Klasse – warum sollte er nicht mitgehen, wenn die Trommeln wieder gerührt wurden?"[119] Ähnlich gestrickt war die nicht weniger schlichte Erzählung „Bomben auf Hamburg" ein Jahr zuvor, in der die Invasion einer französischen Flotte den Rahmen bildete: Dass die deutschen Verteidigungsverbände die Angriffe zurückschlagen können, ist hier nicht nur den Freiwilligenkorps, sondern auch wagemutigen Bauern zu verdanken, die aus den umliegenden Dörfern zur Hilfe in die Stadt strömten.[120]

Ein gehöriges Maß an Stilisierung haftete schließlich dem Versuch an, sich die Herkunft aus einer Sozialisationsinstanz anzudichten, deren Angehörige ideologische „Schnittmengen"[121] zu völkischem Gedankengut zeigten und aus der die nationalsozialistische Bewegung später zahlreiche ihrer Aktivisten rekrutiert hat. Nicht weniger prägend nämlich, behauptete er im Rückblick, hätten die

---

117 SCHIRACH: Die Pioniere des Dritten Reiches, S. 142 f.
118 Siehe zum Vergleich mit Himmler LONGERICH: Heinrich Himmler, S. 760.
119 LEERS, JOHANN VON: Der Junge von der Feldherrenhalle. Ein Weg ins deutsche Morgenrot, Stuttgart/Berlin/Leipzig o. J. [²1933], S. 57–65. Siehe auch S. 67: „Nur Turnen, das war eine Stunde des Glücks für ihn. Seine Gewandtheit von der Schule her kam ihm hier zunutze."
120 LEERS, JOHANN VON: Bomben auf Hamburg. Vision oder Möglichkeit, Leipzig 1932, S. 79–93.
121 Zum ambivalenten Verhältnis zwischen Jugendbewegung und völkischer Bewegung siehe PUSCHNER, UWE: Völkische Bewegung und Jugendbewegung. Eine Problemskizze, in: BOTSCH, GIDEON/HAVERKAMP, JOSEF (HRSG.): Jugendbewegung, Antisemitismus und rechtsradikale Politik. Vom „Freideutschen Jugendtag" bis zur Gegenwart (Europäisch-jüdische Studien-Beiträge, Bd. 13), Berlin/Boston 2014, S. 9–28, hier S. 10–14, 21 f.; MOGGE, WINFRIED: „Ihr Wandervögel in der Luft …". Fundstücke zur Wanderung eines romantischen Bildes und zur Selbstinszenierung einer Jugendbewegung, Würzburg 2009, S. 98–119.

Jugendbewegung und das *große Erlebnis* im *Wandervogel* auf ihn gewirkt. In seinen Erinnerungen verklärte er beide zu Probeläufen der nationalsozialistischen „Volksgemeinschaft": So will er *ganz tief* in diese *herrliche Gemeinschaft* der *Jugend aller Schichten* eingetaucht sein und sich durch *Lied und Wanderfahrt* mit den *Schönheiten unseres Volkslebens* vertraut gemacht haben.[122] Das Gemeinschaftserlebnis hätte ihm zugleich vor Augen geführt, wer für die *soziale Not* des *wertvollen Menschentums unseres Volkes* die Verantwortung trage. Schon damals habe er die *Notwendigkeit* erkannt, dass es nur dann gelänge, die *arbeitenden Massen* den *Juden zu entziehen*, wenn ihre *Wünsche* erfüllt würden. Eben deshalb sei ihm *der Kampf für soziale Gerechtigkeit* eine *innere Herzensangelegenheit* geworden.[123] Ob Johann von Leers tatsächlich als „Wandervogel" unterwegs war und an Gruppenfahrten teilgenommen hat, muss bezweifelt werden. Ein stichhaltiger Nachweis seiner Herkunft „aus der Jugendbewegung"[124] liegt nicht vor. Ebenso wenig lässt sich belegen, er habe dem 1920 gegründeten Bund der Adler und Falken angehört, der zum völkischen Flügel der Jugendbewegung zählte und sich von Beginn an nicht nur intensiv der Grenzlandarbeit widmete, sondern auch mit Fragen der Erb- und Rassenlehre befasste.[125] In der Geschichtsschreibung der Jugendbewegung und ihren seit Ende der 1960er Jahre publizierten Quelleneditionen taucht sein Name ebenfalls nicht auf.[126] Angesichts des bereits 1933 in einer offiziösen Publikation verbreiteten Selbstbildes, wonach

---

122 Johann von Leers an Wittfogel, 26.01.1952 [HIA, Collection K. Wittfogel, Box Nr. 29].
123 Ebd.
124 So HELLFELD, MATTHIAS VON: Bündische Jugend und Hitlerjugend. Zur Geschichte von Anpassung und Widerstand 1930–1939, Köln 1987, S. 72.
125 Zur Einordnung der „Adler und Falken" siehe AHRENS, RÜDIGER: Bündische Jugend. Eine neue Geschichte 1918–1933, Göttingen 2015, S. 93–98; BREUER, STEFAN: Der völkische Flügel der Bündischen Jugend, in: BOTSCH, GIDEON/HAVERKAMP, JOSEF (HRSG.): Jugendbewegung, Antisemitismus und rechtsradikale Politik. Vom „Freideutschen Jugendtag" bis zur Gegenwart (Europäisch-jüdische Studien-Beiträge, Bd. 13), Berlin/Boston 2014, S. 110–133, hier. S. 112. Siehe auch KATER, MICHAEL: Die Artamanen – Völkische Jugend in der Weimarer Republik, in: HZ 213 (1971), S. 577–638, hier S. 610; NANKO, ULRICH: Die deutsche Glaubensbewegung. Eine historische und soziologische Untersuchung, Marburg 1993, S. 67. Nankos Behauptung (S. 144), Johann von Leers habe im Juli 1933 in Eisenach bei der Gründung der Arbeitsgemeinschaft Deutsche Glaubensbewegung die Adler und Falken vertreten, trifft nicht zu.
126 KINDT, WERNER (HRSG.): Grundschriften der deutschen Jugendbewegung, Düsseldorf/Köln 1963; DERS.: Die Wandervogelzeit. Quellenschriften zur deutschen Jugendbewegung 1896–1919, Düsseldorf/Köln 1968; DERS.: Die deutsche Jugendbewegung 1920 bis 1933. Die bündische Zeit. Quellenschriften, Düsseldorf/Köln 1974. Zur kritischen Einschätzung dieser Schriften, die mit Günther Franz ein früherer Intimfeind von Johann von Leers verantwortete (siehe Kap. 6.4), siehe NIEMEYER, CHRISTIAN: Werner Kindt und die Dokumentation der „Jugendbewegung". Text und quellenkritische Beobachtungen, in: Historische Jugendforschung. Jahrbuch des Archivs der Jugendbewegung NF 2 (2005), S. 230–250; DERS.: 100 Jahre Meißner-

er als Schüler „las und lernte", während „andere tanzten", überrascht das allerdings nicht.[127] Wie bereits die Heroisierung des soldatischen Lebens, stellen auch Wandervogel und Jugendbewegung retrospektive Imaginationen dar, die sich in akademischen Belehrungen und literarischen Phantasien niederschlugen: „Erst die Jugendbewegung in der Vorkriegszeit" soll es demnach gewesen sein, die dem „üblen Laster" der Trinksucht etwas entgegenzusetzen wagte, rief er beispielsweise Lehrern 1936 in Erinnerung.[128] Eine antibürgerliche Geisteshaltung, die sich zugleich von „materialistischen Geldsack-,Idealen'"[129] abkehre und auch ihrem Verfasser „tief wesenseigen"[130] war, legte er dem jugendlichen Protagonisten einer weiteren Erzählung in den Mund, die um 1934 unter dem Titel „Kanonen über der Steppe" erschienen ist. Am „Geldmachen", lässt er Dietrich empört seinem Vater zurufen, der zu einer politischen Mission nach München aufbrechen muss, „gehen wir noch entzwei". Statt aber an „Geld, Geld und wieder Geld" zugrunde zu gehen, wolle er es seinem Freund Fritz gleichtun, der „seit drei Jahren Wandervogel" ist. Die, weiß Dietrich zu berichten, „ziehen jeden Sonntag hinaus in Gottes freie Natur, weil sie das blöde Getue nicht mehr ertragen können, morgens Kirchgang mit den alten Tanten, nachmittags Kaffeeklatsch im Sonntagsanzug mit Onkel Bolko und Tante Eulalie". Wie viele andere Jungen werde auch er sich ihnen anschließen und „mit auf Fahrt" gehen.[131] In ähnlicher Weise verfasste er auch die Erinnerungen an ein „Jugendlager" der neu etablierten „Staatsjugend" im „heroischsten Land der Nachkriegszeit, in der modernen Türkei", in dem er angeblich während eines nicht näher datierten Besuchs „schlanke, straff gewachsene, prächtige Bengel" angetroffen haben will, die „Übungsgewehre und militärische Anzüge" trugen und sich „irgend einen herrlichen Fraß" kochten, „wie wir es ja auch auf unseren Wanderfahrten gemacht haben."[132] Die tatsächliche Bedeutung solcher einfach

---

formel – ein Grund zur Freude? Oder: Wie und warum sich die deutsche Jugendbewegung wider besseres Wissen einen Mythos schuf, in: Zeitschrift für Pädagogik 59 (2013) 2, S. 219–237.
127 SCHIRACH: Die Pioniere des Dritten Reiches, S. 142 f.
128 LEERS: Rassische Geschichtsbetrachtung, S. 38.
129 LEERS, JOHANN VON: 14 Jahre Judenrepublik. Die Geschichte eines Rassenkampfes, Berlin o. J. [²1933], S. 88 f.
130 Zu seinem Selbstverständnis als Schriftsteller siehe LEERS, JOHANN VON: Das Buch in Unterricht und Leben, in: Deutsches Bildungswesen, April 1934 (Sonderdruck): Die „Form der Ordnung soll durch das Erleben des Verfassers entstanden sein" und die „Idee des Buches muss dem Verfasser tief wesenseigen sein."
131 LEERS, JOHANN VON: Kanonen über der Steppe. Erzählung aus dem revolutionären Durchbruch der Nachkriegsjahre, Stuttgart/Leipzig/Berlin o. J., S. 29.
132 LEERS, [JOHANN] V[ON]: Staatsjugend oder nicht im nationalsozialistischen Staatsgedanken, in: Die Waffenschmiede (1932) 7, S. 110–114, hier S. 113.

gestrickten Erzählungen wie auch seine Publizistik in den Monaten vor und nach der Machtübertragung in einschlägigen Organen dürfte deshalb darin bestanden haben, junge Nationalsozialisten und Anhänger der bündischen Jugend von der Gemeinsamkeit des Kampfes gegen das System von Weimar („Versailles") und für den „organischen Staat" zu überzeugen.[133] An Zweifler seiner eigenen Bewegung etwa richtete sich ein Beitrag, in dem er die gemeinschaftsstiftende Kraft jener „abendlichen Lagerfeuer" unter „Kameraden" romantisierte, von denen keiner „schlechter behandelt" würde, weil er einst „so oder so" geglaubt oder empfunden habe, solange nur alle das „dogmatische Gezänk lange vermoderter Theologen" hinter sich ließen.[134] Bedenken aus den Bünden, die dem Macht- und Führungsanspruch der Hitler-Jugend skeptisch begegneten und an ihrer Eigenständigkeit festhalten wollten, versuchte er mit dem Hinweis zu zerstreuen, es könne eine „freiwillige" Staatsjugend geben. Vom „nationalsozialistischen Standpunkt" aus, erklärte er, sei die „von oben" verordnete Einführung einer Staatsjugend nämlich abzulehnen, da sie im Widerspruch zum „Gedanken der germanischen Freiheit" stünde.[135] Gezielte Täuschungen dieser Art dürften jenen bündischen Führern Vorschub geleistet haben, die sich nicht vorstellen konnten, dass man ihre Organisationen verbieten würde oder die für eine kooperative Zusammenarbeit mit der HJ plädierten.

2.3 Studium, Promotion und Referendariat

Am 1. März 1921 legte Johann von Leers mit Auszeichnung das *Abiturium* am Gymnasium Carolinum in Neustrelitz ab, eine der traditionsreichen Schulen des Herzogtums, die sich mit ihrem später prominenten Absolventen schmückte. Als im September 1935 das 140-jährige Stiftungsfest gefeiert wurde, hielt Johann von Leers als „alter Caroliner" die „Festrede", die im Plauderton zeitgenössische Blut-und-Boden-Metaphorik mit privaten Erinnerungen („Du liebe alte Schule, du wirst uns immer unvergesslich sein!") verband.[136] Sein Abschlusszeugnis wies fast ausschließlich die Noten „Gut" (Latein, Griechisch, Englisch und Physik) oder „Sehr gut" (Religionslehre, Deutsch, Französisch, Geschichte und Erd-

---

133 HELLFELD: Bündische Jugend und Hitlerjugend, S. 62 f.
134 DR. VON LEERS: Metternich vor den Toren, in: Der junge Nationalsozialist 1 (1932) 9, S. 8 f.
135 LEERS, [JOHANN] V[ON]: Staatsjugend oder nicht im nationalsozialistischen Staatsgedanken, in: Die Waffenschmiede (1932) 7, S. 110–114, hier S. 111. Zum Verhältnis Bündischer Jugendgruppen zur HJ siehe auch HELLFELD: Bündische Jugend und Hitlerjugend, S. 72.
136 Auszugsweise abgedruckt in: Caroliner Zeitung. Mitteilungen der Altschülerschaft des Carolinums zu Neustrelitz 2/1935, S. 9–16.

kunde) aus. Zu den bemerkenswerten Ausnahmen zählte das Fach Mathematik, für das er *keine Begabung* gezeigt haben will. In einer mündlichen Prüfung kam er über ein *nicht genügend* nicht hinaus. Mittelmäßig waren auch seine Leistungen im Turnunterricht, den er mit der Note *genügend* abschloss. Im Gegensatz zu anderen Adelsfamilien, die sich in der Weimarer Republik „außerstande" sahen, „ihren Söhnen ein Studium zu ermöglichen", konnte Johann von Leers unmittelbar darauf auch ein Studium der Rechtswissenschaft beginnen, wenngleich *unter sehr schweren wirtschaftlichen Verhältnissen*, wie er sich später erinnerte.[137] Zum Sommersemester 1921 immatrikulierte er sich zunächst in Kiel, wechselte aber unmittelbar darauf nach Berlin an die Friedrich-Wilhelms-Universität, wo er bis März 1922 eingeschrieben war.[138] Nach einer mehr als einjährigen Pause setzte er dann sein Studium an der Universität Rostock fort, wo er sich im Oktober 1923 immatrikulierte und bis Ende des Semesters eingeschrieben gewesen ist.[139] Seinen Neigungen folgend will er dabei auch Studien in *Geschichte und Volkswirtschaft* betrieben haben, die er mit nicht weniger Ausdauer verfolgte.[140] Als akademische Lehrer außerhalb der Rechtswissenschaften nannte er später die Historiker Dietrich Schäfer (1845–1929), Otto Hoetzsch (1876–1946) und Karl August Stählin (1865–1939).[141] Neben Hoetzsch, seit 1920 Abgeordneter der DNVP im Reichstag und einer der Begründer der akademischen „Ostforschung",

---

137 Angaben nach Lebenslauf zur Aufnahme in die SS, 22.06.1936 [BArch, BDC-SSO, 6400025846]; Lebenslauf, 01.11.1936; Abschrift Zeugnis der Reife, 01.03.1921 [ThHStAW, PA Nr. 18260, Bl. 11, 98 f.]. Spätere Datierungen des Abiturs auf das Jahr 1920 sind falsch [PA AA, AV-NA, Nr. 18933, o. P.]. Zum Hintergrund siehe Jarausch, Konrad: Deutsche Studenten 1800–1970, Frankfurt am Main ²1989, S. 117–151; Herbert, Ulrich: Best. Biographische Studien über Radikalismus, Weltanschauung und Vernunft 1903–1989, Bonn 2001, S. 51–68; zum Zitat Wienfort: Der Adel in der Moderne, S. 126.
138 Matrikeleintragung Friedrich-Wilhelms-Universität, 27.10.1921; Abgangszeugnis Friedrich-Wilhelms-Universität, 07.03.1922 [Humboldt-Universität zu Berlin, Archiv, Nr. 1248/112. Rektorat].
139 Abgangszeugnis Universität Rostock, 23.02.1924 [UA Rostock, SA].
140 Lebenslauf Promotionsakte [UA Rostock]; Lebenslauf zur Aufnahme in die SS, 22.06.1936 [BArch, BDC-SSO, 6400025846]. Im Personalbogen für das Auswärtige Amt lässt sich ein Studium Universale erkennen: *Besonders bevorzugte ich Staatsrecht, Völkerrecht, Arbeitsrecht, Kirchenrecht und außerjuristische Fächer neben modernen Sprachen besonders neuere Geschichte, speziell Osteuropas und Asiens, soziale Bewegung, russische Kulturgeschichte, Volkswirtschaft am Kieler Institut f[ür] Weltwirtschaft und Seeverkehr.* Personalbogen Auswärtiges Amt [PA AA, Rep. IV. Personalia, Bd. 1, Nr. 8643, Bl. 3 f.]. Zu den Sprachstudien während des Studiums: *Ich [...] lernte nacheinander spanisch, niederländisch, russisch, dänisch und erwarb mir zum Lesen von Büchern und Zeitungen ausreichende Kenntnisse einer Anzahl anderer Sprachen.* Lebenslauf, 01.11.1936 [ThHStAW, PA Nr. 18260, Bl. 10]. Zu diesen anderen Sprachen zählten angeblich auch Polnisch und Bulgarisch, später kam noch Japanisch hinzu. Lebenslauf, o. D. [um 1936] [UAJ, Bestand D 1868].
141 Curriculum Vitae (Ms.), o. D. [nach 1956] [PA AA, AV-NA, Nr. 18933, o. P.].

der allerdings ein ambivalentes Verhältnis zu den Nationalsozialisten pflegte, die ihn als „Salonbolschewisten"[142] diffamierten, sticht Schäfer hervor, ein Mitglied des Alldeutschen Verbandes, der sich als politischer Historiker in der Tradition Heinrich von Treitschkes sah. Schäfer kann „zu den einflussreichsten Vertretern der national-völkischen ‚neuen Rechten'" des Kaiserreichs gezählt werden und trat während des Ersten Weltkriegs als Verfechter eines großgermanischen Reiches hervor. Korrespondenzen mit Berufskollegen zeichneten sich dabei vielfach durch „massive antijüdische Ressentiments" aus.[143] Sein so apostrophierter „hochverehrter Lehrer" Schäfer wurde durch Johann von Leers bereits Anfang 1932 zu einem der Wegbereiter der NSDAP erklärt, soll dieser doch „große Teilgebiete unserer Erkenntnisse formuliert" haben.[144]

Am 16. Oktober 1924 schließlich bestand Johann von Leers in Rostock die erste juristische Staatsprüfung.[145] Kurz darauf, im Februar 1925, schloss er außerdem mit einer Arbeit über „Die Werkwohnung in der Gesetzgebung" das *Doktorexamen* ab.[146] Gutachter („Referent") war der seit 1922 in Rostock lehrende Völker- und Staatsrechtler Edgar Tatarin-Tarnheyden (1882–1966).[147] In welchem Verhältnis beide zueinander standen, ist nicht bekannt. Dass Johann von Leers sich seinem Betreuer *für vielfache Förderung und Anteilnahme zu lebhaftem Dank verpflichtet* fühlte, dürfte aber mehr als nur akademischen Gepflogenheiten geschuldet gewesen sein.[148] Aufgrund der Herkunft und politischen Einstellung Tatarin-Tarnheydens kann auch eine weltanschauliche Nähe nicht völlig ausgeschlossen werden. Der jugendbewegte und grenzlanderfahrene Baltendeutsche, den die Russische Revolution 1917 aus Riga vertrieben hatte, stand der Republik von Weimar distanziert, wenn nicht ablehnend gegenüber, wie etwa die Kontroverse um die „Flaggenfrage" 1927 zeigte. Es sei demnach,

---

142 SCHLÖGEL, KARL: Von der Vergeblichkeit eines Professorenlebens. Otto Hoetzsch und die deutsche Russlandkunde, in: Osteuropa. Zeitschrift für Gegenwartsfragen des Ostens 55 (2005) 12, S. 5–28.
143 Zu Schäfer siehe GAILUS, MANFRED: Schäfer, Dietrich, in: BENZ, WOLFGANG (HRSG.): Handbuch des Antisemitismus (Bd. 2/2: Personen), Berlin/Boston 2009, S. 723 f. sowie KÖCK, JULIAN: „Die Geschichte hat immer Recht". Die Völkische Bewegung im Spiegel ihrer Geschichtsbilder (Campus Historische Studien, Bd. 73), Frankfurt am Main/New York 2015, S. 389–397.
144 LEERS, [JOHANN] V[ON]: Warum sind die Universitäten und Hochschulen so wichtig?, in: Der Angriff vom 19.01.1932.
145 Lebenslauf Promotionsakte [UA Rostock].
146 LEERS, JOHANN-JAKOB VON: Die Werkwohnung in der Gesetzgebung (Diss. jur), Rostock 1925; Lebenslauf Prof. Dr. Johann von Leers (Ms.), o. D. [NL H. Achmed Schmiede].
147 Zur Biografie siehe LENZ, WILHELM (HRSG.): Deutschbaltisches biografisches Lexikon 1710–1960, Köln 1970, S. 784; BUDDRUS, MICHAEL/FRITZLAR, SIGRID (HRSG.): Die Professoren der Universität Rostock im Dritten Reich. Ein biografisches Lexikon (Texte und Materialien zur Zeitgeschichte, Bd. 16), München 2007, S. 397–399.
148 Johann von Leers an Juristische Fakultät Universität Rostock, 09.02.1925 [UA Rostock].

schrieb er seinerzeit, „tief schmerzlich, dass das deutsche Volk nicht besitzt, was […] andere Völker ihr eigen nennen – ein Symbol der politischen Einheit".[149] An anderer Stelle sprach er sich für „eine berufsständische korporative Staatsorganisation wie im faschistischen Italien oder Spanien" aus.[150] Nachdem 1933 die Nationalsozialisten an die Macht gelangt waren, empfahl er sich diesen mit einer Schrift über „Werdendes Staatsrecht", in dem er seine „Gedanken zu einem organischen und deutschen Verfassungsneubau" darlegte.

Insofern stellt sich die Frage, welche weltanschaulichen Überzeugungen sich in der von Johann von Leers vorgelegten Arbeit finden, die, wie er ausführte, „die juristische Konstruktion des Werkwohnungsverhältnisses" untersuchen und deren „Rechtscharakter" bestimmen wollte. Eine Andeutung darauf gibt unter anderem der Hinweis, dieser Rechtscharakter sei durch die „öffentlichrechtlichen Eingriffe der Nachkriegszeit in das Wohnungs- und Mietwesen" einem Wandel unterworfen gewesen. In einer der Arbeit vorangestellten Einleitung hob Johann von Leers ausdrücklich hervor, dass das juristische Konstrukt einer „Werkwohnung" auch als Antwort auf eine „sozialpolitische Frage" verstanden werden müsse, die durch industrielle Revolution und Strukturwandel in der Landwirtschaft entstanden war und zu innenpolitischen Verwerfungen geführt habe.[151] Statt aber bäuerliche Lebensformen zu romantisieren und den Verlust überkommener Ordnungen zu beklagen, wie dies später zum Kennzeichen seiner Schriften werden sollte, zeigte er sich hier zu einer nüchternen Analyse fähig. Angesichts des gewaltigen Zustroms vom Land in die „rasch aufblühenden Städte" hier und des Verfalls der „Idee einer patriarchalischen Gutsverfassung" dort habe sich nicht nur die Frage nach der „Unterbringung" von „Millionen sich stark vermehrender Volksgenossen" in der Industrie gestellt. Gleichzeitig sei auch „die Wohnungsfrage der landwirtschaftlichen Arbeiter […] in ein neues Stadium" getreten. Dem Verhalten vieler Industrieunternehmen sprach Johann von Leers dabei Beispielcharakter zu: Viele hätten es nämlich für geboten gehalten, „ihren Arbeitnehmern eine für das körperliche und seelische Wohlbefinden geeignete Wohnung zu geben, um in den von der Stickluft der Mietskaserne befreiten Arbeitern zufriedenere Gehilfen zu haben".

---

149 TATARIN-TARNHEYDEN, E[DGAR]: Grundlegende Betrachtungen zur Flaggenfrage, in: Archiv des öffentlichen Rechts N.F. 13 (1927), S. 313–380, hier S. 332.
150 TATARIN-TARNHEYDEN, E[DGAR]: Bolschewismus und Fascismus in ihrer staatsrechtlichen Bedeutung, in: Zeitschrift für die gesamte Staatswissenschaft 80 (1926), S. 1–37. Siehe auch HOFMANN, HASSO: „Die deutsche Rechtswissenschaft im Kampf gegen den jüdischen Geist", in: MÜLLER, KARLHEINZ/WITTSTADT, KLAUS (HRSG.): Geschichte und Kultur des Judentums (Quellen und Forschungen zur Geschichte des Bistums und Hochstifts Würzburg, Bd. 38), Würzburg 1988, S. 223–240, hier S. 227.
151 LEERS: Die Werkwohnung in der Gesetzgebung, S. 1–4.

Dass daraufhin zahlreiche Werksiedlungen und Arbeiterkolonien an den Rändern der Städte angelegt wurden, habe sich zugleich als „ein gutes Gegenmittel gegen die tiefe Verbitterung und soziale Hoffnungslosigkeit" der „heimatlosen Proletarier" erwiesen, die so ein Bewusstsein „kleinbürgerlicher Zufriedenheit und Geborgenheit" entwickelten. Skeptisch zeigte er sich jedoch dort, wo der „Besitz eines Hauses" zur Fessel am Werk werde, wie viele Unternehmen es anstrebten. Ein solcher Gedanke sei „aus dem Ideenkreis der patriarchalischen Fabrik" entsprungen und deshalb „von Arbeitnehmerseite häufig angefeindet worden". Um die Abhängigkeit von Arbeitgebern zu vermeiden, die eine Wohnung gewähren, aber auch wieder entziehen könnten, sollten Stiftungen mit Kapital aus der Großindustrie solche Werkwohnungen errichten.

Tatarin-Tarnheyden kam in seinem Bericht an die Juristische Fakultät allerdings zu einer zwiespältigen Bewertung. Obschon er die *Sammlung und Systematisierung eines weiten Materials* als *Hauptverdienst* des Verfassers hervorhob, hielt er die *Lösung der Probleme* nicht für *restlos geglückt*. Zurückzuführen sei dies unter anderem darauf, dass der Autor nicht immer *volle Präzision und Konsequenz* in seiner *Konstruktion* und *Darstellung* zeige. Gleichwohl aber, vermerkte er, könne die nach seinen Hinweisen bereits *mehrfach umgearbeitete* Dissertation mit *voll ausreichend* bewertet werden. Bei *gutem Ausfall* der mündlichen Prüfung ließe sich *möglicherweise* sogar ein *gut* als Gesamtprädikat *befürworten*.[152] Wie es scheint, war dies nicht der Fall. Am 10. Mai 1925 wurde Johann von Leers mit der Note „cum laude" promoviert.[153] Das Verhältnis zwischen beiden beeinträchtigte die mittelmäßige Note jedoch keineswegs. Für seine Bewerbung im Auswärtigen Amt, die Johann von Leers kurz darauf einreichte, führte er unter anderem Tatarin-Tarnheyden als Referenz an. Zehn Jahre später sollten sich beide zudem auf einer denkwürdigen Veranstaltung wieder begegnen. Wie Johann von Leers, der in Jena zu den ersten Schritten einer erstaunlichen Hochschulkarriere angesetzt hatte und dort später selbst als Universitätsprofessor reüssieren sollte (siehe Kap. 6.2), referierte er 1936 auf der von Carl Schmitt organisierten Tagung über den „Einfluss des Judentums in Staatsrecht und Staatslehre". In seiner antisemitischen Haltung stand Tatarin-Tarnheyden dabei ausweislich des später publizierten Beitrags seinem früheren Doktoranden nicht nach: „Auf keinem Gebiet der deutschen Rechtswissenschaft", führte er aus, habe sich „der Einfluss des Judentums so unheilvoll ausgewirkt wie in Staatsrecht

---

152 Referat Tatarin-Tarnheyden, 12.02.1925 [UA Rostock, Promotionsakte von Leers].
153 Personalbogen Johann von Leers, 15.07.1926 [PA AA, Rep. IV. Personalia, Bd. 1, Nr. 8643, Bl. 3 f.]; Abschrift Promotionsurkunde [UA Rostock].

und Staatslehre".[154] Vor allem Friedrich Julius Stahl und Erich Kaufmann wurden dabei zur Zielscheibe seines an „Verfolgungswahn"[155] grenzenden Angriffs, sei doch gerade bei diesen das spezifisch „Jüdische" durch ihre „Assimilierung zum deutschen Wesen so stark überdeckt", dass es „die schwierigste Aufgabe bildet", ihren „undeutschen Charakter aufzudecken".[156]

Nach Abschluss der Promotion absolvierte Johann von Leers seit März 1925 den juristischen Vorbereitungsdienst im Mecklenburgischen Staatsministerium in Neustrelitz, den er im Oktober in Rostock mit dem Referendarexamen mit dem, wie er angab, Prädikat *voll ausreichend* abschloss.[157] Anschließend blieb er noch drei Monate am Amtsgericht Neustrelitz tätig, bis er schließlich nach Berlin verzog, um sich für die Prüfung zur Aufnahme in den Auswärtigen Dienst vorzubereiten.[158] Diesem Ziel diente auch ein Studium an der Deutschen Hochschule für Politik, wo er sich zum Sommersemester 1926 eingeschrieben hatte. Seminare will er dort unter anderem bei dem nationalkonservativen Geopolitiker Adolf Grabowsky (1880–1969) besucht haben, der als Mitherausgeber der „Zeitschrift für Politik" nicht ohne Einfluss war, ebenso bei dem Briten Richmond Lennox (1894–1929), der seit 1924 Internationale Beziehungen lehrte.[159]

2.4 Gewalterfahrungen im Freikorps

In dieser Phase sah er sich allerdings auch erheblichen privaten Belastungen ausgesetzt, die den ruinösen Auseinandersetzungen um den Familienbesitz geschuldet waren. So kam es demnach *im Frühjahr 1926* zu einer *größeren Unterbrechung* des Studiums, als er sich mit den *wirtschaftlichen Angelegenheiten* der Güter, die sein Bruder verwaltete, *zu befassen hatte*.[160] Weit mehr lässt allerdings der Hinweis aufhorchen, wonach er früher bereits *die großen*

---

154 TATARIN-TARNHEYDEN, E[DGAR]: Der Einfluss des Judentums in Staatsrecht und Staatslehre, in: Das Judentum in der Rechtswissenschaft (Bd. 5), Berlin 1938, S. 5–35, zit. nach GÖPPINGER, HORST: Juristen jüdischer Abstammung im „Dritten Reich", München ²1990, S. 158.
155 HOFMANN: „Die deutsche Rechtswissenschaft im Kampf gegen den jüdischen Geist", S. 235.
156 TATARIN-TARNHEYDEN: Der Einfluss des Judentums in Staatsrecht und Staatslehre, S. 5–35, zit. nach GÖPPINGER: Juristen jüdischer Abstammung im „Dritten Reich", S. 158.
157 Personalbogen Johann von Leers, 15.07.1926 [PA AA, Rep. IV. Personalia, Bd. 1, Nr. 8643, Bl. 3 f.].
158 Ebd.
159 Ebd. Zu Grabowsky, der 1934 in die Schweiz emigrierte, siehe FAUL, ERWIN: Adolf Grabowsky 80 Jahre, in: PVS 1 (1960) 2, S. 177–189.
160 Personalbogen Johann von Leers, 15.07.1926 [PA AA, Rep. IV. Personalia, Bd. 1, Nr. 8643, Bl. 3 f.].

Ferien immer auf dem Lande verbracht habe.[161] Die harmlose Formulierung in einem Bewerbungsbogen sollte offenkundig verschleiern, in welcher Weise Johann von Leers durch „Dolchstoß" und Waffenstillstand, Revolution und Republik sowie den Frieden von „Versailles" radikalisiert worden war und welche Konsequenzen er daraus gezogen hatte. Nachdem er bereits in seinen „letzten Schuljahren" einer „verbotenen Schülergemeinschaft" angehört haben will und „noch als Schüler" am Kapp-Putsch beteiligt war (siehe Kap. 2.4), unterbrach er jetzt sein Studium für mehr als ein Jahr und tauchte in das Milieu der paramilitärischen Wehrverbände ab.[162] *Schon auf der Universität*, behauptete er im Rückblick, habe er sich *in einer Freikorps-Formation betätigt, in der er bis 1923/24 aktiv gewesen sei*.[163] Seine phantasievoll ausgemalten Erinnerungen daran, die er rund 30 Jahre später publizierte und gegenüber Korrespondenzpartnern mehrfach ausbreitete, müssen allerdings auch als Teil seiner retrospektiven Idealisierung betrachtet werden.[164] In den Freikorps nämlich, die sich als Teil der „Gegenkultur zur bürgerlichen Gesellschaft"[165] verstanden, wurde nicht nur jene „Welt des Soldatischen"[166] kultiviert, die Johann von Leers zwischen 1914 und 1918 altersbedingt verwehrt geblieben war. Zugleich symbolisierten sie den generationellen Aufbruch der rechtsextremen Opposition, die wie er dem „System von Weimar" mit Verachtung begegnete. „Die deutsche, nationale Jugend strömte zu diesen Freikorps", gab er sich rückblickend überzeugt, weil sie „endlich eine gemeinsame Fahne" fand, um sich „zusammenzuschließen".[167] Damit verbunden war die feste Überzeugung, das „Reich" in einer schicksalhaften Phase rechtmäßig gegen revolutionäre Umtriebe seiner inneren Feinde und an den seit 1919 unrechtmäßig aufgezwungenen Grenzen im Osten gegen fremde Besatzer zu verteidigen. „Wir konnten eingreifen in das Schick-

---

161 Ebd.
162 SCHIRACH: Die Pioniere des Dritten Reiches, S. 142 f. Siehe auch Johann von Leers an du Bois, 08.06.1955 [University of Massachusetts Amherst Libraries, Special Collections and University Archives, W. E. B. Du Bois Papers, MS 312].
163 Lebenslauf, 01.11.1936 [ThHStAW, PA Nr. 18260, Bl. 10]; Fragebogen zur Berichtigung bzw. Ergänzung der Führerkartei der SS-Personalkanzlei, Juni 1936 [BDC-SSO, 6400025846]; Siehe Johann von Leers an Wittfogel vom 26.01.1952 [HIA, Collection K. Wittfogel, Box Nr. 29].
164 LEERS, JOHANN VON: Der Verrat des 9. November 1918, in: Der Weg 8 (1954) 1, S. 7–14; DERS.: Die Zeit der Freikorps, in: Der Weg 8 (1954) 3, S. 174–180. Zu solchen Formen retrospektiver Stilisierung siehe LONGERICH: Heinrich Himmler, S. 760 und BONACKER, MAX: Goebbels' Mann beim Radio. Der NS-Propagandist Hans Fritzsche (1900–1953) (Schriftenreihe der Vierteljahrshefte für Zeitgeschichte, Bd. 94), München 2007, S. 15.
165 BONACKER: Goebbels' Mann beim Radio, S. 16.
166 LONGERICH: Heinrich Himmler, S. 760.
167 LEERS, JOHANN VON: Die Zeit der Freikorps, in: Der Weg 8 (1954) 3, S. 174–180, hier S. 180.

sal des Reiches", kleidete er diese Euphorie 30 Jahre später in Worte.[168] Dass solche „Eingriffe" ein erhebliches Gewaltpotenzial beinhalteten, antisemitisch grundiert waren[169] und sich gegen die demokratische Ordnung richten mussten, stand für ihn außer Zweifel. In den „Kadern" der Freikorps hätten sich jene Streiter des „völkische[n] Erwachen[s]"[170] eingefunden, die „gewillt" gewesen seien, „dem widervölkischen System von Weimar eines Tages eine völkische Revolution entgegenzusetzen", die „alles vom Tisch fegen" würde, was „die deutsche Seele beengte".[171]

2.4.1 Ehrhardt, Consul, Wiking

In welchen Formationen Johann von Leers als einer der „Soldaten der Revolution"[172] tatsächlich mitmischte und welche Rolle er dabei einnahm, darüber liegen nur vage Angaben vor, die ausschließlich auf spärlichen Behauptungen beruhen, die er selbst überliefert hat. Glaubt man diesen, durchlief er eine Reihe berüchtigter Freikorps und Untergrundorganisationen, die für die bürgerkriegsähnlichen Krisen der ersten Jahre der Weimarer Republik die Verantwortung trugen. So sehr Johann von Leers auch zum Fabulieren neigte, so unmissverständlich bekannte er sich damit zu den politischen Zielen dieser gewalttätigen Bünde. Ganz bewusst dürfte er deshalb 30 Jahre später auch jenen „ingrimmige[n] Vers" aus Freikorpszeiten wiederholt haben, den sich später auch Hitler, wie er 1932 in einer biografischen Skizze über den Führer der NSDAP suggerierte, zu eigen gemacht haben soll: „Keiner wird vergessen // Jedem wird sein Teil. // Dem einen wird das Ehrenkreuz // Dem anderen wird das Beil."[173]

So will er sich zunächst der Brigade Ehrhardt angeschlossen haben, die ihn allerdings in seinen Hoffnungen enttäuschte. Statt nämlich klare Zukunftsziele zu formulieren, habe sie nur eine überkommene Ordnung verteidigen wollen. Das *innere Ringen* ihrer Kämpfer *zwischen der bloßen monarchischen Restauration und der werdenden völkischen Revolution* sah ihn somit *natürlich*

---

168 EBD.
169 Die Verfolgung und Ermordung der europäischen Juden durch das nationalsozialistische Deutschland 1933–1945. Deutsches Reich 1933–1937 (Bd. 1), München 2008, S. 13–50, hier S. 26 f.
170 LEERS: Zur Geschichte des deutschen Antisemitismus, S. 534.
171 LEERS, JOHANN VON: Die Zeit der Freikorps, in: Der Weg 8 (1954) 3, S. 174–180, hier S. 189.
172 LEERS, [JOHANN] V[ON]: Staatsjugend oder nicht im nationalsozialistischen Staatsgedanken, in: Die Waffenschmiede (1932) 7, S. 110–114, hier S. 113.
173 LEERS, JOHANN VON: Der Verrat des 9. November 1918, in: Der Weg 8 (1954) 1, S. 7–14, hier S. 14. Siehe bereits DERS.: Adolf Hitler (Männer und Mächte), Leipzig 1932, S. 28.

auf der Seite der radikalen Kräfte.[174] Seine tatsächliche Beteiligung an Kampfhandlungen bleibt jedoch unklar: Ob er, wie später behauptet, im März 1920 als Schüler den Kapp-Lüttwitz-Putsch in Berlin erlebte, erscheint zwar nicht ausgeschlossen. Mehr als ein jugendlicher Mitläufer dürfte er aber kaum gewesen sein. Naheliegender ist, dass er nach der offiziellen Auflösung der Freikorps, als einzelne Gruppen den Zusammenhalt in Form ländlicher Arbeitsgemeinschaften aufrechterhielten und sich auf Gütern in Norddeutschland verborgen hielten, mit Schwundformen der Brigade Ehrhardt in Berührung kam.[175]

Bedeckt hielt er sich auch mit Aussagen über die Organisation Consul (O.C.), in der er ebenfalls mitgemacht haben will. Der konspirativ tätige Geheimbund, der 1920 nach dem gescheiterten Kapp-Putsch aus der Brigade Ehrhardt hervorgegangen war und die „Bekämpfung alles Anti- und Internationalen, des Judentums, der Sozialdemokratie und der linksradikalen Parteien" proklamierte, verfügte in zahlreichen Städten über Ortsgruppen, unter anderem in Rostock und Berlin.[176] Als nach der Volksabstimmung im März 1921 über den Verbleib der Provinz Oberschlesien im Deutschen Reich ein bewaffneter Aufstand polnischer Freischärler ausbrach, unterstützte eine rund 200 Mann starke Kompanie unter der Führung des früheren Marineoffiziers Manfred von Killinger (1886–1944) den Oberschlesischen Selbstschutz.[177] *Il participa comme volontaire aux combats entre Allemands et Polonais en Haute Silésie*, brüstete Johann von Leers sich später seiner Beteiligung an diesen gewaltsamen Auseinandersetzungen zur „Abwehr des Einfalls der Polen".[178] Ob er in den Reihen der Organisation Consul marschierte, ist allerdings nicht verbürgt. In dem bereits zitierten Beitrag aus dem Jahre 1954 heißt es unbestimmt, er und seine Gesinnungsgenossen seien zum „Schutze Oberschlesiens" in „Selbstschutzverbänden" und „vor allem" in Freikorps aktiv geworden, „unter denen die

---

174 Johann von Leers an Wittfogel, 26.01.1952 [HIA, Collection K. Wittfogel, Box Nr. 29].
175 Zur literarischen Fiktion siehe LEERS, JOHANN VON: Der Junge von der Feldherrnhalle. Ein Weg ins deutsche Morgenrot, Stuttgart/Berlin/Leipzig o. J. [²1933], S. 61.
176 Zum Zitat siehe SELIG, WOLFRAM: Organisation Consul, in: BENZ, WOLFGANG (HRSG.): Handbuch des Antisemitismus. Judenfeindschaft in Geschichte und Gegenwart (Bd. 5: Organisationen), Berlin/Boston 2012, S. 465–477 und bereits JASPER, GOTTHARD: Aus den Akten der Prozesse gegen die Erzberger-Mörder, in: VfZ 10 (1962), S. 430–453, hier S. 439. Zur Entwicklung siehe SABROW, MARTIN: Der Rathenaumord. Rekonstruktion einer Verschwörung gegen die Weimarer Republik (Schriftenreihe der Vierteljahrshefte für Zeitgeschichte, Bd. 69), München 1994, S. 27–44.
177 Siehe SAUER, BERNHARD: „Auf nach Oberschlesien". Die Kämpfe der deutschen Freikorps 1921 in Oberschlesien und den anderen ehemaligen deutschen Ostprovinzen, in: ZfG 58 (2010) 4, S. 297–320, hier S. 312.
178 Curriculum Vitae (Ms.), o. D. [nach 1956] [PA AA, AV-NA, Nr. 18933, o. P.]; LEERS: Zur Geschichte des deutschen Antisemitismus, S. 534.

Marine-Brigade des Korvettenkapitäns Hermann Ehrhardt eine bedeutende Rolle spielte".[179] Sein Bekenntnis zur O.C. ist trotzdem bemerkenswert, stellte er damit doch seine Nähe zu einer „rechtsterroristischen"[180] Organisation her, deren Mitglieder die Weimarer Republik gewaltsam bekämpften und zahlreiche Terroraktionen begingen. Die Ermordung des früheren Reichsfinanzministers Matthias Erzberger (1921), mehr noch aber die von Reichsaußenminister Walther Rathenau (1922), der als vermeintlicher Erfüllungspolitiker und Repräsentant einer „Judenregierung"[181] den besonderen Hass dieser Kreise auf sich zog, ist deshalb nicht nur Ausdruck der gegenrevolutionären Politik dieses Bundes, sondern auch der antisemitischen Gesinnung ihrer Täter.[182] Insofern überrascht auch nicht seine Behauptung, dass er sich nach dem Verbot der Organisation Consul dem *Wiking* anschloss, der sich im Mai 1923 unter der Protektion Ehrhardts als Auffangbecken gegründet hatte.[183] Der Bund, der in seiner Satzung die „Erneuerung und Wiedergeburt Deutschlands auf nationaler und völkischer Grundlage durch geistige Erziehung der Mitglieder" anstrebte, entwickelte sich schnell zu einer elitären und nach dem Führerprinzip aufgebauten Kaderschmiede.[184] Als Ziel proklamierte er die Errichtung eines „völkischen", auf dem Rasseprinzip aufbauenden Staates. 1923 sollen ihm nach eigenen Angaben rund 10.000 Mitglieder angehört haben, darunter ein hoher Anteil aktivistischer Kräfte aus Studentenkreisen, die eine intensive Ausbildung im Gelände und an der Waffe absolvierten. Angesichts der strengen Auslesebestimmungen des Bundes Wiking erscheint es allerdings fraglich, ob Johann von Leers in diesen Kreisen eine *Ausbildung militärischer Art* erhalten hat, wie er 1936 beim Eintritt in die SS vorgab.[185]

---

179 LEERS, JOHANN VON: Die Zeit der Freikorps, in: Der Weg 8 (1954) 3, S. 174–180, hier S. 180.
180 BREUER, STEFAN/SCHMIDT, INA: Vom Wiking zur Ehrhardtzeitung. Hermann Ehrhardts publizistische Strategie in der zweiten Hälfte der Weimarer Republik, in: Historische Mitteilungen 15 (2002), S. 175–194, hier S. 175.
181 SAUER: „Auf nach Oberschlesien", S. 319.
182 WALTER, DIRK: Antisemitische Kriminalität und Gewalt. Judenfeindschaft in der Weimarer Republik, Bonn 1999, S. 11.
183 Johann von Leers an Wittfogel, 26.01.1952 [HIA, Collection K. Wittfogel, Box Nr. 29]; Lebenslauf zur Aufnahme in die SS, 22.06.1936 [BArch, BDC-SSO, 6400025846].
184 Zum Bund Wiking siehe HÜBNER, CHRISTOPH: Bund Wiking, 1923–1928, in: Historisches Lexikon Bayerns [www.historisches-lexikon-bayerns.de, eingesehen am 16.06.2018]; FINKER, KURT: Bund Wiking (BW) 1923 bis 1928, in: FRICKE, DIETER U. A. (HRSG.): Lexikon zur Parteiengeschichte. Die bürgerlichen und kleinbürgerlichen Parteien und Verbände in Deutschland (1789–1945), Bd. 1, Leipzig 1985, S. 368–373.
185 Lebenslauf zur Aufnahme in die SS, 22.06.1936 [BArch, BDC-SSO, 6400025846].

2.4.2 Rückzug aus den Freikorps

Ganz gleich, welche dieser Schilderungen auf eigenem Erlebnis beruhten und wo es sich um retrospektive Stilisierung handelte, dürfte er spätestens Anfang 1924 den Freikorps-Aktivismus beendet haben. Über die Ursachen sah Johann von Leers sich im Laufe seines Lebens mehrfach zu Erklärungen veranlasst. Die prekären persönlichen Verhältnisse wie auch die Ungewissheit seiner beruflichen Zukunft werden dabei zwar nicht erwähnt, spielten allerdings ohne Zweifel eine Rolle. Entscheidend für den Bruch war allerdings, dass sich angesichts der geringen Aussichten auf den Erfolg eines gegenrevolutionären Putsches in der Phase der politischen Stabilisierung der Weimarer Republik zunehmend Ernüchterung einstellte. So will er *bald eingesehen* haben, *dass der rein militärische Betrieb der Freikorps keine Möglichkeit einer wirklichen politischen Erneuerung bot*, stellte er im Rückblick fest.[186] Aus den Kreisen der paramilitärischen Verbände habe er sich deshalb zu einem Zeitpunkt zurückgezogen, als er *die Aussichtslosigkeit bloßer Wehrverbände erkannte*, notierte er bei seinem Eintritt in die SS.[187] Einen Keim dazu habe bereits der Kapp-Putsch gelegt. Nachdem dieser misslungen war, seien „die Verbände immer stärker von ihren letzten völkischen Zielen abgelenkt" worden, weil ihnen „jede politische Führung und Vertretung fehlte".[188] 1954 erklärte er das Scheitern der „Freikorpsbewegung" damit, diese sei „zu einseitig soldatisch und zu wenig revolutionär und programmatisch klar"[189] gewesen. Ganz offensichtlich war seit Mitte der 1920er Jahre die Erkenntnis in ihm gereift, dass revolutionäre Politik zwar auf gewaltbereiten Formationen im Straßenkampf bauen musste, zur Erreichung ihrer Ziele aber einer politischen Organisation bedurfte, die zunächst die Spielregeln von Demokratie und Parlamentarismus akzeptierte, um den Systemumsturz herbeizuführen. „Der Putsch-Soldat", stellte er im Rückblick fest, „war der Übergang zum politischen Soldaten".[190] Dass er seinen öffentlichen Eintritt in die Arena der Politik allerdings erst 1929 vollzog, war dem Umstand geschuldet, dass er sich nach Promotion und Referendarzeit zunächst um eine standesgemäße Berufslaufbahn bemühte.

---

186 Lebenslauf, 01.11.1936 [ThHStAW, PA Nr. 18260, Bl. 10].
187 Lebenslauf zur Aufnahme in die SS, 22.06.1936 [BArch, BDC-SSO, 6400025846].
188 Leers: Zur Geschichte des deutschen Antisemitismus, S. 534.
189 Leers, Johann von: Die Zeit der Freikorps, in: Der Weg 8 (1954) 3, S. 174–180, hier S. 178.
190 Ebd.

2.5 Berufliches Scheitern: Intermezzo im Auswärtigen Amt

Wie viele andere Akademiker auch lief Johann von Leers angesichts der Konjunkturkrisen der 1920er Jahre und der wachsenden Zahl an Universitätsabsolventen Gefahr, sich im Heer der Arbeitslosen wiederzufinden.[191] Um seine Chancen auf die angestrebte Diplomatenlaufbahn im Auswärtigen Amt zu verbessern, für die er sich im April 1925 erstmals beworben hatte, begann er deshalb am Seminar für Orientalische Sprachen Japanisch zu lernen.[192] Im Frühjahr 1926 dann gelang es ihm, als *Attaché* ins Auswärtige Amt *berufen* zu werden.[193] Ob er dies auch der Fürsprache jener „Persönlichkeiten" verdanken konnte, die er im Personalbogen als Referenzen angegeben hatte, bleibt offen.[194] Er selbst verwies stattdessen darauf, seine umfassenden *Sprachkenntnisse* hätten den Ausschlag gegeben.[195] So war es keineswegs Aufschneiderei, wenn er in den Bewerbungsunterlagen vermerkte, er beherrsche nicht nur Englisch, Französisch und Spanisch „in Wort und Schrift", sondern wolle sich zusätzlich einer Prüfung auch in *Russisch* und *nach kurzer Zeit der Repetition* in *Holländisch* unterziehen sowie im Herbst 1927 eine Japanisch-Prüfung ablegen.[196] Tatsächlich schien er auch diese Sprache später *wie seine Muttersprache* zu beherrschen, wie ein Weggefährte anerkennend feststellen konnte.[197]

2.5.1 Stationen und Aktionsradius

Hält man sich vor Augen, dass zwischen 1919 und 1931 gerade einmal 270 Anwärter in den diplomatischen Dienst des Auswärtigen Amtes aufgenommen wurden, eröffnete sich Johann von Leers eine ebenso standesgemäße wie prestigeträchtige Berufsperspektive.[198] Dementsprechend war die Haltung die-

---

191 Siehe JARAUSCH: Deutsche Studenten 1800–1970, S. 136–139.
192 Lebenslauf zur Aufnahme in die SS, 22.06.1936 [BArch, BDC-SSO, 6400025846]. Siehe auch Lebenslauf, 01.11.1936 [ThHStAW, PA Nr. 18260, Bl. 10]. Zu seinen Japanisch-Kenntnissen siehe Darré an Hitler, 11.12.1939 [BArch, NS 10/37, Bl. 24].
193 Lebenslauf Prof. Dr. Johann von Leers (Ms.), o. D. [NL H. Achmed Schmiede].
194 Neben seinem Doktorvater Tatarin-Tarnheyden nannte er unter anderem Grabowsky, bei dem er im Sommer 1926 an der Deutschen Hochschule für Politik studiert hatte und der zu diesem Zeitpunkt auch als wissenschaftlicher Mitarbeiter im Auswärtigen Amt tätig war. Personalbogen Johann von Leers, 15.07.1926 [PA AA, Rep. IV. Personalia, Bd. 1, Nr. 8643, Bl. 3 f.].
195 Johann von Leers an Wittfogel, 26.01.1952 [HIA, Collection K. Wittfogel, Box Nr. 29].
196 Personalbogen Johann von Leers, 15.07.1926 [PA AA, Rep. IV. Personalia, Bd. 1, Nr. 8643, Bl. 3 f.].
197 Blunck an Gesine von Leers, 06.06.1933 [SHLB, NL Blunck, Cb 92.51: 52a, Bl. 1].
198 Zu den Zahlen siehe DÖSCHER, HANS-JÜRGEN: Das Auswärtige Amt im Dritten Reich. Diplomatie im Schatten der „Endlösung", Berlin 1987, S. 41.

ser „Auserwählten", wie ein Attaché diesen exklusiven Kreis bezeichnete, von einem elitären Korpsgeist geprägt: „Wir dünkten uns gewissermaßen eine auserlesen Elite der deutschen Nation", hielt dieser in seinen Memoiren fest.[199] So vielversprechend die Aussichten sein mochten, so spannungsarm verlief jedoch der Vorbereitungsdienst, der die künftigen Diplomaten mit „langweiligen und mechanischen Arbeiten" in den verschiedenen Abteilungen betraute, damit sie „die Routine des allgemeinen Geschäftsganges kennenlernten".[200] Seine erste Station führte Johann von Leers in die Abteilung Ostasien, die seinerzeit unter der Leitung von Oskar Trautmann (1877–1950) stand.[201] Parallel dazu betrieb er im Sommersemester 1926 am Orientalischen Seminar *chinesische bzw. japanische Sprachstudien*[202] und nahm im Jahr darauf zeitweise auch Privatstunden.[203] Im Oktober 1927 dann wurde er in das Russland-Referat der Ostabteilung überwiesen, die kurz zuvor Herbert von Dirksen (1882–1955) übernommen hatte.[204] Es liegt in der Natur seines Status als Attaché, dass sein Aktionsradius aufgrund des stark verschulten Vorbereitungsdienstes begrenzt blieb.[205] Zu den wenigen überlieferten Dokumenten aus dieser Zeit gehört eine „Aufzeichnung" seiner Beobachtungen während einer Versammlung der KPD mit Ernst Thälmann im September 1926 in den „Musikersälen" in Berlin. Das Motto „Hände weg von China!" deutet darauf hin, dass er damit der *Erledigung besonderer Aufgaben* nachkam, zu denen er angesichts der angespannten Lage in der Mandschurei in der Ostasien-Abteilung *herangezogen* wurde.[206] Auffällig an der „Aufzeichnung" ist ihr hämischer Ton. Der Vorsitzende der KPD, notierte er herablassend, habe seine Rede *stilistisch in dauernd falschem Deutsch gehalten* und *konsequent in Anakoluthen und falschen Bildern* gesprochen.[207] Neben solchen Analysen aktueller politischer Entwicklung bot sich ihm die *Gelegenheit*, wie er später schrieb, *an einer Anzahl diplomatischer Missionen teilzunehmen* und *zahlreiche europäi-*

---

199 PUTLITZ, WOLFGANG GANS EDLER HERR ZU: Unterwegs nach Deutschland. Erinnerungen eines ehemaligen Diplomaten, Berlin (Ost) ⁴1957, S. 57, 66.
200 EBD., S. 65.
201 Verfügung, 14.07.1926 [PA AA, Rep. IV. Personalia, Bd. 1, Nr. 8643, Bl. 15 f.].
202 Johann von Leers an Legationskasse, 25.08.1926 [PA AA, Rep. IV. Personalia, Bd. 1, Nr. 8644, Bl. 6].
203 Personalakte Johann von Leers [PA AA, Rep. IV. Personalia, Bd. 1, Nr. 8644, Bl. 9 f.].
204 Personalakte Johann von Leers [PA AA, Rep. IV. Personalia, Bd. 1, Nr. 8643, Bl. 41].
205 PUTLITZ: Unterwegs nach Deutschland, S. 65.
206 Personalakte Johann von Leers [PA AA, Rep. IV. Personalia, Bd. 1, Nr. 8644, Bl. 4].
207 Aufzeichnung vom 23.09.1926 sowie Abschrift der in der „Roten Fahne" veröffentlichten Resolution [BArch, R 9208/2314, Bl. 71–75]. Zur Dokumentation der Materialien siehe STEEN, ANDREAS/LEUTNER, MECHTHILD (HRSG.): Deutsch-chinesische Beziehungen 1911 bis 1927. Vom Kolonialismus zur „Gleichberechtigung". Eine Quellensammlung, Berlin 2006, S. 309–311.

*sche Länder zu besuchen.*²⁰⁸ Die meisten davon standen in Zusammenhang mit dem Beitritt des Deutschen Reiches zum Völkerbund im Herbst 1926 und damit jener internationalen Organisation, die die Propaganda der NSDAP scharf verurteilte.²⁰⁹ Überliefert ist, dass Johann von Leers im Oktober 1926 in Genf an Verhandlungen teilgenommen hat, die sich mit Abrüstungsfragen befassten.²¹⁰

2.5.2 Abbruch der Diplomatenausbildung

Der diplomatische Nachwuchs der Weimarer Republik gehörte, soweit Angaben über seine politische Einstellung vorliegen, „zunehmend republikfeindlichen Parteien und Verbänden an".²¹¹ Sein vormaliger Aktivismus etwa in einem Freikorps erwies sich deshalb, so er überhaupt bekannt war, für die Aufnahme in den Auswärtigen Dienst nicht als Hindernis. Umso erstaunlicher ist allerdings, dass Johann von Leers die Ausbildung Ende April 1928 auf eigenen Wunsch hin vorzeitig abgebrochen hat. Dass dies nicht freiwillig geschah, deutet eine Erklärung gegenüber seinen Vorgesetzten an: Sein *Entschluss,* aus der ihm *lieb gewordenen Tätigkeit auszuscheiden,* ließ er diese wissen, werde ihm *erleichtert durch das Bewusstsein,* dass er *an diesem Ausscheiden keine subjektive Verschuldung zu tragen* habe.²¹² Wie sehr er diesen Bruch dennoch als zu kaschierenden Makel empfand, lässt das offiziöse „Deutsche Führerlexikon 1934/1935" erkennen, in dem sich die nationalsozialistische Elite porträtierte. Im Eintrag zu seiner Person wird lapidar vermerkt, er sei „1929 vom Ausw[ärtigen] Amt in die NSDAP übergetreten".²¹³ Abgesehen von der falschen Jahresangabe, konnte von einem „Übertritt" keine Rede sein. Es bedarf deshalb einer Erklärung, weshalb Johann von Leers sich dazu veranlasst sah, den Dienst zu *quittieren.*²¹⁴

---

208 Lebenslauf Prof. Dr. Johann von Leers (Ms.), o. D. [NL H. Achmed Schmiede].
209 Zur Agitation der NSDAP gegen den Völkerbund als Instrument von Juden und Freimaurern siehe PFAHL-TRAUGHBER, ARMIN: Der antisemitisch-antifreimaurerische Verschwörungsmythos in der Weimarer Republik und im NS-Staat (Vergleichende Gesellschaftsgeschichte und politische Ideengeschichte der Neuzeit, Bd. 9), Wien 1993, S 71 f.
210 Genehmigung Dienstreise zu Geheimrat Trautmann, 29.10.1926 [PA AA, Rep. IV. Personalia, Bd. 1, Nr. 8644, Bl. 7]. Nachweisbar ist zudem ein mehrwöchiger Aufenthalt im Sommer 1927 in Paris. Siehe Beamtenbank Kiel an Auswärtiges Amt, 27.09.1927 [PA AA, Rep. IV. Personalia, Bd. 1, Nr. 8643, Bl. 35].
211 DÖSCHER: Das Auswärtige Amt im Dritten Reich, S. 43.
212 Johann von Leers an Auswärtiges Amt, 18.04.1928 [PA AA, Rep. IV. Personalia, Bd. 1, Nr. 8643, Bl. 54]; Mitteilung an Johann von Leers, 25.04.1928 [PA AA, Rep. IV. Personalia, Bd. 1, Nr. 8644, Bl. 16].
213 DAS DEUTSCHE FÜHRERLEXIKON 1934/1935, Berlin 1934, S. 272.
214 Lebenslauf Prof. Dr. Johann von Leers (Ms.), o. D. [NL H. Achmed Schmiede].

Ein Grund ist zunächst in der existenziellen Krise zu sehen, in die er und seine Angehörigen zu diesem Zeitpunkt geraten waren. Er habe 1928 *den Dienst aufgeben* müssen, *um das väterliche Gut zu übernehmen,* schrieb er später.[215] In der Tat drohte seit längerer Zeit der Ruin des Familienbesitzes, dessen Eigentümer er geworden war. Alle Versuche, den sich anbahnenden Zusammenbruch abzuwenden, scheiterten aber. Das Gut sei *in der Wirtschaftskrise nicht mehr zu halten* gewesen, sodass es schließlich *in der Agrarkrise* 1929 versank, musste er verbittert feststellen.[216] Die folgenden Jahre waren denn auch von *schlechten Vermögensverhältnissen* geprägt.[217] Die Entwicklung dorthin hatte sich schon lange abgezeichnet. Im Frühjahr 1927 aber geriet sie ihm auch zur beruflichen Belastung, als schwelende Streitigkeiten vor Gericht und Auseinandersetzungen mit Gläubigern, vor denen er zeitweise abgetaucht war, sogar seine Vorgesetzten im Auswärtigen Amt erreichten. Ausgelöst hatte dies nicht zuletzt der Streit mit dem langjährigen Pächter, der das Gut seit 1910 bewirtschaftete. Werner von Leers, von seinem Bruder für alle Verhandlungen bevollmächtigt, geriet diesem gegenüber nicht nur mit eigenen Verpflichtungen in Verzug. Anstoß erregte er auch dadurch, dass er weiterhin in der Pose des Gutsherrn auftrat.[218] *Das Verhalten dieses Bruders* sei ein derartiges gewesen, dass der Pächter *Klage beim Landgericht Schwerin* anstrengte, ließ dessen Anwalt das Auswärtige Amt wissen.[219] Zugleich mutmaßte er, das Verhalten der Geschwister ziele darauf ab, seinem Mandanten *die Pachtung zu verekeln* und ihn dazu zu bringen, *das Pachtobjekt möglichst bald unter günstigen Bedingungen für den Verpächter zurückzugeben*.[220] Tatsächlich nämlich war in den vergangenen Jahren ein zänkischer Streit ausgebrochen, in dem es an falschen Behauptungen und beleidigenden Äußerungen nicht zu fehlen schien.[221] Umso empörter zeigte sich der Anwalt des Pächters auch über Johann von Leers, dem er vorhielt, eine fragwürdige Persönlichkeit zum Bevollmächtigten bestimmt zu haben, weil diese sich in ihrer *Tonart* nicht *der üblichen Form bedient*.[222] Damit jedoch provozierte

---

215 Lebenslauf Johann von Leers, o. D. [um 1936] [UAJ, Bestand D 1868].
216 Ebd.; Johann von Leers an Wittfogel, 26.01.1952 [HIA, Collection K. Wittfogel, Box Nr. 29].
217 Zur Person, 29.10.1930 [LA Berlin, A Pr. Br. Rep. 58–399, Nr. 2516].
218 Klagesatz Behm an Landgericht Schwerin, 11.04.1927 [PA AA, Rep. IV. Personalia, Bd. 1, Nr. 8643, Bl. 45–47]. Siehe dazu auch die zahlreichen Schreiben von Werner von Leers an den Pächter (04.12.1926, 22.02.1927 und 13.03.1927) [PA AA, Rep. IV. Personalia, Bd. 1, Nr. 8643, Bl. 47–50].
219 Behm an Auswärtiges Amt, 05.10.1927 [PA AA, Rep. IV. Personalia, Bd. 1, Nr. 8643, Bl. 44].
220 Klagesatz Behm an Landgericht Schwerin, 11.04.1927 [PA AA, Rep. IV. Personalia, Bd. 1, Nr. 8643, Bl. 45–47].
221 Ebd.
222 Ebd.

er nicht nur eine herablassende Reaktion des eigentlichen Eigentümers, sondern handelte sich einen Strafantrag ein, der wiederum den Anwalt des Pächters derart in Rage versetzte, dass dieser sich nur noch mit einer Beschwerde direkt im Auswärtigen Amt zu helfen wusste. *Anzeigen von solchem Inhalt,* schrieb er den Vorgesetzten von Johann von Leers, entsprächen seinem Empfinden nach *nicht der Stellung und Würde eines Beamten.*[223] Diese wollten zwar aufgrund des privaten Charakters des Streites keinen Anlass *für eine disziplinarische Würdigung* erkennen.[224] Dennoch ließ dieser Vorfall Johann von Leers unter seinen Vorgesetzten in keinem guten Licht erscheinen. Dazu trug bei, dass dieser sich weiteren peinlichen Situationen stellen musste. Denn nicht nur der Anwalt des Pächters, sondern auch andere Kontrahenten versuchten mittlerweile, ihn über das Auswärtige Amt zu kontaktieren. Ein Rechtsanwalt etwa, der für Johann von Leers tätig geworden war, ein Schreiben aber mit dem Vermerk *Empfänger verstorben* zurückerhielt, wollte ihm im September 1927 auf diesem Weg eine *wichtige Mitteilung* aushändigen lassen, da dieser sich *binnen einer kurzen Frist erklären muss.*[225] Um die aktuelle Adresse bat auch die Kieler Beamtenbank, die *eine sehr dringliche Angelegenheit* mit ihm zu regeln hatte.[226] Noch im August 1928 erkundigte sich sogar sein früherer Anwalt, der zwischenzeitlich das Mandat niedergelegt hatte, danach, ob Johann von Leers weiterhin ein Gehalt durch das Auswärtige Amt beziehen und *ob bereits Pfändungen anderer Gläubiger bezüglich dieses Gehaltes vorliegen.*[227] Aus früheren Auseinandersetzungen nämlich schuldete Johann von Leers ihm mehrere tausend Mark, die sich nur schwer eintreiben ließen, da *Pfändung auf dem Gute des Herrn Dr. von Leers* aufgrund der *Intervention der Hypothekengläubiger* zurückgezogen werden mussten.[228]

So unangenehm solche Anfragen für Johann von Leers sein mussten, so leicht konnte sich das Auswärtige Amt auf den Standpunkt zurückziehen, es handele sich um private Angelegenheiten, über die Gerichte zu befinden hätten. Anders lagen die Dinge, wenn ein Attaché seine Verachtung für Demokratie

---

223 Behm an Auswärtiges Amt, 05.10.1927 [PA AA, Rep. IV. Personalia, Bd. 1, Nr. 8643, Bl. 44].
224 Vermerk vom 29.10.1927 [PA AA, Rep. IV. Personalia, Bd. 1, Nr. 8644, Bl. 13]. Siehe Entwurf Antwortschreiben Auswärtiges Amt an Behm, 09.11.1927 [PA AA, Rep. IV. Personalia, Bd. 1, Nr. 8644, Bl. 14].
225 Rechtsanwalt Faull an Auswärtiges Amt, 29.09.1927 [PA AA, Rep. IV. Personalia, Bd. 1, Nr. 8643, Bl. 34].
226 Beamtenbank Kiel an Auswärtiges Amt, 27.09.1927; Rechtsanwalt Düwel an Auswärtiges Amt, 22.10.1927 [PA AA, Rep. IV. Personalia, Bd. 1, Nr. 8643, Bl. 35 und 40].
227 Rechtsanwalt Faull an Auswärtiges Amt, 20.08.1928 [PA AA, Rep. IV. Personalia, Bd. 1, Nr. 8644, Bl. 21].
228 Ebd.; Schriftsatz Klage Faull gegen Johann von Leers, 15.05.1928 [BArch, N 2168/5, Bl. 64–67]; Schriftsatz in Sachen Faull gegen Johann von Leers, 29.06.1928 [BArch, N 2168/5, Bl. 57].

und Republik und Stresemanns „Erfüllungspolitik" in derart offener Weise zu erkennen gab, dass sie nicht durch den schmalen Konsens der Weimarer Republik gedeckt wurde. Eben dies scheint der Fall gewesen zu sein. Ewald Bohm (1903–1980) etwa, der zeitgleich mit Johann von Leers 1926/27 am Orientalischen Seminar Sprachstudien betrieben hatte, erinnerte sich später an eine Episode, deren Authentizität er zwar nicht verbürgen konnte, die aber durchaus auf Johann von Leers und dessen Gesinnung zutreffen kann. Demnach soll er einem Schneider, der einen Frack für ihn anfertigen sollte, von dem er aber *mit dem Termin im Stich gelassen* wurde, empört geschrieben haben, dies können *natürlich nur in der Republik passieren,* wäre im *Kaiserreich* aber *nicht möglich gewesen.* Der Brief wurde später offensichtlich auch Stresemann zugespielt, dessen Mitarbeiter sich zum Eingreifen veranlasst sahen und dafür sorgten, dass Johann von Leers als *für die Republik untauglich* aus dem Auswärtigen Amt *verabschiedet* wurde.[229] Johann von Leers selbst hat diese Episode, so sie zutrifft, nie erwähnt. Dass er sich später in der NS-Zeitung „Der Angriff" verächtlich über jene „feinen Leute" des „Stresemannkreises" im Auswärtigen Amt äußerte, die „eine große Anzahl Berufstüchtiger, oft innerlich gut deutsch gesinnter Männer [...] nicht hochkommen" ließen, lässt sie jedoch nicht abwegig erscheinen.[230]

Erst recht aber untragbar machte Johann von Leers sich als künftiger Diplomat, weil er seine antisemitischen Überzeugungen unverhohlen artikulierte und offensichtlich Kontakte zur NSDAP nicht scheute. Er sei *wohl schon immer ein Judengegner* gewesen, *bewusst jedenfalls auf der Universität,* behauptete er 1936 in einem Lebenslauf, mit dem er sich für eine Karriere als Hochschullehrer empfahl.[231] In einem ebenfalls aus dieser Zeit stammenden Lebenslauf zur Aufnahme in die SS verwies er zudem darauf, dass neben dem *Zusammen-*

---

229 Bohm an Jewish Central Information Office (Amsterdam), 28.03.1937 [WLA]. Bohm, zwischenzeitlich nach Dänemark emigriert, kontrastiert diese Begebenheit mit einem angeblich opportunistischen Verhalten, wonach Johann von Leers einer jüdischen Kommilitonin *jeden Morgen vor der Stunde [...] mit einer tiefen Verbeugung die Hand küsste,* solange er *sich von der Futterkrippe des „zweiten Reiches" etwas versprach.* Zu dem Gerücht über den Schneider ergänzte er später: *Über die Sache wurde in den Unterrichtspausen gesprochen, und auf diese Weise habe ich auch von dem einen oder anderen Kameraden die Geschichte mit dem Brief gehört, für deren Richtigkeit ich persönlich also nicht einstehen kann, die aber sehr wahrscheinlich richtig sein dürfte.* Bohm ließ die Geschichte durch den Sohn Breitscheids, der in die Angelegenheit verwickelt und ebenfalls nach Dänemark emigriert war, prüfen. Das weitere Ergebnis ist nicht bekannt. Bohm an das Jewish Central Information Office (Amsterdam), 15.04.1937 [WLA]. Zu Bohm siehe WOLFRADT, UWE/BILLMANN-MAHECHA, ELFRIEDE/STOCK, ARMIN (HRSG.): Deutschsprachige Psychologinnen und Psychologen 1933–1945. Ein Personenlexikon, Wiesbaden ²2017, S. 42 f.
230 TH[OMAS], M.: Personalexperimente im Auswärtigen Amt, in: Der Angriff vom 23.02.1931.
231 Lebenslauf, 01.11.1936 [ThHStAW, PA Nr. 18260, Bl. 10].

bruch des Familiengutes vor allem seine offen judenfeindliche Gesinnung ihm die Arbeit im Auswärtigen Amt *erschwerten*, sodass er schließlich ausgeschieden sei.[232] Da ein bekannter Propagandist und „Alter Kämpfer" wie Johann von Leers es zu diesem Zeitpunkt nicht nötig hatte, eine lupenreine Weltanschauung demonstrativ hervorzukehren, erscheinen solche Aussagen glaubhaft. Das gilt auch für eine hagiografische Darstellung in einer Sammlung biografischer Porträts über „Pioniere des Dritten Reiches", die 1933 von Baldur von Schirach (1907–1974) herausgegeben wurde. Das Auswärtige Amt habe Johann von Leers demnach 1928 deshalb verlassen müssen, weil er „[a]ls Nationalsozialist verdächtigt" wurde.[233] Zwar bleibt offen, in welcher Form es zu solchen Äußerungen gekommen ist, ebenso, worauf exakt sich der Verdacht gründete, mit der nationalsozialistischen Bewegung zu sympathisieren. Eine Reihe aufschlussreicher Zeugnisse geben allerdings Hinweise darauf. So erläuterte er die bereits zitierte Attacke im „Angriff" 1931 auf Angehörige des „Stresemannkreises" mit dem Hinweis, diese hätten mit „parteipolitischen Exponenten, Freimaurern und Juden" das Auswärtige Amt beherrscht und dafür gesorgt, dass in jeder Abteilung „Hebräer" den Ton angäben.[234] Angebliche Erfahrung aus seiner Zeit als Attaché dienten ihm dazu, seine fixe Idee von einer „Judenrepublik", die ihn Zeit seines Lebens begleiten sollte, zu rationalisieren: Im Auswärtigen Amt, behauptete er 1936, *verstärkte sich [...] dieser Eindruck, der schließlich die Überzeugung* in ihm reifen ließ, *dass nur eine völkische Revolution Deutschland retten könne*.[235] Noch 1952 bilanzierte er seine Erfahrungen, gerade *in der Ostabteilung* des Auswärtigen Amtes habe er die *Bindung* der Weimarer Republik *an das internationale Judentum* erlebt.[236] Ähnliches galt für seine Vorstellung, wonach „Juden hinter Stalin" die Geschicke der Sowjetunion bestimmen würden, wie er ebenfalls im „Angriff" kundtat. Während der „deutsch-sowjetischen Handelsvertragsverhandlung" beispielsweise, an denen er 1928 teilgenommen haben will, habe er auf der russischen Seite der Delegierten „keinen einzigen Nichtjuden mit Aus-

---

232 Lebenslauf zur Aufnahme in die SS, 22.06.1936 [BArch, BDC-SSO, 6400025846].
233 SCHIRACH: Die Pioniere des Dritten Reiches, S. 142 f.
234 TH[OMAS], M.: Personalexperimente im Auswärtigen Amt, in: Der Angriff vom 23.02.1931. Namentlich genannt wurde der der SPD zugehörige Generalkonsul Moritz Schlesinger (1886–1974), den Johann von Leers als „alttestamentarische[n] Wirtschaftsgeist der Ostabteilung" verunglimpfte. Der Vorwurf einer angeblichen „Verjudung" des Auswärtigen Amtes gehörte zu den Sujets antisemitischer Propagandisten der Weimarer Republik, siehe etwa: O. V.: Verjudung des Auswärtigen Amtes, in: Der Stürmer 3 (1925) 47.
235 Lebenslauf, 01.11.1936 [ThHStAW, PA Nr. 18260, Bl. 11].
236 Johann von Leers an Wittfogel, 26.01.1952 [HIA, Collection K. Wittfogel, Box Nr. 29]. Siehe auch Curriculum Vitae (Ms.), o. D. [nach 1956] [PA AA, AV-NA, Nr. 18933, o. P.]: *Il pouvait, en effet, constater l'influence enorme de la juiverie sur la république de Weimar en Allemagne.*

nahme des Verkehrskommissars" erkennen können.[237] Auch die Beziehungen zur NSDAP sind angesichts seiner weitläufigen Verbindungen zu Angehörigen der paramilitärischen Freikorps und zu Protagonisten jener republikfeindlichen Bewegungen, die unter dem Begriff „Konservativen Revolution" zusammengefasst werden, plausibel.[238] Nicht auszuschließen ist auch, dass er selbst bereits als Attaché gelegentlich im „Angriff" publizierte. Darauf deuten mehrere Artikel hin, die dort im Frühjahr 1928 unter dem Kürzel „v.L." erschienen sind und aufgrund ihrer Sujets und ihres Stils von ihm stammen könnten.[239] Er selbst rühmte sich später des Umstandes, als *jeune diplomate* der Partei heimlich Informationen zugespielt zu haben, was nicht gänzlich ausgeschlossen werden kann.[240]

2.5.3 Basis künftiger Netzwerke

Es ist jedoch kaum anzunehmen, dass Johann von Leers das unfreiwillige Ende seiner Dienstzeit in einem Ministerium, das in der NS-Propaganda als Symbol der verhassten „Judenrepublik" galt, als Schmach empfunden hat. Sein Verhältnis zu zahlreichen Mitarbeitern des Amtes trübte sich jedenfalls nicht ein. Ganz im Gegenteil: Mit anderen Attachés, Ausbildern und einflussreichen Diplomaten stand er weiterhin in Kontakt. Wolfgang Gans Edler Herr zu Putlitz (1899–1975) etwa, der mit ihm die Diplomatenausbildung durchlief und dabei eine „nette Kameradschaft" erlebt haben will, suchte Johann von Leers später in dessen „Sturmlokal" in Steglitz auf.[241] Der dem Juni-Klub um Arthur Moeller van den Bruck (1876–1925) verbundene Werner Otto von Hentig (1886–1984), der seinerzeit die Ausbildung der Attachés organisierte und noch 30 Jahre später Johann von Leers als seinen „Schüler" bezeichnete, nahm im November 1932 im Grunewald an einer seiner Wahlversammlungen teil.[242] Nach der Machtübergabe an Hitler begab auch er sich mit ihm auf „Fahrt durch die

---

237 THOMAS, M.: Dem Weltfeind an den Kragen! Warum jeder Sozialist Judengegner sein muss, in: Angriff vom 24.07.1930.
238 Laut Sennholz soll Johann von Leers bereits als Attaché in „den nationalrevolutionären Kreisen Berlins" verkehrt haben. Siehe SENNHOLZ: Johann von Leers, S. 47. Zur Ideenwelt der „Konservativen Revolution" BREUER, STEFAN: Anatomie der Konservativen Revolution, Darmstadt ²1993; zu den Protagonisten ihrer Teilbewegungen MOHLER, ARMIN: Die konservative Revolution in Deutschland 1918–1932. Ein Handbuch, Graz ⁶2005.
239 v.L.: Gibt es Ritualmorde?, in: Der Angriff vom 06.02.1928: v.L.: Salwarfen, in: Der Angriff vom 09.04.1928.
240 Curriculum Vitae (Ms.), o. D. [nach 1956] [PA AA, AV-NA, Nr. 18933, o. P.]: *Inutile de dire que ses recherches furent clandestines, car il était impossible alors (1926–28) à un jeune diplomate d'un État gouverné par la juiverie de les avouer.*
241 PUTLITZ: Unterwegs nach Deutschland, S. 65, 96–98.
242 HENTIG, WERNER OTTO VON: Mein Leben eine Dienstreise, Göttingen 1962, S. 247 f.

alten Kampflokale" und „berühmten Stätten von Verschwörungen und Saalschlachten".²⁴³ Wie selbstverständlich, wenngleich erfolglos, suchte Johann von Leers 1933 zudem als Repräsentant der neuen Machthaber auf einem Kongress in den Niederlanden die Gesandtschaft des Auswärtigen Amtes zu instrumentalisieren, als ihn die Veranstalter öffentlich bloßstellten (siehe Kap. 4.3).²⁴⁴ In den 1940er Jahren dann versuchte Johann von Leers, von Hentig für die Produktion von Propagandaschriften über den Islam zu gewinnen und diente ihm dazu arabische Gesinnungsgenossen an (siehe Kap. 7.6). Mit von Dirksen, seinem Vorgesetzten in der Ostabteilung, tauschte er sich zu diesem Zeitpunkt darüber aus, wie sich durch eine *Verstärkung des japanischen Sprachunterrichts* die *geistigen Beziehungen zu Japan enger* gestalten ließen.²⁴⁵ Sein früherer Kollege Friedrich Karl von Siebold (1897–1984) schien ihn gar darum zu beneiden, dass er *den Absprung aus diesem Laden gefunden* hatte, während es bei ihm selbst *aus verschiedenen Gründen noch wesentlich länger gedauert* habe.²⁴⁶ Und die Zusammenkünfte zur *Pflege der gemeinsamen Kulturauffassung,* zu denen Johann von Leers seit Anfang der 1930er Jahre regelmäßig Sonntags *einen geistig interessierten Kreis von Menschen [...] zu zwanglosem Beisammensein* in seine Wohnung nach Dahlem einlud, wurden nicht nur von *Gelehrten* und *Künstlern* frequentiert, sondern *sehr wesentlich* auch von *Herren des Auswärtigen Amtes* und *der Botschaften,* wie Gesine von Leers (1891–1974) Darré versicherte.²⁴⁷ Diese Kreise versorgten ihn offenkundig auch weiterhin mit Interna, die in seine Artikel im „Angriff" einflossen, wie ein Beitrag im Februar 1931 belegt, der angebliche „Personalexperimente im Auswärtigen Amt" kommentierte. So wusste Johann von Leers zu berichten, dass vor allem „in der Ostabteilung herumexperimentiert" werde, nachdem sein früherer Vorgesetzter Trautmann zwischenzeitlich entfernt worden sei. „Unglaublich" erschien ihm dabei, dass diese Abteilung künftig „nicht einem Diplomaten, sondern ‚einer aus dem Konsulatsdienst hervorgegangenen Persönlichkeit' übertragen" werden solle, die zwar in Wirtschaftsfragen versiert sei, über die politische Dimension der anstehenden Probleme aber kaum Kenntnisse besitze.²⁴⁸

---

243 EBD., S. 294. Siehe auch DERS.: Im Auswärtigen Dienst während des Dritten Reiches, in: Frankfurter Hefte 10 (1955) 4, S. 194–198.
244 HIRSCHFELD, GERHARD: Die Universität Leiden unter dem Nationalsozialismus, in: Geschichte und Gesellschaft 23 (1997), S. 560–591, hier S. 566.
245 Johann von Leers an von Dirksen, 28.10.1943 [BArch, N 2049/61, Bl. 89].
246 Von Siebold an Johann von Leers, 30.11.1942 [RGVA, Fond 1283/10a, Bl. 336]. Zu von Siebold siehe ISPHORDING, BERND/KEIPER, GERHARD/KRÖGER, MARTIN (BEARB.): Biographisches Handbuch des deutschen Auswärtigen Dienstes 1871–1945 (Bd. 4: S), Paderborn 2012, S. 260.
247 Gesine von Leers an Darré, 04.01.1934 [BArch, BDC-DS, von Leers].
248 TH[OMAS], M.: Personalexperimente im Auswärtigen Amt, in: Der Angriff vom 23.02.1931.

3 Eintritt in die Arena der Politik: „Erkenntnis und Bekämpfung der jüdischen Weltpest"

3.1 Das Koordinatensystem: „Erlösung durch Weltanschauung"

An seiner Bedeutung als nationalsozialistischer Propagandist ließ Johann von Leers keinen Zweifel aufkommen: Seit er zum 1. August 1929 (Mitgliedsnummer 143.709) der Partei beigetreten war, will er unablässig als *Redner in vielen Versammlungen* sowie als *Schriftführer und Schriftsteller* für jene Bewegung *gekämpft* haben, in der er seine *Lebensaufgabe auf dem Gebiet der deutschen Geschichte im Sinne von Blut und Boden* sah.[1] So selbstlos er sich 1936 anlässlich seines Beitritts in die SS beschrieb, so unklar bleibt jedoch, wann und in welchem Kontext Johann von Leers erstmals mit der NSDAP in Berührung gekommen ist. Angesichts seiner Erfahrungen im gewalttätigen Milieu der Freikorps, seiner Kontakte zu Netzwerken der antidemokratischen Rechten[2] wie auch der Umstände, die seine Berufslaufbahn im Auswärtigen Amt beendet hatten, ist allerdings davon auszugehen, dass er bereits zu einem früheren Zeitpunkt Verbindungen in die Partei unterhielt. Seinen Beitritt vollzog er, als die NSDAP sich zwar zu einer Massenpartei zu entwickeln begann, eine Mitgliedschaft aber dennoch gesellschaftlicher Ächtung gleichkommen konnte.[3] Die „Herren Spießer" und „Damen Spießerinnen", schrieb er nicht ohne Genugtuung nach dem Durchbruch bei den Reichstagswahlen 1930, „die uns heute ihr ‚Heil! Heil!' zuschreien", hätten ihn und seine Mitstreiter wenige Monate zuvor noch als „Rowdies" bezeichnet und „lediglich für eine Art politische Landplage"

---

1 Lebenslauf, 22.06.1936 [BArch, BDC-SSO, 6400025846].
2 Siehe dazu ausführlich SENNHOLZ, MARCO: Johann von Leers. Ein Propagandist des Nationalsozialismus, Berlin 2013, S. 40–49.
3 Zum Aufstieg der Partei in Berlin seit Ende der 1920er Jahre siehe FRIEDRICH, THOMAS: Die missbrauchte Hauptstadt: Hitler und Berlin, Berlin 2007, S. 222–227. Zur aktuellen Forschungsliteratur siehe die Zusammenfassung bei RESCHKE, OLIVER: Kampf um den Kiez. Der Aufstieg der NSDAP im Zentrum Berlins 1925–1933, Berlin 2014, S. 11–20.

gehalten.⁴ Er selbst war zu diesem Zeitpunkt bereits zu einer festen Größe in der Propagandaarbeit geworden. Von welchen Ideologen aber versprach er sich „Erlösung durch Weltanschauung"?⁵ In welcher Form äußerte sich seine Propaganda *in Wort und Schrift*, die ihn schnell ins Visier der Politischen Polizei und mehrfach mit der Justiz in Konflikt brachte?⁶ Und welche Positionen bezog er in parteiinternen Auseinandersetzungen, die ihm konflikthafte Beziehungen zu maßgeblichen Funktionären wie Alfred Rosenberg und Joseph Goebbels eintrugen?

3.1.1 Julius Streicher und Theodor Fritsch

Johann von Leers behauptete rückblickend, der NSDAP *in Berlin in einer Versammlung des Parteigenossen Julius Streicher* beigetreten zu sein.⁷ Tatsächlich war der „Frankenführer" für eine Großveranstaltung im Versammlungssaal der „Neuen Welt" an der Hasenheide am 28. Juni 1929 in die Stadt gekommen, wo er, wie die Parteipresse anschließend überschwänglich berichtete, vor „weit über 5.000 Personen" zum Thema „Alljuda, der Todfeind des deutschen Volkes" gesprochen und dabei ein „packendes Bild des zersetzenden jüdischen Einflusses unter allen Völkern der Erde" gezeichnet habe.⁸ Der Beitritt selbst wurde dann auf den 1. August 1929 datiert. Es besteht kein Zweifel daran, dass Streichers vulgärer Antisemitismus eine besondere Anziehungskraft auf Johann von Leers ausgeübt hat. Der Gründer des Hetzblattes „Der Stürmer" galt ihm

---

4   THOMAS, M.: Das Buch „Weißt Du noch?", in: Der Angriff vom 26.05.1931.
5   So in Bezug auf die Programmatik der Deutschvölkischen Freiheitspartei GERSTNER, ALEXANDRA: Neuer Adel. Aristokratische Elitenkonzeptionen zwischen Jahrhundertwende und Nationalsozialismus, Darmstadt 2008, S. 410.
6   Berliner Polizeibericht, Abteilung I.A. (Politische Polizei) der Inspektion III, 05.05.1931 [BArch, BDC 327, 827000092].
7   Lebenslauf Johann von Leers, 01.11.1936 [ThHStAW, PA Nr. 18260, Bl. 11].
8   Siehe die Ankündigung im „Angriff" vom 24.06.1929 sowie die anschließende Berichterstattung: O. V.: Der „Stürmer von Nürnberg", in: Der Angriff vom 01.07.1929. Neben Streicher trat auch Goebbels auf, der zum Thema „Zehn Jahre Versailles! Weg mit der Kriegsschuldlüge!" sprach. Zu seinem eigenen Auftritt und der kritischen Einschätzung Streichers siehe: Die Tagebücher von Joseph Goebbels. Teil I: Aufzeichnungen 1923–1941, Bd. 1/III (Juni 1928 bis November 1929), München 1993–2008, Eintrag vom 29.06.1929: „Streicher ist da. ‚Neue Welt' wahre Massenversammlung. Überfüllt. Ich rede kurz zur Kriegsschuldlüge und zu Versailles […]. Streicher spricht. Für meine Begriffe verheerend. Dieser bloße Antisemitismus ist zu primitiv. Er geht an fast allen Problemen vorbei. Der Jude ist nicht an allem schuld. Wir tragen auch Schuld, und wenn wir das nicht erkennen wollen, dann finden wir auch keinen Weg. Aber Streicher ist doch ein Kerl. Das empfand ich wieder, als wir nachher zusammen saßen. Und das ist doch wichtiger als alles andere."

nicht nur als „der treue Kämpe gegen das Judentum".⁹ Anfangs wirkte er sogar stilbildend für eigene Veröffentlichungen. So widmete Johann von Leers ihm sein unmittelbar nach der Machtübertragung erschienenes Pamphlet „Juden sehen Dich an", das auch im „Stürmer" beworben wurde.¹⁰ Das Machwerk, das noch ausführlich analysiert wird (siehe Kap. 3.2.5), ist in seiner Form und seinem Tonfall repräsentativ für seine Schriften in dieser Phase. Es ist auch davon auszugehen, dass Johann von Leers den „Talmudprozess" gegen Streicher und einen seiner Redakteure, der Anfang November 1929 vor dem Nürnberger Schwurgericht stattfand, nicht nur aufmerksam verfolgt hat. Das Verfahren¹¹ dürfte ihn zugleich in seiner eigenen Agitation bestärkt haben, machte es doch deutlich, „auf welch wackliger Grundlage die juristische Ahndung von Antisemitismus stand".¹² Noch 1937 konnte Johann von Leers stolz vermerken, „Der Stürmer" habe einen seiner jüngsten Beiträge *zu einer Sondernummer verwandt* und als *eine ganz hervorragende Abhandlung* bezeichnet.¹³ Und 1939 erwies er dem „Frankenführer" neuerlich seine Referenz, indem er diesen „Mitstreiter des Führers" als Beispiel für eine jener „kraftvollen Erzieherpersönlichkeiten" lobte, die mit besonderer Weitsicht ihre Aufgabe wahrgenommen hätten: Ihm nämlich, so Johann von Leers, „gebührt das große Verdienst, schon zu der Zeit, als er noch lehrend und erziehend in der Schulstube stand, rücksichtslos dem Judentum und den fremdblütigen Einflüssen den Kampf angesagt zu haben. Gauleiter Streicher ist der Typ des Rassekämpfers. Seinem Beispiel folgen auf diesem Gebiete heute alle deutschen Erzieher."¹⁴ Nicht weniger verdienstvoll seien „die bewährten und einprägsamen Zeichnungen aus dem ‚Stürmer'", weil sie gerade auf Jugendliche ihre Wirkung nicht verfehlten.¹⁵

---

9   LEERS: Zur Geschichte des deutschen Antisemitismus, S. 536.
10 LEERS, JOHANN VON: Juden sehen Dich an, Berlin o. J. [1933]. Siehe auch das Werbeinserat im Stürmer Nr. 21, Mai 1933.
11 Siehe ROOS, DANIEL: Julius Streicher und „Der Stürmer" 1923–1945, Paderborn 2014, S. 216–220.
12 Wie voreingenommen die Justiz in dem Prozess handelte, zeigten ihre Bemühungen, selbst abstruse Behauptungen Streichers über Talmud und Schulchan Aruch durch Gutachten zu widerlegen. Die Verurteilung erfolgte aufgrund des Paragrafen 166 des Strafgesetzbuches, nicht Paragraf 130. Ausführlich WALTER, DIRK: Antisemitische Kriminalität und Gewalt. Judenfeindschaft in der Weimarer Republik, Bonn 1999, S. 186–192.
13 Johann von Leers an unbekannte Adressatin („Gräfin"), 14.09.1937 [BArch, N 2168/2, Bl. 28]. Gemeint war die Schrift LEERS, [JOHANN] V[ON]: Die Kriminalität des Judentums, in: Das Judentum in der Rechtswissenschaft. Ansprache, Vorträge und Ergebnisse der Tagung der Reichsgruppe Hochschullehrer des NS Rechtswahrerbundes, Bd. 3, Berlin o. J. [1936], S. 55.
14 LEERS, JOHANN VON/HANSEN, HENRICH: Der deutsche Lehrer als Kulturschöpfer, Frankfurt am Main 1939, S. 174.
15 LEERS, JOHANN VON: Erkenntnis des Judentums in der Schule, in: Der Weltkampf 16 (1939), S. 284 f.

Auf welchem Fundament seine Weltanschauung ruhte, verdeutlicht außerdem seine Nähe zu Theodor Fritsch. Wie viele andere prominente Nationalsozialisten verehrte auch Johann von Leers diesen „berufsmäßigen völkischen Agitator" und Antisemiten „aus Obsession und Profession".[16] Dies erklärt, dass er sich immer wieder auf ihn berief und, wiewohl er einzelne seiner Ansichten skeptisch beurteilte (siehe Kap. 5.1), das geistige Erbe des „Altmeisters unseres Kampfes gegen das Judentum" nach dessen Tod fortzusetzen gedachte.[17] Das traf nicht zuletzt auf die schon von Fritsch angewandte Technik zu, seine Pamphlete „mit Fußnoten und Literaturhinweisen auszustatten", um ihnen einen „Anstrich von Wissenschaftlichkeit" zu geben.[18] Die Schriften, die Johann von Leers bis 1945 publizierte, standen dem nicht nach. Im „Hammer", dem „wichtigste[n] Sprachrohr der völkischen Bewegung"[19], veröffentlichte er zudem eine Vielzahl von Aufsätzen. Am deutlichsten aber stellte er sich in die Tradition von Fritsch, indem er das „Handbuch der Judenfrage" fortführte und spätestens ab der 39. Auflage 1935 um einen Beitrag über die Geschichte des deutschen Antisemitismus ergänzte.[20] Fritsch zur Erinnerung hielt er im Oktober 1938 auch eine „großangelegte Rede" anlässlich einer Gedenkfeier an dem drei Jahre zuvor in

---

16 Köck, Julian: Völkische Publizistik als Lebensmodell. Zum sozialen Typus des völkischen Publizisten, in: Archiv für Geschichte des Buchwesens 72 (2017), S. 149–171, hier S. 152; Benz, Wolfgang: „Der ewige Jude". Metaphern und Methoden nationalsozialistischer Propaganda (Dokumente, Texte, Materialien: Veröffentlichungen vom Zentrum für Antisemitismusforschung der Technischen Universität Berlin, Bd. 75), Berlin 2010, S. 17. Zu Fritsch und seiner Verortung als „den ‚Großen Alten' des deutschen Antisemitismus zwischen Kaiserreich und Nationalsozialismus" siehe ausführlich Zumbini, Massimo Ferrari: Die Wurzeln des Bösen. Gründerjahre des Antisemitismus: Von der Bismarckzeit zu Hitler (Das Abendland, N.F. 32), Frankfurt am Main 2003, S. 321–422.
17 Leers, Johann von: Forderung der Stunde: Juden raus, Berlin o. J. [1933], S. 8; Ders.: Sieg der Idee, in: Deutsches Adelsblatt 51 (1933), S. 755 f.; Ders.: Theodor Fritsch zum Gedächtnis. Auszug aus einer Rede, in: Hammer 37 (1938) 840, S. 422–424. Zum Zitat siehe Ders.: Die dunkle Blutspur, in: Hakenkreuzbanner vom 31.03.1943.
18 Puschner, Uwe: Die völkische Bewegung im wilhelminischen Kaiserreich. Sprache – Rasse – Religion, Darmstadt 2001, S. 59. Siehe auch Ders.: Verwissenschaftlichung der Weltanschauung. Völkische Aspirationen, Strategien und Rezeptionen in der langen Jahrhundertwende, in: Fahlbusch, Michael/Haar, Ingo/Pinwinkler, Alexander (Hrsg.): Handbuch der Völkischen Wissenschaften (Bd. 1: Biographien), Berlin/Boston 2017, S. 9–18, hier S. 10.
19 Puschner, Uwe: Völkische Bewegung und Jugendbewegung, in: Vogt, Stefan u. a. (Hrsg.): Ideengeschichte als politische Aufklärung. Festschrift für Wolfgang Wippermann zum 65. Geburtstag, Berlin 2010, S. 54–70, hier S. 62.
20 Leers: Zur Geschichte des deutschen Antisemitismus, S. 514–544. Der Beitrag wurde auch in den folgenden Auflagen veröffentlicht, siehe etwa Ders.: Zur Geschichte des deutschen Antisemitismus, in: Handbuch der Judenfrage. Die wichtigsten Tatsachen zur Beurteilung des jüdischen Volkes, Leipzig [46]1941, S. 514–544. Die 1944 erschienene 49. (und letzte) Auflage konnte nicht eingesehen werden.

Berlin-Zehlendorf eingeweihten Denkmal, die des fünften Todestages gedachte.²¹ Wie sehr er den „unbeugsame[n]" Fritsch Zeit seines Lebens verehrte, wurde 1957 neuerlich deutlich, als er, inzwischen nach Buenos Aires ausgewandert, diesen als „große[n] Vorkämpfer [...] gegen die internationale Judenmacht" würdigte, dem der Nationalsozialismus seinen Aufstieg zu einer politischen Kraft überhaupt zu verdanken habe. Fritschs „völkische Ideen", behauptete er, hätten Hitler erst „zum Sieg verholfen". Er sei es auch gewesen, der dem „völkischen Lager [...] die Waffen [...] geschmiedet"²² habe. Insbesondere dem „Hammer" müsse dabei eine entscheidende Rolle beigemessen werden. Aus der „einfachen Monatsschrift" habe sich unter Fritsch ein Organ entwickelt, „um das die völkischen Kräfte sich sammelten, das Material, Wissen, Kenntnis im Kampf vermittelte, maßvoll in der Form, schneidend radikal in der Sache dem völkischen Gedanken seine Stoßkraft gab." Insofern sah Johann von Leers in dem glühenden Antisemiten ein Vorbild auch für die Zukunft: Wenn „Deutsche völkischer Gesinnung" heute „einen Namen suchen, um den sich zu einigen", könnte dies nur im „Geist und Vermächtnis des alten treuen ‚Waffenmeisters Hildebrand' unserer völkischen Kämpfe sein", erklärte er.²³

3.1.2   „Mit Recht schreibt Günther"

Einen maßgeblichen Einfluss auf seine Überzeugungen übte überdies der Rassenanthropologe Hans F. K. Günther (1891–1968) aus, der seit 1930 in Jena lehrte und mit seinen sozialdarwinistischen Ideen zahlreichen Nationalsozialisten die Stichworte lieferte: Auf Himmler sollen seine Schriften als „Schlüsselerlebnis"²⁴ und „geradezu wie eine Offenbarung gewirkt"²⁵ haben. Mitarbeiter im Amt Rosenberg erkannten in Günther die wohl *bedeutendste Forschergestalt des heutigen Deutschlands*. Schließlich habe er als *Erfüller und Zusammenfasser auf dem Gebiet der Rassenlehre* die *praktischen und ideellen Beweise für das erbracht,*

---

21 FALCK, HANS: Theodor-Fritsch-Gedenkfeier, in: Hammer 37 (1938) 840, S. 421 f.; LEERS, JOHANN VON: Theodor Fritsch zum Gedächtnis. Auszug aus einer Rede, in: Hammer 37 (1938) 840, S. 422–424. Siehe auch PUSCHNER, UWE: Antisemitische Drachen. Das Theodor-Fritsch-Denkmal in Berlin-Zehlendorf, in: KOHLSTRUCK, MICHAEL/SCHÜLER-SPRINGORUM, STEFANIE/WYRWA, ULRICH (HRSG.): Bilder kollektiver Gewalt. Kollektive Gewalt im Bild. Annäherungen an eine Ikonographie der Gewalt, Berlin 2015, S. 157–164, hier S. 161.
22 LEERS, JOHANN VON: Theodor Fritsch, der alte Waffenmeister, in: Der Weg 11 (1957) 9, S. 592–598, hier S. 597.
23 EBD., S. 598.
24 LONGERICH, PETER: Heinrich Himmler, München 2008, S. 87.
25 Siehe ACKERMANN, JOSEF: Heinrich Himmler als Ideologe, Göttingen 1970, S. 109.

was Gobineau und Chamberlain und andere aus ahnender Erkenntnis lehrten.[26] Auch Darré griff in seinem Buch „Adel und Rasse" Günthers Ansichten auf. Insofern überrascht es nicht, dass Johann von Leers sich immer wieder auf Günthers Werk berief, *weil es wirkliche Wissenschaft ist,* wie er zu einer seiner Schriften anmerkte.[27] „Die Krone [...] unter den Persönlichkeiten, welche mit unwiderleglichem wissenschaftlichen Material und volksverständlicher Klarheit nicht nur die Ungleichheit der Rassen erkannt, sondern darüber hinaus die Rassenkomponenten in den verschiedenen Völkern festgestellt haben, gebührt unzweifelhaft Dr. Hans F. K. Günther", stellte er etwa 1934 in seiner „Geschichte auf rassischer Grundlage" fest.[28] „Grundlegend für die Erkenntnis des Judentums [...] wurden die großen Werke von Prof. Dr. Hans F. K. Günther", in denen er „der Erkenntnis vom Judentum die wissenschaftlich unangreifbaren Grundlagen" gegeben habe und so „zum geistigen Schöpfer der Rassenerkenntnis überhaupt" geworden sei, schrieb er ein Jahr später im „Handbuch der Judenfrage".[29] Dass er „ganz ausgezeichnet" die „Grundzüge" für „das Seelenleben der nordischen Rasse" herausgearbeitet habe, gab er dem Lehrerstand mit auf dem Weg.[30] An solch überschwänglichen Ehrenbezeugungen hielt er auch dann fest, als Günther an Einfluss verloren und sich ins Private zurückgezogen hatte.[31] „Seinen Gedanken wird Jahrhundert auf Jahrhundert gehören", würdigte Johann von Leers ihn als „Heimweiser zu den ewigen Werten" 1941 anlässlich seines 50. Geburtstags.[32] Gerade dieser ausdauernde Rekurs auf Günther legt jedoch auch das Epigonenhafte seiner eigenen Anschauungen offen, die, ein typisches Kennzeichen vieler seiner Schriften, durch die Montage langer Zitate an die Grenzen des Plagiats reichen konnten.[33] Von Günther stammte seine Definition des Begriffs „Rasse", der zufolge es sich dabei um eine „Menschen-

---

26 Hans F. K. Günther. Zu seiner Berufung nach Berlin. Aktennotiz o. D. im Amt Rosenberg [um 1935] [BArch, NS 8/103, Bl. 243 f.].
27 Johann von Leers an unbekannte Adressatin („Gräfin"), 14.09.1937 [BArch, N 2168/2, Bl. 28].
28 LEERS, JOHANN VON: Geschichte auf rassischer Grundlage, Leipzig 1934, S. 11.
29 LEERS: Zur Geschichte des deutschen Antisemitismus, S. 542.
30 LEERS, JOHANN VON: Rassische Geschichtsbetrachtung. Was muss der Lehrer davon wissen? Langensalza/Berlin/Leipzig ²1936, S. 17.
31 Siehe dazu WEISENBURGER, ELVIRA: Hans Friedrich Karl Günther, Professor für Rassekunde, in: KISSENER, MICHAEL/SCHOLTYSECK, JOACHIM (HRSG.): NS-Biographien aus Baden und Württemberg (Karlsruher Beiträge zur Geschichte des Nationalsozialismus, Bd. 2), Konstanz 1997, S. 161–199, hier S. 191.
32 LEERS, JOHANN VON: Hans F. K. Günther. Zum 50. Geburtstag des Rasseforschers, in: Thüringer Landeszeitung vom 16.02.1941. Siehe auch: Wegbereiter des Nordischen Gedankens. Zum 50. Geburtstag von Professor Hans F. K. Günther, in: Nationalsozialistische Landpost vom 14.02.1941; Entdeckung des Rassebewusstseins. Über das Werk des Rassenforschers Hans F. K. Günther, in: Mülhauser Tagblatt vom 06.04.1941.
33 Beispielhaft dazu LEERS: Rassische Geschichtsbetrachtung, S. 27 f.

gruppe" handele, „die sich durch eignende Vereinigung körperlicher Merkmale und seelischer Eigenschaften von jeder anderen Menschengruppe unterscheidet und immer wieder nur ihresgleichen zeugt".[34] Von ihm übernahm er auch dessen Modell zur Einteilung von Rassen überhaupt.[35] Die Erkenntnisse einer 1934 ausgearbeiteten „Denkschrift" im Auftrag der Deutsch-Japanischen Gesellschaft (siehe Kap. 5.2.1), in der seine „Rassische Klassifizierung des Japanertums" zu dem Ergebnis kam, dieses weise aufgrund seiner Sprache wie auch durch seinen „körperlichen Bestand" eine Verbindung zu Turkvölkern und Indogermanen auf, verdankten sich Günther.[36] Selbst seine zeitweise kritische Sicht auf den Islam hatte Johann von Leers bei diesem entdeckt.[37]

Günther lieferte Johann von Leers allerdings nicht nur als Wissenschaftler die Stichworte seiner Weltanschauung. Zeitweise nahm er auch die Rolle eines Mentors ein, der seine akademische Karriere förderte und ihm in den Kontroversen, die Mitarbeiter aus dem Amt Rosenberg anzettelten, vermittelnd zur Seite stand. Die Anfänge ihrer freundschaftlichen Beziehung, die auch auf biografischen Parallelen gegründet haben dürfte[38] und über das Jahr 1945 hinaus fortbestand, reichten auf das Jahr 1933 zurück, als Johann von Leers den bereits arrivierten Hochschullehrer für eine Veranstaltung der Gesellschaft für germanische Ur- und Vorgeschichte und Beiträge der ihrem Umfeld zuzuordnenden Zeitschrift „Nordische Welt" zu gewinnen versuchte. Anders als erhofft, verhielt Günther sich jedoch zunächst reserviert: Zwar zeigte er sich *sehr erfreut* darüber, *in welcher klaren Weise* die Autoren der von Johann von Leers verantworteten Zeitschrift *den Christen zu Leibe rücken.*[39] Mit Ablehnung begegnete er allerdings der unkritischen Haltung gegenüber Herman Wirth, dem er eine Bedeutung als Wissenschaftler absprach. Dem *Völker-[,] Rassen- und Sprachwissenschaftlichen* des Laienforschers, um dessen Ansichten zu diesem Zeitpunkt eine erregte Auseinandersetzung tobte (siehe Kap. 4.4.1), könne er sich *nicht oder mindestens*

---

34 EBD., S. 5.
35 EBD., S. 21 f.
36 Denkschrift der Deutsch-Japanischen Gesellschaft zur Frage der Anwendung der Rassen-Gesetzgebung auf die Abkömmlinge aus deutsch-japanischen Mischehen, 25.10.1934 [BArch, R 64 IV/31, Bl. 26–37]. Siehe auch FRIESE, EBERHARD: Japaninstitut Berlin und Deutsch-Japanische Gesellschaft Berlin. Quellenlage und Ausgewählte Aspekte ihrer Politik 1926–1945 (Berliner Beiträge zur sozial- und wirtschaftswissenschaftlichen Japan-Forschung Bd. 9), Berlin 1980, S. 39–46.
37 LEERS: Rassische Geschichtsbetrachtung, S. 32.
38 Ähnlich wie Johann von Leers hatte Günther Gedichte und Romane verfasst, in denen sich die Sehnsucht nach einer großen Aufgabe und heldenhaftem Schicksal ausdrückte. Siehe GÜNTHER, HANS F. K.: Ritter, Tod und Teufel. Der heldische Gedanke, München ⁴1935 (EA 1920).
39 Günther an Johann von Leers, 01.11.1933 [RGVA, Fond 1283/10a, Bl. 210].

noch nicht anschließen, ließ er Johann von Leers wissen.⁴⁰ Immerhin wollte er aber nicht ausschließen, dass aus den *Verkündigungen* Wirths *einmal Fassbares gewonnen* werden könne, sofern Wirth die *Zusammenarbeit Berufener* nicht unterlaufe.⁴¹ So sehr Günther auf Distanz zu Wirth blieb, dessen Forschungsarbeiten er auch Jahre später nur widerwillig als *wissenschaftliches Denken*⁴² bezeichnen wollte, so schnell schienen sich Bedenken gegen einen Auftritt vor der Gesellschaft für germanische Ur- und Vorgeschichte zu zerstreuen. Bereits für März 1934 sagte er Johann von Leers einen Vortrag *über die Rassenpflege der Germanen und das Christentum* zu.⁴³ Aus weiteren Zusammentreffen mit ihm gewann er zudem das Bild einer zwar eigensinnigen, gleichwohl förderwürdigen Persönlichkeit, deren wissenschaftliche Laufbahn es zu unterstützen galt. Anregende *Unterhaltungen* während einer Zugfahrt nach Berlin im September 1935, als beide bei der Rückkehr *vom Bauerntag in Goslar* das Abteil teilten, hätten bewirkt, dass er seine *Vorstellung von v[on] Leers nicht wenig abzuwandeln habe,* ließ er Thilo von Trotha (1904–1938), seinen Mittelsmann im Amt Rosenberg, wissen.⁴⁴ Obgleich Günther dessen *Mängel* nicht übersehen wollte, räumte er doch ein, *dass seine Brauchbarkeiten überwiegen,* setzte er von Trotha auseinander.⁴⁵ *Es ist sehr viel in beiden Menschen,* schrieb er in Bezug auch auf Gesine von Leers.⁴⁶ Dies erklärt auch, dass Günther sich in dem Streit zwischen Johann von Leers und Rosenberg sowie dessen Mitarbeitern, der 1933/34 einen Höhepunkt erreichte (siehe Kap. 4.5.1), um Ausgleich bemühte. Über von Trotha, der dem Gedankengut der Nordischen Bewegung nahestand, zugleich aber seit 1933 als Privatsekretär des Reichsleiters und Schriftleiter der „NS-Monatshefte" an einflussreicher Stelle wirkte, fordert er Rosenberg seinerzeit auf, *nicht blinder Leerstöter zu verbleiben.*⁴⁷ Stattdessen empfahl er dem Parteiideologen, dieser solle sich Johann von Leers *fruchtbar machen,* könnte er doch *zu Darré hin der beste Verbindungsmann* sein.⁴⁸ Wie symbiotisch sich die Beziehung der beiden Rasseforscher in den kommenden Jahren gestaltete, zeigte

---

40 Ebd.
41 Ebd.
42 Günther an Johann von Leers, 20.02.1944 [RGVA, Fond 1283/10a, Bl. 156].
43 Günther an von Trotha, 05.02.1934 [BArch, NS 8/103, Bl. 227].
44 Günther an von Trotha, 18.11.1935 [BArch, NS 8/103, Bl. 250].
45 Ebd.
46 Ebd.
47 Ebd. Zu von Trotha siehe LUTZHÖFT, HANS-JÜRGEN: Der Nordische Gedanke in Deutschland 1920–1940 (Kieler Historische Studien, Bd. 14), Stuttgart 1971, S. 63; SEE, KLAUS VON: Deutsche Germanen-Ideologie vom Humanismus bis zur Gegenwart, Frankfurt am Main 1970, S. 76 f.; PIPER, ERNST: Alfred Rosenberg. Hitlers Chefideologe, München 2005, S. 275–279.
48 Günther an von Trotha, 18.11.1935 [BArch, NS 8/103, Bl. 250].

sich spätesten seit 1935, nachdem Günther einen Ruf nach Berlin angenommen hatte. Gegenseitige Einladungen zu privaten Abendgesellschaften im Kreise von *klugen Menschen*[49] und die wechselseitige Rezension der eigenen Schriften[50] prägten den Austausch ebenso, wie weltanschauliche Diskussionen. Als Beispiel dafür kann etwa die Erörterung der *Frage nordischer Rassemerkmale* bei jenen *Arabern* genannt werden, die mit *charakteristischen hellen Haaren und blauen Augen* ausgestattet seien.[51] Ein besonderes Augenmerk richteten beide zunehmend auch darauf, Personalentscheidungen etwa zur Besetzung von Professuren oder zur Vergabe von Lehraufträgen zu beeinflussen und das eigene Netzwerk zielstrebig auszubauen.[52] Im Verein für Bauerntumskunde, den Darré ins Leben gerufen hatte und in dessen Kuratorium sowohl Günther als auch von Leers 1939 berufen wurden, stimmten sie sich über ihre Mitarbeit in den Gremien ab. In einer Arbeitsgemeinschaft „Japan" sollte Johann von Leers demnach *über Zusammenhänge frühjapanischer und indogermanischer Kultur* forschen, in einer Arbeitsgemeinschaft unter dem Motto „Adel und Auslese" dagegen *die historische Rolle des Adels bei den indogermanischen Völkern* untersuchen.[53] Nicht minder bedeutsam waren zudem praktische Ratschläge im Umgang mit Verlegern. Als etwa das „Odal"-Buch aus dem Jahr 1936, das zentrale Werk aus der Feder von Johann von Leers, mit dem er seinen Anspruch als Wissenschaftler zu begründen suchte, neu aufgelegt werden sollte, empfahl Günther ihm, dieses aus dem Verlag Blut und Boden zu lösen.[54] Johann von Leers unternahm schließlich sogar den Versuch, seinen langjährigen Förderer an Guido Landra (1913–1980) in Italien zu vermitteln, der 1938 im Auftrag Mussolinis ein „Rassenmanifest" für die faschistische Partei verfasst hatte.[55] Günther ließ sich allerdings angesichts der in seinen Augen kritikwürdigen Entwicklung in Ita-

---

49 Günther an Johann von Leers, 30.11.1937 [RGVA, Fond 1283/10a, Bl. 207]: *Besten Dank für den Abend zusammen mit Herrn Professor Neckel.*
50 Johann von Leers an Günther, 30.05.1939 [RGVA, Fond 1283/10a, Bl. 196]: Günthers Buch „Das Bauerntum als Lebens- und Gemeinschaftsform" habe ihm, so Johann von Leers, *eine große Menge neuer und hoch bedeutsamer Gesichtspunkte gegeben.* Siehe auch Günther an Johann von Leers, 15.06.1939 [RGVA, Fond 1283/10a, Bl. 195] zu einer Rezension in einer Mannheimer Zeitung.
51 Günther an Johann von Leers, 30.11.1937 [RGVA, Fond 1283/10a, Bl. 207]; Johann von Leers an Günther, 25.10.1938 [RGVA, Fond 1283/10a, Bl. 205].
52 Günther an Johann von Leers, 18.11.1938 [RGVA, Fond 1283/10a, Bl. 203], Johann von Leers an Günther, 21.08.1941 [RGVA, Fond 1283/10a, Bl. 178] sowie Günther an Johann von Leers, 05.07.1943 [RGVA, Fond 1283/10a, Bl. 163].
53 Johann von Leers an Günther, 30.11.1939 [RGVA, Fond 1283/10a, Bl. 194].
54 Günther an Johann von Leers, 20.07.1942 [RGVA, Fond 1283/10a, Bl. 174].
55 Zu Landra siehe KUFEKE, KAY: Rassenhygiene und Rassenpolitik in Italien. Der Anthropologe Guido Landra als Leiter des „Amtes zum Studium des Rassenproblems" in: Jahrbuch für Antisemitismusforschung 10 (2001), S. 265–286.

lien darauf nicht ein. Zwar begrüße er *die Entfernung der Juden aus der Finanz* [sic] *und den Ämtern.*[56] Den Rassegedanken in Italien aber hielt er für *eine Totgeburt*, stelle doch jede Form einer *Rassentrennung zwischen Juden und Italienern* dortzulande *etwas sehr Künstliches* dar, wo doch der Achsenpartner vielmehr *auf Erbgesundheitspflege angewiesen* sei.[57] Auf irgendwelche Streitigkeiten mit Johann von Leers kann aus solchen Äußerungen jedoch nicht geschlossen werden. Im Gegenteil: Als die Parteiamtliche Prüfungskommission ein von Johann von Leers verfasstes Lehrbuch aus dem Verkehr ziehen wollte, unterstützte Günther diesen mit einem Gefälligkeitsgutachten.[58] Für einen Wechsel nach Straßburg, der zeitweilig zur Diskussion stand, bot er zudem uneigennützig Hilfe an. Schließlich habe er Johann von Leers aus Jena *immer gerne hinweg berufen* gesehen, schrieb er ihm.[59] Wohl in Unkenntnis der Kontroversen, die 1932 im NS-Studentenbund geführt wurden, bot Günther ihm sogar an, einen Kontakt zu seinem ehemaligen Kontrahenten Ernst Anrich herzustellen, der zwischenzeitlich mit dem Aufbau der neuen Reichsuniversität beauftragt worden war.

3.1.3 Stichwortgeber für Richard W. Darré

In ähnlicher Weise gestaltete sich auch die Beziehung zu Richard Walther Darré (1895–1953), der aufgrund seiner fest in Günthers Ideenwelt wurzelnden Schriften „Das Bauerntum als Lebensquell der nordischen Rasse" (1929) und „Neuadel aus Blut und Boden" (1930) als „Haupttheoretiker"[60] auf dem Gebiet von „Blut- und-Boden" gilt. Darré vertrat darin die Ansicht, dass es zur Wiederherstellung der einst hervorragenden Qualität des Bauerntums erforderlich sei, die durch die Industrialisierung verfallene Landwirtschaft nicht allein unter wirtschaftlichen, sondern vor allem unter geistigen und rassischen Gesichtspunkten zu sanieren. Insofern verwundert es nicht, dass Johann von Leers diese Ansichten teilte. Ihr Mann sei *ein glühender Anhänger Ihrer Ideen*, umschmeichelte Gesine von Leers Darré.[61] Tatsächlich ließ Johann von Leers es nicht daran fehlen, Darré in den Rang einer wissenschaftlichen Koryphäe zu erheben, an deren bahnbrechenden Erkenntnissen über den bäuerlichen Charakter der nordischen

---

56 Günther an Johann von Leers, 01.09.1940 [RGVA, Fond 1283/10a, Bl. 189].
57 Ebd.
58 LEERS, JOHANN VON: Die geschichtlichen Grundlagen des Nationalsozialismus (Rechtspflege und Verwaltung, Allgemeiner Teil I, Heft 1), Berlin 1938. Siehe auch Johann von Leers an Bung, 03.04.1940 [IfZ, MA 603, Bl. 21012].
59 Günther an Johann von Leers, 06.07.1941 [RGVA, Fond 1283/10a, Bl. 183].
60 Zur Weltanschauung Darrés siehe KROLL, FRANK-LOTHAR: Utopie als Ideologie. Geschichtsdenken und politisches Handeln im Dritten Reich, Paderborn 1998, S. 157–205, hier S. 158.
61 Gesine von Leers an Darré, 04.01.1934 [BArch, BDC-DS, von Leers].

Rasse nicht zu rütteln sei. Sein „Verdienst" habe darin bestanden, schrieb er etwa über eines seiner zentralen Werke, die Bedeutung des „Bauerntums" als „das große bewegende Moment auf dem Boden der Geschichte" erkannt und die Überlegenheit der „nordischen Rasse" somit „unumstößlich wissenschaftlich nachgewiesen zu haben". Dass damit auch die Auffassung „aufgegeben" wurde, „die nordische Rasse stamme aus den Steppen Ost-Europas, habe dort nomadisiert und dann die fälische Bauernrasse in Mittel-Europa unterjocht", sei diesem „tiefgründige[n] Werk" zu verdanken.[62] Ähnlich wegweisend verhalte es sich auch mit seiner Beschreibung des Staatswesens in Sparta, das „mit dem Augenblick in sich zusammenbrach, als die Vereinigung mehrerer Erbhöfe in einer Hand möglich wurde".[63] Im Gegensatz zu Günther, dessen Bedeutung sich aus seiner „Autorität"[64] als Wissenschaftler ergab, würdigte Johann von Leers Darré jedoch auch aufgrund seiner Weitsicht in den Jahren des Parteiaufbaus: Dieser sei es demnach gewesen, der seit 1930 „in einer stillen und geschickten Arbeit" in den landwirtschaftlichen Verbänden den Einfluss der Nationalsozialisten Schritt für Schritt ausbaute.[65] Und das „unsterbliche Verdienst" seiner Politik liege zudem darin, resümierte Johann von Leers bereits 1934, mit dem Reichserbhofgesetz „die wirklichen Grundlagen der Volksgemeinschaft, die Sicherheit der Scholle und Heimat wissenschaftlich erschlossen und praktisch verwirklicht zu haben".[66] Dies stelle Darré schon jetzt auf eine Stufe mit dem Freiherrn vom Stein und werde für die Weltgeschichte einmal „eine unendlich höhere Bedeutung haben, als etwa die Sklavenbefreiung in den Vereinigten Staaten von Nordamerika", rette es doch „den letzten Kernbestand der großen Rasse aus den Klauen des Kapitalismus" und „gab dem Bauern die Sicherheit des Erbes, dem Volke die biologische Garantie einer Zukunft wieder."[67]

Worauf genau die Anfänge ihrer Beziehungen zurückreichen, ist unklar. In einem Brief an Hitler im Dezember 1939 behauptet Darré, Johann von Leers sei ihm bereits *seit 1927 persönlich bekannt.* Eben deshalb könne er sich für die *Zuverlässigkeit* des Materials *verbürgen,* das dieser ihm für eine antisemitische Pressekampagne zur Verfügung gestellt hatte.[68] Ob diese Datierung auf einen

---

62 Zur Würdigung Darrés siehe beispielhaft LEERS: Rassische Geschichtsbetrachtung, S. 11; DERS.: Odal. Das Lebensgesetz eines ewigen Deutschland, Goslar ²1936, S. 39; DERS.: Die Frau und der deutsche Sozialismus, in: Westfälische Landpost [?], Mai 1934.
63 LEERS: Rassische Geschichtsbetrachtung, S. 29.
64 LONGERICH: Heinrich Himmler, S. 138.
65 LEERS, JOHANN VON: Bauerntum (Landwirtschaftliche Lehrbuch-Reihe, hrsg. von Prof. Dr. Marquis, Cottbus, 5. Teil), Berlin ⁴1938 [Erstauflage 1935], S. 125.
66 LEERS: Geschichte auf rassischer Grundlage, S. 74.
67 EBD., S. 75.
68 Darré an Hitler, 11.12.1939 [BArch, NS 10/37, Bl. 24].

Zeitpunkt zutrifft, als Johann von Leers noch seine Ausbildung im Auswärtigen Amt absolvierte, ist fraglich. Anzunehmen ist allerdings, dass beide sich erstmals im Umfeld des Nordischen Rings begegnet sind, in dem Darré ebenso wie Johann von Leers und dessen spätere Ehefrau verkehrten. *Wir beide kennen uns aus der Zeit, als Sie nach Berlin kamen und im Nordischen Ring [...] ihre Ideen propagiert wurden [...]. Ich leitete die damalige Herman-Wirth-Gesellschaft und habe mich öfter mit Ihnen über diese Dinge unterhalten,* erinnerte Gesine von Leers später Darré an die Anfänge.[69] Zu einem intensiveren Kontakt mit Johann von Leers dürfte es dann gekommen sein, nachdem sich Darré als Agrarberater der NSDAP angeschlossen hatte und von Hitler mit dem Aufbau eines agrarpolitischen Apparates der Reichsorganisationsleitung beauftragt worden war. Die Ausweitung der Propaganda der Nationalsozialisten unter der Landbevölkerung nach dem enttäuschenden Ausgang der Reichstagswahlen im Mai 1928 und die Infiltration traditioneller Organisationen der Landwirtschaft, die Darré seit 1930 betrieb, wurde durch Agitatoren wie Johann von Leers tatkräftig unterstützt. Wie eng die Beziehung tatsächlich war, zeigte sich im Januar 1934, als Gesine von Leers den inzwischen zum Reichsbauernführer aufgestiegenen und zum Minister beförderten Darré zu einer ihrer Sonntags-Runden (siehe Kap. 4.4.1) einlud und dieser tatsächlich erschien.[70] Dass Darré dabei Gefallen an Johann von Leers fand, dazu dürften auch in diesem Fall biografische Parallelen beigetragen haben. Wie Johann von Leers war Darré beruflich in der Landwirtschaft gescheitert und hatte sich erfolglos als Schriftsteller versucht. Und wie Johann von Leers war er zu einem der Anhänger der Ideen Günthers geworden und überzeugt davon, dass alleine durch die Gesundung des Bauerntums die rassische Qualität des deutschen Volkes wiederhergestellt werden könne.[71] Im Gegensatz zu Günther scheute Darré sich auch nicht, ein Bekenntnis zu Herman Wirth abzugeben, den er für einen zu Unrecht angefeindeten Wissenschaftler hielt.[72]

Spätestens seit dem Zusammentreffen im Januar 1934 entwickelte sich auch hier eine eng aufeinander bezogene Beziehung, in der Johann von Leers zu einem

---

69 Gesine von Leers an Darré, 04.01.1934 [BArch, BDC-DS, von Leers]. Siehe auch BRAMWELL, ANNA: Blood and Soil. Richard Walther Darré and Hitler's „Green Party", Buckinghamshire 1985, S. 49 f.
70 Gesine von Leers an Darré, 04.01.1934 und 25.01.1934 [BArch, BDC-DS, von Leers].
71 Zur Biografie siehe DAS DEUTSCHE FÜHRERLEXIKON 1934/1935, Berlin 1934, S. 21 f. Siehe auch CORNI, GUSTAVO: Richard Walther Darré. Der „Blut-und-Boden"-Ideologe, in: SMELSER, ROLAND/ZITELMANN, RAINER (HRSG.): Die braune Elite, Wiesbaden ²1990, S. 15–27 und zusammenfassend GIESS, HORST: Richard Walther Darré. Der „Reichsbauernführer", die nationalsozialistische „Blut und Boden"-Ideologie und Hitlers Machteroberung, Köln 2019.
72 KATER, MICHAEL H.: Das „Ahnenerbe" der SS 1935–1945. Ein Beitrag zur Kulturpolitik des Dritten Reiches (Studien zur Zeitgeschichte, Bd. 6), München ³2001, S. 26.

der wichtigsten Stichwortgeber und Propagandisten der zeitweise von Darré geführten Apparate werden sollte. Dies verdeutlichen die zahlreichen Beiträge in Organen des Reichsnährstandes, der nach der Machtübernahme als ständische Organisation gebildet worden war. Zu nennen ist etwa die Tageszeitung „NS-Landpost", die Johann von Leers seit Anfang 1935 regelmäßig belieferte. Gleiches gilt für seine Aufsätze in der Zeitschrift „Odal", die als „Monatsschrift für Blut und Boden" firmierte und maßgeblich durch Darré gelenkt wurde[73], ebenso für die Schulungsarbeit des „Rasse- und Siedlungsamtes" der SS, mit dessen Aufbau Darré bereits Ende 1931 von Himmler beauftragt worden war.[74] Die Einrichtung verantwortete Auslese und Schulung der künftigen ideologischen Elite der Schutzstaffel und sollte ein reinrassiges Bauerntum heranziehen, aus dem sich, gemäß den Vorstellungen Darrés, ein künftiger „Neuadel" rekrutieren würde.[75] Welche Bedeutung Johann von Leers zukam, um die von Darré propagierte Weltanschauung durch vermeintlich wissenschaftliche Erkenntnisse zu stützen, lässt sich zudem anhand zahlreicher Publikationen zur weltanschaulichen Schulung des „Bauernstandes" belegen. *Mein Mann schreibt fleißig an dem Buch für Sie,* ließ Gesine von Leers dem Reichsbauernführer im März 1935 ausrichten.[76] Als eines der ersten Ergebnisse seiner Arbeit *im Auftrage von Walther Darré* kann die Schrift „Der deutschen Bauern 1000jähriger Kampf um deutsche Art und deutsches Recht" gelten, die Johann von Leers kurz darauf im Blut und Boden Verlag zu Goslar veröffentlichte und die zugleich eine Vorarbeit zu dem Buch „Odal" im Jahr darauf darstellte.[77] Dieses gleichermaßen opulente wie uni-

---

73 CORNI, GUSTAVO/GIES, HORST: Blut und Boden. Rassenideologie und Agrarpolitik im Staat Hitlers, Idstein 1994, S. 23.
74 Zur Entstehung und Entwicklung des Rasse- und Siedlungsamtes und zum Verhältnis zwischen Darré und Himmler, der seit ihrem Kennenlernen 1930 zu einem der gläubigsten Anhänger des späteren Reichsbauernführers wurde, siehe HEINEMANN, ISABEL: „Rasse, Siedlung. Deutsches Blut". Das Rasse- und Siedlungshauptamt der SS und die rassenpolitische Neuordnung Europas, Göttingen 2003, S. 51–53; HARTEN, HANS-CHRISTIAN: Himmlers Lehrer. Die Weltanschauliche Schulung in der SS 1933–1945, Paderborn 2014 sowie bereits GIES, HORST: Zur Entstehung des Rasse- und Siedlungsamtes der SS, in: Paul Kluke zum 60. Geburtstag dargebracht von Frankfurter Schülern und Mitarbeitern (Festschrift), Frankfurt am Main 1968, S. 127–139.
75 Zur Konzeption einer Neuadelsbildung siehe CONZE, ECKART: Adel unter dem Totenkopf. Die Idee eines Neuadels in den Gesellschaftsvorstellungen der SS, in: DERS./WIENFORT, MONIKA (HRSG.): Adel und Moderne. Deutschland im europäischen Vergleich im 19. und 20. Jahrhundert, Köln/Weimar/Wien 2004, S. 151–176; ACKERMANN: Heinrich Himmler als Ideologe, S. 200.
76 Gesine von Leers an Darré, 31.03.1935 [BArch, BDC-DS, von Leers].
77 LEERS, JOHANN VON: Der deutschen Bauern 1000jähriger Kampf um deutsche Art und deutsches Recht, Goslar 1935. Siehe auch DERS.: Vom großen Krieg deutscher Bauern (Goslarer Volksbücherei, Bd. 1), Goslar o. J. [1936] [Blut und Boden-Verlag], ebenso DERS.: Der deut-

versalgeschichtliche Werk, das dem unmittelbar zuvor beschlossenen Reichserbhofgesetz und dem damit beabsichtigten Ziel zur Wiederherstellung verloren gegangener Lebensformen des Bauerntums seine historische Begründung liefern sollte, sticht aus seiner uferlosen Publizistik hervor. Als Auftragsarbeit für Darré konzipiert, griff der Reichsbauernführer eigenhändig mit Änderungen ins Manuskript ein und scheute sich selbst vor eigenwilligen Theorien nicht, die er bei der Ausarbeitung berücksichtigt sehen wollte. So will er 1935 auf der Beerdigung von Pilsudski *plötzlich den Schlüssel gefunden* haben für *die Angriffe der Germanen auf das Römerreich,* mit dem sich *ein Problem erschließen* lasse, welches er *seit Jahren noch nicht recht zu enträtseln vermochte.*[78] Wie freundschaftlich der Kontakt war, sollte sich außerdem zeigen, nachdem es 1937/38 zum Bruch zwischen Himmler und Darré gekommen war und dieser seinen Einfluss im Rasse- und Siedlungshauptamt verloren hatte.[79] Obgleich Johann von Leers weiterhin maßgeblich in der Schulungsarbeit der SS eingesetzt wurde und sich Himmlers Fürsprache sicher sein konnte, blieb er auch Darré verbunden. So hielt er diesen nicht nur über den Fortgang seiner Berufung auf eine Professur an der Universität Jena (siehe Kap. 6) auf dem Laufenden, als diese zu scheitern drohte.[80] Die enge Beziehung äußerte sich auch durch private Besuche im Familienkreis und ein hohes Maß an Vertraulichkeit in den Korrespondenzen, zumal seit Anfang der 1940 Jahre, nachdem Darré endgültig kaltgestellt worden war (siehe Kap. 7.2).

3.1.4 Prophet der Erlösung: Adolf Hitler

Von überragender Bedeutung blieb für Johann von Leers allerdings die Person Adolf Hitler. Seit die NSDAP mit den Wahlerfolgen 1930 zur Massenpartei aufstieg, habe „manch einer aus den jungen Garden der Bewegung dem Führer die bedingungslose Treue für das ganze Leben innerlich geschworen", schrieb er im Rückblick.[81] Eine solche Bindung dürfte Johann von Leers auch für sich beansprucht haben. Er selbst verstand sich allerdings nicht nur als Bewunderer des „Führers". Zugleich inszenierte er sich auch als dessen Verkünder und Deu-

---

      schen Bauern Kampf ums Recht, Berlin 1936 [Reichsnährstand Verlags GmbH]. Siehe auch Johann von Leers an Frenssen, 31.08.1936 [SHLB, NL Frenssen, Cb 21.56: 1020, Bl. 1] und Johann von Leers an Darré, 15.05.1935 [BArch, BDC-DS, von Leers].
78 Darré an Johann von Leers, 18.05.1935 [BArch, R 58/6016].
79 Wildt, Michael: Himmlers Terminkalender aus dem Jahr 1937, in: VfZ 52 (2004), S. 671–691, hier S. 675.
80 Darré an Johann von Leers, 29.04.1938 [BArch, N 2168/62, Bl. 4].
81 Leers, Johann von: Adolf Hitler (Männer und Mächte), Leipzig 1932, S. 55.

ter, sei doch all „das, was er [= Johann von Leers] sagte, [...] die Idee unseres Führers", der keiner „widerstehen" könne, wie es über einen seiner Wahlkampfauftritte im Mai 1931 in der Parteipresse hieß.[82]

Es ist unklar, worauf diese Bereitschaft zu Gehorsam und Gefolgschaft gründete und ob sie tatsächlich mit jener „charismatischen Autorität" Hitlers erklärt werden kann, auf die die historische Forschung immer wieder verwiesen hat.[83] In der Person des „Führers" bündelten sich jedoch zweifelsohne sein Hass auf alle zum Feind erklärten Gegner, die radikale Absage an die bestehenden Verhältnisse und eine vage Hoffnung auf das kommende „Dritte Reich".[84] Der Glaube an die messianische Sendung Hitlers, dem als „Erscheinung der deutschen Erlösung"[85] übermenschliche Eigenschaften zugeschrieben wurden und den Johann von Leers mit einer pseudoreligiösen Aura versah, ließ ihn in der Phase des Aufstiegs der NSDAP zum Propagandisten jenes Mythos werden, in dem sich die zwischen „ideologischen Prinzipien und sozialen Versprechen"[86] divergierenden Motive seiner Anhänger vereinigten. Seine Bereitschaft, an den Legenden von Hitlers „Heldenkraft und Vorbildlichkeit" mit zu dichten, erfolgte jedoch aus zweckrationalen und letztlich opportunistischen Motiven.

Ein Ursprung dafür findet sich im Frühjahr 1930, als er in den Konflikt zwischen Otto Straßer und der Parteiführung in München geriet und sich im letzten Augenblick auf die Seite Hitlers schlug (siehe Kap. 3.1.4). Dessen uneingeschränkte Position wurde seitdem von Johann von Leers umso bereitwilliger anerkannt: „Vom ersten bis zum letzten Nationalsozialisten steht die Partei geschlossen hinter ihrem Führer Adolf Hitler"[87], erklärte er im Juli 1930 den Lesern des „Angriffs", nachdem Straßer mit seinen Gesinnungsgenossen kurz zuvor der Partei den Rücken gekehrt hatte. Mit einer ähnlichen Ergebenheitsadresse bezog er auf dem Höhepunkt der „Stennes-Revolte" Anfang April 1931 Position. Walter Stennes, Oberster SA-Führer in Ostdeutschland und scharfer

---

82 Versammlungsflut über Berlin, in: Der Angriff vom 09.05.1931. Siehe auch die Veranstaltungsankündigung „Was nun?" für eine Rede am 15. Dezember 1931 in Liegnitz, auf der von Leers „über die Wege" sprechen wollte, „die Adolf Hitler weist" [BayHStA, Plakatsammlung, 10321].
83 Zur Ausbildung des Führerkultes siehe Kershaw, Ian: Der Hitler-Mythos. Führermythos und Volksmeinung, Stuttgart 1999, S. 19–22. Kritisch dazu Herbst, Ludolf: Hitlers Charisma. Die Erfindung eines deutschen Messias, München 2010. Im Gegensatz zu Himmler oder Goebbels lassen sich persönliche Zusammentreffen zwischen Johann von Leers und Hitler nicht nachweisen und werden vom ihm auch nicht behauptet. Sie scheinen allerdings denkbar (siehe Kap. 4.1.2).
84 Thomas, M.: Auf dem Weg zum Dritten Reich, in: Der Angriff vom 31.08.1930.
85 Dr. v. L.: Ein neues Hitlerbuch, in: Der Angriff vom 09.05.1931.
86 Kershaw: Der Hitler-Mythos, S. 57.
87 Thomas, M.: Wirtschaft und Nationalsozialismus, in: Der Angriff vom 10.07.1930.

Kritiker aller Formen eines „Parteibonzentums", hatte seit Herbst 1930 einen radikal-antiparlamentarischen Kurs eingeschlagen, der ihn auf Kollision mit Hitler und dessen Legalitätskurs brachte. Als Stennes Ende März 1931 von seinem Posten abberufen wurde und in die Münchner Parteizentrale versetzt werden sollte, widersetzte er sich dieser Degradierung und ließ die Geschäftsstelle der Partei und die Redaktion des „Angriffs" von seinen Anhängern besetzen. Eine Spaltung der NSDAP allerdings misslang. Der Aufstand wurde, auch mithilfe der Polizei, niedergeschlagen und Stennes aus der Partei verstoßen.[88] Über eine Propagandaveranstaltung vor SA-Mitgliedern wenige Tag später gemeinsam mit dem neu ernannten Oberführer Edmund Heines berichtete der „Angriff", dass Johann von Leers „die jüngsten Ereignisse in der Partei offen besprach" und zum „Gehorsam" dem Führer gegenüber aufrief.[89] Ein solcher Befehlston schien ihm möglicherweise auch deshalb erforderlich, um die eigene Treue zu untermauern, die zu diesem Zeitpunkt noch brüchig erschien. Umso heftiger überschlug er sich fortan in seinen Elogen, dass selbst zeitgenössischen Beobachtern der „hitlertreue Dr. von Leers"[90] auffiel. So würdigte er bereits wenige Wochen nach Straßers Parteiaustritt den „genialen Führer", der jener „rassischen Elite" vorstehe, die einst das „Dritte Reich" schaffen werde: „Nicht eine sozialistische Revolution allein wird die nationale Befreiung, noch eine nationale Befreiung allein die Volksgemeinschaft bringen, sondern die nationalsozialistische Revolution Adolf Hitlers wird die Volksgemeinschaft des Dritten Reiches schaffen, wo der Sozialismus auf Rechten und nicht auf Almosen, und der Nationalismus auf der tiefsten mythischen Bluteinheit aufgebaut ist", hieß es dort.[91] In ein ähnliches Horn stieß er in seiner Rezension einer 1931 erschienenen Hitlerbiografie, wonach dieser „der vergötterte Führer des erwachten jungen Deutschland" sei.[92] Kurz darauf dann machte er sich selbst

---

88 Zum Verlauf siehe Friedrich: Die missbrauchte Hauptstadt, S. 286–289; Reichardt, Sven: Faschistische Kampfbünde. Gewalt und Gemeinschaft im italienischen Squadrismus und in der deutschen SA, Köln/Weimar/Wien ²2009, S. 166–173.
89 Dr. v. Leers und Heines in Charlottenburg, in: Der Angriff vom 10.04.1931. Zwei Jahre später hieß es zu dem Vorgang: „Mitten in dieser schwersten Bedrängnis der Bewegung versuchte der Oberführer Stennes, der die SA von Berlin und Ostdeutschland führte, am 1. April [1931] gegen die Führung Adolf Hitlers Schwierigkeiten zu erheben; nach wenigen Tagen der Krise war auch dies überstanden und die SA wieder fest in der Hand des Obersten Führers." Siehe Leers, Johann von: Kurzgefasste Geschichte des Nationalsozialismus, Bielefeld/Leipzig 1933, S. 56.
90 Strasser, Otto: Der Aufbau des deutschen Sozialismus, Leipzig 1932, S. 137.
91 Thomas, M.: Auf dem Weg zum Dritten Reich, in: Der Angriff vom 31.08.1930.
92 Dr. v. L.: Ein neues Hitlerbuch, in: Der Angriff vom 09.05.1931.

in einer Monografie zum Interpreten dieses „meist umstrittenen Mannes" und „Rächer der Ehre Deutschlands".[93]

Die Broschüre, von ihm selbst später als *einfaches Volksbuch*[94] charakterisiert, gehört zu jener „Image-Bildung"[95], die vor den Reichspräsidentenwahlen 1932 mit großem Aufwand betrieben wurde. Nachdem es in der Öffentlichkeit verstärkt zu Diskussionen über Hitlers Herkunft und die Finanzierung der NSDAP gekommen war, erschien seinerzeit eine Reihe hagiografischer Schriften aus der Feder nationalsozialistischer Propagandisten, die das Informationsbedürfnis potenzieller Wähler stillen und eine volkstümliche Wahrnehmung seiner Person befördern sollten.[96] Dass sie obendrein ihren Autoren zu Einnahmen verhalfen, war ein willkommener Nebeneffekt, so gering Honorare auch ausgefallen sein mögen. *Die Hitler-Biographie hat mein Mann für eine Pauschale von 500 Mark abgegeben,* klagte Gesine von Leers angesichts der zahlreichen Gläubiger, derer sich ihr Mann seinerzeit zu erwehren hatte.[97] Insofern überrascht es nicht, dass Johann von Leers in seiner literarisch anspruchslosen und, betrachtet man die konkurrierenden Werke anderer NS-Propagandisten[98], epigonenhaften Schrift Hitler gegen alle Vorwürfe in Schutz nahm und dessen Lebensweg so tugendhaft nacherzählte, wie dieser ihn selbst in „Mein Kampf" skizziert hatte.[99] Dies galt etwa für die Vermutung „halb- oder ganztschechischer Abkunft" seiner Mutter, die damals gestreut wurde. Sie wies Johann von Leers als die „politische Zwecklüge" zurück.[100] In ähnlicher Weise verklärte er biografische Brüche, so beispielsweise Hitlers gescheiterte Bewerbung an der Kunstakademie in Wien, als der „begabte Knabe" sich „in den Maschen der staatlichen Kunstbildungs-

---

93 LEERS: Adolf Hitler, S. 6, 28. Weitere Auflagen des Buches mit erweitertem Seitenumfang wurden 1933 und 1934 unter dem Titel „Reichskanzler Adolf Hitler" veröffentlicht. Die Reihe erschien im R. Kittler-Verlag und stellte insbesondere politische und militärische Führungsgestalten vor.
94 Johann von Leers an Parteiamtliche Prüfungskommission, 06.10.1938 [BArch, N 2168/64, Bl. 28].
95 KERSHAW: Der Hitler-Mythos, S. 15.
96 O. V.: Tatsachen und Lügen um Hitler, München 1932; BOUHLER, PHILIPP: Adolf Hitler. Das Werden einer Volksbewegung, Lübeck 1932. Siehe auch PLÖCKINGER, OTHMAR: Geschichte eines Buches. Adolf Hitlers „Mein Kampf" 1922–1945, München 2006, S. 354; KERSHAW: Der Hitler-Mythos, S. 15, 48. Johann von Leers merkte später an, das Werk habe dazu dienen sollen, *in Kreise einzubrechen, die wir mit der parteiamtlichen Literatur nur zum Teil, hier und da wohl gar nicht erreichten.* Johann von Leers an Parteiamtliche Prüfungskommission, 06.10.1938 [BArch, N 2168/64, Bl. 28].
97 Gesine von Leers an Passow, 04.02.1934 [BArch, N 2168/5, Bl. 252].
98 KERSHAW: Der Hitler-Mythos, S. 42.
99 LEERS: Adolf Hitler, S. 28. Siehe auch DERS.: Kurzgefasste Geschichte des Nationalsozialismus, dort v. a. in Kapitel 1 und 3.
100 LEERS: Adolf Hitler, S. 12.

Verordnungen verfangen" haben soll.[101] Hitlers nebulöse Rolle in München in den politischen Umwälzungen nach dem Ersten Weltkrieg überging Johann von Leers mit der nicht weniger undeutlichen Bemerkung, dieser habe „staatsbürgerliche Bildungskurse für die Angehörigen der Wehrmacht" abgehalten.[102] Vehement zurückgewiesen wurden zudem Gerüchte aus der Frühgeschichte der NSDAP, „die von dunklen Geldquellen der Partei reden wollten".[103] Die Beschreibung des weltanschaulichen Reifeprozesses, den Hitler bis 1919 vollzog, verfolgte die Absicht, ihn Wählern aus der Arbeiterschaft als Alternative zu präsentieren: In Wien habe Hitler selbst „das Schicksal des Arbeiters"[104] durchlitten. Bereits dort, „als Arbeiter auf dem Bau", sei „der deutsche Sozialist Adolf Hitler geboren"[105] worden, der fortan für „Freiheit und sozialistische Gerechtigkeit" gekämpft habe.[106] Die aktuelle Auseinandersetzung um die Staatsbürgerschaft, die Hitler verliehen werden sollte, kommentierte Johann von Leers mit dem Hinweis, es gebe „keine kleinlichere Schikane" als die, Hitler „auch heute noch die Aufnahme in den deutschen Staatsverband zu verweigern."[107]

So offenkundig es war, dass solche Schriften sich an breite Wählerkreise richteten, so bedeutsam waren solche Porträts allerdings auch für die Auseinandersetzungen innerhalb der Partei. Hier dienten sie vor allem dazu, Hitlers Machtanspruch gegen zentrifugale Kräfte innerhalb der NS-Bewegung zu untermauern und Loyalität einzufordern.[108] „Die Stärke der Partei beruht in erster Linie auf ihrem Führerprinzip. Das schloss jede innere Spaltung und Auflösung von vorneherein aus", stellte sich Johann von Leers gegen alle Kritiker in den eigenen Reihen, die die „nationalsozialistische Bewegung Deutschlands" nicht ausschließlich als „politische Schöpfung Adolf Hitlers" anzuerkennen bereit waren.[109] Damit einher ging eine heilsgeschichtliche Verklärung seiner Person, dem als Erlöser dereinst „Hunderttausende zu Befehl stehen werden" und dem „eine Jugend in den Tod geht".[110] An solcherlei Schwulst und Mystik, wie sie sich in verschiedenen Loyalitätsbekundungen äußerte, konnte Johann von Leers

---

101 Ebd., S. 15.
102 Ebd., S. 29.
103 Ebd., S. 36.
104 Ebd., S. 16.
105 Ebd., S. 17.
106 Ebd., S. 34.
107 Ebd., S. 24 f. Siehe auch Ders.: Kurzgefasste Geschichte des Nationalsozialismus, S. 59 f. Zur Staatsbürgerschaft siehe Overesch, Manfred: Die Einbürgerung Hitlers 1930, in: VfZ 40 (1992), S. 543–566.
108 Kershaw: Der Hitler-Mythos, S. 16.
109 Leers: Kurzgefasste Geschichte des Nationalsozialismus, S. 7, 38.
110 Leers: Adolf Hitler, S. 16.

nicht genug Gefallen finden. So begründete er die „unbedingte Hingabe an den Führer" damit, „dass die Treue von unten durch die Treue von oben erwidert wird".[111] Dieses Verhältnis von Führer und Gefolgschaft schließe an die „mythische Blutsverbundenheit" an, wie sie einst „in Urzeiten" herrschte, als „die Krieger der wandernden nordischen Völker ihren Herzögen zugejubelt" und sich im Kampf gegen ihre Feinde „dem Tod entgegengeworfen haben". Eben darin liege auch ihre Bedeutung für die Kämpfer der Gegenwart, die sich „mit dem Namen des Führers grüßen" sollten und „sterben [...] mit seinem Namen auf den Lippen".[112] Den Ruf einer Erlösergestalt erwarb er sich überdies dadurch, dass er schon frühzeitig die existenzielle Bedeutung der „Judenfrage" erkannte. So soll er demnach bereits während seiner „Lehrjahre" in Wien „die Aufgabe des Arbeiters zum Kampf um die Nation gegen das Judentum" und „die Notwendigkeit, den jüdischen Einfluss im Volke restlos geistig wie äußerlich auszuschalten", erfasst haben.[113] „Mit Adolf Hitler", nahm Johann von Leers für seine Leser die Einordnung vor, „bekommt der Kampf gegen den Juden zum ersten Mal den Kopf, den er braucht."[114] Dass er selbst dabei loyal an der Seite des „Führers" stehen würde, stellte er seiner Schrift bedeutungsschwer im Vorwort voran: „Es ist geschrieben von einem Gefolgsmann über den Führer", hieß es dort.[115] Insofern lassen sich die zahlreichen Attribute, mit denen Johann von Leers den Prozess der weltanschaulichen Reifung Hitlers in Wien charakterisierte, als Parallele zum eigenen Lebensweg lesen: Er sei ein „deutscher Sozialist"[116], habe sich in den Notjahren seiner Jugend zum „Judenfeind" und „leidenschaftlichen Judenhasser"[117] entwickelt und werde von einer „Sehnsucht nach dem Reich"[118] getrieben.

Sein Bekenntnis zum „Führer zur Freiheit"[119] hat Johann von Leers seitdem immer wieder erneuert: Im Oktober 1933 legten er sowie 87 weitere Schriftsteller und Dichter „dem Reichskanzler Adolf Hitler" ihr „Gelöbnis treuester Gefolg-

---

111 Ebd., S. 62.
112 Ebd.
113 Leers: Kurzgefasste Geschichte des Nationalsozialismus, S. 15.
114 Leers: Adolf Hitler, S. 20 f.
115 Ebd., S. 6. Siehe auch die retrospektive Darstellung 1938, als neuerlich eine Auflage zur Diskussion stand. Demnach habe es sich um *ein leidenschaftlich begeistertes Bekenntnisbuch eines Gefolgsmannes für den Führer* gehandelt. Johann von Leers an Parteiamtliche Prüfungskommission, 06.10.1938 [BArch, N 2168/64, Bl. 28].
116 Ebd., S. 17, 21.
117 Ebd., S. 20.
118 Ebd., S. 22.
119 Leers: Kurzgefasste Geschichte des Nationalsozialismus, S. 41.

schaft" ab, das der Reichsverband Deutscher Schriftsteller *inszeniert*[120] hatte und in zahlreichen Tageszeitungen abgedruckt wurde.[121] Auch die weltgeschichtliche Bedeutung, an der er Hitler messen wollte, konnte nicht großspurig genug ausfallen. Der „Führer", hatte Johann von Leers bereits nach der ersten Welle antisemitischer Gesetze und Boykottaktionen im Frühjahr erklärt, handele wie einst der Pharao in Ägypten, der die Juden „aus dem Lande treibt".[122] Im Jahr darauf erhob er Hitler in den „Rang des ganz großen Volkserneuerers der Jahrtausende", da es diesem gelungen sei, „die großen Erkenntnisse der Rassenkunde zur politischen Wirklichkeit geformt zu haben".[123] In seiner öffentlichen Kontroverse mit Oswald Spengler (siehe Kap. 4.5.2) zog er eine direkte Linie zu Gobineau, Chamberlain und Günther.[124] Auf einer Kundgebung in Mannheim im April 1934 erklärte er, Deutschland habe „nur einen Nationalsozialisten[,] und das ist unser Führer", während seine Gefolgsleute sich stets darum „bemühen" müssten, „gute Nationalsozialisten zu sein".[125] In einem Lehrwerk für Schüler an Landwirtschaftsschulen wurde Hitlers Aufstieg „durch sein Genie und seinen Willen allein zum Heile unseres gesamten Volkes" begründet und einer Art von Vorsehung zugeschrieben: „Nach tausend Jahren wird es vielleicht den Menschen wie ein Märchen klingen, dass hier ein Mann ohne Geld, ohne bekannten Namen, der Enkel kleiner Bauern, der Sohn eines einfachen Zollbeamten es fertig bekommen hat, ein dem Untergang geweihtes Volk zu retten und zur Macht zu führen. Das ist der Weg eines Mannes, den Gott selber unserem Volk gesandt hat", schrieb Johann von Leers.[126] Und durch das „Schicksal" sei er dazu „berufen" worden, „Deutschland aus innerer und äußerer Not zu befreien".[127] Anlässlich von Hitlers 50. Geburtstag im April 1939 stellte er sich in die Reihen derer, „die den Führer mit leuchtenden Augen grüßen".[128] Zum „Zehnjahrestag der Machtergreifung" erinnerte er der „gewaltigen staats-

---

120 So die Wertung eines Vorstandsmitglieds des gleichgeschalteten PEN. Siehe Elster an Kochanowski, 27.10.1933 [BArch, R 56 I/102, Bl. 58].
121 Treuekundgebung deutscher Schriftsteller, in: Vossische Zeitung vom 26.10.1933; Kundgebung deutscher Schriftsteller, in: Frankfurter Zeitung vom 26./28.10.1933. Siehe auch WULF, JOSEPH: Literatur und Dichtung im Dritten Reich. Eine Dokumentation, Reinbek bei Hamburg 1966, S. 112f.
122 LEERS, JOHANN VON: Deutsche Geschichte. Vortrag des Pg. Dr. von Leers. Gehalten im August 1933 vor Amtswaltern der N.S.B.O Gau Groß-Berlin, Berlin o. J. [1933], S. 9.
123 LEERS: Geschichte auf rassischer Grundlage, S. 67.
124 LEERS, JOHANN VON: Spenglers weltpolitisches System und der Nationalsozialismus, Berlin 1934, S. 12.
125 Das Problem der Presse, in: Badische Presse vom 21.04.1934.
126 LEERS: Bauerntum, S. 148f.
127 LEERS/HANSEN: Der deutsche Lehrer als Kulturschöpfer, S. 158.
128 EBD., S. 179.

männischen Leistung des Führers".[129] 1944 würdigt er neuerlich das „Genie des Führers Adolf Hitlers", dessen „kraftvolle Friedenspolitik" darauf ausgerichtet gewesen sei, dass „der Weltbolschewismus" verhindert wird.[130] Noch 1951 verharmloste er Hitler als *Patriot seines Landes, dem es gestattet gewesen sei, dass er zur Stärkung des Reiches die Rechte des Einzelnen und des Volkes opferte.*[131]

3.2 Die politische Praxis: Als „Rabauki" im Einsatz

Auf dieser weltanschaulichen Grundlage begann Johann von Leers einen zügellosen Aktivismus zu entwickeln, der fortan seinen Alltag bestimmte und ihn unter seinen Gegnern den Ruf als „nationalsozialistische[r] Oberschreier"[132] einbrachte. Bereits unmittelbar nach seinem Beitritt zur NSDAP will er sich *gleich in dieser aktiv beteiligt* haben.[133] Tatsächlich ist Johann von Leers in den kommenden Jahren als Agitator an zahlreichen Schauplätzen nicht nur in Berlin anzutreffen und einer der zentralen Akteure jener von Goebbels kalkuliert geförderten „Prügelpropaganda"[134], in der sich verbale Provokationen und handfeste Gewalt gegenseitig bedingten: *Als [...] der Versammlungsleiter [...] die Versammlung eröffnete und dem Redner, Dr. v. Leers, das Wort erteilte, setzte im Saal sofort die Störung durch Gegner ein,* fasste ein Polizeibeobachter eine Ausschreitung im Februar 1931 in Marburg in der Provinz Hessen-Nassau zusammen.[135] Daraufhin „entstand eine große Schlägerei, bei der Messer und ein Stuhlbein als Waffe dienten", berichtete anschließend die Tagespresse über den Gewaltexzess, der von den Aktivisten der NSDAP „gesucht und herausgefordert" worden war.[136] In ähnlicher Weise soll Johann von Leers

---

129 LEERS, JOHANN VON: Zehn Jahre, in: Hakenkreuzbanner vom 30.01.1943.
130 LEERS, JOHANN VON: Die Verbrechernatur der Juden, Berlin o. J. [1944], S. 162.
131 Johann von Leers an Wittfogel, 14.04.1951 [HIA, Collection K. Wittfogel, Box Nr. 29].
132 O. V.: Faulpelze sehen dich an, in: Neuer Vorwärts 5 (1937) 190 vom 31.01.1937.
133 Lebenslauf, 01.11.1936 [ThHStAW, PA Nr. 18260, Bl. 11].
134 SIEMENS, DANIEL: Prügelpropaganda. Die SA und der nationalsozialistische Mythos vom „Kampf um Berlin", in: WILDT, MICHAEL/KREUTZMÜLLER, CHRISTOPH (HRSG.): Berlin 1933–1945, München 2013, S. 33–48, hier S. 36.
135 Polizeibericht, o. D. [StA Marburg, B 165 (Regierung Kassel), Nr. 7015, Bl. 37 f.].
136 O. V.: Blutige Kommunistendemonstration, in: Nassauer Bote vom 18.02.1931. Die Zeitung behauptete, dass Johann von Leers als Redner „nicht zu Worte kommen konnte". Siehe auch O. V.: Nazi machen „mobil", in: Oberhessische Zeitung vom 18.02.1931. Zur Einordnung siehe MANN, ROSEMARIE: Entstehung und Entwicklung der NSDAP in Marburg bis 1933, in: Hessisches Jahrbuch für Landesgeschichte 22 (1972), S. 254–342, hier S. 315; SCHNEIDER, ULRICH: Marburg 1933–1945. Arbeiterbewegung und Bekennende Kirche gegen den Faschismus, Frankfurt am Main 1980, S. 20 f.

auch der *intellektuelle Urheber* jener *wiederholt stattgefundenen Studentenunruhen* im Winter 1932/33 an der Universität Berlin gewesen sein, durch die der Lehrbetrieb *oft unterbrochen* werden musste, wie sich ein zeitgenössischer Beobachter später erinnerte.[137] Hinzu kamen eine Flut an Veröffentlichungen in der nationalsozialistischen Presse, insbesondere im „Angriff", dem Organ der Berliner NSDAP, sowie zahlreiche antisemitische Traktate („Juden sehen Dich an", „Forderung der Stunde: Juden raus!" oder „14 Jahre Judenrepublik"), die immer wieder für öffentliche Empörung sorgten und mehrfach strafrechtliche Ermittlungen wegen „Volksverhetzung" oder „Aufreizung zum Klassenhass" und Vergehen gegen das Republikschutzgesetz nach sich zogen. Dass er selbst in dieser Phase mit dem Begriff des *Rabauki* kokettierte, war auch Ausdruck seines Selbstverständnisses als politischer Soldat.[138]

3.2.1 Gewalterfahrung in der Subkultur: SA-Aktivismus

Es war deshalb folgerichtig, dass zunächst die SA zum wichtigsten Ort seiner Gewalterfahrungen wurde. „Wir haben nie vergessen, dass das Herz der Bewegung die SA ist"[139], würdigte Johann von Leers bereits 1930 die Bedeutung der Parteiarmee, für die er als „SA-Führer z.b.V."[140] im „Gausturm Brandenburg" in der Landagitation unterwegs war. Dass er in der „Bewegungsphase" der NSDAP gerade in den Reihen der „Faust der Bewegung"[141] seine Sporen verdiente, dafür gibt es mehrere Gründe.

So ist zunächst die Tatsache von Bedeutung, dass zu diesem Zeitpunkt die SA im Propagandaapparat der Partei den Ton bestimmte und die SS ihr untergeordnet blieb.[142] Anders als Himmler es gerne gesehen hätte, galt die SA als

---

137 Synagogen-Gemeinde Köln an Entnazifizierungshauptausschuss, 25.11.1949 [LA NRW, NW 1054-888].
138 Johann von Leers an Gesine Fischer (= von Leers), 05.12.1931. Die Charakterisierung nimmt Bezug auf eine Saalschlacht mit der *Kommune* [BArch, N 2168/52, Bl. 29].
139 LEERS, JOHANN VON: Kampf um Berlin. Siegreiches Ringen vor den Toren Berlins, in: Der Angriff vom 13.04.1930.
140 Personalbogen, 1936 [ThHStAW, RStH Nr. 365/71, Bl. 51 f.]. Siehe auch den Fragebogen aus dem Jahre 1936 zur Berichtigung und Ergänzung der Führerkartei der Personalkanzlei der SS [BArch, BDC-SSO, 6400025846] sowie DAS DEUTSCHE FÜHRERLEXIKON 1934/1935, Berlin 1934, S. 272.
141 SIEMENS: Prügelpropaganda, S. 47.
142 Zum Verhältnis von SA und SS in dieser Phase siehe zusammenfassend HEIN, BASTIAN: Elite für Volk und Führer? Die Allgemeine SS und ihre Mitglieder 1925–1945 (Quellen und Darstellungen zur Zeitgeschichte, Bd. 92), München 2012, S. 39–75.

"Rückgrat der Partei"[143] und ihre Mitglieder als die eigentliche "Parteielite".[144] Die Rollen zwischen beiden Formationen waren überdies klar verteilt: Während der SA als "Hauptaufgabe" der, wie Ernst Röhm Anfang 1931 befahl, "Propagandamarsch" zukam, hatte sich die SS vor allem um den "Sicherungs- und Ordnungsdienst" und den Schutz des "Führers" zu kümmern.[145] Es lag deshalb auf der Hand, dass ein aktionsorientierter Propagandist wie Johann von Leers sich am besten dort betätigen konnte, wo verbale Gewalt und handgreifliche Randale sich gegenseitig ergänzten. Durch die Landagitation ließ sich überdies eine historische Kontinuität zu Propagandisten der antisemitischen Bewegung im Kaiserreich in der zweiten Hälfte des 19. Jahrhunderts wie Otto Böckel herstellen. Auch dieser, würdigte Johann von Leers dessen Einsatz, "zog von Dorf zu Dorf", nachdem er 1881 zum "Judengegner" bekehrt worden war.[146]

Wesentlicher aber dürfte die Identifikation mit dem gewaltorientierten Aktionsstil der SA gewesen sein, deren Mitglieder vielfach paramilitärische Wehrverbände durchlaufen hatten. Dementsprechend herrschte in vielen Stürmen, zumal Berlin und Brandenburg[147], eine "starke Freikorpstradition"[148] vor. Als im April 1928 Ehrhardt verfügte, die noch nicht verbotenen Gliederungen des Bund Wiking aufzulösen, schloss sich die Mehrzahl der zu diesem Zeitpunkt verbliebenen Kämpfer der SA an.[149] Am romantisierenden Bild von radikalen "Landsknechten" mit groben Manieren[150], das in dieser Zeit in der Parteipresse entstand, zeichnete Johann von Leers fleißig mit. Der antibürgerliche Habitus und die "raue Männlichkeit"[151] dieser verschworenen Gemeinschaften ließ ihn dabei auch über gelegentliche Schwächen und Disziplinlosigkeiten hinwegsehen. Der Glorifizierung des Kampfes diente zudem eine an militäri-

---

143 SAUER, BERNHARD: Goebbels "Rabauken". Zur Geschichte der SA in Berlin-Brandenburg, in: Berlin in Geschichte und Gegenwart (Jahrbuch des Landesarchivs Berlin), Berlin 2006, S. 107–164, hier S. 107.
144 EBD.
145 LONGERICH: Heinrich Himmler, S. 130 f.
146 LEERS, JOHANN VON: Otto Böckel – ein Leben gegen Juda, in: Frankfurter Volksblatt vom 18.09.1941.
147 SAUER: Goebbels "Rabauken", S. 118.
148 SIEMENS: Prügelpropaganda, S. 36. Zur Herkunft aus den Wehrverbänden siehe auch LONGERICH, PETER: Die braunen Bataillone. Geschichte der SA, München 1989, S. 88 sowie bereits SCHULZE, HAGEN: Freikorps und Republik 1918–1920, Boppard 1967, S. 333.
149 BREUER, STEFAN/SCHMIDT, INA: Vom Wiking zur Ehrhardtzeitung. Hermann Ehrhardts publizistische Strategie in der zweiten Hälfte der Weimarer Republik, in: Historische Mitteilungen 15 (2002), S. 175–194, hier S. 186.
150 LONGERICH: Die braunen Bataillone, S. 141. Zu Himmlers "Landsknechtmanieren" siehe bereits KREBS, ALBERT: Tendenzen und Gestalten der NSDAP. Erinnerungen an die Frühzeit der Partei, Stuttgart 1959, S. 209.
151 LONGERICH: Die braunen Bataillone, S. 79.

schem Jargon angelehnte Sprache. Kommunen und Landkreise wurden demnach „sturmreif gemacht" oder „erobert" und die „Kampfmoral" der Gegner gebrochen, indem man diese „in die Flucht schlug", nicht ohne dass sie dabei „Verluste" erlitten.[152] Wie sehr ihm diese *Landsknechtgestalten* mit ihrer Neigung zur Gewalt imponierten, lässt ein Gutachten erkennen, das er Jahre später über einen bekannten SA-Schläger abgab. So wahrscheinlich es ist, dass Johann von Leers dies aus Gefälligkeit tat, so sehr geschah es doch aus innerer Überzeugung. Dieser *Draufgänger* sei nämlich in den entscheidenden Augenblicken nicht nur bereit gewesen, *mit der Faust dreinzuschlagen,* sondern habe sich auch durch seine *Treue zum Nationalsozialismus* ausgezeichnet. In der *Stunde der Not* aber erschiene ihm ein solcher Mensch *zehnmal wertvoller* als *ein halbes Hundert auf Ruhe und Ordnung erpichter Spießer.*[153] Wie maßgeblich Johann von Leers durch Redebeiträge SA-Aktivisten dazu aufstacheln konnte, „vom Wortgefecht zum brachialen Schlagabtausch überzugehen"[154], zeigen immer wieder von ihm provozierte Exzesse. Bleibenden Eindruck, auch bei ihm selbst, hinterließ eine „große Saalschlacht"[155] in Nauen im Osthavelland Anfang April 1930, bei der nicht nur ein erschreckendes Ausmaß an Gewalt offen zutage trat. Die Bedeutung gerade dieser Prügelei mit zahlreichen Schwerverletzten ist auch darin zu sehen, dass sie seit 1933 Gegenstand literarischer Werke über den Aufstieg der Partei in der Region wurde, die eine „nationalsozialistische Erinnerungspolitik" konstituieren sollten.[156]

„Die Nauener Schlacht", hatte Johann von Leers bereits unmittelbar nach den Ereignissen im „Angriff" verkündet, sei „ein Markstein unserer Eroberung Brandenburgs", habe sie doch geholfen, „eine der Schlüsselstellungen in Brandenburg" für die NSDAP zu gewinnen.[157] In der Tat stellte die Gegend für die Partei zunächst ein schwieriges Pflaster dar. Der Landkreis unmittelbar vor

---

152 LEERS, JOHANN VON: Kampf um Berlin. Siegreiches Ringen vor den Toren Berlins, in: Der Angriff vom 13.04.1930.
153 Gutachten Johann von Leers für Ernst Jackzentis, 24.10.1936 [BArch, N 2168/2, Bl. 134].
154 LONGERICH: Die braunen Bataillone, S. 140.
155 LEERS, JOHANN VON: Kampf um Berlin. Siegreiches Ringen vor den Toren Berlins, in: Der Angriff vom 13.04.1930. Zur Entwicklung Nauens seit 1929 als „Treffpunkt und Propagandaschwerpunkt der Berliner SA" siehe SCHUSTER, MARTIN: Die SA in der nationalsozialistischen „Machtergreifung" in Berlin und Brandenburg 1926–1934 (Diss. phil.), Berlin 2004, S. 57.
156 Siehe dazu SIEMENS, DANIEL: Dem SA-Mann auf der Spur. Nationalsozialistische Erinnerungspolitik im Berlin der 1930er Jahre, in: HÖRDLER, STEFAN (HRSG.): SA-Terror als Herrschaftssicherung. „Köpenicker Blutwoche" und öffentliche Gewalt im Nationalsozialismus, Berlin 2013, S. 147–163, hier S. 148. Siehe auch HAGEN, PETER (= WILLI KRAUSE): SA-Kamerad Tonne, Berlin 1933, S. 190.
157 LEERS, JOHANN VON: Kampf um Berlin. Siegreiches Ringen vor den Toren Berlins, in: Der Angriff vom 13.04.1930.

den Toren Berlins war nicht nur durch landwirtschaftliche Güter mit bäuerlicher Bevölkerungsstruktur geprägt. In zahlreichen Orten hatten sich auch Industriebetriebe angesiedelt. Dementsprechend dominierten Sozialdemokraten und Kommunisten die politische Bühne. Henningsdorf etwa mit seinen Walzwerken und einem Ableger des AEG-Konzerns galt den Nationalsozialisten als „wohl die damals röteste Gemeinde Preußens" und damit automatisch als „altes nationalsozialistisches Kampfgebiet", wie ein Parteihistoriker später vermerkte.[158] Eine starke Präsenz zeigte die „Kommune" auch in der Kleinstadt Nauen, der sogar die Ehre eines gehässigen Reims zuteil wurde: „In Nauen, da war es in früherer Zeit, / Da herrschte das rote Verbrechen. / Herr Fenz und Genossen, die trieben's zu weit, / Wir kamen den Terror zu brechen", dichtete ein anderer Parteiveteran.[159]

Diese Verhältnisse aufzumischen, fiel einem Propagandisten wie Johann von Leers nicht schwer. Schon zum Jahreswechsel 1929/30 hatte eine Versammlung mit ihm im benachbarten Kletzin die örtliche KPD auf den Plan gerufen. Da jedoch „auch die SA in ansehnlicher Stärke aus dem Havellande, aus Potsdam und Brandenburg zusammengezogen war", hätten die Kommunisten „keinen Angriff" gewagt, erinnerte sich der offiziöse Geschichtsschreiber später.[160] Angehörige des Rotfrontkämpferbundes, die offensichtlich ins Blickfeld der Parteischläger geraten waren, kamen deshalb mit einer „bescheidene[n] Tracht Prügel" davon, ergänzte er sichtlich zufrieden.[161] Im Vergleich zu der *schweren Saalschlacht*[162] wenige Wochen später in Nauen war dieser Gewaltausbruch jedoch glimpflich verlaufen. „Es ist ein alter Gasthof, eine schmale und schiefe Treppe führt zum Saal hinauf. Dieser ist überfüllt", leitet die bereits zitierte Erinnerungsschrift zur Geschichte der SA in Berlin und Brandenburg die folgenreichen Ereignisse im Stil einer Abenteuererzählung ein, die die spätere Parteigeschichte als Geburtsstunde einer „braune[n] Armee" deutete.[163]

---

158 RÜHLE, GERD: Kurmark. Die Geschichte eines Gaues, Berlin 1934, S. 103.
159 ENGELBRECHTEN, J[ULIUS]-K[ARL] VON (BEARBEITER): Eine braune Armee entsteht. Die Geschichte der Berlin-Brandenburger SA, München/Berlin 1937, S. 126. Zu Engelbrechten (geb. 1900) siehe SIEMENS: Dem SA-Mann auf der Spur, S. 148 f. Siehe auch O. V.: Sturm 33. Hans Maikowski. Geschrieben von Kameraden des Toten, Berlin o. J. [⁵1937], S. 30–32 sowie bereits LEERS, JOHANN VON.: Kampf um Berlin. Siegreiches Ringen vor den Toren Berlins, in: Der Angriff vom 13.04.1930.
160 RÜHLE: Kurmark, S. 103 f.
161 EBD., S. 104.
162 Gutachten Johann von Leers für Ernst Jackzentis, 24.10.1936 [BArch, N 2168/2, Bl. 134].
163 ENGELBRECHTEN: Eine braune Armee entsteht, S. 125. Zur zeitgenössischen Berichterstattung siehe O. V.: Zusammenstoß zwischen Nationalsozialisten und Kommunisten, in: Havelländische Rundschau vom 05.04.1930. Zu weiteren Propagandaveranstaltungen in Nauen siehe REICHARDT: Faschistische Kampfbünde, S. 104.

„Seitdem", hieß es in einem Propagandabüchlein, „ist der rote Terror in Nauen gebrochen und der Weg für den Nationalsozialismus frei".[164] Im Publikum im Saal des „Hamburger Hof" freilich saßen, anders als erwartet, „größtenteils Kommunisten und polnische Landarbeiter".[165] Entsprechend aufgeladen und aggressiv dürfte die Atmosphäre schon zu diesem Zeitpunkt gewesen sein. „Es war unstreitig ‚dicke Luft'", hatte Johann von Leers unmittelbar nach den Ereignissen notiert.[166] Unzureichend schienen allerdings auch die Vorkehrungen der Havelländer SA-Stürme, die den Schutz der Versammlung übernehmen sollten. Um gegen die überraschende Übermacht der „Kommune" bestehen zu können, wurde deshalb der „Sturm 33" aus Charlottenburg, wegen seines gewalttätigen Auftretens auch als „Mördersturm 33" bekannt, zu Hilfe gerufen.[167] Rund 100 SA-Angehörige eilten daraufhin nach Nauen, betraten „in Zivil oder Arbeitskluft" den Saal und täuschten offensichtlich die politischen Gegner, indem sie diese mit „Rotfront" begrüßten.[168]

Wodurch schließlich die Gewalttätigkeiten ausgelöst wurden, muss offen bleiben. Es ist jedoch kaum anzunehmen, dass Johann von Leers sachlich gesprochen hat, als er „den deutschen Sozialismus predigt[e]".[169] Nachvollziehbar erscheint allerdings auch, dass die anwesenden Kommunisten in Unkenntnis der zwischenzeitlich herangerückten SA-Verstärkung die Situation falsch einschätzten, als ein beleidigendes Wort das andere gab. Was folgte, war eine Saalschlacht, die in der späteren Erinnerungskultur der SA ihren Platz finden sollte und in einer dafür kennzeichnenden „Eroberungsrhetorik"[170] im Detail ausgemalt wurde. Während die zunächst unerkannten Angehörigen der Berliner SA die Fensterseiten des Saales und den Vorraum besetzten, um Fluchtwege abzuschneiden, positionierten sich die uniformierten Havelländer SA-Mitglieder

---

164 O. V.: Sturm 33. Hans Maikowski. Geschrieben von Kameraden des Toten, Berlin o. J. [⁵1937], S. 32.
165 ENGELBRECHTEN: Eine braune Armee entsteht, S. 125.
166 LEERS, JOHANN VON: Kampf um Berlin. Siegreiches Ringen vor den Toren Berlins, in: Der Angriff vom 13.04.1930.
167 ENGELBRECHTEN: Eine braune Armee entsteht, S. 125. Zur Geschichte des „Sturm 33", der später nach seinem am 30. Januar 1933 getöteten Führer Hans Maikowski benannt wurde, und zu seinem Gewaltpotenzial siehe REICHARDT, SVEN: Vergemeinschaftung durch Gewalt. Der SA-„Mördersturm 33" in Berlin-Charlottenburg, in: HÖRDLER, STEFAN (HRSG.): SA-Terror als Herrschaftssicherung. „Köpenicker Blutwoche" und öffentliche Gewalt im Nationalsozialismus, Berlin 2013, S. 110–129 sowie SAUER: Goebbels „Rabauken", S. 109, 124–126, 132 f., 139. Zur parteioffiziösen Glorifizierung siehe O. V.: Sturm 33. Hans Maikowski. Geschrieben von Kameraden des Toten, Berlin o. J. [⁵1937].
168 ENGELBRECHTEN: Eine braune Armee entsteht, S. 125.
169 RÜHLE: Kurmark, S. 104. Das 1937 veröffentlichte Buch von Engelbrechten unterschlägt diese Wertung.
170 SIEMENS: Dem SA-Mann auf der Spur, S. 152.

"teils vor der Bühne, teils an den Türen zum Vorraum" sowie am "Ausgang des Gasthofes nach der Straße". Als dann im "vollgepfropften Saal" die Randale einsetzte, sei es eine "ebenso große als bittere Überraschung für die Kommunisten" gewesen, dass die vermeintlichen Gesinnungsgenossen aus Berlin ihnen "plötzlich mit der Hitler-Mütze auf dem Kopf und mit der Hakenkreuzbinde am Arm", die sie zuvor in den Taschen versteckt hatten, gegenüberstanden. "Die Angriffslust der Roten", heißt es im Kampfjargon, "weicht einem unheimlichen Drang nach draußen, als die ersten Stuhlbeine auf ihre Köpfe herniedersausen. Ein Teil von ihnen fliegt durch die Tür und wird im Vorraum und auf der Treppe von der SA liebevoll in Empfang genommen [...]. Es gibt ein erbittertes Ringen. Immer wieder krachen Stühle und Tische. Bierseidel fliegen durch die Luft und zerschellen. Johlen und Geschrei erfüllt den Raum. Langsam wird die Kommune aus dem Saal gedrängt, im Vorraum gibt es den letzten Kampf, dann werden die Strolche einzeln die Treppe hinuntergefeuert. Im Saal spricht Dr. von Leers das Schlusswort."[171]

Vieles an dieser glorifizierenden Erzählung aus der Feder eines SA-Schriftstellers wirkt ausgeschmückt und übertrieben. Die Darstellung ist sichtlich in der Absicht verfasst, den Aufstieg der NSDAP als Geschichte eines zwar opferreichen und beschwerlichen, letztlich aber siegreichen Kampfes zu erzählen. Dennoch vermag die legendenartige Schilderung einen Eindruck von der Brutalität zu vermitteln, mit der solche Auseinandersetzungen geführt wurden. Eine Andeutung darauf fand sich bereits unmittelbar nach der Saalschlacht in der Parteipresse, in der die Aktion ausgewertet wurde: "Der Angriffsgeist der SA bei der Abwehr dieses niederträchtigen Sprengungsversuches war über alles Lob erhaben", stellte Johann von Leers seinerzeit fest.[172] Ein bezeichnendes Bild werfen die Ereignisse, die zahlreiche Verletzte forderten, auch auf das Verhalten der anwesenden Polizei, die sich zwar zu einem "energischen Einschreiten" veranlasst sah und sich "zum Brechen des Widerstandes des Polizeiknüppels bedienen musste"[173], wie es in einem Pressebericht heißt, sich gegenüber angreifenden Nationalsozialisten aber durch "Sachlichkeit" und "anständige Bestimmtheit" ausgezeichnet habe und damit "erfreulich von dem Verhalten mancher Berliner Polizeikörper abstach"[174], wie Johann von Leers später erklärte.

---

171 Siehe ENGELBRECHTEN: Eine braune Armee entsteht, S. 125.
172 LEERS, JOHANN VON: Kampf um Berlin. Siegreiches Ringen vor den Toren Berlins, in: Der Angriff vom 13.04.1930.
173 O. V.: Zusammenstoß zwischen Nationalsozialisten und Kommunisten, in: Havelländische Rundschau vom 05.04.1930.
174 LEERS, JOHANN VON: Kampf um Berlin. Siegreiches Ringen vor den Toren Berlins, in: Der Angriff vom 13.04.1930.

Der „Erlebnischarakter"[175] solcher Prügelorgien verweist darauf, dass kollektive Erfahrungen in Straßenkämpfen und Saalschlachten wie auch kultische Zeremonien und Netzwerke sturminterner Fürsorgeeinrichtungen[176] ein Gefühl der Zusammengehörigkeit stifteten, das die Mitglieder „über soziale Schranken hinweg"[177] zu einer „verschworenen Kampfgemeinschaft"[178] zusammenschweißte. Dass die Heroisierung als opferbereite „Jugend im Aufbruch"[179] wie auch der immer wieder beschworene „SA-Geist"[180] vor allem Produkte der Propaganda waren, steht außer Frage. Gleichwohl ist nicht von der Hand zu weisen, dass angesichts des Zustroms vor allem junger Männer, die nach den Erlebnissen von Krieg und Revolution nicht in die Bahnen bürgerlicher Sekurität gefunden hatten, „Jugendlichkeit"[181] zu den vorherrschenden Strukturmerkmalen der SA gezählt werden muss. „Wie viel stille Opfer, wie rührende Aufopferung für die Sache! Arbeiterjunge, Bauernsöhne, Handwerkersöhne, das braune Hemd schließt sie zusammen zu stahlharten Reihen"[182], beschrieb denn auch Johann von Leers in lebhafter Phantasie seine Erfahrungen im Kreis dieser „tapferen braunen Jungen", die trotz „Young-Ausbeutung" und „Sklaverei" „nicht an der Rettung des Volkes verzweifelt"[183] hätten. Kameradschaft und Geselligkeit in der SA will er erlebt haben, wenn etwa nach Versammlungen „noch stundenlang die schönen alten Zimmererlieder gesungen"[184] wurden. Ihre Kämpfer stellten „die Elite des jungen Deutschlands" dar, „die sich opferten und für ihre Idee aus Brot und Arbeit jagen ließen, die hungerten und bluteten und niemals etwas von der Partei genommen, sondern immer nur dafür gegeben und gekämpft haben", resümierte er 1933 pathetisch und weihevoll, nachdem die Macht errungen war.[185] Welche Spuren die tatsächlichen und erfundenen Erlebnisse dieser Phase

---

175 SIEMENS: Prügelpropaganda, S. 38.
176 Siehe dazu REICHARDT: Vergemeinschaftung durch Gewalt, S. 125 f.
177 LONGERICH: Die braunen Bataillone, S. 79.
178 PAUL, GERHARD/MALLMANN, KLAUS-MICHAEL: Sozialisation, Milieu und Gewalt. Fortschritte und Probleme der neueren Täterforschung, in: DIES.: Karrieren der Gewalt. Nationalsozialistische Täterbiographien (Veröffentlichungen der Forschungsstelle Ludwigsburg und Universität Stuttgart, Bd. 2), Darmstadt 2004, S. 1–32, hier S. 12.
179 THOMAS, M.: Jugend im Aufbruch, in: Der Angriff vom 25.05.1930.
180 LONGERICH: Die braunen Bataillone, S. 143.
181 EBD., S. 85.
182 THOMAS, M.: Landagitation, in: Der Angriff vom 20.02.1930.
183 LEERS, JOHANN VON: Kampf um Berlin. Siegreiches Ringen vor den Toren Berlins, in: Der Angriff vom 13.04.1930; THOMAS, M.: Kampf der Young-Ausbeutung!, in: Der Angriff vom 10.08.1930.
184 THOMAS, M.: Kämpfer ... und andere, in: Der Angriff vom 12.06.1930.
185 LEERS: Kurzgefasste Geschichte des Nationalsozialismus, S. 49.

hinterlassen hatten, zeigte sich noch Anfang der 1950er Jahre, als er die SA zu einer *Gemeinschaft kämpfender Jugend*[186] verklärte.

Ihr antibürgerlicher Habitus in der Tradition der Freikorps und ihr ausgeprägter „Kult der Gewalt"[187] machten die SA in den Augen von Johann von Leers allerdings nicht nur zur Speerspitze der Partei. In den sozialrevolutionären Ideen vieler ihrer Führer zumal in Norddeutschland, wo der „sozialistische"[188] Flügel dominierte, und im „plebejischen"[189] Charakter der Organisation, deren kämpfende Kader „vor allem junge Männer aus dem unteren Mittelstand und der Arbeiterschaft"[190] waren, spiegelte sich auch die eigene „antikapitalistische Sehnsucht".[191] Die NSDAP proklamiere nicht alleine eine „nationalsozialistische Revolution" und die „Diktatur Adolf Hitlers", sondern auch „die sozialistische Gerechtigkeit eines Staates der Arbeit"[192], erklärte er 1930. „Unverrückbar bleibt das sozialistische Wollen der NSDAP"[193], stellte er ein Jahr später fest. *Ich bin stets in dieser Partei betonter Sozialist gewesen*, vertraute er dem völkischen Schriftsteller Hans Grimm an.[194] Angriffe auf den „bürgerlichen Klassenstaat" und dessen Repräsentanten, die das „Kabinett des Herrenklubs" unter Brüning und das „Kabinett der bürgerlichen Konzentration um I.G. Farben"[195] beherrschten, um dort die Interessen der Großindustrie zu vertreten, waren keine Ausnahme, sondern regelmäßige Elemente seiner Propaganda. Hitlers Absichten interpretierte er noch 1932 dahingehend, dieser strebe nach einer „Verstaatlichung der gesamten monopolkapitalistischen Schlüsselstellungen".[196] So erklären sich auch seine Attacken auf jene „Geldsäcke", „Scheinnationale" und „Honoratioren", die seit dem Aufstieg der NSDAP zu einer Massenpartei „plötzlich ihr Fettherz für uns

---

186 Johann von Leers an Wittfogel, 26.01.1952 [HIA, Collection K. Wittfogel, Box Nr. 29].
187 BREUER, STEFAN: Die Völkischen in Deutschland. Kaiserreich und Weimarer Republik, Darmstadt 2008, S. 236.
188 SIEMENS: Prügelpropaganda, S. 36.
189 Ausführlich dazu MOREAU, PATRICK: Nationalsozialismus von links. Die „Kampfgemeinschaft Revolutionärer Nationalsozialisten" und die „Schwarze Front" Otto Straßers 1930–1935 (Studien zur Zeitgeschichte, Bd. 28), Stuttgart 1985, S. 71; KÜHNL, REINHARD: Die nationalsozialistische Linke 1925–1930 (Diss. phil.), Marburg/Lahn 1965, S. 212. Siehe außerdem LONGERICH: Heinrich Himmler, S. 137.
190 LONGERICH: Heinrich Himmler, S. 131.
191 DR. VON LEERS: Metternich vor den Toren, in: Der junge Nationalsozialist 1 (1932) 9, S. 8 f.
192 THOMAS, M.: Café Heulmeier, in: Der Angriff vom 31.07.1930.
193 DR. V[ON] L[EERS]: Ein neuer „Goebbels". „Kampf um Berlin", in: Der Angriff vom 12.08.1931.
194 Johann von Leers an Grimm, 21.06.1932 [DLA, NL Grimm, Sig. HS001433269].
195 DR. VON LEERS: Metternich vor den Toren, in: Der junge Nationalsozialist 1 (1932) 9, S. 8 f.
196 LEERS: Adolf Hitler, S. 50.

entdecken".[197] Gleiches gilt für Ressentiments gegen jene „Bonzen", die sich als „Patrioten" gerierten, tatsächlich aber auf Kosten von Volk und Nation lebten. Dieser „Untermensch im Mercedes-Benz-Wagen", so Johann von Leers, verkörpere „das Mensch gewordene Schwein" und sei deshalb „der gemeinste Feind".[198] Anklänge an Kampagnen der Straßer nahestehenden Presse gegen die Deutschnationale Volkspartei (DNVP) und den Stahlhelm, deren Repräsentanten als Sozialreaktionäre und Handlanger des amerikanischen Finanzkapitals dargestellt wurden, sind dabei unverkennbar.[199] Gerade die jungen Aktivisten aus den Reihen der Hitler-Jugend und der SA, die als „Herz des Volks" gegen die „Herzlosigkeit des Geldes"[200] kämpften und als deren Sprachrohr Johann von Leers sich verstand, schienen ihm zugleich Gewähr für eine kompromisslose Weltanschauung zu bieten: „Diese werden die Idee reinhalten"[201], war er überzeugt. „Für den deutschen Kapitalismus: einen Fußtritt!"[202], gab Johann von Leers ihnen mit auf den Weg.

Solche Aussagen entsprachen zweifelsohne seinen inneren Überzeugungen. Gerade in seiner Agitation als SA-Propagandist wird allerdings deutlich, dass ein so verstandener „deutscher Sozialismus" nicht einfach antimarxistisch war, sondern auf einem manifesten Antisemitismus gründete. Die Verachtung des „moderne[n] Kapitalismus" nämlich, der alleine das Streben nach „Profit in den Vordergrund stellt", wurde damit begründet, dass er dem „Rasseinstinkt" des deutschen Volkes zuwiderlaufe.[203] Daraus ergab sich dann auch, dass „Antisemitismus allein" als programmatische Grundlage nicht ausreiche und „machtlos" bleibe, wohingegen „mit dem deutschen Sozialismus zusammen auch der Antisemitismus siegen muss".[204] Als „Kernstelle der kapitalistischen Ausbeutung" erkannte er die Möglichkeit des „arbeits- und mühelosen Einkommens"[205], zumal in seiner „gefährlichsten und vernichtendsten Form, der Zinsknechtschaft als der

---

197 LEERS, JOHANN VON: Kampf um Berlin. Siegreiches Ringen vor den Toren Berlins, in: Der Angriff vom 13.04.1930; THOMAS, M.: Kämpfer ... und andere, in: Der Angriff vom 12.06.1930. Siehe auch die Attacke auf „jene Kreise, die unter „national" stets nur die Pflege des eigenen Geldsackes und die Niederhaltung der breiten Massen verstanden", in: LEERS: Kurzgefasste Geschichte des Nationalsozialismus, S. 63.
198 THOMAS, M.: Herz des Volkes, in: Der Angriff vom 25.04.1930.
199 KÜHNL: Die nationalsozialistische Linke 1925–1930, S. 233; SAUER: Goebbels „Rabauken", S. 121.
200 THOMAS, M.: Herz des Volkes, in: Der Angriff vom 25.04.1930.
201 THOMAS, M.: Das Buch „Weißt Du noch?", in: Der Angriff vom 26.05.1931.
202 DR. VON LEERS: Metternich vor den Toren, in: Der junge Nationalsozialist 1 (1932) 9, S. 8f.
203 LEERS: Adolf Hitler, S. 48.
204 EBD., S. 21.
205 EBD., S. 49.

Waffe des jüdischen Volkes gegen das deutsche Volk"[206], die es zu brechen gelte. Diese Stoßrichtung zeigte sich auch in seinen Ansprachen, so etwa vor Kleinbauern, die, wie er polemisierte, durch „Steuer- und Zinsbüttel und -gier" vor allem von „Judenbanken und Youngplanräubern"[207] wirtschaftliche Not litten. Ihnen sollte die Sorge genommen werden, die sich aus der undeutlichen Haltung der NSDAP in der Eigentumsfrage ergab: Vom „Evangelium der Brechung der Zinsknechtschaft, der Freiheit des Volkes" und „des Staates des Volkes", wie die Nationalsozialisten es „predigen" würden, sollten allerdings auch bedrängte Bauern profitieren, für die kein Anlass bestehe, „misstrauisch gegen den deutschen Sozialismus" zu sein, „wie wir ihn wollen".[208] Ein besonderes Augenmerk richtete er dabei auf die Anhänger der früheren Landvolkbewegung, deren gewaltsamen Aktionen er rechtfertigte, aus ihrem Scheitern aber Konsequenzen verlangte: Die „Ausplünderung des deutschen Landmannes durch das rassefremde kapitalistische Wirtschaftssystem" habe „Formen angenommen", die „eine gewaltsame Lösung einfach herbeizwingen müssen", rief er ihnen zu.[209] Nachdem die Bewegung allerdings erkennen musste, dass sie allein „das System nicht stürzen" könne, sollten ihre Aktivisten jetzt „in das große Strombett des Nationalsozialismus"[210] einmünden. Die Agitation gegen die „Kommune"[211] dagegen zeichnete sich durch eine vor 1933 keineswegs untypische Differenzierung in der NS-Propaganda aus: Mit Blick vor allem auf kommunistisch eingestellte Landarbeiter unterschied Johann von Leers zwischen „Mordteufeln" aus dem Kreis der KPD-Funktionäre einerseits, die er für Gewaltaktionen gegen die SA verantwortlich machte, und den „ehrliche[n] Kämpfer[n]" andererseits.[212] Gerade diese „suchenden Revolutionär[e]", mit denen er sich „oft nach Versammlungen noch lange […] ausgesprochen" habe und bei denen er Enttäuschung über die Politik der kommunistischen Parteiführung zu erkennen vermeinte, wollte er für die NSDAP gewinnen. Sie würden sich „immer mehr aus der KPD zurückziehen und zum großen Teil bei uns ankommen", zeigte er sich überzeugt.[213] Beim Eintritt in die

---

206 THOMAS, M.: Wirtschaft und Nationalsozialismus, in: Der Angriff vom 10.07.1930.
207 THOMAS, M.: Café Heulmeier, in: Der Angriff vom 31.07.1930.
208 THOMAS, M.: Landagitation, in: Der Angriff vom 20.02.1930.
209 THOMAS, M.: Der Bauer steht auf im Lande!, in: Der Angriff vom 03.08.1930.
210 THOMAS, M.: Landagitation, in: Der Angriff vom 20.02.1930.
211 LEERS, JOHANN VON: Kampf um Berlin. Siegreiches Ringen vor den Toren Berlins, in: Der Angriff vom 13.04.1930.
212 THOMAS, M.: Gesichter, Fressen und Visagen, in: Der Angriff vom 27.03.1930.
213 EBD. Siehe auch LEERS, JOHANN VON: Kampf um Berlin. Siegreiches Ringen vor den Toren Berlins, in: Der Angriff vom 13.04.1930. Demnach sei die Partei „in den kleinen Städten" nicht etwa durch „Verbrechertum" geprägt, sondern „anständige, radikale, von der SPD und den Bauchnationalen angewiderte Arbeiter".

Partei sollten ihnen deshalb trotz ihres bisherigen Irrweges keine Steine in den Weg gelegt werden. Idealtypisch stellte er diesen Wechsel der Weltanschauung auch in einem seiner Jugendbücher dar. In der literarisch anspruchslosen Erzählung „Der Junge von der Feldherrnhalle", die sich vor den Ereignissen des Hitler-Putsches im November 1923 abspielt, trat unter anderem der fiktive SA-Mann „Willi Burmeister" auf, der eben diesen Seitenwechsel vollzogen hatte, nachdem er über die Hintergründe seiner bisherigen Parteiführung aufgeklärt worden war: „Früher", charakterisiert Johann von Leers diesen Wandel, „war er bei den Kommunisten gewesen und hatte, abgestoßen von der Judenherrschaft in deren Reihen, nach mancherlei politischen Irrfahrten sich der Bewegung Adolf Hitlers angeschlossen."[214]

3.2.2 Propagandist der Partei: „Gauredner" und Redakteur

Zu einem nicht weniger wichtigen Terrain geriet Johann von Leers die Hauptstadt, wo er, wie der nationalsozialistische Publizist Hans-Georg Rahm (1915–2008) später in einer offiziösen Geschichte resümierte, jene „Kampfmittel" perfektionierte, die der Partei seinerzeit im „legalen Kampf um die Macht" zur Verfügung gestanden hätten – die „politische Massenversammlung mit der Überzeugungskraft der Rede" und „die Kampfpresse", die unter Goebbels zu „höchster" und „vollendeter Wirklichkeit ausgebaut" worden seien.[215] Die Erfolge gerade auch durch die „neue Form der Rede", die die Partei „auf allen Fronten" in ihrer „Offensive gegen das System" zum Einsatz brachte, verdankten sich nicht zuletzt Johann von Leers.

In der Tat wurde er schnell nach seinem Beitritt zu einem der *reg[e]sten Propagandaredner der NSDAP,* hielt ein Polizeibericht fest.[216] Ob er tatsächlich zu den *Reichsrednern*[217] gehörte, an die besonders hohe Erwartungen gestellt wurden, bleibt dahingestellt angesichts der Tatsache, dass eine „Rednerschule" zur systematischen Qualifizierung überregional einsetzbarer Propagandisten erst seit 1929 aufgebaut wurde.[218] Er selbst bezeichnete sich später ausdrücklich

---

214 LEERS, JOHANN VON: Der Junge von der Feldherrnhalle. Ein Weg ins deutsche Morgenrot, Stuttgart/Berlin/Leipzig o. J. [²1933], S. 88.
215 RAHM, HANS-GEORG: „Der Angriff" 1927–1930. Der nationalsozialistische Typ der Kampfzeitung (Diss. phil.), Berlin 1939, S. 18 f.
216 Vermerk vom 19.09.1931 [BArch, NS 26/2524].
217 Berliner Polizeibericht, Abteilung I.A. (Politische Polizei) der Inspektion III, 05.05.1931 [BArch, BDC 327, 827000092]; Vermerk vom 19.09.1931 [BArch, NS 26/2524].
218 LONGERICH: Heinrich Himmler, S. 92 f.

nur als „Gauredner".²¹⁹ Dass er gleichwohl diesen Eindruck erweckte, erklärt sich aus seinen zahlreichen Auftritten auch außerhalb der Reichshauptstadt, die ihn in den Jahren der „permanenten Wahlen"²²⁰ als „Wanderredner"²²¹ kreuz und quer durch preußische Provinzen und gelegentlich in andere Länder führten. Er *spricht sehr häufig*, stellte die Berliner Polizei fest.²²² „Fast vom Tage seines Eintritts an betätigte er sich aktiv und stand in der Kampfzeit fast Abend für Abend in den Versammlungen, um den Zuhörern das nationalsozialistische Ideengut zu vermitteln", würdigte auch der „Völkische Beobachter" seinen Dauereinsatz vom Anbeginn seiner Mitgliedschaft an.²²³ Kundgebungen vor manchmal mehreren Tausend Zuhörern sind für zahlreiche Städte überliefert, von Cottbus, Dresden, Guben und Liegnitz über Magdeburg, Marburg, Mannheim und Nauen bis nach Weißenfels und Stettin.²²⁴ Er habe „in über

---

219 Das Deutsche Führerlexikon 1934/1935, Berlin 1934, S. 272. Siehe auch NSDAP-Gaukartei, Parteistatistische Erhebung 01.07.1939 [BArch, BDC].
220 Kissenkoetter, Udo: Gregor Straßer und die NSDAP (Schriftenreihe der Vierteljahrshefte für Zeitgeschichte, Bd. 37), Stuttgart 1978, S. 131.
221 Neumann, E. W.: Soziologie der Hitlerbewegung, in: Betriebsräte-Zeitschrift. Bildungsorgan für Funktionäre des Deutschen Metallarbeiter-Verbandes 12 (1931) 3 vom 14.02.1931, S. 61.
222 Berliner Polizeibericht, Abteilung I.A. (Politische Polizei) der Inspektion III, 05.05.1931 [BArch, BDC 327, 827000092].
223 Aufklärung über die Verbrechen des Judentums, in: Völkischer Beobachter vom 09.02.1939. Der Beitrag berichtet über eine Veranstaltung der Ortsgruppe Moltke an einem für Johann von Leers vertrauten Ort, nämlich im Lindenpark in Berlin-Zehlendorf. Der vermutlich früheste öffentliche Auftritt von Johann von Leers lässt sich auf den 3. Oktober 1929 datieren und fand als „Sprechabend" der Sektion Friedrichshagen statt. Siehe Der Angriff vom 30.09.1929. Weitere Auftritte folgten bereits am 7. Oktober „im Zeichen des Sklareksskandals" und am 10. Oktober bei der „Sektion Kaulsdorf" über „Die kommende Revolution". Siehe Der Angriff vom 06.10.1929, 20.10.1929 und 17.11.1929. Sein Name findet sich auch bereits im Veranstaltungsprogramm einer „Hitler-Woche", die der Gau in der zweiten Oktoberhälfte 1929 organisiert hat. Siehe Programm der Hitler-Woche, in: Der Angriff vom 17.10.1929.
224 Zu Cottbus: Massenversammlung in Kottbus, in: Der Angriff vom 30.07.1931. Zu Dresden: Von der Kampf-Front. Neue Erfolge in Stadt und Land, in: Freiheitskampf vom 02.12.1930: „Die geradezu glänzenden Ausführungen des Redners fanden den größten Beifall". Marxismus, Papen-Regierung und wir (Veranstaltungsbericht), in: Der Freiheitskampf vom 21.10.1932. Zu Guben: Der Nationalsozialismus im Vormarsch, in: Gubener Zeitung vom 27.01.1933. Zu Liegnitz: Plakatankündigung „Was tun?" für 15.12.1931 [BayHStA, Plakatsammlung, 10321]. Zu Magdeburg: Leer war's bei Leers, in: Volksstimme. Tageszeitung der Sozialdemokratischen Partei im Regierungsbezirk Magdeburg 43 (1932) 79 vom 04.04.1932. Zu Mannheim: Das wahre Gesicht des Judentums. Pg. Dr. von Leers, der ständige Mitarbeiter des „Hakenkreuzbanner", sprach in Mannheim, in: Der Hakenkreuzbanner vom 20.03.1937. Zu Weißenfels und Stettin: Berliner Polizeibericht, Abteilung I.A. (Politische Polizei) der Inspektion III, 05.05.1931 [BArch, BDC 327, 827000092]. Zu geplanten Auftritten u. a. in Bebra siehe NSDAP, Gau Hessen-Nord, an Reichsleitung NSDAP (Heinz Franke), 13.04.1931 [BArch. NS 18/1463, Bl. 41]

3.000 Versammlungen"²²⁵ gesprochen, würdigte ihn sein Weggefährte Baldur von Schirach bereits 1933. Auch in den Jahren danach blieb Johann von Leers ein rastloser Agitator auf regelrechter Vortragstournee, wie Auftritte etwa in Dresden, Essen, Frankfurt am Main, Karlsruhe, Mannheim und immer wieder Berlin bezeugen.²²⁶ Als er 1936 als Dozent an die Universität Jena wechselte, war von mehr als 5.000 Auftritten die Rede.²²⁷ Seit Himmler 1928 in die Propagandaleitung eingetreten war, folgten solche Versammlungen zudem einer festen Dramaturgie, an der sich auch Johann von Leers in seinen Auftritten orientierte: Beispielhaft dafür dürfte eine Versammlung Anfang Oktober 1932 im „Saalbau Friedrichshain" gewesen sein: Der Einzug der Sturmfahnen unter den Klängen des Präsentiermarschs, ein Redebeitrag ohne Diskussion, die Erneuerung des Treuegelöbnisses „zu Führer und Idee" und schließlich das Absingen des Horst-Wessel-Liedes stellten einen typischen Verlauf solcher Versammlungen mit rauschhaften Wirkungen dar.²²⁸ Er habe mit *großem Erfolg* gesprochen, berichtete er im August 1932 seiner späteren Ehefrau von einer seiner Wahlkampftouren.²²⁹ Und auch die Landagitation, für die er durch Brandenburg gezogen war, sei ihm „immer [...] selbst ein Erlebnis" gewesen, schrieb er bereits zu Jahresbeginn 1930 im „Angriff".²³⁰ Insofern kann es nicht überraschen, dass auch Goebbels schnell Gefallen an diesem Propagandisten fand, wie er Ende August 1930 nach einer Versammlung in Spandau, die in einer gewaltsamen Auseinandersetzung mit dem politischen Gegner geendet hatte²³¹, seinem Tagebuch anvertraute: „[I]n überfüllter Versammlung gesprochen. Einen roten Funktionär zusammengebügelt. Großer Erfolg. Die Jungens in Spandau waren recht außer sich vor Freude. Draußen große Gegendemonstrationen der K.P.D. Noch mit meinen Leuten zusammen gewesen. Dr. v. Leers hat uns viel

---

225 SCHIRACH, BALDUR VON: Die Pioniere des Dritten Reiches, Essen o. J. [1933], S. 142 f.
226 Das Problem der Presse, in: Badische Presse vom 21.04.1934; Eine Kundgebung mit Dr. v. Leers: „Wir werden die Zukunft meistern", in: Der Angriff vom 08.02.1936 und 09.02.1936; Ein Vortragsabend bei Gauleiter Sprenger, in: Frankfurter Volksblatt vom 03.03.1936 [BArch, R 8034/III, Bd. 268]; Nationale Erneuerungsbewegungen. Der Leiter der Hochschule für Politik, Dr. von Leers, sprach in Essen, in: National-Zeitung vom 11.03.1936; Dr. Johannes v[on] Leers sprach: Kemal Pascha, Pilsudsky, Mussolini, in: Karlsruher Tagblatt vom 21.03.1937; Franklin D. Roosevelt und die Juden, in: Dresdner neueste Nachrichten vom 10.06.1941.
227 So die „Thüringer Gauzeitung" anlässlich seiner Berufung nach Jena in einem Artikel über „zwei Vorkämpfer nationalsozialistisch-nordischer Wissenschaft" [BArch, N 2168/61, Bl. 5, 7].
228 Massenkundgebung im Saalbau Friedrichshain, in: Der Angriff vom 11.10.1932. Zum Ablauf solcher Propaganda-Veranstaltungen siehe auch KISSENKOETTER: Gregor Straßer und die NSDAP, S. 56.
229 Johann von Leers an Gesine von Leers, 02.08.1932 [BArch, N 2168/49, Bl. 1].
230 THOMAS, M.: Landagitation, in: Der Angriff vom 20.02.1930.
231 Siehe die Ankündigung in der Rubrik „Die Plakatsäule", in: Der Angriff vom 24.08.1930.

Spaß gemacht. Er will allen Gegnern ‚den Kopf abschneiden'. Hoffentlich hat er bald Gelegenheit dazu."²³²

Aus der Riege der Parteipropagandisten hob sich Johann von Leers allerdings nicht nur aufgrund seiner zumindest in den Augen von Goebbels unterhaltsamen Erscheinung deutlich hervor. So ist unbestreitbar, dass er über eine außerordentliche rhetorische Begabung verfügte, die bereits Weggefährten zu beeindrucken vermochte. Für von Schirach etwa, der mit ihm im NS-Studentenbund zusammengearbeitet hatte, galt Johann von Leers als „ein lebendiger Redner mit starkem Feuer".²³³ Der Publizist und Hochschullehrer Ernst Bergmann (1881–1945), der ihn in dieser Zeit durch seine Mitarbeit an der „Nordischen Welt" und auf Vortragsabenden der Gesellschaft für germanische Ur- und Vorgeschichte kennengelernt hatte (siehe Kap. 4.4.1), bekundete respektvoll, Johann von Leers verstehe es *geradezu meisterhaft, einen historischen Sachverhalt zu entwickeln, in seinen Gründen verständlich zu machen und seinen Verlauf zu schildern,* sodass er *wahrheitsgemäß* bekennen müsse, *dass ich ihm oft mit Bewunderung gelauscht habe.*²³⁴ Mit dieser rhetorischen Begabung einer ging eine demagogische Sprachgewalt, die das Tagesgeschehen nicht einfach nur kommentierte, sondern stets zum Auslöser einer schicksalhaften Wende erklärte. Darauf zumindest lassen Veranstaltungsankündigungen 1931 wie „Das Jahr der Entscheidung" (Februar), „Internationaler Marxismus oder Nationaler Sozialismus?" (Mai), „Gebot der Stunde: Volksentscheid!" (Juli), „Wenn wir regieren" (Oktober), „Nationale und soziale Befreiung" (November) oder „Was nun?" (Dezember) schließen.²³⁵ Zugleich bediente er sich in seinen Angriffen auf politische Gegner einer, wie ein Beobachter notierte, *zynischen und gehässigen Ausdrucksweise,* die ihresgleichen gesucht haben dürfte.²³⁶ Hinzu kamen sein Dauereinsatz auf Kundgebungen und Versammlungen sowie die Fähigkeit, sich

---

232 Die Tagebücher von Joseph Goebbels. Teil I: Aufzeichnungen 1923–1941, Bd. 2/I (Dezember 1929 bis Mai 1931), München 1993–2008, Eintrag vom 26.08.1930.
233 SCHIRACH: Die Pioniere des Dritten Reiches, S. 142 f.
234 Bergmann an Reichsstatthalter Thüringen, 24.10.1936 [BArch, N 2168/2, Bl. 133].
235 Für Februar: Blutige Kommunistendemonstration, in: Nassauer Bote vom 18.02.1931; Für Mai: Ankündigung in der Rubrik „Kampf um Berlin", in: Der Angriff vom 09.05.1931; Für Juli: Ankündigung in der Rubrik „Kampf um Berlin", in: Der Angriff vom 30.07.1931 und 01.08.1931. Zu der Veranstaltung am 11.10.1931 siehe Polizeipräsident Stettin an Oberpräsident der Provinz Pommern (Stettin), 27.11.1931 [BArch, BDC 327, 827000092]. Eine Überprüfung durch die Berichterstattung im „Angriff" ist nicht möglich, da die Zeitung zwischen 26.09. und 20.10.1931 offensichtlich verboten war; Für November: Ankündigung in der Rubrik „Kampf um Berlin", in: Der Angriff vom 24.11.1931 und 25.11.1931; Für Dezember: Veranstaltungsplakat „Was nun?" für 15.12.1931 in Liegnitz [BayHStA, Plakatsammlung, 10321].
236 Berliner Polizeibericht, Abteilung I.A. (Politische Polizei) der Inspektion III, 05.05.1931 [BArch, BDC 327, 827000092].

auf unterschiedlichstes Publikum einzustellen und jeweils den passenden Ton zu treffen. Um einen „öffentlichen Sprechabend" zu absolvieren, schien ihm keine Versammlungsstätte zu entlegen. Ebenso wenig scheute er die Konfrontation in den Hochburgen der politischen Kontrahenten. „An vielen Saalschlachten hat er in dieser Zeit teilgenommen und viele heiße Redeschlachten mit den Gegnern der Bewegung ausgefochten", würdigte der „Völkische Beobachter" 1939 seine Bewährung aus der „Kampfzeit", in der sich verbale Attacken und physische Gewalt auf Veranstaltungen zumeist gegenseitig bedingten.[237] Dass er dabei keine intellektuelle Attitüde zeigte, förderte seine Akzeptanz. „Ein großer Vorteil unserer Agitation" liege demnach darin, „dass wir immer Deutsch reden und diese verwachsenen Fremdworte vermeiden", schrieb er nicht ohne Lob auf sich selbst.[238]

Dies hatte sich besonders bereits in der Landagitation seit 1930 gezeigt, als der neu geschaffene agrarpolitische Apparat der Partei die Dörfer und Kleinstädte der Provinz Brandenburg mit Veranstaltungen überzog. Dass es Darré in Zeiten permanenter Wahlkämpfe gelang, „die agitatorische Dynamik seines agrarpolitischen Apparats zur vollen Entfaltung zu bringen" und „im Verein mit der wirtschaftlichen Not zu einer weiteren Radikalisierung und Vergiftung der politischen Atmosphäre"[239] beizutragen, verdankte sich nicht zuletzt Propagandisten wie Johann von Leers. „‚Landvolk in Not und Nationalsozialismus', wie oft habe ich über diese inhaltsschweren Begriffe gesprochen"[240], hielt er dazu fest und verwies auf seine bewährte Praxis: Statt den „Landmann" mit „Zeitungsdeutsch" zu vergraulen, bedürfe es einer „großen, von Herzen kommenden Sachlichkeit und Einfachheit"[241] der Sprache. Versammlungen gerade mit ihm hätten denn auch „immer mehr Volksgenossen für unsere Bewegung" geworben und den Gegnern „immer vernichtendere Wunden"[242] geschlagen, hob die parteioffizielle Geschichtsschreibung später hervor. In noch viel stärkerem Maße lässt sich diese Strategie für Berlin nachzeichnen. „Alles zum Kampf bereit. Wir werden schuften wie nie", sollte Goebbels später in seinem Tagebuch notieren.[243] Auf

---

237 Aufklärung über die Verbrechen des Judentums, in: Völkischer Beobachter vom 09.02.1939. Der Beitrag berichtet über eine Veranstaltung der Ortsgruppe Moltke im Lindenpark in Berlin-Zehlendorf [IfZ].
238 THOMAS, M.: Gesichter, Fressen und Visagen, in: Der Angriff vom 27.03.1930.
239 GIES, HORST: Walter Darré und die nationalsozialistische Bauernpolitik in den Jahren 1930 bis 1933, Frankfurt am Main 1966, S. 82.
240 THOMAS, M.: Landagitation, in: Der Angriff vom 20.02.1930.
241 EBD.
242 RÜHLE: Kurmark, S. 102.
243 Die Tagebücher von Joseph Goebbels. Teil I: Aufzeichnungen 1923–1941, Bd. 2/III (Oktober 1932 bis März 1934), München 1993–2008, Eintrag 11.10.1932.

Johann von Leers traf dies in besonderer Weise zu. Ansprachen vor Betrieben „im roten Moabit"[244] oder in traditionsreichen Stätten der Arbeiterbewegung wie etwa dem „Saalbau Friedrichshain", wo er vor „[ü]ber 3.000 Volksgenossen"[245] sprach, gehörten ebenso dazu wie Versammlungen für konservativ oder deutschnational gesinnte Wähler in mittelständisch und bürgerlich geprägten Bezirken wie Charlottenburg, Steglitz und Zehlendorf oder Köpenick und Weißensee.[246] Mehr als nur eine propagandistische Floskel dürften Hinweise auf den Zuhörerzustrom gewesen sein. „Der Saal wird zeitig wegen Überfüllung geschlossen", erinnerte sich etwa die „Alte Kämpferin" Margarethe Schrimpff (geb. 1880) an eine Kundgebung im „Albrechtshof".[247] Hinzu kamen Werbeabende für lokale SA-Stürme[248] oder auch die Gesamtberliner SA[249], Besuche der Betriebszellen in Großbetrieben wie etwa der Agfa oder bei Siemens und bei Behörden („Fachgruppe Reichsbank"), Versammlungen mit Studenten[250] und die Teilnahme an parteiinternen Zeremonien, wie beispielsweise eine Morgenfeier mit Filmvorführung und Konzert am 26. Dezember 1930[251] oder das Frühlingsfest der Frauenarbeitsgemeinschaft Botanischer Garten am 6. Juni 1931. Wie dicht dieses selbst auferlegte Programm sein konnte, zeigt der Kalender für den 5. Juni 1931, der erst eine Rede um 18:00 Uhr vor der Betriebszellenorganisation der „Ufa"

---

244 Hitlers Idee marschiert in den Betrieben!, in: Der Angriff vom 11.08.1931.
245 Zu seinen Auftritten siehe: Wieder überfüllte Massenversammlung. Die KPD moralisch vernichtet, in: Der Angriff vom 16.07.1931; Massenkundgebung im Saalbau Friedrichshain, in: Der Angriff vom 11.10.1932. Zur Bedeutung dieser Versammlungsstätte siehe RESCHKE, OLIVER: Der Kampf der Nationalsozialisten um den roten Friedrichshain, Berlin 2004, S. 92–101; DERS.: Der Kampf um die Macht in einem Berliner Arbeiterbezirk, Berlin 2008, S. 182–195. Zeitgenössisch dazu auch der „Angriff" vom 06.03.1931: „Das Gebiet um den Friedrichshain gehört bekanntlich zu den Gegenden, in denen Überfälle der roten Mordbanden besonders häufig sind". Eine weitere „Massenversammlung" fand Ende Februar 1932 im „Märchenbrunnen" am Landsberger Platz statt
246 Siehe Angriff vom 23.09.1932: In einer „Massenversammlung im Grunewaldkasino, mit der die Sektion Schmargendorf ihren Wahlkampf eröffnete, sprach Dr. von Leers. Da die Besucher, soweit sie nicht den Nationalsozialisten angehörten, zum größten Teil aus dem deutschnationalen Lager stammten, so beschäftigte er sich in seiner […] Rede hauptsächlich mit der Reaktion."
247 KOSUBEK, KATJA: „genauso konsequent sozialistisch wie national". Alte Kämpferinnen der NSDAP vor 1933 (Hamburger Beiträge zur Sozial- und Zeitgeschichte. Quellen, Bd. 4), Göttingen 2017, S. 568; GIEBEL, WIELAND (HRSG.): „Warum ich Nazi wurde". Biogramme früher Nationalsozialisten, Berlin 2018. Zum Original von Schrimpffs Bericht siehe https://digitalcollections.hoover.org/objects/58799 [Eingesehen am 11.10.2022].
248 RESCHKE: Der Kampf der Nationalsozialisten um den roten Friedrichshain, 109 f.
249 EBD., S. 130.
250 Sind wir Wirtschaftsutopisten? Dr. v. Leers vor den Studenten, in: Der Angriff vom 03.06.1931.
251 Ankündigung in der Rubrik „Kampf um Berlin", in: Der Angriff vom 24.12.1930.

zum Thema „Weltanschauung des Nationalsozialismus"[252] vorsah, gefolgt von einem Auftritt um 20:30 Uhr auf einer Massenversammlung der Sektion Oberspree zum Thema „Legal oder illegal zur Macht?"[253] Selbst am Silvester-Abend mutete Johann von Leers sich einen Einsatz zu: „Pg. Dr. v. Leers spricht – Pg. Dr. Goebbels kommt", hieß es in einer Einladung für den 31. Dezember 1931.[254]

Gerade diese Ankündigung und die Art und Weise, wie die Parteipresse über seine Person und seine Versammlungen berichtete, legen die hervorgehobene Stellung offen, die Johann von Leers einnahm. Obschon außer Frage stand, dass Goebbels als unangefochtener „Star aller Propaganda"[255] im Mittelpunkt stand und Johann von Leers sich mitunter auf die Rolle eines Einpeitschers beschränken musste, der das Publikum auf den Auftritt des Gauleiters einzustimmen hatte, zählte er zum Kreis jener Funktionäre, die vom „Angriff" immer wieder namentlich erwähnt wurden und einen ironischen Spitznamen verliehen bekamen.[256] Solche Beiträge in nationalsozialistischem Verlautbarungsjargon dürften kaum ohne die Einwilligung von Goebbels entstanden sein. So glänzte der ebenso „beliebte" wie „kleine Doktor"[257], was nicht alleine auf seine untersetzte Statur anspielte, sondern vermutlich auch seine Position im hierarchischen Gefüge gleich hinter Goebbels verdeutlichen sollte, durch seine „vornehm schlichte Vortragsform"[258], wurde aber auch dafür gefeiert, dass er „scharf und gewaltig"[259] sowie stets „mit Leidenschaft"[260] sprach. Bei einem Auftritt vor Studenten soll er „in seiner gewohnten natürlichen Art gleich an den Kern unserer nationalsozialistischen Überzeugung" gekommen sein und „mit so verblüffend eiskalter Sachlichkeit unser Wollen" behandelt haben.[261] Vor „hoffnungslos in die Zukunft schauenden Männern der KPD" dagegen, die „von ihren Führern betrogen wurden" und „deren kommunistisches Ideal zerfallen" sei, habe er es in „meisterhafter Weise" verstanden, ihnen „eine neue Lebensrichtung zu

---

252 Ankündigung in der Rubrik „Arbeit und Kapital", in: Der Angriff vom 02.06.1931.
253 Ankündigung in der Rubrik „Kampf um Berlin", in: Der Angriff vom 02.06.1931.
254 Ankündigung in der Rubrik „Kampf um Berlin", in: Der Angriff vom 31.12.1931.
255 So Lutz Hachmeister in KRINGS, STEFAN: Hitlers Pressechef. Otto Dietrich (1897–1952). Eine Biografie, Göttingen 2010, S. 9.
256 Siehe beispielhaft dazu den Bericht in der Rubrik „Kampf um Berlin", in: Der Angriff vom 28.01.1931. Zur Vergabe von Spitznamen siehe REICHARDT: Vergemeinschaftung durch Gewalt, S. 123; SIEMENS: Prügelpropaganda, S. 34, 38.
257 Versammlungsflut über Berlin, in: Der Angriff vom 09.05.1931. Siehe auch: Horst-Wessel-Sturm im „Clou", in: Der Angriff vom 13.12.1930 sowie NSDAP, Untergruppe Berlin-West, Sturmbann III/2 an Johann von Leers, 01.10.1932 [BArch, N 2168/19, Bl. 49].
258 Hitlers Idee marschiert in den Betrieben!, in: Der Angriff vom 11.08.1931.
259 Horst-Wessel-Sturm im „Clou", in: Der Angriff vom 13.12.1930.
260 Versammlungsflut über Berlin, in: Der Angriff vom 09.05.1931.
261 Sind wir Wirtschaftsutopisten? Dr. v. Leers vor den Studenten, in: Der Angriff vom 03.06.1931.

geben" und „ein neues Ideal aufzuzeigen".[262] Die Kämpfer der SA wiederum zeigten sich durch seine Ausführungen von den „letzten Siegen" beeindruckt: „Wohl noch nie sind die Parteigenossen so gepackt worden, so von der einen Seite her! Er sagt ihnen ins Gesicht, dass sie nicht wert sind, für Deutschland zu leben, wenn sie nicht auch bereit sind, dafür zu sterben. Er redet von der Stärke und von dem Leben unserer SA."[263]

Zur „Überzeugungskraft der Rede", die Rahm erwähnt hatte, kam seine Mitarbeit an zahlreichen Parteiblättern. „Er schrieb ungezählte Artikel in der nationalsozialistischen Presse", würdigte einmal mehr Baldur von Schirach seinen Aktivismus.[264] Seine Beiträge erschienen gelegentlich im „Roten Adler", der Zeitung der NSDAP der Mark Brandenburg[265], und auch im „Völkischen Beobachter"[266], vor allem aber im „Angriff" für den Gau Groß-Berlin. Ihren Beitrag zur öffentlichen Meinungsbildung verfolgte diese Zeitung, die seit Oktober 1929 zunächst zweimal wöchentlich, seit November 1930 dann täglich erschien und für die Goebbels als Herausgeber verantwortlich zeichnete, jedoch in eigenwilliger Weise.[267] „Es lag nicht in unserer Absicht, ein Informationsblatt zu gründen, das für unsere Anhänger gewissermaßen das tägliche Journal ersetzen sollte. Unser Ziel war nicht, zu informieren, sondern anzuspornen, anzufeuern, anzutreiben", stellte Goebbels bereits 1932 klar, als die NSDAP zum Sprung an die Macht ansetzte.[268] Dies galt zumal für jene Phasen, in denen er als Gauleiter durch Redeverbote zeitweise selbst in seiner Agitation eingeschränkt war. Nicht ohne Bedeutung war zudem, dass der „Angriff" auch als Instrument zur Auseinandersetzung mit parteiinternen Rivalen und deren Zeitungen eingesetzt wurde, insbesondere gegen die im Kampfverlag der Brüder Straßer erscheinenden Publikationen.[269] Unter diesen Vorzeichen fabrizierte die Zeitung in den später zum „Kampf für die deutsche Erneuerung"[270] stilisierten Jahren vor 1933 einen wüsten Kampagnenjournalismus gegen den, wie Johann von Leers

---

262 Wieder überfüllte Massenversammlung. Die KPD moralisch vernichtet, in: Der Angriff vom 16.07.1931.
263 Horst-Wessel-Sturm im „Clou", in: Der Angriff vom 13.12.1930.
264 SCHIRACH: Die Pioniere des Dritten Reiches, S. 142 f.
265 LEERS, [JOHANN] v[ON]: Gegen die scheinnationale Freimaurerpartei. Abrechnung mit den Hugenzwergen, in: Roter Adler. Zeitung des Gaues Brandenburg der NSDAP vom 20.09.1932 (Beilage zu „Der Angriff").
266 L[EERS], [JOHANN] v[ON]: Herman Wirth und die Wissenschaft, in: Völkischer Beobachter vom 22.12.1931.
267 RAHM: „Der Angriff" 1927–1930, S. 142 f.; LEMMONS, RUSSEL: Goebbels and „Der Angriff", Lexington, Kentucky 1994, S. 33 f.
268 GOEBBELS, JOSEPH: Kampf um Berlin. Der Anfang (Bd. 1), München 1932, S. 188.
269 LEMMONS: Goebbels and „Der Angriff", S. 23.
270 LEERS: Kurzgefasste Geschichte des Nationalsozialismus, S. 49.

es später im Rückblick formulierte, „Terror des Marxismus", die „hochfahrende Ablehnung des Bürgertums" und „die Schikane des Regierungssystems".[271] Beispielhaft dafür ist die Agitation gegen den Vizepräsidenten der Berliner Polizei, Bernhard Weiß, den Goebbels nach einer Prozessniederlage als „Isidor" verhöhnte und der sich gleichermaßen als Vertreter des „Systems" und Jude einer „gnadenlosen Kampagne"[272] ausgesetzt sah.

Ein maßgeblicher Anteil daran kommt Johann von Leers zu, auf dessen Talent der Gauleiter schnell aufmerksam geworden war. Aus einer Besprechung mit ihm kaum zwei Wochen nach seinem Beitritt schöpfte Goebbels bereits große Zuversicht: „Dr. v. Leers und Korn: Diese beiden Mitarbeiter haben sich bereit erklärt, für Gau und Angriff ein neues Archiv aufzubauen. Beide haben gute Entwürfe eingereicht. Die sollen miteinander vereinigt werden, und nächste Woche kann dann die Arbeit beginnen. Ich glaube, es wird gelingen", notierte er am 13. August 1929 in seinem Tagebuch.[273] Abgesehen davon, dass es Goebbels in dieser Phase Mühe bereitete, fähige Mitarbeiter für die Redaktion der kurz vor ihrer Gründung stehenden Zeitung zu finden[274], versprach er sich von Johann von Leers in den bevorstehenden Wahlkämpfen auch Entlastung. Das erwähnte Archiv sollte die NS-Propaganda unterstützen, indem Parteimitglieder in ehrenamtlicher Arbeit die Schriften der politischen Gegner „kampfmäßig" auswerteten, unter anderem auf dem Gebiet von „Kultur und Juda" und hier an erster Stelle zur „Rassenfrage" und „Freimaurerfrage".[275] Von den Vorbereitungen dazu zeigte Goebbels sich angetan: „Propagandistisch aufreizend, eine Orgie des Hasses. Dr. v. Leers, Korn und Stark leisten die Vorarbeit. Wenn nur die Zeit nicht zu kurz wird", hielt er wenige Tage später angesichts der Wahl zur Berliner Stadtverordnetenversammlung im November fest, zu der für eine „nationalsozialistische Woche" eine Ausstellung geplant war.[276]

---

271 EBD.
272 FREI, NORBERT/SCHMITZ, JOHANNES: Journalismus im Dritten Reich, München ²1989, S. 20.
273 Die Tagebücher von Joseph Goebbels. Teil I: Aufzeichnungen 1923–1941, Bd. 1/III (Juni 1928 bis November 1929), München 1993–2008, Eintrag vom 13.08.1929.
274 LEMMONS: Goebbels and „Der Angriff", S. 25.
275 Siehe Angriff vom 23.09. und 13.10.1929.
276 Die Tagebücher von Joseph Goebbels. Teil I: Aufzeichnungen 1923–1941, Bd. 1/III (Juni 1928 bis November 1929), München 1993–2008, Eintrag vom 29.08.1929. Wilhelm Korn (geb. 1899), ein früherer Offizier, war im Juli 1929 der NSDAP beigetreten und leitete bis Mitte 1930 die NS-Führerschulen bei der Gauleitung Brandenburg. Im Sommer 1930 verließ er mit Straßer die Partei und wurde im Umfeld der Zeitschrift „Aufbruch" tätig. Er soll „gezielt für die KPD als Spitzel in der NSDAP tätig geworden sein". Siehe dazu WEBER, HERMANN/DRABKIN, JAKOV/BAYERLEIN, BERNHARD H. (HRSG.): Deutschland, Russland, Komintern. II. Dokumente (1918–1943), Bd. 2, Berlin/München/Boston 2015, S. 1169. Siehe bereits MOREAU: Nationalsozialismus von links, S. 38 f., 43.

Es muss offen bleiben, ob sich diese Erwartungen Goebbels an Johann von Leers erfüllt haben. Zu einer „Orgie des Hasses" geriet freilich die in ihrem Ausmaß kaum überschaubare Propaganda seit Anfang 1930 im „Angriff". Allein für die Phase bis Ende 1931 lassen sich mindestens 80 Artikel, teilweise unter dem Pseudonym „M. T[h]omas", das der Politischen Polizei in Berlin spätestens durch ein Ermittlungsverfahren seit Sommer 1930 bekannt geworden war[277], nachweisen. Die Zeitung wurde damit zum Ausgangspunkt seiner journalistischen Massenproduktion, die bis ins Frühjahr 1945 anhalten sollte. Von einem planvollen Schritt eines Karrieristen kann allerdings nicht die Rede sein.[278] Journalismus im Stil des „Angriffs" eröffnete für Johann von Leers zunächst nur ein weiteres Terrain, auf dem er sich als nationalsozialistischer Agitator profilieren konnte. Ähnlich wie in seiner Rolle als Redner, der aus dem Stegreif über tagesaktuelle Themen zu referieren imstande war und vor unterschiedlichem Publikum auftreten konnte, reüssierte er auch als Redakteur, weil sein eingängiger journalistischer Stil ein breites Leserspektrum anzusprechen vermochte.

Versucht man sich an einer Typologie seiner Beiträge und ihrer Besonderheiten, fällt zunächst auf, dass vielen von ihnen kaum Bedeutung über den Tag hinaus zukommt, für den sie geschrieben worden waren. Vielfach griff Johann von Leers aktuelle Ereignisse auf, die aus nationalsozialistischer Perspektive kommentiert wurden. Die Funktion solcher Beiträge lag vor allem darin, den Mitgliedern der Partei für ihre Auseinandersetzung mit politischen Gegnern Sprachregelungen und Interpretationshilfen an die Hand zu geben. Als ein Schwerpunkt lassen sich schon hier außenpolitische Fragestellungen erkennen, mit denen er sich zunächst regelmäßig in seiner Kolumne „Die Welt im Blitzlicht"[279], dann unter der Überschrift „Was man wissen muss"[280] und seit Herbst 1931 in einer „Außenpolitische[n] Umschau"[281] befasste. Die Absicht zur Len-

---

277 Polizeipräsident Berlin an Generalstaatsanwalt Landgericht I Berlin, 06.10.1930 [LA Berlin, A Pr. Br. Rep. 58-399, Nr. 2516] sowie: Zur Person, 29.10.1930 [LA Berlin, A Pr. Br. Rep. 58-399, Nr. 2516]. Siehe auch Berliner Polizeibericht, Abteilung I.A. (Politische Polizei) der Inspektion III, 05.05.1931 [BArch, BDC 327, 827000092] sowie den Bestand mit Beiträgen von „M. Thomas" im Sonderarchiv Moskau [RGVA, Fond 1283/14].
278 So die Annahme bei LEMMONS: Goebbels and „Der Angriff", S. 30.
279 DR. v. L: Die Welt im Blitzlicht, in: Der Angriff vom 03.08.1930, 24.08.1930 und 31.08.1930.
280 Dr. v. L.: Was man wissen muss: Europa im politischen Querschnitt, in: Der Angriff vom 14.07.1931. Zu Fortsetzungen siehe: Europa im wirtschaftlichen Querschnitt, in: Der Angriff vom 11.08.1931 und 18.08.1931.
281 Siehe z. B. „Der Angriff" vom 15.02.1932 (Grandi fordert Abrüstung – Der Konflikt in Ostasien – Teuerungswelle in Russland), 14.03.1932 (Tardieu gegen Deutschland – Krieg im Osten), 18.03.1932 (Deutschland braucht Sicherheiten!), 11.04.1932 (Der Stand der Memelfrage), 12.09.1932, 04.10.1932 (Die Veränderungen im Auswärtigen Amt – Bedrängtes

kung der Parteimitglieder verfolgten zudem Empfehlungen zur Buch- und Zeitschriftenlektüre in der Rubrik „Wir lesen"[282], ebenso glossierende Ausführungen in belehrender Absicht, die jüngeren und unerfahrenen Versammlungsleitern praktische Tipps für den politischen Alltag vermitteln sollten.[283] Daneben fallen zahlreiche feuilletonistische Artikel auf, seien es Theaterkritiken, Glossen[284] oder Erzählungen unter der Überschrift „Hier erzählt M. Thomas".[285] Sie zielten darauf ab, Gefühle und Emotionen anzusprechen, um so den inneren Zusammenhalt zu stärken und die weltanschaulichen Überzeugungen zu festigen.

Daneben lässt sich eine Reihe stilistischer Elemente erkennen, wie sie typisch für Johann von Leers und seine Publizistik, insbesondere in Beiträgen zur weltanschaulichen Schulung, werden sollten. Dazu gehören beispielsweise fiktive Dialoge als Teil phantasievoll ausgeschmückter Erzählungen, die in erzieherischer Absicht verfasst waren. Eine frei erfundene Episode aus dem Griechisch-Türkischen Krieg von 1919 bis 1922 beispielsweise sollte den Lesern nicht etwa historisches Wissen vermitteln, sondern vor allem Angehörige der SA in ihrem spezifischen Kodex als schlagfertige Kampfformation bestärken: Soldaten, belehrte der Autor sein Publikum, dürften nicht Rechte einfordern, sondern müssten Pflichten erfüllen, um das Vaterland zu befreien. „Diese Generation unseres Volkes muss auf jedes Recht verzichten, solange der Feind im Lande steht", lautete denn auch die Schlussfolgerung.[286] Bereits hier experimentierte er zudem mit einer später immer wieder verwendeten literarischen Montagetechnik, die die Grenze zum Plagiat berührte. In diesem Fall waren es Zuschriften aus dem Leserkreis, die ausführlich zitiert und dann mit eigenem Namen versehen wurden.[287]

Grenzlanddeutschtum – Die Wirren in Südamerika), 14.10.1932 (Zusammenbruch der deutschen Minderheitenpolitik – Fortsetzung der österreichischen Tragödie – Die Einkreisung Deutschlands geht weiter).

282 Empfohlen wurden beispielsweise die Zeitschriften „Die Sonne" und „Volk und Rasse" sowie das „Handbuch der Judenfrage", dessen 30. Auflage eben erschienen war. Siehe Dr. v. L.: Wir lesen, in: Der Angriff vom 10.04.1931 bzw. 22.04.1931. Zu weiteren Empfehlungen siehe Ausgaben 19.05.1931 und 03.06.1931.

283 Thomas, M.: Kämpfer ... und andere, in: Der Angriff vom 12.06.1930.

284 Siehe im Kontext des Uniformverbots Dr. v. L.: Welche Kleidung trägt der SA-Mann?, in: Der Angriff vom 08.05.1931.

285 Thomas, M.: Mother Careys Chicken, in: Der Angriff vom 23.01.1930; Ders.: Zu stolz, Sklave zu sein, in: Der Angriff vom 16.03.1930; Ders.: Wenn der Wahlkampf tobt, in: Der Angriff vom 04.09.1930; Ders.: Last der Erde, in: Der Angriff vom 07.09.1930; Ders.: Eine lange Nacht, in: Der Angriff vom 28.09.1930; Ders.: Das bittersüße Lied, in: Der Angriff vom 14.03.1931.

286 Thomas, M.: Pflichten und Rechte, in: Der Angriff vom 13.04.1931.

287 Th[omas], M.: Rasse ist Klasse, in: Der Angriff vom 04.06.1931; Ders.: Das ist die Loge, in: Der Angriff vom 24.06.1931

Ebenso bemerkenswert sind außerdem eine rohe Sprache und ein hasserfülltes Vokabular, das den politischen Gegner beleidigen und das parlamentarische System diffamieren sollte. Den Reichstag etwa machte er als „Sumpfdistrikt"[288] verächtlich. Den Young-Plan mit seinen „Hungersteuern" geißelte er als Plan zur „Ausbeutung"[289] des deutschen Volkes. In Zusammenkünften der SPD sah er „Reichsjammerversammlungen".[290] Journalisten, die die Politik der NSDAP kritisierten, nannte er „Sudelköche".[291] Das Zentrum unter Heinrich Brüning als Partei des politischen Katholizismus zählte Johann von Leers zu den „Erfüllungsparteien".[292] Ihren Wählern hielt er die simple Parole „Brüning muss weg, Adolf Hitler muss her!"[293] entgegen. Ungleich schärfer traf es die Deutschnationale Volkspartei. Als „reaktionäre Klassenpartei" ginge es den „Hugenzwergen"[294], wie ihre Anhänger verspottet wurden, in ihrem Opportunismus nur um „Staatsposten um jeden Preis"[295], und als „scheinnationale Freimaurerpartei"[296] besorgten sie das Geschäft der Feinde. Bereits im „Angriff" griff er auch zu dem nationalsozialistischen Propagandamittel, Namenslisten mit Porträtaufnahmen missliebiger Personen zusammenzustellen, um so den Feinden ein Gesicht zu geben: Diese Form öffentlicher Bloßstellung richtete sich vor allem gegen solche Gegner, die als „Freimaurer" oder „Juden" verdächtigt wurden, sodass ihre „Beseitigung" unumgänglich schien.[297]

3.2.3 Kampfansagen: „Auf dem Weg ins Dritte Reich"

All diese Hetzpropaganda jedoch wurde von seinem fanatischen Antisemitismus übertönt, dessen diffamierender Hass den Vergleich mit dem maßgeblichen Propagandisten auf diesem Gebiet, Julius Streicher, nicht scheuen musste.

---

288 THOMAS, M.: Wenn der Wahlkampf tobt ..., in: Der Angriff vom 04.09.1930.
289 THOMAS, M.: Kampf der Young-Ausbeutung!, in: Der Angriff vom 10.08.1930.
290 THOMAS, M.: Siegreich woll'n wir die Nazis schlagen ..., in: Der Angriff vom 18.03.1931.
291 TH[OMAS], M.: Der Kampf für das deutsche Buch. Geschlagene Makkabäer, in: Der Angriff vom 08.07.1931.
292 L[EERS], [JOHANN] V[ON]: Brüning muss weg! Überall Krisen – und kein energischer Staatsmann, in: Der Angriff vom 01.02.1932.
293 EBD.
294 LEERS, [JOHANN] V[ON]: Gegen die scheinnationale Freimaurerpartei. Abrechnung mit den Hugenzwergen, in: Roter Adler. Zeitung des Gaues Brandenburg der NSDAP vom 20.09.1932 (Beilage zu „Der Angriff").
295 THOMAS, M.: Café Heulmeier, in: Der Angriff vom 31.07.1930.
296 LEERS, [JOHANN] V[ON]: Gegen die scheinnationale Freimaurerpartei. Abrechnung mit den Hugenzwergen, in: Roter Adler. Zeitung des Gaues Brandenburg der NSDAP vom 20.09.1932 (Beilage zu „Der Angriff").
297 THOMAS, M.: Freimaurer in der evangelischen Kirche!, in: Der Angriff vom 09.07.1931.

„Dass wir die Juden aus tausend Gründen nicht haben wollen, haben wir bis zur Ermüdung erklärt", hielt Johann von Leers bereits in einer seiner frühesten Veröffentlichungen nach seinem Bekenntnis zum Nationalsozialismus fest.[298] Die „Bekämpfung der jüdischen Weltpest"[299] sollte ihm deshalb zur Lebensaufgabe werden. Gerade der „Angriff", den ein auch für nationalsozialistische Verhältnisse „betont vulgärer Antisemitismus"[300] auszeichnete, bot für solche Kampagnen in „unversöhnlicher Feindschaft gegen das Judentum"[301] günstige Voraussetzungen. Als „großstädtische Boulevardzeitung" aufgezogen, legte er es geradezu darauf an, „das Verhalten der Juden zu skandalisieren".[302] In seinen Beiträgen findet sich denn auch fast das komplette Arsenal antisemitischer Stereotype, das die „Hetze gegen Judentum und Erfüllungspolitik" damals aufzubieten hatte.[303] Den Reichspräsidenten etwa verhöhnte er als „Judenkaiser".[304] Die öffentliche Meinung sah er durch „Judenzeitungen"[305] und die „Judenpresse"[306] kontrolliert. Das liberale „Berliner Tageblatt" unter seinem Chefredakteur Theodor Wolff nannte er folgerichtig „Jerusalemer Straßenblatt".[307] Der Einzelhandel war in seinen Augen von den „Warenhausjude[n]"[308] am „Kohnfürstendamm"[309] beherrscht. Eine „Ostjüdin" soll ihm mit „orientalischer Lethargie"[310] begegnet sein. Einen jüdischen Bankier zeichnet er als „gierigen Wucherer" und „Geldsatan".[311] Zum Ziel seiner Attacken wurden auch die Vertreter der von ihm ausgemachten „neujüdische[n] Literatur"[312] und „das ganze degenerierte, langmähnige Judenjungenpack aus dem Romanischen Café"[313], dem er unverhohlen

---

298 LEERS, JOHANN VON: Außenpolitische Perversität, in: Nationalsozialistische Briefe 5 (1929/30) 16 vom 15.02.1930, S. 270–272, hier S. 271.
299 THOMAS, M.: Was die Geschichte lehrt. Die Front gegen Juda, in: Der Angriff Ostern 1930.
300 LONGERICH, PETER: Joseph Goebbels. Biographie, München 2010, S. 102.
301 DR. V. L.: Ein neuer „Goebbels". „Kampf um Berlin", in: Der Angriff vom 12.08.1931.
302 LONGERICH, PETER: „Davon haben wir nichts gewusst!" Die Deutschen und die Judenverfolgung 1933–1945, München 2006, S. 60; LEMMONS: Goebbels and „Der Angriff", S. 28.
303 KISSENKOETTER: Gregor Straßer und die NSDAP, S. 81.
304 LEERS, [JOHANN] V[ON]: Die Hand über die Mauer hinweg, in: Der Angriff vom 10.11.1932.
305 THOMAS, M.: Das Romanische Café rückt an, in: Der Angriff [Datum unklar].
306 DR. V. L.: Mordhetzer!, in: Der Angriff vom 19.05.1931.
307 DR. V. L.: Pariser Kommune 1871, in: Der Angriff vom 01.05.1931; DERS.: Welche Kleidung trägt der SA-Mann?, in: Der Angriff vom 08.05.1931.
308 DR. V. L.: Die feinen Herren unter sich. Ein Diener im Herrenklub, in: Der Angriff vom 04.10.1932.
309 DR. V. L.: Pariser Kommune 1871, in: Der Angriff vom 01.05.1931; DERS.: Welche Kleidung trägt der SA-Mann?, in: Der Angriff vom 08.05.1931.
310 THOMAS, M.: Eine lange Nacht, in: Der Angriff vom 28.09.1930.
311 THOMAS, M.: Der Wucherer Heinrich Pariser. Er war ein sehr echter Jude, in: Der Angriff vom 08.08.1931.
312 THOMAS, M.: Das Romanische Café rückt an, in: Der Angriff [Datum unklar].
313 EBD.

Gewalt androhte. Gerade das „Literatenpack", das aufgrund seiner „rassischen Minderwertigkeit" Argumenten „nicht zugänglich" sei, müsse damit rechnen, dass es „Prügel" auf seine „hebräischen Hintern" beziehe.[314] Verunglimpfungen konnten zudem mit sexuellen Anspielungen aufgeladen sein, so etwa die Formulierung vom jüdischen „Tiermensch", der „geil nach deutschem, hungrigem Fleisch und Blut" jage.[315]

Programmatischen Charakter hatte in diesem Zusammenhang auch der Artikel „Auf dem Weg zum Dritten Reich" im „Angriff" wenige Tage vor den Reichstagswahlen im September 1930, weil er seinen Lesern deutlich vor Augen führte, wie sich antisemitische Parolen und der Volksgemeinschaftsgedanke im Parteiprogramm der NSDAP gegenseitig bedingten und in nationalsozialistischer Regierungspraxis niederschlagen sollten.[316] Wie in vielen seiner Beiträge, bediente sich Johann von Leers auch hier des Griffs in die Geschichte, um seine Überzeugung zu entfalten, dass jede historische Bewegung als Ausdruck eines „Rassenkampfes" interpretiert werden müsse: Zwei Deutsche Reiche habe es bereits gegeben, die beide „verloren und verspielt" worden seien. Während das Heilige Römische Reich deutscher Nation an Egoismus und Eigennutz der Fürsten und Stände zugrunde gegangen sei, scheiterte das „Reich" unter Bismarck daran, dass es trotz Frieden und Wohlstand keine „gerechte Volksgemeinschaft finden konnte" und den „Gerechtigkeitswillen des schaffenden Volkes", der sich „gegen das rassefremde und rassefeindliche kapitalistische Wirtschaftssystem" aufgelehnt habe, nicht beachtete.[317] Vor allem die Arbeiterbewegung hätte sich damit den „Juden" zutreiben und als „Rammbock gegen die eigene Nation" instrumentalisieren lassen. Insofern könne das erhoffte „Dritte Reich" auch nicht einfach an diese Vergangenheit anknüpfen. Um eine „wahre Volksgemeinschaft" zu schaffen, die „auf blutsmäßiger Grundlage" beruhe, reiche der „Nationalismus alter Schule" nicht aus, der „Halt am Punkte der Wirtschaft" gemacht habe.[318] Nicht das Interesse einer „Klasse" nämlich dürfe die politischen Verhältnisse bestimmen, sondern „das Gesamtinteresse der Nation". Anders aber, als von Marxisten behauptet, müsse der Kampf um dieses „Gesamtinteresse" von jeder Nation eigenständig, wenn auch gegen einen gemeinsamen Feind geführt werden. Statt der „internationalen Revolutionen", wie sie die Theoretiker der Arbeiterbewegung erwarteten, könne es „nur die ganz verschieden gelagerten Auseinandersetzungen der einzelnen Rassen mit dem

---

314 Ebd.
315 Thomas, M.: Zweimonatsplan, in: Der Angriff vom 09.05.1931.
316 Thomas, M.: Auf dem Weg zum Dritten Reich, in: Der Angriff vom 31.08.1930.
317 Ebd.
318 Ebd.

aus jüdischer Wurzel stammenden kapitalistischen Profit- und Goldsystem"[319] geben, erklärte Johann von Leers.

Was Juden von einer nationalsozialistischen Regierung befürchten mussten, die ihnen allenfalls eine rechtlose Existenz zubilligen wollte, deren Politik in letzter Konsequenz aber auf Vertreibung abzielte, sprach Johann von Leers offen aus. Als „Voraussetzung zu einer Volksgemeinschaft" und zur „Durchsetzung des deutschen Gerechtigkeitsbewusstseins" bedurfte es nämlich nicht nur der „Ausscheidung des volksfremden Judentums aus dem Staatsverbande und dem Volk", sondern ebenso der „Unmöglichmachung ihres profitarischen Lebensstiles, damit sich nicht Deutsche finden können, die ihre Geschäfte gegen das Volk weiter führen".[320] In der Praxis bedeutete dies vor allem ein umfassendes Berufsverbot und Sondergesetze überall dort, wo Juden „Volksgefährlichkeit"[321] unterstellt wurde. Dies betraf insbesondere die öffentliche Meinung, die „restlos von deutschen Menschen bestimmt sein" müsse. Ebenso erforderlich seien auch eine „Umorganisierung des Volkslebens" und die Ausschaltung aus dem Wirtschaftsleben durch „Abschaffung des arbeits- und mühelosen Einkommens".[322]

3.2.4 Im Konflikt mit der Justiz: „Dem Weltfeind an den Kragen"

Sein ungezügelter Antisemitismus in redaktionellen Beiträgen wie auch Beleidigungen auf öffentlichen Kundgebungen[323] brachten Johann von Leers mehrfach mit der Justiz in Konflikt. Die Urteile in den Verfahren, in denen zumeist wegen Vergehen gegen das Republikschutzgesetz ermittelt wurde, fielen allerdings skandalös glimpflich aus. Insofern verweist die justizielle Ahndung nicht nur auf den „großen legalen Freiraum für antisemitische Meinungsäußerungen"[324] in der Weimarer Republik, sondern bestätigt auch, dass „die Schwelle staatlichen Handelns im Falle antisemitischer Äußerungen [...] sehr hoch angesetzt war".[325]

So wurde ein von der Staatsanwaltschaft beim Landgericht Naumburg angestrengtes Verfahren anlässlich eines Auftritts in Weißenfels im Mai 1930 ein

---

319 EBD.
320 EBD.
321 THOMAS, M.: Was die Geschichte lehrt: Der jüdische Siegeszug, in: Der Angriff vom 11.09.1930.
322 THOMAS, M.: Auf dem Weg zum Dritten Reich, in: Der Angriff vom 31.08.1930.
323 Polizeipräsidium Berlin, Vermerk [Datum unklar] [BArch, BDC 327, 827000092].
324 WALTER: Antisemitische Kriminalität und Gewalt, S. 18.
325 JAHR, CHRISTOPH: Antisemitismus vor Gericht. Debatten über die juristische Ahndung judenfeindlicher Agitation in Deutschland (1879–1960), Frankfurt am Main/New York 2011, S. 14 f., 255–270.

Jahr später folgenlos eingestellt.[326] Ohne Konsequenzen blieb auch eine Kundgebung in Trebnitz (Schlesien) im Januar 1931, auf der er, sodass zuständige Amtsgericht, die *republikanische Staatsform des Reichs* in *beleidigender Missachtung* und *besonders verletzender Form* angegriffen habe, indem er diese als *Kadaver* verunglimpfte, den die NSDAP *von der Bühne wegräumen* wolle. Zwar wurde er deshalb im August 1931 zunächst zu 14 Tagen Gefängnis verurteilt. Ein Richter aber setzte die Strafe anschließend *mit Rücksicht auf seine Unbescholtenheit* zu drei Jahren zur Bewährung *mit Aussicht auf künftige Begnadigung* aus, sofern auch eine Geldbuße in Höhe von 100 RM geleistet werde.[327] Wie unbeeindruckt Johann von Leers auf solche Urteile reagierte, beweisen seine Ausführungen noch im gleichen Monat während einer Rede im „Lindenpark" in Zehlendorf, in der er die taktischen Hintergründe erläuterte, die Hitler zu seinem Legalitätseid veranlasst hätten. *Unsere Aufgabe ist es, unerbittlichen Hass zu predigen,* soll er dort seinen Anhängern zugerufen haben, die nunmehr gewaltsam *durch die SA die Entscheidung erzwingen* müssten. Schließlich sei die nationalsozialistische Bewegung *legal nicht aus Liebe zur Verfassung,* sondern deshalb, *weil Hitler es befohlen habe,* um *die Verfassungsparteien besser schlagen* zu können.[328] So dürfte es eher eine Ausnahme gewesen sein, als der Polizeipräsident von Stettin im November 1931 eine Versammlung nur unter der Auflage zulassen wollte, dass Johann von Leers *als Redner nicht auftritt*.[329] Unklar ist, ob er sich damit tatsächlich durchsetzen konnte. Das gilt auch für die weit darüber hinaus reichende Forderung, *dass für den Bereich der Provinz Pommern ein Redeverbot für Dr. von Leers erlassen wird*.[330] Nicht weniger deutlich zeigte sich die „Hilflosigkeit des Staates"[331] im Umgang mit antisemitischen Propagandisten bei dem schließlich gescheiterten Versuch, Johann von Leers für einen besonders aggressiven Artikel vor Gericht zur Rechenschaft zu ziehen. Dabei handelte es sich um den bereits mehrfach zitierten Beitrag „Dem Weltfeind an den Kragen", den er am 24. Juli 1930, wenige Tage nach Auflösung des Reichstages und auf dem Höhepunkt der wirtschaftlichen Krise, unter dem Pseudonym „M. Tho-

---

326 Bericht der Abteilung I.A. der Inspektion III. [vermutlich der Berliner Polizei] vom 05.05.1931 [BArch, BDC 327, 827000092].
327 Urteil Amtsgericht Trebnitz, 26.08.193 [BArch, BDC 327, 827000092].
328 Polizeipräsidium Berlin, Vermerk [Datum unklar] [BArch, BDC 327, 827000092]. Siehe auch O. V.: Bekenntnis zu fanatischem Antisemitismus, in: La Tribune Juive 13 (1931) 34 vom 21.08.1931, S. 520.
329 Polizeipräsident Stettin an Oberpräsident der Provinz Pommern (Stettin), 27.11.1931 [BArch, BDC 327, 827000092].
330 Ebd.
331 Jahr: Antisemitismus vor Gericht, S. 268.

mas" publiziert hatte.[332] Dieser Beitrag ist nicht nur aufgrund seines Inhalts, der bereits ganz im Zeichen des bevorstehenden Wahlkampfes stand, bemerkenswert, sondern auch angesichts der strafrechtlichen Konsequenzen, die Johann von Leers schließlich vor das Reichsgericht brachten.

Aufschlussreich ist zunächst das Selbstbewusstsein, das der Autor angesichts der Agonie der Republik beim Übergang in die Phase der Präsidialkabinette demonstrierte: Früher habe die „Regierungspresse" im Nationalsozialismus ein „kriminalistisches Problem" gesehen. „Diese Zeit" jedoch, hielt er dem entgegen, „ist gewesen", und der Nationalsozialismus inzwischen die einzige Weltanschauung zur „Lösung der deutschen Frage".[333] Um angesichts des gleichermaßen erwarteten wie ersehnten Zusammenbruchs allerdings tatsächlich zur Macht zu gelangen, gelte es, „den gehässigen, machtgierigen Widerstand des Judentums" zu überwinden, das von der augenblicklichen Not profitiere und sich deshalb dem Nationalsozialismus noch entgegenstelle. Durch die von ihm kontrollierten Banken nämlich würde es „den schaffenden Unternehmer" immer wieder in Geldkrisen bringen und stets aufs Neue enteignen. Und durch die „jüdisch geleiteten Hypothekenbanken" werde auch weiterhin „deutsche Bauernerde" ausgepresst. Aus dieser wirtschaftlichen Machtstellung heraus resultiere zwar bislang ein erheblicher politischer Einfluss; doch dieses System, zeigte sich Johann von Leers zuversichtlich, stehe vor seinem Zusammenbruch. Es überrascht deshalb nicht, dass sich ihm ein Aufbruch anzukündigen schien, der vollenden werde, was die antisemitische Bewegung seit dem Kaiserreich angestrebt habe: „Es ist genug! Was seit Jahrzehnten der Traum der besten Deutschen war – die große starke Volksbewegung, die zugleich mit all den anderen Übeln auch die Weltpest vom deutschen Boden fegen soll – heute haben wir sie, heute ist das, was Stöcker (sic), Liebermann, Fritsch, Liebig [...] kaum zu träumen wagten, der Erfüllung nahe – weiter, größer und stärker, sozialistischer als sie es am Anfang sehen und ahnen konnten!"[334] Zum ersten Mal „seit Jahrzehnten" habe „der schaffende Deutsche seinen Feind erkannt"[335], dem sogleich, wenn auch vage und unbestimmt, die sich unweigerlich daraus ergebenden Folgen ausgemalt wurden: Die bevorstehende Wahl nämlich solle „der erste Faustschlag des erwachenden jungen Deutschland[s] in das angst- und wutverzerrte Gesicht des tausendjährigen Völkerschächters sein", hieß es weiter, was wörtlich zu verstehen war. Weder „schwarze noch weiße Juden" sollten künftig Einfluss

---

332 THOMAS, M.: Dem Weltfeind an den Kragen! Warum jeder Sozialist Judengegner sein muss, in: Angriff vom 24.07.1930.
333 EBD.
334 EBD.
335 EBD.

ausüben können und alle „Gold- und Geldherren" fallen, wenn erst die Wähler dem Appell des Autors gefolgt waren: „[R]ächt euch mit den Stimmzetteln an den Bankhyänen und Börsenhaifischen!"³³⁶ Dass der Beitrag zudem in seiner Überschrift mit der rhetorischen Frage aufmachte, weshalb „jeder Sozialist Judengegner sein muss", deutet zudem darauf hin, dass der Autor nicht bereits überzeugte Nationalsozialisten, sondern Wähler aus der Arbeiterschaft für die NSDAP zu gewinnen versuchte.

Nicht weniger befremdlich aber ist der Verlauf des Ermittlungsverfahrens und des schließlich folgenden Prozesses. So mussten immerhin vier Wochen vergehen, bis die Staatsanwaltschaft am Landgericht in Berlin sich überhaupt veranlasst sah, ein Strafverfahren gegen Goebbels als Herausgeber der Zeitung und den zunächst nicht näher bekannten Autor „M. Thomas" einzuleiten.³³⁷ Nicht auszuschließen ist dabei, dass diese Ermittlungen sich erst dem Druck des Centralvereins deutscher Staatsbürger jüdischen Glaubens (C.V.) unter ihrem Syndikus Hans Reichmann verdankten, der seit Ende der 1920er Jahre durch sein „Büro Wilhelmstraße" die antisemitische Propaganda im Reich aufmerksam beobachten ließ.³³⁸ Dass Reichmann dabei auch Johann von Leers frühzeitig ins Blickfeld geraten war, darauf deuten die wenigen überlieferten Unterlagen aus dem Archiv des C.V. hin, die 1933 nicht vernichtet wurden.³³⁹ Für die Ermittlungen selbst griff die Staatsanwaltschaft auf Paragraf 130 des Strafgesetzbuches („Volksverhetzung") zurück, wonach mit Geldstrafe oder Gefängnis bestraft werden konnte, wer „in einer den öffentlichen Frieden gefährdenden Weise verschiedene Klassen der Bevölkerung zu Gewalttätigkeiten gegeneinander öffentlich anreizt".³⁴⁰ Dies entsprach zwar der gängigen Praxis in Preußen.³⁴¹ Allerdings konnten damit auch Probleme verbunden sein. Nachdem Gerichte in der Endphase der Weimarer Republik nämlich „entgegen den einschlägigen Reichsgerichtsentscheidungen" immer öfter den Standpunkt

---

336 EBD.
337 Verfügungsabschrift, [?].08.1930 [LA Berlin, A Pr. Br. Rep. 58-399, Nr. 2516]. Der Vorgang selbst war allerdings 1931 zu Prozessbeginn in Abteilung I. A. der Inspektion III. der Berliner Polizei nicht mehr nachweisbar. Siehe Berliner Polizeibericht, Abteilung I.A. (Politische Polizei) der Inspektion III, 05.05.1931 [BArch, BDC 327, 827000092].
338 BARKAI, AVRAHAM: „Wehr Dich!" Der Centralverein deutscher Staatsbürger jüdischen Glaubens (C.V.) 1893-1938, München 2002.
339 REICHMANN, HANS: Neue nationalsozialistische Tatsachen. Unter dem Hoheitszeichen der Partei, in: C.V.-Zeitung 9 (1930) 8 vom 21.02.1930, S. 93 f.
340 Verfügungsabschrift, [?].08.1930 [LA Berlin, A Pr. Br. Rep. 58-399, Nr. 2516].
341 JAHR: Antisemitismus vor Gericht, S. 256-270. Zur gegenteiligen Einschätzung, wonach die Ahndung des Antisemitismus in dieser Zeit zumeist auf der Grundlage von Paragraf 166 StGB („Beschimpfung von Bekenntnissen, Religionsgesellschaften und Weltanschauungsvereinigungen") erfolgte, siehe WALTER: Antisemitische Kriminalität und Gewalt, S. 190 f.

vertraten, Juden stellten keine „Klasse" dar, sondern eine „Rasse", verlegten nicht wenige angeklagte Antisemiten sich auf die „beliebte Methode"[342], den Paragrafen mit der abwegigen Behauptung „auszuhebeln", sie würden durch ihre Agitation allenfalls Rassengegensätze verschärfen, nicht aber zum Klassenkampf aufrufen. Erschwerend kam hinzu, wie sich im weiteren Verfahren erwies, dass der Begriff der „Gewalttätigkeit" nicht klar bestimmt war. Johann von Leers freilich, dem die Ermittler schnell auf die Spur gekommen waren, musste sich einer solchen Argumentation nicht bedienen. Zwar räumte er in einer Vernehmung seine Urheberschaft ein, bestritt aber die Strafbarkeit seiner Äußerungen. Der Artikel, erläuterte er, betone *lediglich eine scharfe Gegensätzlichkeit*, ohne jedoch eine *bestimmte Klasse* anzugreifen. Seine scharfe Wortwahl rechtfertigte er sogar mit der Behauptung, damit allein *den in nationalsozialistischen Kreisen herrschenden antisemitischen Auffassungen* in *schärfster gesetzlich möglicher* Form Ausdruck verliehen zu haben, gerade so, als ob radikal antisemitische Äußerungen eine Selbstverständlichkeit seien.[343] Der Generalstaatsanwalt wies die Darstellung in seiner Anklageschrift im Januar 1931 denn auch als *abwegig* zurück und kam zu einer völlig gegenteiligen Einschätzung.[344] Ihm zufolge leiste Johann von Leers mit seinen Ausführungen *in einer den öffentlichen Frieden gefährdenden Weise* Vorschub dafür, dass *verschiedene Klassen der Bevölkerung zu Gewalttätigkeiten gegeneinander öffentlich angereizt* würden und insbesondere *Christen zu Gewalttätigkeiten gegen ihre jüdischen Mitbürger* sich ermutigt fühlen könnten.[345]

Bis es zur Verhandlung vor einem Berliner Schöffengericht kam, sollten neuerlich mehrere Monate verstreichen. Den zähen Fortgang des Verfahrens zu diesem Zeitpunkt wie später bei der Berufung provozierten dabei nicht zuletzt Johann von Leers und sein Anwalt, die damit auch ihre Verachtung der Justiz dokumentierten. Fadenscheinige Begründungen und offenkundige Verwirrspiele sowie polemisch abgefasste Schriftsätze[346] verschleppten mehrfach den Termin: Wie zufällig soll Johann von Leers demnach zum zunächst angesetzten Prozessbeginn *schwer erkrankt* und deshalb *nicht verhandlungs- und reisefähig* gewesen sein, wie sein Anwalt Wolfgang Zarnack (1902–1980), selbst ein „Alter

---

342 JAHR: Antisemitismus vor Gericht, S. 265.
343 Zur Person, 29.10.1930 [LA Berlin, A Pr. Br. Rep. 58-399, Nr. 2516].
344 Anklageschrift, 02.01.1931 [LA Berlin, A Pr. Br. Rep. 58-399, Nr. 2516].
345 Ebd.
346 Johann von Leers, Erwiderung auf die Revisionsbegründung o. D. [LA Berlin, A Pr. Br. Rep. 58-399, Nr. 2516, Bl. 80].

Kämpfer" und Rechtsbeistand zahlreicher NSDAP-Aktivisten, erklärte.[347] Auch das spätere Berufungsverfahren suchte er zu unterlaufen, indem er angeblich krankheitsbedingt um eine Verlegung des Termins bat – diesmal jedoch erfolglos.[348] Erschwerend kam in diesem Prozessstadium hinzu, dass Johann von Leers zwischenzeitlich seinen Wohnsitz gewechselt hatte, sodass zunächst keine ladefähige Anschrift vorlag.[349] Wie andere Beispiele belegen, war dies kein unüblicher Trick nationalsozialistischer Propagandisten, um Justizbehörden oder, in seinem Fall nicht weniger bedeutsam, Gläubigern den Zugriff zu erschweren.[350] Das Verfahren vor dem Schöffengericht endete denn auch Mitte April 1931 mit dem gewünschten Erfolg. Obgleich Johann von Leers keineswegs verhehlte, den Artikel aus einer *mit der antisemitischen Einstellung seiner Partei übereinstimmenden inneren Überzeugung heraus geschrieben* zu haben und auch nicht bestritt, dass seine Ausdrucksweise als *rabiat* bezeichnet werden könne, wollte er die unterstellte „Aufreizung zum Klassenhass" darin nicht erkennen. Als Beitrag im Wahlkampf sei es ihm ausschließlich darum gegangen, *für seine Partei zu werben und dieser zum Erfolg zu verhelfen*.[351] Ausdrücke wie „Faustschlag" stellten somit *durchaus übliche Wahlausdrücke* dar, die jedoch nicht weiter ernst genommen werden dürften.[352] Ein Zeitungsartikel werde schließlich nur *für den Tag geschrieben,* sodass seine Wirkung in einer *kurzlebenden und vielschreibenden Zeit* dementsprechend *rasch verflogen* sei.[353] Statt jedoch der Forderung des Staatsanwalts nach einer einmonatigen Gefängnisstrafe zu folgen, ließ das Gericht den erhobenen Vorwurf fallen und sprach Johann von

---

347 Zarnack an Amtsgericht Berlin-Mitte, 19.02.1931 [LA Berlin, A Pr. Br. Rep. 58–399, Nr. 2516]. Zu Zarnack, der 1923 der NSDAP beigetreten war und seit 1930 der Obersten SA-Führung angehörte, siehe KLEE, ERNST: Das Personenlexikon zum Dritten Reich, Frankfurt am Main 2007, S. 690 f. Siehe zudem das Verfahren aufgrund seines Artikels „Viehische Totenschändung! Prälat Lichtenberg verhöhnt unsere Gefallenen" im Angriff vom 26. Juni 1931, der im Februar 1932 vor dem Schöffengericht Berlin verhandelt werden sollte. Der Termin wurde offenkundig mit dem Hinweis ausgesetzt, Johann von Leers sei „durch Agitationsreisen am Erscheinen verhindert". Siehe dazu den Zeitungsartikel „Ende einer ‚Angriff-Journaille'" vom 27.02.1932. In welcher Zeitung der Artikel erschien, ist nicht zu erkennen [LA Berlin, A Pr. Br. Rep. 58–399, Nr. 2516].
348 Niederschrift über die öffentliche Sitzung der 2. Großen Strafkammer des Landgerichts vom 26.09.1931 [LA Berlin, A Pr. Br. Rep. 58–399, Nr. 2516].
349 Ersuchen der Staatsanwaltschaft, 08.09.1931 [LA Berlin, A Pr. Br. Rep. 58–399, Nr. 2516].
350 Zu ähnlichen Bemühungen Straßers siehe KISSENKOETTER: Gregor Straßer und die NSDAP, S. 43.
351 Schöffengericht Berlin-Mitte, Urteil vom 17.04.1931 [LA Berlin, A Pr. Br. Rep. 58–399, Nr. 2516, siehe auch BA-B, BDC 327, 827000092]
352 Johann von Leers, Erwiderung auf die Revisionsbegründung o. D. [LA Berlin, A Pr. Br. Rep. 58–399, Nr. 2516, Bl. 80].
353 Ebd.

Leers *auf Kosten der Staatskasse frei.*[354] Zwar vermochte der Richter durchaus der Annahme zu folgen, dass Ausführungen wie jene in dem inkriminierten Artikel *in bewegter Zeit* vor allem *politisch Unreife und unbeherrschte Menschen veranlassen* könnten, *Gewalttätigkeiten zu begehen.*[355] Eine Verurteilung indessen setze voraus, dass ein Autor mit seiner Wortwahl auch *eine nahe Möglichkeit der Störung herbeiführen* wolle, da andernfalls *Meinungsäußerung im politischen Kampfe im weiten Umfange unterbunden* werden müssten. Die Möglichkeit einer solchen Störung sah das Schöffengericht jedoch nicht, obgleich *in einzelnen Sätzen* durchaus *eine Aufforderung zu Gewalttätigkeiten gegen die Juden erblickt* werden könne. Da der angedrohte „Faustschlag" aber *mit dem Stimmzettel* versetzt werden solle, damit, wie das Gericht hervorhob, *der politische Tod der Gegner herbeigeführt* werde, würden *Gewaltausdrücke* dieser Art *nicht in ihrem eigentlichen, sondern in einem auf dem Kampf mit dem Stimmzettel übertragenen Sinne gebraucht.*[356] Eben deshalb fordere der Autor seine Leser auch nicht *zur Gewalt im eigentlichen Sinne* auf, sodass von einer *Anreizung zum Klassenkampf* keine Rede sein könne.[357]

Eine solche Argumentation verkannte nicht nur die Intention des Artikels, der nicht losgelöst vom weitläufigen politischen Aktionismus seines Autors als Redner und Propagandist gesehen werden kann, der Randale und Krawall provozierte. Sie stand ganz offensichtlich auch in Widerspruch zur höchstrichterlichen Rechtsprechung, wie der Oberstaatsanwalt in seiner Berufung gegen das Urteil ausführte. Das Schöffengericht, monierte er, vertrete nämlich *irriger Weise* den Standpunkt, dass für eine Verurteilung tatsächlich *eine nahe Möglichkeit der Störung* als erwiesen gelten müsse.[358] Dies jedoch, zerpflückte er das Urteil, widerspreche der Rechtsprechung des Reichsgerichts, die genau das Gegenteil ausdrücke. Für eine „Aufreizung" sei demnach keineswegs die *naheliegende Gefahr* erforderlich, *dass es zu Gewalttätigkeiten kommen werde.*[359] Stattdessen stehe das Reichsgericht auf dem Standpunkt, dass der öffentliche Frieden bereits dann gefährdet sei, *wenn durch die Anreizung die Gefahr begründet wird, dass zwar nicht sofort, aber doch bei irgendwelchem, dem Ausbruch von Gewalttätigkeiten begünstigenden Anlass die aufgereizten Klassen zu Gewalttätigkeiten*

---

354 Schöffengericht Berlin-Mitte, Urteil vom 17.04.1931[LA Berlin, A Pr. Br. Rep. 58–399, Nr. 2516, siehe auch BA-B, BDC 327, 827000092].
355 Ebd.
356 Ebd. Hervorhebung im Original.
357 Ebd.
358 Generalstaatsanwalt beim LG I, Berufungsbegründung vom 07.05.1931 [LA Berlin, A Pr. Br. Rep. 58–399, Nr. 2516]. Hervorhebung im Original.
359 Ebd.

schreiten werden.[360] Eine solche Gefahr aber werde durch den Artikel sehr wohl begründet, was sich schon daraus ergebe, dass er *kurz vor den Wahlen* in einer Zeit aufgeheizter *politischer Spannung* erschienen war.[361] Im Übrigen ließe auch die Wortwahl des Autors *keinen Zweifel* daran, *dass zu Gewalttätigkeiten gegen Juden aufgefordert werden sollte.*[362]

Umso enttäuschender musste es deshalb für den Oberstaatsanwalt sein, dass das Landgericht im September 1931 die Berufung verwarf. Zwar folgten die Richter der Argumentation des Staatsanwaltes, wonach für die Störung des öffentlichen Friedens nicht zwingend eine *nahe Möglichkeit* für *Gewalttätigkeiten gegen bestimmte Klassen* vorliegen müsse und stattdessen auch eine abstrakte *Gefahr* ausreiche, die einen *begünstigenden Anlass* für solche *Gewalttätigkeiten* schaffe. Eine *Anreizung zu Gewalttätigkeiten gegen die Juden* wollte die Kammer jedoch bei Würdigung der *Gesamttendenz* des Artikels *nicht erblicken.*[363] Wie bereits die Vorinstanz betrachtete sie diese nämlich ausschließlich im Kontext des laufenden Wahlkampfes, wonach Leser alleine dahingehend beeinflusst werden sollten, *ihre Stimmzettel für die nationalsozialistische Partei, die den Antisemitismus zu einem ihrer Grundsätze erhoben hat, abzugeben.*[364] Dass die Wahl zugleich als *erste[r] Faustschlag des erwachenden jungen Deutschland[s] in das angst- und wutverzerrte Gesicht des tausendjährigen Völkerschächters* bezeichnet wurde, war demnach nur *bildlich zu verstehen.*[365] Angesichts bürgerkriegsartiger Krawalle im Wahlkampf zeugten solche Einlassungen allerdings von politischer Naivität oder Ignoranz der Richter. Den Satz „*Es kommt der Tag, wo wir uns rächen*" etwa kommentierten sie lapidar damit, dieser lasse sich wiederum nach der Gesamttendenz des Artikels nur so auffassen, *dass für den Fall einer Machtübernahme durch die Nationalsozialisten sie in ihrem Sinne ihre Herrschaft festigen werden.*[366] Ähnliches gelte für die im Artikel zitierte und unter Antisemiten verbreitete angebliche *Weissagung von Kloster Lehnin* („Israel wagt ein ungeheures Verbrechen, das es mit dem Tode büßen muss"). Sie sei nach ihrem Tenor ebenso *symbolisch zu verstehen*, wie die Ankündigung, die *Gold- und Geldherren* würden

---

360 Ebd.
361 Ebd.
362 Ebd.
363 Urteil der 2. Großen Strafkammer des Landgerichts I Berlin vom 26.09.1931 [LA Berlin, A Pr. Br. Rep. 58–399, Nr. 2516].
364 Ebd.
365 Ebd.
366 Ebd.

demnächst *fallen*.³⁶⁷ Eine Aufforderung, *Gewalttätigkeiten gegen [...] Juden* auszuüben, wollten die Richter jedenfalls nicht aus dem Artikel lesen. Stattdessen diene er *lediglich* dazu, die NSDAP durch die Stimmabgabe zu stärken, um *ihre später erhoffte Herrschaft zu festigen*.³⁶⁸

Seinen Freispruch hatte Johann von Leers damit allerdings noch nicht erwirkt. Das Urteil des Landgerichts nämlich setzte umgehend den Generalstaatsanwalt in Bewegung, der noch am gleichen Tag Revision ankündigte.³⁶⁹ Seine Argumentation lief darauf hinaus, dass das Landgericht zwar im Gegensatz zu dem Schöffengericht der Instanz zuvor nicht verkenne, dass es keineswegs einer *nahe[n] Gefährdung des öffentlichen Friedens* durch unmittelbare Gewalthandlungen der *aufgereizten Klassen* bedürfe, sondern bereits die durch einen *begünstigenden Anlass* heraufbeschworene Gefahr dafür genüge.³⁷⁰ *Unrichtig* sei allerdings die Ansicht des Gerichtes, dass in dem Artikel *eine Anreizung zu Gewalttätigkeiten nicht zu erblicken sei*.³⁷¹ Obgleich dem Autor zugestanden werden müsse, dass er seine Leser *in erster Linie* davon überzeugen wolle, Nationalsozialisten zu wählen, enthalte der Artikel doch angesichts seiner gewaltgeladenen *Ausdrucksweise* und Racheandrohungen *über die allgemeine Tendenz [...] hinaus* auch eine *Anreizung zu Gewalttätigkeiten*, wie sie das Strafgesetzbuch durch Paragraf 130 sanktioniere.³⁷² Eine Gefährdung des öffentlichen Friedens könne allein deshalb unterstellt werden, weil der Artikel *kurz vor den Wahlen* in einer Zeit *politischer Spannung erschienen* war.³⁷³

---

367 Zur angeblichen Prophezeiung eines „Bruder Hermann", der um 1300 im Kloster Lehnin gelebt und den Untergang der Hohenzollern-Dynastie ankündigte haben soll, sowie ihrer Überlieferung siehe GIESELER, J[OHANN] C[ARL] L[UDWIG]: Die Lehninsche Weissagung gegen das Haus Hohenzollern, als ein Gedicht des Abtes von Huysburg, Nicolaus von Zitzwitz, Erfurt 1849. Zum Wortlaut siehe dort S. 5: „Israel wagt einen entsetzlichen Frevel, des Todes würdig". Siehe auch BOUVEROT, LOUIS DE: Die wunderbare Prophezeiung des Bruders Hermann von Lehnin. Mit vollständiger Erklärungen nach dem französischen Werke, Köln o. J. [1845]. Zur Rezeption unter Antisemiten siehe LUDENDORFF, ERICH: Auf dem Weg zur Feldherrnhalle. Lebenserinnerungen an die Zeit des 9.11.1923, München 1937, S. 25 f. Zur Rezeptionsgeschichte allgemein DÖPP, SIEGMAR: Vaticinium Lehninense. Die Lehninsche Weissagung. Zur Rezeption einer wirkungsmächtigen lateinischen Dichtung vom 18. bis 20. Jahrhundert, Hildesheim/Zürich/New York 2015.
368 Urteil der 2. Großen Strafkammer des Landgerichts I Berlin vom 26.09.1931 [LA Berlin, A Pr. Br. Rep. 58–399, Nr. 2516].
369 Generalstaatsanwalt Landgericht I an 2. Strafkammer, 29.09.1931 [LA Berlin, A Pr. Br. Rep. 58–399, Nr. 2516]. Siehe auch Revisionsbegründung Generalstaatsanwalt Landgericht I, 07.10.1931 [LA Berlin, A Pr. Br. Rep. 58–399, Nr. 2516].
370 Generalstaatsanwalt Landgericht I Berlin, Revisionsbegründung vom 11.12.1931 [LA Berlin, A Pr. Br. Rep. 58–399, Nr. 2516].
371 Ebd.
372 Ebd.
373 Ebd.

Was bereits der Oberstaatsanwalt erfahren hatte, musste jetzt auch sein Vorgesetzter erleben: Im März 1932 nämlich verwarf das nunmehr bemühte Reichsgericht die Revision als unbegründet.[374] Die Richter des Zweiten Senats in Leipzig schlossen sich stattdessen dem Urteil aus dem Berufungsverfahren an, wonach der Wortlaut des Artikels zwar auf *Gewalttätigkeiten* hinweise, die Ausführungen allerdings *nicht im Sinne einer Aufforderung zu Gewalttätigkeiten* gelesen werden dürften, sondern *bildlich und symbolisch zu verstehen* seien. Dies aber konnte ihrer Ansicht nach nur den Schluss zulassen, Johann von Leers habe eine *Anwendung von Gewalt nicht im Auge gehabt,* habe er doch davon ausgehen können, dass seine Leser *den Sinn der Worte richtig verstehen.*[375] Insofern sei der Artikel auch *nicht geeignet* gewesen, *eine Stimmung zu erzeugen, die zu Gewalttätigkeiten gegen die Juden führen könnte oder eine ernstliche und berechtigte Beunruhigung bei der jüdischen Bevölkerung hervorzurufen.* So genau die Richter einzuschätzen wussten, wie übertrieben Sorgen und Ängste unter Juden seien, so genau wussten sie auch über die Motive des Autors Bescheid, der *eine solche Wirkung [...] nicht in seinen Willen aufgenommen habe.*[376] Das Urteil des Reichsgerichts, das den Freispruch der ersten Instanz bestätigte, konnte allerdings nicht nur Johann von Leers als Triumph verbuchen. Vom Ausgang des Verfahrens profitierte auch Goebbels, gegen den als Herausgeber der Parteizeitung ebenfalls ermittelt worden war. Unmittelbar darauf wurde das Verfahren mit Hinweis auf die angeblich eingetretene Verjährung eingestellt, um einen Freispruch zu vermeiden.[377]

3.2.5 Stilbildend: „Nazipropaganda [...] im Urzustand"

Das Fiasko dieses Verfahrens hatte gezeigt, wie schwer antisemitischen „Gewalttätigkeiten" dieser Art schon in der Weimarer Republik mit den Mitteln des Strafrechts beizukommen war, zumal unter den Vorzeichen einer Justiz, die als „blind" auf dem rechten Auge galt.[378] Umso mehr gilt dies für Schriften, die Johann von Leers in den Monaten unmittelbar nach der Übertragung der Macht an die Nationalsozialisten 1933 veröffentlichte. Als Schlüsseldokument

---
374 Urteil vom 03.03.1932 [LA Berlin, A Pr. Br. Rep. 58–399, Nr. 2516, Bl. 81 f.].
375 Ebd.
376 Ebd.
377 Generalstaatsanwalt Landgericht I Berlin an Preußischen Justizminister, 08.04.1932 und 14.07.1932 [LA Berlin, A Pr. Br. Rep. 58–399, Nr. 2516].
378 Siehe bereits HANNOVER, HEINRICH/HANNOVER-DRÜCK, ELISABETH: Politische Justiz 1918–1933, Berlin 2019 (EA 1966), insbesondere S. 300–312 sowie JASPER, GOTTHARD: Der Schutz der Republik. Studien zur staatlichen Sicherung der Demokratie in der Weimarer Republik 1922–1930 (Tübinger Studien zur Geschichte und Politik, Bd. 16), Tübingen 1963, S. 288 f.

kann dabei sein Pamphlet „Juden sehen Dich an" betrachtet werden. Obgleich es sich dabei nur um eine von mehreren Veröffentlichungen dieses Stils handelte, erregte er damit doch das größte Aufsehen.[379] Im Gegensatz nämlich zur eigennützigen Reaktion des Schriftstellers Rudolf G. Binding (1867–1938), der dieses „höchst geschmacklose Buch" vor allem aus Sorge um den Absatz seiner eigenen Werke im Ausland für den „Export" verbieten wollte, damit es nicht „Greuelnachrichten" Vorschub leiste[380], sprachen ausländische Beobachter und deutsche Emigranten offen aus, was von dem Pamphlet zu halten war: Ein „unglaublich[es] Dokument der Verwilderung" erkannte etwa der polnische Journalist Antoni Sobański (1891–1941) darin, der während eines Besuchs auf der Geschäftsstelle des „Angriffs" darin geblättert hatte.[381] Als „Nazipropaganda [...] im Urzustande" charakterisierte Alfred Kantorowicz die Broschüre in der Pariser Exilzeitschrift „Das Blaue Heft", einem der publizistischen Sprachrohre der deutschen Flüchtlinge.[382] *Wir fragen uns vergeblich, wann in der Geschichte des Erdteils ein solcher Grad an Infamie und Unwissenheit jemals erreicht wurde,* urteilte Klaus Mann in einem Manuskript über dieses *barbarische Bilderbuch*.[383] Für „La Tribune Juive" in Strasbourg zählte es „zu dem gemeinsten und rohesten [...], was die sicherlich nicht sehr wählerischen Nazischreiber hervorgebracht haben".[384] Ein „Hassprodukt" nannte die in Wien lebende katholische Publizistin Irene Harand das Pamphlet.[385] Der kommunistische Renegat Heinz

---

379 LEERS, JOHANN VON: Juden sehen Dich an, Berlin o. J. [1933]. Siehe u. a. auch DERS.: 14 Jahre Judenrepublik. Die Geschichte eines Rassenkampfes, Berlin o. J. [²1933]; DERS.: Forderung der Stunde: Juden raus, Berlin o. J. [um 1933]; DERS.: Deutschlands Stellung in der Welt (Das Dritte Reich. Bausteine zum neuen Staat und Volk), Leipzig o. J. [1933]; DERS.: Vor 10 Jahren. Hitler-Putsch vom 9. November 1923, Plauen im Vogtland o. J. [1933].
380 Binding an Anglo-German Academic Bureau, London (Deissmann), 04.12.1933, zit. nach BARTHEL, LUDWIG FRIEDRICH (HRSG.): Rudolf G. Binding. Die Briefe, Hamburg 1957, S. 227.
381 SOBAŃSKI, ANTONI GRAF: Nachrichten aus Berlin 1933–1936, Berlin 2007, S. 80.
382 KANTOROWICZ, ALFRED: Juden sehen Dich an, in: Das Blaue Heft 12 (1933) 22 vom 15.06.1933, S. 696 bzw. 12 (1933) 23 vom 01.07.1933, S. 724. Zu der Zeitschrift siehe MASS, LIESELOTTE: Handbuch der deutschen Exilpresse, hrsg. von Eberhard Lämmert (Bd. 4: Die Zeitungen des deutschen Exils in Europa von 1933 bis 1939 in Einzeldarstellungen), München 1990, S. 46–50. Zu frühen Reaktionen siehe auch FANPOL, PAUL: „Ungehängt!", in: Die neue Weltbühne 2 (1933) 20 vom 18.05.1933, S. 621 f.; O. V.: Barbaren sehen Dich an. Die „Kultur"literatur im Dritten Reich, in: Der Morgen (Wien) vom 29.05.1933. Zum Nachweis siehe ASPETSBERGER, FRIEDBERT; „arnolt bronnen". Biographie, Wien 1995, S. 30.
383 MANN, KLAUS: Zur Orientierung über das neue Deutschland (Ms.) [Monacensia, NL Mann, Nr. 476 bzw. 501]. Siehe auch Die Sammlung 1 (1934), S. 55.
384 La Tribune Juive 16 (1934) 9 vom 02.03.1934, S. 16.
385 HARAND, IRENE: „Sein Kampf". Antwort an Hitler, Wien 1935, S. 216–218. Die Katholikin Harand (1900–1975), die 1933 mit dem jüdischen Rechtsanwalt Moriz Zalman einen „Weltverband gegen Rassenhass und Menschennot" gegründet hatte, hielt seit dieser Zeit zahlreiche Vorträge in Europa und den USA, mit denen sie über das Wesen des Nationalsozialis-

Brandt wiederum, bis zu seiner Verhaftung 1934 Herausgeber einer illegalen Betriebszeitung in Berlin, erinnerte sich noch mehr als dreißig Jahre später dieser „Schandschrift" und ihrer „schmutzigen" Illustrationen.[386] Die nachhaltige Wirkung kommt freilich nicht nur in solch empörten Reaktionen im Ausland zum Ausdruck.[387] Bedeutsam war die Broschüre, die als „eine der Inkunabeln nationalsozialistischer Judenfeindschaft"[388] gelten kann, auch aufgrund ihrer stilbildenden Funktion für antisemitische Propagandaprojekte in den folgenden Jahren. Besonders langlebig erwies sich überdies der Makel, der Johann von Leers seit dieser Veröffentlichung anhaftete. Auf „Juden sehen Dich an" gründete sein Ruf, ein radikaler Antisemit zu sein. Als er Ende der 1950er Jahre Überlegungen zu einer Rückkehr in die Bundesrepublik anzustellen begann, verlangte ihm die Broschüre mehrfach Erklärungen und Rechtfertigungen über ihre Entstehung ab. Als seine Familie diesen Schritt im Frühjahr 1964 dann tatsächlich vorbereitete, zögerte Johann von Leers nicht zuletzt deshalb, weil er fürchtete, aufgrund dieser Schrift *gerichtliche Schwierigkeiten zu bekommen.*[389] Was aber zeichnete die Schrift aus, dass sie solche heftigen Reaktionen provozierte und weit über 1945 hinaus wirken sollte?

---

mus – und insbesondere des Antisemitismus – aufklären wollte. Zur Biographie siehe REITER, FRANZ RICHARD (HRSG.): „Sein Kampf". Antwort an Hitler von Irene Harand (Dokumente, Berichte, Analysen, Bd. 13), Wien 2005.

386 BRANDT, HEINZ: Ein Traum, der nicht entführbar ist. Mein Weg zwischen Ost und West, Frankfurt am Main 1985 [EA 1967], S. 107. Brandt (1909–1986), der sich seiner Behauptung nicht sicher schien, irrte freilich in der Annahme, dass von Leers in dem Pamphlet „unter dem sinnigen Namen ‚Benjamin Taubenschweiß' (ungehenkt)" auch einen seiner Weggefährten, den langjährigen KPD-Funktionär Robert Volk, „mit einem Konterfei im Stürmer-Stil zur Schau stellte". Tatsächlich wird Volk bei von Leers nicht erwähnt. Brandt dürfte stattdessen das Buch des früheren KPD-Funktionärs Georg Schwarz gemeint haben, der 1933 zur NSDAP übergetreten war. Siehe SCHWARZ, GEORG: Völker, höret die Zentrale. KPD bankrott, Berlin 1933, S. 172, 226.

387 Beispielhaft in der französischen Presse GUERIN, DANIEL: La peste brune a passé par là. VII: Des juifs te regardent, in: Midi Socialiste (Toulouse) vom 03.07.1933; O.V.: En Allemagne antijuive, in: Cyrano 2 (1933) 471 vom 23.06.1933, S. 17.

388 BENZ: „Der ewige Jude", S. 39. Siehe auch BERG, RAINER MICHAEL: Kurt Tucholskys „Deutschland, Deutschland über alles" im Spiegel der Presse der Weimarer Republik. Ein Beitrag zur Rezeptionsgeschichte eines kontroversen „Bilderbuches" (Diss. phil.), Frankfurt am Main 2008, S. 275, der in dem Pamphlet „eine antisemitische Feindbildfibel" sieht, „die im NS-Schrifttum nur noch einmal mit ‚Der ewige Jude' ihresgleichen finden sollte". Zu weiteren Veröffentlichungen in diesem Stil siehe v. a. DIEBOW, HANS: Der ewige Jude, München 1937. Der Band enthielt 265 Bilddokumente mit Kommentaren, in denen Opfer nationalsozialistischer Propaganda diffamiert wurden.

389 BND, Meldedienstliche Verschlusssache, Betr.: Johann von Leers, 23.04.1964 [BND, V-12859,1, Bl. 59].

Johann von Leers war Zeit seines Lebens vom globalen Ausmaß der „Judenfrage" überzeugt. „Das Judentum ist eine Weltgefahr mit seiner Streitsucht, Unverträglichkeit, wirtschaftlichen Bodenlosigkeit und Anmaßung", schrieb er bereits 1930 im „Angriff" und zog daraus den Schluss, dass das „Problem der Weltjudenheit im internationalen Maßstab zu lösen" sei.[390] „Das Judentum ist eine Weltmacht, und die Auseinandersetzung mit ihm ist keine innenpolitische allein, sondern eine weltpolitische", stellte er 1935 im „Handbuch der Judenfrage" fest. Die Vorstellung und Fiktion einer jüdischen Verschwörung mit dem Ziel einer *Herrschaft über die ganze Welt* blieb bis zu seinem Tod ein stets wiederkehrendes Element seiner Korrespondenzen.[391] Die „Zurückdrängung des Judeneinflusses", wie sie die antijüdische Gesetzgebung seit 1933 bewirkt hatte, konnte für ihn deshalb nur eine Etappe sein in einem Kampf, der stets Gefahr laufe, seinen Gegner zu unterschätzen: Wenn „wir es aufgeben, die jüdischen Wege in der Welt aufmerksam zu beobachten, würde dieser zähe und entschlossene Gegner aufs neue zu Kraft kommen", mahnte Johann von Leers.[392] Mit der Parole „Der Kampf geht weiter" endete denn auch die Broschüre „Juden sehen Dich an".[393] Damit „der alte böse Feind Juda" endgültig geschlagen werde, sollte das Pamphlet seinen Lesern das „Rüstzeug" auf dem Weg „bis zum Endsieg" geben.[394] Die Aufgabe der Broschüre sah er darin, „dem Deutschen Volke noch einmal lebendig [zu] zeigen", wie „fremdes Volkstum" es „politisch, geistig und wirtschaftlich beherrscht hat", auf „allen Gebieten des Lebens zur Niederhaltung und Unterdrückung des Deutschtums zusammenarbeitete" und „jeden Tag seine satanische Herrschaft wieder antreten würde, wenn das Deutschtum schwach wird."[395] Was der „Dummkopf", wie Alfred Kantorowicz den Herausgeber bezeichnete[396], seinen Lesern dann präsentierte, war in seiner Form und Gestalt kaum zu überbieten. Die „ziemlich wahllose Zusammenstellung", wie sie bereits die Herausgeber des „Braunbuchs" nach dem Reichstagsbrand erkannten[397], reihte Fotografien und kurze Begleittexte zu rund 60 bedeutenden, den Nationalsozialisten allerdings verhassten Persönlichkeiten

---

390 THOMAS, M.: Englands Reinfall in Palästina, in: Der Angriff vom 04.11.1930.
391 Johann von Leers an unbekannten Adressaten, 15.10.1960 [BND, V-12859,1, Bl. 107–110, hier 108f.].
392 LEERS, JOHANN VON: Zur Geschichte des deutschen Antisemitismus, in: Handbuch der Judenfrage. Die wichtigsten Tatsachen zur Beurteilung des jüdischen Volkes, Leipzig ³⁹1935, S. 514–544, hier S. 543.
393 LEERS, JOHANN VON: Juden sehen Dich an, Berlin o. J. [1933], S. 95.
394 EBD., S. 3.
395 EBD., S. 4.
396 KANTOROWICZ: Juden sehen Dich an, S. 724.
397 Braunbuch über Reichstagsbrand und Hitler-Terror, Basel ³1933, S. 227.

aus den Bereichen Kultur, Kunst, Wissenschaft und Politik aneinander. „Damit jedermann sieht, welche Teufel in Menschengestalt Deutschland mit neuer Judenherrschaft bedrohen, haben wir sie hier abgebildet", erklärte Johann von Leers dieses Vorgehen.[398] Um jedoch dem Ausland zu zeigen, „wie schonsam das deutsche Volk" gewesen sei, „möchten wir überall hinter ihren Namen und Bildern feststellen, dass sie nicht gehängt wurden", fuhr der Autor fort.[399] Tatsächlich war den Kurztexten zu zahlreichen Porträts der Hinweis „ungehängt" hinzugefügt worden, gleich einem Menetekel.[400] Juden, die noch in Deutschland lebten und, wie es zynisch hieß, „den Schutz der Gesetze" genössen, sollten die Bilder als Mahnung betrachten und sich darüber im Klaren sein, dass sie den neuen Machthabern „für die echt germanische Duldsamkeit und Mäßigung in Bescheidenheit dankbar" sein müssten.[401] Andere Völker nämlich, so Johann von Leers mit drohendem Ton weiter, „hätten auf die Teufeleien von 14 Jahren Judenherrschaft viel brutaler reagiert". Die Kategorien seiner so erstellten „Galerie von Volksverderbern"[402] beschworen Stereotype der Judenfeindschaft, die an niedere Instinkte appellierten, indem sie die vermeintliche Macht des Judentums anprangerten, den „Bolschewismus" als jüdische Erfindung brandmarkten und, symptomatisch für viele seiner Veröffentlichungen, Juden als Kriminelle denunzierten: Neben „Blutjuden", „Kunstjuden" oder „Geldjuden" finden sich auch „Zersetzungsjuden", „Lügenjuden" und „Betrugsjuden". „Juden sehen Dich an" fand offensichtlich große Verbreitung. Innerhalb weniger Monaten erlebte die Schrift mindestens drei Auflagen. 1935 wurde sie erneut gedruckt. Eine Ursache für diesen kommerziellen Erfolg dürfte möglicherweise darin zu sehen sein, dass die Schrift „für alle Schulbibliotheken" zum Erwerb empfohlen war.[403]

Es ist allerdings nur eine Seite der Medaille, „Juden sehen Dich an" im Kontext der NS-Propaganda seit Anfang 1933 als Beispiel für den ungebrochenen Radauantisemitismus aus der „Kampfzeit" zu betrachten, der „noch ganz den Geist der NSDAP-Kundgebungen der zwanziger Jahre" atmete.[404] In der Kontinuität seiner bisherigen Propaganda stand zudem die antikapitalistische Rhetorik, die zahlreiche seiner Schriften vor 1933 kennzeichnete: Der „Judengeist in der Wirtschaft", schrieb Johann von Leers, lasse sich nur dann „wirk-

---

398 LEERS, JOHANN VON: Juden sehen Dich an, Berlin o. J. [1933], S. 5.
399 EBD.
400 Diese Anmerkungen finden sich in den 1933 veröffentlichten Auflagen, waren aber in der 4. und 5. Auflage, die beide um 1935 erschienen sein dürften, gestrichen worden.
401 LEERS, JOHANN VON: Juden sehen Dich an, Berlin o. J. [1933], S. 5.
402 EBD., S. 4.
403 Das zumindest behauptete die „Arbeiter Illustrierte Zeitung". Siehe „Ungehängt!" Greuelpropaganda, von ihnen selbst besorgt, in: A.I.Z. 7 (1933) 28 vom 20.07.1933, S. 484 f., 490.
404 BENZ: „Der ewige Jude", S. 42.

lich ausschalten", wenn nunmehr „der deutsche Sozialismus" auf der Grundlage des „nationalsozialistischen Parteiprogramms" Wirklichkeit werde. Dies allerdings setze „eine wirkliche Verstaatlichung der Banken und der (bisher) bereits vergesellschafteten Betriebe (Truste)" voraus, „verbunden mit einer geistigen Neugestaltung unseres Volkes, wie sie sich in der antikapitalistischen Sehnsucht des deutschen Volkes und seinem ehrlichen Hass gegen den Geldsack zeigt".[405] Ebenso aber kann „Juden sehen Dich an" als Gradmesser für die offiziöse Haltung der neuen Machthaber gegenüber der jüdischen Minderheit zu Beginn der nationalsozialistischen Herrschaft betrachtet werden, war doch der Autor ein nicht unbedeutender Propagandist. Das Pamphlet machte Juden unmissverständlich deutlich, dass sie als „fremdes Volkstum" eine Bedrohung darstellten und deshalb ihr politischer Einfluss, ihre kulturelle Macht und ihre wirtschaftliche Dominanz auszuschalten seien, um so die vermeintliche „Judenherrschaft" zu beenden.

Eine weitere Facette in diesem Zusammenhang ist, dass „Juden sehen Dich an" erkennen ließ, wie eng Johann von Leers in antisemitische Propagandawellen seit 1933 eingebunden gewesen ist, mit denen die Öffentlichkeit auf die eingeleitete „Säuberung" des Staats- und Verwaltungsapparates ausgerichtet werden sollte. „Die jüdisch-blütigen Lehrer und Lehrerinnen sind zum Schutz der deutschen Kinder vor sittlicher Verderbnis aus dem Schulunterricht sogleich beurlaubt worden und werden entfernt werden", rechtfertigte der Autor beispielsweise das einschlägige Gesetz zur Wiederherstellung des Berufsbeamtentums, ohne es ausdrücklich zu erwähnen.[406] Seine enge Einbindung in die Propagandaarbeit erklärt auch, weshalb es wohl 1935 – dem Jahr der Nürnberger Gesetze – zu einer Neuauflage der Schrift kam, die Juden als parasitäre Existenzen darstellte und ihren Einfluss auf das öffentliche und kulturelle Leben in grellen Tönen zeichnete. Wie bereits unmittelbar nach der Machtübernahme und wie erneut 1938 wollte das Regime damit den Eindruck erwecken, „als ob erst durch die ,Befreiung' vom angeblich drückenden jüdischen Einfluss die reine nationalsozialistische ,Volksgemeinschaft' hergestellt werden könne".[407] Darüber hinaus bestätigt „Juden sehen Dich an" die Annahme, dass in den ersten Jahren der NS-Herrschaft, als das Regime sich zunächst stabilisierte, antisemitische Kampagnen, die „das Rad im Schwung"[408] halten sollten, „offensichtlich in erster Linie über die Parteipresse und den Propagandaapparat der Partei, nicht jedoch über

---

405 LEERS, JOHANN VON: Juden sehen Dich an, Berlin o. J. [1933], S. 84.
406 EBD., S. 4f.
407 LONGERICH: „Davon haben wir nichts gewusst!", S. 297.
408 BENZ: „Der ewige Jude", S. 41.

die allgemeine Presse geführt" wurden.[409] Zwar waren die Möglichkeiten der Propaganda 1933 größer geworden, vor allem auch durch die Errichtung des Propagandaministeriums.[410] Die Schrift erschien allerdings nicht in einem Verlag, der dem Einflussbereich Goebbels zugerechnet werden konnte, sondern in einer parteieigenen Unternehmung, dem NS-Druck und Verlag, der vor allem Material für den Straßenkampf der Nationalsozialisten produziert hatte.[411]

Die Bedeutung des Pamphlets zeigte sich darüber hinaus in seiner stilbildenden Funktion. Aufschlussreich ist zunächst, wem die Veröffentlichung gewidmet war. Seine Referenz nämlich erwies Johann von Leers mit Julius Streicher jenem „tapferen Vorkämpfer"[412] gegen das Judentum, der ihn auch in die Partei geführt haben soll. „Furchtlos und treu dem deutschen Blute" habe dieser „immer in der vordersten Linie der nationalsozialistischen Front gestanden" und den „nationalsozialistischen Gedanken" verbreitet, wonach „Juda" der „Verderber Deutschlands" und dessen „Todfeind" schlechthin sei.[413] Insofern kann es kaum überraschen, dass Inserate im „Stürmer" für das Pamphlet warben.[414] Abwegig ist angesichts dessen auch die Behauptung von Gesine von Leers dreißig Jahre später, die einem Journalisten gegenüber erklärte, ihr Mann sei *[n]iemals [...] an Pamphleten im ‚Stürmer'-Stil beteiligt* gewesen.[415] Stilbildend war „Juden sehen Dich an" zudem, weil es eine Reihe von Topoi enthält, die zum Kennzeichen zahlreicher weiterer Veröffentlichungen aus der Feder von Johann von Leers wurden. Beispielhaft sind phrasenhafte Wendungen, die Juden als Kriminelle und Verbrecher denunzierten und ihre Anlage dazu auf das Wesen ihrer Rasse zurückführten. Man könne „nicht Jude sein, wenn man nicht in irgendeiner Weise mindestens anlagemäßig kriminell ist", fasste er 1944 seine Ansichten zusammen.[416] Als „Volk des Gangstertums" mit „kriminellen Instinkten" hatte er Juden kurz

---

409 LONGERICH: „Davon haben wir nichts gewusst!", S. 56.
410 BENZ: „Der ewige Jude", S. 42.
411 Siehe beispielsweise SCHRÖDER, EDGAR: SA- und SS-Appell der Gruppe Berlin-Brandenburg und der Gruppe Ost in Berlin, Berlin 1933; GERBER, EDUARD: Ursachen der Erwerbslosigkeit und deren Beseitigung, Berlin 1933; KNOSPE, FRANZ: Selbst-Schutz Ober-Schlesien, Berlin 1933; Sturm 33, Hans Maikowski. Geschrieben von Kameraden des Toten, Berlin o. J. [um 1934]; PLISCHKE, KURT: Der Jude als Rasseschänder. Eine Anklage gegen Juda und eine Mahnung an die deutschen Frauen und Mädchen, Berlin o. J. [um 1934]. Der Verlag war eng verbunden mit dem Verlag Deutsche Kulturwacht, der wiederum Hans Hinkel und dem Kampfbund für Deutsche Kultur nahestand.
412 LEERS, JOHANN VON: Juden sehen Dich an, Berlin o. J. [1933], S. 3. Nach Angabe von Benz findet sich die Widmung erst ab der 3. Auflage 1933. Siehe BENZ: „Der ewige Jude", S. 39.
413 EBD., S. 3.
414 Siehe dazu: Der Stürmer Nr. 21, Mai 1933. Das Inserat war allerdings offensichtlich durch eine Nürnberger Buchhandlung veranlasst worden.
415 Gesine von Leers an Helmensdorfer (FAZ), 08.04.1963 [APABIZ].
416 LEERS: Verbrechernatur der Juden, S. 41.

zuvor verunglimpft.[417] Ihren Ursprung finden diese typischen Formulierungen im Kapitel über „Betrugsjuden" in „Juden sehen Dich an". „Die Verbindung des Judentums zum Verbrechertum ist Jahrtausende alt", erklärte er dort im Tonfall des Staatsanwaltes.[418] Seine schlichte Beweisführung, die ihre Belege – vergleichbar dem „Handbuch der Judenfrage" – aus Altem Testament und Talmud bezog, erhob die angebliche „Verbindung zwischen Judentum und Gaunertum" zu einer weltgeschichtlichen Konstante, die – für die NS-Presse während der Weimarer Republik ein zentrales Feld der Agitation – „Betrug" und „Korruption" durch das „besonders geschulte Ostjudentum" als logische Konsequenz erscheinen lässt: „Bei diesen jüdischen Massenfällen von Betrügern handelt es sich unzweifelhaft um eine tiefe sittliche Erkrankung des jüdischen Volkskörpers."[419] Ähnliches gilt für Behauptungen über „Zersetzungsjuden" auf den Gebieten von Kunst und Kultur. Diese hätten „Unsittlichkeit" propagiert, „Schmutzbücher [...] in Massen" produziert und, da es sich hier um eine „Domäne der jüdischen Mediziner" handele, wie Johann von Leers zu wissen glaubte, durch Abtreibungen den „katastrophale[n] Geburtenrückgang" zu verantworten. Damit verfolgten sie das Ziel, „das deutsche Volk innerlich aufzulösen" und es „damit kampfunfähig zu machen".[420] Es sei deshalb „Pflicht jedes Deutschen", diese „Volksvergiftung durch jüdisches Laster" anzuzeigen. Der stilbildende Charakter des Pamphlets zeigte sich des Weiteren darin, dass auf der Basis pseudowissenschaftlicher Erkenntnisse ein grotesker Vorschlag für die politische Praxis unterbreitet wurde. „Viele ernste Forscher", hieß es, führten die „sittliche Erkrankung" der Juden auf „den Mangel an einem wirklichen Siedlungsland [...] zurück".[421] Eine „positive Lösung" der Judenfrage, die Johann von Leers in den folgenden Jahren noch mehrfach aufgreifen sollte (siehe Kap. 5.2.1), sah er deshalb darin, Juden in einem „möglichst außereuropäischen" Gebiet anzusiedeln, beispielsweise auf der Insel Madagaskar. Die Idee war allerdings weder neu noch originell. Ihre Ursprünge reichen in das späte 19. Jahrhundert zurück. Anhänger fand sie seitdem in vielen europäischen Ländern. Und bis 1941 sollte der Gedanke von unterschiedlichen Akteuren der Judenpolitik im Deutschen Reich immer wieder aufgegriffen werden.[422] In

---

417 LEERS, JOHANN VON: Kräfte hinter Roosevelt, Berlin ³1942, S. 74 f.
418 LEERS, JOHANN VON: Juden sehen Dich an, Berlin o. J. [1933], S. 47.
419 EBD., S. 47–53. Siehe auch BENZ: „Der ewige Jude", S. 40.
420 LEERS, JOHANN VON: Juden sehen Dich an, Berlin o. J. [1933], S. 57.
421 EBD., S. 53.
422 Ausführlich dazu BRECHTKEN, MAGNUS: Madagaskar für die Juden (Studien zur Zeitgeschichte, Bd. 53), München ²1998 sowie BROWNING, CHRISTOPHER R.: Die „Endlösung" und das Auswärtige Amt. Das Referat D III der Abteilung Deutschland 1940–1943, Darmstadt 2010, S. 54–63. Siehe dazu auch LAQUEUR, WALTER: Gesichter des Antisemitismus. Von den Anfängen bis heute, Berlin 2008, S. 111.

einer Reihe von Artikeln setzte auch Johann von Leers sich mit diesen „pseudozionistischen Projektionen"[423] auseinander, die bei realistischer Betrachtung der Möglichkeiten einerseits Deportation, Konzentration, Überwachung und im schlimmsten Falle Vernichtung implizierten, andererseits aber verkannten, dass die Insel außerhalb der Reichweite des Deutschen Reiches lag, sodass der Vorschlag realitätsfremd erscheinen musste. Mit der „Ausschaltung des Judentums in Deutschland", so Johann von Leers, sei „die Frage des Judentums nicht gelöst". Stattdessen ergebe sich die „Notwendigkeit", die „von Land zu Land ziehenden jüdischen Massen, die die Zersetzung wie die Judenfeindschaft stets in neue Länder tragen, irgendwo auf eigenem Grund unter verständiger Kontrolle anzusiedeln".[424] Palästina hielt Johann von Leers allerdings für einen denkbar schlechten Ort, da es „weder an Umfang noch an Nahrungsraum" ausreiche. „Die einzig positive Lösung der Judenfrage" sah er stattdessen in der „Schaffung eines wirklichen, möglichst außereuropäischen, aber ausreichenden und gesunden Siedlungsgebietes für die jüdischen Wandermassen, insonderheit die Ostjudenmassen",[425] wo sie dann ihrem Schicksal überlassen bleiben sollten: Der „im jüdischen Volkstum vorhandene gesunde Teil" könne hier „bei produktiver Arbeit die zersetzten Teile binden" und, wie Johann von Leers im Gegensatz zur Masse der Antisemiten annahm, die eine solche Möglichkeit in Abrede stellten, „eine langsame, aber durchgreifende Gesundung des jüdischen Volkes erreichen."[426] Keineswegs philanthropisch war in diesem Zusammenhang zu verstehen, dass Johann von Leers auch „schärfste Judengegner" in der „sittliche[n] Pflicht" sah, „vor einer endgültigen Verurteilung dieses Volkes" ihm „eine faire Gelegenheit zu geben, sich zu regenerieren".[427] Das Illusorische seines Vorschlags zeigte sich schon darin, dass einerseits die Bestimmung des Ziellandes „später entschieden werden" solle, man andererseits aber mit einer Lösung „nicht zu lange warten" dürfe.[428] Madagaskar, wie Johann von Leers in Anlehnung an eine 1931 zuvor unter dem Pseudonym Egon von Winghene erschienene programmatische Schrift schrieb, stelle ohnehin nur einen Vorschlag dar.[429] Hinzu kam, dass dieser Vorschlag seinen eigenen Überzeugungen widersprach. Seine Mutmaßung,

---

423 BENZ: „Der ewige Jude", S. 41. Siehe auch PUSCHNER, UWE: Antisemiten, Alldeutsche, Völkische und der Zionismus. Radikale Diskurse in der langen Jahrhundertwende, in: HAN, SARA/ MIDDELBECK-VARWICK, ANJA/THURAU, MARKUS (HRSG.): Bibel – Israel – Kirche. Studien zur jüdisch-christlichen Begegnung, Münster 2018, S. 223–238, hier S. 226–235.
424 LEERS, JOHANN VON: Juden sehen Dich an, Berlin o. J. [1933], S. 53.
425 EBD.
426 EBD.
427 EBD.
428 EBD.
429 Zu Winghene siehe BRECHTKEN: Madagaskar für die Juden, S. 38–44.

der von Seiten der „Judengegnerschaft" erhobene Vorwurf der „Unproduktivität" würde möglicherweise durch die Juden selbst ausgeräumt, wenn ihnen „ein wirkliches eigenes Heim" zugeteilt werde, steht in offenkundigem Gegensatz zu seinen Ansichten über die Natur des Judentums, das aus rassischen Gründen zu Ackerbau und Handwerk nicht fähig sei. Insofern konnte seine Mahnung nicht ernst gemeint sein, es bleibe abzuwarten, ob „Ahasver" – gebe man ihm nur die Gelegenheit – aus einem solchen Siedlungsgebiet „einen Garten und ein Ackerfeld" oder eine „Schieberhöhle" machen würde.[430]

Stilbildend erwies sich „Juden sehen Dich an" schließlich aufgrund seines ambivalenten Charakters. So ist einerseits nicht zu verkennen, dass in dem Pamphlet eine Reihe bekannter Elemente antisemitischer Agitation sowohl in sprachlicher als auch visueller Form synthetisiert wurden. In seiner eintönigen Beschwörung stereotyper Judenbilder und seiner Methode der Beweisführung, die Behauptung, Zitat, Konnotation und Assoziation kombinierte, kann es andererseits aber auch als „Vorbild" und „Muster nationalsozialistischer antisemitischer Agitation" gelten, das weiteren Großprojekten „antisemitischer Denunziation" als Blaupause diente.[431] Zu nennen sind hier insbesondere die Propagandaschau „Der ewige Jude", die 1937 in München ihren Auftakt hatte und anschließend in weiteren Städten gezeigt wurde, und der gleichnamige, 1940 produzierte Film. Beide bedienten sich als Leitmotiv der Figur vom „Ewigen Juden", dessen Streben auf das „Verderben der Nichtjuden" gerichtet sei.[432] Ähnliches gilt für die „Visualisierung der Judenfeindschaft" in verschiedenen Ausstellungsprojekten und Buchveröffentlichungen.[433] Schon Johann von Leers setzte in seiner Schrift ganz auf den Einsatz von Porträtaufnahmen, die den stereotypen Vorstellungen der Nationalsozialisten über physiognomische Eigenschaften von Juden entsprachen und diesen ein Gesicht geben sollten. Grund-

---

430 LEERS, JOHANN VON: Juden sehen Dich an, Berlin o. J. [1933], S. 53.
431 Siehe dazu BENZ: „Der ewige Jude", S. 7, 39–42.
432 EBD. Zur Figur des „Ewigen Juden" siehe KÖRTE, MONA/STOCKHAMMER, ROBERT (HRSG.): Ahasvers Spur. Dichtungen und Dokumente vom „Ewigen Juden", Leipzig 1995 sowie KÖRTE, MONA: Die Uneinholbarkeit des Verfolgten. Der Ewige Jude in der literarischen Phantastik, Frankfurt am Main/New York 2000.
433 Beispielhaft dazu DIEBOW, HANS: Die Juden in USA, Berlin 1939. Der Autor, dessen Kompilation im Stil einer Collage bis 1941 eine Auflage von 420.000 Exemplaren erreichte, hatte bereits zur Ausstellung 1937 eine Begleitbroschüre verfasst, die den Anschein eines Ausstellungskatalogs erweckte. Siehe DIEBOW, HANS: Der ewige Jude, München/Berlin 1937. Im Gegensatz zu Johann von Leers verzichtete Diebow allerdings auf eine kategoriale Ordnung und zeigte nicht Porträtbilder, sondern Aufnahmen von Juden in unvorteilhaften und lächerlichen Situationen, die er mit höhnischen Texten unterlegte. Zu Diebow und seinen Machwerken sowie zu den Ausstellungsprojekten siehe dazu BENZ: „Der ewige Jude", S. 79–82 bzw. 97–114.

sätzlich neu war eine solche Konzeption 1933 allerdings nicht. Johann von Leers führte vielmehr eine Methode fort, die völkische und nationalsozialistische Propagandisten erprobt hatten. Als ein Vorbild mag „Das Buch Isidor" gelten, das Goebbels und der Illustrator Hans Herbert Schweitzer („Mjoelnir") erstmals 1928 herausgegeben hatten. „So sieht er aus! Dreißig Charakterköpfe dieser Republik" hieß ein Kapitel, das den Nationalsozialisten verhasste Politiker und Repräsentanten der Weimarer Republik in Text und Bild karikierte.[434] Die Beiträge waren zuvor im „Angriff" veröffentlicht worden. Ein Vergleich kann auch mit dem „Illustrierten Beobachter" gezogen werden, der seit 1926 im Eher-Verlag erschien. Beworben wurde die nationalsozialistische Wochenzeitung mit dem Hinweis, es handele sich hierbei um die „einzige antisemitische große Bilderzeitung".[435] Zu ihren regelmäßigen Rubriken gehörten die Bildreportagen „Der Judenspiegel" und „Dinge, die der Jude nicht macht". Als „Gesindel" diffamiert wurden dabei Literaten wie Ernst Toller oder Erich Mühsam, deren Porträts sich auch bei Johann von Leers wieder finden. Als „Charakter-Köpfe der Judenrevolution" mussten sich dagegen Philipp Scheidemann, Karl Liebknecht und Rosa Luxemburg bezeichnen lassen. An den Pranger gestellt wurde zudem Erwin Piscator: Eine umfangreiche Sonderausgabe vom Dezember 1932 enthielt unter dem Titel „Die Rassenfrage ist der Schlüssel zur Weltgeschichte" eine mit Kommentaren versehene Fotomontage gegen „Piscator und Konsorten", zu denen auch der Kritiker Alfred Kerr und der Schriftsteller Lion Feuchtwanger zählten. Die offensichtliche Kontinuität dieser Form antisemitischer Propaganda relativiert eine Erklärung, die Johann von Leers Anfang der 1960er Jahre in Kairo abgegeben hat und immer dann verbreiten ließ, wenn er sich Angriffen ausgesetzt sah: „Juden sehen Dich an", behauptete er dort, sei durch Kurt Tucholsky *ausgelöst* worden, der in seiner Veröffentlichung „Deutschland, Deutschland über alles" unter der Überschrift „Tiere sehen Dich an" *acht verdiente deutsche Generale* abgebildet habe.[436] Der damit suggerierten Kausalität, die Tucholsky zum eigentlichen Paten seiner Hetzschrift erhebt, ist allerdings, wie später noch gezeigt wird, skeptisch zu begegnen. Stattdessen belegt diese Aussage die getrübte Erinnerung Johann von Leers' zu diesem Zeitpunkt. Zurückhaltung dürfte zudem der Mutmaßung gegenüber angebracht sein, „Juden sehen Dich an" stelle eine Variation ähnlich prägnanter Titel in Presse und Film dieser Zeit

---

434 GOEBBELS, JOSEPH/MJOELNIR: Das Buch Isidor. Ein Zeitbild von Lachen und Hass, München ⁵1931, S. 45–76.
435 Zu diesem und den folgenden Zitaten siehe BERG: Kurt Tucholskys „Deutschland, Deutschland über alles" im Spiegel der Presse der Weimarer Republik, S. 280–282.
436 Erklärung Johann von Leers, Kairo o. D. [Dezember 1960] [Privatarchiv].

dar.[437] Die geistigen Urheber von „Juden sehen Dich an" finden sich zweifelsohne in der antisemitischen Propaganda seiner Gesinnungsgenossen.

Ein letzter Aspekt betrifft die Willkür, mit der antisemitische Agitatoren ihre Feinde stigmatisierten. „Wer dem Hitlerregime unbequem ist, der ist für dieses Regime ein ‚Jude'. Basta", empörte sich der bereits zitierte Alfred Kantorowicz nach der Lektüre von „Juden sehen Dich an".[438] Denn obgleich der Begriff „Jude" für Johann von Leers eine rassische Kategorie darstellte, scheute er sich nicht, das, wie Antoni Sobański festgestellt hatte, „Judenetikett"[439] bedenkenlos politischen Gegnern jeder Couleur und Vertretern des kulturellen Lebens anzuheften, die ihm als Repräsentanten der verachteten „Judenrepublik" galten. „Dem Typ nach unverkennbar Rassenjude", erkannte der Autor im Porträt des preußischen Innenministers und Berliner Polizeipräsidenten Albert Grzesinski (SPD), der den Nationalsozialisten besonders verhasst war.[440] Er fand sich in dem Pamphlet ebenso abgebildet wie die katholischen Zentrumspolitiker Konrad Adenauer und Matthias Erzberger. Während Adenauer als „Großprotz von Köln"[441] verunglimpft wurde, sah sich Erzberger als „Zerstörer des Reiches" diffamiert, der, wie es triumphierend hieß, „[e]ndlich gerichtet" worden war.[442] Als „Führer der Mordkommune"[443] galt dagegen Willi Münzenberg, während „Erwin Piskator" als „[b]olschewistischer Kunstjude" geschmäht wurde. Das Pamphlet „enthüllt in vortrefflicher Weise", lobte der „Hammer" den Verfasser, nicht ohne darauf hinzuweisen, dass der „Theaterkommunist" Piscator kein Jude sei. „Diese Art Fehler" jedoch, hieß es weiter, müssten „entschuldigt" werden, weil, wie der Verlag beim „Handbuch der Judenfrage" selbst immer wieder erfahren habe, solche „Irrtümer zum Teil durch die Juden selbst hervorgerufen wurden".[444] In der assoziativen Reihung von Namen, die vielfach mit skandalträchtigen Ereignissen in Verbindung standen und aus der NS-

---

437 So produzierte beispielsweise die UfA 1930 einen Kurzfilm unter dem Titel „Menschen sehen dich an". Siehe dazu und für weitere Nachweise, etwa „Bankiers sehen dich an" (Artikel über Wirtschaftspolitik 1931) oder „Tierstars sehen dich an" (Bericht über den Einsatz von Tieren im Kinofilm 1931), BERG: Kurt Tucholskys „Deutschland, Deutschland über alles" im Spiegel der Presse der Weimarer Republik, S. 289.
438 KANTOROWICZ: Juden sehen Dich an, S. 696. Zur fast wortgleichen Formulierung siehe auch: Braunbuch über Reichstagsbrand und Hitler-Terror, Basel ³1933, S. 228.
439 SOBAŃSKI: Nachrichten aus Berlin 1933–1936, S. 80.
440 LEERS, JOHANN VON: Juden sehen Dich an, Berlin o. J. [1933], S. 10, 22.
441 EBD., S. 10, 27.
442 EBD., S. 10, 14.
443 EBD., S. 9, 17. Das Braunbuch reagierte darauf mit dem Hinweis, dass sich in Münzenberg „kein Tropfen ‚jüdischen Blutes' nachweisen lässt". Braunbuch über Reichstagsbrand und Hitler-Terror, Basel ³1933, S. 227 f.
444 Zur Rezension siehe Hammer 33 (1934) 757/758, S. 38.

Propaganda gegen die „Judenrepublik" bekannt waren, adaptierte Johann von Leers zudem ein typisches Element antisemitischer Agitation, das schon in der Publizistik im Gefolge verschiedener Ritualmordprozesse im Kaiserreich im 19. Jahrhundert Anwendung gefunden hatte.[445] Lange und detaillierte Namenslisten sollten beweisen, dass Behauptungen über Macht und Einfluss der „Juden" keineswegs fixe Ideen der Welt entrückter Phantasten waren, sondern tatsächlich zutrafen. Dass ihre Gegner sich weigerten, solche Zusammenstellungen ernst zu nehmen, interpretierten die Nationalsozialisten als Bestätigung ihrer absurden Beschuldigungen.[446] Auch Johann von Leers bediente sich immer wieder dieses Instruments, um entweder „Juden hinter Stalin" – so der Titel eines Pamphlets, das aus dem Jahre 1941 stammen dürfte – oder die „Judenhörigkeit der amerikanischen Staatsführung"[447] zu entlarven. Nachdem er vor 1945 vermeintliche „Kräfte hinter Roosevelt" demaskiert hatte, setzte er diese Propaganda seit 1950 von Argentinien aus fort. Über Präsident Truman etwa wusste er, dass dieser von „einer wahren Flutwelle linker Juden" umgeben war. Dessen Nachfolger Eisenhower griff er an, weil er „die Juden an entscheidende Stellungen in seine Regierung gebracht" hatte.[448]

Johann von Leers' Ruf unter bereits geflüchteten Literaten und Schriftstellern wie auch Vertretern des Centralvereins deutscher Staatsbürger jüdischen Glaubens (C.V.), dessen Mitteilungsblatt ihn im Februar 1933 als einen „fanatischen Judenhasser"[449] bezeichnete, gründete auf seinem Pamphlet „Juden sehen Dich an". Gerade die Reaktionen in Exilkreisen verdeutlichen allerdings deren Ohnmacht und zeigen, dass sie der Veröffentlichung kaum etwas entgegenzusetzen hatten. So sehr sie auch hofften, Veröffentlichung wie „Juden sehen Dich an" führten der zivilisierten Welt und insbesondere dem deutschen Volk den Ungeist der nationalsozialistischen Weltanschauung vor Augen, und so einhellig sie ihre

---

445 Zur symbolreichen Stigmatisierung der Weimarer Demokratie als „Judenrepublik" im „Sklarek-Skandal" siehe MALINOWSKI, STEPHAN: Politische Skandale als Zerrspiegel der Demokratie. Die Fälle Barmat und Sklarek im Kalkül der Weimarer Rechten, in: Jahrbuch für Antisemitismusforschung 5 (1996), S. 46–65. Zur Ritualmordpropaganda siehe GROSS, JOHANNES T.: Ritualmordbeschuldigungen gegen Juden im deutschen Kaiserreich (1871–1914), Berlin 2002, S. 186.
446 Siehe HERF, JEFFREY: The Jewish enemy. Nazi propaganda during World War II and the Holocaust, Cambridge/London 2008, S. 102.
447 LEERS, JOHANN VON: Juden hinter Stalin, o. O. [Berlin] o. J. [1941]; DERS.: Kräfte hinter Roosevelt, Berlin ³1942, S. 117.
448 FITZSTUART, GORDON: Ab in die Schlangengrube nach Alaska, in: Der Weg 10 (1956) 4, S. 235–239, hier S. 238; DERS.: Sie werden erschossen!, in: Der Weg 8 (1954) 1, S. 48–55, hier S. 55.
449 H[OLLÄNDER], L[UDWIG]: Wem nützt das?, in: C.V.-Zeitung 12 (1933) 8 vom 23.02.1933, S. 57 f.

Verachtung und Empörung artikulierten, so stumpf erwies sich die ihnen verbliebene Waffe des jetzt in Paris oder Prag gedruckten Wortes. Viele Autoren flüchteten sich in Ironie und Sarkasmus. Die überdies selbstkritisch erhobene und kontrovers diskutierte Frage, ob nicht auch liberale Publizisten, die sich nunmehr im Exil befanden, während der Weimarer Republik Fehler begangen haben könnten, zeigt, welche Unsicherheit unter Exilanten im Umgang mit dem Pamphlet und seinem abstoßenden Inhalt bestand.

Ein Sturm der Entrüstung durchzog die sozialistische und kommunistische Exilpresse im Frühsommer 1933, nachdem das Pamphlet erschienen war. „Pogromhetze" und eine „Aufforderung zur Lynchjustiz" erkannte im Juli die „Arbeiter Illustrierte Zeitung" (A.I.Z.) aus dem publizistischen Einflussbereich der KPD, die nunmehr in Prag erschien, und empörte sich über „die zum Mord auffordernde Bemerkung ‚Ungehängt!' oder ‚Noch ungehängt!'"[450] Überraschend ist das nicht. Diktion und Machart ließen schließlich erahnen, welche Gefahr missliebigen Politikern, Literaten und Wissenschaftlern von den neuen Machthabern drohte. Eine vermutlich erste, wohl pseudonyme Rezension erschien Mitte Mai in „Die neue Weltbühne" (Paris). Paul Fanpol, wie der Autor sich nannte, beklagte zwar den „kannibalischen Geist", wollte sich aber nicht jede Hoffnung nehmen lassen. Die Wirkungen des Pamphlets nämlich, die es auslöse, könnten die neuen Machthaber nicht als „Greuelpropaganda" aus dem Ausland abtun. Stattdessen sei „Juden sehen Dich an" als authentische Stimme des NS-Regimes anzusehen, die anzuzweifeln schon deshalb schwierig war, „weil kein menschliches Gehirn außerhalb der neudeutschen Grenzen Ähnliches erfinden könnte".[451] Dies habe zur Folge, dass gegen sie „schwerer anzukämpfen sein wird als die heutigen Machthaber glauben". Seine Einschätzung begründete er nicht zuletzt mit dem Verfasser des Buches. „Juden sehen Dich an" sei nämlich keineswegs die „Arbeit eines Unverantwortlichen", der unbeabsichtigt über das Ziel hinausgeschossen war. Stattdessen handele es sich bei dem Autor um einen der „offiziösen Schriftsteller der Partei, der erst vor kurzer Zeit Deutschland bei einer internationalen Tagung im Ausland vertreten hat".[452] Gleichwohl schien Paul Fanpol optimistisch, dass der Nationalsozialismus an der Macht nur eine vorübergehende Erscheinung sei. Darauf deutet der ironische Schluss seines Artikels hin, Juden seien keineswegs „so rachsüchtig, wie die Nazis es glauben machen wollen", weil sie „sonst auf die teuflische Idee verfallen" könn-

---

450 „Ungehängt!" Greuelpropaganda, von ihnen selbst besorgt, in: A.I.Z. 7 (1933) 28 vom 20.07.1933, S. 484 f., 490.
451 FANPOL: „Ungehängt!", S. 621 f.
452 EBD. Gemeint war die Veranstaltung an der Universität Leiden Anfang April, auf der Johann von Leers für einen Eklat gesorgt hatte (siehe Kapitel 4.3).

ten, „dieses Buch in alle Sprachen der Erde übersetzen zu lassen".[453] Ungleich heftiger dagegen reagierte Alfred Kantorowicz, der sich Mitte Juni 1933 in der Exilzeitschrift „Das Blaue Heft" (Paris) äußerte: „Hier [...] wird nicht mehr getarnt. Hier ist ein Stück Nazipropaganda, zum Hausgebrauch für Anhänger des Dritten Reiches bestimmt, im Urzustand zu begutachten. Es lohnt sich: für alle, die nicht die Augen zu verschließen wünschen, weil sie den Anblick der Unmenschlichkeit nicht ertragen", empörte er sich.[454] Gleichwohl wollte auch er auf eine ironische Pointe nicht verzichten: Er wünsche, „aufrichtig gesprochen", dem Buch die „allerweiteste Verbreitung im In- und Ausland". Denn schließlich handele es sich um „ein so flagra[n]tes Dokument der Bestialität, dass nach seiner Durchsicht und Lektüre niemand mehr im Zweifel sein kann, von welchem ‚Geiste' das ‚Dritte Reich' beherrscht wird". In seiner „Schauerlichkeit" würde es überdies „von keiner Erzählung deutscher Emigration übertroffen". Damit sei es „schlechterdings die Inkarnation jener unvergleichlichen Infamie, die heute in Deutschland die Gewalt hat".[455] Ernst Toller wiederum, von Johann von Leers als „Kunstjude"[456] verunglimpft, erhob vor internationalem Publikum seine Stimme. Auf der Generalversammlung des PEN Ende Mai 1933 im kroatischen Ragusa (siehe Kap. 4.2) nannte er das Machwerk einen „Ausbruch des Wahnsinns und der Barbarei".[457] Den Herausgebern des „Braunbuchs" hingegen, das nach dem Reichstagsbrand im Februar zusammengestellt wurde und im Juli 1933 in Paris erschien, galt „Juden sehen Dich an" als Beleg dafür, „dass die antisemitische Hetze keineswegs aufgehört hat, sondern mit allen Mitteln organisiert weiterbetrieben wird".[458] Die Passage im „Braunbuch", das Johann von Leers irrtümlich als „Naziabgeordneten"[459] bezeichnet, stammte wahrscheinlich von Alfred Kantorowicz, mit dessen Aufsatz im „Blauen Heft" sie auffällig übereinstimmt.[460] Von einem Werk, das der „Boykott- und Mord-

---

453 EBD.
454 KANTOROWICZ: Juden sehen Dich an, S. 696.
455 EBD.
456 LEERS, JOHANN VON: Juden sehen Dich an, Berlin o. J. [1933], S. 61, 72.
457 TOLLER, ERNST: Rede auf dem Penklub-Kongress, in: Die neue Weltbühne 2 (1933) 24 vom 15.06.1933, S. 741–744, hier S. 741. Siehe auch Toller an Hermon Ould, 04.11.1933: „The spirit of this book is so vile, its sentiment so wicked, that I have to apologize for asking you to take it into your hands. Its content is the very contrary to the ideas of the Pen-Club. I cannot imagine that the Pen-Club can have members of the spirit of its author and his friends. The whole book is nothing but a challenge to hatred and murder." Zit. nach NEUHAUS, STEFAN/ SCHOLZ, GERHARD/ZANOL, IRENE u. A. (HRSG.): Ernst Toller. Briefe 1915–1939 (Bd. 1), Göttingen 2017, S. 989 f.
458 Braunbuch über Reichstagsbrand und Hitler-Terror, Basel ³1933, S. 227.
459 Ebd., S. 281.
460 Ebd., S. 227 f.

hetze" diene, sprach dagegen der kommunistische „Gegen-Angriff" in Prag.[461] Die gleichfalls in die Tschechoslowakei ausgewichene „Arbeiter Illustrierte Zeitung" erging sich nach den Ereignissen seit Anfang Februar 1933 in der düsteren Vorahnung, die Nationalsozialisten beabsichtigten, die „Judenfrage in Deutschland" mit den radikalsten Mitteln zu lösen. Als Beleg führte die Redaktion die Hetzschrift Johann von Leers' an, der als „ein repräsentativer Vertreter des neudeutschen Schrifttums und hoher Nazi-Funktionär"[462] galt. Die unbestreitbare Wirkung von „Juden sehen Dich an" ergibt sich auch aus dem Umstand, dass die Empörung zum Jahresende keineswegs abklang. Die Exilzeitschrift „Neues Tage-Buch" erinnerte Anfang 1934 an „die Schmiererei des Herrn von Leers", die „eine Mischung von Fälschung und Aufreizung zum Mord" darstelle.[463] Und die bereits zitierte Publizistin Irene Harand lokalisierte das „Hassprodukt" und seinen Autor in ihrer 1935 veröffentlichten „Antwort an Hitler" an jenem Ort, der ihr als schlimmste Strafe erschien: „In einer Hölle wurde dieses Buch verfasst und gedruckt. In einer Hölle wird es verkauft, verbreitet und gelesen."[464]

So einhellig insbesondere Exilkreise das Pamphlet verachteten, so kontrovers diskutierten sie, wie mit weltanschaulichen Gegnern vom Schlag eines Johann von Leers' umgegangen werden sollte. Dahinter stand nicht zuletzt die Befürchtung, sich in der Auseinandersetzung auf eine Ebene mit den Nationalsozialisten zu begeben. Ein Ort dieser Debatte war im Sommer 1933 die Exilzeitschrift „Das Blaue Heft", die in ihren Spalten eine „bunte Vielfalt von extrem widersprechenden Meinungen"[465] zu Wort kommen ließ. Die Tatsache, dass die Beiträge der beteiligten Akteure in der gleichen Ausgabe aufeinander Bezug nahmen, legt den Schluss nahe, dass es unter den Exilanten bereits zuvor zu verbalen Auseinandersetzungen gekommen war. Auf der einen Seite des Schlagabtauschs stand Alfred Kantorowicz. Obgleich dieser in „Juden sehen Dich an" einen Ausdruck von „Nazipropaganda [...] im Urzustand" erkannte, scheute er sich nicht vor einem Vergleich, der anstößig erscheinen musste: Dem „Objekt der Sudelei" aus der Feder Johann von Leers' stellte er Tucholskys Veröffentlichung „Deutschland, Deutschland über alles" aus dem Jahre 1929 gegenüber, in dem er ein „Objekt der Polemik"[466] sah. Veranlasst dazu hatte ihn offensicht-

---

461 Der Gegen-Angriff 1 (1933) 6 vom 15.07.1933. Siehe auch BERG: Kurt Tucholskys „Deutschland, Deutschland über alles" im Spiegel der Presse der Weimarer Republik, S. 284.
462 „Ungehängt!" Greuelpropaganda von ihnen selbst besorgt, in: A.I.Z 7 (1933) 28 vom 20.07.1933, S. 484 f., 490.
463 Eine traurige Galerie, in: Neues Tage-Buch 2 (1934) 5 vom 03.02.1934, S. 115.
464 HARAND: „Sein Kampf", S. 216–218.
465 MASS: Handbuch der deutschen Exilpresse, S. 49.
466 KANTOROWICZ: Juden sehen Dich an, S. 724.

lich der Seitenhieb eines anonymen Kontrahenten in der gleichen Ausgabe, der von einem „unglückseligen Buch" sprach und Tucholsky unterstellte, „dass die ordinärsten Methoden intellektueller Demagogie den Reklamechefs der Nazis von dieser Seite vorgemacht worden sind".[467] Soweit mochte Alfred Kantorowicz nicht gehen. Zwar räumte er ein, Tucholsky habe sich „im Ton der Polemik seines Buches [...] vergriffen", sodass er „als Kampfgenosse grundsätzlich abzulehnen" sei. Den Vorwurf der „intellektuellen Demagogie" wies er freilich zurück: Es sei „vollkommen unzulässig", den „Dummkopf" Johann von Leers „in einem Atemzug zu nennen mit einem geistreichen und leidenschaftlichen Polemiker, als den wir Tucholsky auch dann achten, wenn wir uns von ihm distanzieren".[468] Hier stünde „das organische Verbrechertum von rechts" gegen offensichtlich noch zulässige „Entgleisungen von links".[469] Seinem namentlich nicht bekannten Kontrahenten schien dies freilich nicht zu genügen. Von den Kreisen um Alfred Kantorowicz verlangte er Reue und Selbstkritik: Es wäre „nicht unklug", schrieb der anonyme Autor weiter, wenn dieser und ihm „nahestehende Leute" ihre früheren Fehler „nicht einfach vertuschen beziehungsweise verschweigen wollten, sondern kurz und bündig dazu Stellung nähmen". Damit nämlich würden sie sich „angenehm von den jetzt in Deutschland üblichen scheinheiligen Methoden der Publikation unterscheiden".[470]

Der Schlagabtausch wirft die Frage auf, ob „Juden sehen Dich an" tatsächlich als Reaktion auf „Deutschland. Deutschland über alles" betrachtet werden kann, wie Johann von Leers fast 30 Jahre später behauptete. Sein Pamphlet sei durch Tucholsky *ausgelöst* worden, dessen provokantes Werk *acht verdiente deutsche Generale abbildet mit der Unterschrift ‚Tiere sehen Dich an'*, erklärte er im Dezember 1960.[471] Es trifft zu, dass Tucholskys Streitschrift eine solche Montage enthält, die in aggressiver Weise den deutschen Militarismus treffen sollte.[472] Nicht nur die konservative Rechtspresse, die, wie zu erwarten war, vaterländische Werte geschmäht sah, sondern auch liberale Medien reagierten darauf mit einem „fast durchweg negativen Echo".[473] Vergleiche von Menschen und Tieren waren in den zeitgenössischen Literaturdebatten freilich nicht ungewöhnlich. Bereits 1920 zollten Antimilitaristen George Grosz dafür Anerkennung,

---

467 R.E.M.: Juden sehen Dich an, in: Das Blaue Heft 12 (1933) 23 vom 01.07.1933, S. 724.
468 Kantorowicz: Juden sehen Dich an, S. 724.
469 Ebd.
470 R.E.M.: Juden sehen Dich an, S. 724.
471 Erklärung Johann von Leers, Kairo o. D. [Dezember 1960] [Privatarchiv].
472 Deutschland, Deutschland über alles. Ein Bilderbuch von Kurt Tucholsky und vielen Photographen, Berlin 1929, S. 63.
473 Zur Rezeption siehe Berg: Kurt Tucholskys „Deutschland, Deutschland über alles" im Spiegel der Presse der Weimarer Republik, S. 108–144, 253.

dass seine Zeichnungen „das Tier im Offiziersgesicht" festhielten. Ähnliche Vergleiche sind auch von Tucholsky überliefert, der allerdings nicht Urheber der fraglichen Collage war. „Das Blatt ‚Tiere sehen dich an' [...] stammt von dem Bildermann John Heartfield, der das Buch ausgestattet hat", schrieb er im März 1931. Der Grafiker und Künstler hatte die Fotomontage angeblich „gegen den Rat von George Grosz und [Anm.: seinem Bruder] Wieland Herzfelde" eigenverantwortlich erstellt und in das Buch eingefügt. Tucholskys Reaktion darauf fiel zwiespältig aus. 1931 schrieb er, die Montage erscheine ihm „zu klobig" und sei deshalb „nicht meine Satire".[474] Zwei Jahre später, bereits im Exil, kritisierte er, das ganze Buch sei „als künstlerische Leistung klobig" und „schwach", allerdings auch „viel zu milde".[475] Ob Tucholsky und Heartfield sich in der Deutung ihrer Montage auch von dem Schriftsteller Paul Eipper (1891–1964) und dessen an sich harmlosem, 1928 erschienenem Buch „Tiere sehen Dich an" inspirieren ließen, bleibt indessen unklar.[476] Es ist jedoch davon auszugehen, dass ihnen dieser Bestseller nicht entgangen war. Vor diesem Hintergrund spricht einiges dafür, dass Johann von Leers sich an die Montage in „Deutschland, Deutschland über alles" zwar erinnerte. Dass vier Jahre später allerdings genau dieses Buch den Ausschlag für sein Werk gegeben haben soll, erscheint dennoch zweifelhaft. Das Pamphlet „Juden sehen Dich an", in dem Tucholsky nicht erwähnt wird, setzte vielmehr eine antisemitische Propagandatechnik fort, die aus den Wahlkämpfen der Partei gut bekannt war und vielfach praktiziert wurde. Gestützt wird diese Annahme durch die Rezeption des Tucholsky-Buches in der republikfeindlichen Presse unmittelbar nach seinem Erscheinen. Schon damals empfahl ein Mitarbeiter der „Deutschen Zeitung" diese Form der Agitation ausdrücklich als Waffe der eigenen Propagandamaschinerie.[477] Seiner Wut über die Veröffentlichung ließ im September 1929 auch ein Rezensent im „Angriff" freien Lauf. „[E]in Judenschwein sieht Dich an", hieß es seinerzeit ahnungsvoll in dem Kurztext neben einer Porträtzeichnung Tucholskys, die in der Rubrik „So sieht er aus!" erschien und einem Steckbrief ähnelte.[478]

---

474 Ausführlich dazu EBD., S. 251–269 mit Belegen aus der Korrespondenz.
475 Tucholsky an Hasenclever, 25.07.1933, zit. nach MEYER, JOCHEN/BONITZ, ANTJE (HRSG.): „Entlaufene Bürger". Kurt Tucholsky und die Seinen, Marbach am Neckar 1990, S. 223.
476 So die Vermutung bei FANPOL: „Ungehängt!", S. 621 f. Siehe auch SCHMÖLDERS, CLAUDIA: Hitlers Gesicht: Eine physiognomische Biographie, München 2000, S. 100.
477 HEPP, MICHAEL: Kurt Tucholsky. Biografische Annäherungen. Reinbek bei Hamburg 1993, S. 318.
478 So sieht er aus!, in: Angriff 3 (1929) 35 vom 02.09.1929 (Hervorhebung im Original). Im Gegensatz dazu fanden zahlreiche andere Persönlichkeiten aus Politik und Kultur, die der „Angriff" in dieser Rubrik geschmäht hatte, Eingang in das Pamphlet von Johann von Leers.

Trotz der kontroversen Diskussion unter Exilanten darf nicht übersehen werden, dass die Schmähschrift auch als Katalysator wirkte. Dies gilt insbesondere für eine frühe Aktion der Propaganda, die sich gegen den Nationalsozialismus richtete, nämlich die Zusammenstellung „Naziführer sehen Dich an" von Walther Mehring.[479] Nachdem sie bereits im Dezember 1933 in der Exilzeitung „Gegen-Angriff" als „Antwort"[480] auf das „mordhetzerische Pamphlet"[481] angekündigt worden war, erschien das Buch Anfang 1934 in Willi Münzenbergs Pariser Verlag. Es enthielt „33 Biographien aus dem Dritten Reich" – eingeteilt in Kategorien wie „Die Götter", „Die Halbgötter", „Die Provinzgötter", „Die Heroen" oder „Die Drahtzieher".[482] Johann von Leers allerdings befand sich nicht darunter. „Deutschlands Führer, wie sie keiner kennt", warb die „Editions du Carrefour" für die Veröffentlichung, die Fotografien und „unwiderlegliches Material"[483] über teilweise kriminelle Machenschaften prominenter Nationalsozialisten enthalte. „Die Welt wird staunen, welche Gangster-Typen heute das Deutsche Reich beherrschen", übten die Urheber sich in Zweckoptimismus.[484] „Eine Abrechnung mit den nationalsozialistischen Führern und Hintermännern. Treffend und für die Mordhetzer vernichtend", prognostizierte kurz darauf ein Inserat.[485] Im Gegensatz zu „Juden sehen Dich an" mit seiner „Mischung von Fälschung und Aufreizung zum Mord" stelle es nämlich eine „saubere Sammlung von Dokumenten dar", wie im „Neuen Tage-Buch" zu lesen war.[486] Ob Johann von Leers' Schmähschrift zudem einen Klassiker der Filmgeschichte, der in der geistigen Auseinandersetzung mit dem Nationalsozialismus eine wichtige Rolle spielte, veranlasst hat, ist dagegen nicht eindeutig nachweisbar: Charlie Chaplin, durch Johann von Leers als „widerwärtige[r] kleine[r] Zappeljude"[487] denunziert, soll den Entschluss zu seiner Parodie „Der große Dikta-

---

479 Siehe GROSS, BABETTE: Willi Münzenberg. Eine politische Biographie (Schriftenreihe der Vierteljahrshefte für Zeitgeschichte, Nr. 14/15), Stuttgart 1967, S. 277. Zur Entstehung der Schrift aus der Perspektive eines Beteiligten siehe ABUSCH, ALEXANDER: Der Deckname. Memoiren, Berlin (Ost) 1981, S. 348 f.
480 Siehe Werbeinserat in: Der Gegen-Angriff 1 (1933) 23 vom 24.12.1933.
481 ABUSCH: Der Deckname, S. 348.
482 Naziführer sehen dich an. 33 Biographien aus dem Dritten Reich, Paris 1934.
483 Siehe Werbeinserat in: Der Gegen-Angriff 1 (1933) 23 vom 24.12.1933.
484 Zit. nach BERG: Kurt Tucholskys „Deutschland, Deutschland über alles" im Spiegel der Presse der Weimarer Republik, S. 283.
485 Siehe Werbeinserat in: Der Gegen-Angriff 2 (1934) 9 vom 03.03.1934.
486 Eine traurige Galerie, in: Neues Tage-Buch 2 (1934) 5 vom 03.02.1934, S. 115.
487 LEERS, JOHANN VON: Juden sehen Dich an, Berlin o. J. [1933], S. 61. Zur NS-Agitation gegen Chaplin siehe bereits O. V.: Charlie Chaplin der Musterjude, in: Der Stürmer 4 (1926) 42.

tor" getroffen haben, nachdem ein enger Freund ihm ein Exemplar des Buches zugeschickt hatte.[488]

Die Hoffnung, die Exilkreise 1934 in die Überzeugungskraft ihrer Aufklärungsschrift setzten, erfüllte sich jedoch nicht. Die Welt mochte vielleicht „staunen" über das im „Braunbuch" ausgebreitete Material, doch dass es „vernichtend" wirken würde, blieb eine Illusion. Es entbehrt deshalb nicht einer gewissen Tragik, dass „Juden sehen Dich an" sich erst nach Ende der NS-Herrschaft für Johann von Leers als Belastung erwies: Als die Nürnberger Prozesse vorbereitet wurden, drohte die Schrift ihn kurzzeitig auf die Anklagebank zu bringen (siehe Kap. 8.3.1). „Juden sehen Dich an" habe, argumentierte im Sommer 1945 der Jurist Hans Reichmann, durch den Kommentar „Ungehängt", mit dem zahlreiche Porträts versehen waren, Anhänger der NSDAP zum Mord angestiftet. Anhand einiger Fälle – darunter des Philosophieprofessors Theodor Lessing, der im August 1933 in seinem Zufluchtsort Marienbad in der Tschechoslowakei durch nationalsozialistische Attentäter ermordet worden war – meinte der frühere Syndikus des C.V. dies auch belegen zu können. „Der Mord an Professor Th[eodor] Lessing war eine Folge dieser Hetze", hieß es bereits in der erwähnten Schrift von Mehring.[489] Einen ähnlichen Schluss hatte seinerzeit auch Antoni Sobański gezogen. „So wirksam kann Agitation sein", urteilte er angesichts des Schicksals des Theaterdirektors Alfred Rotter, dessen Porträt ebenfalls die Anmerkung „Ungehängt" hinzugefügt worden war.[490] Rotter war 1933 nach Liechtenstein geflohen, wo er vermutlich von einem Parteigänger der NSDAP erschossen wurde. Aus Gründen, deren Details heute im Dunkeln liegen, verfolgten die Kläger in Nürnberg Johann von Leers allerdings nicht weiter (siehe Kap. 8.3.1). Auf Dauer in Vergessenheit geriet er dennoch nicht. Insbesondere seit Ende der 1950er Jahre, als Gewaltverbrechen während des Nationalsozialismus verstärkt Gegenstand strafrechtlicher Ermittlungen wurden und im Prozess gegen Adolf Eichmann in Israel einer der Organisatoren der „Endlösung" sich vor Gericht verantworten musste, gerieten auch Johann von Leers und seine Pamphlete wieder in den Blickwinkel der Öffentlichkeit. Dies erklärt, warum er sich in einer im Dezember 1960 in Kairo abgegebenen Erklärung dazu veranlasst sah, auch auf „Juden sehen Dich an" einzugehen. Gegenüber jeder Selbstkritik zeigte er sich dabei allerdings immun. Und dass Pamphlete dieser Art ein angemessenes Mittel der politischen Auseinandersetzung darstellten, davon war

---

488 So BROWNLOW KEVIN/KLOFT, MICHAEL (REGIE): Der Tramp und der Diktator (Dokumentarfilm), Großbritannien/Deutschland 2001. Siehe auch VELTEN, ANDREAS-MICHAEL/KLEIN, MATTHIAS: Chaplin und Hitler. Materialien zu einer Ausstellung, München 1989.
489 Siehe dazu die Anzeige in: Der Gegen-Angriff 2 (1934) 9 vom 03.03.1934.
490 SOBAŃSKI: Nachrichten aus Berlin 1933–1936, S. 81.

er noch immer überzeugt: *Meine immer wieder zitierte Broschüre ‚Juden sehen Dich an' aus dem Jahre 1933 zeigt deutlich auf, zu welchen Schlüsselstellungen unsere jüdischen Mitbürger sich aufschwingen konnten.*[491]

So bleibt die Erkenntnis, dass Johann von Leers sich mit „Juden sehen Dich an" dauerhaft ins Gedächtnis seiner Gegner geschrieben hatte. Unter ihnen befanden sich nicht nur Literaten, Künstler und Intellektuelle, von denen viele zum Zeitpunkt des Erscheinens bereits ins Ausland geflüchtet waren, sondern auch politische und weltanschauliche Feinde des NS-Regimes in Deutschland, die 1933 nicht sofort vollständig ausgeschaltet werden konnten. Skandalträchtige Ereignisse festigten zudem seinen Ruf als Autor und Urheber vulgärantisemitischer Attacken. Das gilt für die öffentliche Diskussionen um seine Person, als das PEN Ende Mai 1933 in Ragusa (Kroatien) zu einer Generalversammlung zusammentrat und emigrierte Schriftsteller dort auf nationalsozialistische Autoren des zwischenzeitlich gleichgeschalteten Ablegers des Schriftstellerverbandes im Deutschen Reich trafen (siehe Kap. 4.2). Noch weiter hallte ein Auftritt als Repräsentant des NS-Studentenbundes während eines internationalen Studententreffens an der Universität Leiden Anfang April 1933, als Johann von Leers mit seinen Ausführungen über die „Judenfrage" für einen Eklat sorgte. Nach einer persönlichen Aussprache entzog Rektor Johan Huizinga Johann von Leers das „Gastrecht" (siehe Kap. 4.3). Seinen Schritt begründete er auch mit dem unmittelbar zuvor erschienenen Pamphlet „Juden sehen Dich an".[492]

---

491 Erklärung Johann von Leers, Kairo o. D. [Dezember 1960] [Privatarchiv].
492 HIRSCHFELD, GERHARD: Die Universität Leiden unter den Nationalsozialismus, in: Geschichte und Gesellschaft 23 (1997), S. 560–591, hier S. 567 f.

Abb. 3: Johann von Leers, 1929.

4. Positionierungen: Handlungsfelder eines völkischen Netzwerkers

Das Urteil, das ein missgünstiger Konkurrent 1936 über Johann von Leers fällte, war nicht schmeichelhaft: Dieser könne als *ein Musterbeispiel* jener *vielgeschäftigen Nationalsozialisten* angesehen werden, die sich auf allen Gebieten *für sattelfest und unentbehrlich halten*, ohne jedoch über die erforderlichen Kenntnisse zu verfügen. Wer indessen *[h]eute [...] über Frauenfragen* schreibe, *morgen über japanische Vorgeschichte* und einen Tag später *über Rungholt*, der füge *der nationalsozialistischen Bewegung im In- und Ausland* einen Schaden zu, der *ungeheuer* sei. Dies gelte vor allem auch für seine *fanatische Begeisterung* für den *von der Vorgeschichtswissenschaft einhellig abgelehnten Phantasten Prof. Herman Wirth*, die ihn veranlasst habe, verdiente Gelehrte *in unverschämter Weise anzugreifen*, die sich *im Interesse der Sache* gegen Wirths *Phantastereien* ausgesprochen hätten.[1] So polemisch dieses Urteil über Johann von Leers erscheinen mag, so treffend charakterisiert es seine Bedeutung als publizistischer Tausendsassa und völkischer Netzwerker seit Anfang der 1930er Jahre, die in diesem Kapitel untersucht werden soll: Als Redner und Publizist im Kreis der antidemokratischen und rechtsradikalen Netzwerke, die sich in Gegnerschaft zur Weimarer Republik konstituiert hatten und nunmehr für den Nationalsozialismus gewonnen werden sollten, als Aktivist während der Gleichschaltung 1933/34 auf wissenschafts- und kulturpolitischem Gebiet sowie als Repräsentant der NS-Regierung auf internationalem Parkett selbst an unerwarteten Stellen, wie die Geschichte des deutschen Ablegers der New Commonwealth Society bezeugt[2],

---

1 NS-Studentenputsch im Juni 1933 gegen die kunstpolitischen Ziele der nationalsozialistischen Bewegung von Dr. von Leers, Otto Andreas Schreiber und Fritz Hippler (Ms.), o. D. [um 1936] [IfZ, MA 286]. Siehe auch die im Wortlaut leicht abweichende Fassung „Bericht von Walter Hansen", o. D. [1936] [BArch, NS 15/67, Bl. 4–6].
2 Siehe LEERS, JOHANN VON: Eine Botschaft vom jungen Deutschland, in: NCS (Dt.) Juni-Ausgabe 1933, S. 5f. Zur NEC und ihrer deutschen Sektion siehe PLOSS, CHRISTOPH JOHANNES: Die „New Commonwealth Society". Ein Ideen-Laboratorium für den supranationalen europäischen Integrationsprozess (Studien zur Modernen Geschichte, Bd. 64), Stuttgart 2017, S. 12.

vor allem aber als geistiger Urheber und treibende Kraft völkisch-religiöser und antisemitisch akzentuierter Sammlungsbewegungen trug Johann von Leers seine Überzeugungen mit großem Sendungsbewusstsein vor. Dabei geriet er jedoch immer wieder in konflikthafte Auseinandersetzungen mit prominenten Nationalsozialisten, insbesondere Goebbels und Rosenberg, zu denen sich ein ambivalentes Verhältnis entwickelte.

4.1 Inklusion: Die antidemokratische Rechte als Bündnispartner

Seine Rolle als Brückenbauer zu politisch-intellektuellen Kreisen der antidemokratischen Rechten der Weimarer Republik, die nach Alternativen zum Parlamentarismus suchten und damit für den Nationalsozialismus anfällig waren, lässt sich am Beispiel der Gesellschaft zum Studium des Faschismus (GSF) und des Nationalen Clubs von 1919 aufschlussreich darstellen. Anhand gerade dieser beiden Organisationen wird zudem deutlich, wie engmaschig Johann von Leers von Anbeginn seiner publizistisch-propagandistischen Karriere mit maßgeblichen Persönlichkeiten dieser Kreise vernetzt gewesen ist und welche Möglichkeiten sich ihm dadurch eröffneten.

4.1.1 Gesellschaft zum Studium des Faschismus

Die GSF, ein „gesellschaftlich exklusiver Zirkel hochrangiger Vertreter aus Politik, Wirtschaft und Pressewesen"[3], war Anfang Dezember 1931 gegründet worden. Ihre Mitglieder repräsentierten dabei vor allem jenes Spektrum überzeugter Antidemokraten, das sich knapp zwei Monate zuvor in Bad Harzburg „in gemeinsamer Ablehnung der Republik zur öffentlichen Solidarisierung getroffen"[4] hatte. Als treibende Kraft gilt der rechtsradikale Aktivist Waldemar Pabst (1880–1970). Den Vorsitz führte Herzog Carl Eduard von Sachsen-Coburg und Gotha (1884–1954), dessen dynastischen und politischen Verbindungen bis direkt zu Hitler ihn zu einer „wichtige[n] Repräsentationsfigur der antidemokratischen Rechten"[5] machten. Aufgrund ihrer weitläufigen Kontakte und Mitgliedschaft in zahlreichen anderen Organisationen stellten beide

---

3 WICHMANN, MANFRED: Die Gesellschaft zum Studium des Faschismus. Ein antidemokratisches Netzwerk zwischen Rechtskonservativismus und Nationalsozialismus, in: Bulletin für Faschismus- und Weltkriegsforschung 31/32 (2008), S. 72–104, hier S. 76–78.
4 EBD., S. 83 f.
5 EBD., S. 79–81. Zu Herzog Carl Eduard Coburg siehe auch MALINOWSKI, STEPHAN: Vom König zum Führer. Deutscher Adel und Nationalsozialismus, Frankfurt am Main ²2004, S. 449.

auch Brücken zu vergleichbaren Netzwerken her.⁶ Vor allem die Vortragsabende, zu denen die GSF seit März 1932 regelmäßig ins Hotel „Kaiserhof" einlud, entwickelten sich dabei zu einem Forum der Kommunikation jenseits parteipolitischer Grenzen, aber doch auf der Basis ähnlicher Überzeugungen im Kampf gegen die gemeinsamen Gegner und auf der Suche „nach einer nationalen Form von autoritärer Herrschafts- und Wirtschaftsform".⁷ Als Vorbild dafür diente der italienische Faschismus, dessen Entwicklung die GSF aufmerksam verfolgte. Unterstützung erhielt sie dabei durch Giuseppe Renzetti (1891–1953), der Kontaktperson Benito Mussolinis in Berlin zur deutschen Rechten.⁸ Durch „adlige Verbindungsleute" beeinflusste die GSF zudem die in der Deutschen Adelsgesellschaft (DAG) geführte Diskussion, „was der deutsche Adel vom italienischen Faschismus lernen könne".⁹

Der exklusive Status einer ordentlichen Mitgliedschaft in der GSF blieb Johann von Leers zwar verwehrt; sein Name wie der seines Vetters Axel von Leers (1895–1959) findet sich allerdings bereits unmittelbar nach ihrer Gründung auf einer vorläufigen „Liste der Studienmitglieder".¹⁰ Die Möglichkeiten, die sich ihm dadurch eröffneten, nutzte Johann von Leers nach Kräften aus. So beteiligte er sich an der unter Mitgliedern kontrovers geführten Debatte über den Vorbildcharakter des italienischen Faschismus, dem er skeptisch begegnete: Im Gegensatz zu der Entwicklung des späteren Achsenpartners wolle der Nationalsozialismus die „produktiven Kräfte des Einzelnen organisch in einer nationalen Bedarfswirtschaft" einordnen. Damit aber gehe er „weit über den Rahmen etwa des italienischen Faschismus hinaus, der sozialpolitisch für Deutschland gar nicht ausreichend wäre", erklärte er.¹¹ Welche Akzeptanz Johann von Leers in der GSF genoss, zeigte sich auch darin, dass ihm als einem von wenigen Studienmitgliedern das Privileg zu einem Vortrag eingeräumt wurde. Am 24. März 1933 referierte er über „Die nationalistische Revolution Mustafa Kemals in der Türkei", in der er „eine ideengeschichtliche Parallele zur deutschen Erneuerungsbewegung und zum Faschismus"¹² sah. Der Vortrag dürfte vermutlich identisch

---

6   MALINOWSKI: Vom König zum Führer, S. 452.
7   WICHMANN: Die Gesellschaft zum Studium des Faschismus, S. 74.
8   SCHIEDER, WOLFGANG: Faschismus im politischen Transfer. Guiseppe Renzetti als faschistischer Propagandist und Geheimagent in Berlin 1922–1941, in: REICHARDT, SVEN/NOLZEN, ARMIN (HRSG.): Faschismus in Italien und Deutschland. Studien zu Transfer und Vergleich (Beiträge zur Geschichte des Nationalsozialismus, Bd. 21), Göttingen 2005, S. 28–58.
9   MALINOWSKI: Vom König zum Führer, S. 452.
10 Vorläufige Liste der Studienmitglieder, 15.02.1932 [BArch, R 72/260, Bl. 163–166].
11 LEERS, JOHANN VON: Adolf Hitler (Männer und Mächte), Leipzig 1932, S. 50.
12 Ankündigung der Einladung vom 14.03.1933 [BArch, R 72/260, Bl. 228]. Siehe auch O. V.: Der Aufstieg der Türkei. Ein Vortrag von Dr. von Leers, in: DAZ vom 25.03.1933.

gewesen sein mit einer später in Hans Zehrers Zeitschrift „Die Tat" publizierten Darstellung der Persönlichkeit Atatürks, die sich zu einem Vergleich mit Hitler verstieg.[13] Die Einladung eines prominenten NS-Publizisten in der Phase der Gleichschaltung bewahrte die GSF allerdings nicht davor, dass sich schon schnell ihre Hoffnungen zerschlugen, „die Führer der nationalen Regierung bei dem Neubau des deutschen Reiches nicht unwesentlich unterstützen zu können" und an seiner „inneren Neugestaltung" beteiligt zu werden.[14] Auch die meisten der weiteren geplanten Vorträge fielen aus, sodass die GSF bald nur noch ein „Schattendasein" führte, bevor sie Ende 1933 aufgelöst wurde.

4.1.2 Nationaler Club von 1919

Von größerer Wirkung war dagegen die Arbeit des Nationalen Clubs von 1919, dessen Mitglieder sich aus einem sehr ähnlichen Milieu rekrutierten. Vereine dieser Bezeichnung, die in mehreren Städten existierten, können als „Teil des rechtsradikalen Klub-Netzwerkes" angesehen werden, das bald nach Kriegsende vom Alldeutschen Verband „aufgebaut"[15] worden war und in Opposition zu Demokratie und Republik stand. Ihrem Selbstverständnis nach wollten die Klubs „geistiger Sammelpunkt der aktivistischen Kämpfer gegen das Weimarer System"[16] sein. Dies erklärt, dass der Berliner Ableger der Organisation schnell ins Fahrwasser der Nationalsozialisten geriet und bereits Ende 1932 von diesen dominiert wurde. Die Verantwortung dafür trugen die maßgeblichen Vorstandsmitglieder, unter ihnen Hans Heinrich Lammers (1879–1962), den Hitler 1933 zum Staatssekretär in die Reichskanzlei berief, mehr noch aber Hans Pfundtner (1881–1945), der im Reichsministerium des Innern Karriere machte. Der Verwaltungsjurist, ein langjähriger Vertrauensmann Hugenbergs, war bereits im März 1932 nach einem Vortrag von Goebbels zur NSDAP übergetreten – ein Schritt, der von den Konservativen unter den Vereinsmitgliedern „weder als ungewöhnlich noch als befremdlich angesehen"[17] wurde. Auf Pfundtners Initiative geht auch die „Politisierung" des Nationalen Clubs zurück, um diesen in ein „Instrument der nationalsozialistischen Parteiführer umzuwandeln".[18]

---

13 LEERS, JOHANN VON: Der Weg der modernen Türkei, in: Die Tat 25 (1933/34), S. 923–938.
14 WICHMANN: Die Gesellschaft zum Studium des Faschismus, S. 98.
15 MALINOWSKI: Vom König zum Führer, S. 448.
16 EBD., S. 450.
17 SCHULZ, GERHARD: Der „Nationale Club von 1919" zu Berlin. Zum politischen Zerfall einer Gesellschaft, in: DERS.: Das Zeitalter der Gesellschaft. Aufsätze zur politischen Sozialgeschichte der Neuzeit, München 1969, S. 299–322, hier S. 308.
18 EBD., S. 311.

Die Konzeption einer „Kaderorganisation unter einem nationalsozialistischen Koalitionskabinett"[19], wie sie einige der Mitglieder anstrebten, unter ihnen Waldemar Pabst, den Pfundtner als „politischen Beauftragten" des Vereins angeworben hatte, widersprach allerdings den Zielen der Nationalsozialisten selbst, sodass sie in der Phase der Gleichschaltung keine Chance auf Erfolg hatte. Stattdessen schien der Nationale Klub, obgleich namhafte seiner Mitglieder inzwischen leitende Staatsämter ausübten, „nahezu schutzlos in die gegen die DNVP gerichtete Verfolgungswelle"[20] zu geraten. Gegen das Misstrauen, das dem Verein begegnete, half auch nicht, dass sich unter den im Sommer 1933 angeworbenen Neumitgliedern zahlreiche prominente Nationalsozialisten, unter ihnen Johann von Leers, befanden, die nicht zuletzt deshalb aufgenommen worden waren, „um den Klub eine unbeschwerte Fortsetzung seiner Tätigkeit zu sichern".[21] In der Folgezeit gingen die Klubaktivitäten deutlich zurück. Enge Kontakte zur Obersten SA-Führung brachten den Verein nach dem 30. Juni 1934 zeitweise sogar in eine heikle Situation. Gleichwohl bestand der Klub bis in die 1940er Jahre fort, wenngleich unter gewandelten Vorzeichen, die ihn als Treffpunkt hochrangiger SS-Führer erscheinen lassen. *Die Kameraden der SS fühlen sich im Nationalen Klub heimisch,* heißt es in einer Notiz zu einem seiner Gründungsmitglieder, der nunmehr den Rang eines Standartenführers einnahm.[22] An diesem Funktionswandel beteiligt war nicht zuletzt Johann von Leers, der im April 1935 zum Mitglied des Vorstands ernannt worden war und vier Jahre später in diesem Amt bestätigt wurde.[23] Als am 29. Mai 1937 in Erinnerung an Hitlers erste Berliner Rede vor dem Nationalen Club exakt fünfzehn Jahre zuvor dieses Ereignis in Anwesenheit des Reichskanzlers mit festlichem Aufwand begangen werden sollte, dürfte auch Johann von Leers zu den Gästen gezählt haben.[24] Noch 1938 hielt er zudem Vorträge vor anderen Ortsgruppen, so etwa in Hamburg, wo er über „Das moderne Japan und seine politischen Lebensfragen"[25] sprach.

---

19 EBD., S. 317.
20 EBD., S. 319.
21 EBD., S. 320.
22 Aktennotiz Werdegang des SS-Oberführer Schliessmann, o. D. [BArch, BDC-SSO].
23 Herzog von Sachsen-Coburg und Gotha an Johann von Leers, 04.04.1935. [BArch, N 2168/64, Bl. 16]. Über die Ernennung war bereits im November 1933 eine Unterredung geführt worden. Im Januar 1939 wurde Johann von Leers in seinem Amt bestätigt. Siehe Schliessmann an Johann von Leers, 28.01.1939 [BArch, N 2168/64, Bl. 37].
24 SCHULZ: Der „Nationale Club von 1919" zu Berlin, S. 307.
25 LEERS, JOHANN VON: Das moderne Japan und seine politischen Lebensfragen (Vortrag am 30. November 1938 in Hamburg), hrsg. vom National Klub von 1919, Hamburg o. J. [1938].

4.2 Gleichschaltung: Der Schriftstellerverband PEN

Zeichneten sich die Mitglieder und Funktionäre der vorgenannten Zusammenschlüsse durch ihre große Bereitwilligkeit aus, sich den neuen Machthabern zu attachieren, erfolgte die Gleichschaltung auf wissenschafts- und kulturpolitischem Gebiet unter erheblich größeren Reibungen. Dies trifft auf in der Öffentlichkeit kaum bekannte Einrichtungen wie das Ukrainische Wissenschaftliche Institut zu, das 1926 von Emigranten gegründet worden war und Unterstützung durch das Auswärtige Amt erhalten hatte[26], vor allem aber, wie beispielhaft dargestellt werden soll, für den deutschen Zweig des Schriftstellerverbandes PEN, dessen Vorstand im Frühsommer 1933 unter tatkräftiger Mithilfe von Johann von Leers durch „linientreue Nationalsozialisten"[27] ersetzt wurde, um den neuen Machtverhältnissen Rechnung zu tragen.

Die Entwicklung dorthin hatte bald nach der „Machtergreifung" eingesetzt: Nachdem der bisherige Vorsitzende, der den Nationalsozialisten verhasste Theaterkritiker und Schriftsteller Alfred Kerr (1867–1948), schon Mitte Februar emigriert war, traten die verbliebenen Mitglieder unter dem Druck der Ereignisse nach den Reichstagswahlen Anfang März zurück. Ein kommissarisch tätiger Vorstand berief daraufhin für den 9. April eine Hauptversammlung ein, die Vertreter von Rosenbergs Kampfbund für deutsche Kultur zu einer *Neuordnung der Vorstands-Besetzung* nutzen wollten. Seine Mitglieder müssten jetzt *in den PEN-Club hineingehen,* um die geplanten *Säuberungsmaßnahmen schleunigst durchführen zu können,* erläuterte der Schriftsteller Walter Bloem (1868–1951) in einer Vorbesprechung die Strategie seiner Gesinnungsgenossen.[28] Ins Visier gerieten ihm dabei vor allem die *eingeschriebene[n] Kommunisten* und *viele[n] Juden,* die unter den PEN-Mitgliedern ausgemacht wurden. Zugleich stand schon damals im Raum, zu einer für Ende Mai im kroatischen Ragusa anberaumten Generalversammlung aller Sektionen nur solche Delegierte aus Deutschland zu entsenden, die loyal zu den neuen Machthabern standen. Das Ziel müsse darin bestehen, *den PEN-Club vollständig zu erobern und Ragusa mit*

---

26 Ausführlich dazu GOLCZEWSKI, FRANK: Deutsche und Ukrainer 1914–1939, Paderborn 2010, S. 649–652.
27 ZÜHLSDORFF VOLKMAR VON: Deutsche Akademie im Exil. Der vergessene Widerstand, Berlin 1999, S. 109.
28 Vermerk über das Gespräch am 27.03.1933 [BArch, R 56 I/102, Bl. 232]. Zu Bloems Rolle siehe auch BARBIAN, JAN-PIETER: Literaturpolitik im „Dritten Reich". Institutionen, Kompetenzen, Betätigungsfelder, München 1995, S. 80–83.

ausgesprochenen Nationalsozialisten zu beschicken, ergänzte der Kampfbund-Aktivist Erich Kochanowski (1904–1945).[29]

Die Zusammenkunft führte allerdings nicht zu dem gewünschten Ergebnis. Eine geschickte Änderung der Tagesordnung, die der betagte Versammlungsleiter Fedor von Zobeltitz (1857–1934) gegen Protest zugelassen hatte, ermöglichte zwar die Aufnahme und das sofortige Stimmrecht zahlreicher neuer Mitglieder, die sich als völkische Literaten einen Namen gemacht hatten oder als NS-Schriftsteller Rosenbergs Kampfbund zugerechnet werden konnten. Nachdem die Wahl neuer Kassenprüfer noch wie vorgesehen stattgefunden hatte, kam es jedoch in der folgenden *Aussprache* angesichts konkurrierender Vorschlagslisten für den neuen Vorstand *zu teilweise scharfen Zusammenstößen,* ohne dass *eine Einigung [...] zu erzielen* gewesen wäre, wie das Protokoll vermerkte.[30] Ganz offensichtlich reichte die Mehrheit der nationalsozialistischen PEN-Mitglieder nicht aus, um einen Vorstand nach den Wünschen zuvor konsultierter *Regierungsstellen* zu bestellen.[31] Dies gelang erst zwei Wochen später auf einer neuerlichen Versammlung, die die *noch nicht erledigten oder neu beschlossenen Punkte* behandeln sollte.[32]

Um die erforderlichen Mehrheiten zu garantieren, wurden auch diesmal zunächst zahlreiche neue Mitglieder aufgenommen und mit Stimmrecht ausgestattet. Zur Begründung hieß es dazu, *nationalgesinnten Schriftstellern* sei der Beitritt bislang *sehr erschwert* worden, sodass ein *nationaler Aufschwung im PEN-Club* nur *zu begrüßen* sei.[33] Unter denen, die Kochanowski vorab auf ihre weltanschauliche Zuverlässigkeit *durchgeprüft* hatte, befand sich auch Johann von Leers. Über die Vorschlagsliste für Vorstand und Ausschuss, die eine Kommission zwischenzeitlich zusammengestellt hatte und nunmehr vorlegte, gerieten die Anwesenden aber sogleich in heftigen Streit. Einen Antrag auf Satzungsänderung, wonach *im Falle der Behinderung* des künftigen Vorstandes, den mit Hans Hinkel, einem Redakteur des „Völkischen Beobachters", und Hanns Johst zwei prononcierte Nationalsozialisten dominieren sollten, die Ehrenvorsitzenden *den Vorsitz führen* dürften, wies Kochanowski ohne Diskussion ab. *Die Herren* des Vorstandes würden sich *keinen Rat zumuten lassen,* stellte er klar.

---

29 Vermerk über das Gespräch am 27.03.1933 [BArch, R 56 I/102, Bl. 232]. Zu Kochanowski, einem Mitarbeiter des NS-Journalisten und Kulturfunktionärs Hans Hinkel in der Landesleitung Preußen im Kampfbund für deutsche Kultur, siehe WULF, JOSEPH: Literatur und Dichtung im Dritten Reich. Eine Dokumentation, Hamburg 1966, S. 71.
30 Protokoll der ordentlichen Hauptversammlung, 09.04.1933 [BArch, R 56 I/102, Bl. 20].
31 Ebd.
32 Einladung vom 18.04.1933 [BArch, R 56 I/102, Bl. 216].
33 Protokoll der Fortsetzung der ordentlichen Generalversammlung, 23.04.1933 [BArch, R 56 I/102, Bl. 17–19].

Als dann die neuen Vorsitzenden gewählt werden sollten, kam es zum Eklat. Statt über das vorgelegte Tableau der Kommission abzustimmen, präsentierte Edgar von Schmidt-Pauli (1881–1955) der Versammlung plötzlich einen *Gegenvorschlag* ganz nach den Vorstellungen des Kampfbundes: Vorsitzender sollte neben Hinkel und Johst nunmehr Rainer Schlösser (1899–1945) werden, ein weiterer Mitarbeiter des „Völkischen Beobachters". Als Schatzmeister waren Kochanowski und Hanns Martin Elster (1888–1982), als Schriftführer Johann von Leers und er selbst vorgesehen. Wie wenig es an diesen Namen zu rütteln gab, wurde im weiteren Verlauf schnell deutlich. Zwar wolle man *gewiss keine eindeutig nationalsozialistische Liste durchbringen*, behauptete Kochanowski. Ebenso selbstverständlich sei allerdings auch, dass die Kampfbund-Aktivisten *auf keinen Fall einem anderen Vorschlag zustimmen werden* als den von Edgar von Schmidt-Pauli vorgelegten Namen.[34] Die schwerwiegenden Konsequenzen, die dem PEN andernfalls drohten, malte schließlich der SA-Schriftsteller Wulf Bley (1890–1961) den Anwesenden aus: Werde die Liste nicht angenommen, erklärte er erpresserisch, *so hat der P.E.N.-Club die Staatsführung nicht mehr hinter sich.*[35] Dies aber hätte ein sofortiges Verbot zur Folge gehabt. Die entscheidende Initiative ergriff schließlich Johann von Leers: Als er die Forderung erhob, einen zwischenzeitlich eingebrachten *Antrag auf Vertagung abzulehnen*, um stattdessen in eine sofortige Abstimmung über die nationalsozialistische Namensliste *einzutreten*, folgte ihm die Versammlung. Nachdem Bloem *mit [...] mehreren Herren* den Saal verlassen hatte, wurden die Vorschläge für Vorstand und Ausschuss *einstimmig* angenommen.[36] Als das Schauspiel gegen 21 Uhr beendet war, konnte Johann von Leers sich nicht nur mit einem weiteren einflussreichen Amt schmücken, sondern hatte auch das eigentliche Ziel der nationalsozialistischen Kulturfunktionäre erreicht: *Den ‚PEN-Klub' heff wi ook ‚gliekschakelt' un jodenfri makt, dat een anstanning Kirl daor nu sik ook weer upholln kann – vör dat wiert liekers nich möglich,* teilte er dem Schriftsteller Hans Friedrich Blunck unmittelbar darauf triumphierend mit.[37]

In den folgenden Wochen ließ Johann von Leers es nicht an Maßnahmen fehlen, um die Gleichschaltung des PEN zu zementieren. So verschickte er

---

34 Protokoll der Fortsetzung der ordentlichen Generalversammlung, 23.04.1933 [BArch, R 56 I/102, Bl. 17–19].
35 Ebd. Zu Bley WULF: Literatur und Dichtung im Dritten Reich, S. 71. Aus der Perspektive eines Teilnehmers der Veranstaltung siehe KÄSTNER, ERICH: Gesammelte Schriften (Bd. 5: Vermischte Beiträge), Zürich/Berlin/Köln 1959, S. 377–379.
36 Protokoll der Fortsetzung der ordentlichen Generalversammlung, 23.04.1933 [BArch, R 56 I/102, Bl. 17–19].
37 Johann von Leers an Blunck, 28.04.1933 [SHLB, NL Blunck, Cb 92.56: 52, Bl. 1].

unmittelbar nach seiner Wahl Schreiben an völkische Schriftsteller, die bislang auf Distanz geblieben waren und sich einer Mitgliedschaft verweigert hatten. Will Vesper (1882–1962) etwa, der dem PEN skeptisch begegnete, sollte die Tatsache überzeugen, der Verein sei jetzt *entsprechend der Umgestaltung ein- und gleichgeschaltet*.[38] Ähnlich verhielt er sich gegenüber prominenten Autoren, die künftig als Aushängeschild dienen sollten. Agnes Miegel umschmeichelte er offensichtlich erfolgreich mit der Feststellung, der neue Vorstand wolle *ausdrücklich und besonders gern gerade Ihren Namen und Ihre Person im Ausschuss des P.E.N.-Clubs haben*.[39] Tatsächlich findet sich der Name der Schriftstellerin später in einer Liste der Vorstands- und Ausschussmitglieder.[40] Mit der Aufnahme weltanschaulich genehmer Autoren einer ging die angekündigte „Säuberung" von unerwünschten Mitgliedern. Angesichts der *notwendig gewordene[n] Umgestaltung*[41] verlangte Johann von Leers ihnen ultimativ eine Erklärung ab, ob sie „kommunistischen oder ähnlichen Anschauungen anhingen".[42] Überliefert ist dieser Vorgang beispielsweise für den Schriftsteller Albert Daudistel (1890–1955), der als vormaliges Mitglied der Münchener Räteregierung und im Bund proletarischer Schriftsteller den Verdacht staatsfeindlicher Gesinnung auf sich lenkte.[43] Nachdem der „Arbeiterdichter" allerdings die gewünschte Erklärung abgegeben hatte, dass er *keinen kommunistischen Bestrebungen nahe[stehe]*, durfte er weiterhin von einer Mitgliedschaft im PEN-Clubs ausgehen, wie Johann von Leers ihm versicherte.[44] Zu Beweisen ihrer Loyalität zur neuen Staatsführung drängte Johann von Leers die Mitglieder darüber hinaus durch symbolträchtige Aktionen. Anlässlich der Bücherverbrennung am 10. Mai etwa ließ er seine Vorstandskollegen zu einem „Empfang der deutschen Schriftsteller und Verleger" bei Goebbels einladen.[45] Ende September organisierte er eine „Kundgebung für die deutschen Schriftsteller in Österreich", um die dortigen *bodenverwurzelten Kräfte* zu unterstützen, die kurz zuvor aus dem PEN ausgetreten waren und dem *wurzellosen* und *heimatlosen Literatentum* ihren Kampf angesagt

---

38 Johann von Leers an Vesper, 27.04.1933 [BArch, R 56 I/102, Bl. 207].
39 Johann von Leers an Miegel, 18.05.1933 [BArch, R 56 I/102, Bl. 274].
40 Vorstands- und Ausschussliste des P.E.N.-Clubs, o. D. [BArch, R 56 I/102, Bl. 267].
41 Johann von Leers an Daudistel, 30.05.1933 [BArch, R 56 I/102, Bl. 237].
42 FISCHER, ERNST: Das Zentrum in der Weimarer Republik. Von der Gründung bis zur Auflösung unter nationalsozialistischer Herrschaft (1923–1933), in: BORES, DOROTHÉE/HANUSCHEK, SVEN (HRSG.): Handbuch PEN. Geschichte und Gegenwart der deutschsprachigen Zentren, Berlin/Boston 2014, S. 71–132, hier S. 120.
43 DAUDISTEL, ALBERT: Das Leben eines Arbeiterdichters, in: VIESEL, HANSJÖRG: Literaten an der Wand, Frankfurt am Main 1980, S. 595–598 (zuerst in: Die Welt am Abend vom 08.01.1929).
44 Johann von Leers an Daudistel, 30.05.1933 [BArch, R 56 I/102, Bl. 237].
45 Johann von Leers an Vorstand, 09.05.1933 [BArch, R 56 I/102, Bl. 177].

hatten.⁴⁶ In einem vom 1. November 1933 datierenden Brief bekannte sich der PEN „mit vollem Verantwortungsbewusstsein vor allen Schriftstellern der Welt zum Führer des deutschen Volkes, Reichskanzler Adolf Hitler", da „der wirkliche Friede und die wirkliche Völkerversöhnung allein unter seiner Führung geschaffen" würden.⁴⁷ Zu welchen Machtdemonstrationen Johann von Leers sein Amt nutzte, zeigte auch sein Schlagabtausch mit dem PEN-Präsidiumsmitglied Rainer Schlösser, mit dem er sich den Ruf des besseren Nationalsozialisten streitig machte. Ausgelöst hatte ihn Schlösser, der sich von seinem Schriftführer hintergangen fühlte. Da Johann von Leers es *nicht für nötig gehalten* habe, ihn *über die wichtigsten Vorgänge ins Bild zu setzen*⁴⁸, habe er oft *erst aus Pressenotizen [...] ersehen, was mit meinem Einverständnis geschehen sein soll*.⁴⁹ Sein Vorschlag, angesichts des gestörten Vertrauensverhältnisses aus dem Vorstand auszuscheiden, provozierte allerdings nicht die erwartete Reaktion. Statt Schlösser zum Verbleib zu bewegen, ließ Johann von Leers den Konflikt eskalieren. Dessen Mitgliedschaft im PEN sei ihm *ganz gleichgültig*, teilte er dem PEN-Präsidiumsmitglied mit. Zwar lege der Verein durchaus Wert auf seine Zugehörigkeit, allerdings nur, wie Johann von Leers Schlösser mit einem Seitenhieb auf dessen Amt als „Reichsdramaturg" seit Sommer 1933 im Propagandaministerium belehrte, sofern dieser sich weiterhin an die *Umgangsformen und Anschauungen* halte, *die für den alten, schlichten Nationalsozialisten in seinen Kampfjahren, als wir noch keine ‚Funktionen' hatten, üblich waren.*⁵⁰ Auch als mittlerweile einflussreicher Staatsfunktionär nämlich bleibe Schlösser *nur ein einfacher Soldat Adolf Hitlers*, dem sich wie allen anderen Nationalsozialisten die *Methode des Pochens auf irgendwelche Funktionen* verbiete und der jeden Stil zu unterlassen habe, *den ich als bonzenhaft empfinde*.⁵¹ Damit aber war der Bruch nicht mehr aufzuhalten: *Gebärden Sie sich nicht als nationalsozialistischer Kato gegenüber Parteigenossen, die an Bescheidenheit und Zurückhaltung mit Ihnen durchaus konkurrenzfähig sein dürften*⁵², wies Schlösser die Kritik empört zurück. Schließlich habe er sich weder *als Person* noch *als Parteigenosse* jemals *in den Vordergrund* gestellt, sondern immer nur seine Tätigkeit, welcher er *nach Weisung meines Führers gerecht zu werden habe.*⁵³ Insofern halte er auch *die Möglich-*

---

46 Kochanowski [?] an Johann von Leers, 20.09.1933; Einladungskarte [BArch, R 56 I/102, Bl. 65 und 67]. Siehe auch Redemanuskript Hinkel [BArch, R 56 I/102, Bl. 14 f.].
47 Des deutschen Pen-Klubs Schanddokument, in: Der Tag (Wien) vom 11.11.1933.
48 Schlösser an Johann von Leers, 24.11.1933 [BArch, R 56 I/11, Bl. 5].
49 Schlösser an Johann von Leers, 05.12.1933 [BArch, R 56 I/11, Bl. 2 f.].
50 Johann von Leers an Schlösser, 24.11.1933 [BArch, R 56 I/11, Bl. 4].
51 Ebd.
52 Schlösser an Johann von Leers, 05.12.1933 [BArch, R 56 I/11, Bl. 2 f.].
53 Ebd.

keit gemeinsamer Erörterungen zwischen uns für erschöpft, ließ er Johann von Leers abschließend wissen.⁵⁴

Einer der Vorgänge, über die Schlösser sich unzureichend durch Johann von Leers informiert gefühlt hatte, betraf das Verhältnis des deutschen PEN zu den anderen Sektionen und zur Zentrale in Großbritannien. Er sei *nie darüber ins Bild gesetzt worden, was der P.E.N.-Club in der Londoner Frage unternehmen wollte und unternommen hat,* hielt er Johann von Leers auf dem Höhepunkt ihrer Kontroverse vor.⁵⁵ Tatsächlich hatten sich die Beziehungen zu den anderen PEN-Sektionen seit der Gleichschaltung in Deutschland und den repressiven Maßnahmen auf kulturpolitischem Gebiet zunehmend kompliziert gestaltet. Einen Beweis dafür lieferte der jährliche Kongress, zu dem die PEN-Zentrale für Ende Mai ins kroatische Ragusa einberufen hatte. Obgleich Johann von Leers selbst gar nicht als Teilnehmer vorgesehen war⁵⁶, kam es doch um seine Person zum Eklat. Völlig unerwartet trat diese Situation allerdings nicht ein. So war bereits auf der Versammlung am 23. April in Berlin vollmundig angekündigt worden, das „deutsche Volk" werde in Ragusa durch eine Delegation vertreten, „die unter bewusster nationaler Führung dem Ausland Zeugnis ablegt von der Neugestaltung Deutschlands aus einem Geiste, in dem Charakter und Ehre wieder die Richtschnur allen Handelns geworden sind".⁵⁷ Die Auswahl der offiziellen Delegierten, zu deren Ernennung der neue Vorstand *beauftragt und ermächtig*⁵⁸ wurde, fiel mit Kochanowski und Elster auf zwei Literaten, die selbst in völkischen Kreisen kaum über Renommee verfügten. Vesper etwa sprach ihnen nicht nur dichterische Autorität ab, sondern auch politisches Format, sodass beide sich unmöglich „vor einer Auslese des Schrifttums aller europäischen Länder behaupten" geschweige denn dort „Gehör und Wirkung" verschaffen könnten. Seine Ahnung, dass auf dem Kongress deshalb „nichts als Peinlichkeiten"⁵⁹ zu erwarten seien, erfüllte sich allerdings anders als er vermutete. Vor Ort nämlich stellte sich heraus, dass neben den offiziell benannten Teilnehmern mehrere Autoren angereist waren, die zwischenzeitlich im Exil leben mussten. Unter ihnen befand sich auch, als Gast des englischen PEN, Ernst Toller (1893–1939),

---

54 Ebd. Siehe auch Schlösser an Hinkel, 05.12.1933 [BArch, R 56 I/11, Bl. 1].
55 Schlösser an Johann von Leers, 05.12.1933 [BArch, R 56 I/11, Bl. 2 f.].
56 Zu den vorgesehenen Teilnehmern siehe Deutscher PEN-Club (Elster) an Vorbereitungskomitee, 03.05.1933. Dokumentiert bei WULF: Literatur und Dichtung im Dritten Reich, S. 74 f.
57 Neue Führung im deutschen P.E.N.-Club. Erklärung vom 24.04.1933 [BArch, R 56 I/102, Bl. 269].
58 Protokoll der Fortsetzung der ordentlichen Generalversammlung, 23.04.1933 [BArch, R 56 I/102, Bl. 17–19].
59 V[ESPER], W[ILL]: Unsere Meinung, in: Die neue Literatur 34 (1933) Juni, S. 365 f.

der die ihm gegen den Willen der deutschen Vertreter eingeräumte Bühne zu einer Abrechnung mit dem nationalsozialistischen Terror nutze.[60] Sein Ruf als „Symbolfigur der Exilopposition"[61] gründete nicht zuletzt auf diesem Auftritt.

Dabei konnten sich die deutschen Teilnehmer zunächst optimistisch geben, nachdem es ihnen während der Schiffspassage nach Ragusa durch eine „Taktik der Einzelbearbeitung" verschiedener Delegationen und eine „sehr umfangreiche und schwere Aufklärungsarbeit" hinter den Kulissen gelungen sein wollte, „die Situation etwas zu klären".[62] In eine ähnliche Richtung deutete zudem die erfolgreiche Intervention gegen einen Antrag der französischen Gruppe, der den deutschen Teilnehmern *völlig untragbar* erschien.[63] Auf ihre Androhung gegenüber dem Sitzungsleiter, dem Schriftsteller Herbert George Wells (1866–1946), den Saal mit Beginn einer öffentlichen Diskussion dieser Erklärung umgehend zu verlassen, kam es zu einer Unterbrechung der Tagung. Während der dann folgenden Beratung außerhalb des offiziellen Programms sei es gelungen, so Fritz Otto Busch (1890–1971) in einem Tagesbericht, *eine ganze Reihe von gefährlichen Punkten entweder zu streichen* oder aber *so zu verändern, dass die Spitzen gegen Deutschland abgebogen wurden und die Déclaration mehr allgemeinen Charakter erhielt*.[64] Obgleich die *Bücherverbrennung* und *Absetzung einiger Professoren und anderer Männer geistigen Berufes* darin weiterhin erwähnt wurden, verbuchte Busch es als Erfolg, dass auf dem Kongress *keine Diskussion, weder von Seiten Tollers noch von Seiten des Führers des Judentums [...], zugelassen werden sollte*. Damit sei *so viel erreicht* worden, *dass wir eigentlich selbst darüber erstaunt waren*. Der angekündigte Auszug aus dem Saal erschien somit überflüssig, nachdem *der gute Wille Deutschlands zu einer Verständigung bewiesen* worden war.

Doch es kam anders: Entgegen der Annahme der deutschen Delegation, die Versammlung werde direkt zur Abstimmung schreiten, *bestand Wells plötzlich*

---

60 Bericht des Delegierten Busch, 27.05.1933 [BArch, R 56 I/102, Bl. 88–96, hier Bl. 89]: Die unerwartete Anwesenheit Tollers schuf demnach *eine ganz neue Konstellation [...], weil behauptet wurde, Toller erschiene zwar nicht als unser Mitglied aber auf Einladung der englischen Delegation*.

61 REIMERS, KIRSTEN: Das Bewältigen des Wirklichen. Untersuchungen zum dramatischen Schaffen Ernst Tollers zwischen den Weltkriegen, Würzburg 2000, S. 283. Zeitgenössisch: O. V.: Was sich in Ragusa wirklich zutrug, in: Der Wiener Tag vom 31.05.1933; P. Stf.: Weltmeinung gegen Deutschland. Nachklänge zum Internationalen Pen-Klub-Kongress, in: Die Stunde vom 01.06.1933.

62 Bericht der Delegierten Busch, von Schmidt-Pauli und Elster, 24.05.1933; Bericht des Delegierten Busch, 26.05.1933. Dokumentiert bei WULF: Literatur und Dichtung im Dritten Reich, S. 80–84.

63 Bericht des Delegierten Busch, 27.05.1933 [BArch, R 56 I/102, Bl. 88–96, hier Bl. 91].

64 Ebd., Bl. 93.

auf einer Debatte über diese Erklärung.[65] Was den Sitzungsleiter zu dieser Wendung veranlasste, ist unklar. An einen Zufall mochte Busch allerdings nicht glauben. Stattdessen unterstellte er Wells, dieser habe ein *von vornherein und hinter unserem Rücken [...] offensichtlich mit Toller abgekartetes Spiel inszeniert.* Nachdem neuerliche Proteste der deutschen Delegation wirkungslos blieben, betrat Toller unter *tosendem Beifall* die Bühne, um zunächst zu erklären, er wolle auf einen Beitrag verzichten, sofern am folgenden Tag die Gelegenheit zu Fragen an die deutsche Delegation bestünde. Wells jedoch signalisierte, dass dies nicht der Fall sein werde. Daraufhin kam es zum Eklat. Busch nämlich erklärte im Namen der deutschen Delegation, *an den Verhandlungen nicht weiter teilnehmen zu können,* sollte Toller sprechen.[66] Als Wells diesen trotzdem zu einer Ansprache aufforderte, gab Busch ein *Zeichen des Aufbruchs.*[67] Unter Lärm und teilweise auch Beifall verließ er mit seinen Gesinnungsgenossen den Raum. Was Toller anschließend vortrug, durchkreuzte alle Verharmlosungen, mit denen die deutsche Delegation in den Tagen zuvor die Verfolgung aller zu Opposition und Gegnerschaft erklärten Bestrebungen im Deutschen Reich schönzufärben versucht hatte. Nur „einem glücklichen Geschick", erklärte der Schriftsteller, habe er es zu verdanken, „dass ich hier stehe". Schon in der Nacht nach dem Reichstagsbrand nämlich sei seine Verhaftung angeordnet worden, was alleine daran scheiterte, dass er sich zufällig in der Schweiz aufgehalten habe. Umso mehr betrachtete Toller dieses „Geschenk der Freiheit" nicht nur als „Verpflichtung gegen alle Kameraden, die in Deutschland im Gefängnis leben", sondern auch für die „Millionen Menschen in Deutschland", die nicht länger „frei reden und frei schreiben" könnten. „Wenn ich hier spreche, spreche ich mit für diese Millionen, die heute keine Stimme haben", erklärte Toller, der damit die Rolle des eigentlichen Repräsentanten Deutschlands für sich beanspruchte.[68] Dass der PEN angesichts der Bücherverbrennung wenige Wochen zuvor, der Repressionen gegen Literaten und Künstler sowie der „Verjagung der bedeutendsten deutschen Universitätsprofessoren und Gelehrten" untätig geblieben war, führte er auf die seit der Gleichschaltung amtierenden Funktionäre zurück, insbesondere auf den Schriftführer „Herr[n] von Leer[s]", dessen Pamphlet „Juden sehen Dich an" er als „Ausbruch des Wahnsinns und der Barbarei" verurteilte, auf den mit dem Ausschluss seines Autors reagiert werden müsse.[69]

---

65 Ebd., Bl. 94.
66 Ebd., Bl. 95.
67 Ebd., Bl. 96.
68 TOLLER, ERNST: Rede auf dem Penklub-Kongress, in: Die neue Weltbühne 2 (1933) 24 vom 15.06.1933, S. 741–744.
69 EBD.

Dementsprechend unversöhnlich blieb angesichts dieser Anklage gegen einen nunmehr führenden Repräsentanten des PEN in Deutschland die Stimmung, die Busch an einen *Zustand wie bei Kriegsausbruch* erinnerte. Jeder Versuch, die *einigermaßen Vernünftigen zu einem milderen oder gerechteren Urteil über Deutschland zu bringen, sei sofort wieder umgestoßen* worden, *sowie Toller redete oder Telegramme der ‚Emigranten' ankamen und die Judenfrage (Leers Broschüre) aufs Tapet kam,* hielt er seine Empörung fest.[70] Von einer *fast geschlossenen Front gegen Deutschland,* wie sie Busch wahrgenommen haben wollte, kann allerdings nicht die Rede sein. Tollers Anklage sorgte zwar für einen Skandal; unter den versammelten Schriftstellern aber bestand kein Einvernehmen in der Haltung zum NS-Regime. Der Kongress von Ragusa, urteilte der aus Österreich angereiste Friedrich Torberg, habe vielmehr „mit letztgültiger und unantastbarer Eindeutigkeit dargetan, dass [...] von einer geistigen Einheitsfront gegen den Hitlerismus absolut nichts zu erwarten ist". Zwar ließ sich die Resolution nicht verhindern, in der die Zustände im Deutschen Reich verurteilt wurden. Die Abstimmung darüber, bei der die deutsche Delegation den Saal verlassen hatte, fiel jedoch mit zwei Gegenstimmen und 14 Enthaltungen keineswegs eindeutig aus, sodass Torberg darin nur eine „Solidarität [...] der Feigheit" zu erkennen vermochte.[71]

Gleichwohl nahm der gleichgeschaltete PEN den Vorfall in Ragusa nicht zum Anlass, aus dem internationalen Zentrum auszutreten und, wie schon zu diesem Zeitpunkt kurzzeitig erwogen wurde, einen Verband nationalbewusster Schriftsteller zu gründen. Stattdessen sprach sich der Vorstand mit der Stimme auch von Johann von Leers auf einer Sitzung am 7. Juli 1933 dafür aus, zunächst *im internationalen P.E.N.-Club zu verbleiben.*[72] Ein Grund dafür dürfte gewesen sein, dass die Organisation, deren Exekutivkomitee weiterhin ein deutscher Vertreter angehörte, als Instrument zur Einflussnahme auf die öffentliche Meinung im Ausland weiterhin brauchbar erschien, wie Hinkel erläuterte. Verstärkte *Presse-Aufklärungsarbeit,* kündigte er an, solle dafür sorgen, *die versteifte Front im Auslande gegen uns aufzulockern.*[73] Allerdings blieben auch die inzwischen im Exil lebenden deutschen Schriftsteller nicht untätig. Herwarth Walden etwa, bis zur Gleichschaltung des PEN dessen Schriftführer, hatte schon im Frühjahr dem internationalen Exekutivkomitee vorgeschlagen, „den P.E.N.-Club Deutsche

---

70 Bericht des Delegierten Busch, 27.05.1933 [BArch, R 56 I/102, Bl. 88–96, hier Bl. 88].
71 Torberg, Friedrich: Ruhestörung in Ragusa, in: Die neue Weltbühne 2 (1933) 24 vom 15.06.1933, S. 744–747.
72 Protokoll der Ausschusssitzung vom 07.07.1933 [BArch, R 56 I/102, Bl. 265].
73 Ebd.

Gruppe im Ausland zu konstituieren".[74] Mit Nachdruck setzte er sich jetzt für den Ausschluss des Berliner Zentrums ein, den er unter anderem mit den „schriftstellerischen Qualitäten" der antisemitischen Pamphlete von Johann von Leers begründete.[75] Mit ähnlichen Anmerkungen legte auch Toller nach. „Compromising with the enemies of the spirit is a matter of impossibility", setzte er Hermon Ould (1886–1951), dem Generalsekretär des internationalen PEN, in einem Schreiben auseinander, dem er ein Exemplar des Pamphlets „Juden sehen Dich an" beigefügt hatte.[76] Die Vertreter des Exekutivkomitees reagierten darauf zwar zunächst hinhaltend. Auf ihrer Sitzung am 8. November 1933 in London aber sollte es zum Bruch kommen: Nachdem der dorthin entsandte Schmidt-Pauli den Ausschluss zahlreicher PEN-Mitglieder aufgrund unliebsamer politischer Überzeugungen verteidigt hatte, fasste das Exekutivkomitee eine Resolution, wonach diese Maßnahmen im Gegensatz zu den Prinzipien der PEN-Zentren stünden.[77] Die einzige Gegenstimme kam von Schmidt-Pauli selbst, der sogleich den Austritt der „Deutschen Gruppe" verkündete und, vorbehaltlich der Zustimmung seines Vorstandes, die Zusammenarbeit für beendet erklärte.

Die Ereignisse dieser Sitzung, gegen die ein später verbreiteter Text für die NS-Presse polemisierte, sie habe *die Aufnahme von kommunistischen Schriftstellern in den P.E.N.-Club als Pflicht beschlossen*[78], blieben nicht folgenlos. Unmittelbar nach Schmidt-Paulis Rückkehr setzte das deutsche PEN auf Vorschlag von Johann von Leers eine Kommission zur „Umgründung" des Zentrums ein. De facto lief dies auf einen neuen Schriftstellerverband hinaus. Die Weichen dazu stellte eine Generalversammlung der deutschen PEN-Gruppe am 8. Januar 1934, zu der Johann von Leers kurz vor Weihnachten eingeladen hatte.[79] Den Vorsitz der nunmehr gegründeten Union Nationaler Schriftsteller (UNS) übernahm Hanns Johst. Vizepräsident wurde Gottfried Benn. In einem Aufruf „An die Schriftsteller aller Länder" entboten beide den *gleichgesinnten Kameraden aller Länder* ihren *aufrichtigen Friedensgruß* und forderten sie zu ähnlichen Initiativen auf, um gegen das *wurzellose Schrifttum* vorzugehen.[80] Eine

---

74 Fischer: Das Zentrum in der Weimarer Republik, S. 117 f.
75 Ebd.
76 Toller an Hermon Ould, 04.11.1933, zit. nach Neuhaus, Stefan/Scholz, Gerhard/Zanol, Irene u. a. (Hrsg.): Ernst Toller. Briefe 1915–1939 (Bd. 1), Göttingen 2017, S. 989 f.
77 Fischer: Das Zentrum in der Weimarer Republik, S. 120.
78 Pressetext, o. D. [BArch, R 56 I/102, Bl. 53].
79 Rundschreiben P.E.N.Club, 22.12.1933 [BArch, R 56 I/102, Bl. 11].
80 Deutscher Aufruf an die nationalen Schriftsteller aller Länder! (Ms.) [BArch, R 56 I/102, Bl. 9]. Siehe auch die abweichende Fassung der Veröffentlichung in der Presse: An die Schriftsteller aller Länder. Aufruf der „Union Nationaler Schriftsteller", in: Völkischer Beobachter vom 01.03.1934.

zentrale Funktion in dem neuen Verband sollte auch Johann von Leers übernehmen. Das für ihn eingeplante Amt des Schriftführers hat er jedoch nicht angetreten. Eine Ursache dafür dürften die Vorbehalte aus den eigenen Reihen gegen seine Person gewesen sein. Rudolf G. Binding etwa, der anfangs als Unterzeichner des Aufrufs gemeinsam mit Johst vorgesehen war und das Amt des zweiten Vorsitzenden übernehmen sollte, lehnte dies ab, als er erfuhr, in wessen Gesellschaft er sich damit begeben würde. Zwar habe er „nichts gegen Herrn von Leers", schrieb er Hinkel. Angesichts der antisemitischen Pamphlete dieses „unverantwortlichen Konjunkturliteraten"[81] aber hielt er es für eine „beinahe unmögliche Situation", Johann von Leers „dem Ausland […] als Schriftführer der neuen ‚Union' oder auch nur als Unterzeichner des Aufrufs mit allen unseren Namen [zu] präsentieren". Die „gute Sache", die Binding immerhin in der UNS erkennen wollte, sollte nicht dadurch verdorben werden, „dass wir uns selbst Unmögliches zumuten und dem Ausland gegenüber gute und wirksame Namen durch eine Nachbarschaft bloßstellen[,] die wir im Inlande sehr wohl ertragen und sogar anerkennen, die wir aber von außen gesehen als abträglich bezeichnen würden".[82] Personen wie Johann von Leers müssten deshalb, mahnte Binding, „vorerst im Hintergrund bleiben".[83] Der eigentliche Grund für seinen Rückzug wird allerdings darin gelegen haben, dass die UNS sich angesichts interner Querelen unter den von ihr umworbenen Autoren rasch zu einem „unbrauchbaren Papiertiger"[84] entwickelte und damit für Johann von Leers bedeutungslos wurde. Seine bleibende Wirkung kann allenfalls darin gesehen werden, dass sein Verhalten, wenngleich unbeabsichtigt, die Gründung jenes Exil-PEN deutschsprachiger Autoren provozierte, der bis heute in London besteht.[85]

---

81 Binding an Anglo-German Academic Bureau, London (Deissmann), 04.12.1933, zit. nach BARTHEL, LUDWIG FRIEDRICH (HRSG.): Rudolf G. Binding. Die Briefe, Hamburg 1957, S. 228.
82 Binding an Hinkel, 07.01.1934, zit. nach BARTHEL: Rudolf G. Binding, S. 237.
83 Ebd.
84 Siehe dazu DYCK, JOACHIM: Der Zeitzeuge. Gottfried Benn 1929–1949, Göttingen 2006, S. 142 f.; BARBIAN: Literaturpolitik im „Dritten Reich", S. 88.
85 PEITSCH, HELMUT: „No Politics"? Die Geschichte des deutschen PEN-Zentrums in London 1933–2002, Göttingen 2006.

4.3 Repräsentation: Als Studentenfunktionär auf internationalem Parkett

Die tumultartige Debatte, die Johann von Leers trotz seiner Abwesenheit auf dem Schriftstellerkongress in Ragusa provoziert hatte, war insbesondere durch das kurz zuvor veröffentlichte Pamphlet „Juden sehen Dich an" (siehe Kap. 3.2.5) ausgelöst worden. Zur Erregung der PEN-Delegierten dürfte allerdings auch ein Skandal beigetragen haben, der sich fast zeitgleich an seinem Machwerk „Forderung der Stunde: Juden raus" entzündet und ihn weit über die Grenzen des Deutschen Reiches hinaus in die Schlagzeilen gebracht hatte.[86] Als Anführer einer Delegation des NS-Studentenbundes nämlich, dessen Reichsschulungsleiter er seit 1932 war, war Johann von Leers Anfang April auf einer Veranstaltung an der Universität Leiden (Niederlande) in ungewohnt scharfer Weise angegriffen und öffentlich bloß gestellt worden.[87]

Dafür gesorgt hatte der Rektor der Universität, Johan Huizinga (1872–1945). Zwar soll es sich bei dem renommierten Kulturhistoriker um einen „eher unpolitischen Gelehrten"[88] gehandelt haben. Wo Huizinga es allerdings für erforderlich hielt, scheute er vor eindeutigen Positionen nicht zurück. Genau

---

86   Zur Skandalisierung beispielsweise in Frankreich O. V.: Délégation allemande invitée à quitter Leyde, in: Le Temps (Paris) vom 13.04.1933 [auch in: La Tribune de l'Aube vom 13.04.1933]; O. V.: Un universitaire antijuif allemand se voit refuser l'hospitalité de l'université de Leyde, in: L'Echo d'Alger vom 13.04.1933; O. V.: Grave incident germano-hollandais, in: L'Homme libre vom 13.04.1933; P.G.M: L'incident allemand à la conférence de Leyde, in: Le Temps vom 20.04.1933; Sée, Henri: l'„Incident de Leyde", in: Les Cahiers des droits de l'homme vom 30.08.1933, S. 513. Siehe auch Kg. (= Kaegi), W[erner]: Zwischenfall an der Universität Leiden, in: NZZ vom 12.05.1933.
87   Zum diesem Amt siehe Das Deutsche Führerlexikon 1934/1935, Berlin 1934, S. 272. Über seine Teilnahme waren die Veranstalter offensichtlich erst kurz vor Beginn der Veranstaltung in Kenntnis gesetzt worden. Siehe Otterspeer, Willem: Huizinga before the Abyss: The von Leers Incident and the University of Leiden, April 1933, in: Journal of Medieval and Early Modern Studies 27 (1997) 3, S. 385–444, hier S. 391. Zu den Gründen, ihm diese Aufgabe zu übertragen, hieß es später: „Er sprach […] fließend Englisch und Französisch, und man glaubte, er sei aus diesen Gründen zum Haupt der Delegation ernannt worden." Siehe O. V.: Der Pseudo-Historiker der Ritualmord-Lüge, in: Aufbau (New York) vom 19.06.1942, S. 22.
88   Hirschfeld, Gerhard: Die Universität Leiden unter dem Nationalsozialismus, in: Geschichte und Gesellschaft 23 (1997), S. 560–591, hier S. 568. Zu Huizingas Biografie und Kulturgeschichtsschreibung siehe Strupp, Christoph: Johan Huizinga. Geschichtswissenschaft als Kulturgeschichte, Göttingen 2000. Die Kontroverse mit Johann von Leers wird auch untersucht bei Otterspeer: Huizinga before the Abyss, S. 385–444; Krumm, Christian: Johan Huizinga, Deutschland und die Deutschen. Begegnung und Auseinandersetzung mit dem Nachbarn, Münster/New York/München/Berlin 2011, S. 201–207. Siehe zudem Huizingas umfangreichen Briefwechsel in dieser Angelegenheit in: Macho, Thomas (Hrsg.): Johan Huizinga. Briefe II (1928–1945), Paderborn 2017.

dazu sah er sich während einer internationalen Veranstaltung des „International Student Service"[89] veranlasst, die am 7. April an seiner Universität begonnen hatte. Schon in seiner Eröffnungsrede in seiner Eigenschaft als „Ehrenvorsitzender" der Konferenz hatte Huizinga sich über die Woge des Nationalismus beklagt, die, eine Anspielung auf die nationalsozialistische „Machtergreifung", in jüngster Zeit wahrzunehmen sei. Eine Bestätigung dafür lieferte eine „Denkschrift", die von den deutschen Teilnehmern vorbereitet worden war. Die „nationale Revolution" unter Hitler wurde darin wärmstens begrüßt, der „Bolschewismus" dagegen als zerstörerische Kraft des „internationalen Judentums" verurteilt.[90] Ihre Gesinnung drückte die Delegation auch in einer Diskussion zwei Tage später über die „Judenfrage" aus: Im Namen der von ihm angeführten Gruppe erläuterte Johann von Leers dabei den nationalsozialistischen Standpunkt in der „Rassenfrage", wonach die nordische Rasse allen anderen Rassen überlegen sei und als eigentliches „Krebsgeschwür" die Juden zu gelten hatten, die in vielen Bereichen der Gesellschaft eine dominierende Stellung einnähmen.[91] Trotz der angespannten Atmosphäre, die solche Ausführungen bewirkten, verlief das Programm aber zunächst wie geplant. Zu der Konfrontation mit Huizinga kam es erst am 11. April, unmittelbar vor Ende der Veranstaltung. Nachdem der Rektor von der Ritualmordpropaganda in dem Pamphlet „Forderung der Stunde: Juden raus!" erfahren hatte[92], autorisierte der kurzfristig einberufene Senat ihn dazu, Johann von Leers zur Rede zu stellen. Sofern dieser dabei die Behauptung bestätigen würde, solle der Senat öffentlich seine Empörung äußern und den Autor von der Universität verweisen.[93] Tatsächlich kam es daraufhin zu dem Gespräch.[94] Johann von Leers behauptet zwar zunächst, sich an keine Details des Textes erinnern zu können, der bereits vor längerer Zeit verfasst worden sei.

---

89 Zum ISS siehe MACHO: Johan Huizinga, S. 146.
90 OTTERSPEER: Huizinga before the Abyss, S. 391 f.
91 EBD., S. 394 f.
92 Wie die Information an Huizinga gelangte, ist unklar. Naheliegend erscheint, dass er sie der Tageszeitung „Vooruit" entnommen, die am Tag zuvor Auszüge aus Büchern von Johann von Leers veröffentlicht hatte. Siehe EBD., S. 408. Johann von Leers dagegen hatte, ganz in seinen Schablonen, einen aus Berlin geflüchteten Juden namens Goldschmidt und einen jüdischen Buchhändler in Leiden als Urheber ausgemacht hatte: „Wie ich später erfuhr, haben mehrere Juden, sowohl aus Amsterdam, wie der jüdische Buchhändler Ginsburg in Leiden, sich an den Rektor gewandt." LEERS, JOHANN VON: Tagung des Weltstudentenwerks in Leiden, in: Die Schwarzburg. Hochschulmonatsschrift 15 (1933) 6, S. 190–191; Kienast an Geyl, 12.06.1933, zit. nach MACHO: Johan Huizinga, S. 165 f.
93 OTTERSPEER: Huizinga before the Abyss, S. 395 f.
94 Der Verlauf des Gesprächs ist in verschiedenen Varianten überliefert. Siehe Huizinga an Minister des Auswärtigen, 12.04.1933, dokumentiert in: MACHO: Johan Huizinga, S. 144–147. Zur Darstellung von Johann von Leers siehe O. V.: Zum Zwischenfall an der Universität Ley-

Als Huizinga ihn jedoch mit den strittigen Passagen konfrontierte, räumte er die Ausführungen ein. Seine Entgegnung, der Vorwurf des Ritualmords beruhe auf wahren historischen Begebenheiten, ließ Huizinga dann zu dem schärfsten Mittel greifen, über das er verfügte: Nachdem er sowohl seine „Abscheu" als auch „Verachtung" bekundet hatte, entzog er Johann von Leers „höflich, aber entschieden"[95], wie später ein Pressebericht vermerkte, die „Gastfreundschaft" („gastvrijheid") an der Universität und verweigerte ihm „zum Abschied [...] die Hand".[96] Die deutsche Delegation, über deren Leiter damit „sozusagen Hausverbot"[97] verhängt worden war, beendete angesichts dieses „deutschfeindlichen Affront"[98] ihren Aufenthalt und reiste empört ab. Konsequenzen hatte der Eklat, der inzwischen diplomatische Wellen schlug, auch für Huizinga. Statt ihn zu verteidigen, fiel das Kuratorium der Universität, das ein Angehöriger der deutschen Delegation zu einer Entschuldigung Huizingas aufgefordert hatte, dem Wissenschaftler in den Rücken. Huizingas Verhalten, hieß es in einer Erklärung der Kuratoriumsvorsitzenden wenige Tages später, müsse als „ungerechtfertigt" betrachtet werden, da Johann von Leers sich auf der Konferenz selbst nicht „unpassend" geäußert habe.[99] Zugleich wurde in Frage gestellt, ob Huizinga in seiner Funktion als Rektor überhaupt befugt gewesen war, eine so schwerwiegende Entscheidung zu treffen. Was folgte, war ein aufreibender Streit.[100] Darüber hinaus aber war Huizinga „sowohl bei den Repräsentanten des neuen Deutschland[s] als auch bei manchen ihrer mehr oder minder willigen Gefolgsleute innerhalb der deutschen Geisteswissenschaften gleichsam über Nacht zur Unperson"[101] geworden. Zu spüren bekam er dies in den folgenden Wochen durch eine Reihe diskreditierender Maßnahmen gegen seine Person, an denen Johann von Leers maßgeblich beteiligt gewesen ist.

So bezichtigte Johann von Leers ihn schon unmittelbar nach seiner Rückkehr öffentlich in einem Vortrag, sich zum Handlanger einer Intrige gemacht

---

den, in: NZZ vom 07.06.1933; O. V.: Het incident met Dr. Von Leers. Wat is er in Leiden gebeurd, in: De Telegraaf vom 29.06.1933. Siehe auch O. V.: Der Pseudo-Historiker der Ritualmord-Lüge, in: Aufbau (New York) vom 19.06.1942, S. 22.

95 O. V.: Der gleichgeschaltete PEN-Klub in Berlin, in: Der Tag (Wien) vom 20.08.1933.
96 Huizinga an Minister des Auswärtigen, 12.04.1933, zit. nach MACHO: Johan Huizinga, S. 144–147.
97 HIRSCHFELD: Die Universität Leiden unter dem Nationalsozialismus, S. 567.
98 LEERS, JOHANN VON: Tagung des Weltstudentenwerks in Leiden, in: Die Schwarzburg. Hochschulmonatsschrift 15 (1933) 6, S. 190 f.
99 OTTERSPEER: Huizinga before the Abyss, S. 398. Siehe auch Huizinga an Kuratorium der Universität Leiden, 11.05.193; Huizinga an Präsidenten des Kuratoriums, 11.05.1933, Kuratorium an Huizinga, 06.06.1933. Dokumentiert in: MACHO: Johan Huizinga, S. 153–157, 162.
100 STRUPP: Johan Huizinga, S. 40.
101 HIRSCHFELD: Die Universität Leiden unter dem Nationalsozialismus, S. 566.

zu haben, als deren eigentliche Urheber „ehrenrührige jüdische Provokateure" gelten müssten. Darüber hinaus versuchte er in Zeitschriftenbeiträgen seine Version des Vorfalls zu verbreiten.[102] Die vorherrschende Stimmung gegen die Delegierten aus dem Deutschen Reich soll demnach nicht etwa eine Reaktion auf die repressive Politik der NS-Machthaber, sondern Resultat ausländischer „Greuelhetze" gewesen sein. Durch seine Interventionen habe er allerdings dafür sorgen können, „ein immer größeres Verständnis für die deutsche Lage" vor allem auch hinsichtlich des „Judenproblems" zu „erwecken". Auch das Gespräch mit dem Rektor erwähnte er, stellte den Verlauf aber anders dar: Huizingas vorgebliche Kritik an der Politik des nationalsozialistischen Deutschlands habe die deutsche Delegation derart beleidigt, dass ihr ein weiterer Aufenthalt nicht zugemutet werden konnte. Auf einer daraufhin anberaumten Sitzung will Johann von Leers deshalb für die bisherige Gastfreundschaft gedankt, zugleich aber den Abbruch der Konferenz vorgeschlagen haben. Eine damit verbundene Einladung zu einer Fortsetzung in Deutschland sei mit großem Applaus quittiert worden.[103] Die Veranstaltung endete schließlich in einem Tumult, in dem, glaubt man Johann von Leers, auch andere Delegationen scharfe Kritik an Huizinga geübt und Verständnis für die Haltung der deutschen Teilnehmer gezeigt hätten. Ein unerwartetes Nachspiel fand die Affäre zudem in der „Historischen Zeitschrift" (HZ), deren Herausgeber Friedrich Meinecke (1862–1954) und Albert Brackmann (1871–1952) sich zu einem ungewöhnlichen Schritt veranlasst sahen. Ihr Verhalten legte offen, welch weitreichender Einfluss Johann von Leers in dieser Phase unterstellt wurde. Nachdem Huizinga Ende Januar 1933 wenige Tage vor der Machtübertragung an Hitler eine Gastvorlesung an der Berliner Universität gehalten hatte, sollte sein Redetext in der nächsten Ausgabe der HZ erscheinen. Die radikalen Umwälzungen seit Anfang Februar, die die Redaktion schnell in eine „schwierige Situation"[104] gebracht hatten, insbesondere aber der Vorfall in Leiden, der den Herausgebern bekannt geworden war, ließen es Meinecke und Brackmann jedoch geboten erscheinen, in einer redaktionellen Bemerkung

---

102 LEERS, JOHANN VON: Tagung des Weltstudentenwerks in Leiden, in: Die Schwarzburg. Hochschulmonatsschrift 15 (1933) 6, S. 190 f. Darin auch der Hinweis auf eine Ansprache zum dem Vorfall „am Ostersonnabend zur ‚Stimme des Tages' im Berliner Rundfunk".
103 Zur gegenteiligen Darstellung durch den Leiter der niederländischen Delegation siehe OTTERSPEER: Huizinga before the Abyss, S. 404–407.
104 RITTER, GERHARD A.: Die Verdrängung von Friedrich Meinecke als Herausgeber der Historischen Zeitschrift 1933–1935, in: HEIN, DIETER/HILDEBRAND, KLAUS/SCHULZ, ANDREAS (HRSG.): Historie und Leben. Der Historiker als Wissenschaftler und Zeitgenosse, München 2006, S. 65–88, hier S. 67.

auf Distanz zu Huizinga zu gehen.[105] Hätte die Redaktion „von diesem Vorfall rechtzeitig Kenntnis gehabt", erfuhr die Leserschaft, hätte sie „den Aufsatz nicht zum Abdruck gebracht". Dass er dennoch publiziert wurde, sei nur darauf zurückzuführen, dass „fast das ganze übrige Heft bereits ausgedruckt" vorlag. In einem Schreiben an Huizinga bedauerten Meinecke und Brackmann zwar, dass ihre Entscheidung in dieser Frage der „nationalen Ehre und Würde" nur auf der Grundlage einer Darstellung erfolgen konnte, „die wir von amtlicher Seite empfingen". Gemeint war damit das Auswärtige Amt, das die Veröffentlichung zunächst zu verhindern versucht hatte. Eine Korrektur ihrer fragwürdigen Position, die nicht ohne Verwerfung auch in der „Scientific Community" blieb, nahmen die offensichtlich eingeschüchterten Herausgeber allenfalls insofern vor, dass sie im gleichen Band der Zeitschrift den Aufsatz des später emigrierten Mediävisten Hans Liebeschütz publizierten, der eine „sehr positive Besprechung" einer Akademieschrift Huizingas enthielt.[106]

4.4 Sammlungsbewegungen

Johann von Leers profilierte sich allerdings nicht alleine als Experte auf dem Gebiet der Gleichschaltung und als Repräsentant der NS-Bewegung im Ausland. Ebenso bedeutsam war sein Aktivismus als Mitinitiator und treibende Kraft völkisch-religiöser und antisemitisch akzentuierter Sammlungsbewegungen, die die Machterringung durch die Nationalsozialisten als Zeichen des Aufbruchs deuteten und jetzt auf Anerkennung ihrer Überzeugungen hofften.

4.4.1 „Weltanschauungskampf um Herman Wirth"

Dies zeigte sich am „Weltanschauungskampf" um Herman Wirth (1885–1981), dessen Schriften Johann von Leers Anfang der 1930er Jahre ebenfalls zu einem Erweckungserlebnis geraten waren. Der exzentrische Privatgelehrte, der die Gegenwart als fundamentale gesellschaftliche und kulturelle Krise deutete und *zur inneren Befreiung und Erweckung des großen ‚deutschen' Volkes*[107] aufrief, gilt heute vor allem als Vordenker des Vereins „Ahnenerbe", mit dem Heinrich

---

105 HUIZINGA, JOHAN: Burgund. Eine Krise des romanisch-germanischen Verhältnisses, in: HZ 148 (1933), S. 1–28. Die Erklärung findet sich auf S. 228.
106 Die niederländische Tijdschrift Voor Geschiedenis reagierte mit einer Gegenerklärung und kündigte ihr Abonnement, siehe RITTER: Die Verdrängung von Friedrich Meinecke als Herausgeber der Historischen Zeitschrift 1933–1935, S. 68.
107 Wirth an Archibald Mac Lean of Coll, 29.04.1930 [BArch, N 2168/18, Bl. 154–157].

Himmler seit 1935 seine kulturpolitischen Ziele und forschungspolitischen Ambitionen verfolgte.[108] Gleichwohl wäre es verkehrt, in dem „Urgeistesgeschichtler" alleine den späteren Stichwortgeber des Reichsführers SS zu sehen, auch wenn dieser *begeistert von Wirths Forschungen* gewesen sein mag, wie Gesine von Leers noch Jahrzehnte später behauptet hat.[109] Denn obgleich „Außenseiter"[110] in der Wissenschaft, dem bis zu seinem Lebensende die erhoffte akademische Anerkennung versagt blieb, zählte der völkische Phantast doch zu den „populärsten Laienforschern seiner Zeit", der als „charismatischer Redner" eine große Schar um sich sammeln konnte und sogar den Ruf als „Religionsstifter" genoss:[111] Kulturpessimisten, völkische Visionäre, Zivilisationsmüde und Anhänger der Lebensreformbewegung[112], die vielfach durch Krieg und Inflation ihre ökonomische Basis und weltanschauliche Orientierung verloren hatten, repräsentierten ein breites Spektrum, das Wirth in einer „Zeit des geistigen, seelischen und wirtschaftlichen Verfalls weiter Volksschichten", wie einer seiner frühen Kritiker konstatierte, „mit seinen Ausführungen über Erwachen und Wiedergeburt der nordischen Rasse" für sich einzunehmen vermochte.[113]

Auf welche Art der Erweckung seine Anhänger hofften und in welch unterschiedlichen Kreisen der *Eresburger Barfußläufer*[114] Wirkung entfaltete, unterstreichen die überlieferten Korrespondenzen der 1929 gegründeten Herman-Wirth-Gesellschaft: Eine *wahre Erneuerung unseres heute so tief entarteten Daseins* sehnte etwa der Mediziner Georg Boehncke (1869–1946) aus Springe

---

108 Zu Wirth siehe WIWJORRA, INGO: Herman Wirth – Ein gescheiterter Ideologe zwischen „Ahnenerbe" und Atlantis, in: DANCKWORTT, BARBARA/QUERG, THORSTEN/SCHÖNINGH, CLAUDIA (HRSG.): Historische Rassismusforschung. Ideologen – Täter – Opfer, Hamburg 1995, S. 91–112; DERS.: In Erwartung der „Heiligen Wende". Herman Wirth im Kontext der völkisch-religiösen Bewegung, in: PUSCHNER, UWE/VOLLNHALS, CLEMENS (HRSG.): Die völkisch-religiöse Bewegung im Nationalsozialismus. Eine Beziehungs- und Konfliktgeschichte (Schriften des Hannah-Arendt-Instituts für Totalitarismusforschung, Bd. 47), Göttingen 2012, S. 399–416; LÖW, LUITGARD SOFIE: Gottessohn und Mutter Erde auf bronzezeitlichen Felsbildern. Herman Wirth und die völkische Symbolforschung (Zivilisationen und Geschichte, Bd. 41), Frankfurt am Main 2016, S. 29–96.
109 Gesine von Leers an IfZ (Wolfgang Benz), 18.01.1974 [IfZ, ZS 3084].
110 KATER, MICHAEL H.: Das „Ahnenerbe" der SS 1935–1945. Ein Beitrag zur Kulturpolitik des Dritten Reiches (Studien zur Zeitgeschichte, Bd. 6), München ³2001, S. 14.
111 WIWJORRA: In Erwartung der „Heiligen Wende", S. 409; DERS.: Herman Wirth, S. 111.
112 Zur Definition des Begriffs siehe zusammenfassend WEDEMEYER-KOLWE, BERND: Aufbruch. Die Lebensreform in Deutschland, Wiesbaden 2017, S. 14–20.
113 WIEGERS, FRITZ: Herman Wirth und die deutsche Wissenschaft, München 1932, S. 3.
114 Zu dieser selbstironischen Charakterisierung siehe Wirth an Gesine Fischer, 08.01.1932 [BArch, N 2N 2168/18, Bl. 16–18]. Als „Eresburg" bezeichnete Wirth, in Anlehnung an eine Festungsanlage der Sachsen im Hochsauerlandkreis, die angeblich die Irminsul beherbergte und 772 durch Karl den Großen zerstört worden sein soll, sein Marburger Wohnhaus. KATER: Das „Ahnenerbe" der SS 1935–1945, S. 63.

an der Deister herbei.[115] Der *vollkommen mittellos* gewordene Sanitätsrat Georg Bonne (1859–1945) aus der Nähe von Lüneburg war davon überzeugt, in Wirths Schriften *die wissenschaftliche Grunslage* [sic] *für den seelischen Wiederaufbau der gesamten Menschheit,* zu finden, nachdem diese durch den Krieg *seelischen Bankrott* erlitten habe.[116] Dem Lebensreformer Karl Strünckmann (1872–1953), der in seinem Harzer Sanatorium ein „neues Menschentum"[117] predigte, diente Wirth in den zum Jahreswechsel 1929/30 geplanten „Blankenburger Biologische[n] Wochen" unter dem Titel „Deutsch sein heißt: Lichtträger sein!" als Rüstzeug. In zahlreichen Vorträgen sollte es demnach um die „Wiedergeburt des deutschen Menschen" durch die „religiöse Wiedergeburt des Abendlandes" und eine „biologische Volkswende" gehen.[118] Das vorgesehene Programm sei dabei *ganz auf die Gedankengänge von Hermann Wirth aufgebaut,* wie er in einer Einladung mitteilte.[119] Der Mitbegründer der Medizinisch-Biologischen Gesellschaft, der Berliner Medizinalrat und Publizist Franz Bachmann (1856–1931), zugleich Herausgeber der Monatsschrift „Der Gesunde Mensch" für die Angehörigen der Krankenunterstützungskasse der Volksheilbewegung, wollte mit Wirth *für eine neue Kultur* unter *Zugrundlegung einer Naturreligion sowie der altklassischen Kultur* arbeiten.[120] Strünckmann, der Anfang der 1930er Jahre in Wilhelm Schwaners „Volkserzieher" publizierte sowie Verbindungen zu Otto Straßer unterhielt[121], wie auch Bachmann gehörten zu einer „gefestigte[n] Gruppierung biologischer und naturheilkundlicher Ärzte, die von der Vision einer

---

115 Boehncke an Gesine Fischer, 03.05.1931 [LA-B, A Rep. 060–57, Nr. 3].
116 Bonne an Gesine Fischer, 06.12.1929 [LA-B, A Rep. 060–57, Nr. 1]. Zu Bonne, seit der Jahrhundertwende ein emsiger Umwelt- und Lebensschützer, siehe CLOSMANN, CHARLES E.: Modernizing the Waters. Pollution and political ideology in Hamburg 1900–1961, in: GHI Bulletin 34 (2000), S. 85–97, hier S. 88–91.
117 Tagungsprogramm „Lichtkräfte des Lebens" [LA-B, A Rep. 060–57, Nr. 1]. Zu Strünckmann siehe das Biogramm in BREUER, STEFAN/SCHMIDT, INA: Die Kommenden. Eine Zeitschrift der Bündischen Jugend (1926–1933), Schwalbach/Ts. 2009, S. 421 f.; PIECHA, OLIVER M.: Das Weltbild eines deutschen Diätarztes. Anmerkungen zum Verhältnis zwischen Lebensreform und völkischem Fundamentalismus, in: Schriften der Erich-Mühsam-Gesellschaft 27 (2006), S. 118–158 sowie bereits LINSE, ULRICH: Barfüßige Propheten, Berlin 1983, S. 90–93 und NIEKISCH, ERNST: Gewagtes Leben. Begegnungen und Begebnisse, Köln/Berlin 1958, S. 174 f.
118 Tagungsprogramm „Lichtkräfte des Lebens" [LA-B, A Rep. 060–57, Nr. 1].
119 Strünckmann an Walther Fischer, 17.12.1929 [LA-B, A Rep. 060–57, Nr. 1].
120 Bachmann an Herman-Wirth-Gesellschaft, 01.03.1930 [LA-B, A Rep. 060–57, Nr. 2]. Zu Bachmann und der von ihm vertretenen „Biologischen Medizin" als einer Spielart der Lebensreformbewegung siehe HEYLL, UWE: Wasser, Fasten, Luft und Licht. Die Geschichte der Naturheilkunde in Deutschland, Frankfurt am Main 2006, S. 201–228.
121 HUFENREUTER, GREGOR/KNÜPPEL, CHRISTOPH (HRSG.): Wilhelm Schwaner – Walther Rathenau. Eine Freundschaft im Widerspruch. Der Briefwechsel 1913–1922 (Neue Beiträge zur Geistesgeschichte, Bd. 10), Berlin 2008, S. 57.

Neuen Deutschen Heilkunde auf der Basis völkisch-nationalen Gedankenguts durchdrungen war".[122]

Ungeachtet dieser großen Anhängerschaft, lebte Herman Wirth finanziell jedoch stets in prekären Verhältnissen.[123] Eine Änderung dieses Zustands sollte eine nach ihm benannte Fördergesellschaft herbeiführen, die, wie Wirth es formulierte, *Freunde meiner Forschung* 1929 gründeten.[124] Die Anregung dazu kam unter anderem vom dem Stuttgarter Farben- und Lackfabrikanten Christian Wilhelm Mack (1861–1936), der sich früh bereits den Nationalsozialisten angeschlossen hatte und Wirth als einer der ersten höhere Summen zur Verfügung stellte[125], vor allem aber auch durch den Verleger Eugen Diederichs (1867–1930).[126] Als die eigentlichen Initiatoren können jedoch Gesine von Leers (1891–1974)[127] und ihr erster Ehemann Walther Fischer (geb. 1885) aus Berlin gelten. Auch sie gehörten zu jenen Suchenden, die sich nach einer *geistigen und seelischen Erneuerung*[128] sehnten und auf die *Reinigung Deutschlands* vor allem zur *Wiedererweckung* seiner *einstigen seelischen und geistigen Kräfte* hofften.[129] In Herman Wirth hatten sie dazu ihren Propheten gefunden, den sie fortan nach Kräften unterstützten, um seine *hohen ethischen Ideen im ganzen Volke verbreiten*

---

122 HEYLL: Wasser, Fasten, Luft und Licht, S. 228.
123 KATER: Das „Ahnenerbe" der SS 1935–1945, S. 15.
124 Wirth an Walther Fischer, 21.08.1929 [BArch, N 2168/18, Bl. 217–219].
125 Zu seinem Bekenntnis zum „Führer" Adolf Hitler und dessen „beherzigenswürdige[n] Lehren" sowie zur NSDAP („Wir Nationalsozialisten") siehe MACK, CHRISTIAN WILHELM: Der Rembrandtdeutsche, in: Völkischer Beobachter vom 12.12.1926; DERS.: Der Rembrandtdeutsche als Rassenerzieher, in: Völkischer Beobachter vom 21.12.1926. Zu Mack und den Hintergründen seines Bruchs mit Wirth siehe LÖW: Gottessohn und Mutter Erde auf bronzezeitlichen Felsbildern, S. 43 f. Siehe auch Wirth an Gesine Fischer, 02.09.1929 [BArch, N 2168/18, Bl. 216]. Zum Todesjahr siehe Bangert an Johann von Leers, 28.05.1936 [BArch, N 2168/2, Bl. 165].
126 Gesine von Leers an IfZ (Wolfgang Benz), 08.01.1974 [IfZ, ZS 3084]. Siehe auch Johannes Tiedje (1879–1946) an Gesine Fischer, 23.11.1929 [LA-B, A Rep. 060–57, Nr. 1]. Der frühere Pfarrer, als Ministerialrat im Reichsministerium des Innern bis 1933 im Bereich der „Deutschtumsarbeit" tätig, vermutete zu dem Initiator: *Die durch meinen Freund Eugen Diederichs in Gang gebrachte Bewegung hat mein volles Interesse.* Zu Tiedje siehe HAAR, INGO: Historiker im Nationalsozialismus. Deutsche Geschichtswissenschaft und der „Volkstumskampf", Göttingen 2000, S. 179 f.
127 Clara Gesine (gelegentlich auch Gesina) von Leers kam aus Hamburg und war die Tochter des „friesischen Handelsschiffskapitäns" Gustav Adolf Heinrich Schmaltz und dessen Frau Johanna Catharine (geb. Popken). Laut Johann von Leers stammte sie dagegen *aus einer alten Bauernfamilie des Landes Rüstringen*. Siehe Johann von Leers an Frenssen, 23.03.1936 [SHLB, NL Frenssen, Cb 21.56: 1020, Bl. 1a]. Vor ihrer Heirat mit Johann von Leers im Herbst 1932 trug sie den Namen ihres ersten Ehemanns Walther Fischer. Siehe Leserbrief „Ilse Neustädter" in: SPIEGEL 3 (1949) 26 vom 23.06.1949.
128 Gesine Fischer an unbekannten Adressaten, 19.05.1930 [LA-B, A Rep. 060–57, Nr. 2].
129 Walther und Gesine Fischer an Wirth, 06.07.1930 [BArch, N 2168/18, Bl. 133 f].

*zu helfen.*¹³⁰ Die Herman-Wirth-Gesellschaft, reklamierte Gesine Fischer später denn auch immer wieder, sei *einzig und allein von mir gegründet* worden.¹³¹ Nicht zuletzt ihrer Tatkraft verdankte Wirth in den kommenden Jahren einen Gutteil seiner öffentlichen Wahrnehmung und beträchtliche finanzielle Zuwendungen.

Den Anstoß dazu hatte ihr zweifelsohne Wirths monumentales Werk „Der Aufgang der Menschheit" gegeben, das nach mehrfachen Ankündigungen 1928 im Verlag des *alten Eugen Diederichs*¹³² erschienen war und seine „Untersuchungen zur Geschichte der Religion, Symbolik und Schrift der atlantisch-nordischen Rasse" zusammenfasste.¹³³ Nachdem Gesine Fischer auf die Schrift *aufmerksam gemacht* worden war, nahm sie über deren Verleger brieflich Verbindung auf und *lernte dadurch Herman Wirth persönlich kennen.*¹³⁴ Es ist davon auszugehen, dass dies spätestens im Mai 1929 während einer Versammlung der Freunde germanischer Vorgeschichte in Detmold geschah.¹³⁵ Dass auch Wirth dies als schicksalhafte Fügung deutete, ermisst sich an seiner Freude darüber, *dass ich Dich und den Walther nun jetzt finden durfte,* wie er kurz darauf mitteilte.¹³⁶ *Sie werden aus unserer Begegnung und persönlichen Fühlungnahme wissen, dass wir Gesinnungsgenossen sind*¹³⁷, fügte er hinzu, nachdem er seine neuen Freunde in Berlin besucht hatte. Mehrfach machte ihm anschließend auch das Ehepaar Fischer in Marburg seine Aufwartung.¹³⁸

Eben diese Begegnungen bestärkten Gesine Fischer darin, sich mit *Eifer* und *Begeisterung* für Wirth und dessen *große* und *schöne Sache* einzusetzen, die sie

---

130 Walther Fischer an Wissell, 08.01.1930 [LA-B, A Rep. 060–57, Nr. 2].
131 Gesine von Leers an Wirth, 12.12.1937 [BArch, N 2168/18, Bl. 3]. Siehe bereits Gesine von Leers an Hans Schmidt (Pfarrer), 03.05.1934 [ZASP, Abt. 160, Nr. 888]: *Ich selber habe vor 6 Jahren die Herman Wirth Gesellschaft gegründet.*
132 Walther Fischer an Wissell, 08.01.1930 [LA-B, A Rep. 060–57, Nr. 2]. Siehe auch Gesine von Leers an Wirth, 12.12.1937 [BArch, N 2168/18, Bl. 3].
133 Siehe WIWJORRA: Herman Wirth, S. 96.
134 Gesine von Leers an IfZ (Wolfgang Benz), 08.01.1974 [IfZ, ZS 3084].
135 Wirth an Gesine Fischer, 15.05.1929 [BArch, N 2168/18, Bl. 222]: Wirth deutet hier an, Gesine Fischer *auf der Detmolder Tagung kennen zu lernen.* Zum Verlauf der Veranstaltung siehe MEIER-BÖKE, A.: Zweite Tagung der Freunde germanischer Vorgeschichte vom 22. bis 24. Mai 1929 in Detmold, in: Germanien 1 (1929) 1 vom 01.07.1929, S. 20–23. Zur Bedeutung der Gesellschaft für die völkischen Netzwerke siehe auch SCHAFMEISTER, JULIA: „Aufgedeckte Geschichtsirrtümer" und „fließende Kraftquellen", in: EIKERMANN, LARISSA/HAUPT, STEFANIE/LINDE, ROLAND/ZELLE, MICHAEL (HRSG.): Die Externsteine. Zwischen wissenschaftlicher Forschung und völkischer Deutung (Veröffentlichungen der Historischen Kommission für Westfalen N.F., Bd. 31), Münster 2018, S. 315–333.
136 Wirth an Gesine Fischer, 10.07.1930 [BArch, N 2168/18, Bl. 131].
137 Wirth an Walther Fischer, 21.08.1929 [BArch, N 2168/18, Bl. 217–219].
138 Walther und Gesine Fischer an Wirth, 18.06.1930 [BArch, N 2168/18, Bl. 141–143]. Zu weiteren Besuchen siehe Wirth an Kummer, 16.05.1930 [BArch, N 2168/18, Bl. 146]; Wirth an Walther und Gesine Fischer, 18.05.1930 [BArch, N 2168/18, Bl. 145].

mit ihren *völkisch-religiösen Ansichten* und *esoterischen Neigungen* in Einklang sah.[139] Zur NSDAP will sie, wie sie Mitte der 1950er Jahre erklärte, zwar Distanz gehalten haben und der Partei *niemals* beigetreten sein. Gleichwohl räumte sie ein, dem Nationalsozialismus als einer *wunderbaren Idee* nachzutrauern und der Partei *bis (!) 1933 sehr begeistert* angehangen zu haben.[140] Als *artbewusster Mensch* habe sie danach gestrebt, *christliche[n] Ballast* abzuwerfen, um stattdessen die *große göttliche Ordnung* zu finden, für die es die christlichen Konfessionen zu überwinden galt.[141] Zwar könne *ohne Religion [...] kein Volk existieren* und *ohne Gott [...] nichts gedeihen*, erklärte sie einem Weggefährten.[142] Von *den Kirchen* aber halte sie *nichts*.[143] Worin ihr eigenes Glaubensbekenntnis bestand, hatte sie bereits 1934 einem protestantischen Pfarrer auseinandergesetzt, sodass es ausführlicher zitiert werden soll: *Mir hat Christus nie etwas bedeutet und wird mir nie etwas bedeuten, mag er ein braver Missionar gewesen sein. Ich fühle mich weder erlösungsbedürftig, noch halte ich was von der Gnade, noch etwas von einer Kraft von außen her. Überhaupt ist mir der ganze Sündenbegriff, der dauernd die Menschen minderwertig macht, in tiefster Seele verhasst [...]. Wir wollen all unsere Kraft daran setzen, den Nebelschleier von der deutschen Seele herunter zu ziehen, der Seelenverjudung Einhalt zu gebieten, wir wollen keinen jüdischen Gott aus fremdem Land, wir wollen die Heiligtümer unserer Heimat frei legen und verlangen als erstes und heiligstes Gebot die Liebe zum eigenen Volk und die Ehrfurcht vor dem großen reinen Glauben und der Kultur unserer Urväter, nicht der Erzväter aus jüdischem Stamm*.[144] Eine Alternative sah sie stattdessen in *Grenzwissenschaften* wie etwa der *Astrologie*, die sie als *fromme Heide* und *Feind des Christentums* für *eine der interessantesten Wissenschaften* halte, frühzeitig *erlernt* und *studiert* habe und die ihr zeitlebens Orientierung gab.[145]

Ebenbürtige Unterstützung erhielt sie durch ihren damaligen Ehemann, der den Verein in den kommenden Jahren durch seine *Geschäftsführung* und *Leitung* maßgeblich lenkte.[146] Der Jurist und frühere Regierungsrat war 1919 in Kon-

---

139 Wirth an Gesine Fischer, 08.01.1932 [BArch, N 2168/18, Bl. 16–18]; Gesine von Leers an Wirth, 12.12.1937 [BArch, N 2168/18, Bl. 3].
140 Gesine von Leers an Zierer, 10.05.1954 [Privatarchiv].
141 Gesine von Leers an Hans Schmidt (Pfarrer), 03.05.1934 [ZASP, Abt. 160, Nr. 888]; Gesine von Leers an Jünger, 17.05.1959 [DLA Marbach, Sig. HS 5294539].
142 Gesine von Leers an Zierer, 10.05.1954 [Privatarchiv].
143 Gesine von Leers an Wittfogel, 26.06.1951 [HIA, Collection K. Wittfogel, Box Nr. 29].
144 Gesine von Leers an Hans Schmidt (Pfarrer), 03.05.1934 [ZASP, Abt. 160, Nr. 888].
145 Gesine von Leers an Wittfogel, 26.06.1951 [HIA, Collection K. Wittfogel, Box Nr. 29]; Gesine von Leers an Jünger, 17.05.1959, 28.06.1959, 02.02.1972 und o. D. [Mai 1972] [DLA Marbach, Sig. HS 5294539].
146 Fischer an Brenzinger, 14.12.1929 [LA-B, A Rep. 060–57, Nr. 1].

sequenz seiner antisemitischen Einstellung und Verachtung für die *November-Demokratie*[147] freiwillig aus dem Preußischen Staatsdienst ausgeschieden und als Syndikus in den Verband Berliner Metall-Industrieller eingetreten.[148] Spätestens seit 1927 unterhielt er intensive Kontakte zur NSDAP in Berlin. Obgleich auch er, soweit sich ermitteln ließ, der Partei niemals angehörte, erteilte er juristische Ratschläge und spielte ihr, wie er sich später attestieren ließ, *wertvolles Material zur Bekämpfung der damaligen Korruptionserscheinungen* zu, insbesondere für den *ebenso energischen wie sachlich unanfechtbaren Kampf gegen die Gebrüder Sklarek und ihre Hintermänner*.[149] Für den „Angriff" habe er bis 1933 angeblich *mindestens 500 Artikel* verfasst und damit der Zeitung *im Sinne der nationalsozialistischen Zielsetzung* gedient.[150] Den „Völkischen Beobachter" will er sogar *mitentwickelt* haben, um dann *in den Jahren 1926 bis 1932* dessen *dauernder Mitarbeiter* gewesen zu sein.[151] Wie seine Ehefrau war Fischer nicht nur der Astrologie[152] zugeneigt, sondern auch von Wirths Mission überzeugt: Er *glaube* fest an dessen *von Gott gestellte große Aufgabe zur Weitung des Blicks der Atlantiker und zur Rettung der versinkenden nordischen Seele,* offenbarte er diesem zum Jahreswechsel 1930/31.[153]

---

147 Lebenslauf vom 05.05.1933 [BArch, R 1501/206284, Bl. 4 f.].
148 Ebd. In Prospekten, die seit 1929 für eine Mitgliedschaft in der Herman-Wirth-Gesellschaft warben, wurde Fischer als „Regierungsrat a. D." vorgestellt. In Korrespondenzen, mit denen er um Spenden ersuchte, fügte er bisweilen hinzu, Direktor in besagtem Industriellenverband zu sein. Siehe Fischer an Brenzinger, 14.12.1929 [LA-B, A Rep. 060–57, Nr. 1]. Für den Verband trat Fischer unter anderem in Gerichtsprozessen auf, die gegen „Industriespione" geführt wurden. Siehe GALLWITZ, GERT: Jagd auf Industriespione, in: Badischer Beobachter vom 28.04.1931.
149 So Julius Lippert, 1927 „Hauptschriftleiter" des „Angriff" und seit 1933 Staatskommissar in Berlin. Siehe Lippert an Fischer, 03.05.1934 [BArch, R 1501/206284, Bl. 75]. Zur symbolreichen Stigmatisierung der Weimarer Demokratie als „Judenrepublik" im „Sklarek-Skandal" siehe MALINOWSKI, STEPHAN: Politische Skandale als Zerrspiegel der Demokratie. Die Fälle Barmat und Sklarek im Kalkül der Weimarer Rechten, in: Jahrbuch für Antisemitismusforschung 5 (1996), S. 46–65.
150 Lippert an Fischer vom 03.05.1934 [BArch, R 1501/206284, Bl. 75].
151 Fischer an Staatssekretär Preußisches Innenministerium, 27.09.1934 [BArch, R 1501/206284, Bl. 37 f.]. Inwiefern diese Behauptung zutrifft, muss offen bleiben.
152 Friedrich Hielscher, dessen Darstellung allerdings vielfach unzuverlässig ist, erinnerte sich nach 1945 an Fischer als „sternenwahrsagenden, großindustriellen und völkisch-nationalsozialistischen Planetenfischer". Siehe HIELSCHER, FRIEDRICH: 50 Jahre unter Deutschen, Hamburg 1954, S. 134. Rudolf Diels nannten ihn den „astrologische[n] Ministerialdirektor". Siehe DIELS, RUDOLF: Die Nacht der langen Messer ..., in: SPIEGEL 3 (1949) 22 vom 19.05.1949.
153 Fischer an Wirth, 31.12.1930 [BArch, N 2168/18, Bl. 103 f.].

Um dieses Ziel zu erreichen, galt es allerdings, Wirths Existenz auf eine solidere Grundlage zu stellen. *Geldwerbung*[154] war deshalb von Anfang das eigentliche Ziel der Herman-Wirth-Gesellschaft, die damit den eigenwilligen Lebensstil des verkannten Forschers finanzieren wollte. *[V]iel Geld* benötigte dieser nämlich nicht nur für eine Reihe von Zuarbeitern einschließlich einer *Privatsekretärin*, eines *Assistenten* und eines *Famulus*.[155] Gleichermaßen kostspielig waren die *wissenschaftlichen Hilfsmittel* während der ausgiebigen Forschungsreisen. Es spricht für Wirths realitätsfremdes Selbstbild, dass er all dies wie selbstverständlich für sich zu beanspruchen vermeinte. Nur so jedoch glaubte er, den angeblich *so ungleichen Kampf gegen eine Front von weltanschaulich uns fremden und feindlichen Mächten* bestehen zu können.[156] Ganz der Pose des Außenseiters entsprach zugleich, dass Wirth sich der *Todfeindschaft einer übermächtigen Zunftvertretung* ausgesetzt sah, gegen die er ohne *amtliche Existenzgrundlage* und alleine mit *milden Gaben* antreten müsse.[157] Dass er deshalb *Geld von Juden angenommen und erbettelt* hatte, wie später ein den Deutschen Christen nahestehender Pfarrer ihm vorwarf, schien Wirth und Gesine Fischer somit als lässliche Verfehlung.[158] Schließlich, hielten sie dem entgegen, sei dieses Geld *vorher uns Deutschen abgegaunert* worden.[159] Damit der Geldfluss ins Rollen kam, ging die Herman-Wirth-Gesellschaft zweistufig vor.

Um Wirth und seinen Forschungen die nötige Reputation zu verleihen, wurde seit Sommer 1929 zunächst ein „Aufruf" ausgearbeitet, den möglichst prominente Unterstützer aus dem akademischen Betrieb unterzeichnen sollten.[160] Eine finanzielle Unterstützung war daran nicht zwingend geknüpft. Ihr öffentliches Bekenntnis zu Wirth sollte allerdings solventere Persönlichkeiten davon überzeugen, Zuwendungen zu leisten. Glaubte man nämlich den Verfassern des Aufrufs, der bis in den Winter 1929 hinein verschiedene Überarbeitungen erfuhr[161], war Wirth ein zwar umstrittener, gleichwohl ernstzunehmen-

---

154 Gesine Fischer an Wirth, 30.09.1929 [BArch, N 2168/18, Bl. 211].
155 Wirth an Walther und Gesine Fischer, 04.01.1930 [BArch, N 2168/18, Bl. 192–194]; Gesine Fischer an unbekannten Adressaten, 19.05.1930 [LA-B, A Rep. 060-57, Nr. 2].
156 Wirth an Gesine Fischer, 22.02.1931 [BArch, N 2168/18, Bl. 77 f.].
157 Wirth an Gesine Fischer, 04.01. bzw. 06.01.1931 [BArch, N 2168/18, Bl. 94–98]; Wirth an Roselius, 08.04.1930 [BArch, N 2168/18, Bl. 166–168]; Wirth an Gesine Fischer, 12.01.1930 [BArch, N 2168/18, Bl. 189–191].
158 Hans Schmidt (Pfarrer) an Gesine von Leers, 30.04.1934 [ZASP, Abt. 160, Nr. 888].
159 Gesine von Leers an Hans Schmidt (Pfarrer), 03.05.1934 [ZASP, Abt. 160, Nr. 888].
160 Zu den ersten Initiativen siehe Wirth an Walther Fischer, 21.08.1929 [BArch, N 2168/18, Bl. 217–219].
161 Wirth an Walther und Gesine Fischer, 04.11.1929 [BArch, N 2168/18, Bl. 202]. Der erste Entwurf ging offensichtlich auf Eugen Diederichs zurück. Nachdem er allerdings keine Zustimmung von Wirth fand, wurde er durch Fischer überarbeitet. Siehe Wirth an Walther und

der Forscher, dessen Anschauungen kurz vor dem Durchbruch standen. Die wachsende Akzeptanz seiner Methoden und Erkenntnisse, die in „Laienkreisen" bereits Aufsehen erregt hätten, zeige sich demnach darin, dass zumindest unter der jüngeren Generation in der „Wissenschaft" die „Zurückhaltung" aufgegeben werde.[162] Die Verfasser führten dies darauf zurück, dass die von Wirth entwickelte Theorie trotz der „Größe und Neuheit des Tatsachenmaterials" sich „auch auf genauer Kenntnis der ausländischen Fachliteratur" stützte. Den Einwand, dass „manche Ansichten" seines zu einer „Synthesis der heutigen Geisteswissenschaften" verklärten Werks „auf den ersten Eindruck hin phantastisch erscheinen", wischten sie mit der Bemerkung beiseite, diese könnten sich auf „wissenschaftliche Vorgänger" berufen, die den „Spezialisten" nicht immer bekannt seien.[163] Der etablierten akademischen Forschung wurde damit unterstellt, in der Enge ihrer jeweiligen Fachdisziplin zu verharren. Sodann fassten die Autoren des Aufrufs die zentralen Aussagen Wirths über den „Weg des Aufstieges der Menschheit zuerst von Westen nach Osten" zusammen, umrissen das geplante Forschungsprogramm und kamen schließlich zu ihrem eigentlichen Anliegen: Um es dem verkannten Forscher zu ermöglichen, ein weiteres Werk über „den Urglauben der Menschheit zu schreiben", das „vielleicht von entscheidendem Einfluss auf die chaotische Zerrissenheit unserer Zeit" sei, bedürfe es „mindestens dreier Jahre einer wirtschaftlich freien Existenz".[164] Auch der schon länger angekündigte Bilderatlas sollte in diese Zeit erstellt werden. Den missionarischen Charakter der Herman-Wirth-Gesellschaft legten die abschließenden Bemerkungen offen, in der ihr Namensgeber als Heilsbringer von epochaler Bedeutung erschien: Eine vergleichbare Persönlichkeit werde „auf Jahrzehnte hinaus in der deutschen Wissenschaft kaum wieder [...] erstehen", wenn sie nicht jetzt alle Hilfe erfahre. Seiner „große[n] Aufgabe" nämlich stelle er sich in einer Zeit, in der „Deutschland [...] in verschiedener Weise an einem Wendepunkt seines Geschickes" stehe, das es „bewusst und tatkräftig" in die Hand zu nehmen gelte. Um aber durch „geistige Spitzenleistungen auf wissenschaftlichem Gebiet" seinen „Zukunftsaufgaben" nachkommen zu kön-

---

Gesine Fischer, vom 13.09.1929 [BArch, N 2168/18, Bl. 213]: *Ich danke nochmals herzlich für das menschlich so schöne Schriftstück.* Obgleich Diederichs die Fassung akzeptiert hatte, wurden dennoch weitere Korrekturen vorgenommen. Siehe Wirth an Gesine Fischer, 29.09.1929 [BArch, N 2168/18, Bl. 212].

162 Aufruf der Herman-Wirth-Gesellschaft o. D. [um 1929] [UAG, NL Sommer, Bd. 71, Bl. 109]. Siehe auch die Überlieferung im Nachlass von David Baumgardt (1890–1961) [LBI Online]. Zur öffentlichen Wahrnehmung siehe etwa den Abdruck in der „Karlsruher Zeitung" vom 07.12.1929.

163 Aufruf der Herman-Wirth-Gesellschaft o. D. [um 1929] [UAG, NL Sommer, Bd. 71, Bl. 109].

164 Ebd.

nen, die ihm „wieder Weltgeltung verschaffen", sei „Mäzenatentum" erforderlich, das „infolge der Verarmung Deutschlands [...] kollektiv gestaltet werden muss".[165] Wirths wirtschaftliche Existenz ließe sich deshalb durch einen „Beitritt" zu der neu gegründeten Herman-Wirth-Gesellschaft sichern, der durch eine einmalige Spende in Höhe von 500 bis 1.000 Mark oder regelmäßige Beiträge auf ein Konto, das Walther Fischer als „Treuhänder" verwaltete, vollzogen werden konnte. Darüber hinaus wurden die Mitglieder vor allem außerhalb Berlins aufgefordert, „öffentliche Vorträge über Wirths Forschungsresultate" zu organisieren. Im Gegenzug konnten sie die Schriften Wirths zu einem vergünstigten Preis beziehen.

Mit dem Aufruf traten die Initiatoren in den folgenden Wochen an zahlreiche Unterstützer heran, um sie als öffentlichkeitswirksame Aushängeschilder des „Ausschusses" zu gewinnen. Schon hier machten sich allerdings erste Differenzen bemerkbar. Über die genaue Zusammensetzung bestand nämlich keineswegs Einvernehmen. So kam es zu einer Auseinandersetzung darüber, ob auch Parteivertreter angesprochen werden sollten. Diese müssten *unbedingt von vornherein ausscheiden, zumal dann, wenn nur Politiker einer Richtung vertreten sind,* äußerte Gesine Fischer sich reserviert. *Jegliche politische Tendenz* müsse *ausgeschaltet* werden, erklärte auch Walther Fischer, demzufolge die neutrale Haltung der Herman-Wirth-Gesellschaft eine Voraussetzung sei, um *Geld zu sammeln in allen Lagern.*[166] Insofern könne es nicht angehen, *nur sozialistische Minister* zur Unterschrift *aufzufordern,* weil damit *sehr viele Geldquellen verstopft* würden, wie Gesine Fischer bemerkte.[167] Dies war vor allem auch eine Spitze gegen den Bremer Mäzen Ludwig Roselius (1874–1943), der ihm bekannte *Sozialdemokraten* offensichtlich *als Vertretung der Linken [...] empfohlen* hatte.[168] Nicht weniger konfliktreich gestaltete sich die Frage, ob zudem Juden zur Unterschrift gewonnen werden sollten. Gesine Fischer und ihrem Mann waren sie unerwünscht: Sie seien *dahin übereingekommen, dass der Ausschuss judenrein bleiben soll,* stellten sie Wirth gegenüber klar, der einen pragmatischen Kurs verfolgte, sofern er auf eine finanzielle Förderung rechnen durfte.[169] Mit seiner Forderung, einem ihm bekannten Juden, der sich ihm gegenüber *tadellos* und *in menschlich vornehmer Weise verhalten* habe, die Gelegenheit zur Unterschrift zu

---

165 Ebd.
166 Gesine von Leers an Wirth, 29.09.1929 [BArch, N 2168/18, Bl. 210]; Walther Fischer an Wissell, 08.01.1930 [LA-B, A Rep. 060–57, Nr. 2].
167 Gesine von Leers an Wirth, 30.09.1929 [BArch, N 2168/18, Bl. 211].
168 Wirth an Gesine von Leers, 29.09.1929 [BArch, N 2168/18, Bl. 212].
169 Gesine von Leers an Wirth, 04.11.1929 [BArch, N 2168/18, Bl. 203].

geben, setzte er sich aber nicht durch.[170] Die von Walther Fischer eingeforderte Neutralität blieb somit nur eine Absichtserklärung. Auch von einem *unparteiisch[en]* geschweige denn *überparteiischen Charakter* konnte angesichts der Persönlichkeiten, die schließlich den Aufruf zeichneten, nicht die Rede sein.[171] Fünf Frauen und 27 Männer repräsentierten ein zwar heterogenes Spektrum, zeigten aber gleichwohl die enge Verbindung der Herman-Wirth-Gesellschaft zur völkischen und nordischen Bewegung sowie zu nationalistischen und rechtsradikalen Kreisen auf.

Dies lässt sich etwa an der Gruppe der als „Schriftsteller" vorgestellten Mitglieder erkennen: Sie hingen wie der Chemiker Hanns Fischer (1888–1947) der bizarren Welteislehre Hanns Hörbigers (1860–1931) an, kamen wie die völkische Publizistin Lenore Kühn (1878–1955) vom rechtsradikalen Flügel der DNVP, waren, wie der von Expressionismus und Nietzsche inspirierte Kurt Liebmann (1897–1981) aus Dresden, aus ihrer Arbeitslosigkeit in die Schriftstellerei ausgewichen oder hatten sich, wie der vom Naturalismus beeinflusste Johannes Schlaf (1862–1941) aus Weimar, bereits frühzeitig „in weltanschauliche Nähe zum Nationalsozialismus" begeben.[172] Dazu kann auch die Autorin Margarete Danneel (Lebensdaten unbekannt) gezählt werden, eine radikale Nationalistin, die Mitte der 1920er Jahre im Vorstand des als Dachverband agierenden Ring Nationaler Frauen aktiv war.[173]

---

170 Wirth an Walther Fischer, 21.08.1929 [BArch, N 2168/18, Bl. 217–219].
171 Ebd.; Wirth an Gesine von Leers, 29.09.1929 [BArch, N 2168/18, Bl. 212].
172 Zu Hörbigers Theorie und Fischer siehe HERMAND, JOST: Der alte Traum vom neuen Reich. Völkische Utopien und Nationalsozialismus, Frankfurt am Main 1988, S. 237–243. Zu Kühn, die schon im Kaiserreich eine rege publizistische Tätigkeit unter anderem in Zeitschriften der „bürgerlichen Frauenbewegung" entfaltete, sich nach dem Ersten Weltkrieg an der DNVP orientierte und seit Anfang der 1930er Jahre Kontakte zur völkischen Bewegung knüpfte, die durch Aktivitäten für die Herman-Wirth-Gesellschaft und die Deutsche Glaubensbewegung dokumentiert werden, siehe STREUBEL, CHRISTIANE: Radikale Nationalistinnen. Agitation und Programmatik rechter Frauen in der Weimarer Republik, Frankfurt am Main 2006, S. 72, 95 f., 126–132; SCHMIDT, INA: Geschlechterpolitik, Religion, Nationalismus und Antisemitismus im Leben der Publizistin und Philosophin Lenore Kühn, in: Recherches Germaniques Nr. 32/2002, S. 69–93. Zu Liebmann siehe STREUBEL, MANFRED: Zum Tode Kurt Liebmanns, in: Neue Deutsche Literatur 30 (1982) 1, S. 164–166. Zu Schlaf siehe DIECKS, THOMAS: Schlaf, Johannes, in: Neue Deutsche Biographie 23 (2007), S. 21 f.
173 STREUBEL: Radikale Nationalistinnen, S. 141. Zur Kategorie der Schriftsteller gehören außerdem Lulu von Strauß und Torney aus Jena, die seit 1916 mit dem Verleger Eugen Diederichs verheiratet war, und der „Astrologe" Rolf Reißmann (Berlin). Siehe REISSMANN, ROLF: Astrologie und Philosophie, in: Astrologie 1930. Vorträge und Berichte des IX. Astrologen-Kongresses, Dortmund 1930, S. 43. Zu Alfred Weiss (Potsdam-Sanssouci) ließen sich keine weiteren Angaben ermitteln.

Ähnliches gilt für den Kreis der Universitätsprofessoren oder Dozenten, die nicht als Autoritäten ihres Faches galten, sondern Außenseiterpositionen einnahmen. Für den „Ausschuss" zur Verfügung stellten sich der in Karlsruhe lehrende Monist Arthur Drews (1865–1935), der im Hakenkreuz das Element einer mystisch-kultischen Erneuerung sah[174], der Slawist und „Volksforscher" Gerhard Gesemann (1888–1948), der seit 1922 als Extraordinarius an der Deutschen Universität in Prag lehrte[175], der Potsdamer Astronom Johannes Riem (1868–1945), der einige Zeit mit der Welteislehre sympathisierte, sich in den 1920er Jahren als Kritiker der Relativitätstheorie profilierte und es in seinen Angriffen auf die „Einsteinischen Phantasien" an nationalistischen und antisemitischen Untertönen nicht fehlen ließ[176], der Kunsthistoriker und Sprachforscher Josef Strzygowski (1862–1941), der nach den Wurzeln spätantiker und mittelalterlicher Kunst „außerhalb Roms" suchte und dabei mit seinen „in den 1920er Jahren zunehmend abstrus werdenden Ideen einer führenden Rolle des Nordens" in völkisches Fahrwasser geriet[177], der Marburger Musikwissenschaftler Hermann Stephani (1877–1960), der sich bereits 1926 in einer Veröffentlichung „gegen die von der jüdischen Presse eifrig propagierte Atonalistentonschrift gewandt" hatte und sich später auch zu Rosenbergs Kampfbund für deutsche Kultur bekannte[178], und der Staatsrechtler Vlackenier Kips (1862–1942) von der Technischen Hochschule Delft, der als „Propagandist" für ein neues „Großgermanien" eintrat und in den 1930er Jahren „zu einem führenden Nationalsozialisten in den Niederlanden" avancierte.[179]

Bei den weiteren Unterzeichnern handelte es sich um Angehörige freier Berufe, darunter ein Arzt, ein Architekt, ein Buchhändler und ein Kaufmann, ebenso Unternehmer sowie schließlich Vertreter der höheren Beamtenschaft in Justiz und Verwaltung, die als Landgerichtsrat, Stadtarchivar, Provinzialkonservator oder Oberbürgermeister wirkten. Außerdem zählten einige der Aus-

---

174 LÜBBE, HERMANN: Drews, Christian Heinrich Arthur, in: Neue Deutsche Biographie 4 (1959), S. 117.
175 MÜHLMANN, WILHELM EMIL: Gesemann, Gerhard Friedrich Franz, in: Neue Deutsche Biographie 6 (1964), S. 339.
176 WAZECK, MILENA: Wer waren Einsteins Gegner?, in: APZG 55 (2005) 25/26, S. 17–23, hier S. 19 f.
177 PLONTKE-LÜNING, A.: Strzygowski, Josef, in: Österreichisch Biographisches Lexikon 1815–1950, 13 (2007–2010), S. 434 f. Siehe auch STRZYGOWSKIS, JOSEF: Hermann Wirths vergleichendes Verfahren, in: BAEUMLER, ALFRED (HRSG.): Was bedeutet Herman Wirth für die Wissenschaft?, Leipzig 1932, S. 67–81.
178 NAGEL, ANNE CHRISTINE (HRSG.): Die Philipps-Universität Marburg im Nationalsozialismus. Dokumente zu ihrer Geschichte (Pallas Athene, Bd. 1), Stuttgart 2000, S. 190.
179 FRECH, STEFAN: Wegbereiter Hitlers? Theodor Reismann-Grone, ein völkischer Nationalist (1863–1949), Paderborn 2009, S. 156.

schussmitglieder zum Kreis jener Förderer, die Wirth schon vor Gründung der Gesellschaft in *großzügiger Weise* unter die Arme gegriffen hatten.[180] Unter ihnen befanden sich neben dem Verleger Eugen Diederichs und seiner Ehefrau Lulu (1873–1956) auch Roselius, der Wirths Lehre für so *hochbedeutend* erachtete, dass er den Privatgelehrten *wo immer ich nur kann* unterstützte, wie er Walther Fischer gegenüber erklärte.[181] So leistete er eine monatliche Zuwendung, organisierte Anfang 1930 in Bremen einen Vortrag mit *finanzkräftigen Kreisen*[182] und half mit zinsgünstigen Krediten für Veröffentlichungen aus, stets in der Hoffnung, Wirth damit zu kontinuierlicher wissenschaftlicher Arbeit anzuhalten: *Ohne wissenschaftliche Grundlage Ihrer Bücher geht es nun einmal nicht,* schrieb er diesem ins Stammbuch.[183] Zu nennen ist außerdem der bereits erwähnte Fabrikant Christian Wilhelm Mack aus Stuttgart, der *persönlich mit Hitler bekannt* gewesen sein soll, wie Wirth vermutete.[184] Ob dies zutrifft, ist zwar nicht belegt. Mack war es allerdings, der später Rudolf Hess ein Exemplar der Wirth-Schrift „Was heißt Deutsch?" zukommen lassen wollte.[185] Dem Kreis dieser Förderer ist schließlich Marie Adelheid Gräfin zur Lippe (1895–1993)[186] zuzurechnen, die sich 1926 dem Nordischen Ring um Günther und Darré und 1930 der NSDAP angeschlossen hatte, der Herman-Wirth-Gesellschaft ihre Räumlichkeiten für Empfänge zur Verfügung stellte und Wirth großzügig unterstützte.[187] Darüber hinaus gelang es tatsächlich, finanzkräftige Gönner aus Industriekreisen an die Herman-Wirth-Gesellschaft zu binden, die nicht öffentlich in Erscheinung traten. Dazu gehörte der Freiburger Unternehmer Heinrich Brenzinger (1879–1960), der, wie er selbst bekannte, vom „Aufgang der Menschheit" *ergriffen* worden war und sich deshalb der Herman-Wirth-Gesellschaft *als Förderer oder als Mitglied* anschließen wollte, nachdem er in der Tagespresse von dieser erfahren hatte.[188] Vor allem aber sticht der Name Mathilde Merck (1864–1954) hervor, deren nationalistisch-mystischer Wesenszug sie seit dem Ersten Weltkrieg für völkisches Gedankengut empfänglich gemacht hatte und die als

---

180 Gesine Fischer an unbekannten Adressaten, 19.05.1930 [LA-B, A Rep. 060–57, Nr. 2].
181 Roselius an Walther Fischer, 01.04.1930 [BArch, N 2168/18, Bl. 173 f.]. Zum Verhältnis zwischen Roselius und Wirth siehe auch Löw: Gottessohn und Mutter Erde auf bronzezeitlichen Felsbildern, S. 40–44.
182 Wirth an Walther und Gesine Fischer, 14.12.1929 [BArch, N 2168/18, Bl. 196 f.]. Siehe auch Wirth an Gesine Fischer, 16.01.1930 [BArch, N 2168/18, Bl. 188].
183 Roselius an Wirth, 01.04.1930 [BArch, N 2168/18, Bl. 175].
184 Wirth an Gesine Fischer, 02.09.1929 [BArch, N 2168/18, Bl. 216].
185 Ilse Hess an Mack, 30.11.1930 [LA-B, A Rep. 060–57, Nr. 2].
186 Einladungskarte für den 12.12.1930 [LA-B, A Rep. 060–57, Nr. 4].
187 MALINOWSKI: Vom König zum Führer, S. 560. Zur finanziellen Förderung siehe Löw: Gottessohn und Mutter Erde auf bronzezeitlichen Felsbildern, S. 46.
188 Brenzinger an Walther Fischer, 10.12.1929 [LA-B, A Rep. 060–57, Nr. 1].

Gattin des von Willy Merck (1860–1932) geführten Chemiekonzerns in Darmstadt über entsprechende Mittel verfügte.[189] *Jedenfalls sind meine Gedanken bei jeder Gelegenheit mit der Forschungsarbeit Hermann Wirth's beschäftigt,* ließ sie Gesine Fischer wissen.[190] Merck, die *diskreterweise* über Wirths *katastrophal[e]* Finanzen unterrichtet wurde, um sie zu einer Spende an die Herman-Wirth-Gesellschaft zu veranlassen[191], war es auch, die im November 1930 den Versuch unternahm, für die Herman-Wirth-Gesellschaft einen Kontakt mit Henry Ford herzustellen, als dieser Deutschland besuchte.[192]

In den folgenden Jahren entfaltete die Herman-Wirth-Gesellschaft ein beträchtliches Ausmaß an Aktivitäten, die nicht nur Wirths *geldwirtschaftliche Seite*[193] stabilisierten und diesen von organisatorischen Angelegenheiten entlasteten, sondern auch seine in Teilen chaotischen persönlichen Verhältnisse ordneten. Wirth profitierte dabei vom Verhandlungsgeschick und juristischen Sachverstand seiner neuen Gönner, die in uneigennütziger Weise ihr privates Netzwerk nutzten. *[I]ch kenne ihn so gut wie mich selber,* beschrieb Gesine von Leers die symbiotische Beziehung.[194] Dies traf zweifelsohne zu. So sorgten sie und ihr Mann für nicht unbeträchtliche Spenden, die Walther Fischer zwar als *Treuhänder*[195] verwaltete, die aber vollständig Wirth zur Verfügung gestellt wurden. *Sämtliche Geldeingänge der Gesellschaft* flössen *restlos den Forschungsarbeiten Herman Wirths zu* und würden so *zur Erneuerung Deutschlands beitragen,* umwarb Walther Fischer potenzielle Förderer, die ihm nicht zuletzt aufgrund seiner berufliche Position bekannt waren.[196] *Alles was eingekommen ist, erhieltest Du,* rief Gesine von Leers Wirth Jahre später ins Gedächtnis, nachdem die Freundschaft abgekühlt war.[197] Die Summe, die sie so *nach bestem Können* zu seiner Unterstützung *geschnurrt* hätten, war in der Tat beachtlich.[198] Bis Ende

---

189 BURHOP, CARSTEN/KISSENER, MICHAEL/SCHÄFER, HERMANN/SCHOLTYSECK, JOACHIM: Merck. Von der Apotheke zum Weltkonzern, München 2018, S. 268. Zur Verbindung zu Wirth siehe KATER: Das „Ahnenerbe" der SS 1935–1945, S. 15.
190 Merck an Gesine von Leers, 11.11.1930 [LA-B, A Rep. 060–57, Nr. 2].
191 Wirth an Walther und Gesine Fischer, 06.12.1931 [BArch, N 2168/18, Bl. 20].
192 Merck an Gesine Fischer, 11.11.1930 [LA-B, A Rep. 060–57, Nr. 2].
193 Walther Fischer an Wirth, 31.12.1930 [BArch, N 2168/18, Bl. 103 f.].
194 Gesine von Leers an Hans Schmidt (Pfarrer), 03.05.1934 [ZASP, Abt. 160, Nr. 888].
195 Wirth an Walther Fischer, 21.08.1929 [BArch, N 2168/18, Bl. 217–219]. Siehe auch Aufruf der Herman-Wirth-Gesellschaft o. D. [um 1929] [UAG, NL Sommer, Bd. 71, Bl. 109].
196 Walther Fischer an Brenzinger, 14.12.1929 [LA-B, A Rep. 060–57, Nr. 1]; Walther Fischer an Roselius, 07.03.1930 [LA-B, A Rep. 060–57, Nr. 2].
197 Gesine von Leers an Wirth, 12.12.1937 [BArch, N 2168/18, Bl. 3].
198 Gesine von Leers an Wirth, 12.12.1937 [BArch, N 2168/18, Bl. 3].

1931 sollen es *immerhin 9.000 Mark* gewesen sein.¹⁹⁹ Gleichermaßen wertvoll waren für Wirth die Bemühungen vor allem Walther Fischers, den Gelehrten gegen die Kritiker seines unter völkischen Antisemiten umstrittenen Finanzgebarens wie auch seiner fragwürdigen Forschungen in Schutz zu nehmen.²⁰⁰ Spätestens seit Erscheinen des „Aufgang der Menschheit" nämlich war Wirth verstärkten Angriffen ausgesetzt. Nachdem die Berufsvereinigung Deutscher Prähistoriker bereits 1929 auf ihrer Jahrestagung in Breslau „geschlossen gegen Wirth Stellung" genommen hatte, legte der Geologe Fritz Wiegers (1875–1955) in einem Sammelband mit Beiträgen „vom Standpunkte der Geologie, der Vorgeschichte, der Rassenkunde, der Völkerkunde [sowie] der germanischen und der orientalischen Sprachwissenschaft" dessen wissenschaftlichen Dilettantismus offen. Da sich Wirths Gedankengang durch einen „Mangel an Logik" auszeichne und ihm das „kritische Vermögen" fehle, „seine Irrtümer zu erkennen", sei sein Buch „voller Trugschlüsse" und „voller Verneinungen wissenschaftlicher Tatsachen", fasste Wiegers zusammen. „[D]ie Wissenschaft lehnt es ab", urteilte er unmissverständlich.²⁰¹ Nachdem sein Verleger nur verhalten auf solche Vorwürfe reagierte²⁰², sorgte die Herman-Wirth-Gesellschaft für Publizität, um die Angriffe zu entkräften.

So arbeitete Wirth seit Sommer 1930 eine *Flugschrift*²⁰³ aus, die Mitte November unter dem Titel „Was heißt deutsch?" als erste Veröffentlichung der Schriftenreihe der Herman-Wirth-Gesellschaft erschien.²⁰⁴ Die zügige Fertigstellung

---

199 Gesine Fischer an Wirth, 17.01.1932 [BArch, N 2168/18, Bl. 11 f.]. Wirths jährliches Einkommen zu diesem Zeitpunkt wurde auf 20.000 bis 30.000 Mark taxiert. Sofern dies zutrifft, kam der Förderung durch die Herman-Wirth-Gesellschaft ein bedeutender Anteil zu.

200 Beispielhaft dafür der durch Erich und Mathilde Ludendorff erhobene Vorwurf, Wirth lasse sich von *jüdischen Finanzkreisen* fördern. Siehe Wirth an Walther Fischer, 21.08.1929 [BArch, N 2168/18, Bl. 217–219] sowie die 1929/30 in zu Reventlows „Reichswart" ausgetragene Debatte.

201 WIEGERS: Herman Wirth und die deutsche Wissenschaft, S. 3–5. Zu Wiegers siehe LINDNER, HERBERT: Fritz Wiegers †, in: Quartär 7/8 (1956), S. 243 f. Zur frühen Kritik siehe auch HAMBRUCH, PAUL: Die Irrtümer und Phantasien des Herrn Prof. Dr. Herman Wirth, Marburg, Verfasser von „Der Aufgang der Menschheit" und „Was heißt deutsch?", Lübeck 1931. Hambruch (1882–1933) lehrte Völkerkunde an der Universität Hamburg und kritisierte Wirths Gedanken von deutschnational-christlichem Standpunkt aus.

202 Siehe vor allem EUGEN DIEDERICHS VERLAG (HRSG.): Der Fall Herman Wirth oder das Schicksal des Schöpfertums, Jena 1929. Siehe dazu Wirth an Gesine Fischer, 29.09.1929 [BArch, N 2168/18, Bl. 212].

203 Wirth an Walther und Gesine Fischer, 24.06.1930 [BArch, N 2168/18, Bl. 137 f.]. Die Broschüre sollte zunächst den Titel „Was ist deutsch?" tragen. Siehe Wirth an Gesine Fischer, 04.07.1930 [BArch, N 2168/18, Bl. 135 f.].

204 WIRTH, HERMAN: Was heißt deutsch? Ein urgeistesgeschichtlicher Rückblick zur Selbstbesinnung und Selbstbestimmung (Veröffentlichung der Herman-Wirth-Gesellschaft), Jena 1931. Die Druckauflage der ersten Ausgabe lag bei 8.900 Exemplaren. 1934 folgte eine zweite

war dem Umstand geschuldet, dass sie zu einer Gedenkveranstaltung für den im September 1930 verstorbenen Verleger Eugen Diederichs vorliegen sollte. *Soeben erstes Exemplar der ‚Deutsch'-Schrift eingegangen,* konnte Wirth denn auch zufrieden mitteilen.[205] In der Öffentlichkeit allerdings sorgte die Schrift, von der sich bis Jahresende rund 1.200 Exemplare verkauften, für ein zwiespältiges Echo. Wirths Glorifizierung des Hakenkreuzes und sein Bekenntnis zur „nationalsozialistischen Volksbewegung"[206] Hitlers verschreckten einen Teil der Anhänger. Ein Förderer etwa beklagte sich über die *polemische Form* und fand es *tief bedauerlich,* dass Wirth *Schlussfolgerungen* ziehe, die sich *als Propaganda für eine politische Partei, den Nationalsozialismus, einsetzen.* Auf *solchen Wegen aber,* fügte er hinzu, *könne er der Herman-Wirth-Gesellschaft leider keine Gefolgschaft mehr leisten.*[207] Ein Unterstützer aus Weimar dagegen monierte im Namen der *rein wissenschaftlich eingestellten Wirth-Freunde,* diese sähen *schon seit einiger Zeit mit Besorgnis die immer stärkere Hinneigung zu dem völkischen und Rassenfanatismus.*[208] Um seine Gedanken einem breiteren Publikum verständlich zu machen, sollten diese außerdem in eingängiger Form dargelegt werden. Die *klare Darstellung der Grundlinien der Wirthschen Ergebnisse aus beschwingter Feder*[209], die Walther Fischer vorgeschlagen hatte, kam allerdings zunächst nicht wie geplant zustande, weil Wirth den in Betracht gezogenen Autor Hanns Fischer ablehnte.[210] Stattdessen wurde die Aufgabe Siegfried Kadner (geb. 1887) übertragen, einem promovierten Studienrat, der einen 12 Unterrichtsstunden umfassenden Kurs zur Einführung in die Lehren von Wirth ausgearbeitet hatte und als zweiten und sogleich letzten Band der Schriftenreihe der Herman-Wirth-Gesellschaft publizierte.[211] Eine ähnliche Absicht verfolgte

---

Auflage mit 5.000 Exemplaren. Siehe DIEDERICHS, ULF: Eugen Diederichs und sein Verlag. Bibliographie und Buchgeschichte 1896 bis 1931, Göttingen 2014, S. 308.
205 Wirth an Gesine Fischer, 17.11.1930 [BArch, N 2168/18, Bl. 109]. Zu vorherigen Ankündigungen siehe Wirth an Walther und Gesine Fischer, 05.09.1930 [BArch, N 2168/18, Bl. 126] und Wirth an Gesine Fischer, 17.09.1930 [BArch, N 2168/18, Bl. 121].
206 WIRTH: Was heißt deutsch?, S. 55.
207 Brenzinger an Gesine Fischer, 09.01.1931 [LA-B, A Rep. 060–57, Nr. 3].
208 So ein unbekannter Anhänger aus Weimar (möglicherweise der Erzähler und Schriftsteller Johannes Schlaf) an Gesine Fischer, 15.01.1931 [LA-B, A Rep. 060–57, Nr. 3].
209 Walther Fischer an R. Voigtländer Verlag (Leipzig), 06.01.1930; Walther Fischer an Hanns Fischer, 06.01.1930 [LA-B, A Rep. 060–57, Nr. 1].
210 R. Voigtländer Verlag (Leipzig) an Walther Fischer, 20.12.1929 [LA-B, A Rep. 060–57, Nr. 1].
211 KADNER, SIEGFRIED: Urheimat und Weg des Kulturmenschen (Veröffentlichung der Herman-Wirth-Gesellschaft), Jena 1931. Siehe Walther Fischer an Brenzinger, 09.02.1930 [LA-B, A Rep. 060–57, Nr. 1]. Kadner wurde später auch in der weltanschaulichen Schulung der SS aktiv, u. a. als Autor im „Leitheft". Zu Kadner siehe HARTEN, HANS-CHRISTIAN/NEIRICH, UWE/SCHWERENDT, MATTHIAS: Rassenhygiene als Erziehungsideologie des Dritten Reiches. Bio-bibliographisches Handbuch (Edition Bildung und Wissenschaft, Bd. 19), Berlin 1999, S. 263.

auch ein durch Max Wieser (1890–1946) organisierter Vortragszyklus im Oktober 1931 über den „Aufgang der Menschheit", bei dem die Zuhörer über vier Wochen hinweg in das Werk von Wirth eingeführt wurden.[212] Dafür empfohlen hatte sich der Spandauer Bibliothekar durch einen *längeren Vortrag [...] mit Lichtbildern* im Mai vor der *Arbeitsgemeinschaft Berliner Volksbibliothekare*[213], eine Ansprache im Berliner Rundfunk[214] und schließlich eine Schrift zur *Einführung für die Laienschaft*, die Wirth *ausgezeichnet* fand.[215]

Eine kaum schätzbare Entlastung bedeuteten darüber hinaus die umfangreichen Aktivitäten, die Walther und Gesine Fischer hinter den Kulissen entfalteten. Immer wieder erteilten sie Ratschläge, die Wirth zu einer realistischen Sicht der Dinge bewegen sollten, und vermittelten in Konflikten mit Verlegern oder Mäzenen, in die Wirth sich durch sein ungeschicktes Verhalten manövrierte. So waren es Walther und Gesine Fischer, die ihn offensichtlich von dem irrigen Gedanken abbringen konnten, die Broschüre „Was heißt deutsch?" sei geeignet dazu, um sie in Kiel mit Unterstützung des dort lehrenden Religionswissenschaftlers Hermann Mandel (1882–1946) *als Habilitationsschrift [...] einreichen* zu können.[216] Gemeinsam hatten sie sich bereits im Juni 1930 kurzerhand auch in die Verhandlungen mit Eugen Diederichs und dessen Prokuristen Max Linke (1892–1947) eingeschaltet, als dieser die Geduld verlor.[217] Anlass dazu gab ein als *Nordamerika-Buch* bezeichnetes Werk, an dem Wirth bereits im Frühjahr 1929 *mit Hochdruck* arbeitete, dessen ausuferndes Manuskript aber *trotz Arbeitshöchstleistung* und zahlreicher Versprechungen gegenüber dem

---

212 Einladung zu den Herbstveranstaltungen der Herman Wirth-Gesellschaft [1931] [LA-B, A Rep. 060-57, Nr. 4]. Zu den Vortragenden zählten Siegfried Kadner, Johannes Riem und Gustav Neckel sowie zum Abschluss Wirth selbst. Zu Wieser und dessen Verhältnis zu Wirth siehe TRESS, WERNER: „Wer ist der eigentliche Feind?" Die Bücherverbrennungen in Deutschland und der Beginn der Literaturindizierungen im Zeitumbruch des Jahres 1933 (Diss. phil.), Berlin 2011, S. 188–195.
213 Wieser an Walther und Gesine Fischer, 18.04.1931 [LA-B, A Rep. 060-57, Nr. 3].
214 Veranstaltungsankündigungen der „Hermann Wirth-Gesellschaft", in: Der Angriff vom 17.04.1931.
215 Wirth an Walther und Gesine Fischer, 25.09.1931 [BArch, N 2168/18, Bl. 45]. Siehe WIESER, MAX: Aufbruch des Nordens. Einführung in die Forschungen Professor Herman Wirths, Berlin 1933.
216 Wirth an Walther und Gesine Fischer, 05.09.1930 [BArch, N 2168/18, Bl. 126]; Wirth an Walther und Gesine Fischer, 09.09.1930 [BArch, N 2168/18, Bl. 124 f.]. Zu Mandel siehe GERLACH, ANTJE: Mandel, Hermann, in: BENZ, WOLFGANG (HRSG.): Handbuch des Antisemitismus. Judenfeindschaft in Geschichte und Gegenwart (Bd. 2/2), Berlin/Boston 2009, S. 512 f.
217 Walther und Gesine Fischer an Wirth, 18.06.1930 [BArch, N 2168/18, Bl. 141–143].

Verlag niemals in der vorgesehenen Form fertiggestellt wurde.[218] Den *dicken Wälzer* mit seiner schwer verdaulichen *Mischung von wissenschaftlicher und laiengemäßer Darstellung* hielt selbst Walther Fischer für kaum publizierbar.[219] Statt aber seinen Umfang zu reduzieren, wie Fischer empfahl, und ihn *von aller wissenschaftlichen Überlastung* zu befreien[220], wie es der ursprünglichen Vereinbarung entsprach, begann Wirth Anfang 1931 damit, sich *streng vertraulich* nach einem neuen Verlag umzusehen.[221] Irrigerweise ging er nämlich davon aus, der inzwischen in den Diederichs-Verlag eingetretene Sohn des im September 1930 verstorbenen Gründers finde sich damit ab. Als dieser jedoch davon erfuhr, fühlte er sich in einer Weise übergangen, dass auch Wirth seine *offenbar etwas gekränkte Stimmung [zu] spüren* bekam.[222] Wenngleich ein völliger Bruch ausblieb, war damit doch das Ende des Buches besiegelt.[223] Ein Zerwürfnis drohte in dieser Angelegenheit überdies mit Roselius, als dieser *weitere Pläne* und Aufträge zur Gestaltung seines Atlantis-Hauses in der Böttcherstraße vom Abschluss des Amerika-Buches abhängig mache. Er *bedauere sehr*, dass sich dieses Werk *so sehr verzögert* habe, da ohne seine Veröffentlichung Wirths *Lehre als solche [...] wissenschaftlich unvollendet* bleiben müsse.[224] Als Roselius obendrein angeblich bereits zugesagte Mittel für eine Stiftungsprofessur in Frage stellte, schaltete sich

---

218 Zum Verlauf siehe Wirth an Walther Fischer, 21.08.1929 [BArch, N 2168/18, Bl. 217–219]; Wirth an Gesine Fischer, 01.10.1929 [BArch, N 2168/18, Bl. 209]; Wirth an Walther und Gesine Fischer, 05.09.1930 [BArch, N 2168/18, Bl. 126].
219 Walther Fischer an Brenzinger, 09.02.1930 [LA-B, A Rep. 060–57, Nr. 1].
220 Walther und Gesine Fischer an Wirth, 18.06.1930 [BArch, N 2168/18, Bl. 141–143].
221 Wirth an Gesine Fischer, 27.02.1931 [BArch, N 2168/18, Bl. 72 f.].
222 Walther Fischer an Wirth, 19.09.1931 [BArch, N 2168/18, Bl. 46 f.].
223 Für 1934 waren offensichtlich erneut zwei Projekte geplant, die allerdings ebenfalls nicht zustande kamen. Siehe TRIEBEL, FLORIAN: Der Eugen Diederichs Verlag, 1930–1949. Ein Unternehmen zwischen Kultur und Kalkül (Schriftenreihe zur Zeitschrift für Unternehmensgeschichte, Bd. 13), München 2004, S. 107. Der Autor verweist auf zwei auf den 01.02.1934 datierte Verträge mit Wirth für die Schriften „Licht des Nordens" und „Forschungen zur Geistesurgeschichte" [DVA, Verlagsverträge 1896–1945, ST–Z]. Aus dem Manuskript des „Nordamerika-Buches" entstand später „Die heilige Urschrift der Menschheit", die ab 1931 bei „Köhler & Amelang" erschien. Siehe WIRTH, HERMAN: Die Heilige Urschrift der Menschheit. Symbolgeschichtliche Untersuchungen diesseits und jenseits des Nordatlantik (Band I: Text, Band II: Bilderatlas), Leipzig 1931–1936. Ein damaliger Mitarbeiter Wirths griff den ursprünglichen Titel Jahrzehnte später erneut auf, siehe MÜLLER, WERNER: Amerika, die neue oder die alte Welt?, Berlin 1982. Ich danke Dr. Ingo Wiwjorra für diesen Hinweis.
224 Roselius an Wirth, 01.04.1930 [BArch, N 2168/18, Bl. 175 f.].

Walther Fischer ein.[225] Nicht zuletzt dieser Intervention dürfte Wirth es zu verdanken haben, dass ihn der Bremer Kaufmann weiterhin großzügig förderte.[226]

Immer wieder hoffte Wirth zudem darauf, die weitläufigen Kontakte von *Freund Fischer*[227] zu prominenten Nationalsozialisten, potenten Mäzenen und einflussreichen Wissenschaftsorganisatoren könnten seine akademische Karriere befördern. *Hitler muss orientiert werden*, trug er ihm etwa im Dezember 1930 nach dem überwältigenden Ergebnis der NSDAP bei den Reichstagswahlen wenige Wochen zuvor auf. Demnach sollte Fischer dem Parteiführer, auf den er jetzt seine Hoffnung setzte, zunächst ein Exemplar seiner jüngst erschienenen Schrift „Was heißt deutsch?" zusenden und sich anschließend *persönlich* im Gespräch für den verkannten Forscher einsetzen.[228] Tatsächlich ging Wirth nämlich davon aus, Hitler als der kommende Mann in Preußen könne ihn *in Kiel einfach der Fakultät auf‚erlegen'*, wie es unter ähnlichen Vorzeichen *mit Günther in Jena geschehen* sei, nachdem dort die NSDAP an einer Regierung beteiligt worden war.[229] Der Gedanke war allerdings ebenso weltfremd wie die Annahme, durch Fischers Beziehungen zu Wilhelm Frick, der inzwischen in Thüringen das Amt des Innen- und Volksbildungsministers ausübte und für die Berufung des Rasseforschers an die Universität Jena gesorgt hatte, dessen Protektion zu erhalten. Bei einer offensichtlich bevorstehenden Unterredung Fischers mit Frick sollte dieser sich unter anderem erkundigen, ob Wirth aufgrund des geplanten Amerika-Buches *auf eine Ernennung in Jena als Ordinarius für Urgeistesgeschichte [...] rechnen* könne.[230] Wie anmaßend sich Wirth in solchen Situationen verhalten konnte, zeigt auch die Aufforderung an Walther Fischer, dieser möge Friedrich Schmitt-Ott (1860–1956), einem der Mitbegründer der Notgemeinschaft der deutschen Wissenschaft und seinerzeit ihr Präsident, einen Besuch abstatten, damit ein bereits eingereichter Förderantrag *beschleunigt* werde.[231]

---

225 Roselius an Walther Fischer, 01.04.1930 [BArch, N 2168/18, Bl. 173 f.]: *Leider kann ich Ihnen eine Stiftungsprofessur für Herrn Prof. Dr. Wirth zur Zeit nicht in Aussicht stellen.*
226 Wirth an Gesine Fischer, 12.11.1930 [BArch, N 2168/18, Bl. 110] im Kontext einer für 1931 geplanten Amerika-Reise: *Roselius hat ein Schreiben an Rockefeller jun. gerichtet wegen Organisierung der Vortragsreise durch sein Institut.* Siehe erneut Wirth an Gesine Fischer, 23.10.1931 [BArch, N 2168/18, Bl. 37 f.]: *Es wird allerhand jetzt eingeleitet, auch durch Roselius, der Anfang November [1931] hinüberfährt.*
227 Wirth an Gesine Fischer, 05.03.1930 [BArch, N 2168/18, Bl. 182].
228 Wirth an Walther und Gesine Fischer, 03.12.1930 [BArch, N 2168/18, Bl. 106–108].
229 Ebd.
230 Wirth an Gesine Fischer, 01.02.1931 [BArch, N 2168/18, Bl. 84 f.].
231 Wirth an Gesine Fischer, 08.04.1930 [BArch, N 2168/18, Bl. 169 f.].

Vor allem aber organisierte die Herman-Wirth-Gesellschaft die aufwendigen Vortragreisen, die weithin zu Wirths Popularität beitrugen. Zwar unterbrachen solche Veranstaltungen Wirth immer wieder in der Arbeit an seinen Manuskripten. Die Erlöse daraus trugen jedoch nicht unwesentlich zum Einkommen für das kostenträchtige Dasein als Privatgelehrter bei. Die Vorträge seien *der Einnahmen wegen*[232] notwendig und stellten neben dem Buchvertrieb eine der wenigen Möglichkeiten zur *Auffüllung der Kasse* dar.[233] Dies zeigte eine erste *Aufsehen erregende* Veranstaltung mit ihm am 25. November 1929 im Bürgersaal des Rathauses Schöneberg[234], als Wirth vor rund 1.000 Besuchern zum Thema „Urglaube der Menschheit. Steinzeitliche Schriftdenkmäler und ihre Bedeutung in der Geistesentwicklung der Menschen"[235] sprach. Der *Riesenerfolg* mit *52 Presseleuten* sowie *glänzenden Besprechungen in allen Berliner Zeitungen*[236] und eine weitere Veranstaltung im Konzertsaal der Musikhochschule am 24. Februar 1930 vor rund 1.200 Zuhörern[237] ermutigten Gesine Fischer, Vorträge *auch in anderen Städten* zu koordinieren[238] Alleine für März konnte Walther Fischer auf *Vortragserfolge in Stuttgart, München, Dresden, Stendal und Kiel* verweisen.[239] Eine Tour im Herbst ein Jahr später führte Wirth unter anderem nach Chemnitz, Dresden, Nordhausen, Halberstadt und Rostock.[240] Selbst im europäischen Ausland wollte Wirth sich seinen Anhängern präsentieren. 1930 waren Studienfahrten nach Frankreich, Spanien und Dänemark geplant, ebenso ein Auftritt in Amsterdam.[241] Nicht zuletzt auf dieses umfangreiche Programm gründete sein späterer Ruf eines Wanderpredigers *von Seebad zu Seebad,* wie

---

232 Wirth an Gesine Fischer, 15.09.1931 [BArch, N 2168/18, Bl. 48 f.].
233 Walther und Gesine Fischer an Wirth, 06.07.1930 [BArch, N 2168/18, Bl. 133 f.]; Wirth an Gesine Fischer, 15.09.1931 [BArch, N 2168/18, Bl. 48 f.].
234 Einladungsflugblatt [LA-B, A Rep. 060-57, Nr. 1]. Siehe auch Wirth an Walther Fischer und Gesine von Leers, 13.09.1929 [BArch, N 2168/18, Bl. 213]; Wirth an Gesine von Leers, 31.10.1929 [BArch, N 2168/18, Bl. 205].
235 Gesine Fischer an unbekannten Adressaten, 19.05.1930 [LA-B, A Rep. 060-57, Nr. 2].
236 Gesine von Leers an IfZ (Wolfgang Benz), 08.01.1974 [IfZ, ZS 3084].
237 [Flugblatt] „Einladung zum zweiten Vortragsabend der Herman-Wirth-Gesellschaft in Berlin", o.D. [1930] [UAG, NL Sommer, Bd. 71, Bl. 108]. Siehe auch Walther Fischer an Roselius, 07.03.1930 [LA-B, A Rep. 060-57, Nr. 2]; Gesine Fischer an unbekannten Adressaten, 19.05.1930 [LA-B, A Rep. 060-57, Nr. 2].
238 Wirth an Gesine Fischer, 12.02.1930 [BArch, N 2168/18, Bl. 185]. Siehe auch Gesine von Leers an IfZ (Wolfgang Benz), 08.01.1974 [IfZ, ZS 3084].
239 Walther Fischer an Roselius, 07.03.1930 [LA-B, A Rep. 060-57, Nr. 2].
240 Wirth an Gesine Fischer, 02.08.1931 [BArch, N 2168/18, Bl. 53]. Siehe auch Wirth an Gesine Fischer, 21.08.1931 [BArch, N 2168/18, Bl. 51].
241 Walther Fischer an Brenzinger, 09.02.1930 [LA-B, A Rep. 060-57, Nr. 1]; Wirth an Gesine Fischer, 15.09.1931 [BArch, N 2168/18, Bl. 48 f.]. Ob diese Veranstaltungen im Ausland tatsächlich stattgefunden haben, ließ sich nicht ermitteln.

Walther Fischer schrieb.²⁴² Dass es dabei auch zur Gründung von *Zweigvereinen in verschiedenen Städten* kam, wie Wirth Jahrzehnte später behauptete, ist jedoch unwahrscheinlich.²⁴³ So straff Gesine Fischer die Arbeit der Herman-Wirth-Gesellschaft auch organisierte, so lose blieb das Netzwerk des Vereins, der niemals ins Registergericht eingetragen wurde.²⁴⁴

Die umfangreichen Aktivitäten der Herman-Wirth-Gesellschaft seit 1929 verdankten sich zweifelsohne vor allem der *treuen* und *umsichtigen* Leitung unter Gesine Fischer.²⁴⁵ Sie sei es gewesen, die *oft nachts all die Adressen geschrieben* und die *Einladungen zu den Vorträgen in den vielen Städte* verschickt habe, erinnerte sie Wirth später nicht zu Unrecht an ihre maßgebliche Rolle.²⁴⁶ Spätestens im Sommer 1931 allerdings drohten ihr die Aufgaben aus diesem *Ehrenamt*²⁴⁷ über den Kopf zu wachsen. Als sie sogar *unter all der vielen Arbeit [...] zusammenbrach*, engagierte sie eine *Hilfskraft* für die Geschäftsstelle.²⁴⁸ Trotz des geringen Entgelts von monatlich 100 Mark erwies sich der neue Mitarbeiter als Glücksgriff, wie schnell deutlich wurde. Er überzeugte durch seine organisatorischen Fähigkeiten, trat forsch und verbindlich auf und stellte seine schriftstellerische Begabung unter Beweis. Bei dem neuen Mitarbeiter handelte es sich um Johann von Leers.

Zu welchem Zeitpunkt und in welchem Kontext dieser auf Herman Wirth aufmerksam geworden war, lässt sich nicht exakt bestimmen.²⁴⁹ Fest steht allerdings, dass auch Johann von Leers in den Bann des missionarischen Privatgelehrten gezogen wurde, der zu grandioser Selbstüberschätzung neigte. Seine Schriften etwa sah Wirth als *geistige Wehr in den Händen der Erwachenden* und sich selbst als *Träger einer zeitgegebenen Aufgabe* sowie *geistiger Organisator*, der

---

242 Walther Fischer an Wirth, 31.12.1930 [BArch, N 2168/18, Bl. 103 f.].
243 Wirth an Kater, 06.04.1965 [IfZ, ZS A/25, Bd. I.2.33, Bl. 492].
244 Die Herman-Wirth-Gesellschaft erhob zwar Mitgliedsbeiträge und gab einen Mitgliederausweis aus, behielt aber stets einen formlosen Status. Siehe Walther Fischer an Brenzinger, 14.12.1929 [LA-B, A Rep. 060–57, Nr. 1]: *Die Gesellschaft ist bisher kein eingetragener Verein, sondern ein nicht rechtsfähiger Verein.*
245 Wirth an Rudolf Tack (Rostock), 19.05.1930 [BArch, N 2168/18, Bl. 147 f.].
246 Gesine von Leers an Wirth, 12.12.1937 [BArch, N 2168/18, Bl. 3].
247 Walther Fischer an Brenzinger, 14.12.1929 [LA-B, A Rep. 060–57, Nr. 1].
248 Wirth an Gesine Fischer, 09.06.1931 [BArch, N 2168/18, Bl. 56]; Gesine von Leers an Wirth, 12.12.1937 [BArch, N 2168/18, Bl. 3].
249 Siehe auch SENNHOLZ, MARCO: Johann von Leers. Ein Propagandist des Nationalsozialismus, Berlin 2013, S. 85: Er verweist auf eine „enge Freundschaft" mit Gustaf Kossina und vermutet, dass dieser Johann von Leers „in den Kreis um das Ehepaar Fischer einführte". Der zum Beleg dieser Freundschaft angeführte Literaturhinweis [NW 1 (1933) 7/8, S. 55] enthält diesen Hinweis allerdings nicht.

sich in seiner Bedeutung mit Nietzsche oder Goethe vergleichen lasse könne.²⁵⁰ Allen Ernstes ging er auch davon aus, *zur Zeit für Juda und Rom der gefährlichste Mann* zu sein, *weil er in der akademischen Jugend immer weiter durchdringt* und neben den *Laienkreisen* auch die *offiziellen Vertreter der Fachwissenschaften* mehr und mehr *in den Wirkungsbereich seiner Arbeit zwingt*.²⁵¹ Als gläubiger Anhänger setzte sich Johann von Leers jedoch nicht nur mit Wirths Weltanschauung auseinander.²⁵² Als betriebsamer Aktivist half er zugleich nach Kräften dabei, Wirth *berühmt* und dessen Werk *bekannt* zu machen.²⁵³ So war es auf den neuen Helfer zurückzuführen, dass die publizistischen Aktivitäten der Herman-Wirth-Gesellschaft ausgeweitet und die Zahl der Veranstaltungen erheblich gesteigert werden konnten. Vom Einsatz, den Johann von Leers an den Tag legte, zeigte auch Wirth sich zunächst angetan: Das *Arbeitsprogramm* für den Herbst 1931, das dieser gemeinsam mit Gesine Fischer organisierte, nötigte ihm *Achtung* und *Ehre* für den *wertvollen Mitarbeiter* ab.²⁵⁴ Einen ähnlichen Eindruck seiner *regen und großzügigen Propaganda* gewann auch Walther Fischer, der vor allem die *schriftstellerischen Fähigkeiten*²⁵⁵ des neuen Mitarbeiters bemerkte. Wirth nahm nicht nur bereitwillig Argumente auf, die Johann von Leers ihm für die Auseinandersetzung mit weltanschaulichen Gegnern nicht zuletzt aus der völkischen Bewegung lieferte. Zugleich hoffte er darauf, über diesen *wegen seiner N.S. und Kommune-Beziehungen* neue Zuhörerkreise zu erreichen.²⁵⁶ Tatsächlich nahm Johann von Leers in den kommenden Monaten bei Vorträgen vor Gliederungen der NSDAP immer wieder Bezug auf Wirth.²⁵⁷ Den ungebremsten Einsatz für dessen Ansichten dokumentieren zudem zahlreiche Manuskripte und Artikel,

---

250 Wirth an Gesine Fischer, 06.09.1929 [BArch, N 2168/18, Bl. 214]; Wirth an Gesine Fischer, 29.09.1929 [BArch, N 2168/18, Bl. 212]; Wirth an Walther Fischer, 20.12.1930 [BArch, N 2168/18, Bl. 105]; Wirth an Gesine Fischer, 04.01. bzw. 06.01.1931 [BArch, N 2168/18, Bl. 94–98]; Wirth an Gesine Fischer, 22.02.1931 [BArch, N 2168/18, Bl. 77 f.]. Siehe auch Aufruf der Herman-Wirth-Gesellschaft o. D. [um 1929] [UAG, NL Sommer, Bd. 71, Bl. 109], wonach die Aufgabe, den „Urglauben der Menschheit" sichtbar zu machen, „nur von einem Mann gelöst werden [kann], der ähnlich wie Nietzsche Wissenschaftler und Künstler zugleich ist. Das ist Herman Wirth."
251 Wirth an Gesine Fischer, 16.03.1931 [BArch, N 2168/18, Bl. 71].
252 Siehe beispielhaft die Debatte im Herbst 1931 um den Begriff des „Gottessohnes", der laut Wirth als *ein rein geschichtlicher* zu betrachten sei. Wirth an Johann von Leers, 12.10.1931 [BArch, N 2168/18, Bl. 40].
253 Gesine von Leers an IfZ (Wolfgang Benz), 08.01.1974 [IfZ, ZS 3084].
254 Wirth an Gesine Fischer, 15.09.1931 [BArch, N 2168/18, Bl. 48 f.]. Ähnlich auch Wirth an Walther und Gesine Fischer, 25.09.1931 [BArch, N 2168/18, Bl. 45].
255 Walther Fischer an Wirth, 19.09.1931 [BArch, N 2168/18, Bl. 46 f.].
256 Wirth an Gesine Fischer, 04.12.1931 [BArch, N 2168/18, Bl. 21 f.].
257 LEERS, JOHANN VON: Deutsche Geschichte. Vortrag des Pg. Dr. von Leers. Gehalten im August 1933 vor Amtswaltern der N.S.B.O Gau Groß-Berlin, Berlin o. J. [1933], S. 7.

die Johann von Leers nicht nur in der NS-Parteipresse publizierte, sondern auch in Zeitschriften der völkischen und antisemitischen Bewegung: Wirth, hieß es etwa in Theodor Fritschs „Hammer" in grotesker Übertreibung, habe „unsere Kenntnis der Religionsgeschichte um Jahrtausende vorwärts gebracht".[258] Im Mitteilungsblatt des Deutschbundes dagegen räumte er zwar „Irrtümer" in der „Wirthschen Forschung" ein. Deswegen aber „in Bausch und Bogen den Stab" über ihn zu brechen, „dürfte außerordentlich gewagt sein", verteidigte er Wirth gegen Wiegers (siehe Kap. 4.4.1). Selbst um groteske Vergleiche war Johann von Leers in der Debatte nicht verlegen. So stellte er Wirth in eine Linie mit Kepler oder Nietzsche, deren Deutungen ebenfalls zunächst „ins Gebiet der Fabel verwiesen" worden seien, bis sie sich „ihren Platz erkämpft hätten".[259] Um dem umstrittenen Forscher Gerechtigkeit widerfahren zu lassen, wollte er zudem selbst mit einer erklärenden Schrift eingreifen: Er arbeite *jetzt fleißig an dem Wirth-Buch,* ließ Johann von Leers im Sommer 1932 Gesine Fischer wissen.[260] Ihm dürfte es Wirth letztlich auch zu verdanken gehabt haben, dass sich ihm im Herbst 1934 eine neue berufliche Perspektive eröffnete, als Johann von Leers den verkannten Forscher mit Himmler bekannt machte. Der Reichsführer SS, dem Johann von Leers aus seinem bis Ende 1930 ausgeübten Amt als stellver-

---

258 Siehe beispielsweise die Manuskripte „Das hohe Licht des Nordens. Gemeinverständliche Darlegung des urnordischen Glaubens auf Grund der Forschungen von Prof. Herman Wirth" sowie „Die Bedeutung Herman Wirths für das deutsche Volk" [BArch, N 2168/21, Bl. 22–28 und 57–64]. Zur Parteipresse L[EERS], [JOHANN] V[ON]: Herman Wirth und die Wissenschaft, in: Völkischer Beobachter vom 22.12.1931; DERS.: Warum sind die Universitäten und Hochschulen so wichtig?, in: Der Angriff vom 19.01.1932. Zu völkisch-antisemitischen Organen LEERS, J[OHANN] V[ON]: Zum religiösen Problem der Zeit, in: Hammer 33 (1934) 757/758, S. 14–16, hier S. 15; DERS.: National-sozialistische Kulturpolitik, in: Hammer 32 (1933), S. 145–148; DERS.: Vorkämpfer rassischen Erwachens, in: Hammer 32 (1933), S. 205–208 und 235–239; DERS.: Zur Frage der arteigenen Religion, in: Hammer 32 (1933), S. 343 f. Zur Geschichte der Zeitschrift „Hammer" siehe BÖNISCH, MICHAEL: Die „Hammer"-Bewegung, in: PUSCHNER, UWE/SCHMITZ, WALTER/ULBRICHT, JUSTUS H. (HRSG.): Handbuch zur „Völkischen Bewegung" 1871–1918, München 1999, S. 341–365.
259 Dr. v.L.: Der Ansturm auf Hermann Wirth, in: Deutschbund. Mitteilungsblatt für wensdeutsche Geistespflege (1931) 24, S 1 f. Zum „Deutschbund" siehe HUFENREUTER, GREGOR: Deutschbund, in: BENZ, WOLFGANG (HRSG.): Handbuch des Antisemitismus. Judenfeindschaft in Geschichte und Gegenwart (Bd. 5: Organisationen, Institutionen, Bewegungen), Berlin/Boston 2012, S. 131–133 sowie FRICKE, DIETER: Der „Deutschbund", in: PUSCHNER, UWE/SCHMITZ, WALTER/ULBRICHT, JUSTUS H. (HRSG.): Handbuch zur „Völkischen Bewegung" 1871–1918, München 1999, S. 328–340.
260 Johann von Leers an Gesine Fischer, 02.08.1932 [BArch, N 2168/49, Bl. 1]. Welche Veröffentlichung gemeint ist, ist unklar.

tretender Reichspropagandaleiter nicht unbekannt gewesen sein wird[261], pflegte ein laienhaftes Verständnis von Wissenschaft und zeigte sich offen für okkulte Lehren[262], für die ihn auch zwielichtige Gestalten einzunehmen suchten. Das gilt etwa für den Phantasten Karl-Maria Wiligut (1866–1946), alias „Weisthor", der Mitte der 1930er Jahre im Rang eines *SS-Brigadeführer[s]*[263] als Himmlers „Berater in allen germanischen und okkulten Fragen" wirkte.[264] Auch Johann von Leers galt dieser von seinen Anhängern zum „Gotenforscher"[265] stilisierte Dilettant als ein *in jeder Hinsicht [...] alter Wissender,* der in ständiger Furcht lebte, seine Erkenntnisse könnten in *unrechte Hände* der *Kirchen* oder *Juden* geraten, wie er später schrieb.[266] Verbürgt ist zudem, dass Himmler später Wiligut auffordern ließ, dieser solle Johann von Leers zur *Abfassung* eines Buches *an die Hand gehen.*[267] So verwegen solche Überzeugungen heute erscheinen, so wenig dürfen sie in ihrer zeitweiligen Bedeutung in der Schulungsarbeit der SS unterschätzt werden, für die Himmler von der etablierten akademischen Wissenschaft wenig erwartete.[268]

Dieser Aktivismus, den Johann von Leers im Dienste Wirths und seiner Weltanschauung entfaltete, darf allerdings nicht darüber hinwegtäuschen, dass zunehmend Spannungen auftraten und zum Jahresende 1931 in einen *Konflikt* mündeten.[269] Eine der Ursachen dafür lag in den ambivalenten Motiven und der widersprüchlichen Persönlichkeit, die Wirth zu erkennen vermeinte. Zwar halte er Johann von Leers für einen *begabten und tüchtigen Menschen;* im Grunde jedoch müsse er zu jenen Anhängern gezählt werden, die *nur intellektualistische* und *politische Beziehungen* zu seiner Arbeit hätten, *weltanschaulich*

---

261 LONGERICH, PETER: Heinrich Himmler, München 2008, S. 99; KISSENKOETTER, UDO: Gregor Straßer und die NSDAP (Schriftenreihe der Vierteljahrshefte für Zeitgeschichte, Bd. 37), Stuttgart 1978, S. 60.
262 ACKERMANN, JOSEF: Heinrich Himmler als Ideologe, Göttingen 1970, S. 34, 84; LONGERICH: Heinrich Himmler, S. 291.
263 Himmler an Darré, 13.01.1937 [Privatarchiv].
264 LONGERICH: Heinrich Himmler, S. 276. Siehe auch GOODRICK-CLARKE, NICHOLAS: Im Schatten der Schwarzen Sonne. Arische Kulte, Esoterischer Nationalsozialismus und die Politik der Abgrenzung, Wiesbaden 2009, S. 283.
265 So die verklärende Charakterisierung durch MUND, RUDOLF J.: Der Rasputin Himmlers. Die Wiligut-Saga, Wien 1982, S. 24 f. Siehe auch GOODRICK-CLARKE, NICHOLAS: Die okkulten Wurzeln des Nationalsozialismus, Wiesbaden 2004, S. 155–166.
266 Johann von Leers an Mund, 21.10.1958. Dokumentiert bei MUND: Der Rasputin Himmlers, S. 114.
267 Himmler an Darré, 13.05.1937 [Privatarchiv].
268 WILDT, MICHAEL: Himmlers Terminkalender aus dem Jahr 1937, in: VfZ 52 (2004), S. 671–691, hier S. 690; KROLL, FRANK-LOTHAR: Utopie als Ideologie. Geschichtsdenken und politisches Handeln im Dritten Reich, Paderborn 1998, S. 245–255.
269 Wirth an Gesine Fischer, 08.01.1932 [BArch, N 2168/18, Bl. 16–18].

hingegen *noch kaum* gefestigt seien.[270] Hinzu kam die forsche Art seines Auftretens, das Wirth bereits in einem *ersten sehr überheblichen Brief* unangenehm aufgefallen war. Johann von Leers hatte Wirth darin offensichtlich vorgehalten, es in der Auseinandersetzung mit seinen Gegnern an der nötigen Schärfe fehlen zu lassen, und dessen *versöhnliche* Haltung zum Christentum kritisiert.[271] Von größerer Bedeutung war allerdings, dass Wirth in dem neuen Mitarbeiter bald auch ein Konkurrent erwuchs, der, wie die weitere Entwicklung bestätigen sollte, Gesine Fischer für sich einzunehmen begann und so die Beziehung zu der ihm treu ergebenen Leiterin seiner Geschäfte störte. Damit verbunden war die Sorge, die Kontrolle über die Herman-Wirth-Gesellschaft zu verlieren.[272] Dass solche Eifersüchteleien nicht unbegründet waren, konnte schließlich im September 1932 in aller Öffentlichkeit bemerkt werden. Nachdem sie in ihrer Ehe mit Walther Fischer nicht, wie es vage hieß, *die rechte Befriedigung*[273] gefunden hatte, trennte sie sich im *freundschaftlichen Einvernehmen*[274] von ihrem Mann, um sich dann in einem skurrilen Akt ausgerechnet in der Wohnung ihres Ex-Mannes neu zu verehelichen – mit Johann von Leers.[275] *Du hättest schwerlich einen Menschen gefunden, der seelisch so gut mit Dir harmoniert wie Deine Gattin*, ließ ihn dessen jüngerer Bruder Kurt einen Tag vor der Hochzeit wissen, sodass alle Voraussetzungen für eine *lebensfähig[e]* Ehe *völlig gegeben*[276] seien. Dass dies überdies keinen Bruch mit Walther Fischer bedeutete, stellte das frisch vermählte Paar in einer Hochzeitsanzeige klar, über deren Wortlaut zeitgenössische Beobachter sich schon damals mokierten und die von informierten Weggefährten noch Jahrzehnte später genüsslich zitiert wurde: „Unsere bisherigen innigen Beziehungen zu Herrn Geheimrat Fischer bleiben unverändert bestehen"[277], teilten sie über ihre „Ehe zu Dritt" angeblich mit, die die „B.Z am Mittag" zur spöttischen Überschrift „Schöne Aussichten im Dritten Reich"[278] verleitete.

Als Wirth zudem erfahren musste, dass es sich um einen *honorierten Assistenten* handelte, sah er sich überdies um einen Teil der Spenden geprellt, die eigentlich ihm zukommen sollten. Über den in diesem Zusammenhang geäußerten Vorwurf, *zu wenig Geld* erhalten zu haben, konnte sich Gesine von Leers noch

---

270 Ebd.
271 Ebd.
272 Ebd.
273 Else Voelkel an Gesine von Leers, 01.10.1932 [BArch, N 2168/19, Bl. 5].
274 Plassmann an Kater, 11.07.1963 [IfZ, ZS A/25, Bd. I.2.22, Bl. 263].
275 Siehe Leserbrief von Ilse Neustädter in: SPIEGEL 3 (1949) 26 vom 23.06.1949.
276 Kurt von Leers an Johann von Leers, o. D. [28.09.1932] [RGVA, Fond 1283/56, Bl. 220].
277 HIELSCHER: 50 Jahre unter Deutschen, S. 135.
278 Siehe Leserbrief von Ilse Neustädter in: SPIEGEL 3 (1949) 26 vom 23.06.1949.

Jahrzehnte später empören.²⁷⁹ Tatsächlich nämlich schmälerte nicht das geringe Gehalt die Einnahmen Wirths, sondern rückläufige Spenden seiner Gönner angesichts der wirtschaftlichen Misere Ende der 1920er Jahre: Wie *im großen Haushalt der Völker* werde auch überall *im Haushalt des Einzelnen* gespart, mahnte Walther Fischer zum Jahreswechsel 1930/31.²⁸⁰ Es könne deshalb nicht ausbleiben, dass die *bisher geberfreudigeren* und *begeisterten Anhänger der nordischen oder nordatlantischen Bewegung* sich künftig im *Geldpunkte zurückhaltender zeigen* würden.²⁸¹ Selbst von Roselius war *vorläufig wohl nichts zu erwarten*, musste Wirth registrieren.²⁸² Sein Versuch, Johann von Leers durch eine *Gehilfin für den Bürobetrieb* zu ersetzen, die er selber auswählen würde und die unter seiner Aufsicht arbeiten sollte, blieb allerdings ohne Erfolg.²⁸³ Ebenso wenig kam es zum Bruch ihrer *Freundschaft*, den Gesine von Leers später behauptete, geschweige denn zur Auflösung der Herman-Wirth-Gesellschaft, die Wirth angeblich forderte.²⁸⁴ Im Streit ums Geld kann freilich eine der Ursachen der wachsenden Entfremdung gesehen werden, die den Übergang zur Gesellschaft für germanische Ur- und Vorgeschichte einleitete.²⁸⁵

Dafür sorgten vor allem aber auch Differenzen darüber, wie die Arbeit der Herman-Wirth-Gesellschaft gestaltet werden sollte und welche Rolle Herman Wirth als selbsternannter *geistiger Organisator*²⁸⁶ dabei zukommen würde. Die Vorboten eines Konflikts hatten sich bereits im Sommer 1930 angedeutet, als Walther Fischer die Forderung erhob, eingeworbene Spenden stärker für die *propagandistische Arbeit* zu nutzen, anstatt sie dem Forscher auszuzahlen.²⁸⁷ Seit Herbst 1931 nahm der Ton an Schärfe zu. Auslöser dieser Entwicklung, die schließlich in eine ernsthafte Belastung im *Gleichgewicht* des *Verhältnisses* zwischen Wirth und Gesine Fischer mündete, war ein Vorhaben, das ursprünglich von Wirth selbst lanciert worden war.²⁸⁸ Anfang 1930 nämlich hatte er die Idee entwickelt, eine ganz auf seine Anschauungen ausgerichtete Zeitschrift herauszugeben²⁸⁹, die wissenschaftlichen Charakter beanspruchen und alle ihm *positiv* gesonnenen *Vertreter der Fachwissenschaft zur Mitarbeit sammeln* sollte, als

---

279 Gesine von Leers an IfZ (Wolfgang Benz), 08.01.1974 [IfZ, ZS 3084].
280 Walther Fischer an Wirth, 31.12.1930 [BArch, N 2168/18, Bl. 103 f.].
281 Ebd.
282 Wirth an Walther Fischer, 02.01.1931 [BArch, N 2168/18, Bl. 93].
283 Wirth an Walther und Gesine Fischer, 25.09.1931 [BArch, N 2168/18, Bl. 45].
284 Gesine von Leers an Wirth, 12.12.1937 [BArch, N 2168/18, Bl. 3].
285 Gesine von Leers an IfZ (Wolfgang Benz), 08.01.1974 [IfZ, ZS 3084].
286 Wirth an Gesine Fischer, 04.01. bzw. 06.01.1931 [BArch, N 2168/18, Bl. 94–98].
287 Wirth an Walther Fischer, 07.08.1930 [BArch, N 2168/18, Bl. 132].
288 Wirth an Gesine Fischer, 14.01.1932 [BArch, N 2168/18, Bl. 14 f.].
289 Wirth an Walther und Gesine Fischer, 04.01.1930 [BArch, N 2168/18, Bl. 192–194].

Zielgruppe aber eine nicht näher bestimmte *Laienleserschaft* vor Augen hatte, bei der es sich um den Kreis seiner gläubigen Verehrer gehandelt haben dürfte.[290] Der Plan, die Zeitschrift ab Herbst 1930 monatlich herauszugeben, wurde jedoch bald wieder fallengelassen. Dies lag nicht nur daran, dass sich kein Verlag für das Vorhaben fand. Als Bremsklotz erwies sich auch Walther Fischer, der auf den Abschluss ausstehender Manuskripte drängte. Angesichts dieser Vorgeschichte durfte Johann von Leers dennoch von der Zustimmung Wirths ausgehen, als er die Idee einer Zeitschrift im Herbst 1931 erneut präsentierte. Doch es kam anders.

Zwar erkannte Wirth die *gute Absicht* des Vorschlags für eine Zeitschrift, die als *Sammelstätte* sowohl des *jungakademischen Anhanges* als auch als Organ etablierter *zünftiger Vertreter* dienen sollte, die seinen Anschauungen *teilweise oder ganz* beipflichteten. Ihre Verwirklichung aber hielt er für *vorläufig unmöglich*, da erst sein *neues großes Werk erschienen* sein müsste, das allen weiteren Deutungen seiner Lehre *als Grundlage* zu dienen hatte.[291] Dass diese Argumente vorgeschoben waren, markierte Wirths *grundsätzliche Erklärung,* die allen Überlegungen für solche Projekte eine Absage erteilte, sofern er nicht selbst als erster Interpret seiner Lehre über deren Inhalt wachte. Die *Hauptschriftleitung einer solchen Zeitschrift,* stellte er klar, *kann und darf nur allein in meinen Händen liegen.*[292] Johann von Leers dagegen, der diese Rolle für sich reklamierte, gestand er allenfalls die Rolle eines Helfers zu. *Sehr gerne* werde er dessen Hilfe für ein *Redaktionsbüro* und die *technisch-organisatorische Seite* annehmen.[293] Alles *Geistig-Wissenschaftliche* dagegen und jede Entscheidung über Veröffentlichungen müsse *in meinen Händen bleiben*[294], da nur er *letzten Endes* seine Lehre *gegenstandlich beurteilen*[295] könne. Ähnlich brüsk hatte er zuvor bereits eines der Ausschussmitglieder zurückgewiesen, das Walther Fischer für eine allgemeinverständliche Darstellung seiner Lehren gewinnen wollte. Diesem fehle es nicht nur am erforderlichen *Wissen.*[296] Wirth sah in ihm zudem einen unerwünschten Konkurrenten, der auf seine Kosten finanziell profitieren wolle. Er habe deshalb *keine Veranlassung,* die *Frucht mühsamster und aufopferungsreichster Arbeit* nunmehr *Anderen zu überlassen.*[297] Stattdessen behielt er sich vor,

---

290 Wirth an Archibald MacLean of Coll, 14.04.1930 [BArch, N 2168/18, Bl. 159 f.].
291 Wirth an Gesine Fischer, 23.10.1931 [BArch, N 2168/18, Bl. 37 f.].
292 Ebd
293 Ebd.
294 Ebd.
295 Wirth an Walther und Gesine Fischer, 09.09.1930 [BArch, N 2168/18, Bl. 124 f.].
296 Wirth an Walther und Gesine Fischer, 04.01.1930 [BArch, N 2168/18, Bl. 192–194].
297 Wirth an Gesine Fischer, 12.01.1930 [BArch, N 2168/18, Bl. 189–191].

sein *großes Gesamtwerk [...] in eine Reihe [...] kleiner volkstümlicher Büchlein* aufzulösen, von deren Verkauf seine Familie dann *einst leben können* sollte.[298] Auch den Vortrag eines unerwünschten Adepten schloss er mit dem Hinweis aus, er könne sich mit der *Wissenschaft* dieses Redners *nicht identifizieren*.[299] Jede *geistige Organisation, besonders der Jugend,* die Wirth vorschwebte, sollte zudem seiner Leitung unterstellt sein.[300] Selbst seine treuesten Anhänger mussten mit solchen Reaktionen rechnen. Den Entwurf einer neuen Flugschrift der Herman-Wirth-Gesellschaft etwa, den offensichtlich Gesine von Leers verfasst hatte, wies Wirth mit der Bemerkung zurück, dieser sei zwar *herzlich gut [...] gemeint,* könne aber *unmöglich* in der vorliegenden Fassung veröffentlicht werden.[301] *Er ist zu lang, nichts Einheitliches, nichts Ganzes,* setzte er seiner langjährigen Unterstützerin auseinander, der er obendrein unterstellte, seine Gedanken nicht erfasst zu haben. Von einer *Umänderung* oder einem *neuen Vorschlag* bat er jedoch *absehen zu wollen,* da eine solche Ausarbeitung nur einer Person anvertraut werden könne, die *geistig und seelisch das Ganze beherrscht und überblickt* und somit seinen Anschauungen *Gestaltung geben* könne.[302] Als Gesine Fischer und Johann von Leers seinen Verleger schließlich aufforderten, ihnen die Manuskripte[303], mit denen Wirth auf Angriffe durch seine Gegner reagieren wollte, vor dem Druck zur Prüfung vorzulegen[304], unterstellte dieser eine *Zensur* seiner Veröffentlichungen.[305]

Um diesen in seinen Augen inzwischen unerträglichen Zustand zu beenden, entschloss sich Wirth schließlich zu einem drastischen Schritt. Angesichts der finanziellen Notlage, teilte er dem Ehepaar Fischer mit, sei es unabdingbar, die Kosten für den Betrieb der Geschäftsstelle zu *verbilligen.* Der von ihm präsentierte Ausweg lief darauf hinaus, den unliebsamen Konkurrenten zu entfernen: *So leid wie mir es tut, wir werden v[on] Leers wohl abbauen müssen,* ließ er seine Vertrauten Ende 1931 wissen. Nur so könne es gelingen, den eigentlichen Zweck der Herman-Wirth-Gesellschaft aufrechtzuerhalten, nämlich Spenden für sei-

---

298 Ebd.
299 Wirth an Gesine Fischer, 06.07.1931 [BArch, N 2168/18, Bl. 57].
300 Wirth an Gesine Fischer, 23.10.1931 [BArch, N 2168/18, Bl. 37 f.].
301 Wirth an Gesine Fischer, 04.11.1931 [BArch, N 2168/18, Bl. 33 f.].
302 Ebd.
303 Siehe WIRTH, HERMAN: Um die wissenschaftliche Erkenntnis und den nordischen Gedanken, Berlin o. J. [1932]. Siehe dazu die Kurzrezension in: Mitteilungen zur Geschichte der Medizin, Naturwissenschaft und Technik 32 (1933), S. 36 f.
304 Gesine Fischer an Wirth, 17.01.1932 [BArch, N 2168/18, Bl. 11 f.].
305 Wirth an Gesine Fischer, 14.01.1932 [BArch, N 2168/18, Bl. 14 f.]. Siehe auch Wirth an Gesine Fischer, 20.02.1932 [BArch, N 2168/18, Bl. 5].

nen *Lebens- und Arbeitsunterhalt* zu sammeln.³⁰⁶ So nachvollziehbar dieses Ansinnen auch sein mochte, so deutlich zeigte es auf, dass über die Aufgaben der Herman-Wirth-Gesellschaft widersprüchliche Auffassungen bestanden, die seit ihrer Gründung nie geklärt worden waren. Wirth strebte eine *lose Verbindung von Menschen heterogenster Art* an, die seine *klare Linie* schätzten und durch Spenden seine Forschungen und seinen Lebensstil finanzierten. Es gehe um seine *Existenz* und seine *Arbeit*, die zu sichern die Herman-Wirth-Gesellschaft gegründet worden sei, wie er im Dezember 1931 erklärte.³⁰⁷ Eben deshalb müsste ihre Schriftenreihe ausschließlich seinen Veröffentlichungen vorbehalten bleiben³⁰⁸ und alle Veranstaltungen mit anderen Referenten eingestellt werden, sofern daraus Kosten entstanden.³⁰⁹ Gesine Fischer dagegen dachte an einen *Salon* als *Kreis von Freunden*³¹⁰ und Treffpunkt *bekannter Persönlichkeiten, die zur zwanglosen Aussprache* zusammenkamen und über *die brennendsten Kulturfragen* diskutierten.³¹¹ Dass private Räumlichkeiten als Ort informeller Runden und halböffentlicher Vorträge dienten, orientierte sich zweifelsohne an der Idee von einem „heimlich offenen Bund", wie sie bereits für die Völkischen der Kaiserzeit charakteristisch gewesen ist.³¹² Darauf deutet auch eine Veranstaltungsreihe hin, die Gesine Fischer losgelöst von der Herman-Wirth-Gesellschaft³¹³ unter der Bezeichnung „Deutscher Kreis"³¹⁴ initiieren wollte und mit der sie ihre politische Nähe zu den erstarkenden Nationalsozialisten nicht verhehlte. Der so etablierte Salon sollte nämlich dabei *mithelfen, der großen aufstrebenden Bewegung* solche *Persönlichkeiten* zuzuführen, *die nach innerer Qualität und nach ihren Leistungen berufen sind, ihr einen Inhalt zu geben.*³¹⁵

---

306 Wirth an Walther und Gesine Fischer, 06.12.1931 [BArch, N 2168/18, Bl. 20]; Wirth an Gesine Fischer, 08.12.1931 [BArch, N 2168/18, Bl. 19].
307 Wirth an Gesine Fischer, 08.12.1931 [BArch, N 2168/18, Bl. 19]; Wirth an Gesine Fischer, 08.01.1932 [BArch, N 2168/18, Bl. 16–18]; Wirth an Gesine Fischer, 14.01.1932 [BArch, N 2168/18, Bl. 14 f.]; Wirth an Gesine Fischer, 20.02.1932 [BArch, N 2168/18, Bl. 5].
308 Wirth an Gesine Fischer, 04.01. bzw. 06.01.1931 [BArch, N 2168/18, Bl. 94–98].
309 Wirth an Gesine Fischer, 07.01.1931 [BArch, N 2168/18, Bl. 92]. Wirths Forderung bezog sich auf die Veröffentlichung von Siegfried Kadner. Allerdings konnte er sich nicht durchsetzen. Der promovierte Studienrat sprach am 28. September 1931 über „Der Urglaube in den Sonnenmythen der Vorzeit". Siehe Einladung zu den Herbstveranstaltungen der Herman Wirth-Gesellschaft [1931] [LA-B, A Rep. 060–57, Nr. 4].
310 Wirth an Gesine Fischer, 08.01.1932 [BArch, N 2168/18, Bl. 16–18].
311 Gesine von Leers an Spranger, 12.03.1933 [BArch, N 1182/215].
312 PUSCHNER, UWE: Die völkische Bewegung im wilhelminischen Kaiserreich. Sprache – Rasse – Religion, Darmstadt 2001, S. 283.
313 Gesine Fischer an Wirth, 17.01.1932 [BArch, N 2168/18, Bl. 11 f.].
314 Wirth an Gesine Fischer, 14.01.1932 [BArch, N 2168/18, Bl. 14 f.].
315 Gesine Fischer an Wirth, 17.01.1932 [BArch, N 2168/18, Bl. 11 f.].

Wirth wäre dabei freilich nur einer der Gesprächspartner aus dem Kreis völkisch-religiöser Religionsstifter gewesen.

Ganz offensichtlich aber hatte dieser die Verhältnisse falsch eingeschätzt. Der Machtkampf zeigte schnell, wer wessen Unterstützung bedurfte, sodass Wirth sich dem Anliegen seiner Vertrauten auf Dauer nicht verschließen konnte. Angesichts ihrer *aktiven und eigenen Natur* müsse Gesine Fischer einer Organisation vorstehen, um dort *selber schalten und walten* zu können, räumte Wirth kleinlaut ein.[316] *Du brauchst Deine eigene Welt und Form, wo Du die freie Hand hast und die Sache so machen kannst, wie Du es möchtest und musst*, gab er sich schließlich geschlagen.[317] Seiner Aufforderung, sich *selbständig* zu machen, kam Gesine Fischer prompt nach, wenn auch in anderer Weise, als Wirth es erwartet hatte. Statt die Organisation aufzulösen, vollzog sie einen Namenswechsel und trat seit Frühjahr 1932 als Gesellschaft für germanische Ur- und Vorgeschichte öffentlich in Erscheinung. Dass damit Wirths Name getilgt war, konnte dieser umso leichter verkraften, als sich ihm zeitgleich in Mecklenburg-Schwerin neue Perspektiven aufzutun schienen. Bereits seit 1930 hatte er für das Land Pläne für eine „Deutsche Volkshochschule" entwickelt, in der eine *Volksjugend* unter seiner geistigen Anleitung zur *inneren Mission in Deutschland in den Jugendheimen des Marxismus und Kommunismus* erzogen werden sollte.[318] Im Sommer 1931 nahm die Idee einer solchen *mittelalterliche[n] Arbeits- und Lebensgemeinschaft* weiter Gestalt an, die, wie Wirth vorschwebte, *auf der Grundlage der Selbsthilfe und Selbstversorgung*[319] wirtschaften sollte und damit, wie er einem potenziellen Förderer erläuterte, *das Erlebnis des ‚Jahres Gottes', der Scholle, der Heimat, des Odals* ermöglichen würde.[320] Die seit Juli 1932 dort regierenden Nationalsozialisten unterbreiteten ihm schließlich sogar das Angebot, in Bad Doberan ein „Forschungsinstitut für Geistesurgeschichte" aufzubauen. Außerdem soll die Universität Rostock beabsichtigt haben, ihn zum Honorarprofessor für Geistesurgeschichte zu berufen.[321]

---

316 Wirth an Gesine Fischer, 08.01.1932 [BArch, N 2168/18, Bl. 16–18].
317 Wirth an Gesine Fischer, 08.01.1932 [BArch, N 2168/18, Bl. 16–18].
318 Wirth an Gesine Fischer, 30.12.1930 [BArch, N 2168/18, Bl. 99–102]. Siehe auch Wirth an Gesine Fischer, 04.01. bzw. 06.01.1931 [BArch, N 2168/18, Bl. 94–98].
319 Wirth an Gesine Fischer, 04.01. bzw. 06.01.1931 [BArch, N 2168/18, Bl. 94–98].
320 Wirth an Oskar Prinz von Preußen, 01.03.1931 [BArch, N 2168/18, Bl. 74–76]. Siehe auch Wirth an Gesine Fischer, 02.08.1931 [BArch, N 2168/18, Bl. 53].
321 LANGER, HERMANN: Der Mann, der mit den Medien tanzte. Zum Wirken Herman Wirths in Mecklenburg 1932/33, in: Zeitgeschichte regional. Mitteilungen aus Mecklenburg-Vorpommern 7 (2003) 2, S. 30–42; NÖSLER, DANIEL: Die archäologischen Forschungen in Mecklenburg 1930–1945 (Archäologische Berichte aus Mecklenburg-Vorpommern, Beiheft 14), Waren 2016, S. 87–105.

Angesichts der Anerkennung und Würdigung, auf die Wirth zu hoffen schien, akzeptierte er auch jene *Umstellung* auf eine *breitere Grundlage*[322], die sich im Briefkopf des neuen Vereins niederschlug. Zum künftigen Zweck bestimmt wurde demnach die *Verbreitung der Forschungen Prof. Kossinnas, Wilhelm Teudts und Prof. Herman Wirths u. a.*[323], der damit zu einem von mehreren Gelehrten degradiert wurde, denen die Aufmerksamkeit galt. Gegenüber den Anhängern erklärten die Initiatoren ihren Schritt damit, die Gründung der Herman-Wirth-Gesellschaft 1929 sei von dem Wunsch geleitet gewesen, „jenen zahlreichen Strömungen, Denkern und Suchern eine breite Plattform zu geben, die in der seelischen Verwirrung unserer Zeit den Mut haben, voraussetzungslos auf dem Boden arteigener Geisteshaltung zu einer Lösung der Frage des deutschen Innenlebens zu kommen".[324] Zunächst „beschränkt auf die Forschungen des Gelehrten Professor Dr. Herman Wirth", habe sie „in steigendem Maße ihre Grundlage verbreitert, um alle ernsthaften Stimmen zu Wort kommen zu lassen, die auf dem Gebiet der Geistesgeschichte, der Ur- und Vorgeschichte unseres Volkes etwas zu sagen haben". Vor diesem Hintergrund waren auch die Vortragsabende einzuordnen, auf denen „Laien und Sucher" sowie „Philosophen von Bedeutung, die in der Lage sind, zur Deutung unserer Volksseele und ihrer Entwicklung beizutragen", zu Wort kommen sollten.[325]

Dass nicht nur die „Deutung", sondern ausdrücklich auch die „Entwicklung" der „Volksseele" genannt wurde, gab dem Anliegen eine Wendung zu den Fragen der Gegenwart und blieb für Programmatik und Arbeitsweise nicht ohne Folgen. Der Gesellschaft für germanische Ur- und Vorgeschichte, die sich auf wissenschaftliche Erkenntnis berief, ging es nämlich ausdrücklich auch darum, ein bestimmtes Weltbild durchzusetzen. So wollte sie sich bemühen, „jene ebenso zähe wie falsche Auffassung zu zerstören, als habe es sich in der Geschichte der Menschheit um eine vom vorderen Orient ausgehende Kultivierung von Barbaren gehandelt".[326] Dem halte sie, nicht zuletzt im Anschluss an die von

---

322 Wirth an Gesine Fischer, 20.02.1932 [BArch, N 2168/18, Bl. 5].
323 Gesine von Leers an Spranger, 12.03.1933 [BArch, N 1182/215].
324 Programmatisch dazu LEERS, JOHANN VON: Die Gesellschaft für germanische Ur- und Vorgeschichte, in: Nordische Welt 1 (1933) 1, S. 31. Zur Charakterisierung siehe auch GLOEGE, GERHARD: Die Weltanschauung des Herman Wirths, in: KÜNNETH, WALTHER/SCHREINER, HELMUTH (HRSG.): Die Nation vor Gott. Zur Botschaft der Kirche im Dritten Reich, Berlin 1933, S. 393–421, hier S. 394.
325 LEERS, JOHANN VON: Die Gesellschaft für germanische Ur- und Vorgeschichte, in: Nordische Welt 1 (1933) 1, S. 31.
326 EBD.

Gustaf Kossinna (1858–1931) entwickelten Ansichten[327], „die richtige Erkenntnis entgegen, dass das hohe Licht der Menschheitsgesittung aus dem Norden gekommen"[328] sei. Unter dieser Prämisse wollte sie dazu beitragen, in den „Wirrnissen und religiösen Irrungen" der Gegenwart „ohne Rücksicht auf eine falsche Romantik oder fremdgeistigen Seelenzwang ein klares Bild des wirklichen Seelenlebens unserer Vorfahren zu ermitteln".[329] Dabei gelte es unter anderem, „an der Hand der Wissenschaft" der Auffassung entgegenzutreten, „als habe es sich bei unseren Vorfahren um ‚wüste Heiden' gehandelt, denen erst das Licht gebracht werden musste". Ein weiterer Auftrag, den die Gesellschaft für sich in Anspruch nahm, verdeutlichte schließlich ihren politischen Charakter. Demnach einte die Mitglieder die „Überzeugung, dass alle rein äußerliche, politische, wirtschaftliche oder organisatorische Neugestaltung letztlich unfruchtbar bleiben muss, wenn nicht über alle Parteien hinweg ein auf sachliche Erkenntnis, nicht auf traumhaften Wunschbildern, beruhendes Bewusstsein der Eigenwertigkeit unseres Rassetums, Seelentums und Glaubentums entsteht".[330] Dabei kämpften sie „nicht gegen[,] sondern für etwas, nämlich für ein geklärtes Bewusstsein unseres seelischen und kulturellen Eigenerbes". Allen Suchenden wolle sie dazu eine „eine geistige Heimat" bieten, den Forschern „ein großes interessiertes Publikum" und „unserem Volke eine Stelle der Besinnung und des Geborgenseins in eigenen Werten". Die Programmatik gipfelte in einem Bekenntnis, das die Aufbruchsstimmung unter den Völkischen und Nordischen

---

327 Siehe ZERNACK, JULIA: „Wenn es sein muss, mit Härte ..." Die Zwangsversetzung des Nordisten Gustav Neckel 1935 und die „Germanenkunde im Kulturkampf", in: SEE, KLAUS VON/DIES.: Germanistik und Politik in der Zeit des Nationalsozialismus. Zwei Fallstudien: Hermann Schneider und Gustav Neckel (Frankfurter Beiträge zur Germanistik, Bd. 42), Heidelberg 2004, S. 113–211, hier S. 124. Zu Kossinna als „Vorkämpfer der völkischen Urgeschichtsforschung" und dessen seit 1919 bestehenden ambivalenten Beziehung zu Wirth siehe GRÜNERT, HEINZ: Gustaf Kossinna (1858–1931). Vom Germanisten zum Prähistoriker. Ein Wissenschaftler im Kaiserreich und in der Weimarer Republik, Rahden/Westfalen 2002, S. 311–313.
328 LEERS, JOHANN VON: Die Gesellschaft für germanische Ur- und Vorgeschichte, in: Nordische Welt 1 (1933) 1, S. 31. Die Behauptung erhielt 1935 gleichsam offiziellen Charakter, als das Reichsministerium für Wissenschaft, Erziehung und Volksbildung verkündete: „An die Stelle der Lehre ‚ex oriente lux' tritt die Erkenntnis, dass mindestens alle abendländischen Kulturen das Werk vorwiegend nordisch bestimmter Völker sind, die in Vorderasien, Griechenland, Rom und in den übrigen europäischen Ländern [...] sich durchgesetzt haben." Zit. nach HARTUNG, GÜNTER: Völkische Ideologie, in: PUSCHNER, UWE/SCHMITZ, WALTER/ULBRICHT, JUSTUS H. (HRSG.): Handbuch zur „Völkischen Bewegung" 1871–1918, München 1999, S. 22–41, hier S. 37. Siehe auch WIWJORRA: In Erwartung der „Heiligen Wende", S. 406 f.
329 LEERS, JOHANN VON: Die Gesellschaft für germanische Ur- und Vorgeschichte, in: Nordische Welt 1 (1933) 1, S. 31.
330 EBD. Hervorhebung im Original.

dokumentierte, die hohe Erwartungen in den Nationalsozialismus setzten und Bereitschaft zur Kooperation zeigten. „Wir wollen", hieß es nicht ohne Pathos, „die Aufgabe übernehmen, die Grundlage für die seelische Neugestaltung, auf die wir hoffen, treu und schlicht zu legen – Wegbereiter zu sein eines Morgens, von dem wir wissen, dass er kommen wird über alles Suchen unsrer Tage hinweg."[331]

Um diesem selbstgestellten Auftrag als „Wegbereiter" eines vielversprechenden „Morgens" nachzukommen, organisierten Johann und Gesine von Leers in den kommenden Jahren ein umfangreiches Programm. Bis Frühjahr 1936 fanden zahlreiche „Aussprachen" in Form von Abendveranstaltungen oder mehrtägigen Seminaren statt. Vom 1. bis 4. März 1934 etwa führte die Gesellschaft eine „Tagung über das heidnisch religiöse Ringen unserer Tage" durch, die sich so großer Nachfrage erfreute, dass sie *den Sportpalast füllen* könnte, wie Gesine von Leers berichtete.[332] Eine eng getaktete Vortragsfolge sah auch die Veranstaltung „Anerkennung für den Väterglauben" vom 5. bis 7. April 1935 vor.[333] Angekündigt wurde das Programm durch Flugblätter und in einschlägigen Organen, etwa dem „Reichswart". Neben Johann von Leers, der regelmäßig Vorträge beisteuerte, traten in völkischen Kreisen angesehene Hochschullehrer und Publizisten auf, unter ihnen Alfred Baeumler („Kunst und Urzeit"), Hans F. K. Günther („Die Rassenpflege der Germanen und das Christentum"[334]), Adolf Helbock („Der wissenschaftliche Wert deutscher Volksbräuche"), Hermann Mandel („Nordisch-arische Wirklichkeitsreligion" und „Arische Gottschau in ihrer Eigenart") und immer wieder Ernst Bergmann („Deutsch-nordische Religiosität in ihrer geschichtlichen Entwicklung", „Nordisch-germanischer Glaube oder Christentum?" oder „Deutsch-Gottes-Lehre"), dessen Vortrag Ende Januar 1934 „von je einem SS- und SA-Mann in militärischer Haltung flankiert" worden sein soll.[335] Hinzu kamen zahlreiche Laienforscher, so etwa der Architekt

---

331 EBD., S. 32.
332 [Flugblatt] Einladung zu den Herbstveranstaltungen der Herman Wirth-Gesellschaft [1931] [LA-B, A Rep. 060-57, Nr. 4]; Gesine von Leers an Darré, 25.01.1934 [BArch, BDC-DS, von Leers]. Darré trug sich offensichtlich mit dem Gedanken einer Teilnahme und ließ sich zwei Eintrittskarten zusenden.
333 [Flugblatt] Die Gesellschaft für germanische Ur- und Vorgeschichte lädt ein zur Religionswissenschaftlichen Tagung „Anerkennung für den Väterglauben" [LA-B, A Rep. 060-57, Nr. 4]. Siehe auch Ankündigung im „Reichswart" vom 01.04.1935. Zur überregionalen Rezeption siehe Berliner Religionsgespräch, in: Hamburger Nachrichten vom 11.04.1935.
334 Günther an von Trotha, 05.02.1934 [BArch, NS 8/103, Bl. 227]. Siehe auch GÜNTHER, HANS F. K.: Die Rassenpflege der Germanen und des Christentums. Vortrag in der Gesellschaft für germanische Ur- und Vorgeschichte, in: Völkischer Beobachter vom 06.03.1934.
335 Zu den Vorträgen siehe BERGMANN, ERNST/BUND DER GEMEINDEN DEUTSCHEN GLAUBENS E. V. (HRSG.): Volkstümliche Reden und Schriften über Freie Religion und Deutschen Glauben. Nordisch-germanischer Glaube oder Christentum? Vortrag, gehalten im Rahmen der

Hermann Wille (1881–1945) oder der bereits erwähnte Studienrat Siegfried Kadner. Neben religiösen Fragen behandelten sie ein breites Spektrum kulturgeschichtlicher und volkskundlicher Themen, die oft die Bahnen der akademischen Wissenschaft verließen und direkte Bezüge zu tagespolitischen Ereignissen herstellten. Einige Redner wiesen zudem Verbindungen zu den kulturpolitischen Vorfeldorganisationen der NSDAP wie etwa Rosenbergs Kampfbund für deutsche Kultur auf oder waren im Formierungsprozess der ADG an zentraler Stelle eingebunden. Auch der Tübinger Indologe Jakob Wilhelm Hauer (1881–1962), dessen Anhänger den Aktivismus der Gesellschaft und vor allem Bergmanns Beiträge als *Vertreter der Deutschen Glaubensbewegung* zunächst kritisch verfolgten, sprach im März 1934 vor Mitgliedern der Gesellschaft.[336]

Trotz dieses breit gefächerten Programms lieferten die Anschauungen Wirths der Gesellschaft allerdings auch nach ihrer Umbenennung die maßgeblichen Grundlagen. Insofern entsprach es keineswegs den Tatsachen, als Gesine von Leers im März 1933 Eduard Spranger gegenüber erklärte, sie und ihr Mann pflegten *mit Herman Wirth persönlich keinerlei Beziehung mehr*.[337] Der Absicht, den weithin anerkannten Philosophen und Pädagogen für *einen geeigneten Beitrag für eine der nächsten Nummern*[338] der eben gegründeten „Nordischen Welt" zu gewinnen, mochte eine solche verschleiernde Darstellung zwar förderlich sein. Einer wie auch immer gearteten Distanz zu Wirth widersprechen jedoch nicht nur die zahlreichen Schriften von Johann von Leers in dieser Phase, in denen er den Laienforscher in die Reihe der Vordenker des „Dritten Reiches" einzugliedern suchte[339], sondern auch eine Reihe öffentlichkeitswirksamer Auftritte: In einem im Juni 1933 im Deutschlandsender ausgestrahlten „Zwiegespräch" mit dem ihm aus dem Bund Völkischer Europäer bekannten französischen Baron Fabre-Luce (siehe Kap. 4.4.3) stellte er Wirth auf eine Stufe mit Gobi-

---

Herbstveranstaltungen der Gesellschaft für germanische Ur- und Vorgeschichte am 12. Oktober 1933, Leipzig 1934; DERS.: Deutsch-Gottes-Lehre. Vortrag, gehalten auf der Tagung über das heidnisch-religiöse Ringen unserer Zeit in der Gesellschaft für germanische Ur- und Vorgeschichte zu Berlin am 26. Januar 1934 (Die Deutsche Volkspredigt, H. 2), Breslau 1934. Zu Anwesenheit von SA und SS siehe URBAN, RUDOLF: Eine dritte Konfession? (Der Kampf-Bund, H. 14), Gütersloh 1934, S. 8.

336 Dienstbericht Nr. 7, o. D. [BArch, N 1131/63, Bl. 56]; siehe NW 2 (1934) 3, S. 15–22 und 2 (1934) 4, S. 24–28.
337 Gesine von Leers an Spranger, 12.03.1933 [BArch, N 1182/215].
338 Ebd.
339 Siehe etwa die ausführliche Passage im Eingangskapitel der Schrift „14 Jahre Judenrepublik", ebenso den Hinweis auf Wirth und dessen „symbolgeschichtlich belegten Erkenntnisse" in LEERS, JOHANN VON: Deutschlands Stellung in der Welt, Leipzig o. J. [1933], S. 82 sowie erneut die ausführliche Würdigung in DERS.: Geschichte auf rassischer Grundlage, Leipzig 1934, S. 18–20.

neau, dessen, „Gedanken", „Hoffnungen" und „Träume" er fortsetze.³⁴⁰ Bereits wenige Tage vorher, im Mai, hatte er unter dem Titel „Kult und Religion" mit Wirth und dem in Berlin lehrenden Theologen Wilhelm Lütgert (1867–1938) ein „Gespräch über vorgeschichtliche Religionen" als Radiosendung bestritten.³⁴¹ Als er 1933/34 im „Kirchenkampf" den Münchener Kardinal Michael von Faulhaber (1869–1952) angriff, diente ihm Wirths „sehr beachtenswerte Auffassung" als Beleg seiner Mutmaßungen über die vorchristliche Religiosität der Germanen, die „zugleich die religiöse Urform der indogermanischen Völkergruppe" darstelle.³⁴² Noch 1935 stellte er in einer Rezension im „Hammer" einen Autor bloß, der sich gegen Wirths Ansichten ausgesprochen hatte, „ohne jeden Beweis zu bringen".³⁴³

Mit der Ausweitung ihres Vortragsprogramms seit der Umbenennung ordnete die Gesellschaft zugleich ihre Publizistik neu. So waren die Autoren der Schriftenreihe offenkundig nicht länger zwingend darauf verpflichtet, sich ausschließlich mit Wirth und seinen Anschauungen auseinanderzusetzen. Soweit ersichtlich, kam es in den folgenden Jahren allerdings nur zu einer Veröffentlichung, verfasst von dem völkischen Schriftsteller Kurt Pastenaci (1894–1961), dessen politische Ursprünge im Jungdeutschen Orden gelegen hatten und der später in der Schulungsarbeit der SS aktiv werden sollte.³⁴⁴ Um in der Öffentlichkeit wahrgenommen zu werden, setzte Johann von Leers außerdem den schon länger gehegten Plan einer wissenschaftlichen Zeitschrift um. Die „Nordische Welt", so ihr Name, erschien erstmals im Februar („Hornung") 1933 und sollte, wie Impressum und Untertitel suggerierten, monatlich erscheinen. Diesen Anspruch konnte die Zeitschrift allerdings zu keinem Zeitpunkt einlösen. Schon bald nach den ersten Ausgaben musste sie zu Doppelnummern

---

340 Abschrift eines „Zwiegesprächs" mit Fabre-Luce im Deutschlandsender, in: RW vom 25.06.1933.
341 Siehe Programmhinweis in: Radio Wien 9 (1933) 34, S. 38. Siehe auch Wirth an Hauer, 07.06.1933 [BArch, N 1131/52, Bl. 525]. Zu einer vergleichbaren Diskussion zwischen Lütgert, Wirth, Johann von Leers und zahlreichen anderen Teilnehmern siehe zudem OST, F.: Ist das Christentum noch artgemäß, in: NW 1 (1933) 5/6, S. 55–57. Der Verfasser berichtet darin über den Verlauf der Brandenburgischen Missionskonferenz am 22./23. April 1933 in Berlin.
342 LEERS, JOHANN VON: Der Kardinal und die Germanen. Eine Auseinandersetzung mit Kardinal Faulhaber, Hamburg 1934, S. 38.
343 RZ: Albrecht Diedrich Dieckhoff: Einführung in die nordische Runenlehre, Hamburg 1935, in: Hammer 34 (1935) 803/04, S. 477.
344 PASTENACI, KURT: Das viertausendjährige Reich der Deutschen. Ein Geschichtsbild der nationalen Revolution (Veröffentlichung der Gesellschaft für germanische Ur- und Frühgeschichte), Berlin 1933. Zu Pastenaci siehe HARTEN, HANS-CHRISTIAN: Himmlers Lehrer. Die Weltanschauliche Schulung in der SS 1933–1945, Paderborn 2014, S. 480–482.

übergehen. Die Jahrgänge 1936 und 1937 umfassten sogar entgegen der im Impressum ankündigten monatlichen Erscheinungsweise jeweils nur drei Ausgaben.[345] Auch die thematische Vielfalt, die der bis 1936 geführte Untertitel „Zeitschrift der Gesellschaft für Germanische Ur- und Vorgeschichte" vermuten ließ, stellte sich schnell als Hochstapelei heraus. Ähnlich dem späteren „Ahnenerbe" diente die Zeitschrift nämlich in erster Linie als „Verarbeitungsstelle des Wirthschen Gedankengutes"[346], dessen Ideen sie popularisierte. Eine Distanzierung trat erst ein, nachdem sich die Beziehung zwischen dem Laienforscher und Johann und Gesine von Leers abgekühlt hatte. In den seit Januar 1937 und bis zur Einstellung im März noch erschienenen Ausgaben firmierte die „Nordische Welt" als „Monatsschrift für nordische Überlieferung und Geschichtserkenntnis auf rassischer Grundlage".[347] Diese Unstetigkeit sowohl im Titel als auch Erscheinungsrhythmus ging einher mit einem widersprüchlichen Selbstverständnis der Zeitschrift, die ihre Herausgeber zwischen ernstzunehmendem akademischem Fachblatt außerhalb der Grenzen einzelner Disziplinen, populärwissenschaftlicher Publikation für Laienforscher und Außenseiter, die den Ideen Wirths anhingen, sowie, wenngleich nicht offen eingestandenem, weltanschaulichem Schulungsorgan verorteten. Eben dieser Spagat gab der „Nordischen Welt" ein diffuses Gepräge. Programmatisch orientierte sie sich an dem bereits in der völkischen Bewegung des Kaiserreichs geläufigen Postulat nordisch-germanischer Prädestination und Suprematie.[348] Die Zeitschrift, erläuterten die Herausgeber ihr Konzept in der ersten Ausgabe, wolle „in lebendiger Form einem möglichst großen Publikum eine gute Kenntnis unserer germanischen Kultur und unseres arteigenen Seelentums vermitteln".[349] Dabei gehe sie „bewusst" von der „Erkenntnis der modernen Wissenschaft" aus, „dass jene Lehre, alle Kultur sei ursprünglich aus dem Osten gekommen, nicht mehr halt-

---

345 Siehe NW 4 (1936) 1, S. 54.
346 So Hermann Reischle (1898–1983), der dem Umfeld Darrés entstammte, nach 1945. Zit. nach KATER: Das „Ahnenerbe" der SS 1935–1945, S. 42. Wirth selbst hat in der „Nordischen Welt" nur einen Beitrag veröffentlicht. Siehe WIRTH, HERMAN: Ostern im Urglauben unserer Volksüberlieferung, in: NW 1 (1933) 3/4, S. 3–9.
347 Jahrgang 5 (1937) wird auf dem Deckblatt der Zeitschrift irrtümlich als Jahrgang 4 bezeichnet.
348 Zu den Ursprüngen und zur Entwicklung dieser Ideologie, die der Wiener Gymnasiallehrer Karl Penka und der Heidelberger Arzt Ludwig Wilser popularisiert haben, siehe PUSCHNER, UWE: Germanenideologie und völkische Weltanschauung, in: BECK, HEINRICH/GEUENICH, DIETER/STEUER, HEIKO (HRSG.): Zur Geschichte der Gleichung „germanisch-deutsch" (Ergänzungsbände zum Reallexikon der Germanischen Altertumskunde, Bd. 34), Berlin/New York 2004, S. 103–129, hier S. 116; WIWJORRA, INGO: Der Germanenmythos. Konstruktion einer Weltanschauung in der Altertumsforschung des 19. Jahrhunderts, Wiesbaden 2006, S. 80–95.
349 NW 1 (1933) 1, S. 1.

bar ist". Die „Nordische Welt" vertrat demgegenüber die Auffassung, „dass die eigentliche Quelle der uns bekannten Kultur im wesentlichen in nordischen Breiten zu suchen" sei und „dass jene gleiche schöpferische Rasse, deren Schiffe heute alle Ozeane durchpflügen, deren Technik die Welt erobert hat und deren Sprachen zu Weltsprachen geworden sind, auch die ursprünglichen Schöpfer der menschlichen Kultur gewesen sind". Eben deshalb wolle sie sich darum bemühen, „Licht in die Vergangenheit zu bringen und eine bessere Kenntnis volkseigenen Seelentums einer zer[r]issenen, am Fremdtum irrewerdenden und sich auf eigene Werte besinnenden deutschen Volkheit zu ermöglichen".[350] Dazu solle die Zeitschrift all jenen offen stehen, „die sich um die Erschließung des nordischen Wesens, seiner Ausprägung im Germanentum und Deutschtum bemühen" und dabei „den schlichten Volksgenossen verständlich" blieben. Ausdrücklich betont wurde, dass die Redaktion „unklarer nordischer Extase und Übertreibung" ebenso fern stehe wie „innerlich unwahrer ‚Taktik'" sowie „jeder politischen Bindung wie getarnten Einflüssen". Stattdessen würde sie die „verschiedensten Gedankenwelten" zu Wort kommen lassen, „soweit sie auf nordischer Grundlage stehen". Die „Freiheit in der Erörterung", auf deren Förderung die Herausgeber sich vorgeblich verstanden und die sie, wo es angebracht erschien, praktizierten[351], erfuhr freilich eine Einschränkung insofern, als in der „Nordischen Welt" zwar „nicht gepredigt und nicht beschuldigt" werden solle, gleichwohl aber von den Autoren solche Lehren „geklärt, getrennt und erschlossen" werden müssten, die ein „Zusammenfinden unseres Volkes auf einer geistigen und seelischen Grundlage" beförderten.[352]

Dass Persönlichkeiten zweifelhaften Rufes dies als Aufforderung zur Mitarbeit lesen durften, war beabsichtigt. Die Zeitschrift wolle nämlich „sowohl Fachgelehrte wie Außenseiter auf dem Gebiete der Frühgeschichte zu Wort kommen zu lassen", hieß es 1936. Die „Nordische Welt", erläuterte Johann von Leers das redaktionelle Programm, halte ihre Spalten insbesondere jenen offen, „die abseits vom Pfade der amtlichen Wissenschaft neue Erkenntnisse bringen oder zu bringen hoffen" und in „völkischer Grundhaltung" die geistige Auseinandersetzung suchten.[353] Das so versammelte Spektrum umfasste neben Autoren aus

---

350 Ebd.
351 Den Abdruck eines Vortrags von Ernst Bergmann, den dieser auf einer Veranstaltung der „Gesellschaft für germanische Ur- und Vorgeschichte" am 12.12.1933 gehalten hatte, kommentierte Johann von Leers mit den Worten, diese geschehe, „ohne in allen Dingen (Odinsglauben usw.) die Auffassung des hochverehrten Forschers zu der unsrigen zu machen". Siehe NW 1 (1933) 9/10, S. 29–33.
352 NW 1 (1933) 1, S. 1.
353 Zum Geleit!, in: NW 4 (1936) 1, Umschlagseite 2.

dem früheren Ausschuss der Herman-Wirth-Gesellschaft und dilettierenden Außenseitern wie den „Germanenkundler" Wilhelm Teudt (1860–1942)[354] und Hermann Gauch (1899–1978) auch aufstrebende Wissenschaftler am Anfang ihrer Berufskarriere wie Max Wegner (1902–1998) sowie in völkischen Kreisen anerkannte Hochschullehrer.[355] Neben dem bereits erwähnten Ernst Bergmann[356] ist vor allem Gustav Neckel (1878–1940) zu nennen, der 1920 in Berlin den renommiertesten nordistischen Lehrstuhl im Deutschen Reich übernommen hatte. Seine wissenschaftliche Reputation, die Neckel durch seine philologischen Studien zur „Edda" begründet hatte, nahm allerdings seit Anfang der 1930er Jahre erheblich Schaden, als er sich durch pseudowissenschaftliche Popularisierungen der Germanenkunde von der Fachwelt entfremdete und zunehmend in völkischen sowie nationalsozialistischen Zeitungen zu publizieren begann.[357] Alle diese Autoren sollten die nunmehr erhobene und weiter gefasste Zielsetzung der „Nordischen Welt" gewährleisten, einen Beitrag zur „Verbreiterung und Vertiefung der Kenntnis sowohl der materiellen wie auch der geistigen und religiösen Frühgeschichte der Nordischen Rasse in allen ihren Ausstrahlungen und Verzweigungen" zu leisten. Dabei wollte sich die Zeitschrift nicht allein auf die „unzweifelhaft sehr notwendige Erforschung der materiellen Kultur und ihrer Ergebnisse aus unserer Frühgeschichte" beschränken, sondern „vielmehr gerade [auch] das geistige und religiöse Gebiet" einbeziehen und solche behandeln, „die sonst vielfach kaum oder nur in geringem Maße berücksichtigt worden sind, wie die Wappenkunde und Ortssagenforschung". Dass diese Grundsätze den Beiträgen dennoch enge Schranken setzten, ergab sich aus dem Hinweis,

---

354 Zu Teudt ausführlich SCHAFMEISTER: „Aufgedeckte Geschichtsirrtümer" und „fließende Kraftquellen", S. 316 f., 320.
355 Zu den früheren Ausschussmitgliedern zählten Lenore Kühn, siehe NW 5 (1937) 2, S. 30–36 und NW 5 (1937) 3, S. 1–9, und Josef Strzygowski, siehe NW 1 (1933) 3/4, S. 33–43. Zu Beiträgen von Gauch, der Johann von Leers Zeit seines Lebens verbunden blieb (siehe Kap. 9.5.6), siehe NW 2 (1934) 1/2, S. 34–36, NW 2 (1934) 7/8, S. 52–54 und NW 3 (1935) 4, S. 169–178, zu Teudt NW 3 (1935) 4, S. 195–202. Wegner verfasste einen Artikel über die Welteislehre, siehe NW 2 (1934) 5/6, S. 55–58. Zu Wegner siehe MANDERSCHEID, HUBERTUS: Opfer, Täter, schweigende Mehrheit. Anmerkungen zur deutschen Klassischen Archäologie während des Nationalsozialismus, in: Hephaistos 27 (2010), S. 41–70, hier S. 53, 57, sowie, für weitere Literaturverweise, BREHM, OLIVER: Von den Musen reich beschenkt. Zum 100. Geburtstag von Max Wegner, in: Antike Welt 33 (2002), S. 704.
356 BERGMANN, ERNST: Stimmen und Gedanken zum Thema: „Nordische Religiosität und Christentum", in: NW 1 (1933) 3/4, S. 10–14; DERS.: Nordisch-germanischer Glaube oder Christentum?, in: NW 1 (1933) 9/10, S. 29–33; DERS.: War Meister Eckhart ein Christ oder ein Deutscher?, in: NW 3 (1935) 4, S. 223–236 sowie Fortsetzung in NW 3 (1935) 5, S. 286–294.
357 Siehe den Beitrag in NW 1 (1933) 5/6, S. 25 f. Zu Neckels Wandel seiner wissenschaftlichen Anschauungen siehe ZERNACK: „Wenn es sein muss, mit Härte …", S. 121–124.

wonach unter der „bewussten Förderung genialer Außenseiter" weiterhin vor allem die Popularisierung der Schriften namentlich von Wirth zu verstehen war. Ausdrücklich wurde betont, dies rühre auch aus der Erkenntnis, „dass die seelische Heimkehr zu den Werten des eigenen Blutes gerade jener Erkenntnisse nicht entraten kann, die uns die vergleichende Religionsgeschichte, die vergleichende Symbolforschung und die Volkskunde mit allen ihren Nebenfächern, der Sagenkunde, Märchenkunde usw. geben"[358] – mithin das Arbeitsgebiet, auf dem sich Wirth bewegte. Die Abhängigkeit des zumindest behaupteten wissenschaftlichen Anspruchs der Zeitschrift von den politischen Zielen ihres Herausgebers im weltanschaulichen Kampf erfuhr denn auch Anfang 1937 eine weitere Verschärfung, als die Zeitschrift ihr Selbstverständnis erneut modifizierte. Zwar gingen die Herausgeber weiterhin von der „Erkenntnis" aus, „dass jene Lehre, alle Kultur sei ursprünglich aus dem Morgenlande gekommen, unhaltbar" sei, weil „die eigentliche Quelle der uns bekannten Kultur in nordischen Breiten lag". Das „Seelentum der Nordischen und ihr Ringen um Erkenntnis ihrer selbst" solle allerdings nunmehr nicht nur in historischer Perspektive, sondern auch in ihrer „vielfältige[n] Gegenwart" behandelt werden, die über die Grenzen des Deutschen Reiches hinausreichte. In der „Nordischen Welt" stünden deshalb „neben germanischer Ur- und Vorgeschichte" und „neben der Erfassung der religiösen und kulturellen Probleme", wie sie das deutsche Volk bereits erfasst hätten, „auch die Lebensfragen der anderen nordisch betonten Völker", insbesondere „der Niederländer, der Skandinavier, der Angelsachsen, Kelten und Slawen" zur Diskussion.[359] Die dazu entwickelten vier Arbeitsgebiete verfolgten ein politisches Programm insofern, als neben dem „Rahmen" und der „Vergangenheit der Nordischen" jetzt auch deren „Gegenwart" und „Zukunft" behandelt werden sollten, wobei letzteres die Aspekte „Volksmehrung und Volksschwinden bei den Nordischen" sowie „Kampf gegen geistige Überfremdung und Willensschwäche" umfasste. Damit verbunden war zugleich ein Wechsel im Kreis der Mitarbeiter, der stark erweitert wurde, sich um internationale Reputation bemühte und Wirth endgültig an den Rand drängte, indem dieser ausschied.[360]

---

358 NW 4 (1936) 1, Umschlagseite 2.
359 Siehe dazu „Zum neuen Jahrgang" in: NW 5 (1937) 1, Umschlagseite 3.
360 Siehe NW 5 (1937) 1, Umschlagseite 2. Als Mitarbeiter genannt wurden jetzt Dr. Andersen-Lund, Prof. Ernst Bergmann (Leipzig), Dr. Hans Friedrich Blunck (Hamburg), Dr. Warhold Drascher (Stuttgart), Fritz Fricke (Externsteine), Franz Fromme (Berlin), Käte Gold (Berlin), Prof. Hans F. K. Günther (Berlin), Prof. Konrad Hahm (Berlin), Fritz Hansen, Dr. Hans Harmsen (Berlin), Freerk Haye-Hamkens ((Schleswig), Prof. Karl Haushofer (München), Dr. Albrecht Haushofer (Berlin), M. Helmers (Hamburg), Dr. Hopmann (Leipzig), Dr. Siegfried Kadner (Berlin), Heinz Kloß (Stuttgart), Prof. A. Lodewychz (Melbourne), Dr. Karl von

All diese Vorhaben jedoch erwiesen sich mit dem Ende der „Nordischen Welt" im März 1937 als Makulatur. Gleichwohl übte die Zeitschrift in den wenigen Jahren ihres Erscheinens für Johann von Leers eine wichtige Funktion aus: Als ihr Herausgeber und „Verantwortlicher Schriftleiter" konnte er nicht nur sein organisatorisches Talent ausspielen, sondern auch sein Netzwerk zu Laienforschern, Wissenschaftlern und prominenten NS-Funktionären pflegen und ausbauen. So soll es eine private Abendgesellschaft unter anderem mit Darré und Himmler im Herbst 1934 in der Wohnung von Johann und Gesine von Leers gewesen sein, die Wirth jenen Kontakt zum Reichsführer SS verschaffte, der ihm kurz darauf im „Ahnenerbe" eine berufliche Zukunft eröffnete.[361] Die Zeitschrift bot Johann von Leers zugleich ein Forum, um sich auf akademischem Terrain zu profilieren. Darüber hinaus ließen sich eigene Schriften popularisieren, zumal, wenn renommierte Wissenschaftler sie besprachen, deren Veröffentlichungen wiederum in der „Nordischen Welt" in einem schwunghaften Rezensionskartell auf Gegenseitigkeit wohlwollend registriert wurden.[362] Vor allem aber diente ihm die Zeitschrift dazu, im „Weltanschauungskampf" um Wirth dessen „bahnbrechendes Lebenswerk"[363] zu verteidigen, insbesondere die „Ura Linda-Chronik". Dies beweisen die zahlreichen Rezensionen, die er für jede Ausgabe beisteuerte und in denen er die Kritiker seiner Anschauungen belehrte und zurechtwies. „Hermann Wirths Arbeit lehnt er leider ohne jeden Beweis zu bringen ab", bemängelte Johann von Leers beispielsweise an dem Buch eines

---

Loesch (Berlin), Prof. Hermann Mandel (Kiel), Alfred Petrau (Berlin), Prof. Konrad Theodor Preuß (Berlin), Prof. Rein (Hamburg), Prof. Schönemann (Berlin), Scheuermann (Freienbrink/Erkner), Ludwig Schmidt (Selb/München), Dr. Theodor Steche (Berlin), Prof. Tsigara-Samurkas (Bukarest) und Dr. Herbert Grabert (Tübingen), der sich zwischenzeitlich von Hauer gelöst hatte. Nach welchen Kriterien die Auswahl erfolgte, ist nicht ersichtlich.

361 KATER: Das „Ahnenerbe" der SS 1935–1945, S. 16. Zur Darstellung siehe Gesprächsprotokoll Wirth-Kater, 22.06.1963 [IfZ, ZS A/25, Bd. I.2.22, Bl. 286 f.] sowie Plassmann an Kater, 11.07.1963 [IfZ, ZS A/25, Bd. I.2.22, Bl. 263]. Die Behauptung von Gesine von Leers, Himmler habe *niemals in unserem Hause verkehrt*, dürfte kaum zutreffen. Gesine von Leers an IfZ (Wolfgang Benz), 18.01.1974 [IfZ, ZS 3084].

362 Beispielhaft dafür Gustav Neckel, der Johann von Leers in einer Rezension dessen Buches „Der Weg des deutschen Bauern von der Frühzeit bis zur Gegenwart" einen der „fruchtbarsten völkischen Schriftsteller der deutschen Gegenwart" und „bekannten Vorkämpfers der nationalsozialistischen Weltanschauung" nannte. Siehe NW 4 (1936) 3/4, S. 136. Zuvor hatte Johann von Leers in der Nordischen Welt Neckels Buch über „Liebe und Ehe bei den vorchristlichen Germanen" rezensiert. Siehe NW 1 (1933) 1, S. 28.

363 Siehe LEERS, JOHANN VON: Der Urnordisch-Arktische Glaube nach Herman Wirth und die vergleichende Religionswissenschaft, in: NW 1 (1933) 1, S. 16–24; KAUL, HEINRICH: Aufgang und Urschrift der Menschheit. Herman Wirths bahnbrechendes Lebenswerk, in: NW 3 (1935) 4, S. 202–208 oder WIELER, MAX: Herman Wirths Runenforschung. Niedergang und Aufstieg des nordischen Menschen, in: NW 3 (1935) 6, S. 299–321.

Autors, der eigentlich „zu den ausgesprochen völkischen Vertretern der Vorgeschichtsforschung" gerechnet werden könne.[364] Ein anderer Verfasser dagegen verdiente sich damit Lob, dass er „von seinem ganz anders gearteten Standpunkt zu einer weitgehenden Anerkennung der Ura-Linda-Chronik gekommen ist, die er durchaus als echte Quelle behandelt".[365] Zwiespältig fiel zudem sein Urteil über das Buch „Germanenkunde im Kulturkampf" von Bernhard Kummer (1897–1962) aus, den er aufforderte, „es endlich [zu] unterlassen, in die eigenen Reihen hineinzuschießen".[366] Den Anlass dazu gab nicht zuletzt Kummers „Darstellung des Kampfes um die Ura Linda-Chronik"[367], deren Veröffentlichung seit Anfang 1934 eine monatelange Debatte ausgelöst hatte, an der auch Johann von Leers beteiligt war.

Die vermeintliche Chronik einer friesischen Familie, die bis 2193 v. Chr. als mutmaßlichem Jahr des Untergangs Atlantis zurückreichen soll, beruhte angeblich auf einer Handschrift aus dem 13. Jahrhundert, die 1872 in niederländischer Übersetzung erschienen war. Im Gegensatz zu Vertretern der Fachwissenschaften, die diese Übersetzung anhand von Papierproben bald als geschickte Fälschung erkannten, setzte sich Wirth vehement für deren „Quellenechtheit"[368] ein. Spätestens seit Anfang der 1930er Jahre trug er sich deshalb mit dem Gedanken einer kommentierten Übersetzung ins Deutsche, die, wie er selbstbewusst verkündete, einen *Vorstoß zur Wiedergewinnung des Zusammenhangs mit unseren Ahnen und ihrem Geiste und Erbe*[369] darstellen sollte. Die Reaktionen auf seine als „Offenbarung" angekündigte Veröffentlichung, die

---

364 RZ: Albert Diedrich Dieckhoff: Einführung in die nordische Runenlehre, in: NW 4 (1936) 1, S. 51 f.
365 RZ: Gustav Friedrichs: Wie die Menschheit die Grundlagen ihrer Götter, Mythen, Märchen und Sagen fand, in: NW 4 (1936) 2, S. 95 f. Zu einem anderen Buch heißt es lapidar: „Wirth wird schlecht behandelt". Siehe RZ: Kurt Dietrich Schmidt: Die Bekehrung der Germanen zum Christentum, in: NW 4 (1936) 3/4, S. 137 f.
366 RZ: Bernhard Kummer: Germanenkunde im Kulturkampf, in: NW 4 (1936) 1, S. 49 f. Siehe dagegen NW 4 (1936) 3/4, S. 138, als Johann von Leers Kummer gegen den Vorwurf des „Rationalismus" verteidigte: „Man ist berechtigt, hier Kummer in Schutz zu nehmen, dessen große Verdienste durch seine leidige Gewohnheit, gelegentlich überpolemisch in die eigenen Reihen zu schießen, nicht verdunkelt werden sollen. Der rationale Zug, die weitgehend vernunftmäßige Gestaltung des Lebens und das Schweigen vor den Dingen, die wir noch nicht wissen können, ist sicher ein uralter Zug der nordischen Rasse. Kummer hat ihn ganz richtig gesehen."
367 RZ: Bernhard Kummer: Germanenkunde im Kulturkampf, in: NW 4 (1936) 1, S. 49 f.
368 WIRTH, HERMAN: Die Ura Linda Chronik, Leipzig 1933, S. 131.
369 Wirth an Gesine von Leers, 10.01.1931 [BArch, N 2168/18, Bl. 90 f.]. Zur Ankündigung der Ura-Linda-Chronik siehe Wirth an Walther und Gesine Fischer, 09.09.1930 [BArch, N 2168/18, Bl. 124 f.]; Wirth an Gesine Fischer, 07.01.1931 [BArch, N 2168/18, Bl. 92]; Wirth an Walther und Gesine Fischer, 14.04.1931 [BArch, N 2168/18, Bl. 64 f.].

Ende 1933 im Verlag Koehler und Amelang (Leipzig) erschien und „dem deutschen Volk sein geistiges Ahnenerbe wieder[geben]" sollte, wie es auf dem Umschlag hieß, fielen allerdings anders aus als erhofft. Statt alle Kritiker von seinen Ansichten zu überzeugen, trug die Veröffentlichungen „in besonderem Maße zu seiner Diskreditierung in der Fachwelt bei", die ihn nun erst recht als „Phantasten" abqualifizierte.[370] Der „Sturm in den germanistischen Seminaren"[371] artikulierte sich nicht zuletzt in einer Reihe von Versammlungen, in denen Anhänger wie Kritiker leidenschaftlich diskutierten.

Einen ersten Höhepunkt erreichte die Auseinandersetzung über den „Geschichts- und Quellenwert der Ura-Linda-Chronik" am 4. Mai 1934 während einer mehrstündigen „Öffentlichen wissenschaftlichen Aussprache" im Auditorium Maximum der Berliner Friedrich-Wilhelms-Universität, als deren Veranstalter neben der Gesellschaft für germanische Ur- und Vorgeschichte auch das Zentralinstitut für Erziehung und Unterricht zu Berlin und die Ortsgruppe der Gesellschaft für Deutsche Bildung auftraten.[372] Die Veranstaltung vor weit mehr als 1.000 Zuhörern, die ein kaum überschaubares Medienecho in der Tagespresse und in Fachkreisen weit über das Deutsche Reich hinaus auslöste[373], sollte, wie der zum Leiter bestimmte Göttinger Germanist Friedrich

---

370 Siehe WIWJORRA: Herman Wirth, S. 97–103.
371 KATER: Das „Ahnenerbe" der SS 1935–1945, S. 16.
372 [Flugblatt] „Einladung zu einer Öffentlichen Aussprache über den Geschichts- und Quellenwert der Ura-Linda-Chronik" [LA-B, A Rep. 060–57, Nr. 4].
373 Siehe beispielhaft O. V.: Aufruhr um Ura-Linda-Chronik, in: Der Angriff vom 05.05.1934; O. V.: Der Streit um die Ura-Linda-Chronik. Ausspracheabend in der Berliner Universität, in: Berliner Börsenzeitung vom 05.05.1934; CESAR, WERNER: Um die Echtheit der Ura-Linda-Chronik. Ist sie nur eine politische Tendenzschrift?, in: Berliner Börsenzeitung vom 06.05.1934; LITTMANN: Gelehrtenkrieg um Ura Linda. 4¼ Stunden Redeschlacht in der Universität, in: Deutsche Allgemeine Zeitung vom 05.05.1934; W.S.: Der Wert der Ura-Linda-Chronik. Öffentliche Aussprache in der Berliner Universität, in: Völkischer Beobachter 06./07.05.1934; OPPELN-BRONIKOWSKI, FRIEDRICH FREIHERR VON: Der Streit um die Ura-Linda-Chronik, in: Berliner Tageblatt vom 07.05.1934; O. V.: Der Kampf um die Echtheit der Ura-Linda-Chronik, in: Badische Zeitung vom 08.05.1934; O. V.: Der Kampf um die Ura-Linda-Chronik, in: Karlsruher Tagblatt vom 09.05.1934; O. V.: Um die Ura-Linda-Chronik, in: Der Führer vom 10.05.1934; O. V.: Um die Ura-Linda, in: Badischer Beobachter vom 10.05.1934; O. V.: Unsere Meinung, in: Deutsche Allgemeine Zeitung vom 10.05.1934; O. V.: Der misstrauische Professor, in: Deutsche Zeitung vom 22.06.1934. Siehe auch die Beiträge Johann von Leers in diesem Kontext: LEERS, JOHANN VON: Herman Wirth – und der Seismograph, in: Deutsche Zeitung (Beilage „Der Nordische Mensch") vom 31.05.1934, abgedruckt offenkundig auch in: Der Erzieher im Braunhemd 1934, S. 256–257; DERS.: Weltanschauungskampf um Herman Wirth, in: Deutsche Zeitung vom 22.06.1934; DERS.: Die Urgeistesgeschichte nach Herman Wirth, in: Deutsches Ärzteblatt 63 (1933), S. 719–722; DERS.: Die Ura-Linda-Chronik, in: Deutsches Ärzteblatt 64 (1934), S. 525–527. Zur Wahrnehmung im Ausland, so etwa in Frankreich und dort auch in der Exilpresse, siehe B.D.: La Science au III. Reich, in: La Croix vom 31.05.1934; RURANGE, MICHEL: Le racisme ridiculisé, in: L'Homme libre vom 07.07.1934:

Neumann (1889–1978) eingangs erläuterte, eine Klärung darüber herbeiführen, inwiefern die Ansichten Wirths als Teil jener „großen nationalsozialistischen Revolution" im Jahr zuvor, die den „Sinn für das Erbe" als Voraussetzung zur Gestaltung der Zukunft wiedererweckt habe, zu betrachten seien.[374] Obgleich diese Frage vor allem den politischen Charakter der Schrift betonte und polemische Einlassungen einiger Redner die wissenschaftliche Zielsetzung der mehrfach von Tumulten unterbrochenen Aussprache unterliefen, entspann sich doch eine um Differenzierung bemühte Diskussion, in der Wirths Opponenten dessen Annahmen spöttisch zerpflückten. „Es ist ein Gemisch von Täuschung, Sinn und Unsinn, einem Unsinn freilich, der Methode hat", höhnte der Berliner Ordinarius Arthur Hübner (1885–1937), einer der führenden Germanisten seiner Zeit.[375] „Nicht die Hauptmasse ist echt und nur weniges unecht, sondern die Hauptmasse zumindest ist unecht, aus der Neuzeit stammend, dagegen echt entweder gar nichts oder bestenfalls nur wenige Stücke", urteilte Theodor Steche (1895–1945) vom Kampfbund für deutsche Kultur.[376] Im Namen der „deutschen Vorgeschichtsforscher" erklärte der Prähistoriker Karl Hermann Jacob-Friesen (1886–1960), der als Vertreter der Berufsvereinigung seiner Zunft deren „geschlossene Gegnerschaft"[377] demonstrierte, diese müssten „die Ura Linda-Chronik und Herman Wirths Versuch, ihre Echtheit durch eine archäologisch-

---

„Il n'y a plus que quelques incorrigibles partisans de Wirth qui croient encore à son authenticité. Et ce dernier y croit-il lui-même?" O. V.: Wirths Hinrichtung, in: Neuer Vorwärts 2 (1934) 55 vom 01.07.1934; WADLER, ARNOLD: Die Ura Linda-Chronik. Dichtung und Wahrheit um die alten Germanen, in: Pariser Tageblatt vom 26.08.1934. Hier ist von „Fälschungen" und „dilettantischen Theorien" die Rede.

374 Zum Wortlaut siehe: Öffentliche Aussprache über den Geschichts- und Quellenwert der Ura-Linda-Chronik (Ms.), Berlin o. J. [1934].

375 Zur weiteren Auseinandersetzung Hübners mit Wirth, dem „Denken, Sauberkeit und Methode" abgesprochen wurde, siehe die im Nachgang verfasste Schrift: HÜBNER, ARTHUR: Herman Wirth und die Ura Linda-Chronik, Berlin/Leipzig 1934, S. 14. Siehe auch SCHREIBER, MAXIMILIAN: Walther Wüst. Dekan und Rektor der Universität München 1935–1945 (Beiträge zur Geschichte der Ludwig-Maximilians-Universität München, Bd. 3), München 2008, S. 47.

376 Öffentliche Aussprache über den Geschichts- und Quellenwert der Ura-Linda-Chronik (Ms.), Berlin o. J. [1934]. Siehe bereits STECHE, THEODOR: Die Ura-Linda-Chronik altgermanisch oder gefälscht?, in: Völkischer Beobachter vom 11.01.1934, wonach Wirths Veröffentlichung „nicht mit dem Nationalsozialismus und der jetzigen Staatsführung in Verbindung" gebracht werden dürfe. Zu Absprachen Hübners mit Steche im Vorfeld siehe STORM, SÖNJE: Die öffentliche Aussprache über Herman Wirths „Ura-Linda-Chronik" in Berlin (1934), in: ALMGREN, BRIGITTA (Hrsg.): Bilder des Nordens in der Germanistik 1929–1945. Wissenschaftliche Integrität oder politische Anpassung?, Södertörns Högskola 2002, S. 79–97, hier S. 87; WIWJORRA: Herman Wirth, S. 103.

377 ZERNACK: „Wenn es sein muss, mit Härte …", S. 131.

quellenkritische Behandlung zu erweisen, ablehnen".[378] An scharfen Worten ließ auch Neckel es nicht fehlen, der von seiner früheren „Fürsprache für Herman Wirth"[379] zwischenzeitlich wieder abgerückt war: Bereits in der März-Ausgabe der „NS-Monatshefte" hatte er die Schrift als ein „im hohen Grade fragwürdiges Erzeugnis"[380] bezeichnet. Als „Laie" und „Prophetennatur", führte er jetzt aus, sei Wirth „ein unkritischer Kopf, der alles unbesehen annimmt, was seinem Leitgedanken entgegenkommt". Aufgrund seiner sprachwissenschaftlichen Studien wie auch des Inhalts der Ura Linda-Chronik kam Neckel zu dem Ergebnis, diese stellte als „Mittelding zwischen frisomaner Geschichtsklitterung und dichterischer Phantasie" nicht nur „ein im höchsten Grade fragwürdiges Erzeugnis" dar, sondern sei obendrein eine „Fälschung".[381]

Gegen diese geballte Kritik mühten sich zwei junge, zu dieser Zeit noch unbekannte Wissenschaftler anzureden. Neben dem Tübinger Religionswissenschaftler Otto Huth (1906–1998), dessen Verbindung zu Wirth auf einen Studienaufenthalt in Marburg zurückreicht[382], war es der Indologe Walther Wüst (1901–1993), der sich zum Verteidiger des umstrittenen Privatgelehrten erhob. Der Münchener Privatdozent hatte sich zwar wenige Jahre zuvor noch als *linguistischer Gegner*[383] von diesem distanziert und Wirth „bis ins kleinste Detail seine schwerwiegenden wissenschaftlichen Fehler" besonders auf „sprachwissenschaftlichem Gebiet"[384] nachgewiesen, dann aber eine Wendung vollzogen. Wüst sei inzwischen ein *wissenschaftlich überzeugter Anhänger* Wirths, konnte Johann von Leers wenige Tage nach der Berliner Aussprache dem ihm persönlich ver-

---

378 Öffentliche Aussprache über den Geschichts- und Quellenwert der Ura-Linda-Chronik (Ms.), Berlin o. J. [1934].
379 ZERNACK: „Wenn es sein muss, mit Härte …", S. 129; STORM: Die öffentliche Aussprache über Herman Wirths „Ura-Linda-Chronik" in Berlin (1934), S. 88. Siehe auch Wirth an Roselius, 08.04.1930 [BArch, N 2168/18, Bl. 166–168], wonach er Neckel bei einem Besuch im April 1930 aufgrund seiner *zwingenden Beweisführung* von seinen Annahmen überzeugt haben will.
380 NECKEL, GUSTAV: Die Ura-Linda-Chronik, in: NS-Monatshefte 5 (1934) 48 (März), S. 273–275.
381 Öffentliche Aussprache über den Geschichts- und Quellenwert der Ura-Linda-Chronik (Ms.), Berlin o. J. [1934].
382 Zu Huth und seiner Verbindung zu Wirth siehe JUNGINGER, HORST: Von der philologischen zur völkischen Religionswissenschaft. Das Fach Religionswissenschaft an der Universität Tübingen von der Mitte des 19. Jahrhunderts bis zum Ende des Dritten Reiches (Conubernium, Bd. 51), Stuttgart 1999, S. 248–268. Zur Auswahl Huths anstelle von Hans Reinerth für diese Veranstaltung siehe STORM: Die öffentliche Aussprache über Herman Wirths „Ura-Linda-Chronik" in Berlin (1934), S. 84.
383 Gesine von Leers an Wirth, 30.09.1929 [BArch, N 2168/18, Bl. 211]; Wirth an Roselius, 08.04.1930 [BArch, N 2168/18, Bl. 166–168].
384 SCHREIBER: Walther Wüst, S. 45.

bundenen Bayerischen Kultusminister Hans Schemm (1891–1935) melden.[385] Dass dieser Wendung nicht alleine wissenschaftliche Einsicht, sondern auch opportunistische Motive zugrunde lagen, zeigten die Vorgänge hinter den Kulissen. Seit Sommer 1933 bemühte sich Wüst in München um ein Ordinariat für Völkerkunde, das *im Laufe der Entjudungsaktion [...] freigeworden* war und zur Wiederbesetzung anstand, zunächst jedoch ohne Erfolg.[386] Eben deshalb mobilisierte er ihm bekannte und, wie er annahm, einflussreiche Parteimitglieder, die sich für ihn verwenden sollten. Sein „Engagement für Wirth" verfolgte zweifelsohne das Ziel, bei „maßgeblichen Stellen" der Partei „Eindruck zu machen".[387] Dazu gehörten auch Johann von Leers und seine Frau, über deren enge Verbindung vor allem zu Himmler Wüst orientiert gewesen sein dürfte. Tatsächlich sprachen sich beide nach Wirths Auftritt in Berlin *empfehlend* für ihn aus. Er kenne Wüst *als langjährigen Nationalsozialisten, der für die Erforschung der Kultur der alten nordischen Arya sich außerordentlich lebhaft eingesetzt und verdient gemacht hat,* erklärte Johann von Leers gegenüber Schemm. Die wissenschaftlichen Leistungen und weltanschauliche Zuverlässigkeit dieses *untadligen und klugen [...] Nationalsozialisten,* wie Gesine von Leers ergänzte, zeichneten ihn als einen *jungen Gelehrten* aus, *wie wir sie uns für die Gestaltung der deutschen Universitäten einmal durchgehend wünschen.* Dass diese Empfehlung als unverhohlene Aufforderung zum Handeln zu verstehen war, lag für Gesine von Leers auf der Hand. Wie selbstverständlich verlangte sie von Schemm, dieser solle in dem Verfahren zur Besetzung der Stelle *energisch durchgreifen,* ging sie doch davon aus, Schemm alleine könne *über Erteilung von Ämtern und Würden im Kulturbereich Bayerns* bestimmen.[388] Als Hemmnis in der Berufung von Wüst hatte sich zwischenzeitlich nämlich ergeben, dass der kurz zuvor nach München berufene Philologe Wolfgang Schultz (1881–1936) dem Kreis um Bolko Freiherr von Richthofen (1899–1983) zugerechnet werden musste. Dieser aber habe es sich *zur Lebensaufgabe* gemacht, Wirth *zu vernichten* und *zu erledigen,* sodass auch der aufstrebende Wüst Gefahr lief, als *armes Opfer* von Schultz zu

---

385 Johann von Leers an Schemm, 02.06.1934 [BayHStA, MK 39703].
386 Ebd. Zur Verbindung von weltanschaulicher Positionierung und persönlichem Ehrgeiz auf dem Gebiet der Germanenkunde siehe SEE, KLAUS VON/ZERNACK, JULIA: Germanistik und Politik in der Zeit des Nationalsozialismus. Zwei Fallstudien: Hermann Schneider und Gustav Neckel (Frankfurter Beiträge zur Germanistik, Bd. 42), Heidelberg 2004, S. 113–211, hier S. 187.
387 SCHREIBER: Walther Wüst, S. 48.
388 Johann von Leers an Schemm, 02.06.1934 [BayHStA, MK 39703]; Gesine von Leers an Schemm, 03.08.1934 [BayHStA, MK 39703]. Siehe auch SCHREIBER: Walther Wüst, S. 59.

enden.[389] Angeblich hatte von Richthofen nämlich bereits erklärt, dafür Sorge zu tragen, dass Wüst *nicht ordentlicher Professor würde.*[390] Offenkundig überschätzten Johann von Leers und seine Ehefrau allerdings ihren Einfluss auf Schemm wie auch dessen Möglichkeiten. Ein Gutachten, das Wirth zugunsten von Wüst verfasste, hinterließ ebenfalls keinen Eindruck.[391] Nachdem dieser trotz der Protektion durch Johann von Leers und Wirth „die Zwecklosigkeit" seiner Bewerbung erkannt hatte, zog er sie zurück.

So aufsehenerregend die Aussprache im Mai war, so wenig konnte ihre Wirkung Wirths Anhänger zufriedenstellen. Wie gründlich die Fachwissenschaft ihn demontiert hatte, stand angesichts der zahlreichen Presseberichte schnell außer Zweifel: Wirth habe *sehr schlecht abgeschnitten* und dürfte durch die Ura-Linda-Chronik *wohl auch erledigt sein,* bemerkte ein an sich gewogener Beobachter Gesine von Leers gegenüber.[392] Um die Deutungshoheit in dieser zwischenzeitlich zu einem *Weltanschauungskampf um Herman Wirth* stilisierten Auseinandersetzung zurückzugewinnen, mobilisierten seine Anhänger deshalb noch einmal ihre Kräfte.[393] Anders aber als im Mai, sollte die *Große Aussprache* am 23. Juni 1934 im Bachsaal in der Lützowstraße, der ebenfalls einigen hundert Menschen Platz bot, der eigenen Regie folgen. Dafür sorgte nicht nur die Leitung, die in die Hände von Johann von Leers gelegt wurde. Bei der Auswahl der *namhaften Gelehrten*[394] achteten die Organisatoren darauf, unerwünschte Redner erst gar nicht zuzulassen. Statt sich Kritikern zu stellen, kamen ausschließlich Fürsprecher Wirths zu Wort. So trat erneut Walther Wüst auf, dessen Fragestellung im Vortragstitel „Ist Herman Wirths ‚Heilbringer' wissenschaftlich belegbar?" allenfalls rhetorisch verstanden werden konnte. Ebenfalls aus München angereist war der Anglistikprofessor Robert Spindler (1893–1954), der mit seinem Vortrag „Das altenglische Beowulf-Epos, sagen- und kultur-

---

389 Gesine von Leers an Schemm, 03.08.1934 [BayHStA, MK 39703]. Auch Wirth unterstellte von Richthofen, die *ganze gegnerische Frühhistorikerclique [...] wider mich im In- und Ausland* anzuleiten. Siehe Wirth an Gesine Fischer, 22.02.1931 [BArch, N 2168/18, Bl. 77 f.]. Zu von Richthofens Intrigen gegenüber einem der Verleger Wirths siehe Gustav Schwantes (1881–1960), Schleswig-Holsteinisches Museum Vaterländischer Altertümer, an von Hase, 24.08.1931 [BArch, N 2168/18, Bl. 50]. Zur Biografie von Richthofens siehe See/Zernack: Germanistik und Politik in der Zeit des Nationalsozialismus, S. 127–140.
390 Gesine von Leers an Schemm, 03.08.1934 [BayHStA, MK 39703].
391 Wirth an Boepple, 31.07.1934 [BayHStA, MK 39703]. Das Gutachten ist in den Akten nicht überliefert.
392 Hans Schmidt (Pfarrer) an Gesine von Leers, 16.05.1934 [ZASP, Abt. 160, Nr. 888].
393 [Flugblatt] Weltanschauungskampf um Herman Wirth! [LA-B, A Rep. 060–57, Nr. 4]. Siehe auch Leers, Johann von: Weltanschauungskampf um Herman Wirth, in: Deutsche Zeitung vom 22.06.1934; Gesine von Leers an IfZ (Wolfgang Benz), 08.01.1974 [IfZ, ZS 3084].
394 [Flugblatt] Weltanschauungskampf um Herman Wirth! [LA-B, A Rep. 060–57, Nr. 4].

geschichtlich betrachtet"[395] zwar kaum etwas zum Thema beizusteuern hatte, als „Märzgefallener" sich aber umso intensiver an Intrigen gegen missliebige Kollegen beteiligte.[396] Zum Abschluss ergriff der Berliner Geograf und Atlantis-Forscher Albert Herrmann (1886–1945) das Wort, der über „Wahrheit und Dichtung in der Ura Linda Chronik" referierte.[397] Während Wirth in der *Aussprache* unmittelbar *nach jedem Vortrag* das Wort ergriff, behielt sich Johann von Leers den abschließenden Kommentar vor, in dem er nochmals die „Hintergründe" des Streits erläuterte.[398]

An Wirths fehlender Reputation in der Fachwissenschaft änderte die „Aussprache" jedoch nichts. Auch die öffentliche Resonanz war geringer ausgefallen, als erhofft. Wer dafür die Verantwortung trug, stand in den Augen der Veranstalter zweifelsfrei fest. Nachdem Rosenberg *vier Wochen vorher* eine Einladung zu der Versammlung zugegangen sei und daraufhin *über vierzig Pressevertreter* ihre Teilnahme *zugesagt* hätten, habe der Parteiideologe *einige Stunden vor dem Vortrag* zu ihrer Überraschung *die Presse dicht* gemacht und damit die erhoffte Debatte unterbunden, behauptete Gesine von Leers noch Jahrzehnte später.[399] Ob dies zutrifft, erscheint angesichts der zahlreichen Presseberichte in den Wochen nach der Veranstaltung jedoch wenig plausibel.[400] Auch Johann von Leers und seine Frau, die jede Kritik an Wirth als *Quertreibereien einer reaktionären Clique*[401] verdächtigten, sorgten weiterhin für ein publizistisches

---

395 Ebd.
396 Zu Spindler siehe HAUSMANN, FRANK-RUTGER: Anglistik und Amerikanistik im „Dritten Reich", Frankfurt am Main 2003, S. 34–37, 509.
397 [Flugblatt] Weltanschauungskampf um Herman Wirth! [LA-B, A Rep. 060-57, Nr. 4]. Zu Hermanns Position siehe HERRMANN, ALBERT: Unsere Ahnen und Atlantis, Berlin 1934.
398 [Flugblatt] Weltanschauungskampf um Herman Wirth! [LA-B, A Rep. 060-57, Nr. 4].
399 Gesine von Leers an IfZ (Wolfgang Benz), 08.01.1974 [IfZ, ZS 3084].
400 Zur zeitgenössischen Berichterstattung, deren Umfang sich nur im Ansatz erkennen lässt, siehe O. V.: Island oder Atlantis, in: Deutsche Zeitung vom 24.06.1934; O. V. Noch einmal Ura-Linda-Chronik, in: Deutsche Zeitung vom 24.06.1934; O. V.: Die Wissenschaftler für Herman Wirth, Deutsche Zeitung vom 25.06.1934; FELDKELLER, PAUL: Weltanschauungskampf um Hermann Wirth, in: Magdeburgische Zeitung 25.06.1934 [ebenso in Saarbrücker Zeitung vom 27.06.1934 und Danziger Neueste Nachrichten vom 28.06.1934]; O. V.: Ein Schlusswort zur Ura Linda Chronik, in: Augsburger Postzeitung vom 25.06.1934; HOFMANN, WOLFGANG: Weltanschauungskampf um Hermann Wirth. Aussprache über die Ura-Linda-Chronik in Bachsaal, in: Deutsche Wochenschau vom 01.07.1934; Finis Urae-Lindae, in: Westdeutscher Beobachter (Köln) vom 08.08.1934; Die Ura-Linda-Chronik, in: Rheinisch-Westfälische Zeitung (Essen) vom 25.08.1934; DÜNNINGER, JOSEF: Epilog zur Ura-Linda-Chronik, in: Berliner Börsen-Zeitung vom 02.09.1934; KAUL, HEINRICH: Noch einmal die Ura-Linda-Chronik, in: Deutsche Zeitung vom 27.09.1934.
401 Bultmann an von Richthofen, 03.08.1934 [BArch, BDC, Wirth].

Begleitprogramm[402] und scheuten sich nicht, mit *groben Briefe[n]* an Rosenberg auf Konfrontation zu gehen.[403] Den nötigen Rückhalt dazu verschaffte ihnen Walther Fischer, der zwischenzeitlich in eine einflussreiche Position aufgestiegen war. *Das kommende Dritte Reich wird Walther auch eine seinen Fähigkeiten entsprechende staatliche Stellung bringen,* hatte Wirth bereits im Januar 1932 gemutmaßt.[404] Tatsächlich setzte Fischer unter den neuen Machthabern zu einer steilen Karriere im Preußischen Ministerium des Innern an, wo er unter Rudolf Diels die Leitung der *politische[n] Gruppe der Polizei-Abteilung* übertragen bekam und die *Umorganisation* einer zentralen Stelle des sich formierenden Terrorapparats betrieb.[405] Fischer, würdigte Kurt Daluege später dessen Arbeit, habe *die grundlegenden Aufbauarbeiten für die politische Abteilung in Preußen geleistet und den Kampf gegen die Feinde unseres Staates tatkräftig geführt.*[406] In dieser Funktion war er am Aufbau der Schutzhaft- und Konzentrationslager beteiligt, verantwortete zeitweise deren *Verwaltung*[407] und wirkte bei der Berufung ihrer Kommandanten sowie der „Auswahl des Lagerpersonals"[408] mit. Die Karriere erhielt allerdings einen Dämpfer, als zwischen Göring und Himmler ein Machtkampf um die Kontrolle des Polizeiapparates entbrannte und eine Intrige gegen Diels auch Fischer in Ungnade brachte.[409] Im Raum stand dabei der Vorwurf, Fischer habe seine Stellung für eigennützige Anliegen ausgenutzt. Den Privatbankier Karl Loesten (1887–1976) etwa, bei dem Johann von Leers noch immer Schulden abzutragen hatte, soll er in einen unvorteilhaften *Vergleich* gedrängt haben.[410] Ein *Missbrauch seiner amtlichen Befugnisse* wurde ihm außerdem unterstellt, als er einen Prozessgegner aus seiner vormaligen Tätigkeit als Industrielobbyist in Schutzhaft nehmen ließ, um dessen Willfährigkeit zu erzwingen.[411] Ob die gegen Fischer erhobenen Vorwürfe zutreffen, lässt sich nicht ausschließen. Dafür spricht, dass die neuen Machthaber die ersten Monate ihrer Herrschaft unter anderem dazu nutzten, „um öffentlichkeitswirksam alte

---

402 Siehe LEERS, VON [JOHANN]: Unsere Ahnen und Atlantis, in: Deutsche Zeitung vom 18.10.1934 [BArch, R 8034/III, Bd. 268]; DERS.: Durchschlagende Rechtfertigung der Ura-Linda-Chronik, in: Deutsche Zeitung vom 16.12.1934.
403 Gesine von Leers an Rosenberg, 31.12.1937 [BArch, NS 8/152, Bl. 8].
404 Wirth an Gesine Fischer, 08.01.1932 [BArch, N 2168/18, Bl. 16–18].
405 PrMI an Pr.MP, 08.07.1933 [BArch, R 1501/206284, Bl. 18].
406 Daluege an Fischer, 21.06.1934 [BArch, R 1501/206284, Bl. 77].
407 Reichs- und Preuß. Minister des Innern an Pr.MP, 27.02.1935 [BArch, R 1501/206284, Bl. 51].
408 TUCHEL, JOHANNES: Konzentrationslager. Organisationsgeschichte und Funktion der „Inspektion der Konzentrationslager" 1934–1938, München 1991, S. 86–88.
409 EBD.
410 Dr. Karl Loesten (= Karl Loewenstein) an Eva Reichmann, 25.06.1958 [WLA].
411 Lehmann an Preußischen Ministerpräsidenten (Göring), 05.08.1934 [BArch, R 1501/206284, Bl. 33 f.].

Rechnungen zu begleichen".[412] Nachdem Fischer noch einige Zeit im Ministerium *zur Erledigung besonderer Aufträge herangezogen*[413] worden war, erfolgte im Mai 1935 die Versetzung in den einstweiligen Ruhestand.[414] Bemühungen Ende der 1930er Jahre um seine Rehabilitierung durch Himmler, in die sich auch Rosenberg einschaltete, liefen ins Leere.[415] 1940 wurde Fischer endgültig in den Ruhestand versetzt. Danach verliert sich seine Spur.

Trotz der immensen Aufmerksamkeit, die die öffentlichen Debatten um Wirth und seine Theorien erzeugten, lässt sich nicht verkennen, dass dessen Ruf als Wissenschaftler stets umstritten war und Wirth zunehmend ins Abseits geriet. Seine Entmachtung im „Ahnenerbe" durch Himmler und persönliche Differenzen mit Gesine und Johann von Leers leiteten deshalb sowohl das Ende der Gesellschaft als auch der Zeitschrift ein. Nachdem die Gesellschaft im ersten Halbjahr 1936 noch einmal eine Reihe von Veranstaltungen organisiert hatte[416], setzte sie diese einfach aus und stellte bald darauf auch die „Nordische Welt" ein, deren letzte Ausgabe im März 1937 erschienen ist. Schwer dürfte Johann von Leers dieser Schritt nicht gefallen sein. Dafür gibt es mehrere Gründe.

So war es ihm nie gelungen, der Zeitschrift eine sichere finanzielle Grundlage zu verschaffen. Im Gegensatz zu konkurrierenden Organen wie etwa „Germanien", das auch in Teilen der Fachwissenschaft Akzeptanz fand und im Sommer 1937 eine Auflage von monatlich rund 12.000 Exemplaren erreichte[417], nahm sich die „Nordische Welt" bescheiden aus. Die Zahl ihrer Bezieher soll 1936 bei nur rund 300 gelegen haben, bei einer gedruckten Auflage von laut Impressum angeblich 5.000 Exemplaren.[418] Die unzulängliche ökonomische Basis ließ sich trotz mehrfacher Appelle der Herausgeber an die Leserschaft zur Mitarbeit nie beheben.[419] Für jeden der fünf Verleger, denen die Zeitschrift in den knapp fünf Jahren ihres Erscheinens anvertraut worden war, blieb sie ein Zuschussgeschäft.

---

412 DAMS, CARSTEN/STOLLE MICHAEL: Die Gestapo. Herrschaft und Terror im Dritten Reich, München 2008, S. 107.
413 Reichs- und Preuß. Minister des Innern an Pr.MP, 27.02.1935 [BArch, R 1501/206284, Bl. 51].
414 TUCHEL: Konzentrationslager, S. 86–88.
415 Rosenberg an RMI (Metzner), 25.06.1938 [BArch, R 1501/206284, Bl. 83]. Siehe auch Entwurf Reichsführer SS und Chef der Deutschen Polizei im RMI, 28.06.1938 [BArch, R 1501/206284, Bl. 82v].
416 [Flugblatt] Einladung zu den Winterveranstaltungen der Gesellschaft für germanische Ur- und Vorgeschichte [1936] [LA-B, A Rep. 060–57, Nr. 4].
417 KATER, MICHAEL H.: Das „Ahnenerbe". Die Forschungs- und Lehrgemeinschaft in der SS. Organisationsgeschichte von 1935 bis 1945 (Diss. phil.), Heidelberg 1966, S. 81.
418 Reischle an Himmler, 02.01.1937 [irrtümlich datiert auf 1936] [BArch, NS 21/386]. Zur Auflage siehe NW 5 (1937) 1, Umschlagseite 2.
419 Zum Geleit!, in: NW 4 (1936) 1, Umschlagseite 2; Zum neuen Jahrgang, in: NW 5 (1937) 1.

Hinzu kam, dass Johann von Leers sich beruflich neu zu orientieren begann und auf seine akademische Laufbahn konzentrierte: Nachdem er 1936 Himmlers Empfehlung, an eine Bauernhochschule des Reichsnährstandes in Goslar zu wechseln, abgelehnt hatte und ein Lehrstuhl in Berlin aussichtslos blieb (siehe Kap. 6.1), kündigte sich spätestens im Frühsommer 1936 sein Wechsel an die Universität Jena an. Sein Interesse an der Zeitschrift ging seitdem merklich zurück. Er selbst publizierte immer seltener Beiträge. Dies lag auch daran, dass die Zeitschrift zu diesem Zeitpunkt ihren Zweck für Johann von Leers längst erfüllt hatte. Solange er am Formierungsprozess der Arbeitsgemeinschaft Deutsche Glaubensbewegung (ADG) aktiv beteiligt war (siehe Kap. 4.4.2), diente die „Nordische Welt" ihm und anderen Akteuren als Plattform programmatischer Beiträge.[420] Die Zeitschrift war somit einer jener „Sammelpunkte und Schaltzentralen", wie sie die völkische Bewegung kennzeichneten.[421] Ihre Nähe zur ADG zeigte sich nicht zuletzt in der Gestaltung des Covers in den „arischen" Farben Blau und Gelb, die in der völkischen Metaphorik das „Göttliche" verkörperten.[422] Während die Fahne der ADG als goldfarbenes Sonnenrad eine Swastika auf blauem Grund zeigte, stach auf dem Cover der „Nordischen Welt" ein weißes Tier, wohl ein Einhorn, vor einem gelben Sonnenrad auf blauem Hintergrund hervor. Mit seinem Rückzug aus der ADG, vor allem aber auch mit deren Scheitern, entfiel eine der Voraussetzungen, um durch eine eigene Publikation Einfluss auf die deutschgläubige Bewegung zu nehmen. Der unregelmäßige Erscheinungsrhythmus seit 1936, den Johann von Leers mit *Verlagsschwierigkeiten*[423] begründete, blieb zudem den Mitarbeitern nicht verborgen. Dementsprechend mühevoll gestaltete es sich, neue Beiträge einzuwerben, während bereits vorliegende Manuskripte zurückgezogen wurden, sofern sich ihren Verfassern alternative Möglichkeiten der Publikation auftaten. Dies war beim Gießener Psychiatrieprofessor Robert Sommer (1864–1937) der Fall, der sich

---

420 Siehe beispielhaft BERGMANN, ERNST: Nordisch-germanischer Glaube oder Christentum (Vortrag vom 12. Oktober 1933), in: NW 1 (1933) 9/10, S. 29–33; HAUER, JAKOB WILHELM: Der Kampf der indogermanischen und der vorderasiatisch-semitischen Religiosität (Vortrag vom 27. Januar 1934), in: NW 2 (1934) 3, S. 15–22 und NW 2 (1934) 4, S. 24–28; GÜNTHER, HANS F. K.: Die Rassenpflege der Germanen und das Christentum, in: NW 2 (1934) 5/6, S. 1–19; MANDEL, HERMANN: Nordisch-arische Wirklichkeitsreligion, in: NW 2 (1934) 5/6, S. 25–28.

421 PUSCHNER, UWE: Strukturmerkmale der völkischen Bewegung, in: GRUNEWALD, MICHEL/ PUSCHNER, UWE (HRSG.): Das konservative Intellektuellenmilieu in Deutschland, seine Presse und seine Netzwerke (1890–1960), Bern 2003, S. 445–468, hier S. 452.

422 PUSCHNER: Die völkische Bewegung im wilhelminischen Kaiserreich, S. 230; DERS.: Germanenideologie und völkische Weltanschauung, S. 113.

423 Sommer an Bieber (Reichsministerium des Innern), 28.09.1936 [UAG, NL Sommer, Bd. 34, Bl. 4].

als „Auffinder des Nibelungenweges" zwar in fachfremden Gefilden bewegte, den die „Nordische Welt" aber dennoch als „besten Erforscher der alten germanischen und deutschen Straßen" rühmte.[424] Angesichts seines unerwarteten Todes musste zudem sein Aufsatz „Germania in der Geographie des Ptolemäus", den er *bis Ende Januar* zugesagt hatte, unvollendet bleiben.[425]

Entscheidend jedoch dürfte gewesen sein, dass das „Ahnenerbe" seinen Druck auf Johann von Leers verschärfte. Um die Ergebnisse seiner „Pflegstätten" öffentlich zu präsentieren, hatte Himmlers Forschungsorganisation schon bald nach ihrer Gründung damit begonnen, die publizistische Landschaft auf dem Gebiet der Vor- und Frühgeschichte neu zu organisieren. Dies zeigte sich erstmals in dem Versuch, sich die Zeitschrift „Germanien" der 1928 von Teudt gegründeten Vereinigung der Freunde germanischer Vorgeschichte in Detmold einzuverleiben.[426] Abgesehen von finanziellen Erwägungen schien es Generalsekretär Wolfram Sievers nämlich klüger, „eine schon bestehende Zeitschrift samt ihrem Leserkreis zu übernehmen, als ein neues Organ zu gründen, das sich gegen konkurrierende Blätter erst noch durchsetzen müsste".[427] Damit verbunden war zugleich der Versuch, den Einfluss von Teudt zurückzudrängen. Ein ähnliches Ziel stand auch hinter dem Plan, die „Nordische Welt" in „Germanien" aufgehen zu lassen und gleichzeitig die Gesellschaft für germanische Ur- und Vorgeschichte zu liquidieren, zumal diese in unangenehmer Weise an den in Ungnade gefallenen Wirth erinnerte. Bereits im Dezember 1935 verhandelte Sievers deshalb mit Johann und Gesine von Leers darüber, zu welchen Konditionen die *Übernahme der Zeitschrift* und die *Eingliederung der Gesellschaft für germanische Ur- und Vorgeschichte* vollzogen werden könnten.[428] Eine Einigung ließ sich allerdings zunächst nicht erreichen. Zwar bestand Einvernehmen, dass die Gesellschaft für germanische Ur- und Vorgeschichte *aufgelöst* werden sollte. Was die mit ihr verbundene Zeitschrift betraf, setzte sich Sievers jedoch zunächst nicht durch. Johann von Leers wolle sich sowohl die

---

424 Sommer an Bieber (Reichsministerium des Innern), 14.10.1936 bzw. 11.11.1936 [UAG, NL Sommer, Bd. 34, Bl. 7 f.]. Siehe auch Sommer an Johann von Leers, 07.02.1936 [UAG, NL Sommer, Bd. 34, Bl. 2]. Zum Tod sie siehe den Nachruf auf Sommer in NW 5 (1937) 3, S. 47.
425 Sommer an Johann von Leers, 14.01.1937 [UAG, NL Sommer, Bd. 34, Bl. 56].
426 Zu Himmlers Zugriff auf die Vorgeschichtsforschung siehe auch LINDE, ROLAND: Himmler und die SS-Kultstätte Externsteine. Die Externsteine-Stiftung in der Zeit des Nationalsozialismus, in: EIKERMANN, LARISSA/HAUPT, STEFANIE/LINDE, ROLAND/ZELLE, MICHAEL (HRSG.): Die Externsteine. Zwischen wissenschaftlicher Forschung und völkischer Deutung (Veröffentlichungen der Historischen Kommission für Westfalen N.F., Bd. 31), Münster 2018, S. 357–398, hier S. 378–381.
427 KATER: Das „Ahnenerbe", S. 65.
428 Bericht Sievers, 02.01.1936 [BArch, NS 21/694].

Schriftleitung als auch die *Selbständigkeit* der „Nordischen Welt" *erhalten wissen*, hielt er nach dem Gespräch fest.[429] Dagegen vermochten weder ein finanzieller Anreiz, das *Verlagsrecht* des chronisch defizitären Blattes *gegen Zahlung* eines Betrags in Höhe von 1.000 Reichsmark *zu übertragen*, noch der Vorschlag, die Zeitschrift könne *jederzeit wieder neu herausgegeben werden*, sofern dies *zweckmäßig erscheint*, etwas auszurichten.[430] Gleichwohl erwies sich Sievers Strategie langfristig als die wirksamere. Sein Zugeständnis an Johann von Leers nämlich, wonach dieser die „Nordische Welt" weiterhin *persönlich herausgeben* dürfe, war mit der Einschränkung verbunden, sich auf einige *Spezialgebiete*, insbesondere *Religionswissenschaft* und *Ethik*, zu konzentrieren.[431] Auch Sievers Vermutung, wonach sich ohne *Rückhalt* der Gesellschaft für germanische Ur- und Vorgeschichte kaum ein Verleger finde, der angesichts der geringen Auflage *eine solche Zeitschrift […] zu übernehmen* bereit sei, trat ein.[432] Die Zusammenarbeit mit der Berliner Verlagsanstalt Rosa Roß etwa wurde schnell wieder eingestellt. Der daraufhin ins Leben gerufene Nordische Verlag erwies sich angesichts der Persönlichkeit seines Leiters Ernst Precht (geb. 1900) als Fehlgriff. Der deutschgläubige Aktivist war nach der Machtübertragung an Hitler zwar in den Stab des Reichsführers SS berufen worden, wo er seit 1934 im Auftrag Himmlers als *Kulturreferent* an der *Vorbereitung und Durchführung* zum Bau des *Sachsenhains bei Verden* wirkte. Die Kultstätte, die im Juni 1935 eingeweiht worden war, sollte an die Unterwerfung und Christianisierung der Sachsen durch Karl den Großen erinnern. Aufgrund *persönlicher und sachlicher Differenzen* schied er allerdings bald wieder aus.[433] Eine Ursache dafür dürften unterschiedliche Auffassungen über die Gestaltung der von Precht koordinierten Rekonstruktion eines „germanischen" Dorfes gewesen sein, für das Fachwerkhäuser in der Umgebung abgetragen und originalgetreu wiederaufgebaut wurden. Hinzu kam eine gravierende Panne ausgerechnet während eines Besuchs des „Freundeskreises Reichsführer SS" im Herbst 1936, die seine „Entlassung […] vom Posten

---

429 Ebd.
430 Ebd.
431 Ebd.
432 Ebd.
433 Beschluss NSDAP-Kreisgericht Verden, 10.03.1939 [BArch, BDC-PK, Precht]. Zur Person siehe ULBRICHT, JUSTUS H.: Verden, der „Sachsenhain" und die Geschichte völkischer Religiosität in Deutschland, in: Heimatkalender für den Landkreis Verden (1996), S. 224–267, hier S. 246–260; ZECK, MARIO: Das Schwarze Korps. Geschichte und Gestalt des Organs der Reichsführung SS (Medien in Forschung & Unterricht: Ser. A, Bd. 51), Tübingen 2002, S. 79 f.

des Bauleiters" zur Folge hatte.[434] Anfang 1938 geriet er sogar für wenige Tage in Schutzhaft. Zuvor bereits hatte Himmler alle Dienststellen der SS angewiesen, nicht länger mit Precht zu kooperieren.[435]

Dem musste auch Johann von Leers sich beugen, dem der Reichsführer SS ausdrücklich mitteilen ließ, dass eine Zusammenarbeit *mit dem ehemaligen SS-Angehörigen* Precht *nicht statthaft* sei.[436] Insofern war es auch nur scheinbar ein Entgegenkommen, als Himmler Gesine von Leers erläuterte, dass er selbst zwar *den Verkehr mit Herrn Precht ablehne* und *von diesem Standpunkt auch nicht abgehen* wolle, *an sich* aber nichts dagegen einzuwenden habe, *wenn Ihre Zeitschrift in dem Verlag des Herrn Precht erscheint*.[437] Im gleichen Schreiben nämlich gab Himmler zu erkennen, dass er die „Nordische Welt" *zwar nicht als Konkurrenz, jedoch als Zersplitterung* betrachte, sodass diese mit der Zeitschrift „Germanien" *zusammenzulegen* sei.[438] Ihre freundschaftliche Beziehung zu Himmler wollten Johann und Gesine von Leers allerdings weder für Wirth noch für Precht aufs Spiel setzen. Stattdessen gaben sie die Zeitschrift auf. Prechts Ankündigung, er wolle die „Nordische Welt" *alleine weiterführen*, um die *hereingesteckten Gelder wieder herauswirtschaften zu können*, war somit zum Scheitern verurteilt.[439] Das Aprilheft, das er Ende März 1937 ankündigte, ist bereits nicht mehr erschienen. Die noch verbliebenen Exemplare wurden in den folgenden Jahren großzügig verschenkt.[440]

Obgleich ihn sein Einsatz im „Weltanschauungskampf um Herman Wirth" vor allem bei Rosenberg und dessen Mitarbeitern in Verruf brachte (siehe Kap. 4.5.1) und trotz seiner zahlreichen Differenzen mit dem umstrittenen Forscher, die ihre *Freundschaft*[441] mehr als einmal aufs Spiel setzten, blieb Johann von Leers dennoch weiterhin einer der gläubigsten Anhänger Wirths. Insofern stellte auch die Umbenennung der Herman-Wirth-Gesellschaft keinen Bruch dar. Die enge Beziehung setzte sich selbst dann fort, als Himmler Wirths „systematische Ausmerzung"[442] aus dem „Ahnenerbe" einleitete, indem er diesen

---

434 ULBRICHT: Verden, der „Sachsenhain" und die Geschichte völkischer Religiosität in Deutschland, S. 260. Tendenziös und fehlerhaft dagegen AGTE, PATRICK: Der Sachsenhain bei Verden. Naturdenkmal für 4500 durch Karl den Großen getötete Sachsen, Pluwig 2001, S. 50–60, 100.
435 Reichsführer SS (Persönlicher Stab) an RuSH, 29.01.1937 [BArch, BDC-PK, Precht].
436 Chef RSHA (von Lettow-Vorbeck) an Johann von Leers, 19.02.1937 [BArch, N 2168/2, Bl. 87].
437 Himmler an Gesine von Leers, 08.03.1937 [BArch, N 2168/2, Bl. 72].
438 Ebd.
439 Precht an Johann von Leers, 31.03.1937 [BArch, N 2168/2, Bl. 73].
440 Johann von Leers an Frenssen, 17.10.1938 [SHLB, NL Frenssen, Cb 21.56: 1020, Bl. 6]; Gesine von Leers an Rosenberg, 22.03.1939 [BArch, NS 8/146, Bl. 3].
441 Gesine von Leers an Wirth, 12.12.1937 [BArch, N 2168/18, Bl. 3]: *Sowie es sich bei Dir um Geld handelt, ist es aus mit jeder Freundschaft!*
442 KATER: Das „Ahnenerbe" der SS 1935–1945, S. 43.

Anfang 1936 zunächst auf das bedeutungslose Amt eines „Ehrenpräsidenten" abschob und schließlich Ende 1938 unter nicht völlig geklärten Umständen aus der Organisation entfernen ließ.[443] Eine Erklärung für diese Hingabe dürfte nicht zuletzt darin liegen, dass sowohl Gesine als auch Johann von Leers weiterhin von Wirths Mission überzeugt waren. Als *großer Antisemit* habe dieser *der deutschen Seele so unendliche Werte erschlossen*, setzte Gesine von Leers bereits 1934 einem Kritiker auseinander[444], während ihr Mann in der Schulungsarbeit weiterhin publizistisch die Trommel rührte und Wirth bis in den Winter 1944/45 mit Ratschlägen für seine akademische Karriere unterstützte (siehe Kap. 7.2).

4.4.2 „Mit Christus [...] kann ich nichts anfangen"

Das fast bedingungslose Bekenntnis zu den Überzeugungen Wirths ist zweifelsohne Ausdruck einer seit Jugendzeiten tief verwurzelten Suche nach alternativen Glaubensüberzeugungen gewesen (siehe Kap. 2.2.1), die Johann von Leers für Prediger und Erweckungserlebnisse empfänglich gemacht hatte. *Seit Jahren stehen wir beide in der Frage um die religiösen Probleme unserer Zeit mittendrin*, reklamierte er 1936 für sich und seine Ehefrau.[445] Damit dürfte nicht nur sein Aktivismus erst im Rahmen der Herman-Wirth-Gesellschaft und dann der Gesellschaft für germanische Ur- und Vorgeschichte gemeint gewesen sein, sondern auch seine Beteiligung im Formierungsprozess der Arbeitsgemeinschaft Deutsche Glaubensbewegung (ADG) 1933/34, die eine Anerkennung als offizielle Religion und dritte Konfession neben Katholizismus und Protestantismus anstrebte. Als einer ihrer maßgeblichen Initiatoren trat dabei Jakob Wilhelm Hauer hervor.[446] Er bereitete jene Aussprache unter den Wortführern der verschiedenen religiösen Bünde und Gruppen vor, zu der Ende Juli 1933 rund 200 ihrer Vertreter und eine Reihe von Einzelpersonen in Eisenach zusammenkamen. Sie repräsentierten einen heterogenen Kreis neopaganer, völkisch-religiöser und freireligiöser Organisationen und stellten, wie Hauer konzedierte, eine *bunt zusammengewürfelte Schar* dar.[447]

---

443 EBD., S. 62 f.
444 Gesine von Leers an Hans Schmidt (Pfarrer), 03.05.1934 [ZASP, Abt. 160, Nr. 888].
445 Johann von Leers an Frenssen, 23.3.1936 [SHLB, NL Frenssen, Cb 21.56: 1020, Bl. 1a].
446 Zur Formierung der ADG siehe NANKO, ULRICH: Die deutsche Glaubensbewegung. Eine historische und soziologische Untersuchung, Marburg 1993 sowie MEIER, KURT: Kreuz und Hakenkreuz. Die evangelische Kirche im Dritten Reich, München 1992, S. 79–106. Zu Hauer und seinem Verhältnis zum Nationalsozialismus siehe JUNGINGER: Von der philologischen zur völkischen Religionswissenschaft, S. 124–143.
447 Die Eisenacher Tagung der Deutschen Glaubensbewegung [BArch, N 1131/63, Bl. 31–38, hier Bl. 31].

Zu den Teilnehmern gehörte auch Johann von Leers, der zweifelsohne große Erwartungen in die Tagung setzte. Für ihn stand fest, dass es nach dem „Erwachen des völkischen, nationalen Bewusstseins" nur eine Frage der Zeit gewesen sei, sich dem „Problem der religiösen Einheit" zuzuwenden.[448] Dass der Nationalsozialismus darauf die richtige Antwort geben würde, entsprach seiner festen Überzeugung. Mit der „Machtergreifung" verband er die Hoffnung auf eine völkische Zeitenwende, der eine „politische Erneuerung des Deutschtums im Deutschen Reich" wie die „sittlich-religiöse Neugestaltung" und „die arteigene seelische Erneuerung" folgen müssten.[449] Formulierungen dieser Art richteten sich insbesondere gegen die christlichen Konfessionen. Ganz auf der Linie neopaganer Überzeugungen hielt er ihnen vor, in religiösen Fragen im Widerspruch zu den arteigenen Interessen der Nation zu stehen, suchten sie doch „ihr Heiliges Land außerhalb Deutschlands" und stellten „das Seelenheil des Einzelnen über den Behauptungswillen der Nation". Ihr „künstlich erzeugtes Sündengefühl", ihre „morgenländische Bußgesinnung" und ihre „Überwertung der einzelnen Seele" widersprächen damit dem arteigenen Sittengesetz, das durch „die heldischen, germanischen Seelenkräfte" bestimmt werde.[450] Dass sich in Konsequenz daraus die Anerkennung und Gleichberechtigung der neuen Sammlungsbewegung ergab, lag für ihn auf der Hand. „Jedes religiöse Erlebnis", erklärte Johann von Leers, müsse „unantastbar sein, auch wenn es außerhalb der Kirche sich entwickelt, auch wenn es außerhalb des Christentums vor sich geht".[451] Gedankengänge dieser Art, die er in Broschüren und Aufsätzen unablässig verbreitete, blieben jedoch schlagwortartig, wenig originell und ohne tiefere Substanz. Dass dennoch mehrere seiner Diskussionsbeiträge in den vorliegenden Protokollen der Tagung in Eisenach überliefert sind, zeigt einmal mehr, welches Gewicht seinen Wortmeldungen zukam. Es stellt sich deshalb die Frage, für welche der Gemeinschaften er dort anwesend war, welche Positionen er in dieser Phase der Formierung der ADG vertreten hat und weshalb er noch vor ihrer Konstituierung wieder ausgeschieden ist.

Irreführend ist in diesem Zusammenhang die Annahme, Johann von Leers habe als Vertreter der *Reichsleitung der NS* gesprochen, wie es das Protokoll der Tagung vermerkt.[452] Johann von Leers war gewiss ein einflussreicher National-

---

448 LEERS, J[OHANN] V[ON]: Zum religiösen Problem der Zeit, in: Hammer 33 (1934) 757/758, S. 14–16, hier S. 15.
449 LEERS: Deutschlands Stellung in der Welt, S. 62.
450 EBD.
451 LEERS, [JOHANN] V[ON]: Missbrauch der Revolution, in: Reichswart vom 09.07.1933.
452 Die Eisenacher Tagung der Deutschen Glaubensbewegung [BArch, N 1131/63, Bl. 31–38, hier Bl. 34].

sozialist und prominenter Propagandist. Für wen er gerade sprach, mochte angesichts seiner zahlreichen Aktivitäten nicht immer ersichtlich sein. Ein Amt in der Partei oder eine ihrer Formationen, das die Bezeichnung im Tagungsprotokoll rechtfertigen würde, nahm er allerdings nicht wahr.[453] Stattdessen dürfte Johann von Leers als Vertreter der Gesellschaft für germanische Ur- und Vorgeschichte in Eisenach erschienen sein.[454] Unter den nach Eisenach eingeladenen Bünden und Vereinen zählte diese zwar aufgrund ihrer geringen Zahl an Mitgliedern zu den Organisationen von nachrangiger Bedeutung. Dies hielt Johann von Leers jedoch nicht davon ab, seine Meinung im Vorfeld wie auf der Tagung entschlossen und mit Sendungsbewusstsein zu äußern. Entgegen kam ihm, dass die um einiges älteren führenden Vertreter der völkisch-religiösen Bewegung dem versierten Rhetor mit Respekt begegneten. Insofern hatten seine Ansichten durchaus Gewicht. Dies betrifft etwa die schon vor der Eisenacher Zusammenkunft in Ernst Graf zu Reventlows (1869–1943) Wochenzeitung „Reichswart" geäußerte Forderung, zu den Deutschen Christen auf Distanz zu gehen. Ihnen hielt er vor, in ihrem Kampf um die Reichskirche allenfalls „Äußerlichkeiten" ändern zu wollen, da sie weiterhin an Altem und Neuem Testament und damit am „Fremdglauben"[455] festhielten. Im Gegensatz dazu konstatierte Johann von Leers, dass der religiöse Aufbruch und die erwartete Abwendung vom Christentum nicht deshalb erfolgten, „weil die Menschen ‚gottlos' sind, sondern weil sie ein arteigenes Gotterlebnis gesucht haben und suchen, weil sie sich vom Christentum besonders wegen seiner jüdischen Grundlagen (Altes Testament und Paulus usw.) abgestoßen fühlen".[456]

Den Angriffen durch Johann von Leers ausgesetzt sahen sich auch die Anhänger Ludendorffs, dessen Vertreter von der Tagung ausgeschlossen geblieben waren. *Auch Dr. v. Lehrs* [sic] *lehnt Ludendorff ab,* hält das Proto-

---

453 Johann von Leers war zwar im Sommer 1932 Reichsschulungsleiter des NS-Studentenbundes geworden, wird aber kaum in dieser Funktion an der Versammlung der ADG teilgenommen haben. Siehe FAUST, ANSELM: Der Nationalsozialistische Deutsche Studentenbund. Studenten und Nationalsozialismus in der Weimarer Republik (Bd. 1), Düsseldorf 1974, S. 172 sowie DAS DEUTSCHE FÜHRERLEXIKON 1934/35, Berlin 1934, S. 272. Andere Ämter übte er zu diesem Zeitpunkt nicht aus.
454 Die bei NANKO: Die deutsche Glaubensbewegung, S. 144 geäußerte Annahme, von Leers sei für die „Adler und Falken" in Eisenach anwesend gewesen, lässt sich dem Protokoll nicht entnehmen. Sie wird auch durch die Teilnehmerliste entkräftet.
455 LEERS, J[OHANN] V[ON]: Zum religiösen Problem der Zeit, in: Hammer 33 (1934) 757/758, S. 14–16, hier S. 16.
456 LEERS, [JOHANN] V[ON]: Missbrauch der Revolution, in: Reichswart vom 09.07.1933.

koll in knappen Worten fest.⁴⁵⁷ Johann von Leers verübelte der von Ludendorff und seiner Frau geführten Bewegung insbesondere die kurz zuvor verbreitete Ankündigung, einen Rechtsschutzverband Freier Nichtchristlicher Glaubensrichtungen gründen zu wollen.⁴⁵⁸ Wie zu Reventlow sah er darin ein konkurrierendes Unternehmen und den Versuch einer Spaltung. Übergangen wurde damit freilich, dass Johann von Leers selbst Ludendorff erst den Anlass dazu gegeben hatte. Auslöser war seine im „Reichswart" publizierte Klage über die „Glaubensverfolgung" und „Vergewaltigung gottgläubiger, deutscher Nichtchristen" sowie die „Zwangsbekehrungsversuche gegen deutschgläubige, germanische, gottgläubige Menschen", wie sie seit dem Frühjahr eine Reihe „alter, nationalsozialistischer Mitkämpfer" ausgesetzt gewesen seien. Weil aber ein solcher Zustand „untragbar" sei, empfahl von Leers den „deutschen religiösen Nichtchristen [...], sich zusammenzuschließen, ihre Rechte auf religiöse Freiheit zusammen zu verteidigen – und im übrigen rücksichtslos gegen irgendwelche ‚Zwangsbekehrer' und Leute, die sie bedrohen, auf Grund der garantierten Bekenntnisfreiheit Strafanzeige und Zivilklage zu erstatten".⁴⁵⁹ Die Darstellung richtete sich zunächst gegen die vermeintlich „bösartig[en]" Bestrebungen „von gewissen kirchlichen Kreisen", die durch ihre Handlungen eine „Vergewaltigung des arteigenen Seelentums" versuchten.⁴⁶⁰ Zwischen den Zeilen enthielt der Artikel allerdings auch Kritik an Ludendorff und dessen scharfen Angriffen gegen die katholische Kirche. Es sei gewiss falsch, erklärte Johann von Leers, „wenn von irgendwelchen begeisterten deutschgläubigen Menschen das Christentum herabgesetzt und ungerecht beurteilt wird".⁴⁶¹ Ergänzt wurde diese Kritik durch den erstaunlichen Hinweis Johann von Leers', erst Ludendorffs rigide Ablehnung der katholischen Kirche habe Hitler bewogen, sich von seinem früheren Weggefährten zu trennen. Johann von Leers, selbst Autor hagiografischer Schriften über den Führer der NSDAP, wies in diesem Zusammenhang ausdrücklich darauf hin, Hitler lehne es ab, „sich in einem Kampf gegen die katholische Kirche als solche hineinziehen zu lassen, der ebenso unstaatsmännisch wie

---

457 Die Eisenacher Tagung der Deutschen Glaubensbewegung [BArch, N 1131/63, Bl. 31–38, hier Bl. 35]. Johann von Leers stand mit seiner Ablehnung nicht alleine. Vorbehalte gegen Ludendorff äußerten auch Hauer und zu Reventlow. Sie stießen sich an Ludendorffs intrigantem Verhalten, seinem Führungsanspruch und Dogmatismus sowie dem Personenkult um seine Frau. Wirth sprach von *Selbstkult* und *Größenwahn*. Wirth an Walther und Gesine Fischer, 14.12.1929 [BArch, N 2168/18, Bl. 196 f.].
458 Zu Ludendorffs Ankündigung siehe zu Reventlows an Hauer, 14.07.1933 [BArch, N 1131/52, Bl. 335–337]. Siehe auch NANKO: Die deutsche Glaubensbewegung, S. 129.
459 LEERS, [JOHANN] v[ON]: Missbrauch der Revolution, in: Reichswart vom 09.07.1933.
460 EBD.
461 EBD.

seinem persönlichen Empfinden widersprechend gewesen wäre".[462] In seinen weiteren Veröffentlichungen aus dieser Zeit – etwa im publizistischen Feldzug gegen den Münchener Kardinal Faulhaber, der in seinen Advents- und Silvesterpredigten zum Jahreswechsel 1933/34 Interpretationen zurückgewiesen hatte, wonach die vorchristliche Germanenzeit über alles zu loben sei, das Christentum dagegen als Ursache jeder Entartung gesehen werden müsse, und damit dem Streit um die Kulturhöhe der Germanen eine neue Dimension verlieh,[463] oder in den antiklerikalen Kampagnen gegen den „Politischen Katholizismus" seit Mitte der 1930er Jahre[464] – legte Johann von Leers sich eine solche Zurückhaltung der Kirche gegenüber nicht auf. Gegen Ludendorff gab es indessen auch grundsätzliche Vorbehalte. Im „Hammer" polemisierte Johann von Leers in einem Atemzug gegen Ludendorff und Faulhaber. Ihnen warf er vor, sie hielten – wenngleich „von sehr verschiedenen Standpunkten" aus – „auch Christus für ‚aus Davids Stamm'".[465] Johann von Leers neigte zu diesem Zeitpunkt der Ansicht zu, Christus ließen sich jüdische Wurzeln zumindest „nicht nachweisen". Unüberbrückbare weltanschauliche Gegensätze zu Ludendorff resultierten aus solchen Angriffen freilich nicht, zumal Johann von Leers seine Positionen flexibel den politischen Erfordernissen anzupassen in der Lage war. Zu einem völligen Bruch mit Ludendorff ist es nie gekommen.[466]

In der Auseinandersetzung mit Ludendorff spiegelte sich ein – nicht zuletzt von taktischen Erwägungen und persönlichen Rivalitäten geprägter – Konflikt unter Völkisch-Religiösen wider. Anders gelagert war jene Kontroverse, die Hauer im Anschluss an die Tagung mit dem *Widerstand der Jungen gegen das Pastorale* erklärte, als die *Prediger der Freireligiösen Gemeinden* auf *die ganz Jungen und Radikalen* trafen.[467] Es liegt nahe, dass mit Letzteren die Parteigänger der Nationalsozialisten gemeint waren. Kein Zweifel kann auch daran

---

462 LEERS: Adolf Hitler, S. 47. Zur Haltung zu Reventlows gegenüber Ludendorff siehe auch zu Reventlow an Hauer, 14.07.1933 [BArch, N 1131/52, Bl. 325 f.].
463 FAULHABER, MICHAEL: Judentum – Christentum – Germanentum. Adventspredigten gehalten in St. Michael zu München 1933, München 1934; LEERS, JOHANN VON: Der Kardinal und die Germanen. Eine Auseinandersetzung mit Kardinal Faulhaber, Hamburg 1934.
464 Siehe dazu sein Vorwort in ROSE, FRANZ: Mönche vor Gericht. Eine Darstellung entarteten Klosterlebens nach Dokumenten und Akten, Berlin 1939, S. 9–14.
465 LEERS, J[OHANN] V[ON]: Zum religiösen Problem der Zeit, in: Hammer 33 (1934) 757/758, S. 14–16, hier S. 15.
466 Siehe dazu die Rezension einer Veröffentlichung Johann von Leers' 1936 in der Zeitung der Ludendorffer „Am heiligen Quell" (S. 285 f.). Die Rezension befasste sich mit LEERS, JOHANN VON: Blut und Rasse in der Gesetzgebung. Ein Gang durch die Völkergeschichte, München 1936, und würdigte diese Veröffentlichung als „wertvolle Bereicherung des Schrifttums über die Rassenfrage".
467 Hauer an Pick, 01.08.1933 [BArch, N 1131/55, Bl. 151–153].

bestehen, dass Johann von Leers zu den Wortführern dieser *radikalen Arier,* wie Hauer sie titulierte, gezählt werden muss.[468] Dass Hauer später behauptete, es sei *durchaus nicht maßgebend gewesen,* was *etwa von Leers sagte,* sollte die Gemüter beruhigen, konnte die Bedeutung, die Johann von Leers hatte, aber kaum relativieren.[469] Für Unmut sorgte zunächst die kontroverse Debatte, die sich am Begriff der *Geistesfreiheit* entzündete und die vermutlich Johann von Leers angezettelt hatte. Als sein Gegenspieler trat der evangelische Pastor Otto Petras (1886–1945) auf. Petras machte sich in der Aussprache für eine *rechtliche Achtung und Sicherung der deutschen Nichtchristen* stark und kritisierte insbesondere die neue Reichsregierung, weil diese zu deren Schikanierung und wirtschaftlichen Schädigung *bisher geschwiegen* habe.[470] Dass Petras damit die Forderung nach *Geistesfreiheit*[471] verband, erregte das Missfallen Johann von Leers'. Ein solcher *liberaler Begriff* entstammte aus seinem Blickwinkel dem Sprachgebrauch jener Epoche, die durch den Nationalsozialismus überwunden sei. Dieser aber, so Johann von Leers, garantiere *Gewissensfreiheit* und *Bekenntnisfreiheit.*[472] Die Attacke auf Petras leitete einen Rundumschlag ein, der einer anderen Gruppe galt – nämlich den *wirklich gottlosen Freidenkern.* Auch was diese Gruppe betraf, hatte Johann von Leers Anfang Juli im „Reichswart" Position bezogen. „Jedermann", hieß es dort, „wird es begrüßen, dass die geistig ganz jüdischen Freidenkerorganisationen zerschlagen sind."[473] Die in Eisenach Versammelten müssten nunmehr verhindern, dass *nicht Millionen Deutscher, die sich nicht mehr zur Kirche rechnen, in den Geruch der Freidenkerei kommen.*[474] Wem genau der Angriff gegolten hat, ist aus dem Protokoll nicht ersichtlich. Seine Wirkung geht freilich aus der unmittelbaren Reaktion eines Wortführers der Freireligiösen hervor, der in die Diskussion eingriff und *seine Enttäuschung* äußerte *über die Art, wie bisher gesprochen [worden] sei.*[475]

Zu den umstrittenen Fragen in Eisenach zählt die Bildung eines Führerrates. Hauer hatte zunächst ein Dreimännerkollegium angestrebt, dem zu Reventlow, Bergmann und er selbst angehören sollten. Mit seinem Vorschlag konnte er sich allerdings nicht durchsetzen. Stattdessen einigten sich die in Eisenach

---

468 Ebd.
469 Hauer an Petras, 25.10.1933 [BArch, N 1131/57, Bl. 205 f.].
470 Petras an Hauer, 11.08.1933 [BArch, N 1131/57, Bl. 198–204, hier Bl. 198].
471 Die Eisenacher Tagung der Deutschen Glaubensbewegung [BArch, N 1131/63, Bl. 31–38, hier Bl. 33].
472 Ebd.
473 LEERS, [JOHANN] v[ON]: Missbrauch der Revolution, in: Reichswart vom 09.07.1933.
474 Die Eisenacher Tagung der Deutschen Glaubensbewegung [BArch, N 1131/63, Bl. 31–38, hier Bl. 38].
475 Ebd. Siehe auch NANKO: Die deutsche Glaubensbewegung, S. 144.

Anwesenden auf Druck der *Vertreter der nat[ional]soz[ialistischen] Jugend*, wie Petras im Anschluss gegenüber Hauer kritisierte, auf einen Führerrat, dem zu zwei Dritteln Mitglieder der NSDAP angehören sollten und der damit gleichgeschaltet war.[476] Erneut zeigte sich dabei die Stellung, die Johann von Leers als Vertreter der jüngeren und radikalen Generation einnahm, wenn er auch nicht als Vertreter von SA oder SS gelten konnte, deren Präsenz im Führerrat Lothar Stengel von Rutkowski (1908–1992) einforderte.[477] Obgleich kein Mitglied des Führerrates, beteiligte er sich wie selbstverständlich an dessen erster Sitzung unmittelbar im Anschluss an die Versammlung in Eisenach und versuchte, diese in seinem Sinne zu beeinflussen. Vergeblich hatte zuvor Arthur Lahn (1891–1945) von den jugendbewegten Nordungen gefordert, jene von der Sitzung auszuschließen, die – wie Johann von Leers – dem Führerrat nicht angehörten. So erhoben Johann von Leers und Hans F. K. Günther mit Verweis auf die *Ablehnung durch Min[ister] Darré* Bedenken gegen die Aufnahme von Sophie Rogge-Börner (1878–1955) in den Führerrat.[478] Günther mochte als Mitglied dieses Gremiums zu einem solchen Verhalten berufen sein. Johann von Leers dagegen war allenfalls Gast in der Runde. Zurückhaltung schien ihm freilich nicht geboten. Auf Johann von Leers gingen auch Vorschläge zurück, die der ADG den Charakter einer religiösen Massenorganisation gegeben hätten – etwa durch die Ausgabe von Mitgliedsbüchern oder die Einführung eines Mitgliedsbeitrags und einer Begräbniskasse.[479] Ebenso regte er an, eine für Januar 1934 geplante Arbeitswoche *aus demonstrativen Gründen* in Verden an der Aller durchzuführen – jenem Schauplatz also, der in völkisch-religiösen Kreisen kultischen Charakter hatte, weil dort einst, wie Johann von Leers schrieb, durch Karl, den „Verwelschten", und die „fränkischen Bischöfe" das „reine Blut" der

---

476 Petras an Hauer, 02.08.1933 [BArch, N 1131/57, Bl. 198–204, hier Bl. 199]. Neben Johann von Leers wurde insbesondere auch Stengel von Rutkowski dieser Gruppe zugerechnet, der später im Berufungsverfahren an der Universität Jena seinen Einfluss für Johann von Leers geltend machen sollte (siehe Kap. 6.2). Siehe Stengel von Rutkowski an Johann von Leers, 13.06.1938 [UAJ, Bestand D 1868].
477 Die Eisenacher Tagung der Deutschen Glaubensbewegung [BArch, N 1131/63, Bl. 31–38, hier Bl. 37].
478 1. Sitzung des Führerrates [BArch, N 1131/63, Bl. 68–70, hier 68]. Zu Rogge-Börner siehe ZIEGE, EVA-MARIA: Sophie Rogge-Börner: Wegbereiterin der Nazidiktatur und völkische Sektiererin im Abseits, in: HEINSOHN, KIRSTEN/VOGEL, BARBARA/WECKEL, ULRIKE (HRSG.): Zwischen Karriere und Verfolgung. Handlungsräume von Frauen im nationalsozialistischen Deutschland, Frankfurt am Main 1997, S. 44–77.
479 1. Sitzung des Führerrates [BArch, N 1131/63, Bl. 68–70, hier Bl. 68].

Sachsen in einem „grauenvolle[n] Schauspiel" ausgelöscht worden sei.[480] Dass er sich auch für die *Anwendung des Arierparagraphen auf den Führerrat* einsetzte und die von Stengel von Rutkowski erhobene Forderung unterstützte, *dass Juden und Judenstämmlinge nicht aufgenommen werden und eine Nachprüfung des Stammbaumes von jedem Mitglied erwartet wird*, ist nicht ausdrücklich vermerkt, kann aber als gesichert gelten.[481]

Der anfänglich entfaltete Aktivismus im Prozess der Formierung der Deutschen Glaubensbewegung, die trotz großer publizistischer und organisatorischer Anstrengungen als Massenorganisation nicht reüssierte und als religiöse Sammlung schließlich scheiterte, sollte für Johann von Leers eine Episode bleiben. So sehr er sich in Eisenach exponiert hatte, so schnell zog er sich wieder zurück. An weiteren Sitzungen des Führerrates nahm er nicht mehr teil. Die eigentliche Gründung zu Pfingsten 1934 in Scharzfeld (Harz) fand ohne ihn statt.[482] Einer der Gründe ist gewiss in seiner Sprunghaftigkeit zu sehen. Dem Verhalten dürften allerdings auch opportunistische Motive zugrunde liegen. Gegenüber dem altvölkischen Schriftsteller und ehemaligen Pfarrer Gustav Frenssen (1863–1945) äußerte er sich 1936 skeptisch zu dem Unterfangen, dem er selbst einige Zeit seine Aufmerksamkeit gewidmet hatte. Der Deutschen Glaubensbewegung, so Johann von Leers im Rückblick, sei er nicht beigetreten, *weil ich kritisch dagegen bin, den lieben Gott zu organisieren und ohne ein breites festes religiöses Fundament eine große Werbung zu veranstalten.*[483] Diese Bemerkung steht in einem erstaunlichen Widerspruch zum eigenen Verhalten wenige Jahre zuvor. So ist es Johann von Leers gewesen, der auf der ersten Sitzung des Führerrates im Juli 1933 die Einführung einer Reihe von Instrumenten empfohlen hatte, die der Bewegung zu einem organisatorischen Gerüst verholfen hätten.[484] Die Begründung Frenssen gegenüber, der gerade seine religiösen Grundsätze im Sinne einer deutschgesinnten Naturreligion veröffentlicht hatte, erscheint deshalb vorgeschoben.[485] Ausschlaggebend dürfte vielmehr gewesen sein, dass

---

480 Ebd. Siehe auch Leers, Johann von: Odal. Das Lebensgesetz eines ewigen Deutschland, Goslar ²1936, S. 191. Ausführlich zur geschichtspolitischen Instrumentalisierung des „Verdener Blutgerichts" ULBRICHT, JUSTUS H.: „Heil Dir, Wittekinds Stamm", in: Heimatkalender für den Landkreis Verden (1995), S. 69–123, hier S. 93–109.
481 1. Sitzung des Führerrates [BArch, N 1131/63, Bl. 68–70].
482 PRECHT, ERNST: Vom Werden Deutschen Glaubens. Scharzfeld 1934, Berlin 1934.
483 Johann von Leers an Frenssen, 22.04.1936 [SHLB, NL Frenssen, Cb 21.56: 1020, Bl. 1b].
484 1. Sitzung des Führerrates [BArch, N 1131/63, Bl. 68–70]. Siehe auch NANKO: Die deutsche Glaubensbewegung, S. 148.
485 Siehe FRENSSEN, GUSTAV: Der Glaube der Nordmark, Stuttgart 1936. Johann von Leers bekundete Frenssen gegenüber, seine Frau und er könnten das Buch *Wort für Wort unterschreiben*. Johann von Leers an Frenssen, 23.03.1936 [SHLB, NL Frenssen, Cb 21.56: 1020, Bl. 1a].

die religiöse Sammlungsbewegung die in sie gesetzte Erwartung nicht erfüllte. Schon 1933 vertrat Johann von Leers die Ansicht, dass „die Elite des deutschen Volkes" sich im Nationalsozialismus aus einem „sicheren Instinkt" heraus „eine Art Ersatzreligion geformt" habe.[486] Damit mochte zunächst die Hoffnung verbunden sein, diese „Ersatzreligion" finde in der Deutschen Glaubensbewegung ihre Gestalt. Dies erklärt, weshalb ein Ideologe wie Johann von Leers sich leidenschaftlich mit organisatorischen Fragen befassen konnte und um der Reinheit des Glaubens willen die Abgrenzung zu den als solchen erkannten weltanschaulichen Gegnern suchte. Dieser Überzeugung lagen auch die radikalen Forderungen zugrunde, mit denen er sich als überzeugter Nationalsozialist in den Prozess der Formierung der ADG einschaltete. Als abzusehen war, dass der Sammlungsbewegung die staatliche Anerkennung versagt bleiben würde, weil die Mehrheit der nationalsozialistischen Führung diesen Bestrebungen gegenüber eine ablehnende Haltung einnahm, zog er sich mit Kalkül zurück. Die Distanz zu Hauer, dessen Führungsanspruch Johann von Leers zwar akzeptierte, dem er sich aber nicht zu unterwerfen bereit war, mag diesen Prozess ebenso beschleunigt haben wie die Tatsache, dass er sich spätestens 1935 beruflich neu zu orientieren begann und eine Hochschullaufbahn verfolgte. Dass von Leers sich zu dieser Zeit weiterhin publizistisch in verschiedenen Organen völkisch-religiöser Provenienz äußerte, schloss dies freilich nicht aus.[487]

4.4.3 „Die Judenfrage ist der Prüfstein völkischer Gesinnung"

Als eine weitere Sammlungsbewegung dieser Phase, die ihre Existenz maßgeblich Johann von Leers verdankte, ist der Bund Völkischer Europäer (BVE) zu nennen. Obgleich sein Aktivismus auch hier episodenhaft blieb, ist die Geschichte der Organisation, die sich im Frühjahr 1933 konstituiert hatte und den ambitionierten Versuch einer transnationalen Vernetzung völkischer Kräfte darstellte, eng mit seinem Namen verbunden. Dass dieser Zusammenhang weitgehend in Vergessenheit geriet, dürfte auf die problematische Quellenüberlieferung

---

486 LEERS: Deutschlands Stellung in der Welt, S. 63. Zur kontroversen Diskussion u. a. um den Begriff der „Ersatzreligion" mit weiteren Literaturverweisen PUSCHNER, UWE/VOLLNHALS, CLEMENS: Die völkisch-religiöse Bewegung im Nationalsozialismus. Forschungs- und problemgeschichtliche Perspektiven, in: DIES. (HRSG.): Die völkisch-religiöse Bewegung im Nationalsozialismus. Eine Beziehungs- und Konfliktgeschichte (Schriften des Hannah-Arendt-Instituts für Totalitarismusforschung, Bd. 47), Göttingen 2012, S. 13–28, hier S. 17 f.
487 Siehe etwa Beiträge in „Unsere Volkskirche" (Göttingen), Organ der Volkskirchlichen Deutschen Glaubensbewegung, oder „Sigrune" (Erfurt), Organ des „Kampfbund Deutscher Glauben".

zurückzuführen sein.⁴⁸⁸ Erschwerend kommt hinzu, dass der BVE trotz seiner kurzlebigen Geschichte von heftigen Krisen erschüttert war und ein komplexes Gefüge mit schwer durchschaubarer Struktur darstellte. Letzteres wiederum war vor allem dem verwirrenden Nebeneinander von Gesamtbund und Landessektionen geschuldet, das schon unter zeitgenössischen Beobachtern zu Irritationen und Verwechselungen führte.⁴⁸⁹ Der Gesamtbund firmierte als Bund Völkischer Europäer oder Alliance Raciste Européenne (ARE) und sollte seinen Sitz in Zürich nehmen. Dazu kam es de facto aber nie. Als Präsident stand ihm der französische Baron Robert Fabre-Luce (geb. 1897) vor. Das Amt des Vizepräsidenten übte zunächst der Publizist und Reichstagsabgeordnete Ernst Graf zu Reventlow aus. Der Gesamtbund wiederum stützte sich auf nationale Sektionen, die ebenfalls unter der Bezeichnung Bund Völkischer Europäer agierten, allerdings mit einem Zusatz zu dem Land, das sie repräsentierten, versehen waren. Der Ableger im Deutschen Reich nannte sich demnach „Abteilung Deutschland". Erster Vorsitzender dieser Abteilung war für kurze Zeit ebenfalls zu Reventlow. Ihm folgte Johann von Leers. Als beider Stellvertreter und schließlich Nachfolger tat sich der pensionierte Regierungsrat Ernst Pistor (1874–1946) hervor.⁴⁹⁰ Zur Unübersichtlichkeit dieses Konstrukts trug weiterhin bei, dass die deutsche Abteilung erst im Herbst 1934 zum Eintrag ins Vereinsregister angemeldet wurde und dabei eine Umbenennung vornahm: Aus dem BVE wurde nunmehr der Weltbund der Völkischen bzw. die Alliance Raciste Universelle. Der vollständige Name, der schließlich zum Ein-

---

488 Knapp erwähnt bei Puschner: Die völkische Bewegung im wilhelminischen Kaiserreich, S. 266 und Breuer, Stefan: Die Völkischen in Deutschland. Kaiserreich und Weimarer Republik, Darmstadt 2008, S. 10. Sennholz: Johann von Leers, S. 233 f., bezeichnet die Organisation als „blass" und geht nicht weiter auf sie ein. Zum Folgenden siehe auch Finkenberger, Martin: „Die Judenfrage ist der Prüfstand völkischer Gesinnung". Der „Bund Völkischer Europäer" 1933 bis 1936, in: Jahrbuch für Antisemitismusforschung 26 (2017), S. 61–89.
489 Der „Bund Völkischer Europäer" hetzt, in: Pariser Tageblatt 2 (1934) 136 vom 27.04.1934; Ritualmordhetze im Dritten Reich, in: Die Wahrheit. Jüdische Wochenschrift 50 (1934) 20 vom 11.05.1934, S. 6.
490 Pistor absolvierte ein Studium der Rechte u.a. in München. Nach mehrmonatigem Aufenthalt in den USA (siehe Pistor, Ernst: Ein Beitrag zur Psychologie des amerikanischen Arbeiters, in: Jahrbücher für Nationalökonomie und Statistik 25 (1903) 3, S. 455–472) war er Regierungsassessor, dann Regierungsrat in verschiedenen Stellungen in der Verwaltung im Großherzogtum Hessen (Ministerium des Innern, Landesstatistisches Amt). Im Februar 1916 ließ er sich auf eigenen Wunsch in den Ruhestand versetzen. Über seine Gesinnung schrieb er, diese sei *[s]eit je völkisch* und *immer national*, jedoch *niemals liberal* gewesen [BArch, BDC-RK I]. Gegen Ende 1931 trat er der NSDAP bei. Zu seinen politischen Ansichten siehe Pistor, Ernst: Die entscheidende Wirkung des U-Boot-Krieges, hrsg. vom Unabhängigen Ausschuss für einen Deutschen Frieden, Berlin 1918 sowie Ders.: Deutschland und Japan, in: Der Weltkampf 12 (1935) 134, S. 39–44.

trag angemeldet wurde, lautete „Alliance Raciste Universelle (A.R.U.), Weltbund der Völkischen (Bund Völkischer Europäer – Bund der Judenkenner), Abteilung Deutschland".[491]

Die sperrige Bezeichnung drückt den universellen Anspruch aus, der völkische Antisemiten in der Zwischenkriegszeit verstärkt zu Sammlung und internationaler Kooperation veranlasste. *Die Judenfrage ist der Prüfstein der völkischen Gesinnung,* stellte der Vorstand gegenüber einem Mitglied klar.[492] Der dazu als notwendig erachtete *[v]ölkische Befreiungskampf* sollte jedoch nicht nur im Deutschen Reich forciert werden. Der BVE ging vielmehr davon aus, Juden weltweit hätten sich gegen die „arische Rasse" verschworen. Der daraus drohenden Gefahr müsse deshalb im internationalen Maßstab begegnet werden. Aus diesem Grund suchte der Verein Kontakt zu Gesinnungsgenossen im Ausland. Der Grad der Vernetzung muss jedoch trotz vollmundiger Ankündigungen skeptisch betrachtet werden. Eine „völkische" oder „antisemitische Internationale" bestand allenfalls in Ansätzen. Zu keinem Zeitpunkt gab es ein Programm, das die Mitglieder der verschiedenen Sektionen gemeinsam formuliert und beschlossen hatten. Die Absichten der Abteilung Deutschland lassen sich gleichwohl den Verlautbarungen vor allem in zu Reventlows „Reichswart", den sporadisch publizierten Schriften, den Äußerungen auf öffentlichen Versammlungen sowie der Satzung, deren Grundsätze eine „programmatische Konferenz im geschlossenen Kreise" Ende Juni 1933 im Berliner Hotel „Kaiserhof" erstmals entwickelt hatte, entnehmen. Ziel sei demnach die *Erweckung und Förderung des völkischen Gedankens* unter den *arischen Völker[n] des europäischen Kulturkreises,* damit diese sich *freimachen* könnten von *rassefremden und überstaatlichen Einflüssen,* die ihre *Beziehungen vergiften* und die *Freiheit des Gewissens beeinträchtigen* würden.[493] Um dies zu erreichen, müssten die *überstaatlichen, volksfremden, insbesondere jüdischen Einflüsse eingeschränkt und ausgeschaltet werden* und alle Völker sich auf ihr *eigenes, eingeborenes und volksverbundenes Wesen besinnen.*[494] Wie dies gelingen konnte, darüber sollten die einzelnen Abteilungen aber nicht eigenständig entscheiden können. „Deutschland muss vorangehen", formuliert der „Reichswart" den Führungsanspruch.[495] Mit dieser

---

491 Deutschmann an Amtsgericht Berlin, 22.10.1934 [LA-B, B. Rep. 042 Nr. 9138, Bl. 1].
492 A.R.U. an Krugmann (Breslau), 24.08.1934 [RGVA, Fond 1299/1/10, Bl. 6].
493 Entwurf der Satzung, o. D. [Dezember 1933] [RGVA, Fond 1299/1/2, Bl. 5–9]. Teilweise abgedruckt im „Reichswart" (RW) vom 07.01.1934. Zum Verlauf der Konferenz siehe auch Copeau, Pascal: Lettre de Berlin. Le cas du baron Robert Fabre-Luce, in: Les Nouvelles Littéraires, Artistiques et Scientifiques vom 22.07.1933.
494 Entwurf der Satzung, o. D. [Dezember 1933] [RGVA, Fond 1299/1/2, Bl. 5–9].
495 Siehe RW vom 19.11.1933.

Zielsetzung sah der BVE sich zugleich *in scharfem Gegensatz* zu *pan-europäischen Bünden*, die die vom BVE *bekämpften überstaatlichen Kräfte*, namentlich *das Judentum, die Freimaurerei, die volksfremde Geldwirtschaft, die über das religiöse Gebiet hinausgreifende Kirche und den Bolschewismus*, stärken wollten.[496]

Für eine Mitgliedschaft unerlässlich war jedoch nicht nur die richtige Gesinnung, die sich ohnehin schwer überprüfen ließ. Völkischen Traditionen folgend, war stattdessen ein Nachweis zur Abstammung erforderlich.[497] In der Bestimmung dazu, über die 1934 nach längerer interner Diskussion und Rücksprache mit Achim Gercke (1902–1997), dem kurz zuvor ernannten „Experten für Abstammungsfragen"[498] im Reichsministerium des Innern, Einvernehmen hergestellt werden konnte, tritt die antisemitische Zielsetzung des BVE deutlich hervor: Mitglieder mussten demnach mit dem Beitrittsgesuch neben einem Bekenntnis zur nationalsozialistischen Weltanschauung eine Erklärung abgeben, in der sie versicherten, *arischen Blutes* zu sein.[499] Die weitreichende Definition lautete, dass unter den *Vorfahren bis zurück auf das Jahr 1800* weder *Angehörige der jüdischen oder einer anderen nicht arischen Rasse* waren.[500] Ein Verschärfung erhielt diese Vorschrift noch dadurch, dass, entgegen dem Vorschlag aus dem Innenministerium, frühere Ehepartner die hier proklamierte rassische Reinheit auch trotz Trennung unterliefen: Männer galten demnach durch die Ehe

---

496 Entwurf der Satzung, o. D. [Dezember 1933] [RGVA, Fond 1299/1/2, Bl. 5–9].
497 Zur Tradition und Bedeutung dieses Nachweises in der völkischen Bewegung siehe Puschner, Uwe: Völkischer Antisemitismus, in: Baltrusch, Ernst/Puschner, Uwe (Hrsg.): Jüdische Lebenswelten. Von der Antike bis zur Gegenwart (Zivilisationen & Geschichte, Bd. 40), Frankfurt am Main 2016, S. 267–283. Zu einzelnen Organisationen wie etwa den „Deutschbund" siehe Hufenreuter, Gregor: Völkisch-religiöse Strömungen im Deutschbund, in: Puschner, Uwe/Vollnhals, Clemens (Hrsg.): Die völkisch-religiöse Bewegung im Nationalsozialismus. Eine Beziehungs- und Konfliktgeschichte (Schriften des Hannah-Arendt-Instituts für Totalitarismusforschung, Bd. 47), Göttingen 2012, S. 219–231, hier S. 219; zum „Deutschvölkischen Schriftstellerverband" siehe Ders.: Philipp Stauff. Ideologe, Agitator und Organisator im völkischen Netzwerk des Wilhelminischen Kaiserreichs. Zur Geschichte des Deutschvölkischen Schriftstellerverbandes, des Germanen-Ordens und der Guido-von-List-Gesellschaft (Zivilisation & Geschichte, Bd. 10), Frankfurt am Main 2011, S. 90; zum „Jungdeutschen Bund" siehe Linse, Ulrich: Völkisch-jugendbewegte Siedlungen im 20. und 21. Jahrhundert, in: Botsch, Gideon/Haverkamp, Josef (Hrsg.): Jugendbewegung, Antisemitismus und rechtsradikale Politik. Vom „Freideutschen Jugendtag" bis zur Gegenwart (Europäisch-jüdische Studien-Beiträge, Bd. 13), Berlin/Boston 2014, S. 29–73, hier S. 30 f.
498 Zu Gercke siehe Hein, Bastian: Elite für Volk und Führer? Die Allgemeine SS und ihre Mitglieder 1925–1945 (Quellen und Darstellungen zur Zeitgeschichte, Bd. 92), München 2012, S. 123 f.
499 Aufnahmeantrag, o. D. [RGVA, Fond 1299/1/2, Bl. 50]. In einer älteren Fassung des Aufnahmeantrags wurde zunächst nur die „farbige Rasse" als Ausschlusskriterium genannt [RGVA, Fond 1299/1/3, Bl. 146].
500 Ebd.

mit *Personen nichtarischer Abstammung* weiterhin als *völkisch belastet,* Frauen sogar als *rassisch verdorben.*[501] In der Praxis erwiesen sich solche Bestimmungen jedoch als wenig praktikabel. Es überrascht deshalb nicht, dass Mitglieder zwar einen Stammbaum anzufertigen hatten, die darin zusammengestellten Angaben aber nur durch eine Erklärung „nach bestem Wissen"[502] bestätigen mussten. In Zweifelsfällen sollten Porträtaufnahmen, die ergänzend vorzulegen waren, herangezogen werden, um so vermeintliche Merkmale der *jüdischen Rasse* erkennen zu können.[503]

Die Überzeugung, das Judentum weltweit habe sich gegen die „arischen Völker" verschworen, veranlasste den BVE, Fühlung nicht nur mit Gesinnungsgenossen im Ausland aufzunehmen, sondern auch mit Vertretern publizistischer Netzwerke im Deutschen Reich, die vergleichbare Ansichten verbreiteten. Das gilt insbesondere für Ulrich Fleischhauer (1876–1960) und dessen „antisemitische Internationale", die er seit Dezember 1933 von Erfurt aus um das Nachrichtenblatt „Welt-Dienst" aufbaute und anleitete.[504] Die Beziehungen waren enger, als dies nach außen zu erkennen war. Fragwürdig ist deshalb die Einschätzung der Geheimen Staatspolizei vom August 1934, wonach BVE und „Welt-Dienst" miteinander *nichts zu tun* hätten.[505] Gleiches gilt für die Dar-

---

501 BVE an Sachverständigen für Rasseforschung beim Reichsministerium des Innern, 30.04.1934 [RGVA, Fond 1299/1/7, Bl. 36]. Zu Vorläufern solcher Ansichten in der völkischen Bewegung siehe PUSCHNER, UWE: Völkische Diskurse zum Ideologem „Frau", in: SCHMITZ, WALTER/ VOLLNHALS, CLEMENS (HRSG.): Völkische Bewegung, Konservative Revolution, Nationalsozialismus. Aspekte einer politisierten Kultur, Dresden 2005, S. 45–75, hier S. 59f.
502 Siehe Aufnahmeantrag in RW vom 21.01.1934.
503 Der BVE setzte sich über den Vorschlag des Vertreters des Innenministeriums, Dr. Hagen, hinweg, der empfohlen hatte, sich am Taufschein zu orientieren. Siehe „Notiz zur Besprechung mit dem Sachverständigen für Rasseforschung beim Reichsministerium des Innern" (Ms.), 17.05.1934 [RGVA, Fond 1299/1/7, Bl. 31].
504 Siehe SCHÖRLE, ECKART: Internationale der Antisemiten. Ulrich Fleischhauer und der „Welt-Dienst", in: WerkstattGeschichte 51 (2009), S. 57–72; DERS.: Erfurt – ein „Mekka der Antijudaisten"? Die antisemitische Propagandazentrale von Ulrich Fleischhauer, in: Mitteilungen des Vereins für die Geschichte und Altertumskunde von Erfurt 71 (2010), S. 108–136 sowie PLASS, HANNO: Der „Welt-Dienst". Internationale antisemitische Propaganda 1939 bis 1945, in: NAGEL, MICHAEL/ZIMMERMANN, MOSHE (HRSG.): Judenfeindschaft und Antisemitismus in der deutschen Presse über fünf Jahrhunderte. Erscheinungsformen, Rezeption, Debatte und Gegenwehr (Bd. 2), Bremen 2013, S. 821–840. Zum Thema außerdem BRECHTKEN, MAGNUS: Madagaskar für die Juden (Studien zur Zeitgeschichte, Bd. 53), München ²1998, S. 44–48 sowie weiterhin aufschlussreich COHN, NORMAN: „Die Protokolle der Weisen von Zion". Der Mythos von der jüdischen Weltverschwörung. Mit einer kommentierten Auswahlbibliographie von Michael Hagemeister, Baden-Baden/Zürich 1998, S. 237–256 und BONDY, LOUIS W.: Racketeers of Hatred. Julius Streicher and the Jew-Baiters' International, London o.J. [1946].
505 Staatspolizeistelle Erfurt an Geheime Staatspolizei (Berlin), 27.08.1934 [BArch, R 58/988, Bl. 17].

stellung von Louis Bondy (1910–1993), der 1946 als Mitarbeiter von Alfred Wieners Londoner Bibliothek und Informationsbüro das ihm zugängliche Quellenmaterial analysierte. Zwar mag seine Einschätzung zutreffen, dass maßgebliche Akteure des „Welt-Dienstes" die Arbeit des BVE geringschätzig betrachteten.[506] Gleichwohl bestanden auf der Basis ähnlicher Überzeugungen zwischen dem Netzwerk um Fleischhauer und dem BVE bzw. später der A.R.U. nicht nur strukturelle Parallelen, sondern zeitweise intensive persönliche Kontakte.

Ähnlichkeiten wies etwa die Form der Informationsbeschaffung auf, die sich auf einen Kreis ehrenamtlicher Mitarbeiter und Zulieferer im In- und Ausland stützte. Ihren transnationalen Anspruch verfolgten die beiden Netzwerke zudem dadurch, dass ihre auf Massenwirksamkeit zielenden Periodika in verschiedenen Sprachfassungen erschienen. Auch das Schrifttum, auf das beide sich beriefen, war, wie gezeigt werden kann, weitgehend identisch. Fleischhauer selbst wirkte zudem einige Zeit im BVE und in der A.R.U. mit. 1934/35 nahm er an Sitzungen des Vorstandes teil, war in interne Korrespondenzen eingebunden und stellte sich dem „Rat" zur Verfügung. Dieses von der Satzung vorgesehene Gremium sollte dem Landespräsidenten zur Seite stehen, ohne dass freilich Aufgaben und Zusammensetzung genauer bestimmt waren.[507] Pistor, der im Oktober 1934 Johann von Leers als Landespräsident der Abteilung Deutschland nachfolgte, betonte im Mai 1934 nicht zu Unrecht, der BVE arbeite *eng* mit Fleischhauer zusammen.[508] Auf Fleischhauers Wunsch hin bemühte Pistor sich zudem darum, dem „Welt-Dienst" neue Mitarbeiter aus dem Umfeld des BVE zuzuführen. Da diese Zeitung in ihrer *zwischenstaatlichen Arbeit fast erstickt* sei und diese *nicht mehr bewältigen* könne, benötige sie Hilfe durch *einige gebildete Herren*, die *in völkischen Arbeiten bewandert* seien und *entweder ehrenamtlich oder gegen Aufwandsentschädigung* tätig würden. Fündig werden wollte er unter arbeitslosen Akademikern, wie er einem Mitglied der Ortsgruppe in Halle erläuterte: Da es im nationalsozialistischen Deutschland *viele junge Kräfte* gebe, die *ihre Arbeitskraft, solange sie brach liegt, gerne eine[r] guten Sache widmen möchten*, bat Pistor ihn um die Namen solcher *vertrauenswürdigen Herren*, die er Fleischhauer *zu*

---

506 Siehe BONDY: Racketeers of Hatred, S. 106.
507 Fleischhauers Teilnahme an Sitzungen des Vorstandes ist zumindest für August 1934 überliefert [RGVA, Fond 1299/1/28, Bl. 2]. Sein Name findet sich auch in einer Übersicht der Aktivisten der A.R.U., denen die „Entschließung" einer Versammlung Anfang November 1934 zur weiteren Verbreitung zur Verfügung gestellt wurde [RGVA, Fond 1299/1/12, Bl. 44]. Ebenso wird er in verschiedenen Übersichten über die Mitglieder des „Rats" genannt, unter anderem noch Anfang Januar 1935 [RGVA, Fond 1299/1/1, Bl. 6f.]. Zur Einführung des „Rates" siehe RW vom 07.01.1934.
508 BVE (Pistor) an Boye (Halle), 07.05.1934 [RGVA, Fond 1299/1/18, Bl. 7].

diesem Zweck empfehlen könne.⁵⁰⁹ Belegt ist zudem, dass Fleischhauer Anfang 1935 im „Rat" der A.R.U einen Vortrag über „seine Tätigkeit als Gutachter im Judenprozesse in Bern" hielt, wie das Vereinsorgan „Der Judenkenner" seine Leser wissen ließ. Das spektakuläre Verfahren, das weltweit Aufmerksamkeit erregte, wurde darin aufmerksam verfolgt.⁵¹⁰ Nachweisbar sind schließlich personelle Überschneidungen aus dem Kreis der Zuarbeiter aus dem Ausland, mit denen sowohl der „Welt-Dienst" als auch der BVE und die A.R.U. in Kontakt standen und die der „antisemitischen Internationale" ein Gesicht verliehen. Wie die Mitglieder in Deutschland teilten sie die Überzeugung einer jüdischen Verschwörung, die sie – wenngleich in unterschiedlicher Weise – zu Propagandisten der „Protokolle der Weisen von Zion" machte. Einige gehörten später dem „Rat" des BVE und der A.R.U. an. Weltanschauliche Differenzen dürften deshalb zwischen Fleischhauer und dem BVE bzw. der A.R.U. kaum bestanden haben. Auch die Formen der antisemitischen Propaganda und die Technik, an verwertbares Material aus dem Ausland zu gelangen, zeigten Parallelen. Ein Unterschied bestand allenfalls darin, dass BVE und A.R.U. stärker an massenwirksamer Agitation als an „Judenforschung" orientiert waren. Letztere nahm zumindest der „Welt-Dienst" für sich in Anspruch.⁵¹¹ Dies schloss jedoch nicht aus, dass Fleischhauer in der Publizistik von BVE und A.R.U. sowie vor allem im „Judenkenner", der seit Februar 1935 als Wochenzeitung verbreitet wurde, eine Konkurrenz zu seinem Mitteilungsblatt sah. Aus den vorliegenden Quellen ist allerdings nicht ersichtlich, dass er in denunzierender Weise gegen den BVE und die A.R.U. vorgegangen wäre, um dessen Auflösung herbeizuführen.

Intensiv gestalteten sich zudem die Beziehungen zu Julius Streicher, dem „Stürmer" und dessen Ableger „Antijüdische Weltliga" unter Leitung des Redakteurs Paul Wurm (1899–nach 1948).⁵¹² Vor allem in ihrer Publizistik sahen beide Bewegungen eine vortreffliche Ergänzung: „Wer den Judenkenner liest, wird den Stürmer lesen müssen und umgekehrt", warb die Zeitung „Der Judenkenner" im Mai 1935 für Streichers Zeitschrift.⁵¹³ Auch der SD war kurz zuvor zu der Erkenntnis gelangt, „Der Judenkenner" sei *ein ausgesprochen antisemitisches Kampfblatt* und damit *ähnlich wie ‚Der Stürmer'*.⁵¹⁴ Wie eng die Verbindung war,

---

509 Ebd.
510 Siehe „Der Judenkenner" vom 03.04.1935. Zusammenfassend zum Prozess siehe HAGEMEISTER, MICHAEL: Die „Protokolle der Weisen von Zion" vor Gericht. Der Berner Prozess 1933–1937 und die „antisemitische Internationale" (Veröffentlichungen des Archivs für Zeitgeschichte des Instituts für Geschichte der ETH Zürich, Bd. 10), Zürich 2017, S. 79–133.
511 Siehe dazu PLASS: Der „Welt-Dienst", S. 827.
512 Zu Wurm siehe BRECHTKEN: Madagaskar für die Juden, S. 72–74.
513 Stürmer und Judenkenner, in: Der Judenkenner vom 01.05.1935.
514 „Vermerk" der Staatspolizeistelle, o. D. [um April 1935] [BArch, R 187/221, o. P.].

davon zeugen vielerlei Details: Der französische Antisemit Jean Boissel (1891–1951) beispielsweise betrachtete sich nicht nur als Weggefährte Streichers, sondern stellte sich auch dem BVE und der A.R.U. zu propagandistischen Zwecken zur Verfügung. Nachdem er am 29. April 1935 in Berlin-Wedding im Kriegsvereinshaus vor, wie „Der Judenkenner" vermeldete, 2.000 Teilnehmern „eine packende [...] Rede über die völkische Aufgabe der Frontkämpfer" gehalten habe und seine Zuhörerschaft darauf einschwor, zu verhindern, „dass der Weltjude wieder zu einem Massengojimschlachten hetzen kann, um die nichtjüdischen Völker zu verelenden"[515], sprach er wenige Tage später auf dem von Streicher initiierten „Frankentag" in Nürnberg vor angeblich 10.000 Menschen. Der Berliner Rechtsanwalt und Notar Karl Deutschmann (1897–1941), der den BVE 1934 in Satzungsfragen beriet, vertrat einige Jahre später den Schriftleiter des „Stürmers", als dieser sich aufgrund eines verunglimpfenden Artikels mit einer Privatklage konfrontiert sah.[516] „Der Judenkenner" druckte zudem mindestens einen Streicher-Beitrag aus dem „Stürmer" nach.[517] Wie selbstbewusst der BVE sich Streicher gegenüber verhielt, hatte bereits der im August 1934 an Wurm herangetragene *Wunsch* deutlich gemacht, dieser möge beim „Frankenführer" *befürworten,* im „Stürmer" *eine Spalte für den Bund* einzurichten.[518] Eine solche Rubrik hat es augenscheinlich zwar nicht gegeben. Wurm signalisierte jedoch seine Bereitschaft, dem BVE *beizutreten.*[519] Eine weitere Aufwertung erfolgte schließlich durch Streicher selbst, der im Januar 1935 ausrichten ließ, er sei *gerne bereit,* eine ihm angetragene *Ehrenmitgliedschaft* auch *anzunehmen.*[520] Vor welchem Hintergrund er zu diesem Entschluss gekommen war, ist unklar. Möglicherweise verband er damit die Hoffnung, die von Wurm angeleitete Weltliga könne so die A.R.U. übernehmen. Gegenüber dem Obersten Parteigericht jedenfalls behauptete Streicher im Mai 1935, diese Organisation habe sich *jetzt der antijüdischen Weltliga angeschlossen.*[521] Die ihm angetragene Ehrenmitglied-

---

515 Jean Boissel's Friedensaufruf, in: Der Judenkenner vom 01.05.1935. Die Angabe zu den Teilnehmern erscheint übertrieben. Aus der überlieferten Abrechnung [RGVA, Fond 1299/1/12, Bl. 3] ergeben sich Einnahmen in Höhe von 163 Mark. Bei den sonst üblichen Eintrittspreisen für Versammlungen von A.R.U. und BVE zwischen 0,20 und 0,40 Mark dürfte eine Teilnehmerzahl von unter 1.000 realistisch sein.
516 KÖNIGSEDER, ANGELIKA: Recht und nationalsozialistische Herrschaft. Berliner Anwälte 1933–1945, Bonn 2001, S. 134 f.
517 Der Feind des Völkerfriedens, in: Der Judenkenner Nr. 5/1935. Siehe JÜDISCHE INFORMATIONSZENTRALE (HRSG.): Die angeblichen „Protokolle der Weisen von Zion" als weltpolitisches Agitationsmittel, Amsterdam 1935, S. 7.
518 BVE an Paul Wurm (Stürmer), 01.08.1934 [RGVA, Fond 1299/1/11, Bl. 12].
519 Ebd.
520 Kanzlei Julius Streicher an A.R.U., 21.01.1935 [RGVA, Fond 1299/1/1, Bl. 5].
521 Streicher an OPG (Buch), 09.05.1935 [BArch, R 187/221, o. P.].

schaft war damit überflüssig geworden. Eine Information der Staatspolizei hält jedenfalls fest, dass Streicher diese *abgelehnt* habe.[522]

Die kurze Geschichte des BVE setzte im Sommer 1933 ein. Nachdem sich im Mai in Paris eine Alliance Raciste Européenne konstituiert hatte, bildete sich wenige Tage später in Berlin die „Abteilung Deutschland".[523] Ein erster Entwurf der Satzung nannte den 4. Juni als *Gründungstag*.[524] Initiator und spiritus rector war der französische Baron Robert Fabre-Luce. Der „Abkömmling eines altfranzösischen Adelsgeschlechtes"[525] und „Frontkämpfer"[526] aus dem Ersten Weltkrieg gehörte zu jenen Orientierungslosen der Zwischenkriegszeit, die schließlich zum Nationalsozialismus fanden. „Lange Jahre hindurch irrte ich durch alle europäischen Vereinigungen wie ein Blinder, der das Licht sucht", bekannte er im Juni 1933.[527] Publizistische und politische Ambitionen hatte er zunächst in Paris entfaltet, wo er 1925 eine Bewegung namens La Droite Nouvelle begründete und die Zeitung „Vers l'Unité" ins Leben rief.[528] Sein Programm zielt auf eine Revision des durch den Versailler Vertrag geschaffenen Status Quo ab und damit auf die „Aufhebung der ‚Ordnung' von 1919, die eine Ordnung gegen Europa war", wie seine Gesinnungsgenossen jenseits des Rheins seine weitreichenden Forderungen interpretierten.[529] Solche Ansichten machten ihn für die politische Rechte in Deutschland interessant, die ihm publizistische Möglichkeiten öffnete[530] und zu Vorträgen einlud. Dazu zählten etwa der elitäre

---

522 Aktennotiz zum Judenkenner bzw. Weltbund der Völkischen, 25.07.1935 mit Ergänzung vom 08.08.1935 [BArch, R 187/221, o. P.].
523 Ein völkischer Paneuropa-Bund, in: Vossische Zeitung vom 31.05.1933.
524 Satzungsentwurf, o. D. [Sommer 1933] [RGVA, Fond 1299/1/3, Bl. 165–167].
525 HOTZEL, CURT: Die „Neue Rechte" von Robert Fabre Luce, in: Der Türmer 29 (1926/27) Januar, S. 343 f. Fabre-Luce, Vetter des bekannteren Schriftstellers Alfred Fabre-Luce, hatte demnach „seine Erziehung in germanischen und angelsächsischen Ländern genossen", im Krieg „im russischen Heer als Offizier" gedient und anschließend unter anderem in Deutschland studiert. Fabre-Luce selbst behauptete, er sei „[m]ütterlichseits [...] ein direkter Nachkomme der Könige von Frankreich [...] sowie der Familie Jeanne d'Arc", siehe Neues Wiener Journal vom 29.03.1927.
526 Siehe RW vom 16.07.1933.
527 Abdruck eines Vortrags vom 30.06.1933, in: RW vom 23.07.1933.
528 Vermerk vom 06.12.1933 [BArch, R 43 II/1438, Bl. 128]. Zu zeitgenössischen Berichten über Veranstaltungen dieser Bewegung und über ihre Zeitung siehe Danzers Armee-Zeitung vom 29.01.1926, L'Europe Nouvelle 9 (1926) 415 vom 30.01.1926, S. 144, Le Matin vom 14.05.1926 oder La Lanterne vom 02.02.1927.
529 HOTZEL: Die „Neue Rechte" von Robert Fabre Luce, S. 343 f. Das „Revisionsprogramm" umfasste zwölf Punkte, darunter die Rückgabe von Eupen und Malmedy und früherer Kolonien sowie Volksabstimmungen in Österreich, Elsass-Lothringen, Posen und Schleswig.
530 Fabre-Luce sei „[s]eit einer erheblichen Reihe von Jahren" als „Mitarbeiter nationalsozialistischer, völkischer und nur-nationaler Zeitungen" auch in Deutschland „bekannt", stellte der Reichswart fest. Siehe Bund Völkischer Europäer, in: RW vom 11.06.1933.

Herrenklub⁵³¹ oder die Jungkonservative Vereinigung, die aus dem Juni-Klub von 1919 hervorgegangen war und sich als „Vereinigung von deutschen Nationalisten" betrachtete, „die sich im Zeichen der Unterzeichnung des Versailler Vertrages zusammenschlossen, um ihren leidenschaftlichen Kampf gegen diese Art von ‚Frieden' aufzunehmen".⁵³² Darüber hinaus unterhielt Fabre-Luce Kontakte zu Vertretern des „Neuen Nationalismus"⁵³³, die sich für ein deutsch-französisches Bündnis einsetzten, etwa zu Arnold Rechberg (1879–1947) oder Artur Mahraun (1890–1950).⁵³⁴ Ebenso belegt sind Verbindungen zu Akteuren an der Schnittstelle von Wissenschaft und Politik, so zu Otto Hoetzsch (1876–1946) und Martin Spahn (1875–1945).⁵³⁵ Auch Goebbels hielt in seinem Tagebuch im September 1927 eine flüchtige Begegnung fest.⁵³⁶ Die nationalsozialistische Weltanschauung schien Fabre-Luce schließlich die Augen zu öffnen. Bereits 1932 exponierte er sich in Paris in Vorträgen als deren Interpret⁵³⁷ und unterstützte einen „Gesandten Hitlers" angeblich dabei, sich „in die politischen Salons von Paris einzuführen".⁵³⁸ Nachdem Hitler im Januar 1933 die Macht übertragen worden war, überschlug Fabre-Luce sich in seiner Bewunderung für die „gigantische Leistung des großen deutschen Führers, die in der Geschichte einzig bleiben wird".⁵³⁹ Der „Reichswart" bezeichnete ihn denn auch als den „edelsten Vorkämpfer der völkischen Bewegung".⁵⁴⁰ Für diese Einschätzung dürfte nicht zuletzt seine antisemitische Überzeugung ausschlaggebend gewesen sein. So

---

531 Preußisches Landeskriminalamt (Rauschgiftzentralstelle), 30.07.1935 [BArch, R 187/221, o. P.].
532 So Heinrich von Gleichen im Vorwort zu FABRE-LUCE, ROBERT: Die Neue Rechte in Europa. Vortrag gehalten in der Jungkonservativen Vereinigung zu Berlin am 23. November 1926, Berlin o. D. [1926], S. 1. Zum Organisationsgefüge der Jungkonservativen der 1920er Jahre siehe ausführlich POSTERT, ANDRÉ: Von der Kritik der Parteien zur außerparlamentarischen Opposition. Die jungkonservative Klub-Bewegung in der Weimarer Republik und ihre Auflösung im Nationalsozialismus, Baden-Baden 2014, S. 107–187
533 HOTZEL: Die „Neue Rechte" von Robert Fabre Luce, S. 343f.
534 Zu den Kontakten siehe Aufzeichnung als Nachtrag zur Aufzeichnung von Neuraths vom 10.04.1933 [BArch, R 43 II/1438, Bl. 8f.]. Zu Rechberg siehe BÜHRER, WERNER: Rechberg, Arnold, in: Neue Deutsche Biographie 21 (2003), S. 228f., zu Mahraun MASTE, ERNST: Mahraun, Artur, in: Neue Deutsche Biographie 15 (1987), S. 693f.
535 Spahn leitete von 1921 bis 1924 das Politische Kolleg des Juni-Klubs in Berlin, das die Ideen der „Neuen Rechten" an ausgesuchten „Führernachwuchs" vermittelte. Siehe MALINOWSKI: Vom König zum Führer, S. 432.
536 Die Tagebücher von Joseph Goebbels. Teil I: Aufzeichnungen 1923–1941, Bd. 1/II (November 1925 bis Mai 1928), München 1993–2008, Eintrag vom 16.09.1927.
537 Siehe etwa die Ankündigung des Vortrags „Hitler et le racisme en face de l'Europe" in „Le Matin" vom 10.02.1932.
538 O. V.: Hitler verhandelt mit Frankreich?, in: Pariser Tageblatt vom 10.03.1932.
539 RW vom 13.08.1933.
540 Jüdischer Zynismus, in: RW vom 18.06.1933.

berief er sich auf die „Protokolle der Weisen von Zion" und billigte die antijüdische Politik und Gewalt nach dem 30. Januar 1933. Kritikern der neuen Regierung warf er eine „tendenziöse Hetze" vor, seien ihre „Maßnahmen" doch „nur allzu normal" und „ein Gebot der elementarsten Lebenshaltung", um die „Macht" und „Eroberung" des Judentums zu brechen.[541] Damit einher ging seine Verachtung für Demokratie und Parlamentarismus, die für ihn Instrumente des Judentums darstellten. Nachdem er Anfang März 1933 in Berlin Quartier bezogen hatte, suchte er verstärkt nach politischer Anerkennung für seine Positionen. Die neuen Machthaber verhielten sich jedoch reserviert. Einziges Ergebnis seiner Bemühungen war ein Empfang Anfang April durch Außenminister von Neurath, dessen Amt in dieser Phase Bündnispartner im Ausland suchte, die es in seiner Revisionspolitik unterstützten. Neurath allerdings blieb skeptisch. Die Hoffnung, Goebbels oder gar Hitler seine Gedanken vortragen zu können, musste Fabre-Luce bald aufgeben. Die Mitarbeiter im Propagandaministerium und in der Reichskanzlei, zu denen Fabre-Luce vorgelassen worden war, verhielten sich abweisend, wohl auch deshalb, weil sie dessen Bedeutung realistisch einschätzten. Das Propagandaministerium begründete seine Haltung damit, Fabre-Luce sei *ein politischer Abenteurer,* hinter dem *nichts steht,* sodass es mit ihm nichts zu verhandeln gäbe.[542] Insofern ist es fraglich, ob er tatsächlich ein „einstige[r] Freund von Goebbels"[543] gewesen ist, wie nach dem Krieg behauptet wurde. So sehr dies seinem Selbstbild entsprochen haben mochte, so zweifelhaft erscheint eine solche Einschätzung.

Als Leiter der deutschen Sektion und zugleich „Vizepräsident des Gesamtbundes"[544] stellte sich dem BVE mit Ernst Graf zu Reventlow ein prominenter Vertreter der völkischen Bewegung zur Verfügung. Welche Motive ihn dazu veranlasst haben, ist nicht bekannt. Zu Reventlow erklärte später, „[h]öhere Würdenträger der nationalsozialistischen Partei" hätten ihm geraten, mit Fabre-Luce in Verbindung zu treten. Auf wen genau diese Initiative zurückging, ließ er allerdings offen. Möglicherweise handelte es sich auch nur um eine Schutzbehauptung, nachdem es 1935 zu einem Gerichtsprozess gegen Fabre-Luce

---

541 Meine Eindrücke als Franzose in Deutschland im Hinblick auf die jüdische Greuelhetze, in: RW vom 04.06.1933.
542 Siehe Vermerk vom 06.12.1933 [BArch, R 43 II/1438, Bl. 128].
543 JAEGER, HANS: Die Faschistische Internationale, in: Deutsche Rundschau 78 (1952) 9, S. 993–1003, hier S. 997.
544 Siehe programmatische Erklärung des BVE o. D. [um Januar 1934] [RGVA, Fond 1299/1/2, Bl. 15–18].

gekommen war und zu Reventlow als Zeuge aussagen musste.[545] Glaubt man Fabre-Luce, will er anfangs zu Reventlow sogar gebeten haben, *Präsident* des BVE zu werden. Dieser habe jedoch *wegen Überlastung* abgelehnt und wollte sich mit dem Amt der *Vizepräsidentschaft* begnügen.[546] Zugleich will er seine Zusage davon abhängig gemacht haben, dass Fabre-Luce *alsbald seinen Wohnsitz nach Zürich verlege, um im Ausland für den Bund zu arbeiten.*[547] Zu Reventlow entfaltete in seiner kurzen Amtszeit keine nennenswerten Aktivitäten. Seine Bedeutung für die Geschichte des BVE ist dennoch nicht gering zu schätzen – aufgrund seines zugkräftigen Namens, der der Bewegung unter Völkischen einen seriösen Anstrich verlieh, vor allem aber, weil er dem BVE als Herausgeber des „Reichswarts" eine publizistische Plattform verschaffte, indem er seine in völkischen Kreisen einflussreiche Wochenzeitung als „Bundesorgan" zur Verfügung stellte.

Obgleich er für den Verein kaum öffentlich in Erscheinung trat und die laufenden Geschäfte des Vereins überwiegend Pistor besorgte, zählte Johann von Leers hinter den Kulissen zu den maßgeblichen Kräften im BVE. Dies belegt nicht zuletzt die Tatsache, dass er zu den sieben Gründungsmitgliedern zählte, die ihre Unterschrift unter die im Oktober 1934 endgültig verabschiedete Satzung setzten, und das zentrale Amt übernahm. *Vorstand ist: Dr. Johannes v[on] Leers,* hieß es auf dem Dokument, das dem Vereinsregister zugeleitet wurde.[548] Seinen Einfluss hatte er bis dahin schon vielfach in den Dienst der Organisation gestellt. So verhalf er Fabre-Luce im Juni 1933 zu einem im Deutschlandsender ausgestrahlten „Zwiegespräch", das ihm als selbsternannten „Denker auf dem Gebiet der Rassenkunde" die Möglichkeit einräumte, seine Ansichten einem breiten Publikum vorzustellen und, wie seine Kritiker anmerkten, „die antisemitischen Exzesse [Anm.: der Nationalsozialisten] zu rühmen und zu billigen".[549] An dieser Konstellation änderte sich auch nichts, nachdem zu Reventlow im Sommer 1933 sein Amt aufgegeben hatte und Johann von Leers

---

545 Devisenschmuggelprozess gegen Herrn Fabre-Luce, in: La République (Straßburg) vom 01.09.1935. Der Prozess, in dem Fabre-Luce im Juni in unterer Instanz zu zweieinhalb Jahren Gefängnis und einer Geldstrafe in Höhe von 3.000 Mark verurteilt wurde, fand in der französischen Presse größere Beachtung. Siehe etwa Le Temps oder Le Matin vom 20.06.1935.
546 „Mein Standpunkt" (Ms.) von Fabre-Luce, 20.10.1933 [RGVA, Fond 1299/1/3, Bl. 116–118].
547 „Ein ‚völkischer' Irrläufer" (Ms.), o. D. [um September 1934] [RGVA, Fond 1299/1/5, Bl. 13 f.].
548 Deutschmann an Amtsgericht Berlin, 22.10.1934 [LA-B, B. Rep. 042 Nr. 9138, Bl. 1].
549 Eine Abschrift dieses „Zwiegesprächs" findet sich in RW vom 25.06.1933. Die Wertung seiner Kritiker findet sich in der in Frankreich erscheinenden Zeitschrift „Le Droit de Vivre" der Internationalen Liga gegen den Antisemitismus, in der die französische Regierung aufgefordert wurde, gegen Fabre-Luce und dessen Bewegung vorzugehen, zitiert nach RW vom 18.06.1933.

Präsident der Abteilung Deutschland geworden war.[550] In allen grundsätzlichen Angelegenheiten besprach Pistor sich mit ihm. Für die endgültige Formulierung des bereits erwähnten Arier-Paragrafen in der Beitrittserklärung holte er ebenso dessen Zustimmung ein wie für Schriften zur Mitgliederwerbung.[551] Johann von Leers wiederum nutzte weiterhin seine Netzwerke für Belange des BVE. Im Mai 1934 unterstützt er die Ortsgruppe Greifswald in einem Konflikt mit dem örtlichen Leiter der Studentenschaft, der, wie vermutet wurde, *aus Unkenntnis der Bestrebungen des Bundes*, den er *für pan-europäisch hält*, öffentlichen Auftritten und Werbemaßnahmen *einige Schwierigkeiten machte* und die erhoffte Hilfestellung vermissen ließ.[552] Aufgrund persönlicher Kontakte aus seiner Zeit als Schulungsleiter des NS-Studentenbundes sollte dessen *Leiter* von Johann von Leers dazu veranlasst werden, durch *ein aufklärendes Schreiben* Druck auf die *Studentenschaft in Greifswald* auszuüben.[553] Ende Juli 1934 fand in seiner Berliner Wohnung ein Arbeitsfrühstück mit Vertretern von Industrieverbänden, Banken, Presse und Politik statt, die dem BVE finanzielle Ressourcen erschließen und propagandistische Unterstützung sichern sollten. Unter den Teilnehmern befanden sich unter anderem ein Vertreter des Präsidenten des Reichsstandes der Deutschen Industrie, Funktionäre der Industrie- und Handelskammer, der Vorsitzende des Aufsichtsrates einer Berliner Bank sowie leitendes Personal des Propagandaministeriums und des Scherl-Verlags.[554]

Der BVE inszenierte sich als Gesinnungsgemeinschaft auf der Basis gemeinsamer weltanschaulicher Überzeugungen, deren Mitglieder „Männer mit fanatischer Begeisterung" und „Frauen mit brennendem Interesse für die völkischen Notwendigkeiten"[555] waren, in jedem Fall aber „Persönlichkeiten, die sich der Zugehörigkeit ihres Volkstums zum Ariertum bewusst sind."[556] Neben einer größeren Zahl von Studenten dominierten unter ihnen höhere Beamte und Vertreter freier Berufe, darunter Rechtsanwälte und Ärzte. Die Funktionsträger in den Regionen rekrutierte der BVE unter Vertretern der völkischen Bewegung sowie aus dem Milieu der paramilitärischen Verbände der 1920er Jahre. Der

---

550 Programmatische Erklärung des BVE, o. D. [RGVA, Fond 1299/1/2, Bl. 15–18]. Siehe auch BVE (Pistor) an Deutschmann, 12.12.1933 [RGVA, Fond 1299/1/5, Bl. 103 f.] sowie die Bekanntmachung im RW vom 17.09.1933, in der von Leers als neuer „Landesleiter für Deutschland" vorgestellt wurde.
551 BVE (Pistor) an von Leers, 21.12.1933 [RGVA, Fond 1299/1/3, Bl. 144, 147].
552 BVE (Pistor) an von Leers, 18.05.1934 [RGVA, Fond 1299/1/21, Bl. 16b].
553 Ebd.
554 „Anwesenheitsliste bei dem Frühstück vom 25.07.1934" [RGVA, Fond 1283/1/56, Bl. 296–299].
555 1. Mitgliederversammlung des BVE, in: RW vom 20.08.1933.
556 Siehe RW vom 16.07.1933.

designierte Ortsgruppenführer in Erfurt etwa, Erich Stauch (Lebensdaten unbekannt), soll Mitbegründer der dortigen Deutschvölkischen Freiheitsbewegung gewesen sein.[557] In Mainz dagegen setzte der BVE seine Hoffnung auf Kurt von Schlichting (1877–1939), der hier *als eines der ältesten Mitglieder der NSDAP* galt.[558] In Halle erklärte sich der promovierte Rechtsanwalt und Notar Erwin Noack (1899–1967) bereit, ein „Alter Kämpfer", der einen „Streifschuss am rechten Handgelenk" während des Kapp-Putsches für so bedeutsam hielt, dass er ihn im „Deutschen Führerlexikon 1934/35" vermerken ließ. Seit 1933 vollzog Noack eine steile Karriere als Jurist und wurde Mitglied der Akademie für deutsches Recht, später Vizepräsident der Reichsrechtsanwaltskammer.[559] Wie viele Mitglieder dem BVE in seiner kurzlebigen Geschichte angehört haben, lässt sich angesichts widersprüchlicher Angaben durch die Vereinsführung jedoch nicht exakt bestimmen. Im Januar 1934 hieß es, ihre Zahl würde sich *schon den 2000 nähern*.[560] Im Gegensatz dazu wird in den überlieferten Korrespondenzen mit den Regionalgruppen Anfang März 1934 eine Zahl von nur 1.400 Mitgliedern genannt. Ende des Jahres dann soll die Gesamtzahl bei rund 1.000 gelegen haben.[561] Von *ungefähr 1000 Mitglieder[n]* zum Zeitpunkt der Gründung ging später auch der SD aus.[562] Die Abweichungen lassen auf eine erhebliche Fluktuation schließen, die durch die Korrespondenzen bestätigt wird: Neben zahlreichen Neuaufnahmen gab es nicht weniger viele Austritte. Begründet wurden sie mit einem Mangel an Zeit für eine aktive Vereinsarbeit, allerdings auch mit inhaltlichen Differenzen mit Anhängern der Lehren Ludendorffs, die im BVE zahlreich vertreten waren. Es erscheint deshalb realistisch, dass dem BVE bzw. der A.R.U. von 1933 bis 1935/36 zwischen 1.500 und 2.500 Mitglieder zeitweise

---

557 Siehe dazu einen um 1933/34 veröffentlichten Zeitungsartikel unklarer Herkunft [RGVA, Fond 1299/1/27, Bl. 12]. Zur Geschichte der aus dem Verfall der Deutschen Freiheitspartei Mitte der 1920er Jahre hervorgegangenen Deutschvölkischen Freiheitsbewegung siehe BOTSCH, GIDEON/KOPKE, CHRISTOPH: Deutschvölkische Freiheitspartei, in: BENZ, WOLFGANG (HRSG.): Handbuch des Antisemitismus. Judenfeindschaft in Geschichte und Gegenwart (Bd. 5), Berlin/Boston 2012, S. 204–206.
558 BVE an Kurt von Schlichting (Mainz), 10.01.1934 [RGVA, Fond 1299/1/24, Bl. 40].
559 Zur Biografie siehe PRICK, GEORG: Rechtsanwalt Dr. Erwin Noack – Facetten zu einem Lebensbild, in: LÜCK, HEINER/HÖLAND, ARMIN (HRSG.): Die Rechts- und Staatswissenschaftliche Fakultät der Martin-Luther-Universität Halle-Wittenberg im Nationalsozialismus, Halle 2011, S. 141–190.
560 BVE an Riemann, 18.01.1934 [RGVA, Fond 1299/1/15, Bl. 9]. Aus dem Schreiben geht auch hervor, dass niedrigere Nummern erneut vergeben wurden, wenn das ursprüngliche Mitglied den Verein verlassen hatte. Zu beachten ist außerdem, dass ab Anfang März 1934 der Nummerierung eine „2" vorangestellt und die Zählung mit 2 500 fortgesetzt wurde.
561 „Weltbund der Völkischen" (Ms.), o. D. [um Ende 1934] [RGVA, Fond 1299/1/1, Bl. 1–4].
562 Vermerk der Staatspolizeistelle über Weltbund der Völkischen, 26.04.1935 [BArch, R 187/221, o. P.].

angehört haben. Übertrieben dürfte dagegen die Behauptung sein, die Zahl der *Gesamtmitglieder des Gesamtbundes* mit seinen Ablegern im Ausland liege bei *weit über 100.000,* wie es Ende 1934 hieß.[563]

Nachdem die Konferenz im geschlossenen Kreis Ende Juni 1933 die programmatischen Grundlagen geschaffen hatte, verstärkte der BVE im Sommer seine öffentlichen Auftritte. Vor allem in Berlin fanden seit August zahlreiche Veranstaltungen statt. Fabre-Luce etwa sprach zum Thema „Völkisches Werden und völkischer Radikalismus".[564] Franz J. Bey (geb. 1905), für wenige Monate Geschäftsführer des Vereins, gab „Geistige Richtlinien für die Jugend" aus.[565] Der kurzzeitige Vizepräsident der deutschen Sektion unter zu Reventlow, ein nicht näher bekannter Mann namens Böcker, machte sich über „Die Blutseinheit der Völker Europas" Gedanken.[566] Ein weiteres Mitglied erörterte schließlich „Die völkische Gesundung Europas".[567] Der BVE wollte allerdings mehr sein als ein Forum zur politisch-weltanschaulichen Diskussion. Ebenso wichtig erschien es ihm, seinen Mitgliedern handfeste materielle Anreize zu geben. Ein Arbeitsplan, der während der Konferenz aufgestellt wurde, unterstreicht den Netzwerkcharakter des BVE, dessen Mitglieder „aus ihrer Einsamkeit in der Erkenntnis einer gemeinsamen Doktrin zu einer Einheit" zusammenrücken wollten.[568] Zu den Aufgaben des BVE sollte deshalb gehören, die „völkischen Geistesarbeiter"[569] auch wirtschaftlich auf Gebieten der Wissenschaft, Literatur und Kunst zu unterstützen und den Gedankenaustausch mit Gleichgesinnten im In- und Ausland zu fördern. Dazu strebte er die Übersetzung von Schriften, Vortragsveranstaltungen, die „Erledigung von Verlagsangelegenheiten" sowie die „Pflege" und den „Ausbau einer europäischen Lehre völkischer Prägung" an.[570]

Mit diesem Programm, für das im „Reichswart" geworben wurde, stieß der BVE auf großen Zuspruch, der schnell zu einem Zuwachs an Mitgliedern führte. Da viele in ihrem Aktivismus kaum zu bremsen waren und die Berliner

---

563 „Weltbund der Völkischen" (Ms.), o. D. [um Ende 1934] [RGVA, Fond 1299/1/1, Bl. 1–4].
564 Werbeabend des BVE, in: RW vom 27.08.1933. Neben Fabre-Luce, der zum Thema „Völkisches Werden und völkischer Radikalismus" sprach (der Beitrag wurde in dieser und der nächsten Ausgabe dokumentiert), trat auch Freiherr von Richthofen auf.
565 Siehe Inserat in RW vom 27.08.1933.
566 Wöchentliche Nachrichten aus dem Bunde, in: RW vom 24.09.1933. Der Redetext ist dokumentiert in RW vom 08.10.1933. Der Redner erklärte demnach, er könne den „wissenschaftlichen Beweis" führen, „dass trotz der vielen Rassenmischungen und Völkerwanderungen das nordische Blut, wenn auch nicht in hohem Prozentsatz, jedoch ganz sicher überall in Europa zu finden sei."
567 Siehe RW vom 01.10.1933.
568 Wesen und Ziele des BVE, in: RW vom 20.08.1933.
569 An die völkischen Geistesarbeiter Europas, in: RW vom 06.08.1933.
570 Siehe RW vom 02.07.1933.

Geschäftsstelle sich mit ihrer Betreuung überfordert zeigte, setzten bald Überlegungen ein, Regionalgruppen zu bilden. Die ihnen zugedachten Aufgaben bestanden darin, öffentliche Veranstaltungen zu organisieren, durch eine Leihbücherei den Austausch und die Lektüre einschlägiger Schriften zu fördern und die Mitglieder in einem Lesezirkel *unter besonderer Berücksichtigung der Judenfrage*[571] zu schulen.[572] Als *richtungsgebend* empfahl der BVE die Klassiker der antisemitischen Bewegung, so etwa das „Handbuch der Judenfrage" von Theodor Fritsch oder das Pamphlet „Voll-Zionismus" aus dem Jahre 1931, in dem Fleischhauers Mitarbeiter Georg de Pottere (1875–1951) unter dem Pseudonym Egon von Winghene die in der antisemitischen Bewegung seit dem ausgehenden 19. Jahrhundert diskutierte Idee aufgegriffen hatte, Juden nach Madagaskar zu deportieren.[573] Beworben wurden auch die gerade veröffentlichten Machwerke „14 Jahre Judenrepublik" und „Juden sehen Dich an" aus der Feder Johann von Leers' sowie „Freimaurerei – Weltmacht hinter den Kulissen" des „Freimaurerexperten" im Propagandaministerium, Engelbert Huber (1873–1935), das *soeben erschienen* sei und sich *wie ein Roman liest*.[574] Aus den überlieferten Unterlagen ist ersichtlich, dass es in rund einem Dutzend Städten solche Regionalgruppen gegeben hat. Ihre Gründung erfolgte auf Veranlassung der Zentrale in Berlin, konnte aber auch das Ergebnis der Initiative ihrer Mitglieder vor Ort sein. Entscheidend war, dass der Repräsentant einer Regionalgruppe das Vertrauen der Berliner Leitung genoss. Dies war vor allem dann der Fall, wenn es sich um einen Vertreter der völkischen Bewegung oder ein langjähriges Mitglied der NSDAP handelte. Dem BVE gelang es dabei, in Zweifelsfällen von örtlichen Parteigliederungen Empfehlungen zu erhalten oder einzelne Personen überprüfen zu lassen. Entgegen kam ihm, dass nicht überall Klarheit darüber bestand, dass es sich trotz prominenter Nationalsozialisten wie zu Reventlow oder Johann von Leers im Vorstand nicht um eine Gliederung der NSDAP, sondern um einen privaten Verein handelte. In der Praxis haben die Regional-

---

571 BVE (Pistor) an A.W. Grossmann (Freiburg), 23.03.1934 [RGVA, Fond 1299/1/26, Bl. 6].
572 Ein detailliertes Lektüreprogramm verordnete bereits der Deutschvölkische Schutz- und Trutzbund Anfang der 1920er Jahre seinen Mitgliedern. Siehe Breuer: Die Völkischen in Deutschland, S. 153.
573 Siehe Brechtken: Madagaskar für die Juden, S. 43 f.
574 BVE an A.W. Großmann (Freiburg), 23.03.1934 [RGVA, Fond 1299/1/26, Bl. 6] und BVE an Fred Meyer (Grevesmühlen), 29.03.1934 [RGVA, Fond 1299/1/20, Bl. 1]. Gemeint ist Huber, Engelbert: Freimaurerei. Weltmacht hinter den Kulissen, Stuttgart 1934. Zu Huber siehe Auswärtiges Amt (Hrsg.): Biographisches Handbuch des deutschen Auswärtigen Dienstes 1871–1945 (Bd. 2), Paderborn 2005, S. 383 f.; Pfahl-Traughber, Armin: Freimaurer und Juden, Kapitalisten und Kommunisten als Feindbilder rechtsextremer Verschwörungsideologien vom Kaiserreich bis zur Gegenwart, in: Backes, Uwe (Hrsg.): Rechtsextreme Ideologien in Geschichte und Gegenwart, Köln 2003, S. 193–234, hier S. 214.

gruppen jedoch kaum Aktivitäten entfaltet. Viele der Aktivisten erwiesen sich als ungeeignet und intrigant. Einige Ortsgruppen drohten angesichts interner Querelen sogar aus dem Ruder zu laufen. Hinzu kam, dass studentische Aktivisten kaum Organisationserfahrung vorzuweisen hatten, über wenig Autorität verfügten und aufgrund ihrer Mobilität keine Kontinuität in der Arbeit gewährleisten konnten.

Zu den Vorhaben, von denen der BVE sich eine besondere Wirkung versprach, gehörte eine Ausstellung über jenen „Weltfeind", mit dem sich die Vereinsgründer in einem *Endkampf* wähnten. Unter dem Titel „Zwei Welten" sollten führende Vertreter des *Weltjudentums* aufgrund ihrer angeblich destruktiven Eigenschaften als *Gegenrasse der Menschheit* schlechthin denunziert und öffentlich visualisiert werden.[575] Die Konzeption folgte der fixen Idee, wonach der *unerkannte Jude [...] furchtbar,* der *entlarvte Jude* dagegen *machtlos* sei. Für den BVE bestand dabei kein Zweifel daran, dass die letzte Phase in einem Konflikt von weltgeschichtlichem Ausmaß begonnen hatte: *Wir müssen siegen oder die Welt, wie wir sie kennen und wie wir sie wollen, vergeht,* verkündeten die Ausstellungsmacher und versprachen die *Rettung* vor der *Zwangsherrschaft des Weltjuden* durch die unumstößliche *völkische Revolution*. Welchen Einfluss Johann von Leers auf diese Konzeption hatte, ist unklar. Die Ausarbeitung fand allerdings zu einem Zeitpunkt statt, als er zu den maßgeblichen Akteuren im BVE gehörte. Die Techniken der Visualisierung in der geplanten Ausstellung, die rassische und religiöse Stereotype des Antisemitismus reproduzierte, zugleich aber aktuelle Ängste aufgreifen wollte und etwa die Russischen Revolution zum Werk einer jüdischen Verschwörung erklärte, legen nahe, dass seine Pamphlete („Juden sehen Dich an") stilbildenden Charakter hatten.

Das ursprüngliche Konzept der Ausstellung sah drei Säle vor. Der erste Raum sollte die Besucher mit dem unüberbrückbaren Gegensatz der gegenwärtigen Auseinandersetzung *um Leben oder Tod* konfrontieren – hier die *edle lichte Welt des Ariers,* der nach *Wahrheit* und *zum Göttlichen* strebe, dort die *Welt Jahves,* des *Vaters der Lüge,* des *Niederträchtigen* und aller *Weltknebelungspläne.* Um dies anschaulich zu gestalten, sollten zwei lebensgroße Figuren eines *Homo Europäus* verdeutlichen, dass dieser *Blüten der Kultur* nur erzeugen könne, solange *germanisch-nordisches Blut* in ihm fließe und dieses *die Oberhand gewann.* Religiöse Weihen verlieh diesem Szenario ein *Sonnenrad in Goldbronze,* das *wie ein Heiligenschein hinter den Köpfen steht.* Flankierend dazu waren *Gestalten anderer Rasse* vorgesehen, die von einem *Judenmetzger* in Ehrfurcht betrachtet wür-

---

575 Konzept der Ausstellung „Zwei Welten" der A.R.U., o. D. [Frühsommer 1934] [RGVA, Fond 1299/1/6, Bl. 45–53].

den. Ein Bild unmittelbar im Anschluss daran sollte schließlich *nordische und sonstige nichtjüdische Gestalten* zeigen, die *in vollkommener Einheit den Rütlischwur des Kampfes gegen den Weltjuden schwören*, während *im Hintergrund* das Bild eines Juden als *satanische Maske oder völkerumklammernder Mordpolyp* erscheinen sollte. An den Wänden wiederum waren *aufklärende große Sprüche* vorgesehen, um die Kampfbereitschaft der Besucher anzustacheln: *Arier und Nichtjuden aller Länder vereinigt Euch zur Befreiung vom Joch des Weltjudentums und seiner Hilfskräfte*, lautete eine der Parolen. *Nur wer erkannt hat, dass heute die zwei Welten, die Welt des Lichts und die Welt der Finsternis und der Lüge [...] miteinander ringen, kann den Kampf gegen die Hebräer-Drohung nüchtern und wirksam führen*, hieß es daneben in der Völkischen eigenen manichäischen Diktion. Sodann folgten an den Wänden Bilder, die den Titel der Ausstellung, „Zwei Welten", erklärten: In einer Reihe rechts waren demnach Porträts von Vertretern der *arische[n] Welt* vorgesehen, etwa Schlageter, Goethe oder Ludendorff, unter denen – mit deutlichen Anleihen an das Pamphlet „Juden sehen Dich an" – „Hebräer" wie Georges Sand, Rosa Luxemburg, Bela Kun oder Matthias Erzberger platziert werden sollten. Damit auch schlichte Gemüter die Botschaft verstanden, war als Erläuterung der Satz beigegeben, wonach die Menschheit *verloren* sei, wenn sie nicht *von Menschen der ersten Art geführt*, sondern von denen der *andren Art geknechtet* werde. Die Wand links dagegen war für Plakate mit Bildern aus Russland reserviert, die in Deutsch, Französisch und Englisch darstellen sollten, dass bis 1922 fast zwei Millionen *arische Russen geschlachtet* worden seien.[576]

Der zweite Saal war eine Verheißung auf das Kommende, wenn erst der Kampf siegreich entschieden sei. Hier sollten die Besucher auf die *lichte Welt der Wahrheit* treffen, die ihren Bogen nicht weit genug spannen konnte: Er reichte von der griechischen und römischen Kunst über die Bauten der Gotik, Raffael und Michelangelo bis zu den Volkstrachten der Gegenwart und schließlich *Hitler mit [...] Kind* als *Führer* dieser *reinen Welt*, der den *Einfluss der niederen Welt gebrochen* habe. Der messianische Glaube trug religiöse Züge: Hitler sei die *Hoffnung der völkisch Erwachten in allen Völkern* und *Träger der großen Befreiung der Menschheit vom Judenjoch*, hieß es. Um dieses Utopia zu erreichen, musste der Besucher freilich im dritten Saal zunächst die *dunkle Welt* und *die Welt der Lüge* durchschreiten und hinter sich lassen. Die dort vorgesehene Auswahl von 15 Motiven stellte ein Panoptikum der antisemitischen Propaganda dar, die auf kein Klischee verzichtete. Unter dem bekannten Motto „Juden sehen Dich an" sollten Bilder unter anderem aus dem „Stürmer" übernommen werden, die den

---

576 Ebd.

Topos vom Ritualmord aufgriffen, Politiker zwischen 1918 und 1933 etwa in Deutschland, Frankreich, England oder den USA als *Regierungsjuden* denunzierten, Russland zum *ersten Land der Machtergreifung* durch Juden erklärten, *Jüdische Verbrecherköpfe* zeigten oder schlicht den *verjudete[n] Adel in aller Welt* ins Bild setzten.

Über das Stadium der Konzeption kam die Ausstellung jedoch nicht hinaus. Zwar entwickelten der BVE und später die A.R.U. genaue Vorstellungen von dem Ausstellungsplakat, das neben dem *Königssohn von Reims* eine *Judenfratze* oder aber den *Rabbi* nach einer Illustration *von Fips* zeigen sollte.[577] Und zur Gestaltung der Figuren am Eingang beauftragte er einen renommierten Kunsthandwerker. Wie groß das Sendungsbewusstsein des BVE war, zeigte sich darin, dass repräsentative Räume in exponierter Lage im Zentrum Unter den Linden gesucht wurden, für die der Vermieter überdies Steuerabgaben erlassen sollte, da es sich *um eine gemeinnützige Sache im Rahmen der Parteiziele handelt*, wie die A.R.U. vorgab.[578] Die hochtrabenden Pläne zerschlugen sich allerdings rasch angesichts fehlender finanzieller Mittel. Die über mehrere Säle verteilte Ausstellung schrumpfte auf einen Ladenraum, der *an einem der verkehrsreichsten Plätze Berlins* liegen sollte und über gerade einmal 80 Quadratmeter Mauerfläche verfügen musste.[579] Was die A.R.U. im Dezember 1934 dort unter dem zwischenzeitlich modifizierten Titel „Der Judenspiegel" zu präsentieren gedachte, hatte mit der ursprünglichen Absicht nichts mehr zu tun. Geplant war stattdessen, Bilder des *bekannten judenkennerischen Malers Karl Relink (1880–1945) aus Prag* zu zeigen, die der A.R.U. *auf Anregung von tschechischen völkischen Kreisen* vermittelt worden waren.[580] Bereits 1926 hatte Rélink mit ihnen ein Pamphlet illustriert, das zunächst im Weltfront-Verlag in Aussig an der Elbe und kurz darauf in Theodor Fritschs Hammer-Verlag erschienen war.[581] Die A.R.U.

---

577 Konzept der Ausstellung „Zwei Welten" der A.R.U., o. D. [Frühsommer 1934] [RGVA, Fond 1299/1/6, Bl. 45–53]. Zu dem Zeichner Philipp Rupprecht (1900–1975), der von 1925 bis 1945 als „Fips" den „Stürmer" durch seine Karikaturen prägte, siehe Roos, Daniel: Julius Streicher und „Der Stürmer" 1923–1945, Paderborn 2014, S. 135 f.

578 A.R.U. an Preußischen Minister für Wissenschaft, Kunst und Volksbildung, 26.09.1934 [RGVA, Fond 1299/1/6, Bl. 34]. Siehe auch A.R.U. an Fa. Staudt & Co., 08.10.1934 [RGVA, Fond 1299/1/6, Bl. 32] sowie die Korrespondenz mit der Fa. Umlauf im Herbst 1934 [RGVA, Fond 1299/1/6, Bl. 22–31].

579 A.R.U. an verschiedene Makler, 19.11.1934 [RGVA, Fond 1299/1/6, Bl. 17].

580 A.R.U. an Geheime Staatspolizei, 15.11.1934 [RGVA, Fond 1299/1/6, Bl. 14]. Der tschechische Maler und Autor antisemitischer Schmähschriften Karel Rélink, stellte sich im Krieg auch der NS-Propaganda zur Verfügung. Siehe dazu Loewy, Ronny/Rauschenberger, Katharina (Hrsg.): „Der Letzte der Ungerechten". Der Judenälteste Benjamin Murmelstein in Filmen 1942–1975, Frankfurt am Main, S. 143.

581 Relink, Kar[e]l: Judenspiegel. Der Jude nach dem Talmud, Leipzig 1926.

versprach sich von den längst bekannten Motiven dennoch große Wirkung: Die Bilder stellten in *volkstümlicher,* gleichwohl *auf eingehender wissenschaftlicher Kenntnis des Judentums beruhender Weise die Tätigkeit des Weltjudentums und die Beziehungen der jüdischen Gesetzesvorschriften zu dem völkischen Eigenleben der arischen Welt einleuchtend dar.* Damit würden sie das *Verständnis der Judenfrage* wie auch der damit verknüpften *Freimaurer-Frage* fördern, die Vertreter der ARU *für den Angelpunkt der völkisch-nationalsozialistischen Bewegung* hielten.[582]

Der BVE war nach dem Selbstverständnis der Kreise um Pistor und Johann von Leers ein Dachverband von Landesorganisationen, die sich einer gemeinsamen Aufgabe verpflichtet sahen, den Führungsanspruch der Abteilung Deutschland aber akzeptieren mussten. Obgleich anfangs nicht geplant, war es deshalb nur eine Frage der Zeit, Gesinnungsgenossen im Ausland mit Propagandamaterial und Werbeschriften zu versorgen. Hatte es Anfang Februar 1934 noch geheißen, *Drucksachen für das Ausland* würden von der Abteilung Deutschland *in fremder Sprache nicht ausgegeben*[583], vollzog sich in den Wochen darauf ein Wandel: Auf die Anfrage eines Aktivisten aus Herford nach *Propagandamaterial in französischer und englischer Sprache,* das dieser an *Freunde im Ausland* zu verteilen gedachte, hieß es nunmehr *vertraulich,* dass schon bald mit fremdsprachigem Material zu rechnen sei, das *für die Versendung von Deutschland aus in Frage kommt.*[584] Um solche Schriften zu erstellen, initiierte der BVE *Übersetzungsgemeinschaften.*[585] Wer über Fremdsprachenkenntnisse verfügte, wurde aufgefordert, dies der Leitung des Bundes mitzuteilen. Sofern vorhanden, sollten außerdem Freunde im Ausland angesprochen werden. Darüber hinaus unternahm die Zentrale des BVE den Versuch, mit ausländischen Dozenten und Studenten der Berliner Universität, denen eine *völkische Lebensanschauung im Sinne unseres Bundes* unterstellt werden konnte, in Kontakt zu treten, um diese zu den *Abende[n] der Übersetzungsgemeinschaft* einzuladen.[586] Tatsächlich meldeten sich aus dem Deutschen Reich zahlreiche Freiwillige für diese Unternehmung, die Kenntnisse nicht nur für Englisch, Französisch, Spanisch, Italienisch oder skandinavische Sprachen vorgaben, sondern auch für Türkisch, Arabisch und

---

582 A.R.U. an Geheime Staatspolizei, 15.11.1934 [RGVA, Fond 1299/1/6, Bl. 14].
583 BVE an Heinrich Spilker (Herford), 01.02.1934 [RGVA, Fond 1299/1/19, Bl. 49].
584 Herbert Siegmund (Herford) an BVE, 02.03.1934 [RGVA, Fond 1299/1/19, Bl. 38 f.] sowie BVE an Herbert Siegmund (Herford), 12.03.1934 [RGVA, Fond 1299/1/19, Bl. 34].
585 „Übersetzungs-Gemeinschaften" (Ms.), o. D. [RGVA, Fond 1299/1/9, Bl. 71]. Siehe auch RW vom 06.05.1934.
586 Siehe dazu die Korrespondenz im April 1934 mit der „Deutsche Willkommensgesellschaft e. V.", die sich um ausländische Studierende an der Universität Berlin kümmerte, oder dem Deutschen Akademischen Austauschdienst [RGVA, Fond 1299/1/9, Bl. 76–86].

Persisch.⁵⁸⁷ Für weitere Sprachen, für die sich zunächst keine Übersetzer fanden, wurden einzelne Mitglieder um tätige Mithilfe gebeten. So bat Pistor den Aktivisten einer Regionalgruppe um Hinweise darauf, ob *unter den Mitgliedern jemand ist, der [...] die polnische bzw. russische Sprache beherrscht.*⁵⁸⁸

Ob Übersetzungen, die so zustande kamen, den Ansprüchen des BVE genügten, ist jedoch fraglich. Um die Qualifikation der Freiwilligen zu prüfen, leitete Pistor im Sommer 1934 mehreren von ihnen ein „Jüdische Mordpläne" überschriebenes Manuskript zu. Die Übersetzungen ließ er anschließend unter anderem durch Roland Bocquet (1878–1956) begutachten. Der englische Komponist lebte seit der Jahrhundertwende in Dresden. Seine antisemitische Einstellung hatte ihn in die Nähe der Nationalsozialisten gebracht. Er gehörte sowohl der seit 1928 bestehenden Imperial Fascist League (IFL) unter Arnold Spencer Leese (1878–1956) als auch dem „Rat" des BVE an.⁵⁸⁹ Bocquets Urteil fiel jedoch vernichtend aus: *Wir haben noch nicht unseren Mann gefunden,* musste er Pistor zu dessen Enttäuschung mitteilen. Eine der Übersetzungen war offenkundig so miserabel, dass davon *kein einziger Satz [...] zu gebrauchen* sei.⁵⁹⁰ Fremdsprachige Propaganda ließ sich auf dieser Grundlage nicht erstellen. Doch nicht nur in diesem Bereich blieb die „völkische Internationale" eine Illusion. Mehr Wunsch als Wirklichkeit war auch die Kooperation mit Gesinnungsgenossen im Ausland. Zwar verkündeten Pistor und Johann von Leers im Herbst 1934, die A.R.U. arbeite „Hand in Hand mit anderen internationalen Stellen, die die gleichen Ziele auf einem anderen Wege verfolgen".⁵⁹¹ Zu diesem Zweck verfüge

---

587 Zwei Listen mit Übersetzern aus dem Deutschen Reich umfassen rund 30 Namen. Siehe „Liste der an der Übersetzungsgemeinschaft Teilnehmenden: Deutsche (Mitglieder des BVE)" sowie „Deutsche (Nicht Mitglieder des BVE)", o. D. [RGVA, Fond 1299/1/9, Bl. 67 f.].
588 BVE an Fred Meyer (Grevesmühlen), 29.03.1934 [RGVA, Fond 1299/1/20, Bl. 1].
589 BVE an Dr. H. Maurer (Aalen), Georg Sauer (Breslau) und Franz Voboril (Oldenburg), 21.06.1934, sowie an Bocquet, 04.07.1934 [RGVA, Fond 1299/1/9, Bl. 60–65]. Zur Mitgliedschaft Bocquets im „Rat" siehe „Mitglieder des Rates sind" (Hs.), 22.01[?].1935 sowie „Dem Rat der ARU gehören an" (Ms.), o. D. [RGVA, Fond 1299/1/1, Bl. 6 f., 10]. Zur Mitgliedschaft im BVE und in der IFL siehe BVE an Sauer, 15.05.1934 [RGVA, FOND 1299/1/16, Bl. 5]. Zur Biografie siehe PONS, ROUVEN: Esoteriker des Klangs. Das Leben des Dresdner Komponisten Roland Bocquet (1878–1945?), in: Neues Archiv für Sächsische Geschichte 86 (2015), S. 145–176. Zum Todesdatum siehe NZZ vom 19.10.1956. Ich danke Dr. Rouven Pons (Hessisches Hauptstaatsarchiv) für diesen Hinweis. Zur IFL siehe BAUERKÄMPER, ARND: Die „radikale Rechte" in Großbritannien. Nationalistische, antisemitische und faschistische Bewegungen vom späten 19. Jahrhundert bis 1945 (Kritische Studien zur Geschichtswissenschaft, Bd. 95), Göttingen 1991, S. 133–136.
590 Anmerkungen Bocquet für Pistor zur Übersetzung Maurers, o. D. [Juni 1934] [RGVA, Fond 1299/1/9, Bl. 56].
591 LEERS, J[OHANN] VON/PISTOR, E[RNST]: Erklärung über die Neueinrichtung des Bundes, in: Der Judenkenner, Folge 4, September 1934) [LA-B, B. Rep. 042 Nr. 9138, Bl. o. P.].

sie über *Sektionen in allen Ländern,* hieß es in einer vermutlich Anfang 1935 erstellten Übersicht, die 29 Staaten aufzählte.[592] Zumeist handelte es sich dabei allerdings um Kontakte zu Einzelpersonen oder zu Kleinstgruppen ohne relevante organisatorische Basis.

Hochtrabend waren auch alle Versuche, unter der Bezeichnung Schirmjugend eine Nachwuchsorganisation aufzubauen und Kontakte ins Ausland zu knüpfen. Erste Überlegungen dazu reichten auf den Dezember 1933 zurück.[593] Der völkische Gedanke, so der BVE, habe nicht nur in Deutschland, sondern auch in anderen europäischen Ländern *den Wunsch nach einem geistig und körperlich erhöhten Geschlecht geweckt.*[594] Die Aufgabe der Organisation bestehe deshalb darin, *gleich gesinnte* und *gleich wohlgestaltete junge (unverheiratete) Menschen gesellig zusammen zu führen.*[595] Für die Auslese sollten dabei nicht die soziale Herkunft, sondern rassische Kriterien gelten. Die Parallelen zu den elitären Zuchtphantasien, wie sie für die völkische Bewegung typisch waren[596] und in der SS wiederkehrten[597], sind unverkennbar.[598] Auch der BVE lehnte *jede Klassenunterscheidung* als *verächtlich* ab und wollte stattdessen dem *Adel der Gesinnung, der Arbeit und der Erscheinung* Vorrang geben, wie das Idealbild dieser rassischen Avantgarde in allen Sektionen beschrieben wurde.[599] Für den dazu erforderlichen *Ariernachweis* musste, ähnlich dem Verfahren, wie völkische Organisationen es schon vor dem Ersten Weltkrieg[600] praktiziert hatten und wie es später auch die SS verlangte[601], mit dem Aufnahmeantrag eine

---

592 „Sektionen in allen Ländern" (Ms.), o. D. [um Anfang 1935] [RGVA, Fond 1299/1/3, Bl. 29].
593 BVE (Pistor) an Deutschmann, 12.12.1933 [RGVA, Fond 1299/1/5, Bl. 103 f.].
594 „Die Schirmjugend des BVE" (Ms.), o. D. [um Frühjahr 1934] [RGVA, Fond 1299/1/3, Bl. 72 f.].
595 Ebd.
596 Siehe zu Theodor Fritschs Siedlungsprojekt Puschner, Uwe: Heimland. Eine völkische Siedlung, in: Barz, Christiane (Hrsg.): Einfach. Natürlich. Leben. Lebensreform in Brandenburg 1890–1939, Berlin 2015, S. 123–127, hier S. 123–125, sowie zu Hentschels Mittgart-Projekt Ders.: Mittgart. Eine völkische Utopie, in: Geus, Klaus (Hrsg.): Utopien, Zukunftsvorstellungen, Gedankenexperimente. Literarische Konzepte von einer „anderen" Welt im abendländischen Denken von der Antike bis zur Gegenwart (Zivilisationen & Geschichte, Bd. 9), Frankfurt am Main 2011, S. 155–185, hier S. 163–165.
597 Zum elitären Selbstverständnis der SS und zur Anwerbung, Auslese und Aufnahme siehe Hein: Elite für Volk und Führer?, S. 113–126, 312.
598 Kater, Michael: Die Artamanen – Völkische Jugend in der Weimarer Republik, in: HZ 213 (1971), S. 577–638, hier S. 626.
599 „Die Schirmjugend des BVE" (Ms.), o. D. [um Frühjahr 1934] [RGVA, Fond 1299/1/3, Bl. 72 f.].
600 Zu der „stürmisch geführten Debatte" um den „Arierparagraphen" in der völkischen Bewegung schon vor dem Ersten Weltkrieg siehe Hufenreuter/Knüppel: Wilhelm Schwaner – Walther Rathenau, S. 28; Puschner: Die völkische Bewegung im wilhelminischen Kaiserreich, S. 66–71.
601 Hein: Elite für Volk und Führer?, S. 122 f.

Ahnenliste *bis 1800 zurück* vorgelegt werden. In der Praxis reichte es *vorläufig* allerdings aus, *Angaben über Eltern und Großeltern* einzureichen.[602] Zur weltanschaulichen Schulung des Nachwuchses, der spätestens mit der Heirat die Schirmjugend wieder verlassen musste, befand sich angeblich ein Wochenendheim am Wannsee *in Vorbereitung*.[603] Wie andere Vorhaben des BVE kam auch diese Initiative und der damit verbundene Versuch einer Einflussnahme auf die Lebensführung über konzeptionelle Vorarbeiten nicht hinaus. Eine offizielle Gründung der Schirmjugend wurde nicht vollzogen. Die transnationale Kooperation wiederum beschränkte sich auf ein internationales Schulungslager mit einer Studentengruppe aus England, das im August 1934 auf Hiddensee stattgefunden hat.

Die zahlreichen Aktivitäten dürfen nicht darüber hinwegtäuschen, dass die Arbeit des BVE von Beginn an durch interne Machtkämpfe beeinträchtigt wurde. Schon bald nach der Gründung kam es zu einem ersten personellen Revirement, bei dem sich Pistor und Johann von Leers von übermütigen Funktionären trennten.[604] Komplizierter gestaltete sich das Vorhaben, Fabre-Luce aus dem BVE zu drängen. Zum endgültigen Bruch kam es erst im Sommer 1934.

Eine Ursache für die konflikthafte Beziehung lag darin, dass der Franzose einen Führungsanspruch reklamierte, den Pistor und Johann von Leers ihm nicht einzuräumen gewillt waren. Fabre-Luce behielt sich vor, über die Auswahl der Funktionäre die letzte Entscheidung zu treffen. Alle Posten des Bundes und der Sektionen, so seine Forderung, würden „auf Vorschlag des Präsidenten der Sektion von mir ernannt".[605] Dissens bestand auch in der Frage, wem die Präsidenten dieser Sektionen verpflichtet sein sollten – ihren Mitgliedern oder Fabre-Luce, der sie als seine „Statthalter" sah.[606] Differenzen zeigten sich zudem in Konzeption und Programmatik des BVE. Während Fabre-Luce einen elitär-exklusiven Zirkel für ausgewählte Mitglieder anstrebte, wollten seine Kontrahenten eine Massenorganisation aufbauen, die Mitgliedsbücher ausgab und ein Vereinsabzeichen schuf. Einen Führungsanspruch reklamierte Fabre-Luce schließlich auf weltanschaulichem Terrain. Für ihn stand außer Frage, dass nur „ein höherer Gedanke" dem BVE zu Akzeptanz im Ausland verhelfen könne und er persönlich dazu berufen sei, die notwendige „Programmlehre" und „Doktrin"

---

602 „Die Schirmjugend des BVE" (Ms.), o. D. [um Frühjahr 1934] [RGVA, Fond 1299/1/3, Bl. 72 f.].
603 Ebd.
604 Siehe dazu die Auseinandersetzung mit Bey, der von August bis November 1933 die Arbeit in der Geschäftsstelle unterstützte, sich aber als ungeeignet erwies. Siehe BVE (Pistor) an Deutschmann, 13.04.1934 [RGVA, Fond 1299/1/3, Bl. 70].
605 Siehe RW vom 13.08.1933.
606 Ebd.

zu formulieren. Gerade das provozierte den Widerspruch durch Johann von Leers, der solche Fragen längst für entschieden hielt: Bei „aller Achtung vor der Wissenschaft", stellte er klar, bestehe unter den Mitgliedern des BVE Einigkeit darin, „dass die theoretische Grundlage für diese tatsächliche Arbeit vorliegt". Das „umfassendste und verständlichste Lehrbuch der völkischen Idee" sei demnach „das neue deutsche Reich Adolf Hitlers".[607] Hinzu kamen Zweifel an der Urteilsfähigkeit von Fabre-Luce. Schon im Sommer 1933 hatte er vom *nationalrevolutionären Syndikalismus* eines Georges Sorel (1847–1922) geschwärmt.[608] Entsetzen rief auch seine Ansicht über die Stellung des Judentums in Frankreich hervor, das dort in Teilen *mit der nationalen Gemeinschaft verwurzelt sei*.[609]

Angesichts solcher Gegensätze bemühten sich Pistor und Johann von Leers spätestens seit Herbst 1933 darum, Fabre-Luce aus Berlin abzuschieben. Zum Jahresende gelang es beiden tatsächlich, ihn zumindest in der deutschen Sektion zu entmachten. Der Franzose sei Anfang November 1933 aus deren Leitung *vollständig ausgeschieden*, behauptete Pistor später.[610] Allerdings weigerte dieser sich, seinen Wohnort nach Zürich zu verlegen, um dort das faktisch bedeutungslose Generalsekretariat des Gesamtbundes zu leiten. Dass er sich entgegen einer angeblichen Zusage vom Dezember 1933 weiterhin in Berlin aufhielt, veranlasste Pistor und Johann von Leers, in den kommenden Monaten den Ton zu verschärfen. Brüsk etwa wies Pistor das Ansinnen eines verschrobenen Sympathisanten zurück, der Fabre-Luce für den Vorschlag gewonnen hatte, der BVE möge eine von diesem *erfundene Weltsprache in sein Programm aufnehmen*. Diesen Wunsch habe man *leider ablehnen müssen*, weil, wie ihn Pistor über eine unter Völkischen seit der Kaiserzeit weit verbreitete Ansicht belehrte, *wir die Möglichkeit einer Gemeinsprache Europas verneinen*.[611] Zum Schlagabtausch kam es schließlich, als Fabre-Luce sich im Frühjahr 1934 von der antichristlichen Agitation vieler Völkisch-Religiöser distanzierte. Im April hatte er seine

---

607 Siehe RW vom 05.11.1933 sowie die Replik von Fabre-Luce im RW vom 12.11.1933. Zu einer ähnlichen Glorifizierung verstieg sich später auch Pistor, dem zufolge Hitler „die Hoffnung der völkisch Erwachten in anderen Ländern" und der „Träger einer großen Befreiung" sei. Siehe P[istor], E[rnst]: Der Führer und das völkische Ausland, in: Der Judenkenner, Folge 4, September 1934 [LA-B, B. Rep. 042 Nr. 9138, Bl. o. P.].
608 „Meine Eindrücke als Franzose in Deutschland im Hinblick auf die jüdische Greuelhetze" (Ms.), o. D. [RGVA, Fond 1299/1/30, Bl. 1–6].
609 Ebd. Dieser Teil des Manuskripts war für die Veröffentlichung im Reichswart gestrichen worden.
610 „Anmerkungen betr. Baron F. L." (Verfasser: Pistor) (Ms.), 30.07.1934 [LA-B, B. Rep. 042 Nr. 9138, Bl. 14 f.].
611 BVE (Pistor) an Fabre-Luce, 16.01.1934 [RGVA, Fond 1299/1/5, Bl. 30]. Zur Kritik an solchen „Weltsprachen" siehe bereits Rüsten, Rudolf (Hrsg.): Was tut not? Ein Führer durch die gesamte Literatur der Deutschbewegung, Leipzig 1914, S. 61.

Ansicht dazu in zwei Artikeln ausgerechnet in der katholisch-konservativen Tageszeitung „Germania" veröffentlicht. Auch „Menschen christlichen Glaubens", hieß es darin, könnten sich „im tiefsten ihrer Seele mit der völkischen Wahrheit verbunden fühlen". Die „Erkenntnis völkischer Wahrheit" bedeute für sie deshalb „nicht etwa die Bekämpfung dessen, was ihnen als die schon vorhandene Wahrheit erscheint", sondern „eine Ergänzung dieser Wahrheit durch den Zusatz neuer völkischer Aufklärung".[612] Äußerungen dieser Art waren es, die Fabre-Luce schließlich den Vorwurf einbrachten, als *völkischer Irrläufer* ein *Schädling des nationalsozialistischen Gedankens* zu sein.[613]

Parallel zur Entmachtung von Fabre-Luce begannen Pistor und Johann von Leers damit, zur Unterstützung des Präsidenten der Abteilung Deutschland einen „Rat" einzurichten. Wer für diesen lockeren Beraterkreis benannt wurde, dessen Umfang die Satzung nicht genauer bestimmte, ist unvollständig überliefert. Über seine Mitglieder, darunter fünf der sieben Vereinsgründer vom Oktober 1934, kursieren verschiedene Übersichten.[614] Offensichtlich gab es eine beträchtliche Fluktuation. Einige Mitglieder seien *wegen Arbeitsüberlastung* oder *aus persönlichen Gründen ausgetreten* und würden deshalb *in Kürze ergänzt*, bilanzierte Pistor Ende 1934.[615] Die namentlich bekannten Ratsmitglieder verdeutlichen erneut den hohen Grad an Vernetzung unter Gesinnungsgenossen aus zum Teil konkurrierenden Organisationen in Deutschland und im Ausland. Mit Fleischhauer gehörte dem Gremium eine der treibenden Kräfte der „Internationale der Antisemiten" an. Auffällig sind zudem zahlreiche Völkische und Antisemiten, die bereits im Kaiserreich sozialisiert worden waren. Erwähnt sei beispielsweise Alfred Roth (1879–1948) aus Hamburg, der als Mitglied des Reichshammerbundes und „treibende Kraft" bei der Gründung des Deutschvölkischen Schutz- und Trutzbundes nach Ende des Ersten Weltkrieges einer der „führenden Organisatoren und Publizisten der völkischen und antisemitischen Bewegung"[616] war. Eine gewisse Prominenz hatte auch Karl Weinländer (1870–1946) aus Weißen-

---

612 FABRE-LUCE, ROBERT: Völkisch und christlich, in: Germania Nr. 136/1934 vom 18.05.1934.
613 „Ein ‚völkischer' Irrläufer" (Ms.), o. D. [um September 1934] und vermutlich durch Pistor verfasst [RGVA, Fond 1299/1/5, Bl. 13 f.].
614 Siehe BVE (Pistor) an Deutschmann, 13.09.1934 [RGVA, Fond 1299/1/3, Bl. 64 f.]; Vertraulicher „Entwurf" zur Zusammensetzung „Gr[oßen] Rat" (Hs.), o. D. [RGVA, Fond 1299/1/1, Bl. 9]; „Dem Rat der ARU gehören an" (Ms.), o. D. [RGVA, Fond 1299/1/1, Bl. 10]; Übersicht „Mitglieder des Rates" (Hs.), 22.01[?].1935 [RGVA, Fond 1299/1/1, Bl. 6 f.].
615 „Weltbund der Völkischen" (Ms.), o. D. [um Ende 1934] sowie verschiedene Schreiben von Johann von Leers an Pistor, 16., 20. und 23.10.1934 [RGVA, Fond 1299/1/1, Bl. 1–4].
616 Siehe KOPITZSCH, FRANKLIN/BRIETZKE, DIRK (HRSG.): Hamburgische Biografie. Personenlexikon (Bd. 2), Göttingen 2004, S. 351 f.; KIMMEL, ELKE: Roth, Alfred, in: BENZ, WOLFGANG (HRSG.): Handbuch des Antisemitismus. Judenfeindschaft in Geschichte und Gegenwart (Bd. 2/2), Berlin/Boston 2009, S. 695 f.

burg (Mittelfranken). Der „wegen Krankheit"⁶¹⁷ vorzeitig pensionierte Volksschullehrer verfasste seit Anfang der 1920er Jahre unter verschiedenen Pseudonymen zahlreiche Schriften, in denen er unter Rückgriff auf die „Protokolle der Weisen von Zion" Juden für alle von ihm konstatierten Verfallserscheinungen verantwortlich machte und ihnen verschwörerische Absichten unterstellte.⁶¹⁸ 1934 forderte er die „Ausschaltung [...] des Judentums aus dem deutschen Volkskörper".⁶¹⁹ Hinzu kamen jüngere Aktivisten, die durch die Kriegsniederlage und den politischen Umbruch seit 1918/19 traumatisiert worden waren und dahinter Verrat und Verschwörung durch Juden und Freimaurer vermuteten: Dies trifft auf den Schriftsteller Friedrich Hasselbacher (1900–1949) zu, der sich nach eigenen Aussagen seit 1926 im *Kampf gegen die Freimaurerei und die anderen überstaatlichen Mächte* profiliert hatte.⁶²⁰ In zahlreichen Publikationen, als Versammlungsredner sowie als Leiter eines von ihm selbst begründeten Institut zum Studium der Freimaurerei, das Mitte der 1930er Jahre kurzzeitig bestand und Mittel aus dem Propagandaministerium erhielt, suchte er die *Hochgradfreimaurerei in ihrem weltverschwörerischen Wirken* zu entlarven und aufzuzeigen, dass diese *direkt dem Judentum* verbunden sei.⁶²¹ Dem Ingenieur Ludwig Pauler (1901–1945 [?]), der seit Mitte der 1920er Jahre als selbsternannter Experte für Freimaurerfragen publizistisch im Umfeld Rosenbergs wirkte und als Gründungsmitglied des BVE ebenfalls dem „Rat" angehörte, galt er als *der bekannte Vorkämpfer gegen die Freimaurer-Pest*.⁶²² Hasselbacher, der Mitte der 1920er Jahre kurzzeitig der NSDAP angehört haben will, nach einem Zerwürfnis aber einige Jahre ein distanziertes Verhältnis zu der Partei unterhielt, sollte 1935 Schriftleiter der Vereinszeitung „Der Judenkenner" werden.⁶²³ Unter den ausländischen Ratsmitgliedern sind zahlreiche personelle Überschneidungen

---

617 SCHMID, MARKUS: Karl Weinländer: einer der vielen Wegbereiter ins Dritte Reich, in: Villa Nostra. Weißenburger Blätter für Geschichte, Heimatkunde und Kultur von Stadt und Weißenburger Land, Weißenburg 2002, S. 5–17, hier S. 5, 8. Siehe auch HARTEN/NEIRICH/SCHWERENDT: Rassenhygiene als Erziehungsideologie des Dritten Reiches, S. 84, 161 und 489.
618 Zu den Pseudonymen und seiner Bibliografie siehe SCHMID: Karl Weinländer, S. 14–16.
619 WEINLÄNDER, KARL: Die zünftige Rassenwissenschaft im Dienste der jüdischen Weltpolitik, Weißenburg (Bayern) 1934, S. 9, zit. nach SCHMID: Karl Weinländer, S. 10.
620 Friedrich Hasselbacher, Betrifft Inhalt und Auswirkungen der Entscheidung über mein Parteigerichtsverfahren, 27.10.1938 [BArch, NS 19/2978, Bl. 153–160, hier Bl. 153].
621 Friedrich Hasselbacher an Reichsführer SS, 04.01.1937 [BArch, NS 19/2978, Bl. 219–227, hier Bl. 223]. Zu seinen Veröffentlichungen siehe die Reihe „Entlarvte Freimaurerei", von der zwischen 1934 und 1939 vier Einzelbände sowie eine Ergänzungslieferung erschienen sind und die bis Anfang der 1940er Jahre zahlreiche Neuauflagen erfuhren.
622 A.R.U. (Pauler) an Schriftleitung „Deutscher Aufbau", 23.10.1934 [RGVA, Fond 1299/1/12, Bl. 74].
623 Der Judenkenner vom 14.02.1935.

mit dem Netzwerk des „Welt-Dienstes" bemerkenswert. Dazu gehört etwa der Schweizer Major Ernst Leonhardt (1885–1945), den „Der Judenkenner" als „unerschrockenen, völkischen Kämpfer" rühmte.[624] Der Führer des militanten Volksbundes und später der Nationalsozialistischen Schweizerischen Arbeiterpartei spielte im „Berner Prozess" seit 1933 um die Echtheit der „Protokolle der Weisen von Zion" eine wichtige Rolle.[625] Genannt werden können des Weiteren der türkische Antisemit Cefat Rıfat Atilhan (1892–1967), „Rittmeister" Erwin Brandt (1889–1961) aus Kopenhagen, der in den 1920 und frühen 1930er Jahren an konspirativen internationalen Antisemiten-Kongressen teilnahm und mit Fleischhauer an dem berüchtigten Lexikon „Sigilla Veri" arbeitete[626], sowie der mit Fleischhauer befreundete Clarence G. Campbell (1868–1956) aus den USA, ein führender Vertreter der amerikanischen eugenischen Bewegung, der aufgrund seiner Sympathie für die nationalsozialistische Rassenpolitik ein, wenngleich extremes, „Beispiel für die Zusammenarbeit amerikanischer Eugeniker mit deutschen Rassenhygienikern" darstellte.[627] Für eine Reihe weiterer Personen sind Verbindungen zum „Welt-Dienst" anzunehmen – so etwa für den brasilianischen Publizisten und Politiker Gustavo Barroso (1888–1959), der sich seit Anfang der 1930er Jahre als Bewunderer des Nationalsozialismus zu erkennen gab, mehrere antisemitische Schriften veröffentlichte und 1936/37 die „Protokolle der Weisen von Zion" ins Portugiesische übersetzen sollte.[628] Zu nennen ist außerdem der englische Erfinder und Wirtschaftswissenschaftler Arthur Kitson (1861–1937), ein Funktionär aus dem Führungsgremium der radikal antisemitischen IFL, der Leese mit den „Protokollen der Weisen von Zion" vertraut

---

624 SS-Obersturmführer Finke (Erfurt), 10.11.1936 [IfZ, MA 647/1, Bl. 981952] mit Verweis auf „Der Judenkenner" vom 21.02.1935. Siehe die identische Charakterisierung in „Welt-Dienst" 2 (1935) 9 vom 01.05.1935, S. 1.

625 Zur Biografie siehe HAGEMEISTER: Die „Protokolle der Weisen von Zion" vor Gericht, S. 544; WOLF, WALTER: Ernst Leonhardt, in: Historisches Lexikon der Schweiz [www.hls-dhs-dss.ch/textes/d/D43422.php; eingesehen am 19.05.2016] sowie METZGER, THOMAS: Antisemitismus in der Stadt St. Gallen 1918–1939, Fribourg 2006, S. 362–365.

626 Zur Biografie siehe HAGEMEISTER, MICHAEL: Brandt, Erwin Werner Eugen, in: BENZ, WOLFGANG (HRSG.): Handbuch des Antisemitismus. Judenfeindschaft in Geschichte und Gegenwart (Bd. 8), Berlin/Boston 2015, S. 48 f., zu dem Lexikon siehe HUFENREUTER, GREGOR: „… ein großes Verzeichnis mit eingestreuten Verbrechern." Zur Entstehung und Geschichte der antisemitischen Lexika Semi-Kürschner (1913) und Sigilla Veri (1929–1931), in: Jahrbuch für Antisemitismusforschung 15 (2006), S. 43–63.

627 KÜHL, STEFAN: „Die Deutschen schlagen uns mit unseren …", in: KAUPEN-HAAS, HEIDRUN/ ROTHMALER, CHRISTIANE (HRSG.): Moral, Biomedizin und Bevölkerungskontrolle (Sozialhygiene und Public Health, Bd. 5), Frankfurt am Main 1997, S. 115–133, hier S. 123.

628 Zur Biografie siehe MORAES, LUÍS EDMUNDO: Barroso, Gustavo Dodt, in: BENZ, WOLFGANG (HRSG.): Handbuch des Antisemitismus. Judenfeindschaft in Geschichte und Gegenwart (Bd. 2/1), Berlin/Boston 2009, S. 54.

gemacht hatte.[629] Nicht unerwähnt bleiben sollen schließlich Henry Coston (1910–2001) aus Frankreich, dessen Anfänge als Journalist und Autor ebenfalls auf die „antisemitische Internationale" der 1930er Jahre zurückreichen, und schließlich der bereits erwähnte Jean Boissel.

Obgleich der Entwurf einer Satzung bereits seit Sommer 1933 zur Diskussion stand, wurden die notariell beglaubigten Unterschriften der sieben Vereinsgründer erst im Oktober 1934 beim Amtsgericht eingereicht. Bis zum Eintrag selbst, der dann unter der Bezeichnung Alliance Raciste Universelle (A.R.U.), Weltbund der Völkischen (Bund Völkischer Europäer – Bund der Judenkenner), Abteilung Deutschland erfolgte, vergingen weitere vier Monate. Ausschlaggebend dafür waren nicht allein die Formalitäten, die nach der Gleichschaltung des öffentlichen Lebens seit 1933 die Gründung neuer Organisationen, zumal solcher mit politischem Charakter, erschwerten.[630] Für zusätzliche Verwirrung sorgte, dass zeitgleich ein Bund Völkischer Europäer, Völkisch-Christliche Gruppe Deutschlands (Alliance Raciste Européenne) zur Anmeldung kommen sollte. Dahinter stand vermutlich Fabre-Luce, der, so Pistor, *unberechtigterweise* behauptete, dazu von Johann von Leers *die Befugnis erhalten* zu haben.[631] Es bedurfte erst einer *Eingabe* an Heydrich und Himmler wie auch Goebbels, um diesen Versuch zu unterbinden.[632] Diese Entwicklung legte einmal mehr offen, dass der Konflikt mit dem französischen Baron keineswegs ausgestanden war. Programmatische Differenzen dagegen bestanden in den Kreisen der Vereinsgründer nicht. Die „drei Hauptziele", die im September 1934 veröffentlicht worden waren und Anfang 1935 durch „Grundsätze und Arbeitsziele der Alliance Raciste Universelle" verschärft wurden, ließen an der radikal antisemitischen Zielsetzung keinen Zweifel.[633] Einmal mehr postulierte der BVE

---

629   Zu Kitson siehe SURETTE, LEON: Pound in Purgatory. From Radical Economics to Anti-Semitism, Illinois 1999, S. 215–238 sowie knappe Hinweise bei BRECHTKEN: Madagaskar für die Juden, S. 64–67 und BAUERKÄMPER: Die „radikale Rechte" in Großbritannien, S. 133–136.
630   BVE (Pistor) an Deutschmann, 15.10.1934 [RGVA, Fond 1299/1/3, Bl. 60] sowie Deutschmann an BVE (Pistor), 23.10.1934 [RGVA, Fond 1299/1/3, Bl. 59].
631   A.R.U. (Pistor) an AG Charlottenburg, 06.11.1934 [LA-B, B. Rep. 042 Nr. 9138, Bl. 11 f.]. Siehe auch Deutschmann an BVE (Pistor), 10.11.1934 [RGVA, Fond 1299/1/3, Bl. 55]. Ein Vorläufer des Vereins soll demnach bereits 1933 angemeldet worden sein. Diese Anmeldung sei *mangels Beglaubigung* aber *unwirksam* gewesen. Sie erfolgte dann erneut zunächst unter dem Namen „Völkisch-Christliche Gruppen" und schließlich unter der Bezeichnung „Bund Völkischer Europäer, Völkisch-Christliche Gruppe Deutschlands (Alliance Raciste Européenne)". Der BVE erfuhr offensichtlich erst von dieser Gründung, als ihm irrtümlicherweise die Kosten dafür in Rechnungen gestellt wurden.
632   BVE (Pistor) an Deutschmann, 15.10.1934 [RGVA, Fond 1299/1/3, Bl. 60].
633   Aufruf an die Mitglieder und Freunde des Bundes, in: Der Judenkenner, Folge 4, September 1934 [LA-B, B. Rep. 042 Nr. 9138, o. P.]. Siehe auch „Grundsätze und Arbeitsziele der Alliance Raciste Universelle" (Ms.), 25.01.1935 [eventuell auch 25.05.1935] [RGVA, Fond 1299/1/3, Bl. 19–26].

in dieser Phase des Übergangs die weltgeschichtliche Bedeutung des in seinen Augen unausweichlichen Kampfes „gegen das internationale Weltjudentum", der „bis zu seiner rassigen und geistigen Ausscheidung aus dem Leben aller nichtjüdischen Völker" zu führen sei.[634] Unter der künftigen Führung der A.R.U. sollte dazu jene „völkische Weltschau" entwickelt werden, die „alle arischen Völker zusammenführen und einen" könne, um so den „Aufbau einer neuen Weltordnung" zu ermöglichen, „in der die aus dem tiefsten Volkstum und dem Blute geborene Wahrheit und Schönheit über die Lüge und das Chaos der Unterwelt triumphiert".[635]

Diese utopischen Ankündigungen im Herbst 1934 dürfen nicht darüber hinwegtäuschen, dass die A.R.U. sich zum Zeitpunkt ihrer offiziellen Gründung in einer kritischen Phase befand. Nachdem zu Reventlow bereits im Sommer 1933 sein Amt als Vorsitzender der Abteilung Deutschland wieder abgegeben hatte, trat er jetzt auch als Vizepräsident des Gesamtbundes zurück. Im September verkündete „Der Judenkenner", zu Reventlow habe „vor der Neuordnung des Bundes die Vizepräsidentschaft des B.V.E. niedergelegt".[636] Zugleich entzog er der Organisation ihre publizistische Plattform. Schon im Juli war der „Reichswart" letztmals als dessen Vereinsorgan erschienen. Hinzu kam, dass auch Johann von Leers bald aufgrund von *Arbeitsüberlastung* sein Amt als Präsident der Abteilung Deutschland der A.R.U. aufgeben musste.[637] Im Sommer 1934 trat er zurück, wenngleich er sein Amt offiziell noch bis Oktober ausübte. Zum 1. November ernannte er Pistor zu seinem Nachfolger. Gleichwohl erwies Johann von Leers dem Verein in dieser Phase noch einen wichtigen Dienst: Trotz seiner zahlreichen Verpflichtungen fand er Zeit, gemeinsam mit Pistor eine Kampagne zu starten, um Fabre-Luce endgültig als „untragbar" aus dem BVE zu entfernen. Der Franzose habe *der völkischen Sache entgegen der Erwartung nur geschadet,* heißt es in einem Dossier vom Herbst 1934, das vermutlich Pistor zusammengestellt hatte.[638] Um ihr Ziel zu erreichen, scheuten sich seine Kontrahenten auch nicht vor fragwürdigen Methoden.

Schon im Juli 1934 hatte Pistor Fabre-Luce bei der Staatspolizei mit Hinweis auf dessen angeblich *unangemessenen Lebenswandel* denunziert.[639] Jetzt

---

634 Aufruf an die Mitglieder und Freunde des Bundes, in: Der Judenkenner, Folge 4, September 1934 [LA-B, B. Rep. 042 Nr. 9138, o. P.].
635 Ebd.
636 Der Judenkenner, Folge 4, September 1934 [LA-B, B. Rep. 042 Nr. 9138, Bl. o. P.].
637 „Weltbund der Völkischen" (Ms.), o. D. [um Ende 1934] sowie Schreiben von Johann von Leers an Pistor vom 16., 20. und 23.10.1934 [RGVA, Fond 1299/1/1, Bl. 1–4].
638 „Ein ‚völkischer' Irrläufer" (Ms.), o. D. [um September 1934] [RGVA, Fond 1299/1/5, Bl. 13 f.].
639 „Anmerkungen betr. Baron F. L." (Verfasser: Pistor) (Ms.), 30.07.1934 [LA-B, B. Rep. 042 Nr. 9138, Bl. 14 f.].

verstärkte er die öffentlichen Angriffe auf diesen *Irrläufer*.[640] Ein Hausverbot sollte den Besuch von Versammlungen des BVE unterbinden. *Der zu erwartende Fabre-Luce sei nicht herein zu lassen,* wurden die Saalschützer für einen Werbeabend im Oktober 1934 in der Aula des Friedrich-Wilhelm-Gymnasiums angewiesen.[641] Darüber hinaus unterstellte er Fabre-Luce, *Beziehungen zu freimaurerischen Kreisen* zu unterhalten.[642] Über die völkische Presse versuchte Pistor, dieses Gerücht zu lancieren.[643] Auch Johann von Leers forderte er auf, seine Beziehungen zu Verlagen spielen zu lassen. Es wäre *nicht ungeeignet, wenn die „Deutsche Zeitung" entweder eine ähnliche Notiz oder einen Auszug aus dieser Notiz veröffentlichen würde, damit die Angelegenheit in einem breiteren Leserkreis bekannt wird,* teilte Pistor ihm mit.[644] Zwar dürfte er dessen Einfluss überschätzt haben. Im Gegenzug war Johann von Leers allerdings in der Lage, Pistor mit Informationen zu versorgen, die die angeblich kriminellen Machenschaften von Fabre-Luce belegen sollten und sich an anderer Stelle verwenden ließen.[645] Dem SD jedenfalls galt Fabre-Luce als *Hochstapler schlimmster Sorte,* dem *Devisenschmuggel* und *Homosexualität* vorgeworfen wurde und der den *Typ des wurzellosen Intellektuellen* verkörpere, wie ein Mitarbeiter vermerkte.[646]

Das personelle Revirement zwang den BVE seit Sommer 1934, seine Publizistik neu zu ordnen. Als Ersatz für den „Reichswart" erschien seit August die Zeitung „Der Judenkenner". Über die Hintergründe, die zur Trennung vom „Reichswart" geführt hatten, hielt sich das Blatt bedeckt. Den Lesern wurde lediglich mitgeteilt, zu Reventlow haben wegen der Fülle an Material den vom BVE beanspruchten Platz nicht länger zur Verfügung stellen können.[647] „Der

---

640 „Ein ‚völkischer' Irrläufer" (Ms.), o. D. [um September 1934] [RGVA, Fond 1299/1/5, Bl. 13 f.].
641 „Anordnung für den Werbeabend vom 2.10." (Ms.) [um Ende September 1934] [RGVA, Fond 1299/1/12, Bl. 12].
642 „Notiz: ‚Bund Europäischer Rassen'" (Ms.), o. D. [Dezember 1934] [RGVA, Fond 1299/1/5, Bl. 8].
643 So in Hauers „Durchbruch" (Ausgabe vom 25.11.1934) und vermutlich auch der „Spirale" von Roth. Im „Judenkenner" hieß es, Fabre-Luce habe den BVE „seiner völkisch-nationalsozialistischen Grundsätze zu entfremden" versucht. Dies aber sei „wie andere ähnliche damit zusammenhängende (konfessionelle) Versuche [...] an dem Widerstand der Leitung des Bundes gescheitert". Fabre-Luce sei zudem „nach Charakter, Lebensführung und geistiger Struktur als Präsident eines völkischen Bundes nicht mehr tragbar" gewesen. Innerhalb der A.R.U. entfalle „seine Präsidentenstelle. Wir haben mit ihm nichts mehr zu tun." Mitteilungen der Bundesleitung, in: Der Judenkenner, Folge 5, Oktober 1934 [LA-B, B. Rep. 042 Nr. 9138, Bl. o. P.].
644 Pistor an von Leers, 05.12.1934 [RGVA, Fond 1299/1/5, Bl. 7].
645 Ebd.
646 Alliance Raciste Universelle – Weltbund der Völkischen, Abt. D., Bericht SD-Hauptamt, II 111 (Theodor Christensen) o. D. [um September 1935] [IfZ, MA 647/1, Bl. 981942 f.].
647 Der Judenkenner, Folge 2, August 1934 [LA-B, B. Rep. 042 Nr. 9138, o. P.].

Judenkenner", von der Satzung später zum „Vereinsblatt"[648] bestimmt, hatte zunächst die Form eines Flugblatts, das die Mitglieder monatlich mit Vereinsnachrichten versorgte. Seit Februar 1935 erschien er als Wochenzeitung im Verlag Der Freiheitskämpfer[649] und schließlich im eigens gegründeten Verlag Der Judenkenner. Verantwortlich für den Inhalt war anfangs Pistor, Schriftleiter für kurze Zeit Hasselbacher. Ihm folgte im März 1935 Pauler, der diese Funktion nach eigenen Angaben bis Juni 1936 ausgeübt hat.[650] Vereinsblatt der A.R.U. blieb „Der Judenkenner" allerdings nur wenige Monate. Seit November 1935 entfiel die Rubrik mit Vereinsnachrichten der A.R.U.

Bis dahin entfaltete die A.R.U. nochmals große Betriebsamkeit. So fanden im Herbst und Winter 1934 in Berlin zahlreiche „Aufklärungsabende" mit bis zu 200 Teilnehmern statt, auf denen der fiktive „Weltfeind" und dessen Helfer entlarvt werden sollten: Pistor etwa kündigte eine „Abrechnung mit den Dunkelmächten" an. Pauler sprach über „Deutschlands Kampf für die arische Rasse". Hasselbacher präsentierte unter dem Titel „Die Freimaurer-Revolution vom 9. November 1918" angeblich *neue Enthüllungen* über die *Revolte der Judäo-Marxisten* und ihre *bürgerlichen Schildhalter*.[651] Der Literaturwissenschaftler Heinrich Kraeger (1870–1945)[652], ein „völkischer Multifunktionär"[653], der seit 1926 als Privatdozent an der TH Charlottenburg lehrte und unter dem Pseudonym E. Ekkehard seit 1929 in Fleischhauers Bodung-Verlag das antisemitische Nachschlagewerk „Sigilla Veri (Philipp Stauff's Semi-Kürschner)" herausgab, hielt einen Vortrag über „Dietrich Eckart" als „Vorkämpfer des völkischen Deutschlands". Angekündigt wurde zudem ein „Bericht über den Judenprozess in Bern".[654] Darüber hinaus unternahm die A.R.U. erhebliche Anstrengungen,

---

648 Siehe Paragraf 12 der Satzung des Weltbundes der Völkischen, abgedruckt in: Der Judenkenner vom 03.04.1935.

649 Der Judenkenner vom 14.02.1935. Im Verlag Der Freiheitskämpfer unter Leitung von Hannsotto Schwabe erschien offensichtlich eine Zeitung gleichen Namens, die Anfang 1935 „auf kurze Zeit beschlagnahmt" wurde, wie „Der Judenkenner" berichtete. Siehe JÜDISCHE INFORMATIONSZENTRALE (HRSG.): Die angeblichen „Protokolle der Weisen von Zion" als weltpolitisches Agitationsmittel, Amsterdam 1935, S. 7.

650 Siehe Lebenslauf vom 06.07.1938 [BArch, BDC-RK].

651 A.R.U. an zu Reventlow, 23.10.1934 [RGVA, Fond 1299/1/12, Bl. 75] sowie A.R.U. (Pauler) an Schriftleitung des „Deutschen Aufbau", 23.10.1934 [RGVA, Fond 1299/1/12, Bl. 75]. Siehe auch Einladung, in: Der Judenkenner, Folge 6, November 1934 [LA-B, B. Rep. 042 Nr. 9138, Bl. o. P.].

652 Zu Kraeger siehe AUF DER HORST, CHRISTOPH: Heinrich Kraeger, in: KÖNIG, CHRISTOPH (HRSG.): Internationales Germanistenlexikon 1800–1950 (Bd. 1: A–G), Berlin/New York 2003, S. 997–999; BREUER: Die Völkischen in Deutschland, S. 153.

653 Siehe HUFENREUTER: Philipp Stauff, S. 199.

654 Einladungskarte des Weltbundes der Völkischen für den 07.12.1934 [RGVA, Fond 1299/1/6, Bl. 4].

um für den „Judenkenner" neue Leser zu gewinnen. „Alle Mann an Bord zum Ausbau unseres Kampfblattes [...] und zur arischen Befreiung", appellierte sie im September 1934 an ihre Mitglieder.[655] Tatsächlich erreichte die Zeitung einen beachtlichen Zuwachs. Im ersten Quartal 1935 soll ihre „Durchschnittsauflage" nach Angaben des Verlags bei 28.000 Exemplaren gelegen haben. Bis Herbst 1935 konnte diese auf angeblich rund 32.000 Exemplare gesteigert werden. Im Vergleich mit dem „Stürmer" mag das gering erscheinen. Zu berücksichtigen ist allerdings, dass dessen Auflage 1934 kaum höher lag und der Zuwachs auf mehrere Hunderttausend Exemplare erst in diesen Jahren einzusetzen begann.[656] Der Vertrieb des „Judenkenners" erfolgte im Abonnement und in Berlin im Straßenverkauf. Zu diesem Schritt sah die Redaktion sich unter anderem deshalb veranlasst, weil offensichtlich an zahlreichen Kiosken die Zeitung nicht an prominenter Stelle aushing, sondern nur „versteckt" geführt oder sogar „ganz boykottiert" wurde, wie der Verlag klagte.[657] Um schließlich dem Anspruch gerecht zu werden, die A.R.U. repräsentiere eine internationale Sammlungsbewegung, forderte „Der Judenkenner" seine Leser auf, die Zeitung an Freunde „auch im Ausland" weiterzureichen.[658] Die Redaktion zeigte sich dazu sogar zu einem in völkischen Kreis umstrittenen Zugeständnis bereit: Aufgrund der „zahlreichen Leser" jenseits der Grenzen des Deutschen Reiches, erklärte sie, werde die Zeitung „in Antiqua gedruckt, obwohl wir sonst den deutschen Druck vorziehen."[659] Der Erfolg allerdings schien diese Entscheidung zu rechtfertigen. Im Herbst 1935 stellte die Redaktion zufrieden fest, „Der Judenkenner" habe inzwischen bei den „völkischen Freunden" im Ausland „eine geachtete Stellung errungen".[660] Ihren Führungsanspruch gegenüber den Sympathisanten außerhalb des Deutschen Reiches unterstrich die A.R.U. auch damit, dass fremdsprachige Ableger der Zeitung produziert wurden. Schon der Titelkopf des flugblattartigen Vorläufers der Wochenzeitung im Herbst 1934 suggerierte unter dem Titel „Le Depisteur du Juif" und „The Jew-wise" Ausgaben auf Französisch und Englisch. Ob es diese bereits damals gegeben hat, ist unklar. Tatsächlich erschien wohl im September 1935 erstmals eine Beilage in russischer Sprache unter dem Titel „Zhidowed"

---

655 Der Judenkenner, Folge 4, September 1934 [LA-B, B. Rep. 042 Nr. 9138, o. P.].
656 Zur Entwicklung der Auflage siehe Roos: Julius Streicher und „Der Stürmer" 1923–1945, S. 252.
657 Mitteilungen des Verlags, in: Der Judenkenner vom 17.07.1935.
658 Der Judenkenner, Folge 2, August 1934 [LA-B, B. Rep. 042 Nr. 9138, o. P.].
659 Mitteilung des Herausgebers, in: Der Judenkenner vom 03.04.1935.
660 An die Mitglieder, in: Der Judenkenner vom 18.09.1935.

(Жидовед).⁶⁶¹ Auch eine Ausgabe des „L'Eclaireur Aryen" in französischer Sprache kam offensichtlich erst zu diesem Zeitpunkt zustande. An die Leser erging der Appell, beim Verlag weitere Exemplare anzufordern und auf eigene Kosten ins Ausland zu senden.⁶⁶² Im März 1936 dann, als die A.R.U. sich vom „Judenkenner" getrennt hatte, vermerkte das Deckblatt der deutschsprachigen Ausgabe neben dem russischsprachigen und dem französischsprachigen Titel weitere „Beilagen" unter dem Titel „Aryan News" (Englisch) und „Notitie Ariane" (Italienisch). Über die Auflage und Vertriebswege dieser Ableger ist nichts bekannt. Ein Versand ins Ausland hat allerdings stattgefunden. Dies belegt ein Vorfall im November 1935, als in Algerien der Mediziner Mohamed Salah Bendjelloul (1893–1985), der bei einem antijüdischen Pogrom im August 1934 eine zentrale Rolle gespielt hatte, ein Paket mit französischsprachigen Ausgaben der Zeitung erhielt und damit die Aufmerksamkeit der französischen Kolonialmacht erregte.⁶⁶³

Den Niedergang und schließlich das Ende der A.R.U. verhinderte dieser Aktionismus jedoch nicht. Als die Organisation am 3. April 1936 durch die Gestapo aufgelöst wurde und damit das Schicksal anderer völkischer Organisationen teilte⁶⁶⁴, war sie weitgehend inaktiv. Diese Entwicklung hatte sich länger schon abgezeichnet. Seit Anfang 1935 gingen öffentlich wirksame Aktivitäten spürbar zurück. Versammlungen fanden kaum noch statt. Im November dieses Jahres verlor die A.R.U. zudem ihre publizistische Plattform. Im „Judenkenner" entfiel seitdem die Rubrik mit Vereinsnachrichten. Ob die Zeitung im Sommer tatsächlich vorübergehend *verboten* war, bleibt dabei unklar.⁶⁶⁵ Auch von den zahlreichen propagandistischen Vorhaben wurde kaum eines umgesetzt: Die antijüdische Ausstellung „Zwei Welten" blieb eine vage Konzeption. Ebenso wenig konnte die Idee eines jungen Aktivisten weiterverfolgt werden, der als zeitgemäßes Medium einen antisemitischen Propagandafilm vorgeschlagen

---

661 Siehe Hinweis in Antikomintern (Ehrt) an Propagandaministerium (Taubert), 01.10.1935. Demnach erscheine die russischsprachige Beilage *seit kurzer Zeit* [BArch, NS 43/18, Bl. 116; IfZ, MA 128].
662 Der Judenkenner vom 18.09.1935.
663 Siehe ROBERTS, SOPHIE B.: Jews, Citizenship, and Antisemitism in French Colonial Algeria, 1870–1943 (Diss. phil.), Toronto 2011, S. 198 f.
664 Zu den völkischen Organisationen, die in dieser Phase aufgelöst wurden, gehörte auch Wilhelm Schwaners „Bund deutscher Volkserzieher". Siehe HUFENREUTER/KNÜPPEL: Wilhelm Schwaner – Walther Rathenau, S. 60. Zur Politik des SD gegenüber völkischen Organisationen in dieser Phase siehe DIERKER, WOLFGANG: Himmlers Glaubenskrieger. Der Sicherheitsdienst der SS und seine Religionspolitik 1933–1941, Paderborn 2002.
665 Aktennotiz zum Judenkenner bzw. Weltbund der Völkischen, 25.07.1935 mit Ergänzung 08.08.1935 [BArch, R 187/221, o. P.].

hatte.⁶⁶⁶ Zwar sei ein solcher *judenkennerischer völkischer Weltfilm* gewiss *fällig*, stimmte Pistor dem Vorschlag zu. Ein geeigneter Produzent dafür konnte aber nicht gefunden werden.⁶⁶⁷ Ein im Mai 1935 angekündigter Film „gegen den Unfug der Freimaurerei"⁶⁶⁸ kam ebenfalls nicht zustande. In der Schriftenreihe „Arische Wehr" sind zudem nur drei Veröffentlichungen nachweisbar.⁶⁶⁹ Auch internationale Tagungen, wie sie für Anfang 1935 erstmals geplant waren, fanden niemals statt. Zum Zeitpunkt ihrer Auflösung gab die A.R.U. somit das Bild einer von Eiferern geführten, politisch bedeutungslosen und kaum handlungsfähigen Organisation ab. Es stellt sich deshalb die Frage, woran der Verein scheiterte und weshalb er schließlich überhaupt noch verboten wurde.

Eine der Ursachen waren zweifelsohne die verbandsinternen Querelen, die BVE und A.R.U. von Anfang an prägten. Dies zeigte sich in der Auseinandersetzung mit Fabre-Luce und dessen Machenschaften, die im Herbst 1934 nur vordergründig beendet waren. Der Franzose weigerte sich trotz des ihm abgerungenen Zugeständnisses, Berlin zu verlassen, und blieb ein dauerhaftes Ärgernis. Viele Ortsgruppen zeichneten sich zudem durch kaum wahrnehmbare Aktivitäten aus. Die organisatorischen Strukturen blieben schwach. Bedingt war dies durch die hohe Fluktuation unter studentischen Funktionären. Viele erfahrene Aktivisten aus der Generation älterer Völkischer, die das Vertrauen der Berliner Verbandsführung genossen, zeigten sich zudem angesichts ihrer Ämterhäufung seit 1933 überlastet. Hinzu kam ein erhebliches Maß an internen Rivalitäten.

Entscheidender für die Entwicklung dürfte jedoch gewesen sein, dass die A.R.U. ihre Bedeutung überschätzte und sich durch ihr öffentliches Auftreten angreifbar machte. Ihre Funktionäre gaben sich nämlich dem irrigen Glauben hin, als relevanter Akteur auf dem Gebiet der „Judenpolitik" politischen Einfluss auf Staat und Partei nehmen zu können. Eine Entschließung etwa, die Mitglieder einer Versammlung im November 1934 in Berlin verabschiedeten, wurde anschließend zahlreichen Parteigrößen (Hitler, Hess, Goebbels, Darré) und Ministerien zugeleitet. Auf den dringlichen Appell, die darin angestellten Erwägungen aufzugreifen, reagierten die Adressaten, wenn überhaupt, mit ausweichenden Antworten. Gravierender als diese Fehleinschätzung der eigenen Bedeutung war aber, dass sowohl Mitarbeiter des Propagandaministeriums

---

666 Wesemeyer (Halle) an A.R.U. (Pistor), 04.11.1934 [RGVA, Fond 1299/1/18, Bl. 4].
667 A.R.U. (Pistor) an Wesemeyer (Halle), 08.11.1934 [RGVA, Fond 1299/1/18, Bl. 3].
668 Siehe Eigenwerbung, in: Der Judenkenner vom 22.05.1935.
669 OBERMEISTER, HANNS: Die entschleierte Bibel (Arische Wehr, Heft 1), Berlin 1935; STURM, HANS: Entlarvte Dunkelmächte (Arische Wehr, Heft 2), Berlin 1936; OBERMEISTER, HANNS: Kirchliche Irrlehren (Arische Wehr, Heft 3), Berlin 1936.

als auch des Partei- und Sicherheitsapparates der A.R.U. aufgrund ihrer Programmatik und Publizistik zunehmend skeptisch begegneten. Im Umfeld des Propagandaministeriums etwa galten die Aktivisten als unseriöse Eiferer. Adolf Ehrt (1902–1975) vom Gesamtverband deutscher antikommunistischer Vereinigungen, einer Tarnorganisation unter der Kontrolle jener Goebbels-Mitarbeiter, die schon einen Empfang russischer Emigranten mit Beziehungen zur A.R.U. im Propagandaministerium hintertrieben hatten, bemängelte im Oktober 1935 die russischsprachige Beilage im „Judenkenner". Dabei handele es sich um ein *übles Revolverblatt, das dem Kampf gegen das Judentum [...] einen sehr schlechten Dienst erweist*.[670] Begründet wurde dies mit der bemerkenswerten Einschätzung, die Zeitung arbeite mit *untauglichen Mitteln der Unwissenheit und Entstellung*. Ehrt führte dies darauf zurück, dass die A.R.U. sich nicht auf die *entschiedenen und soliden Judengegner aus der Emigration* stütze, mit denen man selbst kooperiere, sondern auf jene *dritte Garnitur, die ihre Unfähigkeit durch 200 %-igkeit zu verbergen sucht*.[671] Diese Geringschätzigkeit dürfte allerdings auch damit zu erklären sein, dass Ehrt mit seiner Organisation in Konkurrenz zur A.R.U. stand, beanspruchte er doch selbst, was die russischsprachige Agitation betraf, ein Monopol für den *planmäßigen und konsequenten Kampf gegen Judentum und Bolschewismus*.[672] Mitarbeiter aus dem Parteiapparat dagegen konnten den Deutungsanspruch der A.R.U. in Fragen der Weltanschauung nicht akzeptieren: Die Kreise um Pistor gaben sich der Illusion hin, als Transmissionsriemen wirken zu können und *in Deutschland die im Programm der N.S.D.A.P. verankerten völkischen Grundsätze des Nationalsozialismus wissenschaftlich zu erläutern und in ihre[r] Bedeutung herauszuheben*.[673] Diese Selbstzuschreibung hatte zur Folge, dass insbesondere unter Mitgliedern von SS, SA und Partei intensiv geworben wurde, unter anderem mit Vergünstigungen im Mitgliedsbeitrag. Es zeugte jedoch von einer Verkennung der Realität, dass die NSDAP sich zur Erklärung ihrer Weltanschauung eines Verbandes wie der A.R.U. bedienen würde, zumal auf einem zentralen Gebiet wie der „Judenfrage". Vor diesem Hintergrund ist auch die Ablehnung der A.R.U. durch den SD zu bewerten, der im Herbst 1935 festhielt, für Parteimitglieder bestünden innerhalb der NSDAP *genügend Möglichkeiten, sich im völkischen Sinne zu betätigen*.[674]

---

670 Ehrt an Propagandaministerium (Taubert), 01.10.1935 [BArch, NS 43/18, Bl. 116; IfZ, MA 128].
671 Ebd.
672 Ebd.
673 „Weltbund der Völkischen" (Ms.), o. D. [um Ende 1934] [RGVA, Fond 1299/1/1, Bl. 1–4].
674 Alliance Raciste Universelle – Weltbund der Völkischen, Abt. D., Bericht SD-Hauptamt, II 111 (Theodor Christensen) o. D. [um September 1935] [IfZ, MA 647/1, Bl. 981942 f.].

Ähnliches trifft auf den völkischen Internationalismus der A.R.U. zu, der die Organisation in Konflikt mit Partei und Staat bringen musste. Eine Deutungshoheit konnte die A.R.U. nicht beanspruchen. Dies erklärt auch die nachdrücklich vorgebrachte Forderung des SD, wonach die *zwischenstaatliche Förderung des völkischen Kampfes [...] lediglich Gliederungen der Partei überlassen werden sollte*.[675] Der Argwohn der „Judenexperten" des SD resultierte schließlich daraus, dass die „Judenpolitik" Mitte der 1930er Jahre eine neue Ausrichtung erfuhr. Die A.R.U. galt ihnen als *typische intellektuelle Gründung*, erschien *schwer kontrollierbar* und zeigte sich in ihrer antisemitischen Publizistik nicht auf der Höhe der Zeit. So warfen sie dem „Judenkenner" unter anderem vor, *vielfach auch nicht stichhaltiges Material* zu verwenden.[676] Ein solches Niveau aber genügte offensichtlich nicht mehr den Anforderungen an die künftige „Judenpolitik", die „sachlich, wissenschaftlich und rational" zu sein hatte.[677]

Diese kritische Einschätzung blieb nicht ohne Folgen: So erklärte das Oberste Parteigericht Ende Juli 1935 gegenüber Himmler, es halte eine Mitgliedschaft von SS-Angehörigen in der A.R.U. *für untunlich*.[678] Für Mitglieder der NSDAP legten die Parteirichter einen weniger strengen Maßstab an. Ihnen müsse der Beitritt zur A.R.U. nicht notwendigerweise untersagt werden, da, so die irrige Annahme, Julius Streicher *darin doch offenbar eine bedeutende Rolle spielt*.[679] Nachdem Martin Bormann sich in der Sache informiert hatte, sorgte er allerdings kurz darauf für klare Verhältnisse. Ende August 1935 ordnete er an, *eine Mitgliedschaft von Parteigenossen im sogenannten Weltbund der Völkischen sei unerwünscht*.[680] Den letzten Stoß versetzte dann Reinhard Heydrich, der zwischenzeitlich die politische Polizei der Länder führte, der A.R.U. Anfang April 1936 verfügte er ihre *Auflösung*.[681] Das Verbot erfolgte auf der Grundlage von Paragraf 1 der Verordnung zum Schutz von Volk und Staat vom 28. Februar 1933, jenem Instrument zur „Abwehr kommunistischer staatsgefährdender Gewaltakte" also, mit dem die Nationalsozialisten nach dem Reichstagsbrand

---

675 Ebd.
676 Ebd.
677 Siehe dazu WILDT, MICHAEL (HRSG.): Die Judenpolitik des SD 1935–1938. Eine Dokumentation (Schriftenreihe der Vierteljahrshefte für Zeitgeschichte, Bd. 71), München 1995, S. 48.
678 Vorsitzender des OPG (Buch) an RFSS (SS-Gericht), 26.07.1935 [BArch, R 187/221, o. P.]. Das OPG musste sich mit dieser Frage offensichtlich befassen, nachdem in der Zeitung der Obersten SA-Führung ein Beitrag über die A.R.U. erschienen war, der eine entsprechende Anfrage ausgelöst hatte.
679 Ebd.
680 Stellvertreter des Führers, Rundschreiben 171/35 vom 26.08.1935 [BArch, NS 6/220, Bl. 93 sowie BA-B, R 187/221, o. P.].
681 Heydrich an Staatspolizeistellen, 03.04.1936 [BArch, R 58/1029, Bl. 30 f.].

ihre politischen Gegner ausgeschaltet hatten. Gegenüber der A.R.U. wurde das Verbot mit der nicht näher ausgeführten Behauptung begründet, ihre Tätigkeit sei geeignet, *die Maßnahmen der Reichsregierung auf dem Gebiete der Rassenfrage zu gefährden*.[682] Dass es sich hierbei um eine vorgeschobene Erklärung handelte, wird aus Heydrichs Begleitschreiben an die zuständigen Polizeibehörden ersichtlich. Darin ließ er ausdrücklich betonen, die Ziele der zu diesem Zeitpunkt weitgehend inaktiven Organisation wie etwa die *Aufklärung der Völker im Kampf gegen die überstaatlichen Mächte* seien *an sich begrüßenswert* gewesen. Unter den *führenden Mitgliedern* der A.R.U. hätten sich allerdings, so Heydrich weiter, auch solche Personen befunden, *die im Hinblick auf ihr bisheriges Verhalten eine mit der Zielsetzung der Reichsregierung übereinstimmende Tätigkeit nicht gewährleisten*.[683] Auf wen diese Formulierung gemünzt war, blieb unklar. Zu vermuten ist, dass unter anderem Anhänger der Lehren Ludendorffs gemeint waren, die der A.R.U. in größerer Zahl angehörten und zeitweise in Konflikt mit Himmler und seinen „Glaubenskriegern" geraten waren. Neben Hasselbacher kann beispielhaft der Publizist Hermann Rehwaldt (1896–1972) genannt werden, den Erich Ludendorff 1930 in die Schriftleitung seiner „Volkswarte" berufen hatte und den „Der Judenkenner" als „[u]nser[en] Freund" bezeichnete.[684] Nicht ohne Eigennutz agierte in dieser Situation die Gestapo, die sich einen Zugriff auf die Unterlagen der A.R.U. erhoffte. Heydrich wies deshalb die Staatspolizeistellen an, *das vorhandene Aktenmaterial zu beschlagnahmen*. Besonderes Interesse entwickelte er dabei für die *Erfassung des etwa gesammelten Materials über die Judenbewegung*.[685]

Johann von Leers hatte sich zum Zeitpunkt der Auflösung bereits aus dem Verein zurückgezogen. Ähnlich dem Führerrat der ADG, blieb auch sein Aktionismus für den BVE und die A.R.U. episodenhaft. Seine Bedeutung für die kurzlebige Geschichte dieser Organisation ist gleichwohl nicht zu unterschätzen. Als prominenter Nationalsozialist unterstützte er sie vor allem hinter den Kulissen. Besonders wirkungsvoll erwiesen sich seine Netzwerke, mit denen sich Türen in die Apparate von Staat und Partei zumindest öffnen ließen. Wie bei der ADG dürfte Johann von Leers allerdings bald die Aussichts-

---

682 Heydrich an A.R.U. (Pistor), 03.04.1936 [BArch, R 58/1029, Bl. 32].
683 Heydrich an Staatspolizeistellen, 03.04.1936 [BArch, R 58/1029, Bl. 30 f.]. Siehe auch „Betreff: Weltbund der Völkischen", Bayerische Politische Polizei an Polizeidirektionen, Staatspolizeiämter etc. vom 28.04.1936 [BArch, R 187/221, o. P.].
684 Völkischer Okkultismus, in: Der Judenkenner vom 26.02.1936. Bereits im Jahr zuvor hatte der „Judenkenner" zum 70. Geburtstag Ludendorffs Elogen über diesen „großen Feldherrn der Deutschen" und „Kämpfer und Warner" veröffentlicht. Siehe Der Judenkenner 1 (1935) 7 vom 03.04.1935.
685 Heydrich an Staatspolizeistellen, 03.04.1936 [BArch, R 58/1029, Bl. 30 f.].

losigkeit dieser Sammlungsbewegungen erkannt haben. Hinzu kam der offensichtlich wachsende Einfluss, den Anhänger der Lehren Ludendorffs im BVE und in der A.R.U. gewannen. Obgleich Johann von Leers an Sitzungen des Vorstands schon seit Sommer 1934 allenfalls sporadisch teilnahm[686] und die in der Öffentlichkeit verbreitete Begründung seines Ausscheiden aufgrund von Arbeitsüberlastung plausibel war, gehörte er zu den sieben Einzelpersonen, die im Oktober 1934 ihre Unterschrift unter die Satzung des BVE bzw. der A.R.U. setzten und die Organisation nach den Statuten des Vereinsrechts überhaupt erst gründeten. Grundlegende programmatische oder weltanschauliche Differenzen dürften für seinen Rückzug deshalb keine Rolle gespielt haben. Nachdem er sein Amt im Herbst 1934 an Pistor übergeben hatte, verkündete Johann von Leers denn auch, er bleibe *selbstverständlich* Mitglied des Vereins und des *Rates der A.R.U.*[687] Werbung betrieb er zudem für den „Judenkenner", für den er selbst zwar, soweit ersichtlich, keine Beiträge verfasste. Allerdings scheute er sich nicht, das Blatt an andere Stelle weiterhin zur weltanschaulichen Lektüre zu empfehlen.[688]

4.5 Konfliktlinien: Das Verhältnis zu Rosenberg und Goebbels

Die außergewöhnliche Stellung, die Johann von Leers seit Anfang der 1930er Jahre in der Partei und einer Reihe von Sammlungsbewegungen eingenommen hat und ihn während der Phase der Gleichschaltung 1933/34 zu einem gefragten Aktivisten auf kulturpolitischem Terrain avancieren ließ, spiegelte sich in einer mehr als nur flüchtigen Bekanntschaft nicht nur mit Joseph Goebbels, sondern auch mit Alfred Rosenberg wider. Eben diese engen Beziehungen zu zwei prominenten Nationalsozialisten waren es, die Journalisten seit Ende der 1950er Jahre immer wieder skandalisierten. Seine Karriere an der Universität Jena habe er „Rosenbergs Gnaden"[689] zu verdanken, berichteten SPIEGEL und Springer-Presse gleichlautend. Dass er „Leiter der Abteilung für antisemitische Propa-

---

686 Aus den unvollständig überlieferten Unterlagen der Sitzungen des Vorstandes ist zu schließen, dass er bereits im Sommer 1934 diesen Treffen fernblieb [RGVA, Fond 1299/1/28, Bl. 1–3].
687 Johann von Leers an Pistor, 20. und 23.10.1934 [RGVA, Fond 1299/1/1, Bl. 4].
688 So in der Zeitschrift „Der schlesische Erzieher". Siehe dazu O. V.: „Judenkenner" und Lehrerschaft, in: Der Judenkenner vom 29.05.1935.
689 So die redaktionelle Anmerkung zu einem Leserbrief von Johann von Leers in: SPIEGEL 12 (1958) 45 vom 05.11.1958, S. 8. Siehe auch O. V.: Oman Amin, in: Die Welt vom 16.01.1959; O. V.: Exil-Faschist bleibt Deutscher, in: Hamburger Echo vom 14.01.1959.

ganda in Goebbels' Propagandaministerium"[690] gewesen sei, wollte ein israelischer Publizist herausgefunden haben. Beide Behauptungen waren nicht nur falsch. Sie verkennen zugleich seine ambivalente Haltung sowohl gegenüber dem Parteiideologen als auch zum Propagandaminister: Rosenberg etwa, der Johann von Leers vor allem aus der Kontroverse um Herman Wirth kannte, überwarf sich mit ihm, ohne dass sein Amt jemals vollständig auf seine Mitarbeit verzichten wollte. Goebbels, an dessen Seite er seit dem Herbst 1929 den „Kampf um Berlin" geführt hatte, begegnete ihm zunehmend distanziert.[691] Gleichwohl setzte sein Ministerium Johann von Leers weiterhin in der Presse- und Rundfunkpropaganda ein. Zu einem dauerhaften Bruch kam es bis 1945 in beiden Fällen nicht. Die Ursachen dieser spannungsreichen Beziehungen zwischen Konfrontation und Kooperation bedürfen deshalb einer Erklärung.

4.5.1 „Wir sind Ihre Freunde": Das Verhältnis zu Rosenberg

Ihr Verhältnis zu Rosenberg etwa habe sich, glaubt man Ausführungen von Johann von Leers und seiner Ehefrau in den 1960er Jahren, durch Zwietracht ausgezeichnet. *Mich immer wieder [...] einen Freund und engen Mitarbeiter Rosenbergs zu nennen, ist geradezu absurd,* erklärte Johann von Leers in einer öffentlichen Stellungnahme.[692] Gegenüber einem Gesinnungsgenossen verstieg er sich sogar zu der Behauptung, der Reichsleiter sei sein *schlimmster Feind* gewesen.[693] Ganz anders hatte es Anfang 1938 geklungen, als Gesine von Leers Rosenberg *nochmals* versicherte, sie und ihr Mann seien *niemals Ihre Feinde oder Gegner gewesen,* sondern, ganz im Gegenteil, *Ihre Freunde.*[694] Dass beide dennoch *mit gutem Recht wütend* auf ihn gewesen seien, begründete sie mit den ihnen zugetragenen Gerüchten, wonach Rosenberg selbst *ohne jeden sichtbaren Grund* dafür gesorgt haben soll, dass Johann von Leers *überall und überall die Tore* zu einer akademischen Laufbahn *verschlossen* blieben.[695] Es bleibt dahingestellt, welchen Einfluss Rosenberg tatsächlich genommen hat. De facto nämlich gab es, trotz Übereinstimmung in einer der zentralen weltanschaulichen Fragen,

---

690 PEARLMAN, MOSHE: Die Nazi-Untergrundbewegung, in: Deutsche Rundschau 87 (1961), S. 327–334, hier S. 328.
691 Die Tagebücher von Joseph Goebbels. Teil I: Aufzeichnungen 1923–1941, Bd. 3/II (März 1936 bis Februar 1937), München 1993–2008, Eintrag vom 19.03.1936.
692 Erklärung von Professor v. Leers (Ms.), o. D. [um 1960] [Privatarchiv]. Siehe auch „Studien von Zeitfragen" vom 17.01.1963.
693 Johann von Leers an unbekannten Adressaten, 15.10.1960 [BND, V-12859,1, Bl. 107–110]. Siehe erneut Gesine von Leers an Jünger, o. D. [Mai 1972] [DLA Marbach, Sig. HS 5294539].
694 Gesine von Leers an Rosenberg, 23.02.1938 [BArch, NS 8/146, Bl. 2].
695 Ebd.

wonach die „Protokolle der Weisen von Zion" eine jüdische Verschwörung zur Erringung der Weltherrschaft dokumentierten und deshalb ein radikales Vorgehen gegen dieses „Parasitenvolk"[696] erforderten, schon vor 1933 eine Reihe konfliktträchtiger Felder, die sich jetzt verschärften. Vor allem auf dem Gebiet von Kunst und Kultur sowie von Wissenschaft und Forschung nämlich konkurrierten seit der „Machtergreifung" verschiedene Akteure um Deutungshoheit: Neben dem Kampfbund für deutsche Kultur und dem neu geschaffenen Amt Rosenberg, das darüber wachen wollte, ob kulturelle und geistige Aktivitäten mit der nationalsozialistischen Weltanschauung übereinstimmten, reklamierten weitere Institutionen Kompetenzen, so Himmler mit seinem „Ahnenerbe", ebenso das Propagandaministerium unter Goebbels, der zugleich Präsident der neu geschaffenen Reichskulturkammer war, oder der von Heß initiierte Reichsbund Volkstum und Heimat, dessen Leitung kurzzeitig dem Münchener Historiker Karl Alexander von Müller (1882–1964) oblag.[697] Es verwundert deshalb nicht, dass eine ebenso selbstbewusst wie eigensinnig auftretende Persönlichkeit wie Johann von Leers in dieser „Ämter-Konkurrenz"[698] in Streit mit dem Parteidogmatiker geriet.

Ein Zerwürfnis war bereits im „Weltanschauungskampf um Herman Wirth"[699] deutlich geworden, über dessen Ansichten, insbesondere über das Matriarchat einer urnordisch-atlantischen Lebensform, Rosenberg sich schon im „Mythos" zurückhaltend bis ablehnend geäußert hatte: Zwar habe Wirth „die Vorgeschichts-Forschung stark angeregt", ob aber „seine Anschauungen sich bewahrheiten werden, kann erst die Zukunft entscheiden", hieß es dort.[700] „Vollkommen irreführend" jedoch sei es, „wenn Hermann Wirth in ‚Aufgang der Menschheit' gerade das Mutterrecht als eine urnordisch-atlantische Lebensform hinzustellen sucht". Die „Beweise", die er dazu anführe, seien „mehr als

---

696 LEERS, JOHANN VON: Außenpolitische Perversität, in: Nationalsozialistische Briefe 5 (1929/30) 16 vom 15.02.1930, S. 270–272, hier S. 271.
697 BERG, MATTHIAS: Karl Alexander von Müller. Historiker für den Nationalsozialismus, Göttingen 2014, S. 207.
698 BOLLMUS, REINHARD: Das Amt Rosenberg und seine Gegner. Studien zum Machtkampf im nationalsozialistischen Herrschaftssystem, Stuttgart 1970, S. 35. Siehe auch PIPER, ERNST: Alfred Rosenberg. Hitlers Chefideologe, München 2005, S. 371, der „sieben rivalisierende Instanzen" identifiziert hat und als weitere Akteure den NS-Lehrerbund und die Kulturabteilung der NSDAP nennt.
699 [Flugblatt] Weltanschauungskampf um Herman Wirth! [LA-B, A Rep. 060–57, Nr. 4].
700 ROSENBERG, ALFRED: Der Mythus des 20. Jahrhunderts. Eine Wertung der seelisch-geistigen Gestaltungskämpfe unserer Zeit, München 1941 (177. bis 182. Auflage), S. 27.

dürftig".[701] Es mag übertrieben erscheinen, dass Rosenberg *generell ein Gegner Wirths*[702] gewesen sei, wie Gesine von Leers Jahrzehnte später behauptete. Auch eine auf Wirth zurückgehende Behauptung, der Parteiideologe habe die Ortsgruppen des Kampfbundes für deutsche Kultur *angewiesen, sich nicht an der Vorbereitung von Vorträgen zu beteiligen* geschweige denn sich *öffentlich* für Wirth *einzusetzen*, und damit in *provozierender Weise seine Gegnerschaft zum Ausdruck* gebracht, dürfte die tatsächlich bestehenden Spannungen überzeichnet haben.[703] Gleichwohl festigte die seit Anfang 1934 geführte Auseinandersetzung um die Ura-Linda-Chronik Rosenbergs Bild über Johann von Leers, der ihre Echtheit vehement verteidigt hatte (siehe Kap. 4.4.1). Diese *kritiklose Verhimmelung der umstrittenen Theorien von Wirth* blieb den Mitarbeitern seines Amtes denn auch in so *peinlicher Erinnerung*[704], dass ihm dieser *Einsatz* noch 1938 anlässlich seiner Berufung auf eine Professur *angekreidet*[705] wurde. Bereits drei Jahre zuvor hatte sich die dem Amt Rosenberg seinerzeit unterstehende Reichsstelle zur Förderung des deutschen Schrifttums dagegen ausgesprochen, einer seiner aktuellen Veröffentlichungen, in der er Wirths Gedankengut ausführlich referierte, eine besondere Unterstützung zukommen zu lassen. Angesichts des *nicht immer einwandfreien und gesicherten Stoffes* könne das Buch gerade unter Laien *zu leicht falsche Anschauungen stärken oder erwecken*, sodass ihm eine *uneingeschränkte Förderung versagt werden* müsse.[706]

Exemplarisch für die „ideologische Auseinandersetzung zwischen nationalsozialistischen Ideologen"[707] ist zudem eine kunstpolitische Kontroverse, die zeitgleich mit dem Streit um Wirth aufgeflammt war und die *Hetzereien* zwischen Rosenberg auf der einen sowie Johann und Gesine von Leers auf der anderen Seite weiter befeuerte.[708] Von welchem Kunstverständnis Rosenberg sich leiten

---

701 EBD., S. 135f. Die Behauptung von Sennholz, Wirth sei „mit Rosenberg gut bekannt, vielleicht sogar befreundet", wird nicht belegt, ebenso wenig, dass Rosenberg in seinem zentralen Werk „Teile der Wirthschen Lehre [übernahm]". Siehe SENNHOLZ: Johann von Leers, S. 84.
702 Gesine von Leers an IfZ (Wolfgang Benz), 08.01.1974 [IfZ, ZS 3084].
703 Wirth an Walther Fischer, 23.01.1932 [BArch, N 2168/18, Bl. 10].
704 Hauptstelle Kulturpolitisches Archiv an NS-Dozentenbund, 26.07.1938 [BArch, NS 15/36, Bl. 144].
705 Stengel von Rutkowski an Johann von Leers, 30.08.1938 [UAJ, Bestand D 1868].
706 Reichsstelle zur Förderung des deutschen Schrifttums, Gutachten für Verleger (Ms.), 24.09.1935 [BArch, N 2168/64, Bl. 6f.]. Zu dem in Frage kommenden Buch und den darin enthaltenen Ausführungen zu Wirth siehe LEERS, JOHANN VON: Das alte Wissen und der neue Glaube, Hamburg 1935, S. 56–73.
707 BENZ, WOLFGANG: „Der ewige Jude". Metaphern und Methoden nationalsozialistischer Propaganda (Dokumente, Texte, Materialien: Veröffentlichungen vom Zentrum für Antisemitismusforschung der Technischen Universität Berlin, Bd. 75), Berlin 2010, S. 54.
708 Gesine von Leers an Rosenberg, 23.02.1938 [BArch, NS 8/146, Bl. 2].

ließ, war spätestens durch die Gründung des Kampfbundes für deutsche Kultur Ende 1928 deutlich geworden. Jede schöpferische Leistung galt demnach als „Ausdruck der Rassenseele".[709] Dementsprechend bestimmt polemisierte er gegen zeitgenössische Literaten und Vertreter der künstlerischen Moderne, deren Werke und Schöpfungen dem vermeintlich „Arteigenen" zuwiderliefen und alles „Instinktive" vermissen ließen.[710] Was eine „rassifizierte Kulturpolitik" in der politischen Praxis bedeuten konnte, zeigte sich im Frühjahr 1930 in Thüringen, als die Nationalsozialisten erstmals an einer Koalitionsregierung beteiligt wurden und unter anderem Museen von missliebigen Kunstwerken säubern ließen.[711]

Der „dogmatische Rigorismus"[712], dem sich Rosenberg als „Kämpfer gegen die Moderne"[713] verpflichtet fühlte, führte jedoch „immer wieder zu Konflikten" auch innerhalb der NS-Bewegung und einem „regelrechten Kleinkrieg"[714] mit dem Propagandaministerium unter Goebbels. Ein solcher manifestierte sich in der Auseinandersetzung über den Expressionismus, den Rosenberg und seine Mitarbeiter als „undeutsche Verfallskunst"[715] denunzierten. Gegen diese Kreise allerdings stand eine ganze Reihe von Nationalsozialisten, die erkannten, dass die Ablehnung alles Neuen nicht ausreichen würde, um einen völkischen Kunstwillen zu konstituieren.[716] Tatsächlich sammelte sich eine Gruppe jüngerer Akademiker aus dem NS-Studentenbund in Berlin, die den Versuch unternahmen, Künstler wie Ernst Barlach, Erich Heckel, Karl Schmidt-Rottluff oder Emil Nolde als Vertreter eines „nordisch" zu interpretierenden Expressionismus, den sie als „angemessenen künstlerischen Ausdruck für die Gegenwart"

---

709 PIPER: Alfred Rosenberg, S. 384.
710 ROSENBERG, ALFRED: Revolution in der bildenden Kunst, in: Völkischer Beobachter vom 07.07.1933, zit. nach PIPER, ERNST: Nationalsozialistische Kunstpolitik. Ernst Barlach und die „entartete Kunst", Frankfurt am Main 1983, S. 84. Zu Rosenbergs Überzeugungen siehe BOLLMUS: Das Amt Rosenberg und seine Gegner, S. 27–29; PIPER: Alfred Rosenberg, S. 369–386 und BRENNER, HILDEGARD: Die Kunstpolitik des Nationalsozialismus, Reinbek bei Hamburg 1963, S. 7–21.
711 Siehe ESCHE, ALEXANDRA: Hitlers „völkische Vorkämpfer". Die Entwicklung nationalsozialistischer Kultur- und Rassenpolitik in der Baum-Frick-Regierung 1930–1931 (Zivilisationen & Geschichte, Bd. 47), Frankfurt am Main 2017, S. 55–68; SAEHRENDT, CHRISTIAN: „Die Brücke" zwischen Staatskunst und Verfemung. Expressionistische Kunst als Politikum in der Weimarer Republik, im „Dritten Reich" und im Kalten Krieg, Stuttgart 2005, S. 38–40. Zur älteren Literatur siehe BRENNER: Die Kunstpolitik des Nationalsozialismus, S. 22–35.
712 PIPER: Alfred Rosenberg, S. 383.
713 EBD., S. 375.
714 EBD., S. 383.
715 EBD., S. 376.
716 PIPER: Nationalsozialistische Kunstpolitik, S. 16.

betrachteten, in den neuen Staat zu integrieren.[717] Dem Umfeld ihrer Wortführer um Fritz Hippler (1909–2002), der sich bereits bei der Bücherverbrennung im Mai hervorgetan hatte und später als Filmfunktionär und -produzent („Der ewige Jude") Karriere machen sollte, Hans Weidemann (1904–1975), nachmalig ein einflussreicher NS-Propagandist, und den Maler Otto Andreas Schreiber (1907–1978), der Rosenbergs Kampfbund als „Organisation übellauniger Pinselschwinger"[718] bezeichnete, gehörte auch Johann von Leers an, der zu diesem Zeitpunkt noch als Kreisschulungsleiter im Kreis X der Hochschulorganisation der Nationalsozialisten amtierte.[719] Ihren Ansichten verliehen sie nicht nur in der Zeitschrift „Kunst der Nation" Ausdruck, die seit Herbst 1933 einige Zeit erscheinen konnte. Bereits im Juli hatten sie es zudem gewagt, in einer Privatgalerie Werke der zunehmend verfemten Künstler auszustellen, bis die Schau („30 deutsche Künstler") wenige Tage später auf Anweisung von Reichsinnenminister Frick wieder schließen musste. Vor allem aber wehrten sich diese „Gegner der nationalsozialistisch-völkischen Kunstpolitik"[720] auch öffentlich gegen die Diffamierung deutscher Expressionisten. Für einen Skandal sorgte dabei eine, wie schon zeitgenössische Beobachter erkannten, „denkwürdige Kundgebung"[721] am 29. Juni 1933 im Audimax der Friedrich-Wilhelms-Universität, auf der die Studentenbundfunktionäre ihre Ansichten über die Künstlergruppe verteidigten. Unter dem Motto „Jugend kämpft für deutsche Kunst", wie Plakate auf Litfaßsäulen die Veranstaltung ankündigten, polemisierte Schreiber gegen die Bilderstürmerei „tollgewordener Dilettanten und Spießer",

---

717 Siehe RUPPERT, WOLFGANG: Künstler im Nationalsozialismus. Künstlerindividuum, Kunstpolitik und die Berliner Kunsthochschule, in: DERS. (HRSG.): Künstler im Nationalsozialismus. Die „Deutsche Kunst", die Kunstpolitik und die Berliner Kunsthochschule, Köln/Weimar/Wien 2015, S. 20–73, hier S. 50–52; GILLEN, ECKHART: Zackig ... schmerzhaft ... ehrlich ... Die Debatte um den Expressionismus als „deutscher" Stil 1933/34, in: RUPPERT, WOLFGANG (HRSG.): Künstler im Nationalsozialismus. Die „Deutsche Kunst", die Kunstpolitik und die Berliner Kunsthochschule, Köln/Weimar/Wien 2015, S. 201–229, hier S. 210–213.
718 Zit. nach DONHUIJSEN, KONRAD/DONHUIJSEN-ANT, ROSEMARIE (HRSG.): Otto Andreas Schreiber. Ein Malerleben 1907–1978, Köln 2015, S. 221.
719 Zu Hippler siehe WINKEL, ROEL VANDE: Nazi Germany's Fritz Hippler 1909–2002, in: Historical Journal of Film, Radio and Television 23 (2003) 2, S. 91–99, zu Weidemann BOLLMUS: Das Amt Rosenberg und seine Gegner, S. 45 f. und zu Schreiber DONHUIJSEN, KONRAD: Dunkle Jahre. Hitlers nützlicher Idiot?, in: DONHUIJSEN/DONHUIJSEN-ANT (HRSG.): Otto Andreas Schreiber, S. 140–147.
720 BRENNER, HILDEGARD: Die Kunst im politischen Machtkampf der Jahre 1933/34, in: VfZ 10 (1962), S. 17–42, hier S. 21.
721 Kampfkundgebung gegen Kunstreaktion, in: Das 12-Uhr-Blatt vom 01.07.1933.

wie die „Deutsche Allgemeine Zeitung" ihn zitierte.[722] In einem „Bekenntnis der Jugend zur deutschen Kunst" stellten er und seine Mitstreiter sich gegen die „kunsthistorische Dogmenbildung durch unschöpferische Menschen" und „Gartenlaubekünstler", die die „Wirkungsfähigkeit auf die Masse zum alleinigen Maßstab der Kunstbeurteilung" erheben würden, erklärten stattdessen die „Freiheit" zum „Lebenselement der Kunst" und führten gegen einen „völkisch getarnten Impressionismus" als „Glieder" einer „bodenständigen deutschen Kunst" die zunehmend verfemten Expressionisten mit ihrer „leuchtenden Lebensfreude" (Schmidt-Rotluff), „dunklen Kraft" (Barlach) und „dämonischen Mystik" (Nolde) an.[723] Nachdem Hippler noch zur „endgültigen Vollendung der nationalsozialistischen Revolution" aufgerufen hatte, wie das „12-Uhr-Blatt" berichtete, sorgte Johann von Leers zum Schluss der Veranstaltung dafür, dass „Huldigungstelegramme" an Propagandaminister Goebbels, Reichserziehungsminister Rust und den „Angriff" versandt und die „Resolution eines deutschen Künstlers, der namenlos sein will, [...] verlesen" wurden.[724] Eben darauf stützten sich später auch seine Kritiker, die ihn zum Drahtzieher dieser Provokationen erklärten: *Ein offener Aufruhr ist unter Leitung von Dr. von Leers [...] entfacht worden*, hielt ein Bericht fest, dessen Urheberschaft auf Walter Hansen (1903–1988) hindeutet.[725]

Der Volksschul- und Zeichenlehrer aus Hamburg, der nach seinem Ausscheiden aus dem Schuldienst seine Berufung als „Prähistoriker" gefunden hatte und die „Fachgruppe Vorgeschichte" der dortigen Ortsgruppe des Kampfbundes für deutsche Kultur leitete, zählte, ganz auf der Linie Rosenbergs, zu den scharfen Kämpfern gegen die in seinen Augen „grotesken Verfallserscheinungen" in der Kunst durch „undeutsche und artfremde Elemente", die allenfalls für „die rassisch minderwertige und moralisch zersetzte Oberschicht", die sich

---

722 O. V.: Jugend kämpft für deutsche Kunst, in: Deutsche Allgemeine Zeitung vom 01.07.1933, zit. nach SAEHRENDT: „Die Brücke" zwischen Staatskunst und Verfemung, S. 46 f. Zur Veranstaltung siehe auch DAMES, HERMANN: Studenten kämpfen für bolschewistische Kunst, in: Nationalsozialistische Erziehung vom 10.07.1933.
723 SCHREIBER, OTTO ANDREAS: Bekenntnis der Jugend zur deutschen Kunst, in: Deutsche Allgemeine Zeitung vom 10.07.1933. Siehe auch SAEHRENDT: „Die Brücke" zwischen Staatskunst und Verfemung, S. 46 f.
724 Kampfkundgebung gegen Kunstreaktion, in: Das 12-Uhr-Blatt vom 01.07.1933.
725 NS-Studentenputsch im Juni 1933 gegen die kunstpolitischen Ziele der nationalsozialistischen Bewegung von Dr. von Leers, Otto Andreas Schreiber und Fritz Hippler (Ms.), o. D. [um 1936] [IfZ, MA 286]. Zu Hansen siehe HEUSS, ANJA: Walter Hansen. Ein gescheiterter Prähistoriker als NS-Kunstpolitiker, in: Jahresschrift für mitteldeutsche Vorgeschichte 85 (2002), S. 419–432, hier S. 421. Aus der Sicht seiner Anhänger siehe KORELL [DIETER]: Der Treuesten Einer. Zum Tode von Dr. Haye W. Hansen, in: Mannus 54 (1988) 2, S. 87–90. Siehe auch Müller-Brauel an Biermann, 13.12.1937 [IfZ, MA 286].

„größtenteils aus Juden, Freimaurern, Marxisten und Liberalisten zusammensetzte", eine „Art Idealbild" darstellen konnte. Anregungen dazu hätten sich ihre Exponenten „von Niggern und Südseeinsulanern" oder „von artfremden slawischen oder slawisch fühlenden Menschen" geholt, weil ihnen „der Wert des Rassegefühls vollständig fehlte".[726] Um sich Gehör zu verschaffen, scheute Hansen nicht vor rüden Angriffen auf andere Nationalsozialisten zurück, die seine Ansichten nicht teilten.[727] Die Veranstaltung im Juni 1933 galt ihm denn auch als *NS-Studentenputsch* und Schreiber als einer ihrer *fanatische[n] Putschredner*.[728] Keine Gelegenheit ließ er überdies aus, um Johann von Leers in Misskredit zu bringen. Anlass dazu bot ihm nicht nur dessen Rolle in der kunstpolitischen Kontroverse, sondern auch seine kritiklose Verehrung Herman Wirths, gegen dessen *himmelschreienden Unsinn* er *seit Jahren* und *aus innerster Überzeugung* einen Kampf führe, wie Hansen den Reichsleiter ungefragt wissen ließ.[729] Den „fixen Ideen" dieses *Phantasten* jedoch müsse „jeder wissenschaftliche und weltanschauliche Wert abgesprochen werden".[730] Als Johann Leers 1936 zu einer Universitätskarriere in Jena ansetzte, verschickte er zahlreiche denunziatorische Briefe, die den Streit um die expressionistische Kunst wenige Jahre zuvor in Erinnerung riefen und Johann von Leers als *Saboteur des kulturellen Wollens unserer Bewegung* kompromittieren sollten.[731] Nicht minder ruppig ging es zu, als es 1937 zu einem Rechtsstreit über eine Begleitschrift zur Ausstellung „Entartete Kunst" kam, die der Kunstmaler und SS-Führer Wolfgang Willrich (1897–1948) verantwortete, an der Hansen aber maßgeblich mitgearbeitet hatte.[732] Ohne dessen *selbstständige Mitarbeit* nämlich, räumte Willrich ein, sei die *ungeheure Aufgabe* nicht zu bewältigen gewesen, das *riesige Material* nach *sinnvollen Gesichtspunkten* und *unanfechtbar richtig zu ordnen*. Hansen komme

---

726 HANSEN, WALTER: Kampf um die deutsche Kunst, in: Hamburger Grundeigentümer-Zeitung vom 03.02.1935, zit. nach PIPER: Nationalsozialistische Kunstpolitik, S. 121.
727 HEUSS: Walter Hansen, S. 421.
728 Hansen an Leiter Kulturamt NSDStB (Dr. Fink), 08.08.1937 [IfZ, MA 286].
729 Hansen (Kampfbund für deutsche Kultur,) an Rosenberg, 11.10.1933 [BArch, NS 8/125, Bl. 64 f.].
730 HANSEN, WALTER: Herman Wirth als „Wissenschaftler" und Religionsstifter, in: Auf neuem Pfad 13 (1934), S. 21–38, hier S. 21.
731 Hansen an Hauptamtsleiter NSDStB Universität Jena, 27.10.1936 [IfZ, MA 286].
732 WILLRICH, WOLFGANG: Säuberung des Kunsttempels. Eine kunstpolitische Kampfschrift zur Gesundung deutscher Kunst im Geiste nordischer Art, München/Berlin 1937. Zu weiteren Veröffentlichungen siehe DERS.: Bauerntum als Heger deutschen Blutes. Mit einem Geleitwort von Reichsbauernführer Darré, Goslar 1935; DERS.: Kunst und Volksgesundheit (Schriftenreihe des Reichsausschusses für Volksgesundheitsdienst, Heft 7), Berlin 1935; DERS./JUST, OSKAR: Nordisches Bluterbe im süddeutschen Bauerntum. Mit einem Geleitwort von Richard Walther Darré, München 1938; DERS.: Des Edlen ewiges Reich, Berlin 1939.

damit das *Verdienst* zu, dass der Zweck der Ausstellung *voll und ganz erreicht worden sei*.⁷³³ In einer Rezension im „Hakenkreuzbanner" lobte Johann von Leers zwar Willrichs Darstellung der nationalsozialistischen Kunstpolitik gegen „Schmierer" und „Schmutzmaler", die aus dem „Kunsttempel hinausgejagt" worden seien. Gleichzeitig aber griff er jene Künstler im Fahrwasser der neuen Machthaber an, die „dadurch deutsche Kunst darzustellen glaubten, dass sie entweder nur endlose SA-Aufmärsche malen, oder jeden, der besser malen konnte als sie selbst, auch noch als ‚Kunstbolschewisten' erklärten".⁷³⁴ Obgleich Namen nicht genannt wurden, waren die Adressaten solcher Ausführungen unschwer zu identifizieren. Dass Johann von Leers im Gerichtsverfahren dann ausgerechnet den von Willrich als *Kunstbolschewisten*⁷³⁵ denunzierten Verleger Georg Biermann (1880–1949), der sich juristisch gegen das Pamphlet wehrte, mit Material über den *berüchtigten Walter Hansen*⁷³⁶ versorgte, war nur eine weitere Wendung in diesem Intrigenspiel, die auch Rosenberg kaum verborgen geblieben sein dürfte. Insofern steht außer Zweifel, dass in der 1933 entbrannten Kontroverse um die Rolle der Kunst im politischen Machtkampf eine weitere Ursache liegt, die das distanzierte Verhältnis Rosenbergs und seiner Dienststelle zu Johann von Leers erklärt. Als verantwortlicher Redakteur der Zeitung „Unser Wille und Weg" aus dem Propagandaministerium galt er überdies als Vertrauter von Goebbels, dem unterstellt wurde, dass er „die Unternehmungen der Künstler insgeheim fördere".⁷³⁷ Rosenberg selbst hatte seinerzeit auf die Aktion der studentischen Aktivisten reagiert und auf einer Kundgebung in Berlin im Juli das „‚expressionistische' Untermenschentum"⁷³⁸ attackiert.

Zu Kontroversen kam es zudem auf solchen Gebieten von Wissenschaft und Forschung, die seit 1933 von den Nationalsozialisten umgedeutet wurden, um

---

733 Willrich an Stengel von Rutkowski, 24.01.1938 [BArch, NS 19/392, Bl. 21–23].
734 LEERS, JOHANN VON: Die deutsche Kunst hat wieder eine Zukunft, in: Hakenkreuzbanner vom 16.07.1937 [IfZ, MA 286].
735 Willrich an Stengel von Rutkowski, 24.01.1938 [BArch, NS 19/392, Bl. 21–23].
736 Johann von Leers an Biermann, 28.11.1937 [IfZ, MA 286]. Gegen Hansen führt Johann von Leers u. a. ins Feld, dieser habe *jahrelang den Doktortitel zu Unrecht* geführt und musste *unter Verzicht auf Titel und Pension aus dem Hamburger Staatsdienst zur nationalsozialistischen Zeit ausscheiden*.
737 BOLLMUS: Das Amt Rosenberg und seine Gegner, S. 46. Zu Goebbels indifferenter Haltung gegenüber Nolde während der „Hahnenkämpfe der Künstler" siehe: Die Tagebücher von Joseph Goebbels. Teil I: Aufzeichnungen 1923–1941, Bd. 2/III (Oktober 1932 bis März 1934), München 1993–2008, Eintrag vom 02.07.1933.
738 ROSENBERG, ALFRED: Revolution in der Bildenden Kunst?, München 1934, zit. nach PIPER: Alfred Rosenberg, S. 384. Siehe auch DERS.: Revolution in der Bildenden Kunst?, in: Völkischer Beobachter vom 09.07.1933; DERS.: Revolutionäre an sich!, in: Völkischer Beobachter vom 14.07.1933; RABE, SIGURD: Revolution in der bildenden Kunst. Eine richtungsweisende Rede Alfred Rosenbergs, in: Völkischer Beobachter vom 16.07.1933.

sie ideologisch zu vereinnahmen. Neben der Volkskunde betraf dies besonders die Vor- und Frühgeschichte, in der die „Nord- und Arier-Ideologie", wie sie sich seit Anfang des 20. Jahrhunderts in diesen Disziplinen ausgebreitet hatte, nunmehr zur „offiziellen ‚Weltanschauung' [...] erhoben"[739] werden sollte. Vor allem anhand frühzeitlicher Wanderungsbewegungen sollte dabei der Nachweis geführt werden, dass „die Urheimat der Germanen und die Urheimat der Indogermanen identisch"[740] seien, sodass jede schöpferische Kultur ihren rassischen Ursprung in den Völkern des Nordens finde. Ähnlich verhielt es sich mit der „germanistischen Runenforschung", die in den 1930er Jahre einen „regelrechten Boom" erlebte und einen „lawinenartigen Zuwachs" an Literatur zu verzeichnen hatte. Schließlich, so die Annahme, seien in Runen die „Grundlagen des germanischen Weltbildes verewigt", sodass die dazugehörige Forschung für eine „politisch imprägnierte Volkskunde [...] dienstbar" gemacht werden sollte.[741] Ideologische Prämissen dieser Art standen zwar nicht unmittelbar in einem Gegensatz zu den Ansichten von Johann von Leers. Konflikte allerdings resultierten aus der Rivalität zahlreiche Ämter um Deutungshoheit. So verfolgte Rosenberg seit 1933 den Plan, diese Disziplinen „in einem ‚Reichsinstitut für Vor- und Frühgeschichte' zu zentralisieren".[742] Darüber hinaus leitete seine Dienststelle den Reichsbund für Deutsche Vorgeschichte unter Hans Reinerth und eine Arbeitsgemeinschaft für Deutsche Volkskunde unter Matthes Ziegler an, die durch Schulungsmaterial etwa zur Feiergestaltung an einem „neuen Glauben" in Form einer säkularisierten Religion mitwirken wollten. Solche Initiativen waren es, die unter anderem Himmler herausforderten, „mit einer eigenen wissenschaftlichen Gesellschaft die Erforschung des germanischen Erbes zu beflügeln"[743], und die die Experten für Brauchtum und Sitte im Reichsnährstand nicht unbeeindruckt lassen konnten. In den folgenden Auseinandersetzungen zählte Johann von Leers zweifelsohne als Parteigänger Himmlers und Darrés, der sich zudem mit seiner Zeitschrift „Nordische Welt" (siehe Kap. 4.4.1) dem Einfluss Rosenbergs entzog.

---

739 SEE, KLAUS VON: Deutsche Germanen-Ideologie vom Humanismus bis zur Gegenwart, Frankfurt am Main 1970, S. 90. Siehe auch STEUER, HEIKO: Deutsche Prähistoriker zwischen 1900 und 1995. Begründung und Zielsetzung des Arbeitsgesprächs, in: DERS. (HRSG.): Eine Hervorragend Nationale Wissenschaft. Deutsche Prähistoriker zwischen 1900 und 1995 (Reallexikon der Germanischen Altertumskunde, Ergänzungsbände: 29), Berlin/New York 2001, S. 1–54.
740 SEE: Deutsche Germanen-Ideologie vom Humanismus bis zur Gegenwart, S. 90f.
741 HUNGER, ULRICH: Runenkunde im Nationalsozialismus, in: PUSCHNER, UWE/GROSSMANN, G. ULRICH (HRSG.): Völkisch und national. Zur Aktualität alter Denkmuster im 21. Jahrhundert, Darmstadt 2009, S. 312–328, hier S. 314–316.
742 LONGERICH: Heinrich Himmler, S. 284; KATER: Das „Ahnenerbe" der SS 1935–1945, S. 22f.
743 LONGERICH: Heinrich Himmler, S. 284.

Verschärfend wirkte schließlich, dass Johann von Leers in seiner tagesaktuellen Publizistik immer wieder Sprachregelungen ignorierte, die Rosenberg als Bevollmächtigter für Fragen auf dem Gebiet der Weltanschauung für verbindlich erachtete. Seine Leser mochten darin ein *köstliches und erquickendes Draufgängertum* sehen.[744] Der Parteiideologe dagegen wollte solche Eigenmächtigkeiten nicht dulden. Wie Himmler, der Johann von Leers im Frühjahr 1937 belehren ließ, ihm zugetragene Äußerungen über ein *neues Priestertum* anstelle der christlichen Kirchen liefen den Ansichten der SS *völlig entgegen* und seien überdies *gefährlich*[745], ließ auch Rosenberg ihn in die Schranken weisen. So intervenierte das Außenpolitische Amt während einer Kampagne 1933/34 gegen Oswald Spengler (siehe Kap. 4.5.2) gegen eine von Johann von Leers verfassten Schrift gegen den Geschichtsphilosophen, weil diese sich *dem farbigen Problem gegenüber völlig abweisend* zeige.[746] Zu einer öffentlichen Kontroverse kam es gar im Sommer 1934, als Johann von Leers in einem Leitartikel in der „NSZ Rheinfront" die Liquidierung der SA-Führung um Ernst Röhm als „Gottesgericht" bezeichnete und Parallelen zu einem „Männerbund" in einem „Männerstaat" zog. Es stelle eine *unglaubliche Entgleisung* und *grobe Taktlosigkeit* dar, diese Begriffe mit der *Rhön-Revolte* [sic] und *den unnatürlichen Veranlagungen eines Teils der Verschwörer* in Zusammenhang zu bringen, empörte sich Rosenberg.[747] Schließlich sei die nationalsozialistische Bewegung *von Beginn an* und *in ihrer ganzen Struktur als politischer und weltanschaulicher Faktor von männlicher, staatsbildender und formender Kraft geprägt und gefügt worden.*[748] Ähnlich distanziert dürfte Rosenberg auch den Ansichten über die Stellung der Frauen im nationalsozialistischen Staat begegnet sein, wie sie Johann von Leers vertrat. Der „nationalsozialistischen Idee" nämlich, erklärte dieser, könne „kein größerer Schaden" angetan werden, wenn er sich auf die „männerbündische, orientalische, heimlich klerikale und antigermanische" Auffassung „von der Minderberechtigung, Minderwertigkeit und geistigem Parasitentum der Frau" festlege und damit weiter ihren „Verfall" und ihr „geistiges Zurücktreiben" fördere.[749] Aus Sicht des Parteiideologen dagegen bedeute es *keine Herabsetzung*

---

744 Blunck an Johann von Leers, 27.07.1935 [SHLB, NL Blunck, Cb 92.51: 52, Bl. 9].
745 Himmler an Darré, 06.03.1937 [BArch, BDC-DS, von Leers]. Johann von Leers erklärte dazu auf Nachfrage, die Behauptung seiner Äußerung treffe nicht zu. Stattdessen teile er *restlos den SS-mäßigen Standpunkt*.
746 Von Trotha an Günther, 19.02.1934 [BArch, NS 8/103, Bl. 228]. Siehe die dennoch wohlwollende Rezension Günthers in: Rasse 2 (1935), S. 165 f.
747 Amt Rosenberg an Schriftleitung „NSZ Rheinfront", 01.08.1934 [LA NRW, NW 1054–888].
748 Ebd.
749 LEERS, JOHANN VON: Unsere Kameradinnen oder unsere „Gäste"?, in: Deutsche Studenten-Zeitung 1 (1933) 9 vom 25.11.1933.

des Frauentums, wenn es *an seiner Art entsprechende Aufgaben herangeführt wird.* Dementsprechend ernst musste Johann von Leers die Warnung nehmen, dass im Falle einer Wiederholung solcher Äußerungen *die Reichsleitung die entsprechenden Schritte gegen Sie unternehmen wird.*[750] Dass dies keine leere Drohung war, sollte sich 1936 zeigen, als eine Intrige seine Abberufung als Studienleiter an der Deutschen Hochschule für Politik bewirkte.

Anlass dazu bot seine Haltung gegenüber den slawischen Völkern im Osten und, trotz offenkundiger „Bolschewisierung", Russland. Er habe sich schon immer für *den russischen Kulturkreis* interessiert, hatte Johann von Leers 1926 im Personalbogen zu Beginn seines Intermezzos im Auswärtigen Amt vermerkt.[751] Dass er *ein tief überzeugter Anhänger der deutsch-russischen Zusammenarbeit im Sinne Bismarcks* gewesen sei, behauptete er nach dem Krieg. In einem *Konflikt mit Russland* habe er deshalb *ein[e] Katastrophe für Deutschland* gesehen und diese Ansicht *offen vertreten.*[752] Aufgrund seiner *Opposition gegen die aggressive Ostpolitik* jedoch, deren Urheber er im Amt des Reichsleiters verortete, sei er daraufhin *auf Betreiben Rosenbergs und seines antirussischen Referenten Bräutigam* aus dem Amt des Leiters der akademischen Abteilung der Deutschen Hochschule für Politik *fristlos entlassen* worden.[753] Diese Darstellung, die sich um einen größtmöglichen Gegensatz zu Rosenberg bemüht, stammt zwar aus dem Entnazifizierungsverfahren 1949. Dementsprechend kritisch ist ihr Wahrheitsgehalt zu betrachten. Dies gilt auch für die Behauptung, eine *folie antislave de la group autour de Rosenberg* sei für das „Kesseltreiben" gegen ihn verantwortlich gewesen, wie er in den 1950er Jahren verbreitete.[754] Ob Rosenberg und seine „Clique" tatsächlich tätig wurden, sei dahingestellt. Gleichwohl erscheint es plausibel, dass seine prorussische Haltung und Ostorientierung, die

---

750 Amt Rosenberg an Schriftleitung „NSZ Rheinfront", 01.08.1934 [LA NRW, NW 1054-888].
751 Personalbogen Johann von Leers, 15.07.1926 [PA AA, Rep. IV. Personalia, Bd. 1, Nr. 8643, Bl. 3 f.].
752 Lebenslauf, o. D. [um 1960] [Privatarchiv].
753 Fragebogen des Sonderbeauftragten für die Entnazifizierung im Lande Nordrhein-Westfalen, 07.09.1949 [LA NRW, NW 1054-888]; Lebenslauf, o. D. [um 1960] [Privatarchiv]. Siehe auch „Studien von Zeitfragen" vom 17.01.1963.
754 Johann von Leers an de Mahieu, 14.12.1952 [Privatarchiv]. Siehe auch Sievers, Wolf (sic): Der Fall Bräutigam, in: Der Weg 10 (1956) 4, S. 240-243, hier S. 241. Unklar bleibt, wer tatsächlich unter diesem mutmaßlichen Pseudonym schrieb, das an den gleichnamigen Reichsgeschäftsführer des „Ahnenerbes" der SS erinnerte, der im Nürnberger Ärzteprozess 1947 zum Tode verurteilt und 1948 hingerichtet worden war.

Johann von Leers in Kreisen des neuen Nationalismus anschlussfähig machten, ihn mit dem Reichsleiter in Konflikt brachten.[755]

So konnte schon einer seiner ersten theoretischen Beiträge unmittelbar nach seinem Eintritt 1929 in die NSDAP, in dem er mit einem Entwurf des sozialrevolutionären Flügels um Straßer zur Revision des Parteiprogramms abrechnete[756], auch als Angriff auf Rosenberg gelesen werden. Eine „außenpolitische Perversität" stelle es demnach nämlich dar, erklärte Johann von Leers, dass viele „Durchschnittsdeutsche" sich über andere Völker oft ein Bild machten, das „mit der tatsächlichen Lage und dem wahren Charakter" dieser Völker nicht übereinstimme. Ein Nationalsozialist indessen müsse „die Welt sehen, wie sie ist, und nicht, wie sie ihm zu sehen passt".[757] Das gelte zumal für jenes Schrifttum der Partei, das die „unselige Methode der kenntnislosen Schlagworte" anwende und durch den „Phrasenabhub einer toten Epoche" im Ausland Feinde schaffe. Insofern müssten „Auslassungen" solcher Autoren als „dumm" bezeichnet werden, die aus „Unkenntnis" etwa in den Slawen minderwertige Völker sähen. Das Slawische jedoch umfasse „eine Sprachgemeinschaft rassisch sehr verschiedener Völker", unter denen die russische Nation „eine nordisch-ostisch-mongolische Mischung" darstelle, in der „mindestens zwei große begabte Rassen, die nordische und die mongolische stecken". Auch im „polnischen Volk" sei „die Oberschicht überwiegend nordisch" und „das serbische Volk ist rein nordisch-dinarisch, das bulgarische turanisch-nordisch."[758] An Ausführungen dieser Art hielt Johann von Leers auch nach der „Machtergreifung" fest. Vor allem der jungen Generation empfahl er jetzt, „Fäden" nicht nur „zum germanischen Norden und zu England näher zu knüpfen", sondern auch „der Sphinx des Ostens offen in die Augen zu sehen". Russlands „technischer Geist" und „Maschinenrausch" nämlich, der die „dialektischen und intellektuellen Juden immer stärker ablehnt", erschien Johann von Leers als Grundlage einer zukunftsträchtigen Allianz mit einem Deutschen Reich, das seine „soziale Frage wirklich geebnet" habe. Das „Angstgeheul des deutschen Spießbürgers vor dem Bolschewismus" und der „bolschewistischen Verlockung" sei in diesem Zusammenhang grundfalsch angesichts des partiellen Gleichklangs im radikalen Wandel, wie beide

---

755 BREUER, STEFAN/SCHMIDT, INA: Vom Wiking zu Ehrhardtzeitung: Hermann Ehrhardts publizistische Strategie in der zweiten Hälfte der Weimarer Republik, in: Historische Mitteilungen 15 (2002), S. 175–194, hier S. 187 f.
756 KÜHNL, REINHARD: Die nationalsozialistische Linke 1925–1930 (Diss. phil.), Marburg/Lahn 1965, S. 122.
757 LEERS, JOHANN VON: Außenpolitische Perversität, in: Nationalsozialistische Briefe 5 (1929/30) 16 vom 15.02.1930, S. 270–272, hier S. 270 f.
758 EBD.

Gesellschaften ihn gerade vollzogen: „Wir sind im Werden, und der Osten ist im Werden", galt denn auch für eine Zukunft, in der Deutschland sein „Gesicht nach Osten" wenden müsse, „wo die grünen Felder neuen Werdens liegen, und wo man immerhin allerlei alte Kirchhöfe untergepflügt hat".[759] Ebenso dringlich sei es, sich mit der Sprache und Kultur der osteuropäischen und südosteuropäischen Völker zu befassen, um sich den dort latenten Antisemitismus nutzbar zu machen: Die „Ahnungslosigkeit" gerade auf diesem Gebiet sei „einfach stupend", hielt er allen Kreisen außerhalb der „berufsmäßigen Slawisten" vor.[760] Im „Hass gegen die Juden" jedoch sei „der bäuerliche, germanische und slawische Mensch eins". Je besser es den nationalsozialistischen Machthabern gelinge, „mit offenen Ohren in das Gewirr des Ostens Europas [zu] lauschen" und sich als Vertreter eines Staates zu profilieren, der „als erster die Judenherrschaft bricht", desto größer könnten sie ihren „moralischen Vorteil" unter den dortigen Völkern veranschlagen und Allianzen schmieden. „Der Name Hitler", zeigte sich Johann von Leers überzeugt, könne „zum großen Mythos der deutschen Berufung im Osten werden, denn sein Kampf gegen Judentum und Judengeist erfüllt die tiefste Sehnsucht gesunden Volkstums in allen jenen Gebieten".[761]

Trotz des durch solche Ansichten immer wieder genährten Argwohns des Parteiideologen gegenüber Johann von Leers, trotz der Einwände seiner Mitarbeiter, die der uferlosen Publizistik *einen durchaus wahllosen Eindruck* attestierten, trotz der *gefährlichen Schwächen*, die sie *angesichts gewisser Nachteile seiner geistigen Persönlichkeit* zu konstatieren glaubten[762], und trotz der Intrigen, die aus Rosenbergs Amt heraus insbesondere in Zusammenhang mit sei-

---

759 LEERS, JOHANN VON: Wir und der Westen, in: Deutsche Studenten-Zeitung 1 (1933) 1 (Ausgabe Mai).
760 LEERS, JOHANN VON: Wir und der Osten, in: Deutsche Studenten-Zeitung 1 (1933) 2 (Ausgabe Juni).
761 EBD.
762 Hauptstelle Kulturpolitisches Archiv an NS-Dozentenbund, 26.07.1938 [BArch, NS 15/36, Bl. 144]; Hauptstelle Kulturpolitisches Archiv an DAF (Amt Deutsches Volksbildungswerk), 05.09.1938 [BArch, NS 15/27, Bl. 209]. An diesem Urteil hielt das Kulturpolitische Archiv im Amt Rosenberg auch vier Jahre später fest, als das Deutsche Volksbildungswerk erneut wegen eines Rednereinsatzes (siehe Kap. 7.2) anfragte [BArch, NS 15/158b, Bl. 105]. Demnach bestünden weiterhin *gewichtige Gründe gegen einen unbeschränkten Einsatz v[on] Leers für Vorträge innerhalb des Deutschen Volksbildungswerkes,* von denen auch *in Anerkennung der kriegsbedingten Schwierigkeiten der Rednergewinnung* nicht Abstand genommen werden könne. Für *unbedenklich* hielt es Vorträge über „Agrarpolitische und Ernährungsprobleme des neuen Europa[s]" und „Probleme der neuen Agrargeschichte und Agrarpolitik". Dagegen sei nicht anzunehmen, *dass v[on] L[eers] über die neue italienische Dichtung und über politische Parallelen zwischen Deutschland und Italien sachlich Ersprießliches vorzutragen weiß.* Amt Kulturpolitisches Archiv (Killer) an Deutsches Volksbildungswerk, 27.05.1942 [BArch, NS 15/253, Bl. 6].

ner Berufung an die Universität Jena seit 1936 angezettelt wurden[763], kam es aber nie zu einem Bruch, der jede weitere Zusammenarbeit unmöglich gemacht hätte. Zu verdanken hatte Johann von Leers dies seinen einflussreichen Unterstützern, die hinter den Kulissen vermittelnd eingriffen, so etwa Günther, der sich 1935 bei Rosenbergs Privatsekretär für ihn verwendete (siehe Kap. 3.1.2).[764] Doch auch Johann von Leers und seine Frau ließen den Streit nicht eskalieren. Rosenbergs Bedeutung als Parteiideologe stellten sie nie in Frage. Im Sommer 1934 etwa, als der „Weltanschauungskampf um Herman Wirth" (siehe Kap. 4.4.1) einen Höhepunkt erreichte, empfahl Johann von Leers den nach der „Machtergreifung" noch beigetretenen Mitgliedern der NSDAP, die sich mit den weltanschaulichen Grundlagen des Nationalsozialismus vertraut machen wollten, in einem Schriftenverzeichnis ausdrücklich Rosenbergs Traktate zur Lektüre.[765] Darin alleine opportunistische Motive zu sehen würde verkennen, dass die gemeinsame Weltanschauung trotz aller Differenzen stets eine tragfähige Basis zur Zusammenarbeit darstellte. Dies erklärt auch die Referenzen, die Johann von Leers in späteren Veröffentlichungen Rosenberg erwies: 1939 beispielsweise stellte er ihn in eine Reihe mit Chamberlain, dessen „rassische Geschichtsauffassung" die „Idee von der entscheidenden Geltung des Blutes" vermittelt habe.[766] In seinem Vorwort zu dem Machwerk „Der jüdische Ritualmord" von Hellmut Schramm, das 1943 erschien und das Himmler unter anderem Angehörigen der Einsatzkommandos aushändigen ließ (siehe Kap. 7.7), betonte er ausdrücklich, dieses sei „Reichsminister Alfred Rosenberg zugeeignet".[767] Ein Jahr später zitierte er in „Die Verbrechernatur der Juden" ausführlich aus Rosenbergs Schriften der 1920er Jahre, um etwa das antisemitische Klischee zu belegen, Juden widersetzten sich körperlicher Arbeit.[768] Bereits 1937/38 hatte er sich zudem als Zeuge vor dem Gaugericht Berlin auf die Seite von Robert Scholz

---

763 Amt für Kunstpflege an NS-Studentenbund, 04.11.1936 [BArch, NS 15/59. Bl. 59]; Hauptstelle Kulturpolitisches Archiv an NS-Dozentenbund, 26.07.1938 [BArch, NS 15/36, Bl. 144].
764 Günther an von Trotha, 18.11.1935 [BArch, NS 8/103, Bl. 250].
765 LEERS, JOHANN VON: Sie sind ja intellektuell!, in: Deutsche Studenten-Zeitung 2 (1934) 12 vom 21.06.1934.
766 LEERS, JOHANN VON/HANSEN, HENRICH: Der deutsche Lehrer als Kulturschöpfer, Frankfurt am Main 1939, S. 173. Das Urteil, Johann von Leers habe sich „[i]n seinen Schriften [...] vor allem aber auf Rosenberg und Chamberlain [gestützt]" ist allerdings zu pauschal. HARTEN/NEIRICH/SCHWERENDT: Rassenhygiene als Erziehungsideologie des Dritten Reiches, S. 266.
767 SCHRAMM, HELLMUT: Der jüdische Ritualmord. Eine historische Untersuchung, Berlin 1943.
768 LEERS, JOHANN VON: Die Verbrechernatur der Juden, Berlin o. J. [1944], S. 49. Johann von Leers nahm dabei Bezug auf Rosenbergs „Unmoral im Talmud" (1920). Die Schrift wurde 1943 in einem von Alfred Baeumler mit einer Einleitung versehenen Sammelband mit Traktaten Rosenbergs aus den 1920er Jahren erneut aufgelegt. Siehe PIPER: Alfred Rosenberg, S. 770. Johann von Leers erwies Rosenberg in seinem Buch gleich mehrfach die Referenz, etwa in

(1902–1981) gestellt, einem früheren Redakteurskollegen beim „Angriff", der jetzt die Abteilung Bildende Kunst in Rosenbergs Dienststelle leitete und sich der Angriffe Walter Hansens erwehren musste.[769]

Parallel bemühte sich auch Gesine von Leers im Einvernehmen mit ihrem Mann darum, das Verhältnis zu Rosenberg zu entkrampfen: Obgleich sie ihre Angriffe aus der Auseinandersetzung um Wirth nicht *bereuen* wollte, war sie doch um Versöhnung bemüht. *An dieser Jahreswende bieten wir Ihnen die Hand, um Ihnen in Ihrem Kampf zu helfen,* schrieb sie Rosenberg 1937/38 zum Jahreswechsel.[770] Wie selbstbewusst sie agierte, zeigen ihre weiteren Ausführungen, in denen sie dem Reichsleiter unverhohlen zu erkennen gab, diesem müsse an einer Freundschaft mehr gelegen sein als ihr selbst und ihrem Ehmann. *Freunde sind heute selten,* erklärte sie ihm. Allen Ernstes forderte sie Rosenberg, zu diesem Zeitpunkt immerhin einer der höchsten Funktionsträger in Staat und Partei, auch zu einer Aussprache über *den unglückseligen Kirchenkampf* auf, den sie angesichts der *Frechheit der Pfaffen und Reaktionäre* der vergangenen Monate *mit großer Sorge* betrachte. In dieser Auseinandersetzung gelte es dort anzuknüpfen, *wo wir 1933 abbrachen.*[771] Selbst mit verwegenen Ideen hielt sie nicht zurück. So schlug Gesine von Leers eine Wiederbelebung der „Nordischen Welt" vor, die als *geistiges Verbindungsglied zwischen den nordischen Ländern* dazu dienen könne, *die kulturellen Beziehungen zueinander [zu] pflegen.*[772] Dass der so Umworbene nicht reagierte, irritierte sie zunächst nicht. Bis Anfang 1939 unternahm sie unter dem Vorwand, Rosenberg in ihren Auseinandersetzung mit anderen Wortführern auf dem Gebiet der Vor- und Frühgeschichtsforschung über die Hintergründe orientieren zu wollen, noch mehrmals den Versuch, mit dem Reichsleiter zu einer Aussprache zu kommen: *Ich*

---

seiner Darstellung von angeblich durch Juden verübten Attentaten seit dem ausgehenden 19. Jahrhundert (S. 128) oder auch durch den Verweis auf Rosenbergs 1930 erstmals veröffentlichtes Pamphlet „Der Sumpf" (S. 102). Siehe dazu PIPER: Alfred Rosenberg, S. 702.

769 Scholz, Absolvent der Hochschule für bildende Künste und der Meisterschule der Akademie für Künste in Berlin sowie seit 1930 zeitweise Mitarbeiter des „Angriff", leitete seit 1934 die Abteilung Bildende Kunst im Amt Rosenberg. 1937 wurde er Hauptschriftleiter der Zeitschrift „Die Kunst im Dritten Reich". Obgleich er sich vehement gegen die „Hervorbringungen des Kunstbolschewismus" wandte, hatte er sich doch durch einige seiner Veröffentlichungen den Unmut Hansens zugezogen, der ihn als einen jener *gleichgeschaltete[n] Verfallskunstschreiberling[e]* bezeichnete, die als *gewissenlose Verfälscher unserer Weltanschauung* auftreten würden. Siehe Beschluss der I. Kammer des Gaugerichts Berlin, 07.11.1938 [BArch, R 55/1000, Bl. 27–47, hier Bl. 33]. Zur Person siehe auch PIPER: Alfred Rosenberg, S. 375 f. sowie Lebenslauf [BArch, R 55/1000, Bl. 11 f.].

770 Gesine von Leers an Rosenberg, 31.12.1937 [BArch, NS 8/152, Bl. 8].
771 Ebd.
772 Gesine von Leers an Rosenberg, 22.03.1939 [BArch, NS 8/146, Bl. 3].

muss Sie unbedingt jetzt bald sprechen über diese ganze Sache, die zum Himmel schreit, klagte sie über einen hartnäckigen Widersacher und forderte Rosenberg zu einem Besuch auf. *Am besten kommen Sie zu uns an einem Nachmittag oder Abend der nächsten Woche. Hier haben wir alles beieinander*, fügte sie ultimativ hinzu.[773] Wie selbstverständlich ging sie offensichtlich davon aus, Rosenberg werde ihrem Mann und ihr einen Privatbesuch abstatten, der den Charakter einer Vorladung hatte und dessen Termin sie bestimmte.[774] Zu einem direkten Zusammentreffen kam es jedoch nicht mehr. Ein letzter Versuch *von ganzem Herzen* im März 1939 scheiterte.[775]

Gleichwohl konnte Johann von Leers in Zeitschriften, die dem Einfluss des Parteiideologen zuzurechnen waren, ungehindert publizieren. Obwohl Mitarbeiter des Amtes Rosenberg sich 1938 gegen ihn stellten und nur einen *beschränkten Einsatz* in der Kulturarbeit der NS-Gemeinschaft „Kraft durch Freude" zubilligen wollten[776], konnte er bis 1941 in der Zeitschrift „Weltkampf", die Rosenberg 1924 begründet hatte und lange als Herausgeber verantwortete[777], rund zwei Dutzend Aufsätze zu allen Aspekten der „Judenfrage" veröffentlichen. In einem Plagiatsverfahren 1942/43, in dem sich Johann von Leers vor einem Ehrengericht verantworten musste (siehe Kap. 7.1), verteidigten ihn Mitarbeiter des Amtes Rosenberg.[778] Mit einzelnen von ihnen hielt er zudem engen Kontakt, so zu dem erwähnten Robert Scholz, ebenso zu dem Volkskundler Hans Strobel (1911–1944), bei dem er sich für Herman Wirth verwenden sollte.[779] Wie angesehen seine Person bis in die Schlussphase des NS-Regimes zumindest auf Arbeitsebene blieb, wurde deutlich, als das Amt Rosenberg im Sommer 1944 einen antijüdischen Kongress mit prominenten Antisemiten aus Europa und arabischen Staaten plante und maßgebliche Mitarbeiter zeitweise Johann von Leers als Redner in Erwägung zogen. Die Veranstaltung, die offenkundig auf eine Initiative Hitlers zurückging, sollte in Zusammenarbeit mit dem Reichspropagandaministerium, dem Auswärtigen Amt und dem Reichssicherheits-

---

773 Gesine von Leers an Rosenberg, 23.02.1938 [BArch, NS 8/146, Bl. 2].
774 Gesine von Leers an Rosenberg, 31.12.1937 [BArch, NS 8/152, Bl. 8].
775 Gesine von Leers an Rosenberg, 22.03.1939 [BArch, NS 8/146, Bl. 3].
776 Amt Kulturpolitisches Archiv an Hauptamt Wissenschaft, 09.05.1942 [BArch, NS 15/158b, Bl. 105].
777 PIPER: Alfred Rosenberg, S. 116 f.
778 Amt Rosenberg, Aktennotiz für Pg. Härtle, 05.03.1943 [BArch, NS 15/219, Bl. 114–116]. Siehe Amt Rosenberg (Hauptamt Wissenschaft, Erxleben) an NSD-Dozentenbund (Hiltner), 15.02.1943 [BArch, BDC-PK, von Leers].
779 Wirth an Johan von Leers, 18.01.1943 [RGVA, Fond 1283/10a, Bl. 423–425]. Zu Strobel siehe GAJEK, ESTHER: „Feiergestaltung". Zur planmäßigen Entwicklung eines „aus nationalsozialistischer Weltanschauung geborenen, neuen arteigenen Brauchtums" am „Amt Rosenberg", in: Bayerisches Jahrbuch für Volkskunde 2000, 75–86, hier S. 84.

hauptamt stattfinden und durch ihre internationale Zusammensetzung „moralische und politische Unterstützung für Deutschland" leisten.[780] Eine Liste mit rund 110 Gästen, die dazu nach Krakau einzuladen waren, umfasste deshalb Namen auch aus Italien, Frankreich, Bulgarien, Russland, der Ukraine, den Niederlanden, Belgien, Rumänien, Ungarn, der Schweiz, Portugal und Kroatien, unter ihnen der Antisemit Giovanni Preziosi (1881–1945), der in der kurzlebigen Republik von Salò während der deutschen Besatzung Italiens das Rassenpolitische Amt leitete, ebenso die Kollaborateure Anton Mussert (1894–1946) aus den Niederlanden und Léon Degrelle (1906–1994) aus Belgien sowie der spätere ungarische Unterstaatssekretär László Endre. Geplant waren neben Arbeitssitzungen auch Film- und Theateraufführungen sowie Konzerte und Besichtigungen.[781] Dass der Name Johann von Leers in Zusammenhang mit der Vortragsplanung ins Spiel kam, war auf eine Empfehlung ausgerechnet seines langjährigen Widersachers Alfred Baeumler (1887–1968) zurückzuführen. Als Leiter des Aufbauamtes für die „Hohen Schulen" hatte Rosenberg ihn in der Kongressregie zunächst für einen Beitrag *über das marxistisch-jüdische Problem* vorgesehen.[782] Baeumler jedoch wehrte eine Teilnahme mit dem Hinweis auf andere dringende Aufgaben ab. Als *Ersatzmann* schlug er stattdessen Johann von Leers vor, der *die Judenfrage im Rundfunk vertrete* und dort *einen sehr großen Erfolg zu verbuchen* habe. Angesichts des Umstandes, dass es sich eher um einen *politischen als wissenschaftlichen Kongress* handele, könne dieser auch *bedeutend besser wirken als er*.[783] Ob Rosenberg es tatsächlich zugelassen hätte, Johann von Leers nach Krakau einzuladen, ist jedoch fraglich. Zwar *entband* er Baeumler von dessen *Verpflichtung*, gab diesem aber zu erkennen, dass er mit der vorgeschlagenen Alternative *nicht sehr einverstanden* sei.[784] In einer weiteren Besprechung noch am gleichen Tag hatte er sich bereits dazu ent-

---

780 RUPNOW, DIRK: Judenforschung im Dritten Reich. Wissenschaft zwischen Politik, Propaganda und Ideologie, Baden-Baden 2011, S. 147.
781 WEITKAMP, SEBASTIAN: Braune Diplomaten. Horst Wagner und Eberhard von Thadden als Funktionäre der „Endlösung", Bonn 2008, S. 259f.; WEINREICH, MAX: Hitler's Professors. The Part of Scholarship in Germany's Crimes against the jewish People, New York 1946.
782 Protokoll Besprechung Rosenbergs mit Baeumler und Wagner, 12.06.1944 [BArch, NS 8/132, Bl. 65f.]. Noch kurz zuvor hatte Johann von Leers Baeumler als *Hauptgauner* und Urheber zahlreicher Intrigen gegen ihn verdächtigt. Siehe Johann von Leers an Darré, o. D. [um 1942] [BArch, BDC-DS, von Leers]. Zu Baeumler siehe TRESS, WERNER: Baeumler, Alfred Albin, in: BENZ, WOLFGANG (HRSG.): Handbuch des Antisemitismus. Judenfeindschaft in Geschichte und Gegenwart (Bd. 2/1: Personen), Berlin/Boston 2009, S. 40–42.
783 Protokoll Besprechung Rosenbergs mit Baeumler und Wagner, 12.06.1944 [BArch, NS 8/132, Bl. 65f.].
784 Ebd.

schieden, dass Johann von Leers *nicht als Redner* auftreten solle.⁷⁸⁵ Angesichts des Kriegsverlaufs musste der Kongress ohnehin erst verschoben und schließlich abgesagt werden. Aufschlussreich bleibt dennoch, dass ein maßgeblicher Funktionär des Amtes Rosenberg keine Bedenken hatte, Johann von Leers dem Reichsleiter vorzuschlagen. Gleiches gilt für die Überlegung im Herbst 1944, seine eben erschienene Schrift „Die Verbrechernatur der Juden" zum Zwecke der *Parteischulung* anzuschaffen.⁷⁸⁶ Eine Überprüfung durch den Leiter des Instituts zur Erforschung der Judenfrage kam zu dem Ergebnis, dass ihr Autor als *Sachkenner* auf diesem Gebiet ein *Büchlein* vorgelegt habe, das *für die politische Aufklärung von Nutzen* sei, sodass ein *Ankauf zu Zwecken der Schulung* in die Wege geleitet wurde.⁷⁸⁷

4.5.2 „Hans Dampf in allen Gassen": Das Verhältnis zu Goebbels

Eine spannungsreiche Beziehung bestand auch zu Goebbels. Der Berliner Gauleiter hatte anfangs zwar Gefallen an dem talentierten Propagandisten gefunden und diesen womöglich sogar „entdeckt"⁷⁸⁸ (siehe Kap. 3.2.2). Eine Reihe von Gerichtsprozessen, die beide seit 1930 aufgrund beleidigender Beiträge im „Angriff" zu bestreiten hatten, dürfte sie zudem eng aneinandergeschweißt haben. Auf einem Veranstaltungsplakat vom Sommer 1931 wurde Johann von Leers gar als „Adjudant (sic) des Berliner Gauleiters" angekündigt.⁷⁸⁹ In den zahlreichen Intrigen allerdings, die die NSDAP vor 1933 erschütterten, verstand Goebbels sich auch darauf, Mitstreiter fallenzulassen, wenn dies zweckmäßig erschien.⁷⁹⁰ Johann von Leers stellte dabei keine Ausnahme dar. Dies zeigte sich im Frühjahr 1931, als es erstmals zu einem Zerwürfnis kam. Er habe Johann von Leers „sehr scharf ins Gebet genommen", deutete Goebbels bereits im

---

785 Protokoll Besprechung Rosenbergs mit Hagemeyer und Pohl, 12.06.1944 [BArch, NS 8/132, Bl. 68].
786 Amt Rosenberg, Hauptamt Lehrmittel (Otto) an Koeppen (Persönlicher Referent), 12.10.1944 [BArch, NS 8/234, Bl. 93]; Koeppen (Persönlicher Referent) an Institut zur Erforschung der Judenfrage (Schickert), 20.10.1944 [BArch, NS 8/234, Bl. 95].
787 Hohe Schule, Außenstelle Frankfurt am Main (Schickert) an Koeppen (Persönlicher Referent), 25.10.1944 [BArch, NS 8/234, Bl. 96]; Koeppen (Persönlicher Referent) an Amt Rosenberg, Hauptamt Lehrmittel (Otto), 30.10.1944 [BArch, NS 8/234, Bl. 97].
788 So FRIEDRICH, THOMAS: Die missbrauchte Hauptstadt: Hitler und Berlin, Berlin 2007, S. 442.
789 Standartentreffen Falkenstein-Ellefeld 04./05.07.1931 [BayHStA, Plakatsammlung, 10536].
790 Siehe etwa zum Verhalten Goebbels 1927 während eines Machtkampfs im NSDStB KATER, MICHAEL H.: Der NS-Studentenbund von 1926 bis 1928, in: VfZ 22 (1974), S. 148–190, hier S. 182 f.

April in seinem Tagebuch an.[791] Die Hintergründe für den Zwist bleiben jedoch unklar. Im Feuilleton der „Angriff"-Redaktion, in das Johann von Leers daraufhin abgeschoben wurde, leistete dieser sich unmittelbar darauf jenen Fauxpas, über den seine Gegner sich mokierten: Während er nämlich einerseits in der Kinofassung von Erich Maria Remarques Antikriegsroman „Im Westen nichts Neues" einen „widerwärtigen" Film sah, der, wie er an anderer Stelle schrieb, „eine bösartige Beschimpfung der deutschen Frontsoldaten des Weltkrieges" darstelle, verantwortete er gleichzeitig die Veröffentlichung eines Kapitels aus dem verhassten Buch im „Angriff", das politische Gegner unter dem fiktiven Autorennamen „F. Scheinpflug" eingeschickt hatten.[792] Wohl vor allem deshalb erklärte Goebbels ihn zu einer der „Fehlbesetzungen" der Redaktion, die er nicht länger dulden wollte.[793] Die angespannte finanzielle Lage und ein neuerliches Verbot der Zeitung boten dem Gauleiter schließlich einen Vorwand, sich von Johann von Leers zu trennen. „Schulden über Schulden", klagte er Anfang August.[794] „Leers wird entlassen", hielt er wenige Tage später fest.[795] Die Strafexpedition, die zum Monatsende vollzogen wurde, bedeutete jedoch keinen

---

791 Die Tagebücher von Joseph Goebbels. Teil I: Aufzeichnungen 1923–1941, Bd. 2/I (Dezember 1929 bis Mai 1931), München 1993–2008, Eintrag vom 17.04.1931.
792 THOMAS, M.: Achtung, Logenbrüder in Sicht! Freimaurer in der evangelischen Kirche!, in: Der Angriff vom 09.07.1931; LEERS, JOHANN VON: Kurzgefasste Geschichte des Nationalsozialismus, Bielefeld/Leipzig 1933, S. 55. Zu Remarques Film als „Hassobjekt der Rechten" und den darauf resultierenden Kampagnen seit 1929 siehe FRIEDRICH: Die missbrauchte Hauptstadt, S. 271–276. Zur Veröffentlichung des Beitrags siehe SCHEINPFLUG, F. (= REMARQUE): Nacht an der Front, in: Der Angriff vom 06.05.1931. Dabei handelte es sich um einen mehrseitigen und nur minimal geänderten Auszug aus Kapitel V des Antikriegsbuches. Siehe O. V.: Im „Angriff" nichts Neues. Goebbels druckt Remarque nach, in: Der Vorwärts vom 07.05.1931; O. V.: Im „Angriff" nichts Neues, in: Vossische Zeitung vom 08.05.1931. Wer dem „Angriff" das Manuskript zugeschickt hat, ist unbekannt. In der österreichischen Presse der Arbeiterbewegung wurde allerdings mit Schadenfreude darauf hingewiesen, dass der Absender „aus Wien schrieb". Siehe O. V.: Remarque und das Dritte Reich, in: Arbeiter-Zeitung (Wien) vom 08.05.1931; O. V.: Remarque und die Hakenkreuzler, in: Das Kleine Blatt (Wien) vom 09.05.1931. Ob es tatsächlich „der Wiener Schriftsteller Karl Krauss" gewesen ist, wie vermutet wurde, ist nicht verbürgt. Siehe zu dem Gerücht O. V.: Remarque im „Angriff", in: Salzburger Chronik für Stadt und Land vom 12.05.1931. Zu ähnlichen Aktionen, die sich an den „Völkischen Beobachter" richteten, siehe S[TEIN], A[LEXANDER]: Die boshaften Juden und die armen Nazis, in: Sozialistische Bildung. Monatsschrift des Reichsausschusses für Sozialistische Bildungsarbeit (1931) 5, S. 159 f. Demnach hatte diese Zeitung „Scheinpflugs" Manuskript alleine aufgrund des „außerordentlichen Platzmangels" abgelehnt.
793 Die Tagebücher von Joseph Goebbels. Teil I: Aufzeichnungen 1923–1941, Bd. 2/II (Juni 1931 bis September 1932), München 1993–2008, Eintrag vom 07.08.1931.
794 Ebd.
795 Die Tagebücher von Joseph Goebbels. Teil I: Aufzeichnungen 1923–1941, Bd. 2/II (Juni 1931 bis September 1932), München 1993–2008, Eintrag vom 12.08.1931.

völligen Bruch.⁷⁹⁶ Andernfalls wäre es kaum denkbar gewesen, dass Goebbels 1934 Johann von Leers zum Schriftleiter der Zeitschrift „Unser Wille und Weg" ernannte, die sich an Propagandisten der Partei richtete und diese mit Sprachregelungen versorgte. Es spricht deshalb vieles für die Nachkriegsdarstellung eines informierten Beobachters, der zufolge Johann von Leers zwar *einige Jahre in einem ziemlich persönlichen Gegensatz zu Goebbels* gestanden habe, diese Differenzen aber weniger auf *ideologischen* als *politisch-organisatorischen Gründen* beruht hätten.⁷⁹⁷

In der Tat dürfte zwischen beiden ein beträchtliches Maß an persönlichen Rivalitäten bestanden haben. Mit Johann von Leers nämlich hatte ein Propagandist die politische Bühne betreten, der dem Gauleiter in rhetorischem Talent, demagogischem Potenzial und journalistischer Massenproduktion kaum nachstand, sich von diesem aber nicht vereinnahmen ließ geschweige denn als Empfänger von Anweisungen betrachtete.⁷⁹⁸ In der Parteihierarchie in Berlin mochte er offiziell keine Rolle spielen. In der öffentlichen Wahrnehmung dagegen, wie sie das Parteiblatt bestimmte, konnte er Goebbels die Schau stehlen und zum Statisten degradieren. Dies zeigte beispielhaft eine „Massenversammlung" im Januar 1931 in den „Hohenzollernsälen" in Charlottenburg, auf der der „Pg. Dr. von Leers" das „Hauptreferat" hielt. „Beifall unterbrach immer wieder seine Worte vernichtender Anklage. Kein Gegner wagte, in der Diskussion das herrschende System zu verteidigen. Kampflieder, von der SA gesungen, füllten die Pause aus", überschlug sich das Parteiorgan über den Auftritt, um lapidar und knapp zu ergänzen, dass „schließlich nicht enden wollende Heilrufe aufbrandeten, als Dr. Goebbels erschien".⁷⁹⁹ Hinzu kam die publizistische Präsenz im „Angriff". Von Anfang an gehörte Johann von Leers zu der kleinen Gruppe privilegierter Redakteure, die Leitartikel auf der Titelseite veröffentlichen konnten, die sonst dem Gauleiter vorbehalten blieb.⁸⁰⁰ Insofern war die Einschätzung der SPD nicht völlig aus der Luft gegriffen, Johann von Leers sei „neben Goebbels der

---

796 Die Tagebücher von Joseph Goebbels. Teil I: Aufzeichnungen 1923–1941, Bd. 2/II (Juni 1931 bis September 1932), München 1993–2008, Eintrag vom 25.08.1931.
797 Dossier „Leers-Komplex" (Ms.), o. O. o. J., S. 2 [AfZ, JUNA-Archiv].
798 LEMMONS, RUSSEL: Goebbels and „Der Angriff", Lexington, Kentucky 1994, S. 30.
799 Zur Ankündigung siehe die Rubrik „Kampf um Berlin", in: Der Angriff vom 27.01.1931, zur anschließenden Berichterstattung siehe die Rubrik „Kampf um Berlin", in: Der Angriff vom 28.01.1931.
800 Goebbels verfasste mehr als 400 Leitartikel. Siehe HÖVER, ULRICH: Joseph Goebbels – ein nationaler Sozialist, Bonn/Berlin 1992, S. 27; LONGERICH, PETER: Joseph Goebbels. Biographie, München 2010, S. 101–104. Zu Beiträgen von Johann von Leers auf der Titelseite siehe THOMAS, M.: Wirtschaft und Nationalsozialismus, in: Der Angriff vom 10.07.1930; DERS.: Café Heulmeier, in: Der Angriff vom 31.07.1930; L[EERS], [JOHANN] V[ON]: Brüning muss weg! Überall Krisen – und kein energischer Staatsmann, in: Der Angriff vom 01.02.1932.

Hauptagitator und mächtigste Nazimann von Berlin" geworden.[801] Dass Johann von Leers unmittelbar vor seinem Redaktionsrauswurf in der Rezension eines neu erschienenen Goebbels-Buches ausdrücklich versicherte, beim Gauleiter handele es sich selbstverständlich um den „eigentlichen Schöpfer und Träger des Kampfes um die Großstadt Berlin"[802], konnten Eingeweihte nicht zuletzt vor dem Hintergrund wachsender Spannungen lesen. Die Brüskierung durch Goebbels diente somit auch dazu, dem eigensinnigen Kontrahenten seine Grenzen aufzuzeigen und den eigenen Machtanspruch zu festigen. Bis 1933 nämlich blieb Goebbels trotz seiner Position als Gauleiter und seiner führenden Funktion innerhalb der Propagandaleitung die Kontrolle über die Redner der Partei „versperrt"[803], die seinerzeit Fritz Reinhardt, einem Vertrauten Gregor Straßers, unterstanden. Als Bundesschulungsleiter und Mitglied der Reichsleitung des NS-Studentenbundes konnte er Goebbels gegenüber zudem Unabhängigkeit wahren, galt doch das Verhältnis des nationalsozialistischen Akademikernachwuchses zu den Gauleitungen der NSDAP lange Zeit als ungeklärt.[804]

Das daraus erwachsende Misstrauen nährte Johann von Leers durch sein Verhalten. So fest gefügt seine Weltanschauung zu diesem Zeitpunkt bereits war, so wendig wusste er in innerparteilichen Konflikten in den Jahren der „kämpferischen Entwicklung"[805] der NSDAP zu agieren. Das zeigte sich Anfang Juli 1930, als der „sozialistische Flügel"[806] um Otto Straßer sich von der Partei abspaltete. Der Leiter des Kampfverlages war gemeinsam mit seinem Bruder Gregor ein „Wortführer der Linken"[807] und vertrat eine „prononciert antikapitalistische Haltung"[808], die anstelle des „ausbeuterischen kapitalistischen Wirtschaftssystems" einen „wahrhaften deutschen Sozialismus"[809] setzen wollte. Dass sich dies mit den Ansichten von Johann von Leers deckte, steht außer Zweifel. Insofern überrascht es nicht, dass einer seiner ersten programmatischen Beiträge 1929 in Otto Straßers Zirkular „Nationalsozialistische Briefe"[810] erschienen war, die als

---

801 Nazidämmerung. Hitlers Aufstieg und Abstieg, in: Sozialdemokratischer Pressedienst vom 10.12.1932, S. 1 f.
802 Dr. v[on] L[eers]: Ein neuer „Goebbels". „Kampf um Berlin", in: Der Angriff vom 12.08.1931.
803 Kissenkoetter: Gregor Straßer und die NSDAP, S. 58.
804 Kater: Der NS-Studentenbund von 1926 bis 1928, S. 168–170.
805 Leers: Kurzgefasste Geschichte des Nationalsozialismus, S. 53.
806 Schüddekopf, Ernst Otto: Linke Leute von rechts. Die nationalrevolutionären Minderheiten und der Kommunismus in der Weimarer Republik, Stuttgart 1960, S. 318.
807 Kühnl: Die nationalsozialistische Linke 1925–1930, S. 245.
808 Longerich: Heinrich Himmler, S. 88.
809 Kissenkoetter: Gregor Straßer und die NSDAP, S. 25.
810 Leers, Johann von: Außenpolitische Perversität, in: Nationalsozialistische Briefe 5 (1929/30) 16 vom 15.02.1930, S. 270–272, hier S. 271.

„das theoretische Organ der Linken"[811] galten und sich an die „Führungskader und Intellektuellen der Partei"[812] richteten. Verantwortet wurde die Zeitschrift zeitweise von Goebbels, der am Beginn seiner politischen Karriere selbst „mit Nachdruck einen nationalen Sozialismus der Maximalforderungen"[813] verfocht. Vor diesem Hintergrund ist auch der Bruch zu sehen, den Otto Straßer im Sommer 1930 mit Hitler vollzog. Auslöser dafür war ein seit Frühjahr schwelender Streit in der Partei, nachdem die Führung in München aus taktischen Motiven ihren Mitgliedern verboten hatte, sich an den Streiks der sächsischen Metallindustrie zu beteiligen. Da Straßers Flügel dort über „starke Stützpunkte" verfügte, rebellierte er gegen Hitlers Anordnung.[814] Der daraus resultierende Streit konnte durch Gespräche zwischen Hitler und Straßer jedoch nicht geschlichtet werde.[815] Stattdessen eskalierte die Auseinandersetzung, zumal in Berlin, wo zwischen den Anhängern Straßers und Goebbels, der inzwischen zu Hitler übergegangen war[816], erhebliche Spannungen bestanden. Hitler und Goebbels, die in dieser Situation „die Autorität des Gau- und Reichspropagandaleiters und damit auch die Autorität der Parteiführung" aufs Spiel gestellt sahen, bot der Konflikt einen „willkommenen Anlass, zum entscheidenden Schlag gegen die linke Opposition auszuholen".[817] Auf einer Mitgliederversammlung am 30. Juni 1930 ließen sie Otto Straßer und seine Anhänger gewaltsam von der SA aus dem Saal entfernen. Zuvor hatte Goebbels gegen „Literaten" und „Salonbolschewisten" gewettert und einen Brief Hitlers verlesen, wonach er als Gauleiter aufgefordert werde, die Partei von diesen „Elementen" zu befreien. Straßer trat daraufhin die Flucht nach vorne an: „Die Sozialisten verlassen die NSDAP", ließ er am 4. Juli in der Presse seines Kampfverlags verkünden.[818] Damit verbunden war ein Aufruf an alle „ehrlichen Sozialisten", die Partei zu verlassen. Statt der erwarteten Austrittswelle folgte ihm allerdings nur eine kleine Gruppe in die neu gegründete Kampfgemeinschaft Revolutionärer Nationalsozialisten. Der „Kreis der Rebellen" beschränkte sich im Wesentlichen auf Redakteure

---

811 Kühnl: Die nationalsozialistische Linke 1925–1930, S. 213.
812 Ebd.
813 Moreau, Patrick: Nationalsozialismus von links. Die „Kampfgemeinschaft Revolutionärer Nationalsozialisten" und die „Schwarze Front" Otto Straßers 1930–1935 (Studien zur Zeitgeschichte, Bd. 28), München 1984, S. 21.
814 Kühnl: Die nationalsozialistische Linke 1925–1930, S. 244.
815 Strasser, Otto: Ministersessel oder Revolution, Berlin 1930. Wieder abgedruckt in Ders.: Der Aufbau des deutschen Sozialismus, Leipzig 1932, S. 116–136.
816 Friedrich: Die missbrauchte Hauptstadt, S. 235–240.
817 Kühnl: Die nationalsozialistische Linke 1925–1930, S. 248.
818 Ebd., S. 252.

des Kampfverlages.[819] Diese für Straßer enttäuschende Entwicklung hatte verschiedene Ursachen. Eine liegt sicher darin, dass vermeintliche Unterstützer die Konsequenzen eines Bruchs scheuten und abgesprungen waren. Dazu zählte nicht nur der Herausgeber der Wochenzeitung „Reichswart", Ernst Graf zu Reventlow, der sich „aus Gründen finanzieller Abhängigkeit"[820] dazu veranlasst sah. Einen unerwarteten Seitenwechsel vollzog auch Johann von Leers, der zwar, wie Straßer später behauptete, das Manifest mit ausgearbeitet hatte, „das im Augenblick der Trennung der Parteiöffentlichkeit vorgelegt werden sollte".[821] Entgegen seiner Erwartung aber seien „[i]m letzten Augenblick" mehrere „Verschwörer" wieder abgerückt, um sich der Parteiführung zu unterwerfen, „darunter Graf Reventlow und Dr. von Leers".[822] Ob diese Darstellung zutrifft, muss angesichts Straßers lückenhafter Erinnerungen offen bleiben. In seiner später verfassten Autobiografie wird der Name Johann von Leers in diesem Zusammenhang nicht erwähnt.[823] Auch die Beweggründe, die Johann von Leers zu seinem Rückzug veranlasst haben, bleiben unklar. Es ist allerdings anzunehmen, dass ihm angesichts des unverkennbaren Aufstiegs der NSDAP unter Hitlers Führung die Erfolglosigkeit von Straßers Unterfangen schnell bewusst geworden war. Hinzu dürfte ein opportunistisches Motiv getreten sein, da er zwischenzeitlich einen beträchtlichen Teil seines Einkommens aus publizistischen Aktivitäten für die NSDAP bestritt und somit, ähnlich wie zu Reventlow, finanziell auf die Partei angewiesen war. Wohl deshalb stellte auch er sich gegen jene „kleine Gruppe um Otto Straßer", die „dem Führer Adolf Hitler die Gefolgschaft verweigerte", und trug so dazu bei, dass diese „Krise […] rasch überwunden" werden konnte, wie er 1933 in einer offiziösen Parteigeschichte schrieb.[824] Wie zum Beweis dieser Läuterung tat er seine Kehrtwende auch parteiöffentlich kund: Unter dem Vorwand, sich mit nationalsozialistischer Wirtschaftspolitik auseinandersetzen zu wollen, legte er unter seinem den meisten Funktionären zweifelsohne bekannten Pseudonym wenige Tage später in einem Leitartikel im „Angriff" ein Treuebekenntnis zu Hitler ab. Die Aussage nämlich, alle in der Partei vom „ersten bis zum letzten Nationalsozialisten" stünden „geschlossen hinter ihrem Führer", war nicht zuletzt auf die eigene Person gemünzt.[825] Zwar

---

819 Ebd.
820 Schüddekopf: Linke Leute von rechts, S. 495.
821 Strasser: Der Aufbau des deutschen Sozialismus, S. 137. Siehe auch Chef des Sicherheitshauptamtes an Reichsführer SS, 22.06.1938 [BArch, NS 19/392, Bl. 68 f.]. Zu den weiteren Urhebern zählten Bruno Ernst Buchrucker, Herbert Blank und Eugen Massakowsky.
822 Ebd.
823 Strasser, Otto: Mein Kampf. Eine politische Autobiografie, Frankfurt am Main 1969.
824 Leers: Kurzgefasste Geschichte des Nationalsozialismus, S. 53.
825 Thomas, M.: Wirtschaft und Nationalsozialismus, in: Der Angriff vom 10.07.1930.

sei diesen „jede ernsthafte Auseinandersetzung im Rahmen der unabänderlichen Thesen" gestattet, allerdings nur solange, „bis der Führer seine Entscheidung gefällt hat". Das Dritte Reich werde „unter Hitlers Fahnen oder nicht sein".[826] Dass es überhaupt einen Konflikt gegeben hatte, wurde schlichtweg geleugnet: Es sei „völlig abwegig", zwischen „Sozialisten" und „Nichtsozialisten" zu unterscheiden, gebe es doch „innerhalb der Partei" keine „Nationale[n] Sozialisten", sondern „nur Nationalsozialisten".[827] Gleichwohl war zwischen den Zeilen Kritik an Straßer und seiner Strategie zu vernehmen: „Nicht in wilden Protestmärschen für eine verschwommene Sozialisierung, sondern in der Erkämpfung der Staatsmacht durch staatsmännische Mittel", belehrte Johann von Leers die Abtrünnigen, liege der Weg, um die Ziele des Parteiprogramms der NSDAP zu erreichen. Dementsprechend müssten nicht Sozialisten und Proletarier unterschieden werden, „sondern Schaffende und Raffende". Volk, Partei und Führer seien überdies dadurch aufs engste verbunden, weil „[d]ie Nationalsozialistische Deutsche Arbeiterpartei als berufene Vertretung aller schaffenden Deutschen [...] auf der unlöslichen Einheit des großen Gedankens der nationalen Freiheit mit dem großen, von Adolf Hitler geschaffenen Gedanken des deutschen Sozialismus"[828] beruhe.

Der Artikel bekräftigte nicht nur die Gefolgschaft zu Hitler, sondern bewies auch seine erstaunliche Wendigkeit. Diese sollte sich erneut während der „Stennes-Revolte" zeigen, die im April 1931 die Partei erschütterte, ebenso in einer der zahlreichen „undurchsichtigen Intrigen"[829] gegen Ernst Röhm, in der er sich offenkundig an die Seite von Goebbels stellte und zu dessen Helfer machte: Der SA-Stabschef war seit Sommer 1931 unter „führenden Mitgliedern der Partei"[830] zunehmend in die Kritik geraten. In Verbindung mit dem Vorwurf der Homosexualität nämlich, die offen angesprochen wurde, machte sich an der SA-Basis zunehmend die Vorstellung breit, „die SA-Führung insgesamt verschwende den Kampfgroschen des einfachen SA-Mannes in ausschweifenden gleichgeschlechtlichen Orgien".[831] Ganz gleich, was davon stimmte, waren gezielt gestreute Verdächtigungen immer auch ein Element zu machtpolitischen Zwecken. Ein Zuträger Röhms in Berlin wusste denn auch nach München zu melden, dass die Intrigen dort *ganz besonders von Dr. G. selbst betrieben* würden, der den SA-Stabschef *zu Fall* bringen wolle. Unterstützung soll er dabei durch

---

826 Ebd.
827 Ebd.
828 Ebd.
829 Kissenkoetter: Gregor Straßer und die NSDAP, S. 81.
830 Longerich, Peter: Die braunen Bataillone. Geschichte der SA, München 1989, S. 147.
831 Ebd.

Johann von Leers erhalten haben, der sich mit allen Mitteln darum bemühe, vermeintlich belastende Dokumente mit den *bekannten Anwürfen* gegen Röhm, die sich in Besitz der *Behörden oder Staatsanwaltschaft* befänden, *aufzukaufen*.[832]

Konfliktpotenzial ergab sich jedoch auch aus politisch-strategischen Differenzen, die solche weltanschaulichen Gegensätze nach sich ziehen mussten. Ein Beispiel dafür findet sich in der Haltung gegenüber völkischen Kleinstorganisationen mit Wurzeln im wilhelminischen Kaiserreich. Wie Goebbels erging auch Johann von Leers sich in Spott über „Germanen'tümelei"[833] und skurrile Aktivisten, die sich die Wiederbelebung eines germanischen Erbes zum Auftrag gestellt hatten. Die „spießvölkischen Runenbarden" beispielsweise zählte er zu den Gegnern der Partei.[834] Ebenso verächtlich geriet ihm die Karikatur „alter völkischer Kämpfer seit mindestens vierzig Jahren", die sich, nachdem ihnen jeder Erfolg versagt geblieben war, in „schwerstgewaltige Edda-Verse" flüchteten und diese nunmehr auf Versammlungen der SA vortrügen. „Das Dritte Reich ist aber nicht für Onkel Theobald bestimmt", kommentierte er, vergleichbar den verächtlichen Ausführungen Hitlers in „Mein Kampf", solche Auftritte.[835] Ähnlich fiel sein Spott über „Herrn Obersekretär Narrentrab von der deutschvölkischen ‚Mathildchen-Weihegilde'" aus, der „ein echt germanisches Steinbeil" schwinge.[836] Selbst die Deutschvölkische Freiheitspartei bezeichnete er als „sozialreaktionär".[837] Ein Gegensatz zu Goebbels ergab sich allerdings daraus, dass dieser nicht nur Distanz zu germanophilen oder völkisch-religiösen Sammlungsbewegungen sowie ihren Wortführern wie den von Johann von Leers unkritisch verehrten Herman Wirth hielt, sondern auch mit dem „kultischen Unfug"[838] der Kreise um Himmler, Rosenberg und Darré nichts anzufangen vermochte. Letzterer war in seinen Augen ohnehin ein „blasser Theoretiker", dessen „Parole von Blut und Boden [...] durch ihn und seine

---

832 Aktennotiz O. V., 21.12.1931 [BArch, NS 26/87, o. P.].
833 LEERS, JOHANN VON: Außenpolitische Perversität, in: Nationalsozialistische Briefe 5 (1929/30) 16 vom 15.02.1930, S. 270–272, hier S. 271.
834 THOMAS, M.: Kämpfer ... und andere, in: Der Angriff vom 12.06.1930.
835 THOMAS, M.: Komplexkunde des Mitläufers, in: Der Angriff vom 30.01.1931. Zu Hitlers Ausführungen über jene „deutschvölkischen Wanderscholaren, deren positive Leistung immer gleich Null ist, deren Einbildung aber kaum zu übertroffen werden vermag" siehe HARTMANN, CHRISTIAN/VORDERMAYER, THOMAS/PLÖCKINGER, OTHMAR/TÖPPEL, ROMAN (HRSG.): Hitler, Mein Kampf. Eine kritische Edition im Auftrag des Instituts für Zeitgeschichte (Bd. 1), München/Berlin 2016, S. 925.
836 THOMAS, M.: Siegreich woll'n wir die Nazis schlagen ..., in: Der Angriff vom 18.03.1931.
837 LEERS: Adolf Hitler, S. 47.
838 Die Tagebücher von Joseph Goebbels. Teil I: Aufzeichnungen 1923–1941, Bd. 3/I (April 1934 bis Februar 1936), München 1993–2008, Eintrag vom 21.08.1935. Siehe auch LONGERICH: Heinrich Himmler, S. 303.

Hintermänner so totgeritten" worden sei, „dass man heute damit kaum noch einen Hund hinter dem Ofen hervorlocken kann".[839]

Differenzen bestanden auch in der Einschätzung der Sowjetunion und des Kommunismus. Goebbels selbst verhielt sich dabei „ambivalent".[840] Hinlänglich bekannt ist, dass er zu Beginn seiner politischen Karriere im Sozialismus die „Staatslehre der Zukunftsnation"[841] sah und als Propagandist eines prorussischen Kurses auftrat. Seine Differenzierung zwischen „national-russischen Kräften" einerseits und den „jüdischen Zentren" des Bolschewismus andererseits führte ihn zu dem Schluss, dass Russland und Deutschland „im Grunde in einer Front standen", weil sie von den „Erdrosselungsversuchen des internationalen Weltfeindes" bedroht seien.[842] Bereits 1926 ging Goebbels von diesem Kurs allerdings wieder ab. Für Johann von Leers dagegen stand noch 1932 fest, das „röteste Sowjetrussland" stelle „keine Gefahr im Verhältnis zu der polnischen Gefahr" dar, sofern es gelänge, „dass wir unsere Arbeiterfrage im Sinne eines volkhaften deutschen Sozialismus ordnen können und damit dem landfremden Kommunismus den Boden wegziehen". Wenn aber dessen „Hilfstruppen in Deutschland" ausgeschaltet seien, könne Russland „sogar einmal gegebener Bundesgenosse gegen Polen sein", in dem er den „leidenschaftlichen Todfeind" sah.[843] Eben diese Überzeugungen sollen es gewesen sein, die ihn immer wieder *Anfeindungen* durch Goebbels ausgesetzt hätten, behauptete Johann von Leers später.[844] Ausgeschlossen ist das nicht. Allerdings zeigte auch Johann von Leers sich in den folgenden Jahren in der Lage, je nach tagespolitischen Erfordernissen seine Ansichten anzupassen: Prangerte er 1936 den „Sowjetspuk"[845] an, warb er drei Jahre später für ein Zusammengehen mit dem Land. Über den *Pakt mit Russland* jedenfalls zeigte er sich *grenzenlos glücklich,* weil dieser *dem Imperialismus der Westmächte* ein *neues Tauroggen* entgegengesetzt habe.[846]

Gravierender war allerdings der seit Hitlers „Legalitätseid" 1930 latente Konflikt, welche Haltung die Partei der antirepublikanisch-nationalistischen

---

839 Die Tagebücher von Joseph Goebbels. Teil II: Diktate 1941–1945, Bd. 4 (April bis Juni 1942), Eintrag vom 21.05.1942.
840 Siehe HÖVER: Joseph Goebbels – ein nationaler Sozialist, S. 204.
841 Zit. nach BÄRSCH, CLAUS-E.: Der Jude als Antichrist in der NS-Ideologie, in: ZRGG 47 (1995) 2, S. 160–188, hier S. 174.
842 Siehe LONGERICH: Joseph Goebbels, S. 79 f.; HÖVER: Joseph Goebbels – ein nationaler Sozialist, S. 204.
843 LEERS, JOHANN VON: Polnischer Korridor oder deutsches Weichselland? (Großdeutsche Forderungen, Heft 2), München 1932, S. 6.
844 Johann von Leers an Axel von Leers, 25.08.1939 [RGVA, Fond 1283/4, Bl. 9 f.].
845 LEERS, JOHANN VON: Der Staatsträger, in: Hakenkreuzbanner vom 18.05.1936.
846 Johann von Leers an Axel von Leers, 25.08.1939 [RGVA, Fond 1283/4, Bl. 9 f.].

Rechten gegenüber einnehmen sollte. Hindenburg etwa wurde durch Johann von Leers mit der Bemerkung abgestraft, dessen Wahl habe sich „schlimmer als ein Pyrrhussieg für die nationale Bewegung Deutschlands" ausgewirkt, weil dieser immer dann, wenn es „auf seine Entscheidung ankam", Stellung „gegen die nationale Bewegung" und „besonders den Nationalsozialismus" genommen habe, „der unter seiner Präsidentschaft den furchtbarsten Verfolgungen ausgesetzt gewesen ist".[847] Ähnlich verächtlich äußerte er sich über die „Papen-Reaktion".[848] Die „Deutsche Allgemeine Zeitung" wiederum, Sprachrohr der Ruhrindustrie, galt ihm als „das Geldsackblatt der wirtschaftlichen Reaktion".[849] Noch 1933 sah er in den Rechtsparteien nicht mehr als Steigbügelhalter der Juden, die „stets" und „gleichmäßig" Verbindungen sowohl zur „Reaktion" als auch zur „Unterwelt"[850] aufrechterhielten. Besonders aufschlussreich ist in diesem Zusammenhang jedoch eine Attacke im Herbst 1932 auf den Schriftsteller Hans Grimm, dem Johann von Leers nach einem, wie vermutet wurde, Auftritt auf einer Veranstaltung des Herrenklubs Verrat an der revolutionären Zielsetzung des Nationalsozialismus vorwarf.

Der Deutsche Herrenklub, der im Dezember 1924 aus dem Juni-Klub hervorgegangen war, zählte zu jenen elitären Intellektuellenzirkeln handverlesener Mitglieder aus altkonservativem Establishment und jungkonservativen Neuerern, deren politische Ziele auf einen autoritären Umbau der Republik abzielten. Die Stoßrichtung dieser Netzwerke war somit republikfeindlich und antidemokratisch. Antisemitismus spielte dagegen nur eine untergeordnete Rolle.[851] Ihre prokapitalistische Grundhaltung war jedoch auch die Ursache für den „Dauerkonflikt mit der NS-Bewegung"[852], wie ihn nicht zuletzt Johann von Leers befeuerte: „Für den Herrenklub: ein spöttisches Lächeln"[853], mokierte er

---

847 LEERS: Adolf Hitler, S. 46.
848 DR. V[ON] L[EERS]: Die feinen Herren unter sich. Ein Diener im Herrenklub, in: Der Angriff vom 04.10.1932.
849 DR. VON LEERS: Metternich vor den Toren, in: Der junge Nationalsozialist 1 (1932) 9, S. 8f.
850 LEERS, JOHANN VON: Forderung der Stunde: Juden raus, Berlin o.J. [1933], S. 11.
851 Zu den Netzwerken der Jungkonservativen siehe WEISS, VOLKER: Moderne Antimoderne. Arthur Moeller van den Bruck und der Wandel des Konservatismus. Paderborn 2012, S. 236–239; POSTERT, ANDRÉ: Von der Kritik der Parteien zur außerparlamentarischen Opposition. Die jungkonservative Klub-Bewegung in der Weimarer Republik und ihre Auflösung im Nationalsozialismus, Baden-Baden 2014, S. 107–187 und GRUNEWALD, MICHEL: Die jungkonservative „Ring-Bewegung" und die Nationalsozialisten (1923–1934), in: DARD, OLIVIER/GRUNEWALD, MICHEL/PUSCHNER, UWE (HRSG.): Confrontations au nationalsocialisme en Europe francophone et germanophone 1919–1949 (Bd. 4), Brüssel u.a. 2020, S. 227–248.
852 MALINOWSKI: Vom König zum Führer, S. 438. Siehe auch SCHOEPS, MANFRED: Der Deutsche Herrenklub. Ein Beitrag zur Geschichte des Jungkonservativismus in der Weimarer Republik (Diss. phil.), Erlangen/Nürnberg 1974, S. 128–134.
853 DR. VON LEERS: Metternich vor den Toren, in: Der junge Nationalsozialist 1 (1932) 9, S. 8f.

sich über die Organisation, die „zum Schutze des Kapitalismus" erdacht worden sei und deshalb „in Feindschaft gegen den Nationalsozialismus"[854] stehe. Grimm wiederum pflegte ein ambivalentes Verhältnis zum Nationalsozialismus.[855] Obschon kein Mitglied der Partei, zählte der Erfolgsschriftsteller sich zu jenen, die „dem Nationalsozialismus unbedingt freundlich" gesinnt sind und auf ihn setzten: Von ihm erhoffte er die Rettung vor Kommunismus und Bürgerkrieg statt einer weiteren „Schändung und Entrechtung des Vaterlandes". Entsprechend vehement kritisierte er die Berliner Gauleitung, als diese im Sommer 1932 „in Verbindung mit Berliner Kommunisten" einen Streik und Straßentumulte in Gang setzte. „Menschlich ist mir alles verständlich. Politisch hätte ich in den großen Zügen wahrscheinlich nicht anders gehandelt als Hitler. Ganz verkehrt ist die Musik", schrieb er dem sozialdemokratischen Renegaten und Schriftstellerkollegen August Winnig.[856] Gemeinsam mit diesem publizierte er in der „Berliner Börsen-Zeitung" am 22. September eine „Bitte an den Nationalsozialismus", in dem beide mehr „Arbeiter-Politik" statt „Arbeitnehmer-Politik alten und das heißt marxistischen Stils" forderten.[857] Goebbels, der den Romancier seit vielen Jahren verehrte und als Werbefigur für die NSDAP gewinnen wollte[858], reagierte postwendend im „Angriff" mit einer um Verständnis werbenden „Bitte an Hans Grimm".[859]

Das damit eröffnete Angebot zum Gespräch wurde allerdings ausgerechnet durch Johann von Leers unterlaufen. In ihm nämlich erkannte Grimm, wie

---

854 Dr. v[on] L[eers]: Die feinen Herren unter sich. Ein Diener im Herrenklub, in: Der Angriff vom 04.10.1932. Zur Agitation der Nationalsozialisten gegen den Herrenklub während der Reichstagswahlkämpfe 1932 siehe Schoeps: Der Deutsche Herrenklub, S. 149–151.
855 Gümbel, Annette: „Volk ohne Raum". Der Schriftsteller Hans Grimm zwischen nationalkonservativem Denken und völkischer Ideologie (Quellen und Forschungen zur hessischen Geschichte, Bd. 134), Darmstadt 2003, S. 250, 254. Zur Parteimitgliedschaft siehe auch Grimm, Hans: Suchen und Hoffen aus meinem Leben 1928–1934, Lippoldsberg 1960, S. 183.
856 Grimm an Winnig, 14.09.1932, zit. nach Vordermayer, Thomas: Bildungsbürgertum und völkische Ideologie. Konstitution und gesellschaftliche Tiefenwirkung eines Netzwerks völkischer Autoren (1919–1959), Berlin 2016, S. 274.
857 Grimm: Suchen und Hoffen aus meinem Leben 1928–1934, S. 174–176.
858 Zum wechselvollen Verhältnis zwischen Grimm und Goebbels siehe Vordermayer: Bildungsbürgertum und völkische Ideologie, S. 320–327.
859 Goebbels, [Joseph]: Bitte an Hans Grimm, in: Der Angriff vom 24.09.1932. Dagegen in seinen Tagebüchern: „Scharfe Antwort an Hans Grimm geschrieben", siehe: Die Tagebücher von Joseph Goebbels. Teil I: Aufzeichnungen 1923–1941, Bd. 2/II (Juni 1931 bis September 1932), München 1993–2008, Eintrag vom 24.09.1932. Siehe auch Grimms spätere Wertung auf diese Reaktion: „Sie hatte den besten Klang unter allem anderen, was damals als Echo folgte. Denn Rosenberg im Völkischen Beobachter und Graf Reventlow in seinem Reichswart gingen in ihren Gegenaufsätzen keck an dem vorbei, was Winnig und mich in Bewegung gesetzt hatte." Grimm: Suchen und Hoffen aus meinem Leben 1928–1934, S. 179.

er sich noch in seinen Memoiren empören konnte, die treibende Kraft jener „Schmocks und Kläffer" der nationalsozialistischen Presse, die sich in den Tagen nach seinem offenen Brief an die NSDAP zu einer „bösartigen" und „hetzerischen Scurrilie" verstiegen und das „übelste Geschwätz" über ihn verbreitet hätten.[860] Tatsächlich hatte Johann von Leers den Schriftsteller im „Angriff" zwischen den Zeilen und in der Ludwigshafener „NSZ Rheinfront", für die er als *Berliner Vertreter*[861] tätig war, namentlich als „Diener im Herrenklub" attackiert.[862] Ein solches Verhalten aber stellte in seinen Augen ein schweres Vergehen dar. Anstatt nämlich in Zeiten der wirtschaftlichen Not mit den Nationalsozialisten zu paktieren, betrieben die Parteien der nationalen Rechten und ihre Diskussionszirkel „Verrat" am eigenen Volk, indem sie sich mit „Bankjuden" verbündeten, um ihre „nationalen Ziel[e]" zu erreichen. „Was Deutscher, was Jude – im Gelde sind sie sich lange einig, die Herren der jüdischen Hochfinanz und die ‚Hungerberger' des Herrn Hugenberg […]. Sie sind sich alle einig – Demokraten und ‚Aristokraten', Stahlhelmer und Juden", polemisierte Johann von Leers in phrasenhafter Diktion. Umso mehr habe das deutsche Volk „ein Recht darauf, zu wissen, wer im Herrenklub sitzt", der für dieses verantwortungslose Verhalten maßgeblich verantwortlich sei. Eben dies begründe auch, die Namen der Teilnehmer an einem „Diner" zu veröffentlichen, zu dem unlängst eingeladen worden sei. Ob das „deutsche Volk" nach solchen Informationen verlangte, sei dahingestellt. Stattdessen richtete sich der Beitrag vor allem an jene Funktionäre aus den eigenen Reihen, die die Lage falsch einschätzten. Die Veröffentlichung, begründete Johann von Leers sein Vorgehen, erfolge nämlich auch deshalb, „um alle sentimentalen Tuereien um diesen oder jenen ‚nationalen' Führer des Herrenklubs zu zerstören".[863]

Grimms Name blieb im „Angriff" unerwähnt. Stattdessen wurde der vormalige Freikorpsführers Ehrhardt angeführt und als „politische Leiche" verhöhnt. In der „NSZ Rheinfront" dagegen, dem Sprachrohr des pfälzischen Gauleiters Josef Bürckel, ging Johann von Leers direkt zur Sache: Während Arbeitern niedrigere Löhne zugemutet würden, seien in Berlin „die Machthaber des ‚natio-

---

860 GRIMM: Suchen und Hoffen aus meinem Leben 1928–1934, S. 183, 185. Zu den Angriffen im „Reichswart" siehe O. V. (= ZU REVENTLOW): Herrenklub und Klubherr, in: Reichswart vom 24.09.1932, S. 3 f.; O. V. (= ZU REVENTLOW): Eine „Bitte an den Nationalsozialismus", in: Reichswart vom 01.10.1932, S. 2.
861 Johann von Leers an Wittfogel, 26.01.1952 [HIA, Collection K. Wittfogel, Box Nr. 29].
862 DR. V[ON] L[EERS]: Die feinen Herren unter sich. Ein Diener im Herrenklub, in: Der Angriff vom 04.10.1932. Zum Zitat aus der NSZ-Rheinfront siehe GRIMM: Suchen und Hoffen aus meinem Leben 1928–1934, S. 184–186.
863 DR. V[ON] L[EERS]: Die feinen Herren unter sich. Ein Diener im Herrenklub, in: Der Angriff vom 04.10.1932.

nalen' und internationalen Kapitalismus" zu einem ihrer opulenten Diners im Herrenklub zusammengekommen. Dass in dieser Runde auch Grimm Platz genommen hatte und, wie Johann von Leers in einem Brief später ergänzte, *zusammen mit den kapitalistischen Bestien getafelt* habe, erzürnte ihn besonders: „An Sie hat auch einmal eine Jugend geglaubt! Wird bald lange her sein, Herr Grimm! Bücher fürs Volk schreiben von deutscher Not und deutscher Sehnsucht – und dann mit Warburg und Solmssen, mit Kastl und Staatssekretär Weißmann dinieren", hieß es voller Enttäuschung über den vermeintlichen Verrat, den dieser *große Dichter deutscher Sehnsucht,* dem er selbst *persönlich vieles an innerer Förderung verdanke*[864], begangen haben soll. Positiv abzugewinnen war ihm allenfalls, dass „die Fronten [...] klar" seien, wenn „die Masken fallen".[865] Als „Dichter des Volkes" und „Mann der deutschen Erneuerung" jedoch könne der Schriftsteller nicht länger gelten. „Gehen Sie beiseite", beschwor Johann von Leers Grimm, dem unverhohlen noch schwerwiegenderer Konsequenzen nahegelegt wurde: „Wie sagt die Bibel von Judas Ischarioth? ‚Und nahm einen Strick und erhängte sich!' Nehmen Sie ihn!"[866]

Dass Grimm darin einen „Appell an die niederen Instinkte" sah und die Attacke sogar zu jenen „Auswüchse[n]" zählte, „die dem Nationalsozialismus so unendlich viel schaden", ist verständlich, zumal er an der angeprangerten Veranstaltung gar nicht teilgenommen haben will. „Eine Einladung zu irgendeiner Feier oder auch Versammlung des Klubs hatte ich im Jahr 1932 nicht erhalten", schreibt er in seinen Memoiren.[867] Einmal in die Welt gesetzt, ließ sich die Behauptung allerdings kaum noch einfangen. Der „Schwindel" um seinen Auftritt vor dem Herrenklub sei deshalb insbesondere vor den Reichstagswahlen im November „wieder und wieder" in Propagandaschriften der NSDAP aufgetaucht. Nicht weniger groß schien zudem Grimms persönliche Enttäuschung, nachdem der „Pamphletist" Johann von Leers „kein Jahr vorher" noch sein „vergnügter und zutunlicher Gast" gewesen sein soll und dabei mit wirren Ideen aufwartete. So soll er dazu aufgefordert haben, „mit bereiten jungen Deutschen dem italienischen Dichter d'Annunzio" nachzueifern und einen „Vorstoß auf das entwendete und qualvoll verkümmernde deutsche Danzig" zu

---

864 Johann von Leers an Grimm, 01.11.1932 [DLA, NL Grimm, Sig. HS001433269].
865 GRIMM: Suchen und Hoffen aus meinem Leben 1928–1934, S. 184 f.
866 EBD., S. 185.
867 EBD., S. 186. Zur Teilnahme Grimms an Veranstaltungen des Herrenklubs und seines Vorläufers Juni-Klub siehe SCHOEPS: Der Deutsche Herrenklub, S. 25.

machen.⁸⁶⁸ Dementsprechend reserviert reagierte Grimm, als Johann von Leers zwei Jahrzehnte später von seinem Exil in Argentinien aus Versuche für eine *wirklich ehrlich gemeinte Entschuldigung* unternahm.⁸⁶⁹ Er habe die Information *der sonst außerordentlich zuverlässigen Großdeutschen Pressekorrespondenz* entnommen, hatte Johann von Leers schon unmittelbar nach dem Vorfall zu seiner Rechtfertigung angegeben.⁸⁷⁰ Dass eine Richtigstellung unterblieb, schob er nunmehr der Reichspropagandaleitung in die Schuhe, die seinerzeit Widersprüche in der Propaganda vermeiden wollte. In der *ganzen überhitzten Stimmung jener giftigen Herbsttage 1932* will er überdies selbst Opfer sinisterer Mächte geworden sein, die ihn *irregeführt oder ausgespielt* hätten, raunte er andeutungsvoll.⁸⁷¹ Dass er selbst es gewesen ist, der seinerzeit Goebbels Bemühungen um Grimm im „Angriff" bloßgestellt hatte, spielte in diesen Erinnerungen keine Rolle mehr.

Die Kompromisslosigkeit in seinen Angriffen freilich, wie sie in der Kontroverse mit Grimm zum Ausdruck gekommen war, legte Johann von Leers auch nach der historischen Zäsur im Januar 1933 nicht ab. Solche Unbotmäßigkeiten produzierten allerdings weiterhin konflikthafte Spannungen mit Goebbels, die noch dadurch befördert wurden, dass er die neu geschaffenen Machtverhältnisse nicht etwa in naiver Hoffnung, sondern in ernsthafter Erwartung als Beginn einer „zweiten Revolution" deutete, die den ersehnten „Deutschen Sozialismus" verwirklichen werde. Von Grimm trenne ihn sein *ehrlicher Hass gegen diejenigen, die die ihm lieben, tapferen und armen S.A. Kameraden jetzt unter nationalen Parolen wieder dem Kapitalismus ausliefern möchten,* hatte er dem Schriftsteller bereits im Sommer 1932 geschrieben.⁸⁷² Um dies zu verhindern, müsste, wie er am Übergang in die nationalsozialistische Diktatur erklärte, neben der „Umgestaltung des öffentlichen Lebens auf allen Gebieten" auch eine „wirtschaftliche Neugestaltung bis zur letzten Konsequenz" folgen.⁸⁷³ Was genau darunter zu verstehen war, blieb zwar phrasenhaft. Gleichwohl dürften seine klassenkämpferischen Parolen in der neuen Staatsführung kaum auf Begeisterung gestoßen sein.

So erklärte er es zur „sittliche[n] Pflicht" aller Parteimitglieder, „jeden Tag von dem zweiten Teil der Revolution zu reden", zur „kameradschaftliche[n]

---

868 EBD., S. 185. D'Annunzio hatte im Herbst 1919 während der noch laufenden Pariser Friedensverhandlungen mit einer Gruppe von Freischärlern die Adriastadt Fiume besetzt und dort kurzzeitig eine Regentschaft geführt.
869 Johann von Leers an Grimm, 18.06.1952 [DLA, NL Grimm, Sig. HS001316235].
870 Johann von Leers an Grimm, 01.11.1932 [DLA, NL Grimm, Sig. HS001433269].
871 Johann von Leers an Grimm, 18.06.1952 [DLA, NL Grimm, Sig. HS001316235].
872 Johann von Leers an Grimm, 21.06.1932 [DLA, NL Grimm, Sig. HS001433269].
873 LEERS, JOHANN VON: Die richtige Waffe, in: Deutsche Studenten-Zeitung 1 (1933) 5 (Ausgabe Juli); DERS.: Deutschlands Stellung in der Welt, S. 75.

Verpflichtung" hingegen, „jeden Tag für ihn zu arbeiten". Das erfordere neben dem „Hinauswurf einiger Bonzen" vor allem auch Wachsamkeit, um nach der „Postenjagd der Neubekehrten" die Reinheit der Bewegung nicht zu gefährden.[874] Dabei scheute er nicht davor zurück, selbst hohe Parteifunktionäre, die nach dem 30. Januar 1933 in einflussreiche Ämter gelangt waren, über ein angemessenes Verhalten zu belehren. Dem zum Reichsdramaturgen im Propagandaministerium ernannten Rainer Schlösser, der ihm aus dem Gleichschaltung des PEN bekannt war (siehe Kap. 4.2), mahnte er allen Ernstes, sich *jeder Überhebung zu enthalten und einen [...] Stil zu vermeiden, den ich als bonzenhaft empfinde.*[875] Präzisere Vorstellungen hatte er dagegen über die neue Rolle der „Truste und Konzerne", deren Eigentümer sich zwar äußerlich „braun angestrichen" hätten, dann aber „mit außerordentlicher Geschicklichkeit" gegen jeden Versuch vorgegangen seien, sie „in ihrer Herrschaftssphäre [...] zu beschränken". In einer „Geschwindigkeit und Wendigkeit", wie sie nicht geahnt werden konnten, hätten sie zudem „sich im neuen Deutschland zu verankern gewusst" und gäben sich heute als Repräsentanten der „Volksgesinnung" aus, die ihnen freilich nur ihre unternehmerischen Freiheiten auf alter Basis sichern solle. Eben darin aber liege „eine der schwersten und ernstesten Gefahrenstellen, die einmal einer auszusprechen den Mut haben muss", brachte Johann von Leers sich gegen die Vertreter der Schwerindustrie vor allem an Rhein und Ruhr in Stellung, unternehme damit doch eine „menschlich höchst unerfreuliche Schicht" den Versuch, „den Schein für das Sein darzustellen, eine innere Unwahrhaftigkeit zu schaffen" und „die ältesten liberalen Ladenhüter von der ‚freien Wirtschaft', der ‚freien Privatinitiative', in die nationalsozialistische Idee hineinzuschmuggeln".[876] Zwar ließen sich diese Industriellen derzeit noch nicht ersetzen, da es den neuen Machthabern noch an Betriebsleitern fehle, „die mit demselben Ehrgeiz, den ein tüchtiger Offizier besitzt [...], die Leitung der Großbetriebe übernehmen würden".[877] Außer Frage stand allerdings, dass „Großgeschäftemacher vom Stil eines Otto Wolff", der ein besonderes Feindbild abgab[878], über kurz oder lang abgelöst gehörten und die IG-Farben in die Verfügungsgewalt

---

874 LEERS, JOHANN VON: Die richtige Waffe, in: Deutsche Studenten-Zeitung 1 (1933) 5 (Ausgabe Juli); DERS.: Sie sind ja intellektuell!, in: Deutsche Studenten-Zeitung 2 (1934) 12 vom 21.06.1934.
875 Johann von Leers an Schlösser, 24.11.1933 [BArch, R 56 I/11, Bl. 4].
876 LEERS: Deutschlands Stellung in der Welt, S. 73.
877 EBD., S. 74.
878 O. V.: Ketzereien in der Harzburger Front. Eine Nachlese zur Reichstagswahl, in: Abwehrblätter 42 (1932) 10 (Dezember), S. 224–227, hier S. 225.

des Staates übergehen müsse, um nicht den Eindruck zu erwecken, „als ob das Reich ihr gehört".[879]

Der Glaube an diese „zweite Revolution" schien allerdings zunehmend brüchig zu werden. „Die Revolution ist gewonnen und zu Ende", verkündete Johann von Leers in einer zum Jahresende 1933 publizierten Schrift für breite Leserkreise, denen in einfachen Worten Weltanschauung und Werden des Nationalsozialismus nahegebracht werden sollte, nicht ohne jedoch die aus seiner Feder erstaunlich klingende Ergänzung, dieser werde jetzt „noch besonders gesichert durch den Abschluss eines Konkordats mit der katholischen Kirche".[880] Spätestens die Entmachtung der SA Ende Juni 1934 jedoch und die Ermordung zahlreicher ihrer Führer, die er als „Gottesgericht" (siehe Kap. 4.5.1) verharmloste, hatte auch ihm die Schranken aufgezeigt. „Die Revolution ist vorbei und ihre Romantik ist tot. Jetzt muss gearbeitet werden, weiter gar nichts. Für die Aufgaben von morgen", schrieb er im September 1934.[881] Solche Ausführungen hielten Johann von Leers allerdings nicht davon ab, seine Propaganda für die Volksgemeinschaft der „breiten schaffenden Massen" weiterhin mit Angriffen auf die ihm verhassten Industrieführer zu versehen, die in maßlosem Prunk lebten. Noch im Dezember 1934 agitierte er gegen die „kleinen Gruppe[n] sozialreaktionär gesinnter Elemente aus dem Lager der ehemaligen Arbeitgeber" und jenen „Teil der alten kapitalistischen Wirtschaftsschicht", der „offenbar überhaupt kein Empfinden für sozialistische Disziplin aufzubringen vermag".[882]

Eben dieser publizistische Eigensinn mit seinen wiederkehrenden Angriffen auch auf hohe Funktionsträger in Wirtschaft und Gesellschaft, die sich in Widerspruch zu offiziösen Sprachregelungen befinden konnten, legten ihm die Attackierten als gleichermaßen ungezogene wie unerlaubte Kritik aus. Da diese Angriffe oftmals auch Goebbels erreichten, sorgten sie auch immer wieder für Spannungen mit dem Propagandaminister. Dies zeigte beispielsweise im Herbst 1933 eine öffentliche Polemik gegen die Dresdner Bank, deren Personalpolitik zur Ausschaltung des „jüdischen Einflusses" Johann von Leers nicht weit genug vorangeschritten war. In einem Beitrag in der „NSZ Rheinfront" hielt er dem Bankhaus vor, im Ausland weiterhin Juden zu beschäftigen: „Die

---

879 LEERS: Deutschlands Stellung in der Welt, S. 75.
880 LEERS: Kurzgefasste Geschichte des Nationalsozialismus, S. 98.
881 LEERS, JOHANN VON: Gemeinschaft und Persönlichkeit, in: NSZ Rheinfront vom 26.09.1934. Ähnlich auch DERS.: Alte Floskeln und Sprüche, in: Hakenkreuzbanner vom 08.10.1936: „Die revolutionäre Periode ist bei uns vorbei – jetzt muss gelernt und gearbeitet werden. Das gilt auf allen Gebieten!"
882 LEERS, JOHANN V[ON]: Wollen sie es nicht lassen? Ein Wort an die kapitalistischen Restbestände?, in: NSZ Rheinfront vom 05.12.1934 [BArch, R 8034/III, Bd. 268].

Leiter der deutschen Bankfilialen in Amsterdam sind sämtliche Juden", hatte er, vermutlich nach Hinweisen aus dem antisemitischen Kolportagezirkular „Welt-Dienst", ermittelt.[883] Ein solches Geschäftsgebaren aber laufe dem „Geiste der nationalsozialistischen Neugestaltung" zuwider. Diesen dumpfen Angriff wollte der Vorstand der Bank jedoch nicht akzeptieren. Obgleich er sich nicht gegen den Vorwurf stellen wollte, dass *die Reste einer früheren Periode* noch zu *beseitigen* seien, schien ihm eine öffentliche Reaktion allerdings nicht opportun. Stattdessen beklagte sich die Direktion bei Reichsbankpräsident Hjalmar Schacht über solche *unnützen Störungen*.[884] Der erwünschte Effekt jedoch blieb aus: Zwar verwahrte Schacht sich sowohl gegenüber dem seit Juni amtierenden Reichswirtschaftsminister Kurt Schmidt als auch gegenüber Goebbels gegen *verständnislose Verächtlichmachungen* der Art, wie sie Johann von Leers verbreite, und verlangte, dass *derartige Disziplinwidrigkeiten sich nicht wiederholen*.[885] Der Urheber des Konflikts aber ließ sich auf diesem Weg nicht zur Räson bringen. Noch im Dezember 1934 betrachtete Johann von Leers die Geschäftspolitik der Dresdner Bank und ihres Vorstandes als Teil jener „kapitalistischen Restbestände", die es zu überwinden gelte.[886]

„Disziplinwidrigkeiten" dieser Art mochten außerhalb des engen Kreises der Beteiligten kaum wahrgenommen werden. Vor aller Öffentlichkeit dagegen führte Johann von Leers seinen ungewöhnlich scharfen Angriff auf Oswald Spengler (1880–1936). Das Verhältnis prominenter Nationalsozialisten zu dem Geschichtsphilosophen und Privatgelehrten, dem völkische Forderungen wie die nach Rassenreinheit „schlichtweg grotesk"[887] erschienen und der einen rassenbiologischen Antisemitismus „verwarf"[888], war ambivalent. Der junge Goebbels beispielsweise gehörte zu jenen, die von Spenglers Kulturpessimismus tief beeindruckt worden waren.[889] Seine Bemühungen als Propagandaminister, den

---

883 LEERS, JOHANN VON: Muss das sein?, in: NSZ Rheinfront vom 31.10.1933.
884 Direktion Dresdner Bank an Reichsbankpräsident Schacht, 03.11.1933 [BArch, R 31.01/18567].
885 Reichsbankpräsident Schacht an Reichswirtschaftsminister und RMVP, 06.11.1933 [BArch, R 31.01/18567].
886 LEERS, JOHANN V[ON]: Wollen sie es nicht lassen? Ein Wort an die kapitalistischen Restbestände?, in: NSZ Rheinfront vom 05.12.1934 [BArch, R 8034/III, Bd. 268].
887 VOLLNHALS, CLEMENS: Oswald Spengler und der Nationalsozialismus. Das Dilemma eines konservativen Revolutionärs, in: Jahrbuch des Instituts für Deutsche Geschichte, Tel-Aviv 1984, S. 263–303, hier S. 276. Siehe auch BREUER, STEFAN: Retter des Abendlandes. Spenglerkritik von rechts, in: Jahrbuch zur Kultur und Literatur der Weimarer Republik 9 (2004), S. 165–194, hier S. 170–174.
888 VOLLNHALS: Oswald Spengler und der Nationalsozialismus, S. 290.
889 Siehe beispielhaft: Die Tagebücher von Joseph Goebbels. Teil I: Aufzeichnungen 1923–1941, Bd. 1/I (Oktober 1923 bis November 1925), München 1993–2008, Eintrag vom 17.10.1923: „Auch Spengler hat sein Herzblut im Untergänglichen geopfert." Siehe auch Eintrag vom

Rechtsintellektuellen zur Mitarbeit im neuen Staat zu „gewinnen"[890], blieben jedoch ohne Erfolg. Als dann im August 1933 dessen „Jahre der Entscheidung" erschienen und sich rasch zum Bestseller entwickelten[891], boten ihm diese trotz ihrer „Übereinstimmung mit dem faschistischen Menschenbild"[892] einen willkommenen Anlass für seine „Abrechnung mit Spengler".[893] Ähnlich dem Amt Rosenberg, wenn auch mit anderen Argumenten, initiierte das Propagandaministerium eine „heftige Kampagne"[894] gegen den Schriftsteller, die seit dem Jahreswechsel 1933/34 ihrem Höhepunkt zusteuerte. Als einer ihrer „Wortführer"[895] tat sich dabei Johann von Leers hervor, der nicht nur eine Reihe von Zeitungs- und Zeitschriftenartikeln[896] publizierte, sondern auch eine der zahlreichen „Gegenschriften"[897] verfasste, die in dieser Phase erschienen. So sehr diese Beiträge als Teil der inszenierten Pressekampagne anzusehen sind, so eigenwillig waren jedoch die Argumente, mit denen Johann von Leers als gläubiger Anhänger einer „zweiten Revolution" Spengler als „unklare[n] Ideologen"[898] denunzierte. Eben diese neuerlichen „Disziplinwidrigkeiten" dürfte Goebbels einmal mehr gegen seinen langjährigen Weggefährten aufgebracht haben.

Dabei waren solche Äußerungen keineswegs neu. Bereits bald nach seinem Parteieintritt hatte Johann von Leers den Philosophen in Straßers „Nationalsozialistischen Briefen" für seine Haltung zu Russland attackiert. „Wir haben […]

      29.04.1925 über Spenglers Schrift „Neubau des Deutschen Reiches": „Das ist wirklich ein Buch des Neubaus. Voll von unseren Gedanken und Gefühlen und Sehnsüchten. Man lernt bei Spengler nie aus." Ebenso Eintrag vom 01.05.1925: „Ein phänomenales Buch. Wie nahe stehe ich Spengler! Ich möchte dieses Buch fast Satz für Satz unterschreiben" sowie am 02.05.1925: „Spengler gibt sehr viel Anregung. Ich schöpfe aus diesem Buch den Mut zum Weiterleben."
890 VOLLNHALS: Oswald Spengler und der Nationalsozialismus, S. 283.
891 EBD., S. 272. Siehe auch DERS.: Praeceptor Germaniae. Spenglers politisch Publizistik, in: SCHMITZ, WALTER/VOLLNHALS, CLEMENS (HRSG.): Völkische Bewegung, Konservative Revolution, Nationalsozialismus. Aspekte einer politisierten Kultur, Dresden 2005, S. 117–138, hier S. 134.
892 VOLLNHALS: Oswald Spengler und der Nationalsozialismus, S. 274.
893 EBD., S. 282.
894 BREUER, STEFAN/SCHMIDT, INA (HRSG.): Ernst Jünger, Friedrich Hielscher. Briefwechsel, Stuttgart 2005, S. 399; VOLLNHALS: Oswald Spengler und der Nationalsozialismus, S. 282. Siehe auch: Die Tagebücher von Joseph Goebbels. Teil I: Aufzeichnungen 1923–1941, Band 2/III (Oktober 1932 bis März 1934), München 1993–2008, Eintrag vom 08.11.1933: „Spengler beschwert sich über schlechte Pressebehandlung."
895 VOLLNHALS: Oswald Spengler und der Nationalsozialismus, S. 286.
896 Beispielhaft LEERS, JOH[ANN] VON: Nationalsozialismus gegen Spengler. Eine Auseinandersetzung mit Oswald Spengler, in: Die literarische Welt. Unabhängiges Organ für das deutsche Schrifttum 9 (1933) 41, S. 1 f.; LEERS, JOHANN VON: Anklage gegen einen Konterrevolutionär, in: Westfälische Landeszeitung Rote Erde vom 18.03.1934.
897 VOLLNHALS: Oswald Spengler und der Nationalsozialismus, S. 287.
898 LEERS: Deutschlands Stellung in der Welt, S. 51.

keinen Grund, uns gegen oder für den ‚Osten' oder ‚Westen' nach der Spenglerschen Schablone festzulegen; wir wollen nur uns"[899], hielt er ihm seinerzeit vor. Nachdem jetzt aber die Macht errungen war, verschärfte sich der Ton. Die „Jahre der Entscheidung" müssten als ein „verderbliches Buch" betrachtet werden, weil sie eine „boshafte reaktionäre Verhöhnung der uns heiligsten Dinge"[900] enthielten. Schlimmer noch: Als „der erste ganz große ideologische Angriff auf die nationalsozialistische Weltanschauung" sei es sogar schon zum „heimliche[n] Evangelium aller derer geworden, die den zweiten Teil des Namens ‚Nationalsozialismus' nicht aussprechen mögen", und somit „der Generalplan der Konterrevolution".[901] Diese frontale Attacke war unverkennbar auf Spenglers Kritik an programmatischen Äußerungen gemünzt, in denen sich seiner Ansicht nach noch immer Elemente eines „sozialistischen Nationalismus" zeigten.[902] Im Gegensatz zu Johann von Leers nämlich, der weiterhin auf eine „zweite Revolution" hoffte, waren für Spengler die Dinge geklärt. Die auf dem Weg zur Machterringung zunächst erforderliche „Prätorianer-Garde" hielt er deshalb für überflüssig, sodass sie „rücksichtslos" beseitigt werden könne. Dass Spengler dabei die Vertreter der nationalsozialistischen Linken vor Augen standen, „ist sehr wahrscheinlich".[903] Deren Parolen und Schlagworte jedoch erregten sein „tiefstes Missfallen".[904] Insofern musste er auch in Opposition zu Johann von Leers geraten, der sich weiterhin einer antikapitalistischen Rhetorik bediente. So unterstellte er Spengler, dieser wolle den Nationalsozialismus „durch eine Cäsarenherrschaft" ersetzen, die „mit Landsknechttruppen die arbeitenden Massen des Volkes sozial in die Tiefe drückt und eine imperialistische Großmachtpolitik betreibt". Dem „deutschen Werden" jedoch werde sein „Gesicht" nicht von „Großkapital" oder „reaktionärem Imperialismus", sondern „volkshaftem Nationalsozialismus" aufgeprägt.[905] Auch in Spenglers apokalyptischer Vision einer „Revolution der Farbigen" in Ostasien wollte Johann von Leers „keine Gefahr für Deutschland" sehen, da sie sich gegen die Vorherrschaft Frankreichs und Englands richte.[906] Dies gelte zumal für Japan als eines der „großen Kultur-

---

899 LEERS, JOHANN VON: Außenpolitische Perversität, in: Nationalsozialistische Briefe 5 (1929/30) 16 vom 15.02.1930.
900 LEERS, JOHANN VON: Spenglers weltpolitisches System und der Nationalsozialismus, Berlin 1934, S. 45. Zur Rezeption des Buches siehe u. a. die Rezension von Otto Koellreutter in: Archiv des öffentlichen Rechts (N.F.) 25 (1934) 2, S. 256–262.
901 LEERS: Spenglers weltpolitisches System und der Nationalsozialismus, S. 6.
902 VOLLNHALS: Oswald Spengler und der Nationalsozialismus, S. 279.
903 EBD.
904 EBD., S. 280.
905 LEERS: Spenglers weltpolitisches System und der Nationalsozialismus, S. 46.
906 LEERS: Deutschlands Stellung in der Welt, S. 51.

völker des Fernen Ostens", von dessen „Gefahr" für den Westen „gar keine Rede" sein könne. Drohungen, wie sie Spengler „an die Wand malt", hätten somit „viel außenpolitischen Schaden angerichtet".[907] Für wie wenig er den Philosophen auf der Höhe der Zeit hielt, zeigten überdies dessen Defizite in zentralen weltanschaulichen Fragen: So bemängelte Johann von Leers, dass Spengler nicht nur „sämtliche Rassenbegriffe" und „alle mühsam gefundenen Erkenntnisse der Rassenbiologie über Bord geworfen"[908] habe, wie sie insbesondere mit den Namen Gobineau und Günther verbunden seien. Auch mit seiner Vorstellung vom „christlichen Abendland" knüpfe er an eine „typisch römische Idee" an, die „nicht aus dem lebendigen Volkstum", sondern „aus kirchlicher Uniformierung" erwachsen sei.[909] Das Deutsche Reich jedoch sei in dem Augenblick „erlegen und verblutet", als es „mit römischem Recht und römischer Bildung"[910] überfremdet wurde. Entsprechend radikale Schlüsse müssten denn auch aus Spenglers Elaborat gezogen werden: „Ein früherer Kommunist", stellte Johann von Leers den Geschichtsphilosophen auf eine Stufe mit jenen Gegnern des Nationalsozialismus, die seit Anfang 1933 mit unnachgiebiger Härte verfolgt wurden, „der Derartiges schreibt", werde „unzweifelhaft sofort eingesperrt". Eine solche Forderung wolle er zwar nicht erheben, fügte Johann von Leers gönnerhaft hinzu. Alle Nationalsozialisten aber, die Spengler bislang noch wohlwollend beggneten seien, müssten erkennen, „was hier gebraut und gebraten wird".[911] Es liegt nahe, dass Goebbels solche Drohungen nicht unberührt lassen konnten. Immerhin hatte er sich im Oktober 1933 noch einmal darum bemüht, den „bekennenden NSDAP-Wähler"[912] Spengler für eine Mitarbeit zu gewinnen.[913] Als er damit gescheitert war, erließ er Anfang Dezember 1933 eine Anweisung an die Presse, die jede weitere Diskussion beendete und bestimmte, dass „von diesem Manne keinerlei Notiz mehr zu nehmen"[914] sei. „Artikel gegen Spengler" sollten „nicht veröffentlicht" werden und auch Buchveröffentlichungen sich „in größtmöglicher Kürze halten", erinnerte er Mitte März 1934 erneut an das „ursprüngliche

---

907 LEERS: Spenglers weltpolitisches System und der Nationalsozialismus, S. 33.
908 EBD., S. 30.
909 LEERS: Deutschlands Stellung in der Welt, S. 84.
910 EBD.
911 LEERS: Spenglers weltpolitisches System und der Nationalsozialismus, S. 45 f.
912 PIPER: Alfred Rosenberg, S. 383.
913 WYRWA, ULRICH: Spengler, Oswald, in: BENZ, WOLFGANG (HRSG.): Handbuch des Antisemitismus. Judenfeindschaft in Geschichte und Gegenwart (Bd. 2/2: Personen), Berlin/Boston 2009, S. 784 f.
914 Presseanweisungen vom 05.12.1933, zit. nach BOHRMANN, HANS (HRSG.): NS-Presseanweisungen der Vorkriegszeit. Edition und Dokumentation (Bd. 1: 1933), München 1984, S. 242.

Verbot".⁹¹⁵ Umso mehr dürfte ihn deshalb erzürnt haben, dass Johann von Leers solche Vorgaben offensichtlich ignorierte und unter Überschriften wie „Anklage gegen einen Konterrevolutionär" seine Angriffe fortsetzte.⁹¹⁶

Gleichwohl blieb Johann von Leers die Protektion durch Goebbels erhalten, der trotz persönlicher Aversionen und weltanschaulich-politischer Gegensätze dessen Qualitäten als Journalist zu schätzen wusste. Dies war bereits nach seinem Rauswurf aus „Der Angriff"-Redaktion im Sommer 1931 deutlich geworden, der ihn nicht ins Abseits manövrierte. Spätestens seit November erschienen Beiträge von ihm wieder in gewohnter Frequenz.⁹¹⁷ Das parteiamtliche Organ „Die Berliner Front", das seit 1932 wöchentlich erschien, räumte ihm eine Kolumne ein.⁹¹⁸ Nach der „Machtergreifung" 1933 gelang ihm sogar der Sprung auf zwei Schlüsselpositionen, die er ohne Zustimmung Goebbels kaum erreicht haben dürfte: So wurde er zum Studienleiter an der Deutschen Hochschule für Politik ernannt, die dem neu formierten Propagandaministerium unterstellt worden war. Die Hochschule sollte den Führernachwuchs im Geist der nationalsozialistischen Weltanschauung schulen, musste allerdings noch gleichgeschaltet werden. Goebbels persönlich stärkte ihm den Rücken in einem „Studentenkrach", der durch seine Person ausgelöst worden war. „Ich habe gleich brutal eingegriffen. Man muss den jungen Herren das Demonstrieren abgewöhnen", notierte er im Dezember 1935 in seinem Tagebuch.⁹¹⁹ Bereits im März 1934 hatte er ihm zudem die „Schriftleitung" der Monatsschrift „Unser Wille und Weg" übertragen.⁹²⁰ Die „Fachzeitschrift der nationalsozialistischen Propagandisten"⁹²¹ erschien in einer Auflage von 90.000 Exemplaren und richtete sich an die sprunghaft gestiegene Zahl der Politischen Leiter der NSDAP, denen die politische Entwicklung zu erläutern war, die Material für die weltanschauliche Auseinandersetzung benötigten und Anregungen für die Arbeit ihrer Ortsgruppe erhielten. Herausgeber Joseph Goebbels selbst führte Johann von

---

915 Presseanweisungen vom 15.03.1934. BOHRMANN, HANS (HRSG.): NS-Presseanweisungen der Vorkriegszeit. Edition und Dokumentation (Bd. 2: 1934), München 1985, S. 137.
916 LEERS, JOHANN VON: Anklage gegen einen Konterrevolutionär, in: Westfälische Landeszeitung Rote Erde vom 18.03.1934.
917 Beginnend mit DR. V[ON] L[EERS]: Außenpolitische Rückschau, in: Der Angriff vom 27.11.1931.
918 Siehe dazu SENNHOLZ: Johann von Leers, S. 98.
919 Die Tagebücher von Joseph Goebbels. Teil I: Aufzeichnungen 1923–1941, Band 3/I (April 1934 bis Februar 1936), München 1993–2008, Eintrag vom 04.12.1935.
920 Die Tagebücher von Joseph Goebbels. Teil I: Aufzeichnungen 1923–1941, Band 2/III (Oktober 1932 bis März 1934), München 1993–2008, Eintrag vom 06.02.1934.
921 Selbstdarstellung, in: Unser Wille und Weg 3 (1933) 4, S. 93.

Leers in seine neue Aufgabe ein.[922] In den kommenden zwölf Monaten verfasste er zahlreiche Kolumnen „Zur Lage", Aufsätze und Rezensionen.[923] Dass Goebbels Johann von Leers mit dieser Aufgabe betraute, lässt sich zugleich als Affront gegen Rosenberg deuten. Die Beauftragung nämlich erfolgte just zu dem Zeitpunkt, als die kunstpolitische Kontroverse um den „nordischen Expressionismus" noch schwelte und der „Weltanschauungskampf um Herman Wirth", an dem Johann von Leers maßgeblich beteiligt war, auf seinen Höhepunkt zusteuerte. Insofern spricht vieles dafür, das Johann von Leers zu jenen „jungen Leuten" zählte, die Goebbels „für den Aufbau seines Ministeriums gesucht hatte"[924] und das Vertrauen des Ministers genossen. Dennoch blieb das Verhältnis brüchig. Dies wurde bereits im März 1936 deutlich, als beide in einem nicht näher beschriebenen „Propaganda-Ausschuss" aufeinanderstießen. Goebbels blieb das Treffen vor allem deshalb in Erinnerung, weil er sich mit Johann von Leers „herumgezankt" habe, den auch er mittlerweile als „Hans Dampf in allen Gassen"[925] wahrnahm. Solche Scharmützel hielten freilich einflussreiche Mitarbeiter seines Ministeriums wie Wilhelm Ziegler (1891–1962), einer der Organisatoren der „Judenforschung" im „Dritten Reich", nicht davon ab, Johann von Leers ab Ende der 1930er Jahre als Autor antisemitischer Propagandaschriften zu beauftragen und diese mit einem „Geleitwort" zu versehen.[926] Gerade die Broschüre „Wie kam der Jude zum Geld" eigne sich, wie es in einer Anweisung gegenüber Pressevertretern am 22. April 1939 hieß, „vorzüglich" dazu, die „Aufklärung über das Judentum in breiteste Schichten der Bevölkerung zu tragen", weshalb sie durch „Buchbesprechungen" in ihrem

---

922 Die Tagebücher von Joseph Goebbels. Teil I: Aufzeichnungen 1923–1941, Band 2/III (Oktober 1932 bis März 1934), München 1993–2008, Eintrag vom 06.02.1934.
923 Das Impressum weist ihn letztmals in Ausgabe 5 (1935) 3 (März) als verantwortlichen Schriftleiter aus. Viele seiner Beiträge erschienen textgleich auch in anderen Zeitungen.
924 BRENNER: Die Kunstpolitik des Nationalsozialismus, S. 69.
925 Die Tagebücher von Joseph Goebbels. Teil I: Aufzeichnungen 1923–1941, Band 3/II (März 1936 bis Februar 1937), München 1993–2008, Eintrag vom 19.03.1936.
926 LEERS, JOHANN VON: Wie kam der Jude zum Geld? (Schriften zur Judenfrage, H. 1), Berlin o. J. [1939]; DERS.: Judentum und Gaunertum. Eine Wesens- und Lebensgemeinschaft, Berlin o. J. [1940]. Die Schriftenreihe erschien im Verlag Theodor Fritsch und war auf sechs Hefte angelegt. Zu weiteren Titeln siehe GRACHT, HANS: Alljuda als Kriegstreiber, Berlin 1939; BOSTUNIČ, GRIGORIJ: Jude und Weib. Theorie und Praxis des jüdischen Vampyrismus, der Ausbeutung und Verseuchung der Wirtsvölker, Berlin 1939 und WOLFF, KURT E.: Die Verleihung der Staatsbürgerrechte an die Juden – ein Weltirrtum!, Berlin 1940. Die angekündigten Titel „Jüdisches und deutsches Rechtsempfinden" sowie „Warum haben alle Gaunersprachen der Welt das Hebräische zur Grundlage?" sind offensichtlich nicht erschienen. Zu Ziegler siehe FINKENBERGER, MARTIN: Ziegler, Wilhelm, in: BENZ, WOLFGANG (HRSG.): Handbuch des Antisemitismus. Judenfeindschaft in Geschichte und Gegenwart (Bd. 2/2: Personen), Berlin/Boston 2009, S. 900 f.

Absatz „tatkräftig [...] zu fördern" sei.[927] Das bereits erwähnte Machwerk „Die Verbrechernatur der Juden" war eine Auftragsarbeit der Anti-Komintern, einer Tarnorganisation des Propagandaministeriums unter der Leitung von Eberhard Taubert (1907–1976), in der zwar *eine ganze Reihe von Stellen gestrichen* werden musste, die aber im Sommer 1944 erscheinen konnte.[928] Dass fast zeitgleich Mitarbeiter des Propagandaministeriums die Veröffentlichung des Manuskripts „Die Rassenpolitik der USA" verhinderten, entzündete sich nicht an seiner Person. Angesichts der militärischen Lage schienen sie allerdings von der *Kriegswichtigkeit des Werkes* nicht überzeugt und verweigerten deshalb das erforderliche Kontingent an Papier.[929] Die Nähe zu Goebbels und seinem Ministerium ergibt sich auch aus den Verlagen, in denen Johann von Leers publizierte. Seine Schrift „Deutschland – Die geistige Wiedergeburt einer Nation" aus dem Jahre 1941 etwa besorgte das Erich Zander Druck- und Verlagshaus, das neben zahlreichen Propagandaschriften und -materialien unter anderem die „Parole der Woche" verlegte.[930] Seine ungeschmälerte Bedeutung lässt sich überdies daran erkennen, dass seine Dienste in der Presse- und Rundfunkpropaganda bis ins Frühjahr 1945 geschätzt und Beiträge in den „Tagesparolen", über die Reichspressechef Otto Dietrich wachte, ausdrücklich hervorgehoben wurden. Die Verantwortlichen englischer „Terrorangriffe" auf Städte im Reich, hieß es etwa am 12. März 1943, seien „in Zukunft nur noch als Mordbrenner zu bezeichnen". Als einer der „[b]esonders gute[n] Artikel" wurde dabei ein Beitrag von Johann von

---

927 HAGEMANN, JÜRGEN: Die Presselenkung im Dritten Reich, Bonn 1970, S. 94. Ziegler selbst warb in seinem Vorwort mit dem Hinweis, wer „sich des Juden erwehren" wolle müsse diesen „kennen" und „wissen, welches seine Eigenart, seine Methoden und seine Ziele sind". Siehe LEERS: Wie kam der Jude zum Geld?, S. 3. Siehe dagegen die Kritik 1938 an dem Kolonialbuch „Festungen ohne Nachschub", das aufgrund seiner Aussagen über die Kolonialmächte England und Frankreich als „unzweckmäßig" für auszugsweise Veröffentlichungen betrachtet wurde. Presseanweisungen vom 30.08.1938. BOHRMANN, HANS/TOEPSER-ZIEGERT, GABRIELE (HRSG.): NS-Presseanweisungen der Vorkriegszeit. Edition und Dokumentation (Bd. 6/I: 1938), München 1999, S. 793.

928 Dass es sich um eine Auftragsarbeit handelte, legt eine *Beschwerde* vom Herbst 1944 nahe, in der Johann von Leers an höchster Stelle im Propagandaministerium Klage über ein angeblich ausstehendes Honorar für eine Veröffentlichung im Hochmuth-Verlag führte. Siehe Aktennotiz Taubert, 09.11.1944 [BArch, BDC-RKK, von Leers]. „Die Verbrechernatur der Juden" war seine einzige Veröffentlichung in diesem Verlag. Zu den Streichungen siehe Hohe Schule, Außenstelle Frankfurt am Main (Schickert) an Koeppen (Persönlicher Referent), 25.10.1944 [BArch, NS 8/234, Bl. 96].

929 RMVP an Helingsche Verlagsanstalt, 12.05.1944 [BArch, BDC-RKK 2703, Box 0142, File 32].

930 LEERS, JOHANN VON: Deutschland. Die geistige Wiedergeburt einer Nation, Berlin o. J. [1941]. Zur Parole der Woche siehe HERF, JEFFREY: The Jewish enemy. Nazi propaganda during World War II and the Holocaust, Cambridge/London 2008, S. 110 und dort das Bilddokument sowie HEYEN, FRANZ-JOSEF: Parole der Woche. Eine Wandzeitung im Dritten Reich 1936–1943, München 1983.

Leers im „Angriff" hervorgehoben.[931] Als der „Hauptschriftleiter" der Zeitschrift „Der SA-Führer" mit einer Auflage von immerhin noch 130.000 Exemplaren im März 1944 das Thema „Der israelitische Religionsbegriff: Über die Unfruchtbarkeit des jüdischen Geistes" vergeben wollte und als Autor *eine führend Persönlichkeit* sucht, die *seit langer Zeit in der Bewegung steht*, wurde ihm Johann von Leers empfohlen.[932] Selbst das Parteiorgan „Völkischer Beobachter" publizierte immer wieder seine Artikel – letztmals in der Ausgabe vom 23. März 1945.[933]

---

931 LEERS, JOHANN VON: Und ob es währt bis an die Nacht, in: Der Angriff vom 11.03.1943. Siehe auch HAGEMANN: Die Presselenkung im Dritten Reich, S. 82.
932 Hauptschriftleiter „Der SA-Führer" an Schriftleiter „Deutscher Wochendienst", 14.03.1944 [BArch, BDC-PK, 1070014376].
933 Zum Nachweis siehe LEERS, JOHANN VON: Der Bauer in der Frühgeschichte, in: Völkischer Beobachter (Potsdamer Beobachter) vom 14.04.1938; DERS.: Deutsche Volkswirtschaft, in: Völkischer Beobachter (Wiener Ausgabe) vom 08.03.1940: DER.: Der Entdecker fremder Welten, in: Völkischer Beobachter (Wiener Ausgabe) vom 09.03.1942; DER.: Um das Blut der Nichtjuden, in: Völkischer Beobachter (Wiener Ausgabe) vom 28.04.1943; DERS.: USA verdrängen England aus dem Nahostöl, in: Völkischer Beobachter (Wiener Ausgabe) vom 10.05.1943; DERS.: Der zweite jüdische Weltkrieg, in: Völkischer Beobachter (Wiener Ausgabe) vom 11.08.1943; DERS.: Japanischer Heroismus, in: Völkischer Beobachter (Wiener Ausgabe) vom 02.09.1943; DERS.: Unser Kampf gegen die Kindermörder, in: Völkischer Beobachter (Wiener Ausgabe) vom 26.07.1944; DERS.: Wegweiser aus jeder Krise, in: Völkischer Beobachter (Wiener Ausgabe) vom 16.08.1944; DERS.: Unsere Erfahrungen damals und heute, in: Völkischer Beobachter (Wiener Ausgabe) vom 05.09.1944; DERS.: Einfach umbringen, in: Völkischer Beobachter (Wiener Ausgabe) vom 11.01.1945; DERS.: England – Zutreiber des Bolschewismus, in: Völkischer Beobachter (Wiener Ausgabe) vom 23.03.1945.

5. Antisemitische Agitation: „Die Judenfrage wurde fast zu meinem Hauptstudium"

5.1 Die „Judenfrage" als Gegenstand

Die Überzeugung aller Antisemiten, wonach Juden weltweit sich im Kampf um die Weltherrschaft gegen die „arische Rasse" verschworen hätten und nach deren Vernichtung trachteten, kann als Dreh- und Angelpunkt auch der Gedankenwelt von Johann von Leers angesehen werden: Seine Vorstellung von der „Rolle der Juden" in der Geschichte ließ alleine die Annahme zu, der seit Jahrhunderten währende „Kampf des Judentums gegen die schaffenden Völker" stelle eine „Erscheinung" dar, „die in das Gebiet der ganz großen Weltentscheidungen gehört".[1] Dementsprechend gebetsmühlenartig wiederholte er seine Überzeugung, die daraus resultierende „Judenfrage" verlange nach einer Lösung. „Es gibt eine Judenfrage, niemand kann sie leugnen"[2], hieß es 1933 apodiktisch angesichts einer in seinen Augen allgegenwärtigen „Judenplage".[3] Er sei *ein überzeugter Hasser des Judentums*, bekannte er 1940 auf dem Höhepunkt seiner beruflichen Kariere.[4] *Die Judenfrage wurde fast zu meinem Hauptstudium*[5], erinnerte er sich 1952 in offenkundigem Widerspruch zu allen Versuchen seiner Angehörigen, seine Bedeutung als antisemitischer Propagandist zu relativieren: *Die Judenfrage war gar nicht entscheidend*, behauptete Gesine von Leers wenige Monate nach dem Tod ihres Mannes.[6] Was aber war überhaupt der Gegenstand der so apostrophierten „Judenfrage", die „das ideologisch un-

---

1 LEERS, [JOHANN] V[ON]: Die Kriminalität des Judentums, in: Das Judentum in der Rechtswissenschaft. Ansprache, Vorträge und Ergebnisse der Tagung der Reichsgruppe Hochschullehrer des NS Rechtswahrerbundes, Bd. 3, Berlin o. J. [1936], S. 56.
2 LEERS, JOHANN VON: Forderung der Stunde: Juden raus, Berlin o. J. [1933], S. 16.
3 EBD., S. 21.
4 Bericht über meine Studienreise nach Italien, o.D. [1940] [RGVA, Fond 1283/12b, Bl. 42–49, hier Bl. 43].
5 Johann von Leers an Wittfogel, 26.01.1952 [Hoover Institute Archiv, Collection K. Wittfogel, Box Nr. 29].
6 Gesine von Leers an Schenke, 09.11.1965 [NL Schenke].

verrückbare Gerüst der nationalsozialistischen Parteipolitik"[7] darstellte? Wer wurde in seinen Propagandaschriften zum Juden „gemacht"[8] und welcher Vergehen beschuldigt? Und welche Elemente „antisemitischer Semantik"[9] lassen sich dabei erkennen?

Auffällig ist, wie willkürlich, in historischer Perspektive geschichtslos und in sich widersprüchlich die Bestimmung des Begriffs „Jude" blieb.[10] Zwar wurde das Judentum, ähnlich der auf Abstammung beruhenden arischen Rasse, als „Blutsgemeinschaft"[11] aufgefasst, deren Angehörige über alle Epochen der Weltgeschichte hinweg fest in einem generationellen Zusammenhang verbunden waren, indem sie in planvollem Vorgehen als „Züchtungsprodukt Esras und Nehemias" aus dem „Stamm Jakob" den ewigen Blutstrom rein erhalten und damit ihre „jüdischen Eigenschaften"[12] vererbt hätten. Bedeutung kam dem solcherart unterstellten Blutszusammenhang dadurch zu, dass er alle Versuche „jüdischer Mimikry", so ein verbreitetes antisemitisches Stereotyp[13], zum Scheitern verurteilte. „Jude ist nicht nur, wer jüdischen Glauben bekennt, sondern wer jüdischer Rasse ist", stellte Johann von Leers fest.[14] Damit war auch allen „jüdischen Scheinchristen"[15] der Ausweg versperrt, die sich als Konvertiten

---

7 ADAM, UWE DIETRICH: Judenpolitik im Dritten Reich, Düsseldorf 1979, S. 25.
8 RUPNOW, DIRK: Judenforschung im Dritten Reich. Wissenschaft zwischen Politik, Propaganda und Ideologie, Baden-Baden 2011, S. 15.
9 Siehe JAHR, CHRISTOPH: Antisemitismus vor Gericht. Debatten über die juristische Ahndung judenfeindlicher Agitation in Deutschland (1879–1960), Frankfurt am Main/New York 2011, S. 28. Als Kriterien antisemitischer Semantik nennt Jahr u. a. die „Unterscheidung zwischen einer positiv als homogen und integriert beschriebenen Gemeinschaft und einer als entfremdet und bedrohlich wahrgenommenen ‚jüdisch' dominierten oder ‚zersetzten' Gesellschaft", die „verschwörungstheoretisch unterfütterte Personifikation aller vermeintlichen Übel der Welt" zulasten eines konspirativ wirkenden Judentums sowie die Darstellung des Juden „in der Figur des ‚Dritten' nicht etwa als eine ‚Rasse' neben anderen ‚Rassen', sondern als die ‚Gegenrasse' schlechthin".
10 Siehe dazu auch PICHT, BARBARA: 15. September 1935: Propaganda und Erinnerung. Der Tag des Erlasses der Nürnberger Gesetze, in: FRANÇOIS, ETIENNE/PUSCHNER, UWE (HRSG.): Erinnerungstage. Wendepunkte der Geschichte von der Antike bis zur Gegenwart, München 2010, S. 272–285, hier S. 276 f.
11 LEERS, JOHANN VON: Kräfte hinter Roosevelt, Berlin ³1942, S. 60.
12 LEERS, JOHANN VON: Wie kam der Jude zum Geld? (Schriften zur Judenfrage, H. 1), Berlin o. J. [1939], S. 3.
13 Zu den Ursprüngen siehe BEIN, ALEXANDER: „Der jüdische Parasit". Bemerkungen zur Semantik der Judenfrage, in: VfZ 13 (1965), S. 121–149, hier S. 132. Zu weiteren Belegen aus der Frühzeit der NS-Bewegung siehe MEYER ZU UPTRUP, WOLFRAM: Kampf gegen die „jüdische Weltverschwörung". Propaganda und Antisemitismus der Nationalsozialisten 1919–1945, Berlin 2003, S. 290.
14 LEERS, JOHANN VON: Bauerntum (Landwirtschaftliche Lehrbuch-Reihe, hrsg. von Prof. Dr. Marquis, Cottbus, 5. Teil), Berlin ⁴1938 [Erstauflage 1935], S. 123.
15 LEERS: Kräfte hinter Roosevelt, S. 11.

„zu tarnen" versucht hatten. „Man darf [...] nicht übersehen, dass durch die Taufe die Zugehörigkeit zum Judentum vielfach verschleiert wurde"[16], merkte er 1933 an. Zugleich ließ sich das Argument gegen die christlichen Konfessionen wenden, die sich den Vorwurf gefallen lassen mussten, sie hätten seit dem Mittelalter „stets eine sehr eifrige Judenmission betrieben" und Juden damit zum „Schutze seines Taufscheines" verholfen. Bei aller Schuld, die sie damit auf sich geladen hatten, konnte Johann von Leers angesichts der tatsächlichen Dimension des Vorgangs jedoch Entwarnung geben: Eine „ausgezeichnete Untersuchung" über das Ausmaß der „Judentaufen" in den altpreußischen Provinzen nämlich, die 1937 erschienen war, kam demnach zu dem Ergebnis, dass im ganzen 19. Jahrhundert gerade einmal „11 286 Juden zum Christentum übergetreten" waren.[17]

Eine solche Charakterisierung als Rasse stellte allerdings eher die Ausnahme dar. Obgleich Johann von Leers gelegentlich von „Rassenjuden"[18] sprach, lehnte er diese Vorstellung ab. Dagegen sprach in seinen Augen insbesondere, dass es Juden an den entscheidenden Voraussetzungen fehlte, die konstitutiv für eine Rasse waren, allen voran der Fähigkeit zur Staatenbildung.[19] „Das Judentum ist keine Rasse, sondern ein Volkstum", stellte er stattdessen mehrfach fest, wenngleich ein außergewöhnliches, da es „gemischt" sei „aus sehr verschiedenen Rassen, die fast alle der Rassenzusammensetzung des Deutschen Volkes fremd sind".[20] Selbst der geachtete Altmeister des Antisemitismus, Theodor Fritsch (siehe Kap. 3.1.1), musste sich angesichts der von ihm vertretenen Annahme, im Volke Israel habe früher einmal „ein ehrwürdiges und vielleicht sogar zum

---

16 LEERS, JOHANN VON: 14 Jahre Judenrepublik. Die Geschichte eines Rassenkampfes, Berlin o.J. [²1933], S. 106.
17 LEERS, JOHANN VON: Der Taufschein als Tarnkappe, in: Hakenkreuzbanner vom 22.05.1938. Zu der erwähnten „Untersuchung" siehe KERN, KARL PETER: Die Judentaufe. Das Christentum im Lichte der Tatsachen (Durchbruch-Schriftenreihe, H. 8), Stuttgart 1937.
18 Siehe etwa LEERS, JOHANN V[ON]: Judendämmerung in Wien, in: Mitteilungen über die Judenfrage 2 (1938) 3 vom 16.03.1938; DERS.: Die Verbrechernatur der Juden, Berlin o.J. [1944], S. 36.
19 LEERS: Wie kam der Jude zum Geld?, S. 8.
20 LEERS, JOHANN VON: Rassische Geschichtsbetrachtung Was muss der Lehrer davon wissen? Langensalza/Berlin/Leipzig ²1936, S. 40; DERS.: Blut und Rasse in der Gesetzgebung. Ein Gang durch die Völkergeschichte, München 1936, S. 37. Für die Verwendung des Begriffs „Volkstum" gibt es eine Reihe von Belegen. Siehe DERS.: Islam und Judentum, in: Bericht über die erste Vortragsreihe im Sommer-Semester 1939, hrsg. von der Arbeitsgemeinschaft über arabische Lebensfragen an der Friedrich-Schiller-Universität, Jena 1939, S. 20–23, hier S. 20. Noch im März 1945 ist von einem „jüdische[n] Volk" die Rede. Siehe DERS.: Der Jude ist schuld, in: Lippische Staatszeitung vom 24./25.03.1945.

Teil indogermanisches Volkstum vorgelegen"[21], belehren lassen. Zwar mochte das Judentum sich, wie Johann von Leers einräumte, einst aus einem „wüstenländische[n] Element" und „vielleicht sogar in geringem Umfang der ‚indogermanischen' Rasse" zusammengesetzt haben. Gleichwohl aber könne es „keinen Zweifel"[22] daran geben, dass dieses Volk bald „vom Abhub altägyptischen Verbrechertums überlagert"[23] worden sei, das bis zum heutigen Tag sein Wesen bestimmte. So sehr es sich nämlich beim Judentum auch um ein „Volkstum" handeln konnte, so verächtlich wurde das ihm unterstellte „Volksmerkmal"[24] betrachtet, das sich „wesenhaft"[25] und „anlagemäßig"[26] durch „Kriminalität und Gaunerhaftigkeit"[27] auszeichne und das Judentum als schon immer „furchtbarsten Völkerzerstörer"[28] zu einem minderem Volk herabsinken ließ. Umso abnormer erschien Johann von Leers in diesem Zusammenhang, dass ausgerechnet der „an sich kriminelle Jude"[29], dessen „Volksbewusstsein" sich „grundlegend vom Volksbewusstsein jedes anderen Volkes"[30] unterscheide, stets und immer jene ökonomische Macht erwerben konnte, die ihm politischen Einfluss sicherte. Juden, wusste er, stellten ein „im Vergleich zu anderen Völkern außerordentlich wohlhabendes Volkstum" dar. Eben dieser Reichtum ermögliche es ihnen, „sich immer wieder Politiker dieser und jener Länder zu kaufen, die öffentliche Meinung in demokratischen Ländern zu beeinflussen [und] auf dem Wege über die Wirtschaft sich Macht über die Staaten zu verschaffen".[31] Zu verdanken hatte es diese Stellung darüber hinaus den von seinem Geist infizierten „Hilfstruppen des Judentums"[32], namentlich Freimaurern und katholischem Klerus sowie „abgeirrte[n] Deutsche[n] mit jüdischen Händler-

---

21 LEERS, [JOHANN] VON: Der falsche Gott, in: Hammer 33 (1934) 765/766, S. 161–165, hier S. 162.
22 EBD., S. 162 f.
23 EBD.
24 LEERS: Die Verbrechernatur der Juden, S. 15.
25 LEERS: Die Kriminalität des Judentums, S. 55.
26 LEERS: Die Verbrechernatur der Juden, S. 41.
27 EBD., S. 15.
28 LEERS, [JOHANN] VON: Ein Judenprozess, in: SS-Leitheft 2 (1936/37) 12, S. 12–17, hier S. 17.
29 LEERS: Die Verbrechernatur der Juden, S. 4.
30 EBD., S. 119.
31 LEERS: Wie kam der Jude zum Geld?, S. 4.
32 LEERS: Kräfte hinter Roosevelt, S. 37.

instinkten"[33], die als „Judenknechte"[34], „Judendiener"[35], „Seelenverjudete"[36] oder „Beauftragte des Judentums"[37] dessen Geschäft betrieben.

5.1.1 „Jüdische Verschwörung" als „Gegenmythos"

Dieses an sich schon klar konturierte Feindbild, das Juden ausschließlich als homogenen Akteur und „Kollektivsubjekt"[38] wahrgenommen hat, weil nur so der Fiktion der universalen Macht eines „Weltjudentums" im finalen „Weltkampf" mit der arischen Rasse Stimmigkeit verliehen werden konnte, fand in zweierlei Hinsicht eine Zuspitzung: Aus der Annahme der „arischen Sendung" der eigenen Rasse entsprang als „komplementäre Ergänzung" der „Gegenmythos"[39], wonach eben dieses imaginierte Judentum nach nichts anderem als deren Zersetzung und Zerstörung trachte[40], um so „die große Unterwerfung der Welt"[41] zu erreichen. Als Negation des eigenen Volkes und der eigenen Rasse nahm es dabei die Gestalt einer „Gegenrasse"[42] und, folgerichtig vor dem Hintergrund seiner Überzeugungen, „verbrecherische[n] Gegenrasse"[43] an, die den Feind der Menschheit schlechthin darstellte. Darüber hinaus stechen die „religiösen Wahrnehmungsmuster" seiner Propagandaschriften hervor, die in jener jahrhundertealten „dämonologischen Tradition" der christlichen Konfessionen gesehen werden können, in denen „Juden" den „Antichristen" verkörperten[44] und die „Lösung" der „Judenfrage" als Vollzug eines göttlichen

---

33 LEERS: Forderung der Stunde, S. 17.
34 LEERS, JOHANN VON: Der gegenwärtige Stand des Judenproblems in der Welt, in: Der Deutsche Erzieher 1 (1938) 16 vom 18.11.1938, S. 402–406, hier S. 404.
35 LEERS, JOHANN VON: Für Freiheit, Recht und Brot, in: Der Deutsche Erzieher 5 (1942) 9 (September), S. 250 f.
36 LEERS, JOHANN VON: Pestschweine sehen Dich an, in: Der Angriff vom 22.02.1944; DERS.: Die Seelenverjudung, in: Freiheitskampf vom 24.01.1944, ebenso in: Der oberschlesische Wanderer vom 24.01.1944. Eine geringfügig längere Fassung des Beitrags erschien unter der Überschrift „Die Völkerkrankheit" in der Zeitung „Neue Volksblätter Osnabrück" vom 02.02.1944.
37 LEERS, JOHANN VON: Zur Geschichte des deutschen Antisemitismus, in: Handbuch der Judenfrage. Die wichtigsten Tatsachen zur Beurteilung des jüdischen Volkes, Leipzig ^{39}1935, S. 514–544, hier S. 533.
38 BÄRSCH, CLAUS-E.: Der Jude als Antichrist in der NS-Ideologie, in: ZRGG 47 (1995) 2, S. 160–188, hier S. 187.
39 KROLL, FRANK-LOTHAR: Utopie als Ideologie. Geschichtsdenken und politisches Handeln im Dritten Reich, Paderborn 1998, S. 49.
40 JÄCKEL, EBERHARD: Hitlers Weltanschauung, Stuttgart ^{4}1991, S. 59.
41 LEERS: Kräfte hinter Roosevelt, S. 32.
42 Siehe bereits LEERS: 14 Jahre Judenrepublik, S. 60.
43 LEERS: Die Kriminalität des Judentums, S. 56.
44 BÄRSCH: Der Jude als Antichrist in der NS-Ideologie, S. 160–162.

Auftrags verklärt wurde: „Wahrlich, wer gegen die Juden kämpft, tut das Werk Gottes", hieß es 1943 in einem vielfach verbreiteten Artikel von Johann von Leers (siehe Kap. 7.4).[45] Und „wer gegen das Judentum kämpft, der kämpft den heiligsten Kampf"[46], führte er andernorts aus. Ihren Ausdruck fand diese Dämonisierung in einer Reihe aufeinander bezogener Gegensatzpaare, in denen die „Lösung" der „Judenfrage" als Frage von Sein oder Nichtsein erschien. Das Hakenkreuz als Symbol des „wiederkehrenden Lichtes" versprach dabei Erlösung und Befreiung vom Judentum als „Volk der Finsternis" und „Streiter der Finsternis gegen das Licht".[47] Und im Gegensatzpaar von „Göttlichem" gegen „Widergöttliches" wurde es ganz in Übereinstimmung mit dem Schrifttum maßgeblicher NS-Ideologen[48] mit dem Bösen schlechthin personifiziert, sei es als „Teufel in Menschengestalt"[49] (1933), als „Dämon der Zerstörung"[50] (1937) oder einfach als „Teufelsvolk"[51] der „von Satan gesandten Betrüger"[52] (1943). Im „Kampf gegen das Urböse in der Welt" konnte es denn auch um den Preis der Vernichtung des Anderen nur einen Sieger geben, wie Johann von Leers unmittelbar nach Beginn des Zweiten Weltkriegs 1939 schrieb: „Wenn es darauf ankommt, wer überleben soll in diesem Kampfe, so wollen wir überleben, und der Jude soll zugrunde gehen. Je weniger Juden es gibt, um so wohler ist der Welt und allen arbeitenden Völkern!"[53]

Zu dieser Dämonisierung kam die Stigmatisierung vermeintlicher Juden und ihrer Helfer. Ein probates Mittel dazu stellte die Auflistung von Namen oder die Visualisierung durch Archetypen dar, die die jüdische Allmacht und

---

45 LEERS, JOHANN VON: Weil man sie losließ. Der Fluch der Judenemanzipation – eine verhängnisvolle Schuld, in: Westdeutscher Beobachter vom 14.04.1943; DERS.: Weil man sie losließ, in: Neue Leipziger Tageszeitung vom 14.04.1943; DERS.: Weil man sie losließ, in: Der Führer vom 15.04.1943; DERS.: Weil man sie losließ, in: Der Freiheitskampf vom 15.04.1943. Siehe auch DÖRNER, BERNWARD: Die Deutschen und der Holocaust. Was niemand wissen wollte, aber jeder wissen konnte, Berlin 2007, S. 172 f.; LONGERICH, PETER: „Davon haben wir nichts gewusst!" Die Deutschen und die Judenverfolgung 1933–1945, München 2006, S. 270.
46 LEERS: Die Verbrechernatur der Juden, S. 8, 169.
47 LEERS: Die Kriminalität des Judentums, S. 57.
48 BÄRSCH: Der Jude als Antichrist in der NS-Ideologie, S. 184.
49 LEERS, JOHANN VON: Juden sehen Dich an, Berlin o. J. [1933], S. 5.
50 LEERS, JOHANN VON: Unser neues „Unehelichen-Recht", in: Hakenkreuzbanner (Beilage „Unterhaltung und Wissen") vom [?].01.1937.
51 LEERS, JOHANN v[ON]: Weil man sie losließ, in: Der Freiheitskampf vom 15.04.1943.
52 LEERS, JOHANN VON: Warum es so kommen musste, in: Der Angriff vom 24.02.1943.
53 LEERS, [JOHANN] v[ON]: So sind sie reich geworden!, in: SS-Leitheft 5 (1939/40) 3, S. 20–25, hier S. 25. Zu ähnlichen Dichotomien und Vergleichen bereits bei Fritsch siehe ZUMBINI, MASSIMO FERRARI: Die Wurzeln des Bösen. Gründerjahre des Antisemitismus: Von der Bismarckzeit zu Hitler (Das Abendland, N.F. 32), Frankfurt am Main 2003, S. 330.

die fortschreitende „Verjudung" einer Gesellschaft vor allem auf den Gebieten von Kultur, Wissenschaft und Wirtschaft belegen sollte. Diese in der antisemitischen Agitation weit verbreiteten Techniken[54] nutzte auch Johann von Leers von Beginn an, wie schon das 1933 publizierte Machwerk „Juden sehen Dich an" (siehe Kap. 3.2.5) gezeigt hatte. Während hier Bilder und Namen bekannter Persönlichkeiten den Einfluss des Judentums repräsentierten, arbeiteten spätere Schriften mit Archetypen. Dies lässt sich auf dem Cover der 1941 veröffentlichten Schrift „Kräfte hinter Roosevelt" erkennen, auf dem Rabbiner, Banker und Wirtschaftsführer abgebildet waren, die den amerikanischen Präsidenten einrahmten. Wie überzeugt Johann von Leers von dieser jüdischen Allmacht war, ist nicht zuletzt daran zu erkennen, dass er auch akademisch gebildeten Zuhörern solche Auflistungen präsentierte, so etwa 1936 auf der von Carl Schmitt organisierten Tagung „Das Judentum in der Rechtswissenschaft".[55] Nicht weniger typisch war die unter Antisemiten gleichermaßen verbreitete Überzeugung, Juden müssten aufgrund ihrer „Volksmerkmale" als geborene Verbrecher und Kriminelle gelten. Damit knüpften sie an zeitgenössische Theorien der Kriminalanthropologie an, wonach „echte Verbrecher" sich durch psychische und physische Merkmale auszeichneten, die ihnen vererbt worden seien. Insofern war es kein Zufall, dass Johann von Leers sich immer wieder auch auf die Schriften Cesare Lombrosos (1836–1910) berief, der diese Theorien popularisiert hatte.[56] Im Gegensatz zu dem italienischen Arzt münzte Johann von Leers seine Behauptungen allerdings ausschließlich auf Juden. 1934 schrieb er verunglimpfend, diese zeichneten sich durch eine „wahre Betrügermoral" aus und sähen im „Verbrechen" eine „beinahe religiöse Pflicht"[57] auf ihrem Weg zur Weltherrschaft. Ihre „allgemeine verbrecherische Neigung"[58], über die er sich in zahlreichen seiner Machwerke immer wieder ausließ, erschien dabei seit der Antike von Generation zu Generation vererbt. Der „jüdischen Kriminalität" gemäß war es für Johann von Leers deshalb folgerichtig, dass Juden unter-

---

54 HERF, JEFFREY: The Jewish enemy. Nazi propaganda during World War II and the Holocaust, Cambridge/London 2008, S. 102. Siehe auch PAPEN, PATRICIA VON: Schützenhilfe nationalsozialistischer Judenpolitik. Die Judenforschung des „Reichsinstituts für Geschichte des neuen Deutschland" 1933–1945, in: FRITZ BAUER INSTITUT (HRSG.): „Beseitigung des jüdischen Einflusses …" Antisemitische Forschung, Eliten und Karrieren im Nationalsozialismus, Frankfurt am Mai 1999, S. 17–42, hier S. 22.
55 LEERS: Die Kriminalität des Judentums, S. 25 f., 42 f., 48–50.
56 Siehe dazu WETZEL, RICHARD F.: Kriminalbiologische Forschung an der Deutschen Forschungsanstalt für Psychiatrie in der Weimarer Republik und im Nationalsozialismus, in: SCHMUHL, HANS-WALTER (HRSG.): Rassenforschung an Kaiser-Wilhelm-Instituten vor und nach 1933. Göttingen 2003, S. 68–98, hier S. 72.
57 LEERS, JOHANN VON: Geschichte auf rassischer Grundlage, Leipzig 1934, S. 55, 57.
58 LEERS: Die Verbrechernatur der Juden, S. 3.

einander in einer „Gaunersprache" kommunizierten, in allen Epochen ihr Einkommen als „Falschspieler", „Diebe und Hehler" oder „Betrüger, Schieber und Hochstapler" bestritten hatten, in der Gegenwart das „Gangstertum" auf allen Gebieten verkörperten, durch „Schmutzliteratur" Verbrechen an den geistigen Werten der Völker begingen und selbst im Zeugungsakt als „Geschlechtsverbrecher" Schuld auf sich nähmen. So abstrus diese Kriminalisierung als „das Volk des Gangstertums"[59] erscheinen mag, die ihre Leser zu dem Schluss verleiten sollte, eine strafbare Handlung bestehe alleine darin, Jude zu sein, so mörderisch waren ihre Konsequenzen, bot sie doch später den Exekutoren der „Endlösung" eine Erklärung dafür, im Vernichtungsprozess „eine Art gerichtliches Verfahren"[60] zu sehen.

Damit einher ging ein permanenter Rückbezug auf die Geschichte, in der vermeintlich verhängnisvollen Fehlentwicklungen „von der Steinzeit bis zum Staate Adolf Hitlers", wie es in der Rezension zu einem seiner Bücher unfreiwillig komisch hieß[61], nachgespürt wurde, um die Notwendigkeit scharfer Gegenmaßnahmen zur Vollstreckung eines historischen Auftrags zu rechtfertigen.[62] Die Verdichtung in historischen Parallelen stellte allerdings eine „Geschichtsfiktion"[63] dar und scheute selbst vor Lügen nicht zurück.[64] Ein Beispiel dieser Pseudohistorie, die den Schlüssel für jedes Übel in den kriminellen Machenschaften eines allgegenwärtigen „Judentums" liegen sah und in nur wenigen Sätzen zahlreiche Elemente aus dem Arsenal antisemitischer Stereotype in ein weltgeschichtliches Kontinuum stellte, findet sich etwa in den Versuchen, die Wurzeln der Rassengesetze der Nationalsozialisten schon in der Antike lokalisieren zu können und zu der Schlussfolgerung zu verleiten, Antisemitismus nicht als etwas Epochenspezifisches zu betrachten, „sondern [als] 2000-jährige europäische Geschichtlichkeit".[65] Das historische Sparta etwa wurde als „Bauern- und Kriegerstaat" idealisiert, der sich durch eine vorbildliche „rassische Auswahl" ausgezeichnet habe, sodass „kein Nichtrassereiner" in den „Erbstamm

---

59 LEERS: Kräfte hinter Roosevelt, S. 74.
60 Siehe HILBERG, RAUL: Die Vernichtung der europäischen Juden (Bd. 3), Frankfurt am Main ⁹1999, S. 1092.
61 RZ zu Geschichte auf rassischer Grundlage, in: Hamburger Nachrichten vom 12.03.1934.
62 KROLL: Utopie als Ideologie, S. 31. Siehe auch KÖCK, JULIAN: „Die Geschichte hat immer Recht". Die Völkische Bewegung im Spiegel ihrer Geschichtsbilder (Campus Historische Studien, Bd. 73), Frankfurt am Main/New York 2015.
63 So in Bezug auf Hitler KROLL: Utopie als Ideologie, S. 47.
64 Dies gilt etwa für Behauptungen eines angeblichen Briefes der jüdischen Gemeinde von Arles an die Juden in Konstantinopel im Jahre 1498, in dem verschwörerische Absichten kundgetan werden. Siehe BENZ, WOLFGANG: Die Protokolle der Weisen von Zion. Die Legende von der jüdischen Weltverschwörung, München 2007, S. 38.
65 PAPEN: Schützenhilfe nationalsozialistischer Judenpolitik, S. 22.

des Volkes" gelangen konnte.⁶⁶ Kritischer dagegen war der Blick auf die Goten auf dem Gebiet des heutigen Spaniens: Nachdem sie Juden zunächst mit Duldung und Toleranz begegnet seien, hätten sich innerhalb weniger Jahrzehnte „durch Zinswucher und brutalen Missbrauch gotischer Frauen und Mädchen derartige Missstände" aufgetan, dass die westgotischen Könige einen Ausweg nur noch in „Rassengesetzen ganz modern anmutender Art" sahen, die „die Heirat zwischen Goten und Juden verbieten, körperliche Gemeinschaft mit gotischen Frauen unter Strafe stellen [und] die jüdische Handelsfreiheit weitgehend einschränken."⁶⁷

Von unleugbarer Beweiskraft schien Johann von Leers vor allem aber das „große Hehlerprivileg"⁶⁸, das Kaiser Heinrich IV. im Jahre 1090 den jüdischen Gemeinden am Oberrhein eingeräumt haben soll. Tatsächlich waren ihnen seinerzeit in den Bischofsstädten Speyer und Worms umfassende Schutzurkunden ausgestellt worden, die nicht nur ihr Eigentum garantierten und das Recht auf Religionsausübung gewährten, sondern in Teilbereichen einen besonderen Status einräumten. Dazu zählte etwa die Regelung, wonach Juden in Streitfällen untereinander nach ihrem eigenen Recht verfahren durften, sodass der „eigenständigen, religiös begründeten und im Talmud verankerten Rechtstradition ein weiter Wirkungsbereich innerhalb der Judengemeinde zugesichert wurde".⁶⁹ Von größerem Wert in der antisemitischen Agitation war allerdings das Juden zugebilligte Recht, in gutem Glauben erworbene Gegenstände oder Waren, die sich später als gestohlen erwiesen, ihren rechtmäßigen Besitzern nur gegen Erstattung des Kaufpreises oder des Pfandwertes zurückgeben zu müssen. Eine solche Regelung ergab sich zwar „aus dem damals auch sonst praktizierten Handelsrecht".⁷⁰ Gleichwohl wurde Johann von Leers nicht müde, dieses

---

66 LEERS: Geschichte auf rassischer Grundlage, S. 42. Zur Annahme völkischer „Weltanschauungsarchitekten" und Laienforscher bereits im frühen 20. Jahrhundert, wonach Griechen, insbesondere Athener und Spartaner und vor allem deren Oberschicht, eigentlich nordischer Herkunft seien, und zu den ins 18. Jahrhundert zurückreichenden Ursprüngen dieser Denktradition siehe PUSCHNER, UWE: Sparta – „Lichtblick in der Menschheitsgeschichte": Völkische Perspektiven, in: SCHUOL, MONIKA/WENDT, CHRISTIAN/WILKER, JULIA (HRSG.): exempla imitanda. Mit der Vergangenheit die Gegenwart bewältigen? Festschrift für Ernst Baltrusch zum 60. Geburtstag, Göttingen 2016, S. 139–152, hier S. 140 f.
67 LEERS: Forderung der Stunde, S. 8.
68 LEERS, JOHANN VON: Die Geschichte des deutschen Handwerks. Eine Zusammenfassung der Grundzüge, Berlin 1940, S. 69.
69 HAVERKAMP, ALFRED. Aufbruch und Gestaltung. Deutschland 1056–1273, München ²1993, S. 219 f.
70 EBD.

als „große[s] Gaunerprivileg"[71] zu denunzieren, weil erst damit ihr Aufstieg zu „Diebe[n] und Verbrecher[n]" eingeleitet worden sei. Für wie bedeutsam er diese Erkenntnis hielt, mit der obendrein der Klerus als Sachwalter jüdischer Interessen bloßgestellt werden konnte, zeigt sich in seiner gebetsmühlenartigen Wiederholung für unterschiedlichste Adressatenkreise: Schlichte Gemüter erfuhren 1933 in dem Pamphlet „14 Jahre Judenrepublik" davon.[72] Lehrern und Erziehern setzte er sie in seiner „Rassischen Geschichtsbetrachtung" auseinander.[73] Juristen trug er die Erzählung auf der bereits erwähnten Juristentagung und im darauf folgenden Sammelband vor.[74] Dem Handwerksstand erläuterte er sie 1938 in seinen Schriften „Das Lebensbild des deutschen Handwerks"[75] und „Die Geschichte des deutschen Handwerks"[76] sowie im Begleitkatalog einer kulturhistorischen Ausstellung.[77] Kulturbeflissene Völkische erfuhren im „Türmer" davon.[78] Weltanschauungskrieger der SS schwor er im „Leitheft" darauf ein.[79] Eine textidentische Fassung präsentierte er 1939 Jugendlichen in dem Sammelband „Für das Reich".[80] Selbst um ein Bündnis mit den Staaten im „islamischen Orient" zu begründen, in denen Juden nie „ein Vorrecht als staatlich geschützte Wucherer" besessen hätten, diente ihm die Geschichte als Beleg.[81] Und noch in einer seiner letzten Buchveröffentlichungen, die seine Ansprachen im Rundfunk zum Abdruck brachte, griff er sie erneut auf.[82]

Ähnlich verhielt es sich mit Erzählungen, die in der Zeit des „Gründungsschwindels" der 1870er Jahre angesiedelt waren, dessen Ursachen und Folgen Johann von Leers vor allem nach den „ausgezeichneten Artikeln"[83] und einer

---

71 LEERS, JOHANN VON: Für das Reich. Deutsche Geschichten in Geschichtserzählungen, Langensalza/Berlin/Leipzig ²1941, S. 90–96.
72 LEERS: 14 Jahre Judenrepublik, S. 30 f.
73 LEERS: Rassische Geschichtsbetrachtung, S. 46.
74 LEERS: Die Kriminalität des Judentums, S. 8.
75 LEERS, JOHANN VON: Das Lebensbild des deutschen Handwerks, München o. J. [1938], S. 140 f.
76 LEERS: Die Geschichte des deutschen Handwerks, S. 69. Siehe auch DERS.: Der große Frankfurter Zunftkampf gegen die Juden, in: Deutsches Handwerk, Ausgabe 09.04.1937.
77 LEERS, JOHANN VON: Das Handwerk des deutschen Mittelalters, in: Führer durch die Kulturhistorische Schau (I. Internationale Handwerksausstellung 1938 Berlin), Berlin 1938.
78 LEERS, JOHANN VON: Von Baalmassematten und Räubern, in: Der Türmer November 1937, S. 115–120, hier S. 116.
79 LEERS, J[OHANN] V[ON]: Das große Gaunerprivileg, in: SS-Leitheft 3 (1937/38) 5, S. 51–55.
80 LEERS: Für das Reich, S. 90–96.
81 LEERS, [JOHANN] V[ON]: Islam und Judentum, in: Bericht über die erste Vortragsreihe im Sommer-Semester 1939, hrsg. von der Arbeitsgemeinschaft über arabische Lebensfragen an der Friedrich-Schiller-Universität, Jena 1939, S. 20–23, hier S. 22.
82 LEERS: Die Verbrechernatur der Juden, S. 58.
83 EBD., S. 33.

"noch heute lesenswert[en]"[84] Schrift des antisemitischen Schriftstellers Otto Glagau (1834–1892) referierte[85], der als „wirkliche[r] Sachkenner wirtschaftlicher Vorgänge"[86] zu gelten hatte. „Gründerzeit" ist „Judenzeit"[87], stellte Johann von Leers lapidar über die in seinen Augen tatsächlichen Urheber der ökonomischen Krise fest, die 1873 das Deutsche Reich und die Habsburgermonarchie erfasst hatte. Zwar folgte Johann von Leers auch hier den bekannten Stereotypen der antisemitischen Bewegung, ohne eigene Gedanken hinzuzufügen. Wie die Erzählung über das „große Judenprivileg" wurde auch die Erzählung vom raffgierigen Juden, der im „Börsen- und Gründungsschwindel" ehrliche Handwerker in den Ruin getrieben habe, wieder und wieder in seiner Propaganda und Schulungsarbeit repetiert.[88]

Eine besondere Wirkungsmacht kam schließlich dem Motiv zu, nur eine Lösung der Judenfrage könne das deutsche Volk aus jener Versklavung erlösen, in die es das Judentum getrieben habe. In der zeitgenössischen Wahrnehmung knüpfte er damit an das Selbstbild konservativer und rechtsradikaler Kreise bereits in der Weimarer Republik an, die etwa in den im Versailler Vertrag auferlegten Reparationen und später im Dawes-Plan eine solche „Versklavung" sahen.[89] Für antisemitische Agitatoren wie Johann von Leers entsprang diese Vorstellung allerdings dem Wesen des Judentums schlechthin, das in allen Epochen der Weltgeschichte danach gestrebt habe, andere Völker zu unterwerfen: „[D]er Jude ist der alte Sklavenhändler von einst geblieben"[90], stellte er 1944 zusammenfassend fest, sei es im klassischen Altertum, dessen Chronisten Juden als „berüchtigte Sklavenhändler"[91] überliefern würden, unter den Karolingern, die sie „[a]ls Sklavenhändler [...] auf jede Weise geschützt und bevorzugt"[92] hätten, im Zuge der Kolonialisierung Südamerikas und der USA seit dem 17. Jahrhundert, als sie den Handel mit „Negersklaven"[93] dominierten, bis

---

84 EBD., S. 36.
85 GLAGAU, OTTO: Der Börsen- und Gründungsschwindel in Berlin, Leipzig 1876.
86 LEERS: Die Verbrechernatur der Juden, S. 36.
87 LEERS: Die Geschichte des deutschen Handwerks, S. 106.
88 Beispielhaft LEERS: Das Lebensbild des deutschen Handwerks, S. 549 f.; DERS.: Wie kam der Jude zum Geld?, S. 54; DERS.: So sind sie reich geworden!, in: SS-Leitheft 5 (1939/40) 3, S. 20–25, hier S. 25; DERS.: Die Geschichte des deutschen Handwerks, S. 106; DERS.: Für das Reich, S. 322–330; DERS.: Die Verbrechernatur der Juden, S. 33.
89 MEYER ZU UPTRUP: Kampf gegen die „jüdische Weltverschwörung", S. 148.
90 LEERS: Die Verbrechernatur der Juden, S. 112.
91 EBD., S. 104.
92 LEERS: Die Geschichte des deutschen Handwerks, S. 67.
93 LEERS: Die Verbrechernatur der Juden, S. 105.

in die jüngste Vergangenheit der Weimarer Republik, als der „Sklavenhandel mit weißem Menschenfleisch" erneut eine Blütezeit erlebte.[94]

So sehr Juden und ihre Gegner im Geschichtsverlauf nach den Prämissen von Johann von Leers aufeinander bezogen waren, so vage blieben jedoch seine Vorstellungen über das „neue Zeitalter"[95] gleichsam als Ende aller Geschichte, in dem der „Weltfeind" ausgeschaltet worden war.[96] Befreiungsrhetorik und Erlösungsvisionen erschienen dabei als natürliche Antipoden zu Unterwerfung und Versklavung, wie sie für Vergangenheit und Gegenwart konzediert wurden. So wie Hitler „Hilfe und Erlösung aus großen Nöten gebracht"[97] habe und Darré zum Träger jener „befreienden Idee" geworden sei, die den Bauernstand „vor der Habgier der Juden" und „vor dem Mammon"[98] schützte, so würde sich mit der Lösung der Judenfrage die Hoffnung auf „ein besseres, schöneres Dasein"[99] erfüllen. Wie dieses „ewige Reich"[100] ohne Gegner und Feinde aussehen würde, blieb jedoch floskelhaft. Fest stand nur, dass seine Einwohner in jenen idealisierten Zustand zurückkehren würden, von dem sie durch jüdische List auf Irr- und Abwege gebracht worden waren. Was Glaubensformen und -inhalte betraf, bedeutete dies die Überwindung des Christentums und eine „Heimkehr zur Weltanschauung unserer Ahnen", deren Ursprünge in einer verklärten germanischen Frühzeit lagen. Damit einher ging die Aufwertung bäuerlicher Lebensformen auf „gesicherter Heimatscholle", deren Bindung an „Blut und Boden" durch „das alte Odalsrecht" wiederhergestellt war.[101] Darrés Reichserbhofgesetz galt dazu als der erste Schritt.

5.1.2 Propaganda für einen Schlüsseltext des modernen Antisemitismus

Dieses obsessive Weltbild machte Johann von Leers freilich nicht zu einer exklusiven Ausnahme unter den antisemitischen Agitatoren, sondern war „ein essentieller Fixpunkt für Ideologie und Praxis des Nationalsozialismus".[102] Das

---

94 LEERS: 14 Jahre Judenrepublik, S. 36.
95 LEERS, JOHANN VON: Odal. Das Lebensgesetz eines ewigen Deutschland, Goslar ²1936, S. 710.
96 KROLL: Utopie als Ideologie, S. 52.
97 LEERS: Bauerntum, S. 149.
98 LEERS, JOHANN VON: Deutschlands Stellung in der Welt, Leipzig o. J. [1933], S. 47.
99 LEERS: Die Verbrechernatur der Juden, S. 169.
100 LEERS, JOHANN VON: Unser Glaube Deutschland! Gedanken um das ewige Reich, Erfurt o. J. (3. Auflage) [um 1944].
101 LEERS: Odal, S. 710; DERS.: Geschichte auf rassischer Grundlage, S. 70; DERS.: Bauerntum, S. 125.
102 RUPNOW: Judenforschung im Dritten Reich, S. 24.

Rüstzeug dazu bezog er aus den Schlüsseltexten des modernen Antisemitismus. Dass Johann von Leers Hitlers „Darlegungen über die Judenfrage" in „Mein Kampf" und Rosenbergs 1924 gegründete Zeitschrift „Weltkampf" besonders hervorhob, konnte dabei als Referenz an die zentralen Autoritäten der Partei gewertet werden.[103] Als „grundlegend" jedoch betrachtete er das „Lebenswerk" des verehrten „Altmeisters" Theodor Fritsch (siehe Kap. 3.1.1).[104] Fast alle gängigen Stereotype, derer auch Johann von Leers sich bediente, finden sich bereits in dessen „Handbuch des Judenfrage".[105] Diesem Machwerk dürfte er zugleich die Zitate deutscher und europäischer Geistesgrößen sowie historischer Persönlichkeiten entnommen haben, die, zumeist aus dem Zusammenhang gerissen, die Judenfeindschaft aller Völker jeder Epoche als universalgeschichtliche Konstante belegen, jeden Schritt zur Emanzipation dagegen als Irrweg aufzeigen sollten. „Ganz richtig" etwa habe bereits Kant die Frage aufgeworfen, „ob die Juden nur eine typische Kaufmannskriminalität hätten, oder ob sie wesenhaft kriminell seien", hieß es in einer seiner Schriften.[106] Und auch Napoleon sei der Überzeugung gewesen, „dass es sich hier nicht um einzelne verbrecherische, wucherische oder betrügerische Exemplare des jüdischen Volkes handelte, sondern dieses Volk in seiner Gesamtheit als Wucherer und Betrüger sich betätige".[107] Als weitere Kronzeugen dienten ihm die Klassiker antisemitischer Literatur der frühen Neuzeit und des 19. Jahrhunderts, unter ihnen Eduard Drumont und Eugen Dühring, aber auch Lagarde, Chamberlain und Gobineau, die der antisemitischen Bewegung „die Richtung" gewiesen hätten.[108] Vor allem Gobineau als „Erzmeister der Rasse" galt ihm als der „scharfsinnige und hellsichtige Erkenner des herrschenden Prinzips der Weltgeschichte", wonach „jene schöpferische Rasse, die einst die Kultur aufgebaut habe", durch „Mischung entartet und durch Kriege dezimiert" und „schließlich zugrunde gegangen" sei, wenngleich zugestanden werden müsste, dass die Wissenschaft über dessen Ansichten

---

103 LEERS, JOHANN VON: Sieg der Idee, in: Deutsches Adelsblatt 51 (1933), S. 755f. Zur Entstehung des „Weltkampf" siehe PIPER, ERNST: Alfred Rosenberg. Hitlers Chefideologe, München 2005, S. 116–121.
104 EBD.
105 BÖNISCH, MICHAEL: Die „Hammer"-Bewegung, in: PUSCHNER, UWE/SCHMITZ, WALTER/ULBRICHT, JUSTUS H. (HRSG.): Handbuch zur „Völkischen Bewegung" 1871–1918, München 1999, S. 341–365, hier S. 348, 354.
106 LEERS: Die Verbrechernatur der Juden, S. 13.
107 EBD., S. 14.
108 LEERS, [JOHANN] V[ON]: Warum sind die Universitäten und Hochschulen so wichtig?, in: Der Angriff vom 19.01.1932. Zur Lagardes Antisemitismus und dessen völkischen Rezeption siehe PAUL, INA ULRIKE: Paul Anton de Lagarde, in: PUSCHNER, UWE/SCHMITZ, WALTER/ULBRICHT, JUSTUS H. (HRSG.): Handbuch zur „Völkischen Bewegung" 1871–1918, München 1999, S. 45–93, hier S. 70–89.

inzwischen „sicher hinausgelangt" sei. Vor allem die „deutsche Rassenkunde" habe mittlerweile „bewiesen, dass es durchaus mit geeigneten Auslese- und Züchtungsmaßnahmen möglich ist, den Rasseverfall aufzuhalten, ja ein Volk rassisch wieder zu heben".[109] Zu diesen Klassikern traten die Kolportagewerke jüngeren Datums jener Autoren, die ihre Schriften seit Anfang der 1930er Jahre im Dunstkreis Himmlers (Gregor Schwartz-Bostunitsch), Rosenbergs (Hermann Schroer, Herwig Hartner-Hnizdo) oder Streichers (Peter Deeg, Hans Jonak von Freywald) publizieren konnten. Immer wieder wurden sie ausführlich referiert – nicht nur mit einzelnen ihrer Gedanken, sondern im Wortlaut und über mehrere Seiten hinweg.[110] Diese Montagetechnik, die in Pamphleten wie „Kräfte hinter Roosevelt" auf die Spitze getrieben wurde[111], ließ sich von einem Plagiat kaum unterscheiden, wie ihm später auch vorgeworfen wurde (siehe Kap. 7.1).

Von überragender Bedeutung waren jedoch die „Protokolle der Weisen von Zion". Gerade sie dienten Johann von Leers als unumstößlicher Beweis jüdischen Strebens nach Weltherrschaft. Immer wieder trat er als Propagandist und Exeget dieser Schrift auf, „die jeder Deutsche gelesen haben müsste und die in alle Sprachen übersetzt zu werden verdient", wie er 1933 erklärte.[112] Dass Kritiker die Echtheit der „Protokolle" bestritten und von einer Fälschung sprachen, suchte er mit abwegigen Argumenten zu entkräften. So ergab sich ihr wahrer Gehalt für Johann von Leers schon alleine daraus, dass sie „vor allem [...] vom Judentum zu Unrecht als Fälschung bezeichnet" wurden.[113] Dabei entspräche der Text „bis ins Letzte dem [...] Geiste des Judentums". Hinzu käme, dass sie „durchaus in der Linie der Entwicklung der jüdischen Macht" stünden, was angeblich dadurch eine Bestätigung finde, dass bereits „so vieles aus ihnen verwirklicht worden" sei.[114] Wie unbeirrt er daran festhielt, dass die „Proto-

---

109 LEERS, JOHANN VON: Graf Gobineau, in: Hakenkreuzbanner vom 13.10.1938.
110 Siehe beispielhaft LEERS: 14 Jahre Judenrepublik, S. 98–100 und 106 f.; ebenso DERS.: Die Verbrechernatur der Juden, S. 30–54, 95 f. und 105–108. Ähnlich auch die Technik, Zeitungsartikel ausführlich wiederzugeben. Siehe EBD., S. 77–79 und 91–93.
111 LEERS: Kräfte hinter Roosevelt, S. 35–37 [Wiedergabe eines Pamphlets des antisemitischen schwedischen Publizisten Barthold Lundon aus dessen Zeitung „Vidi"], S. 37–39 [Zitat aus den „Baseler Nachrichten" vom 23.03.1941 über „äußere Machtstellung der christlichen Kirchen in USA"], S. 42–44 [Abdruck eines Flugblatts von Edmondson vom Mai 1939], S. 81 f. [Auszug aus „The American Hebrew" von 1938], S. 96–99 [Namensliste aus „The Revealer" vom 15.10.1936], S. 115–117 [Zitate aus Büchern, die sich mit dem Niedergang des Farmertums in den USA befassen], S. 131–136 [Abdruck eines offenen Briefes von Edmonson vom 17.09.1938 an Roosevelt], S. 144 f. [Auszug aus „Highland-Post" von 1936] oder S. 175–177 [Abdruck eines Telegramms von Edmondson nach der Ernennung eines Obersten Bundesrichters].
112 LEERS: 14 Jahre Judenrepublik, S. 114, 119–144.
113 LEERS, JOHANN VON: Sieg der Idee, in: Deutsches Adelsblatt 51 (1933), S. 755 f.
114 LEERS: 14 Jahre Judenrepublik, S. 13.

kolle" nichts anderes als einen „Plan der Aufrichtung einer organisierten Judenherrschaft"[115] darstellten, zeigte sich 1944, als er die „Stunde der großen Weltentscheidung" zwischen Juden und nichtjüdischen Völkern als eine Folge jener „Weltverschwörung" deutete, wie sie die „Protokolle" bereits vorausgesagt hätten.[116] Es überrascht deshalb nicht, dass Johann von Leers sie vor allem Parteifunktionären zur Lektüre empfahl. Die Kenntnis ihres Inhalts sei gerade „für den Amtswalter der NSDAP völlig unentbehrlich" und könne „nicht genug in den Schulungskursen durchgenommen werden", schrieb er 1933 im Informationsdienst der Reichspropagandaleitung.[117]

Weil jedoch Rosenberg ein Monopol als Herausgeber auf die „Protokolle" beanspruchte,[118] besorgte Johann von Leers die Verbreitung eines weiteren Schlüsseltextes des modernen Antisemitismus, in dem er die Spuren einer jüdischen Verschwörung offengelegt sah. 1933 popularisierte er durch einen Separatdruck das Kapitel „Auf dem Judenkirchhof in Prag" des Trivialschriftstellers Hermann Goedsche (1815–1878), das erstmals 1868 als Teil des Romanzyklus „Biarritz" unter dem Pseudonym Sir John Retcliffe erschienen war.[119] In der fiktiven Handlung wird ein junger Wissenschaftler beim nächtlichen Besuch unerwartet Zeuge einer geheimen Versammlung der zwölf Stämme Israels, die alle 100 Jahre an diesem schauerlichen Ort in der Art eines Gerichtshofes zusammentreffen würden, um ihr weltweites Komplott zur Herrschaft über die Börsen, zum Ruin des Handwerks und zur Ausschaltung des Adels zu planen. Goedsche, den die nationalsozialistische Propaganda später in die Reihe der „geistigen Wegbahner der Lösung der Judenfrage"[120] zu stellen versuchte, hatte den Mythos einer jüdischen Verschwörung damit zwar nicht erfunden. Die Verbindung seinerzeit populärer Stereotype über das Judentum mit Elementen aus der Tradition des Schauerromans verlieh dem Kapitel allerdings eine „Prägnanz" und „Durchschlagkraft", die „bis zum heutigen Tag" andauert.[121] Die Schrift gilt deshalb auch als „Nukleus der modernen Verschwörungsmytho-

---

115 Ebd., S. 114.
116 Leers: Die Verbrechernatur der Juden, S. 164.
117 RZ in Unser Wille und Weg 4 (1934) 8, S. 244.
118 Rosenberg, Alfred (Hrsg.): Die Protokolle der Weisen von Zion und die jüdische Weltpolitik, München 1923 sowie weitere Auflagen bis 1941.
119 Leers, Johann von (Hrsg.): John Retcliffe. Auf dem Judenkirchhof in Prag, Berlin 1933.
120 Gerler, Gerd: Ein vergessener Kämpfer gegen England und Judenherrschaft. Hermann Goedsche und seine geschichtlichen Romane, in: Die Judenfrage 5 (1941) 13/14 vom 15.08.1941.
121 Neuhaus, Volker: Der zeitgeschichtliche Sensationsroman in Deutschland 1855–1878. „Sir John Retcliffe" und seine Schule, Berlin 1980, S. 112 f. Zur Wirkungsgeschichte siehe Cohn, Norman: „Die Protokolle der Weisen von Zion". Der Mythos von der jüdischen Weltverschwörung. Mit einer kommentierten Auswahlbibliographie von Michael Hagemeister, Baden-

logie"[122] und „erste zusammenfassende Version des modernen Mythos der jüdischen Weltverschwörung".[123] Dies erklärt, weshalb der Text auf Johann von Leers eine besondere Faszination ausübte und er den Verfasser als einen der „berühmtesten und fruchtbarsten Autoren"[124] seiner Zeit betrachtete. Mit dem von ihm herausgegebenen, leicht veränderten Separatdruck knüpfte er zudem an eine literarische Tradition an, die schon um die Jahrhundertwende eingesetzt hatte: Unter dem Titel „Die Rede eines Rabbiners" wurde das Kapitel seinerzeit aus dem Zyklus herausgelöst und, auch durch Theodor Fritsch[125], als eigenständiges Werk publiziert, sodass es nicht mehr ein „Erzählsymbol" im Roman darstellte, sondern zu einer Aussage über die Wirklichkeit selbst wurde. Während die Leser des Romanzyklus auf die Verwirklichung der jüdischen Pläne in Goedsches Schriften geachtet hatten, „suchten die Leser des isolierten Kapitels nun nach Spuren in der Wirklichkeit".[126] Die literarische Fiktion entwickelte sich somit zu einem authentischen Dokument, das, so Johann von Leers, die „große Judenverschwörung gegen die europäischen Völker"[127] hellsichtig zu bestätigen schien. Dafür bürgte schon der Ort des Geschehens, gelte doch Prag „den Juden Europas in vieler Hinsicht als eine verehrungswürdige Stadt", weil sie sich „jahrhundertelang" dort als „Hehler" betätigen konnten, wie er schrieb. Eine besondere Assoziation vermochte der Name der Stadt zudem aufgrund der jüngsten Ereignisse auszulösen. Vor allem nach dem 30. Januar 1933 sei es dort, wie Johann von Leers angesichts der zahlreichen deutschen Emigranten höhnisch bemerkte, zu einer „ungeheuren Ansammlung jüdischer Emigranten, Taschendiebe, politischer Gauner, bolschewistischer Agitatoren und sonstiger Angehöriger des Volkes, das von sich behauptet, von Gott besonders auserwählt zu sein"[128], gekommen. In seinem Vorwort leugnete er zwar nicht den fiktionalen Charakter des Kapitels, das als „Prosastück" mit „dichterischer Eindringlichkeit" zu gelten habe.[129] Authentizität komme ihm allerdings deshalb zu, weil es als Beschreibung jener Realität zu betrachten sei, die die europäischen Staaten nach

---

Baden/Zürich 1998. Zum Forschungsstand HAGEMEISTER, MICHAEL: Sergej Nilus und die „Protokolle der Weisen von Zion". Überlegungen zur Forschungslage, in: Jahrbuch für Antisemitismusforschung 5 (1996), S. 127–147.
122 BENZ: Die Protokolle der Weisen von Zion, S. 35.
123 COHN: „Die Protokolle der Weisen von Zion", S. 38.
124 LEERS: John Retcliffe, S. 5 f.
125 Siehe ZUMBINI: Die Wurzeln des Bösen, S. 348, 371.
126 NEUHAUS: Der zeitgeschichtliche Sensationsroman in Deutschland 1855–1878, S. 182.
127 LEERS, JOHANN VON: Die Sprache des Judenghetto von Prag, in: Mitteilungen über die Judenfrage 2 (1938) 4 vom 25.03.1938.
128 EBD.
129 LEERS: John Retcliffe, S. 5 f.

den Befreiungskriegen in die Abhängigkeit der „moderne[n] Finanzjude[n]" gebracht habe und die auch „in Deutschland praktisch und planvoll realisiert wurde". Bei der Ältestenversammlung auf dem Judenkirchhof in Prag seien deshalb, hieß es apodiktisch, „mit großer Weitsicht die Pläne zur Aufrichtung der Judenherrschaft über alle nichtjüdischen Völker beraten" worden.[130] Insofern stelle das Kapitel „ein geschlossenes Meisterstück der damals möglichen Durchleuchtung des Judentums dar, das nichts anderes als eine prophetische Warnung an die nichtjüdischen Völker sein sollte".[131]

5.2 Von der Idee zur Praxis: Die „Lösung" der „Judenfrage"

Damit die Bestimmung des Feindes und die Offenlegung seiner verschwörerischen Machenschaften nicht folgenlos blieben, musste die nationalsozialistische „Judenpolitik"[132] zu praktischen Konsequenzen in der „Judenfrage" schreiten. Der Begriff selbst war dabei keineswegs neu. Seine Ursprünge reichen auf die Mitte des 19. Jahrhunderts zurück, als er sich zu einem Topos der völkischen Bewegung zu entwickeln begann. In der „Judenfrage" bündelte sich das politische, kulturelle und ökonomische Unbehagen der Zeit, das zunehmend auch durch Existenz- und Überfremdungsängste geprägt wurde. In Verbindung mit der aufkommenden Lehre vom Rassenantisemitismus bekam sie dann eine elementare Richtung zugewiesen. Als Gegenstand öffentlicher Erörterung drängte die „Judenfrage" nach Abwehr und Lösung, zu der die Ideologen des modernen Antisemitismus in einer Flut von Pamphleten, Büchern und Broschüren ihre Vorstellungen ausbreiteten.[133] „Die Lösung der Judenfrage ist für das deutsche Volk wie für viele andere Völker eine Lebensfrage. Diese Erkenntnis gehört zu den Grundpfeilern der nationalsozialistischen Weltanschauung", stellte denn auch Wilhelm Ziegler 1939 dem „Geleitwort" einer Schrift voran, die Johann von Leers verfasst hatte.[134]

Was aber genau unter „Judenfrage" zu verstehen war und worauf deren „Entfernung" und „Lösung" abzielte, war allerdings zunächst kein fest umrissenes Konzept und unterlag während der NS-Zeit einem „erheblichen Bedeutungs-

---

130 Ebd.
131 Ebd.
132 Zum Begriff der „Judenpolitik" siehe LONGERICH, PETER: Tendenzen und Perspektiven der Täterforschung, in: APZG 57 (2007) 14–15, S. 3–7.
133 BENZ: Die Protokolle der Weisen von Zion, S. 55; PUSCHNER, UWE: Die völkische Bewegung im wilhelminischen Kaiserreich. Sprache – Rasse – Religion, Darmstadt 2001, S. 62–66.
134 „Geleitwort" zu LEERS: Wie kam der Jude zum Geld?, S. 3.

wandel".¹³⁵ Seit Anfang der 1930er Jahre existierte nicht nur eine „Vielzahl nationalsozialistischer Meinungen und Vorstellungen über den richtigen Umgang mit den Juden".¹³⁶ Bis 1939 blieb der Begriff auch weiterhin „vielfältigen Wandlungen unterworfen".¹³⁷ Der Ausschluss aus dem politischen, wirtschaftlichen und kulturellen Leben konnte damit ebenso gemeint sein wie die erzwungene Auswanderung und Vertreibung in unwirtliche Regionen, in denen der Tod billigend in Kauf genommen wurde, oder die Konzentration in Ghettos. Ähnliches gilt für den Begriff „Endlösung". Zwar scheint er in retrospektiver Betrachtung den finalen Charakter und Massenmord anzudeuten. Allerdings wurde er „nicht von Anfang an und ausnahmslos als Synonym für die Ermordung der europäischen Juden gebraucht".¹³⁸ Entsprechend vorsichtig müssen auch die Schriften von Johann von Leers interpretiert werden, der 1932 in Anlehnung an ein Paradigma völkisch-antisemitischer Ideologen schon vor dem Ersten Weltkrieg dazu aufgerufen hatte, „das in Deutschland völlig unerträglich gewordene Judentum endlich los zu werden"¹³⁹, und nach der Machtübertragung an Hitler für „eine wirklich positive Lösung der Judenfrage"¹⁴⁰ eintrat. Im Folgenden soll deshalb den Fragen nachgegangen werden, wie er diesen Begriff verstand, an wen seine Vorschläge adressiert waren, inwiefern politische Praxis, weltanschauliche Schulung und pseudowissenschaftliche Fundierung aufeinander Bezug nahmen und welche „Wechselbeziehung von Ideologie und Politik"¹⁴¹ sich in seinem Aktivismus erkennen lässt, der ihn von seinen Anfängen als Radaupropagandist auf das Gebiet der Politikberatung und in die Schulungsarbeit führte, bevor er sich der Wissenschaft bemäntelte und spätestens seit 1943 zu einem Teil jener Propaganda im Zuge der „Endlösung" wurde, die den „Massenmord als Möglichkeit"¹⁴² andeutete.

---

135 DÖRNER: Die Deutschen und der Holocaust, S. 45. Zur Entwicklung der Begriffe siehe auch JÄCKEL: Hitlers Weltanschauung, S. 55–78.
136 WILDT, MICHAEL (HRSG.): Die Judenpolitik des SD 1935–1938. Eine Dokumentation (Schriftenreihe der Vierteljahrshefte für Zeitgeschichte, Bd. 71), München 1995, S. 18.
137 MATTHÄUS, JÜRGEN: Ausbildungsziel Judenmord? Zum Stellenwert der „weltanschaulichen Erziehung" von SS und Polizei im Rahmen der „Endlösung", in: ZfG 47 (1999), S. 677–699, hier S. 685.
138 DÖRNER: Die Deutschen und der Holocaust, S. 45.
139 LEERS, JOHANN VON: Adolf Hitler (Männer und Mächte), Leipzig 1932, S. 20 f. Zu Vorläufern dieser Forderung unter völkischen Antisemiten etwa bei Heinrich Pudor siehe PUSCHNER, UWE: Antisemiten, Alldeutsche, Völkische und der Zionismus. Radikale Diskurse in der langen Jahrhundertwende, in: HAN, SARA/MIDDELBECK-VARWICK, ANJA/THURAU, MARKUS (HRSG.): Bibel – Israel – Kirche. Studien zur jüdisch-christlichen Begegnung, Münster 2018, S. 223–238, hier S. 226.
140 LEERS: Deutschlands Stellung in der Welt, S. 88 f.
141 KROLL: Utopie als Ideologie, S. 15.
142 MATTHÄUS: Ausbildungsziel Judenmord?, S. 688 f.

5.2.1 Straßenpropaganda und Politikberatung

Da seine Wurzeln im Straßenkampf lagen, überrascht es nicht, dass er sich auch nach der Eroberung der Macht zunächst weiter auf diesem Terrain bewegte. Beispielhaft für diesen „Antisemitismus der Straße"[143] sind die Pamphlete „Juden sehen Dich an" (siehe Kap. 3.2.5) und „Forderung der Stunde: Juden raus", die seit Mitte Februar massenhaft verbreitet wurden.[144] Beide Broschüren bedienten vor allem schlichte Gemüter und zeichneten sich durch ihr hohes Provokationspotenzial aus. „Forderung der Stunde: Juden raus" enthalte „schwere Beschimpfungen nicht nur gegen das Judentum als angebliche politische Macht, sondern auch gegen die jüdische Religion", empörte sich etwa Ludwig Holländer. Der vormalige Syndikus und jetzige Chefredakteur der Zeitung des C.V. glaubte zu diesem Zeitpunkt, noch ganz auf staatspolitische Vernunft hoffen zu können, um den weiteren Vertrieb zu unterbinden. Da die Broschüre dazu geeignet sei, „Bürgerkriegs- und Pogromstimmung zu erregen", stelle dies „nicht nur für die Juden, sondern für die Gesamtheit des deutschen Volkes eine Gefahr" dar.[145] Kritik kam allerdings auch aus den Reihen der NSDAP. Zur „Judenfrage", monierte Achim Gercke (1902–1997), der „Sippenexperte" der Partei, kursierten so viele Lösungen, dass „jeder einen Vorschlag auf dem Schreibtisch hat und einen mehr oder weniger guten Einfall am Stammtisch zur Erörterung stellt".[146] Die Broschüre griff gängige Ressentiments auf, zog pseudohistorische Parallelen, erging sich in Verschwörungstheorien und leitete daraus Forderungen nach gesetzlichen Regelungen ab, die andeuteten, was für die Zukunft zu erwarten war: Ein Rassengesetz sollte Heiraten verbieten und jede Form des Geschlechtsverkehrs sanktionieren. Eine Sondergesetzgebung zielte zudem auf Ausweisungen und den Entzug der Existenzgrundlagen ab: Während die „landesschädlichen Ostjuden" das Deutsche Reich verlassen müssten, seien „die übrigen Juden als Fremde politisch und wirtschaftlich ungefährlich zu machen", indem ihnen alle „Beeinflussungsmöglichkeiten zu nehmen"[147] waren. Durch ihren Autor,

---

143 Siehe dazu: Die Verfolgung und Ermordung der europäischen Juden durch das nationalsozialistische Deutschland 1933–1945. Deutsches Reich 1933–1937 (Bd. 1), München 2008, S. 38.
144 H[OLLÄNDER], L[UDWIG]: Wem nützt das?, in: C.V.-Zeitung 12 (1933) 8 vom 23.02.1933, S. 57 f. Siehe auch: Die Verfolgung und Ermordung der europäischen Juden durch das nationalsozialistische Deutschland 1933–1945. Deutsches Reich 1933–1937 (Bd. 1), München 2008, S. 70–72.
145 EBD.
146 Siehe dazu ESSNER, CORNELIA: Die „Nürnberger Gesetze" oder: Die Verwaltung des Rassewahns 1933–1945, Paderborn 2002, S. 81 f.
147 LEERS: Forderung der Stunde, S. 22.

einem bekannten Propagandisten der Partei, bekam die Schrift einen offiziösen Charakter. Gleiches gilt für einen Beitrag im Weltanschauungsorgan „NS-Monatshefte" im Mai 1933, der, in Kenntnis der Gewaltaktionen seit Februar wie auch der Reichstagswahlen vom 5. März und des antijüdischen Boykotts am 1. April, als Teil der antisemitischen Kampagne der Parteipresse in dieser Phase zu werten ist und nicht zuletzt Parteifunktionären Orientierung geben sollte.[148] Johann von Leers deutet darin die vorangegangenen Exzesse nicht alleine als spontane Eruption und Reaktion auf die „jüdische Gräuelhetze" im Ausland, wie die Parteipresse seit Ende März in einer „massiven und konzertierten Kampagne"[149] nicht müde wurde zu betonen, sondern erklärte sie aus historischen wie gesellschaftspolitischen Gründen zu einem Gebot der Notwendigkeit. Die gewalttätigen Formen der nationalsozialistischen Judenpolitik erschienen somit als gerechtfertigte „Abwehrerscheinungen" und eine gleichermaßen „berechtigte und begründete Gegenwehr der nichtjüdischen Völker gegen das im letzten unverdauliche Judentum".[150] Angesichts des Ortes dieser Veröffentlichung in einer der programmatischen NS-Zeitschriften war freilich die Annahme des C.V. illusorisch, mit dem Instrument des Strafrechts gegen eine solche „Verhetzung" vorgehen zu können, wie ein Mitglied Anfang März vorschlug.[151] Eben das hatte der C.V. kurz zuvor bereits versucht, als er durch eine Eingabe beim Berliner Polizeipräsidium die Beschlagnahme von „Forderung der Stunde: Juden raus" beantragt hatte und dies damit begründete, Behauptungen über jüdische Ritualmorde verstießen gegen Paragraf 166 des Strafgesetzbuches.[152] Dieser Schritt blieb ebenso wirkungslos wie eine Strafanzeige gegen den Autor selbst. Beide Verfahren wurden kurz darauf eingestellt und zwangen den C.V. zu der Erkenntnis, gegen die Broschüre lasse sich *leider gegenwärtig nichts unternehmen.*[153]

Johann von Leers blieb jedoch nicht als Autor in der Tradition seines Radauantisemitismus der „Kampfzeit" stehen. Zwischen 1933 und 1935 versuchte er sich auch ganz praktisch als „Ausschalter des Judentums aus der politischen

---

148 LEERS, JOHANN VON: Das Ende der jüdischen Wanderung, in: N.S. Monatshefte 4 (1933) 38 (Mai), S. 229–231. Siehe auch GERCKE, ACHIM: Die Lösung der Judenfrage, in: N.S. Monatshefte 4 (1933) 38 (Mai), S. 195–197.
149 LONGERICH: „Davon haben wir nichts gewusst!", S. 61.
150 LEERS, JOHANN VON: Das Ende der jüdischen Wanderung, in: N.S. Monatshefte 4 (1933) 38 (Mai), S. 229 f.
151 JAHR: Antisemitismus vor Gericht, S. 296.
152 EBD.
153 C.V. Berlin an Julius Bamberger (Bremen), 25.04.1933 [RGVA, 721/1/2291, Bl. 8]. Ich danke Dr. Christoph Jahr (Berlin) für den Hinweis auf dieses Dokument. Siehe auch JAHR: Antisemitismus vor Gericht, S. 296.

Macht".[154] Nachdem er bereits Ende 1930 angedroht hatte, eine nationalsozialistische Regierung werde Juden „die vollen Staatsbürgerrechte in unserem Land versagen" und diese „behandeln als das, was sie sind, nämlich als Ausländer lästiger Natur"[155], beteiligte sich Johann von Leers konsequenterweise an einer Gesetzesinitiative, die den Begriff „Jude" näher zu bestimmen suchte und ein Regelwerk entwickeln wollte, auf welchem Weg diese aus dem politischen, wirtschaftlichen und kulturellen Leben ausgeschlossen werden könnten. Welchen Einfluss er dabei tatsächlich ausüben konnte, bedarf zwar einer differenzierten Betrachtung. Seine Behauptung Anfang der 1950er Jahre allerdings, seine *Stellung* sei *nicht stark genug* gewesen, *dass ich die praktische Politik des Reiches hätte beeinflussen können*[156], beschönigte die Bedeutung seiner Expertise und die radikalen Zielsetzungen dieser Initiative.

Bereits seit Anfang der 1930er Jahre arbeiteten Funktionäre der Reichsleitung der NSDAP an Denkschriften für eine Rassengesetzgebung zur rechtlichen Stellung der Juden, um nach der Erringung der politischen Macht darauf zurückgreifen zu können.[157] Pläne dazu entstanden in der „Innenpolitischen Abteilung" unter Helmut Nicolai (1895–1955) wie auch in der „Rechtsabteilung" unter Hans Frank (1900–1946). Zu nennen sind außerdem Denkschriften des erwähnten „Sippenexperten" Achim Gercke und des Mediziners Arthur Gütt (1891–1949), der die Reichsleitung in Fragen des öffentlichen Gesundheitswesens und der Rassenhygiene beriet.[158] In diesem Kontext ist auch der Entwurf zu einem Gesetz zur Regelung der Stellung der Juden zu sehen, den eine ressortübergreifende Arbeitsgemeinschaft im Frühjahr 1933 unter großem Zeitdruck erstellte und an dem Johann von Leers beteiligt gewesen ist.[159] Obgleich der Entwurf unmittelbar für die politische Praxis bedeutungslos blieb, ist er in seiner längerfristigen Bedeutung nicht zu unterschätzen. Seine Ausführlichkeit und der „Umfang der Regelungen", die er beabsichtigte, machen ihn zu diesem Zeitpunkt zum „wohl umfassendste[n] Versuch einer Judengesetzgebung überhaupt".[160] Einzelne seiner Forderungen legen einen Pfad zu den Nürnberger Gesetzen.[161]

---

154 LEERS: Deutschlands Stellung in der Welt, S. 48.
155 THOMAS, M.: Englands Reinfall in Palästina, in: Der Angriff vom 04.11.1930.
156 Johann von Leers an K. Wittfogel, 26.01.1952 [HIA, Collection K. Wittfogel, Box Nr. 29].
157 ADAM: Judenpolitik im Dritten Reich, S. 28.
158 Siehe ESSNER: Die „Nürnberger Gesetze", S. 77–81.
159 Rudolf Becker: Einführung zum Judengesetz (Ms.), 06.04.1933 [RGVA, 500/1/379, Bl. 1–4]. Dokumentiert auch in: Die Verfolgung und Ermordung der europäischen Juden durch das nationalsozialistische Deutschland 1933–1945. Deutsches Reich 1933–1937 (Bd. 1), München 2008, S. 121–123.
160 ADAM: Judenpolitik im Dritten Reich, S. 34.
161 EBD., S. 33. Siehe auch ESSNER: Die „Nürnberger Gesetze", S. 77–81.

Die radikalen Bestimmungen dürften auf die Zusammensetzung der Arbeitsgemeinschaft zurückzuführen sein, der exponierte Funktionäre in Staat und Partei angehörten. Die Leitung soll in den Händen von Rudolf Becker (geb. 1886) gelegen haben, einem Ministerialrat im Preußischen Finanzministerium.[162] Als weitere Angehörige identifizieren lassen sich Rudolf Diels (1900–1957), zu diesem Zeitpunkt Leiter der Politischen Polizei im Preußischen Innenministerium, der bereits erwähnte Wilhelm Ziegler (1891–1962), soeben als Referent ins neu errichtete Propagandaministerium übergetreten, Julius Lippert (1895–1956), ehemaliger Redakteur des „Angriffs" und jetzt Staatskommissar für Berlin, Alexander Meier (1896–1961), Vorstandsmitglied der Syndikat-Filmgesellschaft, ein „Major" und „Verbandsleiter" Fischer, bei dem es sich um Walther Fischer gehandelt haben könnte (siehe Kap. 4.4.1), der unter Diels wieder ins Innenministerium eingetreten war, sowie als „besondere Sachverständige" Edgar Hans Schulz (Lebensdaten unbekannt), Statistiker des Preußischen Statistischen Landesamtes und Autor einschlägiger Schriften, und Johann von Leers, der als „Schriftsteller und Volkstumsforscher" bezeichnet wurde.[163] Wer dieser Gruppe letztlich den Auftrag erteilt hatte, die im März mit ihrer Arbeit begann, diese aber bereits am 6. April abgeschlossen hatte, und an wen sie ihren Entwurf adressieren sollte, ist umstritten.[164] Feststehen dürfte, dass die Arbeitsgemeinschaft „weniger aus eigenem Willen, als auf Anordnung einer höheren oder höchsten Instanz zusammengetreten war".[165] Darauf deutet eine dem Entwurf vorangestellte Einführung hin, die Erläuterungen zu einzelnen Vorschriften für den folgenden Tag in Aussicht stellte. Der *Drang der Zeitumstände,* wie einer der Urheber erklärte, ergab sich vermutlich aus der bevorstehenden Verabschiedung des Gesetzes zur Wiederherstellung des Berufsbeamtentums, über das die Verfasser zweifelsohne informiert waren.[166] Das Gesetz, das zum 7. April in Kraft treten sollte, bestimmte zwar die Ausgrenzung von „Juden" bzw. „Nichtariern", enthielt aber keine Definition des Begriffs der „nichtarischen Abstammung".

---

162 ADAM: Judenpolitik im Dritten Reich, S. 34. Siehe auch: Die Verfolgung und Ermordung der europäischen Juden durch das nationalsozialistische Deutschland 1933–1945. Deutsches Reich 1933–1937 (Bd. 1), München 2008, S. 38 f.
163 Zur Zusammensetzung siehe Dokument 27 in: Die Verfolgung und Ermordung der europäischen Juden durch das nationalsozialistische Deutschland 1933–1945. Deutsches Reich 1933–1937 (Bd. 1), München 2008, S. 121.
164 ADAM: Judenpolitik im Dritten Reich, S. 34. Siehe dagegen: Die Verfolgung und Ermordung der europäischen Juden durch das nationalsozialistische Deutschland 1933–1945. Deutsches Reich 1933–1937 (Bd. 1), München 2008, S. 122.
165 ADAM: Judenpolitik im Dritten Reich, S. 34.
166 Rudolf Becker: Einführung zum Judengesetz (Ms.), 06.04.1933 [RGVA, 500/1/379, Bl. 1–4]; ESSNER: Die „Nürnberger Gesetze", S. 83.

Diese sollte erst vier Tage später durch eine Verordnung erfolgen. Es ist deshalb nicht auszuschließen, dass die Arbeitsgemeinschaft sich zu diesem Zeitpunkt der Hoffnung hingab, den in diesen Tagen „noch unklaren Judenbegriff"[167] beeinflussen zu können. Obgleich der Entwurf zahlreichen Stellen in Staat und Partei – ein Exemplar erhielt auch Julius Streicher – zugeschickt wurde, erscheint es deshalb plausibel, das Preußische Innenministerium als eigentlichen Auftraggeber und Adressaten anzunehmen.[168] Umso eindeutiger treten die Ziele der 22 Paragrafen des Entwurfs hervor, der eine dreifache Abstufung zwischen Juden, Halbjuden und Judengatten vorsah. Für die Zuordnung entscheidend war das Religionskriterium aufgrund des eigenen Bekenntnisses oder das der Eltern oder sämtlicher Großeltern zum mosaischen Glauben, das später im Judenbegriff der Nürnberger Gesetze den „Charakter eines Rechtsbeweises" erhalten sollte. Eine „juristische Spur" zu den Nürnberger Gesetzen und deren Konstrukt der „privilegierten Mischehe" zeigte sich zudem in der Definition des Begriffs „Judengatten".[169] Das Konstrukt eines „Vierteljuden", das in der weiteren Entwicklung im Juden- und Mischlingsstatut auftauchen sollte und in der ersten Verordnung zum Reichsbürgergesetz vom 14. November 1935 kodifiziert wurde, vermieden die Autoren dagegen.[170] Stattdessen vertraten sie die schärfere Ansicht, dass Nachkommen verheirateter Halbjuden wiederum als Juden zu gelten hatten. Vergleichsweise „moderat" gab sich der Entwurf mit dem Vorschlag, einem „Volkswart" die Entscheidungsgewalt einzuräumen, „nicht nur den Status des ‚Halbjuden' und des ‚Judengatten', sondern auch den des ‚Juden' jeweils für den Betroffenen und seine Deszendenz zu löschen".[171] De facto bedeutete dies nämlich, dass „Volljuden" wieder „Arier" werden konnten. Solche Zugeständnisse täuschen allerdings nicht über den Grad der Entrechtung hinweg, die sämtliche Sphären des Lebens erfasste: So zielte der Entwurf auf eine rigorose Eliminierung aus öffentlichem Dienst, Militär, Bankwesen, Presse und Kultur sowie den freien Berufen ab. Außerdem wurde ein Verbot von „Mischehen" und des „unehelichen Verkehrs" ausgesprochen. Der polizeilichen Über-

---

167 EBD.
168 ADAM: Judenpolitik im Dritten Reich, S. 35. „Denkbar", aber „wenig wahrscheinlich" sei es demnach, dass die Arbeitsgemeinschaft „auf Anregung" des Reichsministers des Innern, Frick, „zusammengetreten war". Stattdessen sei „mit größter Wahrscheinlichkeit eine Initiative des Staatssekretärs im preußischen Innenministerium, [Ludwig] Grauert, oder des kommissarischen Innenministers Göring" zu vermuten. Diese Annahme wird durch die neue Literatur übernommen. Siehe WALLBAUM, KLAUS: Der Überläufer. Rudolf Diels (1900–1957). Der erste Gestapo-Chef des Hitler-Regimes, Frankfurt am Main 2010, S. 118.
169 ESSNER: Die „Nürnberger Gesetze", S. 83f. Siehe auch PICHT: 15. September 1935, S. 276.
170 ESSNER: Die „Nürnberger Gesetze", S. 83.
171 EBD., S. 84.

wachung diente die Einführung eines „Judenregisters", eines „Halbjudenregisters" und eines „Judengattenregisters". Juden, die nach 1914 aus dem Osten zugewandert waren, drohte sogar die Aberkennung der Staatsbürgerschaft. Als Staatenlose sollten sie dann gezwungen werden, innerhalb von drei Monaten das Land zu verlassen. Eine umfassende Stigmatisierung war zudem in allen Urkunden vorgesehen, in denen Familiennamen mit einem „J" zu kennzeichnen waren – ein Vorschlag der 1938 in der Verordnung über die Zwangsvornamen „Sara" und „Israel" adaptiert wurde.[172] Hinzu kam der Ausschluss aus allen Verbänden und öffentlichen Schulen. Ersatzweise war dafür ein Zwangsverband aller „Volljuden" zu schaffen, dem als „Korporation des öffentlichen Rechts" zwar eine begrenzte Autonomie zugestanden wurde, dessen alle vier Jahre zu wählender „Judenrat" aber unter strenger Aufsicht stand. Einberufen werden konnte er nämlich nur durch besagten „Volkswart", den der Reichskanzler bestellte und der diesem unterstellt war. Als „politischer Reichsbeamter" war er zugleich befugt, gegen die Mitglieder des Zwangsverbandes „Polizeigewalt" auszuüben. Darüber hinaus konnte er in Zweifelsfällen über den Judenstatus in Form einer „Klage betreffend die Feststellung des Judentums" entscheiden, Zensurmaßnahmen ausüben und Vereinsverbote aussprechen.[173] Der Entwurf, der in zahlreichen Punkten an die „Deutsche Judenordnung" anknüpfte, die Ludwig Müller von Hausen (1850/51–1926) in den von ihm 1919 erstmals herausgegebenen „Geheimnissen der Weisen von Zion" publiziert hatte[174], nahm damit „nahezu sämtliche" Regelungen und Maßnahmen „vorweg", die später gegen Juden ergriffen wurden. Trotz solcher Spuren zu den Nürnberger Gesetzen lässt er sich jedoch nicht als Blaupause für ein Programm deuten, das nunmehr „sukzessiv verwirklicht wurde".[175] Seine unmittelbare Wirkung im Frühjahr 1933 blieb überdies gering. Ein Grund dafür war, dass der Entwurf in direkter Konkurrenz zu den Überlegungen Gerckes stand, der im April 1933 als „Sachverständiger für Rassenforschung" ins Innenministerium berufen worden war, um den Arier-Paragrafen des Gesetzes zur Wiederherstellung des Berufsbeamtentums anzuwenden. Im Entwurf der Arbeits-

---

172 EBD., S. 85.
173 EBD., S. 86.
174 BEEK, GOTTFRIED ZUR (= LUDWIG MÜLLER VON HAUSEN): Die Geheimnisse der Weisen von Zion, Berlin-Charlottenburg ⁵1920, S. 236–243. Zur Person siehe HAGEMEISTER, MICHAEL: Die „Protokolle der Weisen von Zion" vor Gericht. Der Berner Prozess 1933–1937 und die „antisemitische Internationale" (Veröffentlichungen des Archivs für Zeitgeschichte ETH Zürich, Bd. 10), Zürich 2017, S. 552.
175 ADAM: Judenpolitik im Dritten Reich, S. 37.

gemeinschaft sah er eine „Entstellung der Judenfrage".[176] Gercke bemängelte insbesondere die Idee, Juden sollten sich unter einem „Judenvogt", wie er den „Volkswart" bezeichnete, zusammenschließen, um sie so „überwachen und erziehen und Einfluss auf sie behalten zu können". Diesen Vorschlag hielt er für „grundfalsch", erhielten Juden damit doch „für alle Ewigkeit eine gesetzliche Verankerung in Deutschland, eine Vertretung für ihre Wünsche, ein Werkzeug für ihre Pläne" und „eine gesetzliche Regelung für ihre geheimen Querverbindungen".[177] Ablehnend stand er zudem dem Ansinnen gegenüber, Mitgliedern des künftigen Zwangsverbandes im Ausland „Reichsschutz durch die deutschen Vertretungen" zu gewähren, womit sie staatsrechtlich der übrigen Bevölkerung gleichgestellt würden.[178] Dies, monierte Gercke, „erweckt zumindest den Eindruck, dass es sich um eine nationale Minderheit handelt, die völkerrechtlichen Schutz außerhalb Deutschlands suchen kann und finden wird".[179] Die weitreichenden Vorschläge des Entwurfs fanden allerdings auch in der NS-Führung keine Unterstützung. Die außenpolitische Isolierung des Regimes, Bedenken der konservativen Regierungspartner und die prekäre wirtschaftliche Situation ließen zu diesem Zeitpunkt stattdessen Zurückhaltung ratsam erscheinen.[180] Nach den Boykottmaßnahmen vom Frühjahr setzte deshalb in der Judenpolitik zwischen Sommer 1933 und Ende 1934 eine „Phase scheinbarer Ruhe" ein. Hitler selbst soll ein „langsamere[s] Vorgehen"[181] bevorzugt haben, sodass umfassende antisemitische Gesetzgebungsprojekte zunächst zurückgestellt wurden. Nicht überschätzt werden sollte zudem der Einfluss, den Johann von Leers tatsächlich auf den Entwurf ausgeübt hat. Da dieser die Ansichten seiner Verfasser bündelte, lässt sich die Urheberschaft einzelner Passagen kaum bestimmen.[182] Offen bleibt auch, ob er an den Sitzungen der Arbeitsgemeinschaft überhaupt regelmäßig teilgenommen hat. Nicht erkennbar ist schließlich, wie er sich zu

---

176 GERCKE, ACHIM: Die Lösung der Judenfrage, in: N.S.-Monatshefte 4 (1933) 38 (Mai), S. 195–197. Siehe auch: Die Verfolgung und Ermordung der europäischen Juden durch das nationalsozialistische Deutschland 1933–1945. Deutsches Reich 1933–1937 (Bd. 1), München 2008, S. 167f.
177 EBD.
178 ESSNER: Die „Nürnberger Gesetze", S. 86.
179 GERCKE, ACHIM: Die Lösung der Judenfrage, in: N.S.-Monatshefte 4 (1933) 38 (Mai), S. 195–197.
180 LONGERICH: „Davon haben wir nichts gewusst!", S. 67.
181 Siehe die Einleitung zu: Die Verfolgung und Ermordung der europäischen Juden durch das nationalsozialistische Deutschland 1933–1945. Deutsches Reich 1933–1937 (Bd. 1), München 2008, S. 38.
182 Siehe dagegen ESSNER: Die „Nürnberger Gesetze", S. 89. Demnach gehe der Vorschlag, einen Judenverband und einen „Judenvogt" mit unbeschränkter Polizeigewalt zu schaffen, „sicherlich auf Diels" zurück.

einzelnen der Forderungen verhielt – sei es, weil sie ihm zu milde erschienen, sei es, weil sie ihm in ihren Konsequenzen nicht weit genug reichten. Dass innerhalb der Arbeitsgemeinschaft Differenzen bestanden, darauf deutet eine Bemerkung Beckers hin, einige *abweichende Vorschläge einzelner Bearbeiter* seien *der Geschlossenheit halber zurückgestellt* worden.[183] Um das *Schicksal* der durch die *lebensnotwendige Generalreinigung* Betroffenen zu mildern, so Becker, sollten zudem *alle verletzenden Formen* vermieden und, zumindest im Einzelfall, *mit pekuniären Opfern* sogar *Härteausgleiche* angestrebt werden.[184] Dies dürfte ebenso wenig die Zustimmung durch Johann von Leers gefunden haben wie der Vorschlag, Rechtsgarantien zumindest in geringem Umfang zu gewähren und dem „Judenvogt" Möglichkeiten zur Anerkennung von Juden „als vollberechtigte deutsche Staatsbürger" an die Hand zu geben.[185]

Kaum überraschen konnte auch sein Aktivismus für die Deutsch-Japanische Gesellschaft (DJG), in der sich Honoratioren beider Staaten aus Politik, Wirtschaft und Kultur zusammengeschlossen hatten. „Japanologie" habe schon immer, wie er in einer autorisierten Biografie über sich verbreiten ließ, als eines seiner Spezialgebiete gegolten.[186] Auf diesem Gebiet fühlte er sich allerdings nicht nur zu wissenschaftlicher Expertise berufen. Auch für die Partei wollte er sich Meriten erworben haben. So will er es gewesen sein, der bereits *in der Kampfzeit* gegen Widerstände *die ersten Beziehungen mit japanischen politischen Kreisen an die Partei heranbrachte,* behauptete er.[187] Ein Ende 1933 eingerichtetes Deutsch-Japanisches Kolleg an der Deutschen Hochschule für Politik stand unter seiner „Schirmherrschaft".[188] In öffentlichen Vorträgen befasste er sich immer wieder mit der Bedeutung Japans als „geistige und militärische Großmacht".[189] Im Verein für Bauerntumskunde, den Darré zur „Förderung des

---

183 Rudolf Becker: Einführung zum Judengesetz (Ms.), 06.04.1933 [RGVA, 500/1/379, Bl. 1–4].
184 Ebd.
185 Siehe Dokument Nr. 27 in: Die Verfolgung und Ermordung der europäischen Juden durch das nationalsozialistische Deutschland 1933–1945. Deutsches Reich 1933–1937 (Bd. 1), München 2008, S. 121–129.
186 DEGENER, HERRMANN A.L. (HRSG.): Degeners „Wer ist's" (X. Ausgabe), Berlin 1935.
187 Johann von Leers an zu Reventlow, 24.09.1940 [RGVA, Fond 1283/10a, Bl. 7].
188 HAASCH, GÜNTHER (HRSG.): Die Deutsch-Japanischen Gesellschaften von 1888 bis 1996, Berlin 1996, S. 114 (FN 107). Auf Johann von Leers ging auch der allerdings erfolglose Vorschlag zurück, an der DHfP ein Institut für Japankunde einzurichten. Siehe HAIGER, ERNST: Politikwissenschaft und Auslandswissenschaft im „Dritten Reich". (Deutsche) Hochschule für Politik 1933–1939 und Auslandswissenschaftliche Fakultät der Berliner Universität 1940–1945, in: GÖHLER, GERHARD/ZEUNER, BODO (HRSG.): Kontinuitäten und Brüche in der deutschen Politikwissenschaft, Baden-Baden 1991, S. 94–136, hier S. 101.
189 Zu der Veranstaltung siehe: Japan als geistige und militärische Großmacht, in: Hamburger Nachrichten vom 21.05.1936.

lebensgesetzlichen Landbaus" auf einer „biologisch-dynamischen Wirtschaftsweise" initiiert hatte und der ihn 1939 in sein Kuratorium berief, übernahm er den Aufbau einer Arbeitsgemeinschaft, die *Zusammenhänge frühjapanischer und indogermanischer Kultur* untersuchen sollte.[190] Als er im März 1943 an der Universität Jena seine Antrittsvorlesung hielt, sprach er über „Hundert Jahre deutsch-japanische Beziehungen".[191] Und bis ins Frühjahr 1945 publizierte er als einer der „lautesten publizistischen Anwälte deutsch-japanischer Verbundenheit"[192] zahlreiche Artikel und Aufsätze in der Tagespresse und in Zeitschriften zur weltanschaulichen Schulung.[193]

Diese Begeisterung für die japanische Geschichte und Gesellschaft mit ihrem Kaiserkult und ihrer Ahnenverehrung war, wie das Beispiel des in München lehrenden Historikers Albrecht Wirth (1866–1936) zeigt, in der völkischen Gedankenwelt keineswegs ungewöhnlich und wurde von zahlreichen prominenten Nationalsozialisten geteilt.[194] Himmler etwa zeigte Interesse an den japa-

---

190 Johann von Leers an Günther, 30.11.1939 [RGVA, Fond 1283/10a, Bl. 194]. Zum Verein siehe STAUDENMAIER, PETER: Between Occultism and Nazism. Anthroposophy and the Politics of Race in the Fascist Era, Leiden/Boston 2014, S. 137.
191 Einladungskarte [UAJ, Bestand BA 2160, Bl. 227]. Siehe auch Thüringer Gauzeitung vom 20.03.1943 [ThHStAW, PA Nr. 18260, Bl. 181].
192 BIEBER, HANS-JOACHIM: SS und Samurai. Deutsch-Japanische Kulturbeziehungen 1933–1945 (Monographien aus dem Deutschen Institut für Japanstudien, Bd. 55), München 2014, S. 1083.
193 Beispielhaft zur Tagespresse: Was will Japan, in: Deutsche Zeitung vom 24.10.1934; Auch Japan kämpft um Verständnis, in: Deutsche Zeitung vom 21.11.1934; Die Formung der japanischen Führerschicht, in: Nationalsozialistische Landpost vom 23.04.1937; Werkmeister Nakomura und die Seinen. Ein Feierabend in einer japanischen Familie, in: Hakenkreuzbanner vom 24.10.1937; Japan bekämpft die Landflucht, in: Nationalsozialistische Landpost vom 15.12.1939; Das Soldatenvolk des Ostens. Auf dem Bauerntum ruht Japans Größe und Kraft, in: Nationalsozialistische Landpost vom 11.05.1940; Die Kraft der japanischen Sippe, in: Nationalsozialistische Landpost vom 21.02.1941; Japanische Stimmen zur Zeit, in: Rheinische Landeszeitung vom 16.03.1941; Auch Japan feiert sein Erntedankfest, in: Nationalsozialistische Landpost vom 03.10.1941; Deutsch-japanische Kulturbeziehungen, in: Badener Zeitung vom 30.06.1943; Japanischer Heroismus, in: Westfälische Neueste Nachrichten vom 24.08.1943, Rheinische Landeszeitung vom 27.08.1943 und Völkischer Beobachter vom 02.09.1943; Japans Stärke, in: Hakenkreuzbanner vom 25.10.1944; Das Heldische in Japan, in: Hakenkreuzbanner vom 13.01.1945. Beispielhaft zu Schulungszwecken: LEERS, JOH[ANN] V[ON]: Japans mandschurisches Großreich, in: Wille und Macht 1 (1933) 20 vom 15.10.1933, S. 6–10; DERS.: Das Odalsrecht bei den Japanern, in: Odal 2 (1933/34) 12, S. 881–889; DERS.: Japanische Neuformung, in: Die Tat 28 (1934) vom September, S. 411–423; DERS.: Japan und die frühnordische Kultur, in: Odal 8 (1939) 9, S. 771–778; DERS.: Alt-Japan und die nordische Kultur, in: Odal 9 (1940) 2, S. 129–138.
194 Zu Wirth siehe PUSCHNER, UWE: Verwissenschaftlichung der Weltanschauung. Völkische Aspirationen, Strategien und Rezeptionen in der langen Jahrhundertwende, in: FAHLBUSCH, MICHAEL/HAAR, INGO/PINWINKLER, ALEXANDER (HRSG.): Handbuch der Völkischen Wissenschaften (Bd. 1: Biographien), Berlin/Boston 2017, S. 9–18, hier S. 14. Ausführlich dazu auch BIEBER: SS und Samurai, S. 268–276.

nischen Samurai, die er für entfernte Verwandte der Germanen hielt.[195] Rosenberg zollte Japan „höchste Achtung" aufgrund der dort vermuteten „Einheit von religiöser Haltung, staatlicher Zucht und hingebender nationaler Prägung".[196] Hitler vertrat in „Mein Kampf" die Auffassung, dass „die heutige japanische Entwicklung arischem Ursprung das Leben verdankt" und „einst in grauer Vergangenheit fremder Einfluss und fremder Geist der Erwecker der damaligen japanischen Kultur gewesen" sei.[197] Die Vorstellung, wonach die kulturelle Bande beider Völker auf rassischen Gemeinsamkeiten gründen würde, gehörte auch zu den Überzeugungen von Johann von Leers. In der Heraldik des japanischen Adels beispielsweise, die durch „völlig germanisch anmutende Runenzeichen" gekennzeichnet werde, finde sich „die gesamte urnordische Kultursymbolik" wieder, die „aus [...] urnordischer Wanderung" stamme.[198] Angesichts der vielen „Anklänge, ja Gemeinsamkeiten", die sich hier zeigten, könne es sich „um Zufälle nicht mehr handeln".[199] Dementsprechend eng sei das politische Bündnis mit diesem „einzigen bis in die Tiefe hinein völkischen Staatswesen"[200] zu gestalten.[201] So begrüßte Johann von Leers die Unterzeichnung des „Anti-Komintern"-Pakts im November 1936, in dem „zum ersten Male die jüdisch-bolschewistische Gefahr von zwei Großmächten" herausgestellt wurde.[202] Zeitweise wurde sogar die Vorbildfunktion des Landes betont, in dem es „keine Juden", „keine Logenpolitik", „keine politisierende Geistlichkeit" und „keinen Marxismus" gebe, sodass „alle jene Gegner übervölkischer Prägung, die uns in der Welt das Leben sauer machen", dort „nicht vorhanden" seien.[203] Selbst die Schulbildung galt ihm als mustergültig.[204] Noch im Herbst 1944 diente ihm das „feste Bündnis mit der japanischen Weltmacht" als einer der „besten Garanten der deutschen Zukunft".[205]

---

195 LONGERICH, PETER: Heinrich Himmler, München 2008, S. 291. Siehe bereits ACKERMANN, JOSEF: Heinrich Himmler als Ideologe, Göttingen 1970, S. 66.
196 ROSENBERG, ALFRED: Gestaltung der Idee. Blut und Ehre II. Band (Reden und Aufsätze 1933–1935), München [10]1939 (EA 1935), S. 259.
197 HITLER, ADOLF: Mein Kampf, München 1943, S. 318 f.
198 LEERS, JOHANN VON: Das Odalsrecht bei den Japanern, in: Odal 2 (1933/34) 12, S. 881–889. Siehe auch DERS.: Rassische Geschichtsbetrachtung, S. 13.
199 LEERS, JOHANN VON: Urnordische Symbolik in Japan, in: Nordische Welt 1 (1933) 5/6, S. 27–32.
200 LEERS, JOHANN VON: Wo stehen wir?, in: Der Türmer 39 (1936/37) 1. Halbjahr, S. 489–494, hier S. 492.
201 LEERS, JOHANN VON: Wir und der Westen, in: Deutsche Studenten-Zeitung 1 (1933) 1 (Ausgabe Mai).
202 LEERS: Wo stehen wir?, S. 492.
203 EBD.
204 LEERS, JOHANN VON: Der Lehrer als Erzieher, in: Der Schulhelfer 2 (1942) 2, S. 50–54.
205 LEERS, JOHANN VON: Siegendes Sonnenbanner, in: Lippische Staatszeitung vom 26.10.1944.

Es überrascht deshalb nicht, dass er die *Herabwertung der Japaner* als Folge der antijüdischen Politik der Nationalsozialisten seit dem Frühjahr 1933 scharf kritisierte.[206] Auslöser dafür waren die Rassengesetze und Verordnungen, die zwar Juden treffen sollten, aufgrund ihrer unpräzisen Formulierungen aber andere Bevölkerungskreise „nichtarischer" Abstammung ebenfalls in einen *Zustand der Unklarheit* versetzten.[207] Offen geblieben war nämlich, inwiefern die Gesetze „Farbige" betrafen.[208] Damit aber gerieten auch Angehörige deutsch-japanischer Ehen unter Druck, die als Vertreter freier Berufe um ihre berufliche Stellung fürchten mussten oder deren Kindern als *Abkömmlinge* so genannter *Mischehen* trotz deutscher Staatsangehörigkeit ein Zugang zum Studium verwehrt blieb.[209] Die ambivalente Politik der Nationalsozialisten auf diesem Gebiet, die deutsch-japanische Familien zunehmend als Diskriminierung erlebten, verschärfte nicht nur die Spannungen zwischen beiden Ländern.[210] Sie veranlasste auch zahlreiche Betroffene, sich hilfesuchend an die DJG zu wenden. Als „maßgeblicher Vertreter [...] für Politik" gehörte dem neu gebildeten Beirat der Gesellschaft seit der Gleichschaltung im Sommer 1933 auch Johann von Leers an.[211] Den Vorschlag dazu hatte der Vorsitzende Otto Kümmel (1884–1952) unterbreitet, der als Experte auf dem Gebiet ostasiatischer Kunst galt, den zugleich aber eine weltanschauliche Nähe mit dem neuen Beiratsmitglied verband.[212] Wie Johann von Leers war auch er vom hohen Wert des japanischen Volkes überzeugt, dessen Blut sich europäischer Zuwanderung in prähistorischer Zeit verdanke, sodass es als Teil der arischen Rasse angesehen werden musste.[213] Den engen Kontakt belegt zudem ein Vortrag Kümmels im Oktober 1933

---

206 Denkschrift der Deutsch-Japanischen Gesellschaft zur Frage der Anwendung der Rassen-Gesetzgebung auf die Abkömmlinge aus deutsch-japanischen Mischehen, 25.10.1934 [BArch, R 64 IV/31, Bl. 26–37].
207 Ebd.
208 Furuya, Harumi Shidehara: Nazi Racism Toward the Japanese. Ideology vs. Realpolitik, in: Nachrichten der Gesellschaft für Natur- und Völkerkunde Ostasiens (NOAG) 157–158 (1995), S. 17–75, hier S. 23–25.
209 Denkschrift der Deutsch-Japanischen Gesellschaft zur Frage der Anwendung der Rassen-Gesetzgebung auf die Abkömmlinge aus deutsch-japanischen Mischehen, 25.10.1934 [BArch, R 64 IV/31, Bl. 26–37].
210 Bieber: SS und Samurai, S. 158–161 und S. 208–220; Furuya: Nazi Racism Toward the Japanese, S. 29 f.; Haasch: Die Deutsch-Japanischen Gesellschaften von 1888 bis 1996, S. 208–214.
211 Bieber: SS und Samurai, S. 168–173.
212 Kümmel an Hack (DJG), 20.09.1933; Aktennotiz: Anregungen von Herrn Prof. Kümmel, 25.09.1933 [BArch, R 64 IV/231, Bl. 113 f.].
213 Bieber: SS und Samurai, S. 188 f.

vor den Mitgliedern der Gesellschaft für germanische Ur- und Vorgeschichte.[214] Jenseits dessen dürfte der Vorstand der DJG mit der Berufung von Johann von Leers allerdings auch die Erwartung verbunden haben, sich durch einen prominenten Nationalsozialisten einen „Zugang zu den Korridoren der Macht" zu verschaffen.[215]

Wie erhofft, beschränkte sich Johann von Leers in den kommenden Monaten nicht auf eine repräsentative Funktion.[216] Deutlich erkennen lässt sich das anhand einer Denkschrift vom Oktober 1934 im Auftrag der DJG, die die diffizile Frage klären sollte, ob die Rassengesetze auch auf *Abkömmlinge aus deutsch-japanischen Mischehen* anzuwenden seien.[217] Um *höchstortig*[218] eine *klare Regelung*[219] zu erreichen, wurde sie zahlreichen Staats- und Parteifunktionären zugeschickt, unter ihnen die Reichsminister des Inneren (Frick) und des Äußeren (von Neurath) sowie der „Stellvertreter des Führers" (Hess). Dass diese Regelung alleine darin bestehen konnte, Japaner von allen rassenpolitischen Maßnahmen gegen *Nichtarier* auszunehmen, stand für Johann von Leers außer Zweifel.[220]

Dafür sprachen zunächst politisch-strategische Überlegungen: So zeichne sich der angehende Bundesgenosse in Ostasien[221] durch *gewisse gemeinsame Linien weltanschaulicher Art* aus, die sich neben einer antikommunistischen Gesinnung der Führungsschicht vor allem dem Umstand verdankten, dass das *Judentum* dort keinerlei *uns schädlichen Einfluss entwickeln* konnte. Zu bedenken

---

214 Zum Vortrag, der vermutlich am 26. Oktober 1933 stattgefunden hatte, siehe „Nachrichtendienst des Japanischen Vereins", Nr. 293 vom 01.11.1933. Siehe auch HAASCH: Die Deutsch-Japanischen Gesellschaften von 1888 bis 1996, S. 215.
215 HAASCH: Die Deutsch-Japanischen Gesellschaften von 1888 bis 1996, S. 119.
216 EBD.
217 Denkschrift der Deutsch-Japanischen Gesellschaft zur Frage der Anwendung der Rassen-Gesetzgebung auf die Abkömmlinge aus deutsch-japanischen Mischehen, 25.10.1934 [BArch, R 64 IV/31, Bl. 26–37]. Unterzeichnet wurde die Denkschrift zwar von dem im Herbst 1933 zum Vorsitzenden bestimmten Admiral Paul Behncke (1866–1937). Die Urheberschaft durch Johann von Leers ergibt sich aus einem Schreiben des Generalsekretärs der DJG. Siehe von Strobl an Johann von Leers, 23.02.1935 [BArch, R 64/IV, Bd. 31, Bl. 14]. Siehe auch FRIESE, EBERHARD: Japaninstitut Berlin und Deutsch-Japanische Gesellschaft Berlin. Quellenlage und Ausgewählte Aspekte ihrer Politik 1926–1945 (Berliner Beiträge zur sozial- und wirtschaftswissenschaftlichen Japan-Forschung Bd. 9), Berlin 1980, S. 53.
218 Denkschrift der Deutsch-Japanischen Gesellschaft zur Frage der Anwendung der Rassen-Gesetzgebung auf die Abkömmlinge aus deutsch-japanischen Mischehen, 25.10.1934 [BArch, R 64 IV/31, Bl. 26–37].
219 Johann von Leers an von Strobl (DJG), 23.10.1934 [BArch, R 64 IV/31, Bl. 142]. Siehe auch HAASCH: Die Deutsch-Japanischen Gesellschaften von 1888 bis 1996, S. 216.
220 DJG an RMI (Frick), 26.10.1934 [BArch, R 64 IV/31, Bl. 38].
221 Siehe MARTIN, BERND: Die deutsch-japanischen Beziehungen während des Dritten Reiches, in: BRACHER, KARL DIETRICH/FUNKE, MANFRED/JACOBSEN, HANS-ADOLF (HRSG.): Nationalsozialistische Diktatur 1933–1945. Eine Bilanz, Bonn 1986, S. 370–389, hier S. 374–376.

sei außerdem, dass die nationalsozialistische Rassenpolitik sich zwar nur auf wenige Fälle ausgewirkt habe, diese jedoch umso stärker ins Gewicht fielen, da auf japanischer Seite Familien betroffen wurden, die *in der japanischen Gesellschaft eine bedeutende Rolle spielen* und *vielfach gerade als besondere Förderer deutsch-japanischer Beziehungen aufgetreten sind*.[222] Schon aus diesem Grund dürfe ein Bruch mit *der größten Macht im fernen Osten* nicht *in den Bereich der Möglichkeit kommen*, erklärte Johann von Leers.

Solche Forderungen ließen sich allerdings nur deshalb erheben, weil, wie Johann von Leers unter Berufung auf seinen Förderer Günther behauptete, eine generelle *Rasseverwandtschaft* bestehe, die jedoch von Vertretern der Wissenschaft bislang unzureichend anerkannt werde. Die zunächst enge Eingrenzung des Begriffs *arisch* auf die zum indogermanischen Sprachstamm zählende Gruppe der Sanskritinder und Iranier sei zwar *im Lauf des Rassenschrifttums* ausgedehnt worden und erfasse inzwischen nicht nur *alle Völker des indogermanischen Sprachstamms*, sondern *vielfach* auch solche, die, wie Türken, Magyaren, Esten oder Finnen, zwar nicht zum *indogermanischen Sprachstamm rechneten*, deren *nahe Blutsverwandtschaft* aber als unstrittig galt. Es wäre deshalb *an sich* auch *natürlich* gewesen, auf das *Mischvolk* der Japaner *stillschweigend die gleiche Regelung anzuwenden*. Schließlich fänden sich in ihm *Elemente der eigentlich innerasiatischen Rasse, die sich mit Elementen aus dem rassisch auch nicht einheitlichen Malaientum der Südsee* verbunden hätten. Gleichzeitig aber bewiesen sie mit ihrer Sprache und Grammatik und ihrem *körperlichen Bestand*, dass ein *naher Zusammenhang mit den östlichen Türkvölkern (Tungusen und Koreaner) bestehe*. Johann von Leers war denn auch überzeugt, dass der *Zusammenhang der japanischen Kultur in ihrer Wurzel mit der Frühkultur der nordischen Rasse heute nicht mehr zu bestreiten* sei. Als Beleg galten ihm die *Wappensymbolik* und *Heilszeichen*, nicht zuletzt aber die großen Steingräber und Menhire, die als *Leitfossilien* der jungsteinzeitlichen nordischen Rasse ihren Weg *über Korea in das mittlere Japan* gefunden hätten, was *ein untrüglicher Nachweis für eine Einwanderung nordischer Rassen in frühgeschichtlicher Zeit* sei. Selbst das *alte japanische Landrecht* gleiche *völlig* dem *indogermanischen Landrecht*, was nur auf eine *kulturbegründende Einwanderung sprachlich vorindogermanischer, rassisch nordischer Menschen* zurückgeführt werden könne. Insofern müsse im *heutigen japanischen Volk* ein Volk erkannt werden, das *in seinen Wurzeln und Ursprüngen* trotz *vielfacher späterer Untermischungen* und trotz *aller fremd-*

---

222 Denkschrift der Deutsch-Japanischen Gesellschaft zur Frage der Anwendung der Rassen-Gesetzgebung auf die Abkömmlinge aus deutsch-japanischen Mischehen, 25.10.1934 [BArch, R 64 IV/31, Bl. 26–37]. Dort auch die folgenden Zitate.

artigen Sonderentwicklung aufgrund seiner Inselabgeschlossenheit *auf die gleichen Rassekräfte zurückgeht, wie wir*. Umso dringlicher erschien ihm deshalb die Forderung nach *bindende[n] Erklärungen* einer nicht näher benannten *bestimmte[n] Stelle*, wonach *Abkömmlinge* aus deutsch-japanischen Ehen *nicht unter die Rassengesetzgebung als Nichtarier fallen* dürften, sondern vielmehr *als den übrigen Ariern gleichwertig angesehen* werden müssten, wie dies bereits *bei Abkömmlingen aus deutsch-ungarischen, deutsch-türkischen, deutsch-finnischen Ehen der Fall ist*. Darüber hinaus müssten künftige Rassengesetze *irreführende Ausdrücke* unterlassen, indem sie sich nicht weiter die Hautfarbe zum Kriterium der Exklusion erhoben, sondern diese durch Formulierung etwa der Art, dass *Juden und Angehörige von Primitivrassen* auszuschließen seien, vornähmen. Damit ließe sich nicht nur eine *Herabwertung der ostasiatischen Hochkulturvölker* vermeiden, sondern auch die Zulässigkeit von Mischehen begründen. In der Tat wurde die Trennung zwischen Ariern und Nichtariern später in eine zwischen Ariern und Juden differenziert.[223]

Die Reaktion auf diese keineswegs unumstrittenen Theorien vermeintlicher deutsch-japanischer Blutsbande fiel jedoch zunächst ernüchternd aus.[224] Zwar mochte Johann von Leers als gut vernetzter Nationalsozialist über beste Verbindungen zu prominenten Größen in Staat und Partei verfügen. Dies bedeutete aber keineswegs, dass er mit seinen Ansichten ungeteilt Zustimmung fand. Deutlich wurde dies auf einer vom Auswärtigen Amt einberufenen Ressortbesprechung im November 1934, die eine Verständigung in der Frage herbeiführen sollte, wie den *nachteiligen Rückwirkungen der deutschen Rassenpolitik* auf die auswärtigen Beziehungen *begegnet werden könne*.[225] Die Denkschrift der DJG musste sich dort erhebliche Kritik gefallen lassen. Insbesondere Walter Groß (1904–1945), der Leiter des Rassenpolitischen Amtes der Partei, wies das Ansinnen zurück, wonach *Japaner grundsätzlich als Arier zu bezeichnen* seien.[226] Eine solche Gleichstellung mit dem deutschen Volk, hielt er ihrem Urheber belehrend entgegen, bedeutet nicht weniger als *die Aufgabe eines nationalsozialistischen Grundgedankens* und damit *die Preisgabe rassischen Denkens überhaupt*. Dementsprechend scharf wies er die Denkschrift zurück: Ihre Ausführungen zeugten von einem *Unverständnis für das Prinzip rassischen Denkens*,

---

223 Siehe Martin: Die deutsch-japanischen Beziehungen während des Dritten Reiches, S. 375.
224 Ebd., S. 374–376.
225 So der Leiter des Sonderreferats im AA (Vicco von Bülow-Schwante) in seinem Redebeitrag [PA AA, R 99182], zit. nach Bieber: SS und Samurai, S. 209.
226 Antwort auf die im Dezember erschienene Denkschrift der Deutsch-Japanischen Gesellschaft, 30.01.1935 [BArch, R 64 IV/31, Bl. 16–20]. Dort auch die folgenden Zitate. Siehe zudem Friese: Japaninstitut Berlin und Deutsch-Japanische Gesellschaft Berlin, S. 50–53.

weil grundsätzlich in Frage gestellt werden müsse, ob *nordische Rassenelemente überhaupt in nennenswerter Menge in das japanische Urvolk eingedrungen seien.* Selbst wenn dies zutreffe, liege dies so weit zurück, dass *irgendeine Berücksichtigung in einzelnen Familienstämmen nach allen unseren Vorstellungen von der Verteilung von Erbmerkmalen gänzlich ausgeschlossen erscheint.* Seine Antwort gipfelte schließlich darin, dass sie Johann von Leers als ernstzunehmenden Wissenschaftler in Frage stellte: Mit den *gleichen Gründen* nämlich, die die DJG-Denkschrift auf Japaner angewandt wissen wollte, müssten *morgen vielleicht sämtliche Negerstämme Afrikas als Arierstämme* gelten, *weil auch dort unleugbar steinerne Zeugnisse uralter nordischer Wanderung gefunden werden.* Allenfalls Ausnahmen im Einzelfall und eine flexible Anwendung *ähnlich der Behandlung jüdischer Kriegsteilnehmer* wollte Groß dulden. So ablehnend Groß sich verhielt, so aufschlussreich ist allerdings auch, dass dieser sich zumindest in der Frage der Begriffe mit seinen, wie Johann von Leers urteilte, *unglücklichen Auffassungen* auf Dauer nicht durchsetzen konnte.[227] Nachdem im November 1934 der Vorschlag, „nicht-arisch" durch „jüdisch" und „arisch" durch „nichtjüdisch" zu ersetzen, als „noch nicht spruchreif"[228] abgewiesen worden war, fanden die Begriffe bereits ein Jahr darauf im Gesetz zum Schutz des deutschen Blutes und der deutschen Ehre Verwendung. Bei der Unterzeichnung des „Anti-Komintern"-Paktes im November 1936 schließlich war die strittige Frage dann eindeutig „zugunsten der Arierzugehörigkeit der Japaner entschieden".[229] Dies verhinderte allerdings nicht, dass Kinder aus deutsch-japanischen Ehen auch danach mit Schwierigkeiten zu rechnen hatten, sodass sie in Johann von Leers weiterhin einen Fürsprecher ihrer Anliegen suchten.[230]

Die „Judenfrage" war für Antisemiten wie Johann von Leers allerdings nicht alleine durch Entrechtung und Exklusion beantwortet. Schon immer hatte der „politische Antisemitismus"[231] auch die Frage nach einer territorialen „Lösung" und damit dem Lebensraum, den Juden künftig überhaupt beanspruchen durften, aufgeworfen.[232] Dies lenkt den Blick auf die nationalsozialistische Judenpolitik vor allem der Strategen im SD seit Mitte der 1930er Jahre, die eine Auswanderung „als Richtschnur der nationalsozialistischen Politik"[233] betrachteten

---

227 Johann von Leers an von Strobl, 25.02.1935 [BArch, R 64 IV/31, Bl. 139]. Siehe auch HAASCH: Die Deutsch-Japanischen Gesellschaften von 1888 bis 1996, S. 215.
228 Zit. nach BIEBER: SS und Samurai, S. 210.
229 FRIESE: Japaninstitut Berlin und Deutsch-Japanische Gesellschaft Berlin, S. 13.
230 Karl G. an Johann von Leers, 07.09.1937 [BArch, R 64 IV/31, Bl. 294].
231 FRANK, WALTER: Zur Geschichte der Judenfrage, in: HZ 162 (1940), S. 558–566, hier S. 559.
232 Siehe auch PUSCHNER: Antisemiten, Alldeutsche, Völkische und der Zionismus, S. 227.
233 WILDT: Die Judenpolitik des SD 1935–1938, S. 12.

und deshalb als einzig mögliche Option durchzusetzen versuchten.[234] „Die Lösung der Judenfrage kann nur in einer völligen Entfernung der Juden aus Deutschland liegen", stellten die Mitarbeiter des Judenreferats 1937 fest.[235] Die daraus unweigerlich resultierende Frage nach ihrem künftigen Lebensraum legt allerdings eines der „unauflöslichen Dilemmata nationalsozialistischer Judenpolitik" offen.[236] Eine erzwungene Auswanderung nämlich musste entweder auf die Bereitschaft westlicher Staaten zur Aufnahme der Juden hoffen, oder aber, sofern diese an einem anderen Ort auf der Welt konzentriert werden konnten, die Schaffung gerade jenes „jüdischen Zentrums" in Kauf nehmen, dessen Macht die Nationalsozialisten eigentlich „zu brechen angetreten waren". Angesichts dessen verwundert nicht, dass eine Politik, die auf die Errichtung eines „Judenstaates" hinauslaufen musste, „keineswegs einhellige Unterstützung in der NS-Führung fand".[237] In dieser zeitweise öffentlich ausgetragenen Debatte meldete sich auch Johann von Leers zu Wort. Im Gegensatz zu den Experten im SD betrachtete er die „Judenfrage" allerdings nicht ausschließlich als deutsche Angelegenheit, sondern als europäische, wenn nicht universelle Aufgabe, die zur „völlige[n] Befreiung aller Völker von den Juden"[238] entsprechend radikale Schritte verlangte. „Das Judentum ist eine Weltmacht, und die Auseinandersetzung mit ihm ist keine innenpolitische allein, sondern eine weltpolitische"[239], hatte er 1935 im „Handbuch der Judenfrage" verkündet. Durch eine Ansiedlung außerhalb des europäischen Kontinents allerdings könne es zu „einer wirklichen Gerechtigkeit auch für das Judentum" kommen, da alleine eine solche Heimstätte es ihm ermögliche, nicht länger „auf anderen Völkern zu leben", sondern „auf eigenem Boden Volk zu werden", schrieb er in zweideutiger Fürsorge. Dementsprechend offensiv plädierte er für die „Verpflanzung der jüdischen Massen in ein eigenes Siedlungsgebiet".[240] Anders jedoch als für den SD kam die „Förderung der Arbeiterauswanderung"[241] in das unter britischem Mandat stehende Palästina für ihn nicht in Betracht. Die „Ausscheidung" des Judentums „aus den europäischen Kulturvölkern" könne nicht in der „Schaffung eines National-

---

234 Siehe dazu etwa das Memorandum „Zum Judenproblem", o.D. [Januar 1937]. Dokumentiert bei WILDT: Die Judenpolitik des SD 1935–1938, S. 95–105.
235 Richtlinien und Forderungen an die Oberabschnitte, 21.04.1937. Dokumentiert bei WILDT: Die Judenpolitik des SD 1935–1938, S. 110–115, hier S. 112.
236 WILDT: Die Judenpolitik des SD 1935–1938, S. 42.
237 EBD.
238 LEERS, JOHANN VON: Ab nach Madagaskar?, in: Hakenkreuzbanner vom 15.02.1938.
239 LEERS: Zur Geschichte des deutschen Antisemitismus, S. 543.
240 LEERS: Deutschlands Stellung in der Welt, S. 88 f.
241 Memorandum „Zum Judenproblem", o.D. [Januar 1937]. Dokumentiert bei WILDT: Die Judenpolitik des SD 1935–1938, S. 95–105, hier S. 103.

heimes in Palästina" münden, schrieb er bereits 1930. Stattdessen sei es die „Aufgabe einer präventiven Weltpolizei der hochrassigen Völker", gemeinsam eine „Lösung" herbeizuführen.[242] Solange der Gedanke einer jüdischen Emigration nach Palästina in den folgenden Jahren allerdings virulent blieb[243], griff Johann von Leers ihn immer wieder an. Denn schließlich bedeute eine Auswanderung mit „Zielrichtung Palästina", schrieb er 1938 erneut, „nur eine Verschleppung" einer „wirklichen Lösung" der „Judenfrage".[244]

Gegen eine Ansiedlung der Juden in der Region sprachen zunächst die territorialen Verhältnisse. Palästina erschien schlicht „zu klein"[245] für die Aufnahme einer so großen Zahl von Zuwanderern. Dieses Argument nahm in seinen weiteren Kommentaren allerdings kein besonderes Gewicht ein. Um zu begründen, weshalb die Region für eine jüdische Ansiedlung „ungeeignet"[246] war und den arabischen Völkern als „einzig berechtigten Herren" die „Last des Weltjudenproblems"[247] nicht aufgeladen werden könne, bediente Johann von Leers sich stattdessen einmal mehr der rassisch gewendeten Pseudohistorie aus dem Kanon der antisemitischen Literatur. Bereits aus der antiken Geschichtsschreibung seien demnach die „halbwilden Horden der Moses-Stämme" bekannt, die unrechtmäßig in dem „damals schon lange entwickelten" und „mit reichen Städten und Staatswesen ausgestatteten Palästina einbrachen", sodass sie „alles andere als ein Anfang der Geschichte" gewesen seien, sondern „Spätlinge im alten Orient", erklärte er.[248] Und während die arabischen Völker in ihrem rassischen Kern von einer immerhin „geringen nordischen Beimischungen" geprägt würden, stellten Juden seit jeher aufgrund ihres kriminellen Charakters und parasitären Verhaltens einen Gefahrenherd dar: „Der rohe Schrei entfesselten Verbrechertums gellt durch die Geschichte der Landnahme Kanaans. Nicht Bauern kommen,

---

242 THOMAS, M.: Englands Reinfall in Palästina, in: Der Angriff vom 04.11.1930.
243 Siehe FRIEDLÄNDER, SAUL: Das Dritte Reich und die Juden. Die Jahre der Verfolgung 1933–1939, München ³2007, S. 74–79; WILDANGEL, RENÉ: Zwischen Achse und Mandatsmacht. Palästina und der Nationalsozialismus (ZMO-Studien, Bd. 24), Berlin 2007, S. 89–94; NICOSIA, FRANCIS R.: Hitler und der Zionismus. Das Dritte Reich und die Palästinafrage 1933–1939, Burg 2001.
244 LEERS, JOHANN VON: Die arabischen Argumente gegen die Neufestsetzung der Juden in Palästina, in: Weltkampf 15 (1938), S. 160. Siehe auch DERS.: Ab nach Madagaskar?, in: Hakenkreuzbanner vom 15.02.1938; DERS.: Pflicht zur Ungezieferhaltung?, in: Hakenkreuzbanner vom 12.07.1938: Demnach sei eine Ansiedlung in Palästina „die falsche Lösung der Judenfrage".
245 LEERS: Deutschlands Stellung in der Welt, S. 89.
246 EBD.
247 LEERS, JOHANN VON: Pflicht zur Ungezieferhaltung?, in: Hakenkreuzbanner vom 12.07.1938.
248 LEERS, JOHANN VON: Wirklich das alte Gottesvolk?, in: Der SA-Führer 9 (1944) 5, S. 9–12, hier S. 10.

um Acker zu suchen, sondern Parasiten, um auszubeuten und zu vernichten"[249], schrieb er 1934, um zehn Jahre später mit Befriedigung feststellen zu können, die Vereitelung dieses Plans habe „eine Intrigen- und Gaunerzentrale" verhindert, „von der aus das Judentum die Unterwühlung der Welt sogar mit diplomatischer Immunität fortsetzen"[250] konnte. Als Alternative empfahl Johann von Leers stattdessen „ein weit von Europa entferntes Zwangsansiedlungsgebiet", das Juden in quarantäne- und straflagerartigen Zuständen konzentrierte, damit sie „nicht wieder auswandern".[251] Gelinge dies, dann „endlich" sei „die Judenfrage gelöst".[252] In Betracht dafür zog er wahlweise „das große holländische Neu-Guinea"[253] im Pazifik, das „fast menschenleere Südbrasilien"[254], Teil des „völlig unterbevölkerten", gleichwohl „gesunden Nord-Rhodesiens" in Afrika oder Französisch-Guyana mit seiner „Strafkolonie", das „besser ist als sein Ruf".[255]

Über den utopischen Gehalt solcher Überlegungen musste sich Johann von Leers allerdings im Klaren sein. Das gilt erst recht für die Idee einer Ansiedlung auf der Insel Madagaskar, die seit dem ausgehenden 19. Jahrhundert in der antisemitischen Bewegung zirkulierte und schon von Lagarde propagiert worden war.[256] „Man kaufe den Juden eine Insel", forderte er bereits 1930 im „Angriff".[257] Denn trotz aller Probleme, die eine „Überführung des Judentums" dorthin mit sich bringen werde, bedeute dies „eine großzügige Lösung der Judenfrage", führte er nach der Machtübertragung an Hitler in den „NS-Monatsheften" aus. Varianten des Plans sollten sich in den kommenden Jahren immer wieder in seinen tagespolitischen Kommentaren und Schulungsbeiträgen finden. „Je eher sie [= die Juden] in irgendein unter steter Kontrolle stehendes Siedlungsgebiet, sei es Madagaskar oder ein anderes, abgeschoben und unter moralische Quarantäne gestellt werden, umso besser wird es für die Völker sein", schrieb

---

249 LEERS: Geschichte auf rassischer Grundlage, S. 55 f.
250 LEERS: Die Verbrechernatur der Juden, S. 158.
251 LEERS, JOHANN VON: Die arabischen Argumente gegen die Neufestsetzung der Juden in Palästina, in: Weltkampf 15 (1938), S. 160.
252 THOMAS, M.: Englands Reinfall in Palästina, in: Der Angriff vom 04.11.1930.
253 LEERS, JOHANN VON: Pflicht zur Ungezieferhaltung?, in: Hakenkreuzbanner vom 12.07.1938.
254 LEERS: Deutschlands Stellung in der Welt, S. 89.
255 LEERS, JOHANN VON: Pflicht zur Ungezieferhaltung?, in: Hakenkreuzbanner vom 12.07.1938.
256 BRECHTKEN, MAGNUS: Madagaskar für die Juden (Studien zur Zeitgeschichte, Bd. 53), München ²1998. Zu Lagarde siehe SIEG, ULRICH: Deutschlands Prophet. Paul de Lagarde und die Ursprünge des modernen Antisemitismus, München 2007, S. 218 f.; PAUL, INA ULRIKE: Paul Anton de Lagarde und „die Juden", in: BEHLMER, HEIKE/GERTZEN, THOMAS L./WITTHUHN, ORELL (HRSG.): Der Nachlass Paul de Lagarde. Orientalistische Netzwerke und antisemitische Verflechtungen (Europäisch-jüdische Studien, Bd. 46), Berlin/Boston 2020, S. 9–29, hier S. 20.
257 THOMAS, M.: Englands Reinfall in Palästina, in: Der Angriff vom 04.11.1930.

er etwa an prominenter Stelle im „Weltkampf".²⁵⁸ Je offenkundiger jedoch diese Überlegungen in Widerspruch zu seinen Rassedogmen gerieten und je realitätsferner sie sich für die politische Praxis erwiesen, desto ablehnender beurteilte Johann von Leers den Plan. Dies verdeutlichen verschiedene seit Jahresbeginn 1938 publizierte Beiträge, die in Zusammenhang mit den seinerzeit öffentlich diskutierten Überlegungen der polnischen Regierung standen, sich der eigenen „Judenfrage" durch die Auswanderung der jüdischen Bevölkerung zu entledigen.²⁵⁹ Das Land hatte, von Johann von Leers aufmerksam verfolgt, im Jahr zuvor eine Kommission von „Landwirten, Siedlungsfachmännern und Bergfachleuten" nach Madagaskar geschickt, um dort „die Ansiedlungsmöglichkeiten für Juden festzustellen".²⁶⁰ In ihrer anschließenden Denkschrift kamen die Experten tatsächlich zu dem Ergebnis, die Insel würde sich „für die Aufnahme größerer Mengen von Juden eignen".²⁶¹ Eben diese Erkenntnis allerdings barg die Gefahr, die nationalsozialistischen Absichten zu durchkreuzen. Abgesehen von der Frage nämlich, ob, wie Johann von Leers bemerkte, Frankreich als „rechtmäßiger Besitzer" überhaupt „bereit sein würde, die große Insel, die infolge ihrer Abgelegenheit sich dazu natürlich sehr eignen würde, als internationales Abschubland für die Juden herzugeben"²⁶², schloss seine Vorstellung vom Wesen des Judentums selbst es aus, eine solche Option ernsthaft zu verfolgen. Wirtschaftlich gesehen sei Madagaskar zwar „durchaus noch entwicklungsfähig", insbesondere im Bereich von „Bergunternehmungen" und in der „Farmwirtschaft". Allerdings fehle es der Insel „an primitiver Arbeitskraft". Zuwanderer müssten deshalb vor allem unter „Landarbeitern, Straßenarbeitern, Bergleuten und gelernten Landwirten" rekrutiert werden. Diese Berufsgruppen aber würde „eine jüdische Einwanderung kaum mitbringen". Zwar könnten sich unter den „Ostjudenmassen" Zuwanderer befinden, die „möglicherweise" in der Lage wären, „schwerere Arbeit zu leisten". Die Zahl der „geborenen Schacherer" aber würde diese „um das Vielfache übertreffen".²⁶³ Abgesehen davon, dass die bereits auf Madagaskar beheimateten französischen Farmer sich dagegen zur Wehr setzen würden, wäre damit auch die „Judenfrage" nicht gelöst. Im Gegenteil: Statt ihre

---

258 LEERS, JOHANN VON: Die arabischen Argumente gegen die Neufestsetzung der Juden in Palästina, in: Weltkampf 15 (1938), S. 160.
259 BRECHTKEN: Madagaskar für die Juden, S. 129–139. Siehe auch O.V.: Polen will seine Juden los werden!, in: Der Führer vom 20.01.1937; Zu ähnlichen Überlegungen in Frankreich siehe O.V.: Erklärung Gogas zur Judenfrage: „Alle Juden auf eine Insel!", in: Der Führer vom 10.01.1938.
260 LEERS, JOHANN VON: Madagaskar, in: Volksaufklärung und Schule Nr. 42 [1938], S. 14–18, hier S. 14.
261 EBD.
262 EBD., S. 18.
263 LEERS, JOHANN VON: Ab nach Madagaskar?, in: Hakenkreuzbanner vom 15.02.1938.

Macht zu brechen, würden Juden hier erneut „als Händler leben", andere „auswuchern" und „Oberschicht spielen".[264] Dass die Konsequenzen dieser Argumentation darauf hinauslaufen mussten, eine territoriale Lösung künftig als unrealistisch zu verwerfen, schien Johann von Leers durchaus bewusst: Die von ihm beschworene Entwicklung nämlich werde sich „in absehbarer Zeit kein Volk in der Welt mehr gefallen" lassen, mit der Folge, dass Juden künftig „überall hinausgeworfen werden"[265] Selbst radikalste Maßnahmen, die Johann von Leers gerechtfertigt erschienen und die an die später praktizierte Strategie einer „Vernichtung durch Arbeit" anklingen, trügen nur dazu bei, das Problem zu vertagen. Als vorbildlich galt zwar das Vorgehen „des einzigen Mannes [...], der bis jetzt in der Weltgeschichte die Judenfrage wirklich löste, nämlich des biblischen Pharao von Ägypten, der die Juden zur Arbeit anstellte und immer hinter jede Gruppe dieser Parasiten einen ägyptischen Prügelvogt stellte, der sie zur Arbeit zwang".[266] Zu einer dauerhaften Lösung führe aber auch diese Vorgehen nicht, wie bereits die Geschichte zeigte: Auf diese Weise könne zwar „eine Ansiedlung von Juden einen gewissen Erfolg haben". Als „ebenso sicher" sei allerdings „anzunehmen", dass diese „dann schon in kürzester Zeit nach einem neuen Moses rufen würden, um sie aus Madagaskar hinauszuführen".[267]

Diese verächtliche Grundhaltung setzt sich im Sommer 1938 fort. Anlass dazu gab die Konferenz im französischen Kurort Evian, auf der Vertreter zahlreicher Staaten über Einwanderungsquoten und mögliche Zielregionen für jüdische Emigranten verhandelten.[268] Zwar gebe die jüngere Entwicklung, wonach das Judentum „heute überall verschlossene Türen findet", Anlass zur Freude, schrieb Johann von Leers. Schließlich habe ein „arbeitendes Volk" das Recht, sich „vor der Zuwanderung neuer Juden [zu] schützen". Damit aber setze ein Kreislauf ein, der nicht nur die nationalsozialistische Judenpolitik vor eine unlösbare Situation stelle. Wenn nämlich keiner der Staaten mehr „seine Juden [...] loswerden kann, weil die anderen genauso handeln", dann „behalten alle ihre Juden". Auf diese Weise aber werde „nichts erreicht".[269] Umso radikalere Konsequenzen mussten deshalb gezogen werden, in denen Bilder von Deportationen großen Ausmaßes und eine lagerartige Konzentration, wie sie in den Ghettos

---

264 LEERS, JOHANN VON: Madagaskar, in: Volksaufklärung und Schule Nr. 42 [1938], S. 14–18, hier S. 18.
265 EBD.
266 EBD.
267 EBD.
268 BRECHTKEN: Madagaskar für die Juden, S. 193–196; THIES, JOCHEN: Evian 1938. Als die Welt die Juden verriet, Essen 2017.
269 LEERS, JOHANN VON: Pflicht zur Ungezieferhaltung?, in: Hakenkreuzbanner vom 12.07.1938.

und Vernichtungslagern später Realität werden sollten, deutlich vor Augen traten: Hatte Johann von Leers 1933 noch vage nach einer „fachlichen Aufsicht" verlangt, damit das Judentum „sich produktiver Tätigkeit" zum „Aufbau eines eigenen Heimatlandes widmen"[270] könne, hieß es jetzt unzweideutig, die „einzige verständige Lösung der Judenfrage" könne nur darin bestehen, ein „relativ menschenleeres Land" zu suchen und dessen „gesamte heimische Bevölkerung" auszusiedeln, um anschließend „nicht nur Teile des Judentums, sondern das gesamte Judentum der Welt dorthin" zu verbringen, wo es hinter einem „elektrisch geladenen Drahtzaun" leben werde und jegliche Ein- und Ausreise nur an „scharf kontrollierten Grenzstationen"[271] möglich sei.

5.2.2 Weltanschauliche „Schulung" und „Erziehung"

Sein eigentliches Betätigungsfeld fand Johann von Leers auf dem Gebiet der weltanschaulichen Schulung und Erziehung. Ihr galt sein besonderes Augenmerk. Damit knüpfte er zugleich an die Anfänge seiner politischen Karriere an, die nicht zuletzt in der Schulungsarbeit des NS-Studentenbundes begonnen hatte.[272] Seit 1936 entfaltete er innerhalb der SS, des NS-Lehrerbundes (NSLB) und des Reichsnährstandes einen ungebremsten Aktivismus. Seine Bedeutung gerade für diese Gliederungen ermisst sich an den zahlreichen Schriften, mit deren Ausarbeitung er beauftragt wurde und die teilweise zu Lehrwerken mit Prüfungscharakter avancierten. Was Johann von Leers unter „Erziehung" verstand, bedeutete in der Praxis jedoch die Indoktrination vor allem von Kindern und Jugendlichen, denen die Lehre des „Nationalsozialismus" als „Glaube"[273] zu vermitteln war. Zu den unumstößlichen Wahrheiten zählte es dabei in seinen Augen, den Wert der „Reinheit des Blutes" wie der „körperliche[n] und charakterliche[n] Ertüchtigung"[274] anzuerkennen und die „Lehre von der Kraft des Blutes und der Heiligkeit des Bodens"[275] zu verinnerlichen. Dies alles musste auf der Basis eines fanatischen Antisemitismus erfolgen, zu dem Lehrer nicht früh genug ihre Schüler anzustiften hatten. „Jeder junge Deutsche", so Johann von Leers, „muss eine nicht mehr auszurottende Überzeugung vom Elend gewin-

---

270 LEERS: Deutschlands Stellung in der Welt, S. 89.
271 LEERS, JOHANN VON: Pflicht zur Ungezieferhaltung?, in: Hakenkreuzbanner vom 12.07.1938.
272 Siehe dazu das Interview mit Johann von Leers in: Der Student im neuen Reich. Die nationalpolitische Erziehung des deutschen Studenten, in: Hamburgischer Correspondent und neue hamburgische Börsen-Halle vom 02.09.1933.
273 LEERS, JOHANN VON/HANSEN, HENRICH: Der deutsche Lehrer als Kulturschöpfer, Frankfurt am Main 1939, S. 158.
274 EBD., S. 170.
275 EBD., S. 173.

nen, das durch das Judentum über unser Volk gebracht worden ist".²⁷⁶ Kindern, hieß es an anderer Stelle, müsse es „in Fleisch und Blut übergehen, dass es für sie und unser Volk keinen schlimmeren Feind als die Juden gibt".²⁷⁷ Diesem Erziehungsziel versuchte er auf zahlreichen Gebieten Geltung zu verschaffen.

So übernahm er in der Phase der Gleichschaltung für kurze Zeit die Herausgabe der „Deutschen Jugendbücherei". Die Reihe erschien seit 1909 im Verlag des konservativen Politikers Hermann Hillger (1865–1945) und veröffentlichte von Anfang an neben Märchen, Abenteuergeschichten und Klassikern der Jugendliteratur auch „Sachlesestoffe" zur weltanschaulichen Erbauung. In der Weimarer Republik setzte der Dürerbund die Reihe fort, bis sie 1933 von der NS-Kulturgemeinde übernommen wurde. Johann von Leers trat selbst als Autor einer trivialen Erzählung hervor, die unter dem Titel „Das ist Versailles!"²⁷⁸ die Erfahrungswelt seiner Jugend idealisierte. Ähnlich gestrickt waren weitere Jugendbücher, die ihre Protagonisten in die Nähe großer Ereignisse rückten, etwa in „Der Junge von der Feldherrenhalle", „Sturm auf Börglum-Stift" oder „Kanonen über der Steppe". Die Erzählung „Bomben auf Hamburg" erschien im Verlag von Richard Voigtländer, der dem Umfeld der „Vereinigung völkischer Verleger" angehörte, mit der sich Unternehmungen dieser Richtung seit Anfang der 1920er Jahre verbindlichere Strukturen geschaffen hatten.²⁷⁹ Seit 1933 setzte Johann von Leers diese literarische Produktion durch zahlreiche Erzählungen für Kinder und Jugendliche fort. Sie zielten darauf ab, „den Geist vergangener Zeiten unserer Geschichte und großer Kämpfe um unser völkisches Erbe und für des Reiches Herrlichkeit vor allem für jugendliche Leser lebendig zu machen", sollten „zeigen, wie das Wesen nordischen Menschentums in allen Abschnitten der Geschichte sich bewährt hat" und ihren Lesern damit „Stolz auf sein Blut und seine Art" vermitteln.²⁸⁰ Obgleich es sich dabei um, wie er selbst einräumte, „anspruchslose" Texte handelte, fanden sie weite Verbreitung. Dies

---

276 Ebd., S. 174.
277 Leers, Johann von: Erkenntnis des Judentums in der Schule, in: Der Weltkampf 16 (1939), S. 284 f.
278 Leers, Johann von: Das ist Versailles! (Hillgers Deutsche Jugendbücherei, Bd. 485), Berlin/Leipzig 1933.
279 Gesine von Leers an Elisabeth Voigtländer, 24.09.1932 [BArch, N 2168/19, Bl. 54–56]. Zum Verlag Ulbricht, Justus H.: „Ein heimlich offener Bund für das große Morgen ..." Methoden systematischer Weltanschauungsproduktion während der Weimarer Republik, in: Cancik, Hubert/Puschner, Uwe (Hrsg.): Antisemitismus, Paganismus, Völkische Religion, München 2004, S. 65–81, hier S. 74. Zum Phänomen der „politischen Richtungsverlage und Gesinnungsverlage" siehe auch Lokatis, Siegfried: Weltanschauungsverlage, in: Fischer, Ernst (Hrsg.): Geschichte des deutschen Buchhandels im 19. und 20. Jahrhundert (Bd. 2: Die Weimarer Republik 1918–1933), Berlin 2012, S. 111–138, hier S. 125 f.
280 Siehe dazu das Vorwort in Leers: Für das Reich.

ermöglichte ihm insbesondere die Schülerzeitschrift „Hilf mit" des NSLB, die seit 1933 monatlich in einer Auflage zeitweise von bis zu 5,4 Millionen Exemplaren erschien, damit zu einer der meistgelesenen Zeitschriften ihrer Zeit wurde und sowohl Schülern als auch Lehrern „gegenwartsnahe nationalsozialistische Stoffe aus allen Lebensgebieten" liefern sollte, wie es programmatisch hieß.[281] Bereits für die erste Ausgabe hatte er einen Beitrag verfasst.[282] Bis Ende 1942 veröffentlichte er rund 80 Erzählungen. Besondere Wirkung versprach er sich auch von einem „Schulwettbewerb" unter dem Motto „Das Judentum – der ewige Weltfeind", den er 1939 dem NSLB mit dem Hinweis empfahl, dieser sei „umso nötiger und praktischer, weil in vielen Gegenden schon die junge Generation kaum noch einen Juden zu sehen bekommt und so die Gefahr besteht, dass man eines Tages die Judenfrage für gelöst [...] hält".[283] Mehr aber noch galt sein Augenmerk dem Lehrerstand und der „Erzieherschaft", die ihre „Sendung [...] zum Segen des ganzen Volkes"[284] in „fanatische[m] Glaube[n]" zu erfüllen hatten und sich „restlos zur nationalsozialistischen Idee"[285] bekennen mussten. In der Praxis bedeutete dies, Schule und Unterricht nach rassehygienischen und rassenpolitischen Gesichtspunkten auszurichten, was einerseits eine „Auslese" der „Begabten", andererseits aber die „Ausmerzung" des Wertlosen nach sich ziehen müsste.[286] Große Bedeutung maß Johann von Leers dabei den Volksschullehrern auf dem Land bei, die als „Kulturmittelpunkt" dazu die Grundlagen zu schaffen hatten, wie er in einer Schrift gemeinsam mit dem Lehrer und NS-Journalisten Henrich Hansen (1895–1976) ausführlich erläuterte.[287]

---

281 LEERS/HANSEN: Der deutsche Lehrer als Kulturschöpfer, S. 169. Zu der Zeitung siehe auch ORTMEYER, BENJAMIN: Indoktrination. Rassismus und Antisemitismus in der Nazi-Schülerzeitschrift „Hilf mit!" (1933–1944), Weinheim/Basel 2013 sowie OMLAND, SABINE: NS-Propaganda im Unterricht deutscher Schulen 1933–1943. Die nationalsozialistische Schülerzeitschrift „Hilf mit!" als Unterrichts- und Propagandainstrument (2 Bd.), Münster 2014.
282 Ob Johann von Leers bereits an der Planung der Zeitschrift beteiligt gewesen ist, muss offen bleiben. Die Quelle bei SENNHOLZ, MARCO: Johann von Leers. Ein Propagandist des Nationalsozialismus, Berlin 2013, S. 207 [BArch, N 2168/2, Bl. 164 f.], lässt diesen Schluss nicht zu.
283 LEERS, JOHANN VON: Erkenntnis des Judentums in der Schule, in: Der Weltkampf 16 (1939), S. 284 f.
284 LEERS/HANSEN: Der deutsche Lehrer als Kulturschöpfer, S. 160.
285 EBD., S. 166.
286 Siehe dazu WEINGART, PETER/KROLL, JÜRGEN/BAYERTZ, KURT: Geschichte der Eugenik und Rassenhygiene in Deutschland, Frankfurt am Main 1988, S. 560 sowie beispielhaft LEERS, JOHANN VON: Die Selbstbehauptung der letzten Bank, in: Völkischer Wille vom 01.12.1940; DERS.: Die letzte Bank, in: Das Reich 23/1941 vom 08.06.1941; DERS.: Der Lehrer als Förderer junger Begabung, in: Der Schulhelfer 3 (1943) 2 (Juni), S. 92–96.
287 LEERS/HANSEN: Der deutsche Lehrer als Kulturschöpfer, S. 172. Hansen war von 1934 bis 1937 Leiter der Abteilung Presse und Propaganda des NSLB, dann Hauptschriftleiter von „Hilf mit" und seit 1936/37 auch Herausgeber und Redakteur des „Türmer". Zur Biografie

„Erzieher" und Lehrer galten demnach als „Bannerträger der Idee" und Promotoren nationalsozialistischen „Wissensgutes".[288] Gerade dem „Landlehrer" käme dabei eine „kulturschöpferische Bedeutung" zu. Als anerkannte Autorität erstrecke sich sein Einfluss nämlich „nicht nur auf die Schüler", sondern auch „auf die erwachsenen Menschen des Dorfes".[289] Dies wiederum befähige ihn, die Macht des „Pfarrhaus[es]" zu brechen. Um allerdings tatsächlich der „deutschen Jugend als der künftigen Trägerin der nationalsozialistischen Idee"[290] dienen zu können, bedurfte es ihrer „gründliche[n] Schulung", die sie „mit dem neuen Geiste der Erziehung vertraut" zu machen habe.[291] Schulung und Schrifttum kam dabei „eine wichtige Rolle"[292] zu.

Eben dafür setzt Johann von Leers sich mit Nachdruck ein. Bereits wenige Wochen nach der Machtübertragung an Hitler veröffentlichte die „Preußische Lehrer-Zeitung" seine mehrteilige Artikelserie über die „Judenfrage" in Polen.[293] Durch zahlreiche Vorträge erhielten seit Mitte der 1930er Jahre Lehrer und Erzieher das nötige Rüstzeug für ihre Schulungsarbeit im Klassenzimmer oder in den von Jungvolk, Hitler-Jugend und Bund deutscher Mädel kontrollierten Sphären organisierter Freizeit. Dem NSLB stellte er sich regelmäßig für Fortbildungen zur Verfügung, wie beispielhaft für den Gau Hamburg gezeigt werden kann: Im Mai 1936 zeigte er in Wandsbek anhand von, wie ein zeitgenössischer Pressebericht festhielt, „dramatischen Beispielen" das „ewige Ringen des deutschen Menschen [...] gegen die Juden- und die Priestermacht" auf.[294] Wenige Monate später, im Oktober, absolvierte er im Auftrag der Gauamtsleitung einen regelrechten Vortragsmarathon.[295] Neben einem Vortrag zum Thema „Das Judentum in der deutschen Geschichte"[296] erläuterte er auch die kurz zuvor in Nürnberg proklamierten Rassegesetze: „Die Missachtung rassischer Grundgesetze führt hochstehende Völker zum Untergang, das war das nüchterne Gesamt-

---

siehe OMLAND: NS-Propaganda im Unterricht deutscher Schulen 1933–1943 (Bd. 1), S. 96–98, 117 sowie beschönigend KREISARCHIV NORDFRIESLAND: Nachlass Henrich Hansen, Husum 1994, S. III.
288 LEERS/HANSEN: Der deutsche Lehrer als Kulturschöpfer, S. 168.
289 EBD., S. 172.
290 EBD., S. 165.
291 EBD., S. 168.
292 EBD.
293 LEERS, [JOHANN] V[ON]: Polens größter Nationalist über die Judenfrage, in: Preußische Lehrerzeitung vom 10., 13., 15., 17. und 20.06.1933.
294 Geschichtsvortrag vor den Wandsbeker Lehrern, in: Hamburger Anzeiger vom 30.04.1936.
295 Kreistagung des Lehrerbundes, in: Hamburger Anzeiger vom 17.10.1936.
296 Keine Geschichtskenntnis ohne Rassenfrage, in: Altonaer Nachrichten/Hamburger neueste Zeitung vom 22.10.1936. Siehe auch: Kampf um den Odalshof, in: Hamburger Anzeiger vom 21.10.1936.

ergebnis, das Dr. von Leers herausstellte", hielt die lokale Presse jetzt fest.[297] Im Februar 1938 schließlich machte er Lehrer mit der „Behandlung des Judentums im Geschichtsunterricht" vertraut.[298] Immer wieder trat er auch vor HJ-Führern auf: Im Winter 1936/37 referierte er im Rahmen eines Vortragszyklus in der Jugendhochschule Altona, der der „Vertiefung und Ausweitung" der „weltanschaulichen, politischen und kulturellen Schulung" junger Bannführer dienen sollte.[299] Im Juni 1938 sprach er in der einige Jahre zuvor im Landkreis Oldenburg zu Kultzwecken eingerichteten Thingstätte „Stedingsehre" vor dem „Führerkorps der Nordsee-HJ" über die „Freiheitskämpfe deutscher Bauern".[300] Vergleichbare Veranstaltungen sind auch für andere Regionen überliefert, etwa für Plauen im Vogtland, wo er 1937 vor der „Erzieherschaft" des Kreises „Das ewige jüdische Ziel" der „Weltherrschaft" erklärte[301], oder im Oktober 1938 auf der „Ostmarkkundgebung" des NSLB in der Wiener Hofburg.[302] Als Autor publizierte er zudem in allen zentralen Organen der Lehrerschaft: Allein in „Der Deutsche Erzieher" der Reichsleitung des NSLB erschienen zwischen 1938 und 1944 mehr als ein Dutzend Auftragsarbeiten zur „Judenfrage".[303] So bat ihn der Leiter der Hauptstelle Presse und Propaganda des NSLB nach dem *Ende des Heldenkampfes von Stalingrad* Anfang Februar 1943 um einen Beitrag, der die *Notwendigkeit der Entfaltung aller Kräfte für den totalen Krieg gegen Bolschewismus und Judentum umfassend und mitreißend darstellt.*[304] Vergleichbare Aufsätze

---

297 Rassegesetzgebung in der Weltgeschichte, in: Hamburger Anzeiger vom 24.10.1936.
298 SCHMIDT, UWE: Hamburger Schulen im „Dritten Reich" (Beiträge zur Geschichte Hamburgs, Bd. 64/1), Hamburg 2010, S. 72 f.
299 Politische Jugendhochschule in Altona, in: Hamburger Anzeiger vom 19.11.1936.
300 Abschlusskundgebung des No[r]dseeführerlagers der HJ in „Stedingsehre", in: Hamburger Nachrichten vom 09.06.1938. Zur Entstehung der Stätte siehe auch ULBRICHT, JUSTUS H.: „Heil Dir, Wittekinds Stamm", in: Heimatkalender für den Landkreis Verden (1995), S. 69–123, hier S. 110–112.
301 Das ewige jüdische Ziel: Weltherrschaft [Zeitungstitel nicht lesbar] [BArch, R 8034/III, Bd. 268, Bl. 67].
302 „Volksgemeinschaft – Schicksalsgemeinschaft". Die Ostmarkkundgebung des Nationalsozialistischen Lehrerbundes, in: Neues Wiener Tagblatt vom 25.10.1938. Siehe auch O. V.: Höchstleistung für die Jugend! Arbeitstagung „Hilf mit" des NS-Lehrerbundes, in: Völkischer Beobachter vom 25.10.1938.
303 Siehe beispielhaft: Der gegenwärtige Stand des Judenproblems in der Welt, in: Der Deutsche Erzieher 1 (1938) 16 vom 18.11.1938, S. 402–406; Islam und Judentum im Laufe der Jahrhunderte, in: Der Deutsche Erzieher 1 (1938) 17 vom 01.12.1938, S. 427–429; Der Kampf gegen die Juden im Altertum, in: Der Deutsche Erzieher 2 (1939) 12 vom 5.06.1939, S. 267–269; Dass wir nicht in die Hand der Juden fallen, in: Der Deutsche Erzieher 6 (1943) 3 (März), S. 65–67; Sie möchten uns umziehen, in: Der Deutsche Erzieher 7 (1944) 4 (Juli/August), S. 89–91; Die Schule im Kampf gegen Juda. Eine Forderung gegenwartsnaher Erziehungsarbeit, in: Der deutsche Erzieher 7 (1944) 6 (November/Dezember), S. 171–174.
304 Hauptstelle Presse und Propaganda an Johann von Leers, 08.02.1943 [BArch, NS 12/1433].

lassen sich im Informationsdienst „Volksaufklärung und Schule" nachweisen, der Lehrern als Begleitmaterial zu „Hilf mit" an die Hand gegeben wurde und für den er von August 1937 bis 1944, abgesehen von kurzen Pausen, redaktionell verantwortlich zeichnete.[305] Ähnliches gilt für Fachzeitschriften wie „Deutsches Bildungswesen", „Der Schulhelfer" oder „Die Deutsche Höhere Schule". Hinzu kamen Unterrichtsmaterial aus der Reihe „Lehrschau-Bogen", so etwa „Die Juden in der Welt"[306], und zahlreiche Bücher für diese Klientel: Seine „Rassische Geschichtsbetrachtung" für Lehrer, 1934 erstmals im pädagogischen Fachverlag von Julius Beltz erschienen, wurde bis 1941 mehrfach aufgelegt. Ihren breiten Absatz garantierte die Tatsache, dass das Buch in die „Liste der vom Prüfungsausschuss für vaterländische Büchereien im Reichserziehungsministerium empfohlenen Bücher und Schriften" aufgenommen wurde.[307] Andere Bücher für diese Zielgruppen trugen Titel wie „Der deutsche Lehrer als Kulturschöpfer" oder, eigens für den Geschichtsunterricht, „Arteigenes Recht und Unterricht".[308] Darüber hinaus trat er als Co-Autor von Schulbüchern in Erscheinung: In einem Handbuch für Biologielehrer etwa sollte er auf Wunsch des Verlags die Kapitel „Rassendenken und arteigenes deutsches Recht" sowie „Rassegedanke im Recht der Völker" übernehmen.[309] Die enge Anbindung an den NSLB verdankte er seiner früheren Bekanntschaft mit dem Bayerischen Kultusminister Hans Schemm (1891–1935), vor allem aber mit Henrich Hansen, der seit 1933/34 die Presse und Propaganda des NSLB steuerte. Als Mitglied verschiedener Prüfungsausschüsse in Jena beeinflusste er später zudem den „Ausleseprozess" künftiger Lehrer, die sich nicht nur durch fachliches Wissen zu qualifizieren hatten, sondern auch in ihrer äußeren Erscheinung dem nationalsozialistischen Ideal entsprechen sollten. Ihre Prüfer jedenfalls mussten „stets darauf bedacht" sein, „dass der Jugend nur rassisch hochwertige Vertreter als lebendige Beispiele vor Augen kommen".[310]

Die umfassende Erziehungsarbeit und Indoktrination im Geiste der SS – zu der Veranstaltung vor dem „Führerkorps" der „Nordsee-HJ" wurde er bezeich-

---

305 Siehe Impressum zum Beispiel von Ausgabe 42/1938 sowie OMLAND: NS-Propaganda im Unterricht deutscher Schulen 1933–1943 (Bd. 1), S. 117.
306 Lehrschau-Bogen Nr. 26: Die Juden in der Welt, Berlin 1940.
307 LEERS: Rassische Geschichtsbetrachtung, S. 50.
308 LEERS, JOHANN VON: Arteigenes Recht und Unterricht (Bayreuther Bücher für Erziehung und Unterricht, hrsg. von der Reichswaltung des NSLB), Dortmund/Breslau/München o. J. [1937]; LEERS/HANSEN: Der deutsche Lehrer als Kulturschöpfer.
309 Verlag Julius Beltz (Porf. Roßner) an Johann von Leers, 05.09.1938 [BArch, N 2168/64, Bl. 26].
310 LEERS/HANSEN: Der deutsche Lehrer als Kulturschöpfer, S. 174.

nenderweise als Vertreter des SS-Hauptamtes angekündigt[311] – war freilich nur eine Seite der Medaille. Die andere zeigt ihn als eifrigen Schulungsarbeiter seit 1936 für Angehörige der SS und, während des Krieges, der Ordnungspolizei.[312] Damit gerieten jene Formationen ins Blickfeld, die die nationalsozialistische Verfolgungspolitik planten und seit 1941 mit dem Beginn des Vernichtungskrieges in Osteuropa den Völkermord exekutierten. Wie sehr die verschiedenen Sphären der weltanschaulichen Schulung aufeinander bezogen gewesen sind, wird am Beispiel des ebenfalls im Beltz-Verlag erschienenen Sammelbandes „Für das Reich" deutlich. Mehrere der darin veröffentlichten Erzählungen waren zuvor sowohl im „Leitheft" der SS als auch in „Hilf mit" des NSLB erschienen. Die enge Bindung an die SS besiegelte zudem seine Aufnahme in Himmlers Weltanschauungsorden, die am 14. Mai 1936 vollzogen wurde (Mitgliedsnummer 276.586). Dass ihm die Mitgliedschaft überhaupt ermöglicht wurde, verdankte Johann von Leers der Protektion des Reichsführers SS. Nach den geltenden Vorschriften zur Auslese gab er nämlich angesichts seiner kurzgeratenen Körpergröße und labilen Konstitution – er selbst räumte ein, *gesundheitlich immer etwas kränklich* gewesen zu sein[313] – keineswegs das Idealbild eines SS-Führers ab.[314] In Zweifelsfällen behielt sich Himmler allerdings eine Entscheidung vor.[315] Er sei *vom Reichsführer SS persönlich mit dem Rang eines Untersturmführers nach einem Vortrag von mir auf der Traditionsfahrt des Reichsbauernrates in die SS aufgenommen* worden, notierte Johann von Leers über das Aufnahmeverfahren.[316] Dies traf insofern zu, als er am 13. Mai 1936 auf der historischen Feste Marienburg in Würzburg, auf der Darré die Mitglieder dieses Kreises, die ihn vor allem in ideologischen Fragen berieten, versammelt hatte und zu denen sich

---

311 Abschlusskundgebung des No[r]dseeführerlagers der HJ in „Stedingsehre", in: Hamburger Nachrichten vom 09.06.1938.
312 Zur Bedeutung der Schulung für die „Erziehung" der SS-Männer siehe HEIN, BASTIAN: Elite für Volk und Führer? Die Allgemeine SS und ihre Mitglieder 1925–1945 (Quellen und Darstellungen zur Zeitgeschichte, Bd. 92), München 2012, S. 225–240; HARTEN, HANS-CHRISTIAN: Himmlers Lehrer. Die Weltanschauliche Schulung in der SS 1933–1945, Paderborn 2014. Zur Schulungsarbeit für die Ordnungspolizei siehe LEERS, JOHANN VON: So wie Nebukadnezar … Warum wir alle Kraft aufbieten müssen, in: Mitteilungsblätter für die weltanschauliche Schulung der Ordnungspolizei, Gruppe A, Folge 94 vom 01.10.1944, S. 3 f.
313 Lebenslauf zur Aufnahme in die SS, 22.06.1936 [BArch, BDC-SSO, 6400025846]. Bereits die Schulzeit war deshalb auch durch zahlreiche Fehlstunden gekennzeichnet. Siehe SENNHOLZ: Johann von Leers, S. 20.
314 Zum Ideal und zur Praxis der Auslese und Aufnahme siehe HEIN: Elite für Volk und Führer?, S. 113–139.
315 LONGERICH: Heinrich Himmler, S. 313.
316 Lebenslauf vom 01.11.1936 [ThHStAW, PA Nr. 18260, Bl. 11].

kurzzeitig Himmler gesellte, über die Geschichte der Bauernkriege referiert.[317] Wenn Johann von Leers diesen Beitritt später im Entnazifizierungsverfahren als harmlosen Zufall darstellte, war das eine durchschaubare Zwecklüge: Es habe sich um einen *Ehrenrang* gehandelt, behauptete er 1949.[318] Irgendein *Dienst* oder *sonstige Tätigkeiten* seien damit nicht verbunden gewesen.[319] Ganz anders hatte dies 1936 geklungen. Damals sah er in der Aufnahme eine *besonders beglückende Anerkennung* seiner Arbeit, verkörperte die SS doch jenen neuen Adel des „guten Blutes" und der „Leistung", dem er sich zugehörig fühlte. Damit verbunden war sein Versprechen, *noch besser* als bislang für *Führer* und *Bewegung wirken zu können*.[320] Wie wichtig ihm diese Zugehörigkeit gewesen ist und in welcher Rolle er sich sah, gab er später in vertraulicher Umgebung unumwunden zu: *I have participated in the ideological indoctrination of Hitler's Body-Guard SS, to which I belonged,* rühmte er sich 1955 gegenüber einem amerikanischen Gesinnungsgenossen.[321] Die Aufnahme in die SS markiert in seiner Biografie zugleich den Abschluss einer Phase des Übergangs. Denn ganz offensichtlich setzte er in seiner beruflichen Karriere jetzt vor allem auf Himmlers Anerkennung. Der Reichsführer-SS wiederum schien Gefallen an Johann von Leers gefunden zu haben. Trotz gelegentlicher Unbotmäßigkeiten etwa in religionspolitischen Fragen, die Himmler den ihm zugetragenen Äußerungen zur Rolle eines künftigen Priestertums entnehmen musste, oder Differenzen in Zusammenhang mit Herman Wirth, schätzte er die Fähigkeiten Johann von Leers' zur weltanschaulichen Indoktrination der Angehörigen von SS und Polizei, die „nicht nur fähige Soldaten und Polizisten" sein sollten, sondern auch „ideologisch motivierte Krieger".[322] Mit Johann von Leers hatte er einen Experten auf dem Gebiet der Schulung an sich gebunden.

Diese Bedeutung spiegelte sich in seiner Zuordnung innerhalb der SS wider. Von 1936 bis 1938 gehörte Johann von Leers zunächst dem Rasse- und Siedlungshauptamt unter der Leitung von Darré an. Als dieser von Himmler im

---

317 Johann von Leers an Darré, 12.05.1936 [BArch, BDC-SSO, von Leers]. Siehe auch: Der Reichsbauernrat in Würzburg, in: Deutsches Nachrichtenbüro (Mittags-Ausgabe) 3 (1936) 629 vom 14.05.1936. Zum Reichsbauernrat siehe MÜNKEL, DANIELA: Nationalsozialistische Agrar- und Bauernpolitik, Frankfurt am Main/New York 1996, S. 104 f.
318 Fragebogen des Sonderbeauftragten für die Entnazifizierung im Lande Nordrhein-Westfalen, ausgefüllt durch Gesine von Leers mit Datum vom 07.09.1949 [LA NRW, NW 1054–888]. Siehe auch Lebenslauf (Ms.), o.D. [um Dezember 1960] [Privatarchiv].
319 Lebenslauf (Ms.), o.D. [um Dezember 1960] [Privatarchiv].
320 Lebenslauf zur Aufnahme in die SS, 22.06.1936 [BArch, BDC-SSO, 6400025846].
321 Johann von Leers an Cox, 21.05.1955 [Duke University, NL Earnest Sevier Cox].
322 BROWNING, CHRISTOPHER: Ganz normale Männer. Das Reserve-Polizeibataillon 101 und die „Endlösung" in Polen, Reinbek bei Hamburg 1993, S. 231.

Februar 1938 als „wirklichkeitsfremder Theoretiker"³²³ abgelöst wurde, kam es zu einem Revirement in der Schulungsarbeit, die im Juli 1938 auf das SS-Hauptamt verlagert wurde. Für die Schulungsarbeit der SS selbst stellte dies „keinen tiefgreifenden inhaltlichen oder personellen Bruch" dar.³²⁴ Folgerichtig wechselte auch Johann von Leers in diesen Stab. Von November 1938 bis Ende April 1941 war er dort dem Schulungsamt zugeteilt. Anschließend wurde er ins Personal-Hauptamt versetzt. In dieser Phase vollzog er auch einen raschen Aufstieg. In den drei Jahren nach seinem Beitritt wurde er dreimal befördert. Im April 1939 bekleidete er den Rang eines Sturmbannführers [= Major].³²⁵ In die „Führungsriege" der SS schaffte er es damit nicht.³²⁶ Dass seine weitere Karriere ins Stocken geriet, weil er als Günstling des Reichsbauernführers galt, dafür jedoch gibt es keine plausiblen Belege. Der Bruch zwischen Himmler und Darré wirkte sich auf sein persönliches Verhältnis zu den beiden exponierten Ideologen nicht nachteilig aus. *Mit dem Reichsführer SS und dem Reichsbauernführer verbinden mich wie immer die angenehmsten Beziehungen*, behauptete er bereits 1937.³²⁷ Wie wohlgelitten er war, bezeugen seine zahlreichen Veröffentlichungen in den maßgeblichen Zeitschriften des Reichsnährstandes („Odal") und der SS („Leitheft"). Selbst in Kriegszeiten habe er Zugang zu Himmler, glaubt man seinen Erinnerungen. So will er noch *[i]m Frühjahr 1943 ein im Grunde privates Gespräch mit dem Reichsführer-SS* geführt haben, den er *schon vor der Machtübernahme Adolf Hitlers* kennengelernt haben wollte.³²⁸ Und noch im April 1944 rühmte er sich seiner guten *Verbindungen* zu *leitenden Parteikreisen* und verwies dabei *vor allem* auch auf die *Dienststelle des Reichsführers SS*.³²⁹

Johann von Leers vollzog seinen Aufstieg in der SS zu einem Zeitpunkt, als diese ihre Schulungsarbeit methodisch-didaktisch professionalisierte und

---

323 KATER, MICHAEL: Die Artamanen – Völkische Jugend in der Weimarer Republik, in: HZ 213 (1971), S. 577–638, hier S. 632.
324 HEIN: Elite für Volk und Führer?, S. 237.
325 SS-Stammrollenauszug Johann von Leers [BArch, BDC-SSO, von Leers].
326 Zur Eingrenzung dieses Kreises siehe LONGERICH: Heinrich Himmler, S. 327.
327 Johann von Leers an Stier, 12.08.1937 [BArch, N 2168/2, Bl. 38].
328 Eidesstattliche Erklärung Johann von Leers, 16.08.1952. Als Faksimile abgedruckt in OLESEN, A.: Forspillet til Danmarks Kampløse Besættelse 9 April 1940. Heinrich Himmlers Beretning til Professor von Leers om Aftalen med den danske regering, Aabenraa 1953, S. 10–12. Zur Fortschreibung dieser Erzählung siehe TIEKE, WILHELM: Im Lufttransport an Brennpunkte der Ostfront, Osnabrück 1971, S. 161–163. Zur *Bekanntschaft mit Himmler* siehe auch Gesine von Leers an Institut für Zeitgeschichte (Benz), 18.01.1974 [IfZ, ZS 3084]. Ob Johann von Leers ein solches Gespräch 1943 tatsächlich geführt, erscheint allerdings fraglich. In Himmlers Dienstkalender ist sein Name nicht verzeichnet. Siehe UHL, MATTHIAS U. A. (HRSG.): Die Organisation des Terrors. Der Dienstkalender Heinrich Himmlers 1943–1945, München 2020.
329 Johann von Leers an Schrumpf, 11.04.1944 [RGVA, Fond 1283/10a, Bl. 345].

flächendeckend auszubauen begann.[330] Seine Bedeutung lässt sich daran erkennen, dass er neben einer vermutlich gelegentlichen Mitarbeit am „Schwarzen Korps"[331] von 1936 bis 1940 „der mit Abstand wichtigste Autor" des „Leithefts" gewesen ist, das in der Schulungsarbeit der SS lange Zeit „die wichtigste Materialgrundlage"[332] lieferte. Die Zeitschrift wurde vom Schulungsamt produziert und sollte den Schulungsleitern, die zu diesem Zeitpunkt den Großteil der rund 1.300 Mitarbeiter des Rasse- und Siedlungshauptamtes ausmachten[333], als Unterrichtsmaterial und zur Erläuterung des zu vermittelnden Stoffes dienen.[334] Die „Konzeption" des Blattes nahm Himmler dabei „selbst in die Hand".[335] Johann von Leers verfasste nachweislich 32 Aufsätze – deutlich mehr, als jeder andere Autor. Seine Beiträge erschienen in der Rubrik „Der weltanschauliche Kampf" und waren anfangs Pflichtthemen unter der Kopfzeile „Es muss geschult werden über"[336] – im Gegensatz zur Rubrik „Es kann geschult werden über". Vor allem aber dürften seine zahlreichen „Erzählungen" zu jenen Schriften gezählt haben, von denen Himmler 1936, wenngleich ohne größere Resonanz, verlangt hatte, sie in den Schulungen zu verlesen.[337] Wie im NSLB nahm Johann von Leers sich auch in der SS immer wieder Zeit für Schulungsveranstaltungen oder kultische Zeremonien, die religiösen Ersatzhandlungen gleichkamen. Nachweisbar sind etwa eine „Morgenfeier" des SS-Abschnitts XV in Hamburg im April 1937, wo er in „eindringlichen Ausführungen" den „jahrtausendelangen Kampf des deutschen Volkes gegen den Einbruch artfremder Einflüsse" umrissen habe, oder ein Abendvortrag über „Rassenfragen und Völkerschicksale" im Februar 1939

---

330 HEIN: Elite für Volk und Führer?, S. 229.
331 Dies deutet zumindest die Aufforderung durch den SS-Standartenführer im Reichsforstamt Wilhelm Parchmann (1890–1943) im April 1939 an, *nunmehr einen Aufsatz über die gesamten Marktordnungsbestrebungen für das Schwarze Korps* zu verfassen. Bereits vorliegende Aufsätze könnten zudem *sofort erscheinen*. Parchmann an Johann von Leers, 03.04.1939 [BArch, N 2168/64, Bl. 38].
332 HARTEN: Himmlers Lehrer, S. 21.
333 HEIN: Elite für Volk und Führer?, S. 228.
334 BREITMAN, RICHARD: „Gegner Nummer eins". Antisemitische Indoktrination in Himmlers Weltanschauung, in: MATTHÄUS, JÜRGEN/KWIET, KONRAD/FÖRSTER, JÜRGEN/BREITMAN, RICHARD (HRSG.): Ausbildungsziel Judenmord? „Weltanschauliche Erziehung" von SS, Polizei und Waffen-SS im Rahmen der „Endlösung", Frankfurt am Main 2003, S. 21–34, hier S. 28.
335 LONGERICH: Heinrich Himmler, S. 324. Zur Entstehung des Leitheft siehe auch HEIN: Elite für Volk und Führer?, S. 231 sowie HARTEN: Himmlers Lehrer, S. 421–433.
336 LEERS, [JOHANN] VON: Die große Alamannenschlacht von Straßburg im Jahre 357 n. Chr., in: SS-Leitheft 2 (1936/37) 10, S. 3–7; DERS.: Der Kommandant von Graudenz, in: SS-Leitheft 2 (1936/37) 11, S. 4–5; DERS.: Der große Starost, in: SS-Leitheft 2 (1936/37) 12, S. 4–7; DERS.: Ein Judenprozess, in: SS-Leitheft 2 (1936/37) 12, S. 12–17.
337 HEIN: Elite für Volk und Führer?, S. 232 f.

vor Angehörigen der 6. SS-Standarte in Berlin.[338] Zahlreiche Veranstaltungen vor hohen SS-Funktionären sind auch seit Kriegsbeginn dokumentiert: So sprach er am 3. April 1943 auf der Rothenburg im Kyffhäusergebirge, die seinerzeit von der SS als Erholungsheim genutzt wurde, vor Mitarbeitern des Heiratsamtes und des Ahnentafelamtes über „Spanien, seine Kultur und Entwicklung bis zur heutigen Zeit". Unter den Teilnehmern der *anschließenden Stunden im kleinen Kreise* befand sich unter anderem der Chef des Heiratsamtes, SS-Brigadeführer Otto Heider (1896–1960).[339] Eine seiner letzten Reden vor SS-Angehörigen dürfte er anlässlich einer „Julfeier" am 20. Dezember 1944 gehalten haben.[340]

Seine Bedeutung für die Schulungsarbeit der SS lässt sich allerdings nicht nur an der großen Zahl seiner Aufsätze ermessen, sondern auch an deren Beitrag zur Ausbildung jener spezifischen Tugenden, wie sie Himmler den künftigen Weltanschauungskriegern verordnen wollte.[341] Zwar handelte es sich dabei zumeist um Erzählungen mit trivialen Dialogen, in denen mythenumrankte Persönlichkeiten an Wendepunkten der Geschichte oder namenlose Menschen vor historischer Kulisse in einem entscheidenden Augenblick den richtigen Schluss gezogen und dabei angeblich germanische Werte wie „Treue" und „Führertum", aber auch „Sippenpflege" und „Heldentum" vorbildlich verkörpert hatten. Die geringe literarische Qualität dieser Aufsätze nahm Johann von Leers angesichts der Zielgruppe der Zeitschrift allerdings in Kauf. Er wolle „den Geist vergangener Zeiten unserer Geschichte und großer Kämpfe um unser völkisches Erbe und für des Reiches Herrlichkeit vor allem für jugendliche Leser lebendig" machen und diesen aufzeigen, „wie das Wesen nordischen Menschentums in allen Abschnitten der Geschichte sich bewährt hat", erläuterte Johann von Leers ihre Zielsetzung.[342] Dass dazu immer auch Aufklärung über das Judentum als „Gegner Nummer Eins"[343] gehörte, verstand sich von selbst. Insofern dürften die Beiträge den Erwartungen Himmlers entsprochen haben, der nach solchen Erzählungen verlangt hatte und Johann von Leers zu seinen bevorzugten Autoren zählte.[344] Je eingängiger nämlich ein Stoff präsentiert wurde, so

---

338 Morgenfeier der SS, in: Hamburger Nachrichten vom 13.04.1937; Schulung über Rassenfragen, in: Völkischer Beobachter vom 16.02.1939.
339 Osiander an Johann von Leers, 14.03.1944 [BArch, NS 2/300, o.P.]. Zu Heider siehe HEINEMANN, ISABEL: „Rasse, Siedlung, deutsches Blut". Das Rasse- und Siedlungshauptamt der SS und die rassenpolitische Neuordnung Europas, Göttingen 2003, S. 618.
340 Rede zur Julfeier der SS am 20. Dezember 1944 (Ms.) [BArch, N 2168/3, Bl. 39–52].
341 LONGERICH: Heinrich Himmler, S. 266, 284, 314–322.
342 LEERS: Für das Reich, S. 3.
343 DAMS, CARSTEN/STOLLE MICHAEL: Die Gestapo. Herrschaft und Terror im Dritten Reich, München 2008, S. 44; BREITMAN: „Gegner Nummer eins".
344 HARTEN: Himmlers Lehrer, S. 21

seine Überzeugung, desto eher erreiche er „das Herz der Menschen", das der „Wissenschaft mit ihrer Lehrhaftigkeit" verschlossen bleibe. Tatsächlich ging das „Leitheft" seit 1937 bald nach dem Eintritt von Johann von Leers in den Kreis der Stammautoren dazu über, historische Stoffe verstärkt „in Form von ‚Heldensagen' an den Mann zu bringen".[345]

Ein Vorbild an „Treue" bewiesen etwa jene, die loyal zum Reich standen, statt „Verrat" um des eigenen Vorteils zu üben. Letzteres zeigte sich im hohen Mittelalter vor allem zur Zeit Heinrichs IV. und während der Kreuzzüge, als „Reichsuntreue" unter den Fürsten sich gegen den Kaiser stellten.[346] Wie fest dieses Motiv der „Treue" zum Reich und des unbotmäßigen „Verrats" in der Gedankenwelt von Johann von Leers verankert war, offenbarte sich nicht nur in der Reichsapologie seiner bis 1944/45 publizierten Schriften („Unser Glaube Deutschland! Gedanken um das ewige Reich"), sondern auch in den Angriffen in den 1950er Jahren auf die Attentäter des 20. Juli 1944, die er in der Diktion des rechtsextremen Geschichtsrevisionismus als „Reichsverräter" verunglimpfte (siehe Kap. 8.5.3).

Mit diesem Treuebekenntnis einher ging für Johann von Leers das Prinzip von „Führung" und „Gefolgschaft", das vorbehaltlos anzuerkennen war und als unantastbare Handlungsmaxime verinnerlicht werden musste. Eine Armee etwa könne nur unter einem „einheitlichen Befehl" siegen, lehrte eine Erzählung über die „große Alamannenschlacht von Straßburg" im Jahr 357, der bereits Felix Dahn seine Aufmerksamkeit gewidmet hatte.[347] „Neid" oder gar „Ungehorsam" dagegen provozierten Schwäche: „Wohin", fragte Johann von Leers, „sollte es mit den Germanen kommen, wenn sie aus lauter missverstandener Freiheit im entscheidenden Augenblick versagten, wenn sie keinen Führer über sich dulden wollten".[348] In gleicher Weise musste auch eine Auflehnung sächsischer Bauern um 841/42 misslingen, als diese „das alte Recht gegen Herren- und Klostergewalt wieder herstellen wollten".[349] Ein fiktiver Heerführer spricht ihnen in dieser Erzählung die Mahnung aus, ihr „guter Kampf" gegen diese „mächtigen Gegner" habe deshalb „so kläglich" scheitern müssen, „weil ihr nicht einem Mann Befehl und Macht gegeben habt, sondern nur euren Zorn und Grimm habt walten lassen". Das Beispiel zeige deshalb einmal mehr, „dass ein Freiheitskampf immer nur dann

---

345 LONGERICH: Heinrich Himmler, S. 325.
346 LEERS, [JOHANN] v[ON]: Der Kommandant auf dem Hohentwiel, in: SS-Leitheft 4 (1938/39) 1, S. 22–29, hier S. 22; DERS.: Die Hand im Merseburger Dom, in: SS-Leitheft 2 (1936/37) 11, S. 6–9, hier S. 7; DERS.: Die Kreuzzüge, in: SS-Leitheft 3 (1937/38) 5, S. 22–28, hier S. 22; DERS.: Der Dämon von Cluny, in: SS-Leitheft 3 (1937/38) 5, S. 18–21, hier S. 19.
347 LEERS, [JOHANN] VON: Die große Alamannenschlacht von Straßburg im Jahre 357 n. Chr, in: SS-Leitheft 2 (1936/37) 10, S. 3–7, hier S. 6.
348 EBD., S. 7.
349 LEERS, [JOHANN] v[ON]: Stellinga, in: SS-Leitheft 3 (1937/38) 4, S. 13–18, hier S. 16.

Erfolg haben kann, wenn das ganze Volk unter einem Befehl vereint den Willen zur Freiheit in sich trägt".[350] Die Schlussfolgerung wiederum, die die Leser und Zuhörer ziehen sollten, konnte als Anleitung für den Dienstalltag der SS gelesen werden: „Lieber einen falschen Befehl ausführen, lieber einen unbeliebten Vorgesetzten ertragen, als jemals durch ein falschverstandenes Freiheitsgefühl den Sieg und Erfolg der Gesamtheit aufs Spiel setzen"[351], erklärte Johann von Leers, nicht ohne die Freiheit zu „selbstständigen Entschlüsse[n]" in Situationen des Notstands zu gestatten, wo „von oben kein Befehl kommt".[352]

Zu den hochzuhaltenden Prinzipien gehörte darüber hinaus die Pflege der „Sippe" zur Erhaltung der Art. Schon die Landsknechte im Mittelalter „hielten ihre Reihen so sauber wie irgendeine andere Zunft auch", schrieb Johann von Leers.[353] Beispielhaft aber war die Erzählung „So sind sie reich geworden", die in der Gründerzeit des 19. Jahrhunderts angesiedelt war. Sie forderte ihre Leser auf, die Pflege des Blutes der eigenen „Sippe" und den Kampf gegen das „Judentum" als zwei Seiten einer Medaille zu betrachten: Einer älteren Dame war demnach beim Studium der Ahnentafel der Familie ihres künftigen Schwiegersohnes aufgefallen, dass dessen Großvater Selbstmord verübt hatte. Um Befürchtungen auszuräumen, dies könne erblich bedingt sein, unterzog sie den Schwiegersohn einer Befragung, in der dieser den Selbstmord allerdings mit der Familiengeschichte entkräften konnte. Als Maurermeister nämlich habe sein Großvater zu jenen „ehrlichen Handwerker[n]" gehört, die während des Baubooms der 1870er Jahre erst durch jüdische Spekulanten über den Tisch gezogen und, nach dem Verlust ihres Vermögens und ihrer Reputation, in den Selbstmord getrieben worden seien. Die Schlussfolgerung des Schwiegersohnes, man dürfe nicht glauben, Juden könnten ihr Geld ehrlich erwerben, spitzte Johann von Leers in seiner Zusammenfassung weiter zu, indem er dies einmal mehr auf den kriminellen Charakter des Judentums „zu allen Zeiten" zurückführte, das stets „den Betrug an den arbeitenden Völkern als Waffe ihres Volkes zur Erringung der Weltherrschaft benutzt" hätte. Die richtige Konsequenz aus solchen „jüdischen Gaunereien" liege deshalb im „Kampf gegen die Juden", die als „das Urböse in der Welt" schlechthin schließlich „zugrunde gehen" müssten.[354]

---

350 EBD., S. 18.
351 LEERS, [JOHANN] VON: Die große Alamannenschlacht von Straßburg im Jahre 357 n. Chr, in: SS-Leitheft 2 (1936/37) 10, S. 3–7, hier S. 7.
352 LEERS, [JOHANN] VON: Der Kommandant von Graudenz, in: SS-Leitheft 2 (1936/37) 11, S. 4f., hier S. 4.
353 LEERS, J[OHANN] v[ON]: Georg von Frundsberg, aller deutscher Landsknecht' lieber Vater, in: SS-Leitheft 3 (1937/38) 8, S. 11–19, hier S. 12.
354 LEERS, [JOHANN] v[ON]: So sind sie reich geworden!, in: SS-Leitheft 5 (1939/40) 3, S. 20–25, hier S. 25.

Einen Beitrag zur Identitätsstiftung und Traditionsbildung der SS sollten schließlich die Lebensbilder ausgesuchter Persönlichkeiten der deutschen Geschichte leisten, die die Einheit des Deutschen Reiches verkörperten oder sich durch heroische Taten ausgezeichnet hatten: Neben Heinrich I., um den Himmler einen aufwendigen Kult betreiben ließ (siehe Kap. 7.7), und Eike von Repgow, der Johann von Leers als „einer der größten Geister des deutschen Mittelalters" galt und „ein wirklich Wissender um die Ordnung der Welt" gewesen sei, weil er das „Recht der Sachsen"[355] aufzeichnete, entsprach vor allem Georg (Jörg) von Frundsberg diesem Ideal: „Treu und gerade" soll er demnach gewesen sein und damit „ein Ehrenmann vom Scheitel bis zur Sohle, ein ritterlicher Kriegsmann ohne Furcht und Tadel, ein echter Deutscher, mutig gegen den Feind, milde gegen den Besiegten, allzeit treu zum Reich", an das er „glaubte", „trotzdem der eine Kaiser seinen Kampf nur schwach, der andere gar nicht unterstützte", fabulierte Johann von Leers über diesen frühneuzeitlichen Landsknecht, nach dem 1943 eine Panzer-Division der SS benannt werden sollte.[356] Ähnlich vereinnahmt wurde auch der württembergische Major Conrad Widerholt, der im Dreißigjährigen Krieg die Festung Hohentwiel gegen spanische Truppen und die kaiserlichen Armee verteidigte: „Auf sich allein angewiesen, umgeben von Feinden und in einem Netzwerk diplomatischer Verhandlungen, die er von seiner Festung gar nicht übersehen konnte, ist er treu geblieben", hieß es über ihn. Eben dieser Heroismus mache ihn zum „Vorbild für jeden, der in schwieriger Lage auf eigene Verantwortung handeln muss", aber auch zum „Vorbild eines echten deutschen Kriegsmannes, der sein raues Handwerk nie dazu benutzte, andere über Gebühr zu drücken und zu pressen, immer ritterlich war. Ein deutscher Mann im besten Sinne des Wortes […], der nie etwas tat, als was ihm sein eigenes Gewissen und seine Treue vorschrieb."[357] Gleiches wusste er auch über den preußischen General von Courbière zu sagen, der sich während der Napoleonischen Kriege 1807 als Kommandant der Festung Graudenz „bis zum letzten Augenblick" der französischen Truppen erwehrte, die Waffen nicht streckte und damit „Treue" zeigte.[358]

---

355 LEERS, J[OHANN] V[ON]: Eike von Repgow, in: SS-Leitheft 3 (1937/38) 6, S. 20–26.
356 LEERS, J[OHANN] V[ON]: Georg von Frundsberg, aller deutscher Landsknecht' lieber Vater, in: SS-Leitheft 3 (1937/38) 8, S. 11–19, hier S. 19.
357 LEERS, [JOHANN] V[ON]: Der Kommandant auf dem Hohentwiel, in: SS-Leitheft 4 (1938/39) 1, S. 22–29, hier S. 29.
358 LEERS, [JOHANN] VON: Der Kommandant von Graudenz, in: SS-Leitheft 2 (1936/37) 11, S. 4 f., hier S. 4.

6. Berufung nach Jena: „[I]n einzigartiger Weise geeignet"

6.1 Als „Nazi-Theoretiker" an der Universität Jena

Die Agitation und Propaganda in der „Judenfrage", wie sie fanatisierte Antisemiten wie Johann von Leers betrieben, durfte eine umso größere Wirkung erwarten, je mehr Glaubwürdigkeit diese aufgrund der Autorität ihrer beruflichen und gesellschaftlichen Position beanspruchen konnten. Bereits Viktor Klemperer deutete diesen Zusammenhang an, als er Johann von Leers als „Gymnasialprofessor der Geschichte" bezeichnete.[1] Den Ausweis akademischer Reputation erhielt Johann von Leers zum Wintersemester 1936/37, als er an der Universität Jena zu einer Hochschulkarriere ansetzte, die ihn innerhalb kürzester Zeit vom Dozenten mit einem Lehrauftrag für *Deutsche Rechts-, Wirtschafts- und politische Geschichte auf rassischer Grundlage* auf eine ordentliche Professur dieser programmatischen Ausrichtung führte.[2]

Dass ihm dies gelang, war zweifelsohne seiner Vernetzung mit prominenten Größen in Partei und Staat zu verdanken. Geradlinig und frei von Widerständen verlief der Weg dorthin allerdings nicht. Selbst Himmler als sein großzügiger Förderer, der ihm Anfang 1936 versichert hatte, wie *sehr* er dessen Arbeit *schätze,* empfahl ihm zunächst, *an die Bauernhochschule nach Goslar zu gehen.*[3] Die Einrichtung, an der das Lehrpersonal der Bauernschulen in den Gauen des Reichsnährstandes zu seiner „inneren Festigung" politisch und weltanschaulich geschult werden sollte, bestand seit 1935 und eröffnete zahlreichen Schulungsleitern aus dem Rasse- und Siedlungsamt eine beruf-

---

1   Nowojski, Walter (Hrsg.): Victor Klemperer. Tagebücher 1943, Berlin ²1999, Eintrag vom 29.05.1943.
2   Stier an REM, 26.03.1936 [ThHStAW, PA Nr. 18260, Bl. 17].
3   Himmler an Johann von Leers, 09.01.1936 [BArch, BDC-DS, von Leers].

liche Perspektive.⁴ Ein solcher eher provinzieller Posten ohne wissenschaftliches Renommee erschien Johann von Leers als Vertreter der Generation der „Alten Kämpfer" allerdings nicht angemessen. Ihr Mann, klagte Gesine von Leers 1938 gegenüber Rosenberg, habe sich *immer nur für diese Bewegung aufgeopfert*, als *Anerkennung* aber nie die ersehnte Hochschulprofessur erhalten.⁵ An Bemühungen dazu habe es bis zu diesem Zeitpunkt zwar nicht gefehlt. Allerdings seien diese bislang am *Neid* seiner Konkurrenten gescheitert, die seine Absichten *wiederholt durchkreuzt* oder sogar *zunichte gemacht* hätten.⁶

Abgesehen von verletzten Eitelkeiten, die hier anklingen, lag dem Wunsch nach einer Professur noch ein anderes Motiv zugrunde. Nur eine Universität nämlich schien den Rahmen für einen Beitrag zu jener akademisch verbrämten „Judenforschung"⁷ zu bieten, die, wie er bereits 1935 im „Handbuch der Judenfrage" ausgeführt hatte, nicht jene Fehler wiederholen dürfe, wie sie die Geschichte des „Partei[en]-Antisemitismus" der Kaiserzeit lehrte. Dieser nämlich habe zu sehr auf öffentliche Wahrnehmung und parlamentarische Präsenz geblickt, sich dabei aber in fruchtlose Konkurrenzkämpfe begeben und die Forschung vernachlässigt: „Die meisten seiner Vertreter", merkte Johann von Leers kritisch an, hätten sich „auf Agitation" eingestellt und den „Versammlungserfolg" zum „Maß der Dinge" erhoben. Die „wissenschaftlichen Forschungen der Vorläufer des politischen Antisemitismus" mussten damit jedoch „ganz in den Hintergrund" geraten, zumal seine Wortführer den „Kampf gegen Gesinnungsverwandte" zeitweise „mit mehr Gründlichkeit und vor allen Dingen mit mehr Erbitterung geführt" hätten, als den „Kampf gegen grundsätzliche Gegner".⁸ Insofern begrüßte er auch die unter Walter Frank und Wilhelm Grau initiierten Arbeiten der 1936 errichteten Forschungsabteilung Judenfrage am Reichsinstitut für Geschichte des neuen Deutschland, in denen er richtige Ansätze

---

4   REISCHLE, HERMANN/SAURE, WILHELM: Der Reichsnährstand. Aufbau, Aufgaben und Bedeutung, Berlin ²1936, S. 351–354. Zur Entstehung und zu den Aufgaben der „Bauernhochschulen" siehe HARTEN, HANS-CHRISTIAN: Himmlers Lehrer. Die Weltanschauliche Schulung in der SS 1933–1945, Paderborn 2014, S. 28–30.

5   Gesine von Leers an Rosenberg, 23.02.1938 [BArch, NS 8/146, Bl. 2].

6   Astel an Himmler, 08.10.1935, zit. JOHN, JÜRGEN/WALTHER, HELMUT G. (HRSG.): Wege der Wissenschaft im Nationalsozialismus. Dokumente zur Universität Jena 1933–1945 (Quellen und Beiträge zur Geschichte der Universität Jena, Bd. 7), Stuttgart 2007, S. 99–101.

7   Grundlegend RUPNOW, DIRK: Judenforschung im Dritten Reich. Wissenschaft zwischen Politik, Propaganda und Ideologie, Baden-Baden 2011.

8   LEERS, JOHANN VON: Zur Geschichte des deutschen Antisemitismus, in: Handbuch der Judenfrage. Die wichtigsten Tatsachen zur Beurteilung des jüdischen Volkes, Leipzig ³⁹1935, S. 514–544, hier S. 529.

dafür sah, „die Geschichte des Judentums auf deutschem Boden zu schreiben".⁹ Etwaige Defizite der Münchener Judenforscher, vor allem über jene rabbinische Schriften, in denen gemäß seiner fixen Ideen das planvolle Vorgehen des „Weltjudentums" auf seinem Weg zur Weltherrschaft niedergelegt war, gedachte er durch ein eigenes Forschungsprogramm zu beheben: Zu einer der „ersten Forderungen wirkungsvoller Bekämpfung der jüdischen Macht und ihrer zähen Aktionen gegen das deutsche Volk" zählte Johann von Leers denn auch „eine erstklassige Übersetzung des Talmud und des Schulchan aruch [sic], des furchtbaren Buches ,Sohar' und der verwandten rabbinischen Literatur", um „dann aus dieser die allen Völkern feindlichen Gesetze und Gebote in einem handlichen Buche mehrsprachig zusammenzustellen".¹⁰ Gleichermaßen bedeutsam sei zudem eine „sachliche Familienforschung" ganz in der Tradition der völkischantisemitischen Genealogie, die den grundsätzlich kriminellen Charakter als überzeitliche Konstante aufzeigten: Ihre Aufgabe sah er darin, den „Nachweis des erblich kriminellen Bestandes im Judentum" zu erbringen, der „bei sehr vielen Familien" zurück bis „zur vierten oder fünften Generation" reiche. Der Wert gerade solcher Studien ergebe sich überdies daraus, dass sie „nicht nur im Reiche selbst, sondern auch im Ausland", wo sie „besonders notwendig" seien, „Klarheit über das Judentum bringen".¹¹

Um ein solches Forschungsprogramm als, wie er bereits zeitgenössisch charakterisiert wurde, „Nazi-Theoretiker"¹² zu verwirklichen, bestanden gerade in Jena gute Voraussetzungen. Seit Mitte der 1930er Jahre erfuhr die Universität eine Umgestaltung in Forschung und Lehre, um sich als „SS-Universität"¹³ auszurichten. Zu den treibenden Kräften zählte dabei der Thüringische Reichsstatthalter und Gauleiter Fritz Sauckel, der *vom Führer dazu befugt* worden war, Jena *zu einer rassisch-lebensgesetzlich besonders sorgfältig ausgerichteten Universität auszubauen.*¹⁴ In der Praxis bedeutete dies eine Verzahnung von Wissenschaft und Weltanschauung und die rassenideologische Durchdringung möglichst aller Disziplinen, deren Vertreter sich als „Männer der Kämpferischen Wissenschaft" verstanden, die der nationalsozialistischen Politik und Propaganda Argumente

---

9   LEERS, JOHANN VON: Vom Nutzen jüdischer Familienkunde. Die Zusammenhänge zwischen Verbrechen und Judentum, in: Westdeutscher Beobachter vom 15.11.1936.
10 EBD.
11 EBD.
12 Asks Europe's Jews Be Moved in Body to Another Continent, in: Jewish Daily Bulletin vom 25.06.1933.
13 Astel an Himmler, 08.05.1935, zit. nach JOHN/WALTHER, Wege der Wissenschaft im Nationalsozialismus, S. 98 f. Zum Begriff „SS-Universität" siehe auch HOSSFELD, UWE: Gerhard Heberer (1901–1973). Sein Beitrag zur Biologie im 20. Jahrhundert, Berlin 1997, S. 65.
14 Astel an Wolff (Persönlicher Stab Reichsführer SS), [?].02.1938 [IfZ, MA 297].

an die Hand zu geben hatten.¹⁵ Ihren Niederschlag fand diese Entwicklung in einer entsprechenden Personalrekrutierung nicht nur in der Medizinischen und Mathematisch-Naturwissenschaftlichen Fakultät, sondern auch unter Rechts- und Wirtschaftswissenschaftlern sowie in der Philosophischen Fakultät, insbesondere dem Fach Geschichte.¹⁶ Es gelte, schrieb 1935 einer der Wortführer der angestrebten Profilbildung gerade dieser Fächer an Himmler, Thüringen zum „Fort in vorderster Linie des SS-Kampfes gegen alle überstaatlichen Mächte einschließlich des Christentums auszubauen".¹⁷

Unter diesen Vorzeichen bahnte sich seit 1936 auch die Karriere von Johann von Leers an. Entgegen seiner Anfang der 1960er Jahre verbreiteten Erklärungen nämlich, er sei aufgrund seiner *eingehenden historischen Studien und Veröffentlichungen über die Geschichte des Bauerntums und des Handwerks in Europa*¹⁸ nach Jena berufen worden, spielten angebliche wissenschaftliche Qualifikationen kaum eine Rolle. Ausschlaggebend war stattdessen die Protektion durch jene Kreise, die Jena zu einer „NS-Musteruniversität"¹⁹ umgestalteten. Dazu zählte vor allem der Mediziner Karl Astel (1898–1945), ebenfalls ein „Alter Kämpfer", der unter den Nationalsozialisten zum einflussreichen Wissenschaftsfunktionär aufstieg. Nachdem er im Juli 1933 zunächst Präsident des neu errichteten Thüringischen Landesamtes für Rassewesen geworden war, erhielt er im Jahr darauf einen Ruf nach Jena, wo er eine Professur für menschliche Züchtungslehre und Vererbungsforschung übernahm und ein gleichnamiges Institut leitete.²⁰

---

15 HAMANN, ANNETT: „Männer der Kämpfenden Wissenschaft": Die 1945 geschlossenen NS-Institute der Universität Jena, in: HOSSFELD, UWE/JOHN, JÜRGEN/LEMUTH, OLIVER/STUTZ, RÜDIGER (HRSG.): „Kämpferische Wissenschaft". Studien zur Universität Jena im Nationalsozialismus, Köln/Weimar/Wien 2003, S. 202–234, hier S. 218.
16 LERCHENMUELLER, JOACHIM: Die Geschichtswissenschaft in den Planungen des Sicherheitsdienstes der SS. Der SD-Historiker Hermann Löffler und seine Gedenkschrift „Entwicklung und Aufgaben der Geschichtswissenschaft in Deutschland" (Archiv für Sozialgeschichte, Beiheft 21), Bonn 2001, S. 113–115.
17 Astel an Himmler, 08.05.1935, zit. nach JOHN/WALTHER: Wege der Wissenschaft im Nationalsozialismus, S. 98 f. Zum Profilwandel der Jenaer Universität siehe auch JOHN, JÜRGEN/WALTHER, HELMUT G. (HRSG.): „Im Dienst an Volk und Vaterland". Die Jenaer Universität in der NS-Zeit, Köln/Weimar/Wien 2005, S. 82.
18 Lebenslauf Prof. Dr. Johann von Leers (Ms.), o.D. [NL H. Achmed Schmiede].
19 HAMANN: „Männer der Kämpfenden Wissenschaft", S. 218.
20 Zu Astel siehe JENSEN, BRIGITTE: Karl Astel. Ein „Kämpfer für Volksgesundheit", in: DANCKWORTT, BARBARA/QUERG, THORSTEN/SCHÖNINGH, CLAUDIA (HRSG.): Historische Rassismusforschung. Ideologen, Täter, Opfer, Hamburg 1995, S. 152–178; HOSSFELD, UWE: Von der Rassenkunde zur Theorie der Evolution, in: HOSSFELD, UWE/JOHN, JÜRGEN/LEMUTH, OLIVER/STUTZ, RÜDIGER (HRSG.): „Kämpferische Wissenschaft". Studien zur Universität Jena im Nationalsozialismus, Köln/Weimar/Wien 2003, S. 519–574; DERS.: Geschichte der biologischen Anthropologie in Deutschland. Von den Anfängen bis in die Nachkriegszeit, Stuttgart ²2016, S. 249–259.

Zu diesem Zeitpunkt trat er auch der SS bei. Welche Machtfülle Astel besaß, unterstreichen die zahlreichen Ämter, die er in den folgenden Jahren übernahm, unter anderem seit 1939 als Rektor und seit 1942 als Gaudozentenbundführer in Thüringen. Das Urteil, die in Jena „über einen Zeitraum von 15 Jahren zu konstatierende wissenschaftspolitische Zusammenarbeit und Verflechtung von Universität und Gaupolitstellen" rage „innerhalb der gesamtdeutschen Entwicklung heraus"[21], ist nicht zuletzt auf sein Wirken zurückzuführen. Astel war es auch, der tatkräftig die Berufung einer ganzen Riege *weltanschaulich und wissenschaftlich erster Kräfte*[22] auf Lehrstühle und an Institute in Jena und Weimar förderte, die dort „förmlich aus dem Boden gestampft wurden".[23] Zugute kamen ihm dabei seine Beziehungen zu Gauleiter Sauckel, den er vermutlich aus Jugendzeiten kannte[24], ebenso zu Himmler. Spätestens seit Herbst 1935 suchte er beide für den Plan zu gewinnen, Johann von Leers in Jena eine berufliche Zukunft zu eröffnen. Die Universität habe *große Geister* wie ihn *dringendst nötig*, schrieb er Sauckel.[25] Nicht weniger nachdrücklich setzte sich Astel beim Reichsführer SS für ihn ein: In Johann von Leers sehe er einen *sehr wesentlichen Baustein für die Errichtung der Universität auf SS-mäßiger Grundlage,* trug er Himmler sein Anliegen vor.[26] Da in Jena *gerade ein Lehrstuhl für Geschichte frei* sei, über dessen Neubesetzung die Universität noch nicht entschieden habe, könnte dieser verwendet werden, zumal Johann von Leers *[o]hne Zweifel* der *Beste dafür* sei.[27] So habe er in seinen Veröffentlichungen stets *seine rassisch und weltanschaulich klare wie wissenschaftlich gediegene Arbeitsweise bewiesen.*[28] Da er überdies als einer der *nationalsozialistisch sichere[n] Fachleute* angesehen werden könne, die bislang an den Historischen Seminaren *ungeheuer selten* anzutreffen seien, könne Johann von Leers auch zugetraut werden, *Angriffe der Gegner* abzuwehren.[29] In welcher Form Sauckel und Himmler ihren Einfluss für Johann von Leers geltend gemacht haben, lässt sich nicht im Detail aufhellen. Es ist allerdings bekannt, dass der Reichsführer SS immer wieder auf Berufungsverfahren Ein-

---

21   Hossfeld: Von der Rasenkunde zur Theorie der Evolution, S. 553.
22   Astel an Wolff (Persönlicher Stab Reichsführer SS), [?].02.1938 [IfZ, MA 297].
23   Hamann: „Männer der Kämpfenden Wissenschaft", S. 203.
24   Günther an Hauer, 12.07.1933 [BArch, N 1131/52, Bl. 146]. Astel und Sauckel sollen demnach dem gleichen Jugendbund angehört haben.
25   Astel an Sauckel, 07.04.1936 [ThHStAW, RStH Nr. 365/371, Bl. 2].
26   Astel an Himmler, 08.10.1935, zit. nach John/Walther: Wege der Wissenschaft im Nationalsozialismus, S. 99–101.
27   Ebd.
28   Ebd.
29   Ebd.

fluss genommen hat.[30] Ein Beispiel dafür ist der Biologe Gerhard Heberer (1901–1973), den er vor seinem späteren Ruf nach Jena zunächst andernorts auf einen Lehrstuhl zu lancieren suchte.[31] Nachweisen lassen sich zudem Gespräche, die Sauckel 1936 mit Bernhard Rust (1883–1945) führte, als die Angelegenheit ins Stocken zu geraten drohte. Dabei setzte er dem Reichserziehungsminister seinen Herzenswunsch auseinander, in Jena *neben dem reinen Fachwissenschaftsbetrieb* auch *Männer der ‚kämpfenden Wissenschaft' zu wissen, die die für unsere nationalsozialistische Weltanschauung vordringlichen Probleme wissenschaftlich vorwärts bringen und die studierende Jugend mit dem Geist nationalsozialistischen Forschens zu erfüllen vermögen.*[32] Als ein besonders geeigneter Kandidat wurde unter anderem Johann von Leers genannt.

6.2 Vom Dozenten zum ordentlichen Professor: Die Blitzkarriere

Obgleich Astel angesichts solcher Unterstützung sowie durch eine geschickt lancierte Pressemeldung den Druck auf Rust derart erhöhen konnte, dass dieser eine Berufung zum Dozenten nicht mehr verhindern konnte, reichte sein Einfluss zu diesem Zeitpunkt nicht aus, die weitergehenden Ansprüche Johann von Leers zu erfüllen. Anstelle einer *festen Anstellung*[33] im Beamtenverhältnis boten Reichserziehungsministerium und Universität nur einen schlechter vergüteten Lehrauftrag. Soweit ersichtlich, war dies unter anderem auf Walter Frank zurückzuführen, der *entschiedene Bedenken* gegen eine Vorzugsbehandlung geäußert hatte.[34] Es spricht für seine realistische Einschätzung der Lage, dass Johann von Leers diese Entscheidung akzeptierte und den schlechter dotierten Lehrauftrag als unerfreuliche, gleichwohl unumgängliche Etappe auf dem Weg zu der angestrebten ordentlichen Professur betrachtete. Er sei *sehr glücklich, an der Universität Jena im nationalsozialistischen Geiste wirken zu dürfen*, äußerte

---

30 LONGERICH, PETER: Heinrich Himmler, München 2008, S. 288.
31 HOSSFELD: Gerhard Heberer (1901–1973), S. 60 f.
32 Sauckel an Rust, 12.09.1936 [ThHStAW, RStH Nr. 372, Bl. 6]. Siehe auch die Nachkriegserinnerungen des damaligen Mitarbeiters in Rusts Ministerium, Wilhelm Engel (1905–1964), derzufolge Rust Sauckel *eine zweite Planstelle in Jena versprochen* habe, die von diesem dann *durchgesetzt* worden sei. Siehe Befragung von Professor Dr. Wilhelm Engel, 24.11.1959 [IfZ, ZS 1871-2, Bl. 6]. Zu weiteren Details siehe HOSSFELD, UWE/JOHN, JÜRGEN/LEMUTH, OLIVER/STUTZ, RÜDIGER (HRSG.): Zum Profilwandel der Jenaer Universität, in: DIES. (HRSG.): „Im Dienst an Volk und Vaterland", S. 172 f.
33 Reichsstatthalter an REM, 16.09.1936 [ThHStAW, RStH Nr. 365/371, Bl. 10].
34 Aktennotiz Reichsstatthalter nach Gespräch mit Stier, 09.09.1936 [ThHStAW, RStH Nr. 365/371, Bl. 6].

er sich zufrieden, und wolle künftig *das meinige zum Aufblühen einer artbewussten Betrachtung der Geschichte tun*.[35] Dass diese Entscheidung sich langfristig als die richtig erwies, sollte die folgende Blitzkarriere zeigen.

Bereits mit seiner Berufung, die in einem Festakt am 6. November 1936 öffentlich zelebriert wurde, setzten Bemühungen ein, Johann von Leers zu einer Professur zu verhelfen. Im Februar 1937 konnte die Universität von Rust die Zusage abringen, ihn wie auch Kummer *zu ordentlichen Professoren zu ernennen*.[36] Dass dies als Zwischenetappe über den Weg einer außerordentlichen Professur „mit persönlichem Ordinariat" geschehen musste, nahm Johann von Leers trotz des geringeren Gehalts in Kauf. Im März 1938 erfolgte seine Ernennung. Ein Lehrstuhl hatte sich in der Rechts- und Wirtschaftswissenschaftlichen Fakultät gefunden, der in die Philosophische Fakultät verschoben wurde, um ihn Johann von Leers *gewissermaßen als dritte Lehrstelle der Geschichte neben den Professoren Dr. Günther Franz und Dr. Maschke zu übertragen*.[37] Dort sollte er *Bauerngeschichte* in Vorlesungen und Übungen *vertreten*.[38] Auch die weitere Entwicklung deutete sich bereits an. Die Umwandlung *in eine ordentliche Lehrstelle* sei nicht mehr als *ein Verwaltungsakt*, glaubte die Universitätsverwaltung bereits Anfang 1937.[39] Insofern überrascht es nicht, dass Astel sich nachdrücklich für das eigentliche Ziel einsetzte, Johann von Leers *baldigst zum ordentlichen Professor zu ernennen*.[40] Damit sollte dieser nicht zuletzt zu einem Umzug von Berlin nach Jena veranlasst werden, den Johann von Leers bislang aus wirtschaftlichen Gründen abgelehnt hatte. Damit aber, monierte Astel, bliebe seine *Wirkungsmöglichkeit* vor Ort *nur beschränkt*.[41] Die letzten Schritte schließlich wurden im Frühjahr 1939 vollzogen: Im April reichte Johann von Leers ein Gesuch zur Ernennung zum nichtplanmäßigen Professor „neuer Ordnung" ein. Bald darauf beantragte der Dekan der Philosophischen Fakultät beim Reichs-

---

35 Johann von Leers an Sauckel, 25.10.1936 [ThHStAW, RStH Nr. 365/371, Bl. 22]. Siehe auch GOTTWALD, HERBERT: Die Jenaer Geschichtswissenschaft in der Zeit des Nationalsozialismus, in: HOSSFELD, UWE/JOHN, JÜRGEN/LEMUTH, OLIVER/STUTZ, RÜDIGER (HRSG.): „Kämpferische Wissenschaft". Studien zur Universität Jena im Nationalsozialismus, Köln/Weimar/Wien 2003, S. 913–942, hier S. 925.
36 Stier an Reichsstatthalter, 01.02.1937 [ThHStAW, PA Nr. 18260, Bl. 41 f.].
37 Stier an Sauckel, 13.04.1937 [ThHStAW, PA Nr. 18260, Bl. 50].
38 Ernennungsurkunde REM, 24.03.1938 [ThHStAW, PA Nr. 18260, Bl. 67]. Siehe auch REM an Johann von Leers, 31.05.1938 [UAJ, Bestand D 1868] sowie Astel an SS-Gruppenführer Wolff, 14.05.1938, zit. nach JOHN/WALTHER: Wege der Wissenschaft im Nationalsozialismus, S. 177 f.
39 Stier an Reichsstatthalter, 01.02.1937 [ThHStAW, PA Nr. 18260, Bl. 41 f.].
40 Astel an SS-Gruppenführer Wolff, 14.05.1938, zit. nach JOHN/WALTHER: Wege der Wissenschaft im Nationalsozialismus, S. 177 f.
41 Ebd.

erziehungsministerium die Errichtung eines ordentlichen Lehrstuhls für „Deutsche Geschichte, Rechts-, Wirtschafts- und Bauerngeschichte". Zur Besetzung schlug er *an einziger Stelle* Johann von Leers vor, der dafür *in einzigartiger Weise geeignet* sei.[42] Die erforderliche Stelle wurde diesmal der Theologischen Fakultät entzogen. Nachdem das Ministerium dem Antrag stattgegeben hatte, kündigte es die Ernennung *bis zum Beginn des Wintersemesters* an.[43] Als Lehrgebiet war „Deutsche Geschichte mit besonderer Berücksichtigung der deutschen Bauerngeschichte"[44] vorgesehen.

6.3 Lehre und Forschung im Kontext „kämpferischer Wissenschaft"

Betrachtet man die Berufung vor dem Hintergrund der Hochschul- und Wissenschaftspolitik im Nationalsozialismus, die sich durch eine Vielzahl konkurrierender Ämter, Behörden und Institutionen auszeichnete, akademische Disziplinen nach rassischen und „lebensgesetzlichen" Prinzipien ausrichten wollte und im Konflikt um Ressourcen durch ein hohes Maß an Rivalitäten und Intrigen geprägt wurde, erscheinen viele der Umstände in diesem Verfahren keineswegs atypisch. Gleichwohl soll nach Besonderheiten dieser Blitzkarriere, dem Beitrag der durch Johann von Leers popularisierten Lehrinhalte und initiierten Forschungsarbeiten zur Profilierung Jenas als „SS-Universität" und schließlich nach den Konfliktfeldern im Kontext der „kämpferischen Wissenschaft" gefragt werden.

Bemerkenswert ist zunächst, dass Johann von Leers im Gegensatz zu konkurrierenden Weggefährten eine Hochschulkarriere in einer Disziplin gelang, in der er als promovierter Jurist als Fachfremder gelten musste und zu der es ihm, ähnlich seinem Förderer Astel, an jeglicher akademischen Qualifikation fehlte. Eine bereits 1946 vorgebrachte Behauptung, wonach er *der Universität aufgezwungen*[45]

---

42 Dekan FSU Jena an REM, 12.07.1939 [UAJ, BA 2160, Bl. 175].
43 REM an Sauckel, 29.07.1939 [UAJ, BA 2160, Bl. 180; Abschriften auch in ThHStaW, PA Nr. 18260, Bl. 94, ThHStaW, RStH Nr. 365/71, Bl. 39 bzw. UAJ, Bestand M 632, Bl. 677].
44 REM (Harmjanz) an THMVB, 11.10.1939 [ThHStAW, PA Nr. 18260, Bl. 119].
45 Erklärung Prof. Friedrich Schneider, 04.02.1946 [UAJ, Bestand BA 2161, Bl. 162]. Siehe auch STEINBACH, MATTHIAS: Friedrich Schneiders „Kaiserpolitik des Mittelalters": Zur Karriere eines Bestsellers im Spannungsfeld ideologisierter Geschichtsbilder und universitärer Machtkämpfe, in: HOSSFELD, UWE/JOHN, JÜRGEN/LEMUTH, OLIVER/STUTZ, RÜDIGER (HRSG.): „Kämpferische Wissenschaft". Studien zur Universität Jena im Nationalsozialismus, Köln/Weimar/Wien 2003, S. 943–966, hier S. 948. Demnach sei Johann von Leers „Günstling der Partei und einer linientreuen Studentenschaft" gewesen.

worden sei, ist deshalb nicht völlig von der Hand zu weisen. Dass in diesem Fall das „Primat der Wissenschaftlichkeit"[46], an dem in Berufungsverfahren in der NS-Zeit anfangs noch festgehalten wurde, offenkundig aufgehoben war, lässt sich damit erklären, dass der Geschichtswissenschaft innerhalb der „Judenforschung" als einer „Musterwissenschaft" des Nationalsozialismus eine „leitende Funktion"[47] zugesprochen wurde. Wie geringschätzig Johann von Leers die akademischen Standards der universitären Personalrekrutierung achtete, hatte er bereits bei seiner Berufung zum Dozenten klargestellt, wonach er *keine Neigung verspüre, sich zu habilitieren*.[48] Zwar war er kurz darauf von dieser Haltung wieder abgerückt, da andernfalls, wie er erkennen musste, die angestrebte Professur unerreichbar wurde und er Gefahr lief, *auf dem [...] eingeschlagenen Wege mit einem bloßen Lehrauftrag stehen zu bleiben*.[49] Entgegen seiner Ankündigung, die Habilitation in *angemessener Zeit*[50] nachzuholen, scheint ein solches Verfahren jedoch nie eingeleitet worden zu sein. Ob es tatsächlich seine Fürsprecher Erich Maschke und Hans F. K. Günther gewesen sind, die ihm diesen Schritt wieder *ausreden* konnten, nachdem sie die *Wissenschaftlichkeit* seiner vorliegenden Schrift *beanstandet hatten*, bleibt offen.[51] Keinerlei Wirkung entfalteten zudem die Intrigen, mit denen seine zahlreichen Widersacher seine Berufung abzuwenden suchten: Dies gilt etwa für die Angriffe durch Walter Hansen, der ihm seit der kunstpolitischen Kontroverse 1933 in Feindschaft verbunden war (siehe Kap. 4.5.1) und nunmehr Briefe *an die verschiedensten Stellen* schrieb, um seine Ernennung *zu hintertreiben*, wie Johann von Leers mutmaßte.[52] Ebenso wenig vermochte der 1936 anonym lancierte Hinweis auszurichten, über Johann von Leers solle *eine nicht besonders günstige Auskunft des Sicherheitsdienstes vorliegen*.[53] Der Konkurrenzkampf mit seinem Intimfeind Günther Franz wiederum, auf den noch einzugehen sein wird (siehe Kap. 6.4), ging zu seinen Gunsten aus.

---

46 HAUSMANN, FRANK-RUTGER: „Vom Strudel der Ereignisse verschlungen". Deutsche Romanistik im „Dritten Reich", Frankfurt am Main ²2008, S. 40.
47 RUPNOW: Judenforschung im Dritten Reich, S. 183–185.
48 Aktennotiz Reichsstatthalter nach Gespräch mit Stier, 09.09.1936 [ThHStAW, RStH Nr. 365/371, Bl. 6].
49 Reichsstatthalter an REM, 16.09.1936 [ThHStAW, RStH Nr. 365/371, Bl. 10].
50 Ebd.
51 FRANZ, GÜNTHER: Mein Leben (Ms), o. O. 1982, S. 112.
52 Johann von Leers an Himmler, 10.03.1938 [BArch, NS 19/392, Bl. 37].
53 Aktennotiz Reichsstatthalter nach Gespräch mit Stier, 09.09.1936 [ThHStAW, RStH Nr. 365/371, Bl. 6]. Die Hintergründe dieser Behauptungen sind unklar. Möglicherweise bestand ein Zusammenhang mit dem seinerzeit umherlaufenden Gerücht, Johann von Leers unterhalte eine Verbindung zu Otto Straßer in Prag. Ebenso denkbar ist allerdings, dass seine zu diesem Zeitpunkt intensiven Kontakt mit Carl Schmitt den SD zu diesem Urteil veranlassten.

Zu den auffälligen Besonderheiten seiner Hochschullehre zählen zudem die zahlreichen Initiativen, die nationalsozialistische „Judenforschung" als interdisziplinäre Aufgabe und wissenschaftliches Programm in konsequent antisemitischer Perspektive zu etablieren, deren Erkenntnisse sich ihrem Selbstverständnis nach als Ergänzung zur „Rassenforschung" der Naturwissenschaften verstanden und die Verbindlichkeit unter anderem dadurch zu erreichen suchte, dass sie diese Erkenntnisse zu prüfungsrelevanten Stoffen erhob. Dass Forschungen zur „Judenfrage" sich dabei dem Primat von Weltanschauung und Politik zu unterwerfen hatten und unweigerlich auf eine Rechtfertigung der nationalsozialistischen „Judenpolitik" in ihren unterschiedlichen Phasen abzielten, war bereits in einem Redebeitrag während seiner Einführung als Dozent im November 1936 deutlich geworden, demzufolge die Lehre über „das geschichtliche Wirken des Judentums auf deutschem Boden" alleine „an Hand unserer nationalsozialistischen Erkenntnisse" erfolgen könne.[54] Als die Universitätsleitung dann ab Sommer 1939 seine Berufung auf eine ordentliche Professur forcierte, zählte die *Judenfrage* ausdrücklich zu den Schwerpunkten, die er in Lehre und Forschung vertreten sollte und zu denen er sich, wie hervorgehoben wurde, durch Pamphlete wie „14 Jahre Judenrepublik" befähigt hatte.[55]

In den folgenden Jahren gelang es zumindest ansatzweise, dieses Konzept umzusetzen. Programmatisch war bereits das Thema der ersten Übung, die Johann von Leers im Wintersemester 1936/37 unter dem Titel „Das Judentum in der deutschen Geschichte vom Ausgang des Dreißigjährigen Krieges bis zur Mitte des 19. Jahrhunderts, insonderheit seine Kriminalität" ankündigte.[56] Zwar sei diese, hieß es, „in erster Linie für Historiker gedacht", richtete sich zugleich aber an „Studierende der Rechtswissenschaften, Biologen und solche, die sich für Familienkunde interessieren", die hier ebenfalls „Wertvolles finden können".[57] Veranstaltungen dieser Art führte Johann von Leers bis in den letzten Kriegswinter fort, als er, in Anspielung auf deren finalen Charakter, über die „Geschichte der Judenfrage in Europa" las. Besonders hervor stechen zudem zwei Ringvorlesungen, die Vertreter unterschiedlichster Disziplinen zusammenbrachten. Die Veranstaltungsreihe im Wintersemester 1938/39 stand dabei unter dem Motto „Deutschtum und Judentum" und diente nicht zuletzt der „ideo-

---

54 Dr. Leers an der Universität Jena, in: Hakenkreuzbanner vom 17./18.11.1936 [BArch, N 2168/61, Bl. 9].
55 Dekan FSU Jena an REM, 12.07.1939 [UAJ, BA 2160, Bl. 175].
56 Dr. Leers an der Universität Jena, in: Hakenkreuzbanner vom 17./18.11.1936 [BArch, N 2168/61, Bl. 9]. Ergänzend dazu fand die Vorlesung „Das Recht in der Frühzeit der Völker nordischer Rasse als Bestandteil ihrer Weltanschauung" statt.
57 Ebd.

logischen Rechtfertigung des Novemberpogroms"[58], während die Ankündigung im Sommersemester 1943 unter dem Titel „Die Judenfrage" zweideutig auf die verbrecherische Dimension ihrer „Endlösung" anspielte, die zu einem „offenen Geheimnis" (siehe Kap. 7.4) geworden war. Bereits 1937 hatte der ebenfalls in Jena lehrende Agrarhistoriker Asmus Petersen (1900–1962) zudem angeregt, Johann von Leers an der Mathematisch-Naturwissenschaftlichen Fakultät mit *Vorlesung über Bauerngeschichte* zu beauftragen und ihm das *Prüfungsrecht* für dortige Landwirtschaftsstudenten zu erteilen.[59] Weitereichende Vollmachten wurden auch an der Philosophischen Fakultät angestrebt. Während Astel verlangte, Johann von Leers müsse *für alle* durch ihn vertretenen Fachgebiete eine *Lehr- und Prüfungsbefugnis [...] erhalten*[60], strebte dieser zusätzlich nach einem Platz in der *Prüfungskommission für das Staatsexamen* der Fachhistoriker und im Prüfungsamt für Lehramtskandidaten.[61]

6.4 Streitpunkte: „Bauernforschung" und „Kaiserpolitik"

Trotz des zweifelsohne vorherrschenden Einvernehmens über die Zielsetzung einer solchen „Judenforschung" als „Legitimationswissenschaft"[62] nationalsozialistischer Verfolgungspolitik kann allerdings nicht verkannt werden, dass Johann von Leers die Ausweitung seines Einflusses im akademischen Betrieb den Kontroversen und Intrigen verdankte, die er und die ihn tragenden Kräfte erfolgreich führten. So *grenzenlos widerlich* ihm solche *Universitätsbalgereien an sich*[63] auch seien, wie er 1938 behauptete, so bereitwillig beteiligte er sich an ihnen, um eigene Ansprüche durchzusetzen. Dies lässt sich anhand der Auseinandersetzungen und Konkurrenzkämpfe mit dem Agrarhistoriker Günther Franz (1902–1992) und dem Mediävisten Friedrich Schneider (1887–1962) belegen.

Wie Johann von Leers war auch Franz zum Wintersemester 1936/37 im Zuge des Profilwandels nach Jena gekommen. Die Berufung zweier exponierter

---

58 Hoßfeld/John/Lemuth/Stutz: „Im Dienst an Volk und Vaterland", S. 85.
59 Petersen an Dekan Mathematisch-Naturwissenschaftlichen Fakultät, 30.01.1937 [UAJ, Bestand D 1868].
60 Astel an SS-Gruppenführer Wolff, 14.05.1938, zit. nach John/Walther: Wege der Wissenschaft im Nationalsozialismus, S. 177 f.
61 Stier an Johann von Leers, 14.09.1939 [ThHStAW, PA Nr. 18260, Bl. 106]; Johann von Leers an Stier, 25.09.1939 [ThHStAW, PA Nr. 18260, Bl. 110].
62 Schöttler, Peter: Geschichtsschreibung als Legitimationswissenschaft 1918–1945. Einleitende Bemerkungen, in: Ders. (Hrsg.): Geschichtsschreibung als Legitimationswissenschaft 1918–1945, Frankfurt am Main 21999, S. 7–30.
63 Johann von Leers an Stengel von Rutkowski, 14.06.1938 [UAJ, Bestand D 1868].

Vertreter auf dem Gebiet der Bauern- und Agrargeschichte hing auch mit dem Modellcharakter Thüringens als „Mustergau" zusammen, der „aufgrund seines halb-ländlichen Charakters mit Einschlüssen von scheinbar vollkommen unberührt gebliebenem Bauerntum" von „hohem eugenischem Wert" sowie durch eine seit den 1920er Jahren „fest etablierte nordische Bewegung" ein geeignetes Exerzierfeld abgab, um „Darrés Blut-und-Boden Ideologie und Günthers Verherrlichung des nordisch-ländlichen Idylls"[64] in enger Verknüpfung mit den naturwissenschaftlichen Disziplinen praktisch zu erproben. In diese Richtung weisen auch die Schwerpunkte der Vorlesungen und Übungen, die Johann von Leers seit seiner Berufung unter wechselnden Titeln abhielt.[65] Im Gegensatz zu Johann von Leers und zweifelsohne zu dessen Verärgerung erhielt allerdings der gleichaltrige Franz, der eine respektable Karriere als Hochschullehrer vorweisen konnte, schon mit seinem Ruf ein kommissarisches Ordinariat, das im unmittelbar darauf folgenden Semester in eine ordentliche Professur umgewandelt wurde. Auf den vakanten Lehrstuhl, der dazu bereitgestellt wurde, hatte zeitweilig auch Johann von Leers gehofft.[66]

Dieser rasche Aufstieg gelang Franz nicht zuletzt deshalb, weil er sich geschickt dem Nationalsozialismus angedient hatte. Obgleich ihn seine frühere „Zusammenarbeit mit dem in der Weimarer Republik demokratisch orientierten Historiker Wilhelm Mommsen"[67] Anfeindungen aussetzte und er als „Märzgefallener" erst im Frühjahr 1933 die Mitgliedschaft in der NSDAP beantragt hatte, gehörte er doch zu jener Generation jüngerer Wissenschaftler, die „ihr Geschick mit dem aufsteigenden Stern des Nationalsozialismus verbunden hatten".[68] Seine Rolle in der Schulungsarbeit bezeugen unter anderem

---

64 WEINDLING, PAUL: „Mustergau" Thüringen: Rassenhygiene zwischen Ideologie und Machtpolitik, in: HOSSFELD, UWE/JOHN, JÜRGEN/LEMUTH, OLIVER/STUTZ, RÜDIGER (HRSG.): „Kämpferische Wissenschaft". Studien zur Universität Jena im Nationalsozialismus, Köln/Weimar/Wien 2003, S. 1013–1026, hier S. 1016. Dagegen kritisch zum Begriff „Mustergau" FLEISCHHAUER, MARKUS: Der NS-Gau Thüringen 1939–1945. Eine Struktur- und Funktionsgeschichte (Veröffentlichungen der Historischen Kommission für Thüringen, Kleine Reihe Bd. 28), Köln/Weimar/Wien 2010, S. 35 f. Siehe auch RASSLOFF, STEFFEN: Der „Mustergau". Thüringen zur Zeit des Nationalsozialismus. München 2015.
65 Beispielhaft dafür: Der deutsche Bauer in der deutschen Geschichte (1937), Deutsche Agrargeschichte von der Aufklärungszeit bis zur Gegenwart (1938/39), Geschichte des deutschen Bauerntums (1939), Grundfragen nationalsozialistischer Agrarpolitik im Lichte der deutschen Bauerngeschichte (1. Trimester 1940), Agrargeschichte des Mittelalters und der Neuzeit (3. Trimester 1940), Deutsche Agrargeschichte des 19. und 20. Jahrhunderts (1942/43), Deutsche Agrargeschichte der liberalen Zeit (1944/45).
66 Stier an Reichsstatthalter, 01.02.1937 [ThHStAW, PA Nr. 18260, Bl. 41 f.].
67 GOTTWALD: Die Jenaer Geschichtswissenschaft in der Zeit des Nationalsozialismus, S. 923.
68 HEIBER, HELMUT: Walter Frank und sein Reichsinstitut für Geschichte des neuen Deutschlands (Quellen und Darstellungen zur Zeitgeschichte, Bd. 13), Stuttgart 1966, S. 180.

Beiträge im „Leitheft"[69] der SS, der er 1935 beigetreten war, oder im Organ des Reichsnährstandes.[70] Den Ausschlag gaben allerdings seine Arbeiten vor allem auf dem Gebiet der frühneuzeitlichen Bauernkriege, die als sein „eigentlicher Forschungsschwerpunkt"[71] galten und in ihren Grundzügen bereits in der Endphase der Weimarer Republik entwickelt worden waren. Nachdem er 1933 mit einem Gesamtüberblick über Ursachen und Verlauf der Aufstände zwischen 1524 und 1526 die bis dato „wohl einflussreichste Bauernkriegsstudie des 20. Jahrhunderts" vorgelegt hatte, galt Franz als „der dominierende Historiker auf diesem Gebiet".[72] Obgleich seinen Studien „kein rassischer Interpretationsversuch zugrunde" lag, verankerte er die Erhebungen doch fest in der nationalsozialistischen „Blut-und-Boden"-Theorie. Die Niederschlagung der Bauern in diesem „Kampf um das alte respektive gegen das römische Recht"[73], so seine Deutung, hätten diese „für fast drei Jahrhunderte aus dem Leben unseres Volkes"[74] ausgeschieden. Insofern kann die Schrift auch als „historisches Fundament der Diskussion um ein dem deutschen Wesen entsprechendes Rechtssystem gelesen werden", die „Anschlussmöglichkeiten an die nationalsozialistische Ideologie"[75] bot und seit der „Machtergreifung" zunehmend zu politischen Zwecken instrumentalisiert wurde. Dazu gehörte etwa die Vorstellung, das Jahr 1525 stelle den „Höhepunkt eines Kampfes gegen ein fremdes Rechtsdenken" dar, der nur aufgrund „mangelnder Führung des Volkes" gescheitert sei.[76] Vor allem die Ideologen des Reichsnährstandes ließen es deshalb nicht an Bemühungen fehlen, Franz und seine Deutung des Bauernkrieges trotz aller Differenzen in Einzelfragen als Steinbruch zur Legitimation agrarpolitischer Initiativen heranzuziehen.[77] Zeitweise war er auch in das „Ahnenerbe" eingebunden, das ein zweibändiges Werk über „Deutsches Bauerntum" finanzierte und mit einem

---

69 FRANZ, GÜNTHER: Der deutsche Bauernkrieg, in: SS-Leithefte 3 (1937/38), S. 85–90; DERS.: Deutschlands Weg durch den Dreißigjährigen Krieg, in: SS-Leithefte 4 (1938/39), S. 59–69.
70 DERS.: Für Reich und Recht, in: Odal 8 (1939), S. 327–337.
71 LERCHENMUELLER: Die Geschichtswissenschaft in den Planungen des Sicherheitsdienstes der SS, S. 33.
72 MÜLLER, LAURENZ: Diktatur und Revolution. Reformation und Bauernkrieg in der Geschichtsschreibung des „Dritten Reiches" und der DDR, Stuttgart 2004, S. 79, 98.
73 EBD., S. 90 f.
74 FRANZ, GÜNTHER: Der deutsche Bauernkrieg, München/Berlin 1933.
75 MÜLLER: Diktatur und Revolution, S. 91.
76 EBD., S. 97.
77 EBD.

Vorwort Himmlers versah.[78] Spätestens seit 1940 wirkte er zudem als „Obergutachter"[79] in der Gegnerforschung des Reichssicherheitshauptamtes unter Six.

All dies erklärt auch die wachsenden Spannungen mit Johann von Leers, der ebenfalls einen *Anspruch*[80] auf Wortführerschaft auf dem Gebiet der Bauern- und Agrargeschichte reklamierte. Seine Berufung könne auf seine *wissenschaftlichen Veröffentlichungen zur Geschichte des Bauerntums und Handwerks* zurückgeführt werden, aufgrund derer er als *Fachmann für Agrargeschichte und Agrarpolitik* galt, hatte das Amt Rosenberg notiert.[81] Es sei dahingestellt, welchen wissenschaftlichen Wert diese Schriften beanspruchen konnten und ob Johann von Leers tatsächlich „eine Radikalisierung der Thesen von Günther Franz" vornahm, indem er sie „mit antisemitischen Elementen" anreicherte.[82] Sofern weltanschauliche Differenzen bestanden, handelte es sich jedoch allenfalls um Nuancen. Wie Franz deutete Johann von Leers zwar die Kämpfer des Bauernkrieges als „berechtigte erste Vorfahren des Nationalsozialismus".[83] Anders als dieser wollte er jedoch „die grundsätzliche Konfliktlinie von 1525 nicht im politischen Bereich, sondern in der Verdrängung des Anerbenrechts" erkennen. Kaum in Widerspruch stand dagegen die Vorstellung, wonach der Dreißigjährige Krieg als Rassenkrieg erst den Aufstieg des Judentums begünstigt habe und ihnen „ungeheure Kriegsgewinne" sowie eine „unheimliche Finanzmacht"[84] bescherte. Auch der Beitrag, mit dem Franz im Wintersemester 1938/39 eine antisemitische Vorlesungsreihe eröffnete, bot keinen Anlass für ein schwerwiegendes Zerwürfnis: Franz erklärte in seinem Vortrag, nur eine „Kräftigung des völkischen Instinkts" biete Sicherheit gegen die „jüdische Gefahr", die nur dann „keine Zukunft mehr hat", wenn das deutsche Volk sich gegen dessen „Maßstäbe und Denkformen" immunisiere.[85]

---

78 BEHRINGER, WOLFGANG: Bauern-Franz und Rassen-Günther. Die politische Geschichte des Agrarhistorikers Günther Franz (1902–1992), in: SCHULZE, WINFRIED/OEXLE, OTTO GERHARD (HRSG.): Deutsche Historiker im Nationalsozialismus, Frankfurt am Main 1999, S. 114–141, hier S. 118.
79 LERCHENMUELLER: Die Geschichtswissenschaft in den Planungen des Sicherheitsdienstes der SS, S. 13.
80 FRANZ: Mein Leben (Ms), S. 112.
81 Aktenvermerk zu Johann von Leers, o.D. [BArch, NS 15/219, Bl. 110].
82 MÜLLER: Diktatur und Revolution, S. 98.
83 EBD. Siehe auch LEERS, JOHANN VON: Der große deutsche Bauernkrieg – wer hatte Recht?, in: Odal 3 (1934/35) 3, S. 162–171.
84 BEHRINGER: Bauern-Franz und Rassen-Günther, S. 121, 126.
85 GOTTWALD: Die Jenaer Geschichtswissenschaft in der Zeit des Nationalsozialismus, S. 924.

Umso bereitwilliger beteiligte er sich an den Intrigen, die Astel und dessen engster Mitarbeiter, der SS-Mediziner Lothar Stengel von Rutkowski[86], seit Sommer 1938 gegen den *weltanschaulich und wissenschaftlich so unerfreuliche[n] Günther Franz*[87] anzettelten. Eine Berechtigung dazu ergab sich für Johann von Leers nicht zuletzt aufgrund der *angstbeflügelten Quertreibereien,* die dieser *hintenherum* und *immerfort*[88] gegen ihn führe, um sein berufliches Fortkommen zu behindern: Glaubt man Gesine von Leers, habe Franz *mit seinem Leib- und Magenfreund Konrad Meyer* schon in Berlin *dagegen intrigiert, dass mein Mann [...] Ordinarius wird.*[89] Franz darf auch hinter einem Schreiben des Chefs des Sicherheitshauptamtes an Himmler vermutet werden, das die Blitzberufung von Johann von Leers auf ein Ordinariat verhindern sollte. Demnach sei es *in Wissenschaftskreisen allgemein Brauch,* hieß es darin, dass *ein nichtbeamteter a.o. Professor zunächst beamteter a.o. Prof. wird, um erst nach längerer Zeit bei vorzüglicher Bewährung eine ordentliche Professur zu erhalten.*[90] Neben diesem förmlichen Argument begründete das Sicherheitshauptamt seine Zurückhaltung auch damit, die Berufung ziele darauf ab, Franz *aus seiner Position zu drängen und Leers an seine Stelle zu setzen.*[91] Das in dieser Phase von Johann von Leers verfasste Gutachten gegen Franz, das wiederum über die *wissenschaftliche und politische Qualität* seines Bauerkrieg-Buches Auskunft geben sollte, ist zwar nicht überliefert, wurde aber wenige Tage später vorgelegt. Ähnliches ist für Gutachten über *seine sonstigen Veröffentlichungen, insbesondere seine Bibliographie über Agrargeschichte* anzunehmen.[92] Welche weitergehenden Schritte geplant waren, lässt Stengel von Rutkowskis Aufforderung erahnen, Johann von Leers möge *das Tun und Treiben von Franz und seiner Sippschaft auch weiterhin*

---

86 Zur Biografie siehe NANKO, ULRICH: Vom „Deutschen Glauben" der Sammlungsbewegung zur „Arischen Weltanschauung", in: PUSCHNER, UWE/VOLLNHALS, CLEMENS (HRSG.): Die völkisch-religiöse Bewegung im Nationalsozialismus. Eine Beziehungs- und Konfliktgeschichte (Schriften des Hannah-Arendt-Instituts für Totalitarismusforschung, Bd. 47), Göttingen 2012, S. 103–125, hier S. 105–121.
87 Stengel von Rutkowski an Johann von Leers, 13.06.1938 [UAJ, Bestand D 1868].
88 Johann von Leers an Stengel von Rutkowski, 14.06.1938 [UAJ, Bestand D 1868].
89 Gesine von Leers an Stengel von Rutkowski, 14.06.1938 [UAJ, Bestand D 1868]. Der habilitierte Agrarwissenschaftler Konrad Meyer-Hetling, 1934 in Berlin auf den Lehrstuhl für „Ackerbau und Landbaupolitik" (seit 1940 Institut für Agrarwesen und Agrarpolitik) berufen und später an der Ausarbeitung des Generalplans Ost beteiligt, war zeitweise in der Schulungsarbeit der SS tätig. Siehe HEIN, BASTIAN: Elite für Volk und Führer? Die Allgemeine SS und ihre Mitglieder 1925–1945 (Quellen und Darstellungen zur Zeitgeschichte, Bd. 92), München 2012, S. 227.
90 Chef des Sicherheitshauptamtes an Reichsführer SS, 17.08.1938 [NS 19/392, Bl. 71 f.]. Siehe auch JOHN/WALTHER: Wege der Wissenschaft im Nationalsozialismus, S. 178 f.
91 Ebd.
92 Stengel von Rutkowski an Johann von Leers, 13.06.1938 [UAJ, Bestand D 1868].

im Auge behalten und *von Zeit zu Zeit zweckdienliche Mitteilungen machen*.[93] Zugleich sollte er selbst seine Kontakte nutzen und Franz nicht nur *wissenschaftlich und sonst möglichst angreifen*, sondern *gelegentlich sowohl den Reichsbauernführer Darré als den Reichsführer SS über seine mangelhaften Qualitäten aufklären*.[94] Dass all diese Maßnahmen darauf abzielten, Franz aus Jena zu entfernen, gab Stengel von Rutkowski unumwunden zu erkennen. Indem Johann von Leers seinen Konkurrenten bei Darré und Himmler denunziere, erklärte er diesem, schaffe er eine Voraussetzung dafür, selbst *eines Tages* diesen Lehrstuhl *einnehmen* zu können.[95]

Trotz dieser Intrigen vermochte Johann von Leers mit seiner Berufung auf einen Lehrstuhl seinen Kontrahenten nicht unmittelbar zu verdrängen. Gleichwohl gelang ihm seine Blitzkarriere aber vor allem auf Kosten von Franz. Im Streit zweier Vertreter einer „kämpferischen Wissenschaft" um Einfluss und Ressourcen setzten er und seine Förderer sich schließlich durch. Dass Franz, dessen Schriften in der NS-Zeit „von Rassismus und Antisemitismus durchtränkt"[96] gewesen sind, Jena 1941 schließlich den Rücken kehrte, war auch die Folge gezielter Intrigen auf den unterschiedlichsten Schauplätzen. Als etwa Anfang September 1938, bereits im Schatten eines drohenden Krieges angesichts der sich verschärfenden „Sudetenkrise", der VIII. Internationale Historikerkongress in Zürich stattfand und dazu die Angehörigen der deutschen Delegation bestimmt werden mussten, konnte Johann von Leers sich als Vertreter der Universität Jena gegen Franz durchsetzen.[97] Aufgrund der *über jeden Zweifel erhabenen nationalsozialistischen Ausrichtung des Antragstellers*, so Stengel von Rutkowski, könne er dessen Teilnahme nicht nur *auf das wärmste befürworten*.[98] Als *dringend erwünscht* erschien sie ihm zugleich *hinsichtlich seiner zukünftigen Laufbahn*.[99] Dass Johann von Leers schließlich kurzfristig absagen musste, war alleine seiner angeschlagenen Gesundheit geschuldet.[100] Erfolgreich waren in dieser Phase auch Bemühungen, Franz aus einem zentralen Gremium im Gefüge des akademischen Betriebs zu verdrängen. Auf ausdrücklichen Wunsch von Sauckel und nach Intervention durch sein Amt wurde Johann von Leers zum Vertreter der

---

93 Stengel von Rutkowski an Gesine von Leers, 09.07.1938 [UAJ, Bestand D 1868].
94 Stengel von Rutkowski an Johann von Leers, 13.06.1938 [UAJ, Bestand D 1868].
95 Ebd.
96 BEHRINGER: Bauern-Franz und Rassen-Günther, S. 130.
97 Johann von Leers an NS-Dozentenbund (Stengel von Rutkowski), 13.07.1938; Erlass Reichserziehungsministerium, 10.08.1938 [ThHStAW, PA Nr. 18260, Bl. 73, 75].
98 Stengel von Rutkowski an Rektor FSU (Esau), 14.07.1938 [UAJ, Bestand M 632, Bl. 674]. Siehe auch Stengel von Rutkowski an Gesine von Leers, 09.07.1938 [UAJ, Bestand D 1868].
99 Stengel von Rutkowski an Gesine von Leers, 12.07.1938 [UAJ, Bestand D 1868].
100 Johann von Leers an Brandi, 15.08.1938 [SUB Göttingen, NL Brandi, Bl. 320].

außerordentlichen Professoren und Dozenten im Senat bestimmt und damit eine bereits getroffene Entscheidung zugunsten von Franz kurzerhand *annulliert*.[101] Gegenüber dem düpierten Rektor Abraham Esau, der Franz favorisiert hatte[102], ließ der Reichsstatthalter zwar betonen, seine Entscheidung beruhe *nicht auf irgendwelchen Bedenken gegen [...] Günther Franz*.[103] Dies allerdings dürfte nur ein Teil der Wahrheit gewesen sein, wie aus einer Anmerkung Stengel von Rutkowskis hervorgeht. Er legte Johann von Leers nahe, die Berufung *unter allen Umständen anzunehmen,* da andernfalls die *Gefahr* bestünde, das Amt könne doch noch seinem *mit allen Wassern gewaschenen Gegner Günther Franz* zufallen, der diese Position dann *zur Beschneidung Ihres Vorkommens eifrigst ausnützen würde*.[104] Wie planvoll Johann von Leers seinen Einfluss ausweiten konnte, zeigte sich erneut im Jahr darauf, als sich seine Berufung auf eine ordentliche Professur abzuzeichnen begann. Eine realistische Einschätzung der Situation schien ihn zwar zunächst vom eigentlichen Ziel abzubringen, dass *an der heutigen Leitung des Seminars hinsichtlich der anderen Herren etwas geändert*[105] werden könne. Um dennoch Zugriff auf die vorhandenen Ressourcen zu erhalten, erhob er aber die Forderung, ihn zum *Mitdirektor des historischen Seminars*[106] zu ernennen. Tatsächlich wurde Johann von Leers mit seiner Ernennung zum ordentlichen Professor 1940 auch zum Vorstandsmitglied des Historischen Seminars berufen[107], um nach dem Wechsel von Franz zum Wintersemester 1941/42 an die neu errichtete „Reichsuniversität" Straßburg[108], die als „Grenzposten des Reiches im [...] Westen"[109] zwar eine besondere Rolle im Volkstumskampf spielte, gleichzeitig aber dem Bauernforscher auch als ein Ort der Zuflucht diente, schließlich die Leitung zu übernehmen.

Anders gelagert waren dagegen die Angriffe auf den Mediävisten Friedrich Schneider, die schon länger in Jena liefen, mit der Berufung von Johann von Leers seit 1936 aber eine neue Dynamik erhielten. Während nämlich in der Kontroverse mit Franz zwei Protagonisten einer „kämpferischen Wissen-

---

101 Franz: Mein Leben (Ms), S. 111.
102 Rektor FSU an Thüringischen Minister für Volksbildung, 15.07.1938 [ThHStAW, PA Nr. 18260, Bl. 71].
103 Sauckel an Rektor FSU, 30.06.1938 [ThHStAW, PA Nr. 18260, Bl. 70].
104 Stengel von Rutkowski an Johann von Leers, 09.07.1938 [UAJ, Bestand D 1868].
105 Stier an Johann von Leers, 14.09.1939 [ThHStAW, PA Nr. 18260, Bl. 106]; Johann von Leers an Stier, 25.09.1939 [ThHStAW, PA Nr. 18260, Bl. 110].
106 Ebd.
107 REM an Johann von Leers, 23.03.1940 [UAJ, Bestand BA 2160, Bl. 187].
108 Behringer: Bauern-Franz und Rassen-Günther, S. 120. Siehe auch Lerchenmueller: Die Geschichtswissenschaft in den Planungen des Sicherheitsdienstes der SS, S. 121.
109 Hausmann: „Vom Strudel der Ereignisse verschlungen", S. 41.

schaft" aufeinandertrafen, die sich gegenseitig den Ruf eines besseren Nationalsozialisten streitig machten, kam es hier zur Auseinandersetzung mit einem Fachhistoriker, der an einer „SS-Universität" als Fehlbesetzung erschien. Schneider, ein anerkannter Dante-Spezialist, leitete das Thüringische Staatsarchiv in Greiz und hatte seit 1924 eine außerplanmäßige Professur in Jena inne.[110] Unter seinen Kollegen nahm er allerdings eine Außenseiterrolle ein.[111] Als er im Herbst 1937 in die von Sauckel initiierte Historische Kommission für Thüringen berufen werden sollte, geschah dies *nur durch Nachsicht* und *nur als außerordentliches Mitglied,* wie ein Mitarbeiter des Reichsstatthalters betonte.[112] Die Vorbehalte gegen seine Person gründeten neben fachlichen Mängeln vor allem auf weltanschaulichen Defiziten. So sei er zwar *in Spezialgebieten wohl bewandert.* Allerdings fehle ihm *ein solides und wohlfundiertes Ausgreifen und Umfassen seines gesamten Arbeitsgebietes,* monierte der Dekan in vergleichsweise moderatem Ton.[113] Deutlich schärfer urteilte dagegen der SD, der sich 1938 in einem Gutachten zu der Behauptung verstieg, Schneider sei *in wissenschaftlicher Hinsicht wohl der am schlechtesten beurteilte Historiker.*[114] Kritik rief eine vormalige und von Schneider keineswegs bestrittene[115] Mitgliedschaft in einer Freimaurerloge hervor, vor allem aber, dass er *vom nationalsozialistischen Gedankengut weitgehend unberührt* sei, wie schon seine Vorlesungen *vor der Machtübernahme* gezeigt hätten. Dabei sei er, wie der SD in Erfahrung bringen konnte, *stets für den Katholizismus und das klerikale Rom sowie für die Juden eingetreten*[116], was Schneider durch anbiedernde Hinweise an die neuen Machthaber, die seine tadellose völkische Gesinnung unterstreichen sollten, nicht zu entkräften vermochte: So will er als junger Mensch der Gobineau-Gesellschaft beigetreten sein, über die er Ludwig Schemann, den Übersetzer des französischen Rassentheoretikers, kennengelernt habe, mit dem er dann in engem

---

110 Zur Biografie siehe GRUNDMANN, HERBERT: Friedrich Schneider zum Gedächtnis, in: Deutsches Dante-Jahrbuch 40 (1963) S. 9–17. Zu seinen zentralen Forschungen siehe SCHNEIDER, FRIEDRICH: Dante. Sein Leben und sein Werk, Weimar ⁵1960.
111 Lebenslauf Friedrich Schneider, 16.06.1938 [UAJ, Bestand D 3195, Bl. 100–104].
112 Reichsstatthalter an Gaudozentenbundführer (Jörg), 21.09.1938 [UAJ, Bestand D, Nr. 3195, Bl. 128]. Zur Entstehung und Zielsetzung der Kommission siehe FLACH, WILLY: Bericht über die Thüringische Historische Kommission, in: Zeitschrift des Vereins für Thüringische Geschichte und Altertumskunde N.F. (1939) 33, S. 301–304.
113 Dekan Philosophische Fakultät (Schachermeyer) an Hauptamt für Stellennachweis FSU, 13.01.1936 [UAJ, Bestand D, Nr. 3195, Bl. 118].
114 Rektor (Astel) an Reichsstatthalter, 08.10.1941 [UAJ, Bestand BA 2161, Bl. 146–148].
115 NSDAP, Kreisleitung Greiz, an Hauptamt für Stellennachweis FSU, 16.01.1936 [UAJ, Bestand D, Nr. 3195, Bl. 119]; Lebenslauf Friedrich Schneider, 16.06.1938 [UAJ, Bestand D 3195, Bl. 100–104].
116 Rektor (Astel) an Reichsstatthalter, 08.10.1941 [UAJ, Bestand BA 2161, Bl. 146–148].

Austausch stand.[117] Beglückt zeigte er sich denn auch, dass dieser ihn in seinen Lebenserinnerungen als *seinen jungen Freund* bezeichnete. Außerdem nahm er für sich in Anspruch, *wohl der einzige Deutsche* gewesen zu sein, der anlässlich des 50. Todestages Gobineaus im Oktober 1932 *an seinem Grab weilte*.[118] Gleichwohl sah Schneider sich zunehmender Angriffe ausgesetzt, die, befeuert durch das Instrument des Gutachtens und gesteuert nicht zuletzt durch Johann von Leers, darauf abzielten, ihn aus der Schulungsarbeit der Partei auszuschalten und von Kontakten zu Fachkollegen im Ausland abzuschneiden.[119] Langfristig strebten seine Kontrahenten sogar seine *Ausscheidung*[120] aus dem Lehrkörper an. Höhepunkt ihrer Intrigen war jedoch der Versuch, Neuauflagen seines 1934 erstmals erschienenen und bedeutsamsten Werkes über „Neuere Anschauungen der deutschen Historiker zur Beurteilung der deutschen Kaiserpolitik des Mittelalters"[121] zu unterbinden und bereits gedruckte Exemplare einzuziehen.

Dabei kennzeichnete die Schrift durchaus eine „Affinität zu Kernpunkten der nationalsozialistischen Geschichtsauffassung".[122] Die Italienpolitik der Kaiser im Mittelalter und die Frage, ob diese dem Heiligen Römischen Reich deutscher Nation eher zum Vor- oder Nachteil gereicht habe, war in der deutschen Geschichtswissenschaft schon lange ein strittiges Thema.[123] In Schneiders Darstellung, der sein Wunschbild einer „positiven Gemeinschaftsordnung" durch die Welt Dantes verkörpert sah, erschienen die mittelalterlichen Herrscher als „Gegenwelt zu den Entfremdungserfahrungen moderner Zivilisation, zu Parlamentarismus und Demokratie, vor allem aber zum verhassten Versailler Nachkriegssystem". Dafür standen nicht zuletzt „Barbarossa und der Kaisergedanke sowie die Reichsidee"[124], galt doch die Kaiserzeit als erste zeitgemäße Realisierung des Reichstraumes.[125] Diese Haltung verhinderte gleichwohl nicht,

---

117 Köck, Julian: „Die Geschichte hat immer Recht". Die Völkische Bewegung im Spiegel ihrer Geschichtsbilder (Campus Historische Studien, Bd. 73), Frankfurt am Main/New York 2015, S. 360f.
118 Lebenslauf Friedrich Schneider, 16.06.1938 [UAJ, Bestand D 3195, Bl. 100–104]. Siehe dazu Schemann, Ludwig: Lebensfahrten eines Deutschen, Leipzig 1925, S. 361. Ich danke Prof. Uwe Puschner für diesen Hinweis.
119 Leiter der Dozentenschaft (Stengel von Rutkowski) an Dekan FSU (Esau), 01.06.1938 [UAJ, Bestand D 3195, Bl. 116].
120 Rektor (Astel) an Reichsstatthalter, 08.10.1941 [UAJ, Bestand BA 2161, Bl. 146–148].
121 Schneider, Friedrich: Neuere Anschauungen der deutschen Historiker zur Beurteilung der deutschen Kaiserpolitik des Mittelalters, Weimar 1934 [⁶1943].
122 Steinbach: Friedrich Schneiders „Kaiserpolitik des Mittelalters", S. 945.
123 See, Klaus von: Deutsche Germanen-Ideologie vom Humanismus bis zur Gegenwart, Frankfurt am Main 1970, S. 11.
124 Steinbach: Friedrich Schneiders „Kaiserpolitik des Mittelalters", S. 945.
125 Kroll, Frank-Lothar: Utopie als Ideologie. Geschichtsdenken und politisches Handeln im Dritten Reich, Paderborn 1998, S. 73.

dass das Buch den „wechselnden Sinnhorizonten nationalsozialistischer Vergangenheitsdeutung" unterworfen wurde.[126] Dass es sich dazu besonders eignete, lag vor allen an Schneiders Postulat einer voraussetzungslosen Wissenschaft, die sich, wie er schrieb, die „Ehrfurcht vor dem tatsächlich Geschehenen" zu bewahren habe und gegen „[u]nfruchtbare Phantasien" stellen müsse, die „die gesunde Urteilskraft"[127] zerstörten. Eben damit aber machte er sich die Vertreter einer „kämpferischen Wissenschaft" zum Gegner, zu denen auch Johann von Leers zählte. Vermutlich im Auftrag Astels forderte Stengel von Rutkowski ihn im Sommer 1938 auf, über Schneiders „Kaiserpolitik" ein Gutachten zu erstellen. Vordergründig sollte damit geklärt werden, *ob der Verfasser zu Schulungszwecken der Partei herangezogen werden kann.*[128] Johann von Leers nutze die Gelegenheit allerdings dazu, den Auftrag erheblich auszuweiten. Seine darüber hinausreichende Empfehlung nämlich, das Buch durch die Geheime Staatspolizei beschlagnahmen zu lassen, da es *der Propaganda jüdischer Wissenschaftler* diene und von einer *dem Nationalsozialismus durchaus feindlichen Einstellung* gekennzeichnet sei, hätte sich auch auf Schneiders wissenschaftliche Laufbahn empfindlich ausgewirkt.[129] Seinen Zorn erregte unter anderem, dass dieser mit seinen Deutungen dem rassisch determinierten Geschichtsbild widersprach, wie es SS-Historiker kultivierten. So kritisierte er Schneiders *völlig einseitige Verherrlichung* Karls des Großen, der in neopaganen und völkisch-religiösen Kreisen traditionell einen schlechten Ruf genoss.[130] Schließlich seien er und „seine Horden" es gewesen, die in „geradezu teuflische[m] Hass" in ihrem „Vernichtungskampf gegen die Sachsen alles, aber auch alles zerstörten und verwüsteten, was auch nur im geringsten an die alten Lebens- und Glaubensformen der Germanen erinnerte", was insofern kaum verwundern könne, da der Hof der Karolinger und vor allem die dortige Geistlichkeit „bereits stark verjudet" gewesen wären.[131] Besonders unbotmäßig verhielt sich Schneider in diesem Zusammenhang vor allem deshalb, weil seine Erkenntnis, wonach *dem gesam-*

---

126 STEINBACH: Friedrich Schneiders „Kaiserpolitik des Mittelalters", S. 943.
127 Zit. nach EBD., S. 947.
128 Gaudozentenbundführer (Stengel von Rutkowski) an Johann von Leers, 01.09.1938 [UAJ, Bestand D, Nr. 3195, Bl. 127].
129 Johann von Leers an Gaudozentenbundführer (Stengel von Rutkowski), 05.09.1938 [UAJ, Bestand D, Nr. 3195, Bl. 106–108].
130 Ebd. Siehe dazu PUSCHNER, UWE: Weltanschauung und Religion, Religion und Weltanschauung. Ideologie und Formen völkischer Religion, in: Zeitenblicke 5 (2006) 1, S. 16. Zur Wandlungsfähigkeit solcher sinnstiftenden Erklärungen siehe auch LONGERICH: Heinrich Himmler, S. 281 f., 307 f.
131 LEERS, JOHANN VON: 14 Jahre Judenrepublik. Die Geschichte eines Rassenkampfes, Berlin o. J. [²1933], S. 29 und S. 52.

ten Germanentum der vorchristlichen Zeit menschliche Gesittung abgesprochen werde müsse, sich *nicht nur auf den die Sachsen und die germanische Religion in der ungerechtesten Weise verzerrend darstellenden Göttinger Theologen Hermann Dörries berufe, sondern überdies den Juden Wilhelm Levison als Kronzeugen* heranziehe.[132] Scharfe Zurückweisung erfuhr auch Schneiders Urteil, die Ansicht einiger Historiker, wonach die kaiserlichen Romzüge des Mittelalters ein *Verlust* für das Deutsche Reich gewesen seien, müssten als Ausdruck einer *kleindeutsch-norddeutsch-protestantischen Geschichtsauffassung* aufgefasst werden.[133] Ganz im Gegenteil habe es sich dabei *wesentlich um völkische, von Blut und Boden ausgehende Gedanken* gehandelt, weshalb sich in diesen Urteilen auch eine *von Blut und Boden ausgehende Geschichtsbetrachtung* finde, die nicht mit *Hohn und Hass* belegt werden dürfe, wie Schneider es sich herausnehme.[134] Ebenso wenig angängig seien zudem Schneiders Ausführungen, in denen die Bedeutung des in der SS kultartig geehrten Sachsenherzogs Heinrich I. (siehe Kap. 7.7) gegenüber Otto I. unzulässig *verkleinert* werde, indem er *geradezu als kleindeutscher König bezeichnet wird*.[135] Zu solchen Ansichten könne Schneider freilich nur deshalb kommen, weil es ihm an einer grundlegenden Eigenschaft fehle, wie sie die „kämpferische Wissenschaft" auszeichne: *In Wirklichkeit*, so Johann von Leers, sei ihm *der Rassegedanke weltenfern*, was sich darin zeige, dass in der „Kaiserpolitik" *fünf (!) Juden* zitiert würden, ohne dass dabei vom Autor *ihre Eigenschaft als Jude angegeben wird*, und, offensichtlich schlimmer noch, vier davon *als Zeugen für seine Auffassungen* dienten.[136] Dementsprechend eindeutig musste das Urteil des Gutachtens ausfallen: Aufgrund seiner *dem Gedanken von Blut und Boden sowie jeder, aber auch nur der bescheidensten rassischen Grundhaltung zuwiderlaufenden Einstellung* und insbesondere *wegen des schmachvollen Anführens von Juden zur Stütze der eigenen Auffassung* sei Schneider *für jede Schulungsarbeit [...] völlig ungeeignet.*[137]

Angesichts der weltanschaulichen Überzeugungen seines Verfassers war dieses Urteil folgerichtig. Gleichwohl darf nicht übersehen werden, dass ihm auch eigennützige Absichten zugrunde lagen. So berief Scheider sich in der „Kaiserpolitik" unter anderem auf den niederländischen Kulturhistoriker Johan Huizinga, der Johann von Leers 1933 bei einem Auftritt in Leiden in seiner Eigen-

---

132 Johann von Leers an Gaudozentenbundführer (Stengel von Rutkowski), 05.09.1938 [UAJ, Bestand D, Nr. 3195, Bl. 106–108].
133 Ebd.
134 Ebd.
135 Ebd.
136 Ebd.
137 Ebd.

schaft als Vertreter des NS-Studentenbundes eine schwere Kränkung zugefügt hatte (siehe Kap. 4.3). Ein *Skandal* sei es deshalb, empörte sich Johann von Leers, dass dieser *größte Judenknecht* und *Hasser des Nationalsozialismus* in der „Kaiserpolitik" *beifälligst zitiert und angeführt wird*.[138] Mit Schneider sollte überdies ein Konkurrent um Forschungsressourcen ausgeschaltet werden. Nachdem dieser seit vielen Jahren die kultur- und wissenschaftspolitischen Beziehungen mit Italien geprägt hatte und regelmäßig Studienreisen in das Land unternahm, konnte er sich nach Abschluss des Kulturabkommens 1938 mit dem Achsenpartner Hoffnung auf eine Gastprofessur in dem Land machen.[139] Dass es soweit nicht kam und stattdessen Johann von Leers später für ein Semester nach Rom entsandt wurde (siehe Kap. 7.6), dürfte auch in den Nachwehen der Kontroverse um seine „Kaiserpolitik" stehen. Schon der Gaudozentenbund hatte 1939 betont, es sei *nicht zu verantworten,* Schneider Vorträge in Italien zu ermöglichen, zumal in solchen Kreisen der Gesellschaft, *die dem Rassegedanken vielleicht noch zögernd, feindlich oder ablehnend gegenübersteht*.[140] Und auch Astel hielt ihn später *weder im Inland noch im Ausland* für geeignet, *deutsche Geschichte zu vertreten, am wenigsten im Dritten Reiche Adolf Hitlers und im faschistischen Italien Mussolinis.*[141]

Gemessen an den weitreichenden Konsequenzen, die Johann von Leers und seine Mitstreiter erwarteten, nahmen sich die Auswirkungen für Schneider dürftig aus. Eine Studienreise Anfang 1939 nach Italien etwa, die Schneider vom NS-Dozentenbund verweigert worden war[142], hinderte diesen nicht, Kollegen aus seinem akademischen Netzwerk in Bologna, Rom und Neapel zu besuchen. Dass er die Passbestimmungen dabei geschickt umging[143] und seinen Aufenthalt nachträglich vom Reichserziehungsministerium genehmigen lassen konnte[144], sorgte zwar für Empörung, die aber folgenlos verhallte.[145] Auch zu Schulungsvorträgen scheint Schneider weiterhin herangezogen worden zu sein. Noch im Oktober 1941 sah Astel sich neuerlich zu der Klarstellung veranlasst, sein Einsatz als Vortragsredner komme keinesfalls in Betracht, da dies *eine untragbare*

---

138 Ebd.
139 STEINBACH: Friedrich Schneiders „Kaiserpolitik des Mittelalters", S. 946.
140 Gaudozentenbundführung an Reichsstatthalter, 16.02.1938 [UAJ, Bestand D, Nr. 3195, Bl. 86].
141 Rektor (Astel) an Reichsstatthalter, 08.10.1941 [UAJ, Bestand BA 2161, Bl. 146–148].
142 Reichsdozentenführung an Gaudozentenbundführer (Jörg), 11.02.1939 [UAJ, Bestand D 3195, Bl. 94].
143 Rektor (Astel) an Reichsstatthalter, 08.10.1941 [UAJ, Bestand BA 2161, Bl. 146–148].
144 Rektor (i.V.) an Gaudozentenbundführung, 16.05.1939 [UAJ, Bestand D 3195, Bl. 92].
145 Gaudozentenbundführer an Reichsdozentenführung, 10.08.1939 [UAJ, Bestand D 3195, Bl. 83].

Zumutung für alle aufrechten und ehrlichen Nationalsozialisten darstelle.[146] Ohne Erfolg blieben zudem Bemühungen, seine „Kaiserpolitik" aus dem Handel zu entfernen. Schneider dürfte dies nicht zuletzt seinen Fürsprechern zu verdanken gehabt haben, die seine Gegner unter anderem im Amt Rosenberg vermuteten.[147] Schlimmer noch aber musste seine Gegner treffen, dass das Buch eine Reihe weiterer Auflagen erlebte: Sowohl Stengel von Rutkowski, der das von Johann von Leers verfasste Gutachten breit streute und unter anderem den NS-Studentenbund aufforderte, *gegen die Verbreitung des Buches [...] vorzugehen*[148], als auch Astel, der beim Reichsstatthalter intervenierte[149], konnten nicht verhindern, dass bis 1943 drei Neuauflagen erschienen. Zwar verhielt Schneider sich entgegenkommend, indem er Literaturangaben geächteter Autoren streichen ließ oder, sofern sie *aus Gründen wissenschaftlicher Korrektheit zitiert* werden müssten, allenfalls *als Juden gekennzeichnet in die Anmerkungen*[150] aufnahm, während er gleichzeitig Hitler und Mussolini glorifizierte. Obgleich sein Werk damit in „wesentlichen Punkten" der Kritik „angepasst" worden war, dürfte dies Johann von Leers allerdings kaum zufriedengestellt haben: So erschien Karl der Große nunmehr gemeinsam mit Widukind, Barbarossa und Heinrich dem Löwen in einem „erweiterten Traditionshorizont"[151] und auch Huizinga wurde weiterhin zitiert. Insofern erscheint es nicht abwegig, „dieses Festhalten auch als einen persönlichen Affront gegen den Propagandisten zu deuten".[152]

---

146 Rektor (Astel) an Reichsstatthalter, 08.10.1941 [UAJ, Bestand BA 2161, Bl. 146–148].
147 Ebd.
148 Gaudozentenbundführer (Stengel von Rutkowski) an NS-Dozentenbund, 17.09.1938 [UAJ, Bestand D, Nr. 3195, Bl. 109].
149 Rektor (Astel) an Reichsstatthalter, 08.10.1941 [UAJ, Bestand BA 2161, Bl. 146–148].
150 Dekan Philosophische Fakultät (Hahland) an Rektor (Astel), 18.03.1941 [UAJ, Bestand BA, Nr. 2161, Bl. 243].
151 STEINBACH: Friedrich Schneiders „Kaiserpolitik des Mittelalters", S. 951.
152 EBD., S. 950.

7. Grenzziehungen, Marginalisierung, Allgegenwart: „[P]roduktiv wie ein Karpfen, der 10.000 Eier laicht"

Obgleich Johann von Leers in Jena eine erstaunliche akademische Karriere gelang, darf diese nicht darüber hinwegtäuschen, dass er trotz seiner umtriebigen Geschäftigkeit als *Geschichtsschreiber* wie auch seines Einflusses als *Lehrer und Forscher innerhalb und außerhalb der Universität*[1] im akademischen Betrieb ein Außenseiter blieb, dessen Schriften Fachvertreter weitgehend ignorierten und der als Akteur der nationalsozialistischen „Judenforschung" keine größere Rolle spielte. Deutlich wird zudem, dass der Kreis seiner Förderer in Partei und Staat zunehmend schrumpfte. Im Gegensatz zu der damit einhergehenden Marginalisierung allerdings, die zunächst untersucht werden soll, steht seine wachsende Bedeutung als antisemitischer Propagandist, je näher sich das Ende der NS-Herrschaft abzeichnete. Seine Omnipräsenz war nicht nur in Presse und Rundfunk zu bemerken, sondern zeigte sich auch in einem spezifischen Ideentransfer auf dem Gebiet der Weltanschauung. Der zügellose Aktivismus gerade in diesen Bereichen relativiert einmal mehr seine nach 1945 unternommenen Bemühungen, sich zu einer unbedeutenden Randfigur zu erklären.

7.1 Grenzziehungen auf akademisch-publizistischem Gebiet

Es ist nicht zu verkennen, dass zahlreiche der kultur- und wissenschaftspolitischen Initiativen, die Johann von Leers seit seinem Ruf nach Jena entwickelte, nicht mehr als Ideen blieben. Sein Vorschlag zur *Erforschung der Weistümer in Thüringen*[2] etwa kam über eine Denkschrift nicht hinaus. Für ein Drehbuch zu einem antisemitischen Spielfilm unter dem Titel „Eines Königs Dirne", der *in künstlerisch hochwertiger Form den Kampf zwischen dem nordischen Menschen*

---

1 Gesuch um Ernennung zum nichtplanmäßigen Professor – neuer Ordnung, 08.04.1939 [UAJ, BA 2160].
2 Zur Frage der Erforschung der Weistümer in Thüringen, o. D. [nach 1936] [BArch, N 2168/66, Bl. 35–40].

und dem Juden darstellen sollte, fand sich kein Interessent.³ Ähnlich reserviert wurde eine bald nach dem Überfall auf Polen aufgesetzte Denkschrift aufgenommen, wonach im neu errichteten Generalgouvernement eine *Schulzeitschrift* in polnischer Sprache gegründet werden solle, um aus diesem *vom Pfaffentum verdummten und richtungslosen Volk* ein *ordentliches und vernünftiges Volk zu machen,* das durch *ordentliches Handwerk* und *soliden Handel* in die Lage versetzt werde, *das Judentum, das wie ein Geschwür alle Kräfte des Landes an sich gesogen hat, zu verdrängen und wirtschaftlich zu ersetzen.*⁴ Sie versandete ebenso wie eine Anfang 1940 vorgelegte Denkschrift zur Gründung eines „Instituts zur Erforschung des westeuropäischen Imperialismus", das der Völkerrechtler Friedrich Grimm (1888–1959) zur Beobachtung der *weltbedrohenden Herrschaftspläne* Frankreichs und Englands angeregt hatte.⁵ Gleiches gilt für einen im Sommer 1943 an den Vorsitzenden der Deutsch-Japanischen Gesellschaft, Richard Foerster (1879–1952), herangetragenen Vorschlag, an Schulen verstärkt Japanisch zu unterrichten, sei doch der „Weg zu unserem Bundesgenossen in Ostasien", so Johann von Leers, „nur über die Sprache" zu erreichen, für die nicht früh genug die Grundlagen gelegt werden könnten.⁶

Ein Torso blieb trotz vollmundiger Ankündigungen auch das „Seminar für Seegeschichte und Seegeltung", für das Johann von Leers 1941 die Förderung durch die Gauleitung und Zustimmung durch das Reichserziehungsministerium erreichen konnte. Die Vorgeschichte dieser Institution weist zurück auf das zeitgleich entstandene „Reichsinstitut für Seegeltungsforschung", das sich in Trägerschaft des 1934 gegründeten Reichsbund Deutscher Seegeltung (RDS) befand und unter Leitung des Berliner Historikers Egmont Zechlin (1896–1992), der an der Auslandwissenschaftlichen Fakultät Kolonialpolitik und Überseegeschichte

---

3   Vorbemerkung zu dem Filmentwurf „Eines Königs Dirne" (Ms.), o. D. [1937] [BArch, N 2168/46, Bl. 1].
4   Denkschrift zu der von der Verwaltung des Generalgouvernements beabsichtigten Schulzeitschrift in polnischer Sprache (Ms.), o. D. [um 1939] [BArch, N 2168/65, Bl. 20–25]. Die Denkschrift stellte zwar fest, dass *[n]icht die Beseitigung jeder Intelligenz [...] die Aufgabe sein dürfe,* ging aber von einer *harte[n] Fremdherrschaft* aus.
5   Denkschrift über die Einrichtung eines „Instituts zur Erforschung des westeuropäischen Imperialismus" (Ms.), 23.011940 [BArch, N 2168/65, Bl. 2–4],
6   Johann von Leers an von Dirksen, 28.10.1943 [BArch, N 2049/61, Bl. 89]. Die Denkschrift selbst ist nicht überliefert, möglicherweise aber identisch mit LEERS, JOHANN VON: Deutschjapanische Kulturbeziehungen, in: Das neue Europa 3 (1943) 12, S. 6. Zum Vorgang siehe auch BIEBER, HANS-JOACHIM: SS und Samurai. Deutsch-Japanische Kulturbeziehungen 1933–1945 (Monographien aus dem Deutschen Institut für Japanstudien, Bd. 55), München 2014, S. 978, 981.

lehrte, stand.[7] Institutionelle Verbindungen sind zudem zur Kriegsmarine zu erkennen, später auch zur „Gegnerforschung" im Reichssicherheitshauptamt.[8] Der in dem Namen der Institution formulierte Anspruch auf Seegeltung war jedoch keine genuin nationalsozialistische Forderung, sondern bewegte sich in den Traditionen der kolonialen Politik des Kaiserreichs. Spätestens seit dem Angriff auf die Sowjetunion im Sommer 1941 aber entwickelte sich „Seegeltung" zum Komplementär im Krieg um „Lebensraum" im Osten. Der propagandistische Auftrag der genannten Institutionen bestand deshalb darin, den „Seegedanken im Volke" zu „wecken" und zu „vertiefen" und zur Schulung derer beizutragen, „welche sich, die Bedeutung der Seegeltung erkennend, mit ihr beschäftigen".[9] Ziel dieser Bemühungen sollte sein, „Großdeutschland mit den zukünftigen Verpflichtungen vertraut zu machen, die ihm aus seiner Stellung als europäischer Führernation auf See und in Übersee erwachsen". Schließlich sei, stellte eine Anordnung im Januar 1942 klar, „Großdeutschlands Weltgeltung [...] ohne Seegeltung undenkbar".[10]

Um diesen Auftrag zu erfüllen, richtete Zechlins Institut verschiedene Abteilungen ein.[11] Einige davon sollten als Außenstellen an *binnendeutschen Universitäten* etabliert werden, unter anderem in Jena.[12] Für die dortige Leitung fasste Zechlin Johann von Leers ins Auge. Welche Motive ihn dazu ver-

---

7 Zu Zechlin und zum „Reichsinstitut für Seegeltungsforschung" siehe FREES, DANIELA: Egmont Zechlin (1896–1992). Biografische Studie eines Historikers vom Kaiserreich bis zum Ende des Nationalsozialismus, zwischen wissenschaftlicher Autonomie und politischer Anpassung (Diss. phil.), Oldenburg 2004, S. 388–399. Siehe auch ZECHLIN, EGMONT/LEIBBRANDT, GEORG: Weltpolitik und Wissenschaft, in: NS-Monatshefte 11 (1940) 129, S. 747–753 sowie O. V.: Ein Reichsinstitut für Seegeltungsforschung, in: Völkischer Beobachter vom 19.07.1941.

8 BEHRINGER, WOLFGANG: Bauern-Franz und Rassen-Günther. Die politische Geschichte des Agrarhistorikers Günther Franz (1902–1992), in: SCHULZE, WINFRIED/OEXLE, OTTO GERHARD (HRSG.): Deutsche Historiker im Nationalsozialismus, Frankfurt am Main 1999, S. 114–141, hier S. 122.

9 BUSSE, WILHELM: Seegeltung des Reiches, in: Der SA-Führer 7 (1942) 7, S. 11–16, hier S. 16.

10 Siehe Vertrauliche Informationen der Parteikanzlei, 01.04.1942 [BArch, NS 18/288, Bl. 74].

11 Unter anderem für „Seegeschichte", „Hansische Geschichte", „Seekriegsgeschichte", „Seegeografie", „Seefahrt und Volkskultur", „Überseewirtschaft" sowie „See- und Völkerrecht". Siehe dazu HAMANN, ANNETT: „Männer der kämpfenden Wissenschaft": Die 1945 geschlossenen NS-Institute der Universität Jena, in: HOSSFELD, UWE/JOHN, JÜRGEN/LEMUTH, OLIVER/ STUTZ, RÜDIGER (HRSG.): „Kämpferische Wissenschaft". Studien zur Universität Jena im Nationalsozialismus, Köln/Weimar/Wien 2003, S. 202–234, hier S. 230. Siehe auch mit leicht abweichenden Angaben zu den Abteilungen FREES: Egmont Zechlin (1896–1992), S. 394.

12 Denkschrift über die Schaffung eines Seminars für Seegeschichte und Seegeltung an der Friedrich-Schiller-Universität Weimar, o. D. [um 1941] [ThHStAW, C 330 1].

anlasst haben, ist unklar.¹³ Johann von Leers selbst stand allerdings schon länger in Verbindung mit dem RDS und förderte dessen Propagandaarbeit. So hatte er bereits 1940 Eindrücke einer Ausstellung über „Seegeltung und Kolonialarbeit" in Neapel, die er während einer Studienreise nach Italien besuchen konnte (siehe Kap. 7.6), weitergeleitet. Aufgrund ihrer Konzeption, ließ er die Verbandsleitung wissen, erscheine ihm die italienische Ausstellung als *Musterbeispiel für die Propaganda von Seegeltung*.¹⁴ Zeitgleich publizierte er im Auftrag des RDS eine Reihe von Schriften, die mit historischen Argumenten Großbritanniens Blockadepolitik im Mittelmeer und im Ärmelkanal zu entkräften suchten, durch die dem Deutschen Reich seit Kriegsbeginn der Zugriff auf Rohstoffe unter anderem aus Afrika als dem „natürlichen Ergänzungserdteil" Europas erschwert wurde.¹⁵ So vertrat Johann von Leers unter anderem die Ansicht, die strategisch wichtigen Orkney- und Shetland-Inseln in der Nordsee, die den „Völker[n] Mittel- und Osteuropas einen Weg in die weite Welt offen" hielten, gehörten historisch betrachtet nicht zum britischen Königreich. Beide Inseln seien „weder altenglisch, noch haben die Engländer sie selbst jahrhundertelang als echte Bestandteile ihres Reiches empfunden". Die Blockade erscheine deshalb „wenig rechtlich begründet" und „moralisch anfechtbar", da „nicht nur 80 Millionen Deutsche, sondern auch alle anderen Völker Mittel- und Osteuropas vom Atlantischen Ozean und von der Verbindung mit Amerika" abgeschnitten würden. „In der Hand Englands", so Johann von Leers, hätten sich die Inseln somit „als unerträglicher Knebel gegen das europäische Festland herausgestellt". Eine „Weltpolizeiwidrigkeit" dieser Art und die „in Permanenz erklärte Belästigung und Störung der Festlandvölker Europas" sei man jedoch „nicht verpflichtet", „als Schicksal hinzunehmen".

Propagandaschriften dieser Art, die den Kriegszielen eine wissenschaftliche Legitimation verleihen sollten und sich an ein breites Publikum richteten, sollten künftig auch in Jena unter dem Dach des „Seminars für See-

---

13 HAMANN: „Männer der kämpfenden Wissenschaft", S. 212. Für die Vermutung, das Seminar sei Johann von Leers zur Kompensation eingerichtet worden, weil der Widerstand gegen ihn „doch zu stark" geblieben sei, „so dass er die ihm zeitweilig zugebilligte Direktion des Historischen Seminars wohl nie recht ausüben konnte", fehlen Anhaltspunkte. Siehe dazu HÖSS, IRMGARD: Studien und Berufsaussichten in turbulenten Zeiten, in: LEHMANN, HARTMUT/ OEXLE, OTTO GERHARD (HRSG.): Erinnerungsstücke. Wege in die Vergangenheit, Wien/ Köln/Weimar1997, S. 101–113, hier S. 108.
14 Bericht über meine Studienreise nach Italien, o. D. [1940] [RGVA, Fond 1283/12b, Bl. 42–49, hier Bl. 42].
15 LEERS, JOHANN VON: Die See und der Südosten (hrsg. als Manuskriptdruck vom Reichsbund Deutscher Seegeltung e.V. im Januar 1940); DERS.: Die Orkney- und Shetlands-Inseln als britische Blockadeposition, o. O. [Berlin] 1940 (hrsg. als Manuskriptdruck vom Reichsbund Deutscher Seegeltung e.V. im April 1940).

geschichte und Seegeltung" entstehen, wie Johann von Leers in einer Denkschrift wohl aus dem Herbst 1941 skizzierte. Dessen Aufgabe sah er vor allem darin, *die Entwicklung der deutschen Seegeltung und Seemacht* und *die geschichtliche Bedeutung des Entstehens, Werdens und Vergehens von Seemächten, die Bedeutung der See für die Geschichte der Wirtschaft, des Handels, der Kultur, der Kolonialpolitik zu erforschen.*[16] Ebenso *notwendig* sei es, *den Seegedanken gerade in diese Landschaften zu tragen* und ihre Bewohner *für Seegeltung und Seemacht aufzuschließen.*[17] Irgendwelche nennenswerten Aktivitäten scheint das Seminar jedoch trotz optimistischer Planungen nicht entfaltet zu haben. Schon die im Herbst 1941 vorgesehene Eröffnung musste kurzfristig verschoben werden, nachdem Johann von Leers mit Beginn des Wintersemesters als Gastprofessor nach Rom berufen worden war (siehe Kap. 7.6). Im Dezember 1943 hatte das Seminar trotz zahlreicher Mahnungen seitens der Stadtverwaltung seinen Unterrichtsbetrieb immer noch nicht aufgenommen.[18] Eine Ursache dieser „Trägheit bei der Umsetzung"[19] war die knappe finanzielle Ausstattung. Ein Förderkreis *führende[r] Männer von Partei und Staat* und Industrievertreter aus Mitteldeutschland etwa, die aufgrund ihrer geschäftlichen Beziehungen mit der Marine der *Verbreitung des Seegedankens* aufgeschlossen gegenüber stehen sollten, konstituierte sich nicht.[20] Außerdem blieb die erwartete Unterstützung durch die Gauleitung aus. Hinzu kam, dass unter dem Lehrpersonal kaum Interesse an dem Forschungsgebiet bestand. Er sei *doch ziemlich der einzige Dozent, der sich stark für diese seegeschichtlichen Fragen interessiert,* stellte Johann von Leers 1944 ernüchternd fest.[21] Erschwerend wirkte zudem die Verlagerung propagandistischer Prioritäten angesichts des Kriegsverlaufs seit Anfang 1943. Als grundlegendes Problem erwies sich jedoch, dass das Profil der Einrichtung nicht genau bestimmt worden war. Unklar blieb nämlich, ob es sich um eine *reine Forschungsanstalt* handeln solle oder aber um ein Ausbildungsseminar, das *in den allgemeinen Unterrichtsplan der Universität* einzubauen war.[22] In seiner

---

16 Denkschrift über die Schaffung eines Seminars für Seegeschichte und Seegeltung an der Friedrich-Schiller-Universität Weimar, o. D. [um 1941] [ThHStAW, C 330 1].
17 Ebd.
18 THMVB an Bauamt Stadt Jena, 29.03.1943 [UAJ, Bestand C, Nr. 878, Bl. 44]; Wohnungsamt Stadt Jena an Rektor Universität Jena, 10.12.1943 [UAJ, Bestand C, Nr. 878, Bl. 59].
19 HAMANN: „Männer der kämpfenden Wissenschaft", S. 231.
20 Denkschrift über die Schaffung eines Seminars für Seegeschichte und Seegeltung an der Friedrich-Schiller-Universität Weimar, o. D. [um 1941] [ThHStAW, C 330 1].
21 Johann von Leers an Ministerialgeschäftsstelle der Universität Jena, 14.01.1944 [UAJ, Bestand C, Nr. 878, Bl. 67].
22 Denkschrift über die Schaffung eines Seminars für Seegeschichte und Seegeltung an der Friedrich-Schiller-Universität Weimar, o. D. [um 1941] [ThHStAW, C 330 1].

Arbeit beschränkte sich Johann von Leers somit auf Vorlesungen und Seminare[23] sowie gelegentliche Zeitungsartikel[24] und Buchpublikationen.[25] Angesichts der geringen Zahl an Studenten war auch seinem Versuch kein Erfolg beschieden, *Fragen aus dem Gebiet der Seegeltung und Seegeschichte* zum Prüfungsgegenstand für angehende Historiker und Geografen im höheren Schuldienst zu machen.[26] Ebenso wenig wurde er in die militärische Zweckforschung für einen *kriegsbedingten Sonderauftrag* des Oberkommandos der Kriegsmarine eingebunden.[27] Bemerkenswert in der Geschichte des Seminars ist allenfalls der Ankauf hochwertigen Mobiliars *aus einem jüdischen Haushalt*.[28] Als die Universität die Räume Anfang 1944 an die Stadtverwaltung abtreten musste, ließ es sich Johann von Leers nicht nehmen, einige der nunmehr überflüssigen Möbelstücke günstig zu erwerben.[29]

Während der Anspruch auf „Seegeltung", wie ihn das Seminar legitimieren sollte, einen Aspekt nationalsozialistischer Pläne für eine „Großraumordnung" berührte, ist die *Antinikotinbewegung*[30], die sich in Thüringen unter Gauleiter

---

23   Angekündigt wurden u. a. folgende Vorlesungen und Übungen: „Geschichte der deutschen Seemacht vom Ausgang des Mittealters bis zur Gegenwart" (Sommersemester 1942), „Die großen Seekriege der Neuzeit und ihre Bedeutung" (Sommersemester 1943), „Geschichte der europäischen Ausdehnung in Übersee vom Zeitalter der Entdeckungen bis zum ersten Weltkrieg" (Sommersemester 1943) und „Übungen zur Geschichte des Aufstieges und Niederganges der britischen Seemacht" (Wintersemester 1943/44). Die für das Wintersemester 1941/42 angekündigte Veranstaltung „Geschichte der deutschen Kolonial- und Flottenbestrebungen des 19. Jahrhunderts" dürfte aufgrund des Gastaufenthalts in Rom nicht stattgefunden haben.
24   LEERS, JOHANN VON: Die Lehre des Gegners, in: Der Angriff vom 09.11.1943.
25   LEERS, JOHANN VON: Brennpunkte der Weltpolitik, Stuttgart 1940.
26   Johann von Leers an Beauftragten Deutsches Seegeltungswerk Gau Thüringen (Behnert), 22.04.1942 [ThHStAW, C 330 1].
27   Konteradmiral Busse an Universität Jena, 13.05.1943, Ministerialgeschäftsstelle der Universität Jena an Reichswohnungskommissar, 18.05.1943 [UAJ, Bestand C, Nr. 878, Bl. 51 f.].
28   Ministerialgeschäftsstelle der Universität Jena an Finanzamt Sondershausen, 15.01.1943; Finanzamt Sondershausen an Ministerialgeschäftsstelle der Universität Jena, 18.01.1943 [UAJ, Bestand C, Nr. 878, Bl. 20–23]. Das Mobiliar stammte aus dem Nachlass des Rechtsanwaltes Kurt Boer (1880–1942), der unmittelbar vor seiner Deportation nach Theresienstadt durch Freitod aus dem Leben geschieden war. Siehe Flyer „Stolpersteine in Sondershausen", Sondershausen 2014.
29   Johann von Leers an Ministerialgeschäftsstelle der Universität Jena, 14.01.1944 [UAJ, Bestand C, Nr. 878, Bl. 67]; Ministerialgeschäftsstelle der Universität Jena an Johann von Leers, 28.01.1944. Bei dieser Gelegenheit sicherte sich auch der beteiligte Mitarbeiter der Universitätsverwaltung einen Teil des Mobiliars. Siehe dazu Vermerk vom 02.02.1944 [UAJ, Bestand C, Nr. 878, Bl. 70 f.].
30   Vermerk Reichskanzlei „Form der Propaganda gegen den Tabakmissbrauch", 22.05.1941 [BArch, R 43/II, 745 b, Bl. 48–51].

Sauckel „höchster Protektion"[31] erfreute und nach Institutionalisierung strebte, im Kontext der rassenbiologisch begründeten Gesundheitspolitik zu sehen. Die Wortführer der Tabakgegner nämlich, zu denen sich auch Johann von Leers gesellte, sahen in den gesundheitlichen Auswirkungen nicht nur eine Gefahr für den einzelnen „Volksgenossen", sondern für den „Volkskörper" und dessen Leistungsfähigkeit an sich. *Körper und Geist* sowie *Nerven und Willen* des deutschen Volkes seien ernsthaft gefährdet, erklärte Sauckel.[32] Dementsprechend verbissen begannen sie seit Ende der 1930er Jahre ihren Kampf gegen Tabak und Nikotin zu führen, um diesen als „sozial und rassisch unerwünscht erkannten Gegenstand aus der Welt zu schaffen".[33] Da auf diesem Gebiet der Gesundheitspolitik allerdings unterschiedliche Institutionen in Partei (Hauptamt für Volksgesundheit) und Staat (Reichsgesundheitsamt, Reichsstelle gegen Alkohol- und Tabakgefahren) Kompetenzen beanspruchten, zeichneten sich diese Kampagnen durch Widersprüchlichkeiten aus, die sich nach Kriegsbeginn noch verschärften. Der ideologisch-gesundheitspolitische Anspruch mit seinen prohibitiven und pädagogischen Maßnahmen und das ernährungswirtschaftliche Argument, wonach bisherige Anbauflächen besser für die Produktion von Nahrungsmitteln eingesetzt werden sollten, standen dem systemimmanenten Bedarf an Nikotin gegenüber.[34] Aus Mangel an anderen Genussmitteln wie Kaffee, Tee oder Schokolade sei der *Bedarf an Tabakwaren für die Bevölkerung* seit 1939 *erheblich gestiegen,* argumentierte das Reichswirtschaftsministerium.[35] Gerade der Nachfrage unter den *für unmittelbare Rüstungszwecke arbeitenden Personen* komme dabei *eine besondere Bedeutung zu.*[36] Ähnliches galt für den Bedarf der Wehrmacht, die in Tabak ein probates Mittel zur Unterdrückung von Hungergefühlen und zur Bekämpfung von Nervosität sah. Tabakwaren gehörten deshalb bis weit in den Krieg hinein „zu den in ausreichenden Mengen vorhandenen Gütern".[37] Ihre Produktion erlebte sogar „eine einzigartige Konjunktur".[38]

---

31 MERKI, CHRISTOPH MARIA: Die nationalsozialistische Tabakpolitik, in: VfZ 46 (1998), S. 19–43, hier S. 28.
32 Meldung des Deutschen Nachrichtenbüros vom 05.04.1941 [BArch, R 43/II, 745 b, Bl. 28 f.].
33 MERKI: Die nationalsozialistische Tabakpolitik, 24.
34 EBD., S. 39. Zu den Zuständigkeiten und dem daraus resultierenden „Verwaltungschaos" siehe S. 25.
35 Reichswirtschaftsminister Funk an Stellvertreter des Führers, 05.05.1941 [BArch, R 43/II, 745 b, Bl. 40–42].
36 Ebd.
37 MERKI: Die nationalsozialistische Tabakpolitik, S. 20.
38 EBD., S. 30. Siehe auch ROTH, KARL HEINZ/ABRAHAM, JAN-PETER: Reemtsma auf der Krim. Tabakproduktion und Zwangsarbeit unter der deutschen Besatzungsherrschaft 1941–1944, Hamburg 2013, S. 24–26.

Vor diesem Hintergrund lässt sich nachvollziehen, weshalb auch das in Jena geplante „Institut zur Erforschung und Bekämpfung der Tabakgefahren" unter der Leitung von Astel kaum Wirkung entfaltete. Die später einmal rund 20 Mitarbeiter unterschiedlicher Disziplinen einschließlich der *Volkstumskunde*[39], die selbst *nicht tabaksüchtig* sein durften und *arische[r] Abstammung* sein mussten, um ihre *Eignung zu völkischem Kampfe*[40] nicht zu gefährden, sollten den Tabakgegnern nämlich nicht nur gesundheitspolitische Argumente an die Hand geben, sondern ihren Kampagnen zugleich eine weltanschauliche Grundlage verschaffen. Ihre Forschung diene, wie Hitler in einem Grußwort anlässlich der Gründung ausgeführt hatte, der *Befreiung der Menschheit von einem ihrer gefährlichsten Gifte*.[41] Dass dies in der Alltagspraxis des Instituts, dessen Aktivitäten von der Reichskanzlei einmalig mit einem Zuschuss in Höhe von 100.000 Reichsmark angeschoben wurden[42], nicht nur ernstzunehmende Wissenschaft erwarten ließ, legte das Arbeitsprogramm offen. Demnach sollte das Institut zwar *mit Hilfe der wissenschaftlichen Tatsachenforschung* einem Präventionsauftrag nachkommen und die *Schädlichkeit des Tabakismus für das deutsche Volk* belegen.[43] Die medizinischen Studien des Instituts bewegten sich denn auch „im thematischen Mainstream der damaligen Forschung".[44] Zugleich aber vollzog das Institut einen Bruch mit der seriösen Forschung. Mit seiner Erklärung zu den wirtschaftlichen Hintergründen der Produktion in weltweitem Maßstab, für die das Schlagwort vom *Tabakkapitalismus* verwendet wurde, begab es sich unmittelbar auf weltanschauliches Terrain.[45] Besonders deutlich wurde dies in den Reden, die Astel und Johann von Leers auf der Tagung zur Eröffnung des Instituts Anfang April 1941 in Weimar in Anwesenheit hochkarätiger Nationalsozialisten, unter ihnen Reichsgesundheitsführer Conti, vortrugen.[46] Nachdem Astels „flammendes Plädoyer gegen des Rauchen"[47] in der Behauptung gipfelte, Tabak sei *ein Volksschädling wie Jud Süß*[48], stellte Johann von Leers in seinem

---

39 Vorlage vom 20.03.1941 [BArch, R 43/II, 745 b, Bl. 17–25, hier Bl. 19 f.].
40 Ebd.
41 Meldung des Deutschen Nachrichtenbüros vom 05.04.1941 [BArch, R 43/II, 745 b, Bl. 28 f.].
   Zu Hitlers Haltung gegenüber Tabak und Nikotin siehe auch PETRICK-FELBER, NICOLE: Kriegswichtiger Genuss. Tabak und Kaffee im „Dritten Reich", Göttingen 2015, S. 164 f.
42 Stellvertreter des Führers (Bormann) an Reichsministerium des Innern (Lammers), 26.03.1941 [BArch, R 43/II, 745 b, Bl. 16].
43 Vorlage vom 20.03.1941 [BArch, R 43/II, 745 b, Bl. 17–25, hier Bl. 17].
44 PETRICK-FELBER: Kriegswichtiger Genuss, S. 166.
45 Vorlage vom 20.03.1941 [BArch, R 43/II, 745 b, Bl. 17–25, hier Bl. 25].
46 Ausführlich dazu PETRICK-FELBER: Kriegswichtiger Genuss, S. 172–175.
47 MERKI: Die nationalsozialistische Tabakpolitik, S. 19.
48 Reichswirtschaftsminister an Stellvertreter des Führers (Anlage), 05.05.1941 [BArch, R 43/II, 745 b, Bl. 43–45].

Vortrag „humorvoll"⁴⁹ die historisch-weltanschaulichen Bezüge her. Das biopolitische Paradigma von der Volksgesundheit erfuhr dabei eine antisemitische Zuspitzung, wie sie für zahlreiche seiner Schriften typisch war: Als „Krebserreger" im einzelnen Körper musste das „Giftkraut" Tabak die *Auflösung der Völker* selbst bewirken, worin Johann von Leers schon deshalb keinen *Zufall* zu erkennen vermochte, weil ein „getaufter Jude" während der Entdeckungsreisen des Columbus „als erster Europäer den Gebrauch des Krautes entdeckte", das dann „von Juden" als „Umweltlaster" eingeschleppt worden sei.⁵⁰ *[S]panische und portugiesische Juden* seien es deshalb auch, die den Handel mit diesem *Rauschgift* und die *Tabakindustrie* beherrschten. Ein gesunder Volkskörper müsste sich deshalb dieses Giftes erwehren, indem er individuellen Tabakkonsum unterbinde, zugleich aber auch das im Juden personifizierte Krebsgeschwür entferne, das *die Länder in steigende Abhängigkeit zum Tabakkapital* bringe.⁵¹

Die in Weimar gestartete Kampagne gegen den Tabakkonsum entpuppte sich jedoch als Fehlschlag. Insbesondere die Ausführungen von Johann von Leers, die die anwesenden „Kundschafter der Tabakindustrie und des Reichsfinanzministeriums"⁵² aufmerksam registriert hatten, machten schnell auch in Berlin die Runde. Dort provozierten sie energische Zurückweisung. Vor allem Reichswirtschaftsminister Funk verwahrte sich gegen den *beleidigende[n] Versuch* der Tagung, *die mit der Tabakversorgung befassten Personen als außerhalb der Volksgemeinschaft stehend zu diffamieren und sie mit Juden gleichzusetzen*.⁵³ Ausdrücklich verwies er dabei auf den Redebeitrag von Johann von Leers, dem er *Methoden der Propaganda* vorwarf, die keinen *Anspruch auf wissenschaftliche Forschung* für sich reklamieren könnten.⁵⁴ Eine *Verunglimpfung der Tabakwirtschaft* habe deshalb angesichts der Bedeutung dieses Genussmittels gerade in der *Wehrmacht* und für die *arbeitende Bevölkerung* zu unterbleiben, zumal diese Kreise schon jetzt *andauernd darüber Klage führen* würden, *dass der im Kriege für notwendig gehaltene Tabakkonsum nur völlig unzureichend befriedigt wer-*

---

49 PROCTOR, ROBERT N.: Blitzkrieg gegen den Krebs. Gesundheit und Propaganda im Dritten Reich, Stuttgart 2002, S. 237.
50 LEERS, J[OHANN] VON: Der Kampf gegen den Tabak in der Geschichte, in: Reine Luft 23 (1941) 3 (Mai/Juni), S. 119–121.
51 Reichswirtschaftsminister an Stellvertreter des Führers (Anlage), 05.05.1941 [BArch, R 43/II, 745 b, Bl. 43–45].
52 PETRICK-FELBER: Kriegswichtiger Genuss, S. 172.
53 Reichswirtschaftsminister an Stellvertreter des Führers, 05.05.1941 [BArch, R 43/II, 745 b, Bl. 40–42].
54 Ebd.

*den kann.*⁵⁵ Funks Intervention, die durch zahlreiche Zitate belegt wurde, verfehlte ihre Wirkung in der Reichskanzlei nicht. Verächtlich war auch dort jetzt von *oratorischen Äußerungen* die Rede, die es *fraglich erscheinen* ließen, ob sie *auf das Prädikat ‚wissenschaftlich' [...] begründeten Anspruch erheben können.*⁵⁶ Mit Verweis auf die fiskalische Bedeutung der Tabaksteuer und die volkswirtschaftliche Relevanz von rund 83.000 Beschäftigten in Produktion und Handel suchte sie zugleich dem monetären Argument den Boden zu entziehen. Eine Einschränkung des Tabakgebrauchs würde ohnehin nur die Nachfrage nach anderen Genussmitteln wie Alkohol, Kaffee oder Tee steigern. Deshalb sollte es genügen, durch Aufklärung über gesundheitliche Schäden *dem Missbrauch des Tabakgenusses entgegenzutreten.* Auch die *Erzeugung nikotinfreier oder nikotinarmer Tabakwaren* sei in Erwägung zu ziehen. Angesichts der Planungen für die Zeit nach dem Krieg könne zudem kein Interesse daran bestehen, dass *ein Gewerbe verunglimpft wird, in dem späterhin alte Soldaten ihren Unterhalt finden sollen.* Um auf Dauer keine Unruhe zu schaffen, schlug ein Mitarbeiter der Reichskanzlei sogar vor, diesem *bedenklichen Unfug durch eine gelegentliche Meinungsäußerung des Führers* entgegenzuwirken.⁵⁷ Tatsächlich scheint Hitler dies im internen Kreis auch getan zu haben, wie Lammers später berichtete: Zwar sollte die Propaganda, wie Astel und Johann von Leers sie zu verbreiten gedachten, *nicht gehemmt werden,* stehe doch die *Volksgesundheit* über allen wirtschaftlichen und finanziellen Erwägungen. Gleichwohl aber müsse sie auf ein *behutsames Vorgehen* verpflichtet werden.⁵⁸

Reaktionen dieser Art waren die Ursache, weshalb die tabakfeindliche Politik, wie sie der Kreis um Johann von Leers von Weimar und Jena aus propagieren wollte, „nicht über ein eher bescheidenes Anfangsstadium hinaus" kam und auf wenige medizinische Studien und Forschungsprojekte beschränkt blieb.⁵⁹ Über eigene Räumlichkeiten schien das Institut nie zu verfügen, ebenso wenig über festangestellt Mitarbeiter vor Ort.⁶⁰ So verwundert es nicht, dass auch

---

55 Reichswirtschaftsminister an Stellvertreter des Führers (Anlage), 05.05.1941 [BArch, R 43/ II, 745 b, Bl. 43–45].
56 Vermerk Reichskanzlei „Form der Propaganda gegen den Tabakmissbrauch", 22.05.1941 [BArch, R 43/II, 745 b, Bl. 48–51].
57 Ebd.
58 Reichsminister des Innern an Reichswirtschaftsminister, 10.06.1941 [BArch, R 43/II, 745 b, Bl. 52 f.].
59 Zu den Reaktionen ausführlich PETRICK-FELBER: Kriegswichtiger Genuss, S. 175–177. Siehe auch MERKI: Die nationalsozialistische Tabakpolitik, S. 24; PROCTOR: Blitzkrieg gegen den Krebs, S. 242.
60 Siehe ZIMMERMANN, SUSANNE: Die medizinische Fakultät der Universität Jena während der Zeit des Nationalsozialismus, Berlin 2000, S. 105.

ein zu politisch-propagandistischen Zwecken geplanter Film unter dem Titel „Genussmittel Tabak" offensichtlich nie fertiggestellt wurde.[61] Insofern ist es fraglich, ob es sich bei der Einrichtung tatsächlich um „die wichtigste Anti-Tabak-Institution"[62] im „Dritten Reich" gehandelt hat.

Jena entwickelte sich trotz aller Initiativen (siehe Kap. 6.3) auch nicht zu einem weiteren Zentrum einer zu Wissenschaft erklärten „Judenforschung", das mit Einrichtungen, wie sie in Frankfurt am Main (Institut zur Erforschung der Judenfrage), München (Forschungsabteilung Judenfrage des Reichsinstituts für Geschichte des neuen Deutschlands), Berlin (Institut zum Studium der Judenfrage) oder Eisenach (Institut zur Erforschung und Beseitigung des jüdischen Einflusses auf das deutsche kirchliche Leben) entstanden, konkurrieren konnte.[63] Sieht man von gelegentlichen Rezensionen und Aufsätzen ab, die Johann von Leers seit 1937 im Mitteilungsblatt des vergleichsweise bedeutungslosen Berliner Instituts unter der Leitung Wilhelm Zieglers veröffentlichte[64], war er mit solchen Einrichtungen nicht weiter vernetzt. An der Einweihung des Frankfurter Instituts im März 1941, das als erste Außenstelle der geplanten „Hohen Schule der NSDAP" eingerichtet werden sollte und die „politische Agitation der Partei" in Abstimmung mit „Forschern, Hochschulen und Universitäten wissenschaftlich

---

61 PROCTOR: Blitzkrieg gegen den Krebs, S. 241 f.
62 EBD., S. 236. Zur Bewertung der Arbeit und zum „zweifelhaften Ruhm" des Instituts zusammenfassend PETRICK-FELBER: Kriegswichtiger Genuss, S. 165 f.
63 Zur Institutionalisierung der „Judenforschung" siehe RUPNOW, DIRK: Judenforschung im Dritten Reich. Wissenschaft zwischen Politik, Propaganda und Ideologie, Baden-Baden 2011, S. 63–144; JUNGINGER, HORST: Die Verwissenschaftlichung der „Judenfrage" im Nationalsozialismus (Veröffentlichungen der Forschungsstelle Ludwigsburg der Universität Stuttgart, Bd. 19), Darmstadt 2011, S. 221–294.
64 LEERS, JOHANN VON: Der erste judengegnerische Roman Argentiniens, in: Mitteilungen über die Judenfrage 1 (1937) 7 vom 15.05.1937; DERS.: Die hebräische Sprache als Grundlage der Gaunersprache der europäischen Völker, in: Mitteilungen über die Judenfrage 1 (1937) 8 vom 02.06.1937; DERS.: Judendämmerung in Wien, in: Mitteilungen über die Judenfrage 2 (1938) 3 vom 16.03.1938; DERS.: Die Sprache des Judenghetto von Prag, in: Mitteilungen über die Judenfrage 2 (1938) 4 vom 25.03.1938; DERS.: Ein Franzose mit offenen Augen. Célines aufsehenerregende Enthüllungen, in: Mitteilungen über die Judenfrage 2 (1938) 20/21 vom 21.07.1938; DERS.: Japan gegen das Judentum, in: Die Judenfrage in Politik, Recht, Kultur und Wirtschaft 6 (1942), S. 202; DERS.: Judentum und Islam als Gegensätze, in: Die Judenfrage in Politik, Recht, Kultur und Wirtschaft 6 (1942) vom 15.12.1942, S. 275–278

zu fundieren"[65] hatte, nahm er nicht teil.[66] Auch an einer regionalgeschichtlich orientierten „Judenforschung" in Thüringen beteiligte er sich allenfalls peripher. Zwar hatte Johann von Leers bereits anlässlich seiner Berufung 1936 zahleiche Defizite bemängelt, derer es sich anzunehmen gelte. Seine wohlwollende Rezension einer 1939 in der Reihe „Thüringer Untersuchungen zur Judenfrage" publizierten Studie über Juden in Rudolstadt veranlasste ihn deshalb dazu, „mehr solcher lokalgeschichtlicher Darstellungen"[67] einzufordern. Seine Lehrtätigkeit in Jena lässt dazu jedoch keine weiteren Initiativen erkennen. Die Rezension der Studie dürfte ohnehin eher persönlicher Gefälligkeit geschuldet gewesen sein: Herausgeber der Reihe nämlich war Erich Buchmann (1903–1944), der seit 1933 zu einem der wichtigsten Mitarbeiter Sauckels aufgestiegen war, die Kultur- und Wissenschaftspolitik in Thüringen maßgeblich beeinflusste und wie Johann von Leers der Historischen Kommission (siehe Kap. 6.4) angehörte.[68] Beim Autor der Schrift wiederum handelte es sich um dessen Bruder Gerhard Buchmann (1908–1976). Auf diese Konstellation lässt sich auch zurückführen, dass Johann von Leers zu einer weiteren, ebenfalls von Gerhard Buchmann verfassten Folge ein Geleitwort beisteuerte, in dem er die „Abwehr der Jenaer Universität gegen das Judentum" als einen „wirklichen Ehrenschild instinktsicherer deutscher Wissenschaft" hervorhob.[69]

Nichts deutet zudem darauf hin, Johann von Leers habe seinen Einfluss als Hochschullehrer für einen „Dissertationsbetrieb" ausgenutzt, wie dies andernorts vorgekommen ist.[70] Zu einer „Schulbildung" unter den verbliebenen Studen-

---

65 WEITKAMP, SEBASTIAN: Braune Diplomaten. Horst Wagner und Eberhard von Thadden als Funktionäre der „Endlösung", Bonn 2008, S. 253. Siehe auch SCHIEFELBEIN, DIETER: Das „Institut zur Erforschung der Judenfrage Frankfurt am Main". Antisemitismus als Karrieresprungbrett im NS-Staat, in: Fritz Bauer Institut (Hrsg.): „Beseitigung des jüdischen Einflusses…" Antisemitische Forschung, Eliten und Karrieren im Nationalsozialismus, Frankfurt am Main 1999, S. 43–72.
66 Günther an Johann von Leers, 18.04.1941[RGVA, Fond 1283/10a, Bl. 182].
67 RZ zu BUCHMANN, GERHARD: Rudolstädter Judengeschichte (Thüringer Untersuchungen zur Judenfrage, Bd. 1), Weimar 1939, in: Mitteilungen über die Judenfrage 3 (1939) 24/25 vom 23.06.1939. Siehe auch die Würdigung einer lokalgeschichtlichen Darstellung über „Die Juden in Heilbronn" des dortigen Stadtarchivars Götz Krusemarck (1906–1945) in: Mitteilungen zur Judenfrage 3 (1939) 28/29 vom 22.07.1939.
68 Siehe SCHWARZ, MANUEL: „Judenforschung im Mustergau". Die Brüder Buchmann und die Schriftenreihe „Thüringer Untersuchungen zur Judenfrage" (1939–1944), Berlin 2014, S. 24–26.
69 BUCHMANN: Jenaer Judengeschichte. Zitate nach SCHWARZ: „Judenforschung im Mustergau", S. 51; RZ von Günther Franz in Zeitschrift des Vereins für Thüringische Geschichte und Altertumskunde (N.F.) 35 (1943), S. 275 f.
70 So beispielhaft Reinhold Höhn in Berlin, siehe MEHRING, REINHARD: Carl Schmitt. Aufstieg und Fall, München 2009, S. 368.

ten des Historischen Seminars, deren Zahl 1942 auf 26 geschrumpft war, kam es ebenfalls nicht.[71] Schon seine häufige Abwesenheit dürfte das nicht zugelassen haben. Hinzu traten die Konflikte mit seinen Kollegen, aufgrund derer er die Universität weitgehend gemieden haben wird. Dementsprechend gering blieb sein Anteil daran, die nationalsozialistische „Judenforschung" durch Qualifikationsarbeiten derart im akademischen Betrieb zu verankern, dass sich darauf Karrieren gründen ließen.[72] Soweit ersichtlich, übernahm Johann von Leers zwei Zweitgutachten und drei Erstgutachten.[73] Zwei dieser Promotionen fallen auf, handelte es sich dabei doch um Gefälligkeitsarbeiten arabischer Nationalisten aus dem direkten Umfeld des Muftis (siehe Kap. 7.6). Das Ansinnen eines SS-Sturmbannführers im Winter 1943, aus einer Dokumentensammlung über die Judengesetze unter Hardenberg eine *Promotionsarbeit* zu verfassen, wurde vermutlich aufgrund der sich zuspitzenden Lage nicht weiter verfolgt.[74]

---

71   GOTTWALD, HERBERT: Die Jenaer Geschichtswissenschaft in der Zeit des Nationalsozialismus, in: HOSSFELD, UWE/JOHN, JÜRGEN/LEMUTH, OLIVER/STUTZ, RÜDIGER (HRSG.): „Kämpferische Wissenschaft". Studien zur Universität Jena im Nationalsozialismus, Köln/Weimar/Wien 2003, S. 913–942, hier S. 930. Höss: Studien und Berufsaussichten in turbulenten Zeiten, S. 108. Zu den verbliebenen Studierenden in Jena gehörten seit April 1940 Ingeborg Meinhof und Renate Riemeck. Riemeck war nach ihrer Promotion im Frühjahr 1943 Assistentin am Historischen Seminar und „die rechte Hand des Institutsdirektors" Johann von Leers, Meinhof im Sommer 1944 als wissenschaftliche Hilfskraft für ihn tätig. Siehe DITFURTH, JUTTA: Ulrike Meinhof. Die Biografie, Berlin 2007, S. 34–48 sowie SENNHOLZ, MARCO: Johann von Leers. Ein Propagandist des Nationalsozialismus, Berlin 2013, S. 345: Demnach sei Riemeck in Jena „die Assistentin und Vertraute von Leers gewesen". Riemeck selbst äußerte sich in ihren Erinnerungen nur vage dazu. Siehe RIEMECK, RENATE: Ich bin ein Mensch für mich. Aus einem unbequemen Leben, Stuttgart 1992, S. 76–81.
72   Zur Bedeutung dieses Aspekts siehe RUPNOW: Judenforschung im Dritten Reich, S. 63.
73   Zur Zweitbegutachtung siehe SAMBACH, JOSEF: Der Oberitalienzug Otto des Großen vom Jahre 951. Versuch einer Deutung seiner Urs[a]che aus innerpolitischen Notwendigkeiten (Diss. phil. 1942); SCHNEIDER, WOLFGANG: Die Stadtrechte der Stadt Leutenberg i. Th. von der Stadtgründung bis zum Ende des 17. Jahrhunderts im Rahmen der schwarzburgischen Städte (Diss. phil. 1942), für Johann von Leers *eine fleißige und wertvolle Arbeit*, siehe Gutachten, 20.04.1942 [UAJ, Bestand M, Nr. 608, Bl. 309]. Da Schneider am 2. Mai 1943 „den Heldentod" gestorben war, liegt ein Pflichtexemplar der Arbeit nicht vor. Zur Erstbegutachtung siehe AL-HAMUI, MAMUN: Geschichte der arabischen Nationalbewegung bis zum Ende des ersten Weltkrieges (Diss. phil. 1943); HUSEINI, MUSA: Das Nationalitäts-Problem unter den frühen Abbassiden (Diss. phil. 1944). Siehe außerdem PFANNKUCH, KONRAD: Der Streit um die deutsche Agrarpolitik während des Weltkrieges 1914 bis 1918 auf Grund der Reichstagsdebatten (Diss. phil. 1941). Der Autor, ein Diplomlandwirt, habe darin gezeigt, *wie am Ende das parlamentarische System selbst sich einer einheitlichen und sinnvollen Agrarpolitik versagen musste, sodass der Parteienstaat in seiner Vielfalt, schon infolge der Festlegung der einzelnen Parteien auf bestimmte Ideologien wie bestimmte Gruppeninteressen, auch an dieser Aufgabe scheiterte.* Siehe Gutachten Johann von Leers, 17.03.1942 [UAJ, Bestand M, Nr. 607, Bl. 181v].
74   Osiander an Johann von Leers, 21.12.1943 [BArch, NS 2/300, o. P.].

Erfolglos blieben überdies seine Initiativen, antisemitischen Gesinnungsgenossen aus Italien, die er auf verschiedenen Studienreisen und während eines Gastsemesters in Rom im Winter 1941/42 kennen- und schätzen gelernt hatte (siehe Kap. 7.6), nach seiner Rückkehr zu Ehrenpromotionen in Jena zu verhelfen. Das lässt sich beispielhaft für den Anthropologen Ugo Rellini (1870–1943) und für den Publizisten Giovanni Preziosi (1881–1945) zeigen. Dass es ihm nicht gelang, im Reichserziehungsministerium die Zustimmung zu deren akademischen Würdigung *durchzubringen,* deutete auf seinen schwindenden Einfluss und eine falsche Einschätzung der Situation hin.[75] So eng die „Internationale der Antisemiten" zu diesem Zeitpunkt kooperierte und so sehr Rellini und Preziosi in den Augen von Johann von Leers die ideologische Verwandtschaft von Nationalsozialismus und Faschismus auf dem Gebiet des rassischen Antisemitismus und der Vorgeschichtsforschung zu personifizieren schienen, so deutlich zeigt sich auch, dass er sich vor allem für wissenschaftliche Außenseiter und radikale Kräfte einsetzte, die in der faschistischen Partei Italiens keineswegs die unterstellte zentrale Rolle spielten und überdies im Deutschen Reich kritisch gesehen wurden.[76] Den in Rom lehrenden Rellini etwa stellte er auf eine Stufe mit Gustaf Kossinna, den *Altmeister der deutschen Vorgeschichtswissenschaft.*[77] Wie dieser habe Rellini, getragen von einer *großen Bodenverbundenheit* und *ernsten Liebe zu Volk und Land,* die *Schätze der Vorgeschichte gehoben.*[78] Um deren Wert für die *Bildung des völkischen Bewusstseins* anzuerkennen, sollte gerade diesem *treuen Freund Deutschlands* die Auszeichnung verliehen werden.[79] Noch überschwänglicher allerdings trat er für Preziosi ein, dem er 1940 erstmals begegnet war. Der exkommunizierte Priester gehörte seit Anfang der 1920er Jahre zur Gruppe der fanatischen Antisemiten innerhalb der faschistischen Partei und orientierte sich eng an den Überzeugungen Streichers und Rosenbergs. Johann von Leers stellte ihn sogar in eine Reihe mit Theodor

---

75 Johann von Leers an REM (Dr. Heinrich Dahnke), 22.02.1943 [RGVA, Fond 1283/12b, Bl. 236]. Im Gegensatz dazu Walter Wüst, Kurator des „Ahnenerbes", der 1942 als Rektor der Universität München dem italienischen Handelsminister, der an Mussolinis „Marsch auf Rom" beteiligt gewesen war, zu einer Ehrenpromotion verhelfen konnte. Siehe SCHREIBER, MAXIMILIAN: Walther Wüst. Dekan und Rektor der Universität München 1935–1945 (Beiträge zur Geschichte der Ludwig-Maximilians-Universität München, Bd. 3), München 2008, S. 259–262.
76 Zur kritischen Beurteilung Preziosis insbesondere in Rosenbergs Außenpolitischem Amt siehe HOFFEND, ANDREA: Zwischen Kultur-Achse und Kulturkampf. Die Beziehungen zwischen „Drittem Reich" und faschistischem Italien in den Bereichen Medien, Kunst, Wissenschaft und Rassenfragen. Frankfurt am Main 1998, S. 380.
77 Johann von Leers an REM (Dr. Heinrich Dahnke), 22.02.1943 [RGVA, Fond 1283/12b, Bl. 236].
78 Würdigung Rellini (Ms.), 20.01.1942 [RGVA, Fond 1283/12b, Bl. 241].
79 Ebd.

Fritsch.[80] Zu seinen zweifelhaften Verdiensten nämlich zählt die italienischsprachige Übersetzung der „Protokolle der Weisen von Zion" im Jahr 1921, die seitdem zehntausendfach verbreitet worden waren. Preziosi begrüßte die Radikalisierung der faschistischen Judenpolitik, die 1938 eingesetzt hatte, forderte die „vollständige Eliminierung" aller Juden und veröffentlichte seit Kriegsbeginn einschlägige antisemitische Propagandaschriften.[81] Der deutsche Botschafter in Italien bezeichnete ihn 1943 sogar als „die treibende Kraft für die Maßnahmen der faschistischen Regierung gegen das Judentum".[82] Der „Völkische Beobachter" hob ihn zum „führenden italienischen Antisemiten" empor.[83]

Es erscheint damit nur folgerichtig, dass Johann von Leers in Preziosi nicht nur einen der *ehrlichsten*, sondern auch der *klügsten* und durch ihre *Leistung wertvollsten*[84] Bündnispartner erkannte, den es durch ein *Ehrendoktorat*[85] zu würdigen galt. In Presseartikeln und Buchbeiträgen stellte er ihn als „hochverdienten italienischen Judengegner"[86] und „Erkenner des Judentums"[87] heraus. Seit 1942 setzte er sich zudem hinter den Kulissen für eine akademische Anerkennung ein. Zur Begründung führte er an, Preziosi sei *nicht nur der älteste*, sondern auch *bei weitem der kenntnisreichste der italienischen Publizisten* im *Kampf gegen das Weltjudentum*.[88] Diesen habe er insbesondere in der Zeitschrift „La Vita Italiana" geführt, die seit 1913 erschien und sich unter Preziosi als *Organ eines mit außerordentlichem Scharfsinn geführten Kampfes gegen das Weltjudentum* profiliert habe, wie Johann von Leers betonte.[89] Seine umfassenden Kenntnisse ermöglichten ihm, dass er nicht nur *Züge und Maßnahmen des Weltfeindes früh erkannte und richtig deutete*.[90] Als Übersetzer der „Protokolle" habe er überdies die *Judenfrage* in Italien *mit unbeugsamer Tapferkeit* und *klarer Erkenntnis in die*

---

80 Bericht über meine Tätigkeit als Professor für Deutsche Kultur und Geschichte an der Universität Rom, 30.03.1942 [ThHStAW, PA Nr. 18260, Bl. 155–165, hier Bl. 159].
81 PREZIOSI, GIOVANNI: Come il giudaismo ha preparato la guerra, Rom 1940; DERS.: Giudaismo, bolscevismo, plutocrazia, massoneria, Mailand 1941.
82 Botschaft Rom an Auswärtiges Amt, 15.02.1943, in: ADAP 1918–1945, Serie E: 1941–1945, Bd. V (1. Januar bis 30. April), Göttingen 1978, Dok. 134.
83 ALWENS, LUDWIG: Der Mann im Hintergrund, in: Völkischer Beobachter vom 06.04.1943.
84 Aufzeichnung Johann von Leers (Ms.), 20.01.1942 [RGVA, Fond 1283/12b, Bl. 225–228, hier Bl. 228].
85 Ebd.
86 LEERS, JOHANN VON: Aus „Winnies" orientalischem Lügenbuch, in: Der Angriff vom 13.03.1943.
87 LEERS, JOHANN VON: Kräfte hinter Roosevelt, Berlin ³1942, S. 142; DERS.: Die Verbrechernatur der Juden, Berlin o. J. [1944], S. 162.
88 Aufzeichnung Johann von Leers (Ms.), 20.01.1942 [RGVA, Fond 1283/12b, Bl. 225–228, hier Bl. 225].
89 Ebd., Bl. 226.
90 Ebd., Bl. 228.

Öffentlichkeit getragen.[91] Über das Œuvre seines Weltanschauungsgefährten war Johann von Leers gut orientiert. So würdigte er das schon während des Ersten Weltkrieges veröffentlichte Buch „La Germania alla conquista dell'Italia"[92] mit dem Hinweis, Preziosi habe darin den Nachweis geführt, *wie sehr das damalige Deutschland in Wirklichkeit in der Hand der Juden war und beide Länder wirtschaftlich vom Judentum beherrscht wurden.*[93] Meriten erwarb dieser sich zudem durch eine 1922/23 erschienene Artikelserie, die *Familiennamen, Vornamen und Grad aller Würdenträger und Vertrauensleute der Freimaurer [...] in Italien, in seinen Kolonien und im Ausland* verzeichnet haben soll.[94] Einen *großen Teil ihrer wertvollsten Publizistik im Kampfe gegen das Weltjudentum*, resümierte Johann von Leers, verdanke die *Publizistik der Achsenmächte* somit *der fleißigen Arbeit dieses überaus scharfsinnigen und kenntnisreichen Mannes.*[95] Im Fall von Preziosi konnte er in Jena zwar die Einwilligung sowohl des Rektors als auch des stellvertretende Dekans erreichen. Um seinem Anliegen Gewicht zu verleihen, hatte sich Johann von Leers sogar zu der Behauptung verstiegen, ein bereits 1920 in Preziosis Zeitschrift pseudonym veröffentlichter Beitrag („Ein Bayer"), der die *gemeinsame Linie des faschistischen Italiens und des damals [...] erst im Werden begriffenen nationalsozialistischen Deutschland umrissen* habe, könne *unwidersprochen dem Führer zugeschrieben* werden.[96] Dem Vertreter der Deutschen Botschaft Rom schien die Würdigung allerdings *noch etwas zu früh.*[97] Stattdessen schlug er Preziosi für den „Deutschen Adlerorden" vor. Weitere Schritte leitete er aber nicht ein. Zu einer öffentlichen Ehrung, wie Johann von Leers sie ursprünglich angestrebt hatte, ist es deshalb nie gekommen.

Auch am „Kriegseinsatz der Geisteswissenschaften" unter ihrem Spiritus Rector Paul Ritterbusch (1900–1945), mit dem Vertreter fast aller Disziplinen nach Beginn des Krieges ihren unentbehrlichen Beitrag für die erwartete Neuordnung Europas unter Beweis stellen wollten, wirkte er nicht mit. Unter den rund 500 beteiligten Wissenschaftlern wird Johann von Leers nicht auf-

---

91 Ebd., Bl. 226.
92 PREZIOSI, GIOVANNI: La Germania alla conquista dell'Italia. Mit einem Vorwort von G. A. Colonna di Cesaro, Florenz 1915.
93 Aufzeichnung Johann von Leers (Ms.), 20.01.1942 [RGVA, Fond 1283/12b, Bl. 225–228, hier Bl. 226].
94 Ebd., Bl. 226. Die Beiträge erschienen zwischen September 1922 und März 1923 unter dem Titel „Alla scoperta della massoneria". Siehe dazu PARENTE, LUIGI/GENTILE, FABIO/GRILLO, ROSA MARIA: Giovanni Preziosi e la questione della razza in Italia, Salerno 2005, S. 111.
95 Ebd., Bl. 227.
96 Ebd.
97 Deutsche Botschaft Rom an Johann von Leers, 22.09.1942 [RGVA, Fond 1283/12b, Bl. 234].

gezählt.[98] In den Publikationen der einzelnen Fächer ist er mit keinem Beitrag vertreten. Selbst an Arbeitstagungen nahm er offenkundig nicht teil, obgleich es zumindest in der Geschichtswissenschaft thematisch Anknüpfungspunkte gegeben hätte. Diese erstaunliche Distanz ist vermutlich darauf zurückzuführen, dass die „Aktion Ritterbusch" nicht von staatlichen oder parteiamtlichen Stellen ausging, sondern ihren Antrieb aus den Geisteswissenschaften selbst erhielt. Den Leitern der verschiedenen Sparten jedoch, die die Einladungspolitik steuerten und ein Mindestmaß an Qualität zu wahren suchten, galten seine Arbeiten vermutlich als bedeutungslos.[99] Das trifft insbesondere auf seine Beiträge über Bauerntum und Handwerk zu, die angesichts ihrer Blut-und-Boden-Metaphorik dem tonangebenden Mediävisten Theodor Mayer (1883–1972) kaum seriös erschienen sein dürften. Die Bauernforschung wiederum wurde durch Günther Franz abgedeckt, der ihm aus Jena in Gegnerschaft verbunden war. Wenn es Johann von Leers dennoch gelang, in den Zeitschriften „Deutscher Wissenschafts-Dienst" (DWD) und „Europäischer Wissenschafts-Dienst" (EWD), die Ergebnisse aus dem Kriegseinsatz der Geisteswissenschaft bündelten und zu propagandistischen Zwecken verbreiteten, mehrere Aufsätze zu veröffentlichen, dürfte dies vor allem der Einflussnahme ihrer Mitherausgeber Wilhelm Ziegler (Propagandaministerium) und Rudolf Mentzel (Reichserziehungsministerium) zuzuschreiben gewesen sein.[100]

---

98 Siehe HAUSMANN, FRANK-RUTGER: „Deutsche Geisteswissenschaft" im Zweiten Weltkrieg – Die „Aktion Ritterbusch" (1940–1945) (Schriften zur Wissenschafts- und Universitätsgeschichte, Bd. 1), Dresden 1999, S. 363–389. Allerdings fehlten auch zahlreiche andere Gelehrte, die für den Nationalsozialismus hervorgetreten waren, so etwa Alfred Baeumler, Ernst Krieck, Karl Alexander von Müller oder Heinrich Ritter von Srbik.

99 Siehe etwa die nur wenige Sätze umfassende Rezension der Propagandaschrift „Kräfte hinter Roosevelt" durch Friedrich Schönemann in der Zeitschrift für Politik, der zufolge die Quellen „nicht immer kritisch behandelt" würden. ZfP 33 (1943) 1, S. 75.

100 Im Rahmen des Kriegseinsatzes erhielt ein Mitarbeiter Ritterbuschs Mittel, um den hektographierten Pressedienst „Archiv des Kriegseinsatzes der Geisteswissenschaften" herauszugeben. Formal glich dieser DWD und EWD, für die Ritterbusch als Mitherausgeber zeichnete. Siehe HAUSMANN: „Deutsche Geisteswissenschaft" im Zweiten Weltkrieg, S. 105. Zu Beiträgen von Johann von Leers siehe LEERS, JOHANN VON: Der Islam – das Problem in Indien, in: EWD 2 (1942) 9 vom 05.05.1942, S. 6 f.; DERS.: Deutsche Mithelfer in der türkischen Geschichte, in: EWD 2 (1942) 13 (September), S. 20 f.; DERS.: Dokumente zur Stellung der indischen Mohammedaner, in: EWD 3 (1943) 2 (Februar), S. 4 f.; DERS.: Ägyptens Landwirtschaft und Europa, in: EWD 3 (1943) 4 (April), S. 24 f.; DERS.: Gemeinsamkeiten der ostasiatischen Kulturwelt, in: EWD 3 (1943) 9 (September), S. 16 f.; DERS.: Deutsche Handwerksgeschichte – eine nationale Aufgabe, in: EWD 4 (1944) 1 (Januar), S. 24–27; DERS.: Türkische Probleme, in: EWD 4 (1944) 3/4 (März/April), 18 f.; DERS.: Der neue Weg des französischen Handwerks, in: EWD 4 (1944) 7/8 (Juli/August), S. 16–18.

Ebenso unbedeutend blieb das Europäische Handwerksinstitut in Frankfurt am Main, dessen wissenschaftliche Leitung ihm zum 1. Dezember 1942 übertragen worden war.[101] Die Einrichtung, als „Abteilung" der in Rom ansässigen Internationalen Handwerkszentrale[102] vorgesehen, sollte *sozialgeschichtliche Forschung* zur historischen Entwicklung des Handwerks betreiben und vergleichende Studien zum *heutigen Status des Handwerks* in Europa anfertigen.[103] Nennenswerte Aktivitäten entwickelte das Institut jedoch nicht. Neben Einzelaktionen, so etwa eine „Bestandsaufnahme über das Bäckerhandwerk in Europa"[104] oder der Versuch, Fachwörterbücher zum Handwerk zu erstellen[105], ist eine Buchreihe unter dem Titel „Abhandlungen des Europäischen Handwerks-Instituts" nachweisbar, in der bis Kriegsende allerdings nur ein Band aus der Feder des Wirtschaftshistorikers August Skalweit (1879–1960) erscheinen konnte.[106]

Sein ungebremster Ausstoß an Büchern, Aufsätzen und Artikeln geriet zudem in unerwarteter Weise zu einer Bedrohung. Gegen seine *Massenproduktion* würden *von Fachkreisen vielfach Bedenken erhoben*, weil er sich *in jedes Gebiet und jedes Thema hineinwagt*[107] fasste 1942 ein Mitarbeiter aus dem Amt Rosenberg zusammen. Die von Johann von Leers praktizierte Methode, Gutachten gegen missliebige Konkurrenten einzusetzen, wie die Auseinandersetzung in Jena um „Die deutsche Kaiserpolitik des Mittelalters" seines Kollegen Friedrich Schneider

---

101 Zur Berufung siehe O. V.: Ehrender Auftrag für Prof. von Leers, in: Hakenkreuzbanner vom 12.12.1942; O. V.: Neuer Auftrag für Prof. v. Leers, in: Deutsche Allgemeine Zeitung vom 12.12.1942.
102 Dabei handelte es sich um das „Centro Internazionale dell'Artigianato" (CIA), zu dem Johann von Leers während seines Romaufenthaltes 1940 Kontakt geknüpft hatte. Siehe Bericht über meine Studienreise nach Italien, o. D. [1940] [RGVA, Fond 1283/12b, Bl. 42–49, hier Bl. 42]. Zum Frankfurter Ableger siehe LEERS, JOHANN VON: Im Zeichen der Praxis. Die Bedeutung des Europäischen Handwerksinstitut in Frankfurt, in: Deutsche Zeitung in den Niederlanden vom 05.09.1943; O. V.: Europäisches Handwerksinstitut begann seine Auslandsarbeit, in: Deutsche Zeitung in den Niederlanden vom 02.12.1942; Handwerk und Wissenschaft, in: Deutsche Zeitung im Ostland vom 25.12.1942. Zur Verlegung der Zentrale von Rom nach Berlin im Herbst 1943 siehe O. V.: Handwerksforschung kontinental, in: Völkischer Beobachter vom 10.11.1943.
103 Johann von Leers an Darré, 02.12.1942 [RGVA, Fond 1283/12a, Bl. 43].
104 Siehe dazu den Aufruf im Völkischen Beobachter vom 17.01.1943.
105 Johann von Leers an Wissell, 18.07.1944 [RGVA, Fond 1283/10a, o. P.].
106 SKALWEIT, AUGUST: Das Dorfhandwerk vor Aufhebung des Städtezwangs (Abhandlungen des Europäischen Handwerks-Instituts Frankfurt/Main, H. 1), Frankfurt am Main o. J. [um 1942]. Ein zweiter Band der Reihe erschien Anfang der 1950er Jahre. Siehe PROESLER, HANS: Das gemeindeutsche Handwerk im Spiegel der Reichsgesetzgebung von 1530 bis 1806, Frankfurt am Main o. J. [1954]. Darüber hinaus befanden sich weitere Veröffentlichungen in Vorbereitung, von denen nur die geplanten Titel, nicht aber die Autoren bekannt sind.
107 Amt Rosenberg, Hauptamt Wissenschaft (Härtle) an Stabsleiter, 16.11.1942 [BArch, NS 15/219, Bl. 113].

gezeigt hatte[108], begann sich jetzt gegen ihn selbst und seine Veröffentlichungen auf dem Terrain der Erziehungs- und Schulungsarbeit zu richten.

So hatte schon im Sommer 1939 ein Gutachter der „Parteiamtlichen Prüfungskommission zum Schutze des nationalsozialistischen Schrifttums"[109] den Schluss gezogen, ein als „Deutsche Geschichte" betiteltes Manuskript für ein Realienbuch zum Einsatz in Volksschulen werde den *hohen Anforderungen* an solche Unterrichtswerke *nur zum Teil gerecht*.[110] Mängel erkannte der Gutachter nicht nur in der *trockenen Zusammenfassung* historischer Abläufe, der *alles Begeisternde fehlt*, sondern auch in der *Stofffülle*, die viel zu weit über das hinausreiche, *was in der Volksschule geboten werden kann*.[111] Positiv hervorzuheben war aus seiner Sicht allenfalls, dass mit Ausführungen zur *Judenfrage* und zur *Kirchenpolitik* auch Themen aufgegriffen würden, *die bei den meisten Geschichtsschreibern bisher nicht genügend berücksichtigt wurden*.[112] Am vernichtenden Urteil des Gutachters konnte dies jedoch nichts ändern. Er hielt das Buch *für die Hand der Schüler für völlig ungeeignet*.[113] So sehr sich Johann von Leers über ein solches Urteil empörte, das er *keineswegs als objektiv anerkennen*[114] wollte, so erfolglos blieb seine Beschwerde, die in den Mühlen der Prüfungskommission versandte. Ähnliche Erfahrungen machte er mit einem Manuskript über „Das Frankenreich unter Merowingern und Karolingern", das er zunächst *mit einem negativen Gutachten* zurückerhalten hatte, das trotz seiner *Umarbeitung* aber weiterhin keine Zustimmung fand.[115] Solche Zurückweisungen musste umso mehr zu einer Frage der persönlichen Ehre werden, je abfälliger die Urteile der Parteiamtlichen Prüfungskommission über seine Lehrbücher, in denen er die historischen und weltanschaulichen Grundlagen des Nationalsozialismus erklä-

---

108 Astel an Sauckel, 08.10.1940 [UAJ, Bestand BA, Nr. 2161, Bl. 146–148].
109 Zur Arbeitsweise der „Parteiamtlichen Prüfungskommission zum Schutze des nationalsozialistischen Schrifttums" (PPK) siehe BARBIAN, JAN-PIETER: Literaturpolitik im „Dritten Reich". Institutionen, Kompetenzen, Betätigungsfelder, München 1995, S. 298–321.
110 Gutachten PPK, 06.06.1939 [IfZ, MA 603].
111 Ebd.
112 Ebd.
113 Ebd. Ob die als „Lektoren" bezeichneten Gutachter über die Urheber der von ihnen begutachteten Manuskripte in Kenntnis gesetzt wurden, ist nicht klar. Johann von Leers jedenfalls ging davon aus. Er schlug deshalb vor, *da die Lektoren* [Anm.: den Verfassern gegenüber] *geheim gehalten werden, auch in Zukunft den Autor* [Anm.: dem Gutachter gegenüber] *geheim zu halten und Bücher grundsätzlich nur noch von Lektoren prüfen zu lassen, die nicht gerade auch zu demselben Thema selber etwas schreiben*. Siehe dazu Johann von Leers an Geschäftsführer der PPK (Hederich), 17.02.1940, sowie dessen Antwort vom 21.03.1940, in der er mitteilen ließ, *Verdächtigungen gegen die Lektoren meiner Dienststelle bzw. gegen irgendwelche Mitarbeiter* seien *grundlos* [IfZ, MA 603].
114 Johann von Leers an Geschäftsführer der PPK (Hederich), 17.02.1940 [IfZ, MA 603].
115 Ebd.

ren wollte, ausfielen und damit seine Autorität als „Alter Kämpfer" und Hochschullehrer in Frage stellten.

Dies betraf etwa eine Schrift, die Johann von Leers bereits 1938 in seiner Funktion als Studienleiter der Verwaltungsakademie Berlin veröffentlicht hatte.[116] Unverblümt rügte der Gutachter, das durch den Titel suggerierte *eigentliche Thema* werde *kaum behandelt,* wohingegen der Autor sich allzu sehr mit den *negativen Kräften* beschäftige, *gegen die der Nationalsozialismus eine Auflehnung darstellt.* Kritik riefen zudem die Ausführungen zur Parteigeschichte hervor, die Ereignisse vielfach nur aneinanderreihen, *ohne die größeren Zusammenhänge herauszuarbeiten.* Im Ergebnis kam er zu dem Schluss, dass das Werk *nicht den Anforderungen entspricht,* die an eine solche Darstellung zu stellen seien.[117] Seit 1940 durfte der Verlag sie deshalb nicht weiter ausliefern.[118] Es erscheint verständlich, dass Johann von Leers ein solch *empörender Eingriff einem alten Nationalsozialisten gegenüber* unzulässig erscheinen musste, zumal damit sein *wissenschaftliches Ansehen* beschädigt werde.[119] Der Vorgang war allerdings auch deshalb bemerkenswert, weil sich mit dieser *unglaublichen Entscheidung*[120] jene Institution gegen ihn stellte, für die er kurz zuvor selbst noch tätig gewesen war.[121] Ihr Urteil zudem traf einen Autor, der als „Alter Kämpfer" ein besonderes Recht darauf reklamierte, Wesen und Weltanschauung des Nationalsozialismus zu deuten, und dessen Schriften die „NS-Bibliographie" an anderer Stelle empfohlen und mit dem Siegel der Parteiamtlichen Prüfungskommission ausgestattet hatte.[122] Er sei *keinesfalls gesonnen,* sich *aus der Reihe der Darsteller nationalsozialistischer Geschichte hinausdrängen zu lassen* und solche Schriften jenen zu überlassen, *die erst nach 1933 Zeit fanden, in die NSDAP einzutreten und uns nun vorschreiben möchten, wie wir die Geschichte zu betrachten haben*[123], ließ er die Parteiamtliche Prüfungskommission wissen. Als *alter begeisterter*

---

116 LEERS, JOHANN VON: Die geschichtlichen Grundlagen des Nationalsozialismus (Rechtspflege und Verwaltung, I: Allgemeiner Teil, H. 1), Berlin 1938.
117 Deutscher Rechtsverlag an Johann von Leers, 12.02.1940 [IfZ, MA 603].
118 Johann von Leers an Geschäftsführer der PPK (Hederich), 18.04.1940 [IfZ, MA 603].
119 Johann von Leers an Geschäftsführer der PPK (Hederich), 17.02.1940 [IfZ, MA 603].
120 Johann von Leers an Bung, 07.03.1940 [IfZ, MA 603].
121 Johann von Leers an Geschäftsführer der PPK (Hederich), 17.02.1940 und an Verleger Hubertus Bung, 07.03.1940 [IfZ, MA 603]. Seine eigene Tätigkeit für die Parteiamtliche Prüfungskommission legt der Vorgang um das Manuskript „Deutscher Sonnenglaube" von Karl Bornhausen (1882–1940) nahe, für dessen Veröffentlichung er Anfang 1939 eingetreten sein will, wie er Bornhausen gegenüber versicherte. Siehe Johann von Leers an Bornhausen, 12.02.1939 [RGVA, Fond 1283/12, Bl. 123].
122 LEERS, JOHANN VON/HANSEN, HENRICH: Der deutsche Lehrer als Kulturschöpfer, Frankfurt am Main 1939.
123 Johann von Leers an Geschäftsführer der PPK (Hederich), 17.02.1940 [IfZ, MA 603].

Nationalsozialist empfand er es zudem als Zumutung, dass seine Gesinnung *angezweifelt*[124] wurde und er obendrein Manuskripte *zur Begutachtung oft wesentlich jüngeren Menschen vorlegen* müsse.[125]

Eine weitere Zuspitzung erfuhr diese Entwicklung, als auch die Lehrbriefsammlung „Nationalsozialistische Staatskunde", die die NS-Weltanschauung im Selbststudium vermittelte, vorübergehend nicht verbreitet werden durfte. Nachdem die Serie, die Johann von Leers und Willy Becker[126] seit 1935 verantworteten, bis Dezember 1939 problemlos erschienen war, stufte sie die Prüfungskommission plötzlich als *zu oberflächlich* ein.[127] Zum Stein des Anstoßes war geworden, dass einige Lehrbriefe nicht länger den *Anforderungen* genügten, die in den Augen der Prüfungskommission *an eine Reichsbürgerkunde gestellt werden müssen*.[128] Dass nach Abschluss des Hitler-Stalin-Paktes *Angriffe jeder Art gegen Russland* in Neuauflagen *zu vermeiden*[129] waren und die *unhaltbaren außenpolitischen Thesen,* auf die in diesem Zusammenhang verwiesen wurde, *nicht mehr erscheinen*[130] durften, war politischen Notwendigkeiten geschuldet. Schwerwiegender war allerdings, dass die Gutachter die Herausgeber nicht auf der Höhe der nationalsozialistischen Weltanschauung sahen. Dies bezog sich nicht nur auf den Begriff *deutsch-völkisch,* der in einzelnen Lehrbriefen genutzt wurde, sondern auch auf die *Rassenanschauungen, die nicht immer dem heutigen Stand*[131] entsprächen. Moniert wurde überdies die Darstellung über den *Einfluss des Juden auf die deutsche Arbeiterbewegung, die ungebührlich viel Raum* einnähme. Unbeschadet des Ausgangs des dann folgenden Gutachterstreits[132], ist

---

124 Ebd.
125 Johann von Leers an Bung, 07.03.1940 [IfZ, MA 603].
126 Biografische Angaben zu dem Mitherausgeber lassen sich nicht zweifelsfrei ermitteln. In Frage kommt vermutlich der promovierte Studienrat Willi Becker (geb. 1893 [?]) aus Berlin. Siehe HARTEN, HANS-CHRISTIAN/NEIRICH, UWE/SCHWERENDT, MATTHIAS: Rassenhygiene als Erziehungsideologie des Dritten Reichs. Bio-bibliographisches Handbuch, Berlin 2006, S. 346 f. Ein gleichnamiger Jurist im Reichsministerium des Innern (1907–1981) erscheint ebenso unwahrscheinlich wie der Reichstagsabgeordnete Willy Becker (1890–1945) aus Hessen-Nassau.
127 Johann von Leers an Geschäftsführer der PPK (Hederich), 17.02.1940 [IfZ, MA 603]. Siehe auch BECKER, WILLY/LEERS, JOHANN VON: Nationalsozialistische Staatskunde (Selbstunterrichtsbriefe Methode Rustin), Potsdam 1935–1939.
128 PPK an Verlag Bonnes & Hachfeld, 04.12.1939 [IfZ, MA 603].
129 Verlag Bonnes & Hachfeld an Johann von Leers, 26.02.1940 [IfZ, MA 603].
130 PPK an Verlag Bonnes & Hachfeld, 03.02.1940 [IfZ, MA 603].
131 Verlag Bonnes & Hachfeld an Johann von Leers, 26.02.1940 [IfZ, MA 603].
132 Zum Gefälligkeitsgutachten von Harmjanz, mit dem Johann von Leers während seines Berufungsverfahrens in Jena engen Kontakt hatte und der sich 1943 selbst des Plagiatsvorwurfes ausgesetzt sah, siehe Harmjanz an Johann von Leers, 19.03.1940 [IfZ, MA 603]. In seinem Gutachten kam Harmjanz zu dem Schluss, die Schrift sei für die *Schulung der mittleren*

nachvollziehbar, dass Johann von Leers auch in diesem Fall *die Sachlichkeit des Urteils*[133] der Parteiamtlichen Prüfungskommission nicht anerkennen wollte. Stattdessen unterstellte er einen *Feldzug*[134] gegen seine Person auf der Grundlage von *persönlichen Motiven des Hasses* seiner Widersacher, die glaubten, *dass ich zu viel schriebe und damit zu viel Geld verdiente.*[135] Ein *Vertriebsverbot*[136] gegen seine Schriften, wie einer seiner Verleger fürchtete, wurde allerdings zu keinem Zeitpunkt ausgesprochen. Ebenso wenig gelang es, seine Veröffentlichungen dauerhaft vom Markt zu nehmen, wie Neuauflagen verschiedener seiner Schriften Anfang der 1940er Jahre bezeugen.[137]

Gängelungen dieser Art lassen sich damit erklären, dass Weltanschauung und Ideologie auch in totalitären Herrschaftssystemen keineswegs so fest umrissen sind, dass keine inneren Widersprüche auftreten würden.[138] Diese zeigten sich nicht zuletzt im Kompetenzgerangel der verschiedenen Partei- und Staatsinstanzen auf dem Gebiet des Schrifttums und seiner Überwachung, das „nicht selten in ein Gegeneinander mündete".[139] Angesichts der spezifischen Montagetechnik in vielen seiner Veröffentlichungen, die die Grenzen zum Plagiat überschritten, sah sich Johann von Leers allerdings auch immer häufiger mit Protesten aus dem Kreis von Fachwissenschaftlern konfrontiert, die in dieser Arbeitsweise einen Verstoß gegen die Standards akademischer Redlichkeit sahen.

So hatte das Kulturpolitische Archiv im Amt Rosenberg schon im Juli 1938 den NS-Dozentenbund *vertraulich* über einen bereits länger bekannten Hinweis des in Berlin lehrenden Slawisten Max Vasmer (1886–1962) informiert,

---

Beamten bestimmt und verzichte deshalb *bewusst auf jeden wissenschaftlichen Apparat.* Im Unterricht werde sie *ausgezeichnete Dienste tun,* wie auch der Fachmann aus der Darstellung *manches lernen* könne [IfZ, MA 45]. Die freundschaftlichen Beziehungen zwischen Johann von Leers und Harmjanz geht aus der Privatkorrespondenz zwischen beiden hervor. Siehe Harmjanz an Johann von Leers, 19.01.1944 [RGVA, Fond 1283/12a, Bl. 198]. Zum Plagiatsvorwurf gegen Harmjanz siehe Amt Rosenberg, Stichwort-Protokoll des Termins von Pg. Härtle beim Reichsleiter, 25.03.1943 [BArch, NS 8/131, Bl. 53].

133 Johann von Leers an Geschäftsführer der PPK (Hederich), 18.04.1940 [IfZ, MA 603].
134 Johann von Leers an Bung, 27.02.1940 [IfZ, MA 603].
135 Johann von Leers an Geschäftsführer der PPK (Hederich), 10.04.1940 [IfZ, MA 603].
136 Bung an Johann von Leers, 29.02.1940 [IfZ, MA 603].
137 Siehe LEERS, JOHANN VON: Der Kampf um die deutsche Erneuerung (Rechtspflege und Verwaltung, Schriftenreihe für Ausbildung und Praxis, I: Allgemeiner Teil, H. 1), Berlin/Leipzig/Wien ²1941. Es handelt sich dabei um eine veränderte Auflage eines Titels aus dem Jahr 1938. Siehe DERS.: Die geschichtlichen Grundlagen des Nationalsozialismus (Rechtspflege und Verwaltung, I: Allgemeiner Teil, H. 1), Berlin 1938.
138 Siehe BREUER, STEFAN: Neuer Nationalismus in Deutschland, in: UWE BACKES (HRSG.): Rechtsextreme Ideologie in Geschichte und Gegenwart, Köln 2003, S. 53–72, hier S. 72.
139 Siehe PIPER, ERNST: Alfred Rosenberg. Hitlers Chefideologe, München 2005, S. 341.

wonach dieser in einem Artikel von Johann von Leers *über polnische Literatur* eine Reihe von *Ausführungen aus einer polnischen Literaturgeschichte wiedererkannt* zu haben vermeinte, *ohne dass diese zitiert worden sei*.[140] Vasmer scheute sich auch nicht vor öffentlicher Kritik an etymologischen Deutungen, die Johann von Leers zur Wahrheit erhob. Dessen Behauptung, die Bezeichnung „Kroaten" lasse sich auf germanische Wurzeln zurückführen, wies er als „bombensicher falsch"[141] zurück. Johann von Leers und dem Kreis seiner Unterstützer gelang es zwar, Vasmers Vorwürfe abzuwehren, indem sie die *Glaubwürdigkeit des Professors* in Frage stellten.[142] Der Ruf eines Plagiators blieb jedoch weiterhin an ihm haften. Dafür sorgte nicht zuletzt seine zu Schulungszwecken verfasste Schrift „Deutsche Rechtsgeschichte und deutsches Rechtsdenken"[143] im Auftrag des NS-Rechtswahrerbundes, um künftige *Rechtswahrer des gehobenen Justizdienstes* in *mehr volkstümlicher Form* am *nationalsozialistischen Gedankengut auszurichten*.[144] Nachdem die Parteiamtliche Prüfungskommission bereits an der Erstauflage 1939 zumindest intern *Einzelheiten*[145] beanstandet hatte, stellte ihn die Diskussion der Neuauflage drei Jahre später in der juristischen Fachpresse öffentlich bloß. Besonders vernichtend unter den zahlreichen Rezensionen war die Kritik des Leipziger Ordinarius Hans Thieme (1906–2000), der sich nicht scheute, den Vorwurf des Plagiats öffentlich zu erheben. Eine nähere Betrachtung der Veröffentlichung zeige nämlich, „dass die Schrift zum größten Teil buchstäblich ein Mosaik aus […] zwei einschlägigen Bänden" einer renommierten Reihe darstelle, „von denen der erste nur im Literaturteil aufgeführt" und „der zweite überhaupt nirgends zitiert" werde.[146] „Umstellungen und Auslassungen", merkte Thieme ironisch an, könnten diese „fortwährenden Entlehnungen" zwar „nicht verschleiern", ließen aber „die Vorlagen immerhin

---

140 Amt Rosenberg (Hauptstelle Kulturpolitisches Archiv) an NS-Dozentenbund, 26.07.1938 [BArch, NS 15/36, Bl. 144].
141 VASMER, MAX: Germanisches und Ungermanisches bei den Südslaven, in: Zeitschrift für Slavische Philologie 13 (1936), S. 329–337, hier S. 329. Zu den Hintergründen siehe BOTT, MARIE-LUISE: „Deutsche Slavistik" in Berlin? Zum Slavischen Institut der Friedrich-Wilhelms-Universität 1933–1945, in: BRUCH, RÜDIGER VOM (HRSG.): Die Berliner Universität in der NS-Zeit (Bd. II: Fachbereiche und Fakultäten), Stuttgart 2005, S. 277–298, hier S. 287.
142 Stengel von Rutkowski an Johann von Leers, 30.08.1938 [UAJ, Bestand D 1868].
143 LEERS, JOHANN VON: Deutsche Rechtsgeschichte und deutsches Rechtsdenken (Rechtspflege und Verwaltung, II: Deutsche Rechtspflege, H. 6), Berlin 1939, ²1942.
144 NS-Rechtswahrer-Bund (Reichsamtsleiter Singer) an Vorsitzenden Gauehrengericht NS-Dozentenbund (Krusch), 09.04.1943 [BArch, BDC-PK].
145 Bung an Johann von Leers, 29.02.1940 [IfZ, MA 603].
146 THIEME, HANS: Deutsches Gemein- und Wirtschaftsrecht 7 (1942) Nr. 1/2 (Januar), S. 23 [Abschrift in UAJ, Bestand BA 2160, Bl. 219]. Zu den Werken, aus denen sich Johann von Leers bediente, zählte Thieme unter anderem SCHMELZEISEN, G[USTAV] K[LEMENS]: Deutsches Privatrecht, Leipzig 1935 und WIEFELS, JOSEF/BECHERT, RUDOLF: Deutsche Rechtsgeschichte,

vorzugswürdig erscheinen". Gleichwohl seien aber die „handgreiflichen Irrtümer" zu bemängeln, die die Darstellung „vielfach schief" machten. Im Ergebnis, fasste Thieme zusammen, komme die Schrift „selbst den untergeordneten Lehrmitteln, deren sie sich bedient hat, nicht gleich, von den wirklich wertvollen Grundrissen der deutschen Rechtsgeschichte gar nicht zu reden".[147] Rufschädigend auf Johann von Leers musste überdies die Kurzrezension im zentralen Fachorgan des Berufsstandes, der vom zuständigen Reichsministerium herausgegebenen „Deutschen Justiz", wirken. Der namentlich nicht genannte, offensichtlich jedoch gut informierte Autor vermied zwar den Vorwurf des Plagiats, ließ aber „die in einigen Besprechungen aufgeworfene Frage" nicht unerwähnt, „ob und inwieweit der Verfasser auf eigenen rechtswissenschaftlichen Forschungen und Quellen oder auf allgemein bereits bekannte Tatsachen und Meinungen aufbaut".[148]

Eine solche öffentlich geäußerte Kritik diskreditierte Johann von Leers nicht nur als Hochschullehrer, sondern untergrub zugleich seinen Ruf in der Partei. Zu seinen Gegnern aus den Reihen der Professorenschaft, zu denen neben Thieme der in München lehrende Jurist Claudius Freiherr von Schwerin (1880–1944) zählte, trat jetzt nämlich auch der NS-Dozentenbund. Nach eingehender Begutachtung der umstrittenen Schrift zog dessen Vertreter das schwerwiegende Fazit, dass die Arbeit *ein Plagiat darstelle*.[149] Wie eng die Spielräume für Johann von Leers zu diesem Zeitpunkt zu werden drohten, zeigt das daraufhin eingeleitete Ehrengerichtsverfahren. Nachdem er sich zunächst geweigert hatte, selbst ein solches Verfahren anzustrengen, wurde es im Mai 1943 offiziell eröffnet. Zugleich begann das Oberste Parteigericht, das inzwischen auf den Fall aufmerksam geworden war, sich für die Angelegenheit zu interessieren, da Johann von Leers durch ein solches Verfahren *auch als Parteigenosse erheblich belastet* werde.[150] Dass beide Verfahren ohne Urteil blieben, war ungeplanten Verzögerungen angesichts des Kriegsverlaufs und geschickten Verschleppungen durch Johann von Leers geschuldet. Umso überraschender ist es deshalb, dass ausgerechnet das Amt Rosenberg ihm in dieser Situation den Rücken stärkte. Johann von Leers, notierte ein mit der Angelegenheit betrauter Mitarbeiter, könne eines

---

Leipzig 1935 aus der Reihe „Schaeffers Grundriss des Rechts und der Wirtschaft". Weitere Ausführungen sollten zudem auf SOHM, RUDOLPH: Institutionen des römischen Rechts, Berlin 1884 (seitdem in zahlreichen weiteren Auflagen) beruhen.
147 THIEME: Deutsches Gemein- und Wirtschaftsrecht, S. 23.
148 RZ Deutsche Justiz 10 (1942) 47 vom 20.11.1942, S. 756 [Abschrift in UAJ, Bestand BA 2160, Bl. 220].
149 Amt Rosenberg, Aktennotiz für Pg. Härtle, 05.03.1943 [BArch, NS 15/219, Bl. 114–116].
150 OPG (Volkmann) an Reichsdozentenführer, 12.08.1943 [BArch, BDC-PK].

Plagiats *nicht für fähig*[151] gehalten werden. Stattdessen seien die Angriffe auf den leider auch in fachwissenschaftlichen Kreisen üblichen *[...] Konkurrenzneid*[152], vor allem aber auf die Persönlichkeit des Attackierten zurückzuführen, der als der *Typ des politischen und geistigen Revolutionärs [...] in allzu unvorsichtiger Weise zu viele Gegner auf einmal angegriffen hat.*[153] Ein Gutachter in Rosenbergs Auftrag kam denn auch nach Durchsicht der Veröffentlichung zu dem Schluss, die Arbeit weise zwar *in wissenschaftlicher Hinsicht manche Unvollkommenheiten und Schwächen* auf, müsse aber *politisch und rechtspolitisch unter allen Umständen anerkannt werden.*[154] Zu einem Abschluss kam das Verfahren bis Kriegsende jedoch nicht mehr. Insofern bleibt auch unklar, in welchem Kontext die Juristische Fakultät der Universität Jena sich, wie sein Kontrahent Friedrich Schneider 1946 behauptete, *gezwungen gesehen haben will, gegen das dürftige wissenschaftliche Gebahren* [sic] *Leers in einer Veröffentlichung offiziell Stellung zu nehmen.*[155]

7.2 Marginalisierung, Entfremdung, Distanz

Zu den Grenzziehungen auf akademisch-publizistischem Gebiet, die Johann von Leers durch sein ungeschicktes Verhalten beförderte, trat seit 1942/43 seine Marginalisierung in der Partei und eine wachsende Distanz zu früheren Weggefährten. Je stärker er sich als „Alter Kämpfer" an den Rand gedrängt fühlte, desto enger gestaltete sich die Verbindung zu seinen engsten Vertrauten Darré und Günther, die wie er in die Weltanschauung ausgegrenzt waren und sich nunmehr als umso standhaftere Idealisten gegen Karrieristen und das Parteiestablishment inszenierten.

Dass etwa Rosenbergs Mitarbeiter ihn 1943 im Plagiatsverfahren (siehe Kap. 4.5.1) verteidigt hatten widersprach nicht ihrer Geringschätzung seiner Kulturpropaganda und Schulungsarbeit. Der Vortragsabteilung der NS-Gemeinschaft „Kraft durch Freude" etwa trugen sie auf, Johann von Leers nur auf jenen *Gebiete[n] heranzuziehen, auf denen er sich als wirklicher Kenner ausgewiesen* habe.[156] De facto bedeutete dies einen gravierenden Eingriff. Seine Vor-

---

151 Amt Rosenberg, Aktennotiz für Pg. Härtle, 05.03.1943 [BArch, NS 15/219, Bl. 114–116].
152 Ebd.
153 Ebd.
154 Ebd.
155 Erklärung Prof. Friedrich Schneider, 04.02.1946 [UAJ, Bestand BA 2161, Bl. 162].
156 Amt Rosenberg, Amt Kulturpolitisches Archiv (Killer) an Hauptamt Wissenschaft, 09.05.1942 [BArch, NS 15/158b, Bl. 105].

tragsthemen nämlich wurden damit *im engeren Sinne* auf *Bäuerliche Geschichte* beschränkt.[157] Insbesondere Heinrich Härtle sorgte in dieser Phase zudem dafür, dass ihm der Bezug der vertraulichen „Mitteilungen zur weltanschaulichen Lage" aus Rosenbergs Amt verwehrt wurde. Seine Entscheidung begründete Härtle damit, die *politische Stellung* Johann von Leers' erscheine im Augenblick *nicht so bedeutend*, dass ihm die Mitteilungen, die *nur ein beschränkter Kreis der Reichs- und Gauleitungen* erhalte, *ausnahmsweise* zugestellt werden müssten.[158] Wie zutreffend diese Einschätzung war, legen auch seine weiteren Verbindungen insbesondere zu Günther und Darré offen, die inzwischen selbst isoliert waren.

Mit dem Reichsbauernführer, der sich aufgrund seiner Inkompetenz in praktischen Fragen der Agrarwirtschaft bereits seit 1936 zunehmend ins politische Abseits manövriert hatte[159] und im Mai 1942 angesichts wachsender Probleme in der Nahrungsmittelversorgung durch seinen Staatssekretär Herbert Backe ersetzt wurde, erging Johann von Leers sich nach dieser *Inaktivierung*[160] und *Kaltstellung*[161] im gemeinsamen Lamento über die Ursachen für diesen *Stoß in das Herz allen völkischen Strebens*.[162] Die einstigen Ziele der völkischen Bewegung, die den rassischen Bestand des Bauerntums wiederherzustellen beabsichtigte, seien demnach bald nach 1933 verfälscht worden, um sie unter Backe und seinem *Neuen Kurs*[163] endgültig aufzugeben. Deutlich erkennbar ist dabei der Versuch, damit bereits den eigenen Platz in der künftigen Geschichtsschreibung zu bestimmen: Darrés Ziel, *das alte gesicherte deutsche Bauerntum in vollem Umfang auf seiner Scholle wieder herzustellen und zu erhalten, entspricht dem Versuch der Gracchen,* würdigte Johann von Leers dessen Politik in Anspielung auf die Epoche der Republik des Römischen Reichs.[164] Es spricht für eine wenig realistische Einschätzung der Lage und diente vor allem der gegenseitigen Bestärkung, dass beide sich von karrieristischen Intriganten umstellt und Verschwörer, namentlich Bormann[165], am Werk sahen, die den Sturz Dar-

---

157 Ebd.; Amt Rosenberg, Amt Kulturpolitisches Archiv (Killer) an Deutsches Volksbildungswerk, 27.05.1942 [BArch, NS 15/253, Bl. 6].
158 Amt Rosenberg, Hauptamt Wissenschaft (Härtle) an Stabsleiter, 16.11.1942 [BArch, NS 15/219, Bl. 113].
159 CORNI, GUSTAVO/GIES, HORST: Blut und Boden. Rassenideologie und Agrarpolitik im Staat Hitlers, Idstein 1994, S. 24.
160 Darré an Gesine von Leers, 05.08.1942 [RGVA, Fond 1283/12a, Bl. 55 f.].
161 Darré an Johann von Leers, 12.09.1942 [RGVA, Fond 1283/12a, Bl. 60–62].
162 Darré an Johann von Leers, 17.08.1942 [RGVA, Fond 1283/12a, Bl. 66–68].
163 Darré an Johann von Leers, 13.08.1942 [RGVA, Fond 1283/12a, Bl. 57 f.].
164 Johann von Leers an Darré, 19.08.1942 [RGVA, Fond 1283/12a, Bl. 69 f.]; Darré an Johann von Leers, 22.08.1942 [RGVA, Fond 1283/12a, Bl. 75] sowie 29.08.1942 [RGVA, Fond 1283/12a, Bl. 65].
165 Darré an Gesine von Leers, 05.08.1942 [RGVA, Fond 1283/12a, Bl. 55 f.].

rés herbeigeführt hätten.[166] Die Absicht, seine *geistig-kulturelle Arbeit auszulöschen*[167], äußerte sich für Darré sogar in dem Vorhaben, 1942 das „Odal"-Buch von Johann von Leers neu aufzulegen.[168] *Stutzig mache ihn dieses plötzliche Entgegenkommen,* nachdem ihm selbst dies jahrelang nicht gelungen sei, bemerkte er dazu.[169] Insofern überrascht es nicht, dass Darré darin nur einen weiteren Versuch zu erkennen vermeinte, einen Keil zwischen ihn und Johann von Leers zu treiben, *um Sie zu beschäftigen und vielleicht sogar von mir abzusprengen.*[170] Von einer ähnlich resignativen Stimmung war auch die Beziehung zu seinem Mentor Günther getragen. Zwar erfreuten sich beide ihrer *Berlinferne*[171], nachdem Günther in die beschauliche Provinz nach Freiburg übergesiedelt war und Johann von Leers sich nahe von Jena niedergelassen hatte. Angesichts der Entwicklungen auf dem Gebiet von *Familie und Bauerntum* aber machte sich auch unter ihnen zunehmende Desillusion breit: Es sei *schauderregend, was gewisse Hirne sich unter Nationalsozialismus vorstellen und wie sich proletarischer Massenwahn immer wieder völkisch einkleiden möchte,* klagte Günther Ende 1942, nachdem Johann von Leers vor *Vermassung, Verrohung und Verwilderung* gewarnt hatte.[172] Die *Vornehmheit* eines Volkes aber, so Günther, sei an dessen *Verwurzelung* zu erkennen.[173] Umso mehr Gedanken machten sie sich in langatmigen Briefen über das „Conubium" im antiken Eherecht, eine zweckmäßige Gattenwahl, fehlgeleitete Italienschwärmereien und die richtige Haltung gegenüber den Völkern des Ostens, Japan und dem Islam: *Während ich von den Japanern ebenso viel erwarte wie Sie, kann ich von den Islamvölkern nichts erwarten,* ließ Günther wissen.[174]

Mit dieser resignativen Grundstimmung einher ging ein wachsendes Ressentiment gegen nicht näher bestimmte Vertreter eines Parteiestablishments, die Johann von Leers in Berlin und München verortete. Bereits 1936 hatte er über ein um sich greifendes „Denunzianten-, Materialsammler- und Intrigantentum" geklagt, das sich zu einem „wahren Krebsschaden unseres

---

166 Siehe dazu beispielsweise Darré an Johann von Leers, 12.09.1942, in dem Darré von *aufschlussreiche[n] Andeutungen* berichtet, die ihm gegenüber gemacht worden seien [RGVA, Fond 1283/12a, Bl. 60–62]. Siehe auch seine Darstellung der Hintergründe, die zu seiner Amtsenthebung geführt haben sollen.
167 Darré an Gesine von Leers, 05.08.1942 [RGVA, Fond 1283/12a, Bl. 55 f.].
168 Johann von Leers an Frenssen, 18.10.1942 [SHLB, NL Frenssen, Cb 21.56: 1020, Bl. 9].
169 Darré an Gesine von Leers, 04.09.1942 [RGVA, Fond 1283/12a, Bl. 64].
170 Darré an Johann von Leers, 12.09.1942 [RGVA, Fond 1283/12a, Bl. 60–62].
171 Günther an Johann von Leers, 05.04.1941 [RGVA, Fond 1283/10a, Bl. 177].
172 Günther an Johann von Leers, 07.11.1942 [RGVA, Fond 1283/12a, Bl. 167]. Günther nimmt Bezug auf ein Schreiben von Johann von Leers vom 05.11.1942, das nicht überliefert ist.
173 Günther an Johann von Leers, 07.11.1942 [RGVA, Fond 1283/12a, Bl. 167].
174 Günther an Johann von Leers, 05.09.1943 [RGVA, Fond 1283/10a, Bl. 158].

Lebens" ausgewachsen habe.¹⁷⁵ Solche „Brunnenvergifter", die anderen Amt und Einfluss neideten, sah er immer öfter auch gegen sich selbst am Werk, wie der Streit um seine Manuskripte und seine Person zu beweisen schien. Er könne nicht leugnen, dass jedes Mal, wenn ich nach München komme, diese Stadt mir noch unsympathischer als vorher wird, ließ Johann von Leers im Dezember 1942 Darré vermutlich in Anspielung auf die Parteiamtliche Prüfungskommission und das Oberste Parteigericht wissen.¹⁷⁶ Besuche in der Stadt, in der er *Kämpfe gegen Gangster* führen müsse und die sich ihm durch *eine Atmosphäre der [...] mesquinen Intrigantenhaftigkeit* präsentierte, wolle er deshalb soweit als möglich meiden.¹⁷⁷

Dies erklärt auch, weshalb er in der Affäre um den „Rassenseelenkundler" Ludwig Ferdinand Clauß (1892–1974), der sich seit 1941 vor dem Obersten Parteigericht verantworten musste, zurückhaltend agierte. Clauß, der bei Husserl in Freiburg studiert hatte und zwischenzeitlich an der Universität Berlin lehrte, zählte in den 1930er Jahren zu den „maßgeblichen deutschen Rassenforschern".¹⁷⁸ Im Gegensatz zu Günther jedoch lehnte er eine ausschließlich biologisch-anthropologische Rassenbestimmung ab. Seine Methode sah stattdessen vor, Rassendifferenzen anhand geistig-seelischer Merkmal zu ermitteln.¹⁷⁹ Clauß, der „recht gute Beziehungen"¹⁸⁰ innerhalb der SS unterhielt und dem SD zuarbeitete, schaffte sich mit seinen Ansichten in der NSDAP zahlreiche Gegner. Auslöser des Verfahrens war allerdings eine Denunziation seiner inzwischen geschiedenen Ehefrau, wonach im Haushalt von Clauß nicht nur dessen langjährige jüdische Mitarbeiterin lebte, sondern beide ein Liebesverhältnis unterhielten. Neben dem Vorwurf der „Rassenschande" stand damit der offenkundig nicht weniger gravierende Verdacht im Raum, seine Geliebte habe zugleich seine Schriften beeinflusst. In dieser Situation besann Clauß sich seiner „wirklichen Freunde"¹⁸¹, zu denen auch Johann von Leers zählte. Ihre Bekannt-

---

175 LEERS, JOHANN VON: Etwas bleibt doch hängen, in: Hakenkreuzbanner vom 16.02.1936.
176 Johann von Leers an Darré, 02.12.1942 [RGVA, Fond 1283/12a, Bl. 43].
177 Ebd.
178 JUNGINGER, HORST: Von der philologischen zur völkischen Religionswissenschaft. Das Fach Religionswissenschaft an der Universität Tübingen von der Mitte des 19. Jahrhunderts bis zum Ende des Dritten Reiches (Conubernium, Bd. 51), Stuttgart 1999, S. 174 f.
179 Siehe WIEDEMANN, FELIX: Der doppelte Orient. Zur völkischen Orientromantik des Ludwig Ferdinand Clauß, in: ZRGG 61 (2009) 1, S. 1–24, hier S. 3 f. Zur Biografie siehe WEINGART, PETER: Doppel-Leben. Ludwig Ferdinand Clauss. Zwischen Rassenforschung und Widerstand, Frankfurt am Main 1995. Zum Begriff der „Rassenseele" siehe auch PUSCHNER, UWE: Die völkische Bewegung im wilhelminischen Kaiserreich. Sprache – Rasse – Religion, Darmstadt 2001, S. 124–131.
180 WEINGART: Doppel-Leben, S. 94.
181 EBD., S. 106.

schaft rührte aus früheren Begegnungen in der ADG her[182], möglicherweise aber schon im Nordischen Ring. Eine Gemeinsamkeit ergab sich auch aufgrund ihres Forschungsinteresses am Orient und der in diesem Zusammenhang weltanschaulich heiklen Frage, wie sich „wüstenländische" Araber und vorderasiatische Juden unterscheiden ließen. Es erstaunt deshalb nicht, dass Clauß Johann von Leers als Schöffen gewinnen wollte. Tatsächlich sah dieser sich im *Kesseltreiben* auch an dessen Seite.[183] Weil er ihn als *vertrauenswürdig*[184] erachtete, gestand er Clauß sogar *Sonderrechte*[185] in der Gestaltung seiner privaten Angelegenheiten zu. Vor dem Obersten Parteigericht mochte er sich aber dennoch nicht für Clauß verwenden. Zwar wolle er *ihm gerne helfen,* sich allerdings *auch nicht zu sehr in diese Sache einmischen,* entschuldigte er sich angesichts seines bevorstehenden Auslandssemesters in Rom (siehe Kap. 7.6).[186] Als dann im Januar 1943 ein Urteil gegen Clauß gefällt worden war, das zu seinem Ausschluss aus der NSDAP führen sollte, beließ Johann von Leers es bei der verbalen Bekundung, er *halte ihn auch heute für restlos unschuldig.*[187] Ebenso wenig gab er dem Drängen Günthers nach, sich in einer *Unterredung*[188] beim Leiter des Rassenpolitischen Amtes oder einer *Aussprache*[189] mit Harmjanz im Reichserziehungsministerium für Clauß einzusetzen.

Noch komplizierter gestaltete sich seit Ende der 1930er Jahre das Verhältnis zu Wirth. Je distanzierter Johann von Leers seinem langjährigen Weggefährten begegnete, umso mehr geriet dieser in die Rolle eines Bittstellers. Ob Vortragsveranstaltungen in Rom über „Altitalienische Religionen"[190] oder Publikationen, die Johann von Leers ihm ermöglichen sollte, ob die Vermittlung einer Stelle als Kustos oder die Einflussnahme auf sein Habilitationsverfahren: Wirth vertraute auf die Kontakte seines Freundes, der, wie er annahm, als verdientes Parteimitglied und arrivierter Hochschullehrer in Jena über erheblichen Einfluss verfügte. Tatsächlich erweckte Johann von Leers gegenüber Wirth im Einzelfall den Eindruck, ihm helfen zu wollen. In der Praxis aber beschränkte er sich zumeist auf wohlmeinende Ratschläge. Ausschlaggebend dafür waren jedoch nicht weltanschauliche Verwerfungen. Die Gründe sind stattdessen in der Persönlichkeit

---

182 NANKO, ULRICH: Die deutsche Glaubensbewegung. Eine historische und soziologische Untersuchung, Marburg 1993, S. 132.
183 Johann von Leers an Günther, 21.08.1941 [RGVA, Fond 1283/10a, Bl. 178].
184 Ebd.
185 Günther an Johann von Leers, 06.07.1941 [RGVA, Fond 1283/10a, Bl. 181].
186 Johann von Leers an Günther, 21.08.1941 [RGVA, Fond 1283/10a, Bl. 178].
187 Johann von Leers an Günther, 01.02.1943 [RGVA, Fond 1283/10a, Bl. 172].
188 Günther an Johann von Leers, 06.02.1943 [RGVA, Fond 1283/12a, Bl. 162].
189 Günther an Johann von Leers, 01.07.1943 [RGVA, Fond 1283/10a, Bl. 164].
190 Hoppenstedt (KWI) an Johann von Leers, 20.05.1942 [RGVA, Fond 1283/12b, Bl. 166].

Wirths zu sehen, der Absprachen unterlief, vertrauliche Informationen weiterreichte und den Einfluss seines Freundes überschätzte. Als im November 1944 einmal mehr ein Versuch zum Abschluss einer Habilitation gescheitert war, gipfelte dies in dem Vorwurf auch gegenüber Johann von Leers, nunmehr *genug antichambriert* zu haben und *keiner weiteren Demütigungen und Sabotageakte mehr*[191] zu bedürfen. Erregungen dieser Art waren es, die seine noch verbliebenen Förderer auf Abstand gehen ließen: *Es ist leider so, dass, wenn man Dir helfen will, Du es einem selber durch solche Dinge immer wieder schwer machst*, hielt Johann von Leers ihm vor.[192] Dabei hatte er zum schrumpfenden Kreis jener gehört, die trotz *alle[r] Sonderbarkeiten*[193] weiter gläubig zu Wirth hielten, als dieser seit Mitte der 1930er Jahre aus dem „Ahnenerbe" herausgedrängt wurde. Anlässlich seines 50. Geburtstages 1935 würdigte Johann von Leers ihn in einer Reihe von Presseartikeln.[194] In einem Schulungswerk für die Lehrerbildung, das 1936 erstmals erschien und bis 1941 mehrfach unverändert neu aufgelegt wurde, nannte er das „Quellenmaterial an Symbolik", das Wirth zusammengetragen hatte, „überzeugend" und attestierte seinen Ansichten über die Herkunft des „urnordischen" Menschen „erhebliche Wahrscheinlichkeit".[195] Über längere Zeit hinweg gewährte er ihm auch Unterkunft in Berlin.[196] Im November 1939 signalisierte er Unterstützung für ein neues Manuskript Wirths unter dem Titel „Vom Kinderstein und Gottesjahr". Johann von Leers empfahl ihm verschiedene Verleger, mit denen er selbst *in guter Beziehung stehe*, darunter Karl Gutbrod (1905–1984) in Stuttgart, der die programmatischen Schriften Hauers und der Deutschen Glaubensbewegung veröffentlicht hatte, und den

---

191 Wirth an Johann von Leers, 14.11.1944 [RGVA, Fond 1283/10a, Bl. 412].
192 Johann von Leers an Wirth, 12.07.1944 [RGVA, Fond 1283/10a, Bl. 426].
193 Ebd.
194 Leers, Johann von: Herman Wirth zum 50. Geburtstag, in: Chemnitzer Tagblatt und Anzeiger vom 07.05.1935; Ders.: Künder des Ahnenerbes, in: Nationalsozialistische Landpost, Ausgabe Nr. 19 (Mai) 1935; Ders.: Vom alten Wissen, in: Nationalsozialistische Landpost (Beilage „Der germanische Mensch"), Ausgabe Nr. 48 vom 29.11.1935. Siehe auch Ders.: Ein Ringer um arteigenes Seelentum. Herman Wirth zu seinem 50. Geburtstag, in: Rheinische Landeszeitung vom 05.05.1935, Deutsche Ostfront (Gleiwitz) vom 05.05.1935, Osnabrücker Zeitung vom 05.05.1935 und Wilhelmshavener Zeitung vom 06.05.1935.
195 Leers, Johann von: Rassische Geschichtsbetrachtung. Was muss der Lehrer davon wissen? Langensalza/Berlin/Leipzig ²1936, S. 11 f. Siehe auch Ders.: Rassische Geschichtsbetrachtung. Was muss der Lehrer davon wissen? Langensalza/Berlin/Leipzig ⁴1941, S. 16 f. Trotz verschiedener Anpassungen blieben die Aussagen zu Wirth unverändert.
196 Wirth an Gesine von Leers, 08.05.1937 [BArch, N 2168/2, Bl. 59]; Johann von Leers an Stier, 12.08.1937 [BArch, N 2168/2, Bl. 37]. Dort heißt es, Wirth sei *schon seit einiger Zeit bei uns zu Besuch und wohnt hier bei uns*.

Inhaber des Sigrune-Verlags in Erfurt.[197] Behilflich war er seinem Weggefährten erneut auch in seinen Bemühungen um eine Hochschulprofessur. Den Auslöser gab eine angebliche *Vereinbarung* Wirths im Dezember 1939 mit Rudolf Mentzel (1900–1987), dem einflussreichen Leiter des Amtes Wissenschaft im Reichserziehungsministerium.[198] Wirth sollte demnach durch eine *palaeoepigraphisch zu unterbauende Religionsgeschichte unter Einbeziehung der Volkskunde* habilitiert und anschließend auf eine Professur berufen werden.[199] Als allerdings ein Stipendium, das Wirth vom „Ahnenerbe" zugesagt worden war, ausblieb und Mentzel keine *amtliche Bestätigung* der Vereinbarung abgeben wollte, geschweige denn überhaupt, wie Wirth behauptete, auf Schreiben reagierte, sollte sich Johann von Leers in einem *persönlichen Dienst* für ihn verwenden.[200] Das Ergebnis war jedoch ernüchternd. In seiner Unterredung mit Mentzel musste Johann von Leers erfahren, dass er von Wirth offensichtlich nicht vollständig ins Bild gesetzt worden war. Eine Antwort aus dem Ministerium lag nämlich sehr wohl vor. Auch den Inhalt des Gesprächs hatte Mentzel anders in Erinnerung. Gegenüber Johann von Leers behauptete er, eine Habilitation sei allenfalls die Voraussetzung für eine Berufung auf einen Lehrstuhl. Eine feste Zusage wollte er damit nicht verbunden sehen. Entsprechend düpiert fühlte sich Johann von Leers durch Wirth und sparte nicht mit Kritik an dessen Verhalten. Zwar wolle er diesem *gerne behilflich* sein, erklärte er, sähe sich aber *in eine sehr wenig angenehme Lage gebracht*.[201] Wie tief die vergangenen Jahre Wirth gekränkt hatten, legte seine Reaktion offen: Obwohl sein *Lebenseinsatz* dem *deutschen Gedanken* und seit 1925 auch der *nationalsozialistischen Bewegung* gegolten habe, empfand er das Verhalten seit 1933 ihm gegenüber als *Wortbruch und Vertrauensbruch*.[202] Die Forderung, dass trotz seiner *wissenschaftlichen Leistung* in der *Heiligen Urschrift* noch immer eine Habilitation erforderlich sei, quittierte er mit dem wenig schmeichelhaften Hinweis an Johann von Leers, dieser selbst habe seine *Verbeamtung* alleine dem Umstand zu verdanken, dass er *politisch genehm* sei, nicht aber einer akademischen Qualifikation.[203] So zutreffend eine solche Unter-

---

197 Wirth an Johann von Leers, 25.11.1939; Johann von Leers an Wirth, 28.11.1939 und 16.02.1940 [RGVA, Fond 1283/10a, Bl. 483, 486 und 499].
198 Zu Mentzel siehe KOHL, ULRIKE: Die Präsidenten der Kaiser-Wilhelm-Gesellschaft im Nationalsozialismus. Max Planck, Carl Bosch und Albert Vögeler zwischen Wissenschaft und Macht, Stuttgart 2001, S. 205–208.
199 Wirth an Mentzel, 20.12.1939 [RGVA, Fond 1283/10a, Bl. 498].
200 Wirth an Johann von Leers, 31.01.1940 [RGVA, Fond 1283/10a, Bl. 496].
201 Johann von Leers an Wirth, 07.02.1940, Wirth an Johann von Leers, 13.02.1940 [RGVA, Fond 1283/10a, Bl. 492–495].
202 Wirth an Johann von Leers, 13.02.1940 [RGVA, Fond 1283/10a, Bl. 493].
203 Ebd.

stellung auch war, so sehr musste die Beziehung zu seinem Mentor dadurch Schaden nehmen, der ihm prompt die weitere Unterstützung bei der Herausgabe des seit Herbst 1939 vorliegenden Buchmanuskripts versagte.[204] Zurückhaltend agierte Johann von Leers auch, als Wirth im Frühjahr 1944 schließlich seine zur Habilitation verabredete Schrift über „Die Kalenderscheibe von Fossum" abgeschlossen hatte, damit diese nunmehr in Jena *durchgedrückt* werden konnte.[205] Zwar teilte er Wirth *strikt vertraulich* mit, Kummer als vorgesehener Hauptreferent sei *ganz gegen die Arbeit*[206] eingestellt und habe in einem Gespräch bereits durchblicken lassen, die vorliegenden vier Bände hätten das Thema seiner Ansicht nach komplett verfehlt. Bei der Suche nach alternativen Gutachtern für den *Riesenschinken* hielt Johann von Leers sich allerdings zurück.[207] Wirths Appell, er möge sich *dafür einzusetzen, dass Heberer aufgefordert wird, das Referat zu übernehmen*[208], folgte Johann von Leers nicht mehr, rechnete er doch mit einem *Misserfolg*, der auch auf ihn zurückfallen musste.[209] Ein Übriges tat Wirth mit einem *groben Brief* an Kummer, der auch an Details aus Gesprächen mit Johann von Leers nicht sparte.[210] Immerhin wusste Wirth die Zeichen diesmal richtig zu deuten: *Die Habilitation in Deutschland habe ich endgültig aufgegeben*, erklärte er.[211] In der Tat war dieses Kapitel damit nicht nur in Jena beendet.

7.3 Allgegenwärtige Agitation: Propagandist der zweiten Reihe

All diese Entwicklungen legen offen, dass Johann von Leers zwar ein umtriebiger Netzwerker gewesen ist, er als Wissenschaftler allerdings außerhalb genuin nationalsozialistischer Institutionen keine nennenswerte Resonanz erzielen konnte. Viele seiner Denkschriften, die aufgrund ihrer Themenvielfalt einen willkürlichen Eindruck hinterlassen, verschwanden in den Schubladen ihrer Adressaten. Ebenso wenig konnte er in Jena mit wissenschaftspolitischen Initiativen reüssieren. Dies zeigen die gescheiterten Kampagnen gegen den Tabakkonsum oder sein erfolgloser Versuch, ein Seminar für Seegeschichte und Seegeltung zu etablieren. In der Zunft der Fachhistoriker wurde er kaum

---

204 Johann von Leers an Wirth, 16.02.1940 [RGVA, Fond 1283/10a, Bl. 483].
205 Wirth an Johann von Leers, 14.02.1944 [RGVA, Fond 1283/10a, Bl. 412].
206 Johann von Leers an Wirth, 25.05.1944 [RGVA, Fond 1283/10a, Bl. 428 f.].
207 Ebd.
208 Wirth an Johann von Leers, 14.03.1944 [RGVA, Fond 1283/10a, Bl. 418 f.].
209 Johann von Leers an Wirth, 25.05.1944 [RGVA, Fond 1283/10a, Bl. 428 f.].
210 Johann von Leers an Wirth, 12.07.1944 [RGVA, Fond 1283/10a, Bl. 426].
211 Wirth an Johann von Leers, 09.07.1944 [RGVA, Fond 1283/10a, Bl. 427].

wahrgenommen. Rezensionen seiner Schriften in den einschlägigen Leitmedien sind eine seltene Ausnahme.[212] Umso mehr verzettelte er sich in privaten Fehden, die ihre beabsichtigten Wirkungen jedoch verfehlten. Der bereits erwähnte Günther Franz wurde als Historiker auf dem Gebiet der Gegnerforschung des SD ein einflussreicher Akteur. Friedrich Schneiders „Kaiserpolitik" erfuhr entgegen den Empfehlungen eines Gutachtens, in dem Johann von Leers schärfste Konsequenzen bis hin zu Einschaltung der Gestapo verlangt hatte, bis 1943 mehrere Neuauflagen (siehe Kap. 6.4). Er selbst dagegen wurde auf unbedeutende Ämter abgeschoben, wie etwa die Berufung an das Europäische Handwerksinstitut Ende 1942 zeigt. Die vernichtenden Gutachten der Parteiamtlichen Prüfungskommission und die jetzt auch offen geäußerte Kritik an seinen Arbeitstechniken, mit denen er die nach wie vor gültigen Konventionen des publizistischen Gewerbes verletzte, empfand er als unbotmäßige Gängelung eines „Alten Kämpfers". Gerade das drohende Ehrengerichtsverfahren verdeutlichte jedoch, wie angreifbar Johann von Leers inzwischen geworden war. Insofern lässt sich der Umzug auf das abgeschiedene Schloss Weißenburg nahe der Bahnstrecke zwischen Rudolstadt und Jena, das er im März 1941 mit seiner Familie bezog und immer seltener verließ, als absichtsvoll gewählter Rückzug deuten.[213] Ihn locke *die herrliche Einsamkeit und Menschenferne,* die es ihm erlaube, *von den Karikaturen Gottes möglichst wenig [zu] sehen,* schrieb er Günther.[214] Dass er hier auch den *Fliegerangriffen* entgehen konnte, die immer öfter Städte trafen, tat ein Übriges.[215] Aus dieser in Teilen selbst verschuldeten Marginalisierung den Schluss zu ziehen, Johann von Leers und seine engsten Weggefährten seien „[v]ölkische Zweifler" gewesen, geschweige denn ihn zu einem der „profiliertesten[n] Vertreter einer [...] innernationalsozialistischen Opposition" zu erklären, wird seiner Person jedoch nicht gerecht.[216] In Fragen der Weltanschauung auf dem Gebiet von „Blut und Boden" beharrte Johann von

---

212 In der „Historischen Zeitschrift" beispielsweise wurden, soweit ersichtlich, zwischen 1934 und 1944 nur zwei vergleichsweise bedeutungslose Veröffentlichungen rezensiert, darunter der „Atlas zur deutschen Geschichte", dessen Kartenmaterial als „unübersichtlich und inhaltlich einseitig" bewertet wurde, zumal die „wissenschaftliche Genauigkeit [...] nicht immer ganz gewahrt" bleibe. Siehe HZ 150 (1934), S. 664. Siehe auch LEERS, JOHANN VON/FRENZEL, KONRAD (HRSG.): Atlas zur deutschen Geschichte der Jahre 1914 bis 1933, Bielefeld/Leipzig 1934.
213 Zur Datierung des Umzugs siehe Johann von Leers an Wirth, 12.04.1941 [RGVA, Fond 1283/10a, Bl. 462]; Johann von Leers an Blunck, 24.03.1941 [SHLB, NL Blunck, Cb 92.56: 52, Bl. 12]. Zur Burg und ihrer Geschichte siehe BIENERT, THOMAS: Mittelalterliche Burgen in Thüringen. 430 Burgen, Burgruinen und Burgstätten, Gudensberg-Gleichen 2000, S. 243 f.
214 Johann von Leers an Günther, 21.08.1941 [RGVA, Fond 1283/10a, Bl. 178].
215 Johann von Leers an Erdmann (Islamisches Museum), 09.09.1941 [SMB-ZA, I/IM 70, Bl. 20].
216 So die Wertungen bei SENNHOLZ: Johann von Leers, S. 233, 359.

Leers stets darauf, die Reinheit der nationalsozialistischen Lehre, zu der er mit Ideologen wie Darré und Günther die Grundlagen geliefert hatte, gegen eine vermutete Verwässerung durch Karrieristen und Technokraten zu verteidigen. Dieser NS-Fundamentalismus war es, der ihn seit 1942 zunehmend ins Abseits stellte. Als antisemitischer Agitator dagegen erfuhr er bis zum Ende der NS-Herrschaft ungeteilte Aufmerksamkeit und Anerkennung. Seine wachsende Bedeutung als Propagandist aus der zweiten Reihe steht denn auch in eklatantem Gegensatz zu seiner Rolle als Wissenschaftler, dem es an Reputation und Akzeptanz fehlte. Je offenkundiger sich die Niederlage im Krieg abzuzeichnen begann und die Dimensionen der Verbrechen im Zuge der „Endlösung der Judenfrage" zum öffentlichen Geheimnis gerieten, das nach Einordnung und Erklärung verlangte, desto präsenter war sein Name in der antisemitischen Propaganda, die „dem Volke eingehämmert"[217] wurde. Dass er sich in den Konkurrenzkämpfen der Partei- und Behördenapparate distanziert verhalten hatte und an keine Institution gebunden war, geriet angesichts des „Kompetenzchaos in der NS-Pressepolitik"[218] jetzt sogar zum Vorteil und machte ihn in jede Richtung anschlussfähig. In der Tat versorgte er diese bis in die letzten Tage der NS-Herrschaft mit in einer uferlosen Flut von Artikeln und Aufsätzen. Er sei *produktiv wie ein Karpfen, der 10.000 Eier laicht*, zeigte er sich im Sommer 1944 zufrieden.[219] Zu einem seiner wichtigsten Auftraggeber in dieser Phase gehörte das Propagandaministerium, aus dem heraus die antisemitischen Kampagnen in Presse und Rundfunk gesteuert wurden.[220] Vor allem Werner Naumann (1909–1982), der 1944 zum Staatssekretär ernannt worden war, soll es gewesen sein, der ihm *in der letzten Kriegszeit [...] dauernd an der Strippe lag wegen Judenartikel[n] und Vorträge[n] im Auftrage Göbbels*, wie Gesine von Leers 1965 eingestand.[221] Über den Pressedienst der Partei „Die Innere Front" fanden seine Manuskripte ihren Weg in die Gaupresse, wie die „Lippische Staatszeitung" (Westfalen-Nord), der „Führer" (Baden), der „Hakenkreuzbanner" (Mannheim) oder der „Freiheitskampf" (Dresden) beispielhaft aufzeigen. Der „Innsbrucker Zeitung" war er laut Impressum seit März 1939 sogar als „Ständiger Berliner Mitarbeiter" verbunden. Durch den „Zeitungsdienst des Reichsnährstandes" dagegen bediente

---

217 BEIN, ALEXANDER: „Der jüdische Parasit". Bemerkungen zur Semantik der Judenfrage, in: VfZ 13 (1965), S. 121–149, hier S. 139.
218 KRINGS, STEFAN: Hitlers Pressechef. Otto Dietrich (1897–1952). Eine Biografie, Göttingen 2010, S. 485.
219 Johann von Leers an Wirth, 12.07.1944 [RGVA, Fond 1283/10a, Bl. 426].
220 Siehe HERF, JEFFREY: The Jewish enemy. Nazi propaganda during World War II and the Holocaust, Cambridge/London 2008, S. 27 f.
221 Gesine von Leers an Schenke, 09.11.1965 [NL Schenke].

er weiterhin die agrarpolitischen Organe für die Landbevölkerung, vor allem die „NS-Landpost". Zahlreiche Beiträge erschienen zudem in überregional verbreiteten Leitmedien, etwa im „Angriff", der zwischenzeitlich ein Wirtschaftsbetrieb der Deutschen Arbeitsfront geworden war, im „Völkischen Beobachter" oder, wenngleich eine Ausnahme, in der Wochenzeitung „Das Reich".[222]

Daneben blieb er auch im Rundfunk eine weithin vernehmbare Stimme. Trotz mancher Kritik im Detail bestanden weder mit dem Propagandaministerium (siehe Kap. 4.5.2) noch mit dem SD unüberbrückbare Differenzen. Letzterer hatte zum Jahreswechsel 1942/43 erwogen, Restexemplare des mittlerweile zehn Jahre alten Pamphlets „14 Jahre Judenrepublik" durch eine *formlose Beschlagnahme* vom Markt zu nehmen.[223] Der Grund dafür dürfte darin gelegen haben, dass sein Inhalt zu einem Zeitpunkt, zu dem die „Endlösung" in ihr letztes Stadium eingetreten war und Deportationen das Alt-Reich „judenfrei" machten, überholt anmuten musste. Der SD begründete seine Überlegungen denn auch damit, dass die *Ausführungen über die Judenfrage* in der Schrift *den jetzig[en] Zeit- und Rechtsverhältnissen nicht mehr entsprächen*.[224] Nicht weniger allgegenwärtig war Johann von Leers zudem in deutschsprachigen Zeitungen in den besetzten Staaten, die dort unter dem Dach des Eher-Verlags erschienen: Zahlreiche Nachweise liegen für die „Pariser Zeitung", die „Deutsche Zeitung in den Niederlanden", die „Deutsche Zeitung in Norwegen", die „Deutsche Zeitung im Ostland", die „Deutschen Nachrichten in Griechenland", die „Brüsseler Zeitung", das „Bozener Tagblatt", das „Znaimer Tagblatt", den „Banater Beobachter" oder die „Deutsche Adria Zeitung" vor.[225] Gleiches gilt für Zeitungen der NS-Bewegungen in neutralen Staaten, so etwa das „Kampfblatt" der Volksdeutschen Bewegung in Liechtenstein.[226] Einen Sonderfall stellten gezielt im Ausland lan-

---

222 LEERS, JOHANN VON: Die letzte Bank, in: Das Reich vom 08.06.1943.
223 Aktennotiz, 08.01.1943 [BArch, BDC-RKK 2703, Box 0142, File 32].
224 Ebd.
225 Siehe beispielhaft: Um das Blut der Nichtjuden, in: Banater Beobachter vom 12.05.1943 [Nachdruck aus dem Völkischen Beobachter vom 28.04.1942]; Tanz um Stalin. Winston Churchills Wandlungen, in: Deutsche Nachrichten in Griechenland vom 07.07.1943; Handwerk in Europa, in: Pariser Zeitung vom 01.09.1943; Rot wie Höllenfeuer, in: Deutsche Zeitung in Norwegen vom 07.09.1943; Feinde gegen das Reich, in: Deutsche Zeitung im Ostland vom 23.11.1943; Napoleon und die Juden, in: Brüsseler Zeitung vom 06.01.1944; Die italienische Lehre, in: Bozener Tagblatt vom 21.01.1944; Moskauer Friedensdiktate, in: Deutsche Zeitung in den Niederlanden vom 21.03.1944; Das geschichtliche Gesetz unseres Kampfes, in: Bozener Tagblatt vom 06.05.1944; Freimaurer und Dönme in der Türkei, in: Znaimer Tagblatt vom 23.08.1944; Grundgesetze deutscher Geschichte, in: Bozener Tagblatt vom 07.09.1944; Der Tod des Bauerntums, in: Deutsche Adria Zeitung vom 09.10.1944.
226 LEERS, JOHANN V[ON]: Wofür kämpft England heute noch? Die USA-Juden liquidieren das Empire und die britische Aristokratie, in: Der Umbruch vom 24.12.1942.

cierte Beiträge dar.²²⁷ Hinzu kam seit Kriegsbeginn die Übersetzung seiner Schriften im Dienste der Auslandspropaganda.²²⁸ Von seinem Machwerk „Kräfte hinter Roosevelt" sind neben einer französischen Fassung offensichtlich auch schwedische und bulgarische Ausgaben erschienen.²²⁹ Aus dieser Zeit stammte auch die Schrift „Weltgefahr Sowjetunion", die vermutlich vor allem im deutschsprachigen Ausland verbreitet werden sollte.²³⁰ Sie alle zielten darauf ab, „eine kooperative, antisemitische Stimmung zu erzeugen"²³¹, und sollten Kollaborateure versorgen, die nach Informationsmaterial zur „Judenfrage" verlangten. Als etwa ein französischer Offizier, der zeitweise als Verbindungsmann zur Waffen-SS auftrat und als aussichtsreicher Anwärter auf einen Posten im französischen Judenkommissariat galt, beim Auswärtigen Amt nach entsprechenden Schriften anfragte, führte die ihm dazu vom Reichssicherheitshauptamt zusammengestellte Bücherliste auch einen Titel von Johann von Leers auf.²³²

Dass er in so extensiver Weise Medien bedienen konnte, verdankte sich verschiedenen Umständen. Als Fließbandproduzent war Johann von Leers in der Lage, ebenso zügig wie zuverlässig leicht verständliche Texte für unterschiedliche Zielgruppen zu verfassen. Zugute kam ihm dabei, dass er die gängigen Formate beherrschte – vom tagesaktuellen Kommentar über den feuilletonistischen Beitrag bis hin zum Aufsatz im Wissenschaftsjargon – und einprägsam formulierte. Das gilt zumal für seine regelmäßigen Radioansprachen, die ein ebenso lebhaftes wie geteiltes Echo hervorrufen konnten, wie aus den überlieferten Lageberichten des SD hervorgeht. So meldete der SD-Abschnitt Stutt-

---

227 Siehe zum Beispiel den Beitrag „Opinions sur la guerre" im „Journal des Débats Politiques et Littéraires" vom 10.08.1943, der auf einen Artikel im „Angriff" Bezug nahm.
228 LEERS, JOHANN VON: Histoire du National-socialisme. Quel est le secret des succès allemands, Berlin 1942; DERS.: Brännpunkter och stormcentra. Den swenska upplagan översedd och delvis omarbetad av författaren, Malmö 1942; DERS.: En nations panyttfödelse, Malmö 1942; DERS.: L'Unione sovietica pericolo mondiale, Rom 1942; DERS.: De Poort van Rusland opengebroken. 25 jaar Sovjet- en jodenheerschappij, 25 jaar verschrikking en ellende (Westland-Serie, H. 6), Amsterdam 1942; DERS.: Uniunea Sovietică o primeidie mondialâ, o. O. 1943; DERS.: 独逸農民史 (Der Weg des deutschen Bauern von der Frühzeit bis zur Gegenwart), Tokio 1943.
229 LEERS, JOHANN VON: Forces occultes derrière Roosevelt, Bruxelles o. J. [Maison Internationale d'Edition]; DERS.: Makten bakom presidenten, Stockholm 1941; ĬOHAN FON LEERS: Silitie, koito stoiat zad Ruzvelt (Силите, които стоят зад Рузвелт), Berlin [?] 1942. *Vorarbeiten* zu diesem Buch fanden auch Eingang in dem 1942 publizierten Artikel „Come i giudei hanno trascinato USA nella guerra" in „La Difes della Razza". Siehe Bericht über meine Tätigkeit als Professor für Deutsche Kultur und Geschichte an der Universität Rom, 30.03.1942 [ThHStAW, PA Nr. 18260, Bl. 155–165, hier Bl. 159].
230 SENNHOLZ: Johann von Leers, S. 266.
231 WEITKAMP: Braune Diplomaten, S. 250.
232 EBD., S. 268.

gart über den am 15. Juni 1943 ausgestrahlten Vortrag „Was der Jude von der Frau denkt", vor allem die *jungen Zuhörerinnen* hätten diesen zwar als *widerlich* bezeichnet, gleichwohl aber *die Notwendigkeit erkannt,* damit *das immer wieder aufkommende Mitleid mit den Juden zu bekämpfen.*[233] Ähnlich indifferent äußerten sich Zuhörer zudem, wenn ihnen die Ausführungen bereits aus der Presse bekannt waren.[234] In dem Bericht über den Vortrag vom Juni heißt es allerdings auch, Johann von Leers habe mit seinen Ausführungen gerade *deshalb überzeugt,* weil sie *sachlich* gewesen seien.[235] Darüber hinaus wurden, wie Hörer seines Vortrags „Judentum und Gaunertum" vom 12. Juli 1943 anerkennend bemerkten, seine *klaren [...] Ausführungen*[236] und generell sein *aktuelles Material*[237] geschätzt. In der Tat suggerierten seine Beiträge nicht zuletzt dadurch Glaubwürdigkeit, dass immer wieder eingestreute Zitate aus ausländischen Presseorganen, seien es „Buenos Aires Herald"[238] (Argentinien), „Paa godt Dansk"[239] (Dänemark), „Picture Post"[240], „Sunday Express"[241], „Spectator"[242] (alle Großbritannien), „Chicago Daily Tribune"[243], „Science Digest" und „The American" (alle USA)[244] oder „Kokumin Shimbun" (Japan), den Eindruck eines gründlich informierten Experten vermittelten und seiner Propaganda damit „Bedeutung und Schlüssigkeit"[245] verliehen. Der Titel eines Professors verschaffte ihm darüber hinaus Respekt

---

233 SD Stuttgart an RSHA, Bericht vom 22.06.1943 [BArch, R 58/960, Bl. 21 f.]. Siehe auch BONACKER, MAX: Goebbels' Mann beim Radio. Der NS-Propagandist Hans Fritzsche (1900–1953) (Schriftenreihe der Vierteljahrshefte für Zeitgeschichte, Bd. 94), München 2007, S. 140.
234 SD-Bericht zu Inlandsfragen, 27.12.1943 (Rote Serie). Siehe BOBERACH, HEINZ (HRSG.): Meldungen aus dem Reich. Die geheimen Lageberichte des Sicherheitsdienstes der SS 1938–1945 (Band 16: SD-Berichte zu Inlandsfragen vom 27. Dezember 1943 (Rote Serie) bis 20. April 1944 (Weiße Serie). Berichte an die Parteikanzlei vom Januar 1944 [u. a.], Herrsching 1984, S. 6195–6197.
235 SD Stuttgart an RSHA, Bericht vom 22.06.1943 [BArch, R 58/960, Bl. 21 f.].
236 SD Stuttgart an RSHA, Bericht vom 20.07.1943 [BArch, R 58/960, Bl. 42].
237 SD-Bericht zu Inlandsfragen, 27.12.1943 (Rote Serie). Siehe auch BOBERACH: Meldungen aus dem Reich, S. 6195–6197.
238 LEERS, JOHANN VON: Sie möchten uns umziehen, in: Der Deutsche Erzieher 7 (1944) 4 (Juli/August), S. 89–91.
239 LEERS, JOHANN VON: Alle Schrauben los, in: Westfälische Neueste Nachrichten vom 25.11.1943.
240 LEERS, JOHANN VON: Sie möchten uns umziehen, in: Der Deutsche Erzieher 7 (1944) 4 (Juli/August), S. 89–91.
241 LEERS, JOHANN VON: Der beabsichtigte Griff nach unseren Kindern, in: Der SA-Führer 9 (1944) 7, S. 15–18. Siehe auch DERS.: Sie möchten uns umziehen, in: Der Deutsche Erzieher 7 (1944) 4 (Juli/August), S. 89–91.
242 LEERS, JOHANN VON: Helfer Stalins, in: Freiheitskampf vom 02.10.1943.
243 LEERS, JOHANN VON: Großbritannien wird verschluckt, in: Hakenkreuzbanner vom 10.08.1943.
244 LEERS, JOHANN VON: Das Gangster-Karussell, in: Hakenkreuzbanner vom 28.04.1943.
245 BROWNING, CHRISTOPHER: Ganz normale Männer. Das Reserve-Polizeibataillon 101 und die „Endlösung" in Polen, Reinbek bei Hamburg 1993, S. 230.

und Autorität. So hielt es der SD ausdrücklich für erwähnenswert, dass ein Beitrag über die *Erbkriminalität der Juden* gerade deshalb unter Hörern Zuspruch gefunden habe, weil er *wissenschaftlich unterbaut* gewesen sei.[246] Aus ähnlichen Gründen sei auch der Vortrag „Moskau erobert die USA von innen" im Dezember 1943 *stark beachtet* worden. Besonders *gefallen* hätte darin die *Verdeutschung* der Abkürzung USA in *Union schlafender Arier*.[247] Dass seine Ansprachen *mit zu den besten Vorträgen der letzten Zeit* gehörten, wollte im Februar 1944 auch der SD-Abschnitt in Frankfurt am Main festgestellt haben, nachdem Johann von Leers diesmal über „Judentum und Bauerntum" gesprochen hatte.[248] Sein Beitrag hätte demnach in *umfassender Weise [...] die Methoden der Juden zur Ausbeutung der Bauern* aufgezeigt und sich *durch seine lebendige Darstellungen* ausgezeichnet, die Hörern seine Behauptungen *plastisch vor Augen führen* würden.[249]

Die Wirksamkeit der Rundfunkpropaganda als „Massenbeeinflussungsmittel"[250] in dieser Phase ist allerdings umstritten. Während sie nach Peter Longerich „weitgehend im Dunkeln"[251] liegt und die zitierten Urteile als „Kompilation von Einzelstimmen"[252] keine generalisierenden Aussagen erlauben, resümiert Bernward Dörner, der Rundfunk habe „schon allein aufgrund der Ausstrahlung wichtiger Reden von führenden NS-Politikern erheblich zur Propagierung und Legitimierung der Vernichtungspolitik [...] beigetragen".[253] Auffällig ist jedoch, dass zustimmende Äußerungen zu den Beiträgen von Johann von Leers überwiegen. Ähnliches dokumentiert die Hörerpost, die ihn erreichte.[254] Symptomatisch dafür ist das Schreiben eines langjährigen Weggefährten aus der Schulungsarbeit. Die *historisch-politischen Miniaturen* im Radio gefielen ihm deshalb so gut, weil sie *[i]mmer fesselnd und prägnant bzw. pointiert* seien, ließ Wilhelm Staudinger (geb. 1902) im Herbst 1943 Johann von Leers anerkennend

---

246 SD Stuttgart an RSHA, Bericht vom 20.07.1943 [BArch, R 58/960, Bl. 42]. Siehe dazu LEERS: Die Verbrechernatur der Juden, S. 56–75.
247 SD-Bericht zu Inlandsfragen, 27.12.1943 (Rote Serie). Siehe auch BOBERACH: Meldungen aus dem Reich, S. 6195–6197.
248 SD-Abschnitt Frankfurt am Mai an RSHA, Bericht vom 22.02.1944 [BArch, R 58/960, Bl. 131].
249 Ebd.
250 BONACKER: Goebbels' Mann beim Radio, S. 264.
251 LONGERICH, PETER: „Davon haben wir nichts gewusst!" Die Deutschen und die Judenverfolgung 1933–1945, München 2006, S. 316.
252 EBD., S. 319.
253 DÖRNER, BERNWARD: Die Deutschen und der Holocaust. Was niemand wissen wollte, aber jeder wissen konnte, Berlin 2007, S. 147.
254 Zur Leserpost siehe die im Sonderarchiv in Moskau überlieferten Korrespondenzen [RGVA, Fond 1283/12, Bl. 19–61, 79–129]. Siehe auch Johann von Leers an Wirth, 12.07.1944 [RGVA, Fond 1283/10a, Bl. 426].

wissen. Ausdrücklich genannt wurde der Vortrag über die *Gaunersprache*.[255] Zu welchen Schlüssen aufmerksame Leser allerdings auch kommen konnten, zeigen die Notizen eines Beobachters, der Johann von Leers fast zeitgleich aus der Perspektive eines Verfolgten wahrgenommen hat. Nachdem der Romanist Viktor Klemperer im Mai 1943 im Dresdner „Freiheitskampf" den Artikel „Schuld ist der Jude" gelesen hatte, der auf einem Rundfunkbeitrag basierte, wusste er die von Johann von Leers kolportierte Klage darüber, „dass wir die Juden aus Europa ausrotten", eindeutig einzuordnen: „Das heißt also", hielt er in seinem Tagebuch fest: „Sie haben angefangen." Gemeint war der Völkermord an den europäischen Juden.[256]

7.4 Der Völkermord als „öffentliches Geheimnis"

In der Tat verweist Klemperers hellsichtiger Kommentar darauf, dass das publizistische Œuvre von Johann von Leers sich immer auch im Takt des öffentlich Sagbaren über die „Lösung der Judenfrage" bewegte und zwischen den Zeilen Erklärungen ihrer verbrecherischen Dimension bot. Trotz zahlreicher Konflikte im Propagandaapparat nämlich, die sich am Streit um Kompetenzen und Zuständigkeiten entzündeten, und trotz aller Wendungen, die im Kriegsverlauf vollzogen wurden, gab es doch hinsichtlich der grundlegenden Zielsetzung stets ein „common goal"[257], dem Johann von Leers zuarbeitete.

Das zeigte sich in den propagandistischen Bemühungen, den eigentlichen Auslöser des Krieges auf eine angeblich 1933 ausgesprochene „jüdische Kriegserklärung" gegen das Deutsche Reich zurückzuführen.[258] Diese Behauptung, ein „Schlüsselthema"[259] zahlreicher Broschüren und Zeitungsartikel im Auftrag des Propagandaministeriums und antisemitischer „Forschungsinstitute", zählte zu den fixen Ideen auch von Johann von Leers. Zugrunde lag ihr die Vorstellung, ein „internationales Weltjudentum" als kollektiver Akteur verfüge über die Macht und den Einfluss, andere Völker in ein „Gemetzel [zu] treiben", wie er

---

255 Staudinger an Johann von Leers, 12.09.1943 und 19.02.1944 [RGVA, Fond 1283/10a, Bl. 365 f.].
256 NOWOJSKI, WALTER (HRSG.): Victor Klemperer. Tagebücher 1943, Berlin ²1999, Eintrag vom 29.05.1943.
257 HERF: The Jewish enemy, S. 272.
258 BENZ, WOLFGANG (HRSG.): Legenden, Lügen, Vorurteile. Ein Wörterbuch zur Zeitgeschichte, München ⁴1993, S. 122–126.
259 HERF, JEFFREY: The „Jewish War": Goebbels and the Antisemitic Campaigns of the Nazi Propaganda Ministry, in: Holocaust and Genocide Studies 19 (2005) 1, S. 51–80, hier S. 52.

selbst schon 1938 schrieb.²⁶⁰ Den „Rachedurst des Weltjudentums" machte er im Januar 1943 in einem Leitartikel zum zehnten Jahrestag der „Machtergreifung" dafür verantwortlich, dass der Krieg ausgelöst wurde.²⁶¹ „Seit 1933 wollte und drängte das Judentum zum Kriege", führte er ein Jahr später neuerlich aus. Eben deshalb habe es einen „Entscheidungskampf" angezettelt, aus dem freilich nur eine Seite als Sieger hervorgehen könne.²⁶² Noch 1952 erklärte er die *Hetze des internationalen Judentums zum Kriege gegen Deutschland* damit, dass dieses *zu jeder Vernichtung entschlossen* gewesen sei.²⁶³ So abwegig diese Fiktion eines „jüdischen Krieges" auch war, so effektvoll erwies sie sich in der propagandistischen Praxis, zumal während des Krieges, um scheinbare Widersprüche aufzulösen. Weil Juden als Drahtzieher hinter den politischen und wirtschaftlichen Eliten sowohl in Großbritannien und den USA als auch in der Sowjetunion stünden und diese als ihre Handlanger fungierten, ließ sich erklären, weshalb demokratische Politiker im Westen mit der stalinistischen Diktatur in einem Bündnis gegen das Deutsche Reich zusammenfanden.²⁶⁴ In der Person von Leslie Hore-Belisha (1893–1957) erhielt die Vorstellung zudem ein Gesicht. Aufgrund seiner jüdischen Abstammung war der britische Kriegsminister Zielscheibe zahlreicher seiner Beiträge für die Schulungsarbeit der SS wie auch in seiner an tagesaktuellen Ereignissen orientierten Publizistik.²⁶⁵ In ähnlicher Weise gilt dies für die Angriffe auf den amerikanischen Präsidenten Roosevelt, den nationalsozialistische Propagandisten als Marionette des imaginierten „Weltjudentums" darstellten.²⁶⁶ Es verwundert nicht, dass Johann von Leers in der bereits 1938 von Othmar Krainz (1887–1937/38)²⁶⁷ veröffentlichten Schrift

---

260 LEERS, JOHANN VON: Juda befiehlt: „Die Weltpresse schweigt…", in: Hakenkreuzbanner vom 25.07.1938.
261 LEERS, JOHANN VON: Zehn Jahre, in: Hakenkreuzbanner vom 30.01.1943.
262 LEERS: Die Verbrechernatur der Juden, S. 162, 165.
263 Johann von Leers an Wittfogel, 26.01.1952 [HIA, Collection K. Wittfogel, Box Nr. 29].
264 HERF: The Jewish enemy, S. 9 f., 148.
265 L[EERS], [JOHANN] V[ON]: Hore-Belisha, in: SS-Leitheft 5 (1939/40) 5, S. 5–7; DERS.: Ein Kriegsminister mit Vergangenheit, in: Z.d.R. vom 22.12.1939; DERS.: Englands größter Kriegsgewinner, in: Z.d.R. vom 28.12.1939; DERS.: Kräfte hinter Roosevelt, S. 82, 135. Siehe auch HERF: The Jewish enemy, S. 153 f.
266 Siehe DIEBOW, HANS: Die Juden in USA, Berlin 1941 [EA 1939] sowie die als Wandzeitung verbreitete „Parole der Woche" etwa im Mai 1941 oder November/Dezember 1942. Siehe dazu HEYEN, FRANZ-JOSEF: Parole der Woche. Eine Wandzeitung im Dritten Reich 1936–1945, München 1983, S. 86. Zum Thema siehe GASSERT, PHILIPP: Amerika im Dritten Reich. Ideologie, Propaganda und Volksmeinung 1933–1945, Stuttgart 1997, S. 323–336; HERF: The Jewish enemy, S. 162.
267 KRAINZ, OTHMAR: Juda entdeckt Amerika, Berlin 1938. Der Autor war, wie seine Mitarbeiterin Gertrud Niegisch im Vorwort mitteilen musste, „infolge eines Flugzeugunfalles vor der Vollendung des Werkes" ums Leben gekommen (S. 5). Siehe auch HERF: The Jewish enemy, S. 112.

„Juda entdeckt Amerika" eine „ausgezeichnete Zusammenstellung" über „die Regierung Roosevelt und ihre Hintermänner"[268] sah, die als „scharfe Waffe zur Aufklärung über die Hintergründe der verbrecherischen Kriegstreiberei des Systems Roosevelt" dienen könne.[269] In vergleichbaren propagandistischen Bahnen bewegte er sich auch selbst mit seinem Machwerk „Kräfte hinter Roosevelt", das ebenfalls vor dem Kriegseintritt der USA erschienen war.[270] Im Gegensatz zu anderen Autoren versuchte Johann von Leers allerdings zu erklären, weshalb das zunächst positive Amerikabild der nationalsozialistischen Propaganda, die den „New Deal" unter Roosevelt mit seinen Eingriffen in den Markt wohlwollend kommentiert hatte[271], einer Korrektur bedürfe. Zwar hätten anfangs „bester nordischer Freiheitsgeist" und „das Erbe unserer Art" die Siedler und Zuwanderer aus Europa geleitet.[272] In der öffentlichen Wahrnehmung konnte sich so ein Bild entwickeln, in dem das Land „jugendlich und leuchtend, stolz und großartig, freiheitsbewusst und in morgendlicher Schönheit erstrahlte". Gleichwohl sei „schon am Anfang der Gründung jener weißen Gemeinden, aus denen sich die Vereinigten Staaten entwickelten, jüdischer Einfluss spürbar" gewesen. Als Urheber dafür galten Johann von Leers die „radikalsten der Puritaner", die sich durch eine „Durchtränkung mit jüdischem Geist" ausgezeichnet hätten und damit „jüdischen Geist" bereits vor der „Zuwanderung der Juden" ins Land brachten.[273] Damit hätten sie die spätere „Verjudung" überhaupt erst ermöglicht, die sich vor allem im öffentlichen Leben und in der Finanzwelt zeige und eine Verständigung mit Roosevelt unmöglich mache.

Mehr noch aber war seine Propaganda Teil jenes „subtilen Diskurses"[274], der den Völkermord an den europäischen Juden, wie er sich seit dem Angriff auf die Sowjetunion an den Kriegsschauplätzen Osteuropas vollzog, in der deutschen Bevölkerung als „öffentliches Geheimnis"[275] behandelte. Johann von Leers gehörte allerdings nicht zu jenen „führenden Propagandisten", denen Goebbels im Dezember 1942 „offen den Massenmord an den Juden"[276] bestätigte.

---

268 RZ: KRAINZ, OTHMAR: Juda entdeckt Amerika, Bad Furth bei München 1938, in: Mitteilungen über die Judenfrage 3 (1939) 15 vom 13.04.1939.
269 Ebd.
270 Eine Ankündigung lässt sich bereits auf einer Tagung des Gaupresseamtes Dresden im Sommer 1941 nachweisen. Siehe Franklin D. Roosevelt und die Juden, in: Dresdner neueste Nachrichten vom 10.06.1941.
271 GASSERT: Amerika im Dritten Reich, S. 209–213. Siehe auch HERF: The Jewish enemy, S. 47.
272 LEERS: Kräfte hinter Roosevelt, S. 7.
273 EBD., S. 7–10.
274 LONGERICH: „Davon haben wir nichts gewusst!", S. 255.
275 EBD., S. 201. Siehe auch DÖRNER: Die Deutschen und der Holocaust, S. 460.
276 LONGERICH: „Davon haben wir nichts gewusst!", S. 238.

Der Minister sah sich zu diesem Schritt veranlasst, nachdem die Alliierten kurz zuvor in einer Erklärung auf die systematische Ermordung der Juden hingewiesen hatten und damit eine „weltweite Welle von Presseveröffentlichungen, Radiosendungen, Solidaritätsbekundungen und Verurteilungen"[277] auslösten. In der Forschungsliteratur ist zudem strittig, über welches Wissen Radiohörer und Zeitungsleser seinerzeit verfügen konnten und zu welchen Schlüssen sie dies befähigt hätte. Hitler etwa hatte seine während einer Rede im Reichstag am 30. Januar 1939 geäußerte „Prophezeiung", wonach es zur „Vernichtung der jüdischen Rasse in Europa" kommen werde, sollte es dem „internationalen Finanzjudentum inner- und außerhalb Europas" gelingen, „die Völker noch einmal in einen Weltkrieg zu stürzen"[278], in den folgenden Jahren immer wieder aufgegriffen und verschärft. In welcher Form Vergeltung geübt werden sollte, blieb allerdings unklar. Es sei deshalb „vollkommen verfehlt", so Peter Longerich, „davon auszugehen, Hitlers oftmals wiederholte Prophezeiung und andere Vernichtungsdrohungen hätten so etwas wie den Kern einer breit angelegten, den Massenmord an den Juden kontinuierlich begleitenden Propaganda dargestellt".[279] Dem entgegen kommt Bernward Dörner auf der Basis umfangreicher Auswertungen von Tageszeitungen zu dem Schluss, „dass das NS-Regime […] in der Presse wiederholt signalisiert hat, dass die Juden ‚ausgerottet' werden sollten".[280]

Ob in diesem Zusammenhang von Kampagnen gesprochen werden kann, soll hier offen bleiben. Angesichts des Umfangs und der Zahl seiner Beiträge besteht jedoch kein Zweifel daran, dass Johann von Leers eine der maßgeb-

---

277 EBD., S. 255. Siehe auch: Die Tagebücher von Joseph Goebbels. Teil II: Diktate 1941–1945, Bd. 6 (Oktober bis Dezember 1942), München 1993–2008, Eintrag vom 18.12.1942: „Die Judenfrage spielt eine außerordentliche Rolle, sowohl im feindlichen wie auch im neutralen Nachrichtendienst […]. Im übrigen muss man diese Juden kennen, um sie richtig zu behandeln. Sie suchen jetzt die ganze Welt zu alarmieren, bloß um Propaganda gegen das nationalsozialistische Reich und seine antisemitische Überzeugung zu machen. Darauf gibt es nur eine Antwort: rigoros und ohne Einschränkung in der bisherigen Methode fortfahren." Eintrag vom 20.12.1942: „Die Judenkampagne gegen uns geht mit verstärktem Ton weiter. Was die Juden nicht alles anstellen, um das Reich zu diskreditieren! Aber sie werden trotzdem nicht zum Ziel kommen, wie sie auch im Reich nicht zum Ziel gekommen sind."
278 Zit. nach JÄCKEL, EBERHARD: Hitlers Weltanschauung, Stuttgart ⁴1991, S. 72.
279 LONGERICH: „Davon haben wir nichts gewusst!", S. 202.
280 DÖRNER: Die Deutschen und der Holocaust, S. 159. Siehe auch: Die Tagebücher von Joseph Goebbels. Teil II: Diktate 1941–1945, Bd. 6 (Oktober bis Dezember 1942), München 1993–2008, Eintrag vom 14.12.1942: „Die jüdische Rasse hat diesen Krieg vorbereitet, sie ist der geistige Urheber des ganzen Unglücks, das über die Welt hereingebrochen ist. Das Judentum muss für sein Verbrechen bezahlen, so wie der Führer es damals in seiner Reichstagsrede prophezeit hat: mit der Auslöschung der jüdischen Rasse in Europa und vielleicht in der ganzen Welt."

lichen Stützen der von Goebbels initiierten und von Dietrich gesteuerten „propagandistischen Gegenoffensive"[281] gewesen ist. In welch offenkundiger Weise er gegenüber ahnungsvollen Lesern und aufmerksamen Zuhörern den Völkermord andeutete und daran mitwirkte, „den Genozid an den europäischen Juden aktiv publizistisch zu begleiten"[282], lässt sich insbesondere für die Phase seit Februar 1943 nachzeichnen, nachdem durch die Kapitulation der 6. Armee in Stalingrad eine Wende im Krieg eingetreten war. Mit der totalen Mobilisierung aller personellen und materiellen Ressourcen für den „Endsieg", zu der sich die NS-Führung daraufhin entschloss, ging ein „propagandistische[r] Paradigmenwechsel" einher, der sich „auch auf die öffentliche Behandlung der Vernichtungspolitik"[283] erstreckte. Beinahe täglich erschienen seitdem mit seinem Namen gezeichnete Artikel in überregionalen und lokalen Tageszeitungen. Zahlreich dokumentiert sind auch reichsweit ausgestrahlte Rundfunkansprachen. Alleine für die Monate Mai bis Juli 1943 können vier Vorträge mit einschlägigen Ausführungen nachgewiesen werden.[284]

Den Auftakt machte sein Beitrag „Warum es so kommen musste" am 24. Februar 1943 im „Angriff", der den Völkermord zu einer „Prüfung unseres Schicksals" stilisierte und zugleich begründen wollte, warum dieser sich außerhalb zivilisatorischer Normen vollziehen müsse.[285] Er steht in direktem Zusammenhang mit Goebbels' wenige Tage zuvor gehaltene Rede im Sportpalast zur Verkündung des totalen Krieges und Hitlers Proklamation anlässlich des Jahrestages der Gründung der NSDAP, die am 25. Februar 1943 auf den Titelseiten zahlreicher Zeitungen erschien. Während Goebbels eine „konsequente Judenpolitik" mit „radikalsten Gegenmaßnahmen" verlangte, kündigte Hitler an, der gegenwärtige Kampf werde „nicht [...] mit der Vernichtung der arischen Menschheit,

---

281 LONGERICH: „Davon haben wir nichts gewusst!", S. 255.
282 DÖRNER: Die Deutschen und der Holocaust, S. 183.
283 EBD., S. 460.
284 Nachweisbar sind folgende Vorträge: „Juden, tödliche Gefahr des Reiches" (25.05.1943), „Was der Jude von der Frau denkt" (15.06.1943), „Juden – Feind eines jeden Staates" (25.06.1943) und „Judentum und Gaunertum" (12.07.1943).
285 LEERS, JOHANN VON: Warum es so kommen musste, in: Der Angriff vom 24.02.1943. Siehe auch DERS.: Was verliert Europa an den Juden?, in: Hakenkreuzbanner vom 07.04.1943: Angesichts von Hinweisen in schwedischen Zeitungen auf den Völkermord an den Juden, die sich offensichtlich auch in Deutschland verbreiteten, sah Johann von Leers sich veranlasst, diese „geradezu verzweifelte Klage über den Verlust, den vor allem unser Erdteil durch die Verdrängung der Juden erleiden müsse", mit den Worten zu kommentieren: „Prüft man aber einmal nüchtern und klar, worin denn nun wirklich der von den Demokratien so laut bejammerte Verlust der Welt durch die Austreibung der Juden liegen würde, so darf man einmal feststellen, dass der jüdische Anteil am europäischen Kulturerbe nicht verdient, überschätzt zu werden."

sondern mit der Ausrottung des Judentums in Europa sein Ende finden".[286] Wie so oft in seinen Artikeln, bediente sich Johann von Leers eines fiktiven Monologs, um eine in der Bevölkerung erahnte kritische Haltung aufzugreifen und zu widerlegen, in diesem Fall in Gestalt einer zwar „alten", gleichwohl „klugen Dame", die angesichts des neuerlichen Krieges zu einem Lamento über das „scheußlichste Jahrhundert" anhob. „Wahrscheinlich" viele Menschen, zeigte sich Johann von Leers zunächst verständnisvoll, würden ähnlich empfinden. Sie alle aber seien sich nicht darüber im Klaren, „warum es so kommen musste". In einem historischen Rückblick setzte er seinen Lesern dann auseinander, dass die Vernichtungspraxis der Gegenwart den Versäumnissen der Vergangenheit geschuldet sei. Zwar hätte Bismarcks „vornehme Staatskunst" Europa Frieden gebracht, „die Masse der Deutschen" sich seinerzeit aber gesträubt, den Warnungen der antisemitischen Bewegung, wie sie durch Ahlwardt, Böckel oder Fritsch erhoben wurden, zu folgen, um „die Judenfrage rasch und gründlich zu lösen". So habe es geschehen können, dass der Erste Weltkrieg „als letzte Folge des mehrfachen Versagens" des deutschen Volkes als „große Ernte des Weltjudentums" eingefahren werden konnte. Eben diese „Schuld" früherer Generationen, die „den Ruf des Schicksals nicht erfüllten", hieß es weiter in dem Artikel, „müssen wir nun tilgen", um nicht selbst „an ihr [zu] zerbrechen". Anders als früher aber gebe es dem Gegner gegenüber aber keinerlei Bindung an Recht und Gesetz geschweige denn ethische Normen, an „völkerrechtlichen Schutz der Frauen, Kinder und Nichtkämpfer, der Gefangenen und Verwundeten" oder an „Formen der soldatischen Ritterlichkeit". Begründet wurde dies damit, dass diesmal „ein echtes [...], bewusstes, tief aller Menschlichkeit feindliches Barbarentum" das deutsche Volk bedrohe mit dem Ziel, „uns alle abzukehlen". Eben deshalb komme es jetzt „zur letzten großen Probe". Werde diese bestanden, sei das deutsche Volk „zum vollen Siege durchgebrochen" und habe die Prüfung seines Schicksals „endlich bestanden".[287]

Eine Verschärfung vollzog sich wenige Wochen später, nachdem in Katyn nahe von Smolensk Massengräber mit den Leichen tausender polnischer Offiziere entdeckt worden waren, die der sowjetische Geheimdienst Anfang 1940 ermordet hatte. Mit dem Hinweis darauf, die „Mordkommandos" dieser Bluttat hätten sich vor allem aus „jüdischen Bolschewisten"[288] zusammengesetzt, entfesselte die NS-Propaganda daraufhin „eine wahre Hassoffensive gegen alles

---

286 Wir werden die jüdische Weltkoalition zerschlagen. Proklamation des Führers zur Parteigründungsfeier in München am 24. Februar 1943, in: Der Führer (Gau Baden) vom 25.02.1943.
287 LEERS, JOHANN VON: Warum es so kommen musste, in: Der Angriff vom 24.02.1943.
288 O. V.: Aufschluss über den Geist der jüdischen Rasse, in: Freiheitskampf vom 15.04.1943.

Jüdische".[289] In „aller Offenheit" und „unmissverständlichen Formulierungen" bekannte sich das Regime dabei nicht nur zu dessen Vernichtung, sondern ging sogar so weit, den „Kampf gegen Juda" als „Kampf auf Leben und Tod" und damit „zum zentralen Kriegsziel zu erklären".[290] In diesem Kontext ist auch Johann von Leers mit seiner Publizistik zu sehen. Neben seinem prominent im „Völkischen Beobachter" platzierten Artikel „Um das Blut der Nichtjuden", der hinter den Verbrechen von Katyn „jüdische[n] Blutdurst" in der Tradition angeblich seit dem Mittelalter praktizierter Ritualmorde erkennen wollte und dem „Bolschewismus" folgerichtig „einen riesigen Massenritualmord der Juden an den Nichtjuden" unterstellte, für den „das Judentum in seiner Gesamtheit […] haftbar gemacht werden"[291] müsse, sticht vor allem der Beitrag „Weil man sie losließ" hervor, der ab Mitte April in zahlreichen Tageszeitungen erschien und, eingekleidet in rhetorische Fragen, den Völkermord neuerlich als notwendige Korrektur eines historischen Irrweges erscheinen lässt.[292] Die neuzeitliche Judenemanzipation sei demnach ein „Fluch" gewesen, weil sie der deutschen Gesellschaft eine „verhängnisvolle Schuld" auferlegt habe. Juden nämlich, führte Johann von Leers aus, hätten stets „Hass und Rache, Vernichtung und Zerstörung, Blut und Grauen […] über die Welt gebracht". Eine „berechtigte Frage", deren Antwort für den Autor nicht ernsthaft zur Diskussion zu stehen schien, sei deshalb, „ob es nicht für Millionen ein Segen gewesen wäre, wenn man rechtzeitig dieses kleine Teufelsvolk, das die gute Ordnung der Welt planmäßig bekämpft, als Feind dieser Ordnung wirklich ausgeschaltet hätte". Das galt auch für seine Überlegungen, was „die Welt verloren" hätte, wäre es „einer judenfeindlichen Bewegung irgendwann im Mittelalter gelungen, die Juden auszulöschen". Eben diese Korrekturen würde nunmehr vorgenommen: Da es „in unserer tiefvergifteten Welt, die buchstäblich in Gefahr ist, an Juden und jüdischem Marxismus zu sterben, gar keine andere Lösung ist, als den Giftbrocken auszubrechen, uns des Judentums in Europa zu entledigen, das uns in diesem

---

289 DÖRNER: Die Deutschen und der Holocaust, S. 173.
290 LONGERICH: „Davon haben wir nichts gewusst!", S. 325 f. Zur propagandistischen Behandlung siehe auch FOX, JOHN P.: Der Fall Katyn und die Propaganda des NS-Regimes, in: VfZ 30 (1982), S. 462–499, hier S. 470–475.
291 LEERS, JOHANN VON: Um das Blut der Nichtjuden, in: Völkischer Beobachter vom 28.04.1943. Der Beitrag wurde von verschiedenen Tageszeitungen übernommen, siehe u. a. Banater Beobachter vom 12.05.1943; Der Alemanne vom 15.05.1943.
292 LEERS, JOHANN VON: Weil man sie losließ. Der Fluch der Judenemanzipation – eine verhängnisvolle Schuld, in: Westdeutscher Beobachter vom 14.04.1943; DERS.: Weil man sie losließ, in: Neue Leipziger Tageszeitung vom 14.04.1943; DERS.: Weil man sie losließ, in: Der Führer vom 15.04.1943; DERS.: Weil man sie losließ, in: Der Freiheitskampf vom 15.04.1943. Siehe auch DÖRNER: Die Deutschen und der Holocaust, S. 172 f.; LONGERICH: „Davon haben wir nichts gewusst!", S. 270.

seinen Krieg vernichten will, wer hätte das Recht, uns dies vorzuwerfen?", fragte Johann von Leers mögliche Zweifler unter den Lesern. Und „[n]achdem das Judentum allein in diesem Jahrhundert Millionen von Menschen durch seinen Marxismus und Bolschewismus vernichtet und uns ins Unglück getrieben hat und es jetzt seine Weltherrschaftspläne zu verwirklichen trachtet und seine alten Rachegelüste an der nichtjüdischen Menschheit austoben will – retten wir nicht noch viel mehr Menschen das Leben, wenn wir entschlossen verhindern, dass dieses grausige Entsetzen in geometrischer Progression sich fortsetzt?", fügte er hinzu, um schließlich die nicht aussprechbaren Antworten zum Vollzug eines heilsgeschichtlichen Plans zu bestimmen: „Wahrlich, wer gegen die Juden kämpft, tut das Werk Gottes."

Kurze Zeit später griff er das Thema erneut in einer Art und Weise auf, die „eine zumindest ungefähre Vorstellung des Lesers über die ‚Endlösung' voraussetzte".[293] Nicht ohne Genugtuung stellte Johann von Leers in diesem seit Mitte Mai wiederum von zahlreichen Redaktionen übernommenen Artikel unter der Überschrift „Schuld ist der Jude" fest, die „Judenfrage" sei nunmehr zur „Kern- und Zentralfrage unseres Volkes geworden".[294] In den weiteren Ausführungen dann, die hier ausführlicher zitiert werden sollen, heiligten radikalste Mittel den höheren Zweck, über den unter aufmerksamen Lesern kaum Zweifel bestehen konnte: Zwar gebe es noch „heute genug Menschen, die sich darüber beklagen, dass wir die Juden in Europa ausrotten". Diese aber sollten „sich erst einmal darüber beklagen, in welch namenloses Elend die Juden mit dem Zusammenbruch 1918 [...] und mit dem neuen Krieg, den sie zusammengehetzt haben, unser Volk und ganz Europa hineingetrieben haben". Kritik an den Methoden der Vernichtung ließ er dabei nicht gelten:

„Wer Methode sagt, hat immer Unrecht. Es kommt auf das Ergebnis an. Das Ergebnis für den Arzt muss die restlose Ausschaltung der Cholera sein, das Ergebnis für unser Volk muss die restlose Ausschaltung der Juden sein. Der Kampf steht ‚Spitz auf Knopf'. Es geht zwischen uns und den Juden darum, wer wen überlebt. Wenn die Juden siegen, wird unser ganzes Volk so niedergemetzelt wie die polnischen Offiziere im Walde von Katyn – und wenn wir den Juden die Möglichkeit nehmen wollen, nach diesem Krieg wieder einen

---

293 LONGERICH: „Davon haben wir nichts gewusst!", S. 278. Siehe auch DÖRNER: Die Deutschen und der Holocaust, S. 178 f.
294 LEERS, JOHANN VON: Schuld ist der Jude, in: Der Führer vom 17.05.1943. Siehe bereits Lippische Staatszeitung vom 16.05.1943 und Bremer Zeitung vom 16.05.1943 sowie Neue Leipziger Tageszeitung vom 17.05.1943, Freiheitskampf vom 25.05.1943, Westfälische Landeszeitung vom 28.05.1943.

Krieg und noch einen neuen Krieg und immer neue Kriege und Revolutionen zusammenzubrauen, von denen sich jeder gegen uns richtet und alle nur den Zweck haben, jüdische Rache an uns zu vollziehen – dann dürfen wir das Judentum zwischen uns nicht existieren lassen. Mögen diese Dinge schrecklich sein. Sie sind unausweichlich. Wir haben uns die Zeit nicht ausgesucht, in der wir leben, aber wir stehen mit dem Rücken zur Wand. Das Judentum [...] möchte uns ermorden. Die Feindschaft ist von ihm ausgegangen – und es kann nicht wundern, dass für uns seiner Mordlust gegenüber Notwehrrecht gilt. Es hat es selbst gewollt."[295]

Beispiele dieser Rhetorik, die den laufenden Vernichtungsprozess rechtfertigte und zur wohlverdienten Strafe erklärte, finden sich auch in den folgenden Wochen und Monaten. So heißt es in einem seit Anfang Juli 1943 in zahlreichen Tageszeitungen publizierten Artikel unter der Überschrift „Der Jude und der Bombenterror", der unter dem Eindruck massiver alliierter Flächenbombardements auf zivile Ziele verfasst worden war, Juden trügen die Verantwortung für diesen „Luftgangsterkrieg" und müssten deshalb in einer Weise dafür „haftbar gemacht werden", dass „ihre Vernichtung die allein notwendige Sühne für dieses Weltverbrechen sein kann".[296] Die „Parolen" der „feindlichen Agitation" dagegen, die in der Bevölkerung offensichtlich zirkulierten und einer zunehmend resignativen Stimmung Vorschub leisteten, griff der ebenfalls in diesem Monat vielfach publizierte Artikel „Der zweite jüdische Weltkrieg" auf. Welche Bedeutung dem Thema beigemessen wurde, lässt sich nicht zuletzt daran erkennen, dass der Beitrag erneut im „Völkischen Beobachter" erschien.[297] Die Behauptung, erst die „judenfeindliche Politik Deutschlands" habe „die Juden veranlasst, die ganze

---

295 EBD.
296 LEERS, JOHANN VON: Bedroht leben, in: Der Angriff vom 05.07.1943; DERS.: Der Jude und der Bombenterror, in: Der Führer vom 05.07.1943. Zu weiteren nachweisbaren Veröffentlichungen unter zum Teil abweichenden Überschriften siehe Der oberschlesische Wanderer (05.07.1943), Deutsche Zeitung in den Niederlanden (06.07.1943), Mainzer Zeitung (06.07.1943), Freiheitskampf (06.07.1943), Vorarlberger Tageblatt (06.07.1943), Kärntner Zeitung (07.07.1943), Rheinische Landeszeitung (07.07.1943), Revaler Zeitung (09.07.1943) und Lippische Staatszeitung (14.07.1943). Dass er am 12.08.1943 erneut erscheinen konnte, diesmal im „Erlanger Tagblatt", dürfte auf die Bombardierungen der benachbarten Industriestädte Nürnberg und Fürth zwei Tage zuvor zurückzuführen sein. Siehe auch LONGERICH: „Davon haben wir nichts gewusst!", S. 279; DÖRNER: Die Deutschen und der Holocaust, S. 185.
297 LEERS, JOHANN VON: Der zweite jüdische Weltkrieg, in: Völkischer Beobachter vom 11.08.1943. Zu weiteren Veröffentlichungen siehe Westfälische Tageszeitung (08.08.1943), Westdeutscher Beobachter (10.08.1943), Westfälische Neueste Nachrichten (11.08.1943), Die Zeit (Aussig) (11.08.1943), Salzburger Zeitung (16.09.1943). Siehe auch DÖRNER: Die Deutschen und der Holocaust, S. 186.

Welt zu mobilisieren", rückte Johann von Leers hier in einer Weise zurecht, die den finalen Charakter der „Endlösung" zum zwangsläufigen Resultat des neuerlichen und „seit langem geplanten zweiten Weltkrieg" der Juden „zur Durchsetzung ihrer Weltherrschaftspläne" bestimmte: Ausgelöst worden sei dieser nämlich nicht deshalb, „weil der Nationalsozialismus die Judenfrage anschnitt", sondern „weil zahlreiche Völker bereits so fest in der Hand der Juden waren, dass die Juden sie für ihre Ziele in den Krieg treiben konnten". Anders aber als im Ersten Weltkrieg werde diesmal an ihm „das Judentum zugrunde gehen".[298]

Wohl als Reaktion auf einen im September 1943 im ganzen Reich verlesenen Hirtenbrief der katholischen Bischöfe über die „Zehn Gebote als Lebensgesetz der Völker", der die Tötung allen menschlichen Lebens und damit auch „an Menschen fremder Rassen und Abstammung"[299] als verwerflich bezeichnete, ist der ebenfalls vielfach publizierte Leitartikel „Warum wir vom Juden reden" zu sehen, der die antisemitische Propaganda gegen offensichtlich umherlaufende Gerüchte verteidigte.[300] Dass Johann von Leers die „Judenfrage" eher beiläufig erwähnte, konnte die Leser ahnen lassen, dass diese zumindest im Einflussgebiet der Nationalsozialisten als weitgehend gelöst zu betrachten war. Angesichts ihrer weltumfassenden Dimension bedurfte es aus seiner Sicht dennoch weiterhin eines konsequenten Vorgehens. Eine „unbegreiflich naive Frage" schien ihm deshalb in kritischen Anmerkungen zu liegen, weshalb die Propaganda „immer noch auf dem Juden herum[reitet]", wo diese doch „in Europa […] zum großen Teil aufgerieben" seien und die Bevölkerung angesichts der „feindlichen Fliegerangriffe" und des „schwere[n] Ringen[s] an den Fronten" andere Sorgen plage.[301] Eine solche Einstellung musste in seinen Augen schon deshalb verkehrt sein, weil die „Macht" des Judentums, das „planmäßig auf den Krieg drängte" und diesen „Vernichtungskrieg" angezettelt habe, auch außerhalb Europas gebrochen werden müsse. „Nur eines", resümierte Johann von Leers, könne deshalb „den

---

298 LEERS, JOHANN VON: Der zweite jüdische Weltkrieg, in: Völkischer Beobachter vom 11.08.1943.
299 KÖSTERS, CHRISTOPH: Die deutschen katholischen Bischöfe 1933–1945, in: DERS./RUFF, MARK EDWARD (HRSG.): Die katholische Kirche im Dritten Reich. Eine Einführung, Freiburg ²2018, S. 79–92, hier S. 89. Zum Wortlaut des Hirtenwortes siehe GRUBER, HUBERT: Katholische Kirche und Nationalsozialismus 1930–1945. Ein Bericht in Quellen, Paderborn 2006, S. 489–494, hier S. 492.
300 LEERS, JOHANN VON: Warum wir vom Juden reden, in: Mainzer Zeitung vom 21.09.1943. Zu weiteren Veröffentlichungen siehe Rheinische Landeszeitung (22.09.1943), Der Führer (23.09.1943), Kärntner Landeszeitung (13.10.1943). Siehe auch LONGERICH: „Davon haben wir nichts gewusst!", S. 295; DÖRNER: Die Deutschen und der Holocaust, S. 187.
301 LEERS, JOHANN VON: Warum wir vom Juden reden, in: Der Führer vom 23.09.1943.

Völkern wirklich Sicherheit und Frieden geben", nämlich „die völlige Niederringung und Niederschlagung des Judentums".[302]

Stimuliert wurden solche Ahnungen, die seine Leser und Zuhörer gewinnen konnten, durch eine Reihe von Signalworten und Analogien, in denen die nationalsozialistische Judenpolitik als berechtige Reaktion dargestellt wurde, die Gleiches mit Gleichem vergelte. Schon in „Kräfte hinter Roosevelt" erschien der imaginierte „Vernichtungswille" der Juden „gegen alle Völker"[303] als Bedrohung, der um die Gefahr des eigenen Untergangs entgegengetreten werden musste. In „Die Verbrechernatur der Juden" wurde als „Ziel" eines jüdischen Plans zur Beherrschung der Welt der „Massenmord an allen Ariern" und die „Vernichtung und Austilgung der Nichtjuden" oder deren „Abschlachtung"[304] unterstellt. Ein Beitrag 1942 für ein akademisch gebildetes Publikum sollte durch eine Parallele zum historischen Islam die verbrecherische Politik der Gegenwart begründen. So habe der „milde Mohammed" zwar nur eine einzige „Massenhinrichtung" an Juden vornehmen lassen, die aber „nach Kriegsrecht durchaus zulässig" gewesen sei, hätten doch Juden zuvor „unter Waffen als Verbündete Verrat getrieben".[305] Die Einladung zu einer Ringvorlesung unter dem Titel „Die Judenfrage" im Sommersemester 1943 an der Universität Jena deutete die Dimension des Völkermords nicht nur an, sondern erklärte diesen zu einer universalen Aufgabe: Demnach sei es „für uns nicht damit abgetan, dass wir die Judenfrage im Reich weitgehend gelöst haben". Stattdessen müsse diese „Weltfrage" ein für alle Mal entschieden werden: „[W]ir oder sie mit ihrem politischen Anhang, einer von beiden muss auf der Strecke bleiben. Und wir dürfen es nicht sein".[306] In seinem eigenen Vortrag äußerte Johann von Leers seine Zufriedenheit darüber, dass die „Judenfrage" nunmehr „in allen Ländern immer gebieterischer nach einer Lösung" dränge.[307]

Je deutlicher seit 1943 die Wende im Krieg zu erkennen war, desto stärker schürte die Propaganda allerdings auch die Furcht vor drohender Vergeltung. Umso drastischer suchte sie der Bevölkerung klarzumachen, „dass sie im Falle

---

302 EBD.
303 LEERS: Kräfte hinter Roosevelt, S. 168.
304 LEERS: Die Verbrechernatur der Juden, S. 140, 160, 167.
305 LEERS, JOHANN VON: Judentum und Islam als Gegensätze, in: Die Judenfrage vom 15.12.1942. Siehe auch ZIMMERMANN, MOSHE: Mohammed als Vorbote der NS-Judenpolitik? Zur Instrumentalisierung von Antisemitismus und Antizionismus, in: Tel Aviver Jahrbuch für Deutsche Geschichte Bd. 25 (2005), S. 290–305, hier S. 301.
306 Zit. nach Einladungsplakat [UAJ, Bestand BA, Nr. 2120, Bl. 179].
307 Das Judenvolk entstand am Rand der Weltgeschichte, in: Wissenschaft und Hochschule. Berichte aus allen Gebieten des wissenschaftlichen Lebens, hrsg. vom Deutschen Nachrichtenbüro, Ausgabe 09.08.1943 [ThHStAW, PA Nr. 18260, Bl. 187].

einer Niederlage für die Verbrechen des Regimes als dessen Mitwisser und Komplizen zur Rechenschaft gezogen würde".[308] Mit den Ängsten vor einer vermeintlich „jüdischen Rachsucht" spielt auch Johann von Leers.[309] Zwar verbreitete er im Wissen um das Schicksal der in den Osten Deportierten zunächst Optimismus. So behauptete er in dem im Sommer 1943 publizierten Leitartikel „Standhaft, zäh und treu", dass im Vergleich zu der „Zerreißprobe" 25 Jahre zuvor die Chancen auf eine Kriegswende diesmal angesichts einer grundsätzlich anderen Lage nicht schlecht stünden: Die damaligen „Misserfolge an den Fronten", das „Anwachsen der feindlichen militärischem Macht" und „allerlei Mangelerscheinungen im Innern" hätten das deutsche Volk im Ersten Weltkrieg veranlasst, „von der Vernunft seiner Gegner mehr zu erwarten als von der eigenen Tüchtigkeit." Die Geschichte jedoch werde sie jetzt eines Besseren belehren. Damals nämlich, hob er an, habe die deutsche Nation „mit gutem Recht" sagen können, „dass sie von Innen durch die Juden und die judenhörigen Parteien zu Fall gebracht" worden sei, weil sie „gewissermaßen gar nicht sie selbst war, als sie ihrem inneren Gesetz untreu wurde". Jetzt dagegen komme es zu einer „Revision vor dem Gericht der Weltgeschichte", weil kein Feind mehr im Innern das Geschäft der feindlichen Mächte besorgen könne: „Die deutsche Nation bestimmt heute sich selbst durch Menschen ihres eigenen Blutes. Kein Jude hat bei uns mehr mitzureden [...]. Es wird sich zeigen, dass die deutsche Nation jene Standhaftigkeit aufbringt, die sie 1918 nicht aufbrachte", sprach er seinen Leser Mut zu.[310] Je weniger solche propagandistischen Floskeln in den kommenden Monaten allerdings verfangen konnten, desto schriller wurden die Folgen einer Niederlage ausgemalt. Erklärungen zum Vollzug der „Endlösung" spielten darin dann nur noch eine untergeordnete Rolle. Juden und ihre vermeintlichen Handlanger erschienen jetzt vor allem als äußere Gefahr, wie der Beitrag „So wie Nebukadnezar war: Warum wir alle Kraft aufbieten müssen" aufzeigt, den im Oktober 1944 die „Mitteilungsblätter für die weltanschauliche Schulung der Ordnungspolizei" veröffentlichten, der über die Nationalsozialistische Parteikorrespondenz aber auch an zahlreiche Tageszeitungen verschickt wurde:[311] Eine „Tatsache" sei es demnach, dass ein „von allen Seiten" einbrechender Feind „von

---

308 LONGERICH: „Davon haben wir nichts gewusst!", S. 326.
309 LEERS, JOHANN VON: Standhaft, zäh und treu, in: Der Angriff vom 28.07.1943.
310 EBD.
311 LEERS, JOHANN VON: So wie Nebukadnezar... Warum wir alle Kraft aufbieten müssen, in: Die Innere Front. Kriegssonderdienst der Nationalsozialistischen Partei-Korrespondenz 216/1944 vom 14.09.1944 [BArch, R 8034/III, Bd. 269]; DERS.: So wie Nebukadnezar... Warum wir alle Kraft aufbieten müssen, in: Mitteilungsblätter für die weltanschauliche Schulung der Ordnungspolizei, Gruppe A, Folge 94 vom 01.10.1944, S. 3 f. Zu Abdrucken in der Tagespresse beispielhaft Riesaer Tageblatt vom 15.09.1944.

vornherein entschlossen" sei, „jeden Frieden der Gleichberechtigung" und „jede vernünftige Lösung des Konfliktes abzulehnen und unmöglich zu machen". Stattdessen wolle er „ganz persönlich jeden einzelnen Deutschen vernichten, seine Habe sich aneignen, die Kinder in die Sklaverei verschleppen und aus Deutschland ein Elendsland unter der tierischen Rachsucht der Juden machen". Eben diese Tatsache verpflichte die deutsche Nation dazu, „nunmehr alle Mittel und alle Kräfte restlos zu mobilisieren und aufzubieten", drohe doch andernfalls allen „der Tod, wenn die judenknechtischen Horden einbrechen können".[312] Solche blutrünstigen Vorstellungen hielten ihn freilich nicht davon ab, noch im März 1945 unter der Überschrift „Der Jude ist schuld" dem Glauben Hoffnung zu verleihen, antisemitische Ressentiments anderer Nationen, deren „Seelenverjudung" er kurz zuvor angeprangert hatte, ließen sich für Allianzen mit den Nazis instrumentalisieren: Es sei das Judentum gewesen, das „stürmisch nach diesem Kriege verlangte, das seinen Ausbruch bejubelte, das sein ungeheures Blutbad planmäßig verlängert und das jeden Frieden verhindert". Eben dies müssten die Völker jetzt erkennen und daraus den Schluss ziehen, „dass es im Grunde nur zwei Fronten in der Welt gibt", nämlich „die Front vieler Millionen nationaler schaffender Menschen und die Front des Judentums". Gegen die „jüdischen Kriegshetzer, Kriegsgewinnler und Kriegsverlängerer" aber sollten sie sich „die Hand reichen" und „aus dem internationalen Judenkrieg eine internationalen Krieg gegen das Judentum machen".[313]

7.5 Die Rationalisierung der Verbrechen der Exekutoren der „Endlösung"

Die Untersuchung seiner am Kriegsverlauf orientierten tagesaktuellen Publizistik hat verdeutlicht, dass Johann von Leers einer der Schlüsselpropagandisten jenes „subtilen Diskurses" zwischen den Zeilen gewesen ist, der ahnungsvollen Lesern den Völkermord rechtfertigen sollte und dessen Sprachbilder die „moralischen Hemmungen"[314] und womöglich noch vorhandenen inneren Widerstände „schwächten und vernebelten".[315] Auch diese Propaganda stellt allerdings nur eine Seite dar. Als Spiegelbild dazu sind seine Schulungsschriften für die Exekutoren der „Endlösung" zu betrachten, als diese vom Wort zum Mord übergingen. Die Wirkungen dieser Indoktrination werden dabei in der Forschung

---

312 Ebd.
313 Leers, Johann von: Der Jude ist schuld, in: Lippische Staatszeitung vom 24./25.03.1945.
314 So bereits Bein: „Der jüdische Parasit", S. 148.
315 Ebd.

ambivalent beurteilt. Christopher Browning etwa hegte in seiner Studie über die Beteiligung „ganz normaler Männer" eines Polizeibataillons an der „Endlösung" noch „starke Zweifel" daran, „dass die SS-Indoktrinierung eine ausreichende Erklärung für die Entwicklung dieser Männer zu Mördern darstellt".[316] Die Lektüre der Beiträge in Schulungsorganen, in diesem Fall dem der Ordnungspolizei, hätte „die Leser vielleicht zum Einschlafen" gebracht, „aber sicherlich nicht dazu, Mörder zu werden".[317] Die „ideologische Indoktrinierung" sei deshalb nur einer von vielen Faktoren gewesen.[318] Demgegenüber stehen jüngere Studien, die das Ausmaß der „antijüdischen Indoktrinierung"[319] vor allem durch Himmlers Sicherheitsapparat sichtbarer gemacht haben und deshalb die Funktion der weltanschaulichen Schulung anders gewichten.[320] Der Annahme ihrer „direkten Tatrelevanz" stehen zwar auch sie skeptisch gegenüber und verweisen darauf, dass individuelles Verhalten stets „aus einer ganzen Reihe von Einflussgrößen" resultiere, „deren Stärke und Mischungsverhältnis von Fall zu Fall schwankt".[321] Gleichwohl wird der weltanschaulichen Schulung eine „Scharnierfunktion" attestiert, indem sie „die Verbindung schuf zwischen Potenz und Tat, Vorurteil und Völkermord".[322] Autoren wie Jürgen Matthäus gehen angesichts der Bedeutung, die die SS-Führung der ideologischen Indoktrination beimaß, sogar so weit, die Frage nach einem „Ausbildungsziel Judenmord" zu stellen.[323]

In diesem Geiste waren schon die zahlreichen Aufsätze verfasst, die Johann von Leers im Schulungsorgan der SS veröffentlicht hatte (siehe Kap. 5.2.2). Mit dem Vernichtungskrieg im Osten erhielten seine Schriften allerdings eine neue Funktion, indem sie den Judenmord nicht nur als Ziel rechtfertigen, sondern den Exekutoren der „Endlösung" auch eine Erklärung ihres verbrecherischen Handelns an die Hand geben sollten. Dies lässt sich insbesondere an dem Mach-

---

316 BROWNING: Ganz normale Männer, S. 233.
317 EBD., S. 234.
318 EBD., S. 208.
319 MATTHÄUS, JÜRGEN/KWIET, KONRAD/FÖRSTER, JÜRGEN/BREITMAN, RICHARD (HRSG.): Ausbildungsziel Judenmord? „Weltanschauliche Erziehung" von SS, Polizei und Waffen-SS im Rahmen der „Endlösung", Frankfurt am Mai 2003, S. 8.
320 HARTEN, HANS-CHRISTIAN: Himmlers Lehrer. Die Weltanschauliche Schulung in der SS 1933–1945, Paderborn 2014.
321 MATTHÄUS, JÜRGEN: Ausbildungsziel Judenmord? Zum Stellenwert der „weltanschaulichen Erziehung" von SS und Polizei im Rahmen der „Endlösung", in: ZfG 47 (1999), S. 677–699, hier S. 682.
322 EBD., S. 698.
323 MATTHÄUS, JÜRGEN: Die „Judenfrage" als Schulungsthema von SS und Polizei. „Inneres Erlebnis und Handlungslegitimation, in: MATTHÄUS, JÜRGEN/KWIET, KONRAD/FÖRSTER, JÜRGEN/BREITMAN, RICHARD (HRSG.): Ausbildungsziel Judenmord? „Weltanschauliche Erziehung" von SS, Polizei und Waffen-SS im Rahmen der „Endlösung", Frankfurt am Mai 2003, S. 35–86, hier S. 84.

werk „Der jüdische Ritualmord" von Hellmut Schramm (geb. 1904) aufzeigen, das seit 1943 in mehreren Auflagen im Theodor-Fritsch-Verlag erschien und zu dem Johann von Leers ein Vorwort beigesteuert hatte.[324] Der Autor, ein promovierter Volksschullehrer aus Wilmsdorf bei Dresden[325], gab sein Buch zwar als „historische Untersuchung" aus. Tatsächlich aber ließ schon der Titel keinen Zweifel daran, dass hier ein „zeitloses antisemitisches Stereotyp"[326] behandelt wurde. Die seit dem hohen Mittelalter gewobenen Legenden angeblich jüdischer Ritualmorde nämlich waren im Laufe der Jahrhunderte immer weiter ausgeschmückt worden, um dann im späten 19. Jahrhundert erneut und in einer aktualisierten Variante als „zentrale Botschaft des modernen Antisemitismus"[327] verbreitet zu werden. Der Vorwurf des Mords war seitdem um das Bild vom jüdischen Ausbeuter und Parasiten, der sein „Wirtsvolk" aussaugen würde, ergänzt worden. Schramms Methode bestand darin, Beispiele angeblicher Ritualmorde seit dem 11. Jahrhundert zu dokumentieren und eine Auswahl spektakulärer Mordfälle des späten 19. und frühen 20. Jahrhunderts, die ihm als Beleg einer ungebrochenen Kontinuität für „Jüdische Blutmorde" dienten, ausführlich zu referieren. Das Material dazu bezog auch er aus dem Repertoire einschlägiger Schmähschriften der antisemitischen Bewegung. Außerordentlich bewandert zeigte er sich zudem im zeitgenössischen Schrifttum der Autoren vor allem aus dem Stürmer-Verlag. Das apokalyptische Ausmaß des von Schramm konstatierten Ringens von „Sitte [...] gegen Unsitte, Heldentum gegen Verbrechertum, Licht gegen Finsternis und Blut gegen Blut", in dem seine Untersuchung als „brauchbare Waffe zum bevorstehenden Endkampf mit dem jüdischen Weltpolypen"[328] dienen sollte, lenkt den Blick auf seinen „getreuen Mentor", dem er seine Erkenntnisse verdankte. Dabei handelte es sich um Johann von Leers, der den besonderen Wert der Arbeit von Schramm nicht alleine darin sah, dass

---

324 SCHRAMM, HELLMUT: Der jüdische Ritualmord. Eine historische Untersuchung, Berlin 1943. Das Manuskript war bereits 1941 abgeschlossen worden, konnte aber aufgrund „kriegsbedingter erschwerter Verhältnisse" erst zwei Jahre später erscheinen, dann jedoch „in gediegener Ausstattung", wie der Autor dankbar erklärte (S. XXVII). Von dem Buch sind mindestens vier Auflagen mit einer Gesamtauflage von 20.000 Exemplaren bekannt. Zum Vorwort von Johann von Leers siehe S. XI–XVII. Zu einer Variante davon LEERS: Die Verbrechernatur der Juden, S. 122–124. Ritualmordpropaganda zog sich von Anbeginn an durch sein Werk, siehe etwa DERS.: Forderung der Stunde: Juden raus!, Berlin o. J. (1933), S. 13, 19.
325 Zur Biografie bis 1933 siehe Promotionsakte [UAL, Phil. Fak. Prom. 3006, Bl. 13, 25]. Siehe auch SCHRAMM, HELLMUT: Johann v. Mergenthal, der erste sächsische Landrentmeister (1469/78) (Diss. phil.), Leipzig 1933.
326 GROSS, JOHANNES T.: Ritualmordbeschuldigungen gegen Juden im deutschen Kaiserreich (1871–1914), Berlin 2002, S. 13.
327 EBD.
328 SCHRAMM: Der jüdische Ritualmord, S. XXVI.

dieser „eine eingehende Darstellung des Ritualmordes aus den Quellen" und auf der Grundlage von „Berichten und Prozessakten" vorgenommen habe. Den Autor zeichne vielmehr aus, dass er seine Überzeugungen fest auf dem Boden der nationalsozialistischen Weltanschauung formuliert hatte. Schramm, hob Johann von Leers hervor, gehöre damit zu der kleinen Zahl derer, „die wirklich auf dem Gebiet der Judenfrage wissenschaftlich in die Tiefe arbeiten und zugleich kompromisslos und ohne klerikale Bindungen vorgehen". In seiner Person verbinde sich „der richtige Instinkt" und „die richtige wissenschaftliche Methode". Dadurch sei es ihm gelungen, dass „in einer schweren Arbeit an einem spröden Stoff uns eine scharfe Waffe zur Erkenntnis des Judentums geschmiedet worden ist". Diese Waffe gelte es anzuwenden im „Gotteskampf", der „gegen das Judentum" zu führen sei.[329] Mit Schramms Buch liege dazu ein „wertvolles Stück"[330] vor. Tiefen Eindruck hinterließ die Schrift auch bei Himmler, der sich gleich in mehrfacher Weise eine erhebliche Wirkung von ihr erhoffte und zu neuen Propagandavorhaben inspiriert sah.

So sorgte er zunächst dafür, dass Schramms Buch in der Schulungsarbeit der SS eingesetzt wurde, vermutlich auch in der Annahme, es könne dazu beitragen, Gewissenskonflikte der Exekutoren der „Endlösung" durch diese Form der „Rationalisierung" zu neutralisieren. Wenn Juden nämlich tatsächlich die verbrecherischen Taten begingen, die Schramm behauptete, schienen sie jetzt ihrer gerechten Strafe zugeführt zu werden. Im Mai 1943 veranlasste Himmler deshalb, dass von dem geplanten Neudruck des Buches „eine größere Anzahl bestellt" würde, um es „bis zum Standartenführer verteilen" zu lassen. Der Chef des Reichssicherheitshauptamtes, SS-Gruppenführer Ernst Kaltenbrunner, erhielt daraufhin „mehrere 100 Stück" und den Auftrag von Himmler, diese an die Einsatzkommandos und vor allem „an die Männer, die mit der Judenfrage zu tun haben", zu verteilen.[331] Auch Himmler selbst ließ es sich nicht nehmen,

---

329 LEERS, JOHANN VON: Vorwort, in: SCHRAMM, HELLMUT: Der jüdische Ritualmord. Eine historische Untersuchung, Berlin 1943, S. XI–XVII, hier S. XVI f.
330 EBD. Zu Würdigung des Machwerks von Schramm als „eines der epochemachendsten Bücher unserer Zeit" und „wahrhaft erschütterndes Buch" siehe LEERS, JOHANN VON: Die dunkle Blutspur, in: Hakenkreuzbanner vom 31.03.1943; DERS.: Um das Blut der Nichtjuden, in: Völkischer Beobachter vom 28.04.1943. Ähnlich auch FREUND, WALTER: Judengegner schon im Altertum. Der Kampf gegen den Weltparasiten ist uralt, in: Völkischer Beobachter vom 16.06.1943.
331 Himmler an Kaltenbrunner, 19.05.1943 [NG-4589]. Vollständig bzw. auszugsweise dokumentiert bei HEIBER, HELMUT (HRSG.): Reichsführer! Briefe an und von Himmler, München 1970, S. 266–268; HILBERG, RAUL: Die Vernichtung der europäischen Juden (Bd. 3), Frankfurt am Mai ^{9}1999, S. 1091; ACKERMANN, JOSEF: Heinrich Himmler als Ideologe, Göttingen 1970, S. 168 und WULF, JOSEPH: Presse und Funk im Dritten Reich. Eine Dokumentation, Frankfurt am Main/Berlin/Wien 1983, S. 404. Zur Beauftragung Kaltenbrunners siehe auch

das Buch hohen Funktionären zu überreichen, wie dies im Fall des SS-Oberführers und geschäftsführenden Vorsitzenden des Nationalen Klub 1919, Leonhard Schliessmann (geb. 1877), überliefert ist.[332]

Zugleich hielt er die Ritualmordpropaganda für ein geeignetes Sujet, um Bedenken gegen die laufenden Deportationen, wie sie Teile der Bevölkerung im „Altreich" und unter den Verbündeten äußerten, zu zerstreuen. Kaltenbrunner wurde deshalb beauftragte, „sofort überall Untersuchungen anzustellen" über vermeintlich Ritualmorde der Juden, „soweit sie noch nicht evakuiert sind". Ließen sich solche „Fälle" ermitteln, sollten „in dieser Richtung dann mehrere Prozesse" gemacht werden.[333] Die „Ritualmordfrage" sei zudem „von Sachverständigen in den Ländern Rumänien, Ungarn und Bulgarien aufzugreifen"[334] und in der Presse des „Altreiches" zu behandeln, „um damit die Herausnahme der Juden aus den Ländern zu erleichtern".[335] Außerdem regte er an, mittels der Ritualmordpropaganda antisemitische Ressentiments in der Bevölkerung der Kriegsgegner im Westen zu schüren. Es sei, so Himmler, zu überlegen, ob die SS nicht „in Zusammenarbeit mit dem Auswärtigen Amt einen rein antisemitischen Sender für England und Amerika" einrichten könne, dessen Sendungen „wie […] der ‚Stürmer' in der Kampfzeit" aussehen sollten. Himmler ging in diesem Zusammenhang sogar soweit, in England selbst „Leute einzusetzen", die dort Gerichtsprotokolle und Polizeiberichte darüber, „dass ein Kind vermisst wird, verfolgen und kontrollieren, sodass wir dann in unseren Sendern entsprechende Kurznachrichten geben können, dass in dem Ort XY ein Kind vermisst würde und es sich wahrscheinlich um einen jüdischen Ritualmord handele".[336]

7.6 „Kulturtransfer": Antisemitismus als Exportgut

Die in ihrer Radikalität kaum zu überbietenden Tiraden waren nicht nur Dreh- und Angelpunkt der öffentlich wahrnehmbaren Propaganda und der Schulungsschriften zur ideologischen Indoktrination in der „Judenfrage", wie sie Johann von Leers unablässig produzierte. Sie gerieten auch zum Element eines spezi-

---

UHL, MATTHIAS u. a. (HRSG.): Die Organisation des Terrors. Der Dienstkalender Heinrich Himmlers 1943–1945, München 2020, S. 280–282, Eintrag vom 19.05.1943. Gekürzte Fassungen sollten demnach auch „auf Französisch und Englisch sowie in den Balkansprachen erscheinen."
332 Schliessmann an Himmler, 10.01.1945 [BArch, BDC-SSO].
333 Himmler an Kaltenbrunner, 19.05.1943 [NG-4589].
334 Ebd.
335 Ebd.
336 Ebd.

fischen Ideentransfers, an dem er sich seit Mitte der 1930er Jahre verstärkt beteiligte. Er habe *alle Hände mit kulturpolitischen Arbeiten voll,* berichtete Johann von Leers im Oktober 1942 Gustav Frenssen nach der Rückkehr von einer *Vortragsreise* durch Ungarn.[337] Dass dies keineswegs übertrieben war, wird im „inszenierten Kulturaustausch"[338] mit Italien deutlich, den er auf wissenschaftspolitischem Gebiet beförderte, vor allem aber durch seine intensive Zusammenarbeit mit arabischen Nationalisten und dem Kreis um Amin el-Husseini, die Mitte der 1930er Jahre eingesetzt hatte und in Jena intensiviert wurde.

Die Grundlage für einer Reihe von Missionen nach Italien und Initiativen zum Schulterschluss mit antisemitischen Aktivisten hatte im November 1938 das nach „schwierige[r] Geburt"[339] unterzeichnete Kulturabkommen gelegt.[340] So sehr das NS-Regime den Achsenpartner als Eckpfeiler seiner außenpolitischen Konzeption betrachtete, so groß war die konstatierte ideologische Kluft auf so zentralen Gebieten wie der „Judenpolitik". Trotz weitreichender Rassengesetze nämlich, die 1938 in Italien erlassen worden waren, klagten Beobachter im Deutschen Reich darüber, dass diese „nicht kompromisslos genug umgesetzt würden".[341] Um diese Kluft zu überbrücken, erschien es deshalb umso notwendiger, Faschismus und Nationalsozialismus zu historisch wesensverwandten Erscheinungen zu erklären, um daraus einen Gleichklang der Ziele für Gegenwart und Zukunft abzuleiten. Ihr *gemeinsamer Aufstieg* sei *eine logische Schlussfolgerung* der *gemeinsamen Geschichte*[342], notierte Johann von Leers. Obgleich Skepsis gegenüber der Vermutung besteht, spätere antisemitische Maßnahmen

---

337 Johann von Leers an Frenssen, 18.10.1942 [SHLB, NL Frenssen, Cb 21.56: 1020, Bl. 9]. Zur Planung und zum Verlauf siehe Rektor FSU an Reichserziehungsministerium, 03.09.1942 [ThHStAW, PA Nr. 18260, Bl. 166]; Bericht über meine Vortragsreise nach Ungarn, o. D. [September 1942] [ThHStAW, PA Nr. 18260, Bl. 171–179]. Zu vermutlich vergleichbaren Initiativen siehe den Ungarnaufenthalt von Paul Wurm von der „Antijüdischen Weltliga" aus Stürmers Dunstkreis, der zu einem ähnlichen Zeitpunkt mit Unterstützung durch das Auswärtige Amt nach Budapest und Preßburg reiste, „um mit den antijüdischen Kreisen Fühlung zu nehmen zwecks Zusammenarbeit". Siehe WEITKAMP: Braune Diplomaten, S. 267.
338 Siehe HOFFEND: Zwischen Kultur-Achse und Kulturkampf, S. 325.
339 PETERSEN, JENS: Vorspiel zu „Stahlpakt" und Kriegsallianz: Das deutsch-italienische Kulturabkommen vom 23. November 1938, in: VfZ 36 (1988), S. 41–77, hier S. 50.
340 Zum Abkommen siehe HOFFEND: Zwischen Kultur-Achse und Kulturkampf, S. 325–356; PETERSEN: Vorspiel zu „Stahlpakt" und Kriegsallianz, S. 43–48; HAUSMANN, FRANK-RUTGER: „Vom Strudel der Ereignisse verschlungen". Deutsche Romanistik im „Dritten Reich", Frankfurt am Main ²2008, S. 468–472.
341 SCHLEMMER, THOMAS/WOLLER, HANS: Der italienische Faschismus und die Juden 1922 bis 1945, in: VfZ 53 (2005), S. 165–201, hier S. 183. Siehe auch HOFFEND: Zwischen Kultur-Achse und Kulturkampf, S. 321–324.
342 Bericht über meine Studienreise nach Italien, o. D. [1940] [RGVA, Fond 1283/12b, Bl. 42–49, hier Bl. 47].

in Italien seien „auf deutsche Einflüsse zurückzuführen"[343], ist es doch ein aufschlussreiches Detail, in welchem Ausmaß einer der radikalsten Antisemiten des „Dritten Reiches" herangezogen wurde, um Gesinnungsgenossen in Italien weltanschaulich-ideologisches Material an die Hand zu geben, das sie gegen die jüdische Bevölkerungsgruppe in Italien mobilisieren sollte, um so die „Achsenfreundschaft"[344] um eine spezifische „Antisemiten-Achse" zu ergänzen. Die umfangreichen Aktivitäten, die Johann von Leers dabei entfaltet hat, bezeugen zugleich den Grad seiner Vernetzung mit hohen Funktionsträgern in Staat und Partei.

Eine erste Gelegenheit der Annäherung sollte sich bereits im Frühjahr 1939 bieten. Das Kulturabkommen institutionalisierte auch eine bereits länger bestehende Arbeitsgemeinschaft von Juristen beider Länder („Comitato per le relazioni giuridiche italo-germaniche"), um, protegiert durch den italienfreundlichen Präsidenten der Deutschen Akademie für Recht, Reichsminister Hans Frank, die Beziehungen auf dem nicht unproblematischen Gebiet der Rechtsentwicklung und des Rechtsvergleichs zu vertiefen.[345] Gerade zwischen traditionellem „römischem" und neuem „deutschem" Recht musste nämlich ein Dissens bestehen.[346] Als Stefano Maria Cutelli, Herausgeber der soeben gegründeten Zeitschrift „Il diritto razzista" (Das Rasserecht), Frank um die Empfehlung eines qualifizierten Juristen bat, der *gewillt* wäre, mit *Rechtssprechungsberichten* oder Beiträgen *auf dem Gebiet der Rassenfrage [...] mitzuarbeiten,* leitete dessen Büro die Anfrage an Johann von Leers weiter.[347] Tatsächlich sagte dieser seine Mitarbeit zu und schickte Cutelli mehrere Propagandamanuskripte, die später publiziert wurden, so etwa einen als *Rechtsvergleichung* etikettierten Beitrag über

---

343 Siehe WOLLER, HANS: Mussolini. Der erste Faschist, München ²2016, S. 166: „Es gab keinen deutschen Import, kein deutsches Vorbild und keinen deutschen Druck".
344 Siehe HOFFEND: Zwischen Kultur-Achse und Kulturkampf, S. 384.
345 PETERSEN: Vorspiel zu „Stahlpakt" und Kriegsallianz, S. 50. Zu Frank als einem der „bedeutendsten Akteure der deutsch-italienischen Annäherung" siehe FEHLHABER, NILS: Netzwerke der „Achse Berlin-Rom". Die Zusammenarbeit faschistischer und nationalsozialistische Führungseliten 1933–1943, Köln/Weimar 2019, S. 148–164. Zur Arbeitsgemeinschaft siehe zeitgenössisch GAEB, WILHELM: Die Arbeitsgemeinschaft für Deutsch-Italienische Rechtsbeziehungen (Comitato per le relazioni giuridiche italo-germaniche), in: DEUTSCH-ITALIENISCHES KULTURINSTITUT PETRARCA-HAUS, KÖLN (HRSG.): Italien-Jahrbuch, Essen 1939, S. 234–241.
346 Siehe HOFFEND: Zwischen Kultur-Achse und Kulturkampf, S. 322f.
347 Cutelli an Frank, 29.04.1939 [RGVA, Fond 1283/12b, Bl. 121]; Cutelli an Johann von Leers, 03.08.1940 [RGVA, Fond 1283/12b, Bl. 117]. Zur Zeitschrift siehe CRISTOFARO, ERNESTO DE: Il Diritto Razzista. Una rivista dell'Italia fascista, in: Rechtsgeschichte. Zeitschrift des Max-Planck-Instituts für Europäische Rechtsgeschichte 5 (2004), S. 288–292 sowie SARFATTI, MICHELE: Die Juden im faschistischen Italien. Geschichte, Identität, Verfolgung, Berlin/Boston 2014, S. 162.

die „Rasse und Ehegesetzgebungen in der indoeuropäischen Völkerfamilie".[348] Bereits für Juli 1939 hatte Johann von Leers zudem *Museumsstudien* in Italien vorbereitet. Da er an einem Buch über die *Organisation des mittelalterlichen Verkehrswesens* arbeite, wolle er dazu historisches Material über *Fuhrmannsbruderschaften* und den *Umfang der deutschen wirtschaftlichen Ausdehnung im frühen und hohen Mittelalter* zusammenstellen, begründete er gegenüber der Universitätsleitung seinen Antrag.[349] Da allerdings das Kulturabkommen zu diesem Zeitpunkt noch nicht ratifiziert worden war, ist unklar, ob die Studienreise tatsächlich stattgefunden hat.[350] Verbürgt ist dagegen ein Aufenthalt ein Jahr später, der mit dem Eintritt Italiens in den Krieg zusammenfiel. Bei einem Ausflug am 10. Juni nach Pompeij, erinnerte er sich später, habe er *die Durchgabe der Rede des Duce mit der Kriegserklärung* erlebt.[351]

Die Studienreise diente allerdings nicht ausschließlich eigenen Forschungsinteressen und umfasste mehr als *ein paar Vorträge* vor *ausgewählten* Juristen und im Kreis der *führenden italienischen Historiker,* wie er hinterher berichtete.[352] Ihr eigentlicher Zweck lag vielmehr *in einem besonderen Auftrag des Unterrichtsministeriums* begründet.[353] Worin diese politische Mission bestand, die der ebenfalls in Rom anwesende Vertraute des Ministers, Albert Holfelder (1903–1968), beförderte und die in dem „Salon-Nazi"[354] Werner Hoppenstedt (1883–1971), dem Leiter der Kulturwissenschaftlichen Abteilung des Kaiser-Wilhelm-Instituts für Kunst- und Kulturwissenschaft in Rom („Bibliotheca Hertziana"),

---

348 Johann von Leers an Cutelli, 12.08.1940 [RGVA, Fond 1283/12b, Bl. 118]; Cutelli an Johann von Leers, 18.01.1941 [RGVA, Fond 1283/12b, Bl. 111]. Zu seinen Veröffentlichungen siehe LEERS, JOHANN VON: Rasse- und Ehegesetzgebungen in der indoeuropäischen Völkerfamilie, in: Il diritto razzista 3 (1941) 1–4, S. 18–26 sowie in italienischer Übersetzung S. 27–35; DERS.: Rasse- und Ehegesetzgebungen in der indoeuropäischen Völkerfamilie (Teil II), in: Il diritto razzista 3 (1941) 5–6, S. 202–208. Siehe zudem PETERSEN: Vorspiel zu „Stahlpakt" und Kriegsallianz, S. 50.
349 Johann von Leers an Rektor FSU, 14.07.1939 [UAJ, Bestand D 1868]; Rektor FSU an Johann von Leers, 17.07.1939 [UAJ, Bestand D 1868].
350 Siehe PETERSEN: Vorspiel zu „Stahlpakt" und Kriegsallianz, S. 61.
351 Bericht über meine Studienreise nach Italien, o. D. [1940] [RGVA, Fond 1283/12b, Bl. 36–41, hier Bl. 36].
352 Johann von Leers an Frenssen, 08.01.1941 [RGVA, Fond 1283/10a, Bl. 307]; Bericht über meine Studienreise nach Italien, o. D. [1940] [RGVA, Fond 1283/12b, Bl. 42–49, hier Bl. 47].
353 Johann von Leers an Frenssen, 08.01.1941 [RGVA, Fond 1283/10a, Bl. 307]. Siehe auch Curriculum Vitae (Ms.), o. D. [nach 1956] [PA AA, AV-NA, 18933, o. P.] . Dort wird auf *certaines missions politiques* in Zusammenhang mit dieser Reise verwiesen. Zur Finanzierung siehe REM an Johann von Leers, 20.05.1940 [ThHStAW, PA Nr. 18260, Bl. 130].
354 Siehe SCHIEDER, WOLFGANG: Mythos Mussolini. Deutsche in Audienz beim Duce, München 2013, S. 148. Zu Hoppenstedt siehe auch HAUSMANN: „Vom Strudel der Ereignisse verschlungen", S. 476; BARTIKOWSKI, KILIAN: Der italienische Antisemitismus im Urteil des Nationalsozialismus 1933–1943, Berlin 2013, S. 140 f.

einen bereitwilligen Helfer vor Ort fand, ist unklar.[355] Anzunehmen ist ein Zusammenhang mit einem seit 1937 geplanten, mehrfach verschobenen und nun für September in Aussicht genommenen Besuch Rusts bei seinem italienischen Amtskollegen.[356] Überliefert sind außerdem Vorschläge für deutsch-italienische Kooperationen auf dem Gebiet der Judenpolitik, die sich, wie Johann von Leers annahm, aus dem gemeinsamen Interesse beider Völker als *Vorkämpfer gegen das Weltjudentum* ergeben müssten.[357] Gerade diese Überlegungen an der Schnittstelle von Weltanschauung und Politik sowie seine Erläuterungen über die *Judenfrage* in Italien legen auch einen Bezug zur „Gegnerforschung" des SD nahe, in dessen Berliner Zentrale das Referat für die „Erkundung weltanschaulicher Gegner im Ausland" das Material intensiv auswertete.[358]

Auf besonderes Interesse dürften dabei seine Gespräche gestoßen sein, in denen er die Voraussetzungen für die Zusammenarbeit mit radikalen Antisemiten in der faschistischen Partei sondierte. Obgleich sich nämlich die antisemitische Propaganda und der Druck auf Juden in Italien seit 1938 verschärft hatten, war die physische Gewalt in dem Land bislang nicht mit dem Terror in Deutschland zu vergleichen.[359] Seine Aufgabe sah Johann von Leers deshalb vor allem auch darin, *diejenigen Kreise innerhalb des Fascio kennenzulernen*, die sich *wirklich ernsthaft* und *mit Kenntnis* mit *der Geschichte des Judentums und der Judenfrage*

---

355 Die Bedeutung des Besuchs für die italienischen Gastgeber unterstreicht die Tatsache, dass an einem Essen zu Ehren von Holfelder und Johann von Leers der Staatssekretär im Ministerium für Korporationswesen, Tullio Cianetti (1899–1976), teilnahm. Johann von Leers kannte Cianetti aus Berlin, wo er ihn 1938 durch die kulturhistorische Schau der internationalen Handwerkerausstellung geführt hatte. Siehe Bericht über meine Studienreise nach Italien, o. D. [1940] [RGVA, Fond 1283/12b, Bl. 42–49, hier Bl. 48]. Ein ähnlicher politischer Hintergrund kann für eine Italienreise von Clauß Anfang 1941 angenommen werden. Siehe WEINGART: Doppel-Leben, S. 93.
356 Siehe HOFFEND: Zwischen Kultur-Achse und Kulturkampf, S. 314. Zu Rusts Planungen seit 1937 siehe FEHLHABER: Netzwerke der „Achse Berlin-Rom", S. 65–70.
357 Bericht über meine Studienreise nach Italien, o. D. [1940] [RGVA, Fond 1283/12b, Bl. 42–49, hier Bl. 48].
358 RSHA, Vermerk Abt. VI A für Abt. VI E, 05.08.1940 [BArch, Zwischenarchiv Dahlwitz Hoppegarten, RSHA Film C, Bl. 450080–86]; RSHA, Vermerk „Judenfrage", 27.08.1940 [RGVA, 500/1/878, Bl. 18 f.]. Ich danke Dr. Kilian Bartikowski für den Hinweis auf dieses Dokument. Zu den Zuständigkeiten siehe Organigramm bei DIERKER, WOLFGANG: Himmlers Glaubenskrieger. Der Sicherheitsdienst der SS und seine Religionspolitik 1933–1941, Paderborn 2002, S. 564 f. Zur Qualität der Berichte, die den SD aus Italien erreichten, siehe PAEHLER, KATRIN: Ein Spiegel seiner selbst. Der SD-Ausland in Italien, in: WILDT, MICHAEL (HRSG.): Nachrichtendienst, politische Elite und Mordeinheit. Der Sicherheitsdienst des Reichsführers SS, Hamburg 2003, S. 241–266, hier S. 255.
359 SCHLEMMER/WOLLER: Der italienische Faschismus und die Juden 1922 bis 1945, S. 184–186.

beschäftigen.³⁶⁰ So knüpfte er Kontakt zum *scharf judengegnerischen Flügel* der Partei, den er um den Minister Roberto Farinacci (1892–1945) lokalisierte.³⁶¹ Farinacci, der 1939 mit Streicher eine Vortragsreise durch Deutschland absolviert hatte, galt als „Exponent des radikalen Flügels der faschistischen Partei".³⁶² Über den örtliche Vertreter des Deutschen Akademischen Austauschdienstes erhielt Johann von Leers zudem die Möglichkeit, dem „Centro degli studi politici", der zentralen Ausbildungsstätte der Faschisten, einen Besuch abzustatten, wo er mit dem *stellvertretenden Parteiführer* Fernando Mezzasoma (1907–1945) eine Unterredung führen konnte.³⁶³ Zu mehr als dem Austausch von Höflichkeiten scheint es allerdings nicht gekommen zu sein. Ergiebiger verliefen die Gespräche mit den Herausgebern der Zeitschrift „La Difesa della Razza", die seit 1938 zweiwöchentlich unter der Leitung von Telesio Interlandi (1894–1965) erschien und gleichermaßen antisemitische wie rassistische Töne anschlug.³⁶⁴ Der Kontakt zu Interlandi, „einer der willigsten Helfer der Nazis im Bereich der Rassenpropaganda"³⁶⁵, reichte mindestens auf den Winter 1939 zurück, als beide Propagandaartikel über den britischen Kriegsminister Leslie Hore-Belisha, der den „jüdischen Krieg" gegen Deutschland zu personifizieren schien (siehe Kap. 7.4), koordinierten. Johann von Leers versuchte seinerzeit, über Interlandi an Material zu Belisha und dessen Vater, einen sephardischen Juden aus Marokko, zu gelangen. Die Chancen darauf stünden gut, da die Redaktion *über nordafrikanische Judenfragen gut unterrichtet* sei, berichtete er Darré.³⁶⁶ In der Folgezeit konnte Johann von Leers auch mehrere Aufsätze in Interlandis Zeitschrift publizieren.³⁶⁷

---

360 Bericht über meine Studienreise nach Italien, o. D. [1940] [RGVA, Fond 1283/12b, Bl. 42–49, hier Bl. 42 f.].
361 Bericht über meine Tätigkeit als Professor für Deutsche Kultur und Geschichte an der Universität Rom, 30.03.1942 [ThHStAW, PA Nr. 18260, Bl. 155–165, hier Bl. 159].
362 WOLLER, HANS: Die Abrechnung mit dem Faschismus in Italien 1943 bis 1948 (Quellen und Darstellung zur Zeitgeschichte, Bd. 38), München/Wien 1996, S. 18. Zum Deutschlandbesuch siehe ROOS, DANIEL: Julius Streicher und „Der Stürmer" 1923–1945, Paderborn 2014, S. 300 f. Siehe auch HOFFEND: Zwischen Kultur-Achse und Kulturkampf, S. 384.
363 Bericht über meine Studienreise nach Italien, o. D. [1940] [RGVA, Fond 1283/12b, Bl. 42–49, hier Bl. 42].
364 Siehe BARTIKOWSKI, KILIAN: Difesa della razza, in: BENZ, WOLFGANG (HRSG.): Handbuch des Antisemitismus. Judenfeindschaft in Geschichte und Gegenwart (Bd. 6: Publikationen), Berlin/Boston 2013, S. 155 f.
365 Siehe HOFFEND: Zwischen Kultur-Achse und Kulturkampf, S. 382.
366 Johann von Leers an Darré, 09.12.1939 [BArch, NS 10/37, Bl. 26 f.].
367 LEERS, JOHANN V[ON]: Come è stata preparata la guerra, in: La Difesa della Razza 3 (1940) 3 vom 5. Dezember, S. 38–40; DERS.: Origine del popolo ebraico, in: 3 (1940) 9 vom 5. März, S. 11–15; DERS.: Madagascar terra promessa?, in: La Difesa della Razza 4 (1941) 6 vom 20. Januar, S. 22–25; DERS.: Ebrei in U.S.A. Come i giudei hanno trascinato gli Stati Uniti in guerra, in: La Difesa della Razza 5 (1942) 7 vom 5. Februar, S. 40–43.

Zwiespältig dagegen musste er den Kontakt zu Giovanni Preziosi bewerten, dem Herausgeber der Zeitschrift „La Vita Italiana", der ihm durch seine äußere Erscheinung in Erinnerung blieb: Obgleich dieser von einem *abschreckend hässlichen Gesicht* entstellt werde und *unablässig* rede, sei er doch *voll zappelnder Lebendigkeit* und im persönlichen Umgang *immer geistvoll*.[368] Den Kontakt zu Preziosi hatte ihm Carlo Barduzzi (Lebensdaten unbekannt) vermittelt, den Johann von Leers über Interlandi kennengelernt hatte. Auch in diesem sah er einen künftigen Partner. Der ehemalige General stand viele Jahre in konsularischem Dienst, galt als *ausgesprochener Freund Deutschlands* und war nunmehr *der amtliche Sachverständige der faschistischen Partei für die Judenfrage*.[369] Für diese Aufgabe schien er in den Augen von Johann von Leers unter anderem deshalb prädestiniert zu sein, weil er nicht nur über *sehr tiefgehende und gründliche Kenntnisse der Judentatsache* verfüge, sondern gleich ihm *ein überzeugter Hasser des Judentums*[370] war. Seine Ansichten hatte Barduzzi in mehreren Aufsätzen in „La Difesa della Razza" dargelegt, in denen er sich über „Jüdische Kriminalität" ausließ oder den Madagaskar-Plan propagierte.[371] Mit Barduzzi, den er für *den wichtigsten Mann auf diesem Gebiet* hielt, verabredete Johann von Leers bereits in Rom die *Zusammenarbeit auf wissenschaftlichem und publizistischem Gebiet*.[372] Dazu sollten Übersetzungen der Schriften einschlägiger Autoren gehören, nachdem die italienischen Gesinnungsgenossen bislang *ganz von einigen französischen und wenigen deutschen Werken* abhingen.[373] Darüber hinaus empfahl er ein wissenschaftliches Kolleg, dessen Angehörige an Fragen zur *Geschichte und Entwicklung des Nationalsozialismus* arbeiten sollten, ohne jedoch das *religiöse Problem* zu berühren. Als eine Art *italienische Nationalreligion* sei schließlich der *Katholizismus* in dem Land dermaßen verankert, dass kein Grund bestünde, *unsere Problematik auf diesem Gebiet nach Italien zu tragen*.[374] Im Gegensatz zu Interlandi kam mit Preziosi jedoch eine engere Kooperation nicht zustande. Ausschlaggebend dafür waren offensichtlich dessen unkontrollierten Angriffe auf

---

368 Bericht über meine Studienreise nach Italien, o. D. [1940] [RGVA, Fond 1283/12b, Bl. 42–49, hier Bl. 43].
369 Ebd.
370 Ebd.
371 BARDUZZI, CARLO: Criminalità Giudaica, in: La Difesa della Razza 2 (1939) 5, S. 41 f.; DERS.: Pessimismo e scetticismo. Armi Giudaiche, in: La Difesa della Raza 2 (1939) 7, S. 37. Siehe auch BRECHTKEN, MAGNUS: Madagaskar für die Juden (Studien zur Zeitgeschichte, Bd. 53), München ²1998, S. 269f.
372 Bericht über meine Studienreise nach Italien, o. D. [1940] [RGVA, Fond 1283/12b, Bl. 42–49, hier Bl. 43].
373 Ebd., Bl. 44.
374 Ebd., Bl. 49.

die katholische Kirche. Zwar habe Preziosi eine *auch für uns nachahmenswerte Einrichtung geschaffen*, nämlich ein *Verzeichnis der jüdischen Familiennamen aus den Gemeindelisten und durch Ablesen sämtlicher Grabsteine der jüdischen Friedhöfe*, das es ermögliche, *vor allem getarnte Juden zu erkennen*.³⁷⁵ Allerdings unterstellte er dem früheren Priester eine *gewisse Neigung*, in seine Arbeit *alle möglichen religiösen Probleme hineinzuziehen*.³⁷⁶ Geeigneter erschien ihm der vergleichsweise unbedeutende Barduzzi, der ebenfalls *über sehr solide Kenntnisse der politischen Bedeutung des Judentums* verfüge.³⁷⁷

Erst recht aber galt dies für Guido Landra (1913–1980), einer der „entschiedensten Antisemiten [...] des italienischen Faschismus"³⁷⁸, der 1938 im Auftrag Mussolinis das „Rassenmanifest" ausgearbeitet hatte. Den Anthropologen, dem er möglicherweise schon während dessen Studienreisen nach Deutschland persönlich begegnet war³⁷⁹, zählte er vor allem deshalb zu den förderwürdigen Kräften, weil dieser die *Bedeutung der nordischen Rasse* in der Entwicklung des *frühen Latinertums* anerkenne und *Einflüsse der germanischen Einwanderungen in der Völkerwanderungszeit positiv wertet*.³⁸⁰ Angesichts der Tatsache, dass Kenntnisse zur *deutschen Entwicklung und Geschichte in Italien nur gering*³⁸¹ verbreitete seien und die *Legende von den Barbaren*, die *zwar organisieren* könnten, an *geistigen Werten* aber alles *den Römern* zu *verdanken* hätten, *tief in den Köpfen* sitze, verdiene er besondere Aufmerksamkeit. Die Gegner der Ansichten, wie sie Landra vertrat, sollten allerdings nicht *direkt und plump* angegriffen werden.³⁸² Wichtiger sei stattdessen, *ein ehrliches Bild der deutschen Kulturgeschichte von der Frühzeit bis zur Gegenwart* zu zeichnen, das dann *in den objektiven For-*

---

375 Ebd., Bl. 43.
376 Ebd.
377 Ebd.
378 KUFEKE, KAY: Anthropologie als Legitimationswissenschaft. Zur Verbindung von Rassentheorie und Rassenpolitik in der Biographie des italienischen Eugenikers Guido Landra (1939–1949), in: Quellen und Forschungen aus italienischen Archiven und Bibliotheken 82 (2002), S. 552–589, hier S. 553. Zur Person siehe auch DERS.: Rassenhygiene und Rassenpolitik in Italien. Der Anthropologe Guido Landra als Leiter des „Amtes zum Studium des Rassenproblems", in: BENZ, WOLFGANG (HRSG.): Jahrbuch für Antisemitismusforschung 10 (2001), S. 265–286; DERS.: Landra, Guido, in: BENZ, WOLFGANG (HRSG.): Handbuch des Antisemitismus. Judenfeindschaft in Geschichte und Gegenwart (Bd. 2/2: Personen), Berlin/Boston 2009, S. 449f.
379 Landra war während eines Besuchs Ende 1938 in Deutschland u. a. mit Himmler zusammengetroffen. Im November und Dezember 1940 hielt er sich erneut in Deutschland auf. Siehe KUFEKE: Anthropologie als Legitimationswissenschaft, S. 557, 563.
380 Bericht über meine Studienreise nach Italien, o. D. [1940] [RGVA, Fond 1283/12b, Bl. 42–49, hier Bl. 44].
381 Ebd., Bl. 49.
382 Ebd.

men der Wissenschaft die *Eigenständigkeit und Kulturhöhe unseres Volkes zeigen müsste.*[383] Dazu bot sich insbesondere die These an, dass Römer und Germanen „Indogermanen" seien.[384] Zur Verbreitung empfahl er *Vorlesung[en] mit Lichtbildern,* glaubten die Italiener doch als *Augenvolk* einem *Bild mehr [...] als dem Wort.*[385] Unterstützung dazu versprach er sich auch durch die Übersetzungen eigener Schriften.[386] Mit dem Kolonialwissenschaftler Giuseppe de Luigi von der Universität Neapel, dessen Vorträge über die *deutsch-italienische Gemeinsamkeit auf kolonialem Gebiet* er verfolgt hatte, entwickelte er zudem *eine ganze Anzahl wissenschaftlicher Austauschmöglichkeiten und Pläne.*[387] Eines davon sollte ein Kolleg *über die Einigungskämpfe des vorigen Jahrhunderts in Deutschland und Italien mit ihren gegenseitigen Beziehungen*[388] sein.

Gemessen an diesen zahlreichen Gesprächen waren Ergebnisse allerdings kaum zu verzeichnen. Abgesehen von Aufsätzen in den Zeitschriften Cutellis („Il diritto razzista") und Interlandis („La Difesa della Razza"), versandeten die meisten Ideen. Selbst das Auswärtige Amt stellte später zur „Deutsch-italienischen Zusammenarbeit auf rassenpolitischem Gebiet" fest, dass zahlreiche Vorhaben „nicht in ihrer geplanten Form zustande"[389] kamen. Eine Ursache dafür liegt sicher auch im sprunghaften Aktionismus, der Johann von Leers auszeichnete. Wesentlicher aber war, dass radikale Antisemiten wie Landra mit ihren weitreichenden Forderungen eine Minderheitsmeinung innerhalb der faschistischen Bewegung darstellten und in Politik und Wissenschaft zunehmend zur „Randfigur" gerieten.[390] Gegen Landra, der bereits Anfang 1939 seines Amtes enthoben worden war und bis zum Ende des Faschismus weitgehend „isoliert"[391] blieb, stehe zudem, wie Johann von Leers erkennen musste, *die augenblicklich herrschende Lehre,* die betone, Italien sei *stets von Menschen der mediterranen Rasse*

---

383 Ebd.
384 SEE, KLAUS VON: Deutsche Germanen-Ideologie vom Humanismus bis zur Gegenwart, Frankfurt am Main 1970, S. 97 f.
385 Bericht über meine Studienreise nach Italien, o. D. [1940] [RGVA, Fond 1283/12b, Bl. 42–49, hier Bl. 49].
386 LEERS, JOHANN VON: L'Inghiltèrra – l'avversario del continente Europeo (Veröffentlichungen der Abteilung für Kulturwissenschaft des Kaiser Wilhelm-Instituts für Kunst und Kulturwissenschaften im Palazzo Zuccari, Rom, Reihe 1, H. 24), Wien 1940; DERS.: Elementi comuni nella storia Italiana e Germanica, Wien 1940.
387 Bericht über meine Studienreise nach Italien, o. D. [1940] [RGVA, Fond 1283/12b, Bl. 42–49, hier Bl. 48].
388 Ebd., Bl. 49.
389 Siehe BARTIKOWSKI: Der italienische Antisemitismus im Urteil des Nationalsozialismus 1933–1943, S. 120.
390 EBD., S. 135 f. Ausführlich auch KUFEKE: Anthropologie als Legitimationswissenschaft, S. 567–569.
391 KUFEKE: Rassenhygiene und Rassenpolitik in Italien, S. 272.

besiedelt gewesen, die auch als *Schöpfer des Ackerbaus* und der *städtischen Kultur* gelten müssten, während die Einbrüche durch die Völkerwanderung *lediglich zur Zerstörung der klassischen Kultur geführt* hätten.[392] Als einflussreichster Vertreter dieser Auffassungen galt in seinen Augen Giacomo Acerbo (1888–1969), dessen neueste Veröffentlichung von *Feindseligkeiten gegen den Begriff der nordischen Rasse* und des *Germanentums strotzt,* sich aber als *amtlich* ausgebe und *die geltende faschistische Parteilehre vertreten* wolle.[393] Tatsächlich hatte Acerbo, der nach der Entmachtung Landras seit 1940 mit Billigung Mussolinis zum „theoretischen ‚Kopf' des italienischen Rassismus" aufgestiegen war, die Behauptung der arischen Herkunft der Italiener in Frage gestellt.[394] Eine Erklärung für dieses Verhalten, das ganz den Schablonen seiner weltanschaulichen Überzeugungen entsprach, wollte Johann von Leers von Preziosi erhalten haben. In einem *wahren Hassausbruch* habe dieser ihm demnach berichtet, Acerbo, der sich zuvor mit Rückendeckung Mussolinis der Einführung der Rassengesetze „massiv widersetzt hatte"[395], sei *ein alter Hochgradfreimaurer,* der demgemäß als *Judenknecht* die *wandelnde Schande des Faschismus* verkörpere.[396] Die Schwächung der Antisemiten führte Johann von Leers allerdings auch auf den Einfluss der Kirche in Italien zurück: So gebärde sich nicht nur der Papst als *ausgesprochener Freund der Juden,* sondern auch der Klerus, der *in seinen Spitzen judenfreundlich*[397] auftrete. Dem *wesenhaft katholischen* Volk aber sei dadurch *gewisse letzte Folgerungen der Judentatsache* nicht möglich.[398]

An dieser ernüchternden Bilanz vermochte auch ein zweiter und deutlich längerer Aufenthalt in Rom nur wenig zu ändern. Die Grundlage dafür war durch das Kulturabkommen geschaffen worden, das festgelegt hatte, in den Hauptstädten beider Länder jeweils zwei Gastprofessuren für die Geschichte und Kultur des Partners einzurichten.[399] Dass Johann von Leers für eine dieser Stellen vorgesehen wurde, obgleich er keinerlei Forschung auf dem Gebiet der deutsch-italienischen Beziehungen vorzuweisen hatte, deutet den Grad

---

392 Bericht über meine Studienreise nach Italien, o. D. [1940] [RGVA, Fond 1283/12b, Bl. 42–49, hier Bl. 44 f.].
393 Ebd., Bl. 45. Siehe ACERBO, GIACOMO: I fondamenti della dottrina fascista della razza (I problemi della razza, No. 11), Rom 1940. Zu der kontrovers geführten Debatte siehe auch KUFEKE: Anthropologie als Legitimationswissenschaft, S. 558 f.
394 KUFEKE: Rassenhygiene und Rassenpolitik in Italien, S. 274.
395 Siehe HOFFEND: Zwischen Kultur-Achse und Kulturkampf, S. 381.
396 Bericht über meine Studienreise nach Italien, o. D. [1940] [RGVA, Fond 1283/12b, Bl. 42–49, hier Bl. 45].
397 Ebd., Bl. 44.
398 Ebd.
399 PETERSEN: Vorspiel zu „Stahlpakt" und Kriegsallianz, S. 57.

ihrer politischen Instrumentalisierung an.[400] Die notwendigen Fakten hatte obendrein die Studienreise im Juni 1940 geschaffen, die schon zu dem Zweck erfolgt sein dürfte, ihn im folgenden Wintersemester im *Interesse der kulturellen Beziehungen* zum Achsenpartner als *Gastprofessor [...] zu entsenden*.[401] Nachdem organisatorische Gründe Johann von Leers gehindert hatten, das Vorhaben unmittelbar zu verwirklichen, zeichnete sich schließlich zum 1. November 1941 der Dienstantritt *als Austauschprofessor mit diplomatischem Auftrag* ab.[402] In dieser Funktion sollte er in Seminaren und Vorlesungen *deutsche Kultur und Geschichte* lehren.[403] Die *höchst angeregte* und *interessante Welt*[404], die sich ihm in den kommenden vier Monaten auf diesem *geistigen Beobachtungs- und Verbindungsposten*[405] eröffnete und zahlreiche neue *Freundschaften*[406] ermöglichte, stellte sich allerdings widersprüchlich dar.

So ließ sich auf dem Gebiet der kulturpolitischen Propaganda in der Öffentlichkeit eine gewisse Resonanz erzielen, indem Johann von Leers fortsetzte, was eineinhalb Jahre zuvor angesichts der knappen Zeit nur in Ansätzen möglich war: Da in Italien Theorien über die weltgeschichtliche Sendung der nordischen Rasse abgelehnt und die römische Kultur aus mediterranen Ursprüngen hergeleitet werde, sei, wie er damals schlussfolgerte, eine *verständige sachliche Aufklärung* und *das Herausstellen gewisser gemeinsamer Linien* in der deutsch-italienischen Geschichte erforderlich.[407] Diesem Anspruch kam er nunmehr durch eine Reihe öffentlicher Vorträge nach, so über die *mittelalterlichen Entdeckungsreisen von Kolumbus*, die bekanntlich *wesentlich von Italienern und*

---

400 Neben Johann von Leers sollte offensichtlich der Kunsthistoriker Willhelm Pinder (1878–1947) entsandt werden, der eine „insgesamt bezeichnende Mischung von hoher wissenschaftlicher Qualifikation auf der einen und politisch-ideologischem Engagement auf der anderen Seite" verkörperte. Siehe PETERSEN: Vorspiel zu „Stahlpakt" und Kriegsallianz, S. 62.
401 REM an THMVB, 07.10.1940 [ThHStAW, PA Nr. 18260, Bl. 132]. Siehe auch FSU, Aktennotiz, 30.09.1940 [UAJ, Bestand D 1868].
402 Gesine von Leers an Frenssen, 10.12.1940 [SHLB, NL Frenssen, Cb 21.56: 1019, Bl. 12]; Johann von Leers an Frenssen, 08.01.1941 [RGVA, Fond 1283/10a, Bl. 307].
403 REM (Mentzel) an THMVB, 26.04.1941 [UAJ, Bestand BA 2160, Bl. 195]. Zur Berufung im November 1941 siehe auch Europäischer Wissenschafts-Dienst Nr. 15 vom 17.11.1941 [BArch, NS 5/VI 17648].
404 Johann von Leers an Frenssen, 18.10.1942 [SHLB, NL Frenssen, Cb 21.56: 1020, Bl. 9].
405 Bericht über meine Tätigkeit als Professor für Deutsche Kultur und Geschichte an der Universität Rom, 30.03.1942 [ThHStAW, PA Nr. 18260, Bl. 155–165, hier Bl. 165]. Zu seiner Berufung als „Austauschdozent" siehe auch Völkischer Beobachter vom 21.11.1941.
406 Johann von Leers an Frenssen, 18.10.1942 [SHLB, NL Frenssen, Cb 21.56: 1020, Bl. 9].
407 Bericht über meine Studienreise nach Italien, o. D. [1940] [RGVA, Fond 1283/12b, Bl. 42–49, hier Bl. 46].

Deutschen durchgeführt[408] worden seien. Vor allem das Kaiser-Wilhelm-Institut für Kunst- und Kulturwissenschaft unter Leitung des ihm inzwischen auch privat vertrauten Werner Hoppenstedt profilierte sich dabei als „Begegnungsstätte zwischen deutschen und italienischen Radikalantisemiten"[409], in der Gastreferenten wie Johann von Leers „aktiv NS-Vermittlungsarbeit"[410] leisteten.

Weniger erfolgreich dagegen fiel das *Experiment* aus, an der Universität *Fuß zu fassen* und *die dortigen Verhältnisse zu erforschen*, nachdem er sich Ende November mit einer „Antrittsvorlesung" über „Die großen Entdeckungen der Italiener und der Deutschen im Mittelalter" eingeführt hatte.[411] Angesichts des Umstands, dass seine Vorlesungen nicht zum Examensstoff der Studenten zählten, seien nur wenige von ihnen in den obendrein unbeheizten Räumen erschienen. Die Vorlesung über *deutsche Kolonialgeschichte* habe er *nach Weihnachten* sogar *aufgeben* müssen, *da keine Hörer mehr kamen*.[412] Enttäuschend blieben auch Kontakte zu anderen Professoren und Dozenten. Aufgrund ihrer schlechten Entlohnung würden viele von ihnen *in halbproletarischen Verhältnisse* und *oft in bitterster Armut* leben.[413] Nur die wenigsten verfügten über Deutschkenntnisse, was ihren *Willen zum Verständnis für Deutschland* erschwere. Um sich mit *deutscher Forschung und Wissenschaft* vertraut machen zu können, empfahl er deshalb, die *auf den historischen Gebieten im weitesten Umfang grundlegenden Werke ins Italienische übersetzen* zu lassen oder, wo vorhanden, zumindest *eine französische Übersetzung* zur Verfügung zu stellen.[414]

Einen geteilten Eindruck hinterließen überdies die Gespräche, die er hinter den Kulissen mit ihm bereits bekannten Gesinnungsgenossen wie Rellini oder Cutelli führte.[415] Dabei musste er allerdings auch erkennen, dass Preziosi

---

408 Bericht über meine Tätigkeit als Professor für Deutsche Kultur und Geschichte an der Universität Rom, 30.03.1942 [ThHStAW, PA Nr. 18260, Bl. 155–165, hier Bl. 155].
409 Siehe BARTIKOWSKI: Der italienische Antisemitismus im Urteil des Nationalsozialismus 1933–1943, S. 146.
410 EBD., S. 139.
411 Bericht über meine Tätigkeit als Professor für Deutsche Kultur und Geschichte an der Universität Rom, 30.03.1942 [ThHStAW, PA Nr. 18260, Bl. 155–165, hier Bl. 155]. Zur „Antrittsvorlesung" siehe auch Völkischer Beobachter vom 27.11.1941. Auszüge des Vortrags enthält offenkundig LEERS, JOHANN VON: Entdecker fremder Welten, Völkischer Beobachter vom 09.03.1942.
412 Bericht über meine Tätigkeit als Professor für Deutsche Kultur und Geschichte an der Universität Rom, 30.03.1942 [ThHStAW, PA Nr. 18260, Bl. 155–165, hier Bl. 155 f.].
413 Ebd.
414 Ebd., Bl. 164.
415 Johann von Leers an Frank, 23.12.1941 [RGVA, Fond 1283/12b, Bl. 140]. Mit Landra, der sich seit dem Frühjahr 1941 weit überwiegend erst in Rumänien und dann in Kroatien aufhielt, dürfte er in dieser Zeit kaum Kontakte unterhalten haben. Siehe KUFEKE: Anthropologie als Legitimationswissenschaft, S. 570, 578–581.

deutlich an Bedeutung verloren hatte. Als Ursache dafür machte er einen vermeintlichen *Judengeist* sowie die *innere Korruption* und *jüdische Zersetzung* aus, die in dem Land um sich gegriffen hätten.[416] Ähnlich pessimistisch sah er die jüngsten Entwicklungen innerhalb der Faschistischen Partei, deren ideologische Zuverlässigkeit Zweifel weckte. Angesichts der *vergleichsweise großen Freiheit der Meinungsäußerung* hätten sich nämlich zwischenzeitlich *Gruppen aufgetan, die unter dem Schein des Fascismus bereits andere Ziele zu verfolgen scheinen.*[417] Auf Unverständnis stieß zudem die Haltung der Partei gegenüber dem Katholizismus, die er zu erkennen glaubte: Anders als zwei Jahre zuvor, als *ein großer Teil des Fascismus mehr oder weniger akatholisch* gewesen sei, sei *die Bedeutung der Kirche [...] erheblich gestiegen.*[418]

Angesichts solcher Entwicklungen waren dem antisemitischen Kulturtransfer mit dem „Achsenpartner" und seinem hochgesteckten Ziel einer „systematischen Politik zur Unterstützung und Beeinflussung der an Deutschland orientierten Rassenpolitik"[419] nur wenige greifbare Ergebnisse beschieden. Der Versuch etwa, gemeinsam mit Julius Evola (1898–1974) ein Zeitungsprojekt zu lancieren, scheiterte. Der Kulturphilosoph und Schriftsteller plante seinerzeit im Auftrag des Ministeriums für Volkskultur (Ministero di Cultura Popolare) ein deutsch-italienisches Periodikum unter dem Titel „Spirito e Sangue" (Geist und Blut). Während eines Empfangs durch Minister Alessandro Pavolini (1903–1945) soll dieser sogar den Wunsch geäußert haben, Johann von Leers möge die *deutsche Schriftleitung* der Zeitschrift *übernehmen*.[420] Seine Bemühungen, Fürsprecher im Auswärtigen Amt und in Parteidienststellen für diesen Vorschlag zu finden, schlugen allerdings fehl. Johann von Leers wurde regelrecht ausgebremst. Als Evola Anfang 1942 in Berlin weilte, gaben ihm seine Gesprächspartner *aus Kreisen des Rassepolitischen Amtes* zu verstehen, *man habe schon einen anderen Kandidaten für diese Aufgabe* ausfindig gemacht.[421] Dabei handelte es sich um den Mediziner Engelhardt Bühler (geb. 1908), der sich als Blutgruppenspezialist einen Namen gemacht hatte und seit 1939 am Kulturwissenschaftlichen Institut

---

416 Bericht über meine Tätigkeit als Professor für Deutsche Kultur und Geschichte an der Universität Rom, 30.03.1942 [ThHStAW, PA Nr. 18260, Bl. 155–165, hier Bl. 159].
417 Ebd., Bl. 162.
418 Ebd.
419 KUFEKE: Rassenhygiene und Rassenpolitik in Italien, S. 278.
420 Bericht über meine Tätigkeit als Professor für Deutsche Kultur und Geschichte an der Universität Rom, 30.03.1942 [ThHStAW, PA Nr. 18260, Bl. 155–165, hier Bl. 160].
421 Ebd.

in Rom arbeitete.⁴²² Bühler erfreute sich offensichtlich jener Protektion, an der es Johann von Leers fehlte. In spitzem Ton stellte er deshalb die Qualifikation seines Konkurrenten in Frage, um sich selbst zu empfehlen. Bühler, behauptete Johann von Leers, verfüge über *keine Verbindung* zu den *geistigen Kreisen Italiens,* die für eine solche Publikation unabdingbar seien. Den *Rassekennern und Schriftstellern auf diesem Gebiet* sei er überdies *nie bekannt geworden.*⁴²³ Dass die Entscheidung dennoch nicht zu seinen Gunsten fallen sollte, führte er auf seine Persönlichkeit zurück. Im Gegensatz zu Bühler nämlich könne er *selbständig denken und urteilen.*⁴²⁴

Das Blatt ließ sich damit dennoch nicht wenden. Ob dies tatsächlich auch der Erkenntnis sowohl im Rassenpolitischen Amt als auch im Auswärtige Amt geschuldet war, wonach Johann von Leers in Italien „eine schlechte Werbung für den Nationalsozialismus darstellen musste"⁴²⁵, bleibt dahingestellt. Immerhin konnte dieser mit Genugtuung feststellen, dass im Ergebnis der Kontroverse keinerlei Festlegung auf einen der Kandidaten erfolgte.⁴²⁶ Suspekt erschien den deutschen Behörden zudem Evola selbst. Zwar galt er als Antisemit, war aber angesichts seiner kulturanthropologischen Argumentation scharfer Kritik ausgesetzt. Innerhalb der SS wurde er als *Fanatiker und Phantast* betrachtet.⁴²⁷ Ein Gutachten für Himmler über sein bereits 1933 erschienenes Buch „Heidnischer Imperialismus" kam gar zu dem Ergebnis, der Autor verfüge über *keinerlei Verständnis für die deutsche völkische Vergangenheit.*⁴²⁸ Auch seine späteren „Grundrisse der faschistischen Rassenlehre"⁴²⁹, für dessen deutsche Übersetzung er Johann von Leers während eines Aufenthalts in Berlin um ein Vorwort bat⁴³⁰,

---

422 Zu Bühler siehe KUFEKE: Rassenhygiene und Rassenpolitik in Italien, S. 279; HAUSMANN, FRANK-RUTGER: „Auch im Krieg schweigen die Musen nicht". Die Deutschen Wissenschaftlichen Institute im Zweiten Weltkrieg, Göttingen ²2002, S. 359 f.
423 Bericht über meine Tätigkeit als Professor für Deutsche Kultur und Geschichte an der Universität Rom, 30.03.1942 [ThHStAW, PA Nr. 18260, Bl. 155–165, hier Bl. 160].
424 Ebd.
425 Siehe HOFFEND: Zwischen Kultur-Achse und Kulturkampf, S. 382. Zum Vorgang Auswärtiges Amt (Informationsabteilung), Unterredung mit Baron J. Evola bezüglich der Gründung einer Rassenzeitschrift, 19.02.1942 [PA AA, R 99164].
426 BARTIKOWSKI: Der italienische Antisemitismus im Urteil des Nationalsozialismus 1933–1943, S. 118.
427 RFSS, Persönlicher Stab: Bericht Chef Sicherheitshauptamt (Heydrich), 30.06.1938 [IfZ, MA 297/1].
428 Ebd. Siehe auch GOODRICK-CLARKE, NICHOLAS: Die okkulten Wurzeln des Nationalsozialismus, Wiesbaden 2004, S. 165.
429 EVOLA, JULIUS: Grundrisse der faschistischen Rassenlehre, Berlin o. J. [1943].
430 Evola an Johann von Leers, 09.04.1942 [RGVA, Fond 1283/12b, Bl. 133].

erachtete die SS „vom biologischen Standpunkt aus gesehen für unbrauchbar".[431] Ideologische Bedenken kamen zudem aus dem Amt Rosenberg, das „den spirituellen Ansatz in Evolas Rassenlehre" kritisierte.[432] Als schließlich auch Mussolini seine anfängliche Unterstützung zurückzog, mussten alle weiteren Planungen eingestellt werden.[433] Der antisemitische Kulturtransfer, den Johann von Leers überhaupt noch zu leisten vermochte, dürfte sich somit auf die Übersetzung weniger Schriften beschränkt haben. Darunter findet sich das Buch *eines italienischen Freundes,* das er nach seiner Rückkehr aus Rom im Winter 1942/43 ins Deutsche übertrug.[434] Gemeint war ein Machwerk des „Zeitungsmannes"[435] Luigi Olivero (1909–1996), das 1944 unter dem Titel „Babylon unter Davidsternen und Zuchthausstreifen: Amerikanische Jugend von heute" erscheinen konnte und immerhin einen prominenten Leser gefunden hat. Darré jedenfalls lobte es als *[e]in wirklich tolles Buch.*[436]

In ganz anderer Weise gestaltete sich demgegenüber die Zusammenarbeit mit arabischen Nationalisten insbesondere aus dem Kreis um den Mufti von Jerusalem, Amin el-Husseini. Sie wurde nicht nur durch Versuche wechselseitiger Einflussnahme auf weltanschaulichem Gebiet geprägt, sondern zeichnete sich auch, wie gezeigt werden kann, durch lebensgeschichtliche Kontinuität aus. Ihre Wurzeln reichen zweifelsohne auf jene adoleszenten Suchbewegungen zurück, die in Johann von Leers die Faszination für den Islam weckten (siehe Kap. 2.2). Angesichts der politischen Entwicklungen seit Mitte der 1930er Jahre in Palästina, das seit dem Zerfall des Osmanischen Reiches nach Ende des Ersten Weltkriegs unter britischem Mandat stand, erhielt diese religiöse Sinnsuche eine politische Dimension. Als Auslöser wirkte dabei die durch el-Husseini geschürte Aufstandsbewegung gegen jüdische Einwanderung und Landnahme, die Großbritannien als Mandatsmacht seinerzeit forcierte. Was im April 1936 mit Generalstreiks begann, drohte schon bald „in einen erbitterten Kampf gegen

---

431 Siehe BARTIKOWSKI: Der italienische Antisemitismus im Urteil des Nationalsozialismus 1933–1943, S. 118. Das Buch, in dem aus nationalsozialistischer Perspektive der „gesamte Rassebegriff [...] völlig verwässert" war, erschien nur in einer kleinen Auflage. Siehe HOFFEND: Zwischen Kultur-Achse und Kulturkampf, S. 388.

432 Siehe BARTIKOWSKI: Der italienische Antisemitismus im Urteil des Nationalsozialismus 1933–1943, S. 118.

433 HOFFEND: Zwischen Kultur-Achse und Kulturkampf, S. 386.

434 Johann von Leers an Frenssen, 18.10.1942 [SHLB, NL Frenssen, Cb 21.56: 1020, Bl. 9].

435 LEERS, JOHANN VON: Der beabsichtigte Griff nach unseren Kindern, in: Der SA-Führer 9 (1944) 7, S. 15–18, hier S. 16.

436 OLIVERO, LUIGI: Babilonia stellata. Gioventu americana d'oggi, Mailand 1941. Zur Übersetzung siehe OLIVERO, LUIGI: Babylon unter Davidsternen und Zuchthausstreifen: Amerikanische Jugend von heute, Berlin o. J. [1944] sowie Darré an Johann von Leers, 14.06.1944 [RGVA, Fond 1283/12a, Bl. 24f.].

die Briten und Juden auszuarten".[437] Von Anfang an hatte el-Husseini, der Zeit seines Lebens ein „glühender Antisemit" gewesen ist und dessen „Hass gegen die Juden im nationalsozialistischen Sinne" als „treibende Kraft" seines politischen Handelns gelten kann, auch Verbindungen zum NS-Regime gesucht.[438] Aufgrund der anti-jüdischen Politik im Deutschen Reich nämlich glaubte er, eine ideologische Nähe zum Anti-Zionismus der Araber, die sich gegen die jüdische „Kolonisation" in Palästina wehrten, erkennen zu können. Bereits 1933 kam es zu Verhandlungen mit deutschen Diplomaten über „finanzielle Hilfe" und „Waffenlieferungen an Araber in Palästina und im Irak", wenngleich ohne Ergebnis. Schon zu diesem Zeitpunkt wurde auch darüber diskutiert, „wie die Sache der Araber gegen die britische und französische Präsenz unterstützt werden könnte".[439] Nachdem der Mufti ins Exil in den Libanon ausgewichen war, intensivierte er neuerlich seine Kontakte zu den Nationalsozialisten, von denen er sich finanzielle Mittel für den weiteren Aufstand erhoffte. Anders noch als einige Jahre zuvor, standen die Nationalsozialisten diesen „wiederholten Annäherungsversuchen" jetzt „weniger ablehnend gegenüber".[440] Je länger nämlich „der Brand in Palästina anhält", so etwa die strategischen Überlegungen Rosenbergs, „umso mehr festigen sich die Widerstände gegen das jüdische Gewaltregime in allen arabischen Staaten und darüber hinaus auch in den anderen mosleminischen [sic] Ländern".[441]

Die arabische Aufstandsbewegung fand in Johann von Leers von Anbeginn an einen aufmerksamen Beobachter, der den Konflikt in seinen gängigen Schablonen deutete: Im Schulungsorgan der SS interpretierte er die Politik der Briten als „alte Rache an den Gläubigen des Propheten".[442] Lesern der Tagespresse dagegen erklärte er, sie würden hier Zeuge eines Kampfes „zwischen Allah und Jahwe".[443] Bereits in dieser Phase entwickelte sich auch eine persönliche Bekannt-

---

437 GENSICKE, KLAUS: Der Mufti von Jerusalem und die Nationalsozialisten. Eine politische Biographie Amin el-Husseinis (Veröffentlichungen der Forschungsstelle Ludwigsburg der Universität Stuttgart, Bd. 11), Darmstadt 2007, S. 37.
438 Matthias Küntzel im Vorwort zur Neuauflage von GENSICKE: Der Mufti von Jerusalem und die Nationalsozialisten, S. 9; GENSICKE: Der Mufti von Jerusalem und die Nationalsozialisten, S. 97.
439 HERF, JEFFREY: Hitlers Dschihad. Nationalsozialistische Rundfunkpropaganda für Nordafrika und den Nahen Osten, in: VfZ (2010), S. 259–286, hier S. 260.
440 GENSICKE: Der Mufti von Jerusalem und die Nationalsozialisten, S. 38.
441 Siehe ROSENBERG, ALFRED (HRSG.): Die Judenfrage im Weltkampf, in: Tradition und Gegenwart. Reden und Aufsätze 1936–1940, Blut und Ehre (IV. Band), München 1943, S. 201–209, hier S. 208.
442 L[EERS], [JOHANN] V[ON]: Hore-Belisha, in: SS-Leitheft 5 (1939/40) 5, S. 5–7, hier S. 5.
443 LEERS, JOHANN VON: Waffenstillstand zwischen Allah und Jahwe, in: Hakenkreuzbanner vom 05.07.1936.

schaft mit el-Husseini. Seine *herzliche Freundschaft* mit dem Mufti reiche auf jene Zeit zurück, als er *die arabischen Kundgebungen gegen die Juden in unserer Öffentlichkeit übersetzt herausbrachte,* notierte Johann von Leers später.[444] Tatsächlich veröffentliche er seinerzeit in Rosenbergs Zeitschrift „Weltkampf" die Übersetzung verschiedener Erklärungen des Muftis.[445] Den Kontakt hatte er vermutlich über einen Kreis arabischer Studenten in Deutschland herstellen können, zu dem er Anfang der 1930er Jahre Zugang gefunden hatte: Er sei *ami de plusieurs Arabes à Berlin* gewesen, erinnerte er sich später, durch die sich ihm bereits 1933 *le problème moderne de la nation arabe* eröffnet hätte.[446] Dafür sorgte auch ein „Ständiges Verteidigungs-Komitee für Palästina in Europa" mit seinen Veranstaltungen, auf denen die Forderung nach einem panarabischen Staat in Palästina erhoben wurde. In diesem Umfeld will er später *surtout* auf Hassan Fakoussa gestoßen sein, der nach 1945 eine wichtige Rolle für ihn spielen sollte (siehe Kap. 9.2.2). Fakoussa habe ihn nicht nur über die *insuffisance de la presse allemande au sujet de l'affaire de [la] Paléstine* aufgeklärt, sondern auch darüber, *que les journaux n'étaient informés que par des agences anglaises et américaines au service des interêts juifs.*[447] Daraufhin habe er sich mit dem Mufti und dem Hohen Komitee der Araber, das dieser anführte, in Verbindung gesetzt, von diesen Informationsmaterial erbeten und damit *une longue campagne de presse en favuer de la cause arabe* initiiert.[448]

Bei Presseartikeln und Aufsätzen in Schulungsorganen ließ es Johann von Leers allerdings nicht bewenden. Mit seiner Berufskarriere an der Universität Jena, die sich als nationalsozialistische Musteruniversität profilierte, fand das Sujet auch Eingang in die akademische Diskussion. Deutlich erkennen lässt dies eine Vortragsreihe im Sommersemester 1939 in Zusammenarbeit mit einer Arbeitsgemeinschaft für arabische Lebensfragen, die auf Anregung der Gaudozentenführung gebildet worden war und deren Arbeit zwischen universitärem Kolleg und weltanschaulichem Schulungszirkel anzusiedeln ist. Begünstigt hatte die Gründung nicht zuletzt der Umstand, dass Studenten aus arabischen Staaten

---

444 Johann von Leers an Schrumpf, 11.04.1944 [RGVA, Fond 1283/10a, Bl. 345]. Zur Datierung auf *die Zeit zwischen 1937 und bis zu meiner Umsiedlung* siehe Lebenslauf Prof. Dr. Johann von Leers (Ms.), o. D. [NL H. Achmed Schmiede].
445 Siehe LEERS, JOHANN VON: Die arabischen Argumente gegen die Neufestsetzung der Juden in Palästina, in: Weltkampf 15 (1938), S. 146–160; DERS.: Eine arabische Stimme im Palästina-Konflikt, in: Weltkampf 15 (1938), S. 461–465.
446 Curriculum Vitae (Ms.), o. D. [nach 1956] [PA AA, AV-NA, 18933, o. P.]. Zur Gruppe der arabischen Studenten in Berlin nach dem Ersten Weltkrieg siehe WIEN, PETER: Arabs in Nazi Germany, in: Geschichte und Gesellschaft 37 (2011), S. 332–358, hier S. 339.
447 Curriculum Vitae (Ms.), o. D. [nach 1956] [PA AA, AV-NA, 18933, o. P.].
448 Ebd.

an der Universität „in einem recht erheblichen Prozentsatz"[449] eingeschrieben waren. Ihnen ein Forum zu geben, erschien den Organisatoren um den Orientalisten Oluf Krückmann (1904–1984)[450] deshalb als Investition auf die Zukunft. Schließlich konnten sie nicht ganz unberechtigt davon ausgehen, dass viele von ihnen nach der Rückkehr in ihre Heimat dort zu „Wortführer[n] der Volksmeinung" aufsteigen würden.[451] Dies erklärt auch, dass die Parteipresse einzelne Vorträge groß herausstellte[452], zumal solche, die eine weltanschauliche Nähe zum „arabische[n] Volk"[453] betonten. Trotz aller Kontroversen nämlich, die nur vordergründig ausgeräumt werden konnten[454], waren die Veranstalter davon überzeugt, zwischen Deutschen und Arabern bestünden „bei weitem mehr Gemeinsamkeiten, als man gewöhnlich annimmt".[455]

Worin diese Gemeinsamkeiten bestanden und wie sie in Zukunft nutzbar gemacht werden könnten, setzte Johann von Leers seinem Publikum, darunter zahlreiche Funktionäre der Partei und Angehörige „der Wehrmacht und der Polizei"[456], in zwei Vorträgen auseinander. Seine Schlussfolgerungen, die er in den kommenden Jahren in zahleichen Aufsätzen und Artikel wiederholen sollte[457], legten ein deutsch-arabisches Bündnis gegen die gemeinsam erkannten Feinde nahe, das schon deshalb zwangsläufig erscheinen musste, weil Nationalsozialismus und Islam ähnliche Interessen verfolgten. Sein erster Vortrag war dabei im Stil geostrategischer Politikberatung gehalten. Gegen die „westliche Überfremdung"[458] der Region empfahl er den arabischen Völkern das Deut-

---

449 Bericht über die erste Vortragsreihe im Sommer-Semester 1939, hrsg. von der Arbeitsgemeinschaft über arabische Lebensfragen an der Friedrich-Schiller-Universität, Jena 1939, S. 5.
450 Zu Krückmann sieh STEIBLE, HORST: Oluf Krückmann zum Gedenken, in: Freiburger Universitätsblätter 87–88 (1985), S. 5–7. Gemeinsam mit Johann von Leers führte Krückmann im Wintersemester 1939/40 auch die Lehrveranstaltung „Abendland und Orient im frühen und hohen Mittelalter" durch. Zur ursprünglich ebenfalls geplanten Fortsetzung der Vortragsreihe kam es nicht.
451 Bericht über die erste Vortragsreihe im Sommer-Semester 1939, S. 6.
452 WIEN: Arabs in Nazi Germany, S. 348. Siehe auch OMAR, DJABIR: Arabien und England, in: Völkischer Beobachter vom 19.07.1939.
453 Bericht über die erste Vortragsreihe im Sommer-Semester 1939, S. 5.
454 WIEN: Arabs in Nazi Germany, S. 350f.
455 Bericht über die erste Vortragsreihe im Sommer-Semester 1939, S. 5.
456 Ebd., S. 7.
457 LEERS, JOHANN VON: Islam und Judentum: Zwei unversöhnliche Gegensätze (Teil 1), in: Der Weltkampf 16 (1939) 181, S. 8–20; DERS.: Islam und Judentum: Zwei unversöhnliche Gegensätze (Teil 2), in: Der Weltkampf 16 (1939) 182, S. 64–71.
458 LEERS, [JOHANN] V[ON]: Politische Kraftlinien im vorderen Orient, in: Bericht über die erste Vortragsreihe im Sommer-Semester 1939, hrsg. von der Arbeitsgemeinschaft über arabische Lebensfragen an der Friedrich-Schiller-Universität, Jena 1939, S. 11–13, hier S. 11. Der Vortrag wurde anschließend im Reichssender Leipzig wiederholt.

sche Reich als Bundesgenossen und Garant „machtpolitische[r] Einigung", die ihnen von den derzeitigen Ordnungsmächte verwehrt würde. Diese nämlich hätten nur eigene ökonomische Ziele vor Augen, die die „Volkskraft" des Arabertums für diesem „fremde Ziele verwerten" und dessen „Wille[n] zur völkischen Erneuerung" unterlaufen würden. „England und Frankreich" galten ihm deshalb als „der ‚Feind Nr. Eins' des arabischen Volkes"[459], insbesondere in Palästina, das durch „die geplante Errichtung einer alljüdischen Zentralstelle für die Politik des internationalen Judentums" inzwischen den „Charakter eines besonderen politischen Kampfzentrums" angenommen habe. Den „heroische[n] Freiheitskampf" in der Region seit 1936 deutete er dagegen als „Auftakt einer großen nationalpolitischen Sammlung" der arabischen Völker zur Vollendung ihrer historischen Mission. Der „Kampf gegen das Judentum" sei nämlich zugleich eine Fortsetzung „jenes Ringens gegen die jüdische Macht", durch das „einst Mohamed den geschichtlichen Eintritt des Arabertums in die Weltgeschichte einleitete".[460] In ein Bündnis mit dem Deutschen Reich könnten sie dabei umso größeres Vertrauen setzen, weil dieses als einzige europäische Großmacht „keinerlei kolonisatorischen Absichten im Vorderen Orient" habe und in Europa als „der natürliche Gegenspieler der britischen Politik" auftrete.[461] Der Wille der Araber zur „völkischen Erneuerung" und „nationalen Erhebung", die „alle künstlich gezogenen Grenzen" überwinden müsste, läge denn auch mit den außenpolitischen Zielen der Achsenmächte „in der gleichen Richtung".[462]

In einem zweiten Vortrag vier Wochen später ordnete er diese vermeintliche deutsch-arabische Interessengemeinschaft im Rückgriff auf gängige Muster der antisemitischen Propaganda in einen kultur- und religionsgeschichtlichen Kontext ein. Auch die arabischen Völker, erklärte Johann von Leers, zeichneten sich durch eine „traditionelle Judengegnerschaft" aus und hätten frühzeitig den kriminellen und kulturzerstörerischen Charakter des Judentums erkannt. Jüdische Geschichte seit dem Altertum nämlich stelle sich „nüchtern betrachtet" als „eine Kette wenig ruhmvoller strafbarer Handlungen"[463] dar. Mit dem Propheten Mohammed allerdings sei diese Geschichte in ein neues Stadium getreten: Nachdem Juden mehrfach „Verträge" des Propheten „mit den einzelnen jüdischen Stämmen" gebrochen und „schließlich sogar mehrere Mordanschläge

---

459 EBD., S. 12.
460 EBD.
461 EBD.
462 EBD., S. 13.
463 LEERS, [JOHANN] V[ON]: Islam und Judentum, in: Bericht über die erste Vortragsreihe im Sommer-Semester 1939, hrsg. von der Arbeitsgemeinschaft über arabische Lebensfragen an der Friedrich-Schiller-Universität, Jena 1939, S. 20–23, hier S. 20.

auf Mohammed versucht"⁴⁶⁴ hätten, habe dieser dem „Auftreten der jüdischen Mission in Arabien ein Ende gesetzt" und werde seitdem von ihnen „abgründig gehasst".⁴⁶⁵ Diese historisch begründete Feindschaft zwischen Islam und Judentum erklärte in den Augen von Johann von Leers die Sympathien der Araber heute für den Nationalsozialismus. Kaum ein Volk auf der Welt habe, so wollte er beobachtet haben, „die Lösung der Judenfrage durch den Führer mit so viel Verständnis beurteilt wie gerade die Araber".⁴⁶⁶ Im Gegenzug allerdings sei auch der „Freiheitskampf der Araber" in Palästina, wie el-Husseini ihn propagiere, „in erster Linie [...] ein Kampf um völkische Erneuerung und politische Freiheit"⁴⁶⁷ und weise insofern Parallelen zur Entwicklung in Deutschland auf. So simpel gestrickt solche Propagandavorträge waren, so leicht und langfristig konnten sie unter solchen Teilnehmern verfangen, deren Weltanschauung auf ähnlichen Annahmen und Überzeugungen beruhte. Obgleich nicht verallgemeinernd der Schluss gezogen werden soll, arabische Nationalisten generell hätten Elemente dieser antisemitischen Propaganda übernommen und nach 1945 für ihre politischen Ziele adaptiert⁴⁶⁸, lässt sich eine solche Transmission im Einzelfall doch plausibel nachzeichnen. Dies illustriert die Biografie des Irakers Djabir Omar (1899/1909/13–1993).⁴⁶⁹

Nach Schulbesuch in Bagdad und einer Ausbildung als Lehrer hatte er seit 1936 in Berlin studiert.⁴⁷⁰ In dieser Zeit beteiligte er sich auch an der Gründung eines „Arabischen Komitees", das als „Auskunftsbüro" in der „Palästinafrage" arabische Stimmen verbreiten sollte.⁴⁷¹ 1938 wechselte er an die Universität Jena an, wo er sich für Philosophie und Pädagogik einschrieb. Spätestens hier

---

464 EBD., S. 21.
465 EBD.
466 EBD., S. 22.
467 EBD.
468 So die Einschränkung bei WIEN: Arabs in Nazi Germany, S. 356–358. Demnach sei es zu weit hergeholt, aufgrund einzelner Beispiele eine generelle Verbindung zwischen dem Antisemitismus der Nationalsozialisten und antisemitischen Topoi im arabisch-israelischen Konflikt zu sehen.
469 Zum Geburtsjahr siehe die abweichenden Angaben bei WIEN: Arabs in Nazi Germany, S. 344 sowie HÖPP, GERHARD: Texte aus der Fremde. Arabische politische Publizistik in Deutschland, 1896–1945. Eine Bibliographie (Zentrum Moderner Orient, Arbeitshefte 18), Berlin 2000, S. 88 f. Zum Namen siehe die Varianten „Dschabir", „Jabir" und „Gabir". Laut Wien kann Djabir Omar beispielhaft für ein „comparatively well documented Arab encounter with National Socialism" (S. 344) betrachtet werden.
470 Zur Biografie siehe Internationales Biografisches Archiv 49/1963 vom 25.11.1963; HÖPP: Texte aus der Fremde, S. 88 f.
471 Habibur Rahman: Das geplante arabische Komite in Berlin, 08.10.1936 [PA AA, VIII 199536, Bl. 5 f.]; Habibur Rahman: Das geplante arabische Komite in Berlin, 14.10.1936 [PA AA, VIII 199536, Bl. 7 f.].

fand er Zugang zu den Kreisen um Johann von Leers und der Arbeitsgemeinschaft, an deren Vortragszyklus im Sommer 1939 er sich mit einem Beitrag über „Die arabische Jugendbewegung" beteiligte.[472] Nach Beginn des Krieges zog er allerdings nach Zürich, wo er 1940 promoviert wurde.[473] Kurze Zeit später tauchte sein Name in Zusammenhang mit der gescheiterten Revolte gegen das pro-britische Regime im Irak auf. Djabir Omar gehörte zu ihren Anführern und musste deshalb fliehen. Seit dem Wintersemester 1941/42 setzte er seine Studien in Berlin und Jena fort.[474] Zugleich begann er, sich in den Dienst der nationalsozialistischen Propaganda zu stellen: So beteiligte er sich mit Beiträgen im „Europäischen Wissenschaftsdienst"[475] am Kriegseinsatz der Geisteswissenschaften und reiste für das „Deutsche Volksbildungswerk" durch die besetzten Gebiete. In einem Vortrag im damaligen Litzmannstadt (Łódź) im April 1942 erklärt er seinen Zuhörern, welche „Befriedigung [...] die deutsche Haltung in der Judenfrage" in ihm ausgelöst habe. Schließlich hätten die Araber „genau die gleiche Einstellung".[476] Nach dem Krieg hielt er sich 1947/48 vorübergehend in Damaskus auf. In Radiovorträgen zu dieser Zeit knüpfte er an seine frühere Propaganda an. Vor allem Reden, die er gegen die Proklamation eines Staates Israel richtete, ließen sich als „one to one transfer of Johann von Leers's theses of 1939" lesen. Insbesondere ein Vortrag über „The Arab Cause in Recent History" soll dabei eine „strong parallel" zu dem von Johann von Leers Zeit seines Lebens aufgegriffenen Gedanken aufgewiesen haben, wonach auch der Islam sich seit jeher in einem Kampf gegen das Judentum befinde.[477] Mit der Rückkehr in den Irak setzte dann eine wechselhafte politische Karriere ein, die Djabir Omar nach dem Sturz der Monarchie 1958 das Amt des Erziehungsministers einbrachte und später als Botschafter unter anderem in die Bundesrepublik Deutschland (1963 bis 1965) führte. Hier fiel er vor allem auch durch Boykott-Drohungen auf, um die Handelsbeziehungen zwischen der Bundesrepublik und

---

472 OMAR, DSCHABIR: Die arabische Jugendbewegung, in: Bericht über die erste Vortragsreihe im Sommer-Semester 1939, hrsg. von der Arbeitsgemeinschaft über arabische Lebensfragen an der Friedrich-Schiller-Universität, Jena 1939, S. 29 f.
473 OMAR, DJABIR: Grundstruktur einer zukünftigen arabischen staatsbürgerlichen Erziehung (Diss. phil.), Zürich 1940.
474 WIEN: Arabs in Nazi Germany, S. 344.
475 OMAR, DJABIR: Der Irak – der arabische Vulkan, in: Europäischer Wissenschaftsdienst 3 (1943) 5, S. 10–12.
476 O. V.: Die Ehre ist uns noch mehr als das Leben. Dr. Dschabir Omar sprach in der Volksbildungsstätte über den arabischen Freiheitskampf, in: Litzmannstädter Zeitung vom 12.04.1942.
477 WIEN: Arabs in Nazi Germany, S. 356–358. Siehe auch: Gespräch des Bundeskanzlers Adenauer mit dem Leiter der Israel-Mission, Shinnar, 28.05.1963, in: ADAP 1963 (Bd. I), München 1994, S. 593–596, hier S. 595.

Israel zu torpedieren.⁴⁷⁸ Zeitweilig bekleidete er auch eine Gastprofessur in Kairo, just zu dem Zeitpunkt, als ein *irakischer Militärattaché* einen Vertreter der Botschaft der Bundesrepublik auf die Gruppe *deutscher Propagandisten* ansprach und das *Interesse* seiner Regierung *an deren Anstellung unmissverständlich zum Ausdruck* brachte.⁴⁷⁹

Spätestens mit der Flucht el-Husseinis ins Deutsche Reich im Herbst 1941 und seiner aktiven Kollaboration mit dem NS-Regime, das ihm als Verbündeter im Kampf gegen England und das „Weltjudentum"⁴⁸⁰ galt, konnte sich die deutsch-arabische Freundschaft, die Johann von Leers seit Jahren proklamierte, ganz unmittelbar in der Praxis bewähren. Mehrfach trafen sich beide in Berlin, vor allem aber im sächsischen Oybin, wo ein Teil des Arbeitsstabs el-Husseinis residierte.⁴⁸¹ Die Ausführungen über einen Besuch *beim Großmufti* zum Jahreswechsel 1942/43 habe er *gerne gelesen*, äußerte sich etwa Hans F. K. Günther anerkennend.⁴⁸² *Zum Großmufti fahre ich diesen Sonnabend*, notierte Johann von Leers im Sommer 1944.⁴⁸³ Solche Zusammentreffen dienten unter anderem der wechselseitigen Koordination propagandistischer Aktivitäten. So überrascht es nicht, dass in der für die arabische Welt produzierten Zeitschrift „Barīd aš-Šarq", die seit Kriegsbeginn gegen Engländer, Kommunisten und Juden agitierte, Beiträge sowohl von Johann von Leers als auch Reden el-Husseinis erschienen.⁴⁸⁴ Wie eng die radikalen Judenhasser kooperierten, zeigte sich Anfang November 1943 anlässlich einer Kundgebung in Berlin zum Jahrestag der Balfour-Erklärung von 1917, auf der el-Husseini dazu aufrief, „das heilige Palästina von der Kolonisation und Verjudung zu befreien". Juden, formulierte er ganz in Übereinstimmung mit der NS-Propaganda, „leben wie Schmarotzer unter den Völkern, saugen ihr Blut aus, unterschlagen ihre Güter, verderben ihre Sitten, verlangen aber trotzdem die Rechte der einheimischen Bewohner". Eben daraus resultiere der „göttliche Zorn" des Korans gegen das Judentum, das „die

---

478 WIEN: Arabs in Nazi Germany, S. 354.
479 Botschaft an AA, 19.04.1958 [PA AA, B 82, V3-88, Nr. 250, Bl. 29].
480 Siehe WILDANGEL, RENÉ: „Der größte Feind der Menschheit". Der Nationalsozialismus in der arabischen Öffentlichkeit in Palästina während des Zweiten Weltkrieges, in: HÖPP, GERHARD/ WIEN, PETER/WILDANGEL, RENÉ (HRSG.): Blind für Geschichte? Arabische Begegnungen mit dem Nationalsozialismus, Berlin o. J. [2004], S. 115–154; GENSICKE: Der Mufti von Jerusalem und die Nationalsozialisten; SCHÖLCH, ALEXANDER: Das Dritte Reich, die zionistische Bewegung und der Palästina-Konflikt, in: VfZ 30 (1982), S. 646–674.
481 BREITMAN, RICHARD/GODA, NORMAN J.W.: Hitler's Shadow. Nazi War Criminals, U.S. Intelligence, and the Cold War, o. O. [Washington] o. J. [2011], S. 19.
482 Günther an Johann von Leers, 26.01.1943 [RGVA, Fond 1283/10a, Bl. 173].
483 Johann von Leers an von Hentig, 17.08.1944 [RGVA, Fond 1283/12, Bl. 208].
484 WIEN: Arabs in Nazi Germany, S. 339, 349. Siehe auch MOTADEL, DAVID: Für Prophet und Führer. Die Islamische Welt und das Dritte Reich, Stuttgart 2017, S. 110 f.

Welt seit alters her geplagt" habe und „Feind der Araber und des Islams" sei.[485] Seine persönliche Einladung an Johann von Leers zu dieser Kundgebung, die den „Höhepunkt der antijüdischen Propaganda des Mufti"[486] markierte, verknüpfte el-Husseini mit der ausdrücklichen Bitte, dieser möge anschließend *etwas über den Freiheitskampf der Araber in Palästina gegen die Engländer und das W[e]ltjudentum* veröffentlichen.[487] Tatsächlich würdigte Johann von Leers den Mufti anschließend als „Meister der Rede", der gleich ihm „die Juden genau erkannt" habe und sich daraufhin entschloss, „für die jüdische Gefahr eine endgültige Lösung zu finden, die ihr Unheil in der Welt beilegen wird".[488] Damit sei der Islam „zurückgekehrt zu seinem Ursprung, zum Kampf Mohammeds, des Gesandten Gottes, und des Propheten Omar gegen das Judentum, das mit dem Bolschewismus jede Religion, jede Familie, jedes Eigentum auflösen und mit dem Zionismus die arabischen Länder verknechten will".[489] Unterstützung leistete Johann von Leers auch mit Manuskripten für die Rundfunkpropaganda, die ein Kurzwellensender „zur Aufklärung über die Judenfrage" in die arabischsprachige Welt ausstrahlte, um die Bevölkerung nicht zuletzt gegen die jüdische Zivilbevölkerung aufzuhetzen.[490] So bedankte sich el-Husseini im März 1943 für den Artikel „Bolschewismus und Islam", den er *dem arabischen Rundfunk gegeben* habe, damit er in die *arab[isch] islam[ische] Welt gesendet wird*.[491] Noch im Dezember 1944 teilte er Johann von Leers mit, dafür Sorge tragen zu wol-

---

485 Zum vollständigen Redetext siehe Höpp, Gerhard (Hrsg.): Mufti-Papiere. Briefe, Memoranden, Reden und Aufrufe Amîn El-Husainîs aus dem Exil, 1940–1945 (Zentrum Moderner Orient, Studien 16), Berlin 2001, S. 192–198.
486 Schölch: Das Dritte Reich, die zionistische Bewegung und der Palästina-Konflikt, S. 670.
487 El-Husseini an Johann von Leers, 21.10.1943 [RGVA, Fond 1283/10a, Bl. 223].
488 Leers, Johann von: Brennende Feuer Gottes, in: Hakenkreuzbanner vom 10.11.1943.
489 Ebd. Beiträge, die eine Wesensgemeinschaft von Islam und Nationalsozialismus betonten, publizierte Johann von Leers seit Anfang der 1940er Jahre in großer Zahl. Siehe dazu den Bestand im Sonderarchiv Moskau mit zahlreichen Zeitungsartikeln zu diesem Sujet [RGVA, Fond 1283/25], beispielhaft Ders.: Das Morgenland wie wir es heute sehen, in: Welt am Sonnabend vom 28.03.1942; Ders.: Begegnung mit dem Islam. Das Arabertum im deutschen Volksbewusstsein der Kreuzzugszeit, in: Rheinisch-Westfälische Zeitung vom 06.07.1943; Ders.: Die Deutschen und die Araber, in: Nationalzeitung (Essen) vom 07.07.1943.
490 Weitkamp: Braune Diplomaten, S. 260–263; Herf: Hitlers Dschihad, S. 262–265; Herf, Jeffrey: Judenhass aus dem Äther. NS-Propaganda für die Arabische Welt während des Zweiten Weltkriegs, in: Cüppers, Martin/Matthäus, Jürgen/Angrick, Andrej (Hrsg.): Naziverbrechen. Täter, Taten, Bewältigungsversuche (Veröffentlichungen der Forschungsstelle Ludwigsburg der Universität Stuttgart, Bd. 25), S. 45–61, hier S. 46; Gensicke: Der Mufti von Jerusalem und die Nationalsozialisten, S. 135.
491 El-Husseini an Johann von Leers, 28.03.1943 [RGVA, Fond 1283/10a, Bl. 226]. Siehe dazu Leers, Johann von: Bolschewismus und Islam, in: Hakenkreuzbanner vom 09.03.1943.

len, dass der ihm übermittelte Artikel „Nordafrikaner in der falschen Front" *in [...] arabischen Sendungen verlesen wird*.[492]

So wichtig der Mufti im Kalkül der Rundfunkpropaganda wie auch der Himmler unterstehenden Freiwilligenverbände der SS gewesen ist, so kritisch verhielten sich gleichwohl einzelne Mitarbeiter des Auswärtige Amtes ihm und Angehörigen seiner Entourage gegenüber. Das zeigte das Beispiel von Zeki Kiram (1886–1946), den Johann von Leers im Sommer 1944 über seinen Gewährsmann von Hentig dem Ministerium anzudienen versuchte.[493] Der gebürtige Syrer war als Offizier der osmanischen Armee nach einer schweren Verwundung im Ersten Weltkrieg 1916 zur Behandlung nach Berlin gekommen und nicht mehr in seine Heimat zurückgekehrt. Nach einem Studium der Zahnheilkunde mit anschließender Promotion wurde er in verschiedenen Organisationen (Arabische Union) aktiv und betätigte sich als Verleger (Morgen- und Abendland-Verlag) sowie Übersetzer.[494] Eine undurchsichtige Rolle spielte er in der Zwischenkriegszeit auch im Waffenhandel mit der arabischen Staatenwelt.[495] Seine Haltung zum Nationalsozialismus ließ ein 1938 kurz nach dem „Anschluss" Österreichs in der „Moslemischen Revue" veröffentlichter Beitrag erkennen. Kiram, von der Redaktion als „der bekannte Vorkämpfer des heutigen Deutschland in den moslemischen Ländern" vorgestellt, feierte darin Hitler als „Pol der Rettung", der „von Gott berufen" worden sei, um „das deutsche Volk aus der Falle [...] zu retten", in die sie „die Juden und ihre verschiedenen Organisationen" geführt hatten.[496] Mit Beginn des Krieges trat er als Übersetzer ins Auswärtige Amt ein und verfasste Propagandaartikel.[497] Dazu zählten auch

---

492 El-Husseini an Johann von Leers, 04.12.1944 [RGVA, Fond 1283/10a, Bl. 212].

493 Von Hentig war zu diesem Zeitpunkt mit dem *Sonderauftrag* befasst, sich *mehr um die arabische Frage zu kümmern*. Zugleich will er Konflikte in den arabischen Kreisen geschlichtet haben. Siehe von Hentig an Johann von Leers, 09.08.1944 [RGVA, Fond 1283/12, Bl. 209] sowie HENTIG, WERNER OTTO VON: Im Auswärtigen Dienst während des Dritten Reiches, in Frankfurter Hefte 10 (1955) 4, S. 194–198, hier S. 197.

494 KIRAM, ZEKI HASCHMET: Mund- und Zahnpflege bei den mohammedanischen Völkern (Diss. phil.), Berlin 1923; DERS.: Vocabularium anatomiae latine-arabice, Berlin 1923. Zu Publikationen des Verlags siehe O. V.: Die Verschwörung der Kemalisten gegen den Islam, Berlin 1924.

495 Zur Biografie siehe RYAD, UMAR: From an Officer in the Ottoman Army to a Muslim Publicist and Armament Agent in Berlin. Zeki Hishmat-Bey Kiram (1886–1946), in: Bibliotheca Orientalis 63 (2006) 3/4, S. 235–268, hier S. 236–238.

496 ZEKI, KIRAM: Hitler ist der berufene Mann, in: Moslemisch Revue 14 (1938) 2, S. 59f. Der Artikel war zunächst am 16.04.1938 in der in New York erscheinenden Zeitung „Al-Bayan" veröffentlicht worden.

497 DERS.: Jüdische Ausbeutung im Orient, in: Der Umbruch (Liechtenstein) vom 08.07.1942. Eine unvollständige Übersicht über weitere Veröffentlichungen findet sich bei HÖPP: Texte aus der Fremde, S. 62.

die Manuskripte „Rätsel des Islams" und „Die Juden im Kuran" [sic], die Kiram um 1943/44 abgefasst hatte. In wessen Auftrag er dies tat, ist unbekannt. Ein Zusammenhang mit vergleichbaren Initiativen etwa des „Ahnenerbes"[498] oder des Reichssicherheitshauptamtes[499] in dieser Zeit, islamische Überlieferungen durch eine selektive Auslegung für politische Zwecke zu instrumentalisieren[500], liegt allerdings nahe. Das galt insbesondere für den Koran, der als „Schlüsseltext und Bindemittel" der deutsch-arabischen Kollaboration gelten kann.[501] Kirams Manuskript, so Johann von Leers, sei eine *mit viel Fleiß zusammengetragene Beweisführung für die Judengegnerschaft Mohammeds und des Islams, die in einer der orientalischen Sprachen [...] im Orient viel Nutzen stiften könnte.*[502] Schließlich lehre die Geschichte, dass man *auf der Basis der gemeinsamen Judenfeindschaft Deutsche und Moslems am raschesten zusammenbringen kann.*[503] Insofern überrascht es auch nicht, dass er sich von solchen Manuskripten eine nicht gering zu schätzende Wirkung für *unsere Orientpropaganda* versprach, wie er von Hentig erklärte.[504] Es mag diplomatischen Gepflogenheiten entsprochen haben, wenn dieser die „Rätsel des Islams" zunächst als *zweifellos [...] sehr anregend* bezeichnete, zugleich aber betonte, dass vor einer Veröffentlichung einige *Wiederholungen ausgemerzt werden* müssten.[505] Eine gründlichere Lektüre veranlasste den Gesandten allerdings kurz darauf zu einer vernichtenden Kritik: Beim Nachschlagen von Belegstellen habe er bemerken müssen, wie fragwürdig Kiram mit Quellen umgehe. Bibelzitate etwa, die er heranziehe, seien *unmöglich in dem von ihm anscheinend angenommenen Sinn auszulegen.* Dies erschüttere *erheblich das Vertrauen zu dem Verfasser,* der Gefahr laufe, *mit derartig gewagten Hypothesen [...] seinen Ruf als ernster Schriftsteller zu verlieren.*[506] Noch schärfer fiel sein Urteil über „Die Juden im K[o]ran" aus. Im Gegensatz zu Johann von Leers hielt von Hentig das Manuskript für *eine ungeordnete, nicht einmal zuverlässig und sprachlich ganz folgerichtig wiedergegebene Materialsammlung,* dessen Inhalt *mehr als dürftig* und *in seinen einzelnen Thesen nicht*

---

498 Kater, Michael H.: Das „Ahnenerbe" der SS 1935–1945. Ein Beitrag zur Kulturpolitik des Dritten Reiches (Studien zur Zeitgeschichte, Bd. 6), München ³2001, S. 357.
499 Herf, Jeffrey: Arabischsprachige nationalsozialistische Propaganda während des Zweiten Weltkriegs und des Holocaust, in: Geschichte und Gesellschaft 37 (2011), S. 359–384, hier S. 379.
500 Siehe Motadel: Für Prophet und Führer, S. 88 f.
501 Herf: Judenhass aus dem Äther, S. 47.
502 Johann von Leers an von Hentig, 17.08.1944 [RGVA, Fond 1283/12, Bl. 208].
503 Ebd.
504 Ebd.
505 Von Hentig an Johann von Leers, 29.10.1944 [RGVA, Fond 1283/12, Bl. 207].
506 Von Hentig an Johann von Leers, 01.11.1944 [RGVA, Fond 1283/12, Bl. 206].

*zu halten sei.*⁵⁰⁷ Angesichts des weiteren Kriegsverlaufs sind beide Publikationen nicht mehr erschienen.

Erfolgreicher war Johann von Leers dagegen mit seinen Bemühungen, Angehörigen des Muftis und Aktivisten seiner Entourage akademische Weihen zu verschaffen. Dies gelang ihm etwa für Musa Husseini (geb. 1914), einem Neffen des Muftis, der bei ihm *ein sehr schönes Dr.-Examen gemacht* habe, wie Johann von Leers berichtete.⁵⁰⁸ In Jerusalem als Sohn eines Gutsbesitzers geboren, hatte Musa Husseini in Kairo Theologie und Islamisches Recht, seit 1936 dann in London Geschichte, Volkswirtschaft und Jura studiert. Mit Kriegsbeginn siedelte er ins Deutsche Reich über, wo er sich zunächst in Berlin und im Sommer 1944 in Jena immatrikulierte.⁵⁰⁹ Seine *Darstellung des Volkstums und Nationalitätenproblems im Reich der abbassidischen Khalifen* lobte Johann von Leers vor allem dafür, dass sie den *Untergang der abbassidischen Macht* auf die *Preisgabe des ursprünglichen Rückhaltes der Dynastie in ihrem arabischen Volkstum* zurückführte.⁵¹⁰ Mochte diese Promotion einer Gefälligkeit geschuldet gewesen sein, weist dagegen die Arbeit von Mamun al-Hamui (1916–2001) eine Verbindung zur politisch instrumentalisierten „Gegnerforschung" auf, wie sie Franz A. Six an der Auslandwissenschaftlichen Fakultät in Berlin betrieb. Der gebürtige Syrer, der einer *einflussreichen Familie in Damaskus* entstammte und als *ausgesprochener Freund Deutschlands*⁵¹¹ galt, war Anfang 1936 mit einem der „Araberstipendien"⁵¹² der Alexander-von-Humboldt-Stiftung ins Deutsche Reich gekommen, hatte sich zunächst an der Universität Berlin im Fach Chemie immatrikuliert, wechselte aber im Herbst 1940 zu den Fächern Psychologie und Geschichte.⁵¹³ Den Anlass dazu gab ihm die politische Lage nach der Kapitulation Frankreichs im Sommer 1940. Al-Hamui hoffte nämlich darauf,

---

507 Von Hentig an Johann von Leers, 23.11.1944 [RGVA, Fond 1283/12, Bl. 205].
508 Johann von Leers an von Hentig, 17.08.1944 [RGVA, Fond 1283/10a, Bl. 208]; Johann von Leers an Universität Jena (Leutenberger), 26.08.1944 [UAJ, Bestand M, Nr. 611, Bl. 57].
509 Lebenslauf o. D. [um 1944] [UAJ, Bestand M, Nr. 611, Bl. 42].
510 Hu[s]seini, Musa: Das Nationalitätsproblem unter den frühen Abbassiden (Diss. phil.), Jena 1944. Siehe auch das von Johann von Leers erstellte Gutachten vom Juli 1944 [UAJ, Bestand M, Nr. 611, Bl. 49–51, 56].
511 Johann von Leers an Dekan der Philosophischen Fakultät der Universität Jena (Wesle), 15.03.1943 [UAJ, Bestand M, Nr. 610, Bl. 105v].
512 Impekoven, Holger: Die Alexander von Humboldt-Stiftung und das Ausländerstudium in Deutschland 1925–1945. Von der „geräuschlosen Propaganda" zur Ausbildung der „geistigen Wehr" des „Neuen Europa", Göttingen 2013, S. 325.
513 Lebenslauf o. D. [um 1942] [UAJ, Bestand M, Nr. 610, Bl. 100]. Zu al-Hamui siehe auch Botsch, Gideon: „Politische Wissenschaft" im Zweiten Weltkrieg. Die „Deutschen Auslandswissenschaften" im Einsatz 1940–1945, Paderborn 2006, S. 148, Höpp: Mufti-Papiere, S. 46.

künftig in Syrien, wo bis dato Frankreich als Mandatsmacht geherrscht hatte, aufgrund seiner *Ausbildung* im Deutschen Reich in einem geisteswissenschaftlichen Fach reüssieren zu können.[514] Schon zu diesem Zeitpunkt war er auch mit Johann von Leers bekannt.[515] In den folgenden Jahren stellte sich al-Hamui in den Dienst der NS-Propaganda und verfasste eine Reihe von Aufsätzen, die sich antisemitischer Stereotype bedienten.[516] In einem fiktiven Dialog ließ er beispielsweise Nabih al-Azma (1886–1971), seinerzeit Präsident des Ständigen Ausschusses zur Verteidigung Palästinas, „einem amerikanischen Professor" die Ursachen des arabischen Widerstandes gegen „Fremdlinge" unter anderem mit dem zerstörerischen Wesen des „jüdischen Volk[es]" erklären: „Es hat einen Hass und eine Feindschaft gegen die ganze Menschheit, und sein Bestreben ist nur darauf gerichtet, andere Völker an ihrem Besitz, ihrem Charakter, ihren Grundsätzen und ihren Regierungen zu schädigen. Sie wollen die Herrschaft über die Finanzen, den Handel und die Bodenschätze. Das ist es, was sie verächtlich macht bei der gesamten Menschheit", hieß es dort, um in die allenfalls rhetorisch zu verstehende Frage zu münden: „Sind nicht Demokratie, Sozialismus, Kommunismus, Freimaurerei und dergleichen jüdischen Ursprungs, und sind sie nicht jüdisches Werk, das nichts anderes bezweckt, als die Schwächung der Persönlichkeit und Moral der Völker, damit sie, die Juden, die Möglichkeit haben, diese zu beherrschen, und sie vergessen zu machen, dass die Juden in ihrem Heimatland fremd sind?"[517] Später war er außerdem *lange Zeit Sekretär des Großmufti*[518] und als *engster Mitarbeiter*[519] des irakischen Ministerpräsidenten Raschid al-Gailani (1892–1965), der 1941 ebenfalls im Deutschen Reich Zuflucht genommen hatte, *im Interesse der deutsch-arabischen Zusammenarbeit* tätig.[520] Im März 1943 reichte al-Hamui in Jena seine geplante Dissertation unter dem Titel „Die britische Palästinapolitik" ein. Die Arbeit, erläuterte er Johann von Leers, setze *mit dem Erlass der Balfour-Deklaration im Jahre 1917* ein und ende *mit der Anerkennung des englischen Mandats über Palästina durch die Vereinigten Staa-*

---

514 Lebenslauf, 08.03.1943 [UAJ, Bestand M, Nr. 610, Bl. 104].
515 Johann von Leers an Universität Jena (Leutenberger), 13.02.1943 [UAJ, Bestand M, Nr. 610, Bl. 101r]. Siehe auch Curriculum Vitae (Ms.), o. D. [nach 1956] [PA AA, AV-NA, 18933, o. P.].
516 AL-HAMUI, MAMUN: Weshalb leisten die Araber den Juden Widerstand?, in: Geist der Zeit 17 (1939), S. 364–368; DERS.: Die Araber und die britische Politik in Palästina. Die arabische Antwort auf das britische Weißbuch, in: Geist der Zeit 17 (1939), S. 557–567.
517 AL-HAMUI: Weshalb leisten die Araber den Juden Widerstand?, S. 365.
518 Johann von Leers an Dekan der Philosophischen Fakultät der Universität Jena, 15.03.1943 [UAJ, Bestand M, Nr. 610, Bl. 105r].
519 Johann von Leers, Gutachten vom 06.12.1943 [UAJ, Bestand M, Nr. 610, Bl. 119f.].
520 Al-Hamui an Dekan der Philosophischen Fakultät der Universität Jena, 08.03.1943 [UAJ, Bestand M, Nr. 610, Bl. 103]; Al-Hamui an Johann von Leers, 22.07.1943 [RGVA, Fond 1283/10a, Bl. 198].

ten von Amerika.[521] Dass er damit akademisches Recycling betrieb, unterschlug al-Hamui nicht: Tatsächlich nämlich handele es sich in Teilen um eine Arbeit, *die das Deutsche Auslandswissenschaftliche Institut herausgibt*, erklärte er.[522] Dass er dazu bereits Druckbögen mit einem Vorwort des „Großmufti von Palästina" vorlegte, der die „wertvolle und höchst anerkennenswerte Arbeit" lobte, weil ihr Autor „mit großer Sorgfalt und im Geiste wissenschaftlicher Forschung die wichtigsten Dokumente über die britische Palästina-Politik zusammengetragen" habe und damit „eine Darstellung des Freiheitskampfes der Palästina-Araber gegen den englisch-jüdischen Imperialismus" gebe, mochte jedoch selbst Johann von Leers nicht akzeptieren.[523] Um die Promotion nicht zu gefährden, müsse sie ein Mindestmaß an formalen und inhaltlichen Standards erfüllen. Al-Hamui sollte deshalb seine Arbeit *in Maschinenschrift* abfassen und ihr einen anderen Titel geben.[524] Zugleich stellte er die durch den Mufti attestierte Forschungsleistung in Frage. Die Arbeit, monierte er, stelle bislang nur eine *Aneinanderreihung von Dokumenten* dar und greife kaum auf *arabische Stellungnahmen* zurück.[525] In der Tat bestand das vorgelegte Buch zum überwiegenden Teil aus Dokumenten, die al-Hamui zusammengetragen und teilweise neu übersetzt hatte.[526] Ihr Wert ließe sich jedoch, wie Johann von Leers hinzufügte, *außerordentlich steigern*, würde der Autor *arabische Pressestimmen* und *eine grundsätzliche Erklärung des Großmufti[s] aus jenen Zeiten hineinarbeiten*.[527] Dies vorausgesetzt, könne er *bei der Verleihung des Doktor-Titels die beste Bewertung [...] beantragen.*[528] Gegenüber der Universität gab er sich bereits optimistisch: Die vorliegende Schrift könne schon jetzt als *solide Arbeit* und *großes Werk über die englische Orientpolitik* betrachtet werden, *das verspricht, das Beste auf diesem Gebiet zu werden, was wir überhaupt haben.*[529] Dieses Urteil verdankte sich nicht zuletzt ihrer *politischen Bedeutung*[530] zur Legitimation arabischer Besitzansprüche in

---

521 Al-Hamui an Johann von Leers, 08.03.1943 [RGVA, Fond 1283/10a, Bl. 201].
522 Ebd.
523 AL-HAMUI, MAMUN: Die britische Palästina-Politik (Dokumente zur Zeitgeschichte, Bd. 1), Berlin 1943.
524 Johann von Leers an al-Hamui, 10.03.1943 [RGVA, Fond 1283/10a, Bl. 200]. Siehe dazu AL-HAMUI, MAMUN: Die Geschichte der arabischen Nationalbewegung bis zum Ende des ersten Weltkrieges (Diss. phil.), Jena 1943.
525 Ebd.
526 Ein Anhang, der nicht Teil der Dissertation war, umfasste die Seiten 43–46, 77–135, 145–151 und 154–156.
527 Johann von Leers an al-Hamui, 10.03.1943 [RGVA, Fond 1283/10a, Bl. 200].
528 Ebd.
529 Johann von Leers an Dekan der Philosophischen Fakultät der Universität Jena, 15.03.1943 [UAJ, Bestand M, Nr. 610, Bl. 105r].
530 Johann von Leers, Gutachten vom 06.12.1943 [UAJ, Bestand M, Nr. 610, Bl. 119f.].

Palästina, die Johann von Leers in der im Herbst 1943 eingereichten Neufassung erkannte.[531] Schließlich habe der Autor durch die von ihm übersetzten Dokumente den Nachweis geführt, dass die *englischen Verpflichtungen hinsichtlich der Übergabe Palästinas an ein arabisches Staatswesen vollkommen zweifelsfrei waren, sodass der durch den Krieg wachgewordene arabische Nationalismus sich mit einer gewissen Notwendigkeit gegen England wenden musste.*[532]

Solche Schriften und vermutlich auch seine Sprachkenntnisse qualifizierten al-Hamui dazu, nach seiner Rückkehr nach Syrien nach Kriegsende in den diplomatischen Dienst des Landes einzutreten und, gemeinsam mit Vertretern anderer Staaten der Arabischen Liga, seit Anfang der 1950er Jahre Kampagnen gegen die Israel-Politik der Bundesregierung zu forcieren. Zu seinen Missionen gehörte es, das von Adenauer ausgehandelte Luxemburger Abkommen zur Zahlung von Entschädigungen zu hintertreiben. So übermittelte er im Herbst 1952 als „Beauftragter des syrischen Außenministeriums"[533] in Bonn ein Memorandum, in dem er der Bundesregierung auseinandersetzte, weshalb durch Israel keinerlei Ansprüche geltend gemacht werden könnten: Weder habe der Staat zur NS-Zeit bestanden, noch vertrete er alle Juden, argumentierte al-Hamui.[534] Reparationen stellten zudem „de facto eine Subvention für Israel" dar, das sich im Krieg mit den arabischen Staaten befände. Damit aber, so das Memoran-

---

531 Gesuch um Zulassung zur Promotion, 10.08.1943 [UAJ, Bestand M, Nr. 610, Bl. 99r]; Zulassung zur Promotion, 27.09.1943 [UAJ, Bestand M, Nr. 610, Bl. 119].

532 Johann von Leers, Gutachten vom 06.12.1943 [UAJ, Bestand M, Nr. 610, Bl. 119f.]. Al-Hamui promovierte erstaunlicherweise 1944 ein zweites Mal an der Auslandswissenschaftlichen Fakultät in Berlin. Siehe AL-HAMUI, MAMUN: Die Anwendung des Mandatssystems (Diss. sc. pol.), Berlin 1944. Siehe auch BOTSCH: „Politische Wissenschaft" im Zweiten Weltkrieg, S. 148, 303. Bei den dortigen Gutachtern stieß seine Arbeit ebefalls nicht ungeteilt auf Zustimmung, da er, wie ihm vorgehalten wurde, „die Engländer […] zu gut beurteilt" habe.

533 Al-Hamui war von 1952 bis 1956 als Gesandtschaftsrat und von 1961 bis 1966 als Gesandter bzw. Botschafter Syriens in Bonn tätig [UA Bonn, PA 2808; Auskunft Tochter vom 20.11.2015]. Siehe auch Aufzeichnungen des Vortragenden Legationsrates von Etzdorf vom 06.09.1952, in: Akten zur Auswärtigen Politik der Bundesrepublik Deutschland 1952, hrsg. im Auftrag des Auswärtigen Amtes vom Institut für Zeitgeschichte, München 2000, S. 598–601, hier S. 598.
Nachdem al-Hamui infolge *politischer Kursänderung in Syrien* seit 1963 in *oppositäre Haltung* zu seiner Regierung geriet, kehrte er Syrien 1966 den Rücken und lebte seit Mai 1972 in der Bundesrepublik. Siehe Direktor Orientalisches Seminar Universität Bonn an Rektor der Universität, 20.06.1973 [UA Bonn, PA 2808]. Nach einer vorübergehenden Tätigkeit als Dozent und Gastprofessur an der Universität Bonn 1972/73 wechselte er, vermittelt unter anderem durch den ihm noch aus Jena bekannten Oluf Krückmann, im Herbst 1973 an das Orientalische Seminar der Universität Freiburg im Breisgau. Dort wirkte er bis Anfang der 1980er Jahre als Dozent.

534 Aufzeichnungen des Vortragenden Legationsrates von Etzdorf vom 06.09.1952, in: Akten zur Auswärtigen Politik der Bundesrepublik Deutschland 1952, hrsg. im Auftrag des Auswärtigen Amtes vom Institut für Zeitgeschichte, München 2000, S. 598–601, hier S. 599.

dum, gebe die Bundesregierung ihre Neutralität im Nahostkonflikt auf. Allerdings verhielt sich das Auswärtige Amt, das die „Triebfeder" solcher Proteste in „gewissen nationalistischen arabischen Kreisen" unter der Führung el-Husseinis vermutete[535], zurückhaltend und unterließ eine förmliche Reaktion auf das Memorandum.[536] Al-Hamui entmutigte dies jedoch nicht. In den folgenden Jahren unternahm er zahlreiche weitere Initiativen, die die Bundesregierung dazu drängen sollten, das Luxemburger Abkommen „aufzukündigen" oder aber die „Lieferbeschränkungen" gegen Israel „nach dem Vorbild des westlichen Embargos gegen die Sowjetunion zu verschärfen".[537]

7.7 Expertise an Schnittstellen von Wissenschaft und Weltanschauung

Als zentraler Akteur eines antisemitisch akzentuierten „Kulturtransfers" brachte der Schulterschluss mit italienischen Gesinnungsgenossen und arabischen Nationalisten Johann von Leers auch mit dem SD in Berührung. Tatsächlich nutzte er seine Studienreise im Sommer 1940 nach Italien und das Austauschsemester im Winter 1941/42 unter anderem dazu, dem Auslandsnachrichtendienst (Amt VI) Informationen über Partner und Gegner im Weltanschauungskampf zuzuspielen (siehe Kap. 7.6).[538] Nicht zuletzt auf diese Tätigkeit dürften auch seit Mitte der 1950er Jahre geläufige Spekulationen zurückzuführen sein, die Johann von Leers geheimdienstlicher Aktivitäten verdächtigten: Er sei „ehemals SS-Hauptsturmführer im Sicherheitsdienst" des „Amt VI" gewesen, kolportierte 1961 ein Publizist.[539] *Possible V-Mann of Amt VI und [c]arded by Amt VI as being suitable for Nachrichtendienst*, vermutete die CIA bereits fünf Jahre zuvor.[540] Wie eng Johann von Leers darüber hinaus in die Arbeit des SD einbezogen war, erhellen verschiedene Aufträge vor allem des Inlandsgeheimdienstes. Dazu zäh-

---

535 Runderlass des Vortragenden Legationsrates von Etzdorf vom 29.09.1952, in: Akten zur Auswärtigen Politik der Bundesrepublik Deutschland 1952, hrsg. im Auftrag des Auswärtigen Amtes vom Institut für Zeitgeschichte, München 2000, S. 645–647, hier S. 645 f.
536 Aufzeichnungen des Vortragenden Legationsrates von Etzdorf vom 16.09.1952, in: Akten zur Auswärtigen Politik der Bundesrepublik Deutschland 1952, hrsg. im Auftrag des Auswärtigen Amtes vom Institut für Zeitgeschichte, München 2000, S. 614–616, hier S. 616.
537 JELINEK, YESHAYAHU A.: Deutschland und Israel 1945–1965. Ein neurotisches Verhältnis (Studien zur Zeitgeschichte, Bd. 66), München 2004, S. 357.
538 Zu unterschiedlichen Varianten einer Zusammenarbeit mit dem SD siehe PAEHLER: Ein Spiegel seiner selbst, S. 251 f.
539 PEARLMAN, MOSHE: Die Nazi-Untergrundbewegung, in: Deutsche Rundschau 87 (1961), S. 327–334, hier S. 328.
540 CIA, Subject: Leers, Johann, 05.09.1956 [NARA, RG 263, Entry ZZ-16, Box 32, NND 36822].

len Publikationsvorhaben, etwa für den Kampf gegen die katholische Kirche und zur Anleitung der Vollstrecker der „Endlösung"[541], ebenso seine Bereitschaft, als Vertrauensmann Gutachten über die politische Zuverlässigkeit auf weltanschaulichem Gebiet abzugeben.

Als etwa das zuständige Referat im SD-Inland[542] zur Beobachtung weltanschaulicher Gegner 1938 eine *Schrift über den Katholizismus* herauszugeben plante, zog es zeitweilig in Erwägung, Johann von Leers den *Auftrag* dafür zu erteilen.[543] Die Schrift, für die er auch beschlagnahmtes Material *verwerten* sollte, war zur *einheitlichen Schulung der Bewegung und ihrer Gliederungen* vorgesehen, die dem SD in dieser Phase unzureichend erschien. Derzeit nämlich, konstatierte ein Mitarbeiter, würden sich zu viele *unberufene Kreise schriftlich und mündlich mit diesem Thema beschäftigen,* denen es jedoch aufgrund einer aus *marxistisch-freidenkerischen Gedankengängen entsprungenen Haltung* heraus an der *nötigen Ehrfurcht vor den religiös-weltanschaulichen Grundsätzen* mangele, wie sie die SS verbreitet sehen wollte. Dass Johann von Leers dafür als Autor geeignet erschien, folgte der pragmatischen Erwägung, dieser verfüge nicht nur über das *erforderliche sachliche Wissen,* sondern zugleich über das nötige *Verständnis für taktische Rücksichten.*[544] Eine *ganz offene Darstellung* nämlich erschien dem SD nicht opportun, da diese Gefahr laufe, dem *konfessionellen Gegner* die *Taktik und Richtung der Abwehr über das zulässige Maß hinaus* zu enthüllen.[545] Ob Johann von Leers das geplante Manuskript tatsächlich erstellt hat, muss offen bleiben. Auch die genaueren Hintergründe dieser internen Überlegungen erschließen sich nicht. Naheliegend erscheint ein Zusammenhang mit den Devisen- und Sittlichkeitsprozessen, die seit 1935 verstärkt gegen katholische Ordensangehörige und Priester geführt und propagandistisch ausgewertet wurden.[546] Für eine der zahlreichen tendenziösen Schriften jedenfalls, die die Prozesse als Reaktion auf ein „entartetes Klosterleben" deuteten und

---

541 SCHRAMM: Der jüdische Ritualmord, S. XXVI.
542 Siehe DIERKER, WOLFGANG: „Niemals Jesuiten, niemals Sektierer". Die Religionspolitik des SD 1933–1941, in: WILDT, MICHAEL (HRSG.): Nachrichtendienst, politische Elite und Mordeinheit. Der Sicherheitsdienst des Reichsführers SS, Hamburg 2003, S. 86–117, hier S. 89.
543 Chef des Sicherheitshauptamtes an Reichsführer SS [um Frühjahr 1938] [BArch, R 58/5623, Bl. 21].
544 Ebd.
545 Ebd.
546 HOCKERTS, HANS GÜNTER: Die Sittlichkeitsprozesse gegen katholische Ordensangehörige und Priester 1936/37. Eine Studie zur nationalsozialistischen Herrschaftstechnik und zum Kirchenkampf (Veröffentlichungen der Kommission für Zeitgeschichte bei der Katholischen Akademie Bayern, Reihe B: Forschungen, Bd. 6), Mainz 1971.

vermutlich auf Material des SD beruhten, verfasste Johann von Leers eine entsprechende Einleitung.[547]

Spätestens nach seiner Berufung auf eine Professur in Jena gehörte Johann von Leers auch dem engmaschigen System der Vertrauensmänner an, mit denen der Inlandsgeheimdienst „möglichst umfassend und präventiv unterschiedlichste gesellschaftliche Strukturen zu durchdringen" versuchte.[548] Aufgrund seines Amtes als kommissarischer Führer des Gaudozentenbundes in Thüringen, das Johann von Leers seit April 1941 ausübte, hatte diese Aufgabe allerdings zeitweise auch dienstlichen Charakter. So wurde er beispielsweise im Sommer 1942 von der Außenstelle Jena des SD-Abschnitts Weimar zu einem Gutachten über die politische Zuverlässigkeit des Dozenten und Nietzsche-Forschers Karl Schlechta (1904–1985), der in Jena auf einen Lehrstuhl für Philosophie berufen werden sollte, aufgefordert. Der Mitarbeiter der SD-Außenstelle hatte aus dem Reichssicherheitshauptamt nämlich die ausdrückliche Weisung erhalten, die Aufforderung *auch an Sie weiterzuleiten,* wie er Johann von Leers wissen ließ.[549] In welchem Tenor er das Gutachten erwartete, war dem Schreiben ebenfalls zu entnehmen: Schlechta vertrete einen *reaktionär-liberalen Standpunkt,* der mit einem *unpolitischen Humanismus* verbunden sei. Gegen ihn spreche außerdem, dass er *die Annehmlichkeiten des Lebens ausnutzen* würde und all denen reserviert begegne, *die ihre praktische Lebensführung nach den Grundsätzen der nationalsozialistischen Weltanschauung ausrichten.*[550] Johann von Leers gab sich allerdings zurückhaltend. Da er Schlechtas Schriften nicht kenne, erklärte er, sehe er sich zu einem Urteil nicht in der Lage, zumal widersprüchliche Behauptungen im Umlauf zu sein schienen. Denn immerhin, fügte Johann von Leers pikiert hinzu, werde Schlechta durch den NS-Dozentenbund *warm empfohlen.*[551] Insofern sei dies *wieder einer der Fälle,* in denen er *über den Lebensweg eines Menschen eine Entscheidung treffen* solle, von *verschiedenen*

---

547 LEERS, JOHANN VON: Vorwort, in: ROSE, FRANZ: Mönche vor Gericht. Eine Darstellung entarteten Klosterlebens nach Dokumenten und Akten, Berlin 1939, S. 9–14.
548 Siehe DAMS, CARSTEN/STOLLE MICHAEL: Die Gestapo. Herrschaft und Terror im Dritten Reich, München 2008, S. 79; SCHREIBER, CARSTEN: Elite im Verborgenen. Ideologie und regionale Herrschaftspraxis des Sicherheitsdienstes der SS und seines Netzwerks am Beispiel Sachsens (Studien zur Zeitgeschichte, Bd. 77), München 2008.
549 SD-Außenstelle Jena (SS-Hauptsturmführer Kessler) an Johann von Leers, 29.08.1942 [RGVA, Fond 1283/10a, Bl. 125].
550 Ebd.
551 Johann von Leers an SD-Außenstelle Jena (SS-Hauptsturmführer Kessler), 01.09.1942 [RGVA, Fond 1283/10a, Bl. 126].

Stellen aber *ganz verschiedene Auskünfte* erhalte.⁵⁵² Soweit ersichtlich, unterließ es Johann von Leers in diesem Fall, das erbetene Gutachten zu erstatten.⁵⁵³ Immer wieder tauchte sein Name auch in Zusammenhang mit wissenschaftspolitischen Initiativen an der Peripherie von SD und SS auf. Dies war im Herbst 1938 der Fall, als der Historiker Hermann Löffler (1908–1978) einen Arbeitsplan einer geplanten Abteilung für Mittlere und Neuere Geschichte im „Ahnenerbe" vorlegte. Als einen von zwei Forschungsschwerpunkten sah das Konzept die „Judenfrage" und insbesondere die „Rolle des Judentums in der deutschen Geschichte seit dem ausgehenden Mittelalter" vor. Löffler, der sich mit seiner Initiative gegen Walter Frank und dessen Reichsinstitut profilieren wollte, fertigte dazu auch eine umfangreiche Liste von Wissenschaftlern an, die der Schulungsarbeit der SS entstammten, unter ihnen Johann von Leers.⁵⁵⁴ Allerdings gehörte er später nicht zum „harten Kern" jener Historiker, mit denen Löffler zunächst in Kontakt trat.⁵⁵⁵ Ein Grund mag darin gelegen haben, dass Johann von Leers als promovierter Jurist in den Kreisen um Löffler als „Fachfremder" galt. Hinzu dürfte gekommen sein, dass Löffler zu diesem Zeitpunkt bei Günther Franz promovierte, mit dem Johann von Leers in Jena in einer konflikthaften Beziehung stand. Auch in einem späteren Prestigeprojekt Löfflers, das die Förderung zuverlässiger Nachwuchskräfte an jenen Universitäten beabsichtigte, an denen bereits „SD-Historiker" lehrten, um eine „nationalsozialistische Geschichtswissenschaft" zu etablieren, blieb Johann von Leers eine Randfigur. Löffler hatte dazu Anfang 1939 im Auftrag von Six ein Konzept entwickelt, das die Verknüpfung wissenschaftlicher Ausbildung und praktischer Gegnerforschung vorsah und durch „Einflussnahme auf die Entscheidungen der Fakultäten und des Reichserziehungsministeriums die Berufung dieses

---

552 Ebd.
553 Siehe dagegen den anders gelagerten Fall des Philosophen Joachim Ritter, einem Schüler Ernst Cassirers, der in erster Ehe mit einer Jüdin verheiratet war. Dass Ritter in Jena tätig werden konnte, hintertrieb Johann von Leers mit der Anmerkung, als alter Judenhasser könne er es *einfach nicht über das Herz bringen, die Berufung eines Mannes, der so lange mit dem Judentum verbunden war, nach hierher zuzulassen.* Ob dabei auch Bezüge zum SD bestanden, ist allerdings unklar. Zum Vorgang siehe SANDKÜHLER, HANS-JÖRG: „Eine lange Odyssee". Joachim Ritter, Ernst Cassirer und die Philosophie im „Dritten Reich", in: Dialektik 15 (2006) 1, S. 139–180, hier S. 166 f. Zum Zitat siehe SENNHOLZ: Johann von Leers, S. 253 [mit Verweis auf UAJ, U IV 3, Bl. 181].
554 LERCHENMUELLER, JOACHIM: Die Geschichtswissenschaft in den Planungen des Sicherheitsdienstes der SS. Der SD-Historiker Hermann Löffler und seine Gedenkschrift „Entwicklung und Aufgaben der Geschichtswissenschaft in Deutschland" (Archiv für Sozialgeschichte, Beiheft 21), Bonn 2001, S. 74.
555 EBD., S. 76.

Nachwuchses an ausgewählten Universitäten sicherzustellen"[556] suchte. Langfristig sollte damit „die Aufbereitung des geschichtlichen Quellenmaterials für den weltanschaulichen Einsatz", der „Entwurf eines Gesamtbildes der germanisch-deutschen Vergangenheit, das zum geistigen Besitz aller Volksgenossen werden müsse", und „die entsprechende Ausbildung des akademischen Nachwuchses"[557] geleistet werden. Nachdem Löffler Johann von Leers in seinen Planungen zunächst berücksichtigt hatte, tauchte der Namen später jedoch nicht mehr auf. Promotionen und Habilitationen zum Beispiel zum Thema „Freimaurerei", die in diesem Zusammenhang auf Anregung des Reichssicherheitshauptamtes auch in Jena entstanden, waren stattdessen mit dem Namen von Günther Franz verbunden, der hier im Hintergrund agierte.

Umso größer war dagegen die Anerkennung, die Johann von Leers durch Himmler persönlich erfuhr, dem er für seinen aufwendig kultivierten „Spleen"[558] um die sterblichen Überreste Heinrich I. († 936) ein Gefälligkeitsgutachten verschaffte. Für die historische Gestalt gerade des Sachsenherzogs hatte der Reichsführer SS „eine ganz besondere Vorliebe"[559] entwickelt, da dieser, wie Johann von Leers in Anlehnung an Himmlers Überzeugungen betonte, die deutschen Stämme geeinigt, den Einfall der Ungarn abgewehrt und „aus den Trümmern des zusammengebrochenen ostfränkischen Reiches der Karolinger ein wirkliches deutsches Reich"[560] erschaffen habe. Diese Überhöhung Heinrich I. als Protagonisten einer „deutschen Ostorientierung"[561] bereits im hohen Mittelalter und seine politische Instrumentalisierung manifestierte sich im Sommer 1936 anlässlich des tausendsten Todestages in einer „König-Heinrich-Feier" an seiner Grabstätte im Dom zu Quedlinburg. Unklarheit bestand allerdings über die Gebeine des Königs, die im Sarg seiner Gemahlin Mathilde vermutet wurden, dort aber nach einer anthropologischen Untersuchung nicht nachgewiesen werden konnten. Himmler veranlasste deshalb weitere Suchen, die im folgenden Jahr das erwünschte Ergebnis erbrachten: Die Ausgrabungen förderten neue Skelette und Schädel zutage, von denen einer Heinrich I. zugeschrieben wurde. Himmler schien jedoch seinen Mitarbeitern nicht zu trauen. Ein Gut-

---

556 EBD., S. 185.
557 EBD., S. 44.
558 KATER: Das „Ahnenerbe" der SS 1935–1945, S. 94.
559 LERCHENMUELLER: Die Geschichtswissenschaft in den Planungen des Sicherheitsdienstes der SS, S. 144.
560 LEERS, JOHANN VON: Herr Heinrich saß am Vogelherd, in: DERS.: Für das Reich. Deutsche Geschichte in Geschichtserzählungen, Langensalza/Berlin/Leipzig 21941, S. 68–78. Zu einer gekürzten Fassung siehe DERS.: König Heinrich I., in: SS-Leitheft 3 (1937/38) 4, S. 26–30.
561 KROLL, FRANK-LOTHAR: Utopie als Ideologie. Geschichtsdenken und politisches Handeln im Dritten Reich, Paderborn 1998, S. 238 f.

achten des Geologen und SS-Obersturmführers Rolf Höhne (geb. 1908) aus seinem Persönlichen Stab, der die Ausgrabungen leitete, ließ er deshalb vorsorglich durch Johann von Leers überprüfen, der rechtzeitig vor den nächsten Feierlichkeiten im Jahr darauf Höhnes Annahmen bestätigte: Dessen Arbeit *über die Auffindung des Schädels im Dom zu Quedlinburg* sei *glaubhaft* und habe ihn *weitgehend überzeugt,* dass hier *in der Tat der Schädel Heinrich I.* vorliege, urteilte er bar aller Kenntnis.[562]

Expertenwissen dieser Art machte ihn bis Kriegsende zum gefragten Gutachter auch im Rasse- und Siedlungshauptamt. Als im Frühjahr 1944 ein Beitrag im „Völkischen Beobachter" die Frage der *Zulässigkeit bzw. Unzulässigkeit nordischer Vornamen* aufwarf, setzte unter den Mitarbeitern eine Diskussion darüber ein, ob Mädchen weiterhin „Heidrun" heißen dürften, womit in der nordischen Mythologie die „Himmelsziege" bezeichnet werde.[563] Aufgrund vermuteter Kenntnisse in der *Vornamensfrage* galt Johann von Leers auch in diesem Fall als geeigneter Wissenschaftler, der Klarheit verschaffen konnte.[564] Auf vertrautem Terrain bewegte er sich dagegen anlässlich der Herausgabe einer Urkundendokumentation, die Friedrich Wilhelm Osiander (1903–1945), der Leiter des Ahnentafelamtes im Rasse- und Siedlungshauptamt, über vermeintliche Fehlwege in der Judenemanzipation vor allem unter Hardenberg zusammengestellt hatte. Osiander habe, so ein interner Gutachter, *ein ganz ausgezeichnetes Manuskript* über die allzu *judenfreundliche Tätigkeit* des preußischen Reformers ausgearbeitet.[565] Die erhoffte Wirkung der Arbeit, die im Nordland-Verlag der SS erscheinen sollte, könne jedoch *noch überzeugender* ausfallen, wenn ihr eine *längere Einleitung* vorangestellt werde, die *das Wirken Hardenbergs insgesamt* würdige und grundsätzlich *zum Judenproblem* Stellung nähme.[566] Als kompetenter Verfasser eines solchen Vorwortes wurde Johann von Leers betrachtet, der die Aufgabe nicht nur gerne zu übernehmen bereit war, sondern auch auf ein angebotenes Honorar verzichten wollte.[567] Schließlich halte er die Zusammen-

---

562 Gutachten über die Auffindung Heinrich I. im Dom zu Quedlinburg, 18.04.1937 [BArch, N 2168/2, Bl. 68 f.]. Zum Kult um Heinrich I. siehe HELZEL, FRANK: Die nationalideologische Rezeption König Heinrichs I. im 19. und 20. Jahrhundert (Diss. phil.), Marburg/Lahn 1999, S. 140–150; HALLE, UTA: 936 Begräbnis Heinrich I. 1936 die archäologische Suche nach den Gebeinen in Quedlinburg und die NS-Propaganda, in: Mitteilungen der Arbeitsgemeinschaft für Archäologie des Mittelalters und der Neuzeit 16 (2005), S. 14–20.
563 Georg E. an RMI, 10.04.1944 [BArch, NS 2/300, o. P.].
564 Johann von Leers an Osiander, 26.05.1944 [BArch, NS 2/300, o. P.].
565 [Friedrich] Kaul (RuSHA) an Johann von Leers, 07.08.1943 [BArch, NS 2/300, o. P.]. Das Manuskript selbst ist nicht überliefert.
566 Ebd.
567 Osiander an Johann von Leers, 05.11.1943; Johann von Leers an Osiander, 05.05.1944 [BArch, NS 2/300, o. P.].

stellung der Urkunden für so *glücklich* und *ausgezeichnet*, dass er sie wärmstens zu Veröffentlichung empfehlen könne.[568] Erschienen ist das Buch, dessen Manuskript im März 1944 abgeschlossen war, allerdings nicht mehr.

---

568 Johann von Leers an Osiander, 15.11.1943 und 08.12.1943 [BArch, NS 2/300, o. P.].

8. Alte Kameraden, neue Netzwerke: „[T]his wonderful, free Argentine"

8.1 „Der Jude ist schuld": Schlussakkorde

Öffentlich inszenierte Massenspektakel und kultartige Zeremonien in kleinerer Runde waren ein wichtiger Bestandteil der „Erziehung" und weltanschaulichen Schulung der SS. Durch ihre strenge und lehrbuchartige Choreografie sollten solche Veranstaltungen das Gemeinschaftserlebnis der SS-Männer vertiefen und diese auf die NS-Weltanschauung ausrichten. Als Ausdruck des sogenannten arteigenen Brauchtums galten insbesondere Feiern, die sich an „germanische" Feste im Jahreslauf anlehnten. So hatte das Rasse- und Siedlungshauptamt unter Leitung Darrés im November 1934 erstmals Richtlinien für Wintersonnwendfeiern ausgegeben, die ab 1935 von allen SS-Stürmen durchgeführt werden mussten. Aufgrund ihrer liturgischen Gestaltung und ihres im Vergleich zu Sommersonnwendfeiern ernsteren Ablaufs mit Totenehrung und Heldengedenken trugen sie deutlich religiöse Züge. Seit 1936 schlossen sich ihnen „Julfeiern" an, die unmittelbar vor Weihnachten stattfanden und das Ziel der „Entchristianisierung der Schutzstaffel" verfolgten.[1]

Es muss offen bleiben, in welcher Stimmung sich eine Gruppe nicht näher bekannter SS-Mitglieder befand, zu denen Johann von Leers anlässlich einer solchen „Julfeier" am 20. Dezember 1944 an einem nicht genauer bezeichneten Ort gesprochen hat. Überliefert ist allerdings, dass er noch einmal alle rhetorischen Register zog, um die Moral und Entschlossenheit der selbsternannten rassischen Elite zu beschwören. In dieser *Stunde der schwersten Bedrohung*, da alle *Dämonen* gegen das Reich zum *Sturm laufen* würden, setze der *Glaube* jene Kräfte der Treue und Beharrung frei, die zum *Sieg über die von den Juden entfesselte Dämonenwelt* führten. Gewiss sei nämlich, übte Johann von Leers

---

1   Siehe dazu HEIN, BASTIAN: Elite für Volk und Führer? Die Allgemeine SS und ihre Mitglieder 1925–1945 (Quellen und Darstellungen zur Zeitgeschichte, Bd. 92), München 2012, S. 247–250; LONGERICH, PETER: Heinrich Himmler, München 2008, S. 300 f.

sich in Optimismus, *dass mitten in der Dunkelheit das Licht der deutschen Auferstehung schon geboren* sei, das einst *zum hellen Tage des Sieges* führen werde.[2]

Nicht weniger entschlossen gab sich der Weltanschauungskrieger an der publizistischen Front auch in seinen öffentlichen Kommentaren und Aufsätzen, die weiterhin über den Pressedienst der Partei verbreitet wurden. Sie zeugten von einem ungebrochenen Fanatismus, der die Zuversicht in die eigenen militärischen Fähigkeiten und den Willen zum Kampf stärken, letzte Kraftanstrengungen der Volksgemeinschaft in Auflösung mobilisieren und, im Angesicht der drohenden Niederlage, Ängste vor Vergeltung und Rache der Sieger und ihrer vermeintlichen jüdischen Hintermänner schüren sollte, und zählten, wie ein aufmerksamer Leser notierte, zweifelsohne zu den „giftigsten Artikel[n]"[3] ihrer Zeit. So verband er im Oktober 1944 das Schreckensbild einer zum Hungertod verurteilten Nation mit dem drohenden Hinweis, die „von talmudischem Hass trunkenen Feinde" in den USA hätten „unter dem Vorsitz eines jüdischen Staatssekretärs" bereits beschlossen, „in ganz Europa und insonderheit in Deutschland den Anbau von Getreide, Kartoffeln und Rüben zu verbieten".[4] Über sowjetische Kompanien und deren Kampfkraft fabulierte er im Dezember, diese seien „bei gleicher Bewaffnung [...] der einzelnen deutschen Kompanie in keiner Weise gewachsen", sondern „eindeutig unterlegen".[5] An der Heimatfront dagegen verlangte er den „Starken" ab, Zweifler aufzurichten, „die hinter der Dunkelheit das Morgenrot noch nicht sehen" wollten.[6] Eine ähnliche Aufgabe hätten Schulen zu leisten, die, wie er im Organ des NS-Lehrerbundes ausführte, „im Kampf gegen Juda" weiterhin die „Forderung gegenwartsnaher Erziehungsarbeit" erfüllen müssten.[7] Religiös verbrämt wurde der Endkampf einmal mehr in der Zeitung „Der SA-Führer", deren fanatisierter Leserschaft er auseinandersetzte, der Gott der Juden weise als „Feind der Menschheit" jene

---

2 Rede zur Julfeier der SS am 20. Dezember 1944 (Ms.) [BArch, N 2168/3, Bl. 39–52]. Laut SENNHOLZ, MARCO: Johann von Leers. Ein Propagandist des Nationalsozialismus, Berlin 2013, S. 273, soll es sich um eine Feier der „Thüringer SS" gehandelt haben.

3 NOWOJSKI, WALTER (Hrsg.): Victor Klemperer. Tagebücher 1945, Berlin ²1999, Eintrag vom 01.04.1945. Klemperer bezog sich auf Beiträge im „Freiheitskampf" (Dresden) und nannte u. a. „Der Moses des zwanzigsten Jahrhunderts".

4 LEERS, JOHANN VON: Das große Begreifen, in: Bonner Nachrichten vom 03.10.1944. Siehe auch: Die Innere Front. Kriegssonderdienst der Nationalsozialistischen Parteikorrespondenz vom 29.07.1944 [BArch, R 8034/III, Bd. 269].

5 LEERS, JOHANN VON: Die stärkere Selbständigkeit, in: Lippische Staatszeitung vom 11.12.1944. Siehe auch DERS.: Die stärkere Selbständigkeit, in: Marburger Zeitung (Amtliches Organ des Steirischen Heimatbundes) vom 15.12.1944.

6 LEERS, JOHANN VON: Widerstand um jeden Preis, in: Lippische Staatszeitung vom 22.02.1945.

7 LEERS, JOHANN VON: Die Schule im Kampf gegen Juda. Eine Forderung gegenwartsnaher Erziehungsarbeit, in: Der Deutsche Erzieher 7 (1944) 6 (November/Dezember), S. 171–174.

„dämonische[n] Züge" auf, die ihn „beinahe dem Satan" gleichsetzen würden.[8] Dass der Bolschewismus eine „Waffe des Judentums" sei, das „seinen tödlichen Hass gegen die Nichtjuden auszuleben" suche, wiederholte er dagegen noch einmal in der „Lippischen Staatszeitung", wo er Angst vor Rache schürte und „Widerstandswille und Zähigkeit" gegen die eingedrungenen „Mörder" verlangte: Der Vormarsch der Roten Armee im Osten sei „von maßlosen Grausamkeiten gekennzeichnet", seien doch überall „Juden die Anführer" und „jüdische Kommissare" am Werk, die die „Abschlachtung unseres Volkes" und „grausame Vernichtung des Deutschtums überhaupt" zum Ziel hätten.[9] Gleichsam als Vermächtnis ist sein vermutlich letzter publizierter Artikel zu lesen, der am 24./25. März 1945 ebenfalls dort erscheinen konnte.[10] Unter der Überschrift „Der Jude ist schuld" gab er bereits das Muster künftiger Deutungen vor, wer diesen Krieg zu verantworten habe, woran der Nationalsozialismus gescheitert sei und welche Konsequenzen daraus gezogen werden müssten (siehe Kap. 8.5.3).

Die Wochen vor der militärischen Kapitulation erlebten Johann von Leers und seine Angehörigen auf der Weißenburg. Anders als in Jena, das seit Februar 1945 zahlreichen Bombenangriffen amerikanischer und britischer Fliegerverbände ausgesetzt war, ließ sich hier vor mittelalterlicher Kulisse eine trügerische Idylle aufrechterhalten. Zwar muss offen bleiben, ob Johann von Leers seinen Durchhalteparolen selbst Glauben schenkte. Vorbereitungen darauf, mithilfe gefälschter Papiere in die Illegalität abzutauchen, sind jedoch nicht erkennbar. Ebenso wenig wollte er Himmlers Anweisung folgen, wonach SS-Angehörige sich nicht in Gefangenschaft begeben dürften, sondern stattdessen „vorher mit dem Leben Schluss zu machen" hätten.[11] Stattdessen schien er unverdrossen Zukunftspläne zu schmieden: Nachdem die Weißenburg im Sommer 1944 zum Ausweichquartier der Bibliothek des Japaninstituts geworden war, gab er sich mit Funktionären der Deutsch-Japanischen Gesellschaft der Hoffnung

---

8   LEERS, JOHANN VON: Wirklich das alte Gottesvolk?, in: Der SA-Führer 9 (1944) 5, S. 9–12, hier S. 12.
9   LEERS, JOHANN VON: Widerstand um jeden Preis, in: Lippische Staatszeitung vom 22.02.1945.
10 LEERS, JOHANN VON: Der Jude ist schuld, in: Lippische Staatszeitung vom 24./25.03.1945.
11 ACKERMANN, JOSEF: Heinrich Himmler als Ideologe, Göttingen 1970, S. 125. Zum Selbstmord von Angehörigen der nationalsozialistischen Funktionseliten in der Schlussphase des Krieges siehe LIEBRANDT, HANNES: „Das Recht mich zu richten, das spreche ich ihnen ab!" Der Suizid der nationalsozialistischen Elite am Ende des Zweiten Weltkriegs, Paderborn 2017.

hin, dass dort künftig *Studienaufenthalt[e] für Japaner und deutsche Japanologen abgehalten werden könnten.*[12]

Gleichwohl ließen sich die Vorzeichen der militärischen Niederlage nicht ausblenden: Die Eroberungen nach der Überschreitung der Reichsgrenzen im Osten durch die Rote Armee hatten erhebliche Ströme an Flüchtlingen in Bewegung gesetzt, die Unterkünfte benötigten. Als Zufluchtsort diente das weitläufige Anwesen jetzt auch seinem politischen Weggefährten Darré, der vor den nahenden Kämpfen um Berlin Schutz suchte. Der frühere Reichsbauernführer hatte sich nach seiner Entmachtung 1942 in die *Waldeinsamkeit*[13] eines Jagdhauses am Trämmersee zurückgezogen und von dort aus *mit stillen Freunden Kontakt* gehalten, wie er berichtete. Neben Thüringens Gauleiter Sauckel, der sich *als Einziger* in den vergangenen Jahren des *Kesseltreibens* gegen seine Person enthalten habe, zählte vor allem Johann von Leers dazu. Diesen beiden verdankte er es offensichtlich auch, dass er im *Februar 1945 überhaupt aus der Schorfheide herauskam* und *in Thüringen eine Bleibe fand.*[14] Gemeinsam mit seiner Familie quartierte er sich vorübergehend auf der Weißenburg ein.[15] Mitte April jedoch fand die Idylle ein Ende. Nachdem Einheiten der 3. US-Armee seit Monatsbeginn in weite Teile Thüringens vorgestoßen waren, marschierten sie am 13. April in Jena ein.[16] Schon am Tag darauf wurde Darré festgenommen. An diesem Tag, so der frühere Reichsbauernführer, habe er sich *überrollen* lassen und den Amerikanern gestellt.[17] Zum Zeitpunkt der Verhaftung Darrés dürfte

---

12 Trömel (DJG) an Stiftung Deutsches Auslandswerk, 07.07.1944 [BArchB, R 64 IV/7, Bl. 41.] Siehe auch BIEBER, HANS-JOACHIM: SS und Samurai. Deutsch-Japanische Kulturbeziehungen 1933–1945 (Monographien aus dem Deutschen Institut für Japanstudien, Bd. 55), München 2014, S. 990.
13 Darré an Gesine von Leers, 05.08.1942 [RGVA, Fond 1283/12a, Bl. 55 f.].
14 Darré an Alma Bauer, 08.03.1947 [IfZ, ED 110, Bd. 11, Bl. 1796 f.]. Glaubt man den nach 1945 bearbeiteten Tagebüchern Darrés, hatte Gesine von Leers diesen bereits Ende August 1944 auf die Weißenburg eingeladen. Darré lehnte allerdings ab. Siehe: Die Tagebücher R. Walther Darrés 1930–1945, Eintrag vom 27.08. und 28.08.1944 [StA Goslar, N Darré].
15 Dort scheint es allerdings bald zu Differenzen gekommen zu sein, die Darré veranlasst haben, die Weißenburg wieder zu verlassen. Siehe: Die Tagebücher R. Walther Darrés 1930–1945, Eintrag vom 18.02.1945 [StA Goslar, N Darré].
16 Zur Besetzung Mitteldeutschlands durch die Amerikaner siehe HENKE, KLAUS, DIETMAR: Die amerikanische Besetzung Deutschlands, München 1995, S. 657–766. Zur Situation in Thüringen und Jena siehe FÜGENER, JENS: Amerikanisches Intermezzo. Jena zwischen Drittem Reich und Sowjetischer Besatzungszone (April bis Juli 1945), in: STUTZ, RÜDIGER (HRSG.): Macht und Milieu. Jena zwischen Kriegsende und Mauerbau (Bausteine zur Jenaer Stadtgeschichte, Bd. 4), Rudolstadt/Jena 2000, S. 25–51. Zur Besetzung durch die Sowjetarmee Ende Juni siehe WEBER, PETRA: Justiz und Diktatur. Justizverwaltung und politische Strafjustiz in Thüringen 1945–1961, München 2000, S. 17–24.
17 Darré an Alma Bauer, 08.03.1947 [IfZ, ED 110, Bd. 11, Bl. 1796 f.].

auch Johann von Leers in die *automatische Haft* der amerikanischen Besatzer geraten sein.[18] Als Sturmbannführer der SS trafen die Kategorien des „Automatic Arrest" zweifelsohne auf ihn zu, selbst wenn er formal gesehen niemals Hoheitsträger des Staates gewesen war und zum Zeitpunkt seiner Verhaftung keine Funktion in der NSDAP, geschweige denn einer ihrer Gliederungen, ausübte.[19] Es liegt jedoch nahe, dass er als profilierter Publizist, dessen skandalöses Verhalten 1933 als Schulungsleiter des NS-Studentenbundes an der Universität Leiden und während der Gleichschaltung des PEN internationales Aufsehen erregt hatte (siehe Kap. 4.3) und dessen antisemitische Presse- und Rundfunkpropaganda in den vergangenen zwölf Jahren registriert und beobachtet worden war, zum Kreis der politischen Elite gezählt wurde, die gezielt durch die Abwehrorganisation der US-Armee, das Counter Intelligence Corps (CIC), festgesetzt wurde.[20]

---

18 Erklärung von Professor v. Leers (Ms.), Kairo o. D. [um Dezember 1960] [Privatarchiv].
19 Zum Umfang der Verhaftungen durch die amerikanischen Besatzungsbehörden, deren Zahl bis Anfang August 1945 auf rund 80.000 geschätzt wird, siehe VOLLNHALS, CLEMENS (HRSG.): Entnazifizierung. Politische Säuberung und Rehabilitierung in den vier Besatzungszonen 1945–1949, München 1991, S. 10, 237 f.; WEMBER, HEINER: Umerziehung im Lager. Internierung und Bestrafung von Nationalsozialisten in der britischen Besatzungszone Deutschlands (Düsseldorfer Schriften zur Neueren Landesgeschichte und zur Geschichte Nordrhein-Westfalens, Bd. 30), Essen 1991, S. 35–37, 40; SCHICK, CHRISTA: Die Internierungslager, in: BROSZAT, MARTIN/HENKE, KLAUS-DIETMAR/WOLLER, HANS (HRSG.): Von Stalingrad zur Währungsreform. Zur Sozialgeschichte des Umbruchs in Deutschland (Quellen und Darstellungen zur Zeitgeschichte, Bd. 26), München ³1990, S. 301–326, hier S. 303.
20 Im Bestand der Wiener Library sind zahlreiche bis 1938 erschienenen Artikel aus dem „Hakenkreuzbanner" dokumentiert, ebenso Abschriften von Rundfunkansprachen bis 1944. Sein Name findet sich auch bereits auf einer rund 400 Persönlichkeiten umfassenden „List of Key Nazis", die der amerikanische Journalist John Franklin Carter (1897–1967) im Dezember 1942 Präsident Roosevelt überreichen konnte. Carters Informationen beruhten allerdings fast ausschließlich auf Angaben aus dem „Deutschen Führerlexikon 1934/35" und waren demensprechend veraltet. Siehe List of Key Nazis, 10.12.1942, Bl. 15. Bis Anfang 1945 wuchs die Liste auf rund 4.000 Einträge an. Zu Johann von Leers findet sich dort erstaunlicherweise der Hinweis auf eine Parteiversammlung in Marburg 1931, die nach einer Information der örtlichen Presse gewalttätig verlaufen war. Siehe List of Key Nazis „La–Len", o. D. [1945], Bl. 364 f. Bruchstückhaft und kaum präziser blieb auch das Central Registry of War Crimes and Security Suspects (CROWCASS), das als „Hilfsmittel für die Ergreifung von Kriegsverbrechern" vorgesehen war und Anhaltspunkte zu solchen Personen geben sollte, „die eine Gefahr für die Besatzungstruppen darstellen konnten". Dort war Johann von Leers mit dem Hinweis „N.S.D.A.P., Außenpolitischer Publizist, Jena" registriert. Da die Liste allerdings erst ab April 1945 angelegt wurde, dürfte ihr in seinem Fall keine Bedeutung für die Verhaftung zugekommen sein. Siehe Central Registry of War Criminals and Security Suspects Corporation: Wanted list, Teil 1: A–L, Paris 1945, S. 579; WEMBER: Umerziehung im Lager, S. 27 f. Zur Entstehung der Liste siehe auch HAMMERSCHMIDT, PETER: Deckname Adler. Klaus Barbie und die westlichen Geheimdienste, Frankfurt am Main 2014. S. 74.

8.2 „Wir frieren in den Nächten und hungern": Internierung 1945/46

Die kommenden 21 Monate der Internierung stellten für Johann von Leers eine gravierende Zäsur dar. Ihr Mann habe *zwei Jahre im Café Menschenfreund bei den Amis* verbringen müssen, übte sich Gesine von Leers 1959 gegenüber Ernst Jünger in Zynismus.[21] Von *Jahren des Grauens nach 1945* sprach Johann von Leers.[22] Nachdem er zunächst in Ohrdruf unweit von Gotha vermutlich in einem der provisorisch eingerichteten „Camps", die nur wenige Tage existierten, festgehalten worden war, überstellten ihn die US-Streitkräfte erst nach Hersfeld, dann nach Schwarzenborn.[23] Während Hersfeld von vornherein den Charakter eines Durchgangslagers hatte und bereits im Juni 1945 wieder aufgelöst wurde, schien Schwarzenborn auf einen längeren Zeitraum angelegt zu sein. In dem Lager, das sich auf dem Gelände eines früheren Truppenübungsplatzes der Wehrmacht befand und unmittelbar nach der Besetzung der Stadt Kassel am 4. April 1945 durch die amerikanische Militärregierung eingerichtet worden war, wurden vor allem Nationalsozialisten aus der näheren Umgebung, die öffentliche Ämter bekleidet hatten, interniert.[24] Das spätere Pseudonym „Felix Schwarzenborn" stellt zweifelsohne eine Reminiszenz an dieses Lager dar. Nachdem es zum Jahreswechsel 1945/46 aufgelöst wurde, kam Johann von Leers in das neu eingerichtete „CI Camp 91" nach Darmstadt.

8.2.1 Die Internierung als traumatische Erfahrung

In der von Stacheldraht umzäunten und durch Wachtürme gesicherten Zeltstadt waren zeitweise bis zu 28.000 Menschen von unterschiedlicher Bedeutung interniert: Lokale Parteigrößen, Dorflehrer und Hochschulprofessoren, Angehörige von Polizei und Gestapo, SA- und SS-Führer sowie hochrangige Funktionäre

---

21 Gesine von Leers an Jünger, 17.05.1959 [DLA Marbach, Sig. HS 5294539].
22 Johann von Leers an Mehnert, o. D. [Anfang März 1953] [HStAS, Q 1/30 Bü 36].
23 Zur Abfolge siehe Johann von Leers an Wittfogel, 26.01.1952 [HIA, Collection K. Wittfogel, Box Nr. 29]; Lebenslauf (Ms.), o. D. [um Dezember 1960] [Privatarchiv]. Zu dem Hersfelder Lager in den dortigen Fulda- und Haunewiesen, in dem „für einige Monate bis zu 30.000 deutsche Kriegsgefangene, Zivilisten und NS-Funktionäre bei mangelhafter Versorgung und unter miserablen hygienischen Zuständen untergebracht" waren, siehe KURZ, HANS-OTTO: 1945: Chaos, Not und Neubeginn. Der Kreis Hersfeld und die US-Militärregierung, in: Mein Heimatland. Zeitschrift für Geschichte, Volks- und Heimatkunde 54 (2015) 8, S. 29–32 hier S. 30.
24 DOKUMENTE ZUM ZWEITEN WELTKRIEG. Alliierte Kriegsverbrechen und Verbrechen gegen die Menschlichkeit, Buenos Aires 1953, S. 116–120 (Hersfeld) und 142–145 (Schwarzenborn).

und Beamte der Ministerialbürokratie repräsentierten einen Querschnitt jener Funktionseliten, die als Stützen der NS-Herrschaft zu betrachten waren. Die Zustände in dem Lager, das als größtes der US-Zone galt, wurden lange Zeit durch Mangel bestimmt: Die unzureichende Versorgung vor allem im Hungerwinter 1945/46, notdürftige Unterkünfte und miserable hygienische Verhältnisse prägten das Lagerleben. „Wir frieren in den Nächten und hungern immer", erinnerte sich Johann von Leers noch zehn Jahre später.[25] Hinzu kamen eine korrupte Lagerselbstverwaltung und die bedrückende Hoffnungslosigkeit angesichts kaum vorhandener Beschäftigungsmöglichkeiten.[26] Zu den wenigen Lichtblicken gehörten allenfalls die spärlichen Briefkontakte zu Angehörigen.[27] Sogar der frühere Buchenwald-Häftling Eugen Kogon, der das Internierungslager im März 1947 im Auftrag des Hessischen Ministeriums für politische Befreiung inspizierte, sprach von „notwendigen Reformen", auch wenn dieses sich „zu den nationalsozialistischen Konzentrationslagern von einst wie ein mäßiges Feuer zu den Abgründen der Hölle" verhalte.[28]

An eine politische Umerziehung als eines der angestrebten Ziele der Internierung ließ sich unter diesen Umständen nicht denken. Im Gegenteil: Viele der Internierten sahen sich mit zunehmender Haftdauer eher als Opfer einer fehlgeleiteten und sogar rachsüchtigen Besatzungspolitik denn als „Täter" des NS-Regimes.[29] Die Erlebnisse dieser Monate und Jahre blieben lebensgeschichtlich als traumatische Erfahrung in Erinnerung, die nach Erklärungen verlangte, die mit bisherigen Überzeugungen in Einklang gebracht werden konnten und die Zäsur durch Niederlage und Kapitulation nicht als Bruch erscheinen ließen. Johann von Leers öffnete sich damit ein Weg, antisemitische Deutungsmuster wie das vom jüdischen Krieg gegen Deutschland, der planmäßig seit 1933 vom Zaun gebrochen worden sei, zu aktualisieren, die Niederlage 1945 mit einer in seinen Augen stimmigen Erklärung zu versehen und sich als radikaler Gegner

---

25 LEERS, JOHANN VON: Soll das vergessen sein?, in: Der Weg 10 (1956) 10, S. 599–603, hier S. 603.
26 VOLLNHALS: Entnazifizierung, S. 237 f.
27 Gesine von Leers an Blunck, 01.12.1946 [SHLB, NL Blunck, Cb 92.56: 52a, Bl. 8]: *Wenn Sie meinem Mann mal schreiben wollen, ist hier seine neue Anschrift: Civilian Internment Enclosure 91, ANW, Gemeinde 6, Zelt 12.*
28 KOGON, EUGEN: Der Kampf um Gerechtigkeit, in: Frankfurter Hefte 2 (1947) 4, auszugsweise dokumentiert bei VOLLNHALS: Entnazifizierung, S. 240–243. Siehe auch O.V.: Dr. Kogon berichtet über das Lager Darmstadt, in: Frankfurter Neue Presse vom 24.03.1947.
29 VOLLNHALS: Entnazifizierung, S. 237 f.

der neuen Ordnung zu bekennen, der nicht gewillt war, sich dem *teuflischen Unrecht der Entnazifizierung* zu stellen.[30]

So stand in seiner Gedankenwelt fest, dass er 1945 nicht etwa in die Hände des Kriegsgegners USA geraten war, sondern *der Juden und ihrer amerikanischen Diener*.[31] Wie besessen er von dieser Überzeugung war, zeigen spätere Äußerungen über die Umstände seiner Internierung. In Ohrdruf etwa, zu dessen *Befehlshaber* wie selbstverständlich *der Jude Captain Fleishman* eingesetzt worden sei, habe er so *grauenhaft* an Hunger gelitten, dass ihn die *Blutruhr* ergriff. Lebensmittel, die Einwohner der umliegenden Ortschaften den Internierten zugesteckt hätten, seien *von den Amerikanern auf Befehl des Juden abgenommen* und *verbrannt* worden. In Schwarzenborn, das *der Jude Berry* leitete, habe er *Folterungen bei den Vernehmungen* erlebt, ebenso im Lager Darmstadt, wo es *in erheblichem Umfang* zu *Folterungen* wiederum *durch jüdische Vernehmer* gekommen sei. Solche Deutungen wurden auf grundsätzlich jeden Lebensbereich übertragen und gerieten zu unumstößlichen Glaubenssätzen. Als 1945 *vaterlandstreue Familien* aus ihren Wohnungen *gehetzt* wurden, hätten sie ihr *Hab und Gut Juden und Reichsverrätern* überlassen müssen. Die *Massenschändungen* im Osten *durch Sowjetsoldaten* erfolgten *auf Anstachelung des Juden Ilja Ehrenburg*. Und bei den Verbrechen während der *Austreibungen der Deutschen aus den Ostgebieten* seien es *oft genug Juden* gewesen, die *die polnischen und tschechischen Massen zum Blutvergießen hetzten,* schrieb er 1952.[32] Drei Jahre später erinnerte er sich erneut der *horrible starvation camps,* die durch *vindictive jews* geleitet worden seien.[33] Der Journalist William Stevenson, der Johann von Leers Ende August 1956 in Kairo ausfindig machen sollte (siehe Kap. 9.2.2), zitierte aus einem Dialog mit ihm, wonach „American jews" ihn 1945 in „concentration camps" interniert hätten.[34] Dem Schriftsteller Ezra Pound gegenüber behauptete Johann von Leers 1958, dass er *into the hands of jewish world power* gefallen sein.[35] Und noch im November 1964, wenige Monate vor seinem Tod, schrieb

---

30 Johann von Leers an Wittfogel, 07.06.1952 [HIA, Collection K. Wittfogel, Box Nr. 29]. Zu einer Variante einer solchen Deutung durch Otto Dietrichs siehe KRINGS, STEFAN: Hitlers Pressechef. Otto Dietrich (1897–1952). Eine Biografie, Göttingen 2010, S. 456 f.
31 Johann von Leers an Wittfogel, 26.01.1952 [HIA, Collection K. Wittfogel, Box Nr. 29]. Dort auch die folgenden Zitate.
32 Ebd. Siehe auch Johann von Leers an Wittfogel, 07.06.1952 [HIA, Collection K. Wittfogel, Box Nr. 29].
33 Johann von Leers an Cox, 21.05.1955 [Duke University, NL Earnest Sevier Cox].
34 STEVENSON, WILLIAM: The Borman Brotherhood, New York 1973, S. 126.
35 Johann von Leers an Pound, Juli 1958 [Yale University, Beinecke Rare Book and Manuscript Library, Ezra Pound Papers, YCAL, MSS 43, Box 53, folder 2432].

er über „ces longs mois où la fine fleur du national-socialisme était à la merci des nègres et des pourceaux hébraiques derrière les barbelés".[36]

Zu dieser Verachtung der schon immer bekämpften Feinde von außen trat allerdings eine Erfahrung, die ihn in seiner „Trotzhaltung"[37] als überzeugten Nationalsozialisten bestärkt haben dürfte. Während er selbst nämlich weiterhin treu seinem „Führer" ergeben blieb und zu seiner Weltanschauung stand, musste er erleben, wie frühere Nationalsozialisten sich gegenseitig zu denunzieren begannen, ihrer Gesinnung abschworen, mit den neuen Machthabern kooperierten und „Verrat" übten. Seine Verachtung war umso größer, je höhere Ämter diese früher eingenommen hatten und je niedriger er ihre Motive veranschlagte. „Wenn man in den Lagern erlebt hat, wie die Würdenträger der Partei, angesehene Beamte und dergleichen sich abschworen, ihre Eheringe für Zigaretten vertauschten, ‚immer schon dagegen gewesen waren', ja Kameraden bestahlen und denunzierten, im Dreck vor den feindlichen Bewachungssoldaten nach Zigarettenkippen suchten, so konnte man zu dem Schluss kommen: Aus diesem Volk wird nichts – es ist nach Verlust seiner Besten total verschweint und verkommen", schrieb er im Rückblick 1957 voller Empörung.[38] Namentlich in Erinnerung geblieben war ihm aus dem Lager Schwarzenborn der später ebenfalls nach Argentinien ausgewanderte frühere Reichstagsabgeordnete Karl Vetter (geb. 1895), der, wie Johann von Leers gegenüber Darré beahuptete, *vor den Amis* gekrochen sei und dabei allem abgeschworen habe, *woran er einst geglaubt hatte*.[39] Es zeugt einmal mehr von seiner Verblendung, dass er Standhaftigkeit und Kameradschaft einforderte, obwohl „nackte Konkurrenz" im täglichen Überleben herrschte und immer neue Details über das Ausmaß der nationalsozialistischen Verbrechen „auch manchen überzeugten Nationalsozialisten erschreckten und erschütterten".[40]

Entsprechend radikal waren die Konsequenzen, die Johann von Leers aus diesen Erfahrungen zog. Statt die eigene Weltanschauung einer kritischen Prüfung zu unterziehen und den bisherigen Lebensweg zu hinterfragen, kam es zu einer Kampfansage an die neuen Machthaber, die in einer aggressiven Publizistik ihr Ventil finden sollte. Die Deutung des Lagerlebens als Zeit der Ent-

---

36 Johann von Leers an Chairoff, 15.11.1964, zit. nach CHAIROFF, PATRICE (= IVAN DOMINIQUE CALZI): Dossier Néo-Nazisme, Paris 1977, S. 450.
37 WEMBER: Umerziehung im Lager, S. 171.
38 LEERS, JOHANN VON: Muss man am deutschen Volk verzweifeln?, in: Die Plattform. Völkische Monatsschrift Österreichs für Einigkeit, Recht und Freiheit 6 (1957) Juni, S. 1.
39 Johann von Leers an Darré, 17.05.1952 [BArch, N 1094/I/15].
40 STANGNETH, BETTINA: Eichmann vor Jerusalem. Das unbehelligte Leben eines Massenmörders, Hamburg 2011, S. 90.

behrungen und Erniedrigungen und das vermeintlich würdelose Verhalten ehemaliger Nationalsozialisten festigten seine Gesinnung und bestärkten ihn in seiner Verachtung gegenüber den amerikanischen Besatzern und ihren deutschen Helfern. Er sei, bekundete er später, „lieber Wolf in der Freiheit als Schaf im Pferch".[41] Nirgendwo deutlicher formulierte er diese Kampfansage als in der beschwörenden und drohenden Schlussstrophe eines von ihm verfassten Gedichts unter der Überschrift „Moorfeuer", das 1951 im „Weg" veröffentlicht wurde, ausweislich der Angaben dort aber bereits 1946 im Lager Darmstadt entstanden war: „Moorfeuer steigt aus der Erde, steil auf die Flamme saust, // Sturm trägt hoch sie zum Himmel, wild übers Land sie braust ... // Moorfeuer läuft unter der Erde, niemand es löschen kann; // Moorfeuer ist geduldig, doch sein lohnender Tag kommt heran!"[42] Das Moorfeuer, so konnte dies gelesen werden, symbolisierte das lodernde Feuer der Leidenschaft und Rachegedanken derer, die 1945/46 im Schlamm der Lager unter freiem Himmel inhaftiert waren. Zwar komme es derzeit nicht zum Ausbruch, glimme am Boden aber weiter und werde dereinst zur rächenden Flamme. Damit waren die Prämissen formuliert, an denen Johann von Leers sich künftig orientieren wollte.

8.2.2 Geschichtsrevisionistische Politisierung

Diese Kampfansage artikulierte sich später in zahlreichen Pamphleten, insbesondere aber in einer Dokumentensammlung, in der die Erfahrungen ehemals Internierter zu den Nürnberger Prozessen in Bezug gesetzt wurden, um in die hochgradig politisierte „Kriegsverbrecherfrage" einzugreifen. Diese Debatte, die unterschiedlichste Aspekte wie etwa die Kriegsverbrecherprozesse, die Entnazifizierung oder die politische Säuberung vermengte, hatte zwar schon lange vor Gründung des westdeutschen Teilstaates eingesetzt und selbst im Parlamentarischen Rat zeitweise die politische Agenda bestimmt. Nur selten aber waren derart schrille Töne über „alliierte Willkür" zu vernehmen, wie sie die radikalen Verneiner eines um Kompromisse bemühten Vorgehens, wie es etwa die Juristen des „Heidelberger Kreises"[43] repräsentierten, hier formulierten. Seinen Ausgang hatte dieses Netzwerk der Verweigerer in den Zelten des Lagers Darmstadt genommen.

An ihrer vergangenheitspolitischen Mission ließen die Herausgeber der Veröffentlichung, die im Herbst 1953 in Buenos Aires im Dürer-Verlag erschien,

---

41 LEERS: Muss man am deutschen Volk verzweifeln?, S. 1.
42 Der Weg 5 (1951) 1, S. 50. Im unmittelbaren Anschluss daran findet sich der Beitrag „Jus rebellionis" von A. Euler (= von Leers).
43 FREI, NORBERT: Vergangenheitspolitik. Die Anfänge der Bundesrepublik und die NS-Vergangenheit, München ²1997, S. 166.

keinen Zweifel.⁴⁴ Das in den Reichsfarben Schwarz-Weiß-Rot gehaltene Cover kündigte „Dokumente zum Zweiten Weltkrieg" an, präzisierte aber sogleich, dass es um „Alliierte Kriegsverbrechen und Verbrechen gegen die Menschlichkeit" ging, wie sie, so das Vorwort, „im Jahre 1946 von Internierten des Lagers 91 Darmstadt" bezeugt worden seien. Die Vorwürfe beruhten auf „Eidesstattlichen Versicherungen", die ein „Arbeitsausschuss internierter Juristen" zwischen April und Juli 1946 zusammengetragen haben will. Etwa 6.000 Augenzeugen hätten dazu Erklärungen über „erlebte Verstöße gegen die Kriegsregeln von Seiten der Alliierten" abgegeben, die zumeist auf die Wochen und Tage vor der Kapitulation und die unmittelbar folgende Besatzungszeit zu datieren waren. Das Ziel der Dokumentensammlung bestand ursprünglich darin, den Angeklagten im Prozess gegen die Hauptkriegsverbrecher zu entlastendem Material zu verhelfen: Der Arbeitsausschuss hatte sich nämlich angeblich „auf Ersuchen der Nürnberger Verteidigung" im Internationalen Militärtribunal gebildet. Das rund 300 Seiten umfassende Material, das seine Mitarbeiter „sorgfältig geprüft und in sechsfacher Ausfertigung zusammengestellt" hätten, sollte denn auch „von Hermann Göring in seiner Schlussrede dem IMT in Nürnberg vorgelegt werden". Diese eigentliche Zielsetzung blieb der Dokumentensammlung jedoch versagt. Göring jedenfalls erreichte das Material nicht. Glaubt man dem anonymen Autor des Vorworts der späteren Schrift, der über genaue Kenntnisse des Vorgangs zu verfügen schien, spielte schon damals „Verrat" eine Rolle. Der „deutsche Lagerkommandant" nämlich, dessen Nachname nicht verschwiegen wurde, habe seinerzeit „die Angelegenheit den Amerikanern hinterbracht", die dann die „Beschlagnahme und Verbrennung des Materials befahlen". Einer Gruppe von „ausbrechenden Lagerinsassen" allerdings sei es gelungen, dass „rechtzeitig" das „Original und eine Kopie" des Manuskripts „herausgeschleust und in Westdeutschland verborgen werden" konnten.⁴⁵ Offen blieb, auf welchem Wege das Material schließlich seinen Weg nach Argentinien gefunden hat.

Obgleich die Dokumentensammlung weder einen Herausgeber nannte noch Mitarbeiter namentlich aufführte, ist davon auszugehen, dass Johann von Leers schon während seiner Internierung an der Zusammenstellung der „Eidesstattlichen Versicherungen" beteiligt gewesen ist und später von Argentinien aus die Vorbereitung der Veröffentlichung unterstützte. Als er sich dort bald nach seiner Ankunft neuerlich mit der *blöden und öden ‚reeducation'-Literatur* konfrontiert sah, *die die Amis in Deutschland verbreiten,* dürften ihm auch die Darmstädter

---

44 DOKUMENTE ZUM ZWEITEN WELTKRIEG. Alliierte Kriegsverbrechen und Verbrechen gegen die Menschlichkeit, Buenos Aires 1953. Zur Verlagsankündigung siehe: Der Weg 7 (1953) 9, S. 617.
45 DOKUMENTE ZUM ZWEITEN WELTKRIEG, S. 6.

Dokumentensammlung als Gegenentwurf vor Augen gestanden haben.[46] Wie genau er um die Hintergründe der Schrift Bescheid wusste, lässt zudem eine Bemerkung erahnen, das Buch sei nach seinem Erscheinen *bezeichnenderweise im Rheinbunddeutschland verboten* worden.[47] Bei dieser Behauptung handelte es sich zwar offenkundig um ein Gerücht. Gleichwohl stellt sich die Frage, weshalb die Schrift erst 1953 erschienen ist und überdies im Ausland verlegt werden musste. Man habe mit der Herausgabe „lange gezögert", schrieben die Herausgeber in ihrer Ankündigung.[48] Als es dann dazu kam, war das Material schon mehrere Jahre alt.

Eine Erklärung ist vermutlich, dass in der Bundesrepublik zunächst kein Verlag das Risiko einer Veröffentlichung auf sich zu nehmen bereit war, lief er doch Gefahr, dafür juristisch belangt zu werden. Der Dürer-Verlag dagegen konnte aus sicherer Distanz agieren und musste strafrechtliche Konsequenzen nicht unmittelbar fürchten. Ausschlaggebend dürfte aber gewesen sein, dass eine Veröffentlichung nicht opportun erschienen war, solange unter den Herausgebern noch Hoffnung auf eine politische Lösung der „Kriegsverbrecherfrage" bestand, bei der die Urteile vor den Gerichtshöfen der Alliierten revidiert worden wären. Spätestens nach der Vollstreckung der Todesurteile von Landsberg im Januar 1951 aber und durch die Politik großzügiger Begnadigung und Freilassung, die klar machen musste, dass jene, die weiterhin im Gefängnis saßen, sich schlimmster Verbrechen schuldig gemacht hatten, schien die anfängliche Zurückhaltung überflüssig. Insofern passte die Veröffentlichung 1953 bestens zum Profil des Dürer-Verlags und des „Wegs", das seit Herbst 1950 maßgeblich durch Johann von Leers bestimmt wurde.

Die vergangenheitspolitische Mission der Herausgeber legte schon die Wortwahl auf dem Cover offen, das Beiträge über „Alliierte Kriegsverbrechen" und „Verbrechen gegen die Menschlichkeit" ankündigte und sich bewusst an die Terminologie der Nürnberger Prozesse anlehnte. Die dazu protokollierten Berichte mochten auf Tatsachen beruhen. Wie maßlos überzogen die Anklage war, zeigen indessen zahlreiche Beispiele, die den ungeordneten Zuständen im Frühjahr 1945 geschuldet waren, als die Alliierten sich mit einem Millionenheer von Kriegsgefangenen konfrontiert sahen. Diese „Tatbestände" standen in keiner Relation zu den „Verbrechen gegen die Menschlichkeit", die in Nürnberg verhandelt wurden. Solche Schieflagen hielten die Herausgeber freilich nicht davon ab, Parallelen zu den Exzessen der Nationalsozialisten zu suggerieren.

---

46 Johann von Leers an Wittfogel, 01.11.1950 [HIA, Collection K. Wittfogel, Box Nr. 29].
47 Johann von Leers an Jünger, 17.05.1959 [DLA Marbach, Sig. HS 5294539].
48 Siehe Verlagsankündigung in: Der Weg 7 (1953) 9, S. 617.

Ihre Dokumentensammlung, behaupteten sie denn auch, sei „durch das völkerrechtswidrige Verhalten der Siegermächte des Zweiten Weltkrieges gegenüber den Besiegten notwendig geworden". Es verwundert deshalb nicht, dass Vorwort und Einleitung zahlreiche Erklärungsmuster und Deutungen enthalten, die zum Repertoire des rechtsextremen Geschichtsrevisionismus gehören.

Dies zeigte sich in der Behauptung, der Alltag in den Lagern der westlichen Alliierten sei von „bewusster Zuwiderhandlung gegen die Kriegsregeln" geprägt gewesen, was sich keineswegs als „einzelne Verirrungen" abtun lasse. Stattdessen sahen die Autoren darin eine Fortsetzung der „alliierten Kriegsführung gegen das Deutsche Volk", die „neben dem Dresden vom Februar 1945" nunmehr durch „unzählige ‚kleinere Dresden'" gekennzeichnet sei.[49] Hinzu kam, dass die Rechtmäßigkeit der Prozesse in Frage gestellt wurde. Urteile erschienen demnach nicht als Teil eines geordneten Verfahrens, sondern galten als Ausdruck von „Hass und Vergeltungswahn" der Sieger, die sie „vor der Geschichte und der Weltöffentlichkeit" deshalb „null und nichtig" machten. Vor allem die westlichen Alliierten musste sich zudem scharfe Angriffe gefallen lassen, hätten sie doch durch ihr „störrisches Verhalten" im Frühjahr 1945 den „gemeinsamen Neubeginn hintertrieben". Verbrechen der Wehrmacht wiederum, deren abgeurteilte Führungsspitze noch nicht vollständig aus der Landsberger Haft entlassen war, wurden nicht etwa relativiert, sondern schlicht geleugnet.[50] Die Absicht des Buches, erklärten die Autoren, bestehe jedoch keineswegs darin, „ein zweites Nürnberg" unter „umgekehrten Vorzeichen" zu fordern. Ebenso wenig gehe es darum, „den Schild des deutschen Soldaten reinzuwaschen", sei dieser doch „vor der Geschichte [...] nie beschmutzt gewesen". Demzufolge wurde auch nicht die Forderung nach einer „Begnadigung" erhoben, sondern die „sofortige Niederschlagung schwebender Verfahren und Freilassung [...] aller noch inhaftierten deutschen und verbündeten Soldaten".

Besondere Wirkung versprachen sich die Herausgeber zudem durch den Autor, der sich für ein Vorwort gefunden hatte.[51] Emmanuel J. Reichenberger (1888–1966), ein römisch-katholischer Priester, stand aufgrund seines Lebensweges nicht in Verdacht, ein Parteigänger der Nationalsozialisten gewesen zu sein. In Bayern geboren, war er um die Jahrhundertwende nach Böhmen übergesiedelt, wo er sich der sudetendeutschen völkischen Bewegung anschloss. Das Münchener Abkommen 1938 veranlasste ihn allerdings zur Emigration erst nach Frankreich und Großbritannien, dann in die USA. Seit 1945 profilierte er

---

49 Dokumente zum Zweiten Weltkrieg, S. 6.
50 Siehe Schwartz, Thomas A.: Die Begnadigung deutscher Kriegsverbrecher. John J. McCloy und die Häftlinge von Landsberg, in: VfZ 38 (1990), S. 375–414.
51 Dokumente zum Zweiten Weltkrieg, S. 7 f.

sich dort als scharfer Kritiker nicht nur der zeitweilig von den Alliierten vertretenen „Kollektivschuldthese", sondern auch der Vertreibung der Deutschen aus dem Osten, wie etwa Beneš sie forcierte. Aufgrund der von ihm initiierten Hilfsaktionen und seiner öffentlichen Reden galt er bald als „Vater der Heimatvertriebenen". Zugleich hielt er aber an seinem „dumpfen Antisemitismus" fest und scheute auch nicht die Zusammenarbeit mit Rechtsextremisten.[52] Den Lesern des „Wegs" beispielsweise hatte er sich seit 1951 durch eine Reihe von Kommentaren zum Zeitgeschehen empfohlen.[53] Seine Geschichtsklitterung setzt er nunmehr in dem Dokumentenband fort.

In seinem Vorwort („Chicago, 4. November 1952") mahnte er unterschiedslos „alle Menschen guten Willens" zu dem Eingeständnis, „dass auf beiden Seiten Unrecht geschah", das es „gemeinsam [zu] überwinden" gelte, um so „das Pharisäertum und den Hass [zu] begraben". Eine „Wiedergutmachung" dürfe deshalb nicht allein vom deutschen Volk verlangt werden, sondern müssten auch ihre ehemaligen Kriegsgegner leisten: Solange nämlich „die Sieger des Schlachtfeldes als Engel des Lichtes paradieren", während „die Besiegten als Teufel der Finsternis hingestellt" würden, könne es „keinen Frieden geben". Auch seine Forderung nach „Wahrheit und Gerechtigkeit" bewegte sich ganz in den Bahnen der geschichtsrevisionistischen Intentionen der Herausgeber: Die Prozesse der Alliierten waren in seinen Augen „als Recht maskierte Verbrechen", während von den Nationalsozialisten allenfalls „Untaten" begangen worden seien, die „heute aufgebauscht und verallgemeinert" würden, unter anderem auch durch Hinweise auf das „erfundene Unrecht", das Deutsche begangen hätten. Reichenberger verstieg sich gar zu der Behauptung, „Lynchgerichte" hätten in Nürnberg Urteile gesprochen, denen es an jeglicher „Gerechtigkeit" fehle. Noch heute säßen deshalb „ungezählte Opfer" dieser „Lynchjustiz" hinter Stacheldraht und Kerkermauern, von denen viele „kein anderes Verbrechen begingen, als dass sie für ihr Vaterland kämpften und nicht zu Verbrechern wurden, die man in jedem Land mit normalen Ehr- und Sittlichkeitsbegriffen verachtet – oder

---

52 Zur Biografie Reichenbergers siehe WEGER, TOBIAS: „Volkstumskampf" ohne Ende? Sudetendeutsche Organisationen 1945–1955 (Die Deutschen und das östliche Europa, Studien und Quellen 2), Frankfurt am Main 2008, S. 175–179; HAHN, EVA/HAHN, HANS HENNING: Die Vertreibung im deutschen Erinnern. Legenden, Mythos, Geschichte, Paderborn/München/Wien/Zürich 2010, S. 36–38.
53 REICHENBERGER [EMMANUEL J.]: Verschwörung des Schweigens, in: Der Weg 5 (1951) 5/6, S. 405 f.; DERS.: Die Schicksalsfrage, in: Der Weg 6 (1952) 2, S. 128–135; DERS.: Wachet auf und wecket einander!, in: Der Weg 6 (1952) 5, S. 357–360; DERS.: Gedanken zum sowjet-russischen Friedensvorschlag, in: Der Weg: 6 (1952) 6, S. 409–414; DERS.: Präsidentenwahl, in: Der Weg 6 (1952) 8, S. 553–555; DERS.: Antwort an Kellermann 6 (1952) 11, S. 789–791 und DERS.: Generalvertrag mit Deutschland, in: Der Weg 6 (1952) 12, S. 861–863.

zum Galgen bringt". Die Legitimität dieser Prozesse stellte er ohnehin in Frage, seien doch, wie er mit Blick auf Prozessbeteiligte aus der Sowjetunion schrieb, einige der Richter selbst nicht frei von Schuld: „Wer selbst Unrecht beging", so Reichenberger angesichts der „Morde von Katyn", habe „das Anrecht verwirkt, als Ankläger aufzutreten und Richter zu spielen".

Reichenbergers Appell, die Dokumentensammlung möge „indirekt eine Aufforderung" darstellen, „die vorgelegten Tatsachen zu überprüfen", um, wie es in Widerspruch zu den Herausgebern hieß, die eigentlich Schuldigen „nach den Grundsätzen des Nürnberger Gesetzes" zur Verantwortung zu ziehen, war allerdings zu abstrus, um ernst genommen zu werden. Ob die Herausgeber damit rechneten, Einfluss auf den weiteren Umgang mit „Kriegsverbrechern" zu nehmen, ist ohnehin fraglich.[54] Als nämlich die Dokumentensammlung 1953 erschien, hatte die öffentliche Debatte darüber ihren Höhepunkt bereits überschritten. Die Bedeutung der Schrift dürfte denn eher auch darin liegen, jenen „Ausgeschlossenen" sinnstiftende Argumente an die zu Hand geben, die am „Jus rebellionis" gegen die gesellschaftlichen Verhältnisse, das Johann von Leers bereit 1951 eingefordert hatte, nicht zweifelten, für ihr „grundsätzliches Nein" aber nach Begründungen verlangten. Insofern ist die Dokumentensammlung vor allem als Teil jener geschichtsrevisionistischen Literatur anzusehen, die seit Gründung der Bundesrepublik in großem Umfang produziert worden ist. Den Herausgebern kam dabei entgegen, dass ihre Wertungen in Teilen der westdeutschen Bevölkerung mit Zustimmung rechnen konnten. Bereits in einer Analyse im Frühjahr 1948 fasste das „Office of Intelligence Research" Erkenntnisse verschiedener Befragungen damit zusammen, Internierungslager, Spruchkammern und Entnazifizierung stellten in den Augen vieler Betroffener nichts anderes als eine „grausame Verfolgung" dar, die „selbst naziähnliche Methoden anwende", indem sie „Menschen den Prozess mache und sie in ‚Konzentrationslagern' gefangen halte".[55] Obgleich über die Auflage der Dokumentensammlung und ihre Verbreitung in der Bundesrepublik nichts bekannt ist, kann doch davon ausgegangen werden, dass sie in nicht geringem Maße jenen Teil der Bevölkerung anzusprechen vermochten, der den Prozessen gegen Kriegs-

---

54 Zu den wenigen nachweisbaren „Rezensionen" siehe Zeitschrift für Geopolitik 24 (1953), S. 691. Unter der Überschrift „Tu quoque?" beschränkte sich diese auf bibliografische Angaben zu dem Buch.
55 Office of Intelligence Research. Report Nr. 4626, 15.04.1948: Der gegenwärtige Stand der Entnazifizierung in Westdeutschland und Berlin, zit. nach SÖLLNER, ALFONS (HRSG.): Zur Archäologie der Demokratie in Deutschland, Bd. 2: Analysen von politischen Emigranten im amerikanischen Außenministerium, 1946–1949, Frankfurt am Main 1986, S. 217–249, hier S. 230.

verbrecher wie überhaupt der Politik der Entnazifizierung ablehnend gegenüberstand und darin, in Anlehnung an Johann von Leers, eine „in die Form des Rechtes gekleidete Verfolgung"[56] sehen wollte. Wie sehr sie die Stimmung dieser Kreise beeinflusste, wird auch daraus ersichtlich, dass Nachdrucke davon bis heute vertrieben werden.[57]

8.3 „Onkel Hans": Spuren und Konturen der Illegalität seit 1947

Die feindselige Haltung gegenüber den Alliierten und ihrer Politik brachte Johann von Leers schnell in eine grundsätzliche Opposition zu den neuen Verhältnissen und den dafür in seinen Augen verantwortlichen *Schinder[n]*. Von *Anbeginn* seiner *Gefangenschaft* an habe deshalb für ihn festgestanden, *nichts anzuerkennen, was die Teilungsmächte in Deutschland einführten und schaffen wollten, weder ihren Kommunismus noch ihre Demokratie, noch die Teilung Großdeutschlands noch irgendetwas*[58], schrieb er einige Jahre später aus sicherer Distanz in seiner neuen Heimat Argentinien. Der Weg dorthin jedoch gestaltete sich verschlungen. Das gilt bereits für seine Flucht aus dem Internierungslager. Am 13. Dezember 1946 entwich Johann von Leers aus dem *concentration camp* Darmstadt und tauchte unter dem Namen „Hans Alexander Euler" in die Illegalität ab.[59] Angesichts der unzureichenden Sicherung des Geländes war die Flucht offensichtlich gefahrenlos möglich.[60] Vergleichbare Aktionen fanden denn

---

56 LEERS, JOHANN VON: Der Rechtsstaat als Maske, in: Der Weg 8 (1954) 10, S. 695–698.
57 Alliierte Kriegsverbrechen und Verbrechen gegen die Menschlichkeit. Zusammengestellt und bezeugt im Jahre 1946 von Internierten des Lagers 91, Kiel ²1997, ³2001. Die Neuauflagen erschienen im rechtsextremen Arndt-Verlag.
58 Johann von Leers an Zierer, 08.05.1954 [Privatarchiv].
59 Johann von Leers an du Bois, 08.06.1955 [University of Massachusetts Amherst Libraries, Special Collections and University Archives, W. E. B. Du Bois Papers, MS 312]; Johann von Leers an Pound, Juli 1958 [Yale University, Beinecke Rare Book and Manuscript Library, Ezra Pound Papers, YCAL, MSS 43, Box 53, folder 2432]. Zur gelegentlichen Datierung auf den 12. Dezember 1946 siehe Johann von Leers an Brunow, 19.09.1958, zit. nach Dokumente der Gegenwart. Neue Veröffentlichungen und Urkunden zur Zeitgeschichte (Bd. VI), Pähl/Oberbayern 1963, S. 147 f. Datierungen auf das Jahr 1947, wie sie später ebenfalls vorkamen, beruhen auf Erinnerungslücken. Siehe Lebenslauf Prof. Dr. Johann von Leers (Ms.), o. D. [NL H. Achmed Schmiede].
60 Zur Flucht Otto Skorzenys im Sommer 1948 siehe RIEGLER, THOMAS: „The Most Dangerous Man in Europe"? Eine kritische Bestandsaufnahme zu Otto Skorzeny, in: JIPSS 11 (2017) 1, S. 15–61, hier S. 25. Für die Lager der Britischen Besatzungszone siehe WEMBER: Umerziehung im Lager, S. 106.

auch regelmäßig statt.[61] Keinesfalls ungewöhnlich war zudem der Schritt, eine neue Identität anzunehmen. Die Zahl belasteter Nationalsozialisten, die sich in der Nachkriegszeit auf diese Weise tarnten, um einem Urteilsspruch der Alliierten und der Entnazifizierung zu entgehen, wird auf rund 100.000 geschätzt.[62]

Rätselhaft bleibt jedoch, weshalb Johann von Leers weder in den Tätigkeitsberichten der „Inneren Lagerverwaltung" noch im zentralen Fluchtregister des Lagers aufgeführt wird.[63] Überraschenderweise ist sein Name nicht einmal in der Lagerkartei überliefert. Eine Erklärung dafür könnte darin liegen, dass das Lager Darmstadt zum 1. November 1946 in deutsche Verwaltung übergegangen war, die amerikanischen Behörden sich aber weiterhin die Zuständigkeit für eine kleinere Gruppe vorbehielten, zu der insbesondere Angehörige der SS zählten. Diese Gruppe, der Johann von Leers zugerechnet werden kann, wurde in der eigentlichen Lagerstatistik möglicherweise nicht berücksichtigt.

Spekulativ bleiben zudem Angaben über die spektakulären Umstände der Flucht, die Johann von Leers und seine Angehörigen später immer wieder verbreitetet haben. Demnach soll es einer Gruppe inhaftierter SS-Angehöriger gelungen sein, einen Tunnel auszuheben, durch den einige von ihnen entweichen konnten. Spätere Anspielungen auf seine *unterirdische Arbeit* konnten insofern doppeldeutig gelesen werden.[64] Genauere Auskünfte blieben die Urheber allerdings schuldig.[65] Keine gesicherten Angaben lassen sich zudem über jene „Fluchtseilschaften"[66] machen, die Johann von Leers anschließend eine Unterkunft verschafften und zu gefälschten Ausweisdokumenten verhalfen. Die Bedeutung der Lagergemeinschaft als Kontaktbörse und „Sozialisationsfeld"[67] für die Zeit nach einer Flucht oder Freilassung darf gleichwohl nicht unter-

---

61 Siehe KOGON: Der Kampf um Gerechtigkeit. Die Zahl der Flüchtigen für den Zeitraum zwischen dem 1. November 1946 und dem 5. März 1947 wird dort mit 121 angegeben.
62 Siehe WEMBER: Umerziehung im Lager, S. 27; NIETHAMMER, LUTZ: Die Mitläuferfabrik. Die Entnazifizierung am Beispiel Bayerns, Bonn 1982, S. 570 sowie bereits BÖTTCHER, KARL WILHELM: Menschen unter falschen Namen, in: Frankfurter Hefte 4 (1949) 6, S. 492–511.
63 Tätigkeitsberichte der Lagerverwaltung, 16.12.1946 und 01.01.1947. Unter den dort registrierten 22 Namen wird Johann von Leers nicht aufgeführt. Für den 13. Dezember 1946 ist überhaupt keine Flucht verzeichnet [HHStAW, Bestand 521/30, Bl. 436 und 497]. Siehe auch Fluchtregister Nr. 1–549 für die Jahre 1946 bis 1949 [HHStAW, Bestand 521/189].
64 Johann von Leers an Wittfogel, 26.01.1952 [HIA, Collection K. Wittfogel, Box Nr. 29].
65 Siehe beispielhaft die vermutlich auf Erinnerungen der Tochter beruhende und von Sennholz überlieferte Kolportage: „Abseits des Lagers warteten bereits einige Fluchthelfer, welche die Flüchtigen mit geräumigen Limousinen in Sicherheit brachten." SENNHOLZ: Johann von Leers, S. 283.
66 STEINACHER, GERALD: Nazis auf der Flucht. Wie Kriegsverbrecher über Italien nach Übersee entkamen (Innsbrucker Forschungen zur Zeitgeschichte, Bd. 26), Innsbruck 2008, S. 259.
67 Siehe HACHMEISTER, LUTZ: Der Gegnerforscher. Die Karriere des SS-Führers Franz Alfred Six, München 1998, S. 297.

schätzt werden. Dies gilt umso mehr, hält man sich die zahlreichen prominenten Namen vor Augen, die zum Teil sogar zeitgleich mit Johann von Leers in Darmstadt interniert gewesen sind. Viele von ihnen kannte er aus seinen früheren Netzwerken, so etwa Wilhelm Ziegler oder Werner Otto von Hentig.[68] Hinzu kamen neue Kontakte, von denen sich einige im weiteren Lebensweg als nützlich erwiesen haben dürften. Beispielhaft genannt werden kann der SS-Führer Franz Rubatscher (geb. 1908), der nach seiner Freilassung Ende November 1946 die Flucht und Auswanderung einer Gruppe von Österreichern aus Südtirol nach Argentinien organisierte, wohin er ihnen im Oktober 1947 selbst folgte.[69] Eine Rolle spielten dabei solche SS-Angehörige, die in der Selbstverwaltung des Lagers wichtige Stellen besetzten und den Alltag bestimmten.[70] In Darmstadt beispielsweise hielten internierte Hochschullehrer in einer Lageruniversität Vorlesungen ab, an denen sich offensichtlich auch Johann von Leers beteiligte.[71]

Die Bedeutung dieser Gruppenbildung war schon zeitgenössischen Beobachtern aufgefallen. Zwar könne von einer „nationalsozialistischen Untergrundbewegung" in dem Lager „nicht gesprochen werden", hielt Kogon 1947 nach seinem Besuch in Darmstadt fest, wohl aber „von einer mehr oder minder weitreichenden Korruption, die ihre Fäden teilweise bis weit in das Land hinein ausdehnt".[72] Andeutungen darauf finden sich auch in Korrespondenzen von Johann von Leers: So rühmte er sich später des Umstandes, an der weiteren *Flucht von Kameraden* beteiligt gewesen zu sein, die *in Gefahr waren, an die Tschechei, Polen oder Jugoslawien ausgeliefert zu werden.*[73]

---

68 Von Hentig war 1945/46 in Darmstadt, in seiner Diktion ebenfalls ein „Konzentrationslager", interniert. Ein Kontakt mit Johann von Leers ist deshalb nicht ausgeschlossen. Siehe HENTIG, WERNER OTTO VON: Mein Leben. Eine Dienstreise, Göttingen 1962, S. 370 f.; DERS.: Im Auswärtigen Dienst während des Dritten Reiches, in: Frankfurter Hefte 10 (1955) 4, S. 194–198, hier S. 197.
69 Zu Rubatscher siehe STEINACHER: Nazis auf der Flucht, S. 265 f.
70 SCHICK: Die Internierungslager, S. 306–309, 316. Siehe zeitgenössisch O.V.: Braunes Zeltlager, in: SPIEGEL 1 (1947) vom 12.04.1947.
71 Auskunft Gesine von Leers [Interview 26.02.2006]. Zu dieser Form der Weiterbildung in Internierungslagern siehe die Beschreibung bei SALOMON, ERNST VON: Der Fragebogen, Hamburg 1991, S. 641 f.; HENTIG: Mein Leben. Eine Dienstreise, S. 376 f.
72 Zit. nach Dr. Kogon berichtet über das Lager Darmstadt, in: Frankfurter Neue Presse vom 24.03.1947.
73 Johann von Leers an Wittfogel, 14.04.1951 [HIA, Collection K. Wittfogel, Box Nr. 29]. Siehe auch Johann von Leers an Truhill, 25.02.1954 [WLA].

8.3.1 Fluchtmotive

Glaubt man Johann von Leers, reichte die *Vorbereitung von Fluchtplänen* bereits auf die Internierung in Ohrdruf zurück. Schon damals begann er sich mit dem Gedanken zu tragen, in die Illegalität abzutauchen.[74] Im Herbst 1946 schien ihm dieser Schritt unausweichlich zu sein. Ein Motiv dafür waren von Anfang an die Haftbedingungen. Die notdürftigen Unterkünfte in den ersten Wochen und Monaten nach der Kapitulation und die unzureichende Versorgung in den *berüchtigten Hungerlagern* brannten sich als *Qual* tief in sein Gedächtnis ein. Tagelang will er an *Bewusstseinsstörungen* gelitten haben.[75] „Hätte man Tiere so eingesperrt, so wären die Tierschutzvereine in Massen angerückt", schrieb er über das Lager Schwarzenborn, in dem „Hungerödeme und der Erschöpfungstod" zum Alltag zählten.[76] Hinzu kamen die scharfen Verhöre durch Vernehmer der amerikanischen Besatzungsbehörden, die in seinen Augen jene in den USA herrschenden Kräfte repräsentierten, die es einzig auf eine *Zerstörung und Verknechtung Deutschlands* abgesehen hätten und denen er folglich jede Legitimation absprach.[77] Auf eine baldige Entlassung konnte er dennoch nicht hoffen. Das galt zumal, nachdem in der amerikanischen Zone seit Herbst 1946 die Entnazifizierung weitgehend auf deutsche Behörden übergegangen war und Spruchkammern ihre Arbeit aufnahmen. Zwar gab sich Gesine von Leers im Sommer 1946 der Illusion hin, ihr Mann rechne *täglich* mit seiner *Entlassung*.[78] Mit der SS sei er schließlich allein aufgrund eines *Ehrenranges* verbunden gewesen, habe ansonsten aber *gar nichts* mit dieser tun gehabt, wie sie voller Überzeugung behauptete.[79] Als aber das Hessische Ministerium für Politische Befreiung kurz darauf damit begann, Spruchkammern in den Lagern einzurichten, um die unter automatischem Arrest Internierten abzuurteilen, zeichnete sich ab, dass Johann von Leers sich auf ein langwieriges Verfahren einstellen musste.[80] „Wann wir

---

74 Johann von Leers an Wittfogel, 26.01.1952 [HIA, Collection K. Wittfogel, Box Nr. 29].
75 Johann von Leers an Wittfogel, 14.04.1951 und 26.01.1952 [HIA, Collection K. Wittfogel, Box Nr. 29]. Siehe auch Erklärung von Professor v. Leers (Ms.), Kairo o. D. [um Dezember 1960] [Privatarchiv].
76 EULER, A.: In wessen Auftrage? LIFE hetzt gegen Dr. Malan, in: Der Weg 5 (1951) 2, S. 123–125, hier S. 123.
77 Johann von Leers an Wittfogel, 26.01.1952 und, erneut und mit Variationen, Johann von Leers an Wittfogel, 07.06.1952 [HIA, Collection K. Wittfogel, Box Nr. 29].
78 Gesine von Leers an Blunck, 04.08.1946 [SHLB, NL Blunck, Cb 92.56: 52a, Bl. 6]. Siehe auch Gesine von Leers an Blunck, 16.09.1946: *Ich hoffe so sehr, dass mein lieber Mann im Oktober frei kommt* [SHLB, NL Blunck, Cb 92.56: 52a, Bl. 7].
79 Gesine von Leers an Blunck, 01.12.1946 [SHLB, NL Blunck, Cb 92.56: 52a, Bl. 8].
80 KOGON: Der Kampf um Gerechtigkeit.

aus der Internierung herauskommen werden, weiß niemand", erinnerte er sich später der Ungewissheit, die ihn und seine Familie erfasste.[81]

Entscheidend für die Flucht dürfte allerdings die nicht unbegründete Annahme gewesen sein, als Angeklagter in einem der alliierten Prozesse gegen Kriegsverbrecher zur Rechenschaft gezogen zu werden. Tatsächlich liegen Anhaltspunkte vor, dass ein solcher Schritt zeitweise in Erwägung gezogen wurde. So war Johann von Leers bereits ins Visier der Mitarbeiter des Office of Strategic Services (OSS) geraten, die eine Reihe von Studien erstellten, in denen sie die Voraussetzungen zur Ahndung nationalsozialistischer Verbrechen untersuchten.[82] Ein Beispiel ist die unter anderem von dem Emigranten Herbert Marcuse ausgearbeitete Serie „Nazi Plans for Dominating Germany and Europe", die im Juli 1945 abgeschlossen worden war. In dem Pamphlet „Juden sehen Dich an", das in einem Parteiverlag erschienen war und somit offiziösen Charakter trug, sahen ihre Verfasser einen Beleg dafür, dass die Nationalsozialisten schon in der frühen Phase ihrer Herrschaft terroristische Akte und Mordanschläge auf Gegner geduldet und befördert hätten.[83]

Parallel zu den Analytikern des OSS sondierte der Jurist Hans Reichmann, auf welcher Grundlage Johann von Leers strafrechtlich belangt werden könnte. Zwar tat er dies im Auftrag des Jewish Central Information Office (JCIO), doch zu seinen Adressaten zählten offensichtlich Mitarbeiter der Arbeitsstäbe, die die Kriegsverbrecherprozesse vorbereiteten. Die Materialien, die durch das Informationsbüro zusammengestellt wurden, seien von allen Alliierten *für die seit langem vorbereiteten Prozesse benutzt* worden und hätten so dazu *beigetragen, dass die Verbrechen des Naziregimes wenigstens zu einem gewissen Teil gesühnt werden,* stellte er mit Genugtuung fest.[84]

Auch Reichmann, dem Johann von Leers noch aus den frühen 1930er Jahren bekannt war (siehe Kap. 3.2.4), berief sich auf das Pamphlet „Juden sehen Dich

---

81 Leers: Soll das vergessen sein?, S. 603.
82 Laudani, Raffaele (Hrsg.): Secret Reports on Nazi Germany. The Frankfurt School Contribution to the War, Princeton (New Jersey) 2013.
83 OSS, Nazi Plans for Dominating Germany and Europe: The Attitude of the NSDAP toward Political Terror, Washington 1945, S. 55: *Additional evidence that the Nazis condoned the acts of terrorism and murder committed by their colleagues is provided in a pamphlet entitled "Jews Are Looking At You".* Siehe auch OSS, Nazi Plans for Dominating Germany and Europe: The Master Plan (Vol. 1), Washington 1945. In dem am 12. Juni abgeschlossenen Bericht dient die „Kurzgefasste Geschichte des Nationalsozialismus" von Johann von Leers aus dem Jahre 1933 dazu, den gewalttätigen Charakter der NSDAP zu begründen. Zum Dokument https://digital.library.cornell.edu/catalog/nur00562 [Eingesehen am 11.10.2022].
84 Jüdischer Kampf gegen den Nationalsozialismus, o. D. [um 1961], S. 4. Siehe auch Reichmann (United Restitution Organisation) an Aronsfeld (Wiener Library), 04.07.1961 [LBI, Max Kreutzberger Collection 1848–1998, Bd. 13].

an", um eine nach dem Strafgesetzbuch des Deutschen Reiches von 1871 strafbare Anstiftung zum Mord („Incitement to Murder") zu begründen. Anhänger der NSDAP seien, argumentierte er, durch die Abbildung prominenter Juden und Regimegegner, die als „Ungehängt" verunglimpft wurden, nicht nur zum Mord angestiftet worden, sondern dieser Aufforderung auch nachgekommen. Als Beleg dafür diente ihm insbesondere die „Dokumentensammlung über die Entrechtung, Ächtung und Vernichtung der Juden in Deutschland seit der Regierung Adolf Hitler", die das JCIO im Spätherbst 1936 der Öffentlichkeit vorgestellt hatte. Die Sammlung enthielt auf rund 250 Seiten *Originalberichte deutscher Zeitungen* und *angesehener Zeitungen außerhalb Deutschland,* nach deren Lektüre, wie es in der Einführung hieß, niemand mehr die *Judenverfolgungen* im Deutschen Reich als *Greuelmärchen* verharmlosen könne.[85] Ergänzt wurde diese Sammlung durch einen Anhang, der anhand einer *stattlichen Reihe von Buchzitaten und Aussprüchen bekannter Nationalsozialisten* die *Stellung des Nationalsozialismus zum politischen Morde* darstellte.[86] Allen voran stand dabei das Pamphlet „14 Jahre Judenrepublik", in dem Johann von Leers die Ermordung Rathenaus als „Ehrentat" bezeichnet haben soll.[87]

Reichmanns Argumentation schien in der Vorbereitung der Kriegsverbrecherprozesse zunächst auf Interesse zu stoßen. In den Unterlagen der amerikanischen Ankläger ist tatsächlich ein Dokument überliefert, das sich auf diese Darstellung stützte. Alle prominenten Juden nämlich, die Johann von Leers stigmatisiert habe und deshalb von den Nationalsozialisten verfolgt wurden, *found their death*.[88] Dies gelte insbesondere für den Theaterintendanten Alfred Rotter (1886–1933) und den Philosophieprofessor Theodor Lessing (1872–1933), die ins Ausland geflüchtet waren, wo fanatisierte Mitglieder der NSDAP sie ermordet bzw. in den Tod getrieben hätten.[89] Es müsse angenommen werden, hieß es, dass

---

85   Erschütternde Dokumente über die Deutschen Judenverfolgungen, S. 1 [WLA, Testaments].
86   Ebd.
87   Dokumentensammlung über die Entrechtung, Ächtung und Vernichtung der Juden in Deutschland seit der Regierung Adolf Hitler, o. O. [Amsterdam] 1936, S. 223–225, 234 f. [WLA, Testaments]. Zu Rathenau verweist die Dokumentensammlung auf LEERS, JOHANN VON: 14 Jahre Judenrepublik. Die Geschichte eines Rassenkampfes, Berlin 1933, S. 33. In der zu dieser Arbeit herangezogenen Ausgabe findet sich dieses Zitat dort jedoch nicht. Die Ermordung Rathenaus wurde stattdessen, allerdings an anderer Stelle, als „tapfere Tat" bezeichnet. Siehe DERS.: Kurzgefasste Geschichte des Nationalsozialismus, Bielefeld/Leipzig 1933, S. 39.
88   Unterlagen aus den Akten der Nürnberger Prozesse, o. D. [YVA, Yitzhak Stone Collection of NS Documents, O.18/260].
89   Zu Rotter siehe KAMBER, PETER: Zum Zusammenbruch des Theaterkonzerns der Rotter und zum weiteren Schicksal Fritz Rotters. Neue Forschungsergebnisse, in: Jahrbuch des historischen Vereins für das Fürstentum Liechtenstein 106 (2007), S. 73–100.

diese *by Leer's book* dazu angestiftet worden seien.[90] Dass es Johann von Leers um die Anstiftung ebensolcher Taten ging, sahen die Ankläger bereits durch seine Kommentare zu den Morden an Erzberger und Luxemburg als erwiesen an. Mit den Bemerkungen *endlich gerichtet* und *gerichtet* habe er seine *satisfaction* über deren Ermordung zum Ausdruck gebracht und damit *unmistakably* zu erkennen gegeben, *that he considers murder the just punishment for the persons described in his book*.[91]

Gleichwohl versandeten Reichmanns Bemühungen. Zwar wollte er sich 1961 daran erinnern, nach Kriegsende seien *Judenhetzer angeklagt worden, die ohne amtliche Parteifunktion durch ihre Schriften direkt oder indirekt zum Mord aufgefordert* hätten.[92] Auf Johann von Leers allerdings traf dies nicht zu. Erklären lässt sich dies vermutlich damit, dass er im Vergleich zu Propagandisten wie Julius Streicher und Hans Fritzsche (1900–1953), die im Prozess gegen die Hauptkriegsverbrecher schließlich auf der Anklagebank saßen, doch eine Randfigur gewesen ist. Dass sein Name in Nürnberg in Zusammenhang mit seinem Vorwort zu dem Machwerk „Der jüdische Ritualmorde" von Hellmut Schramm, das Himmler in großer Zahl aufkaufen und an Angehörige der „Einsatzkommandos" verteilen ließ (siehe Kap. 7.5), genannt wurde, sorgte allenfalls dafür, dass er nicht sofort in Vergessenheit geriet. Durch seine Flucht aus dem Internierungslager im Dezember 1946 hatte er sich jedoch einer weiteren Verfolgung entzogen. Erschwerend wäre vermutlich hinzugetreten, dass Reichmanns Standpunkt, Johann von Leers habe durch seine Schriften Kriegsverbrechen vorbereitet, juristisch auf unsicheren Füßen stand. Zwar habe die JCIO die Annahme vertreten, dass *die Verfolgung der deutschen Juden* als *eindeutige Maßnahme zu Vorbereitung des Krieges zu erklären* sei, stellte Reichmann Anfang der 1960er Jahre fest.[93] Anders als zum Zeitpunkt seines Rückblicks jedoch, als dies auch von den Vereinten Nationen *anerkannt* worden sei und *alle Verbrechen gegen Juden als Crimes against Humanity* gelten würden, habe man sich in den Prozessvorbereitungen für Nürnberg nicht mit diesem Standpunkt durchsetzen können. Die Verfolgungen und Morde in den ersten Jahren der NS-Herrschaft, musste Reichmann einräumen, seien damals nicht

---

90 Unterlagen aus den Akten der Nürnberger Prozesse, o. D. [YVA, Yitzhak Stone Collection of NS Documents, O.18/260].
91 Ebd.
92 Jüdischer Kampf gegen den Nationalsozialismus, o. D. [um 1961], S. 7 [LBI, Max Kreutzberger Collection 1848–1998, Bd. 13].
93 Ebd., S. 5.

als Kriegsverbrechen *im engeren Sinn* bewertet worden, weil sie *lang vor dem Ausbruch des Krieges begangen worden sind.*[94]

Es bleibt offen, ob Johann von Leers solche Initiativen ahnte. Umso genauer war er dagegen über den Verlauf des Nürnberger Prozesses gegen die Hauptkriegsverbrecher im Bild, der in seinen Augen nicht etwa die verbrecherische Dimension und den moralischen Bankrott des NS-Regimes aufzeigte, sondern einen „Justizmord an […] deutschen Staatsmännern und Generälen"[95] darstellte und dementsprechend als „Schandprozess"[96] denunziert wurde. Die Verkündung der Urteile am 17. Oktober 1946 und der Vollzug der Todesstrafe gegen die Führungsspitze des Nationalsozialismus, die internierte Überzeugungstäter seines Schlages in diesem Augenblick „schweigend" und in „quälender Einsamkeit" verfolgen mussten („Was können wir auch tun?"), können denn auch der unmittelbare Auslöser gewesen sein, den Gedanken an eine Flucht in die Praxis umzusetzen. Dies zumindest legt ein stilisierender Beitrag zehn Jahre später nahe, der diesen „grauen Oktobertag", an dem „die Sonne vergebens durchzudringen versucht[e]", zum Wendepunkt der eigenen Biografie verklärte. Im „Triumphgesang" der Nürnberger Richter nämlich, den der „Lagerrundfunk" verbreitete, habe „plötzlich" aus einer Gruppe „junger Führer der Waffen-SS" heraus ein namenloser Angehöriger der „Leibstandarte Adolf Hitler" seine „junge Stimme" erhoben, die „glockenhell" und von einer so „starken Kraft und großen Reinheit" gewesen sei, dass „immer mehr Stimmen" in ihren Gesang einfielen und jenes „Treuelied" intonierten, das wie kein anderes für den Geist der SS stand.[97]

Es ist fraglich, ob diese Szene sich tatsächlich so abgespielt hat, wie Johann von Leers seinen Lesern Glauben machen wollte. Was die Internierten an diesem Tag seiner Erinnerung nach erlebten, lässt sich gleichwohl als Schlüsselszene deuten, in der alle weiteren Etappen seines Lebensweges folgerichtig und konsequent erscheinen. In den wenigen Sätzen sind hier alle Ressentiments zusammengefasst, die seine Apologien des Nationalsozialismus bestimmten: das Unrecht der „Sieger" und die Verachtung der durch sie erzwungenen Ordnung, die ungebrochene Treue zum „Führer" und das Bekenntnis zur nationalsozialistischen Weltanschauung im Geiste der SS – und schließlich der Mythos vom „Reich", das einmal wieder auferstehen werde. Klar schien zudem, in wel-

---

94 Ebd., S. 4.
95 SCHWARZENBORN, FELIX: Wird der Bolschewismus judenfeindlich?, in: Der Weg 6 (1952) 7, S. 490–495, hier S. 490.
96 SCHWARZENBORN, FELIX: „Ich bezeuge", in: Der Weg 7 (1953) 11, S. 777–781, hier S. 777.
97 Zum „Treuelied" der SS und zur Treueverpflichtung Himmler gegenüber siehe LONGERICH: Heinrich Himmler, S. 315; ACKERMANN: Heinrich Himmler als Ideologe, S. 150.

cher Haltung er und seine Gesinnungsgenossen sich der Zukunft stellen mussten: „Wenn alle untreu werden, so bleiben wir doch treu", zitierte er den ersten Vers aus dem bekannten Lied. Diesem Gebot, so die Botschaft, wollte er künftig folgen und damit jenes Versprechen einlösen, das in den Schlusszeilen formuliert wird: „Wir woll'n den Eid nicht brechen, nicht Buben werden gleich – wollen kämpfen und woll'n sprechen für's Heil'ge Deutsche Reich."[98]

8.3.2 Zwischenstationen

Die folgenden Monate und Jahre erschienen Johann von Leers im Rückblick als Phase des *heimatlosen Wanderer[s]*[99] – eine Beschreibung nicht nur seiner mentalen Verfassung, die ganz in der Weltanschauung des Nationalsozialismus verhaftet blieb, sondern auch der *Odyssee*, die seine Familie und ihn Ende 1947 in einer kleinen Gemeinde südlich von Bonn stranden ließ, in der sie bis zum Sommer 1950 lebten. Nach der Flucht aus dem Lager Darmstadt schlug Johann von Leers sich nach Höxter im Weserbergland durch, das seinerzeit in der Britischen Besatzungszone lag und wo zwischenzeitlich die Tochter in einem Internat untergebracht war.[100] Gesine von Leers, die im Oktober 1946 ihren Umzug *in die englische Zone* angekündigt hatte, traf er allerdings nicht an.[101] Seine Ehefrau, mit der er während seiner Internierung nur sporadisch über einen Geistlichen Kontakt halten konnte[102], hielt sich zu diesem Zeitpunkt überwiegend auf der Weißenburg auf, wo existenzielle Dinge erledigt werden mussten. Dort nämlich waren nicht nur *Umsiedler* und *Evakuierte* einquartiert worden.[103] Die neuen Machthaber hatten auch das Eigentum der Familie beschlagnahmt, darunter die *herrliche Bibliothek* von *mehr als 10.000 Bänden,* um die ein erbitterter Streit entstand.[104]

---

98 LEERS: Soll das vergessen sein?, S. 603.
99 Gesine von Leers an Jünger, 02.02.1972 [DLA Marbach, Sig. HS 5294539].
100 Auskunft Gesine von Leers [Interview 26.02.2006].
101 Gesine von Leers an Blunck, 16.09.1946 [SHLB, NL Blunck, Cb 92.56: 52a, Bl. 7].
102 Auskunft Gesine von Leers [Interview 26.02.2006]. Zur Bedeutung von Geistlichen für die Kommunikation zwischen Internierten und deren Familien siehe NANKO, ULRICH: Religiöse Gruppenbildungen vormaliger „Deutschgläubiger" nach 1945, in: CANCIK, HUBERT/ PUSCHNER, UWE (HRSG.): Antisemitismus, Paganismus, Völkische Religion, München 2004, S. 121–134, hier S. 122 f. Siehe auch WEMBER: Umerziehung im Lager, S. 107 f.
103 Landrat Rudolstadt an Vizepräsidenten des Landtags Thüringen, 08.02.1946 [Kreisarchiv Saalfeld-Rudolstadt, Sig. E 53, Bd. 988].
104 Gesine von Leers an Wittfogel, 24.09.1951 [HIA, Collection K. Wittfogel, Box Nr. 29]. Siehe auch Gesine von Leers an Zierer, 10.05.1954 [Privatarchiv]; Gesine von Leers an Zischka, 02.03.1971 [DMM, NL 184, Zischka]. In dem Bestand befanden sich offensichtlich auch zahlreiche Bücher des Seminars für Seegeltung. Siehe Gesine von Leers an Universität Jena, 30.09.1945 [UAJ, Bestand C, Nr. 878, Bl. 80].

Ihre Tage auf der Weißenburg waren jedoch gezählt. Unter den zusammengewürfelten Einwohnern des Dorfes und auf der Burg, wo sich lokale Funktionäre und Profiteure des NS-Regimes mit den Verhältnissen unter den neuen Machthabern arrangierten, während Ausgebombte, Vertriebene und Displaced Persons auf engem Raum ein Auskommen suchen mussten, schien zunehmend ein Klima gegenseitiger Denunziationen und Abrechnungen zu gedeihen.[105] Ende März 1947 geriet Gesine von Leers sogar aufgrund der *Verschiebung* eines Teils ihres früheren Besitzes in Haft.[106] Die *schrecklichen Monate bei der GPU* und die Angst vor einer neuerlichen Verhaftung nach ihrer Freilassung Ende Juni, die sie mit Glück und durch Zufall erreichen konnte, veranlasste sie schließlich, ihre Ansprüche künftig vom sicheren Höxter aus zu verfolgen.[107] Als gegen ihren Willen die polizeiliche Abmeldung aus Weißen angeordnet wurde, waren die Brücken nach Thüringen endgültig abgebrochen.

Ohne Ergebnis blieben allerdings auch Bemühungen, mit Unterstützung von Hans Friedrich Blunck in Norddeutschland ein Quartier vermittelt zu bekommen.[108] Schon im Januar 1947 hatte der Schriftsteller Gesine von Leers davon in Kenntnis gesetzt, dass *jede Hoffnung* auf eine *Zuzugsgenehmigung* derzeit *vergeblich* sei.[109] Erst zum Jahresende 1947 fand die Familie schließlich eine Unterkunft in Mehlem am südlichen Stadtrand von Bonn.[110] Dort war Johann von Leers unter dem Namen „Dr. Hans Alexander Euler" gemeldet.[111] Die dazu

---

105 Gesine von Leers an Landrat Kreis Rudolstadt, 14.08.1947 [Kreisarchiv Saalfeld-Rudolstadt, Sig. E 53, Bd. 998]: Darin kolportierte sie über den ehemaligen *Ortsbauernführer*, dieser habe früher *arme heimatlose Polenmädchen dauernd verprügelt*, um sich heute schamlos *an anderer Leute[n] Eigentum* zu *bereichern*.

106 Gesine von Leers an Landrat Kreis Rudolstadt, 14.08.1947; Verwaltung Schloss Weißenburg an Kreispolizeidirektion Rudolstadt, 03.06.1947 [Kreisarchiv Saalfeld-Rudolstadt, Sig. E 53, Bd. 998].

107 Gesine von Leers an Blunck, o. D. [1947] [SHLB, NL Blunck, Cb 92.56: 52a, Bl. 5]; Gesine von Leers an Landrat Kreis Rudolstadt, 19.09.1947 [Kreisarchiv Saalfeld-Rudolstadt, Sig. E 53, Bd. 998]; Gesine von Leers an Bürgermeister Gemeinde Weißen, 04.07.1947 und Landrat Kreis Rudolstadt, 12.07.1947 sowie Antwort vom 05.08.1947 [Kreisarchiv Saalfeld-Rudolstadt, Sig. E 53, Bd. 998].

108 Gesine von Leers an Blunck, 16.09.1946 [SHLB, NL Blunck, Cb 92.56: 52a, Bl. 7]: *Wenn Sie mal zufällig was von einem Hof oder einer Gärtnerei hören, lassen Sie es mich wissen.* Siehe auch Gesine von Leers an Blunck, 01.12.1946 [SHLB, NL Blunck, Cb 92.56: 52a, Bl. 8]: *Da die Weißenburg nun Erholungsheim wird, will ich nach Weihnachten meine Zelte hier abbrechen und gen Westen ziehen. Zuzugsgenehmigung habe ich, nur keine Wohnung. Gibt es dort oben irgendwelche Möglichkeiten, zwei leere Räume mit Kochgelegenheit? Oder kann man dort bauen?*

109 Blunck an Gesine von Leers, 03.01.1947 [SHLB, NL Blunck, Cb 92.51: 52a, Bl. 5].

110 Gesine von Leers an Mehnert, 09.11.1947: *Übrigens siedle ich ins Rheinland über demnächst.* Siehe auch Gesine von Leers an Mehnert, 31.12.1947: *Habe endlich in Mehlem ein Zimmer gefunden* [HStA St., Q 1/30 Bü 3].

111 Auskunft Einwohner- und Standesamt der Stadt Bonn, 13.06.2006.

erforderlichen Papiere hatte er sich offensichtlich bereits in Höxter verschaffen können.[112] Als Geburtsort gab er vorsorglich das oberschlesische Beuthen an, das außerhalb der Reichweite der Behörden lag und Nachforschungen erschwerte. Welchen Beziehungen die Familie diese Wohnung zu verdanken hatte, ist unklar. Gesine von Leers und die Tochter wohnten zunächst in der Ortsmitte. Johann von Leers konnte sich in einem Dachzimmer eines Wohnhauses in der Mainzer Straße 45 auf halbem Weg zwischen Mehlem und Bonn einquartieren.[113] Kurz darauf folgten ihm Frau und Tochter dorthin, wo die Familie nunmehr einen Raum eine Etage tiefer bezog. Es gibt Anhaltspunkte dafür, dass die in der Mainzer Straße 45 zusammengewürfelte Wohngemeinschaft nicht nur Räume teilte, sondern in einer ähnlichen Gedankenwelt lebte. Dies gilt etwa für Renate von Fischer (geb. 1907) aus Lozainen in Ostpreußen, die es an den Rhein verschlagen hatte. Die promovierte Historikerin setzte sich Anfang der 1950er Jahre für geschichtsrevisionistische Autoren wie Maurice Bardèche (1907–1998) ein und versuchte als Dichterin und Publizistin im Milieu des völkischen Nationalismus zu reüssieren. 1951 lud Hans Grimm sie zu den wiederbelebten Treffen auf dem Lippoldsberg ein.[114] Nicht auszuschließen ist außerdem, dass Johann

---

112 Siehe SENNHOLZ: Johann von Leers, S. 284: Demnach soll sich Johann von Leers auf die während der Internierung geknüpften Kontakte gestützt haben, die ihm „[i]nnerhalb kürzester Zeit" zu gefälschten Ausweispapieren verhalfen.
113 Auskunft Gesine von Leers [Interview 26.02.2006]: Demnach erfolgte die Vermittlung durch einen Freund, der die Eigentümer kannte. Siehe auch Adressbuch der Stadt Bad Godesberg, Ausgabe 1951, Bad Godesberg 1951, S. 35 f., 76, 109.
114 Renate von Fischer [auch Erika-Renate von Fischer-Loszainen bzw. Fischer-Loscainen], aufgewachsen in dem Ort Loszainen im Kreis Rössel-Ostpreußen, bis zum 14. Lebensjahr im elterlichen Hause privat unterrichtet, besuchte das Kaiserin-Augusta-Stift in Potsdam und legte 1929 in Krefeld als „Extrane" das „Abiturientenexamen" ab. Von 1929 bis 1933 studierte sie in Berlin, Königsberg und Leipzig, wo sie 1933 mit der Arbeit „Der historische Materialismus als Maßstab für die deutsche Außenpolitik in der sozialdemokratischen Tagespresse von der Aufhebung des Sozialistengesetzes bis zur Bewilligung der Kriegskredite" promoviert wurde. 1951 lobte sie *das mutige Buch über den Nürnberger Prozess von Bardèche* und versuchte als Dichterin im Züricher Brugg-Verlag, in dem das geschichtsrevisionistische Werk 1949 erschienen war und der als Vertriebsstelle rechtsextremer Periodika und Bücher in der Schweiz fungierte, Anerkennung zu finden. Siehe Oehler an Fischer, 25.03.1951 [AfZ, NL Oehler]. Hans Grimm lud sie 1951 zu den Lippoldsberger Treffen ein, wo sie „Gedichte der verlorenen Heimat" vortrug. Siehe GÜMBEL, ANNETTE: „Volk ohne Raum". Der Schriftsteller Hans Grimm zwischen nationalkonservativem Denken und völkischer Ideologie (Quellen und Forschungen zur hessischen Geschichte, Bd. 134), Darmstadt 2003, S. 312; SPD-Pressedienst vom 18.07.1951, S. 4 f. In einem Beitrag in der Zeitschrift „Nation Europa" kritisierte sie die „Träumereien über eine gemeinsame Zukunft für weiße Völker in Afrika" an der Seite Englands, wie sie in einem Heft 1953 mit dem Schwerpunkt England erschienen waren. Diese Artikel seien „geeignet, die farbigen Völker, die sich aus dem Kolonialzustand erheben konnten, vor den Kopf zu stoßen". Siehe FISCHER, RENATE VON: Wirtschaftskampf unvermeidlich?, in: NE 4 (1954) 4, S. 31 f. Zur Person siehe Lebenslauf in FISCHER-LOSZAINEN, RENATE VON:

von Leers und seine Familie von den Netzwerken einzelner Mitbewohner profitierten. Dies kann etwa für Wilhelm von Aulock (1900–1993) angenommen werden, der seit 1949 im Bundesministerium für Vertriebene, Flüchtlinge und Kriegsgeschädigte an einflussreicher Stelle tätig war und zu dieser Zeit ebenfalls in dem Haus wohnte.[115]

Die Existenzsicherung am neuen Wohnort gestaltete sich schwierig. Ihren kümmerlichen Lebensunterhalt bestritt die Familie aus dem Erlös noch vorhandenen Besitzes: Sie lebe von ihren *geretteten Sachen* aus der Weißenburg, für die kaum einer über *Geld zum Kaufen* verfüge, schrieb Gesine von Leers.[116] Johann von Leers, seit seiner Amtsentlassung zum 1. April 1945 ohne Bezüge[117], verdingte sich zeitweise als Vertreter für Küchenutensilien. Hinzu kamen bescheidene Honorare aus sporadischen journalistischen Beiträgen, die er zum Teil über einen privaten Pressedienst verbreiten konnte, Übersetzungen und Buchveröffentlichungen.[118] Für den Verlag Georgis Polyglott mit Sitz in Bonn bearbeitete er 1949 unter seinem Pseudonym ein Spanisch-Wörterbuch. Im gleichen Jahr veröffentlichte er, ebenfalls als „Hans Euler", aus Anlass des bevorstehenden Heiligen Jahres einen „mit Imprimatur" versehenen Reiseführer über „Rom" als „die ewige Stadt".[119] Zufriedenstellen konnten ihn solche Gelegenheitsarbeiten allerdings nicht, zumal sie schlecht honoriert wurden. Verleger nutzten die *Notlage* vieler Autoren *ziemlich aus,* klagte Gesine von Leers. Für das Spanisch-Wörterbuch habe ihr Mann gerade *250 Mark* als *einmalige Abfindung* erhalten.[120]

Der historische Materialismus als Maßstab für die deutsche Außenpolitik in der sozialdemokratischen Tagespresse von der Aufhebung des Sozialistengesetzes bis zur Bewilligung der Kriegskredite (Diss. phil.), Düsseldorf 1933.

115 Adressbuch der Stadt Bad Godesberg, S. 35 f. Zu Aulock siehe SCHULZ, EBERHARD GÜNTER: „Auch Treue wahrt uns die Person." Zum Abschied von Wilhelm von Aulock, in: PLUMP, VIOLA/SCHMILEWSKI, ULRICH (HRSG.): Leuchtendes Schlesien. Betrachtungen zu Ereignissen und Persönlichkeiten, Görlitz 2013, S. 218–220.

116 Gesine von Leers an Mehnert, 20.06.1948 [HStAS, Q 1/30 Bü 5]. Siehe auch Gesine von Leers an Blunck, 15.02.1949 [SHLB, NL Blunck, Cb 92.56: 52a, Bl. 13]: *Hoffe täglich auf irgendein Wunder. Noch lebe ich immer vom Verkauf geretteter Sachen, aber lange geht das nicht mehr.*

117 Landesamt für Volksbildung an Johann von Leers, 13.09.1945 [UAJ, Bestand D 1868]. Siehe auch Gesine von Leers an Rektor FSU, 10.10.1945 [UAJ, Bestand BA 2160, Bl. 236].

118 Siehe möglicherweise v.L.: Bonn gegen Elly Ney, in: Abendzeitung München vom 11.07.1950 [BArch, N 1375/176, o. P.]. Siehe auch Hans A. Euler (= von Leers) an Verlag I.C.B. Mohr (Tübingen), 03.11.1949 [Stabi Berlin, N 488, A 512,4, Bl. 81].

119 EULER, HANS A.: Spanisch, Bonn 1949; DERS.: Rom, die ewige Stadt, Bonn 1949.

120 Gesine von Leers an Mehnert, 12.11.1949 [HStAS, Q 1/30 Bü 9].

8.3.3 Netzwerke im Schatten der Ehefrau

Es sei dahingestellt, ob die Lektoren des Polyglott-Verlags um die wahre Identität ihres Autors „Hans A. Euler" wussten. Um seine Identität zu tarnen, ergriffen er und seine Angehörigen jedenfalls eine Reihe von Vorsichtsmaßnahmen. Korrespondenzen mit früheren Weggefährten etwa führte Gesine von Leers. Solange ihr Mann sich nicht in *Ruhestellung* befinde, sollte sein Name dabei nach Möglichkeit nicht fallen. *Bitte erwähnen Sie meinen Herzallerliebsten nicht,* bat sie beispielsweise Hans Friedrich Blunck.[121] Ließen sich Anspielungen dennoch nicht vermeiden, wurde gezielt Irreführung betrieben. Dem Publizisten Klaus Mehnert gegenüber trat Johann von Leers als *Onkel Hans* auf.[122] Für die meisten Korrespondenz- und Gesprächspartner dieser Jahre bestand jedoch kein Zweifel daran, wer sich dahinter verbarg. Dies betrifft insbesondere Weggefährten aus den 1930er Jahren wie etwa Blunck, dem Gesine von Leers schon im Sommer 1946 die *Auslandspläne* anvertraut hatte.[123] Dieses Ziel wurde von der Familie seitdem konsequent verfolgt, nicht ohne jedoch einen Schleier darüber zu legen.

So erinnerte sich Ernst Jünger (1895–1998), der zur Jahreswende 1932/33 im gleichen Gebäudekomplex wie Johann von Leers in Berlin gewohnt hatte[124] und nunmehr in Kirchhorst bei Goslar ebenfalls in der Britischen Besatzungszone lebte, in seinen Tagebüchern eines unerwarteten Besuchers im August 1947, der zwar am Eingang „seinen Namen nicht nennen wollte", sich Jünger gegenüber aber sofort zu erkennen gab: Demnach arbeite er derzeit „mit falschen Papieren bei den Engländern als Dolmetscher", beabsichtige aber, seiner Familie „nach Spanien" zu folgen, die er dort bereits „vor den ‚roten Bestien' in Sicherheit gebracht hätte", wie Jünger die Unterhaltung mit diesem „Sprachgenie" festgehalten hat. Dass der Weg von dort nach Südamerika führen sollte, schien sich aber bereits abzuzeichnen: „Es gibt", notierte Jünger, „jetzt eine besondere

---

121 Gesine von Leers an Blunck, 19.12.1948 [SHLB, NL Blunck, Cb 92.56: 52a, Bl. 12].
122 Siehe Gesine von Leers an Mehnert, 12.11.1948 [HStAS, Q 1/30 Bü 9] oder 09.07.1950 [HStAS, Q 1/30 Bü 11]: *Versuchen Sie nochmals* [Anm.: vor der Ausreise nach Argentinien] *zu kommen, Sie können bei Onkel Hans übernachten.*
123 Gesine von Leers an Blunck, 04.08.1946 [SHLB, NL Blunck, Cb 92.56: 52a, Bl. 6].
124 Jünger erinnerte sich bereits in einem Eintrag vom 24.08.1945 an Johann von Leers, als er eine Szene aus den frühen 1930er Jahren beschrieb: „Der Hof war düster; es dämmerte. Die Fenster waren schon erleuchtet, ganz oben das des Dr. von Leers, eines begabten Sprachforschers und heftigen Antisemiten, dessen Broschüren jetzt auf den Straßen verkauft wurden. Ich stellte mir das auch nicht angenehm vor." Siehe JÜNGER, ERNST: Jahre der Okkupation, Stuttgart 1958, S. 141. Johann von Leers gab 1932 den Hohenzollerndamm 57/58 als Wohnsitz an [BArch, N 2168/49], Jüngers letzter Berliner Wohnsitz vor seinem Umzug nach Goslar im Dezember 1933 war die Hohenzollernstraße 6 pt. Siehe KIESEL, HELMUTH (HRSG.): Ernst Jünger – Carl Schmitt. Briefe 1930–1983, Stuttgart 1999, S. 474.

Abzweigung der Emigration, die ständig ihr Personal wechselt, aber als eine unserer Zeiterscheinungen bestehen bleibt: über Spanien nach Argentinien".[125]

Es gibt keinen Anhaltspunkt, an diesen Aufzeichnungen Jüngers zu zweifeln, den seinerzeit, wie er hinzufügte, „Flüchtlinge aller Schattierungen"[126] aufsuchten. Dass Johann von Leers sich ihm gegenüber „unerschüttert in seinen Ansichten" zeigte, wird durch private Korrespondenzen vielfach bestätigt. Für eine Tätigkeit als Dolmetscher liegt zwar kein Beleg vor. Auszuschließen ist sie allerdings nicht. Gegenüber einem möglichen Auftraggeber empfahl er sich mit seiner *Tätigkeit als Übersetzer für bestimmte Prozesse.*[127] In der geschützten Sphäre seines privaten Briefwechsels, die weniger Rücksichtnahmen erforderte, verwies er nicht ohne Stolz darauf, in der Phase seiner Illegalität *ein Jahr* lang *Tag für Tag Zeugenaussagen aus einem der großen Prozesse gegen sogenannte ‚Kriegsverbrecher' ins Englische übersetzt* zu haben.[128] So befremdlich dies erscheinen mag, so selbstverständlich geschah dies offensichtlich vielerorts.[129] Präzise benannt wird von Jünger zudem das Ziel der Flucht. Dass Johann von Leers später von der überlieferten Route abwich, ist vor dem Hintergrund der vagen und vielfach improvisierten Auswanderung nicht verwunderlich, bei der eine Abzweigung über Spanien eine von mehreren Varianten darstellte. Einzig die Ausführungen zur Flucht seiner Frau und Tochter nach Spanien, die den Eindruck erwecken, diese sei bereits vollzogen, treffen so nicht zu. Möglich ist, dass Jünger seine Erinnerungen an dieser Stelle nicht weniger nachlässig formuliert hat wie 1956 in einem Schreiben an Carl Schmitt, in dem er behauptete, Johann von Leers habe sich seinerzeit „auf dem Sprunge nach Syrien" befunden, „wo seine Frau schon auf ihn wartete".[130] Nicht auszuschließen ist allerdings, dass Johann von Leers seinen Gesprächspartner gezielt täuschte, um Spuren zu verwischen. Ähnlich verhielt sich in dieser Zeit auch Gesine von Leers, die nicht zu Unrecht fürchtete, ihre Briefe könnten kontrolliert werden: Ihr Mann, log sie 1948 in der nicht unbegründeten Annahme, dass es kaum zu Nach-

---

125 JÜNGER: Jahre der Okkupation, S. 287 f., Eintrag vom 25.08.1947.
126 EBD.
127 Hans A. Euler (= von Leers) an Verlag I.C.B. Mohr (Tübingen), 03.11.1949 [Stabi Berlin, N 488, A 512,4, Bl. 81].
128 Johann von Leers an Wittfogel, 07.06.1952 [HIA, Collection K. Wittfogel, Box Nr. 29]. Um welche Prozesse es sich dabei gehandelt hat, ließ Johann von Leers zwar offen, wusste aber, dass *auf jeder Seite* dieser Übersetzungen *Marterungen durch jüdische Vernehmer in amerikanischer Uniform hervorgingen.*
129 Siehe dazu die Ausführungen des früheren Goebbels-Adjutanten Wilfred von Oven, der behauptet, er sei „in meiner illegalen Zeit nach dem Zweiten Weltkrieg den Lebensunterhalt für mich und meine Familie als Dolmetscher beim britischen Besatzer zu verdienen gezwungen" gewesen. OVEN, WILFRED VON: Ein „Nazi" in Argentinien, Duisburg ²1999, S. 21.
130 Jünger an Schmitt, 28.12.1956, zit. nach KIESEL: Ernst Jünger – Carl Schmitt, S. 315.

forschungen in der Sowjetischen Besatzungszone kommen konnte, sei *den Russen in die Hände* geraten, für die er, wie sie aus einer *durchgeschmuggelten Nachricht* erfahren haben wollte, *dolmetschen und schreiben muss*.[131] Wenige Wochen später ergänzte sie sogar, ihr Mann sei den Russen *entwischt* und nehme jetzt *Kurs gen Süden*, ohne allerdings über Erkenntnisse zu verfügen, *wo er sich jetzt befindet, ich glaube in Italien schon*.[132]

Der unerwartete Besuch bei Jünger 1947 ist allerdings auch in anderer Hinsicht bemerkenswert, deutet er doch an, welche Stütz- und Netzwerke Johann von Leers nach seiner Flucht aus dem Internierungslager reaktivieren konnte. *Wer lebt überhaupt noch*, sollte er Jahre später auch einen Jenenser Weggefährten fragen, um an alte Beziehungen anzuknüpfen.[133] Mit Hans F. K. Günther etwa stand er spätestens im Dezember 1948 wieder in Kontakt, als dieser über ihn *Grüße* an Blunck *bestellen* ließ.[134] Der langjährige Förderer seiner akademischen Karriere blieb der Familie zeitlebens ein *lieber Freund*.[135] Von Ludwig Ferdinand Clauß war ihm zu diesem Zeitpunkt dessen Wohnort in Oberursel bekannt.[136] Auch der Kontakt zu Herman Wirth dürfte bald wieder hergestellt gewesen sein und blieb dann Jahrzehnte bestehen.[137] Frühere Kontroversen wurden angesichts der prekären Situation offensichtlich zurückgestellt. Zur „umstrittenen Ura-Lind-Chronik", die Gesine und Johann von Leers wenige Jahre zuvor vehement verteidigt hatten, hieß es nunmehr einschränkend, diese sei allenfalls eine „Nebenfrucht" der Forschungen Wirths gewesen, für dessen „Grundlehren" aber „ohne Bedeutung", sodass sie ebenso „übergangen" wer-

---

131 Gesine von Leers an Wittfogel, 25.08.1948 [HIA, Collection K. Wittfogel, Box Nr. 29].
132 Gesine von Leers an Wittfogel, 17.10.1948 [HIA, Collection K. Wittfogel, Box Nr. 29]. Gesine von Leers informierte Wittfogel in diesem Schreiben über eigene Pläne zur Auswanderung nach *Südamerika*, legte indirekt aber den Aufenthalt ihres Mannes in der Britischen Besatzungszone offen, indem sie ankündigte, dieser werde *sicher [...] von draußen mal selber schreiben*. Zur angeblichen Tätigkeiten in der SBZ siehe die Kolportage bei STEVENSON: The Borman Brotherhood, S. 127.
133 Johann von Leers an Heberer, 21.08.1953 [SUB, NL Heberer].
134 Gesine von Leers an Blunck, 19.12.1948 [SHLB, NL Blunck, Cb 92.56: 52a, Bl. 12]. Zur Würdigung seines Werkes nach 1945 siehe LEERS, JOHANN VON: Rechtsempfinden und Sittlichkeit des germanischen Menschen, in: Der Weg 8 (1954) 4, S. 253–258.
135 Gesine von Leers an Straßer, 09.07.1969 [IfZ, ED 118, Bd. 34].
136 Gesine von Leers an Blunck, 08.11.1948 und 19.12.1948 [SHLB, NL Blunck, Cb 92.56: 52a, Bl. 11 f.]. Siehe auch Gesine von Leers an einen Gesinnungsgenossen, 28.02.1960. Darin wird Clauß als Ansprechpartner empfohlen [APABIZ].
137 Zu Kontakten später in Kairo siehe Recent Activities of Prof. Dr. Hermann Wirth, 25.01.1957 [NARA, RG 263, Entry ZZ-16, Box 32, NND 36822]. Siehe auch die Widmung in WIRTH, HERMAN: Der neue Externsteine-Führer, Wien 1969: *Gesina von Leers zum letzten gemeinsamen Einsatz für Deutschland herzlichst Herman Wirth. Marburg/Lahn, 28. Nebelung 1969* [Privatarchiv]; Wirth an Gesine von Leers, 01.09.1973 [Privatarchiv].

den könne „wie manches, was an Polemik für und gegen ihn entstanden ist".[138] Wie schnell sich Akteure aus Publizistik und Wissenschaft, die zunächst ohne Stellung waren, in der Nachkriegszeit wieder sortierten, ist vielfach belegt und auch für das Umfeld der früheren SD-Gegnerforschung oder unter Historikern nachweisbar.[139]

Die Netzwerke erfüllten unterschiedliche Zwecke: Geboren aus der Not der unmittelbaren Nachkriegszeit, dienten sie dem eigenen Überleben und der Selbsterhaltung. Gerade für Angehörige der Wissenschaftsgemeinde waren solche Kontakte, zumal ins Ausland, eine Voraussetzung, die Jahre der Suspension überbrücken zu können. Gesine von Leers scheute sich deshalb nicht, Karl August Wittfogel (1896–1988), der inzwischen in den USA lebte, um die Vermittlung von Care-Paketen zu bitten.[140] Später forderte sie von ihm unverblümt finanzielle Unterstützung für die geplante Flucht nach Argentinien. Eng damit verbunden war die gegenseitige Hilfe für den beruflichen Neustart. Jene, die an der Schnittstelle von akademischer Publizistik und Politikberatung oder im Journalismus wieder Fuß gefasst hatten, öffneten solchen die Türen, die zunächst außen vor bleiben mussten. Nicht unterschätzt werden darf aber auch, dass diese Netzwerke Möglichkeiten des Gedankenaustauschs boten, bei dem sich gleichzeitig ausloten ließ, ob frühere Weggefährten, die angesichts der ungewissen Entwicklungen in Deutschland und Mitteleuropa noch in einer Phase der Latenz verharrten, für gemeinsame Projekte gewonnen werden konnten. Der Wunsch nach einer Aussprache unter *wertvollen hochgeistigen Menschen*, wie ihn Gesine

---

138 LEERS, JOHANN VON: Die Forschungen des Herman Wirth, in: Der Weg 8 (1954) 7, S. 465–469, hier S. 465 f.
139 Zum „old boys network" aus „alten SD-Kameraden, Assistenten und AA-Kollegen", auf deren „tätige Hilfe" Franz A. Six angewiesen war, „wollte er in der Bundesrepublik sein Auskommen und eine für ihn intellektuell anregende Arbeit finden", siehe HACHMEISTER: Der Gegnerforscher, S. 297. Zum SD-Historiker Hermann Löffler, der Ende der 1940er Jahre zeitweise in Bad Godesberg lebte, siehe LERCHENMUELLER, JOACHIM: Die Geschichtswissenschaft in den Planungen des Sicherheitsdienstes der SS. Der SD-Historiker Hermann Löffler und seine Gedenkschrift ‚Entwicklung und Aufgaben der Geschichtswissenschaft in Deutschland' (Archiv für Sozialgeschichte, Beiheft 21), Bonn 2001, S. 138. Zum Jenenser Bauernforscher Günther Franz, für den das Knüpfen von Netzwerken schon „während der Jahre 1942 bis 1945 einen wesentlichen Inhalt seiner Tätigkeit im RSHA ausgemacht hatte", siehe BEHRINGER, WOLFGANG: Bauern-Franz und Rassen-Günther. Die politische Geschichte des Agrarhistorikers Günther Franz (1902–1992), in: SCHULZE, WINFRIED/OEXLE, OTTO GERHARD (HRSG.): Deutsche Historiker im Nationalsozialismus, Frankfurt am Main 1999, S. 114–141, hier S. 129. Zu Kontinuitäten in der Romanistik siehe HAUSMANN, FRANK-RUTGER: „Vom Strudel der Ereignisse verschlungen". Deutsche Romanistik im ‚Dritten Reich', Frankfurt am Main ²2008, S. 662.
140 Gesine von Leers an Wittfogel, 03.12.1948 [HIA, Collection K. Wittfogel, Box Nr. 29].

von Leers äußerte, sollte nicht nur einen Helfer umschmeicheln.[141] Er entsprang zugleich dem Bedürfnis ihres Mannes, der dazu kaum Gelegenheit hatte. Die in diesem Zusammenhang gemachten Erfahrungen allerdings mussten auf Johann von Leers ernüchternd wirken. Nicht nur Jünger bemerkte schnell den ungebrochenen Fanatismus, der sich etwa in der „Judenfrage" weiterhin an den radikalen Deutungsmustern der NS-Zeit orientierte. Mochten sich einige der Korrespondenzpartner aus persönlicher Verbundenheit zunächst noch hilfsbereit zeigen, provozierte Johann von Leers durch seinen Starrsinn zunehmend einen Prozess der Entfremdung, Distanzierung oder, wie am Beispiel von Mehnert deutlich wird, des dauerhaften Bruchs.

8.3.4 Brüche: Der Weg in die Isolation

Der Kontakt zu Mehnert reichte in die frühen 1930er Jahre zurück. Ob beide damals tatsächlich *gemeinsam in jugendlichem Übermut durch die Wälder tollten*, wie dieser sich zu erinnern glaubte, ist fraglich.[142] Unbestritten ist, dass eine weltanschauliche Nähe aufgrund ihrer Faszination für die politischen Ereignisse in der Sowjetunion und im faschistischen Italien bestand, die im jungkonservativen „Tat-Kreis" und im Spektrum der Deutschen Gesellschaft zum Studium Osteuropas, in dem beide sich bewegten, leidenschaftlich diskutiert wurden.[143] Mehnert, der sich zu diesem Zeitpunkt noch im nationalrevolutionären Spektrum verortete, mochte sich zudem daran erinnern, 1933/34 bei seiner Suche nach vermeintlichen Gegnern Hitlers innerhalb der NSDAP ausgerechnet auf Johann von Leers gekommen zu sein. Der offensichtlich enge Kontakt blieb bestehen, nachdem Mehnert spätestens 1937 das nationalsozialistische Deutschland ver-

---

141 Gesine von Leers an Wittfogel, 12.09.1951 [HIA, Collection K. Wittfogel, Box Nr. 29].
142 Mehnert an Johann von Leers, 18.08.1937 [BArch, N 2168/2, Bl. 26]. Zu Mehnerts Biografie, der zeitweise in Schwaben aufwuchs und nach eigenen Angaben bereits in der Unterprima aus der Jugendbewegung „wieder ausschied", siehe MEHNERT, KLAUS: Ein Deutscher in der Welt. Erinnerungen 1906–1981, Stuttgart 1981, S. 75.
143 Mehnert war seit Frühjahr 1931 Generalsekretär der Deutschen Gesellschaft zum Studium Osteuropas und Redaktionsleiter der Zeitschrift „Osteuropa", die von Otto Hoetzsch herausgegeben wurde. Die „Tat" hielt er „zwischen 1930 und 1933 für die interessanteste deutsche Monatsschrift". Siehe MEHNERT: Ein Deutscher in der Welt, S. 182, 331. Zu Beiträgen von Johann von Leers in dieser Phase siehe LEERS, JOHANN VON: Der Weg der modernen Türkei, in: Die Tat 25 (1933/34), S. 923–938; DERS.: Japanische Neuformung, in: Die Tat 26 (1934/35), S. 411–423. Zu Parallelen in ihrer Einstellung siehe KOHLSTRUCK, MICHAEL: Der Fall Mehnert, in: KÖNIG, HELMUT (HRSG.): Der Fall Schwerte im Kontext, Opladen/Wiesbaden 1998, S. 138–172, hier S. 148–152; DERS.: „Salonbolschewist" und Pionier der Sozialforschung. Klaus Mehnert und die „Deutsche Gesellschaft zum Studium Osteuropas" 1931–1934, in: Osteuropa 55 (2005) 12, S. 29–47.

lassen hatte.[144] Wer um 1947 herum mit wem in Verbindung trat, ist unklar. Mehnert, der nach seiner Rückkehr nach Kriegsende zunächst selbst interniert war, begann bald nach seiner Entlassung aus dem Lager auf der Festung Hohenasperg seine „Namenskartei" neu zu sortieren und mit „noch lebenden Freunde aus den Tagen der Schule, der Jugendbewegung, des Austauschdienstes" und „der ersten Berufe" Kontakt aufzunehmen.[145] In dem Netzwerk fanden zunächst auch Gesine und Johann von Leers ihren Platz. Mit Care-Paketen konnte Mehnert ihnen zwar nicht helfen. Was er anzubieten hatte, erwies sich jedoch als nicht weniger wertvoll. Es besteht nämlich kein Zweifel, dass Johann von Leers zeitweise als freier Mitarbeiter für die Wochenzeitung „Christ und Welt" tätig war, deren Chefredaktion Mehnert Anfang 1949 übernommen hatte.[146] Zwischen März 1950 und Anfang 1952 erschien eine Reihe von Beiträgen, die aufgrund der darin behandelten Sujets, des verwendeten Autorenkürzels „eu." sowie ihrer latent antisemitischen Anspielungen Johann von Leers zuzuordnen sein dürften. Dass etwa der Kommunismus in „Christ und Welt" zum „Satanismus dieser Epoche" erklärt wurde und, wenig verklausuliert, als Spielart jüdischer Herrschaft erschien, entsprang seiner Gedankenwelt. Mit Rücksicht auf die sich demokratisch läuternde Leserschaft hob Johann von Leers nunmehr zwar die „Gottlosigkeit" des Kommunismus hervor. Fest stehe aber zugleich, dass sein Begründer der „große Verführer aus dem Stamme der Juden" sei, den „viele" auf Karl Marx „deuten" würden. In den Sprachschablonen seiner vormaligen Publizistik war auch eine Attacke auf US-Präsident Roosevelt abgefasst, wonach in dessen direktem Umfeld Personen agierten, mit deren Hilfe es den Kommunisten in Europa gelungen sei, „die Hintertür aufzumachen". Ein gängiges Sujet war überdies der Verweis, dass neben Liberalen und Aufklärern auch „viele Freimaurer" im 19. Jahrhundert zu Trägern der Unabhängigkeitsbewegungen in Südamerika zählten. Anspielungen auf die muslimische Gemeinschaft in Berlin in den 1930er Jahren, deren Treffpunkt „die Moschee am Fehrbelliner Platz"

---

144 Mehnert an Johann von Leers, 17.11.1937 [RGVA, Fond 1283/10a, Bl. 121]. Im Nachlass im „Sonderarchiv" in Moskau sind auch Mehnerts Rundbriefe an Freunde von 1937 und März 1941 überliefert. Siehe zudem die anfänglichen Werbeinserate des „Wegs" in „Christ und Welt", etwa 2 (1949) 23 vom 07.06.1949 oder 2 (1949) 25 vom 23.06.1949.
145 MEHNERT: Ein Deutscher in der Welt, S. 312.
146 Mehnert leitete die Redaktion der seit Juni 1948 im Evangelischen Verlagswerk erscheinenden Wochenzeitung bis 1954. Siehe MEHNERT: Ein Deutscher in der Welt, S. 327–334. Zur Bestätigung der Mitarbeit bei „Christ und Welt" siehe Johann von Leers an Mehnert, März 1953 [HStAS, Q 1/30 Bü 36]. Zur Entstehung und Profilierung der Zeitung siehe GROSSE KRACHT, KLAUS: „Schmissiges Christentum". Die Wochenzeitung „Christ und Welt" in der Nachkriegszeit (1948–1958), in: GRUNEWALD, MICHEL/PUSCHNER, UWE (HRSG.): Das evangelische Intellektuellenmilieu in Deutschland, seine Presse und seine Netzwerke (1871–1963), Bern 2008, S. 505–531, hier S. 510 f.

gewesen sei, zeugten von persönlicher Kenntnis ihres Autors und legen eine Spur zu Johann von Leers. Nur wenige Begriffe waren zudem auszutauschen, um einen typischen Gedankengang aus der NS-Zeit an die Erfordernisse des Kalten Krieges anzupassen: Muslime und nunmehr Christen galten demnach gleichermaßen als „Todfeinde" des Kommunismus und sollten deshalb angesichts der gegenwärtigen Bedrohung jenen Fehler des Mittelalters vermeiden, statt gegen diesen gemeinsamen Feind „religiöse Bruderkämpfe" zu führen. Als „endzeitliches Zeichen" stelle sich allerdings nicht nur der Weltkommunismus dar. Ein „furchtbares Kennzeichen der Endzeit" sah der Autor auch in der „Gründung des Staates Israel", mithilfe dessen Juden sich in Palästina „festgesetzt" hätten und nunmehr „die Gläubigen vertreiben oder knechten" würden.[147] Die gelegentliche Mitarbeit an „Christ und Welt" setzte sich auch fort, nachdem Johann von Leers im Herbst 1950 nach Buenos Aires übergesiedelt war.

So sehr diese Mitarbeit überrascht, so irritierend ist umgekehrt die Tatsache, dass auch Mehnert im „Weg" publiziert hat. Wenigstens einen Beitrag stellte er 1952 der Zeitschrift zur Verfügung, zu einem Zeitpunkt also, als aufmerksame Zeitungsleser in der Bundesrepublik über die unverblümte Apologie des NS-Regimes und den unverhohlenen Antisemitismus im „Weg" informiert sein konnten.[148] Wie das Manuskript zur Redaktion gelangt war, ist unklar, ebenso Mehnerts Motiv, einem Abdruck überhaupt zuzustimmen. Sympathien mit dem gehässigen Ton, der das Profil der Zeitschrift bestimmte, können es jedenfalls nicht gewesen sein, wie Mehnerts Reaktionen zeigten. Schon das Belegexemplar des Juli-Hefts mit seinem Beitrag musste ihm aufgrund des dumpfen Antisemitismus und der verbalen Gewalt aus der Feder von Johann von Leers unerträglich erscheinen. Man dürfe, schrieb dieser, „nicht glauben, dass [die] Wallstreet die ‚Freiheit' verteidigt noch, dass der Marxismus die Erlösung von der Weltherrschaft bringt". Stattdessen sei die Zeit dafür reif, „die falsche Revolution der ‚Proletarier' gegen den ‚Kapitalismus' in die echte Weltrevolution der Goyim gegen Israel" zu verwandeln, um so die „eigene Freiheit" und „eigene Erlösung zu erringen". Die Völker, hieß es drohend, müssten des-

---

147 Zu den Zitaten siehe eu.: Kommunismus und Islam, in: Christ und Welt 3 (1950) 9 vom 02.03.1950; eu.: Pakistan – Staatsgründung aus dem Glauben, in: Christ und Welt 3 (1950) 26 vom 29.06.1950; eu.: Der Weg der Mrs. Utley, in: Christ und Welt 3 (1950) 40 vom 05.10.1950; eu.: Die religiöse Problematik Südamerikas, in: Christ und Welt 5 (1952) 5 vom 31.01.1952.
148 MEHNERT, KLAUS: Der Fall Tschakowsky, in: Der Weg 6 (1952) 7, S. 459–464. Der Beitrag war im Februar 1952 bereits in der Zeitschrift „Osteuropa" erschienen, siehe Ausgabe 2 (1952) 1, S. 23–28. Siehe dazu KOHLSTRUCK, MICHAEL: Klaus Mehnert. Ein Intellektueller für Nichtintellektuelle, in: FABER, RICHARD/PUSCHNER, UWE (HRSG.): Intellektuelle und Antiintellektuelle im 20. Jahrhundert (Zivilisation & Geschichte, Bd. 20), Frankfurt am Main 2013, S. 189–212, hier S. 196.

halb „die Gewehre umdrehen gegen ihre Treiber – jeder gegen seine Juden und alle gegen Israel".[149] Letzte Zweifel Mehnerts aber musste die November-Ausgabe ausräumen. Das antisemitische „Israel-Heft", dessen Titelgrafik die USA und die Sowjetunion an die Ketten Israels gelegt zeigte, zustimmend aus den „Protokollen der Weisen von Zion" zitierte und sich in gehässigen Angriffen auf Chaim Weizmann erging, führte Anfang 1953 zur Eskalation und schließlich zum Bruch seiner Freundschaft mit Johann von Leers.[150]

Mit *leichter Verwunderung* habe er festgestellt, zeigte Johann von Leers sich verstört, dass Mehnert ihm bereits vorliegende Manuskripte zur Veröffentlichung in „Christ und Welt" zurückgeschickt und seine weitere Mitarbeit *wegen des [...] Israel-Heftes* aufgekündigt habe.[151] Als *völlig freier Mitarbeiter* des „Wegs" jedoch, leugnete er seine Bedeutung, nehme er *keinen Einfluss* auf die *Zusammenstellung der Hefte*, geschweige denn darauf, *ob ein von mir eingereichter Beitrag angenommen oder veröffentlicht wird*.[152] Eine solche Darstellung schien zwar verständlich, angesichts der Zahl an Beiträgen aber, die Johann von Leers in dieser Phase zu jedem Heft beisteuerte, grotesk (siehe Kap. 8.5.3). Allerdings konnte er annehmen, dass Mehnert nicht über jedes seiner Pseudonyme orientiert war. Schlimmer musste jedoch wiegen, dass Johann von Leers sich jegliche Kritik überhaupt an der Zeitschrift verbat: *Sachlich*, schrieb er Mehnert indigniert, teile er dessen Auffassung über das Heft nicht. Und *erst recht nicht könne er erkennen*, fügte er forsch hinzu, dass „Der Weg" *in dieser fahrlässigen Weise unser aller Bemühen um die allmähliche Wiederherstellung des deutschen Namens untergräbt*, wie er Mehnert zitierte.

Wie um den Beweis des Gegenteils anzutreten, verdichteten die dann folgenden Sätze jedoch abermals die fixe Idee einer jüdischen Verschwörung von gigantischem Ausmaß, der nur er und seine Gesinnungsgenossen als letzte Bastion der Aufrechten sich noch entgegenstellten. „Der Weg", hob Johann von Leers an, sei *fast die letzte unabhängige Stimme, die die vom Feind besetzte und von Kräften, die ihre Existenz lediglich dem Feind verdanken, niedergehaltene deutsche*

---

149 SCHWARZENBORN: Wird der Bolschewismus judenfeindlich?, S. 495.
150 Gesine von Leers an Mehnert, 26.05.1971 [HStAS, Q 1/30 Bü 76].
151 Johann von Leers an Mehnert, o. D. [Anfang März 1953] [HStAS, Q 1/30 Bü 36].
152 Ebd. Zur Entstehung des Heftes, das alleine Vollmer verantwortet haben soll, siehe VOLLMER, DIETER: Bilanz vom Empfangen und Geben, von eigenem Tun und Erleben, Schleswig 1991/93, S. 188 f. Auch Gesine von Leers behauptete später, ihr Mann habe *überhaupt gar keinen Einfluss* auf diese Ausgabe gehabt, für die alleine der *damalige Redakteur Dieter Vollmer* die Verantwortung trage. Es sei dahingestellt, ob es sich um eine Zwecklüge oder Erinnerungslücke handelte. Die Annahme jedenfalls, ihr Mann habe *nicht einmal einen Artikel in diesem Sonderheft* veröffentlicht, ist nachweislich falsch. Siehe Gesine von Leers an Mehnert, 01.06.1958 [HStAS, Q 1/30 Bü 36].

Nation noch besitzt und somit frei aussprechen könne, *was Deutschland durch die Juden erlitten und wie unserem Volke zwei Reichsgründungen, die es geliebt hat, das Kaiserreich und das Dritte Reich, wesentlich durch jüdische Kräfte zerstört worden sind.* Dass Mehnert sich jetzt von ihm distanziere, führte er nicht etwa auf dessen Gegnerschaft zu solchen Ansichten zurück. Stattdessen spielte Johann von Leers den Ball einfach zurück und unterstellte ihm in seiner *ehrliche[n] Gegenrechnung*, die falschen Schlüsse gezogen zu haben: Während er selbst seine *unerschütterliche Treue zum Reich und den toten Kameraden* gleichermaßen aufrechterhielt wie die *tiefe, heiße Liebe zu unserem unterdrückten Volk und den blanken Hass gegen die Bedrücker,* übe dieser aus opportunistischen Gründen Verrat an den in Ost- und Westdeutschland *eingekerkerten Reichstreuen.* Aufgrund der *herrschenden Unfreiheit in Deutschland* sei dies allerdings, wie er Mehnert unterstellte, *wohl gar nicht anders möglich.*[153]

Angesichts der Verblendung, die aus diesem Schreiben spricht, erstaunt es, in welcher Ausführlichkeit Mehnert reagierte. Zwar habe er zunächst die Absicht gehabt, den Brief *in den Papierkorb zu werfen.* Dass er sich dennoch zu einer Antwort entschloss, habe allerdings nichts mit der *alten Bekanntschaft* zu tun, die *schon über 20 Jahre besteht.* Vielmehr bereite ihm die *Haltung,* die aus dem Schreiben spreche, *große Sorge.* Gleichwohl habe er *die Hoffnung noch nicht ganz aufgegeben,* dass in den *Hirnen* der „Weg"-Gefährten *doch noch einige aufnahmefähige Stellen übriggeblieben sind.*[154] Um zugleich der ebenso *törichten* wie *unverschämten* Unterstellung zu entgehen, *aus Angst vor irgendwelchen Zensoren* in seinen privaten Briefen nicht offen zu seiner Meinung zu stehen, machte Mehnert sich sogar die Mühe, seine Antwort, die er bewusst an „Hans A. Euler" richtete, vom Ausland aus nach Argentinien zu senden. Damit, so Mehnert süffisant, sei sichergestellt, dass *kein Agent Adenauers ihn zwischen meinem Absenden und dem Eintreffen bei Ihnen fotokopieren kann.*[155] Was dann folgte, war eine so scharfe Kritik sowohl am Inhalt der November-Ausgabe wie an der ihr zugrunde liegenden generellen Haltung, dass für Mehnert das Tischtuch zu dem Mann, den er *einst für intelligent gehalten* habe, endgültig zerschnitten war: Das *antisemitische Heft,* kam er sogleich zur Sache, wie auch der erklärende Brief, den er erhalten hatte, hätten ihn *wirklich zutiefst erschreckt* als *Symptom einer*

---

153 Johann von Leers an Mehnert, o. D. [Anfang März 1953] [HStAS, Q 1/30 Bü 36].
154 Mehnert an Hans A. Euler (= von Leers), 11.04.1953 [HStAS, Q 1/30 Bü 36].
155 Ebd. Die Befürchtung, die Briefpost in Westdeutschland werde kontrolliert, war nicht unbegründet. Siehe Schmitt an Mohler, 15.04.1950, wonach ein Brief von der Schweiz aus losgeschickt werden sollte, „damit er nicht in Deutschland oder von unbefugter Seite gelesen wird", zit. nach MOHLER, ARMIN (HRSG.): Carl Schmitt – Briefwechsel mit einem seiner Schüler, Berlin 1995, S. 78 f.

an Wahnvorstellungen grenzenden Verstocktheit und *Unfähigkeit,* sich über die *gewiss unangenehmen,* im Vergleich zum Schicksal anderer aber *nicht gerade untragbaren persönlichen Bitternisse zu erheben,* um *die Dinge zu sehen, wie sie sind* und nicht so, wie sie *aus einer fixen Idee heraus* erschienen.[156] Statt die politische Entwicklung seit 1945 anzuerkennen, würde sich Johann von Leers in die Vorstellung *verrennen,* die Menschen hierzulande lebten *als Sklaven des amerikanischen Judentums,* nach deren Pfeife sie *tanzten*.[157]

Gewiss könnten, fügte Mehnert ironisch hinzu, dem *in Mehlem von aller Welt isoliert vor sich Hinbrütenden* und nun *in der geistigen Inzucht der Emigration Lebenden* auch *mildernde Umstände* zugebilligt werden. Auch dies finde jedoch *seine Grenzen,* nämlich dann, wenn der *völlige Mangel* zu konstatieren sei, *die Entwicklung und Dialektik der Geschichte zu sehen* und *zu erkennen, dass sich in den letzten Jahren hier ein grundlegender Wandel vollzogen hat.* Nicht er war *dem deutschen Volk gegenüber* untreu geworden, gab Mehnert zu verstehen, sondern Johann von Leers, der sich jeglichem Lernprozess verweigert habe und durch seine Veröffentlichungen jetzt in infamer Weise *diskreditieren* würde.[158] Dass dieser sich durch solche offenen Worte zu einer kritischen Überprüfung seiner Ansichten veranlasst sehen könnte, davon ging Mehnert freilich nicht aus. Keinesfalls wolle er sich der Hoffnung hingeben, sein Brief könnte *verhärtetes Denken wieder lockern.* Wenn er ihm dennoch antworte, dann nur deshalb, um die *grundfalsche These* zu widerlegen, relevante Kreise in der Bundesrepublik würden seine Ansichten teilen, jedoch von *den Schergen Adenauers oder der Besatzungsmächte* gehindert, sie *auszusprechen*.[159] Um den Bruch auch öffentlich zu dokumentieren, veröffentlichte „Christ und Welt" eine vernichtende Kritik, die ausdrücklich auf das Israel-Heft Bezug nahm. „Nur noch gespenstisch", lautete die Überschrift zu der Ausgabe, in der „alles vertreten" sei, „was wir vor fünfzehn Jahren hierzulande im ‚Stürmer' zu lesen bekam".[160]

---

156 Mehnert an Hans A. Euler (= von Leers), 11.04.1953 [HStAS, Q 1/30 Bü 36].
157 Ebd.
158 Ebd.
159 Ebd.
160 F[LEISCHER], O[TTO] H[EINRICH]: Nur noch gespenstisch, in: Christ und Welt 6 (1953) 5 vom 29.01.1953. Siehe dazu FRITSCH, EBERHARD: Manchem ein Dorn im Auge – manchem ein Pfahl im Fleische, in: Der Weg 10 (1956) 7/8, S. 397–412, hier S. 408. Als Gesine von Leers 1958 von Kairo den Versuch unternahm, den abgebrochenen Kontakt wieder aufzunehmen, weigerte Mehnert sich allerdings, solange er im Unklaren blieb, ob Johann von Leers an seinen früheren Auffassungen festhalte. Siehe Gesine von Leers an Mehnert, 18.03.1958; Mehnert an Gesine von Leers, 23.04.1958 [HStAS, Q 1/30 Bü 36].

8.4 Auf dem Weg „in die Freiheit":
Flucht, Emigration, Auswanderung

Im Sommer 1950 vollzog sich für Johann von Leers neuerlich eine Zäsur, die er anspielungsreich in Verse unter der Überschrift *Ausfahrt* fasste: So vage sich die Zukunft in einer *weite[n] Ferne* abzeichnen mochte, so *ernst und still* ihm angesichts des Abschieds um sein *Herz* wurde und so ahnungsvoll er darüber sinnierte, ob er jemals vom *fremden Strand* zurückkehren werde, so lange hatte er mit seiner Ehefrau auf diesen Augenblick hingearbeitet und so sehr hoffte er darauf, weiterhin in *Treue* zu seinen Überzeugungen stehen zu können.[161] Dementsprechend ambivalent betrachteten beide ihren Weg *in die Freiheit*.[162] 1948 hatte die Familie über eine *Auswanderung* nachgedacht.[163] Drei Jahre später bezeichnete Johann von Leers sich als *politischen Flüchtling*.[164] Kurz darauf sah er sich in der *Emigration*, ein Bild, das seine Frau Zeit ihres Lebens dann aufrechterhielt.[165]

Die widersprüchliche Wortwahl war auch Folge retrospektiver Selbstdeutung, mit der beide ihr Verhältnis zum Nationalsozialismus bestimmten. Dieses lief im Kern darauf hinaus, sich als Gläubige eines unbefleckten Nationalsozialismus zu bekennen, im gleichen Atemzug aber ihre Distanz sowohl gegenüber der „Partei" als auch deren „Führer" zu betonen, die sie gegenüber allen Versuchen weltanschaulicher Vereinnahmung unempfänglich gemacht hätten. Dieser Spagat, der für in der völkischen Bewegung sozialisierte nationalsozialistische Aktivisten keineswegs untypisch war, ermöglichte es ihnen, sich als zu Unrecht Verfolgte darzustellen – bereits während der NS-Zeit und jetzt erneut. Sie *fand* und *finde die nationalsozialistische Idee herrlich*, aber *leider blieb es ja bei der Idee*, versuchte Gesine von Leers 1952 Blunck davon zu überzeugen, dass die Reinheit einer Lehre, der sie nach wie vor anhing, von der politischen Herrschaftspraxis, die sich darauf gegründet hatte, zu trennen sei.[166] Aufgrund ihrer

---

161 Im Wortlaut: *Wir fahren in die weite Ferne, die Heimat versank im Wind, // wir grüßen alle die Sterne, die hoch über Deutschland sind. // In fremdes Land wir fahren, und das Herz ist ernst und still, // wir bleiben, was wir waren, es geschehe Gottes Will'. // Das Land unserer Liebe und Lieder, oh Du grünes Vaterland, // wer weiß, ob wir kehren wieder oder ruhen am fremden Strand. // Wir fahren in weite Ferne, doch die Treue fährt mit uns mit, // und oben die goldenen Sterne, die weisen uns Schritt und Tritt.* Zur Überlieferung dieses und anderer Gedichte siehe Nachlass Blunck [SHLB, NL Blunck, Cb 92.51: 52a, Anlage Bl. 1–6].
162 Johann von Leers an Heberer, 21.08.1953 [SUB, NL Heberer].
163 Gesine von Leers an Mehnert, 24.05.1948 [HStAS, Q 1/30 Bü 3].
164 Johann von Leers an Wittfogel, 25.09.1951 [HIA, Collection K. Wittfogel, Box Nr. 29].
165 Johann von Leers an Zierer, 08.05.1954 [Privatarchiv]; Gesine von Leers an Jünger, o. D. [Mai 1972] [DLA Marbach, Sig. HS 5294539].
166 Gesine von Leers an Blunck, 20.05.1952 [SHLB, NL Blunck, Cb 92.56: 52a, Bl. 16].

Vorbehalte gegenüber den Verfahren und Regeln des Parlamentarismus habe sie denn auch *den Adolf nie gewählt* und *nie [der] Partei oder irgendeiner ihrer Gliederungen angehört,* erklärte sie.[167] Ihre Selbstlosigkeit wie auch die ihres Mannes, der sich *im Verlauf der Jahre [...] so oft für arme verfolgte Menschen eingesetzt* habe, führten sie sogar zu der absurden Einschätzung, ihre Familie habe *unter all dem schreienden Unrecht* der NS-Zeit besonders *gelitten*.[168] 1965 stilisierte sie sich und ihren Mann schließlich zu Gegnern des Nationalsozialismus, die einen *verzweifelten Kampf gegen das Unrecht geführt* und *geholfen* hätten, *wo wir konnten*.[169]

8.4.1 Fluchtmotive

Überlegungen für *Auslandspläne* reichten bereits auf die Zeit der Internierung zurück (siehe Kap. 8.3.3).[170] Nachdem ihm die Flucht aus dem Lager Darmstadt gelungen war, nahm der Plan konkrete Formen an. Sie *betreibe* jetzt *mit Eifer* ihre *Auswanderung,* ließ Gesine von Leers im Mai 1948 Mehnert wissen, auf dessen Rückkehr nach Deutschland sie mit Empörung reagierte: Es verwundere sie, dass er *in dieses große KZ* zurückgekommen sei, in dem *Hass, Neid* und *Unfähigkeit* herrschten und viele eine *Rettung aus dem Osten* erwarteten.[171] Das Ziel ihrer Auswanderung stand zu diesem Zeitpunkt bereits fest. So *hoffe* sie, im Januar 1949 mit ihrer Tochter *zunächst in die Schweiz* reisen zu können, *um von dort aus nach Argentinien auszuwandern,* teilte sie Karl A. Wittfogel mit.[172] Dass ihre Familie *auf Abbruch* lebe und sich *fieberhaft* bemühe, *aus diesem K.L. auszubrechen,* schrieb sie auch Blunck.[173] Die Pläne zerschlugen sich allerdings zunächst, vor allem aus finanziellen Gründen. *Ich sitze leider immer noch hier, weil mir das Geld für die Überfahrt fehlt,* klagte sie im Februar 1949, ohne in den folgenden Monaten diesen Zustand ändern zu können.[174] *Ich betreibe weiter meine Auswanderung nach Argentinien,* bekräftigte Gesine von Leers ihre Absichten ein halbes Jahr später erneut.[175] Bis Sommer 1950 zog sich der „Aus-

---

167 Gesine von Leers an Schenke, 24.11.1965 [NL Schenke].
168 Gesine von Leers an Wittfogel, 03.12.1948 [HIA, Collection K. Wittfogel, Box Nr. 29].
169 Gesine von Leers an Schenke, 24.11.1965 [NL Schenke].
170 Gesine von Leers an Blunck, 04.08.1946 [SHLB, NL Blunck, Cb 92.56: 52a, Bl. 6].
171 Gesine von Leers an Mehnert, 24.05.1948 [HStAS, Q 1/30 Bü 3].
172 Gesine von Leers an Wittfogel, 17.10.1948 und 03.12.1948 [HIA, Collection K. Wittfogel, Box Nr. 29].
173 Gesine von Leers an Blunck, 08.11.1948 [SHLB, NL Blunck, Cb 92.56: 52a, Bl. 11].
174 Gesine von Leers an Blunck, 15.02.1949 [SHLB, NL Blunck, Cb 92.56: 52a, Bl. 13].
175 Gesine von Leers an Wittfogel, 27.09.1949 [HIA, Collection K. Wittfogel, Box Nr. 29].

wanderungsmarathon"[176] hin, der zunächst nur Johann von Leers die Übersiedlung ermöglichte. Frau und Tochter blieben einstweilen zurück und konnten erst Anfang 1951 folgen, als es *mit Geschick* gelang, auch sie *heraus[zu]retten*.[177] In der Öffentlichkeit war die Flucht früherer Nationalsozialisten nach Südamerika kein Geheimnis. Schon im November 1949 prangerte die SPD öffentlich an, es sei „allgemein bekannt", dass vor allem Chile und Argentinien „gefallenen Nazigrößen bereitwilligst Asyl geboten" hätten.[178] Als Johann von Leers die Bundesrepublik verließ, war der Höhepunkt dieser Fluchtbewegung allerdings längst überschritten.[179] Seine Ausreise erscheint zudem improvisiert und verdankt sich keineswegs einem organisierten System von Fluchthelfern, sondern der Unterstützung einiger weniger Weggefährten: Zu den Förderern zählte unter anderem Mehnert, der der Familie im Juli 1950 *für die bevorstehende Ausreise* finanziell unter die Arme griff.[180] Der Zeitpunkt der Flucht mag zudem paradox erscheinen, hatte sich doch seit der Gründung der Bundesrepublik die Situation für „Illegale" grundlegend geändert. Großzügige Angebote wie beispielsweise das Ende 1949 verkündete Gesetz zur Straffreiheit, „eines der ersten Gesetze der Bundesrepublik überhaupt"[181], sollten zwar insbesondere „Menschen unter falschen Namen"[182] eine Rückkehr in die bürgerliche Gesellschaft ermöglichen. Johann von Leers jedoch schlug solche Möglichkeiten aus. Statt sich in den Alltag der bundesdeutschen Demokratie einzufädeln, verweigerte er sich der „Politik der weitgefassten Integration"[183] und jenem „Mentalitätstransfer", der es Nationalsozialisten seiner Generation, die im gewalttätigen Milieu von SA und Studentenbund radikalisiert worden waren und sich im akademisch-universitären Bereich als Weltanschauungskrieger profiliert hatten, ermöglichte, ihre Karriere im „spezifische[n] Klima der Adenauerzeit" fortzusetzen.[184]

---

176 Siehe Oven: Ein „Nazi" in Argentinien, S. 58 f.
177 Johann von Leers an Wittfogel, 14.04.1951 [HIA, Collection K. Wittfogel, Box Nr. 29], und Gesine von Leers an Zierer, 10.05.1954 [Privatarchiv]. Zum Datum siehe auch den Eintrag im Feld „Wann haben Sie Deutschland verlassen" im Antrag zur Ausstellung eines Reisepasses, den Gesine von Leers am 13.01.1958 auf der Deutschen Botschaft Kairo stellte [PA AA, B 82, V3-88, Nr. 250, Bl. 26 f.].
178 P[utzrath], H[einz]: Nazis in Argentinien, in: SPD-Pressedienst vom 15.11.1949, S. 3 f.
179 Steinacher: Nazis auf der Flucht, S. 8.
180 Gesine von Leers an Mehnert, 09.07.1950 [HStAS, Q 1/30 Bü 11].
181 Frei: Vergangenheitspolitik, S. 46.
182 Ebd., S. 36.
183 Ebd., S. 57.
184 Hachmeister, Lutz: Die Rolle des SD-Personals in der Nachkriegszeit. Zur nationalsozialistischen Durchdringung der Bundesrepublik, in: Wildt, Michael (Hrsg.): Nachrichtendienst, politische Elite und Mordeinheit. Der Sicherheitsdienst des Reichsführers SS, Hamburg 2003, S. 347–369, hier S. 352.

Ein Grund dafür ist darin zu sehen, dass sich ihm keine beruflichen Perspektiven eröffneten: Als Jurist war er seit seinem Examen niemals tätig gewesen. Als Hochschullehrer gehörte er zu jenen „NS-Aktivisten ohne wissenschaftliche Substanz"[185], die ihren Ruf alleine der langjährigen Parteimitgliedschaft und der Protektion einflussreicher Nationalsozialisten zu verdanken gehabt hatten. Auf eine Wiederverwendung, wie sie vielen seiner Standeskollegen durch die Gesetzgebung zu Artikel 131 des Grundgesetzes eröffnet wurde, konnte er deshalb nicht hoffen. Die Vorstellung, ihr Mann werde *hier in Deutschland Aufgaben haben,* wie Gesine von Leers anfangs glaubte, verkannte die Lage.[186] Ebenso weltfremd war die Annahme, er könne in der *Wissenschaft* ein Auskommen finden.[187] Daran änderten auch Beteuerungen seiner Ehefrau nichts, die ihren Mann zu einem einflusslosen Idealisten stilisierte, der *nie zu Stellung und Einfluss* gekommen sei, weil *man* ihm nie ganz *traute.*[188]

Doch nicht nur als Hochschullehrer war Johann von Leers die berufliche Karriere verbaut. Diskreditiert hatte er sich auch als Journalist und Publizist. Selbst semantische Korrekturen an alten Texten, wie sie einige SD-Historiker vornahmen, die dann in der Bundesrepublik beachtliche wissenschaftspolitische Aktivitäten entfalteten, hätten daran nichts ändern können.[189] Gelegentliche Auftragsarbeiten etwa für „Christ und Welt" können nicht darüber hinwegtäuschen, dass *dichten* und *schriftstellern* keine einträgliche Zukunft versprachen.[190] *Mein Mann hat ja erst draußen wieder Verdienstmöglichkeiten,* stellte Gesine von Leers bereits 1948 fest.[191] Es sei deshalb *höchste Zeit, dass wir hinauskommen, damit Onkel Hans wieder frei arbeiten kann,* was in Deutschland *unter den gegebenen Umständen nicht möglich* sei.[192] Damit einher ging der Verlust des sozialen Status: Hatte sein Jahreseinkommen 1939 bei Kriegsbeginn noch bei rund 25.000 RM gelegen und ihm einen feudalen Lebensstil ermöglicht, waren die Verhältnisse jetzt prekär. Noch Jahre später erinnerte Johann von Leers sich

---

185 HOSSFELD, UWE/JOHN, JÜRGEN/LEMUTH, OLIVER/STUTZ, RÜDIGER (HRSG.): Zum Profilwandel der Jenaer Universität, in: HOSSFELD, UWE/JOHN, JÜRGEN/LEMUTH, OLIVER/STUTZ, RÜDIGER (HRSG.): „Im Dienst an Volk und Vaterland". Die Jenaer Universität in der NS-Zeit, Köln/Weimar/Wien 2005, S. 120.
186 Gesine von Leers an Blunck, 04.08.1946 [SHLB, NL Blunck, Cb 92.56: 52a, Bl. 6].
187 Gesine von Leers an Wittfogel, 25.08.1948 [HIA, Collection K. Wittfogel, Box Nr. 29].
188 Ebd. Siehe auch Dossier „Leers-Komplex" (Ms.), o. O. o. J., S. 1 [AfZ, JUNA-Archiv], wonach von Leers *durchaus von Idealismen bewegt* und *idealistisch, leidenschaftlich vom Dritten Reich eingenommen* gewesen sei.
189 Zu erfolgreichen Beispielen eines solchen semantischen Umbaus siehe LERCHENMUELLER: Die Geschichtswissenschaft in den Planungen des Sicherheitsdienstes der SS, S. 150, 185 f.
190 Gesine von Leers an Wittfogel, 25.08.1948 [HIA, Collection K. Wittfogel, Box Nr. 29].
191 Gesine von Leers an Wittfogel, 17.10.1948 [HIA, Collection K. Wittfogel, Box Nr. 29].
192 Gesine von Leers an Mehnert, 12.11.1948 [HStAS, Q 1/30 Bü 9].

der *Gesetzgebung der Besatzungsgewinnler und Berufsdemokraten,* die ihn einer beispiellosen *sozialen Deklassierung und Verhungerung ausgesetzt* habe.[193] Umso dringlicher erschien es ihm, „vor dem deutschen Hunger nach Südamerika" zu fliehen, wie der „Vorwärts" über nationalsozialistische Emigranten seines Schlages in Argentinien schrieb.[194]

Hinzu trat, dass ihm der Gedanke fremd vorkommen musste, auf der Grundlage einer „Amnestie" aus der Illegalität herauszutreten. Dies nämlich hätte bedeutet, die seit 1945 in seinen Augen unrechtmäßig gefällten Urteile der Alliierten und damit deren „Justiz-Verbrechen" anzuerkennen.[195] Die Symbolik dieser Amnestie stand für Johann von Leers in direktem Zusammenhang mit jenem staatlichen Neubeginn, für den er nur Verachtung empfand. Stattdessen blieb er ungebrochen in seinen Anschauungen und weiterhin ein fanatischer Antisemit, der der neuen politischen Ordnung nicht skeptisch begegnete, sondern feindselig gegenüberstand. Die Bundesrepublik erschien ihm als *eine Kolonie des amerikanischen Judentums,* in der *die Jüdischen Gemeinden* als die eigentlichen Machthaber herrschten.[196] Die nationalsozialistischen Gewaltverbrechen, deren Ausmaße seit 1945 deutlich geworden waren, wirkten auf ihn nicht verstörend, geschweige denn verunsichernd, und griffen ihn auch moralisch nicht an, anders als etwa Hans Fritzsche zu Beginn der Verhandlungen in Nürnberg.[197]

Damit verbunden war der Drang, sich weiterhin einschlägig zu exponieren. *Ich war bei der Brigade Ehrha[r]dt, ich war beim Wiking, ich war bei der Organisation C[onsul], bei der NSDAP und bei der SS – und bei der nächsten Sache bin ich auch wieder,* wollte er bereits *dem ersten Ami-Captain,* der ihn im Frühsommer 1945 verhörte, *offen gesagt* haben.[198] Eine solche Haltung, die selbst eine rhetorische Distanzierung vom Nationalsozialismus für unnötig hielt, unterstreicht, dass Johann von Leers zum harten Kern jener überzeugten Nationalsozialisten gezählt werden muss, die sich allen Angeboten zur „Ausgrenzung in den Wohlstand"[199] widersetzten und als Weltanschauungskrieger ihren Kampf fortzusetzen gedachten, sobald es ihnen möglich war. „Nicht sich der Welt von

---

193 Johann von Leers an Meinberg, 06.07.1957 [NLA, HStA Hannover, VVP 39, Bd. 11/2, Bl. 321].
194 Dolchstoßlegende, importiert aus Argentinien, in: Vorwärts vom 08.05.1953.
195 RUDEL, HANS-ULRICH: Zwischen Deutschland und Argentinien. Fünf Jahre in Übersee, Göttingen o. J. [1954], S. 146–166, hier S. 149.
196 Johann von Leers an Wittfogel, 07.06.1952 [HIA, Collection K. Wittfogel, Box Nr. 29].
197 BONACKER, MAX: Goebbels' Mann beim Radio. Der NS-Propagandist Hans Fritzsche (1900–1953) (Schriftenreihe der Vierteljahrshefte für Zeitgeschichte, Bd. 94), München 2007, S. 219.
198 Johann von Leers an Wittfogel, 01.11.1950 und 25.09.1951 [HIA, Collection K. Wittfogel, Box Nr. 29].
199 HERBERT, ULRICH: Best. Biografische Studien über Radikalismus, Weltanschauung und Vernunft 1903–1989, Bonn 2001, S. 472–476.

1945 einzugliedern, sondern sie zu beseitigen ist die Aufgabe von morgen", schrieb er programmatisch in einer für den „Weg" verfassten Rezension.[200] Diesem Auftrag wollte er nachkommen.

Von welch obsessivem Hass er dabei durchdrungen war, wird aus überlieferten Zeugnissen deutlich: Schon Ernst Jünger wollte ihn 1947 während des unerwarteten Besuchs inkognito „unerschüttert in seinen Ansichten" (siehe Kap. 8.3.3) erlebt haben.[201] Einen Eindruck von der Gedankenwelt, in der Johann von Leers sich einrichtete, vermitteln beispielhaft die Korrespondenzen mit Karl A. Wittfogel in den 1950er Jahren. Nach dem *Untergang* 1945, erklärte er diesem, habe er sich *innerlich nicht ergeben*, stellten doch *Kommunismus* und *Demokratie* nur *Tarnformen der gleichen Judenmacht* dar. Insbesondere die Amerikaner hätten dabei ihre *psychologischen Chancen* verspielt, weil sie zwar *Freiheit* versprochen hätten, tatsächlich aber *hündisch ihren Juden ergeben* seien und von diesen *seelisch und geistig [...] versklavt* würden. Statt sich aber zum *Knecht eines fremden Stammes* zu machen, wolle er dafür sorgen, *dass die Weltrevolution endlich zur richtigen Weltrevolution der Goyim gegen die Herrschaft der Juden* werde.[202]

Äußerungen dieser Art betrachtete Johann von Leers nicht etwa als Ausdruck seiner fanatischen Gesinnung, sondern als *Ergebnis von Erfahrungen* und *Resultat meines Lebens*.[203] Es überrascht deshalb nicht, dass ihm daraus eine *Gewissensverpflichtung* zum Kampf *gegenüber der Zerstörung aller Werte* erwuchs, deren Ursachen er in der *anmaßenden Beherrschung meines Volkes durch die Juden seit 1918 und nun wieder seit 1945* sah.[204] Es liegt nahe, dass solche Äußerungen ihn in der Bundesrepublik bald mit den Justizbehörden in Konflikt gebracht hätten. Selbst Wittfogel, der sich trotz seiner politischen Gegnerschaft aus den 1930er Jahren der Korrespondenz mit Johann von Leers nicht verweigerte, konnte ihn zu keiner Korrektur bewegen. Zwar *respektiere* er den von Johann von Leers vertretenen Standpunkt als *ehrliche Überzeugung*, hielt aber eine weitere Aussprache für zwecklos, solange es diesem an der *inneren Bereitschaft* und an *Mut* fehle, sich *mit sich selbst schöpferisch und kritisch auseinanderzusetzen*.[205]

---

200 RZ: Friedrich Glum: Philosophen in Spiegel und Zerrspiegel, in: Der Weg 10 (1956) 10, S. 630.
201 JÜNGER: Jahre der Okkupation, S. 287 f., Eintrag vom 25.08.1947.
202 Johann von Leers an Wittfogel, 14.04.1951 und 26.01.1952. Zur Vorstellung, Kommunismus und Demokratie seien durch „Juden" aufgezwungene Herrschaftsformen, siehe auch Johann von Leers an Wittfogel vom 07.06.1952 [HIA, Collection K. Wittfogel, Box Nr. 29].
203 Johann von Leers an Wittfogel, 07.06.1952 [HIA, Collection K. Wittfogel, Box Nr. 29].
204 Ebd.
205 Wittfogel an Johann von Leers, 01.06.1952 [HIA, Collection K. Wittfogel, Box Nr. 29].

So fundamental Johann von Leers in Opposition zur politischen Ordnung des verachteten *viehischen Unrechtsstaates*[206] stand, so wenig Hoffnung setzte er auf die Parteiformationen der extremen Rechten, die seit der Gründung der Bundesrepublik entstanden. Zwar konnte er sich über „die Terrorisierung der kleinen Rechtsparteien und die Verfolgung der nationalen Kräfte durch die Spruchkammern"[207] empören. Zur Sozialistischen Reichspartei (SRP) wie zur Deutschen Reichspartei (DRP) hielt er jedoch ebenso Distanz wie zu den Zweck- und Interessenverbänden marginalisierter Funktionseliten des NS-Regimes wie etwa den „amtsverdrängten" Hochschullehrern oder ehemals Internierten, wiewohl er gelegentlich für deren Zeitungen schrieb. Gleiches gilt für jene Organisationen, in denen sich völkische Literaten und Funktionäre der genuin nationalsozialistischen Kulturpolitik neuerlich sammelten. Ein Grund dürfte gewesen sein, dass er in seinem Habitus eher als Einzelgänger zu charakterisieren ist.[208] Zu einzelnen Protagonisten dieser Organisationen bestand überdies ein spannungsreiches Verhältnis, dessen Ursprünge in die 1930er Jahren zurückreichten.[209] Eine Profilierung wäre in der Phase der Illegalität zudem nur um den Preis seiner Enttarnung möglich gewesen. Hinzu kam seine Verachtung von Parlamentarismus und Demokratie. Den Niederungen einer Partei wollte er sich deshalb nicht aussetzen. Umso mehr war Johann von Leers davon überzeugt, dass jede *revolutionäre Arbeit* für einen Systemwechsel innerhalb der Bundesrepublik zum Scheitern verurteilt sei. Nach Argentinien will er demnach auch deshalb ausgewichen sein, weil ein *Sturz der Weltordnung [...] wirkungsvoll nur von außen betrieben werden kann*. Die Verantwortung dafür sah er in den Händen einer *kleinen* und *ingrimmig entschlossenen Elite,* die sich gleich ihm *nicht unterworfen* habe. Eben diese *geistige Elite aller europäischen Völker* würde von Argentiniens Staatspräsident Perón gesammelt, dessen Herrschaft sich durch „Großzügigkeit und Freiheit" auszeichne und somit als „Inbegriff einer wahren Demokratie" gelten könne.[210] In eben diesem *Atlantis* schien zudem die Gefahr gebannt, die angesichts der wachsenden Konfrontation zwischen den USA und der Sowjetunion zunehmend ein Gefühl der Angst produzierte. Der *immer weiter westwärts anrollende Bolschewismus* in den „Volksdemokratien",

---

206 Johann von Leers an Rudel, 06.06.1957 [NLA, HStA Hannover, VVP 39, Bd. 11/2, Bl. 324].
207 EULER, A.: Jus rebellionis, in: Der Weg 5 (1951) 1, S. 51–55, hier S. 54.
208 Zur Charakterisierung als Einzelgänger siehe Dossier „Leers-Komplex" (Ms.), o. O. o. J., S. 3 [AfZ, JUNA-Archiv].
209 Johann von Leers an Rudel, 06.06.1957 [NLA, HStA Hannover, VVP 39, Bd. 11/2, Bl. 324].
210 Johann von Leers an Zierer, 08.05.1954 sowie Gesine von Leers an Zierer, 10.05.1954 [Privatarchiv]; Johann von Leers an Heberer, 21.08.1953 [SUB, NL Heberer]. Siehe auch Wir antworten!, in: Der Weg 3 (1949) 6, S. III f.

der *Raub und Verbrechen* begünstige, wurde ebenso als Bedrohung für das *deutsche Schicksal* wahrgenommen wie die Möglichkeit einer atomaren Eskalation, in der die Deutschen zum Spielball der Weltmächte würden und *unsere Befreier uns [...] verheizen*.[211]

Für den südamerikanischen Staat sprachen jedoch nicht nur solche keineswegs abwegigen Szenarien, sondern auch familiäre Bande. Es lebten dort *schon Verwandte, die aus Mecklenburg vertrieben* worden waren, berichtete Gesine von Leers.[212] Gemeint war vermutlich der Vetter Axel von Leers (1895–1959), der *im Norden des Landes eine Estancia* besaß.[213] Nicht auszuschließen ist, dass dieser weitläufige Angehörige der Familie zumindest bei der Erledigung der Formalitäten unter die Arme griff, um in Deutschland an die erforderlichen Papiere zu gelangen. Zuwanderer nämlich, die nicht von der Regierung angeworben worden waren, mussten auf dem Generalkonsulat einen Vertrag vorweisen, aus dem der künftige Arbeitgeber hervorging. Bevorzugt wurden dabei Landarbeiter.[214] Ob es diese Hilfestellung aus dem Kreis eines Angehörigen gegeben hat, ist zwar unklar, ebenso, ob sich in Argentinien tatsächlich eine berufliche Perspektive aufzutun schien, die seiner akademischen Qualifikation entsprach. Ihr Mann *hofft auf eine Professur*, schrieb Gesine von Leers kurz nach seiner Abreise.[215] Tatsächlich bedurfte es für die Politik der ökonomischen Modernisierung und militärischen Aufrüstung qualifizierter Wissenschaftler und Fachleute, die Perón in Europa anwerben ließ. Auch „Menschen mit belasteter Vergangenheit"[216] eröffneten sich so Wege zur Einwanderung und führten zu einer regelrechten

---

211 Gesine von Leers an Wittfogel, 03.12.1948 [HIA, Collection K. Wittfogel, Box Nr. 29]; Gesine von Leers an Blunck, 14.03.1952 [SHLB, NL Blunck, Cb 92.56: 52a, Bl. 15]. Ähnlich auch die Erinnerungen des langjährigen Mitarbeiters des Dürer-Verlags Dieter Vollmer: „Auch was wir über die atomare Aufrüstung in den USA und in der Sowjetunion erfuhren, ließ die Zukunft allen irdischen Lebens immer düsterer erscheinen und dämpfte die Lebensfreude erheblich." VOLLMER: Bilanz vom Empfangen und Geben, S. 185 f.
212 Gesine von Leers an Wittfogel, 27.09.1949 [HIA, Collection K. Wittfogel, Box Nr. 29].
213 Gesine von Leers an Zierer, 10.05.1954 [Privatarchiv]. Wie Johann von Leers gehörte auch Axel von Leers Anfang der 1930er Jahre der Gesellschaft zum Studium des Faschismus als „Studienmitglied" an (siehe Kap. 4.1.1). Zu weiteren Kontakten bis 1945 siehe Johann von Leers an Axel von Leers, 02.07.1938 [BArch, N 2168/3, Bl. 5]; Johann von Leers an Axel von Leers, o. D. [um August 1939] [RGVA, Fond 1283/4, Bl. 9 f.].
214 OVEN: Ein „Nazi" in Argentinien, S. 58 f.
215 Gesine von Leers an Blunck, 10.09.1950 [SHLB, NL Blunck, Cb 92.56: 52a, Bl. 14] und 14.03.1952 [SHLB, NL Blunck, Cb 92.56: 52a, Bl. 15].
216 STEINACHER, GERALD: Argentinien als NS-Fluchtziel. Die Emigration von Kriegsverbrechern und Nationalsozialisten an der Río de la Plata 1946–1955. Mythos und Wirklichkeit, in: MEDING, HOLGER M./ISMAR, GEORG (HRSG.): Argentinien und das Dritte Reich. Mediale und reale Präsenz, Ideologietransfer, Folgewirkungen (Deutsch-Lateinamerikanische Forschungen, Bd. 4), Berlin 2008, S. 231–253, hier S. 252.

„Lateinamerikaemigration von Natur- und Technikwissenschaftlern".[217] Bis 1950 sollen auf diese Weise allein sechzig Experten aus Deutschland nach Argentinien gegangen sei, „wo sie eine Lehrtätigkeit an Universitäten oder wissenschaftlichen Einrichtungen aufnahmen".[218] Hinzu kam eine Reihe von Geisteswissenschaftlern, die in Argentinien eine neue Heimat fanden, wie das Beispiel von Oswald Menghin (1888–1973) belegt.[219] Ähnlichen Hoffnungen gab sich allem Anschein nach zunächst auch Johann von Leers hin. So bedankte er sich bei dem Anthropologen und Schriftsteller Jacques de Mahieu (1915–1990) ausdrücklich dafür, dass dieser seinen Einfluss geltend machen wollte, um an der Universität in Mendoza in der gleichnamigen Region seine *candidature* einzureichen.[220] Sein Plan, dort mittelalterliche oder europäische Geschichte zu lesen, zerschlug sich jedoch.

Ein entscheidender Auslöser seiner Flucht dürfte allerdings gewesen sein, dass die Enttarnung seiner Illegalität drohte. Johann von Leers „emigrierte, als die Gefahr einer Entdeckung bestand", berichtete 1961 der Informationsdienst des Clubs republikanischer Publizisten (siehe Kap. 8.3.1).[221] In der Tat gibt es eine Reihe von Anhaltspunkten dafür, dass der Schutz der Anonymität brüchig wurde. Den Opfern seiner antisemitischen Hetze waren die Auftritte dieses *wütenden, fanatischen und aufreizenden Propagandisten* stets gut in Erinnerung geblieben, so der Auschwitz-Überlebende Norbert Wollheim (1913–1998), der Johann von Leers in den 1930er Jahren in Berlin erlebt hatte.[222] Jetzt begannen sich auch andere wieder für seinen Verbleib zu interessieren. Das zeigte sich in Zusammenhang mit einer seit Mai 1949 im SPIEGEL publizierten Serie, in der Rudolf Diels unter dem Titel „Die Nacht der langen Messer" seine apo-

---

217 LEY, GABRIELE: Deutsche Naturwissenschaftler an argentinischen Universitäten nach 1945, in: MEDING, HOLGER M. (HRSG.), Nationalsozialismus und Argentinien. Beziehungen, Einflüsse und Nachwirkungen. Frankfurt am Main/Berlin/Bern/New York/Paris/Wien 1995, S. 149–160, hier S. 151.
218 STEINACHER: Nazis auf der Flucht, S. 287.
219 Der Österreicher Menghin war bereits vor 1938 in der illegalen NSDAP aktiv und anschließend kurzzeitig Unterrichtsminister. Seit 1948 hielt er eine Professur an der Universität Buenos Aires. Siehe BLASCHITZ, EDITH: NS-Flüchtlinge österreichischer Herkunft: Der Weg nach Argentinien, in: DOKUMENTATIONSARCHIV DES ÖSTERREICHISCHEN WIDERSTANDES (HRSG.): Jahrbuch 2003, Wien 2003, S. 103–136, hier S. 127 f.
220 Johann von Leers an Jacques de Mahieu, 05.04.1951 [Privatarchiv]. Zu Mahieu und dessen Bezügen zum Rechtsextremismus in der Bundesrepublik siehe O[VEN], W[ILFRED] V[ON]: Jacques de Mahieu †, in: Nation und Europa – Deutsche Monatshefte 41 (1991) 3/4, S. 81.
221 O. V.: Heimkehrer, in: CrP-Informationsdienst Oktober 1961. Siehe auch: Heim, uns reicht's (Ms.), 27.09.1961 [AdsD, Sammlung Personalia].
222 Wollheim an Synagogen-Gemeinde Köln, 25.10.1949 [LA NRW, NW 1054–888]. Zu Wollheim siehe BRENNER, MICHAEL: Nach dem Holocaust. Juden in Deutschland 1945–1950, München 1995, S. 141–147.

logetischen Erinnerungen ausbreitete. Schon bald nach den ersten Fortsetzungen erschien in dem Magazin der Leserbrief einer „Ilse Neustädter", der so zahlreiche Indiskretionen über Johann von Leers enthielt, dass nur ein Kenner der politischen Verhältnisse Anfang der 1930er Jahre in Berlin ihn verfasst haben konnte. So wenig zwischen dem Inhalt des Briefes und Diels Kolportage eine Verbindung stand, so sehr drängt sich die Vermutung einer „Abrechnung unter Eingeweihten" auf, die gezielt den Blick auf Johann von Leers lenken sollte.[223]

Dies geschah unbeabsichtigt auch durch eine Initiative seiner Ehefrau, die im September 1949 die Entnazifizierung ihres Ehemannes zu verfolgen begann und durch ihren Rechtsanwalt beim zuständigen Hauptausschuss für den Regierungsbezirk Köln beantragte.[224] Anlass dazu war die angespannte finanzielle Lage der Familie, die bereits *alles Erdenkliche veräußert* hatte, *um den notwendigsten Lebensunterhalt* zu sichern, und jetzt auf eine Pensionszahlung hoffte.[225] Dass nicht der Betroffene selbst, sondern seine Ehefrau den Fragebogen ausgefüllt hatte, erklärte Gesine von Leers damit, ihr Mann werde *in der Russenzone gefangen* gehalten. Dass diese Lüge einer Behauptung ihres Rechtsanwalts widersprach, wonach Johann von Leers *in der Ostzone verschollen* sei, fiel offensichtlich nicht auf. Von zwiespältigem Wert waren auch die dem Antrag beigefügten *Leumundszeugnisse,* die *die wirklich anständige Haltung der Eheleute von Leers* bis 1945 bezeugen sollten, wie ihr Anwalt schrieb.

Als prominentester Fürsprecher setzte sich Rudolf Wissell (1869–1962) für Johann von Leers ein.[226] Der Sozialdemokrat und Gewerkschaftsführer hatte sich in der Weimarer Republik als Sozialpolitiker profiliert. Zwischen 1920 bis 1933 gehörte er dem Reichstag an und amtierte von Juni 1928 bis März 1930 als Arbeitsminister. Wissell galt als „Vordenker des Konzepts der Wirtschaftsdemokratie" und machte sich vor allem um die Ausgestaltung der Arbeitslosenversicherung verdient.[227] Anfang Mai 1933 geriet er kurzzeitig in Schutzhaft,

---

223 Zum Leserbrief siehe SPIEGEL 3 (1949) 26 vom 23.06.1949. Zu „Abrechnungen unter Eingeweihten", wie sie seit Gründung des Nachrichtenmagazins immer wieder vorkamen, siehe HACHMEISTER: Die Rolle des SD-Personals in der Nachkriegszeit, S. 354.
224 Fragebogen des Sonderbeauftragten für die Entnazifizierung im Lande Nordrhein-Westfalen, ausgefüllt durch Gesine von Leers am 07.09.1949, sowie Schumacher an Entnazifizierungshauptausschuss für den Regierungsbezirk Köln, 28.09.1949 [LA NRW, NW 1054–888].
225 Schumacher an Entnazifizierungshauptausschuss für den Regierungsbezirk Köln, 28.09.1949 [LA NRW, NW 1054–888].
226 Wissell an Gesine von Leers, 18.12.1945 [LA NRW, NW 1054–888]. Siehe auch die Korrespondenz mit Wissell im Kontext der Herman-Wirth-Gesellschaft 1930 [LA-B, A. Rep. 060–57, Nr. 2].
227 MEYER, BERNHARD: „Personifiziertes Sozialbewusstsein", in: Berliner Monatsschrift (1997) 12, S. 68–70, hier S. 69.

aus der er allerdings schnell wieder entlassen wurde.[228] Seit 1935 lebte Wissell zurückgezogen in Berlin, widmete sich privat seinen Forschungen und überstand die NS-Zeit „unbehelligt".[229] Mit Johann von Leers teilte er das Interesse an Brauchtum und Traditionen des alten Handwerks, das sich, wie seine Annahmen über den Zusammenhang geometrischer Formen des Straßburger Münsters und der Cheops-Pyramiden sowie die damit verbundene Zahlen- und Figurensymbolik zeigen, auf verschrobene Theorien und suspekte Autoren stützte.[230] Auf der Suche nach Gleichgesinnten war er 1919 mit Ludwig Roselius in Kontakt getreten, mit dem er „mehrfach [...] in Berlin bei besonderen Veranstaltungen zusammengetroffen" sei.[231] Überliefert ist zudem die Teilnahme 1930 an einem Vortragsabend der Herman-Wirth-Gesellschaft.[232] Auf diese Zeit dürfte auch seine Bekanntschaft zu Johann von Leers zurückgehen.

Das gemeinsame Interesse, das sich 1928/29 in seinem zweibändigen Werk „Des alten Handwerks Recht und Gewohnheit" niedergeschlagen hatte, erwies sich für Wissell in der NS-Zeit als nützlich: So erinnerte er sich Ende 1945 dankbar daran, dass Johann von Leers sich in *schweren Zeiten [...] wiederholt* und *erfolgreich* für ihn *eingesetzt habe*.[233] Tatsächlich hatte dieser den Kontakt nie abbrechen lassen und Wissell noch 1944 für die Mitarbeit an einem Fachwörterbuch gewinnen wollen.[234] Eine Erklärung, zu der Wissell sich jetzt verpflichtet fühlte, war allerdings nur von geringem Wert für Johann von Leers. Statt ihrem Mann den erwünschten Persilschein auszustellen, beließ Wissell es bei der Bemerkung, sich *nie* mit Johann von Leers *über politische Verhältnisse* unterhalten und ausschließlich über die *gemeinsame Vorliebe für das alte Handwerk* gesprochen zu haben.[235] Vermessen war es deshalb, aus diesem und ähnlichen Zeugnissen eine *parteifeindliche Einstellung* und *antifaschistische Haltung*

---

228 WISSELL, RUDOLF: Aus meinen Lebensjahren. Mit einem Dokumenten-Anhang herausgegeben von Ernst Schraepler, Berlin 1983, S. 217 f.
229 MEYER: „Personifiziertes Sozialbewusstsein", S. 70.
230 WISSELL: Aus meinen Lebensjahren, S. 235. Wissell stützte sich unter anderem auf KLEPPISCH, KARL: Willkür oder mathematische Überlegung beim Bau der Cheopspyramide, München 1927; BINDEL, ERNST: Die ägyptischen Pyramiden als Zeugen vergangener Mysterienweisheit. Zugleich eine allgemein verständliche Einführung in die Symbolik von Zahlen und Figuren, Stuttgart 1932. Bindel (1890-1974) war Anhänger der Lehre Rudolf Steiners und für die „Bayreuther Blätter" publizistisch aktiv.
231 WISSELL: Aus meinen Lebensjahren, S. 235.
232 Walther Fischer an Wissell, 08.01.1930 [LA-B, A Rep. 060-57, Nr. 2].
233 Wissell an Gesine von Leers, 18.12.1945 [LA NRW, NW 1054-888]. Tatsächlich hatte Johann von Leers Wissell 1938 bei der Ausarbeitung einer *Eingabe* unterstützt, deren Hintergründe allerdings unbekannt sind. Siehe Johann von Leers an Wissell, 02.07.1938 [BArch, N 2168/3, Bl. 7].
234 Johann von Leers an Wissell, 18.07.1944 [RGVA, Fond 1283/10a, o. P.].
235 Wissell an Gesine von Leers, 18.12.1945 [LA NRW, NW 1054-888].

abzuleiten.²³⁶ Das gilt erst recht für die Behauptung, gegen Johann von Leers ausgesprochene Rügen seien offenkundige Belege dafür, dieser habe *keineswegs willfährig die Maßnahmen der Partei mitgemacht*.²³⁷

Der Antrag bewirkte denn auch das Gegenteil von dem, was er eigentlich bezwecken sollte. Statt der Familie aus einer finanziellen Misere zu verhelfen, rief er seinen Namen ins Gedächtnis. Dafür sorgte nicht zuletzt das Berlin Document Center (BDC), das der Kölner Entnazifizierungshauptausschuss Mitte Oktober 1949 um Unterlagen zu Johann von Leers gebeten hatte. Ein dortiger Mitarbeiter war es offensichtlich, der Wollheims *Aufmerksamkeit* auf das in Köln laufende Verfahren lenkte.²³⁸ Dieser reagierte umgehend und setzte die dortige Jüdische Gemeinde in Kenntnis, die wiederum sich beim Entnazifizierungsausschuss nach näheren Informationen über den *Stand des Verfahrens* erkundigte.²³⁹ Auf Wollheims Initiative dürfte außerdem zurückzuführen sein, dass auch das Innenministerium in Düsseldorf aktiv wurde. Nachdem es von *unterrichteter Seite* von der beabsichtigten Entnazifizierung erfahren hatte, bat Anfang November 1949 ein Mitarbeiter des Ministeriums den Vorsitzenden des Ausschusses, ihn über das Ergebnis der Spruchkammer *zu unterrichten*.²⁴⁰ Das dort inzwischen vorliegende Material, das vom Deutschen Institut für Zeitgeschichte aus Berlin um zahlreiche Artikel aus dem „Angriff" ergänzt worden war,²⁴¹ ließ ein nachsichtiges Urteil über Johann von Leers nicht zu. *Entlastungszeugnisse von irgendwelchen Stellen*, stellte der Vorsitzende der Synagogen-Gemeinde Köln, Moritz Goldschmidt, fest, seien ungeeignet, *die politischen Aktivitäten zu Gunsten des Nazi-Regimes in einem milderen Licht erscheinen zu lassen*.²⁴² Gleichwohl geriet das Verfahren beim zuständigen Entnazifizierungshauptausschuss ins Stocken.²⁴³ In einem Schreiben an das Innenministerium signalisierte dieser sein geringes

---

236 Bestätigung Margarete Werner, 02.12.1945 [LA NRW, NW 1054-888].
237 Schumacher an Entnazifizierungshauptausschuss für den Regierungsbezirk Köln, 08.10.1949 [LA NRW, NW 1054-888]. Unter den Zeugnissen befand sich unter anderem eine Erklärung des örtlichen Eisenhändlers vom November 1945, der zufolge Gesine von Leers ihm gegenüber *stets eine klare antifaschistische Haltung eingenommen* habe.
238 Aktennotiz BDC, o. D. [BArch, BDC-RKK 2703, Box 142, File 32].
239 Wollheim an Synagogen-Gemeinde Köln, 25.10.1949. Siehe auch Synagogen-Gemeinde Köln an Entnazifizierungshauptausschuss, 07.11.1949 [LA NRW, NW 1054-888].
240 Innenministerium an Entnazifizierungshauptausschuss Köln, 04.11.1949 [LA NRW, NW 1054-888].
241 Deutsches Institut für Zeitgeschichte an Entnazifizierungshauptausschuss für den Regierungsbezirk Köln, 02.11.1949 [LA NRW, NW 1054-888].
242 Synagogen-Gemeinde Köln an Entnazifizierungshauptausschuss, 25.11.1949 [LA NRW, NW 1054-888].
243 Innenministerium an Entnazifizierungshauptausschuss Köln, 03.03.1950 [LA NRW, NW 1054-888].

Interesse an dem Fall, der obendrein ruhe, da Johann von Leers *im vergangenen Jahr ohne Pass in die Ostzone gereist und von dort nicht wieder zurückgekehrt ist*.[244] Ein Jahr später dann fand es unspektakulär sein Ende. Nachdem im Januar 1951 der Rechtsanwalt der Familie mitgeteilt hatte, diese wolle den Antrag zurückziehen, war die Angelegenheit für die Behörde *erledigt*.[245]

Den Blick auf Johann von Leers lenkte zudem eine Serie von Presseveröffentlichungen über ein undurchsichtiges Netzwerk zur Fluchthilfe für frühere Nationalsozialisten, dem auch Johann von Leers angehört haben soll. Als Entdecker dieser Geheimorganisation namens „Spinne" gilt der Journalist Curt Riess, der bereits 1944 vor einer „nationalsozialistischen Untergrundbewegung"[246] gewarnt hatte und seiner Kolportage vor den österreichischen Parlamentswahlen im Herbst 1949 eine neue Wendung gab. Die „Spinne", behauptete er in Bezug auf den Verband der Unabhängigen (VdU), einem Sammelbecken früherer Nationalsozialisten, stelle demnach „eine Partei innerhalb der Partei, eine sozusagen innerparteiliche Gestapo" dar, die den „Anschluss an das ‚Reich' und eine ‚Wiedergutmachung' für jene Nationalsozialisten an[strebe], die Vermögen und Stellung im Laufe der Demokratisierung Österreichs verloren haben".[247] Als eines ihrer „führenden Mitglieder", wenn nicht sogar Leiter des Netzwerks, soll er dabei Johann von Leers identifiziert haben.[248] Inwiefern Riess sich damit „zum Handlanger eines ausgemachten Nachrichtenschwindels" machen ließ, wie 1966 ein ehemaliger Mitarbeiter des Bundesamtes für Verfassungsschutz

---

244 Entnazifizierungshauptausschuss Köln an Innenministerium, 08.03.1950 [LA NRW, NW 1054–888].
245 Entnazifizierungshauptausschuss Köln an Schumacher, 20.01.1951 sowie Entnazifizierungsausschuss für den Regierungsbezirk Düsseldorf an Abwicklungsstelle für den ehem. Entnazifizierungsausschuss für den Regierungsbezirk Köln, 09.02.1951 [LA NRW, NW 1054–888].
246 RIESS, CURT: The Nazis Go Underground, New York 1944, S. 172–188.
247 RIESS, CURT: Sensationelles aus Österreich, in: Süddeutsche Zeitung vom 23.09.1949. Siehe auch O. V.: „Sensationelles aus Österreich". Ein amerikanischer Journalist beleuchtet den VdU und seine Hintergründe, in: Salzburger Volkszeitung vom 01.10.1949.
248 Die Behauptung geht zurück auf SMOYDZIN, WERNER: Hitler lebt. Vom internationalen Faschismus zur Internationale des Hakenkreuzes, Pfaffenhofen/Ilm 1966, S. 43. Ein Artikel von Riess, der den Zusammenhang mit Johann von Leers herstellt, konnte nicht identifiziert werden. In dem ursprünglichen Beitrag in der „Süddeutschen Zeitung" wird sein Name nicht erwähnt. Riess war jedoch über das Umfeld, in dem Johann von Leers sich bewegte, gut informiert. Von den Redakteuren des „Wegs" wurde er deshalb zu jenen „deutschfeindlichen Cliquen Amerikas" gerechnet, die gegen ihr Blatt Stellung bezogen. Siehe FRITSCH: Manchem ein Dorn im Auge, S. 401; BREITMAN, RICHARD/GODA, NORMAN J.W.: Hitler's Shadow. Nazi War Criminals, U.S. Intelligence, and the Cold War, o. O. [Washington] o. J. [2011], S. 60 f.

urteilte, bleibt unklar.[249] Ebenso wenig gibt es belastbare Hinweise darauf, dass Johann von Leers dem Netzwerk angehört haben könnte.

So sehr Johann von Leers seit 1949 neuerlich Interesse auf sich zog, so fraglich ist allerdings, ob er überhaupt Gefahr lief, sich in der Britischen Zone vor einem Spruchgericht verantworten zu müssen, und in welche Kategorie er bei der dann folgenden Entnazifizierung einsortiert worden wäre. Zwar endete die Spruchgerichtsbarkeit gegen Angehörige der in Nürnberg als verbrecherisch erklärten Organisationen erst 1956.[250] Hinzu kam, dass die öffentliche Meinung sich zunehmend von der Überzeugung leiten ließ, das deutsche Volk habe der NS-Diktatur ablehnend gegenübergestanden, sei aber durch Demagogen manipuliert worden. Ein solches Erklärungsmodell, das die „Integration breiter Teile der Gesellschaft in den Demokratisierungsprozess" beförderte, bedurfte entsprechender Verführer, die als „Hauptschuldige" haftbar gemacht werden konnten.[251] Insofern waren Konsequenzen nicht völlig ausgeschlossen. Unverkennbar war unter Deutschen und Briten allerdings auch eine wachsende „Entnazifizierungsmüdigkeit", die dazu führte, dass zahlreiche Schwerbelastete, deren Verfahren zunächst zurückgestellt worden waren, von einer „nachlassenden Schärfe der Entnazifizierung" profitierten.[252] Seit Herbst 1949 kam es „nur noch zu einzelnen Verfahren", in denen Mitglieder vor allem der SS auf „kontinuierliche Milde" rechnen konnten.[253] Begünstigt wurde diese Entwicklung durch einen Wandel im Täterbild, das sich in dieser Phase herauszubilden begonnen hatte: Als idealtypischer Verbrecher galt fortan ein SS-Mann „im Dienste der Gestapo, der Juden, Oppositionelle oder Widerständler im besetzten Europa oder im Deutschen Reich ermordet hatte".[254]

Aufschlussreich dürfte in diesem Zusammenhang zudem ein Vergleich mit früheren Weggefährten sein. Darré wurde im Wilhelmstraßenprozess 1949 zwar zu sieben Jahren Haft verurteilt, bereits 1950 aber begnadigt. Sein Förderer Günther dagegen war drei Jahre in einem gemäß eigener Diktion „Konzen-

---

249 SMOYDZIN: Hitler lebt, S. 43. Zur propagandistischen Instrumentalisierung der „Spinne" siehe RIEGLER, THOMAS/SÄLTER, GERHARD: Nachkriegsorganisationen der Nationalsozialisten in Österreich und die Geheimdienste: NS-Netzwerke im Untergrund, im Verband der Unabhängigen, in der Organisation Gehlen und im BND, in: Journal for Intelligence, Propaganda and Security Studies 14 (2020) 1, S. 13–33, hier S. 17–20.
250 FREI: Vergangenheitspolitik, S. 34.
251 BONACKER: Goebbels' Mann beim Radio, S. 243.
252 FREI: Vergangenheitspolitik, S. 29.
253 WEMBER: Umerziehung im Lager, S. 293, 317, 330.
254 DAMS, CARSTEN/STOLLE MICHAEL: Die Gestapo. Herrschaft und Terror im Dritten Reich, München 2008, S. 173; FREI: Vergangenheitspolitik, S. 60.

trationslager"²⁵⁵ interniert, obgleich beigebrachte „Entlastungsschreiben" ihm bescheinigt hätten, sich „immer in den Grenzen internationaler Wissenschaft bewegt" zu haben und „nie in eine antisemitische Hetze verfallen" zu sein.²⁵⁶ Clauß wurde später in die Gruppe der Entlasteten eingereiht.²⁵⁷ Glimpflich davon kamen zudem zahlreiche andere Propagandisten aus der zweiten Reihe. Wolfgang Diewerge (1906–1977) etwa, Mitarbeiter der Rundfunkabteilung und Autor antisemitischer Traktate²⁵⁸, wurde persönlicher Referent des Landesvorsitzenden der FDP in Nordrhein-Westfalen und Hauptverfasser ihres „Deutschen Programms".²⁵⁹ Dem „Judenforscher" Wilhelm Ziegler (1891–1962), der sich mit Johann von Leers im Frühjahr 1933 an der Ausarbeitung eines Entwurfs zu einem Gesetz zur Regelung der Stellung der Juden beteiligt hatte und als Ministerialrat im Propagandaministerium die „Schriften zur Judenfrage" verantwortete (siehe Kap. 4.5.2), sollte seit 1948 in Hessen eine erstaunliche politische Laufbahn bis in höchste Staatsämter gelingen.²⁶⁰ Eberhard Taubert wiederum, maßgeblich am Drehbuch des Hetzfilms „Der ewige Jude" beteiligt, „segelte fünf Jahre nach Kriegsende unter demokratischer Flagge"²⁶¹ und adaptierte seine „alten Bilder"²⁶² nunmehr im Dienste der antikommunistischen Propaganda der Adenauerregierung. Selbst exponierte Propagandisten erfuhren eine milde Behandlung: Reichspressechef Otto Dietrich (1897–1952), wie Darré im Wilhelmstraßenprozess zu sieben Jahren Haft verurteilt, wurde ebenfalls im August 1950 begnadigt.²⁶³ Der durch seine Radiokommentare öffentlich präsente Leiter der Rundfunkabteilung Hans Fritzsche kam sogar zunächst

---

255 GÜNTHER, HANS F. K.: Mein Eindruck von Hitler, Pähl 1969, S. 6.
256 EBD., S. 8.
257 WEINGART, PETER: Doppel-Leben. Ludwig Ferdinand Clauss. Zwischen Rassenforschung und Widerstand, Frankfurt am Main 1995, S. 190.
258 Siehe beispielsweise DIEWERGE, WOLFGANG: Das Kriegsziel der Weltplutokratie, München 1941.
259 HACHMEISTER: Der Gegnerforscher, S. 308; BUCHNA, KRISTIAN: Nationale Sammlung an Rhein und Ruhr. Friedrich Middelhauve und die nordrhein-westfälische FDP 1947–1953 (Schriftenreihe der Vierteljahrshefte für Zeitgeschichte, Bd. 101), München 2010, S. 114.
260 Zur Biografie siehe FINKENBERGER, MARTIN: Ziegler, Wilhelm, in: BENZ, WOLFGANG (HRSG.): Handbuch des Antisemitismus. Judenfeindschaft in Geschichte und Gegenwart (Bd. 2/2: Personen), Berlin/Boston 2009, S. 900 f.
261 FRIEDEL, MATHIAS: Der Volksbund für Frieden und Freiheit (VFF). Eine Teiluntersuchung über westdeutsche antikommunistische Propaganda im Kalten Krieg und deren Wurzeln im Nationalsozialismus, St. Augustin 2001, S. 44.
262 KÖRNER, KLAUS: Von der antibolschewistischen zur antisowjetischen Propaganda. Dr. Eberhard Taubert, in: Der Kalte Krieg – Vorspiel zum Frieden? (Jahrbuch für Historische Friedensforschung, Bd. 2), hrsg. von Arnold Sywottek, Münster 1994, S. 54–68, hier S. 58.
263 KRINGS: Hitlers Pressechef, S. 452.

mit einem Freispruch davon.²⁶⁴ *Wenn man Hans Fritsche [sic] freisprach, verstehe ich nicht, wie man meinen Mann noch festhalten kann,* klagte Gesine von Leers bereits im Dezember 1946, wenige Tage, bevor ihr Mann aus dem Internierungslager in Darmstadt entwich.²⁶⁵

8.4.2 Fluchtwege

Auswanderung, Flucht oder Emigration seit 1945 nach Südamerika erweisen sich bei genauer Betrachtung als komplexer Vorgang. Unterschiedlich waren nicht nur die Motive der Einwanderer, von denen im ersten Jahrzehnt nach dem Zweiten Weltkrieg zwischen 30.000 und 40.000 deutscher Herkunft bzw. rund 100.000 deutschsprachig gewesen sein sollen.²⁶⁶ Verschlungen verliefen auch die Wege dorthin. Dies galt zumal bei jenen, die sich einer strafrechtlichen Verfolgung entziehen wollten. Um die tatsächlichen Abläufe rankten sich von Beginn an zahlreiche Spekulationen und Gerüchte. Sie verdankten sich sowohl den Geflüchteten und ihren Erzählungen als auch „Nazijägern", die organisierte Netzwerke ehemaliger SS-Angehöriger (ODESSA) am Werk sahen, Schriftstellern, die solche Geschichten phantasievoll ausschmückten, und schließlich Journalisten, die das Sujet immer wieder skandalisierten.²⁶⁷

---

264 BONACKER: Goebbels' Mann beim Radio, S. 227. In einem späteren Spruchkammerverfahren wurde Fritzsche allerdings zu neun Jahren Arbeitslager verurteilt.
265 Gesine von Leers an Blunck, 01.12.1946 [SHLB, NL Blunck, Cb 92.56: 52a, Bl. 8]. Siehe auch die Rezension zu Hildegard Springer: Das Schwert auf der Waage der früheren Sekretärin von Fritzsche, die dann seine Geliebte wurde, durch Johann von Leers in: Der Weg 7 (1953) 8, S. 558: „Dieses [...] Buch war nötig, um die ganze Infamie des Nürnberger Verfahrens ins Licht zu stellen, das eine ehrenhafte Nation nie anerkennen darf."
266 Zu einer kritischen Würdigung der Zahlen siehe MEDING, HOLGER M.: „Der Weg". Eine deutsche Emigrantenzeitschrift in Buenos Aires 1947 bis 1957, Berlin 1997, S. 15–17; DERS.: Flucht vor Nürnberg? Deutsche und österreichische Einwanderung in Argentinien, 1945–1955 (Lateinamerikanische Forschungen, Beihefte zum Jahrbuch für Geschichte von Staat, Wirtschaft und Gesellschaft Lateinamerikas, Bd. 19), Köln/Weimar/Wien 1992, S. 131–135; SCHNEPPEN, HEINZ: Odessa und das Vierte Reich. Mythen der Zeitgeschichte, Berlin 2007, S. 113–124; STEINACHER: Nazis auf der Flucht, S. 12.
267 BROCKDORFF, WERNER (= FRIEDRICH JARSCHEL): Flucht vor Nürnberg. Pläne und Organisation der Fluchtwege der NS-Prominenz im „Römischen Weg", München/Wels 1969, S. 158 f.; FORSYTH, FREDERICK: Die Akte Odessa. München 1973; WIESENTHAL, SIMON: Recht, nicht Rache. Erinnerungen, Frankfurt am Main/Berlin ⁶1989, S. 73; FRANK, MICHAEL: Die letzte Bastion. Nazis in Argentinien, Hamburg 1962; RÖPKE, ANDREA/SCHRÖM, OLIVER: Stille Hilfe für braune Kameraden. Das geheime Netzwerk der Alt- und Neonazis, Berlin ²2002, S. 14–16; EICHNER, KLAUS/SCHRAMM, GOTTHOLD (HRSG.): Angriff und Abwehr. Die deutschen Geheimdienste nach 1945, Berlin 2007, S. 28. Zur Einordnung siehe STAHL, DANIEL: Nazi-Jagd. Südamerikas Diktaturen und die Ahndung von NS-Verbrechen, Göttingen 2013, S. 26 f.

Nachdem seit Ende der 1980er Jahre zunächst erste Korrekturen an diesem Bild vorgenommen wurden, haben neuere Untersuchungen alle Mutmaßungen vor allem über Fluchtorganisationen relativiert, wenn nicht entkräftet.[268] Belastete Angehörige aus SS und Wehrmacht, die sich einer Strafverfolgung entziehen wollten, hielten demnach zwar Verbindungen untereinander und halfen sich gegenseitig. Ein „straff organisiertes" und „verschworenes Netzwerk" jedoch habe es „nicht gegeben", sodass „Verschwörungstheorien rund um geheime, zentral gesteuerte und allmächtige NS-Fluchtorganisationen" als Erklärung inzwischen „ausgedient" hätten.[269] Bestätigt wird dieser Befund durch Studien über einzelne Akteure wie Walther Rauff oder Klaus Barbie.[270] Auch die Zahl der geflüchteten Kriegsverbrecher und Kollaborateure, die nach 1945 Argentinien erreichten, lässt sich inzwischen präziser fassen. Sie wird mit etwa 50 bis 180 angegeben. Hinzu kommen 300 bis 800 Angehörige der Funktionseliten aus der NS-Zeit.[271] Es stellt sich deshalb die Frage, auf welchem Weg Johann von Leers die Übersiedlung gelungen ist und welcher „Seilschaften auf der Flucht"[272] er sich bedienen konnte.

So hieß es beispielsweise, Johann von Leers sei bereits 1945 „über Italien nach Argentinien" entkommen.[273] Eine solche Route über die Alpen Richtung Süden, auf der Flüchtlinge durch kirchliche Würdenträger unterstützt wurden und vom Desinteresse vor allem amerikanischer Behörden an ihrer Verfolgung profitierten, ist zwar verbürgt und ermöglichte es zahlreichen Straftätern, Europa nach Übersee zu verlassen.[274] Auf Johann von Leers trifft dies schon alleine aufgrund des Zeitpunkts nicht zu. Andeutungen in diese Rich-

---

268 SIMPSON, CHRISTOPHER: Der amerikanische Bumerang. NS-Kriegsverbrecher im Sold der USA, Wien 1988, S. 214; MEDING: Flucht vor Nürnberg?; BLASCHITZ: NS-Flüchtlinge österreichischer Herkunft; SCHNEPPEN: Odessa und das Vierte Reich, GOÑI, UKI: Odessa. Die wahre Geschichte. Fluchthilfe für NS-Kriegsverbrecher, Berlin ²2007.
269 STEINACHER: Argentinien als NS-Fluchtziel, S. 251; DERS.: Nazis auf der Flucht, S. 16.
270 CÜPPERS, MARTIN: Walther Rauff. In deutschen Diensten. Vom Naziverbrecher zum BND-Spion (Veröffentlichungen der Forschungsstelle Ludwigsburg der Universität Stuttgart, Bd. 24), Darmstadt 2013; HAMMERSCHMIDT: Deckname Adler.
271 MEDING: Flucht vor Nürnberg?, S. 273; SCHNEPPEN: Odessa und das Vierte Reich, S. 118.
272 STEINACHER: Nazis auf der Flucht, S. 265.
273 Siehe beispielhaft WISTRICH, ROBERT: Wer war wer im Dritten Reich? Ein biographisches Lexikon, Frankfurt am Main 1987 (EA 1983), S. 220; WEISS, HERMANN (HRSG.): Biographisches Lexikon zum Dritten Reich, Frankfurt am Main 2002 (EA 1998), S. 294; KLEE, ERNST: Das Personenlexikon zum Dritten Reich, Frankfurt am Main 2003, S. 361; GRÜTTNER, MICHAEL: Biographisches Lexikon zur nationalsozialistischen Wissenschaftspolitik, Heidelberg 2004, S. 107 f.; JÄCKEL, HARTMUT: Menschen in Berlin. Das letzte Telefonbuch der alten Reichshauptstadt, Stuttgart/München ³2001, S. 247 f.
274 Zur Charakterisierung als „Klosterroute" und „Rattenlinie" siehe WIESENTHAL: Recht, nicht Rache, S. 79; SIMPSON: Der amerikanische Bumerang, S. 214.

tung, die seine Familie und er selbst streuten (siehe Kap. 8.3.3), dürften nur dem Zweck gedient haben, den tatsächlichen Aufenthaltsort zu verschleiern und von Fluchtgedanken abzulenken. Gleiches gilt für die Vermutung, Johann von Leers sei über Dänemark und Schweden nach Südamerika entwichen und dabei durch Vagner Kristensen (1927–2012), einem ehemaligen Freiwilligen der SS-Division Wiking, unterstützt worden. Als Anlaufpunkt diente angeblich eine Gärtnerei nahe der Grenze zu Dänemark, in der Flüchtlinge sich durch ein Codewort zu erkennen geben mussten, um dann weiter vermittelt zu werden. Auf diese Weise soll Kristensen „im Herbst 1946" Johann von Leers kennengelernt und ihm „zur Flucht verholfen" haben.[275] Auch diese „Nordroute" über skandinavische Länder diente zeitweise und in nicht wenigen Fällen als Fluchtweg.[276] Vor allem Schweden habe sich *sehr großzügig* gezeigt, stellte Kristensen rückblickend fest.[277] Gleichwohl scheidet die Flucht über diese Länder, in denen Flüchtige auf ein Netz an sympathisierenden Helfern rechnen konnten, aus. Kristensen selbst gibt an, bis 1947 in einem *Straflager* interniert gewesen zu sein.[278] Seinen Kontakt zu Johann von Leers datiert er auf die 1950er Jahre, als er eine Zeitschrift herausgab und Johann von Leers angeblich dafür zu gewinnen suchte, Beiträge *in mehrere Sprachen* zu übersetzen.[279] Zu diesem Zeitpunkt allerdings war die „Nordroute" aufgrund von Verhaftungen und der Ausweisung argentinischer Diplomaten, die die Flucht in das südamerikanische Land steuerten, aus Dänemark „praktisch stillgelegt".[280] Zu einem persönlichen Kennenlernen soll es überdies *erst im Jahre 1957* in Kairo gekommen sein, als Kristensen im Dienst der UN-Friedenstruppe in Gaza gestanden haben will.[281]

Dennoch verlief die Route, die Johann von Leers schließlich in das *unendlich liebe Argentinien und in die Freiheit* führte, nicht weniger verschlungen

---

275 Siehe RÖPKE/SCHRÖM: Stille Hilfe für braune Kameraden, S. 14–16. Zur Darstellung zweier „Insider" und Experten für Desinformation des Ministeriums für Staatssicherheit der DDR siehe EICHNER/SCHRAMM: Angriff und Abwehr, S. 28. Ähnlich RUBIN, BARRY/SCHWANITZ, WOLFGANG G.: Nazis, Islamists, and the Making of the Modern Middle East, New Haven 2014, S. 219. Auf die angebliche Rolle Kristensens verwies bereits 1994 die dänische Tageszeitung „Politiken", siehe KRÜGER, HENRIK: Nazismen genfødtes ved Danmarks grænse, in: Politiken vom 29.04.1994.
276 MEDING: Flucht vor Nürnberg?, S. 93–104; GOÑI: Odessa, S. 135 f., 141.
277 Auskunft Kristensen [Schreiben vom 18.06.2005].
278 Kristensen hätte Johann von Leers 1946 allenfalls im Internierungslager Darmstadt kennenlernen können. Dort war er aber nicht interniert [Auskunft HStA vom 17.11.2005].
279 Auskunft Kristensen [Schreiben vom 18.06.2005]. Allerdings sind auch Kristensens Einlassungen nicht frei von Irrtümern, etwa wenn er behauptet, Johann von Leers sei *schon im März 1945* über Schweden und Tanger nach Argentinien gereist.
280 GOÑI: Odessa, S. 141.
281 Auskunft Kristensen [Schreiben vom 18.06.2005].

und nicht minder konspirativ. *Die Flucht hierher war eine Odyssee,* erinnerte er sich in einem Schreiben an einen früheren Berufskollegen in Jena, nachdem er den sicheren Hafen von Buenos Aires erreicht hatte.[282] Wie zahlreiche andere Flüchtige setzte er mit dem Schiff über.[283] Am 14. August 1950 war er in Hamburg an Bord der „Cordoba" gegangen. Nach drei beschwerlichen Wochen in beengten Verhältnissen mit rund 300 weiteren Auswanderern traf er am 5. September in Buenos Aires ein.[284] Gegenüber den Behörden konnte er einen „Vorläufigen Reiseausweis" auf den Namen Hans Alexander Euler, den das Düsseldorfer Büro der Alliierten Hohen Kommission für Deutschland am 9. Mai 1949 ausgestellt hatte, vorlegen.[285] Seinen Beruf gab er als Angestellter an. Neben einer Ausreiseerlaubnis enthielt das Dokument zugleich ein drei Monate gültiges Visum, das am 28. Juni 1950 vom Generalkonsulat der Republik Argentinien in Frankfurt am Main ausgestellt worden war. Es sei *impossible* gewesen, *d'échapper de l'Allemagne sans avoir changé de nom,* erklärte er wahrheitsgetreu gegenüber einem Gesinnungsgenossen.[286] Wie er an die gefälschten Dokumente gelangt war und welche Unterstützung er durch jene Kreise erhalten hatte, die Auswanderungswilligen seines Schlages unterstützten, ist jedoch unklar. In den unübersichtlichen Verhältnissen der Nachkriegsjahre bedurfte es allerdings keineswegs besonderer Beziehungen, wie zahlreiche Fälle von „Illegalen" verbürgen.[287] Er habe *Namen und Pässe nach Bedarf* organisieren können, rühmte sich Johann von Leers später seiner Unterstützung von SS-Angehörigen, die aus Internierungslagern fliehen wollten.[288] Denkbar sind zudem Hilfestellungen aus dem Umfeld Werner Naumanns (siehe Kap. 8.5.1) oder durch Aktivisten des Kameradschaftswerks vor Ort, dessen Aufgabe unter anderem darin bestand,

---

282 Johann von Leers an Heberer, 21.08.1953 [SUB, NL Heberer].
283 STEINACHER: Nazis auf der Flucht, S. 241.
284 Zur literarischen Verarbeitung siehe eu.: Ein Schiff nach Argentinien, in: Christ und Welt 4 (1951) 7 vom 15.02.1951. Das Datum ergibt sich aus dem Reisepass, den Johann von Leers nutzte. Die Ausreise war ursprünglich für den 07.08.1950 geplant, musste aber offensichtlich verschoben werden. Siehe Gesine von Leers an Mehnert, 09.07.1950: *Am 7. August geht's ab nach Argentinien, von da muss man weitersehen. Ich hoffe sehr, bald mit meinem Töchterchen nachreisen zu können, denn alleine kann ich hier ja gar nichts mehr anfangen* [HStAS, Q 1/30 Bü 11]. Das Datum der Übersiedlung war auch dem Auswärtigen Amt bekannt. Siehe Aufzeichnung AA (Ref. 502), 13.01.1959 [PA AA, B 82, V3-88, Nr. 444, Bl. 18–20].
285 Vorläufiger Reiseausweis, 09.05.1949 [Privatarchiv]. Zur Einreise flüchtiger Kriegsverbrecher unter falschem Namen siehe die Übersicht bei SCHNEPPEN: Odessa und das Vierte Reich, S. 207.
286 Johann von Leers an de Mahieu, 05.04.1951 [Privatarchiv].
287 Siehe beispielhaft zu Klaus Barbie HAMMERSCHMIDT: Deckname Adler, S. 74–86. Aus der Perspektive eines Akteurs in der unmittelbaren Nachkriegszeit siehe OVEN: Ein „Nazi" in Argentinien, S. 33.
288 Johann von Leers an Wittfogel, 14.04.1951 [HIA, Collection K. Wittfogel, Box Nr. 29].

gefährdete Nationalsozialisten nach Argentinien herüberzubringen und sie *dort einzusetzen.*[289]

8.5 „[T]his wonderful, free Argentine": Alte Kameraden, neue Netzwerke

Die folgenden sechs Jahre in Argentinien blieben Johann von Leers und seiner Familie in zwiespältiger Erinnerung. So erleichtert er sich unmittelbar nach der Einreise zeigte, so schnell machte sich angesichts der Lebensumstände Ernüchterung breit. Er sei *seit einigen Wochen nun auch in Argentinien* und damit nach Internierung, Flucht und *zwei Jahren erfolgreicher Unterirdischkeit* glücklich *zum Fenster hineingekommen,* schrieb er unmittelbar nach seiner Ankunft.[290] Zwar habe er *wirtschaftlich* durch die *völlige Ausplünderung durch das Pack der Reichsverräter alles verloren,* nicht aber *Mut und Lebenskraft.*[291] Es überrascht deshalb nicht, dass er seine neue Heimat als *this wonderful, free Argentine* verklärte.[292] Da zudem deutsche Staatsbürger sich nicht registrieren lassen mussten, bestand kaum Gefahr, mit den Behörden der neuen Heimat in Schwierigkeiten zu geraten.[293]

Die hochgesteckten Erwartungen indessen schienen sich nicht zu erfüllen. Das Land mochte zwar für viele ein sicherer Hafen sein, der Schutz vor strafrechtlicher Verfolgung bot. Anders als oft behauptet wird, „wurde der überwiegende Teil der Neuankömmlinge, die in Buenos Aires von Bord der Atlantikdampfer stiegen, jedoch keineswegs mit offenen Armen empfangen".[294] Stattdessen sahen sie sich mit einer Vielzahl von Problemen konfrontiert, um den Alltag zu bewältigen: Andere Lebensgewohnheiten, ungewohnte Arbeitsrhythmen und oftmals unzureichende Sprachkenntnisse erschwerten soziale Kontakte und begrenzten die beruflichen Möglichkeiten jener, die auf dem Gebiet von Publizistik und Wissenschaft Anschluss suchten. Ein *gemütliches Heim* und *einige wertvolle Kameraden* sorgten zwar für Geborgenheit. Und auch *das geistige Leben der Riesenstadt* biete *an sich viel Schönes,* schrieb Gesine von Leers bald

---

289 Dossier „Leers-Komplex" (Ms.), o. O. o. J., S. 4 [AfZ, JUNA-Archiv].
290 Johann von Leers an Wittfogel, 01.11.1950 [HIA, Collection K. Wittfogel, Box Nr. 29].
291 Ebd.
292 Johann von Leers an Cox, 21.05.1955 [Duke University, NL Earnest Sevier Cox].
293 Deutsche Gruppen in Argentinien, Botschaft Buenos Aires für AA, 17.06.1952 [PA AA, B 11, Band 988, Nr. 1, Bl. 52–57]. Zu den formlosen Umständen der Einreise nach Argentinien siehe auch RUDEL: Zwischen Deutschland und Argentinien, S. 39–44.
294 STEINACHER: Argentinien als NS-Fluchtziel, S. 249.

nach ihrer Ankunft.²⁹⁵ Gleichwohl sei das Leben *für geistige Berufe recht schwer, besonders in den ersten Jahren*, klagte sie.²⁹⁶ Nur wenige verfügten außerdem über finanzielle Rücklagen. Behauptungen über hohe Vermögenswerte, die von den Nationalsozialisten bis Kriegsende ins Ausland und vor allem nach Südamerika verschoben worden seien, wo sie von einer „Geheimorganisation" verwaltet würden und flüchtigen Nationalsozialisten zur Verfügung stünden, fallen in den Bereich der Legende. In solchen Kolportagen schrieb sich stattdessen die seit Mitte der 1940er Jahre unter den westlichen Alliierten und Exilregierungen verbreitete Sorge fort, die Nationalsozialisten würden angesichts der drohenden Niederlage Kapital ins neutrale Ausland bringen und von dort aus ein „Viertes Reich" errichten.²⁹⁷ Es muss jedoch davon ausgegangen werden, dass Johann von Leers und seine ihm kurz darauf folgende Familie weitgehend mittellos in Argentinien eingetroffen sind. Dementsprechend bescheiden gestalteten sich die Lebensverhältnisse. *Es ging uns in Buenos Aires denkbar schlecht,* erinnerte sich Gesine von Leers an ein Leben von der Hand in den Mund.²⁹⁸ Dass er dort *under very bad circumstances* lebte, notierte auch die CIA.²⁹⁹ Zwar hätten Frau und Tochter *noch etwas Reste unserer Habe mitbringen können*, so Johann von Leers. Gleichwohl erwies es sich als *mühsam, ein neues Leben aufzubauen*.³⁰⁰ Nachdem die Familie zunächst ein *Rancho* beziehen musste, das einer ärmlichen Notunterkunft glich, schien sich die Situation später zu verbessern: *Wir selbst haben eine niedliche kleine Dreizimmer-Wohnung im hübschesten Vorort dicht am La Plata und ganz im Grünen*, hieß es im August 1953 in einem Schreiben an einen früheren Weggefährten in Jena.³⁰¹ Erschwerend kam hinzu, dass Johann von Leers schon bald „Argentiniens Nöte" erkennen musste. Hohe Inflation und „das unheimliche Steigen der Preise" sowie ein allgegenwärtiger „Mangel" drückten die Stimmung vor allem „des Mittelstandes", dessen Lage „immer bedrohlicher" wurde.³⁰² Ein Übriges taten die klimatischen Verhältnisse in dieser *Riesenstadt*, wo im Sommer monatelang eine *irre Hitze* herrsche und die Sonne *gnadenlos vom Himmel* brenne. *Die südlichen Völker können keine*

---

295 Gesine von Leers an Wittfogel, 25.09.1951 [HIA, Collection K. Wittfogel, Box Nr. 29].
296 Gesine von Leers an Blunck, 14.03.1952 [SHLB, NL Blunck, Cb 92.56: 52a, Bl. 15].
297 Zu den Kolportagen siehe BROCKDORFF: Flucht vor Nürnberg, S. 158 f.; WIESENTHAL: Recht, nicht Rache, S. 73. Zur Einordnung siehe STAHL: Nazi-Jagd, S. 26 f.
298 Gesine von Leers an Ryschkowsky, 01.03.1961 [APABIZ].
299 Zusammenfassung zu von Leers, o. D. [NARA, RG 263, Entry ZZ-16, Box 32, NND 36822].
300 Johann von Leers an Wittfogel, 14.04.1951 [HIA, Collection K. Wittfogel, Box Nr. 29].
301 Johann von Leers an Heberer, 21.08.1953 [SUB, NL Heberer].
302 EULER, H.A.: Argentiniens Nöte, in: Zeitschrift für Geopolitik 22 (1951) 9, S. 565–567, hier S. 565.

Sonnenanbeter gewesen sein, konnte Gesine von Leers dies immerhin kulturhistorisch einordnen.[303]

8.5.1 Prekäre Existenz in Buenos Aires

Um sich *durchschlagen* zu können und die Existenz der Familie zu sichern, war ein hohes Maß an Improvisation erforderlich, zumal für *einen geistigen Menschen, der kaum praktischen Sinn hat,* wie Gesine von Leers bald feststellen musste.[304] Einen ersten Schritt dazu unternahm Johann von Leers mit der Eröffnung eines auf südamerikanische Literatur spezialisierten Antiquariats, das er gemeinsam mit einem *Kameraden* betrieb.[305] Dass er für den Verkaufsladen den Namen „Búho" (dt. „Eule") wählte und dort unter seinem *nom de vie clandestine Dr. Euler* arbeitete, wie er einem Gesinnungsgenossen anvertraute, war Reminiszenz an sein „persönliches Wahrzeichen"[306] und Vorsichtsmaßnahme zugleich. Die Geschäfte liefen jedoch schleppend. Die galoppierende Inflation und rasant steigende Lebenshaltungskosten bekam Johann von Leers unmittelbar zu spüren: „Für die geistigen Bedürfnisse bleibt da wenig – ein Buch neuer Produktion von einigermaßen größerer Bedeutung kostet bereits zwischen 50 und 100 Pesos", klagte er über den geringen Käuferzuspruch.[307] Um solventere Kunden vor allem in den USA zu gewinnen, ergriffen seine Frau und er deshalb umtriebige Werbemethoden. Korrespondenzpartner wie Wittfogel etwa wurden aufgefordert, Anschriften von *Instituten, Antiquariaten* und *Privaten* mitzuteilen, die *als Abnehmer in Frage kämen* und somit *Dollars bringen* könnten.[308] Wittfogel jedoch verhielt sich reserviert, vermutlich auch deshalb, weil er mit dem Namen Johann von Leers nicht in Verbindung gebracht werden wollte.

---

303 Gesine von Leers an Blunck, 14.03.1952 [SHLB, NL Blunck, Cb 92.56: 52a, Bl. 15].
304 Lebenslauf Prof. Dr. Johann von Leers (Ms.), o. D. [NL H. Achmed Schmiede]; Gesine von Leers an Wittfogel, 26.06.1951 [HIA, Collection K. Wittfogel, Box Nr. 29].
305 Johann von Leers an Wittfogel, 14.04.1951 und 26.06.1951 [HIA, Collection K. Wittfogel, Box Nr. 29]. Als Geschäftspartner wird ein *Dr. Körner* genannt. Dabei handelte es sich vermutlich um den Historiker und späteren Korrespondenten der Süddeutschen Zeitung (1957 bis 1965), Karl Wilhelm Körner (1904 [?]–1968), der als Co-Autor ein Manuskript über die „Geschichte des Deutschtums in Argentinien" verfasste, das 1955 vom Deutschen Club in Buenos Aires anlässlich seines 100-jährigen Bestehens veröffentlicht und 1978 erneut aufgelegt wurde. Siehe LÜTGE, WILHELM/HOFFMANN, WERNER/KÖRNER, KARL WILHELM/KLINGENFUSS, KARL: Deutsche in Argentinien. 1520–1980, Buenos Aires ³1981. Siehe auch Zusammenfassung zu von Leers, o. D. [NARA, RG 263, Entry ZZ-16, Box 32, NND 36822]. Dort wird von einem *business in antiques* gesprochen.
306 Johann von Leers an de Mahieu, 05.04.1951 [Privatarchiv]. Siehe auch VOLLMER: Bilanz vom Empfangen und Geben, S. 161.
307 EULER: Argentiniens Nöte, S. 565.
308 Gesine von Leers an Wittfogel, 26.06.1951 [HIA, Collection K. Wittfogel, Box Nr. 29].

Auf eine solide ökonomische Grundlage ließ sich das Unternehmen nicht stellen. Schon 1952 musste es wieder aufgegeben werden, weil es *nichts einbrachte und der Mitinhaber Privatgeschäfte machte*, so Gesine von Leers.[309]

Ähnlich erfolglos blieb der Versuch, sich als Übersetzer und Vertriebsagent deutschsprachiger Literatur zu etablieren, für die Johann von Leers ein Publikum in seiner neuen Heimat zu finden vermeinte. So nahm er beispielsweise Kontakt mit dem Schriftsteller Otto Zierer (1909–1983) auf, einem Verfasser populärwissenschaftlicher Geschichtsbücher. Nachdem es ihm tatsächlich gelungen war, dessen Büchern „den Weg nach Argentinien" zu öffnen, indem er „für ausgezeichnete Besprechungen" in einflussreichen Zeitungen wie „La Prensa" sorgte[310], bot er Zierer an, eine Auswahl seiner Werke *ins Spanische zu übersetzen*[311] und dafür *einen guten Verlag zu finden*.[312] Schließlich sei Südamerika ein *aufstrebende[r] Kulturkreis*, dessen Bevölkerung sich als *erfreulicher Abnehmer* erweisen werde.[313] Selbst an den *Vertrieb* dachte Johann von Leers, für den er sich seiner Zusammenarbeit *mit sehr alten, angesehenen Verlagen* bedienen wollte.[314] Indessen zerschlug sich auch diese Idee, nachdem Zierer erkannte hatte, welch „unverbesserlicher Narr" hier mit ihm verhandelte.[315] Kaum mehr als eine Episode blieb zudem eine Tätigkeit, die Johann von Leers lapidar als *Stundengeben* bezeichnete.[316] Dabei dürfte es sich um Vorlesungen im Stil einer privaten Volkshochschule für Angehörige der deutschsprachigen Gemeinschaft in Buenos Aires gehandelt haben – ein keineswegs ungewöhnliches Format zum Meinungsaustausch, wie die Memoiren des ehemaligen Leiters des Dürer-Verlags bezeugen, der von „Leseabenden in den Häusern wohlhabender deutscher Familien" berichtete.[317] Der Erlös solcher „Privatstunden" blieb angesichts des tendenziösen Gehalts seiner Vorträge jedoch „kümmerlich". Seine „rassentheoretische[n] Kurse für Deutsche und Deutsch-Argentinier" hätten „keinen nennenswerten Erfolg" gehabt, stellte ein Beobachter fest.[318] Das gilt erst recht für den Versuch, es anderen prominenten Nationalsozialisten gleichzutun und

---

309 Gesine von Leers an Blunck, 14.03.1952 [SHLB, NL Blunck, Cb 92.56: 52a, Bl. 15].
310 ZIERER, OTTO: Mein Abenteuer, zu schreiben, München 1981, S. 213.
311 Hans A. Euler (= von Leers) an Zierer, 04.05.1951 [Privatarchiv].
312 Hans A. Euler (= von Leers) an Zierer, 21.05.1951 [Privatarchiv].
313 Ebd.
314 Ebd.
315 ZIERER: Mein Abenteuer, zu schreiben, S. 213.
316 Johann von Leers an Heberer, 21.08.1953 [SUB, NL Heberer]. Siehe dazu auch Curriculum Vitae (Ms.), o. D. [nach 1956] [PA AA, AV-NA, Nr. 18933, o. P.] sowie Zusammenfassung zu von Leers, o. D. [NARA, RG 263, Entry ZZ-16, Box 32, NND 36822].
317 VOLLMER: Bilanz vom Empfangen und Geben, S. 140f., 178.
318 Feinde der Demokratie, VI/3-4 (Februar/März 1957), S. 42.

seine Erinnerungen an die NS-Zeit in klingende Münze zu verwandeln. So gab Gesine von Leers sich tatsächlich der Illusion hin, gerade in den USA ließe sich ein Publikum für verklärende Beiträge ihres Mannes finden: Da die Presse dort neuerdings *so viele Erinnerungen aus dem Dritten Reich* veröffentliche, die *alle das Negative hervorholen,* wäre es an der Zeit für eine *Artikelserie* von einem *alten Kämpfer* und *wirklichen Idealisten,* der aufzeigen könne, *wie es zu all dem gekommen ist,* schrieb sie Wittfogel bereits 1948.[319] Dies aber musste ebenso unrealistisch erscheinen wie die daran geknüpfte Erwartung, die vermeintlich *gutzahlenden nordamerikanischen Zeitungen* seien ausgerechnet an einer durch Wittfogel vermittelten Mitarbeit von Johann von Leers interessiert, selbst wenn er *unter einem Pseudonym* publizierte, wie Gesine von Leers nach der Übersiedlung nach Argentinien erneut vorschlug.[320] Entsprechende Veröffentlichungen sind nicht bekannt. So kam es, dass die Familie selbst abseitige Erwerbsmöglichkeit nutzen musste. Aufgrund ihrer *Notlage* sei sie *gezwungen* gewesen, *Geld mit der Astrologie [zu] verdienen,* entschuldigte sich Gesine von Leers gegenüber Jünger, dem sie davon berichtete.[321] In welchem Umfang sie dieser Tätigkeit nachgegangen ist, die ihr bereits Anfang der 1930er Jahre einen Teil ihres Einkommens beschert hatte, bleibt unklar. Immerhin schien an ihrer Dienstleistung Nachfrage zu bestehen, zumal in der französischen Kolonie in Buenos Aires, die als *la plus spirituelle* galt.[322]

All diese Initiativen deuten darauf hin, dass die Familie von der Hand in den Mund lebte. Gleichwohl darf nicht übersehen werden, dass Johann von Leers auch in seiner neuen Heimat einen erstaunlichen Aktivismus als politischer Publizist entfaltete, nachdem er Zugang zu Kreisen gefunden hatte, die ihm weltanschaulich nahestanden. Zu Hilfe kamen ihm dabei insbesondere seine guten Sprachkenntnisse. Er *schreibe jetzt schon fast so gut Spanisch wie Deutsch,* ließ er im Sommer 1953 Gerhard Heberer wissen.[323] Während anderen Flüchtlingen „die Unkenntnis von Sprache und Mentalitäten der neuen Heimat"[324] Probleme bereitete, konnte er sich schnell orientieren. So verfasste er bis 1956 eine Reihe von Beiträgen insbesondere für die Zeitschrift „Dinámica Social",

---

319 Gesine von Leers an Wittfogel, 17.10.1948 [HIA, Collection K. Wittfogel, Box Nr. 29]. Siehe auch Johann von Leers an Wittfogel, 01.11.1950 [HIA, Collection K. Wittfogel, Box Nr. 29]: *Wenn Sie Adressen amerikanischer Zeitschriften und Zeitungen, die gute, fundierte historische, politische oder literarische Arbeiten abnehmen und nicht innerlich allzu eng sind, wissen, würden Sie mir eine Freude machen, wenn Sie mir diese Adressen mitteilen.*
320 Gesine von Leers an Wittfogel, 26.06.1951 [HIA, Collection K. Wittfogel, Box Nr. 29].
321 Gesine von Leers an Jünger, 28.06.1959 und 02.02.1972 [DLA Marbach, Sig. HS 5294539].
322 Johann von Leers an de Mahieu, 05.04.1951 [Privatarchiv].
323 Johann von Leers an Heberer , 21.08.1953 [SUB, NL Heberer].
324 STEINACHER: Nazis auf der Flucht, S. 286; DERS.: Argentinien als NS-Fluchtziel, S. 249 f.

die dem Umfeld der radikalen Peronisten zuzurechnen war.³²⁵ Ihr Herausgeber Carlo Scorza (1897–1988), ein „revolutionärer Scharfmacher mit lupenreiner faschistischer Vergangenheit"³²⁶ und früherer Weggefährte Mussolinis, war 1949 nach Argentinien geflohen. In der Zeitschrift, die seit Herbst 1950 erschien und durch amerikanische Sicherheitskreise als *pro-Fascist*³²⁷ charakterisiert wurde, publizierten zahlreiche Kollaborateure, die ihrer Verachtung der westlichen Demokratien freien Lauf ließen und Perón wie auch die autoritären Regime unter Franco in Spanien oder Salazar in Portugal feierten.³²⁸ Zwar spielte Scorza unter Perón „nie eine offizielle Rolle". Gleichwohl aber verfügte er über „einigen politischen Einfluss bei einer kleinen Gruppe der Allianza, die als extremrechter Flügel der peronistischen Bewegung angeschlossen war".³²⁹ Die mittelbare Beziehung zu den Peronisten, die sich daraus ergab, dürfte der Ursprung der später kolportierten Mutmaßung gewesen sein, Johann von Leers habe in Argentinien für den Präsidenten gearbeitet und dessen *public information campaigns against Jews* unterstützt.³³⁰

Spanischsprachige Beiträge für Zeitschriften dieser Art stellten jedoch die Ausnahme dar, zumal sie die finanzielle Situation der Familie kaum besserten. Ihr Mann schreibe gelegentlich *ein paar Artikelchen*, die allerdings *wenig hier einbringen*, klagte Gesine von Leers.³³¹ Letzteres gilt auch für seine über-

---

325 Nachweisbar unter dem Pseudonym SCHWARZENBORN, FELIX in: Dinámica Social 2 (1952) sowie LEERS, JOHANN VON: Sin hogar, in: Dinámica Social 3 (1953) 36 (August), S. 12 f.; DERS.: El futuro de Alemania. Satélite de EEUU? Piemonte alemán o nueva Suiza?, in Dinámica Social 4 (1953) 38 (Oktober), S. 27 f.; DERS.: Alemania en el torniquete, in: Dinámica Social 4 (1953) 40 (Dezember), S. 21 f.; DERS.: ¿Por que intelectuales y gentes de la clase media se inclinan hacia el comunismo?, in: Dinámica Social 6 (1955), S. 37–39; DERS.: Apuntes sobre Egipto, in: Dinámica Social 6 (1956) 68 (Mai), S. 11.
326 WOLLER, HANS: Mussolini. Der erste Faschist. Eine Biografie, München ²2016, S. 256–258. Zu Scorza siehe auch ROCK, DAVID: Authoritarian Argentina. The nationalist movement, its history and its impact, Berkely/Los Angeles 1995, S. 166 f.
327 Movimento Sociale Italiano (Italian Social Movement; MSI) in Argentina, 19.12.1952 [NARA, CIA-RDP82-00457r015300390005-9].
328 Zu „Dinámica Social" siehe CUCCHETTI, HUMBERTO: Droites radicales en Argentine. Une première approche des circulations intellectuelles et de la circulation d'intellectuels dans Dinámica Social (1950–1965), in: DARD, OLIVIER (HRSG.): Supports et vecteurs des droites radicales au XXe siècle (Europe/Amériques) (Convergences, Bd. 73), Frankfurt am Main 2013, S. 201–220.
329 Feinde der Demokratie, VI/3–4 (Februar/März 1957), S. 42.
330 Johannes von Leers, o. D. [NARA, RG 263, Entry ZZ-16, Box 32, NND 36822]. Im Wortlaut: *In Argentina he worked for Peron in his public information campaigns against Jews in Argentina.* Zur Zurückweisung solcher Gerüchte siehe Abendpost vom 28.08.1956: „Deutschsprachige Zeitungen in Buenos Aires dementieren […], dass der Deutsche Johann von Leers […] nach dem zweiten Weltkrieg für das Propagandabüro des Expräsidenten Perón tätig war."
331 Gesine von Leers an Wittfogel, 26.06.1951 [HIA, Collection K. Wittfogel, Box Nr. 29].

aus produktive Publizistik für ein deutschsprachiges Publikum sowohl in seiner alten Heimat wie an seinem neuen Wohnort, in die er seine politischen Ansichten und weltanschaulichen Überzeugungen einfließen lassen konnte. Eine Möglichkeit dazu bot ihm der „Deutsche Unabhängige Zeitungsdienst" (DUZ) des Düsseldorfer Verlegers Friedrich Karl Bornemann (1913–1965), der dem Umfeld Werner Naumanns angehörte und in der nordrhein-westfälischen FDP bestens vernetzt war.[332] Ihrem Selbstverständnis nach handelte es sich dabei um eine *deutsche Korrespondenz nationaler Tendenz*, die vor allem sogenannte Heimatblätter in der Provinz mit Artikeln versorgen wollte.[333] Einem polemischen Tonfall waren damit Grenzen gesetzt. Anders dagegen lagen die Dinge beim Pressedienst „Kommentare, Berichte, Informationen" (KBI), den Bornemann seit Frühsommer 1950 in der Absicht verbreitete, dem Kreis um Naumann eine Kommunikationsplattform zu verschaffen. Die Aufgabe des KBI sah er darin, *immer mehr Verbindungen untereinander herzustellen,* um so *allmählich eine große Gesinnungsfamilie zu schaffen,* schrieb Bornemann einem Weggefährten.[334] Dies erklärt, dass zahlreiche „Alt-Nationalsozialisten"[335] im KBI schrieben. Unter ihnen befand sich auch Johann von Leers, der schon von Mehlem aus *close contacts*[336] mit Angehörigen des Naumann-Kreises unterhielt und Bornemann spätestens Ende 1949 unter einem seiner Pseudonyme kontaktiert hatte. Durch einen nicht näher benannten Bekannten, schrieb er diesem seinerzeit umschmeichelnd, sei er auf dessen *gute Korrespondenz* aufmerksam geworden, die, wie er gehört habe, *mutig für die deutsche Sache eintritt.*[337] Da er oft über *wertvolles und interessantes Material* verfüge, das er aufgrund seiner *Verbindung zu gutgesinnten Kreisen des Auslandes* erhalte, wolle er deshalb seine Mitarbeit anbieten.[338] Bornemann signalisierte sofort sein Interesse an Manuskripten, die selbstverständlich *honoriert* würden.[339] Um Johann von Leers die Arbeit zu erleichtern, stattete er ihn sogar mit einem Mitarbeiteraus-

---

332 Bornemann galt dem BfV als *eine Art Stabschef Naumanns.* Siehe BfV, Der Fall Naumann (Ms.), o. D. [um Herbst 1953] [BArch, B 443/2401, o. P.]. Zu Bornemann auch BUCHNA: Nationale Sammlung an Rhein und Ruhr, S. 134; BUSCHFORT, WOLFGANG: Geheime Hüter der Verfassung. Von der Düsseldorfer Informationsstelle zum ersten Verfassungsschutz der Bundesrepublik (1947–1961), Paderborn 2004, S. 121, 247.
333 Bornemann an Bolay, 17.06.1950 [BArch, B 443/2412, Bl. 5111].
334 Bornemann an Holtz, 13.07.1951 [BArch, B 443/2416, Bl. 7055].
335 Die Korrespondenz KBI erschien seit Frühjahr 1950. Zu ihren Mitarbeitern siehe BUCHNA: Nationale Sammlung an Rhein und Ruhr, S. 133.
336 Information on Artsyuk's Activities, 29.08.1956 [NARA, RG 263, Entry ZZ-16, Box 32, NND 36822].
337 Hans A. Euler (= von Leers) an Bornemann, 27.12.1949 [BArch, B 443/2412, Bl. 5214].
338 Ebd.
339 Bornemann an Hans A. Euler (= von Leers), 05.01.1950 [TNA: PRO, FO 371/103910].

weis aus.[340] Seit Mitte Januar 1950 versorgte Johann von Leers ihn regelmäßig mit Artikeln und Glossen zunächst für den DUZ, seit Mai 1950 auch für die neu entwickelten KBI.[341] An diese Verbindung knüpfte er ein Jahr später an: Da er den *ausgezeichneten Zeitungsdienst* auch in Buenos Aires *mit besonderer innerer Zustimmung* lese, wolle er *gern daran mitarbeiten*, zumal er an seinem neuen Wohnort *eine Menge interessantes Material in die Hand bekomme*, das man *in Deutschland praktisch überhaupt nicht bekommen kann*.[342] Als Bürgen für seine Person verwies er Bornemann auf dessen Mitarbeiter „Mauna", bei dem er sich um Naumann selbst handelte.[343]

Bornemann forderte vor allem Meldungen über *Kuriosa* an, zeigte sich aber auch an Interviews mit *prominenten in Argentinien lebenden Ausländern*, wenn nicht sogar *mit Herrn oder Frau Peron* interessiert.[344] Bis zur Zerschlagung des Naumann-Kreises im Januar 1953 versorgte Johann von Leers Bornemanns Pressedienste neuerlich mit zahlreichen Artikeln einschlägiger Tendenz. Ein Manuskript über einen *Morgenthau Boy* etwa verband er mit dem Hinweis, die Amerikaner müssten endlich *merken*, dass die *antideutsche Hetze* ihrer Presse *gegen unser Volk* ihnen *in Deutschland schadet*.[345] Dass solche *scharf abgefasste[n] Artikel*[346] in Tageszeitungen kaum Chancen auf Veröffentlichung hatten, war Johann von Leers dabei bewusst, wollte es aber Bornemann überlassen, jene *politischen Sachen* zu streichen, die *bedenklich* erschienen.[347] Tatsächlich gelang es Johann von Leers so über den DUZ, unwissenden Redaktionen Beiträge unterzujubeln. *Von Zeit zu Zeit* lese er in Zeitungen *mit Vergnügen* jene Artikel, *die ich Ihnen sandte*, teile er Bornemann zufrieden mit.[348] So gerne Bornemann allerdings die Beiträge übernahm, so unzuverlässig erwies er sich bei der versprochenen Honorierung, wie zahlreiche Klagen belegen, die Johann von Leers und der von ihm beauftragte Mittelsmann Paul Lohoff äußerten.[349]

Aufgrund seiner weitläufigen Kontakte gelang es Johann von Leers zeitweise sogar, aus den publizistischen Zirkeln seiner Gesinnungsgenossen in

---

340 Hans A. Euler (= von Leers) an Bornemann, 16.01.1950 [BArch, B 443/2412, Bl. 5211].
341 Ebd. sowie 29.01. und 29.05.1950 [BArch, B 443/2412, Bl. 5210 f., 5213].
342 Hans A. Euler (= von Leers) an Bornemann, 24.05.1951 [TNA: PRO, FO 371/103910].
343 Ebd. Nach Angaben der britischen Sicherheitsbehörden handelte es sich bei „Mauna" um Naumann. Siehe dazu die Analyse in der Übersetzung des Schreibens [TNA: PRO, FO 371/103899]. Zu „Mauna" als Mitarbeiter des „Wegs" siehe MEDING: „Der Weg", S. 153.
344 Bornemann an Hans A. Euler (= von Leers), 30.09.1951 [BArch, B 443/2412, Bl. 5204].
345 Hans A. Euler (= von Leers) an Bornemann, 11.02.1952 [TNA: PRO, FO 371/103910].
346 Bornemann an Hans A. Euler (= von Leers), 15.03.1952 [BArch, B 443/2412, Bl. 5200].
347 Hans A. Euler (= von Leers) an Bornemann, 22.04.1952 [BArch, B 443/2412, Bl. 5198].
348 Hans A. Euler (= von Leers) an Bornemann, 11.02.1952 [TNA: PRO, FO 371/103910].
349 Hans A. Euler (= von Leers) an Bornemann, 18.08.1952 [BArch, B 443/2412, Bl. 5192]. Lohoff an Bornemann, 21.09.1952 [BArch, B 443/2412, Bl. 5191].

Argentinien und dem Milieu, das der Naumann-Kreis repräsentierte, auszubrechen. Dass „Christ und Welt" eine Reihe seiner Beiträge veröffentlichte, verdankte er Mehnert. Auch einige Aufsätze in wissenschaftlichen Fachzeitschriften, die durch ihren belehrenden Stil und spekulative Behauptungen kontrovers diskutiert wurden und kleinliche Auseinandersetzungen provozierten, dürften auf solche Beziehungen zurückgehen.[350] Um den Herausgebern peinliche Erklärungen zu ersparen und sich selbst *nicht die Schergen auf den Hals zu ziehen*, erfolgten die Veröffentlichungen unter dem Pseudonym „Hans A. Euler".[351] Mindestens bis Sommer 1951 trat er öffentlich unter diesem Namen in Erscheinung. Gegenüber Gesinnungsgenossen dagegen spielte Johann von Leers mit offenen Karten.[352]

Von ausschließlich *unpolitische[n] Sachen*[353], wie er einem Weggefährten gegenüber behauptete, kann allerdings nicht die Rede sein. Das belegen verschiedene Aufsätze im Organ der Bundesvereinigung Deutscher Arbeitgeberverbände „Der Arbeitgeber" und für die „Zeitschrift für Geopolitik", die er zwischen 1951 und 1953 dort publizieren konnte.[354] Woher seine Kontakte zur Redaktion der seit 1949 in Düsseldorf erscheinenden Zeitschrift des Arbeitgeberverbandes rührten und welche Kenntnisse dort über den biografischen Hintergrund von „Dr. Hans A. Euler" vorlagen, lässt sich nicht im Detail erhellen. Möglicherweise war Johann von Leers der Redaktion durch Karl Klingenfuß (1901–1990) empfohlen worden. Mit Klingenfuß, der seit Anfang 1951 als Geschäftsführer

---

350 Siehe EULER, HANS A.: Die spanische Sprache und das Deutsche, in: Die lebende Fremdsprache. Zeitschrift für Neusprachler 2 (1950) 10, S. 289–297. Zur darauf folgenden Kritik und Replik siehe SCHNEIDER, HANS: Zum Aufsatz von Hans A. Euler, in: Die lebende Fremdsprache. Zeitschrift für Neusprachler 2 (1950) 12, S. 378f.; EULER, HANS: Erwiderung auf die Kritik von Dr. Hans Schneider (Hamburg) zu meinem Aufsatz „Die spanische Sprache und das Deutsche", in: Die lebende Fremdsprache. Zeitschrift für Neusprachler 3 (1951) 3, S. 89f.
351 Johann von Leers an Wittfogel, 01.11.1950 [HIA, Collection K. Wittfogel, Box Nr. 29]. Zu den Zeitschriftenaufsätzen traten auch Leserbriefe. Siehe dazu die Zeitschrift „Réalités", Ausgabe 48/1950, die den Leserbrief eines Hans A. Euler mit Absenderangabe „Mainzerstraße 45" enthielt. Unwahrscheinlich ist dagegen die, wie der BND kolportierte, pseudonyme Mitarbeit als „Dr. Euler" für die ebenfalls in Buenos Aires erscheinende „Freie Presse", die Wilfred von Oven seit Herbst 1951 als Chefredakteur leitete. BND, Meldedienstliche Verschlusssache (B-3), 20.07.1960 [Privatarchiv].
352 Johann von Leers an de Mahieu vom 05.04.1951 [Privatarchiv].
353 Johann von Leers an Wittfogel, 01.11.1950 [HIA, Collection K. Wittfogel, Box Nr. 29].
354 Siehe folgende Beiträge von EULER, HANS A.: Arbeitgeberverbände und Gewerkschaften in Argentinien, in: Der Arbeitgeber 4 (1952) vom 01.07.1952, S. 512–514; Unsterbliche Mission der Persönlichkeit. Was bedeutet Eva Perón für Argentinien?, in: Der Arbeitgeber 4 (1952) vom 1./15.08.1952, S. 610f.; Argentiniens Nöte, in: Zeitschrift für Geopolitik 22 (1951) 9, S. 565–567; Gewerkschaften und Staat in Lateinamerika, in: Zeitschrift für Geopolitik 24 (1953) 9, S. 477–480.

der Deutsch-Argentinischen Handelskammer in Argentinien amtierte, war er, wie der BND zu wissen glaubte, *eng befreundet*.[355] Eine Ursache dafür dürfte darin liegen, dass Klingenfuß ein ähnliches Schicksal teilte. Als Mitarbeiter in dem für „Judenfragen" zuständigen Referat im Auswärtigen Amt unter Franz Rademacher (1906–1973) hatte er an Erlassen zur Deportation belgischer Juden nach Auschwitz mitgewirkt. Einem Haftbefehl, der im September 1948 gegen ihn erlassen wurde, entzog er sich Ende 1949 durch seine Flucht nach Argentinien. Klingenfuß beauftragte Johann von Leers vermutlich auch damit, Übersetzungen für das Bulletin der Handelskammer anzufertigen.[356]

Nicht weniger schemenhaft lässt sich die Zusammenarbeit mit der „Zeitschrift für Geopolitik" nachvollziehen, die Kurt Vowinckel (1895–1974) in Heidelberg wiederbelebt hatte und seit 1951 von Karl Heinz Pfeffer (1906–1971) herausgegeben wurde. Pfeffer, vormals Professor an der Auslandswissenschaftlichen Fakultät der Berliner Universität unter Leitung von Franz A. Six, hatte in den 1930er Jahren unter anderem agrarsoziologische Untersuchungen für den Reichsnährstand verfasst.[357] Der Name Johann von Leers dürfte ihm somit geläufig gewesen sein. In der „Zeitschrift für Geopolitik" verhalf er früheren Auslandswissenschaftlern und Geopolitikern aus „dem Zwischenbereich von SD und sozialwissenschaftlicher ‚scientific community'" zu einer bemerkenswerten Kontinuität.[358] Die Tradition, in der sich die Herausgeber stehen sahen, gaben sie auch dadurch zu erkennen, dass die Zeitschrift 1951 im 22. Jahrgang fortgesetzt wurde.

Sowohl im „Arbeitgeber" als auch in der „Zeitschrift für Geopolitik" kommentierte Johann von Leers die politische Entwicklung in seiner neuen Hei-

---

355 Zu Klingenfuß siehe SCHNEPPEN: Odessa und das Vierte Reich, S. 171–176; CONZE, ECKART/ FREI, NORBERT/HAYES, PETER/ZIMMERMANN, MOSHE: Das Amt und die Vergangenheit. Deutsche Diplomaten im Dritten Reich und in der Bundesrepublik, München 2010, S. 604–607; STAHL: Nazi-Jagd, S. 385. Zu seiner Beziehung mit Johann von Leers siehe BND, Meldedienstliche Verschlusssache (B-3), 20.07.1960 [Privatarchiv]. Siehe dagegen Johannes von Leers, 04.09.1952 [NARA, RG 263, Entry ZZ-16, Box 32, NND 36822]: Johann von Leers *was pointed out to the editor of "Der Arbeitgeber", upon inquiry, from readers in Argentina, as a person suitable to write an article about socialistic conditions in Argentina upon the death of Eva Peron.*
356 BND, Meldedienstliche Verschlusssache (B-3), 20.07.1960 [Privatarchiv].
357 Zu Vowinckel siehe SCHNITZLER, SONJA: Soziologie im Nationalsozialismus zwischen Wissenschaft und Politik. Elisabeth Pfeil und das „Archiv für Bevölkerungswissenschaft und Bevölkerungspolitik", Wiesbaden 2012, S. 180–185. Zu Pfeffer siehe KLINGEMANN, CARSTEN: Soziologie und Politik. Sozialwissenschaftliches Expertenwissen im Dritten Reich und in der frühen westdeutschen Nachkriegszeit, Wiesbaden 2009, S. 84.
358 HACHMEISTER: Der Gegnerforscher, S. 306. Im Gegensatz zu anderen Autoren wird im Mitarbeiterverzeichnis in Ausgabe 24 (1953) 9 auf Angaben zur Berufstätigkeit des Autors „H. A. Euler" verzichtet.

mat. Ganz im Stil seiner Schriften der 1930er Jahre über Volksgemeinschaft und Führertum verklärte er nunmehr Peróns Herrschaftsmodell und dessen „Kampf um den nationalen Arbeiterstaat"[359] und überhöhte die „Unsterbliche Mission der Persönlichkeit" Evita Peróns. Mit seinem „grundanständigen" „Soldaten-Sozialismus" und einem korporativen System, das „die gerechte Lösung der Konflikte zwischen Arbeit und Kapital und ihre Überwindung auf höherer Ebene mit großem Ernst und nicht ohne Erfolg angestrebt" habe, werde „der alte Klassengedanke" durch ein „arbeitertümliches Standesbewusstsein" ersetzt und „der kommunistischen Agitation die Tür" gewiesen. Die Gewerkschaften seien dabei „Teile des staatlichen Machtapparates" geworden, der dafür Sorge trage, dass „die Gewerkschaftsführung mit den richtigen und zuverlässigen Leuten besetzt" werde. Zum Recht der Staatsführung zähle nämlich, „in das gesellschaftliche Leben der Verbände" und vor allem einer Gewerkschaft „einzugreifen [...] und vorübergehend deren Verwaltung zu übernehmen", sofern diese „sich als kommunistisch gesteuert erweist oder Forderungen stellt, die Staat und Wirtschaft gefährden".[360]

Besondere Verdienste schrieb Johann von Leers Evita Perón zu. Ohne sie „wäre [...] heute nicht der Peronismus, sondern wahrscheinlich der Kommunismus die große Massenpartei". Dies erkläre auch, weshalb die Bevölkerung nach ihrem Tod im Juli 1952 „tief, innig und ehrlich" um sie trauere. Ohne Distanz war auch jene Passage, in der die Selbstlosigkeit Evita Peróns verherrlicht wurde: „Tage und Nächte" habe sie „unermüdlich" in ihrem Ministerium gearbeitet und dort mit „zartester Hilfsbereitschaft" und „Herzensgüte" alle „hilfesuchenden Menschen" empfangen, dass dies „den Menschen die Tränen in die Augen trieb".[361] Für den Autor stand zugleich fest, dass diese Form charismatischer Herrschaft dem Parlamentarismus überlegen sei. Unter Perón, so Johann von Leers, komme das „Herrscherpaar der Vergangenheit [...] in neuer Form wieder, weil das Individuum in dem rein rational gestalteten reinen Parlamentsstaat die persönlichen seelischen Bindungen vermisst und sich nach persönlichem Rat und persönlicher Hilfe sehnt".[362] Selbst latent antisemitische Ressentiments finden sich in den Beiträgen. Eine Beschreibung etwa der wirtschaftlichen Elite in Buenos Aires knüpfte an seine Publizistik der NS-Zeit an, als er sich schon ein-

---

359 Zu diesem und den folgenden Zitaten siehe EULER: Argentiniens Nöte, S. 565–567; DERS.: Arbeitgeberverbände und Gewerkschaften in Argentinien, S. 512–514; DERS.: Unsterbliche Mission der Persönlichkeit. Was bedeutet Eva Perón für Argentinien?, in: Der Arbeitgeber 4 (1952) vom 1./15.08.1952, S. 610 f.
360 EULER: Arbeitgeberverbände und Gewerkschaften in Argentinien, S. 512.
361 EULER: Unsterbliche Mission der Persönlichkeit, S. 611.
362 EBD.

mal mit der „jüdischen Vorherrschaft in der südamerikanischen Wirtschaft"[363] befasst hatte. Die „Handelsoligarchie von Buenos Aires" im 19. und frühen 20. Jahrhundert, ließ er jetzt die bundesdeutschen Arbeitgebervertreter wissen, sei „geldstolz, raffig, oft auch kosmopolitisch und unpatriotisch eingestellt" gewesen.[364] Die Leser der „Zeitschrift für Geopolitik" dagegen klärte er darüber auf, dass die Wurzeln der reichen Familien dieses Landes, die im 19. und 20. Jahrhundert aufzublühen begannen, „kaum in der Tradition des ‚ehrbaren Kaufmanns'" lägen, sondern auf „Bodenspekulation, Handelskniffe, nicht selten mit der einstigen britischen Welthandelsmacht", beruhten.[365] So reich die Familien sich vorkämen, so sehr seien ihre Angehörigen „in Wirklichkeit zum Teil ‚Proleten' geblieben", die, wie es klischeehaft heißt, „protzig, raffig, gerissen, geldstolz" auftreten würden und „innerlich kaum besser als nordamerikanische Schuhwichsekönige" seien.[366] Dass überdies Evita Perón zwar anfangs „den Marxismus studierte", diesen dann aber verworfen habe, führte Johann von Leers auf ihre Erkenntnis zurück, dieser müsse angesichts seiner Ursprünge als „eine fremde, in einem anderen Erdteil entstandene und eine Argentinien nicht angepasste, tief unpatriotische Lehre" gelten.[367]

Nicht solche Formulierungen allerdings waren es, die provozierten. Anstoß erregt vielmehr der Autor, der sich zwar hinter einem Pseudonym verbarg, dessen Identität sich aber schnell herumgesprochen hatte. Dass es sich bei Johann von Leers einstmals um einen „führenden Nationalsozialisten" gehandelt habe, sei, wie DPA meldete, in Buenos Aires „allgemein bekannt" gewesen. Angenommen werden darf zudem, dass die von ihm belieferten Redaktionen in Deutschland um die Tarnung wussten. Solange dies aber nicht in die Öffentlichkeit drang, sahen sie darin kein Problem. Nachdem das Geheimnis jedoch gelüftet war, blieb Johann von Leers der weitere Zugang verschlossen. Weder das Organ des Arbeitgeberverbandes noch die „Zeitschrift für Geopolitik" wollten ab 1953 auf seine Expertise zurückgreifen. So schmerzhaft der damit verbundene Ausfall an Honoraren für Johann von Leers sein mochte, so gut ließ er sich verkraften. Zu diesem Zeitpunkt nämlich war er an anderer Stelle fest eingebunden und heimisch geworden – als Mitarbeiter des Dürer-Verlags und der Zeitschrift „Der Weg" sowie im Kreis jener Auswanderer und Emigranten aus Deutschland und Europa, die gleich ihm an völkisch-nationalistischen Überzeugungen festhielten

---

363 LEERS, JOHANN VON: Der erste judengegnerische Roman Argentiniens, in: Mitteilungen über die Judenfrage 1 (1937) 7 vom 15.05.1937.
364 EULER: Unsterbliche Mission der Persönlichkeit, S. 610.
365 EULER: Gewerkschaften und Staat in Lateinamerika, S. 477.
366 EBD.
367 EULER: Unsterbliche Mission der Persönlichkeit, S. 610.

und Kritik weder an der nationalsozialistischen Ideologie noch an ihrer verbrecherischen Herrschaftspraxis zulassen wollten.

8.5.2 Alte Kameraden und neue Netzwerke

Seit seiner Ankunft in Buenos Aires hatte es Johann von Leers nicht an Bemühungen fehlen lassen, Verbindungen zu Emigranten aufzunehmen, die ihm aus seiner Zeit als völkischer Aktivist und antisemitischer Propagandist in Berlin und Jena bekannt waren und die es ebenfalls nach Argentinien verschlagen hatte. Dies gilt etwa für Hans Jürgen Krüger (Lebensdaten unbekannt), den ehemaligen Geschäftsführer der 1934 von Amt Rosenberg übernommenen Nordischen Gesellschaft, der bald nach seiner Ankunft im Sommer 1950 in Buenos Aires dort „über zahlreiche Kontakte" verfügte, unter anderem zum Dürer-Verlag.[368] Ein weiteres Beispiel ist der Botaniker und SS-Angehörige Heinz Brücher (1915–1991), der sich 1940 bei Heberer habilitiert hatte, Assistent von Astel geworden war und anschließend für ein Institut des SS-Ahnenerbes tätig wurde.[369] Johann von Leers will Brücher, der sich in Südamerika in der akademischen Lehre etablieren konnte und schließlich Berater der UNESCO wurde, *gelegentlich* getroffen haben, wenn dieser *von Tucuman, wo er am Instituto Lillo arbeitet, hierher nach Buenos Aires kommt*.[370] Ähnlich verhielt es sich mit Kollaborateuren, die ebenfalls nach Argentinien geflohen waren, und Gesinnungsgenossen aus aller Welt, die vorübergehend in Buenos Aires Station machten. So rühmte Gesine von Leers die *viele[n] Emigrantengruppen*, insbesondere *Kroaten, Ungarn, Rumänen, Franzosen, Flamen, Weißrussen* und *natürlich Deutsche* sowie *sehr viel[e]* Angehörige der *Waffen SS aus den nordischen Ländern*, die sich *teilweise fabelhaft benehmen* würden.[371] Verbürgt sind zudem Kontakte mit Aktivisten der „nationalen russischen Emigration"[372], so beispielsweise dem früheren General Arthur Holmston (1897–1988), der an der Seite der Deutschen an

---

368 VOLLMER: Bilanz vom Empfangen und Geben, S. 140, 167. Zu Krüger siehe auch LUTZHÖFT, HANS-JÜRGEN: Der Nordische Gedanke in Deutschland 1920–1940 (Kieler Historische Studien, Bd. 14), Stuttgart 1971, S. 58.
369 Zu Brücher siehe HOSSFELD, UWE/THORNSTRÖM, CARL-GUSTAF: „Rasches Zupacken". Heinz Brücher und das botanische Sammelkommando der SS nach Russland 1943, in: HEIM, SUSANNE (HRSG.): Autarkie und Ostexpansion. Pflanzenzucht und Agrarforschung im Nationalsozialismus (Geschichte der Kaiser-Wilhelm-Gesellschaft im Nationalsozialismus, hrsg. von Reinhard Rürup und Wolfgang Schieder im Auftrag der Präsidentenkommission der Max-Planck-Gesellschaft, Bd. 2), Göttingen 2002, S. 119–142; HOSSFELD, UWE: Gerhard Heberer (1901–1973). Sein Beitrag zur Biologie im 20. Jahrhundert, Berlin 1997, S. 81.
370 Johann von Leers an Heberer, 21.08.1953 [SUB, NL Heberer].
371 Gesine von Leers an Blunck, 14.03.1952 [SHLB, NL Blunck, Cb 92.56: 52a, Bl. 15].
372 Konvent der Patrioten, in: Der Weg 6 (1952) 7, S. 496–500.

der Ostfront eine Division russischer Freiwilliger geführt hatte und 1947 nach Argentinien ausgewandert war. *Prof. von Leers [...] kennt ihn,* wusste ein Beobachter.[373] Holmstons Adjutant firmierte in der Redaktion als „häufiger Gast und interessanter Gesprächspartner".[374] Zum Kreis seiner Bekannten gehörte darüber hinaus Hans-Caspar Krüger (1902–1977), ein früherer schwedischer Freiwilliger der SS-Division Nordland, der in Buenos Aires eines jener Reisebüros leitete, die bei der „Übersiedlung von interessierten Deutschen und Skandinaviern nach Argentinien"[375] halfen. Besonders hervorgehoben wurde außerdem die *colonie française*.[376] Zum Treffpunkt dieser keineswegs homogenen Gruppen entwickelten sich dabei die Veranstaltungen der Asociación Argentino-Europea, vor allem aber die des Europäisch-Argentinischen Hauses. Unter der Leitung von Joachim Lietzman (1894–1959), einem früheren Vizeadmiral der Marine, wurden sie von zahlreichen „ehemaligen Angehörigen der internationalen Verbände der Waffen-SS frequentiert".[377] So angesehen Johann von Leers als unbeugsamer nationalsozialistischer Ideologe und versierter Redner in diesen Kreisen gewesen sein dürfte, so distanziert begegnete er ihnen allerdings auch. Trotz aller Gemeinsamkeiten in weltanschaulichen Fragen bestanden in grundlegenden Fragen wie etwa den durch das Potsdamer Abkommen sanktionierten Grenzverschiebungen im Osten Spannungen zwischen einzelnen Gruppen, die koordinierte politische Aktionen erschwerten. Das Problem *de trouver une frontière raisonnable entre les deux nations* falle nicht *à la compétence de notre association et ne peut pas être resolu à Buenos Aires,* schrieb er einem Gesinnungsgenossen.[378] Konfliktträchtig gestaltete sich zudem das Verhältnis zu prominenteren Nationalsozialisten. *Einige Parteigrößen,* klagte Gesine

---

373 Gelny an Weiss, 24.04.1954 [Privatarchiv]. Zur Auswanderung siehe Fürstliche Regierung Liechtenstein an Argentinisches Generalkonsulat Genf, 08.10.1947 [Liechtensteinisches Landesarchiv, RF 230/0430/014]. Zu Holmston siehe GEIGER, PETER/SCHLAPP, MANFRED: Russen in Liechtenstein. Flucht und Internierung der Wehrmacht-Armee Holmstons 1945–1948, Vaduz/Zürich 1996, S. 140–153.
374 VOLLMER: Bilanz vom Empfangen und Geben, S. 147.
375 MEDING: „Der Weg", S. 123 sowie GOÑI: Odessa, S. 260. Siehe auch MALER, JUAN: Frieden, Krieg und „Frieden", Bariloche 1987, S. 346. Der BND glaubte zu wissen, Krüger habe der SS-Division Wiking angehört. Siehe BND, Meldedienstliche Verschlusssache (B-3), 20.07.1960 [Privatarchiv]. In Werbeinseraten des Reisebüros war vielsagend von „Beratungen in Einwanderungsangelegenheiten" die Rede. Siehe Der Weg 4 (1950) 1, S. 104. Siehe auch Johann von Leers an Cox, 21.05.1955 [Duke University, NL Earnest Sevier Cox].
376 Johann von Leers an de Mahieu, 05.04.1951 [Privatarchiv].
377 MEDING: Flucht vor Nürnberg?, S. 173.
378 Johann von Leers an de Mahieu, 14.12.1952 [Privatarchiv].

von Leers, benähmen sich in ihrer neuen Heimat *sehr egoistisch*, würden *alte Kameraden* um des eigenen Vorteils willen *betrügen* und *schwören allem ab*.[379]

Gleichwohl ragt ein Name aus diesem Netzwerk heraus – der von Adolf Eichmann, der im Juli 1950, wenige Wochen vor Johann von Leers, in Buenos Aires angekommen war und unter dem Namen Ricardo Clement ein unauffälliges Leben führte. In den Kreisen früherer SS-Angehöriger, in denen er sich bewegte, war allerdings bald bekannt, um wen es sich dabei handelte. Auch gegenüber Mitarbeitern des „Wegs" gab Eichmann sein Inkognito auf.[380] Zu jenen, die um diesen Hintergrund wussten, gehörten Wim Sassen und Eberhard Fritsch, aber auch Johann von Leers. Zu welchem Zeitpunkt letzterer davon erfuhr und wie intensiv sich die Beziehung gestaltete, ist jedoch strittig. So behauptete 1961 der Publizist Moshe Pearlman (1911–1986), Johann von Leers sei in Buenos Aires „wiederholt mit Eichmann zusammengetroffen".[381] Worauf Pearlman seine Erkenntnis stützte, ließ er offen. Als Urheber können allerdings israelische Sicherheitsbehörden angenommen werden, zu denen Pearlman gute Verbindungen unterhielt. Die CIA ging sogar davon aus, es handele sich bei ihm um *an Israeli IS official*.[382] Holger Meding wusste von einem „Abschiedsfest" zu berichten, das Johann von Leers vor seiner Übersiedlung nach Kairo organisierte und zu dem sich „noch einmal der harte Kern der Nationalsozialisten im Exil, Josef Mengele und Adolf Eichmann eingeschlossen", eingefunden habe. Die Darstellung beruht allerdings auf der Aussage eines fragwürdigen Zeugen.[383] Johann von Leers dagegen betonte Ende 1960, den Namen Eichmann *erstmalig 1955 in Buenos Aires gehört* und nur einmal ein Gespräch mit diesem geführt zu haben. Dabei wollte er mit ihm über *die historische Wahrheit der Zahl der in*

---

379 Gesine von Leers an Blunck, 14.03.1952 [SHLB, NL Blunck, Cb 92.56: 52a, Bl. 15]. Das eigennützige Verhalten vermeintlicher „Kameraden" bemängelte auch Juan Maler, der sich an Nutznießer erinnerte, „die sich darum bemühten, aus diesem Exodus Vorteile zu ziehen", und bemängelte, dass eine „Atmosphäre widerlicher Geschäftemacherei auch gerade im politischen Tätigkeitsbereich herrscht". MALER: Frieden, Krieg und „Frieden", S. 333.
380 WOJAK, IRMTRUD: Eichmanns Memoiren. Ein kritischer Essay, Frankfurt am Main 2001, S. 21 f.
381 PEARLMAN, MOSHE: Die Nazi-Untergrundbewegung, in: Deutsche Rundschau 87 (1961), S. 327–334, hier S. 329; DERS.: The Capture of Adolf Eichmann, London 1961, S. 97.
382 Operational Meeting with Iden, 19.04.1961 [NARA, RG 263, Entry ZZ-16, Akte Müller, Bd. 1, D. 31].
383 MEDING: „Der Weg", S. 134. Der Autor beruft sich auf ein im Februar 1990 geführtes Interview mit de Mahieu, der zeitweise einen engen Kontakt zu Johann von Leers unterhielt (siehe Kap. 9.5.6). Unklar bleibt aber, ob de Mahieu selbst an dem „Abschiedsfest" teilgenommen hat oder nur vom Hörensagen davon wusste. Siehe auch unter Berufung auf Meding die Darstellung bei SENNHOLZ: Johann von Leers, S. 313.

den KZ gestorbenen Juden gesprochen haben, ohne dass er allerdings eine Auskunft erhielt.[384]

Es erscheint wenig plausibel, dass dieses Gespräch erst 1956 und ausgerechnet während der Abschiedsfeier stattgefunden haben soll. Dass Johann von Leers angesichts der Umstände von Eichmanns Entführung und des bevorstehenden Prozesses einen engen Kontakt abstritt, überrascht allerdings nicht, argwöhnte er doch, Israels Premierminister Ben Gurion habe ihn *an die Spitze einer Liste von 'Naziverbrechern'* gesetzt, die Israel noch *aufspüren und kidnappen will*.[385] Zweifel hinsichtlich der Jahresangabe sind jedoch auch deshalb angebracht, weil der BND bereits 1952 über die Information verfügte, dass die *Adresse von E[ichmann] beim Chefredakteur der deutschen Zeitung in Argentinien 'Der Weg' bekannt* sei.[386] Es ist deshalb unwahrscheinlich, dass ausgerechnet Johann von Leers als einem der wichtigsten Mitarbeiter der Zeitschrift diese Verbindung verborgen geblieben sein sollte.

8.5.3 Geistige Heimat: Dürer-Verlag und „Der Weg"

Sein eigentliches Betätigungsfeld nämlich hatte Johann von Leers seit seiner Ankunft in den Kreisen um den Dürer-Verlag und die Zeitschrift „Der Weg" gefunden, deren maßgeblicher Mitarbeiter er geworden war. Beide verhalfen ihm nicht nur zu einem Einkommen, sondern boten ihm, trotz konfliktreicher Beziehungen zum „Hauptschriftleiter" (Eberhard Fritsch) und zu den weiteren Redakteuren (Juan Maler und Dieter Vollmer) und Autoren (Wim Sassen, Hans-Ulrich Rudel), auch eine geistige Heimat. Im Gegensatz zu anderen Emigranten, die erst „in einem Schaufenster" vor Ort die Zeitschrift „entdeckte" haben wollen, stieß Johann von Leers allerdings kaum zufällig auf die Spur von Fritsch und dessen Verlag.[387] Stattdessen ist davon auszugehen, dass er die kri-

---

384 Erklärung von Professor v. Leers (Ms.), Kairo o. D. [um Dezember 1960] [Privatarchiv]. Ähnlich äußerte sich Johann von Leers bereits Ende Mai 1960, unmittelbar nach der Entführung Eichmanns, gegenüber einem Journalisten der „Daily Mail", wonach er als Historiker mit Eichmann sprechen wollte, um die Wahrheit über den Völkermord zu erfahren („as an historian I wanted to talk to Eichmann to know the truth"). Siehe OSMAN, JOHN: Ex-Nazi Tells of Meeting Eichmann, in: Daily Telegraph vom 26.05.1960. Der BND dagegen vermeldete, Johann von Leers habe *zugegeben, im Jahre 1955 mit Eichmann gesprochen zu haben*. BND, Meldedienstliche Verschlusssache (B-2), 30.06.1960 [Privatarchiv].
385 Erklärung von Professor v. Leers (Ms.), Kairo o. D. [um Dezember 1960] [Privatarchiv]. Siehe auch Johann von Leers an Chefredakteur Vecko-Journalen (Stockholm), 09.02.1961, dokumentiert in der Ausgabe vom 14.04.1961.
386 BND, Karteikarte Eichmann o. D. [Privatarchiv].
387 RUDEL: Zwischen Deutschland und Argentinien, S. 219.

tischen Berichte seit Sommer 1949 in bundesdeutschen Presseorganen[388] aufmerksam verfolgt hatte und bereits von Mehlem aus mit dem Verleger in Kontakt stand. Ob Fritsch ihn seinerzeit wie andere Autoren gezielt zur Mitarbeit angeworben hat, ist unklar, ebenso, ob er Johann von Leers tatsächlich bei dessen Ankunft an der Landungsbrücke begrüßte, wie der Verlagsleiter sich Jahre später „noch deutlich" erinnern wollte: Als Fritsch und Vollmer (1913–2009) ihn „im Hafen von Buenos Aires vom Schiff abholten", habe dieser beide „sogleich" erkannt und ihnen „lebhaft" zugewinkt.[389] Im Verlag dann fand Johann von Leers schnell seine Rolle: Bereits im September 1950, unmittelbar nach seiner Ankunft, erwähnte Gesine von Leers in einem Brief gegenüber Blunck, ihr Mann sei nunmehr *ständiger Mitarbeiter im Dürer-Verlag*.[390] Dass er dort *jeden Tag einige Stunden* arbeite, ließ auch Johann von Leers einen Korrespondenzpartner wissen.[391] Seine Bindung an den Verlag unterstrich nicht zuletzt der Umstand, dass er für private Korrespondenzen aus der neuen Heimat zeitweise die Anschrift des Verlags angab.[392] Insofern lag der amerikanische Rechtsextremist Harald Keith Thompson (1922–2002) nicht verkehrt, als er Johann von Leers ein *leading light* der seit Sommer 1947 in Buenos Aires verlegten Zeitschrift nannte.[393]

Die Idee für einen Verlag zur Publikation deutschsprachiger Schriften und einer Zeitschrift ging maßgeblich zurück auf Eberhard Fritsch (1921–1974), einen „Argentinier deutscher Abstammung", wie er sich selbst charakterisierte.[394] Über seinen Werdegang ist wenig bekannt. Behauptet wird unter anderem, er sei bis 1945 *Landesgruppenführer der Hitler-Jugend* in Argentinien und

---

388 MEDING: „Der Weg", S. 116–119.
389 VOLLMER: Bilanz vom Empfangen und Geben, S. 161. Ob es einen solchen Empfang gegeben hat, kann angesichts einer Reihe von Irrtümern des Autors bezweifelt werden. So datiert Vollmer die Einreise auf das Jahr 1951 (S. 161) und behauptet, Johann von Leers habe „mehrere Arabische Sprachen" beherrscht und „die Verhältnisse in Ägypten und Saudiarabien aus eigenem Erleben und Studium, besonders die Situation in Palästina", gekannt (S. 188). Siehe auch ohne genaueren Beleg die Darstellung bei Sennholz, wonach Fritsch sich über das Eintreffen des „prominenten Einwanderer[s]" hocherfreut" gezeigt habe und ihm „sogleich die Mitarbeit im Verlag" anbot. SENNHOLZ: Johann von Leers, S. 292.
390 Gesine von Leers an Blunck, 10.09.1950 und 14.03.1952 [SHLB, NL Blunck, Cb 92.56: 52a, Bl. 14 f.].
391 Johann von Leers an Zierer, 08.05.1954 [Privatarchiv].
392 Johann von Leers an Wittfogel, 14.04.1951 [HIA, Collection K. Wittfogel, Box Nr. 29].
393 Zur Gründung siehe Wir antworten!, in: Der Weg 3 (1949) 6, S. III f. Demnach erschien die Zeitschrift erstmals im Juli 1947. In 5 (1951) 7 wird der Monat Juni für die Erstausgabe genannt. Zum Zitat Thompsons siehe Memo Re: Egypt, o. D. [um 1997] [Privatarchiv].
394 Wir antworten!, in: Der Weg 3 (1949) 6, S. III f.

Aushilfslehrer an einer [...] deutschen Vorortschule in Buenos Aires gewesen.[395] Nachdem er 1946 seine Stelle verloren hatte, tat er sich mit einem örtlichen Buchhändler zusammen und begründete das Dürer-Haus, das sowohl Buchhandlung als auch Leihbücherei und Antiquariat umfasste. Die Erlöse aus diesen Unternehmungen sollten zugleich die wirtschaftliche Grundlage für die Zeitschrift schaffen.[396] Ob Fritsch zum Start finanzielle „Unterstützung aus höchsten Kreisen" erhalten hat, wie oft behauptet wurde, blieb aber ungeklärt.[397] An der Zielsetzung der Zeitschrift dagegen bestand kein Zweifel. Dem Konzept der Herausgeber lag die Überlegung zugrunde, „dass eine gut gemachte Zeitschrift, die ein Gegengewicht bilden würde gegen die von den Alliierten gesteuerte Berichterstattung aus dem besetzten Deutschland, einen reißenden Absatz in den deutschen Kreisen des La-Plata-Raumes finden müsste".[398] Vor allem Fritsch, dem es seine Staatsbürgerschaft 1939 verwehrt hatte, in die Wehrmacht einzutreten[399], verknüpfte auch sein persönliches Schicksal mit der politischen Ausrichtung. So will er sein „Werk" unter anderem deshalb begonnen haben, weil „ich persönlich meinte, es Deutschland schuldig zu sein und weil ich sachlich meinte, in dem Meer von Verzweiflung, Zusammenbruch und Ausweglosigkeit sei ein klarer und fester Halt vonnöten".[400] Insofern war der Name des Verlags in Anlehnung an den bekannten Renaissance-Maler nicht zufällig gewählt, war dieser doch seit der Jahrhundertwende in völkischen Kreisen „zu einem Etikett für Bildungs-, Lebensreform und Volkserneuerung geworden".[401]

---

395 Zu Fritsch siehe: Deutsche Gruppen in Argentinien, Botschaft Buenos Aires an AA, 17.06.1952 [PA AA, B 11, Band 988, Nr. 1, Bl. 52–57]; BPA an AA, 30.08.1952 [BArch, B 145/8864, o. P.]; RUDEL: Zwischen Deutschland und Argentinien, S. 220; OVEN, [WILFRED] V[ON]: Eberhard Fritsch gestorben, in: La Plata Ruf, 12/1974; „Eberhard Fritsch", in: Deutsche Annalen 1975, o. P. [S. 223–225]; STANGNETH: Eichmann vor Jerusalem, S. 305–308.
396 MEDING: „Der Weg", S. 110–112. Die durch Wilfred von Oven bereits 1950 kolportierte Behauptung, der Dürer-Verlag sei *ursprünglich eine Zweigstelle des früheren deutschen Dürerverlages gewesen, die sich nach der Kapitulation in Buenos Aires selbständig gemacht habe*, dürfte nicht zutreffen. Siehe von Oven an Entnazifizierungshauptausschuss Kiel, 29.04.1950 [LA SH, Abt. 460, Nr. 955, o. P.].
397 STANGNETH: Eichmann vor Jerusalem, S. 307.
398 MEDING: „Der Weg", S. 111.
399 „Eberhard Fritsch", in: Deutsche Annalen 1975, o. P. [S. 223–225].
400 FRITSCH: Manchem ein Dorn im Auge, S. 398.
401 GREBE, ANJA: „Dürer als Führer". Zur Instrumentalisierung Albrecht Dürers in völkischen Kreisen, in: PUSCHNER, UWE/GROSSMANN, G. ULRICH (HRSG.): Völkisch und national. Zur Aktualität alter Denkmuster im 21. Jahrhundert, Darmstadt 2009, S. 379–399, hier S. 394. Denkbar erscheint zudem, dass mit dem Verlagsnamen auch dem Dichter Ferdinand Avenarius (1856–1923) eine Referenz erwiesen wurde, der seit 1887 die Zeitschrift „Der Kunstwart" herausgegeben und 1902 den Dürer-Bund mitbegründet hatte. Siehe COOGAN, KEVIN: Dreamer of the Day. Francis Parker Yockey and the Postwar Fascist International, o. O. 1999, S. 278.

Die ersten Ausgaben gaben sich national, konservativ und eher betulich. Ihre Leser fanden sie vor allem unter deutschsprachigen Einwanderern in Südamerika. Die Einschätzung, wonach „Der Weg" zunächst keine nationalsozialistische Zeitung gewesen sei, sondern einfach eine auslanddeutsche Zeitschrift mit sehr nationalen Akzenten, in der auch Nationalsozialisten zu Wort kamen, ist deshalb nicht völlig von der Hand zu weisen.[402] Bereits 1948 aber zeichnete sich ein Wandel ab. „Offen sagen, was sich in Deutschland so nicht sagen lässt", formulierte die Redaktion ihr Credo und wollte keine Scheu zeigen, dass „wieder die Dinge beim richtigen Namen genannt werden".[403] Schließlich, begründete Fritsch diese Haltung im Rückblick, drohe jeder „Aufbruch" zu versanden, „wenn er die Eindeutigkeit im Wesenhaften zugunsten eines kompromisslerischen Manövrierens aufgibt".[404] Das Bild, das Fritsch und seine Mitstreiter von den Verhältnissen im besetzten Deutschland und in Mitteleuropa zeichneten, war in seiner Einseitigkeit allerdings kaum zu überbieten. Die Politik der Alliierten deuteten sie nämlich als „Sieg des Ungeistes von Zersetzung und Verneinung aller historischen und geistigen Werte", der der „Unvernunft und Unverantwortlichkeit der totalen Zerstörung Deutschlands" Vorschub leiste. Im Gegensatz dazu glaube man „fest an eine organische Weiterentwicklung der Weltgeschichte" und erklärte, sich „nicht in Reue und Buße, nicht in zerknirschender Selbstanklage" ergehen zu wollen, sondern nach der „Erkenntnis des Grundgesetzes unseres völkischen, nationalen und abendländischen Lebens" zu streben.[405] Statt in einen Dialog einzutreten, suchte die Redaktion die Konfrontation. Der Dürer-Verlag, bilanzierte Fritsch 1953 nicht ohne Stolz, habe seinerzeit jenen „Fehdehandschuh" aufgegriffen, „den fast die gesamte Welt in erschreckender Einmütigkeit dem völkischen Aufbruch Europas vor die Fuße geschleudert hatte".[406] Und die Zeitschrift leuchte dabei „wie der erste Sonnenstrahl eines anbrechenden Tages nach der Nacht der Lügen und Verleumdungen, die sich im Mai 1945 wie ein böser Gifthauch über Deutschland herniedergesenkt hatte".[407]

---

402 Dossier „Leers-Komplex" (Ms.), o. O. o. J., S. 3 [AfZ, JUNA-Archiv]; MEDING: „Der Weg", S. 112 f.
403 Ein Gruß der Schriftleitung, in: Der Weg 2 (1948) 12, S. 842 f. Zu dieser Sichtweise siehe auch die Forderung des Rechtsextremisten Hans Oehler aus Zürich 1952, der in der Schweiz den Vertrieb organisierte: Die Hauptaufgabe des „Wegs" bestehe darin, *offen zu reden*. Oehler an Fritsch, 01.08.1952 [AfZ, NL Oehler].
404 FRITSCH, EBERHARD: Lieber Leser!, in: Der Weg 7 (1953) 7, S. 442.
405 Ein Gruß der Schriftleitung, in: Der Weg 2 (1948) 12, S. 842 f.
406 FRITSCH: Lieber Leser!, S. 442.
407 Warum ist „Der Weg" heute noch wichtiger als vor sechs Jahren?, in: Der Weg 7 (1953) 12, S. 868.

Von dieser zur Schau gestellten Unbeugsamkeit einer verschworenen Gesinnungsgemeinschaft versprach sich die Redaktion zum einen neue Leser in den westlichen Besatzungszonen und Österreich, die solche klaren Standpunkte in den als „Lizenzpresse" denunzierten Medien vermissten. Blunck etwa monierte noch 1950, *dass auch jetzt die so genannte Lizenzpresse ängstlich vermeidet, Kritiken [...] zu bringen.*[408] Wie fest verwurzelt dieses Bild war, zeigt auch die Zuschrift eines Lesers 1955: *Wichtig ist, dass der gegnerischen Presseflut immer wieder etwas entgegengesetzt wird,* forderte er Johann von Leers auf, von der eingeschlagenen Linie im „Weg" nicht abzuweichen.[409] In der Tat sah die Redaktion sich selbst „hier draußen in der Freiheit"[410], die jede Zurückhaltung überflüssig erscheinen ließ. Interviews etwa, schrieb Johann von Leers Bornemann (siehe Kap. 8.5.1), wolle er zwar gerne weiterhin für dessen Pressedienst zusenden. Von einer Veröffentlichung in der Bundesrepublik ging er allerdings nicht aus, weil Zeitungen dort die *wirklich wertvollen und interessanten Menschen [...] doch nicht herausstellen* dürften.[411] Als Beispiel nannte er jenen *arabische[n] Freikorpsführer* und *Prachtkerl,* der sich bis 1945 im Umfeld Amin el-Husseinis im Deutschen Reich aufgehalten hatte und ihm offensichtlich 1950 in Buenos Aires einen Besuch abstattete (siehe Kap. 8.5.2).[412] Angesichts der *herrschenden ‚Geistesfreiheit'* in Deutschland gehe er aber davon aus, dass keine Zeitung es wage, ein Interview mit diesem *ungekürzt zu bringen.*[413] Umso mehr schätzte er deshalb seine Möglichkeiten im „Weg", der als *das einzige unabhängige* und *weder von Sowjets noch von Wallstreet beherrschte deutsche Organ*[414] diesen Mut aufbringe.

Zum anderen aber sollten mit dem Hinweis auf diese geistige Unabhängigkeit und einer demonstrativen Bereitschaft zur Konfrontation auch neue Autoren angeworben werden: *Insbesondere sind wir in der Lage, Tatsachen und Erkenntnisse [...] ohne Rücksicht auf Besatzungsorgane mit klaren Worten jederzeit widerzugeben,* erklärte Fritsch gegenüber dem Sachbuchautor Anton Zischka (1904–1997), der dann bis 1956 regelmäßig Beiträge lieferte.[415] Auch Hans-Ulrich Rudel

---

408 Blunck an Gesine von Leers, 14.09.1950 [SHLB, NL Blunck, Cb 92.51: 52a, Bl. 9].
409 Kramer an Johann von Leers, 25.07.1955 [NL Kramer].
410 RZ: Paul Hausser: Waffen-SS im Einsatz, in: Der Weg 7 (1953) 5, S. 319.
411 Hans A. Euler (= von Leers) an Bornemann, 05.10.1951 [TNA: PRO, FO 371/103910].
412 Ebd.
413 Ebd.
414 Johann von Leers an Kramer, 03.08.1955 [NL Kramer].
415 Dürer-Verlag an Zischka, 04.02.1949 [DMM, NL 184, Zischka]. Zu Zischka siehe LAAK, DIRK VAN: Energie von A bis Z: Anton Zischka erschließt die Welt, in: Non Fiction. Arsenal der anderen Gattungen 2 (2007) 1, S. 79–93. Zu Kontakten vor 1945 siehe Johann von Leers an Zischka, 02.01.1942 [DMM, NL 184, Zischka].

(1916–1982), eine der zentralen Identifikationsfiguren des Rechtsextremismus der Nachkriegszeit, der nicht „unter der Fuchtel der Siegermächte und ihrer Handlanger" leben wollte und sich deshalb 1948 Argentinien niedergelassen hatte, schien sich für die Veröffentlichung seine Memoiren bewusst für den Dürer-Verlag entschieden zu haben. Nur dort nämlich, behauptete er, sei es ihm möglich, seine „Erlebnisse und Erfahrungen während des Krieges" in jener Form „niederzulegen", wie er sie „wirklich gesehen und erlebt habe", und „nicht so, wie sie im Augenblick vielleicht den alliierten Siegern in ihr Konzept passen".[416] Der Kreis der Autoren konnte auf dieser Grundlage zunächst systematisch erweitert werden. In dieser Phase wurde nicht nur ein umfangreicher Kulturteil eingeführt, der Vertretern völkischer Literatur und Kunst ein Forum bot. Im Frühjahr 1949 erwog der Verlag sogar, auf ein zweiwöchentliches Erscheinen umzustellen.[417]

Auf welchem politischen Terrain sich die Autoren im „Weg" und in der Schriftenreihe des Verlags bewegten, daran ließ Fritsch keinen Zweifel. Seine Gedankenwelt war beherrscht von Begriffen wie „Kameradschaft" und „Treue", die „aufrechten und völkischen Menschen"[418] zu Eigen sei. Nie, versicherte er, habe er danach gefragt, *welchen Posten, welchen Rang, welche Anerkennung oder Nichtanerkennung unsere Autoren bei irgendwelchen Parteien, politischen Richtungen oder Staatsepochen gehabt haben.*[419] Ausschlaggebend für eine Mitarbeit sei allein der Wert gewesen, den ein Beitrag *für die Gesundung unseres Volkes und damit Europas und der Welt* zu leisten vermochte. Dass dies im völkischen Geiste erfolgen musste und im Zweifel ein Bekenntnis zur nationalsozialistischen Weltanschauung einschloss, stand außer Frage: Die Tatsache, dass *die bedeutendsten unserer geistigen Rufer der Gegenwart mit denen der Vergangenheit* übereinstimmten und möglicherweise durch einen *Index verbotener Autoren* sanktioniert wurden, stellte für Fritsch kein Hindernis dar, solchen Autoren ein Podium zu bieten.[420] Das Gegenteil war der Fall, wie er gegenüber einem Autor erläuterte. Der Verlag, betonte Fritsch, lehne die *geistige Knebelung unseres Volkes* und die *Aburteilung des Geistesschaffenden* ab, sofern diese

---

416 RUDEL, HANS-ULRICH: Trotzdem, Buenos Aires 1949. Siehe auch Verlagsanzeige in Der Weg 3 (1949) 7, S. 544; Der Weg 3 (1949) 10, S. 877. Zur Entstehung siehe RUDEL: Zwischen Deutschland und Argentinien, S. 37, 220.
417 Wir bleiben Monatszeitschrift, in: Der Weg 3 (1949) 6.
418 FRITSCH, EBERHARD: Fünf Jahre „Der Weg", in: Der Weg 6 (1952) 7, S. 443.
419 Dürer-Verlag an Zischka, 09.06.1949 [DMM, NL 184, Zischka].
420 Ebd.

nach den *Maßstäben der Vergeltung, Rachsucht* und *Parteipolitik* oder auf der Grundlage von *antivölkischen Perspektiven* erfolgten.[421]

Ihren Ausdruck fand diese Programmatik in einer großen Zahl an Mitarbeitern, die später auch die rechtsextreme Stammkultur in der Bundesrepublik repräsentierten. So veröffentlichte „Der Weg" – neben den Bekenntnissen führender Nationalsozialisten, die, wie Rosenberg im Prozess gegen die Hauptkriegsverbrecher oder Karl Brandt im so genannten Ärzteprozess, zum Tode oder, wie Darré, zu langen Gefängnisstrafen verurteilt worden waren – zahlreiche Beiträge hochrangiger Funktionäre der genuin nationalsozialistischen Presse- und Kulturpolitik, die aufgrund ihrer Stellung an Schaltstellen im nationalsozialistischen Herrschaftsapparat die Autorität beanspruchten, das Bild, das seit 1945 angeblich durch die „Siegerpropaganda" aufgezwungen worden sei, zu korrigieren. Zu nennen sind neben Propagandisten wie Fritzsche oder dem stellvertretenden Reichspressechef Helmut Sündermann (1911–1972) beispielsweise Peter Kleist (1904–1971), einst Weggefährte Rosenbergs und Ribbentrops, oder Hans W. Hagen (1907–1969), der aus dem Amt Rosenberg kam. Keiner dieser Autoren lebte selbst in Südamerika. Mangels Alternativen in dieser Zeit schrieben sie allerdings mehr oder weniger regelmäßig für den „Weg", der ihre apologetischen Erinnerungen und Rechtfertigungen des „Dritten Reiches" veröffentlichte. Hinzu kamen bekannte wie auch weniger bekannte völkische Schriftsteller und Literaten, die während des Nationalsozialismus mit ihren Veröffentlichungen hohe Auflagen erzielen konnten. Viele von ihnen hatten nach 1945 zunächst Probleme, an ihre literarischen Erfolge oder journalistische Laufbahn anzuknüpfen, zumal jene, die sich als kulturpolitische Funktionäre der Nationalsozialisten exponiert hatten.[422] Zu dieser Gruppe zählen beispielsweise Hans Grimm, Will Vesper, Werner Beumelburg oder Hans Friedrich Blunck, aber auch der bereits erwähnte Anton Zischka: Auch er müsse *wieder ganz von Neuem beginnen wie so viele andere,* klagte der frühere Erfolgsautor, der sich Mitte der 1930er Jahre auf Mallorca niedergelassen hatte, dort aber jetzt *so gut wie keine Verdienstmöglichkeiten* vorfand.[423] Ihre Beziehungen zum „Weg" schlugen sich auch in Berichten über die Vernetzungstreffen dieser Kreise nie-

---

421 Ebd.
422 Siehe beispielhaft zu Beumelburg BUSCH, STEFAN: „Und gestern, da hörte uns Deutschland". NS-Autoren in der Bundesrepublik. Kontinuität und Diskontinuität bei Friedrich Griese, Werner Beumelburg, Eberhard Wolfgang Möller und Kurt Ziesel (Studien zur Literatur- und Kulturgeschichte, Bd. 13), Würzburg 1998, S. 122–127; BRÜCKNER, FLORIAN: In der Literatur unbesiegt. Werner Beumelburg (1899–1963). Kriegsdichter in der Weimarer Republik und im Nationalsozialismus, Berlin/Münster 2017, S. 429–433.
423 Zischka an Dürer-Verlag, 09.04.1949 [DMM, NL 184, Zischka].

der, die Grimm seit 1949 auf dem Lippoldsberg wiederbelebte.[424] Ähnliches gilt für Künstler wie beispielsweise Wolfgang Willrich, der in der NS-Zeit zu den Organisatoren der Ausstellung „Entartete Kunst" gehört hatte und von dem nach seinem Tod 1949 eine Kunstdruckbeilage beigefügt wurde. Ergänzt wird dieser Kreis durch eine Gruppe prominenter völkischer Wissenschaftler und Hochschullehrer, die 1945 ihrer akademischen Positionen enthoben worden waren. Zu nennen sind beispielsweise Hans F. K. Günther oder Lothar Stengel von Rutkowski (siehe Kap. 6). Hierzu zählen außerdem Vertreter der völkisch-religiösen Bewegung der ersten Hälfte der 1930er Jahre, so etwa Jakob Wilhelm Hauer, Herbert Grabert oder Mathilde Ludendorff. Sie alle kannten sich aus den Auseinandersetzungen im sogenannten Kirchenkampf der 1930er Jahre, als verschiedene völkisch-religiöse und neopagane Gruppen und Strömungen die Arbeitsgemeinschaft Deutsche Glaubensbewegung gründeten und eine Anerkennung als offizielle Religion und dritte Konfession neben Katholizismus und Protestantismus anstrebten (siehe Kap. 4.4.2).

Es war demnach nicht zu verkennen, dass „Der Weg" schon vor dem Eintritt von Johann von Leers in die Redaktion ein „radikales weltanschauliches Schulungsblatt" geworden war, in dem sich die „hartnäckigsten Nachkriegs-Nazis" artikulierten.[425] Bereits im Sommer 1949 bezeichnete der SPIEGEL die Zeitschrift als „NS-Traditions-Magazin".[426] Der Schritt zu einem, so ein zeitgenössischer Beobachter, *reinen nationalsozialistischen Rechtfertigungsorgan* war somit nicht groß.[427] Fritsch selbst räumte diesen Wandel unumwunden ein. „Das Jahr 1949", erklärte er anlässlich des zehnjährigen Bestehens der Zeitung, habe die „Hervorkehrung des Kampfes gegen die überstaatlichen Mächte" und eine „Internationalisierung des Mitarbeiterstabes"[428] hervorgebracht, die für eine „wesentliche Vertiefung der grundsätzlichen Artikel" sorgten.[429] Tatkräftige Unterstützung leisteten dabei seine Redakteure, unter denen neben Vollmer insbesondere Reinhard Kops alias Juan Maler (1914–2001) und Erwin

---

424 Der Weg 4 (1950) 10, S. 876 f. Zu den Lippoldsberger Treffen siehe Gümbel: „Volk ohne Raum", S. 309–317.
425 Meding, Holger M.: Nationalsozialismus im Exil. Die deutsche Rechtspresse am Río de la Plata 1945–1977, in: Ders. (Hrsg.): Nationalsozialismus und Argentinien. Beziehungen, Einflüsse und Nachwirkungen, Frankfurt am Main/Berlin/Bern/New York/Paris/Wien 1995, S. 185–202, hier S. 192. Siehe bereits Frank: Die letzte Bastion, S. 233.
426 Wir dürfen nichts verlieren, in: SPIEGEL 3 (1949) 27 vom 30.06.1949, S. 10 f.
427 Dossier „Leers-Komplex" (Ms.), o. O. o. J., S. 3 [AfZ, JUNA-Archiv]. Eine *Nazi attitude* erkannte auch die CIA. Siehe Description of „Der Weg", o. D. [NARA, CIA-RDP82-00039 R000100040027-8].
428 Fritsch: Manchem ein Dorn im Auge, S. 398.
429 Ebd., S. 408.

Fritz Neubert (1925–1953) hervorzuheben sind.⁴³⁰ Neubert hatte sich 1941 als 16-Jähriger freiwillig zur Waffen-SS gemeldet und soll bei Kriegsende in amerikanische Gefangenschaft geraten sein. Nach seiner Entlassung 1947 wanderte er nach Argentinien aus. Kops dagegen, der sein Jurastudium nach Kriegsbeginn 1939 abbrechen musste und nach eigenen Angaben bis 1945 als Abwehroffizier im Vorderen Orient, in der Türkei und auf dem Balkan⁴³¹ eingesetzt wurde, war im September 1948 von Italien kommend in Buenos Aires eingetroffen.⁴³² Wie Fritsch hingen beide der fixen Vorstellung an, Kommunisten und Juden weltweit betrieben Konspiration und Verschwörung. „Die treibenden Kräfte gegen den „Weg" waren stets Söldlinge Moskaus oder Israels", war der Herausgeber überzeugt.⁴³³ Externe Autoren forderten sie explizit dazu auf, ihre Beiträge an dieser Weltanschauung auszurichten. Zischka etwa wurde die Bedingung gestellt, in seinem Beitrag über *Petroleum im Kampf zwischen Ost und West* insbesondere auch die Rolle von *Israel, Albion und USA* zu berücksichtigen. In einem weiteren Beitrag über die *finanziellen Methoden zur Zerstörung der deutschen Wirt-*

---

430 Gesine von Leers an Ryschkowsky, 01.03.1961 [APABIZ]. Die Angaben zu Neubert, in den Augen von Gesine von Leers ein *glühender junger Idealist*, sind widersprüchlich und lückenhaft. Vollmer behauptet, Neubert sei „Spätheimkehrer aus sowjetischer Gefangenschaft" gewesen. Siehe VOLLMER: Bilanz vom Empfangen und Geben, S. 162. Wann er in Argentinien eintraf, ist unklar. Nach Vollmer sei er 1951 „gerade erst herübergekommen". Seit Juni 1951 verantwortete er im „Weg" die Rubrik „Weltgeschehen" und verfasste mehrere Aufsätze, siehe etwa 7 (1953) 10 („Die Rockefeller"). Zur Verklärung siehe den Nachruf von Fritsch in: Der Weg 8 (1954) 1, S. 73: „Das Reich stand ihm hell vor der Seele, doch ebenso klar hatte er des Reiches tödliche Gegner erkannt. Der Entlarvung ihres verkappten Treibens und ihrer ränkevollen Pläne galt seine kluge, tapfere und opferfreudige Hingabe." Siehe auch RUDEL, HANS-ULRICH: Wie Erwin Neubert starb, in: Der Weg 8 (1954) 1, S. 23–28 sowie 8 (1954) 1, S. 73. Unklar ist, wer unter der Autorenangabe „K. Neubert" im „Weg" veröffentlichte. Die CIA ging zunächst davon aus, dass es sich dabei um Johann von Leers handelte. Siehe Johannes von Leers, [?].09.1952 [NARA, RG 263, Entry ZZ-16, Box 32, NND 36822]. Siehe dagegen FdD II/3 (Dezember 1952/Januar 1953), S. 35, wonach „K. Neubert" für die „antisemitische Weltrundschau" im „Weg" verantwortlich gewesen sei. Diese wurde tatsächlich aber durch Erwin Neubert verfasst. FdD übernahm die Information von JAEGER, HANS: Die Faschistische Internationale, in: Deutsche Rundschau 78 (1952) 9, S. 993–1003, hier S. 1000. In FdD V/3 (Dezember 1955/Januar 1956), S. 33, wurde Johann von Leers dann irrtümlich mit „E. F. Neubert" verwechselt. Siehe auch Gesandtschaft Pretoria an AA, 29.11.1952: Demnach sei „E. F. Neubert" ein *Deckname* für Johann von Leers [BArch, B 145/8864, o. P.]. Kops dagegen kann als „ein entschiedener Antisemit" gelten, der in seinen Beiträgen „NS-Gedankengut verbreitete, das er mit esoterischen Elementen vermischte". Siehe SCHNEPPEN: Odessa und das Vierte Reich, S. 29. Zu seinen Beiträgen siehe Der Weg 3 (1949) 1, 3 (1949) 4, 4 (1950) 6, 4 (1950) 9 und 5 (1951) 5/6.

431 Maler an Rechtsamt Senat der Freien und Hansestadt Hamburg, 07.01.1954 [BArch, B 443/2294, o. P.].

432 SCHNEPPEN: Odessa und das Vierte Reich, S. 29.

433 FRITSCH: Manchem ein Dorn im Auge, S. 401.

schaftssubstanz erwartete die Redaktion von ihm, darin den Aspekt *Juden und andere D.P.'s* zu behandeln.[434]

Spätestens mit dem Eintritt von Johann von Leers in die Redaktion im Herbst 1950 vollzog „Der Weg" eine weitere Radikalisierung. Obgleich sein Name zu keinem Zeitpunkt im Impressum genannt wurde und er entgegen anderen Behauptungen nie als „Chefredakteur"[435] amtierte, gewann das Blatt unter seinem Einfluss „eine scharfe antisemitische Attitüde".[436] Dieter Vollmer, der zwei Jahre in „Der Weg"-Redaktion „Schreibtisch an Schreibtisch mit ihm arbeiten durfte", zollte ihm mehr als 40 Jahre später noch Respekt, dass er sich als „wahrhaft Kundiger" auf „zahlreichen Gebieten" erwiesen habe und immer „voller Tatendrang" an die Arbeit ging. Von „unschätzbarem Wert" seien nicht nur sein „ungewöhnliches Wissen" und seine umfassenden Sprachkenntnisse „einschließlich der Reste des Indogermanischen und des Arabischen" gewesen, sondern vor allem seine Kenntnisse über angebliche Machenschaften der „Zionisten", die „aus seiner eigenen fundamentalen Kenntnis über diese Zusammenhänge" stammten und sich einer „Fülle von sonst kaum zugänglichen Quellen"[437] verdankten. Unter verschiedensten Pseudonymen steuerte Johann von Leers bis zur Einstellung der Zeitschrift 1957 zahlreiche Aufsätze bei und füllte zeitweise die Hälfte des Heftes. Gängige Praxis war es nämlich, neben Beiträgen unter seinem Klarnamen auch Artikel unter Pseudonymen zu publizieren. Verbürgt ist dies für „Felix Schwarzenborn", „Gordon Fitzstuart" und „Hans A. Euler".[438] Plausibel erscheint, dass er auch hinter „A. Malek" und „Kai Jensen" (siehe Kap. 9.3.3) stand. Ob dies für weitere Namen zutrifft, ist anzunehmen, kann aber nicht zweifelsfrei belegt werden.[439]

---

434 Dürer-Verlag an Zischka, 04.02.1949 [DMM, NL 184, Zischka].
435 Allgemeine Jüdische Wochenzeitung, 23.12.1955. Der Beitrag beruhte offensichtlich auf einer Meldung der DPA. Johann von Leers sah sich aufgrund dieser Meldung zu der Erklärung veranlasst, diese Funktion nicht wahrzunehmen und nie wahrgenommen zu haben. Die Nachrichtenagentur erklärte daraufhin, nachdem der Korrespondent in Buenos Aires Erkundigungen eingeholt hatte, Johann von Leers werde „in Argentinien allgemein als ‚geistiger Leiter' der Zeitschrift angesehen. Zahlreiche Artikel in der Zeitschrift stammen von ihm [...]. Die Angaben im Impressum sind [...] unwichtig, weil dort jahrelang ein Mann als ‚verantwortlich' zeichnet, der in Wirklichkeit Metteur in der Druckerei ist, die den ‚Weg' herstellt." DPA, Meldung vom 20.02.1956.
436 MEDING: „Der Weg", S. 125; MEDING: Flucht vor Nürnberg?, S. 255–258.
437 VOLLMER: Bilanz vom Empfangen und Geben, S. 161, 172.
438 Zu „Hans A. Euler" kommen die Varianten „Hans Euler" und „A. Euler". Johann von Leers an Schönborn, 17.12.1959 [BfV, 054-P-10013, Bl. 158].
439 Zu „Martin Faustus" siehe: The Wiener Library Bulletin 6 (1952) 5/6, S. 30. Der Informationsdienst ging davon aus, Faustus sei „apparently one of the several pseudonyms of Dr. Johann von Leers". Zu „Kai Jensen" siehe Johann von Leers an Ryschkowsky, 14.11.1957 [BfV, 054-P-10013, Bl. 53]. Als weiteres Pseudonym wird „Paulus van Obbergen" genannt, das er für eine

Johann von Leers war jedoch nicht nur ein produktiver Autor. Auch auf anderen Gebieten machte er sich unentbehrlich. Als es etwa darum ging, eine drohende Pleite abzuwenden, setzte er seine Kontakte zu einzelnen Autoren gezielt für Werbemaßnahmen ein. Dem US-amerikanischen Rechtsextremisten Mana Truhill (= Emmanuel Trujillo, gest. 2010) beispielsweise, der größere Stückzahlen der Zeitschrift zur Weitergabe bezog, stellte er in Aussicht, Fritsch wolle ihn bei erfolgreichem Verkauf und korrekter Abrechnung zum Vertreter *(agent)* des „Wegs" in den USA ernennen, *which would be a good possibility to earn money too*.[440] An Walther Kramer (1881–1964), den nicht ehelichen Sohn des „Altmeisters" des Antisemitismus, Theodor Fritsch, der Sonderdrucke von Aufsätzen erhielt, erging die Aufforderung, diese an *Gesinnungsfreunde* in der Bundesrepublik zu verteilen und damit *neue Bezieher für unser Blatt zu werben*.[441] Nachweisbar ist zudem seine Beteiligung an der Außenstehenden verborgenen „Forschungsbücherei", die der Beschaffung neuerer Literatur aus Europa und dem Austausch darüber diente. Die Idee dazu dürfte ursprünglich aus dem Umstand erwachsen sein, dass Buchimporte nach Argentinien kostspielig waren.[442]

Schriften, die auf diesem Weg in Buenos Aires eintrafen, kamen so einerseits dem Bestand der öffentlichen Leihbücherei zugute, wurden andererseits aber in kleinen Zirkeln, wie sie später Eichmann besuchte[443], intensiv diskutiert. Das betraf nicht nur das kontinuierlich wachsende Schrifttum über die verbrecherische Herrschaftspraxis des Nationalsozialismus, sondern auch zeitgenössische Titel zu seinen weltanschaulichen Grundlagen. So bat Fritsch beispielsweise Bischof Alois Hudal (1885–1963), der einer Reihe früherer Nationalsozialisten zur Flucht nach Südamerika verholfen hatte, darum, der *Forschungsbücherei*, der neben ihm unter anderem *Prof. von Leers* angehöre,

---

Serie im „Weg" 1954/55 über die Hintergründe des Reichstagsbrandes 1933 genutzt haben soll. Siehe FRITZ, TOBIAS: Der Reichstagsbrand, Rastatt/Baden 1962, S. 583–585, wonach sich dahinter „niemand anders verbirgt als Dr. Johann von Leers". Auch bei „Martin Steinbauer" könnte es sich um Johann von Leers gehandelt haben. Siehe STEINBAUER, MARTIN: Wird Eli-Eli über Allah siegen?, in: Der Weg 10 (1956) 11/12, S. 705–708, hier S. 705. Darin wird ein Artikel aus „The American Hebrew" paraphrasiert, der dort am 03.06.1938 unter der Überschrift „Wird Eli Eli über Horst Wessel siegen?" erschienen sein soll und den bereits Johann von Leers ausführlich paraphrasiert hatte, siehe LEERS, JOHANN VON: Kräfte hinter Roosevelt, Berlin ³1942, S. 81 f. Ebenso liegt der Verdacht nahe, dass es sich auch bei „Johannes Uhlen" um eines seiner Pseudonyme handelte.

440 Johann von Leers an Truhill, o. D. [um Mai 1954] [WLA].
441 Johann von Leers an Kramer, 03.08.1955 [NL Kramer].
442 STANGNETH: Eichmann vor Jerusalem, S. 241. Siehe auch Gesine von Leers an Blunck, 20.05.1952 [SHLB, NL Blunck, Cb 92.56: 52a, Bl. 16].
443 STANGNETH: Eichmann vor Jerusalem, S. 244.

ein Exemplar seines Werkes „Die Grundlagen des Nationalsozialismus" aus dem Jahre 1937 *zur Auswertung zu überlassen* oder aber *vorübergehend zur Verfügung zu stellen, da es für unsere Arbeit von größtem Wert wäre*.[444] Solche Zusendungen dürften zugleich die Grundlage der uferlosen Zahl an Rezensionen gewesen sein, die Johann von Leers bis 1957 für den „Weg" verfassen sollte.[445] Seine profunden Sprachkenntnisse ermöglichten es ihm zudem, die Veröffentlichungen ausländischer Gesinnungsgenossen zu rezipieren und den „Weg" als kommunikative Plattform jener „faschistischen Internationale" zu profilieren, die in dieser Phase Konturen angenommen hat (siehe Kap. 8.5.4).[446] Das galt vor allem für solche Autoren, die in einer ähnlichen Ideenwelt lebten wie er und ebenfalls in den Kategorien von „Verrat" und „Treue" dachten, das untergangene „Reich" betrauerten, vermeintliche „Verbrechen der Alliierten" anprangerten und allenthalben „Jüdisches Unrecht" am Werk sehen wollten. Je umfassender die in ihren Schriften skizzierte Verschwörung ausfiel und je gigantischer die den Juden unterstellten Pläne zur „Erlangung der Weltherrschaft"[447] dabei war, desto eher konnten die Autoren darauf rechnen, das Interesse von Johann von Leers zu wecken und im „Weg" Beachtung zu finden. Seine Beiträge erwiesen sich jedoch redundant in ihren Stereotypen und nicht selten als Aufguss seiner antisemitischen Propagandaschriften, die sich der Techniken aus der NS-Zeit bedienten und aufgrund der gewandelten Zeitumstände allenfalls graduell angepasst wurden.

So stützte er sich zum Nachweis der vermeintlichen Machenschaften eines imaginierten „Weltjudentums", das die Geschicke der US-Administration bestimme, immer wieder auf antisemitische Agitatoren vor allem aus Nord-

---

444 Fritsch an Hudal, ca. 19.04.1956 [Archiv Klee]. Hudal hatte 1949 die „edle Sendung" der Zeitung öffentlich gelobt, siehe Der Weg 3 (1949) 6, S. 440 f. Johann von Leers galt Hudal als „grundkluge[r] Verfasser", siehe Rezension zu Alois Hudal: Die österreichische Vatikan-Botschaft 1806–1918, in: Der Weg 7 (1953) 3/4, S. 245. Zu Hudals Mitarbeit am „Weg" siehe SACHSLEHNER, JOHANNES: Hitlers Mann im Vatikan. Bischof Alois Hudal. Ein dunkles Kapitel in der Geschichte der Kirche, Wien 2019, S. 198–201.

445 Beispielhaft RZ: Walter Hagen (= Wilhelm Höttl): Die geheime Front. Organisation, Personen und Aktionen des deutschen Geheimdienstes, in: Der Weg 7 (1953) 8, S. 558 f.; RZ: Walter Görlitz/Herbert A. Quint: Adolf Hitler. Eine Biographie, in: Der Weg 7 (1953) 8, S. 559.

446 Beispielhaft die Rezensionen „Mussolini mi ha detto" (Italienisch) von Antonio Bonino, einem Mitkämpfer des Duce, „Lettre à François Mauriac" (Französisch) von Maurice Bardèche und „Théorie du Racisme" von René Binet [Ausgabe 7 (1953) 10, S. 711], „La Inteligencia Organizadora" (Spanisch) von Jaime Maria de Mahieu [Ausgabe 5 (1951) 8] oder „Faarhus Kalder" (Dänisch) von A. Olesen [Ausgabe 7 (1953) 5, S. 319]. Siehe ebenso die Vorstellung einschlägiger portugiesisch- oder französischsprachiger Zeitschriften in den Ausgaben 5 (1951) 1 bzw. 5 (1951) 3.

447 FITZSTUART, GORDON: Ein Geheimbericht des American Jewish Committee, in: Der Weg 8 (1954) 10, S. 711–715, hier S. 715.

amerika, die aufgrund ihrer Nationalität weniger angreifbar erschienen und seinen Behauptungen mehr Glaubwürdigkeit verleihen sollten. Beispielhaft genannt werden kann der Journalist Robert Edward Edmondson (1872–1959), der bereits der NS-Propaganda als Kronzeuge gedient hatte und auch von Johann von Leers als Gewährsmann herangezogen worden war. Seitenlang referierte er seinerzeit in „Kräfte hinter Roosevelt" aus den Traktaten, die dieser „alte amerikanische Judengegner" und „tapfere Kämpfer gegen das Judentum" in den 1930er Jahren in einem selbst den Nationalsozialisten primitiv erscheinenden Informationsdienst publizierte und in denen er sich über die Gefahren einer vermeintlich drohenden Weltherrschaft der Juden verbreitete.[448] Edmondson, dessen Antisemitismus sich, wie Johann von Leers schrieb, aus einem „sehr bewussten Christentum" speiste, habe „seit vielen Jahren die Anklagen und Belastungsmomente gegen Roosevelt gesammelt" und müsse deshalb als der „kenntnisreichste Publizist" aus dem Lager der Gegner des amerikanischen Präsidenten gelten. Seine Flugblätter, die „in Europa kaum erhältlich" seien, über deren Inhalte Johann von Leers aber orientiert war, stellten somit „eine wahre Fundgrube" dar.[449] Elogen dieser Art setzte er im „Weg" nahtlos fort. Der „hochverdiente amerikanische Patriot", der 1953 im Selbstverlag die Bekenntnisschrift „I Testify"[450] publiziert hatte, galt ihm weiterhin als der „unerschrockene Kämpfer" im „Kampf gegen die Welttyrannei".[451] Als „Wirtschaftssachverständiger und Zeitungsmann" habe er „Jahrzehnte lang das kommunistische Wühlen und zionistische Untergraben in den USA beobachtet" und auf der Grundlage seiner Beobachtungen, die sich auch auf Beiträge von Johann von Leers aus dem „Hakenkreuzbanner" stützten, „das wohl größte Zitatenmaterial zur Charakterisierung des gegenwärtigen Weltherrschaftsstrebens und der Zusammenhänge zwischen Judentum und Kommunismus"[452] zusammengestellt. Edmondsons Pamphlet, das durch seine Form der Montage von Zitaten wie ein Abbild der Schriften von Johann von Leers erscheint, stelle somit ein „hochwichtige[s]

---

448 Siehe KAPPE, WALTER: Amerikas Judentum weicht aus, in: Mitteilungen über die Judenfrage 2 (1938) 12 vom 26.05.1938. Zu Edmondson siehe BONDY, LOUIS W.: Racketeers of Hatred. Julius Streicher and the Jew-Baiters' International, London o. J. [1946], S. 224–230; zur Rezeption durch Johann von Leers siehe LEERS: Kräfte hinter Roosevelt, S. 42–44, 109, 131–136, 175.
449 LEERS: Kräfte hinter Roosevelt, S. 42 f., 131.
450 EDMONDSON, ROBERT EDWARD: I Testify. Amazing memoir-exposure of international secret war-plotting, Bend (Oregon) ²1954 [EA 1953].
451 SCHWARZENBORN: „Ich bezeuge", S. 777.
452 EBD.

Werk" dar, das „die Geschichte seiner politischen Kämpfe zur Enthüllung der satanischen Kräfte" erzähle, die „nicht nur sein Vaterland, die USA, knechten".[453]

Damit einher ging die bereits ebenfalls aus seinen Schriften der 1930er Jahre bekannte Technik, Zitate aus Zeitschriften, Flugblättern und Pamphleten geistesverwandter Autoren aneinanderzureihen und mit einem eigenen Kommentar zu unterlegen. Ein Beispiel dafür sind die Schriften von Robert H. Williams (1897–1993), der sich nach einem Bericht des FBI von seinem Wohnort Santa Ana in Kalifornien aus als *author and distributor of anti-Semitic literature* betätigte und eng mit Gesinnungsgenossen weltweit vernetzt war. Unter dem Verlagsnamen Williams Publications vertrieb er seine Pamphlete sowie den monatlichen Rundbrief „Williams Intelligence Summary", der auch die „Weg"-Redaktion erreichte.[454] In seinem 1952 publizierten Aufsatz „Der unsichtbare Knebel" übernahm Johann von Leers lange Passagen aus einer einige Jahre zuvor erschienenen Broschüre über die Anti-Defamation League (ADL) als Instrument des Weltkommunismus.[455] Williams Buch, schrieb Johann von Leers anerkennend, enthalte „geradezu erdrückendes Material", das unzweifelhaft aufzeige, dass sich die ADL „nicht hauptsächlich mit der Abwehr von Angriffen auf das Judentum in den USA beschäftigt, sondern planmäßig jeden Gegner des Kommunismus anfeindet und nach besten Kräften mundtot zu machen versucht".[456] Diese plagiatorische Technik wandte er für zahlreiche Sujets an – für kulturpessimistische Überlegungen in einem Beitrag über das „Zeitalter des Wassermanns", der aus einer 1922 von Eugen Diederichs verlegten Schrift referiert wurde[457] ebenso wie in einem Artikel über die seinerzeit geführte Debatte um den Status „amtsverdrängter" Hochschullehrer, in dem er eine Schrift ihres Verbandslobbyisten Herbert Grabert paraphrasierte.[458]

---

453 EBD.
454 FBI, Office Memorandum, 29.07.1952. Der Herausgeber gab vor, als ehemaliger Mitarbeiter des US-Armeegeheimdienstes während des Zweiten Weltkrieges über weitreichende Informationen aus dem Bereich „kommunistischer Konspiration" zu verfügen. Siehe auch Preliminary Report on Neo-Fascist and Hate Groups, Washington, D.C. 1954, S. 14 sowie ROGGE, JOHN O.: The Official German Report. Nazi Penetration 1924–1942. Pan-Arabism 1939–Today, New York/London (Thomas Yoseloff) 1961, S. 371. Zu den Beziehungen zum „Weg" siehe VOLLMER: Bilanz vom Empfangen und Geben, S. 162, 171, dort irrtümlich als „Williams Intelligence Digest" bezeichnet.
455 FITZSTUART, GORDON: Der unsichtbare Knebel, in: Der Weg 6 (1952) 1, S. 64–68. WILLIAMS, ROBERT H.: The Anti-Defamation League and its use in the World Communist Offensive, Hollywood (Kalifornien) 1947.
456 FITZSTUART: Der unsichtbare Knebel, S. 67.
457 LEERS, JOHANN VON: Ein neues Weltzeitalter, in: Der Weg 10 (1956) 7/8, S. 429–434.
458 SCHWARZENBORN, FELIX: Verdrängung der deutschen Wissenschaft, in: Der Weg 7 (1953) 8, S. 529–532. Siehe auch RZ zu: Herbert Grabert: Hochschullehrer klagen an, in: Der Weg 7 (1953) 10, S. 708 f. Für weitere Beispiele siehe DERS.: Wird der Bolschewismus judenfeind-

Eine Fortsetzung fand außerdem das aus der NS-Propaganda bekannte Mittel, durch umfangreiche Namenslisten von „Juden" und solchen, die Johann von Leers dafür hielt, das Ausmaß jener „hintergründigen Kräfte" zu entlarven, die danach strebten, „das Deutsche Reich niederzuschlagen".[459] Dies galt gleichermaßen für die Sowjetunion wie die USA, erst recht aber für internationale Organisationen oder Think-Tanks. Eine mehrseitige Aufzählung von Funktionären in Partei- und Staatsapparat der UdSSR sowie im Kulturleben und in der Wissenschaft etwa sollte belegen, dass auch nach Stalins Tod „die Macht in der Sowjetunion immer noch in der Hand von Juden ist, dass die ‚Kommandohöhen' in der Sowjetunion jüdisch sind".[460] Über Eisenhowers seit 1953 amtierende Administration dagegen hieß es in einer vergleichbaren Übersicht, dieser habe „die Juden an entscheidende Stellungen in seine Regierung gebracht".[461] Von ähnlicher Machart waren auch Übersichten, wer innerhalb der Vereinten Nationen „die entscheidenden Posten" innehabe oder in dem 1919 gegründeten Council of Foreign Relations zu den bestimmenden Kräften zähle.[462]

Kontinuität bewies er schließlich mit der Technik, sich zum Nachweis angeblich jüdischer Konspiration auf Pseudodokumente zu berufen, von denen behauptet wurde, sie würden der Öffentlichkeit vorenthalten, weil Juden ihre Verbreitung unterdrückten. Beispielhaft dafür ist die von Antisemiten schon in den 1920er Jahren zur unumstößlichen Tatsache erhobene Behauptung, jüdische Bankiers hätten die Revolution 1917 in Russland inszeniert.[463] Als Schlüsseldokument dazu gilt ein angeblich „amtlicher Bericht des Nachrichtendienstes

---

lich?, S. 491: Johann von Leers referierte dort das 1938 publizierte Machwerk „The Rulers of Russia" des irischen Geistlichen Denis Fahey (1883–1954), der von einer jüdisch-freimaurerischen Verschwörung gegen das Christentum überzeugt war und im Kommunismus ein Instrument des Judentums sah. Zu Fahey siehe DELANEY, ENDA: Political Catholicism in Post-War Ireland.The Revd Denis Fahey and Maria Duce, 1945–54, in: Journal of Ecclesiastical History 52 (2001) 3, S. 487–511; FITZSTUART, GORDON: Die schwarzen Yankees, in: Der Weg 6 (1952) 8, S. 537–541; SCHWARZENBORN, FELIX: Ein Drittel des deutschen Volksvermögens – den Juden!, in: Der Weg 7 (1953) 1, S. 56f.
459 FITZSTUART, GORDON: Sie werden erschossen!, in: Der Weg 8 (1954) 1, S. 48–55, hier S. 55. Zur Funktion solcher Namenslisten in der NS-Propaganda siehe HERF, JEFFREY: The Jewish enemy. Nazi propaganda during World War II and the Holocaust, Cambridge/London 2008, S. 102.
460 SCHWARZENBORN, FELIX: „Antijudaismus" in Sowjetrussland?, in: Der Weg 7 (1953) 12, S. 850–854, hier S. 850.
461 FITZSTUART: Sie werden erschossen!, S. 55.
462 SCHWARZENBORN, FELIX: Welttyrannei ab 1955?, in: Der Weg 6 (1952) 3, S. 209–214, hier S. 209. FITZSTUART, GORDON: Wer bestimmt, was geschieht?, in: Der Weg 6 (1952) 5, S. 343–346, hier S. 345.
463 ROSENBERG, ALFRED (HRSG.): Die Protokolle der Weisen von Zion und die jüdische Weltpolitik, München 1923, S. 43.

der französischen Regierung in Washington", der „vom Deuxième Bureau des Generalstabes" überreicht worden sei und „keinerlei Zweifel" daran zulasse, dass die Ursachen der Russischen Revolution „auf ausschließlich jüdischen Einfluss zurückzuführen" seien. Dieses Dokument, auf das Johann von Leers bereits in der NS-Propaganda Bezug genommen hatte, wurde jetzt neuerlich im „Weg" aktiviert.[464]

So bekannt diese Propagandatechniken waren, so formelhaft gerieten die Juden zugeschriebenen Eigenschaften und Fähigkeiten, die zahlreiche Klischees und Topoi aus dem Repertoire der antisemitischen Bewegung reproduzierten und oftmals in direkter Kontinuität zur NS-Propaganda standen. Dies gilt etwa für die Herleitung der Judenfeindschaft im Mittelalter, die auf ein damals angeblich verliehenes „Hehlerprivileg" Bezug nahm. Nachdem Johann von Leers diese Behauptung bis 1945 gebetsmühlenartig verbreitet hatte (siehe Kap. 5.2.2), griff er diesen Topos erneut auf. Dem Autor einer Geschichte des Judentums etwa hielt er vor, dass dieser „planmäßig alles verschweigt, was dem heute herrschenden Judentum unbequem ist, so vor allem das Hehlereiprivileg des Bischofs Rüdiger Huosman von Speier [sic] von 1019".[465] Als Fortschreibung eines klassischen Elements der NS-Propaganda kann auch seine Deutung vom „jüdischen Krieg" gegen Deutschland gelten, den das „Weltjudentum" im Frühjahr 1933 nach den nationalsozialistischen Boykottmaßnahmen erklärt haben soll. So stehe fest, schrieb Johann von Leers, dass „die Juden das einzige Volk der Welt waren", das seitdem „unablässig nach dem Krieg geschrien und alles getan" habe, „um den Krieg zum Sturz Deutschlands herbeizuführen".[466] An anderer Stelle sprach er von der „Wahrheit" der „jahrelangen Hetze der internationalen Mächte zum Kriege", die „in der heutigen deutschen Unfreiheit" jedoch keiner aussprechen dürfe.[467] Diese Möglichkeit zur Unterdrückung angeblich missliebiger Ansichten ihrer Kritiker verdankten Juden, wie Johann von Leers in Anknüpfung an seine bis 1945 publizierten Propagandaschriften schrieb, vor allem ihrer politischen Macht und der Manipulation der öffentlichen Meinung, die sie, wie ein Blick in USA zeige, nach Belieben steuerten und für ihre Zwecken einsetzten. „Film und Fernsehen", wusste Johann von Leers, befänden sich

---

464 Siehe beispielhaft für Schriften aus der NS-Zeit LEERS: Kräfte hinter Roosevelt, S. 170–173. Zur neuerlichen Verwendung siehe FITZSTUART, GORDON: Kleine Chronik der Schiff, in: Der Weg 7 (1953) 3/4, S. 199–201.
465 RZ: Karl Kupisch: Volks ohne Geschichte, in: Der Weg 9 (1955) 10, S. 679.
466 SCHWARZENBORN: Ein Drittel des deutschen Volksvermögens – den Juden!, S. 57.
467 RZ: Werner Beumelburg: Jahre ohne Gnade, in: Der Weg 7 (1953) 7, S. 479. Siehe zudem HEIMANN, GUIDO: Die Lüge von den sechs Millionen, in: Der Weg 8 (1954) 7, S. 479–487, hier S. 480; Zur 15. Wiederkehr des 3. September 1939. Wessen Krieg?, in: Der Weg 8 (1954) 9, S. 631–635.

dort „fast völlig in Hand von Juden" und würden, wie auch die „Massenpresse", nicht nur der „Verherrlichung des Verbrechertums"[468] dienen, sondern für eigene Ziele instrumentalisiert. So hätten beispielsweise die „Washington Post" des „jüdisch-amerikanischen Eugene Meyer" und der „Daily Worker", Organ der Kommunisten in den USA, gemeinsam ihre Macht ausgespielt, als beide „einen wilden Feldzug dafür entfesselte[n], die Atombombenkontrolle dem Heer zu entreißen und sie einer zivilen Kommission zu unterstellen". Dem Druck eines „zionistisch-kommunistische[n] Verräter[s]" wiederum sei es zuzuschreiben gewesen, dass dieser Kommission nur ein „Nichtjude" angehört habe, der in der Gedankenwelt von Johann von Leers als „Wallstreet-Bankier" nur ein „Strohmann" der Juden sein konnte.[469]

Dort dagegen, wo sich Kritiker des Judentums oder, für Johann von Leers zweifelsohne ein Synonym, Roosevelts bemerkbar machen könnten, liefen sie Gefahr, rücksichtslos aus dem Weg geräumt zu werden, zumal, wenn es sich um Isolationisten oder Antikommunisten handelte. Als Beleg dazu dienten Johann von Leers die Todesumstände einer Reihe politischer Aktivisten der 1930er Jahre in den USA, hinter denen er verschwörerische Machenschaften sehen wollte. Schon 1942 hatte er behauptete, unter „Eingeweihten" kursiere „seit langem unter der Hand" eine „Liste der plötzlichen Todesfälle unter amerikanischen Politkern, die es gewagt haben, sich der Judenherrschaft entgegenzustellen".[470] Diese verwegenen Spekulationen schrieb er nahezu ungebrochen fort. Eines ihrer „Opfer" stellte demnach Louis T. McFadden (1876–1936) dar, ein republikanischer Kongressabgeordneter aus Pennsylvania, der die „Protokolle der Weisen von Zion" als zutreffende Beschreibung jüdischen Machstrebens betrachtete und in öffentlichen Reden die Gefahren beschwor, die durch internationale Bankiers drohten.[471] Die angeblichen Umstände seines Todes gehörten bereits zum Repertoire der NS-Propaganda, wie sie nicht zuletzt Johann von Leers verbreitet hatte.[472] Im „Weg" knüpfte er nunmehr daran an: McFadden, würdigte er dessen Persönlichkeit, habe „mutig" und mit „fast übermensch-

---

468 FITZSTUART, GORDON: Gangsterherrschaft droht!, in: Der Weg 9 (1955) 1, S. 51–54.
469 FITZSTUART, GORDON: Jedes Atom eine Bastion der Fremden, in: Der Weg 10 (1956) 1, S. 37–40, hier S. 38.
470 LEERS: Kräfte hinter Roosevelt, S. 145.
471 Zu McFadden siehe JENKINS, PHILIP: Hoods and shirts. The extreme right in Pennsylvania, 1925–1950, North Carolina 1997, S. 117–120.
472 LEERS: Kräfte hinter Roosevelt, S. 150 f.: „In der Tat hat McFadden mit größer Offenheit über die Judenwirtschaft der Roosevelt-Regierung sich ausgesprochen […]. Er wusste wohl, dass jüdische Bankiers und jüdische Revolutionäre in Wirklichkeit zusammenarbeiteten, und sprach es ungescheut aus". Siehe auch LEERS, JOHANN VON: Die Verbrechernatur der Juden, Berlin o. J. [1944], S. 137 f.

licher Kraft" immer wieder auf jene Kräfte hingewiesen, die die USA „in einen neuen Weltkrieg treiben" und „dem Kommunismus die Tore der Länder aufreißen" wollten. Kaum verwunderlich erschien ihm deshalb, dass McFadden „eines Tages [...] sein Schicksal erreicht[e]" und dieser „große amerikanische Patriot", der für eine „nichtjüdische Verwaltung und Bildung kämpfte", durch seine Gegner „liquidiert" wurde.[473]

Ein ähnlicher Faden wurde in der Erzählung über Senator William Edgar Borah (1865–1940) aus Idaho gesponnen, der als „treuer Verteidiger der Farmer gegen Spekulanten und Bankwucherer bekannt" gewesen sei, als Isolationist gegen den Eintritt der USA in den Ersten Weltkrieg gestimmt habe und ebenfalls unter ungeklärten Umständen ums Leben gekommen sein soll.[474] Auch mit dieser Darstellung setzte Johann von Leers fort, was er bereits zehn Jahr zuvor in „Kräfte hinter Roosevelt" ausgeführt hatte. Borah, eine „Säule des Isolationismus", der „mit Leidenschaft gegen jede Einmischung der USA in europäische Angelegenheiten" gekämpft habe, musste demnach „beseitigt" werden, um das „Ziel des jüdischen Krieges [...] zu erreichen".[475] Parallelen vermeinte er zudem im Schicksal des Senators Ernest Lundeen (1878–1940) erkennen zu können, der durch einen Flugzeugabsturz ums Leben kam, hinter dem Johann von Leers ein Komplott von „Zionisten" vermutete. Obgleich Lundeen „des Farmers Feind" dort sitzen sah, wo diesem „in Hypothekenbanken und Kornspekulation" der Ertrag seiner Arbeit „abgegeiert und abgegaunert" wurde[476], sei er zwar „weder ein Hasser noch ein Verfolger der Juden"[477] gewesen. Als Isolationist im Ersten Weltkrieg, der nicht wollte, „dass die Jugend Amerikas auf fremde Schlachtfelder für unamerikanische Ziele gehetzt wurde"[478], habe Lundeen sich jedoch „gegen die Mächte aus dem Dunkeln, die den Krieg wollten"[479], gestellt und zum Feind gemacht. Auch diese Erzählung entstammte dem Repertoire, das bereits in „Kräfte hinter Roosevelt" ausgebreitet worden war.[480]

Die gilt schlussendlich auch für Senator Bronson Cutting (1888–1935) aus New Mexiko, der ebenfalls bei einem Flugzeugunglück verstarb. Dass dies einem jüdischen Komplott zugeschrieben werden musste, stand für Johann von Leers

---

473 FITZSTUART, GORDEN: Aus dem Wege! (Fortsetzung), in: Der Weg 5 (1951) 9, S. 649–653, hier S. 650.
474 FITZSTUART, GORDON: Aus dem Wege! (Schluss), in: Der Weg 5 (1951) 10, S. 729–732, hier S. 731.
475 LEERS: Kräfte hinter Roosevelt, S. 156–158.
476 FITZSTUART: Aus dem Wege! (Schluss), S. 730 f.
477 EBD.
478 EBD.
479 EBD.
480 LEERS: Kräfte hinter Roosevelt, S. 155.

ebenso unumstößlich fest wie die Tatsache, dass Juden zuvor das FBI für ihre Zwecke instrumentalisiert hätten. Unter dem Tarnmantel einer „Information and Service Association" sollen so Dossiers über mehrere Tausend missliebige Amerikaner angelegt worden sein, die, wie Cutting, „die erdrückende Macht der Juden" erkannt und ausgesprochen hätten.[481] Nachdem dieser nämlich zunächst Roosevelt seine Stimme gegeben hatte, habe er entdeckt, damit „einem Mann zu dem höchsten Amt in den Vereinigten Staaten verholfen" zu haben, der „heimlich von geheimen Beratern" und einer „einer grauenvollen Sekte" geleitet werde, „deren Ziel Zerstörung ist", wie Johann von Leers unter Berufung auf einen Zeitungsartikel zitierte.[482]

Zentral aber blieb der Topos von der „Verbrechernatur" und „Kriminalität" des Judentums, das stets eine „Gangsterherrschaft" errichte, wo es die Schalthebel politischer und wirtschaftlicher Macht besetzte. Das Zerrbild der Zügellosigkeit und Dekadenz vor allem in der Metropole New York, das antisemitische Überzeugungen und antiurbane Ressentiments verknüpfte, war bereits in der nationalsozialistischen Propaganda Gegenstand zahlreicher Pamphlete und Broschüren. Als Verkörperung dieses Feindbildes diente dabei der langjährige Bürgermeister Fiorello LaGuardia (1882–1947), der den Hass der Nationalsozialisten vor allem deshalb auf sich gezogen hatte, weil er sich nicht scheute, vor den Gefahren des Nationalsozialismus zu warnen.[483] LaGuardia geriet seinerzeit auch zur Zielscheibe von Johann von Leers. Zwar bestand Unsicherheit in der Frage, ob dieser als „Halbjude" oder „Jude"[484] zu gelten hatte. Fest stand dagegen, dass sich in seiner Amtszeit jüdische „Erpresserorganisationen riesigen Umfangs" ausgebreitet hätten und durch „Schutzgelderpressung" einträgliche Geschäfte betrieben. „Die berühmten Gangsterhäuptlinge", schrieb Johann von Leers 1942, seien allesamt „Juden". Den Arm der Justiz müssten sie jedoch

---

481 FITZSTUART: Aus dem Wege!, in: Der Weg 5 (1951) 8, S. 560–564, hier S. 560; DERS., Aus dem Wege! (Fortsetzung), S. 651.
482 FITZSTUART: Aus dem Wege!, S. 561. Siehe auch LEERS: Kräfte hinter Roosevelt, S. 144–146.
483 Zur Agitation gegen LaGuardia siehe beispielhaft DIEBOW, HANS: Die Juden in USA, Berlin 1941 [EA 1939], S. 63 f.; ZIEGLER, WILHELM: Die Judenfrage in der modernen Welt (Schriftenreihe der Deutschen Hochschule für Politik, Reihe „Idee und Gestalt des Nationalsozialismus", H. 27), Berlin 1937, S. 19; KAPPE: Amerikas Judentum weicht aus. Siehe auch ERWIN BERGHAUS (HRSG.): USA – nackt! Bilddokumente aus Gottes eigenem Land, Berlin 1943. Zur Einordnung siehe BENZ, WOLFGANG: „Der ewige Jude". Metaphern und Methoden nationalsozialistischer Propaganda (Dokumente, Texte, Materialien: Veröffentlichungen vom Zentrum für Antisemitismusforschung der Technischen Universität Berlin, Bd. 75), Berlin 2010, S. 79, 153; HERF: The Jewish enemy, S. 40.
484 LEERS: Kräfte hinter Roosevelt, S. 108 f., 125.

nicht fürchten. „Das Richtertum der Stadt" nämlich, fügte er hinzu, „befindet sich zum großen Teil in jüdischen Händen".[485]

An dieses Bild knüpfte er, wenngleich leicht modifiziert, im „Weg" an. Die „größte Judenstadt der Welt" schien ihm zwar weiterhin aufs engste verbunden mit dem „Gangstertum" und als Wiege von Dekadenz und Verfall. Von New York, erfuhren seine Leser, gehe eine „unheilvolle Welle der moralischen Fäulnis" aus, die „ganz Nordamerika bedroht". Die „Herrschaft des Gangstertums" machte er 1954 allerdings weniger im Bereich der organisierten Kriminalität aus, sondern im „Schulwesen", wo nackte Gewalt herrsche. Rückläufige Schülerzahlen an manchen Einrichtungen ließen sich denn auch „nüchtern ausgesprochen" nur damit erklären, dass „die jüdische Mehrheit dort die Kinder von Deutschen, Italienern und arabischen Einwanderern so brutal verfolgte, dass die Eltern diese Kinder von der Schule nahmen".[486] Um sie ins Verderben zu führen, würden Juden überdies ihre bewährten Rauschmittel einsetzen, zu denen, in einem doppelten Sinn, einerseits „Schundliteratur oder Pornographie" sowie „kommunistische Lieder" zählten, die „auf englisch oder yiddish gesungen" würden und an Schulen „häufig" zu hören seien, andererseits aber auch Drogen: Das „Marihuana-Rauchen", wollte Johann von Leers wissen, sei jedenfalls „auf den Schulen weit verbreitet". Ganz gleich aber, welches Rauschgift Juden streuen, verbreiteten sie damit jedoch stets den „Geist der Volkszersetzung".[487] Ein ähnlich zerstörerisches Wirken zeige sich in den Weiten des Landes, wo Johann von Leers „kernfestes Bauerntum" und das „schlichte, ehrliche Farmervolk der USA" durch jene „Fäulnis" bedroht sah, die der ewige und wurzellose Jude in seinem Streben nach Profit verbreite. Dieser nämlich wolle allenfalls „ein paar Jahre lang eine Farm bestellen, sie dann verkaufen und das nächste Geschäft anfangen".[488] Auch in dieser Agitation setzte Johann von Leers fort, was er in seinen Schriften vor 1945 verbreitet hatte: Der „einheimische Farmer", hieß es seinerzeit, müsse unweigerlich „am Juden zugrunde" gehen, weil „das vom militantesten Rabbinismus fanatisierte Ostjudentum" in den USA „derartig herrscht", dass jeder „Landmann" hoffnungslos „bedrückt und ausgebeutet wird".[489]

Eine nahtlose Fortsetzung seiner Propaganda aus der NS-Zeit fand auch die Form der Feindbestimmung, die Bolschewismus und Plutokratie aufs

---

485 Ebd., S. 66–68.
486 Fitzstuart, Gordon: In der Wurzel verfault, in: Der Weg 8 (1954) 4, S. 288–292.
487 Ebd.
488 Fitzstuart, Gordon: Der Westen fault, in: Der Weg 9 (1955) 2, S. 113–116, hier S. 116; Ders.: Aus dem Wege!, S. 563 f.
489 Leers: Kräfte hinter Roosevelt, S. 119.

engste miteinander verbunden sah, als Urheber angeblicher Konspiration wahlweise „Kräfte hinter Roosevelt" oder „Juden hinter Stalin" zu entlarven suchte und unterschiedslos jede Form internationaler Organisation zur „Kampforganisationen des Judentums in [den] USA" erklärte.[490]

So denunzierte er 1951 unter dem Titel „Aus dem Wege!" abermals die amerikanische Administration der 1930er Jahre als Marionette einer „unsichtbaren Weltregierung", in der die „heimlichen Drahtzieher" und „satanischen Kräfte hinter Roosevelt" am Werk waren.[491] „Von den Tagen" an nämlich, ergänzte er, da dieser „erst Gouverneur von New York, dann Präsident der USA geworden war, beherrscht das Judentum drei Dinge in USA diktatorisch: die Finanz [sic], das Verbrechertum und die Demokratische Partei. Und alle drei hängen miteinander zusammen".[492] Im „menschlich wurmstichigen" Roosevelt sah er denn auch einen der „verhängnisvollsten Menschen der abendländischen Geschichte", der „von fremden Kräften aufgrund seiner dunklen Vergangenheit gegängelt" werde.[493] In ähnlicher Weise hatte er sich bereits 1942 mit dem „System Roosevelt" befasst, dessen Kabinett sich „unter Aufsicht des Rabbinats" befinde und in dem die „jüdisch verheirateten [...] Politiker" den Ton angäben. Als Referenz zog Johann von Leers seinerzeit unter anderem den amerikanischen Antisemiten, Verschwörungsanhänger und „Schriftsteller" Franklin D. Thompson (Lebensdaten unbekannt) heran, der in einem 1935 veröffentlichten, Hitler gewidmetem Pamphlet, so Johann von Leers, „Juden über Juden" aufgezählt hatte, „die an leitenden Stellen des Regimes Roosevelts sitzen". In dem Büchlein finde sich denn auch die „erschütternd klare Erkenntnis" darüber, „wie stark [die] USA bereits von den Juden überschwemmt und von innen erobert" seien.[494]

Diese Erzählung wurde jetzt einfach fortgeschrieben und auf die Administration unter Eisenhower übertragen, in dessen Amtszeit seit 1953 eine „kommunistisch-zionistische Clique" die Vereinigten Staaten „in die Hand genommen" habe und „dem jüdischen Weltstaat entgegengeführt".[495] Vor allem Dulles als Außenminister steche dabei hervor, der als „Anwalt des großen Kapitals" und der „Wallstreet-Banken" auch eine „Bindung zum Judentum" habe,

---

490 Siehe LEERS, JOHANN VON: Juden hinter Stalin, o. O. [Berlin] o. J. [1941]; LEERS: Kräfte hinter Roosevelt.
491 FITZSTUART: Aus dem Wege! (Fortsetzung), S. 649–653. Siehe dazu bereits LEERS: Kräfte hinter Roosevelt, S. 154 f.
492 FITZSTUART: In der Wurzel verfault, S. 292.
493 FITZSTUART: Der Westen fault, S. 116.
494 THOMPSON, FRANKLIN: America's Ju-Deal, New York 1935; LEERS: Kräfte hinter Roosevelt, S. 83–85, 139.
495 FITZSTUART, GORDON: Ab in die Schlangengrube nach Alaska, in: Der Weg 10 (1956) 4, S. 235–239, hier S. 239.

könne doch keiner „in den USA an einer führenden Stelle stehen, der nicht der erklärten Herrenrasse irgendwie befreundet ist".[496] Ähnliches gelte im Sowjetkommunismus, der, wie er in Anlehnung an Propagandaparolen aus der NS-Zeit schrieb, „eine Schöpfung aus dem Geiste des Juden Karl Marx" darstelle und, wie kaum anders zu erwarten, auch nach Stalins Tod von „Juden unter dem jüdischen ‚Siegel Salomons' (dem fünfeckigen Stern)" beherrscht werde.[497]

Ein anderes aus der NS-Propaganda der 1940er Jahre vertrautes Motiv, wonach jüdische Geldhäuser revolutionäre Umtriebe schürten und an ihnen verdienten, wurde in stereotyper Weise am Beispiel der Bankiersfamilie Schiff personifiziert.[498] „Tatsache ist, dass Jacob Schiff im April 1917 eine Erklärung veröffentlichte, dahingehend, dass die russische Revolution nur durch seine finanzielle Unterstützung gelungen war", hieß es 1942.[499] Unter den „großen Judenbanken" der „Wallstreet" sei sie die „mächtigste von allen".[500] Dieses Sujet wurde im „Weg" in simpler Weise reproduziert und zeitgemäß variiert: So soll nicht nur die „Abhängigkeit der demokratischen Partei unter Wilson und Franklin D. Roosevelt von den Geldern der Familie Schiff" stets „ein offenes Geheimnis" gewesen sein. Auch die „ursprüngliche geschäftliche Ausbreitung der Rockefellers" verdanke sich ihrem Geld und stehe in jener unheilvollen Kontinuität zum Jahre 1917, als sie als „Geldgeber der kommunistischen Revolution" aufgetreten seien.[501] Schon „immer", erfuhren die „Weg"-Leser, habe „das Geld der Schiff für den Sieg des Kommunismus" gekämpft.[502] Und wie selbstverständlich stand in der Gedankenwelt von Johann von Leers fest, dass jener amerikanische General, der 1945 angeblich „das Entnazifizierungsgesetz diktiert hat", aus einer „Hofjudenfamilie" stamme und verwandt mit der jüdischen Finanzdynastie Schiff sei.[503] Zu bekannten Zielobjekten seiner NS-Propaganda, die er im „Weg" neuerlich in gehässiger Weise attackierte, zählten auch der Bundesrichter Felix Frankfurter (1882–1965) und der Börsenspekulant Bernard Baruch

---

496 LEERS, JOHANN VON: John Foster Dulles, in: Der Weg 7 (1953) 5, S. 305–308, hier S. 306.
497 SCHWARZENBORN: Welttyrannei ab 1955?, S. 209–214; DERS.: Wird der Bolschewismus judenfeindlich?, S. 490–495; DERS.: „Antijudaismus" in Sowjetrussland?, S. 850–854.
498 HERF: The Jewish enemy, S. 101. Siehe auch die Dokumentensammlung bei HEYEN, FRANZ-JOSEF: Parole der Woche. Eine Wandzeitung im Dritten Reich 1936–1945, München 1983.
499 LEERS: Kräfte hinter Roosevelt, S. 171.
500 EBD., S. 124.
501 FITZSTUART: Kleine Chronik der Schiff, S. 199–201; DERS.: Jedes Atom eine Bastion der Fremden, S. 40.
502 FITZSTUART: Kleine Chronik der Schiff, S. 199–201.
503 EBD.

(1870–1965), die beide als „Männer der unsichtbaren Regierung" erst hinter Truman, dann hinter Eisenhower galten.[504]

Die imaginierte Macht einzelner Persönlichkeiten, denen ein obsessiver Hass entgegenschlug, war zweifelsohne eine Voraussetzung dafür, um dem nicht weniger nebulösen „Weltjudentum" ein Gesicht verleihen zu können. Repräsentanten und Drahtzieher seines grenzenlosen Einflusses erkannte Johann von Leers allerdings auch in den Organisationen des jüdischen Selbstschutzes, die sich Anfang des 20. Jahrhunderts in den USA gebildet hatten, wie in der internationalen Politik, die in der Weltordnung des Kalten Kriegs geschaffen worden waren. Seine Propaganda aus der NS-Zeit, die, wie er seinerzeit proklamierte, „die großen machtmäßigen Kampforganisationen des Judentums" enttarnen sollte, setzte er ebenso nahtlos fort.[505] Dass etwa die „berüchtigte" Anti Defamation League (ADL), die 1913 als Ableger von B'nai B'rith entstanden war, maßgeblich die Außenpolitik des Landes bestimmen konnte, erklärte Johann von Leers damit, dass der „gefürchtete Sekretär" Roosevelts „lange Zeit der New-Yorker Leiter der ADL" gewesen sei. Im American Jewish Congress dagegen, der sich unmittelbar nach dem Ersten Weltkrieg gebildet hatte, sah er eine „von revolutionären linken Juden" unter Führung eines „Terroristen" geschaffene Organisation. Ihr Zweck bestehe darin, die „geistige Herrschaft über das amerikanische Volk" auszuüben, um dieses dann „jüdischen Machtzielen zu unterwerfen". Für „noch extremer" hielt er schließlich das 1906 entstandene American Jewish Committee (AJC), das einen gigantischen „Überwachungs-, Spionage- und Einschüchterungs-Apparat" unterhalte. Nachdem es früher als „Zentrum des Interventionismus" aufgetreten sei, um sich „zugunsten der Juden in der Welt" einzumischen, sah er dessen Aufgabe jetzt in der „Aufspürung, Diffamierung und Niederkämpfung der geistigen Widerstandszentren der Nichtjuden".[506] Dass es Organisationen wie ADL und AJC um die „Beherrschung der Welt durch Beherrschung der Gehirne" ging, sah Johann von Leers schon aufgrund ihrer Bezeichnung bestätigt. Eines gründlicheren Blicks bedurften dagegen solche Zusammenschlüsse, deren Drahtzieher nicht sofort zu erkennen waren. Dies galt etwa für den 1919 gegründeten Council of Foreign Relations und dessen Zeitschrift „Foreign Affairs", den einflussreiche Juden initiiert hätten, die ihn bis heute „als unangreifbare Bestimmer von Weltschicksalen" prägten und „in

---

504 FITZSTUART: Ab in die Schlangengrube nach Alaska, S. 238.
505 LEERS: Kräfte hinter Roosevelt, S. 53.
506 FITZSTUART: Der unsichtbare Knebel, S. 64–68; DERS.: Ein Geheimbericht des American Jewish Committee, S. 711–715.

den leitenden Gruppen der USA" die „politische Meinung über Fragen der großen Weltpolitik" steuerten.⁵⁰⁷

Erst recht traf dies jedoch auf zwischenstaatliche Zusammenschlüsse und supranationale Organisationen zu, deren Gründung nach Ende des Zweiten Weltkriegs erfolgte oder vorangetrieben wurde. Die „Internationalisierung der Rohstoffe" in der Montanunion, Pläne für eine „Europa-Armee" zur gemeinsamen Verteidigung gegen die Bedrohung aus dem Osten und auch der Schumann-Plan, der in der Überzeugung von Johann von Leers nicht vom französischen Außenminister stammte, sondern von einem Jude „ausgeheckt" worden sei, liefen alleine darauf hinaus, „die nichtkommunistische Welt immer fester in den Krallen des amerikanischen Judentums zusammenzufassen". Das gefährlichste Instrument der „hintergründigen Kräfte" stellten aber die Vereinten Nationen dar, durch die der „jüdische Plan zur Weltbeherrschung" nunmehr vollendet werden solle. Seitenlang referierte Johann von Leers die Namen von „Juden in der Organisation der UN", die dort „die entscheidenden Posten" besetzen würden. Als gemeinsames Ziel der „amerikanischen Judenschaft der Wallstreet" und der „Moskauer Juden mit dem fünfeckigen Stern" erkannte er denn auch eine „jüdische UN" als „oberste Macht", die „jeden Aufstand der Goyim [...] zerschmettern" werde. Selbst einen Dritten Weltkrieg würde sie dazu anzetteln, der „die Völker so erschöpfen" solle, „dass sie reif werden für die Weltregierung der jüdisch beherrschten ‚Vereinten Nationen'".⁵⁰⁸

Zu solchen antisemitischen Verschwörungsphantasien trat eine Apologie des Nationalsozialismus und seiner Herrschaftspraxis, die den Deutungen des rechtsextremen Geschichtsrevisionismus in der Bundesrepublik seit Anfang der 1950er Jahre Muster und Erklärungen an die Hand zu geben suchte. Die *große patriotische Reformbewegung* der jüngeren Vergangenheit sei *ungeachtet seiner einzelnen Fehler [...] der Nationalsozialismus* gewesen, setzte er einem Korrespondenzpartner auseinander.⁵⁰⁹ Umso schärfer fiel seine Anklage aus, wonach der „schamlosen Verzerrung und Verfälschung der gegenwärtigen Geschichtsdarstellungen [...] ein frischer und reinigender Wind" entgegengesetzt werden müsse.⁵¹⁰ So begründete er die in seinen Augen „überzeugende

---

507 FITZSTUART: Wer bestimmt, was geschieht?, S. 343–346.
508 SCHWARZENBORN: Welttyrannei ab 1955?, S. 209–214; FITZSTUART: Sie werden erschossen!, S. 48–55.
509 Johann von Leers an Zierer, 08.05.1954 [Privatarchiv].
510 Siehe Werbeinserat in Der Weg 9 (1955) 6, S. 409, das eine Serie von „18 Darstellungen der deutschen Geschichte" ankündigte. Aus der Serie, die durch den „bekannten deutschen Historiker" Johann von Leers „geleitet" werde, wie es in dem Inserat hieß, entstand später auch ein Buch, das *in der nationalen Opposition in Deutschland eine erhebliche Rolle* gespielt haben

Leistung" des Führerstaats damit, dass dieser „der zufälligen oder augenblicklichen soziologischen Mehrheit" in den Parlamenten das Recht bestritten hätte, „mit dem Staat nach Gefallen zu verfahren". Anders als in demokratisch verfassten Gesellschaften, in denen „Staatsbürger" von der Politik „praktisch völlig ausgeschaltet" seien, habe im „faschistischen oder nationalsozialistischen Staat [...] jeder, der dessen sich nicht völlig unwürdig gemacht hatte, durch seine Tätigkeit in irgendeiner der Organisationen (Führerkorps, SA, SS, Fachorganisation, Milizia, Fascusta usw.) am Staate selber mitwirken" können. Trotz der „grundlegenden Anweisungen von oben" sei somit jeder Einzelne „wirklich am Staat als Mitwirkender beteiligt" gewesen.[511] Eben deshalb habe das Volk „in seinen Massen" den Nationalsozialismus „mit aller Kraft" gestützt und „um des vielen Guten willen" auch „seine Fehler und Mängel" in Kauf genommen.[512] Dass es sich um eine „moralisch höher stehende Welt"[513] gehandelt habe, daran bestand für Johann von Leers kein Zweifel.

Damit einher ging eine ebenso kritiklose wie phrasenhafte Glorifizierung vor allem Hitlers, Himmlers und der SS als zentraler Institution des Terrors im NS-Staat. Immer wieder kreisten seine Gedanken vor allem um die Person des „Führers", als dessen „Gefolgsmann" er sich seit seinen politischen Anfängen verstanden hatte (siehe Kap. 3.1.4) und dem er weiterhin kultische Verehrung entgegenbrachte. Die seit Anfang der 1950er Jahr wachsende Literatur an Memoiren und Biografien sowie wissenschaftlichen Studien nutzte er nicht zur selbstkritischen Prüfung seiner Ansichten, sondern zur Abwehr jeder Verantwortung. Nur so lassen sich seine sonderlichen Verklärungen und abstrusen Einschätzungen erklären. Der bleibende Ruhm der „gewaltige[n] Persönlichkeit dieses Mannes" leitete sich für Johann von Leers daraus ab, dass er erstmals „nach Jahrhunderten unserem Volke ein einiges Reich aller Deutschen schuf".[514] Hitler sei es gewesen, der „unserem Volk zum ersten Mal einen Sinn" gegeben habe, indem er „das Reich" zur „Sache des Volkes"[515] machte. Zu seinen „gedankten Taten" zähle denn auch, „dass er endlich nach Jahrhunderten

---

soll. Siehe Dossier „Leers-Komplex" (Ms.), o. O. o. J., S. 4 f. [AfZ, JUNA-Archiv] sowie LEERS, JOHANN VON: Geschichte des deutschen Volkes – deutsch gesehen, Buenos Aires 1956. Es ist deshalb davon auszugehen, dass Johann von Leers auch maßgeblicher Autor der Serie war.
511 J. v. L.: Die Tragödie der Demokratie, in: Der Weg 5 (1951) 4, S. 295–299, hier S. 298.
512 EULER, HANS (MAEDI): Ein Reichsverräter bekennt, in: Der Weg 11 (1957) 4, S. 255–258, hier S. 256.
513 RZ: Maurice Bardèche: Lettre à François Mauriac, in: Der Weg 5 (1951) 3, S. 240.
514 RZ: Walter Görlitz/Herbert A. Quint: Adolf Hitler. Eine Biographie, in: Der Weg 7 (1953) 8, S. 559.
515 Ebd.

der Qual, der elenden deutschen Kleinstaaterei ein Ende gesetzt hat".[516] Dass er dennoch scheiterte, erklärte Johann von Leers mit den zahlreichen Verrätern, die sein Regime untergraben hätten: Selbst ein „allwissendes Genie" wie Hitler habe „mit einem Staate nicht siegen können, in dem der Verrat so infam und in solcher Ausdehnung betrieben worden ist".[517]

An Hitlers welthistorischer Größe bestand dennoch kein Zweifel. Sie lasse sich daran ermessen, dass er die Gefahr des Kommunismus rechtzeitig erkannt und den „Kampf gegen die Mächte des Bolschewismus und seiner Verbündeten"[518] aufgenommen habe. Dies rechtfertigte in den Augen von Johann von Leers auch den Vernichtungskrieg im Osten, den „die Masse der Bevölkerung" vor allem in der Sowjetunion eigentlich als Befreiung hätte erleben müssen. Während sie nämlich „in großem Elend und Dürftigkeit" leben mussten, stellten „die Juden [...] die unbestritten herrschende Rasse" und, wie er in Anlehnung an einen Schlüsselbegriff der nationalsozialistischen Weltanschauung schrieb, das „Herrenvolk" dar, „aus dem die meisten leitenden Funktionäre entnommen waren".[519] Hitler als Verbrecher darzustellen, wird deshalb als „infame Propaganda der Demokratie"[520] zurückgewiesen. Stattdessen reihte Johann von Leers ihn in die Schar der „großen Caesarengestalten"[521] von Napoleon und Bismarck über Nietzsche zu Kemal, Mussolini, Lenin und sogar Stalin ein, dessen Bild nicht angetastet, geschweige denn beschmutzt werden dürfe. Selbst Autoren des „Wegs" wie etwa Werner Beumelburg, der in seinem 1952 publizierten Buch „Jahre ohne Gnade" den verbrecherischen Charakter des NS-Regimes nicht aussparte, musste sich deshalb „hässliche Spritzer gegen den toten Führer des Reiches" vorhalten lassen.[522]

In ähnlich glorifizierender Weise urteilte er auch über Himmler und dessen Terrorapparat, der mit seinem Versuch gescheitert sei, den Menschen der modernen Massengesellschaft „neue Bindungen zu geben". Die SS nämlich zeichnete sich durch „echten Korpsgeist" und „Kameradschaft" aus, der zufolge sie „eine innere Unzerbrechlichkeit von erstaunlicher Kraft" entwickelt hätte, die es, wie er einem Gesinnungsgenossen auseinandersetzte, in Form einer *loge*

---

516 EULER, HANS: Über das Vaterland, in: Der Weg 11 (1957) 10, S. 667–670, hier S. 669.
517 RZ: Günther Weisenborn: Der lautlose Aufstand, in: Der Weg 8 (1954) 7, S. 528.
518 RZ: Walter Görlitz/Herbert A. Quint: Adolf Hitler. Eine Biographie, in: Der Weg 7 (1953) 8, S. 559.
519 SCHWARZENBORN: Wird der Bolschewismus judenfeindlich?, S. 493 f.
520 RZ: Walter Görlitz/Herbert A. Quint: Adolf Hitler. Eine Biographie, in: Der Weg 7 (1953) 8, S. 559.
521 LEERS: Ein neues Weltzeitalter, S. 432.
522 RZ: Werner Beumelburg: Jahre ohne Gnade, in: Der Weg 7 (1953) 7, S. 479.

oder eines *ordre chevaleresque* wiederzubeleben gelte.[523] Keinerlei Kritik wollte er insbesondere auch an der Waffen-SS und ihren Freiwilligenverbänden dulden. Vehement wies Johann von Leers, der seine Briefe weiterhin als *SS Sturmbannführer*[524] unterzeichnete, deshalb die in seinen Augen „infame Entrechtung und Verfolgung" dieser „tapferen Truppe" zurück.[525] Stattdessen galten ihm die Freiwilligen-Divisionen der Waffen-SS als ruhmreiches Vorbild auf dem „Weg vom Deutschen Reich über das Großdeutsche Reich zum Imperium Europäum", hätten diese doch jene „Gemeinschaft Europas" bereits „vorgelebt", die „auf unserer Seite gedanklich vollzogen werden"[526] müsse. *Comme mouvement spirituel et révolutionaire nous sommes indispensables pour la salvation de l'Europe*, setzte er dem bereits erwähnten Gesinnungsgenossen auseinander.[527] Eine im Ansatz kritische Äußerung des ranghöchsten Offiziers der Waffen-SS über den früheren Reichsführer wies er mit dem lapidaren Hinweis zurück, Himmler bleibe „nun einmal [...] der Schöpfer der SS und des SS-Gedankens".[528]

Neben Hitler und Himmler sowie gelegentlich, ganz im Jargon der NS-Propaganda, „Dr. Goebbels"[529] wird eine weitere Persönlichkeit, die zeitweise dem engen Kreis der NS-Führung angehörte, namentlich hervorgehoben. Dabei handelte es sich um Richard Walther Darré, mit dem Johann von Leers seit Anfang der 1930er Jahre freundschaftlich verbunden war (siehe Kap. 3.1.3) und an dem sich auch jetzt Kritik verbot. Die „vorbildliche"[530] Agrar- und Bodenpolitik dieses „genialen Erkenners und Organisators"[531] stand Johann von Leers, im Gegensatz zu der seines Nachfolger Herbert Backe, weiterhin als leuchtendes Vorbild vor Augen, sei es Darré doch gelungen, „eine wirklich schöpferische, völkische Erneuerung" zu schaffen.[532] Antiurbanismus und die Glorifizierung des Bauern-

---

523 Johann von Leers an de Mahieu, 05.04.1951 [Privatarchiv]; J. v. L.: Die Tragödie der Demokratie, S. 298.
524 Johann von Leers an de Mahieu, 05.04.1951 [Privatarchiv].
525 RZ: Paul Hausser: Waffen-SS im Einsatz, in: Der Weg 7 (1953) 5, S. 319.
526 SCHWARZENBORN, FELIX: Imperium Europaeum, in: Der Weg 5 (1951) 9, S. 644–647, hier S. 646. Ähnlich auch: „Und hat nicht gerade dieses Großdeutsche Reich in seinen Freiwilligen-Verbänden der SS bereits jene Einheit Europas gelebt, die im Ersten Reiche vorgebildet war, und die man heute auf demokratischem Wege nicht fertig bekommt?" L[EERS], J[OHANN] V[ON]: Sind wir am Ende? Prüfung des Gewissens, in: Der Weg 4 (1950) 12, S. 1072–1074, hier S. 1072.
527 Johann von Leers an de Mahieu vom 05.04.1951 [Privatarchiv].
528 RZ: Paul Hausser: Waffen-SS im Einsatz, in: Der Weg 7 (1953) 5, S. 319.
529 RZ: Elinor Lipper: Eleven Years in Soviet Prison Camps, in: Der Weg 6 (1952) 4, S. 295.
530 EULER, HANS: Der Niedergang des französischen Bauerntums, in: Der Weg 9 (1955) 1, S. 39–43, hier S. 42.
531 LEERS, J. v.: Die landwirtschaftliche Marktordnung 1933–1945, in: Der Weg 7 (1953) 3/4, S. 151–158, hier S. 157.
532 EBD., S. 158.

standes knüpften an Deutungsmuster der 1920er Jahre an, transformierten diese aber zugleich auf der Basis eines latenten Antisemitismus in eine Anklage an das politische System der Bundesrepublik. So habe der Reichsnährstand „auf dem Gebiet der Viehwirtschaft" dafür gesorgt, jene „[w]üste[n] Zustände" zu beenden, in denen „die Preise für das Fleisch [...] von einer Händlerschaft diktiert wurden, die zum großen Teil aus Juden bestand"[533], und den „Viehhändlerstand von den vielen unehrlichen Elementen gereinigt".[534] Unter Darré hätten Bauern dann „für ehrliche Ware" einen „ehrlichen Preis" erhalten, sodass „kein Geldgläubiger" sie „vom Hofe treiben" konnte.[535] Die „dunklen Kräfte" dagegen, die „hinter der Demokratie" stünden und „seit 150 Jahren die Völker immer weiter [...] ins Elend" gestürzt hätten, verachteten den Bauernstand, den sie „stumm" halten wollten, damit er „beliebig geschoren werden kann".[536] Die so geschaffene Marktordnung trug dann dazu bei, „dass bis zum Ende des Krieges das deutsche Volk wohl Knappheit, aber keinen Hunger kannte", wohingegen es „durch die ‚Befreier'" zum „Massensterben der Kinder und Alten kam".[537]

Verherrlichende Äußerungen dieser Art hielten Johann von Leers freilich nicht davon ab, Fehlentwicklungen und sogar „Irrtümer"[538] ihres Führungspersonals zumindest einzuräumen. Schließlich sei er ein zwar *alter Nationalsozialist, deshalb aber nicht kritiklos.*[539] Die erkannten Defizite stellten jedoch eine vernachlässigbare Größe dar und das System und seine Verbrechen nicht in Frage. Eine „sonderbare Inkonsequenz" und „Schwäche", die es „für später" zu vermeiden gelte, soll demnach darin bestanden haben, „dass der Nationalsozialismus nicht auch formal die Weimarer Verfassung und die Bezeichnung Republik abschaffte".[540] Kritik müsse sich auch das Staatsverständnis des „Dritten Reiches" gefallen lassen, durch das der „völkische Gedanke" und insbesondere die „Mitwirkung des lebendigen Volkes an seinem Schicksal", wie es „im ursprünglichen Nationalsozialismus tief angelegt" war, „immer mehr zugunsten eines im Grunde unvölkischen, funktionellen ‚totalen Staates' zurückgedrängt"[541] wurden. Als „Fehler" stelle sich zudem die Volkstumspolitik heraus, die „mit dem völkischen Gedanken nicht vereinbar" gewesen sei, so beispielsweise die

---

533 EBD., S. 156.
534 EBD.
535 EBD., S. 158.
536 EULER: Der Niedergang des französischen Bauerntums, S. 39.
537 LEERS: Die landwirtschaftliche Marktordnung 1933–1945, S. 157.
538 RZ: Walter Görlitz/Herbert A. Quint: Adolf Hitler. Eine Biographie, in: Der Weg 7 (1953) 8, S. 559.
539 Johann von Leers an Zierer, 08.05.1954 [Privatarchiv].
540 SCHWARZENBORN: Imperium Europaeum, S. 645.
541 LEERS, JOHANN VON: Volk und Staat, in: Der Weg 9 (1955) 11, S. 687–692, hier S. 692.

„Hineinzwingung der Tschechen" ins Deutsche Reich, „das Vertreiben französischer Bauern in Lothringen" und „das Ausgreifen in altpolnischen Raum im Osten".[542] Gleichwohl stehe „allem Negativen" jene Errungenschaft „leuchtend" gegenüber, „dass zum ersten Mal ein Reich aller Deutschen errichtet wurde", in dem „endlich Volk und Staat weitgehend zur Deckung gebracht"[543] worden waren und dem es „nach dem Tode Hitlers möglich gewesen" wäre, zu einer „inneren Umwandlung des nationalsozialistischen Staates" zu gelangen.[544]

Verharmlosungen und Verklärungen diese Art entbanden die „Weg"-Autoren allerdings nicht davor, eine Haltung zur verbrecherischen Herrschaftspraxis im Nationalsozialismus und insbesondere zur Vernichtung der europäischen Juden zu entwickeln. Die Relativierung, Bagatellisierung, Umdeutung und Leugnung des Holocaust ist ein zentrales Thema des rechtsextremen Geschichtsrevisionismus seit Ende der 1940er Jahre[545] und fand von Beginn an auch im „Weg" ihren Platz. So äußerte Hans Grimm bereits 1949 Zweifel an der Dimension des Völkermords und behauptete, „die Ziffer sechs Millionen" stelle „die Erfindung eines kranken Mannes" dar, da sie „ganz unmöglich" zutreffen könne.[546] Verlagsleiter Fritsch rühmte anlässlich des zehnjährigen Bestehens der Zeitschrift, dieser sei die „Aufdeckung" der „Wiedergutmachungs- und 6 Millionen-Lügen" zu verdanken[547], eine Anspielung unter anderem auf das „Israel-Heft" vom November 1952, in dem ein Autor namens „Martin Faustus" die „tägliche[n] Greuel- und Propagandamärchen der internationalen jüdischen Presse von den 6 Millionen ermordeter Juden" attackiert hatte und in Bezug auf den Völkermord von „Lügen"[548] sprach. Es ist anzunehmen, dass Johann von Leers sich mit diesem Pseudonym tarnte (siehe Kap. 8.5.3). Zu vergleichbaren Behauptungen verstieg dieser sich allerdings auch in aller Öffentlichkeit. In der Rezension eines Buches von „Walter Hagen", ein Pseudonym des früheren RSHA-Funktionärs Wilhelm Höttl, dem aus dem Kreis der „Weg"-Mit-

---

542 EBD.
543 EBD.
544 EULER: Jus rebellionis, S. 54.
545 LIPSTADT, DEBORAH E.: Leugnen des Holocaust. Rechtsextremismus mit Methode, Reinbek bei Hamburg 1996, S. 103–124; BAILER-GALANDA, BRIGITTE/BENZ, WOLFGANG/NEUGEBAUER, WOLFGANG (HRSG.): Wahrheit und „Auschwitzlüge". Zur Bekämpfung „revisionistischer" Propaganda, Wien 1995.
546 Ein Briefwechsel, in: Der Weg 3 (1949) 10, S. 875. Ähnliche Äußerungen sind aus Wahlreden überliefert, als Grimm 1953 für die DRP kandidierte. Siehe GÜMBEL: „Volk ohne Raum", S. 290.
547 FRITSCH: Manchem ein Dorn im Auge, S. 401.
548 FAUSTUS, MARTIN: Erez Israel und das Weltjudentum, in: Der Weg 6 (1952) 11, S. 755–763, hier S. 759.

arbeiter Ablehnung entgegenschlug⁵⁴⁹, kritisierte er, der Autor wiederhole „die längst widerlegte Behauptung von den ‚Millionen Ermordeter'".⁵⁵⁰ An anderer Stelle hielt er fest, als „unwahr" müsse die Zahl sechs Millionen ermordeter Juden gelten. „Wahr" sei dagegen, „dass diese Zahlen völlig unbewiesene, frei erfundene Propaganda-Behauptungen sind".⁵⁵¹ Für einen Völkermord, argumentierte Johann von Leers, fehlten schon deshalb die Voraussetzungen, da „richtig ist, dass der größte Teil des europäischen Judentums teils nach Amerika auswich" und „nur ein Teil von ihnen im Zuge der Bekämpfung jüdischer Partisanen-Verbände im Osten vernichtet worden ist".⁵⁵² Die „Lügen von den sechs Millionen ermordeten Juden" würden somit einzig in der Absicht verbreitet, „unseres Volkes Seele zu brechen", um dieses „lebenslänglich zu Opfern erheuchelter Wiedergutmachungs-Forderungen zu machen".⁵⁵³

Es ist davon auszugehen, dass Johann von Leers fest an solche Behauptungen glaubte. Umso erstaunlicher ist es deshalb, dass er wie auch seine Frau in privaten Korrespondenzen gelegentlich Korrekturen an diesem Bild zugelassen haben. Gesine von Leers zeigte sich schon 1948 überwältigt *von all dem Ungeheuerlichen, was man jetzt erfährt*, um im gleichen Atemzug abzustreiten, *dass wir [...] eine Ahnung hatten*.⁵⁵⁴ Ihr Ehemann dagegen räumte gegenüber einem Korrespondenzpartner sowohl *Judenerschießungen* als auch *Massenerschießungen* ein, die *scheußlich* gewesen seien, wusste diese aber sogleich als Reaktion auf weit schlimmere Verbrechen der Kriegsgegner zu erklären. *Auslösendes Ereignis* nämlich, behauptete er in den gedanklichen Überzeugungen des rechtsextremen Geschichtsrevisionismus, sei das *furchtbare Bombardement von Hamburg* gewesen, wo *zehntausende unserer Menschen, Kinder, alte Leute, Frauen in der Altstadt im Phosphor verbrannten*. Bis zu diesem Zeitpunkt, so Johann von Leers, habe man Juden als zwar *feindliches und gefährliches Element* betrachtet, diese aber ausschließlich *konfiniert* und damit ihren Aufenthalt auf bestimmte Orte, vor allem Ghettos, beschränkt. Nach dem *Massenmord von*

---

549 STANGNETH: Eichmann vor Jerusalem, S. 179.
550 RZ: Walter Hagen (= Wilhelm Höttl): Die geheime Front. Organisation, Personen und Aktionen des deutschen Geheimdienstes, in: Der Weg 7 (1953) 8, S. 558f.
551 LEERS, JOHANN VON: Das blies ihnen der Teufel ein!, in: Der Weg 11 (1957) 3, S. 173–178, hier S. 176.
552 EBD., S. 175. Ähnlich auch die Darstellung, wonach *bei den immer blutiger werdenden Partisanenkämpfen im Osten das jüdische Element sich durch besondere Grausamkeit gegen unsere Soldaten auszeichnete*. Johann von Leers an Wittfogel, 26.01.1952 [HIA, Collection K. Wittfogel, Box Nr. 29].
553 LEERS, JOHANN VON: Einer wird es sein, in: Der Weg 10 (1956) 11/12, S. 636–638. Siehe auch DERS.: Einer wird es sein, in: Die Plattform. Völkische Monatsschrift Österreichs für Einigkeit, Recht und Freiheit 6 (1957) April, S. 1f.
554 Gesine von Leers an Wittfogel, 03.12.1948 [HIA, Collection K. Wittfogel, Box Nr. 29].

Hamburg jedoch entschloss sich der Führer, Rache zu nehmen und jenes *Volk anzugreifen, das als einziges den Krieg gegen uns ersehnt hatte*.[555] Das Faktum des Völkermordes wird dabei nicht in Frage gestellt, seine Dimension aber bestritten und die Ursachen verkehrt: Die *Massentötungen, die die Juden später auf 6 Millionen mit wilder Übertreibung gesteigert hätten*, ließen sich schließlich *nicht aus dem Gesamtzusammenhang des immer rasender gewordenen Krieges herauslösen* und seien somit auch eine Reaktion auf die *völkerrechtswidrige Kriegsführung der Sowjets und Amerikaner* gewesen. Zynisch ist in diesem Zusammenhang die Behauptung, *Erschießungen und Gaskammern* seien *noch fast menschlich gewesen im Vergleich zu den Massenverbrennungen unserer Bevölkerung in den zahllosen Städten* und zu der *Teufelei* durch *amerikanische Flieger, die in den letzten Monaten des Krieges auf einzelne Bauern hinter dem Pflug, auf dörfliche Schulkinder, auf Flüchtlingszüge Jagd machten*.[556] Eine Umdeutung erfahren auch die Verbrechen in den Konzentrationslagern, die dort „aus dunklen Beweggründen"[557] stattgefunden hätten, nicht aber von den Wachmannschaften, sondern „aus dem Kreise der Häftlinge heraus" verübt worden seien, wie das Beispiel des KZ Buchenwald belege.[558] Innerhalb des Lagers nämlich habe, wie es in Anspielung auf die „illegale Lagerführung" heißt, eine „wirkliche Organisation" existiert, die „mordete und im Dunkeln der Nacht tötete". Für Johann von Leers stand dabei auch fest, dass diese sich „zumeist aus zionistischen und kommunistischen Elementen" zusammengesetzt habe, denen unter ihrem Anführer Eugen Kogon „eifrig eine Anzahl kommunistischer Krimineller zur Hand ging".[559]

Die Glorifizierung des nationalsozialistischen Führungspersonals, die Verklärung ihrer Herrschaftspraxis und die Leugnung, Relativierung, Umdeutung oder Bagatellisierung der Gewaltverbrechen ließen Johann von Leers und die Kreise um den „Weg" zu dem naheliegenden Schluss gelangen, dass die justizförmige Ahndung durch die Alliierten seit 1945 ohne Grundlage und unrechtmäßig erfolgt sei. Die Prozesse von „Nürnberg", der Vollzug zahlreicher Todesurteile und die Strafverbüßung in den alliierten Gefängnissen etwa in „Landsberg" sind deshalb symbolträchtige Sujets des rechtsextremen Geschichtsrevisionismus. So erschien im Oktober 1950 unter der bezeichnenden Überschrift „Die Ihr als Opfer fielet" der Beitrag eines namentlich nicht genannten Autors, der die Nürnberger Prozesse als „eine zynische Verhöhnung der Rechts-

---

555 Johann von Leers an Wittfogel, 26.01.1952 [HIA, Collection K. Wittfogel, Box Nr. 29].
556 Ebd.
557 LEERS, J[OHANN] V[ON]: Warum wird bei den KZ-Prozessen der Hauptschuldige vergessen?, in: Europa-Korrespondenz Nr. 44/1958 (September), S. 7 f.
558 EBD.
559 EBD.

pflege" denunzierte und den verurteilten Hauptkriegsverbrechern den Status von „Märtyrer[n]" verlieh.[560] Auch Johann von Leers kreiste mit seinem Gedanken immer wieder um diese Urteile. Bereits der erste Beitrag im „Weg", der ihm zweifelsfrei zugeordnet werden kann, erging sich in Mitleid für jene Angehörigen der nationalsozialistischen Führungsriege, die „vom Feinde am Galgen erwürgt wurden".[561] In den kommenden Jahren kam es zu zahlreichen Variationen dieses Sujets: Die Richter etwa, die im Prozess gegen die Hauptkriegsverbrecher urteilten, nannte er die „geistigen Erben" von Karl Marx, die „im Nürnberger Schauprozess die führenden Männer des deutschen Aufbruches in grauenvollem Todeskampf am Galgen erwürgten und ihre Asche über die verwüsteten deutschen Lande verstreuten".[562] In ihrer Anklage hätten sie sich auf „Berufszeugen aus Konzentrationslagern"[563] gestützt, während in der Prozessregie „die gleichen überstaatlichen Mächte die Zügel in die Hand nahmen", wie dies bereits 1918 der Fall gewesen sei.[564] Und was sie gegen die „Repräsentanten" des deutschen Volkes vorzubringen gehabt hätten, habe einzig darauf abgezielt, dass „das Deutsche Reich bis ins Mark geschändet" werde.[565] Legitimation konnten diese Prozesse in seinen Augen somit nicht beanspruchen.

Umso stärker fiel dagegen sein Mitgefühl für die Verurteilten aus: Über „das Elend der Märtyrer Deutschlands in Spandau, Landsberg, Werl und Esterwege"[566] klagte Johann von Leers nicht weniger wortgewaltig, wie über die „Folterhölle von Breda", die „Willkürjustiz"[567] in den Niederlanden und die „menschenunwürdige Behandlung nationalsozialistischer Gefangener in der Bundesrepublik".[568] Die Anklage gegen Angehörige des Panzerregiments der 1. SS-Panzer-Division Leibstandarte-SS Adolf Hitler, die im Winter 1944/45 in Malmedy ein Massaker an US-Soldaten angerichtet hatten, verglich er gar mit dem Vorgehen gegen den Orden der Templer im hohen Mittelalter.[569] Ganz im

---

560 A.E.: Die Ihr als Opfer fielet. Nürnberg am 16. Oktober 1946, in: Der Weg 4 (1950) 10, S. 905–909. Bei dem Autor soll es sich um einen „bekannten deutschen Historiker" gehandelt haben. Die Versalien wurden auch für die mehrteilige Abhandlung „Der Krieg der roten Partisanen" verwendet. Dass „A.E." für „Alexander Euler" stand, ist nicht völlig ausgeschlossen.
561 L[EERS]: Sind wir am Ende?, S. 1074.
562 LEERS: Soll das vergessen sein?, S. 599.
563 EBD.
564 EBD.
565 EBD., S. 600.
566 EULER: In wessen Auftrage?, S. 124.
567 LEERS, JOHANN VON: Wir sind nicht gemeint, in: Der Weg 10 (1956) 9, S. 547–550, hier S. 548.
568 EBD., S. 549.
569 Johann von Leers an de Mahieu, 05.04.1951 [Privatarchiv]: Ziel sei es *à détruire par le procès [...] pas seulement les hommes de la SS, mais aussi sa tradition – comme dans le célèbre procès des Templiers.*

Gegensatz dazu standen die, wie er in Anspielung auf die Tötung einer Gruppe kriegsgefangener SS-Soldaten durch amerikanische Armeeangehörige Mitte April 1945 in der Gemeinde Jungholzhausen schrieb, „jüdischen Folterer von Schwäbisch-Hall", die „frei und unbestraft" blieben.[570]

Doch nicht nur die Legitimität der alliierten Prozesse wurde in Frage gestellt. Viel grundlegender war die Ablehnung der politischen Ordnung sowohl in der Bundesrepublik als auch in der „Sowjetzone", die seit 1949 Form angenommen hatte. Demokratie hier und „Volksdemokratie" dort galten Johann von Leers ohne weitere Differenzierung gleichermaßen als unrechtmäßige Herrschaft. Seine grenzenlose Verachtung beider Systeme verstieg ihn zu maßlosen Formulierungen, die symptomatisch nicht nur für seine Verblendung, sondern auch den Verlust eines realistischen Urteilsvermögens waren. Die Bundesrepublik, schrieb er Anfang 1951 in einem programmatischen Beitrag, sei ein „vom Feinde geschaffener Satellitenstaat", dessen Verfassung „niemals vom Volke in freier Abstimmung gebilligt" worden sei, sodass sie „niemanden moralisch oder rechtlich"[571] binde. Unter der Überschrift „Jus rebellionis", die zugleich als persönliche Kampfansage zu verstehen war, unternahm er den Versuch, ein „heiliges Recht" auf gewaltsamen Widerstand „gegenüber der Bonner Republik" zu begründen.[572] Zwar habe sich im 18. Jahrhundert dieses „Ur- und Naturrecht" aus der „tyrannische[n] Bedrückung" durch einen König abgeleitet, doch habe man „inzwischen gelernt", dass Demokratien „die Menschen mit moderneren Methoden noch viel mehr bedrücken können". Ein Widerstandsrecht sei insofern „nicht an die Staatsform gebunden".[573] Vor allem in der Bundesrepublik könne ein solcher Widerstand als rechtmäßig gelten, da die derzeit geltende Verfassung „von einer Unrecht ausübenden Gruppe" und „im Schutze übermächtiger feindlicher Waffen" geschaffen worden sei, die „keine Treue fordern" könnte.[574] Eben daraus lasse sich „das Recht zum gewaltsamen Widerstand gegen Maßnahmen der Obrigkeit, das Recht zur Revolution und zur Beseitigung der bestehenden Obrigkeit" ableiten. Was dies für jeden Einzelnen bedeuten könnte, malte er den Lesern der in die Bundesrepublik verschickten Auflage des „Wegs" in einem Stufenplan aus.[575]

---

570 LEERS: Wir sind nicht gemeint, S. 549. Zu den hier erwähnten Ereignissen in der Endphase des Krieges, bei denen „tatsächlich die Ermordung von Kriegsgefangenen stattgefunden" haben dürfte, siehe HENKE: Die amerikanische Besetzung Deutschlands, S. 926.
571 EULER: Jus rebellionis, S. 54.
572 EBD.
573 EBD., S. 51.
574 EBD.
575 Siehe bereits LEERS, JOHANN VON: Deutsche Rechtsgeschichte und deutsches Rechtsdenken, Berlin 1939, S. 72

Widerstand, erläuterte Johann von Leers, könne zunächst im Zusammenschluss der „entschlossenen Staatsbürger" bestehen, die mit der unrechtmäßigen Regierung verhandelten, sich zur „Insurrektion" kleiner Gruppen etwa in der Form von Freikorps steigern, „die auf eigene Faust den Mut haben, gegen Unrecht und Tyrannei zu den Waffen zu greifen"[576], schlussendlich aber zu „offene[r] Erhebung" und „Revolution" führen, die „wie ein entfesselter Strom" losbreche und „den bisherigen Machthabern die Staatsgewalt"[577] entreiße. Als historisches Vorbild stand ihm dabei Mussolinis Marsch auf Rom vor Augen. Eine solche gewaltsame Erhebung hielt Johann von Leers auch in der Bundesrepublik für zulässig. Zwar räumte er ein, dass es „[n]icht gegen jedes Unrecht im Staate" ein Widerstandsrecht" gebe. Gegen einen „Unrechtsstaat" aber sei dieses eine „sittliche Pflicht". Zum „Unrechtsstaat" werde ein Staat, „wenn er in sich das Naturrecht so verletzt, dass es ohne seine Beseitigung nicht wiederhergestellt werden kann".[578] Es zeigt den Grad der Verblendung, dass Johann von Leers diese Voraussetzung vor allem in der Bundesrepublik für gegeben erachtete. Das Naturrecht hielt er nämlich zunächst durch jene Gebietsabtretungen nach 1945 verletzt, durch die „Menschen gleichen Blutes und gleicher Sprache" abgetrennt und auf Kleinstaaten verteilt worden waren. So wie Italien und Polen im 18. und 19. Jahrhundert treffe vor allem Deutschland dieses Schicksal. Nachdem es bereits durch „Versailles 1919" zu einem „Verbrechen gegen das Naturrecht" gekommen sei, weil „neben einigen fremdvölkischen Gebieten" auch „rein deutsche Gebiete dem Deutschen Reich abgerissen" worden seien, stelle die „zweite Teilung Deutschlands 1945" und die damit verbundene „Austreibung der Deutschen aus ältestem Besitz" den „Gipfel des satanischen Unrechts" und „in jeder Hinsicht eine Verletzung des Naturrechts" dar.[579] Ein Widerstandsrecht leitete Johann von Leers zudem aus dem Umgang der Alliierten mit ihren früheren Gegnern ab: Statt das „Naturrecht auf Verehrung und Achtung der Toten" zu akzeptieren, hätten sie alle „Denkmäler einer großen Vergangenheit" und damit „den letzten Dank der Treue an das Opfer der Soldaten", die bis Mai 1945 zu ihrer Führung standen, „zerstört". Ein Staat aber, der „bewusst den Verrat als lobenswert" und „Treue" als „verbrecherisch" darstelle, sei „in sich so unsittlich, dass er als Unrechtsstaat angesehen werden muss".[580] Als weitere Rechtfertigung zog er schließlich die politischen Verhältnisse der Gegenwart heran, die „fremde Mächte" dem deutschen Volk auferlegt hätten und damit in gra-

---

576 EULER: Jus rebellionis, S. 52.
577 EBD., S. 53.
578 EBD.
579 EBD.
580 EBD.

vierender Weise das „Naturrecht auf eine gewisse Freiheit" verletzten. Statt nämlich eine Staatsform wählen zu können, die seiner „Tradition" und seinen „Anlagen" entsprächen, sei ihm „der Parlamentarismus aufgezwungen" worden. Dies aber stelle „einen feindseligen Bruch mit allen seinen Traditionen" dar und damit „ein Unrecht und eine Verletzung der Freiheit".[581] Dies habe bereits für „die demokratische Weimarer Republik" gegolten, „die 1919 von Wilson Deutschland aufoktroyiert" worden sei und, wie er an anderer Stelle verächtlich ausführte, eine „Verfalls- und Fäulnisperiode"[582] nach sich gezogen habe. Erst recht aber treffe diese auf die Verhältnisse in der Bundesrepublik zu, die von den „Westmächten den Deutschen aufgezwungen wurde" und alleine „aus Zwang und Unrecht entstanden" sei.[583]

Die Grundhaltung dieses zwei Jahre nach Gründung der Bundesrepublik publizierten Beitrag, der einerseits ein Recht auf Widerstand gegen die neu geschaffene politische Ordnung begründen wollte, andererseits aber jedes oppositionelle oder widerständige Verhalten während der NS-Herrschaft als „Verrat" diskreditierte, wurde in den kommenden Jahren unablässig reproduziert und zunehmend radikalisiert. „Die jungen Menschen in Deutschland sehen in der Restauration der Demokratie keinen Sinn. Das Reich war ihre Liebe, ihre Aufgabe, ihr Glück [...]. Die Demokratie lässt sie kalt"[584], gab er sich bereits 1951 optimistisch, dass andere seine Verachtung jener politischen Verhältnisse teilen würden, die „in unser Volk brutal hineingeprügelt"[585] worden seien und nichts anderes darstellten als „die Macht der internationalen Juden".[586] Die Bundesrepublik galt ihm dabei als „Tributkolonie Israels"[587], in der „Gesinnungsterror"[588] und eine „Tyrannei des Geistes"[589] herrschten, befördert nicht zuletzt durch den „Verfassungsgerichtshof", wo „eine Hand voll Juden die Knechtung aufrechter Deutschen [sic] betreibt".[590] Wie verblendet seine Gedanken waren, zeigten auch seine Ausführungen zur Entnazifizierung im Hochschulwesen, die eine Parallele zur Ausschaltung missliebiger Beamter in der NS-Zeit zogen: Während „der Nationalsozialismus 1933 und in den darauf folgenden Jahren

---

581 EBD., S. 54.
582 EULER, HANS: Ein kerndeutsches Land, in: Der Weg 9 (1955) 9, S. 569–576, hier S. 574.
583 EULER: Jus rebellionis, S. 54.
584 EBD.
585 SCHWARZENBORN: Welttyrannei ab 1955?, S. 210.
586 RZ: Erich Ollenhauer, der Führer der Opposition, in: Der Weg 7 (1953) 12, S. 870.
587 SCHWARZENBORN, FELIX: Mit tiefem Ernst, in: Der Weg 7 (1953) 6, S. 369–373, hier S. 373.
588 RZ: Ekkehard: Deutsche Geschichte. Von Arminius bis Adenauer, in: Der Weg 7 (1953) 2, S. 136.
589 FITZSTUART: Der unsichtbare Knebel, S. 64.
590 SCHWARZENBORN: Mit tiefem Ernst, S. 373.

knapp 500 Professoren und Dozenten entließ – die meisten von ihnen Juden – und sie ordnungsgemäß pensionierte", seien nach 1945, wie er klagte, „die tüchtigen, vaterlandsliebenden und ehrenhaften Wissenschaftler zu Tausenden ohne Recht und Gesetz auf Grund der Entnazifizierungs-Gesetzgebung auf die Straße geworfen wurden".[591]

Einen Höhepunkt fand diese fundamentale Gegnerschaft zu den politischen Verhältnissen in der Bundesrepublik nach dem für die extreme Rechte enttäuschenden Ausgang der Wahlen zum Bundestag im Herbst 1953 in dem Aufsatz „Das grundsätzliche Nein". Das „Unrecht von 1945" habe demnach zu einer „inneren und äußeren Verknechtung" der Deutschen geführt, die in „Westdeutsche, Ostdeutsche, Österreicher, Heimatvertriebene, Saarländer und sonst allerlei"[592] geteilt worden seien und jetzt durch ihren Feinde der Früchte ihrer „wirtschaftlichen Tüchtigkeit" beraubt würden, indem ihre Produktion „im Osten nach der Sowjetunion" und „im Westen nach Israel" ging.[593] Die „Verknechtung" im Inneren wiederum besorgten jene Handlanger der „Umerziehung", die „überall Denkmäler setzen für Widerständler und Reichsverräter, aber keines für die Millionen reichstreuer Deutscher, die für Volk und Reich gefallen sind".[594] Damit einher ging ein in seinen Augen gleichgeschaltetes kulturelles Leben, dessen Literatur beispielsweise die „giftbösen, unser Volk hassenden Emigranten, mit unversöhnlichen Hebräern an der Spitze"[595] bestimmten, während gleichzeitig die „Stimme des Volkes" durch „das ganze Geschmeiß der hochbezahlten Büttel der Teilungsmächte" niedergehalten werde.[596] Dem allem stellt Johann von Leers seinen Aufruf entgegen, der nicht weniger als die Restauration des Nationalsozialismus verlangte: „Es gibt den anderen Weg", hieß es auch jetzt noch optimistisch, auf dem „fern das stille Licht der Ehre und Treue leuchtet", zu dem es jedoch einer „radikalen Verneinung" bedürfe.[597] Nur wer „zu allem, was uns der Feind aufgezwungen hat, nein sagen kann", werde „eingehen in das Reich von morgen. Dieses Nein heißt, dass jeder Deutsche […] sich täglich sagt: Dieser Staat ist nicht mein Staat. Ich habe ihn nicht gewollt, ich will ihn nicht und ich werde ihn nicht wollen – ich gehöre ihm nur erzwungenermaßen an – mein Staat ist das Großdeutsche Reich, das in neuer Kraft auferstehen muss. Aus diesem Nein ergibt sich mit Klarheit, dass

---

591 SCHWARZENBORN: Verdrängung der deutschen Wissenschaft, S. 531.
592 LEERS, JOHANN VON: Das grundsätzliche Nein, in: Der Weg 7 (1953) 9, S. 593 f.
593 EBD.
594 EBD.
595 EBD.
596 EBD.
597 EBD.

ich und du und wir alle einem solchen Staate weder Liebe noch Treue, weder Gehorsam noch Pflicht schulden."[598]

Die verachtete Bundesrepublik stellte somit in seinen Augen nicht mehr als eine „Übergangserscheinung" dar, aus der sich „im Kampf gegen die Kräfte der Verkommenheit und des Verrats" neuerlich „ein Deutsches Reich erheben wird".[599] Im „Reichsgedanken", der, wie Vollmer betonte, allen „Weg"-Mitarbeitern als „Leitmotiv"[600] diente, bündelten sich die Erinnerungen an das „Großdeutsche Reich"[601], das für Johann von Leers einen „Höhepunkt"[602] in der deutschen Gesichte darstellte und an dem sich jeder Gegenentwurf zum „Kommunismus des Ostens" und zur „Tyrannei eines Lizenz-Parlaments"[603] messen lassen musste. Als programmatische Grundlage kann in diesem Zusammenhang ein Artikel im „Weg" vom Dezember 1950 betrachtet werden, in dem Johann von Leers dieses zentrale Sujet seiner Gedankenwelt erstmals entwickelte: „Sind wir am Ende?", fragte er, um seine Leser sogleich zur „Prüfung des Gewissens" aufzufordern. Das „wir" war jenes Reich der Deutschen, das 1945 – nicht zum ersten Mal in seiner Geschichte – durch den Verrat seiner Feinde im Inneren und Äußeren untergegangen war, geistig aber, wie er unter Rückgriff auf einen deutschen Mythos aus dem 19. Jahrhundert[604] ausführte, keineswegs als tot gelten konnte. Zwar liege das Reich „wieder tief im Kyffhäuser beim Kaiser Friedrich". Dort aber „schläft" und „schlummert" es nur und „wartet seiner Stunde"[605], um zur „Auferstehung" im Geiste derer zu kommen, die nach 1945 verurteilt worden seien und einer illegitimen Herrschaft in West- und Ostdeutschland Platz machen mussten.

In welcher Form die „Auferstehung des Reiches aller Deutschen" erfolgen sollte, blieb jedoch vage und phrasenhaft: Die „Lebensordnung des kommenden Deutschland" dürfe „weder kommunistisch noch demokratisch, weder klerikal noch reaktionär sein, sondern deutsch"[606], hieß es schlicht. Unbestimmt war zudem die Aussage, dieses Reich werde „weder eine Imitation des national-

---

598 EBD.
599 SCHWARZENBORN: Mit tiefem Ernst, S. 373.
600 VOLLMER: Bilanz vom Empfangen und Geben, S. 166. Siehe auch V[OLLMER], D[IETER]: Und dennoch: das Reich, in: Der Weg 5 (1951) 2, S. 84–87.
601 LEERS, JOHANN VON: Das Großdeutsche Reich, in: Der Weg 9 (1955) 4, S. 219–222, hier S. 221 f.
602 EULER: Über das Vaterland, S. 669.
603 LEERS: Das Großdeutsche Reich, S. 221 f.
604 Siehe KAUL, CAMILLA G.: Friedrich Barbarossa im Kyffhäuser. Bilder eines nationalen Mythos im 19. Jahrhundert (Bonner Beiträge zur Kunstgeschichte N.F., Bd. 4), Bonn 2007, S. 76–82.
605 L[EERS]: Sind wir am Ende?, S. 1074.
606 LEERS: Das Großdeutsche Reich, S. 221 f.

sozialistischen Staates noch ein Diktat fremder Mächte"[607] sein. Eindeutiger dagegen konnte er seine Vorstellungen über die Ausdehnung des künftigen Staatsgebiets formulieren: „Wir begehren nichts, was anderen rechtmäßig gehört. Aber wir verlangen alles zurück, was uns rechtmäßig gehört"[608], fasste er seine Forderung nach einer Revision der Grenzen zusammen, die an die Ordnung vor dem Ersten Weltkrieg anknüpfen sollte. Schließlich reiche der „deutsche Vaterlandsbegriff" soweit, „soweit die deutsche Zunge klingt", und umfasse auch Landschaften, die seit 1919 „mit Gewalt vom Deutschtum abgerissen oder in einer tragischen Geschichte verselbständigt worden sind".[609]

Johann von Leers war freilich realistisch genug, um zu erkennen, wie abwegig solche Forderungen waren. Umso mehr erging er sich in Zweckoptimismus: Die „Macht der Finsternis" werde „nicht ewig dauern" und „das alte Licht […] wieder leuchten", rief er seinen Lesern zu, die in Resignation zu fallen drohten: „Unser Kämpfen geht weiter"[610], hieß es bereits 1950 in einem seiner ersten „Weg"-Beiträge trotzig. Trotz aller Rückschläge in dieser „Zeit der Restauration"[611] auf dem europäischen Kontinent, der „in die Hände der Barbaren von außen und des Geschmeißes von innen"[612] gefallen sei, bestehe doch die Gewissheit, dass dereinst ein „Großdeutsches Reich aller Deutschen" auferstehen werde und „alles das, was die fremde Gewalt und ihre Diener uns seit 1945 aufgezwungen haben"[613], hinwegfege. Dem „Andenken" an Hitler ergehe es dabei wie dem Napoleons, dessen öffentliches Bild nach 1815 zunächst der „üblichen Verleumdungs- und ‚Enthüllungsliteratur'" ausgesetzt gewesen sei, um dann durch „die wirklichen Erinnerungen der Mitkämpfer" korrigiert und durch das „einfach Volk" all seiner „Irrtümer und Missgriffe" enthoben zu werden.[614] Die derzeit tonangebenden Kräfte nämlich könnten das epochale Werk solcher Führergestalten auf Dauer niemals auslöschen und den „Traum" dieser „Herrscher der Tapferen und Treuen" und „Einiger Europas", die „das Volk selber aus der Tiefe auf die Höhe tragen" würden, „mit keiner Restauration […] ersticken".[615] Als eine „Saat des Glaubens" werde sich dabei das „Blut der Märtyrer" erweisen,

---

607 Ebd., S. 222.
608 Ebd.
609 Euler: Über das Vaterland, S. 669.
610 L[eers]: Sind wir am Ende?, S. 1074.
611 RZ: Henry Picker: Hitlers Tischgespräche, in: Der Weg 6 (1952) 1, S. 78.
612 Ebd.
613 Leers: Volk und Staat, S. 692.
614 Leers, Joh[ann] von: Vom Ressentiment zur Revolution, in: Der Weg 6 (1952) 9, S. 589–594, hier S. 592 f.
615 Ebd., S. 594.

das der „Nürnberger Gerichtshof" zu verantworten habe.⁶¹⁶ So bahne sich das „neue Weltzeitalter"⁶¹⁷, in dem auch das deutsche Volk auf einen neuen Führer hoffe könne. Gut denkbar sei dabei, dass „schon irgendwo der junge glühende Mensch vorhanden" sei, „der eines Tages wieder die Fahne aufnimmt".⁶¹⁸

Unter eben diesem neuen Führer würde die „Reichstreuen"⁶¹⁹ dann auch mit jenen „Reichsverrätern" abrechnen, die Johann von Leers seit 1918 allenthalben am Werke sah und die seit 1933 nichts unversucht gelassen hätten, das NS-Regime zu untergraben. Dazu zählten etwa die Vertreter der Bekennenden Kirche, namentlich Karl Barth und Martin Niemöller, die „in der Tiefe seelenverjudet" und „zutiefst dem jüdischen Geist verfallen"⁶²⁰ gewesen seien, als „Agenten des Kommunismus" stets Partei „gegen das eigene Volk"⁶²¹ ergriffen hätten und deshalb als „der Kern des Verrates"⁶²² betrachtet werden müssten, zumindest aber als „kirchliche Basis der Reichsverräterei".⁶²³ Dazu gehörte aber auch der SPD-Politiker Erich Ollenhauer, den er als „Feind des Reiches" denunzierte, weil dieser „erst im Inland" und „dann in der mit dem Feind zusammenarbeitenden Wühlorganisation ‚Sopade' von der Tschechoslowakei, Frankreich und England aus alles tat, um Deutschland zu Fall zu bringen".⁶²⁴ Einem ähnlichen Verdikt unterlagen Militärs aus der Abwehr im OKW spätestens seit 1938 unter Canaris, in dem er einen „Verräter am Reich" sah.⁶²⁵ Als „berüchtigten Reichsverräter" und „ehrenlosen Reichsverräter"⁶²⁶ aus diesen Kreisen galt insbesondere Hans Bernd Gisevius, der sich zum „giftgeschwollenen Zeugen" wandelte, indem er sich „der feindlichen Anklage in Nürnberg"⁶²⁷ zur Verfügung stellte. Ähnlichen Beleidigungen sahen sich die Akteure der „Generalsverschwörungen gegen Hitler"⁶²⁸ und besonders die Attentäter vom 20. Juli 1944 ausgesetzt, die „unser

---

616 L[EERS]: Sind wir am Ende?, S. 1074.
617 LEERS: Ein neues Weltzeitalter, S. 434.
618 LEERS: Vom Ressentiment zur Revolution, S. 594.
619 Zu diesem immer wieder verwendeten Begriff siehe SCHWARZENBORN: Imperium Europaeum, S. 646; DERS.: Ein Drittel des deutschen Volksvermögens – den Juden!, S. 57; DERS.: Wahrheit in Ketten, in: Der Weg 10 (1956) 5, S. 297–301, hier S. 301. Siehe auch Johann von Leers an Mehnert, o. D. [HStAS, Q 1/30 Bü 36].
620 FITZSTUART, GORDON: Schwarze Handlanger für roten Mord, in: Der Weg 8 (1954) 2, S. 125–129, hier S. 129.
621 EBD.
622 RZ: Friedrich Lenz: Der ekle Wurm der deutschen Zwietracht, in: Der Weg 7 (1953) 11, S. 789.
623 RZ: Eberhard Zeller: Geist der Freiheit, in: Der Weg 7 (1953) 11, S. 790.
624 RZ: Erich Ollenhauer, der Führer der Opposition, in: Der Weg 7 (1953) 12, S. 870.
625 RZ: Walter Hagen (= Wilhelm Höttl): Die geheime Front. Organisation, Personen und Aktionen des deutschen Geheimdienstes, in: Der Weg 7 (1953) 8, S. 558 f.
626 LEERS: John Foster Dulles, S. 305.
627 RZ: Bernhard Gisevius: Bis zum bitteren Ende, in: Der Weg 9 (1955) 2, S. 142.
628 LEERS, JOHANN VON: Die Zeit der Freikorps, in: Der Weg 8 (1954) 3, S. 174–180, hier S. 180.

Reich auf der Höhe seiner Siege durch einen heimtückischen Dolchstich zwischen die Schultern gefällt" hätten.[629] Zur Rechenschaft gezogen würden aber auch jene „Verbrecher am Reich"[630] seit 1945, die wie Konrad Adenauer den „Bonner Separatismus" förderten, wie Johannes Hoffmann als „Volksverräter" im Saarland sich zum „politische[n] Diener des französischen Juden Hirsch-Grandval" gemacht hätten und dort eine „Terror-Regierung" anführten[631], als Angehörige der Justiz „reichstreuen Deutschen die Grundrechte" versagten und überdies die Verantwortung dafür trügen, dass „in Westdeutschland unverhältnismäßig viele Juden an Richterstellen gesetzt" wurden.[632] Dass solche Urteile gleichermaßen auch Pieck, Ulbricht und Grotewohl trafen, die als „Landesverräter" verfolgt werden müssten, versteht sich von selbst.[633] Mit all diesen „Nutznießern der Fremdherrschaft" würden die „Getreuen des Vaterlandes" dereinst abrechnen: Sowohl die Bundesrepublik wie auch die DDR nämlich, zeigte Johann von Leers sich 1956 optimistisch, befänden sich „im Zustand des geistigen Bürgerkrieges", der „immer heftiger" werde, „je klarer die junge Generation den Verrat am Reiche erkennen wird. Dass dieses Erkennen kommt, beweisen tausend Anzeichen."[634]

8.5.4 Konturen einer „faschistischen Internationale"

Mit dem Eintritt von Johann von Leers in die „Weg"-Redaktion im Herbst 1950 vollzog die Zeitschrift nicht nur einen Wandel zu einem Schulungsblatt im Geiste der nationalsozialistischen Weltanschauung und der SS. Zugleich nahm in der Öffentlichkeit das Bild einer „faschistischen Internationale" Konturen an, deren Zentrale in Buenos Aires verortet wurde und die durch die Mitarbeiter des „Wegs" maßgeblich gesteuert werde.[635] Die Zeitschrift gehöre zu der „straff und gut organisierte[n] antisemitische[n] Weltbewegung", urteilte 1954 der gewerkschaftsnahe Informationsdienst „Feinde der Demokratie".[636] Ein Mit-

---

629 RZ: Friedrich Lenz: Der ekle Wurm der deutschen Zwietracht, in: Der Weg 7 (1953) 11, S. 789.
630 EULER: Ein kerndeutsches Land, S. 576.
631 EBD.
632 LEERS: Wir sind nicht gemeint, S. 549.
633 SCHWARZENBORN: Mit tiefem Ernst, S. 369.
634 SCHWARZENBORN: Wahrheit in Ketten, S. 301.
635 Zum Begriff der „faschistischen Internationale" siehe The Fascist International, 09.01.1956 [NARA, RG 263, Entry ZZ-16, Box 32, NND 36822] sowie JAEGER: Die Faschistische Internationale, S. 993–1003.
636 Feinde der Demokratie, III/4 (Januar 1954), S. 41.

arbeiter des Auswärtigen Amtes vermeinte kurz darauf sogar Ansätze *einer Art ‚brauner Internationale'* erkennen zu können.[637]

Die Urheber solcher Einschätzungen mochten dabei auch dem publizistischen Wirbel erlegen sein, auf den sich Zeitschrift und Verlag verstanden. Tatsächlich nämlich verfügten die angeblich auf allen Kontinenten beheimateten Außenstellen der Redaktion oft über nicht mehr als einen Briefkopf. Und bei den zahlreichen „Korrespondenten", die das Inhaltsverzeichnis aufführte, handelte es sich zumeist um zwielichtige Persönlichkeiten. Ein Beispiel dafür ist Harald Keith Thompson (1922–2002), der von Fritsch *bevollmächtigt* worden war, sich in New York als *amerikanischer Korrespondent* bei den Vereinten Nationen akkreditieren zu lassen.[638] So wichtigtuerisch dieses Gehabe erscheinen mag, so deutlich wird allerdings auch, dass „Der Weg" weltanschaulich und personell das Erbe jener antisemitischen Netzwerke der Zwischenkriegszeit angetreten hatte, die sich um Zeitschriften wie den „Welt-Dienst" und Organisationen wie den Bund Völkischer Europäer (BVE, siehe Kap. 4.4.2) gruppierten. Eine Reihe von Anhaltspunkten deutet darauf hin, dass die in den Medien immer wieder beschworene „faschistische Internationale" keine Fiktion darstellte, sondern, personifiziert und gefördert durch Johann von Leers, ansatzweise existierte.

Einen Beleg dafür boten jene Autoren, die ihm aus diesen Netzwerken seit den 1930er Jahren persönlich bekannt waren oder die seit Beginn des Krieges mit den deutschen Besatzern kollaboriert und sich teilweise den Freiwilligenverbänden der SS angeschlossen hatten. „Enge Freundschaften schlossen wir damals vor allem [...] mit Franzosen, Italienern, Dänen, Schweden, Belgiern und Menschen aus dem Balkan", erinnerte sich der ehemalige Verlagsmitarbeiter Juan Maler.[639] Hoffnungen setzte Johann von Leers vor allem auf französische Gesinnungsgenossen vor Ort, die er als Keimzelle einer sich anbahnenden *formation spirituelle de la révolution blanche* betrachtete.[640] Zu ihnen zählte beispielsweise der Schriftsteller Marc Augier (1908–1990), der sich dem Vichy-Regime attachiert hatte und, wie ein Mitarbeiter der Deutschen Botschaft herausgefunden haben wollte, *SS-Führer der Division ‚Charlemagne'*

---

637 Botschaft Buenos Aires an AA, 19.12.1955 [PA AA, B 11, Band 531, Nr. 1, Bl. 75].
638 Vollmacht Editorial Dürer an Thompson, 27.08.1954; Thompson an FBI (Hoover), 30.09.1954 [NL Thompson]. Siehe auch COOGAN: Dreamer of the Day, S. 267.
639 MALER: Frieden, Krieg und „Frieden", S. 345.
640 Johann von Leers an de Mahieu, 05.04.1951 [Privatarchiv]. Zu den Kollaborateuren, die es nach Argentinien verschlagen hatte, trat eine Reihe von Aktivisten, die in Europa verblieben waren. Genannt werden können u. a. Henri Lèbre (1894–1976), ein früherer Mitarbeiter von „Je suis partout", der dann für die während der Besatzungszeit erscheinende Zeitung „Le Cri du Peuple" schrieb, ebenso Pierre Pascal (1909–1990), ein ehemaliger Propagandist des Vichy-Regimes.

gewesen sein soll.[641] Auch Augier hatte sich vorübergehend nach Buenos Aires abgesetzt, wo er Kontakt zur „Weg"-Redaktion unterhielt, unter dem Pseudonym „Saint Loup" publizierte und 1950 in der mit dem Dürer-Verlag konkurrierenden Editorial Prometheus, die angeblich unter der Leitung von Wilhelm Keiper (1868–1962)[642] stand, seine Rechtfertigungsschrift „Götterdämmerung" veröffentlichte.[643] Unter diese Kategorie fallen zudem der Belgier Pierre Daye (1892–1960), ein Anhänger der wallonischen Spielart des Faschismus („Rexisten"), der 1947 nach Argentinien gekommen war, der Niederländer Wim (Willem) Sassen (1918–2001), der später durch seine Tonbandaufnahmen mit Eichmann weltweit Berühmtheit erlangte (siehe Kap. 8.5.2)[644], General Boris Polosow (Lebensdaten unbekannt), der mit einer Kosakenarmee unter Wlassow gegen die Sowjetunion gekämpft hatte, oder der schwedische Geschäftsmann Carl Ernfrid Carlberg (1889–1962), der seit den 1930er Jahren die NS-Bewegung seines Landes großzügig finanziert hatte und während des Zweiten Weltkrieges Herausgeber der schwedischen Ausgabe des deutschen Propagandamagazin „Signal" gewesen sein soll.[645]

Beispielhaft für die Akteure der „antisemitischen Internationale" der Zwischenkriegszeit können dagegen der Schwede Einar Åberg (1890–1970), der

---

641 Deutsche Gruppen in Argentinien, Botschaft Buenos Aires an AA, 17.06.1952 [PA AA, B 11, Band 988, Nr. 1, Bl. 52–57].

642 Zum Verlag „Editorial Prometheus" als „Parallelverlag" und zur Rolle Keipers siehe VOLLMER: Bilanz vom Empfangen und Geben, S. 187, 208. Zu Keiper siehe KOCH, HERBERT: Wilhelm Keiper zur Erinnerung aus Anlass seines 100. Geburtstages, in: Zeitschrift für Kulturaustausch 18 (1968), S. 320 f.; BINDERNAGEL, FRANKA: Deutschsprachige Migranten in Buenos Aires. Geteilte Erinnerungen und umkämpfte Geschichtsbilder 1910–1932, Paderborn 2018, S. 51. Der Pädagoge Keiper, einer der führenden Publizisten der deutschsprachigen Gemeinde in Buenos Aires, war 1904 nach Argentinien gekommen und hatte dort, zur Festigung des „Deutschtums" und im Auftrag des argentinischen Schulministeriums, das Instituto Nacional del Profesorado Secundario gegründet. 1938 war er ins Deutsche Reich zurückgekehrt. Siehe KEIPER, WILHELM: Der Deutsche in Argentinien, Langensalza ³1938; DERS.: Das Deutschtum in Argentinien während des Weltkrieges (1914–1918), Hamburg 1942. Für den „Weg" verfasste er in der Phase des Niedergangs der Zeitschrift eine Reihe von Beiträgen, siehe Der Weg 10 (1956) 11/12, 11 (1957) 5/6 und 11 (1957) 10.

643 AUGIER, MARC: Götterdämmerung. Wende und Ende einer großen Zeit, Buenos Aires 1950. Siehe auch die Rezension von Hans Grimm in Der Weg 5 (1951) 3, S. 238: „Ich las das Buch atemlos."

644 WOJAK: Eichmanns Memoiren, S. 24. Ob Sassen tatsächlich in Buenos Aires als „bester Freund" von Johann von Leers gelten darf, ist fraglich. Siehe dazu LAURYSSENS, STAN: De fatale vriendschappen van Adolf Eichmann, Leuven 1998, S. 54 sowie die unkritische Übernahme bei WOJAK: Eichmanns Memoiren, S. 211 (FN 46).

645 LÖÖW, HELENE: Incitement of Racial Hatred, in: Journal of Scandinavian Studies in Criminology and Crime Prevention 1 (2000), S. 109–120, hier S. 112. Zu Carlberg siehe auch GERDMAR, ANDERS: Germanentum als Überideologie. Deutsch-schwedischer Theologenaustausch unter dem Hakenkreuz, in: PUSCHNER, UWE/VOLLNHALS, CLEMENS (HRSG.): Die völkisch-religiöse

Franzose Henry Coston (1910–2001), der Brite Arnold Spencer Leese (1878–1956) und der schon erwähnte US-Amerikaner Robert Edward Edmondson (1872–1959) genannt werden. Åberg hatte bereits mit Fleischhauers „Welt-Dienst" in Verbindung gestanden und während der deutschen Besetzung Dänemarks eine der Deutschen Arbeitsfront vergleichbare Organisation „aufgezogen".[646] Dass er 1945 weiterhin antisemitische Propagandaschriften verbreitete und sich von Strafverfahren nicht abschrecken ließ, brachte ihm in der „Weg"-Redaktion Respekt ein.[647] Åberg sei ein „mutige[r] Mann", der nur „zuverlässig geprüfte Zitate aus jüdischen Büchern und Veröffentlichungen in allen Sprachen" verbreite, verharmloste Johann von Leers die Pamphlete dieses frühen Holocaust-Leugners.[648] Nachdrücklich zur Lektüre empfohlen wurden zudem die Schriften Costons, der seit 1935 Kontakte zum „Welt-Dienst" unterhalten hatte.[649] Sein 1956 erschienenes Pamphlet „Les Financiers qui mènent le Monde" wertete Johann von Leers als „eine glänzend geschriebene Geschichte der großen, jüdischen und nichtjüdischen Hochfinanz", das er mit Henry Fords „Der internationale Jude" in eine Reihe stellte. Mit Leese schrieb ein überzeugter Antisemit für den „Weg", der bereits als Autor für Theodor Fritschs „Hammer" tätig war und mit dem der BVE 1933/34 *in fortlaufender Verbindung* gestanden hatte.[650] Edmondson schließlich, der in den USA in den 1930er Jahren durch seine antisemitische Propaganda aufgefallen war und von den Kreisen um Fleischhauer unterstützt wurde[651], hatte sich Anfang der 1950er Jahre durch sein Pamphlet „I Testify" in Erinnerung gerufen (siehe Kap. 8.5.3), in dem Johann von Leers *one of the biggest guns we have today in our fighting* und *the banner bearer for all the forces in the United States of America fighting for freedom from Jewish tyranny* sah und für dessen Übersetzung er sich einsetzen wollte.[652]

Bewegung im Nationalsozialismus. Eine Beziehungs- und Konfliktgeschichte (Schriften des Hannah-Arendt-Instituts für Totalitarismusforschung, Bd. 47), Göttingen 2012, S. 265–283, hier S. 268, 273–275.

646 JAEGER: Die Faschistische Internationale, S. 994.
647 LÖÖW: Incitement of Racial Hatred, S. 111.
648 Konvent der Patrioten, in: Der Weg 6 (1952) 9, S. 640–645, hier S. 643.
649 Zu Coston siehe FRESCO, NADINE: Fabrication d'un antisémite, Paris 1999, S. 24–28. Zu seiner Verbindung mit dem „Welt-Dienst" und Fleischhauer siehe BONDY: Racketeers of Hatred, S. 195 f.
650 Korrespondenz BVE mit Sauer (Breslau), 07.05.1934 und 13.05.1934 [RGVA, Fond 1299/9, Bl. 7 f.].
651 BONDY: Racketeers of Hatred, S. 228.
652 Johann von Leers an Truhill, o. D. [um Mai 1954] [WLA]. Siehe auch Johann von Leers an Edmondson, o. D. [1953], in: EDMONDSON: Amazing memoir-exposure of international secret war-plotting, S. 296.

Eine Bestätigung erhielt dieses Bild dadurch, dass „Der Weg" zeitweilig als Organ der Europäischen Sozialen Bewegung (ESB) firmierte, einem Zusammenschluss rechtsextremer Kleinstorganisationen, der sich 1951 bei einer Zusammenkunft in Malmö konstituiert hatte („Malmö-Bewegung").[653] Obgleich die ESB, die aus nationalen Sektionen bestand, nur über wenige Mitglieder verfügte und von Beginn an durch interne Querelen und Spaltungen geschwächt wurde, bezeugt sie den Grad der Vernetzung Gleichgesinnter in Europa, die in enger Fühlung mit Gesinnungsgenossen auch in Südamerika standen. „Der Weg" habe sich seit 1950 „zu dem weitest verbreiteten Sprachrohr der europäischen und mancher außereuropäischen nationalen Kräfte" entwickelt, stellte Fritsch rückblickend über die „Internationale [...] der Nationalisten" fest.[654] So dokumentierte die Zeitschrift nicht nur programmatische Papiere der ESB[655], sondern warb unter deren Aktivisten gezielt Mitarbeiter an. Der schweizerische Antisemit Theodor Fischer (1895–1957) etwa, vormals für den „Welt-Dienst" aktiv[656], wie auch Hans Oehler (1888–1967) erhielten im Juli 1952 die Anfrage, ob sie *gewillt* seien, an diesem *Sprachrohr unserer jungen europäischen Zielsetzung* mitzuarbeiten.[657] Wortführer der nationalen Sektionen der ESB, so etwa der Schwede Per Engdahl (1909–1994), der bereits in den 1930er Jahren die antikommunistische Propaganda der Nationalsozialisten unterstützt hatte

---

653 Zur Perspektive eines Beteiligten siehe ENGDAHL, PER: Malmö wurde zur Kampfparole, in: Der Weg 7 (1953) 7, S. 439–441. Eine aus den Quellen erarbeitete Studie der europäischen Vernetzung des Rechtsextremismus dieser Phase, die 1948 mit einer Zusammenkunft in Rom einsetzte, stellt ein Desiderat der Forschung dar. Siehe STEUWER, JANOSCH: Die andere Europäische Einigung: Entwicklungslinien der transnationalen Kooperation rechtsextremer Parteien in der zweiten Hälfte des 20. Jahrhunderts, in: Mitteilungsblatt des Instituts für soziale Bewegungen (2011) 46, S. 87–96. Zur älteren Literatur SMOYDZIN: Hitler lebt; TAUBER, KURT P.: Beyond Eagle and Swastika. German Nationalism since 1945, Middletown (Connecticut) 1967.
654 FRITSCH: Manchem ein Dorn im Auge, S. 408.
655 Züricher Erklärung, in: Der Weg 6 (1952) 1 und 2.
656 HAGEMEISTER, MICHAEL: Die „Protokolle der Weisen von Zion" vor Gericht. Der Berner Prozess 1933–1937 und die „antisemitische Internationale" (Veröffentlichungen des Archivs für Zeitgeschichte ETH Zürich, Bd. 10), Zürich 2017, S. 528.
657 Siehe gleichlautende Schreiben von Eberhard Fritsch (Dürer-Verlag) an Theodor Fischer und Hans Oehler, 10.07.1952 bzw. 18.07.1952 [AfZ, NL Oehler]. Oehler war von 1921 bis 1934 Redakteur und Verlagsleiter der „Schweizer Monatshefte für Politik und Kultur" und von 1934 bis 1945 der „Nationalen Hefte". 1946 wurde er in der Schweiz zu zwei Jahren Gefängnis verurteilt. Nach seiner Entlassung 1948 übersetzte Oehler das Buch „Nürnberg oder das gelobte Land" von Maurice Bardèche. Seit 1951 gehörte er der Schriftleitung der Zeitschrift „Nation Europa" (Coburg) an, für die er in der Schweiz den Vertrieb organisierte. Die Zahl der festen Bezieher in der Schweiz soll 1952 bei rund 400 gelegen haben. Er pflegte Kontakte zu zahlreichen Rechtsextremisten im In- und Ausland. Siehe Oehler an Fritsch, 01.08.1952 [AfZ, NL Oehler].

und den Johann von Leers jetzt namens der Redaktion kontaktierte⁶⁵⁸, wurden im „Weg" wohlwollend porträtiert und nutzten die Zeitschrift, um ihre politischen Standpunkte zu verbreiten.⁶⁵⁹ Johann von Leers redigierte zeitweise die Rubrik „Konvent der Patrioten", in dem Neuigkeiten aus den einzelnen Sektionen und deren Umfeld zusammengestellt wurden.⁶⁶⁰ Zu einem regen Austausch kam es zudem bei redaktionellen Beiträgen. Dies erklärt, weshalb Johann von Leers in Organen einzelner Sektionen der ESB publizieren konnte, so etwa in der „ausgezeichnete[n] Zeitschrift"⁶⁶¹ „Défense de l'Occident", die Bardèche verantwortete⁶⁶², oder in Engdahls seit 1932 erscheinender „Vägen Framåt" (Der Weg nach vorn).⁶⁶³

Darüber hinaus bestanden kurzzeitig Verbindungen zum Nationalist Information Bureau (Natinform), das der Brite Anthony Francis Xavier Baron (1913–1974) leitete, ein Anhänger von Leese. Dem Netzwerk, das um 1950 herum entstanden war, gehörte *eine Reihe von nationalen Männern* an, die sich in *lockerer Weise* in einer *Art Zwischenstufe zwischen spontanem Briefwechsel und Presse-Agentur* austauschten, wie einer der Mitarbeiter erläuterte.⁶⁶⁴ Ihr politisches Selbstverständnis hatten seine Mitbegründer in dem 1951 erschienenen Pamphlet „World Dictatorship by 1955?" niedergelegt, in dem sie das Schreckens-

---

658 Hans A. Euler (= von Leers) an Engdahl, 19.04.1952 [Schwedisches Reichsarchiv, 00001-RA 2021-06-01/14-14-58(1)]. Die Adresse hatte von Leers über Ejnar Vaaben (1902–1997) erhalten, der 1930 eine Dänische Nationalsozialistische Partei gegründet hatte und seit Beginn der 1930er Jahre Kontakt zu Vertretern der Nordischen Bewegung unterhielt. Ich danke David Brolin für den Hinweis auf dieses Schreiben. Zu Vaaben siehe LUTZHÖFT: Der Nordische Gedanke in Deutschland 1920–1940, S. 329–331 und WERTHER, STEFFEN: SS-Vision und Grenzland-Realität. Vom Umgang dänischer und „volksdeutscher" Nationalsozialisten in Sønderjylland mit der „großgermanischen" Ideologie der SS (Stockholm Studies in History, Bd. 95), Stockholm 2012, S. 91–94.
659 Siehe „Stimme Schwedens", in: Der Weg 6 (1952) 10, S. 719 f. Siehe auch „Malmö wurde zur Kampfparole", in: Der Weg 7 (1953) 7, S. 439–441 sowie die Beiträge von Åberg (Schweden), Amaudruz (Schweiz), Bardèche (Frankreich), Carlberg (Schweden), Engdahl (Schweden), Laerum (Dänemark) oder auch Priester (Bundesrepublik Deutschland).
660 Siehe zum Beispiel 6 (1952) 5, S. 351–356, 6 (1952) 6, S. 423–428, 6 (1952) 7, S. 496–500.
661 EULER: Der Niedergang des französischen Bauerntums, S. 39.
662 FRESCO: Fabrication d'un antisémite, S. 22.
663 „För en gångs skull nederlag för storfinans och katolicism. Perón starkare än någonsin, säger professor Leers i uttalande för Vägen Framåt" in: Vägen Framåt 9/1955 vom 25.05.1955. Siehe auch Dossier „Per Engdahl" o. J. [um 1960], S. 14 [APABIZ]. Nach einem Bericht der CIA handelte es sich bei der Zeitschrift um das *organ of the Swedish neo-Fascist party, Nysvenska Roreisen (The New Swedish Movement)*. Siehe Meeting of European neo-Fascist Parties to be held in Sweden, 10.04.1951 [NARA, CIA-RDP82-00457R007400040008].
664 Amaudruz an Theodor Fischer, 19.12.1954 [AfZ, NL Fischer]. Zur Geschichte von Natinform siehe TOCZEK, NICK: Haters, Baiters and Would-Be Dictators: Anti-Semitism and the UK Far Right, London/New York 2016, S. 108 f., 254 f. sowie TAUBER: Beyond Eagle and Swastika, S. 243–253.

bild aller Antisemiten an die Wand malten, der zufolge eine jüdische Konspiration nach Weltherrschaft strebe.⁶⁶⁵ Der selbstgestellte und diffus formulierte Auftrag bestand denn auch darin, *Informationen aller Art* und *aus allen Parteien und Gruppen*, die an dieser mutmaßlichen Verschwörung mitwirkten, *zu sammeln* und, soweit dies *gesetzlich* erlaubt sei, für publizistische Zwecken zu verwenden.⁶⁶⁶ So basierte ein Artikel im „Weg" über „Kommunistische Wühlarbeit in Afrika" zweifelsfrei auf Material, das die Redaktion von Natinform erhalten hatte.⁶⁶⁷ Wie die ESB zeigte sich jedoch auch Natinform unfähig zu kontinuierlicher Arbeit, bedingt durch interne Konflikte, die immer wieder unter den Mitgliedern aufbrachen. Baron etwa sei bereits Ende 1953 *aus dieser Organisation ausgeschlossen* worden.⁶⁶⁸

Dass sich in der öffentlichen Wahrnehmung dennoch das Bild einer „faschistischen Internationale" etablieren konnte, ist schließlich der von Johann von Leers gepflegten Zusammenarbeit mit den Herausgebern gleichgesinnter Publikationen weltweit zuzuschreiben. So habe er mit dem Chefredakteur der „Afrika-Woche", die von 1950 bis 1952 in Pretoria erschien und sich an *Südafrikadeutsche* richtete, in *laufender brieflicher Verbindung* gestanden und dabei *sicherlich weitgehenden Einfluss auf den politischen Kurs des Blattes* ausgeübt, wie ein Mitarbeiter der dortigen Gesandtschaft mutmaßte.⁶⁶⁹ Der „South-African Observer" (auch „SA-Observer"), den der dort beheimatete Antisemit Sidney Eustace Denys (S.E.D.) Brown (1910–1990) seit 1955 verlegte, war in seinen

---

665 COTTER, HILARY/ROISTE R. DE: World Dictatorship by 1955? Why Forrestal Threw Himself Out of The Window, Framlingham (Suffolk) 1951. „The existance of a conspiracy for enslaving the world can no longer be denied [...] the great conspiracy aims at establishing a one-world super-government to rule over a tamed and conquered humanity". Siehe auch JAEGER: Die Faschistische Internationale, S. 998.
666 Informationen des BfV, 31.05.1954, S. 54 [BArch, B 443/53071].
667 H.E.: Kommunistische Wühlarbeit in Afrika, in: Der Weg 7 (1953) 2, S. 122 f.
668 Informationen des BfV, 31.12.1953, S. 44 [BArch, B 443/53071].
669 Auszug Bericht Gesandtschaft Pretoria, 19.09.1952 [BArch, B 145/8864, o. P.]. Die Zeitschrift mit einer Auflage von 3.000 Exemplaren [siehe 1 (1951) 27 vom 04.10.1951] erschien seit Ende September 1950 zunächst wöchentlich, seit Februar 1952 aus wirtschaftlichen Gründen monatlich. Unter Horst Schmidt-Walkhoff, der im Mai 1951 die Chefredaktion übernommen hatte, öffnete sich die „Afrika-Woche" Autoren, die dem geistigen Umfeld des Dürer-Verlags nahestanden. Dies zeigte sich insbesondere durch die Übernahme verschiedener Beiträge aus der rechtsextremen Monatszeitschrift „Nation Europa" und aus dem „Weg" selbst. Gegenüber Bornemann behauptete Johann von Leers, er habe *geschäftlich viel mit Südafrika* zu tun. Hans A. Euler (= von Leers) an Bornemann, 08.05.1952 [BArch, B 443/2412, Bl. 5197]. Zu Beiträgen in der Afrika-Woche siehe L[EERS], [JOHANN] V[ON]: Die innere Lähmung der U.S.A., in: Afrika-Woche 1 (1951) 27 vom 04.10.1951, S. 8 f.; DERS.: Schatten im Wind, in: Afrika-Woche 2 (1952) 6 vom 05.06.1952, S. 13–15.

Augen ein „sachliches Blatt".⁶⁷⁰ „Zócalo" aus Mexiko wiederum hielt er deshalb für eine „angesehene" Zeitschrift, weil sie im Juni 1955 unter der Überschrift „Die jüdische Gesandtschaft – Mittelpunkt von Spionen" über die „subversive Tätigkeit der Gesandtschaft Israels in Mexiko" berichtete und deren Auftraggeber im Kreml verortete.⁶⁷¹ Und die „Gothic Ripples", in denen der „verdiente Mr. A. Leese die Geschichte des Aufstieges des Judentums in England und der Durchsetzung englischer führender Familien mit großer Genauigkeit" festhalte, nannte er einen „ausgezeichneten" Informationsdienst.⁶⁷²

Gelegentlich wurden wechselseitig auch Artikel ausgetauscht. Das gilt etwa für die Zeitschrift „Frontfighter", die in London als Organ einer „European Liberation Front" erschien und deren Ausführungen über einen angeblichen „jüdischen Hass-Krieg" und den „Glanz faschistischer Revolutionen von 1922 und 1933" dem Duktus des „Wegs" ähnelten und dementsprechend hervorgehoben wurden.⁶⁷³ Aus ihr war der Aufsatz eines Ulick Varange, unter dem der amerikanische Rechtsextremist Francis Parker Yockey (1917–1960) publizierte, übernommen.⁶⁷⁴ Dessen Machwerk „Imperium" wiederum, das Anfang der 1950er Jahre erschienen war, pries Johann von Leers in einer Rezension im „Weg" als „Lichtblick in der tiefen Dunkelheit unserer Tage", das „im Ergebnis über Spengler hinaus" führe und dorthin zeige, „wohin unser Sehnen drängt", nämlich zur „nächsten großen europäischen Revolution". Umso wichtiger sei es, dieses „Bekenntnisbuch" künftig „mit aller Kraft" zu verbreiten" und „in jede Sprache übersetzen" zu lassen.⁶⁷⁵ Das Organ von Mosleys „Union Mouvement" wiederum publizierte im März 1951 einen Artikel von Johann von Leers.⁶⁷⁶

Unverhohlene Sympathien aber bekundete Johann von Leers für Herausgeber christlich-fundamentalistischer Zirkulare nordamerikanischer Provenienz, die in Politik und Wirtschaft konspirative Mächte am Werk sahen und

---

670 FITZSTUART: Ab in die Schlangengrube nach Alaska, S. 235–239. Zu Brown siehe SHAIN, MILTON: Antisemitism in the Far Right in South Africa, 1930–1994, in: BAUMGARTEN, MURRAY/KENEZ, PETER/THOMPSON, BRUCE (HRSG.): Varieties of Antisemitism. History, Ideology, Discourse, Cranbury (New Jersey) 2010, S. 277–291, hier S. 284; SHIMONI, GIDEON: Community and Conscience. The Jews in apartheid South Africa, New England 2003, S. 72.
671 FITZSTUART, GORDON: Alarm in Mexiko, in: Der Weg 9 (1955) 10, S. 663–665, hier S. 663.
672 FITZSTUART, GORDON: Das Königreich Davids und die Sassoons, in: Der Weg 7 (1953) 9, S. 603–607, hier S. 607. Ähnlich auch O.V.: Arnold Spencer Leese, in: Der Weg 10 (1956) 4, S. 302.
673 SCHWARZENBORN: Imperium Europaeum, S. 646.
674 VARANGE, U[LICK]: Zwei Wege der Kriegsführung Amerikas, in: Der Weg 5 (1951) 7, S. 481f. Zum Pseudonym siehe COOGAN: Dreamer of the Day, S. 275.
675 Rezension Johann von Leers in: Der Weg 5 (1951) 9, S. 663. Siehe auch COOGAN: Dreamer of the Day, S. 274.
676 LEERS, J. VON: Stalin's Europe would no longer be Europe, in: Union vom 17.03.1951.

„Kommunismus" als Synonym für „Judenherrschaft" betrachteten. Vor dem Hintergrund des antikommunistischen Klimas in den USA in den 1950er Jahren hatte sie damit zeitweise beachtlichen Erfolg. Dies gilt beispielsweise für die Zeitschrift „The Cross and the Flag" des amerikanischen Predigers Gerald L.K. Smith (1898–1976), der seit den 1930er Jahren in rechtsextremen und christlich-fundamentalistischen Kreisen aktiv war, unter anderem als Gründer einer „Christian Nationalist Crusade".[677] Seine Propaganda richtete sich vor allem gegen Juden, Schwarze und Katholiken. Aufsätze aus „The Cross and the Flag", deren monatliche Auflage Anfang der 1960er Jahre bei 25.000 Exemplaren gelegen haben soll[678], wurden von Johann von Leers immer wieder zustimmend paraphrasiert. „New York", zitierte er Smith beispielsweise, sei „wirklich die jüdische Welthauptstadt", und „die zionistische Macht in den Vereinten Nationen möchte es zur beherrschenden Stadt der Welt neben Palästina machen".[679]

Ähnlich verhielt es sich mit der Zeitschrift „Common Sense" des Publizisten Conde J. McGinley (1890–1963) von der „Christian Education Association", die Johann von Leers mehrfach wohlwollend referierte.[680] Sie erschien seit 1946 in Union (New Jersey) und verfügte Ende 1948 nach eigenen Angaben über rund 7.000 zahlende Abonnenten, die sie zwei Jahre später auf mehr als 21.000 steigern konnte. Hinzu kamen einige Tausend kostenlos verteilter Exemplare, deren Druck finanzkräftige Förderer ermöglichten.[681] Juden und andere Minderheiten in den USA gehörten dabei zu den regelmäßigen attackierten Gruppen.[682] Es verwundert deshalb nicht, dass Johann von Leers diese Zeitschrift als „tapferes Blatt" ansah, das sich „die Bekämpfung des Kommunismus und seiner getarnten Agenten innerhalb der USA zur Aufgabe gemacht" habe und dabei auf einen „überraschend großen Anteil der Juden am Kommunismus gestoßen" sei.[683] Aufgrund dieser Berichterstattung hätten die Herausgeber immer wieder Schikanen erdulden müssen, sei doch „noch jeder Drucker, der ‚Common Sense' zu drucken wagte" anschließend „von jüdischer Seite unter schärfsten,

---

677 Preliminary Report on Neo-Fascist and Hate Groups, S. 19; JAEGER: Die Faschistische Internationale, S. 998. Zu Smith siehe JEANSONNE, GLEN: Gerald L. K. Smith. Minister of Hate, Louisiana 1997.
678 AJC (Hrsg.): Bigotry in Action. Organized Anti-Semitism in the United States Today, o. O. [New York] o. J. [1963], S. 18.
679 SCHWARZENBORN, FELIX: New York, Stadt der nichtjüdischen Leibeigenen, in: Der Weg 7 (1953) 10, S. 697 f.
680 FITZSTUART: Der unsichtbare Knebel, S. 64–68; SCHWARZENBORN: Welttyrannei ab 1955?, S. 209–214.
681 Preliminary Report on Neo-Fascist and Hate Groups, S. 17. In einer Veröffentlichung des AJC wird eine Auflage von 91.000 Exemplaren genannt. Siehe AJC: Bigotry in Action, S. 18.
682 Preliminary Report on Neo-Fascist and Hate Groups, S. 12.
683 FITZSTUART: Der unsichtbare Knebel, S. 65.

geradezu erpresserischen Druck gesetzt worden, bis er den Druck wieder aufgab".[684] Es war deshalb nur folgerichtig, dass „Der Weg" Artikel auch aus „Common Sense" nachdruckte.[685]

---

684 EBD.
685 Siehe etwa MULLINS, EUSTACE: Die Warburgs, in: Der Weg 6 (1952) 6, S. 418–422 (Nachdruck aus „Common Sense" vom 01.11.951); ADAMS, GEORGE THOMAS: The American Jewish Congress, in: Der Weg 7 (1953) 7, S. 374–377 (Nachdruck aus „Common Sense" vom 01.03.1953).

9. Endstation Ägypten: „[B]ulwark against jewish-zionist imperialism"

9.1 „Strandgut des Dritten Reiches": Die deutsche Kolonie am Nil

Über den Biertischen hingen Bilder mit Alpenlandschaften und Rehgeweihe, die an Bayern und seine Berge erinnerten. Auf der Speisekarte standen Schnitzel und Schweinshaxe und aus Musiklautsprechern ertönte gelegentlich der Badenweiler Marsch: Seit 1953 in Kairo das Restaurant „Löwenbräu" eröffnet hatte, entwickelte sich die Gaststube schnell zu einem Treffpunkt der deutschen Kolonie am Nil, wo „vielerlei Leute" verkehrten, wie die FAZ zu berichten wusste. Von der Behauptung, hier würden sich auch „Nazis treffen", wollte der um seinen Ruf besorgte Inhaber Valentin Schuck zwar nichts wissen. Im Gespräch mit dem Korrespondenten der Zeitung soll er später aber eingestanden haben, dass auch Johann von Leers gelegentlich „dort an dem Ecktisch saß".[1] Es sei dahingestellt, ob und in welcher Gesellschaft der seit jeher überzeugte Abstinenzler und mittlerweile bekennende Muslim tatsächlich im „Löwenbräu" verkehrte.[2] Verbürgt ist jedoch seine anfängliche Zuversicht, nachdem er im Sommer 1956 in Kairo eingetroffen war. Zwar müsse er als *politischer Flüchtling* weiterhin *fern dem verratenen und verkauften Vaterlande* leben, klagte Johann von Leers. Und doch zeigte er sich *froh* über die Ankunft in diesem *schönen Lande*, wo *der Nationalismus triumphiert* und er selbst *den Kampf gegen den Weltbedrücker*

---

1   STEHLE, HANSJAKOB: Der Badenweiler wird selten gefragt, in: FAZ vom 21.03.1961. Der Beitrag fand internationale Aufmerksamkeit. Siehe O. V.: In een Beiers Restaurant in Kairo: Gasten die veelal iets op hun kerfstok hebben, in: Dagblad De Stem vom 12.04.1961. Schuck, angeblich ein ehemaliger SA-Angehöriger, war zu diesem Zeitpunkt 63 Jahre alt und hatte nach eigenen Angaben zwischen 1939 und 1943 in Łódź ein Lokal betrieben. Die Eröffnung des Restaurants lässt sich auf Dezember 1953 datieren. Siehe BEHRINGER, WOLFGANG: Löwenbräu: Von den Anfängen des Münchner Brauwesens bis zur Gegenwart, München 1991, S. 258.
2   Zu angeblichen, allerdings nicht zutreffenden Begegnungen mit dem früheren SS-Angehörigen Vagner Kristensen (siehe Kap. 8.4.2) siehe RÖPKE, ANDREA/SCHRÖM, OLIVER: Stille Hilfe für braune Kameraden. Das geheime Netzwerk der Alt- und Neonazis, Berlin ²2002, S. 14–16.

fortsetzen könne.³ Idyllisch gestalteten sich auch die privaten Verhältnisse in der Metropole: *Wir wohnen in einem wunderbar grünen Vorort*, ergänzte Gesine von Leers.⁴

Kairo, so schien es, bot Johann von Leers gute Voraussetzungen, um in ungebrochenem Fanatismus seine selbstgewählte Mission fortsetzen zu können. Die Stadt war nämlich nicht nur ein Zentrum jener „arabische[n] Elemente" geworden, „die während des Krieges in Deutschland eine Rolle spielten"⁵, wie ein Mitarbeiter im Auswärtigen Amt 1952 notierte. Darüber hinaus hatte sie sich zu diesem Zeitpunkt auch den „traurigen Ruf" erworben, ein „Eldorado von Handlangern des Dritten Reiches" zu sein.⁶ Die internationale Presse, erinnert sich ein seinerzeit dorthin entsandter Korrespondent, sei in den 1950er Jahren „voll von Berichten über geflüchtete Nazis und ehemalige SS-Führer" im Nahen Osten im Allgemeinen und in Ägypten im Besonderen gewesen, wo das „Strandgut des Dritten Reiches hinter den Kulissen eine bedeutsame Rolle" gespielt haben soll.⁷ Als „Reservat für Nazis", die hier in gut bezahlten Stellungen ihr altes Handwerk betreiben würden, bezeichnete auch Kurt P. Tauber in seiner Studie über den bundesdeutschen und internationalen Rechtsextremismus das Land.⁸

Über den Umfang dieser Gruppe gab es jedoch zahlreiche Spekulationen.⁹ Eine Typologie der deutschen Kolonie „im Solde der Ägypter"¹⁰ lässt zudem sehr unterschiedliche Motive erkennen, die ihre Angehörigen nach Kairo geführt hatten. In den ersten Jahren wurde die Gruppe vor allem durch Vertreter der Wirtschaft geprägt, die frühere Geschäftsbeziehungen deutscher Konzerne wiederbeleben oder neu anbahnen wollten. Dass einige von ihnen aus der NS-Zeit belastet waren, wie etwa der Wehrwirtschaftsführer Wilhelm Voss (1896–1978), der als einer der „maßgeblichen Organisatoren der deut-

---

3 Johann von Leers an V 16.113, 06.09.1960 [BND, V-12859,1, Bl. 115–118]; Johann von Leers an Jünger, 17.05.1959 [DLA Marbach, Sig. HS 5294539].
4 Gesine von Leers an Jünger, 28.06.1959 [DLA Marbach, Sig. HS 5294539].
5 AA, Aufzeichnungen des Vortragenden Legationsrates von Etzdorf, 16.09.1952, in: Akten zur Auswärtigen Politik der Bundesrepublik Deutschland 1952, hrsg. im Auftrag des Auswärtigen Amtes vom Institut für Zeitgeschichte, München 2000, S. 614–616, hier S. 615.
6 Kairo schützt Massenmörder, in: SPD-Pressedienst vom 16.10.1958.
7 HELMENSDORFER, ERICH: 50mal Ägypten, München 1979, S. 239. Der Autor arbeitete von 1956 bis 1960 als Auslandskorrespondent der Deutschen Presseagentur in Kairo. Dabei berichtete er mehrfach über die deutsche Kolonie am Nil.
8 Siehe TAUBER, KURT P.: Beyond Eagle and Swastika. German Nationalism since 1945 (Bd. 1), Middletown (Connecticut) 1967, S. 243.
9 Die Zahl von mehr als 20.000 Deutschen, die etwa der Rechtsextremist Francis Parker Yockey vermutete, dürfte weit übertrieben sein. Siehe COOGAN, KEVIN: Dreamer of the Day. Francis Parker Yockey and the Postwar Fascist International, o.O. 1999, S. 381.
10 Siehe HELMENSDORFER, ERICH: Deutsche im Solde Nassers, in: FAZ, 30.3.1963.

schen Rüstungswirtschaft" galt, war keineswegs unbekannt.[11] Hinzu kamen Militärexperten und Offiziere, für die erst in den Westzonen und dann in der Bundesrepublik zunächst keine Verwendung bestand. Ägyptens Führung unter König Faruk hatte sie bereits nach der gescheiterten Invasion in Israel 1948 gezielt angeworben, um die Armee zu reorganisieren. Bekannt geworden sind die Berater um den ehemaligen General der Artillerie Wilhelm Fahrmbacher (1888–1970), die 1951 nach Ägypten kamen.[12] Auch der „Mussolini-Befreier" Otto Skorzeny (1908–1975), der sich jetzt im Nachrichten- und Waffenhandel verdingte, wird in diesem Zusammenhang immer wieder genannt. Die Zahl dieser Experten war seit 1956 allerdings stark rückläufig. Die Botschaft der Bundesrepublik bezifferte sie nach dem Machantritt Nassers auf gerade noch 20. Dabei soll es sich, wie es beschwichtigend hieß, um *durchweg ruhige und besonnene Berufssoldaten* gehandelt haben, die ohne *politischen Einfluss* seien und *keinesfalls mit nazistischen Abenteurern verglichen werden können*.[13] Ergänzt wurde dieser Kreis um frühere Angehörige aus Rommels Afrikakorps, die während des Krieges in britische Gefangenschaft geraten waren, nach ihrer Freilassung in Nordafrika verblieben und dort zumeist ein kümmerliches Dasein fristeten. Eine weitere Gruppe stellten schließlich Wissenschaftler und Techniker dar, die seit 1958 angeworben wurden und Rüstungsvorhaben unterstützen sollten. Auslöser dieser Entwicklung waren die Erfahrungen aus dem Sinai-Feldzug 1956, der Israels Überlegenheit auf dem Gebiet konventioneller Waffen deutlich gemacht hatte.[14] Gerade ihre Tätigkeit auf dem Gebiet der Raketenrüstung war bis Mitte der 1960er Jahre Gegenstand öffentlicher Kampagnen und auch gewalttätiger Aktionen, die sich gegen die Präsenz der aus der Bundesrepublik

---

11 Siehe POTHMANN, UTE: „Ära Voss". Zur Karriere des Wirtschaftsprüfers Dr. Wilhelm Voss (1896–1974) in der Konsolidierungsphase des NS-Regimes 1933/1934, in: Jahrbuch für Wirtschaftsgeschichte 58 (2017) 1, S. 279–316; BERGGÖTZ, SVEN OLAF: Nahostpolitik in der Ära Adenauer. Möglichkeiten und Grenzen 1949–1963, Düsseldorf 1998, S. 175.
12 Siehe ELZER, HERBERT: Deutsche Militärberater in Ägypten. Wilhelm Voss, General Fahrmbacher und die Bundesregierung 1951–1955, in: Historische Mitteilungen 24 (2011), S. 221–250; BECKER, ULRIKE: Die deutsche Militärberatergruppe in Ägypten 1951–1958, in: CÜPPERS, MARTIN/MATTHÄUS, JÜRGEN/ANGRICK, ANDREJ (HRSG.): Naziverbrechen. Täter, Taten, Bewältigungsversuche (Veröffentlichungen der Forschungsstelle Ludwigsburg der Universität Stuttgart, Bd. 25), Wiesbaden 2013, S. 335–349.
13 Aufzeichnung Botschaft Kairo an AA, 21.08.1956 [PA AA, B 82, V3-88, Nr. 250, Bd. 1, o. P.].
14 Siehe BAR-ZOHAR, MICHEL: Die Jagd auf die deutschen Wissenschaftler 1944–1960, Berlin 1966.

angeworbenen Wissenschaftler richteten. Ihnen wurde unterstellt, durch ihre Arbeit „das Werk Hitlers" zu vollenden.[15]

Eine besondere Rolle nahm jedoch jenes „Strandgut" des Krieges ein, das seit 1945 in Kairo angespült worden war. Zu diesem zwielichtigen Personenkreis ist zweifelsohne auch Johann von Leers zu zählen. Er fühle sich *very happy* im *wonderful Egypt*, das als *bulwark against jewish-zionist imperialism and moneypower* auftrete, teilte er wenige Wochen nach seiner Ankunft einem amerikanischen Gesinnungsgenossen mit.[16] Und gleich ihm seien viele frühere Freunde nach der Flucht aus den Internierungslagern der Alliierten nach Ägypten, Syrien oder Saudi-Arabien entkommen, wo sie im Kampf gegen die „Macht des Judentums" willkommen geheißen worden seien und nunmehr als Offiziere in den Armeen dienten, hatte er bereits im Sommer 1955 geraunt.[17] Sein Blick richtete sich vermutlich weniger auf prominente Flüchtige wie Alois Brunner, Aribert Heim oder Franz Stangl, von denen vermutet wurde, sie hätten sich zeitweise auch in Kairo aufgehalten.[18] Der Hinweis dürfte stattdessen jenen Deutschen gegolten haben, die sich in windiger Weise betätigten. Beispielhaft für diesen Personenkreis stehen etwa Felix „Omar" Ortner oder Paul „Amin" Schmitz. Ortner schlug sich als *freier Bildkorrespondent* in Kairo durch.[19] Für welche Zeitungen er arbeitete und womit er seinen Lebensunterhalt verdiente, blieb unbekannt. Gesichert ist, dass der Ursprung eines von der Organisation Gehlen Anfang der 1950er Jahre verbreiteten Gerüchts über Eichmanns Aufenthalt im

---

15 Siehe JELINEK, YESHAYAHU A.: Deutschland und Israel 1945–1965. Ein neurotisches Verhältnis, München 2004, S. 417–429; WEINGARDT, MARKUS A.: Deutsche Israel- und Nahostpolitik. Die Geschichte einer Gratwanderung seit 1949, Frankfurt am Main/New York 2002, S. 138–143.
16 Johann von Leers an Mullins, 24.10.1956 [Columbia University Libraries (New York), Non-Sectarian Anti-Nazi League Papers]. Zu Mullins ging Johann von Leers später allerdings auf Distanz: *Mullins should be completely shunned now.* Johann von Leers an Thompson, 15.06.1957 [Privatarchiv].
17 Johann von Leers an Cox, 19.06.1955 [Duke University, NL Earnest Sevier Cox]: *Many of my friends who after the war fled from Allied internment camps have come to islamic countries, have been received (for having fought the power of the Jews) as friends and have ‚taken the turban' and are now upright Moslems and officers in the armies of Egypt, Syria and Saudi-Arabia.*
18 Siehe HAFNER, GEORG M./SCHAPIRA, ESTHER: Die Akte Alois Brunner. Warum einer der größten Naziverbrecher noch immer auf freiem Fuß ist, Reinbek bei Hamburg 2002, S. 282–308; KLEMP, STEFAN: KZ-Arzt Aribert Heim. Die Geschichte einer Fahndung, Münster/Berlin 2010; KULISCH, NICHOLAS/MEKHENNET, SOUAD: Dr. Tod. Die lange Jagd nach dem meistgesuchten NS-Verbrecher, München 2015; SERENY, GITTA: Am Abgrund. Gespräche mit dem Henker. Franz Stangl und die Morde von Treblinka, München/Zürich ²1995, S. 397–425.
19 Botschaft Kairo an AA, 05.08.1953 [BArch, B 145/7660, o. P.]. Siehe auch O. V.: Interview du général Mohamed Naguib, in: La Voix de l'Orient 4 (1952) 192 vom 07.08.1952.

Nahen Osten auf die Ehefrau dieses „ehemaligen SS-Mannes"[20] zurückreichte. Schmitz dagegen, nicht zu verwechseln mit dem NS-Journalisten und Schriftsteller Paul Schmitz-Kairo (1903–1948), soll 1952 *auf Kosten der Arabischen Liga* nach Kairo gekommen sein, wo er Deutsch unterrichtete.[21]

9.2 Von Buenos Aires nach Kairo

Johann von Leers' Übersiedlung nach Kairo war indessen nicht Folge einer spontanen Entscheidung, geschweige denn eine überstürzte *Flucht*, wie der BND später vermutete.[22] Stattdessen gingen ihr gründliche Abwägungen aller beteiligten Akteure voraus, die ihre Interessen schlussendlich in Einklang zu bringen vermochten: Während Johann von Leers Argentinien den Rücken kehren wollte und in Ägypten vielversprechende Möglichkeiten für einen Neustart sah, machten einflussreiche Funktionäre im dortigen Staatsapparat und in der Arabischen Liga ihren Einfluss geltend, um die Übersiedlung einzufädeln. Die jeweils zugrunde liegenden Motive sollen deshalb genauer untersucht werden.

9.2.1 Motive und Wege

Ein Auslöser für Johann von Leers, seit Mitte der 1950er Jahren virulente Umzugspläne jetzt in die Praxis umzusetzen, war ohne Zweifel der politische Systemwechsel in Argentinien.[23] Der Sturz Peróns im September 1955 verunsicherte viele der Zuwanderer aus Europa, die seit Kriegsende oft auf illegalem Weg eingereist waren. Nach dem Staatsstreich konnten sie nicht länger auf jene „schützende Hand"[24] vertrauen, die Berater aus dem Umfeld des früheren

---

20 Siehe STANGNETH, BETTINA: Eichmann vor Jerusalem. Das unbehelligte Leben eines Massenmörders, Hamburg 2011, S, 206 f.
21 Siehe Propaganda Activities of Dr. Johannes von Leers against Israel and West Germany, 12.03.1959 [NARA, RG 263, Entry ZZ-16, Box 32, NND 36822]. Siehe zur Verwechslung RUBIN, BARRY/SCHWANITZ, WOLFGANG G.: Nazis, Islamists, and the Making of the Modern Middle East, New Haven (Connecticut) 2014, S. 217.
22 BND, Meldedienstliche Verschlusssache (B-3), 20.07.1960 [Privatarchiv].
23 WALDMANN, PETER: Der Peronismus 1943–1955, Hamburg 1974, S. 269–309.
24 STEINACHER, GERALD: Argentinien als NS-Fluchtziel. Die Emigration von Kriegsverbrechern und Nationalsozialisten an den Río de la Plata 1946–1955. Mythos und Wirklichkeit, in: MEDING, HOLGER M./ISMAR, GEORG (HRSG.): Argentinien und das Dritte Reich. Mediale und reale Präsenz, Ideologietransfer, Folgewirkungen (Deutsch-Lateinamerikanische Forschungen, Bd. 4), Berlin 2008, S. 231–253, hier S. 251. Peróns Rolle war den Aktivisten im Umfeld des „Wegs" bewusst, wie ein Schreiben Oswald Mosleys an die Redaktion 1952 bezeugt, in dem dieser der „toleranten Haltung" des Präsidenten Anerkennung zollte: „Ungeachtet allen Dru-

Staatsoberhauptes über NS-Verbrecher gehalten hatten.[25] Vor allem flüchtige Nationalsozialisten und frühere Kollaborateure, die sich ihrer strafrechtlichen Verantwortung zu entziehen suchten und Argentinien als „refugio seguro"[26] angesteuert hatten, verließen daraufhin das Land. In den Wirren des Umbruchs gingen mehrere Aktivisten aus dem Umfeld des Dürer-Verlags und „Der Weg"-Redaktion außer Landes.[27] Wim Sassen, um ein Beispiel zu nennen, kehrte im Sommer 1956 in die Bundesrepublik zurück und nahm in Konstanz am Bodensee seinen Wohnsitz.[28] Andere wichen in benachbarte südamerikanische Staaten aus, beispielsweise nach Paraguay, wo Alfredo Stroessner sich im Mai 1954 durch einen Staatsstreich an die Macht geputscht hatte. Eine dritte Gruppe schließlich, zahlenmäßig wohl die kleinste, siedelte nach Ägypten über.

Bei genauerem Blick erwies sich der innenpolitische Wandel nach der so genannten Befreiungsrevolution jedoch zunächst weniger dramatisch, als es Zeitungsmeldungen geschweige denn stereotype Formulierungen über die *wüste Verfolgung gegen die nationalen Flüchtlinge aus Europa*[29] vermuten ließen, wie Johann von Leers sie festgestellt haben wollte. Zwar waren „die goldenen Zeiten" für den Dürer-Verlag und seine Mitarbeiter tatsächlich „dahin". Die Zeitschrift aber wurde, wenngleich „keineswegs wohlwollend", weiterhin geduldet und durch *die neuen argentinischen Behörden zunächst nicht behelligt*, wie ein Mitarbeiter des Bundesamtes für Verfassungsschutz beobachtete.[30] In der Tat unternahmen diese „trotz des Drucks von vielen Seiten" offensichtlich keine Schritte, um der Zeitschrift „ein Ende zu bereiten".[31] „Der Weg" konnte weiter erscheinen. Dass er „von der Perón nachfolgenden Militärdiktatur verboten

---

ckes, der unzweifelhaft gegen Buenos Aires ausgeübt worden ist, um die Stimme des ‚Weg[s]' [...] zum Schweigen zu bringen, hat General Perón [...] das Recht des freien Erscheinens für dieses Blatt aufrecht erhalten". Siehe Stimme Englands, in: Der Weg 6 (1952) 10, S. 717 f. Zur einschlägigen Memoirenliteratur siehe VOLLMER, DIETER: Bilanz vom Empfangen und Geben, von eigenem Tun und Erleben, Schleswig 1991/93, S. 156; OVEN, WILFRED VON: Ein „Nazi" in Argentinien, Duisburg ²1999, S. 65.

25 WOJAK, IRMTRUD: Eichmanns Memoiren. Ein kritischer Essay, Frankfurt am Main 2001, S. 21.
26 Siehe dazu den so überschriebenen Leitartikel in spanischer Sprache in: Der Weg 2 (1948) 8, S. 520. Siehe auch TAUBER: Beyond Eagle and Swastika, S. 243.
27 MEDING, HOLGER M.: „Der Weg". Eine deutsche Emigrantenzeitschrift in Buenos Aires 1947 bis 1957, Berlin 1997, S. 134.
28 STANGNETH: Eichmann vor Jerusalem, S. 238.
29 Johann von Leers an Schreiber, 21.07.1959 [APABIZ].
30 MEDING, HOLGER M.: Nationalsozialismus im Exil. Die deutsche Rechtspresse am Río de la Plata 1945–1977, in: DERS. (HRSG.): Nationalsozialismus und Argentinien. Beziehungen, Einflüsse und Nachwirkungen, Frankfurt am Main/Berlin/Bern/New York/Paris/Wien 1995, S. 185–202, hier S. 195; Informationen des BfV vom 31.10.1956, S. 41 [BArch, B 443/53072].
31 MEDING: Nationalsozialismus im Exil, S. 195.

und beschlagnahmt" wurde, wie Wilfred von Oven (1912–2008) behauptet, ist nicht belegt.[32]

Gleichwohl ist zu konstatieren, dass sich der Druck auf Verlag und Redaktion erhöhte. Bereits im Februar 1955 forderte der Club Adelante, in dem sich ausgewanderte Sozialdemokraten zusammengeschlossen hatten, die Regierung zu Schritten auf, *um die Redaktion sowie den Dürer-Verlag [...] an einer weiteren publizistischen Tätigkeit zu hindern*, und verlangte nach einer *staatlichen Zwangsverwaltung* des Blattes.[33] Nach Peróns Sturz verschärfte sich der Ton weiter. Zu jenen, die nach drastischen Konsequenzen verlangten, gehörte auch die Delegación de Asociaciones Israelitas Argentinas (DAIA). Schon im Dezember 1955 verlangte der Dachverband der jüdischen Organisationen in einer Denkschrift Maßnahmen gegen den „Weg".[34] In der Presse erschienen zudem *wiederholt Artikel*, wonach dem *Weitererscheinen* der Zeitschrift *ein Ende bereitet* werden solle, stellte das Bundesamt für Verfassungsschutz fest.[35] Die Tageszeitung „La Prensa" etwa charakterisierte den „Weg" als „eine der Zentralzeitungen des Nazismus in der Welt".[36] Das Nachmittagsblatt „Critica" dagegen verurteilte den Tenor der Beiträge als „totalitäre Propaganda" und verlangte ein Verbot der Zeitschrift sowie die Ausweisung ihrer Herausgeber, sofern diese nicht argentinische Staatsbürger seien. Als Begründung führte „Crítica" an, dass das Blatt „systematisch alle Persönlichkeiten im demokratischen Lager, unabhängig von ihrer Nationalität, verunglimpfe und verleumde und scharfe antisemitische Propaganda treibe".[37] Wie ernst Fritsch und die verbliebenen Mitarbeiter diese Äußerungen nahmen, zeigten interne Überlegungen im Dezember 1956, wonach er und *sein Kreis treuer Nationalsozialisten* Argentinien verlassen und in die Bundesrepublik *übersiedeln* wollten, um die Zeitschrift künftig dort zu verlegen.[38] Im Gegensatz zu Rudel, dessen kommerzielle Geschäfte mit vormaligen Angehörigen aus dem engeren Umfeld Peróns ihn nunmehr der Verfolgung aussetzten, musste Johann von Leers allerdings kaum Konsequenzen

---

32 Oven: Ein „Nazi" in Argentinien, S. 113.
33 BPA an AA, 15.02.1955 [PA AA, B 11, Band 1286, Nr. 1, Bl. 307]. Siehe auch Meldung AFP vom 15.02.1956 sowie DPA-Spezial vom 25./26.02.1956.
34 Fritsch, Eberhard: Manchem ein Dorn im Auge – manchem ein Pfahl im Fleische, in: Der Weg 10 (1956) 7/8, S. 397–412, hier S. 410. Zum Vorgehen der DAIA siehe auch: Argentine Jews Ask Government to Act on Anti-semitic Publication, in: Jewish Telegraphic Agency vom 05.03.1956.
35 Informationen des BfV vom 31.10.1956, S. 41 [BArch, B 443/53072].
36 So „La Prensa" vom 02.02.1956, zit. nach Fritsch: Manchem ein Dorn im Auge, S. 411.
37 Se Publica en la Argentina una Revista Nazi, in: Crítica vom 23.09.1953 [BArch, B 145/7764, o. P.]. Siehe auch DPA-Spezial vom 01.10.1956.
38 Konsulat Curitiba (Brasilien) an AA, 11.12.1956 [PA AA, B 33, Band 10, Nr. 2, Bl. 142] sowie Konsulat Curitiba (Brasilien) an AA, 08.01.1957 [PA AA, B 33, Band 10, Nr. 2, Bl. 149].

fürchten. Der BND jedenfalls ging davon aus, dass zumindest der ersten provisorischen Regierung unter Eduardo Lonardi (1896–1956) ein Kreis von *rechtsextremistischen Elementen* angehört habe, unter denen sich die einst geflohenen Nationalsozialisten weiterhin *großer Sympathie* erfreuten.[39]

Von ungleich größerer Bedeutung für die Entscheidung zu einer beruflichen Neuorientierung war jedoch der Niedergang des „Wegs". Die Ortsangaben, die seit 1954 zahlreichen Autorennamen hinzugefügt wurden und ein eindrucksvolles Netzwerk an „Redaktionen und Korrespondenten" in Europa, Nordamerika und im Nahen Osten suggerieren sollten[40], dürfen nicht darüber hinwegtäuschen, dass die Auflage zu diesem Zeitpunkt drastisch eingebrochen war und kaum noch Unternehmen in dem Blatt inserierten.[41] Die ökonomische Basis des Verlags habe sich seit Ende 1952 „laufend verschlechtert", erinnerte sich Vollmer, der kurz darauf aus der Redaktion ausschied und in die Bundesrepublik zurückkehrte.[42] Gerade unter den sogenannten Auslandsdeutschen sei der Anklang *in den letzten Jahren fast völlig geschwunden,* analysierte auch das Bundesamt für Verfassungsschutz.[43] Obgleich über diese Entwicklung nur widersprüchliche und undifferenzierte Angaben vorliegen, lassen sie doch nachvollziehen, dass, so der frühere Redakteur Juan Maler, aus der einstmals „auflagenstärksten deutschen Zeitung auf der Welt"[44] ein bedeutungsloses Blatt zu werden drohte. Nachdem die Erstausgabe 1947 mit rund 2.000 Exemplaren an den Start gegangen war, soll die Auflage bis zum Jahresende 1948 auf 6.000 Exemplare gestiegen sein.[45] Um 1949/50 habe sie bei rund 10.000 Exemplaren gelegen – eine Angabe, die das Bundesamt für Verfassungsschutz und der amerikanische

---

39   BND, Meldedienstliche Verschlusssache (B-3), 20.07.1960 [Privatarchiv].
40   Skurril mutete in diesem Zusammenhang an, dass Johann von Leers sich auch mit seinen zu diesem Zeitpunkt bereits bekannten Pseudonymen an dem Versteckspiel beteiligte. Während „Gordon Fitzstuart" angeblich von New York aus berichtete, war „Felix Schwarzenborn" in Kairo beheimatet.
41   FRITSCH: Manchem ein Dorn im Auge, S. 398. Zu den wenigen Unternehmen, die noch Anzeigen schalteten, soll die Ofenfabrik Roberto Mertig gehört haben, in der „alle möglichen Nazigrößen durchgefüttert werden". Siehe Feinde der Demokratie, VI/3-4 (Februar/März 1957), S. 41. Zu Mertig siehe auch GOÑI, UKI: Odessa. Die wahre Geschichte. Fluchthilfe für NS-Kriegsverbrecher, Berlin ²2007, S. 273 f.: Mertig, Mitglied der NSDAP und während des Krieges als NS-Propagandist in Argentinien aktiv, hatte 1942 das Unternehmen Orbis gegründet und „mit der Produktion von Gasöfen ein kleines Vermögen erworben". Zu seinen Angestellten sollen später Eichmann und Mengele, dessen Vater um 1953/54 geschäftliche Kontakte mit Mertig geknüpft hatte, gehört haben.
42   VOLLMER: Bilanz vom Empfangen und Geben, S. 195.
43   Information des BfV vom 31.10.1954 [AdsD, Sammlung Personalia].
44   MALER, JUAN: Frieden, Krieg und „Frieden", Bariloche 1987, S. 336. Zur Entwicklung siehe MEDING: „Der Weg", S. 113–117.
45   FRITSCH: Manchem ein Dorn im Auge, S. 398.

Geheimdienst für glaubwürdig erachteten.[46] Der BND ging für das Jahr 1950 von einer Auflage von 12.000 Exemplaren aus.[47] Maler sprach sogar von 17.000 Exemplaren.[48] Ob „Der Weg", der über konspirative Kanäle in den deutschsprachigen Raum eingeschleust wurde, zu diesem Zeitpunkt tatsächlich „in der Bundesrepublik eine fünfstellige Abonnentenzahl"[49] erreichte, ist allerdings zweifelhaft. Überhöht erscheint auch die Zahl von rund 25.000 Exemplaren für das Jahr 1952.[50] Nach Angaben der Deutschen Botschaft Buenos Aires lag sie zu diesem Zeitpunkt zwischen 6.000 und 7.000 Exemplaren.[51] Das Bundespresseamt ging sogar von einer *Monatsauflage* von nur 1 500 Exemplaren aus.[52] Spätestens seit Mitte der 1950er Jahre dürfte die Auflage stark rückläufig gewesen sein. Zwar gab die Redaktion die Zahl der „Leser in Deutschland" im Juli 1953 mit „rund 16.000" an. Hinzu kämen die „vielen Tausend in der gesamten Welt".[53] Wie kritisch es um die Zeitschrift stand, konnte ihr Herausgeber allerdings nicht verheimlichen. Unumwunden räumte Fritsch zu diesem Zeitpunkt ein, dass mindestens 2.000 neue Abonnenten gewonnen werden müssten, um die Arbeit „in gleicher Weise wie bisher sichern zu können".[54] Dass der Redaktion dies nur mühsam gelang, zeigen die offenkundig fruchtlosen Appelle in den folgenden Ausgaben. Für Anfang 1954 gab das Bundepresseamt die Auflage mit gerade noch 3.000 Exemplaren an.[55] Im Herbst 1954 wurde sie durch das Bundesamt für Verfassungsschutz mit 3.500 Exemplaren beziffert, weshalb die Zeitschrift *nur noch unter größten Schwierigkeiten in unregelmäßigen Abständen* erscheine.[56] Ende 1956 war die Auflage erneut gesunken und soll bei etwa 3.000 Stück gelegen

---

46 EBD. Information des BfV [AdsD, Sammlung Personalia] und Bericht der CIA, 10.12.1954 [NARA, RG 263, Entry ZZ-16, Box 32, NND 36822]. Die Zeitung selbst gab an, es sei ihr gelungen, innerhalb von zwei Jahren nach der Gründung die Auflage „zu verzehnfachen". Wir antworten!, in: Der Weg 3 (1949) 6, S. III–IV.
47 BND, Meldedienstliche Verschlusssache (B-3), 20.07.1960 [Privatarchiv].
48 MALER: Frieden, Krieg und „Frieden", S. 336.
49 STANGNETH: Eichmann vor Jerusalem, S. 156.
50 MEDING: „Der Weg", S. 182.
51 Deutsche Gruppen in Argentinien, Botschaft Buenos Aires für AA, 17.06.1952 [PA AA, B 11, Band 988, Nr. 1, Bl. 52–57].
52 BPA an AA, 30.08.1952 [BArch, B 145/8864, o. P.].
53 FRITSCH, EBERHARD: Lieber Leser!, in: Der Weg 7 (1953) 7, S. 442. Siehe auch MEDING: „Der Weg", S. 129. Zur Auflagenentwicklung siehe dort S. 182. Von Oven beziffert die Auflage auf „zeitweilig" 27.000 Exemplare, was überhöht erscheint. Siehe OVEN: Ein „Nazi" in Argentinien, S. 44.
54 FRITSCH: Lieber Leser!, S. 442. Siehe auch MEDING: „Der Weg", S. 129.
55 BPA an BK Adenauer, 02.02.1954 [BArch, B 145/8864, o. P.].
56 Information des BfV vom 31.10.1954 [AdsD, Sammlung Personalia]. Siehe auch Transmittal of Monthly Intelligence Report vom 10.12.1954 [NARA, RG 263, Entry ZZ-16, Box 32, NND 36822].

haben.⁵⁷ Dass der *Bezieherkreis zuletzt rund 7/8000 Personen umfasst* habe, wie Fritsch behauptete, erscheint deshalb übertrieben.⁵⁸ Sein weiteres Erscheinen verdankte „Der Weg" in diese Phase offensichtlich Gönnern wie Rudel, der die Zeitschrift *finanziell erheblich unterstützt* habe, wie die Deutsche Botschaft Anfang 1956 ermitteln konnte.⁵⁹

Einen erheblichen Anteil an dieser Abwärtsentwicklung hatte zweifelsohne die *ideologische Richtung*, die Johann von Leers der Zeitschrift seit seinem Eintritt in die Redaktion im Herbst 1950 verpasst hatte.⁶⁰ „Der Weg" werde inzwischen *fast allein* und unter *verschiedenen Pseudonymen* von ihm *geschrieben*, stellte das Bundesamt für Verfassungsschutz im Oktober 1954 fest.⁶¹ Die damit verbundene Fundamentalopposition im Geiste der SS (siehe Kap. 8.5.3) wirkte abschreckend auf weniger radikale Leser. Selbst Vollmer, der sich als „überzeugten Rassisten" charakterisierte, wollte „[n]icht mit allem [...] innerlich mitgehen", was Johann von Leers verfasste.⁶² Zunehmend auf Distanz ginge auch der *international geachtete Mitarbeiterkreis*, der solchen scharfen Tönen nicht folgen mochte.⁶³ Klaus Mehnert etwa vollzog nach dem skandalösen „Israel-Heft" im November 1952 seine Trennung vom Verlag und brach den Kontakt mit Johann von Leers ab (siehe Kap. 8.3.4). Zu einer Entfremdung war es auch bei Hans Friedrich Blunck gekommen, der sich nicht länger jenen Kreisen *da unten in Argentinien* zurechnen lassen wollte, die *grundsätzlich alles ablehnen* und ihre *Opposition mit immer höheren Forderungen rechtfertigen* würden.⁶⁴ Mit einem Rückzug reagierten zudem Mitarbeiter wie Anton Zischka, die sich in der prosperierenden Nachkriegsgesellschaft in der Bundesrepublik wieder etabliert hatten und denen sich seit Anfang der 1950er Jahre andere Publikationsmöglichkeiten eröffneten. Auf eine Gesinnungsgemeinschaft, wie sie „Der Weg" verkörperte, waren sie nicht länger angewiesen.⁶⁵

Konfliktträchtig wirkte auch das Geschäftsgebaren des Herausgebers. So habe Fritsch die spärlichen Honorare seiner Autoren stets damit begründet, *dass nur Hungrige [...] für eine Idee kämpfen*, selbst aber *glänzend gelebt*, wie

---

57   Informationen des BfV vom 31.10.1956, S. 48 [BArch, B 443/53072].
58   Betrifft: Eberhard Fritsch, bisher Herausgeber „Der Weg", Buenos Aires, 27.02.1958 [APA-BIZ].
59   Botschaft Buenos Aires an AA, 09.02.1956 [PA AA, B 33, Band 11, Nr. 1, Bl. 12].
60   Juan Maler, Auslandsdeutscher Rundbrief o.D. [um 1958] [APABIZ].
61   Information des BfV vom 31.10.1954 [AdsD, Sammlung Personalia].
62   VOLLMER: Bilanz vom Empfangen und Geben, S. 173.
63   Juan Maler, Auslandsdeutscher Rundbrief o.D. [um 1958] [APABIZ].
64   Blunck an Gesine von Leers, 22.03.1952 [SHLB, NL Blunck, Cb 92.51: 52a, Bl. 10].
65   Dürer-Verlag an Zischka, 22.06.1951 sowie Zischka an Dürer-Verlag, 19.09.1951 [DMM, NL 184, Zischka].

Gesine von Leers sich noch Jahre später empörte.[66] Tatsächlich bestand ein Gegensatz zwischen schreibwütigen Überzeugungstätern wie Johann von Leers, der *Aufsatz nach Aufsatz*[67] produzierte, und geschäftstüchtigen Unternehmern wie Fritsch und Rudel, die ihren „Traum vom schnellen Geld" lebten.[68] Rudel etwa, dessen Schriften anfangs im Dürer-Verlag erschienen[69], kultivierte zwar das Bild des asketisch lebenden Soldaten, gefiel sich aber auch in der Rolle eines Lebemanns, der sich „nach Arbeitsschluss nur vor der Entscheidung" stehen sah, ob er „Tennisspielen oder Schwimmen" gehen solle.[70] Sein Bild im Kreis der NS-Emigranten war denn auch ambivalent. Als erfolgreicher Erfolgsautor einschlägiger Memoiren- und Rechtfertigungsliteratur, die er lukrativ vermarktete, genoss er zweifelsohne Ansehen.[71] Weniger bekannt war dagegen, dass er sich mangels schriftstellerischen Talents der Unterstützung von Ghostwritern bedienen musste, deren Zuarbeit er schlecht honorierte.[72] Zu Verwerfungen kam es zudem aufgrund charakterlicher Defizite, die ihm unterstellt wurden. Selbst ein Mitarbeiter der Botschaft bemerkte, Rudels *Ichbezogenheit* habe diesen in der deutschsprachigen Gemeinschaft zunehmend isoliert.[73] Über einen ähnlichen kommerziellen Spürsinn verfügte überdies Fritsch. Dies zeigen nicht

---

66 Gesine von Leers an Ryschkowsky, 01.03.1961 [APABIZ].
67 Kt.: von Leers und Verbindungen, 03.12.1960 [APABIZ].
68 STANGNETH: Eichmann vor Jerusalem, S. 244f.
69 RUDEL, HANS-ULRICH: Trotzdem, Buenos Aires 1949; DERS.: Dolchstoß oder Legende?, Buenos Aires 1951; DERS.: Wir Frontsoldaten zur Wiederaufrüstung, Buenos Aires 1951; DERS.: Es geht um das Reich, Buenos Aires 1952; DERS.: Aus Krieg und Frieden, Buenos Aires 1953; DERS.: Zwischen Deutschland und Argentinien, Buenos Aires 1954.
70 RUDEL: Zwischen Deutschland und Argentinien, S. 53.
71 Rudel an Thompson, 28.09.1952 [Privatarchiv]. Zur gewinnträchtigen Vermarktung biografischer Erinnerungen durch Otto Skorzeny siehe RIEGLER, THOMAS: „The Most Dangerous Man in Europe"? Eine kritische Bestandsaufnahme zu Otto Skorzeny, in: JIPSS 11 (2017) 1, S. 15–61, hier S. 26.
72 Ob Johann von Leers einer dieser Ghostwriter gewesen ist, wird vermutet, lässt sich aber nicht belegen. *This book was most probably written by a Prof. Dr. Johann von Leers of Buenos Aires*, hielten amerikanische Sicherheitsbehörden fest. Siehe Dispatch from Frankfurt, 05.09.1956 [NARA, RG 263, Entry ZZ-16, Box 32, NND 36822]. Für das Erinnerungsbuch „Zwischen Deutschland und Argentinien" reklamierte Vollmer, 1952 als Rudels „Sekretär" Tonbandaufnahmen transkribiert zu haben. Siehe VOLLMER: Bilanz vom Empfangen und Geben, S. 206. An der Arbeit für „Trotzdem" soll Rudel durch Sassen unterstützt worden sein. Siehe Deutsche Gruppen in Argentinien, Botschaft Buenos Aires für AA, 17.06.1952 [PA AA, B 11, Band 988, Nr. 1, Bl. 52–57]; STANGNETH: Eichmann vor Jerusalem, S. 155.
73 Information der Deutschen Botschaft Buenos Aires [PA AA, B 33, Band 10, Nr. 2, Bl. 121 f.]. Symptomatisch dafür waren die Umstände des Tods des „Weg"-Mitarbeiters Erwin Neubert, die Gesine von Leers noch Jahre später in Rage versetzten. Weil Neubert ein *glänzender Fotograph* gewesen sei, habe Rudel ihn für *Aufnahmen für seine Publicity* zur Teilnahme an einer Bergexpedition gedrängt. Als Neubert dabei tödlich stürzte, ließen Rudel und seine Begleiter es aber offensichtlich jenen Tugenden fehlen, die in „Weg"-Kreisen hochgehalten wurden.

nur die ausführlichen Interviews, die er und der frühere „Weg"-Autor Wim Sassen spätestens ab Anfang 1957 mit Adolf Eichmann zu führen begannen und später gewinnbringend vermarkteten.[74] Glaubt man Gesine von Leers, soll er auch die *Notlage* ihrer Familie ausgenutzt und sich auf deren Kosten bereichert haben. So sei es das *Geistesgut* ihres Mannes gewesen, mit dem Fritsch nach Brasilien reiste, *um Vorträge zu halten und den Hut offen zu halten*. Die dort eingesammelten *große[n] Summen* für den *völkischen Kampf* indessen habe er *auf ein Sonderkonto gebucht*, auf das nur er und Verlagsgeschäftsführer Ernst Clouth (Lebensdaten unbekannt) zugreifen konnten.[75]

Welches Klima des Misstrauens unter den Mitarbeitern der Zeitschrift in dieser Phase bestand, zeigen die gegenseitig gestreuten Verdächtigungen. So warf Fritsch seinem Geschäftsführer vor, sich durch *betrügerische Scheckmanipulationen* und *Kontoüberziehungen*[76] bereichert zu haben. Juan Maler wollte wissen, Clouth habe sich in die Bundesrepublik abgesetzt, „nicht ohne aus der Kasse des Dürerverlages 600.000 Pesos mitgehen zu lassen".[77] Für Gesine von Leers dagegen handelte es sich um ein abgekartetes Spiel: Zwar habe Fritsch *überall* behauptet, der Geschäftsführer habe *100.000 Pesos unterschlagen* und sei mit dem Geld *getürmt*. In Wirklichkeit aber hätten *diese beiden Gauner* ihren Plan gemeinsam ausgeführt und Fritsch 100.000 DM für ein Konto *auf einer Schweizer Bank* abgezweigt.[78] Dass Johann von Leers später Clouth als *swine* und *mouchard in the service of Adenauer* bezeichnete, verwundert deshalb nicht.[79] Für Differenzen innerhalb der Redaktion sorgte schließlich die kontroverse Einschätzung der politischen Entwicklung in der Bundesrepublik anlässlich der Bundestagswahlen 1953. Johann von Leers wollte demnach Rudel davon *abgeraten* haben, sich im Wahlkampf einzumischen, weil darin *implicite eine Anerkennung der dortigen Staatsordnung* gesehen werden müsse und *überhaupt Wahlen in einem besetzten Volke sinnlos* seien, wie er einem Korrespondenz-

---

Weil ein Rücktransport ins Tal *zu teuer und zu anstrengend* gewesen sei, habe man Neuberts Leiche einfach *oben liegen lassen*, trug Gesine von Leers diesen nach. Siehe Gesine von Leers an Ryschkowsky, 01.03.1961 [APABIZ].

74 Siehe STANGNETH: Eichmann vor Jerusalem, S, 245.
75 Gesine von Leers an Ryschkowsky, 01.03.1961 [APABIZ]. In Unterlagen des BND wird kolportiert, Fritsch habe sich Ende 1958 *ein Landhaus* errichten lassen, in dem er zeitweise auch den als Kriegsverbrecher gesuchten SS-General und ehemaligen Adjutanten Himmlers, Ludolf-Hermann von Alvensleben, beherbergt haben soll. BND, Meldedienstliche Verschlusssache (B-3), 20.07.1960 [Privatarchiv].
76 Rundschreiben Fritsch an „Weg-Gefährten", 31.12.1957 [DMM, NL 184, Zischka].
77 MALER: Frieden, Krieg und „Frieden", S. 342.
78 Gesine von Leers an Ryschkowsky, 01.03.1961 [APABIZ].
79 Johann von Leers an Thompson, 16.10.1960 [Privatarchiv]. Ähnlich Maler, für den Clouth „ein bezahlter Agent" gewesen ist. Siehe MALER: Frieden, Krieg und „Frieden", S. 341.

partner schrieb.[80] Wie geringschätzig Rudel solche Überzeugungen quittierte, bezeugt der Umstand, dass er sich dennoch der DRP als Spitzenkandidat für den Bundestag zur Verfügung stellte.[81]

Zu solchen persönlichen Konflikten traten weltanschauliche Kontroversen, deren Wurzeln in die 1930er Jahre zurückreichten. Für Irritationen sorgte Johann von Leers etwa mit seiner Bewertung des ihm seit langem bekannten italienischen Kulturphilosophen und Rassentheoretikers Julius Evola (siehe Kap. 7.6), den er im „Weg" zum „Hochmeister der alten Tradition in Europa" erklärte.[82] Als 1955 Evolas „Das Mysterium des Grals" in Neuauflage in deutscher Sprache publiziert wurde, sprach er von einem „herrlichen Buch".[83] Für Evola nämlich sei der Gralsmythos etwa „nicht eine literarische Schöpfung, sondern eine traditionsgebundene Überlieferung, von einem ‚Urzentrum' hoch im Norden".[84] In seinem Frühwerk „Heidnischer Imperialismus" (1928) sah Johann von Leers später sogar die Grundlegung für jene Tat, „die heute wieder getan werden muss", nämlich die „Verwirklichung des ‚Imperium Europaeum'" und die „Beseitigung des Barbarentriumphes von 1945".[85] In der „Weg"-Redaktion fanden solche Ansichten allerdings keine ungeteilte Zustimmung. Zumindest Vollmer hielt sich nicht mit kritischen Anmerkungen zurück, wie „fremd" ihm solche Überzeugungen erschienen.[86] Den Geist nationalsozialistischer Kontroversen der 1930er Jahre atmeten schließlich Angriffe im „Weg" auf die Ost- und Russlandpolitik Rosenbergs und seiner Mitarbeiter. Den Auftakt dazu machte 1951 der Artikel „Östliche Prophetie", in dem Johann von Leers zu erklären versuchte, weshalb der Nationalsozialismus „an Russland gescheitert" sei.[87] Die Verantwortung dafür trügen jene „führenden Männer" der „unseligen Rosenberg-Clique", die es aus „baltischem Ressentiment" und „Voreingenommenheiten" gegenüber dem rus-

---

80   Johann von Leers an Zierer, 08.05.1954 [Privatarchiv].
81   RUDEL: Zwischen Deutschland und Argentinien, S. 255.
82   LEERS, JOHANN VON: Reich und Sonnenordnung, in: Der Weg 9 (1955) 9, S. 555–558, hier S. 557.
83   EVOLA, JULIUS: Das Mysterium des Grals, Planegg 1955 (Original: Il Mistero del Graal e la Tradizione Ghibellina dell'Impero, 1934). Siehe auch LEERS: Reich und Sonnenordnung, S. 557.
84   LEERS: Reich und Sonnenordnung, S. 557.
85   EULER, HANS: Über das Vaterland, in: Der Weg 11 (1957) 10, S. 667–670, hier S. 670.
86   VOLLMER: Bilanz vom Empfangen und Geben, S. 173.
87   LEERS, JOHANNES VON: Östliche Prophetie, in: Der Weg 5 (1951) 11, S. 787–795. Die Autorenangabe enthielt erstmals einen geografischen Zusatz, hier „Rom". Zur Rezeption siehe Bluncks Anmerkung, wonach die *sehr klug geschriebene ‚Östliche Prophetie' [...] manchen Widerspruch und viel Freundschaft geweckt* habe. Blunck an Gesine von Leers, 22.03.1952 [SHLB, NL Blunck, Cb 92.51: 52a, Bl. 10]. Siehe auch COOGAN: Dreamer of the Day, S. 275. Er verweist auf die Parallele zu Francis Parker Yockey und Spenglers Konzept, das diesem Gedanken zugrunde lag. Spengler wird allerdings von Johann von Leers nicht erwähnt, statt dessen Niko-

sischen Volk „nicht verstanden", dieses nach Beginn des Krieges 1941 als Bündnispartner gegen „den einheimischen Tyrannen" zu gewinnen.[88] Varianten dieser Kritik an der „unselige[n] Rosenbergschen Konzeption der Ostpolitik", die „im Grunde die Ursache für Deutschlands Zusammenbruch wurde", wurden in den kommenden Jahren noch mehrfach wiederholt.[89]

Solche weltanschaulichen Grabenkämpfe spielten sich innerhalb der „Weg"-Redaktion und ihres Umfeldes ab. Für zusätzliche Ernüchterung dürfte gesorgt haben, dass der ambitionierte Versuch, den „Weg" als Organ eines Netzwerkes Gleichgesinnter vor allem in Europa sowie Nord- und Südamerika zu etablieren, scheiterte. Die Spaltung der ESB, als deren Sprachrohr die Zeitschrift zeitweise gelten konnte (siehe Kap. 8.5.4), ist auch darauf zurückzuführen, dass ihre Wortführer in taktischen Fragen kein Einvernehmen erzielten und widersprüchliche weltanschauliche Überzeugungen vertraten. Anders als die Kreise um Johann von Leers, die die ESB als *Trägerin der Auseinandersetzung mit dem Weltjudentum* betrachteten, sprach etwa Per Engdahl sich aus strafrechtlichen Gründen für weniger radikale Töne aus, nachdem er *für seine frühe antisemitische Aktivität als junger Politiker in Schweden* bereits *ein bitteres Lehrgeld bezahlen musste*.[90] Als Element der Spaltung erwies sich darüber hinaus die Europakonzeption, die in einer „Züricher Erklärung" dargelegt worden war: Die Forderung nach einer „Europäischen Eidgenossenschaft", in der die „nationalen Besonderheiten und Überlieferungen" gewahrt würden und die „nationalen Staaten" als „organische Verkörperung der europäischen Seele" sich im Bündnis mit den Völkern des Nahen Ostens, Südamerikas und Indiens gegen die USA und die Sowjetunion stellten, stand in Widerspruch zu den Ansichten etwa von Johann von Leers, der für die Rückkehr zu „Nation und Reich" kämpfen wollte und sich kritisch gegen ein „vereintes Europa" stellte, zumal, wie er Anfang 1952 erklärt hatte, „in einer Zeit, da in den meisten europäischen Ländern die Kräfte regieren, die im Widerstand gegen Deutschland groß geworden sind."[91]

---

    laj Danilewskij (S. 791), der bereits in seinem 1871 erschienenen Buch „Russland und Europa" die Theorie entwickelt hatte, dass Kulturen wie Pflanzen aufkeimen, blühen und welken würden.
88 LEERS: Östliche Prophetie, S. 794.
89 RZ: Artur W. Just: Russland in Europa. Gedanken zum Ostproblem der abendländischen Welt, in: Der Weg 7 (1953) 3/4, S. 245; RZ: Walter Görlitz/Herbert A. Quint: Adolf Hitler. Eine Biographie, in: Der Weg 7 (1953) 8, S. 559; RZ: Edwin Erich Dwinger: General Wlassow, in: Der Weg 8 (1954) 2, S. 157.
90 Dossier „Leers-Komplex" (Ms.), o. O. o. J., S. 10 [AfZ, JUNA-Archiv].
91 RZ: Gottfried Griesmayr: Der politische Weg der Kriegsgeneration, in: Der Weg 6 (1952) 3, S. 222.

Zu spüren bekam die Zeitschrift allerdings auch den verstärkten Druck der Botschaft in Buenos Aires. Seit Botschafter Hermann Terdenge, dem eine unkritische Haltung gegenüber dem Regime Peróns attestiert wurde, Ende 1955 abberufen worden war, gingen ihre Mitarbeiter deutlicher auf Distanz zu den Kreisen, wie sie „Der Weg" repräsentierte.[92] Zwar schätzte ein Diplomat die erste Ausgabe des Jahrgangs 1956 als *verhältnismäßig milde* ein, was angesichts einschlägiger Beiträge von Johann von Leers gewagt erscheint. Eindeutiger fiel dagegen das Urteil in Bonn aus: *NS-Tendenz* bemerkte dort ein Mitarbeiter, der um eine Einschätzung der Zeitschrift gebeten worden war.[93] Das Bundesamt für Verfassungsschutz, das die Zeitschrift und andere Publikationen des Dürer-Verlags regelmäßig auswertete, sprach sogar von einem *aggressiven neo-faschistischen Inhalt*.[94] Einzelnen Mitarbeitern der Zeitschrift wurde deshalb nahelegte, sich vom „Weg" zu lösen. Carlos von Merck beispielsweise, einst Südamerika-Korrespondent des „Völkischen Beobachters"[95], habe sich, so Verlagsleiter Vollmer, zum „Leidwesen" der Redaktion als „wenig widerstandsfähig gegen den zunehmenden Einfluss der westdeutschen Gesandtschaft" erwiesen.[96] Stattdessen boten zunehmend Autoren ihre Mitarbeit an, die gleichermaßen wirre wie radikale Ansichten vertraten. Genannt werden kann beispielsweise Walther Kramer (siehe Kap. 9.5.3), für dessen Veröffentlichungen sich Johann von Leers einsetzte.[97] Als stellvertretenden Schriftleiter soll der Verlag zudem, glaubt man den Informationen, die dem Bundesamt für Verfassungsschutz vorlagen, Hans Erich Krause („Hek Rau") aus Berchtesgaden angeworben haben. Der Herausgeber eines Periodikums namens „Deutschlandbrief", dessen „Leitworte" laut Cover „Reichsdeutsch – Völkisch – Europäisch" lauteten und das verschiedent-

---

92 Conze, Eckart/Frei, Norbert/Hayes, Peter/Zimmermann, Moshe: Das Amt und die Vergangenheit. Deutsche Diplomaten im Dritten Reich und in der Bundesrepublik, München 2010, S. 604–606.
93 Bundesministerium für Gesamtdeutsche Fragen an AA, 18.07.1956 [PA AA, B 33, Band 10, Nr. 2, Bl. 115].
94 BfV an AA, 24.03.1956 [PA AA, B 33, Band 10, Nr. 2, Bl. 167].
95 Von Merck berichtete zunächst bis mindestens Ende 1941 von Rio de Janeiro, dann bis Anfang 1945 von Lissabon und Madrid aus über Südamerika. Siehe beispielhaft Merck, Carl von: Ibero-Amerikanische Wirklichkeit, in: Völkischer Beobachter vom 28.12.1941; Ders.: Politische Lava in Zentralamerika, in: Völkischer Beobachter vom 02.08.1944. Zur Person siehe Stahl, Daniel: Nazi-Jagd. Südamerikas Diktaturen und die Ahndung von NS-Verbrechen, Göttingen 2013, S. 84–88. Aus der Sicht eines Beteiligten siehe Oven: Ein „Nazi" in Argentinien, S. 111–114.
96 Vollmer: Bilanz vom Empfangen und Geben, S. 164.
97 Johann von Leers an Kramer, 03.08.1955 [NL Kramer]. Siehe auch Gildemann, Arno: Leibeigene der Finanz, in: Der Weg 7 (1953) 3/4, S. 159–162.

lich Beiträge von Johann von Johann von Leers aus dem „Weg" nachdruckte[98], war angeblich im Herbst 1953 nach Argentinien ausgewandert.[99]

Die Krise des „Wegs" muss jedoch auch vor dem Hintergrund der innenpolitischen Entwicklung in der Bundesrepublik seit Beginn der 1950er Jahre betrachtet werden. Das Verbot der Sozialistischen Reichspartei (SRP) im Oktober 1952, die Zerschlagung des Netzwerkes um Werner Naumann wenige Monate später, zu dem auch Johann von Leers rege Beziehungen unterhalten hatte (siehe Kap. 8.5.1) und mit dem er gemeinsame Buchveröffentlichungen geplant haben soll[100], die Enttäuschung der „nationalen Opposition" über den Ausgang der Bundestagswahl im Herbst 1953 und die Spaltung der ESB schlossen den „Weg" von Vertriebskanälen ab. Zudem konnten jene Gleichgesinnten, die den Prozessen von Nürnberg ihre Legitimität absprachen und in den weiterhin inhaftierten Kriegsverbrechern in Werl oder Landsberg symbolträchtige Opfer alliierter Siegerjustiz sahen, während sie die Politik des Nationalsozialismus verklärten und dessen Verbrechen verharmlosten, seit dem Ende des Lizenzzwanges für Presseprodukte verstärkt auf Publikationen zurückgreifen, die sie in diesen Ansichten bestärkten.

Zu den bekanntesten dürfte die Zeitschrift „Nation Europa" zählen, die seit 1951 in Coburg erschien. Sie ähnelte dem „Weg" nicht nur in ihrem Konzept, theoretische Reflexionen mit Kommentaren zum aktuellen Geschehen zu verknüpfen, sondern konnte auch zahlreiche Autoren an sich binden, die bislang mit ihren Veröffentlichungen nach Argentinien ausweichen mussten.[101] Darüber hinaus gelang es ihr offensichtlich, finanzkräftige Förderer für sich zu gewinnen, auf die zunächst „Der Weg" gehofft hatte. Dies gilt vor allem für Oswald Mosley, den Führer der faschistischen Bewegung in Großbritannien, dem *gute*

---

98 LEERS, J[OHANN] VON: Heute Korea – Morgen?, in: Deutschlandbrief 4 (1953) 13 vom 12.10.1953, S. 7 f.; DERS.: Recht und Notwendigkeit Kroatiens, in: Deutschlandbrief 4 (1953) 13 vom 12.10.1953, S. 14–16. Zu den Erstveröffentlichungen siehe DERS.: Recht und Notwendigkeit Kroatiens, in: Der Weg 7 (1953) 7, S. 443–450; DERS.: Heute: Korea – morgen?, in: Der Weg 7 (1953) 8, S. 546–548.
99 Information des BfV vom 31.10.1954 [AdsD, Sammlung Personalia]. Zu Rau siehe FREI, NORBERT: Amerikanische Lizenzpolitik und deutsche Pressetradition. Die Geschichte der Nachkriegszeitung Südost-Kurier (Schriftenreihe der Vierteljahrshefte für Zeitgeschichte, Band 52), München 1986, S. 158. Im „Weg" findet sich allerdings kein Hinweis darauf, dass Krause dieses Amt tatsächlich übernommen hat.
100 Information Report The Recent Books by Werner Naumann und Johannes von Leers, 07.08.1953 [NARA, RG 263, Entry ZZ-16, Akte Naumann, D. 85].
101 Zu „Nation Europa" siehe DUDEK, PETER/JASCHKE, HANS-GERD: Entstehung und Entwicklung des Rechtsextremismus in der Bundesrepublik. Zur Tradition einer besonderen politischen Kultur (Bd. 1), Opladen 1984, S. 50–52; PFEIFFER, THOMAS: Für Volk und Vaterland. Das Mediennetz der Rechten – Presse, Musik, Internet, Berlin 2002, S. 145–176.

Beziehungen zu Rudel *nachgesagt* wurden[102] und der unverhohlen seine Sympathien für die Arbeit der Redaktion in den „allerdunkelsten Tagen von Nürnberg" geäußert hatte.[103] Mosley trug sich Anfang der 1950er Jahre zeitweise mit dem Gedanken zu einem „englischsprachigen Weltorgan"[104], bevor er als „Drahtzieher im Hintergrund"[105] die Gründung von „Nation Europa" forcierte. Eine Zeitschrift wie „Der Weg" war somit zunehmend entbehrlich. In der Folge verlor sie deshalb zunehmend ihre „Meinungsführerschaft" und ihr „Monopol" am „rechten Rand der deutschsprachigen politischen Publizistik".[106] Arthur Ehrhardt (1896–1971), Herausgeber von „Nation Europa", wusste zudem die Situation geschickt auszunutzen: Als Fritsch Anfang 1956 mit ihm in Verhandlung treten wollte, um beide Zeitschriften zusammenzulegen, lehnte er dies ab.[107] Ausschlaggebend dafür dürfte weniger der Ruf des „Wegs" gewesen sein, als vielmehr die Möglichkeit, einen Konkurrenten auszuschalten. „Der Weg", bilanzierte Juan Maler, habe „eine nicht mehr wegzudenkende Bedeutung in dieser Nachkriegszeit gehabt". Weil aber die politischen Verhältnisse auf Dauer „nicht von Argentinien aus" beeinflusst werden könnten, musste er über kurz oder lang „wieder abgelöst werden von Organen in Deutschland selbst".[108]

Beschleunigt wurde der Niedergang schließlich durch exekutive Maßnahmen der Behörden. Bereits im Sommer 1949 hatten ein „Vertriebsverbot"[109] in der US-Besatzungszone und in Österreich sowie die kurzzeitige Verhaftung ihrer Mitarbeiter der Zeitschrift einen Schlag versetzt.[110] Vollmer erinnerte sich im Rückblick daran, dass der Vertrieb innerhalb der Bundesrepublik seit 1952 „durch Finanz- und Zollbehörden empfindlich behindert" worden sei.[111] Ab Mitte der 1950er Jahre nahm der Druck weiter zu. Im April 1956 forderte der

---

102 Botschaft Buenos Aires an AA, 19.12.1955 [PA AA, B 11, Band 531, Nr. 1, Bl. 75].
103 Stimme Englands, in: Der Weg 6 (1952) 10, S. 717 f. Die geistige Nähe Oswald Mosley zum „Weg" betonte Fritsch 1956 erneut in seinem Beitrag zum zehnjährigen Bestehen der Zeitung. FRITSCH: Manchem ein Dorn im Auge, S. 405. Siehe auch MOSLEY, OSWALD: Glaube und Aufgabe, in: Der Weg 10 (1956) 9, S. 503 f.
104 MALER: Frieden, Krieg und „Frieden", S. 348.
105 GÜMBEL, ANNETTE: „Volk ohne Raum". Der Schriftsteller Hans Grimm zwischen nationalkonservativem Denken und völkischer Ideologie (Quellen und Forschungen zur hessischen Geschichte, Bd. 134), Darmstadt 2003, S. 297.
106 MEDING: „Der Weg", S. 9. Zur Entwicklung des rechtsextremen Verlagswesens siehe auch KNÜTTER, HANS-HELMUTH: Ideologien des Rechtsradikalismus im Nachkriegsdeutschland. Eine Studie über die Nachwirkungen des Nationalsozialismus (Bonner Historische Forschungen, Bd. 19), Bonn 1961, S. 35.
107 Informationen des BfV vom 28.02.1956, S. 36 f. [BArch, B 443/53072].
108 MALER: Frieden, Krieg und „Frieden", S. 348.
109 Zit. nach einem Nachruf auf Fritsch in den Deutschen Annalen 1974, S. 223–225.
110 FRITSCH: Manchem ein Dorn im Auge, S. 399.
111 VOLLMER: Bilanz vom Empfangen und Geben, S. 188.

SPD-Bundestagsabgeordneten Walter Menzel Wirtschaftsminister Erhard auf, „keine Einfuhrgenehmigung und Devisenkontingente mehr für die Einfuhr der in Buenos Aires von ehemaligen NS-Größen herausgegebenen Nazi-Zeitschrift „Der Weg" zu gewähren".[112] Im Sommer 1957 schließlich sollte vor dem Landgericht Lüneburg ein Prozess wegen Staatsgefährdung beginnen. Der Anklage, die sich auf zahlreiche Artikel von Johann von Leers stützte, waren umfangreiche Ermittlungen vorausgegangen. Bereits im Juni 1956 hatte die Oberstaatsanwaltschaft die Konten des Vertriebsorganisators in der Bundesrepublik, Gustav Flor, sperren lassen. Die finanziellen Folgen dieser Maßnahme bekam Fritsch zu spüren: *Beträge, die in die Tausende* gingen, seien ihm damit entzogen worden, klagte er.[113] Eine Doppelausgabe für die Monate November und Dezember konnte offensichtlich erst Anfang Februar 1957 ausgeliefert werden.[114] Um Kosten zu reduzieren, musste die Redaktion zudem auf ein kleineres Format wechseln. „Der Jahreswechsel fand uns im Verlag in tiefer Sorge", offenbarte Fritsch seinen noch verbliebenen Lesern.[115] Ein Jahr später legte die Oberstaatsanwaltschaft dann ihre Anklageschrift vor. In einer eingehenden Analyse mehrerer Jahrgänge des „Wegs" kam sie zu dem Schluss, dass es sich um eine *staatsgefährdende Schrift* handele, deren Autoren Demokratie und Parlamentarismus ablehnten, systematisch gegen die Organe der Bundesrepublik hetzten, den Nationalsozialismus und seine Repräsentanten verherrlichten, deren Verbrechen glorifizierten, antisemitische Haltungen unterstützten und Gegner des Nationalsozialismus böswillig beschimpften. Als es 1958 zu einem Urteil kam, war „Der Weg" allerdings bereits liquidiert worden. Das verbliebene Guthaben des Verlags auf einem Konto beim Postscheckamt Hannover betrug zu diesem Zeitpunkt gerade einmal 288,87 DM.[116]

Das Ende des „Wegs" und des Dürer-Verlags erlebte Johann von Leers bereits an seinem neuen Wohnsitz in Kairo. „Seine Flucht zu Nasser [...] eröffnet i[h]m fraglos günstigere Perspektiven", stellte der Informationsdienst „Feinde der Demokratie" zutreffend fest.[117] Worin aber lagen diese Perspektiven, sodass er bereit war, sich im Alter von 54 Jahren noch einmal an einem zunächst fremden Ort auf einem anderen Kontinent niederzulassen? In welchen Etappen vollzog

---

112 FRITSCH: Manchem ein Dorn im Auge, S. 411 f.
113 Rundschreiben Fritsch an „Weg-Gefährten", 31.12.1957 [DMM, NL 184, Zischka].
114 Botschaft Buenos Aires an AA zur Weiterleitung an BfV, 05.02.1957 [PA AA, B 33, Band 10, Nr. 2, Bl. 151]. Siehe auch Informationen des BfV vom 31.12.1956 [BArch, 443/53072].
115 Den Helm fester binden!, in: Der Weg 10 (1956) 11/12, S. 635.
116 AA an Botschaft Buenos Aires, 08.07.1957 [PA AA, B 33, Band 11, Nr. 3, Bl. 219]. Zum Prozess siehe auch O. V.: Prozess gegen neonazistische Zeitschrift „Der Weg", in: PNP vom 07./08.02.1959.
117 Feinde der Demokratie, VI/3–4 (Februar/März 1957), S. 42.

sich der Wechsel und auf welche Unterstützung konnte er dabei rechnen? Und in wessen Auftrag übernahm Johann von Leers an seiner neuen Wirkungsstätte jene propagandistischen und publizistischen Aufgaben, die ihn schnell ins Visier der Weltpresse brachten? Diese Fragen sollen zunächst beantwortet werden, um abschließend die Rolle seiner Person im Kontext einer „antisemitischen Internationale", deren Zentrum in Kairo lokalisiert wurde, zu untersuchen.

Von Bedeutung war zunächst, dass stellungslose Militärs, erfahrene Wirtschaftsexperten oder Wissenschaftler aus der Rüstungsindustrie (siehe Kap. 9.1) hohes Ansehen genossen. Anders als Briten oder Franzosen galten sie den lokalen Eliten nicht als Vertreter einer feindlichen Kolonialmacht. Hinzu kam die offene Sympathie zahlreicher Mitarbeiter des „Wegs" mit dem Land, das sich angesichts der weltpolitischen Konfrontation im Kalten Krieg in einer vermeintlich ähnlichen Lage zu befinden schien. Die Araber seien ein Volk, „das uns nichts Böses getan hat und gleich uns bedrückt ist", zog Johann von Leers eine Parallele zur Gegenwart.[118] Aufmerksam verfolgt wurde dabei auch der Aufstieg des Offiziers Gamal Abdel Nasser, der sich den 1949 gegründeten „Freien Offizieren" angeschlossen hatte und im Juli 1952 am Sturz von König Faruk beteiligt war. Dementsprechend große Hoffnungen setzte die Redaktion auf die künftige Entwicklung, wie eine Reihe von Beiträgen im „Weg" in dieser Phase zeigt. Otto Ernst Remer (1912–1997) etwa forderte bereits 1953 alle „nationalen Kräfte Deutschlands" dazu auf, beim Aufbau einer „starken arabischen Armee" zu helfen und dazu „ihre besten Kräfte zur Verfügung zu stellen".[119] Eine besondere Anziehungskraft übte dabei zweifelsohne die Ideologie des Panarabismus' aus, in der sich nationale Befreiungsrhetorik mit arabischem Einheitsstreben verknüpfte. Im Zeitalter der Entkolonialisierung und der Bewegung der Blockfreien leitete sich daraus auch eine Führungsrolle innerhalb der islamischen Staatenwelt ab. Nassers politisches Programm für einen nationalen Aufbau, das er im März 1955 verkündete, bediente sich dabei gleichermaßen der Ideen von Sozialismus und Nationalismus: Kolonialismus und Kapitalismus wurden verdammt, die feudalen Verhältnisse für überholt erklärt, die Verstaatlichung etwa des Suezkanals als Ziel proklamiert und Agrarreformen angekündigt. Später kam die Forderung nach einer „Ägyptianisierung" der Industrie hinzu.[120]

---

118 LEERS, JOHANN VON: Die grünen Banner der Freiheit, in: Der Weg 9 (1955) 10, S. 633–640, hier S. 640.
119 REMER, OTTO ERNST: Deutschland und die arabische Welt, in: Der Weg 7 (1953) 6, S. 365–368, hier S. 368.
120 LAQUEUR, WALTER Z.: Nasser's Egypt, London o. J. [1956], S. 3. HELMENSDORFER: 50mal Ägypten, S. 208 f.

Wie sehr Johann von Leers durch die Umgestaltung Ägyptens und Nassers revolutionäre Rhetorik in den Bann gezogen wurde, zeigen seine Artikel im „Weg". Schon in einem seiner ersten Beiträge äußerte er 1950 seine Freude über jene Stimmen einer „dritten Kraft" nicht nur in Portugal, Spanien und „besonders Südamerika", sondern auch in der „Welt des Islam", die sich „verstehend, aufrichtend, tröstend und anfeuernd" artikulieren würden.[121] Nicht weniger euphorisch zeigte er sich 1955 über den aufblühenden Nationalismus im Nahen Osten und in Nordafrika. In Algerien, Tunesien oder Marokko würden, so Johann von Leers, neuerdings „Nationalrevolutionäre" ihre Kräfte „koordinieren" und unter dem „grünen Banner der Freiheit" die arabische Einheit anstreben.[122] Nur eine Frage der Zeit schien es ihm deshalb, bis sich „ein großer Sturm aus der Wüste" erhebe und durch seinen „Trompetenstoß der Freiheit" die „nationale Unabhängigkeit und Größe" nicht nur von „Indonesien über Pakistan bis Marokko" wieder herstelle, sondern zugleich auch jene „demokratisch-kommunistische Welttyrannei" zerstöre, die der westlichen Welt und insbesondere den Deutschen 1945 aufgezwungen worden sei.[123] Besonders elektrisieren musste Johann von Leers jedoch ein Element der politischen Rhetorik, das seit der Staatsgründung Israels in die Propaganda der arabischen Staaten im Nahen Osten eingegangen war. Die traumatischen Erfahrungen vor allem der militärischen Niederlage 1948 nämlich hatten verstärkt zur Verbreitung antisemitischer Stereotype und zur „Übernahme verschwörungstheoretischer Argumentationsmuster"[124] geführt. Nicht zuletzt unter Nasser, der in Israel einen „Erzfeind" sah, wurde „die massenhafte Verbreitung antisemitischer Schriften [...] in arabischen Übersetzungen" gefördert.[125] Einem Propagandisten wie Johann von Leers musste es deshalb wie eine Fügung erscheinen, dass seine fixen Ideen über den jüdischen „Weltfeind" Teil einer Staatsdoktrin geworden waren.[126] Insofern personifizierte er mit seiner Übersiedlung jene Phase des arabischen Antisemitismus, die im jüdisch-arabischen Konflikt zwar eine „über-

---

121 L[EERS], J[OHANN] v[ON]: Sind wir am Ende? Prüfung des Gewissens, in: Der Weg 4 (1950) 12, S. 1072–1074, hier S. 1074.
122 LEERS: Die grünen Banner der Freiheit, S. 634.
123 EBD., S. 640.
124 PUSCHNERAT, TANIA: Antizionismus im Islamismus und Rechtsextremismus, in: BUNDESAMT FÜR VERFASSUNGSSCHUTZ (HRSG.): Feindbilder im politischen Extremismus. Gegensätze, Gemeinsamkeiten und ihre Auswirkungen auf die Innere Sicherheit, Köln 2004, S. 35–62, hier S. 44.
125 EBD.
126 STANGNETH: Eichmann vor Jerusalem, S. 201.

geordnete und existenzielle Konfrontation mit den Juden" sah, sich in ihrer Deutung aber „am deutschen Nationalismus und Nationalsozialismus orientierte".[127]

So erschien bereits im Oktober 1954 unter dem Pseudonym „FRAK", der Diktion nach vermutlich Johann von Leers, ein heroisches Porträt, das Nasser angesichts seiner antibritischen und antizionistischen Haltung Respekt zollte.[128] Als Palästina 1947 „den Juden zugesprochen wurde", wusste der Autor zu berichten, habe er seinen Abschied vom Generalstab eingereicht, „um als Freiwilliger an die Front zu gehen" und gegen Israel zu kämpfen. Den „Verrat der führenden Schicht", den Nasser dort jedoch erleben musste, habe in ihm den Entschluss zum Staatsstreich reifen lassen. Sein „Programm der Revolution", das dieser „nüchterne Denker mit dem heißen Herzen" seitdem verfolge, verlange zwar „Disziplin und Arbeit". Dafür aber winke „die endgültige Freiheit, wenn es Nas[s]er gelungen sein wird, die Briten aus dem Lande hinauszumanövrieren".[129] Ergänzt wurde das Porträt um den Nachdruck eines Auszugs aus Nassers Traktat „La philosophie de la révolution", in dem dieser seinen Werdegang schilderte. Es dürfte kein Zufall gewesen sein, dass „Der Weg" seinen Lesern ausgerechnet jene Passage präsentierte, in der sich die antiimperialistische Befreiungsrhetorik vor allem gegen Israel richtete: „Ich erinnere mich", hieß es in der Übersetzung aus Nassers Rechtfertigungsschrift, „dass mein nationales Gefühl für das arabische Erbe sich regte, als ich als Gymnasialschüler zu der jährlichen Protestkundgebung am 2. Dezember gegen die Deklaration oder das Versprechen von Balfour ging, gegen dieses Privileg, das Großbritannien zugestanden hatte, in Palästina, das man von den rechtmäßigen Eigentümern usurpierte, eine nationale Heimstätte zu errichten."[130] Seitdem habe er „die feste Überzeugung, dass der Kampf in Palästina kein Kampf auf fremder Erde war und dass es sich nicht nur um das Gefühl, sondern um die Pflicht einer berechtigten Verteidigung handelte". Dass der Krieg 1948 mit einer Niederlage endete und zu „Verknechtung und Erniedrigung" führte, deutete er als Werk jener imperialistischen Mächte, die wie ein „Polyp" die Welt „heimlich umklammert" hielten und von denen „Israel [...] eigentlich nur der Jüngstgeborene" sei. Umso mehr setzt er auf den gemeinsamen Kampf aller arabischen Völker, ließen sich doch nur so „die wirk-

---

127 HOLZ, KLAUS: Die Gegenwart des Antisemitismus. Islamistische, demokratische und antizionistische Judenfeindschaft, Hamburg 2005, S. 16–18.
128 FRAK: Gamal Abd el Nas[s]er, in: Der Weg 8 (1954) 10, S. 724.
129 EBD.
130 NAS[S]ER, GAMAL ABD EL: Die Lehre der Revolution in Ägypten, in: Der Weg 8 (1954) 10, S. 725–727, hier S. 726.

lichen Hoffnungen unserer Völker verwirklichen".[131] Dass Nasser dabei Johann von Leers an seiner Seite wissen konnte, versteht sich von selbst: „Wer sich mit Israel solidarisch erklärt, der wirft damit zugleich dem Islam den Fehdehandschuh hin", schrieb dieser 1957 in einer der letzten Ausgaben des „Wegs".[132] Einen Vorgeschmack auf seine Agitation hatte Johann von Leers bereits drei Jahre zuvor abgegeben. In einem Aufsatz, der vorgab, im „Namen der Millionen anständiger, aber mundtot gemachter Deutscher" zu sprechen, „die an der historischen Freundschaft mit den Arabern festhalten wollen", prangerte er die „Expansionsbestrebungen Israels" an, zielten diese doch allein darauf ab, „die arabischen Länder zwischen Euphrat und Nil zu erobern und ihre Einwohner, die Araber, daraus zu vertreiben, wie es in Palästina geschah".[133] Damit verbunden waren zugleich Angriffe auf die Adenauerregierung, die sich Israel gegenüber zu Entschädigungszahlungen verpflichtet hatte. Diese verschafften dem Land nicht nur „die Möglichkeit zur Aufrüstung", sondern hülfen ihm „bei der Verwirklichung seiner Aggressionspolitik", sodass jede „Wiedergutmachung" für Israel „in Wahrheit" eine „Stärkung seiner Rüstung" gegen die arabischen Staaten bedeute, die sich damit „Raub und Aggression" ausgesetzt sähen.[134]

Es war aber nicht nur die von Nasser proklamierte Politik, die Johann von Leers für diesen einnahm, sondern auch dessen Gestalt als Führer. In seinen Augen verkörperte der jugendliche Staatspräsident jenen herbeigesehnten „Befreier"[135], der sein Volk „von der Besatzung, von dem schlechten König Faruk und von dem Lügenparlament freigemacht"[136] hatte, im Konflikt um den Suezkanal unnachgiebig den Großmächten die Stirn bot und nunmehr ansetzte, ein arabisches Großreich zu schaffen, für das er Israel von der Landkarte zu tilgen

---

131 EBD. Zu weiteren Beiträgen siehe DERS.: Antwort an die Imperialisten, in: Der Weg 11(1957) 1/2, S. 53–56; STEWART, DESMOND: Gamal Abd El Nasser, in: Der Weg 11 (1957) 7, S. 447–452. Zur „Hinwendung" der Zeitung „zum Nahen Osten" siehe auch STANGNETH: Eichmann vor Jerusalem, S. 300: Sie datiert diesen Schritt allerdings erst auf „das letzte Existenzjahr" der Zeitschrift, als „unverhohlen pro-islamische Töne" angeschlagen worden seien und die Redaktion aus ihren „Sympathien für den ägyptischen Präsidenten Nasser kein Hehl macht[e]". Die neue Ausrichtung sei jedoch „mehr Verzweiflungswunsch" als „eine politische Idee" gewesen.
132 LEERS, JOHANN VON: Das blies ihnen der Teufel ein!, in: Der Weg 11 (1957) 3, S. 173–178, hier S. 176.
133 SCHWARZENBORN, FELIX: Der Fluch eines Tributs, in: Der Weg 8 (1954) 11, S. 791–794, hier S. 794.
134 EBD.
135 LEERS, JOHANN VON: Einer wird es sein, in: Die Plattform. Völkische Monatsschrift Österreichs für Einigkeit, Recht und Freiheit 6 (1957) April, S. 1 f.
136 WIETHOLDT, FELIX: Russland und Deutschland, in: Der Quell 11 (1959) 1 vom 09.01.1959, S. 7–14, hier S. 13.

gedachte. Er habe „zuerst Hitler, darauf Perón und jetzt Nasser" gedient, kommentierte die „Neue Züricher Zeitung" zutreffend seine Begeisterung seit jeher für charismatische Herrscher.[137] Ganz dieser Logik entsprang auch das Urteil, Nasser als den *George Washington of the Arabs*[138] zu verklären und in diesem jenen *großen Freiheitshelden*[139] und „Mahdi der Zukunft" erkennen zu wollen, „den die Muslime seit Jahrzehnten erwarten" würden, damit er „die Mächte der Ungerechtigkeit zerschlägt".[140] Es verstand sich zugleich von selbst, dass dieser Führer anderen Völkern, zumal den Deutschen, zum Vorbild gereichen müsse: „Einen solchen Mann sollte unser gequältes deutsches Volk auch bekommen"[141], gab Johann von Leer in einem fiktiven Dialog seiner Hoffnung Ausdruck, um „der schändenden Unfreiheit der Zeit"[142] ein Ende zu bereiten.

Die Übersiedlung wäre jedoch kaum möglich gewesen, hätten nicht einflussreiche Funktionäre aus dem ägyptischen Staatsapparat und der Arabischen Liga diesen Prozess forciert. *Ägypten rief ihn [...] eingedenk seines unerschrockenen Eintretens für die Freiheit der arabischen Welt [...] nach Kairo,* behaupteten seine westdeutschen Sympathisanten nach seinem Tod.[143] Über den fanatischen Judenhass, wie Johann von Leers ihn vor allem im „Weg" verbreitete, waren seine Fürsprecher zweifellos genau informiert. Partiell teilten sie vermutlich auch seine Ansichten, genossen doch der italienische Faschismus und der deutsche Nationalsozialismus „zumindest unter arabischen Intellektuellen" und zumal solchen, die Johann von Leers bereits vor 1945 kennengelernt hatten, „hohes Ansehen".[144] Die *Einladung als Journalist nach Kairo* habe er auch dem Umstand zu verdanken gehabt, dass er sich *schon im Dritten Reich so ziemlich als Einziger* mit publizistischen Mitteln *für den Kampf der arabischen Welt um ihre Freiheit* eingesetzt habe, hieß es in einem selbst verfassten Lebenslauf.[145] Insofern ist anzunehmen, dass er dem Kreis jener „Emigranten" zugerechnet werden kann, die seit Anfang der 1950er Jahre Verbindungen in den Nahen Osten und nach Nordafrika knüpften. Neben NS-Tätern, die sich ihrer strafrechtlichen Verfolgung entziehen wollten, befanden sich darunter auch rechtsextreme Politiker

---

137 O. V.: Deutscher Nazi als Propagandist Nassers, in: NZZ vom 29.08.1956.
138 Johann von Leers an Pound, Juli 1958 [Yale University, Beinecke Rare Book and Manuscript Library, Ezra Pound Papers, YCAL, MSS 43, Box 53, Folder 2432].
139 Johann von Leers an Jünger, 27.06.1959 [DLA Marbach, Sig. HS 5294539].
140 Leers: Die grünen Banner der Freiheit, S. 640.
141 Wietholdt: Russland und Deutschland, S. 13.
142 Leers: Einer wird es sein, S. 1 f.
143 Nachruf Prof. Dr. Omar Amin von Leers gestorben (Ms.), o.D. [1965] [NL H. Achmed Schmiede].
144 Puschnerat: Antizionismus im Islamismus und Rechtsextremismus, S. 42.
145 Lebenslauf Prof. Dr. Johann von Leers (Ms.), o.D. [NL H. Achmed Schmiede].

aus dem Umfeld der SRP, die Ausweichmöglichkeiten im Falle eines Verbots ihrer Partei suchten. Bereits 1951 notierte der BND über den Abgeordneten Fritz Dorls (1910–1995), dieser verfüge durch seinen Mittelsmann Johann von Leers über *die entsprechenden Verbindungen, um im Falle eines Verbots der SRP nach Ägypten auszuweichen.*[146] Schon bald nach seiner Ankunft in Argentinien stand Johann von Leers denn auch im Austausch mit arabischen Politikern und Persönlichkeiten. Mit Salah Ben Youssef (1907–1961) etwa, einem Funktionär der Neo-Destour-Partei in Tunesien, der sich als Gegenspieler des späteren Staatsgründers Habib Ben Ali Bourguiba zeitweise nach Kairo ins Exil begeben musste, tauschte er sich über vermeintlich gemeinsame Interessen im Kampf gegen *French imperialists* aus.[147] Youssef sollte demnach dafür sorge tragen, in arabischsprachigen Zeitschriften einen Beitrag Johann von Leers' über die „Saarfrage" zu platzieren.[148] Ob dies tatsächlich gelungen ist, lässt sich nicht belegen. Gleiches gilt für eine von Johann von Leers Anfang 1954 verbreitete Behauptung, wonach er Artikel in *arabischen Zeitungen* veröffentlichen könne.[149]

Die Arabische Liga und das Hohe Arabische Komitee unter Leitung el-Husseinis scheuten sich allerdings auch nicht, seit Anfang der 1950er Jahre Rechtsextremisten und Antisemiten in Deutschland, Europa und Nordamerika gezielt für Propagandaaktivitäten anzuwerben, die sich gegen den „Zionismus" und Adenauers Politik einer „Wiedergutmachung" mit Israel in Form von Reparationen richteten. Für die damit verbundene „Boykottpropaganda" wurden in zahlreichen Staaten weltweit Büros eingerichtet, die in Kairo produzierte Schriften verbreiten sollten. Als Mittler suchten Funktionäre der Arabischen Liga und ägyptische Staatsbeamte einschlägig bekannte Aktivisten zu gewinnen. So hielten es der Generalsekretär der Arabischen Liga Abdul-Khaleq Hassouna (1898–1992) und Ägyptens Außenminister Ahmed Farrag während eines Aufenthalts in den USA im November 1952 für angemessen, mit dem amerikanischen Antisemiten Allan Zoll (Lebensdaten unbekannt) zusammenzutreffen. Zoll schlug in dem mehrstündigen Gespräch zahlreiche Themen für Propagandakampagnen

---

146 BND, Vermerk vom 05.12.1951 [BND, V-12859,1, Bl. 10].
147 Johannes von Leers, o.D. [NARA, RG 263, Entry ZZ-16, Box 32, NND 36822]. Zu Youssef siehe RITZI, MATTHIAS/SCHMIDT-EENBOOM, ERICH: Im Schatten des Dritten Reiches. Der BND und sein Agent Richard Christmann, Berlin 2011, S. 136–138: Youssef führte den nationalistischen Parteiflügel der Neo-Destour-Partei an und hatte 1954 das Amt des Generalsekretärs inne. Da er 1955 – anders als die Kreise um Bourguiba, mit dem ihm eine „tiefe Feindschaft" verband – französische Angebote zur inneren Autonomie ablehnte, verlor er sein Amt. 1961 ließ Bourguiba Youssef während eines Aufenthalts in Deutschland „liquidieren".
148 Johannes von Leers, o.D. [NARA, RG 263, Entry ZZ-16, Box 32, NND 36822].
149 Johann von Leers an Truhill, 25.02.1954 [WLA].

gegen Israel vor, so etwa die Einstellung finanzieller Hilfeleistungen durch die USA, eine verstärkte Agitation gegen Reparationszahlungen der Bundesrepublik und den Boykott amerikanischer Produkte in arabischen Staaten.[150] Hassouna traf sich zudem mit Benjamin H. Freedman (1890–1984), einem pensionierten Geschäftsmann, der die Zeitschrift „Common Sense", die auch die „Weg"-Redakteure aufmerksam lasen, subventionierte. In einem weiteren Gespräch wollte Zoll Farrag außerdem überzeugen, ihn mit der Eröffnung eines Informationsbüros in New York zu beauftragen, über das pro-ägyptische und pro-arabische Propaganda vertrieben werden sollte. Immerhin erreichte er eine Einladung nach Kairo auf Kosten seiner ägyptischen Gesprächspartner, wo er im Herbst 1953 unter anderem mit el-Husseini zusammentreffen konnte. In ähnlicher Absicht unternahmen seinerzeit auch der Rechtsextremist Merwin K. Hart (1881–1962) und der als „American Streicher" bezeichnete christliche Fundamentalist Gerald B. Winrod (1900–1957) Reisen in verschiedene Staaten des Nahen Ostens (Libanon, Irak, Syrien, Jordanien und Ägypten).[151] Enge Beziehungen entwickelten sich zudem zu bundesdeutschen Rechtsextremisten, für die Yusif Nadir als Mittelsmann wirkte. Den in New York lebenden Araber schätzte Karl-Heinz Priester (1912–1960) nicht nur als seinen *Verbindungsmann zur Arabischen Liga*, sondern auch *zu rechtsradikalen und antisemitischen Kreisen in den USA*.[152] Seit 1953 traf sich Nadir mehrfach mit Priester in Wiesbaden, der selbst bereits mit *arabischen Kreisen* in Kairo *Verbindung angeknüpft* haben wollte und die Gründung einer Europäisch-Arabischen Gesellschaft plante.[153]

Unter ähnlichen Vorzeichen fanden auch Gespräche statt, die Johann von Leers mit Vertretern der Arabischen Liga und ägyptischer Behörden führte und die schließlich seine Übersiedlung nach Kairo ermöglichten. Was den Zeitpunkt und die Hintergründe betraf, bestand jedoch Verwirrung: Der SPD-Politiker Rudolf Wissell etwa, der ihn in seiner Entnazifizierung unterstützt hatte (siehe Kap. 8.4.1), war der Ansicht, Johann von Leers sei bereits 1946 nach Ägypten „emigriert".[154] Die US-Zeitschrift „Comments" dagegen wollte wissen, er sei 1951 noch unter König Faruk in Kairo eingetroffen, wo er in der „Abteilung Juden" des „Propagandaministeriums" arbeitete.[155] Ein amerika-

---

150 ROGGE, JOHN O.: The Official German Report. Nazi Penetration 1924–1942. Pan-Arabism 1939–Today, New York/London (Thomas Yoseloff) 1961, S. 374.
151 EBD., S. 374–376.
152 Information des BfV vom 30.09.1954 [AdsD, Sammlung Personalia].
153 Rechtsradikale in Berlin, 11.01.1955 [AdsD, Sammlung Personalia].
154 Siehe WISSELL, RUDOLF: Aus meinen Lebensjahren. Mit einem Dokumenten-Anhang herausgegeben von Ernst Schraepler, Berlin 1983, S. 300.
155 Hitler's Nazis in Nasser's Egypt, in: Comments [Ende 1964].

nischer Zeitungsjournalist wiederum fabulierte, Franz Rademacher, vormals Mitarbeiter im „Judenreferat" des Auswärtigen Amtes und jetzt auf der Flucht, habe Johann von Leers bei einem Treffen zum Jahreswechsel 1954/55 in Buenos Aires in Anwesenheit Martin Bormanns zum Wohnortwechsel bewegen können.[156] Selbst die Sicherheitsbehörden der Bundesrepublik waren nicht genauer im Bild: Während das Bundesamt für Verfassungsschutz vermerkte, er sei 1954 nach Kairo *übergesiedelt*[157], ging der BND davon aus, Johann von Leers habe Argentinien 1955 verlassen.[158]

Die widersprüchlichen Angaben sind Ausdruck der zahlreichen Gerüchte, die über Johann von Leers im Umlauf waren. Genährt wurden sie auch durch seine Kontakte zu Funktionären in Kairo, die er bereits vor dem dauerhaften Wechsel des Wohnorts unterhielt. So gibt es Anhaltspunkte dafür, dass er Ägypten bereits Anfang der 1950er Jahre einen Besuch abgestattet hat, um berufliche Möglichkeiten zu sondieren. Vermutlich 1952, hält ein amerikanischer Geheimdienstbericht fest, sei er demnach erstmals nach Kairo gereist, *to look for a job*.[159] Über die genaueren Hintergründe schweigt der Bericht sich zwar aus, allerdings ist nicht ausgeschlossen, dass ein Zusammenhang mit den geschilderten Bemühungen bestand, Rechtsextremisten für antisemitische Propagandaaktivitäten anzuheuern. Darauf deutet auch eine Aussage Johann von Leers' in dieser Zeit gegenüber einem Gesinnungsgenossen hin, wonach er in Buenos Aires *viel mit den ja in ganz Südamerika starken arabischen Wirtschaftskreisen zu arbeiten*[160] habe.

Im Frühjahr 1954 schien der Plan, den Lebensmittelpunkt in den Nahen Osten oder nach Nordafrika zu verlegen, dann festere Gestalt anzunehmen. Ihr Mann und sie stünden *in engstem Kontakt mit einigen Ländern dort* und verfolgten *diesbezügliche Pläne*, berichtete Gesine von Leers im Mai.[161] Ägypten schien dabei eine Option zu sein. Einen sichtbaren Hinweis darauf gab Johann von Leers durch die Marotte, seinen unter dem Pseudonym „Felix Schwarzen-

---

156 Siehe MESKIL, PAUL: Hitler's Heirs. Where are they now?, New York 1961, S. 97: Rademachers „report on conditions in Cairo convinced von Leers, if not the others, that the Land of the Pharaohs would be the next Land of the Fuehrers."
157 BfV an AA, Ende August 1958. Siehe auch STANGNETH, Eichmann vor Jerusalem, S. 420.
158 BND, Anmeldung „Nazi Emi", 04.02.1957 [BND, V-12859,1, Bl. 39].
159 Propaganda Activities of Dr. Johannes von Leers against Israel and West Germany, 12.03.1959 [NARA, RG 263, Entry ZZ-16, Box 32, NND 36822].
160 Hans A. Euler (= von Leers) an Bornemann, 28.11.1952 [BArch, B 443/2412, Bl. 5185].
161 Gesine von Leers an Zierer, 10.05.1954 [Privatarchiv].

born" im „Weg" veröffentlichen Beiträgen die Ortsangabe Kairo hinzuzufügen.[162] Befördert wurde die Entscheidung vermutlich durch eine neuerliche Einladung an Journalisten und Propagandisten seines Schlages, um die politischen Verhältnisse im Land in Augenschein zu nehmen. Über seine positiven Eindrücke, die er während des Besuchs gewonnen hatte, unterrichtete er im Sommer 1955 Gesinnungsgenossen in der Bundesrepublik, die sich seinen Überlegungen anschließen sollten. Einer von ihnen versprach tatsächlich, eine *Anfrage wegen Ägypten*, die er von Johann von Leers erhalten hatte, *in Umlauf* zu bringen.[163] *Faites-vous des progrès en direction du Caire*, war er kurz zuvor von einem anderen gefragt worden.[164] Gleichwohl drängt sich der Eindruck auf, dass die Übersiedlung im Sommer 1956 überraschend und unerwartet erfolgte. Nachdem Johann von Leers Mitte April erneut auf *Einladung der Regierung* das Land besuchen konnte und sich in Kairo *gut aufgenommen* gefühlt hatte, will er spontan entschieden haben, *dort zu bleiben*. Auslagen für seinen Rückflug nach Buenos Aires verrechnete er später mit der *Schiffsreise* seiner Frau und Tochter, die auf diese Weise Anfang September *nachkommen* konnten.[165] So improvisiert der Wechsel von Buenos Aires nach Kairo erscheinen mag, so wichtig waren jedoch jene Helfer, die Johann von Leers in den Jahren und Monaten davor die Tür geöffnet hatten und jetzt den Neustart erleichterten.

9.2.2 Fluchthelfer und Türöffner

Als einer der Türöffner lässt sich Emil Gelny (1890–1961) identifizieren. Der Arzt und Psychiater aus Wien war während der NS-Zeit an „Euthanasie"-Verbrechen beteiligt und hatte sich deshalb vermutlich schon 1946 durch seine Flucht nach

---

162 Beispielhaft SCHWARZENBORN, FELIX: Landräuber am Jordan, in: Der Weg 8 (1954) 1, S. 43–47; DERS.: Mister Sheldon ärgert sich, in: Der Weg 8 (1954) 5/6, S. 421 f.; DERS.: Der Fluch eines Tributs, S. 791–794; DERS.: Die Affäre Dides, in: Der Weg 8 (1954) 12, S. 877 f.
163 Kramer an Johann von Leers, 25.07.1955 [NL Kramer].
164 Amaudruz an Johann von Leers, 07.05.1955 [Privatarchiv].
165 Material unklarer Herkunft, 16.12.1962. Referiert werden die Erinnerungen Gesine von Leers [APABIZ]. Siehe auch Lebenslauf Prof. Dr. Johann von Leers (Ms.), o.D. [NL H. Achmed Schmiede]. Amerikanische Sicherheitsbehörden datierten die Einreise später auf Februar oder April 1956 [NARA, RG 263, Entry ZZ-16, Box 32, NND 36822]. Briefe an Gesinnungsgenossen, die Johann von Leers von Kairo aus verschickte, sind seit spätestens Mai 1956 nachweisbar. Siehe Johann von Leers an Amaudruz, 14.05.1956 [Privatarchiv]. Zur Datierung siehe auch Gesine von Leers an Jünger, 17.05.1959 [DLA Marbach, Sig. HS 5294539]. Siehe dagegen SENNHOLZ, MARCO: Johann von Leers. Ein Propagandist des Nationalsozialismus, Berlin 2013, S. 313, wonach sich Johann von Leers „Anfang des Jahres 1956 mit Frau und Tochter nach Kairo einschiffte".

Syrien einem drohenden Prozess entzogen.[166] In Damaskus soll er unter anderem von „nicht immer legalen Importgeschäften"[167] gelebt haben. Dazu unterhielt er Kontakte zu früheren Nationalsozialisten, so etwa Walther Rauff. Mit dem späteren BND-Mitarbeiter, der sich 1948 über Ägypten ebenfalls nach Syrien abgesetzt hatte, soll es zu mindestens einem Treffen gekommen sein, bei dem über Warenlieferungen verhandelt wurde.[168] Daneben war Gelny dem Netzwerk Europäische Neuordnung (ENO) verbunden, einem Spaltprodukt der ESB, für das er mit Rechtsextremisten weltweit korrespondierte.[169] In diesen Kreisen galt Gelny als *Verbindungsmann* zu den arabischen Ländern, der *aus Deutschland emigrierte ehem[alige] Nationalsozialisten* bei ihrer Übersiedlung dorthin unterstütze.[170] Dabei zugute kamen ihm offensichtlich seine *Beziehungen zu höchsten Kreisen in Syrien* und die engen Verbindungen zum ägyptischen Botschafter in Damaskus, einem Bruder des nach dem Militärputsch 1952 zunächst regierenden Staatspräsidenten Naguib.[171]

Dieses Beziehungsgeflechtes dürfte sich auch Johann von Leers bedient haben, um auf sich aufmerksam zu machen. Ob er dabei selbst die Initiative ergriffen hat, muss offen bleiben. Das Beispiel seines amerikanischen Gesinnungsgenossen Robert H. Williams zeigt allerdings, dass Propagandis-

---

166 Gelny hatte Medizin studiert und gehörte seit 1932 der NSDAP und der SA an. Als Arzt und Psychiater der Heil- und Pflegeanstalt in Gugging bei Wien und seit 1944 in Personalunion als Direktor der Anstalt in Mauer-Öhling (Niederösterreich) war er maßgeblich an der „Euthanasie" beteiligt und für die Ermordung mehrerer hundert Patienten durch Medikamente, Injektionen und die Zuführung von Starkstrom verantwortlich. Über Syrien gelangte er nach dem Krieg in den Irak, wo er 1961 verstorben sein soll. Zu Gelny siehe POHANKA, REINHARD: Der Euthanasie-Arzt Emil Gelny (1890–1961). Direktor in den Heil- und Pflegeanstalten Gugging und Mauer-Öhling 1943–1945, in: DERS.: Pflichterfüller. Hitlers Helfer in der Ostmark, Wien 1997, S. 57–63. Zur Gelnys Flucht siehe STEINACHER, GERALD: Nazis auf der Flucht. Wie Kriegsverbrecher über Italien nach Übersee entkamen, Innsbruck 2008, S. 36.
167 SCHNEPPEN, HEINZ: Walther Rauff. Organisator der Gaswagenmorde, Berlin 2011, S. 105.
168 EBD. Siehe auch BUNDESNACHRICHTENDIENST (HRSG.): Walther Rauff und der Bundesnachrichtendienst (Mitteilungen der Forschungs- und Arbeitsgruppe „Geschichte des BND", Nr. 2), Berlin 2011. Ebenso Gelny an „Ruehle", 13.02.1949 [NARA, RG 263, Entry ZZ-16, Akte Rauff, D. 41].
169 Gelny an Truhill, 16.[?]08.[?]1954 [Tag und Monat schwer leserlich]; Gelny an Weiss, 24.04.1954; Gelny an Schmidt, o.D. [Privatarchiv]. Siehe COOGAN: Dreamer of the Day, S. 378. Gelny stand auch zu zahlreichen anderen Rechtsextremisten in der Bundesrepublik in Kontakt, etwa zu Schönborn und Remer. Siehe Informationen des BfV vom 31.12.1953, S. 44 [BArch, B 443/53071]. Zur ENO, ihrer Vorgeschichte und ihren Initiatoren, unter ihnen der frühere SRP-Abgeordnete Fritz Rössler alias Franz Richter, der sich zeitweise in Ägypten aufhielt und später ebenfalls zum Islam konvertierte, siehe SMOYDZIN, WERNER: Hitler lebt. Vom internationalen Faschismus zur Internationale des Hakenkreuzes, Pfaffenhofen/Ilm 1966, S. 82–95 sowie Informationen des BfV vom 28.02.1954, S. 45 [BArch, B 443/53071].
170 BfV, Rudolf Gelny [BfV, 054-P-40009/61, Bl. 17].
171 Ebd.; Informationen des BfV vom 30.09.1954, S. 68 [BArch, B 443/53071].

ten seines Schlages sich potenziellen Auftraggebern im Nahen Osten anzudienen suchten.[172] Eine solche Absicht lag wahrscheinlich auch einem *Exposé* zugrunde, das Johann von Leers Gelny im Frühjahr 1954 zukommen ließ. Zwar ist über dessen Inhalt nichts weiter bekannt, seine Empfänger allerdings, die es über den Mittelsmann in Damaskus erhielten, schienen beeindruckt. Ein arabischer Staat trage sich *ernstlich mit dem Gedanken,* Johann von Leers *zu engagieren, um seinen Vorschlag zu realisieren,* wusste Gelny im April 1954 einen amerikanischen Gesinnungsgenossen mitzuteilen.[173] Es ist anzunehmen, dass damit Ägypten gemeint war. Dass sich dort inzwischen die Machtverhältnisse verschoben hatten und Nasser zum Führer aufgestiegen war, schien sich auf den Plan nicht nachteilig auszuwirken. Gelny schöpfte im Gegenteil sogar Zuversicht, dass die von Johann von Leers skizzierten Propagandaaktivitäten nunmehr besonders gefragt seien: *Wir müssen jetzt alles mobilisieren, was an antijüdischen Kräften vorhanden ist,* schrieb er mit Blick auf das gemeinsame Ziel, nämlich den *Sturz des judenhörigen Bolschewismus.*[174] So wichtig Gelny in dieser Phase als Türöffner gewesen sein dürfte, so zwiespältig muss jedoch seine Rolle betrachtet werden. Wie viele seiner Mitstreiter neigte auch er dazu, die eigene Bedeutung zu überschätzen. Hinzu kamen programmatische Differenzen mit Johann von Leers. Entzündet hatten sie sich, wie ein Beobachter feststellte, an Gelnys *Antipathie gegen die Nichtweißen,* zu denen er auch die arabischen Völker zählte. Mit dieser Ansicht aber stand er im Gegensatz zu Johann von Leers, der es zur *Aufgabe der Deutschen* erklärte, *sich mit den Arabern zu verstehen,* da beide Völker *aufeinander angewiesen* seien.[175] Ähnlich verhielt es sich mit Gelnys Auffassungen, denen Johann von Leers unterstellte, einen *Weltkampf zwischen ‚Weiß' und ‚Gelb' zu konstruieren.*[176] Von einem unüberbrückbaren Zerwürfnis kann dennoch nicht gesprochen werden. Noch Anfang 1961 wollte ein Informant von einer Reise nach Istanbul erfahren haben, wo Gelny mit *Freunden zusammentreffen* werde, unter ihnen Johann von Leers.[177] Insofern

---

172 Rogge: The Official German Report, S. 376.
173 Gelny an Weiss, 24.04.1954 [Privatarchiv].
174 Ebd. Coogans Vermutung, Weiss und Yockey hätten den Versuch unternommen, die von Perón initiierte und durch deutsche Wissenschaftler unterstützte Atomforschung in Argentinien nach Ägypten zu verlagern, dürfte die Bedeutung der Gruppe überhöhen und die Zusammenhänge verkennen. Von den zahlreichen von Ägypten angeworbenen Wissenschaftlern waren nur die wenigsten vorher in Argentinien tätig. Siehe Coogan: Dreamer of the Day, S. 381.
175 Kt.: von Leers und Verbindungen, 03.12.1960 [APABIZ].
176 Johann von Leers an Amaudruz, 11.09.1954 [Privatarchiv].
177 BfV, Betrifft: Prof. Dr. Rudolf Gelny, 02.02.1961 [BfV, 054-P-40009/61, Bl. 11].

kam Gelny, mit dem Johann von Leers *reichlich*[178] Briefe wechselte, eine wichtige, kaum aber die entscheidende Rolle dabei zu, die die Übersiedlung ermöglichen sollte. Die maßgeblichen Mittler waren arabische Nationalisten, die in verschiedenen Ministerien in Kairo, in diplomatischen Vertretungen im Ausland und im Apparat der Arabischen Liga einflussreiche Positionen besetzten und mit denen Johann von Leers seit Anfang der 1950er Jahre wieder in Kontakt stand.

Als einer dieser Mittler dürfte Fawzi al-Qawuqji (1890–1977) aufgetreten sein, eine „Ikone des antijüdischen Widerstandes" in Palästina in den 1930er Jahren, der sich von 1941 bis 1945 im Deutschen Reich aufgehalten hatte, in dieser Zeit, wie Johann von Leers zu berichten wusste, *eisern auf deutscher Seite focht* und im Frühjahr 1948 im Krieg gegen Israel *mit Heldentum* gegen die *Zionistenhorden* gekämpft habe.[179] Die von der Arabischen Liga aufgestellte und von al-Qawuqji angeführte, rund 4.000 Mann zählende Arabische Befreiungsarmee, scheiterte allerdings kläglich.[180] Der *arabische Freikorpsführer,* der mit einer deutschen Frau verheiratet war, stattete Johann von Leers vermutlich 1950 in Buenos Aires einen Besuch ab, als er im Auftrag der Libanesischen Armee durch Argentinien reiste.[181] Sein Einfluss in der arabischen Welt war zu diesem Zeitpunkt jedoch gering, sodass ihm eher die Rolle eines Nachrichtenüberbringers zukommen dürfte. Gleiches gilt für Hadj Mahm[o]ud Abdul-Samad, den Johann von Leers als *hohen Beamten und frommen Muslim aus Saudi-Arabien* charakterisierte.[182] Tatsächlich handelte sich dabei um einen deutschen Konvertiten namens Adolf Heitmann, der als junger Erwachsener zum Islam übergetreten war und sich während des „Exils" Amin el-Husseinis im Deutschen Reich in dessen Umfeld aufgehalten haben soll.[183] Seit 1948 lebte er in Dschiddah in Saudi Arabien, von wo aus er die „Deutsche Soldaten-Zeitung"

---

178 Johann von Leers an Amaudruz, 15.12.1954 [Privatarchiv].
179 Hans A. Euler (= von Leers) an Bornemann, 05.10.1951 [TNA: PRO, FO 371/103910]. Siehe auch HÖPP, GERHARD: Ruhmloses Zwischenspiel. Fawzi al-Qawuqji in Deutschland, 1941–1947, in: HEINE, PETER (Hrsg.): Al Rafidayn. Jahrbuch zu Geschichte und Kultur des modernen Iraq (Bd. 3), Würzburg 1995, S 19–46.
180 CÜPPERS, MARTIN: Walther Rauff. In deutschen Diensten. Vom Naziverbrecher zum BND-Spion (Veröffentlichungen der Forschungsstelle Ludwigsburg der Universität Stuttgart, Bd. 24), Darmstadt 2013, S. 232.
181 PARSONS, LEILA: The Commander. Fawzi al-Qawuqji and the Fight for Arab Independence 1914–1948, New York 2016, S. 251 f. Biografisch fehlerhaft dagegen SEIDLER, FRANZ W.: Die Kollaboration 1939–1945, München 1995, S. 193–195.
182 Hans A. Euler (= von Leers) an Bornemann, 28.11.1952 [BArch, B 443/2412, Bl. 5185].
183 Zur Person siehe https://www.muslim-liga.de/über-uns/geschichte-der-dml [Eingesehen am 11.10.2022]; HOFMANN, MURAD WILFRIED: Journey to Makkah, o. O. 1998, S. 129: WINKLER, AGNES MARIA RUTH: Geburtsort Swakopmund, Windhoek 1993, S. 94.

und die „Zeitschrift für Geopolitik" mit Beiträgen belieferte.[184] Später siedelte er nach Kairo über.[185]

Von größerer Bedeutung war General Hassan Fahmy Ismail (Lebensdaten unbekannt), der Mitte der 1950er Jahre als Militärattaché an der Ägyptischen Botschaft in Argentinien stationiert war. Aus dieser Zeit sei er *aufs engste mit von Leers befreundet,* wollte ein Beobachter wissen.[186] Er soll es gewesen sein, der dem versierten Propagandisten jene *Besuchsreise* an den Nil vorgeschlagen hatte, die diesen dann zu seiner Übersiedlung bewog.[187] Der Kontakt zur diplomatischen Vertretung Ägyptens in Buenos Aires bestand jedoch schon länger. Glaubt man vorliegenden Erinnerungen und Geheimdienstberichten, unterhielt Johann von Leers bereits 1951 *gute Beziehungen* zu der Botschaft des Landes.[188] Als es 1954 erneut zu einer *Fühlungnahme mit einem diplomatischen Vertreter Kairos* kam, dürfte er dort auf Fahmy Ismail getroffen sein.[189] Der Diplomat soll Johann von Leers mit einer antijüdischen Kampagne in Argentinien beauftragt haben, deren Erfolg ihn offensichtlich beeindruckte. Nach seiner Rückkehr nach Kairo, wo er nunmehr im Außenministerium die Südamerika-Abteilung leitete, setzte er sich dafür ein, Johann von Leers eine Tätigkeit als Journalist in Ägypten anzubieten.[190] Fahmy Ismail gehörte später auch zu jenen Funktionären, die Johann von Leers in Kairo *eingeführt* haben.[191]

Zu neuen Bekannten wie Fahmy Ismail gesellten sich alte Freunde aus der NS-Zeit, mit denen Johann von Leers bereits von Argentinien aus wieder in

---

184 Hadsch Mahmoud Abdul-Samad: Dschiddah wird modern, in: Zeitschrift für Geopolitik 24 (1953) 2, S. 100–103; Ders.: Problemfall Bureimi. Landweg nach Indien, in: Zeitschrift für Geopolitik 25 (1954) 2, S. 99–102.
185 Gesine von Leers an Schenke, 24.11.1965 [NL Schenke]: *Heitmann ist ein nachgewiesener Agent und Spion, arbeitete in Kairo mit vielen üblen Subjekten.*
186 Vermerk Botschaft, 11.01.1957 [PA AA, B 82, V3-88, Nr. 250, Bl. 12]. Urheber der Information war Franz Wimmer-Lamquet (siehe Kap. 9.6.1).
187 Im Original der Darstellung vom März 1957 hieß es: *Reportedly recruited for service in GOE Information Office by the Egyptian Military Attaché to Argentina, then Major General Hassan Fahmy Mohammed Ismail* [NARA, RG 263, Entry ZZ-16, Box 32, NND 36822]. Siehe auch BND, Bericht aus München, o.D. [BND, V-12859,1, Bl. 77 f.]. Referiert werden die Erinnerungen von Gesine von Leers.
188 BND, Bericht aus München, o.D. [BND, V-12859,1, Bl. 77 f.].
189 Ebd.
190 Siehe Johannes von Leers, o.D. [NARA, RG 263, Entry ZZ-16, Box 32, NND 36822]: *In 1954–55 he [= Johann von Leers] was hired by General Hasan Fahmy Ismail, military attache at the Egyptian Embassy in Argentina, to contact [= conduct] an anti-Jewish campaign in Argentina. This campaign was so successful that von Leers was offered a very good job in Egypt.* Siehe Gesine von Leers an Helmensdorfer, 08.04.1963 [APABIZ]; Helmensdorfer, Erich: Deutsche im Solde Nassers, in: FAZ vom 30.03.1963. Zu Ismail siehe DAIA (Hrsg.): Anti-Jewish Activities of the Arabs in Argentine, Buenos Aires 1958, S. 45.
191 Vermerk Botschaft, 11.01.1957 [PA AA, B 82, V3-88, Nr. 250, Bl. 12].

Verbindung getreten war. Die Einladung nach Kairo, erinnert Gesine von Leers sich später, sei auch aufgrund *seit 1934 bestehender Beziehungen* erfolgt.[192] Damit gerät sein *alter Freund* Hassan Fakoussa (1908–1976) ins Blickfeld, eine schillernde Persönlichkeit aus dem Umfeld des Muftis Amin el-Husseini.[193] Die persönliche Bekanntschaft mit Fakoussa reicht vermutlich auf dessen Studienzeit Anfang der 1930er Jahre in Berlin zurück.[194] Der Kontakt blieb erhalten, nachdem Fakoussa nach Genf gezogen war, wo er 1937 sein Studium beendete und sich als Korrespondent ägyptischer Zeitungen beim Völkerbund akkreditieren ließ.[195] Als Amin el-Husseini 1941 ins Deutsche Reich flüchtete, schloss er sich dessen Entourage an und diente ihm als Pressesprecher. Schon vorher dürfte Johann von Leers ihn verschiedenen Redaktionen als Mitarbeiter empfohlen haben.[196] Dies belegen zahlreiche Artikel und Aufsätze Fakoussas, die zwischen 1939 und 1943 in Tageszeitungen („Rheinisch-Westfälische Zeitung"), historisch-politischen Zeitschriften mit Bezügen zur nationalsozialistischen „Gegnerforschung" (z. B. „Berliner Monatshefte", „Zeitschrift für Geopolitik", „Geist der Zeit" und „Wir und die Welt") sowie Organen im Umfeld Darrés („Odal"), Rosenbergs („Weltkampf") und des späteren Kriegseinsatzes der Geisteswissenschaft („Europäischen Wissenschafts-Dienst") erschienen sind.[197] Aufgrund sei-

---

192 Gesine von Leers an Helmensdorfer, 08.04.1963 [APABIZ]. Siehe auch HELMENSDORFER, ERICH: Deutsche im Solde Nassers, in: FAZ vom 30.03.1963.
193 Fakoussa absolvierte in Kairo die Höhere Schule und studierte in Edinburgh, möglicherweise Berlin und in Genf am Institut Universitaire des Hautes Études Internationales (von 1934 bis 1935 und erneut von Herbst 1937 bis Frühjahr 1939), das er mit einem Diplom abschloss. Siehe FAKOUSSA, HASSAN A.: The Anglo-Egyptian Treaty of Alliance, Genf 1938. Anschließend war er als Auslandskorrespondent beim Völkerbund akkreditiert, dann in Rom, Paris und wiederum Berlin tätig [UA Bonn, PA Fakoussa, Nr. 8688; IUHED, Studentenakte]. Siehe auch Johann von Leers an Schönborn, 17.12.1959 [BfV, 054-P-10013, Bl. 158].
194 CIA, Field Information Report, 26.10.1956 [NARA, RG 263, Entry ZZ-16, Box 32, NND 36822]. Zu Fakoussas Beziehung zu Johann von Leers heißt es dort: *For over twenty-five years*, also bereits seit Anfang der 1930er Jahre, *he has been a friend of Dr. Johannes von Leers.*
195 Eidgenössisches Politisches Departement an Ausländerpolizei, 17.05.1939 [Schweizerisches Bundesarchiv, E2001D, 10001551, 260].
196 Fakoussa belegte seit 1940 Kurse am „Deutschen Institut für Ausländer", das ausländischen Studierenden Sprachkenntnisse zur Vorbereitung auf den Vorlesungsbetrieb vermitteln sollte. Siehe MICHELS, ECKARD: Von der Deutschen Akademie zum Goethe-Institut. Sprach- und auswärtige Kulturpolitik 1923–1960, München 2005, S. 81; HÖPP, GERHARD: Texte aus der Fremde. Arabische politische Publizistik in Deutschland, 1896–1945. Eine Bibliographie (Zentrum Moderner Orient, Arbeitshefte 18), Berlin 2000, S. 37.
197 Siehe bis 1945 FAKOUSSA, HASSAN A.: Agrarland Ägypten. Ägyptens Landwirtschaft in den Fesseln des britischen Imperialismus, in: Odal 8 (1939) 11, S. 953–959; DERS.: Der Kampf in Palästina, in: Weltkampf 17 (1940) 196, S. 73–81; DERS.: Ägypten und die Juden, in: Weltkampf 17 (1940), S. 195–199; DERS.: Ägypten und der Sudan, in: Berliner Monatshefte 18 (1940), S. 627–636; DERS.: Ägyptens auswärtige Politik, in: Zeitschrift für Geopolitik 17 (1940) 3, S. 124–127; DERS.: Die Völker Ägyptens und ihr Ursprung, in: EWD 2 (1942) 9,

ner Sprachkenntnisse wurde Fakoussa während des Zweiten Weltkrieges außerdem als Rundfunksprecher eingesetzt, wo er Aufrufe des Muftis zum „heiligen Krieg" gegen die Briten verlesen haben soll.[198] Nachgewiesen ist zudem, dass Johann von Leers ihn im Auswärtigen Amt als Experten für arabische Fragen einführen wollte. Die Mitarbeiter dort allerdings verhielten sich reserviert.[199] Weniger Bedenken hatte dagegen das Amt Rosenberg. Für einen noch im Juli 1944 geplanten internationalen Kongress von Antisemiten in Krakau (siehe Kap. 4.5.1) mit rund 400 Teilnehmern, unter ihnen der Mufti, stand sein Name auf der Vorschlagsliste.[200] Empfohlen hatte ihn das Propagandaministerium, in dem Fakoussa als „antijüdischer Schriftsteller" bekannt war, wie ein Mitarbeiter vermerkte.[201]

Nach dem Krieg vollzog der „Propagandastratege" mit einem, wie die „Allgemeine Wochenzeitung der Juden" behauptete, „fanatischen Hass"[202] gegen Israel in der Arabischen Liga einen steilen Aufstieg. Nachdem er in Kairo zunächst als Sekretär ihres Kulturkomitees arbeitete, übernahm er Anfang der 1950er Jahre die Leitung der „Abteilung Völkerrecht". Aus familiären Gründen jedoch, Fakoussa war mit der Tochter des Generalsekretärs der Kaiser-Wilhelm-Gesellschaft verheiratet, kehrte er zurück in die Bundesrepublik. Im Sommer-

---

S. 7 f.; DERS.: Ägypten zwischen England und Deutschland, in: EWD 2 (1942) 13, S. 23–25; DERS.: Ägyptens „umfassende Neutralität", in: EWD 2 (1943) 5, S. 16–18; DERS.: Die völkerrechtliche Stellung Ägyptens während seiner Zugehörigkeit zum Ottomanischen Reich, in: Zeitschrift für Völkerrecht 26 (1942/43), S. 59–88. Für die Jahre nach 1945 siehe DERS.: Liga der Arabischen Staaten, in: Zeitschrift für Geopolitik 25 (1954), S. 750–752; DERS.: Ägypten, in: Außenpolitik 2 (1952) 1, S. 56–58; DERS.: Ägyptens Landproblem, in: Zeitschrift für Geopolitik 26 (1955), S. 747–749; DERS.: Die Liga der arabischen Staaten, in: Archiv des Völkerrechts 5 (1955) 1/2, S. 101–107; DERS.: Israels Angriffe auf arabisches Hoheitsgebiet. 1949 bis 15. Oktober 1953, Bonn 1958 (Delegation der Liga der Arabischen Staaten); DERS.: Die Arabische Liga, in: Bustan (1961) 2, S. 3–5.

198 O. V.: Tränen im Waldorf-Astoria, in: SPIEGEL 19 (1965) 9 vom 24.02.1965, S. 25–33.
199 Von Hentig an Johann von Leers, 23.11.1944. Dort hieß es über Fakoussa, dieser bringe *dauernd wirre Beschwerden [...]. Ich [...] kann ihm nicht das Recht zugestehen, ununterbrochen über uns herzufallen, wo er von uns ausgehalten an einem der schönsten Orde [sic] Deutschland sitzt* [Anm.: gemeint ist vermutlich Oybin in Sachsen] *und ja Gelegenheit gehabt hätte mit dem letzten Transport in seine Heimat zurückzukehren [...] für die deutsch-ägyptischen Beziehungen zu arbeiten, ist er augenscheinlich nicht gewillt. Er, von Hentig, verstehe deshalb nicht, was ihn eigentlich veranlasst, hier zu bleiben* [RGVA, Fond 1283/1/12, Bl. 205].
200 Zum Kongress ausführlich WEINREICH, MAX: Hitler's Professors. The Part of Scholarship in Germany's Crimes against the Jewish People, New York 1946, S. 219–235; Hitler's Friends in the Middle East, in: WLB 15 (1961) 2, S. 3. Zur Teilnahme des Muftis siehe Amt Rosenberg, Stichwort-Protokoll des Termins von PG. Hagemeyer beim Reichsleiter, 19.05.1944 [BArch, NS 8/132, Bl. 50].
201 Siehe WEINREICH: Hitler's Professors, S. 228.
202 Verschlucken, in: AJW vom 18.11.1960.

semester 1952 und 1954 lehrte er Völkerrecht am Institut für Internationales Recht und Politik der Universität Bonn.[203] Fakoussa verstand seinen Aufenthalt zugleich als kulturpolitische Mission, um die *wissenschaftlichen Beziehungen zwischen den Völkern des Islams und der Bundesrepublik [...] zu fördern.*[204] Als „eifriger Förderer der deutsch-arabischen Freundschaft" hielt er außerdem Vorträge vor Unternehmern und Politikern.[205]

Berührungsängste kannte Fakoussa nicht. Schon während seines Lehraufenthaltes in Bonn im Sommer 1952 belieferte er als „Mittel-Ost-Korrespondent" die in der Ära Adenauer zunächst staatlich subventionierte „Deutschen Soldaten-Zeitung" mit Artikeln zu aktuellen Problemen im Nahen Osten.[206] Als seriöse Zeitschrift betrachtete er auch den „Weg", dem er im Herbst 1953 in einem Leserbrief das Anliegen seiner Auftraggeber auseinandersetzte.[207] Es ist unwahrscheinlich, dass Fakoussa um den Charakter der Zeitschrift nicht wusste, die längst keine betuliche Monatszeitschrift für Auslandsdeutsche mehr war, sondern ein Schulungsblatt im Geiste der SS. Ebenso wenig dürfte ihm entgangen gewesen sein, dass die zahlreichen antisemitischen Artikel vor allem aus der Feder von Johann von Leers stammten. Ohne näher auf die biografischen Hintergründe seiner Expertise einzugehen, warb Fakoussa im Tonfall des uneigennützigen Ratgebers für ein deutsch-arabisches Bündnis: Da er „Deutschland und einige der islamischen Länder" gut kenne und „etwas vom Lauf der Entwicklung zwischen diesen Völkern und dem Rest der Welt verstehe", empfinde er es als seine „Pflicht", sich zur „Schaffung von Verbindungen zwischen Deutschland und der islamischen Welt" an die Leser der Zeitschrift zu wenden.[208] Seit vielen Jahren nämlich versuche er bereits, „deutsche Kreise dafür zu gewinnen, ihre Beziehungen zur Welt des Islam, einschließlich der arabischen Länder, auf gesünderen und stabileren Grundlagen neu zu organisieren".[209] Das eigentliche Anliegen eines solchen Bündnisses, das Fakoussa als „rein kulturell und wissenschaftlich" verbrämte, musste in nationalistischen Kreisen auf Zustimmung stoßen. Seine politische Aufgabe sollte nämlich darin bestehen, gemeinsam die Kräfte gegen jene zu bündeln, die „auf lange Sicht gegen Deutschlands Auferstehung wie diejenige der islamischen Welt" arbeiteten. Wen Fakoussa

---

203 Universität Bonn, Personalakte [UA Bonn, PA Fakoussa, Nr. 8688].
204 Institut für Internationales Recht und Politik der Universität Bonn an Kultusministerium, 08.01.1952 [UA Bonn, PA Fakoussa, Nr. 8688].
205 Arabische Freundschaft, in: Die ZEIT 9 (1954) 32 vom 12.08.1954.
206 Moslems blicken auf Deutschland, in: DSZ vom 16.04.1952; Ägypten, Drehpunkt der Mittel-Ost-Politik, in: DSZ vom 03.07.1952; Ägyptische Offiziere, in: DSZ vom 31.07.1952.
207 Siehe Der Weg 7 (1953) 9, S. 635.
208 Ebd.
209 Ebd.

damit meinte, verdeutlichte sein Hinweis, wonach er dem Auswärtigen Amt den Aufbau einer Forschungsstätte „zur Behandlung islamischer Probleme" vorgeschlagen habe, damit aber keinen Erfolg hatte. Seine Empörung darüber war umso größer, weil „Deutschland große Summen auswirft, um sie an Israel zu zahlen, ohne irgendeine positive Gegenleistung" zu erhalten.[210] An den „Weg" und seine Leser appellierte er deshalb, ihn bei der „Schaffung eines Zentrums für islamische Studien" zu unterstützen, damit sich „ein islamisch-deutscher Block in Frieden und Zusammenarbeit bilden" könne.[211]

Wie Fakoussa die Beziehungen in einem solchen Block auszugestalten gedachte, zeigte er seit 1956 als „Delegierter der Arabischen Liga" in Bonn.[212] Von seinem Büro im Gebäude der Ägyptischen Botschaft aus unternahm er erhebliche propagandistische Anstrengungen, um die öffentliche Meinung zu beeinflussen. Dazu dienten ihm unter anderem der Informationsdienst „Arabische Korrespondenz", den er seit 1957 herausgab, und ein Verein der Freunde der deutsch-arabischen Verständigung unter Leitung seiner Frau. Die Aufforderung bundesdeutscher Behörden, sich in Zurückhaltung zu üben, ignorierte er. Zwar sei er, wurde ihm zu verstehen gegeben, willkommen, habe aber die Gesetze des Landes zu akzeptieren und insbesondere solche Aktivitäten zu unterlassen, *which would be detrimental to Germany's relations with friendly countries including Israel,* notierte ein britischer Diplomat nach einem Gespräch im Auswärtigen Amt.[213] Fakoussa jedoch schien dies eher als freundliche Bitte denn Verpflichtung zu verstehen. Die Mitarbeiter des Auswärtigen Amtes jedenfalls mussten feststellen, dass Fakoussa vor allem unter arabischen Studenten, die sich in der Bundesrepublik aufhielten, antijüdische Propaganda verbreitete.[214] Den Vorwurf des Antisemitismus wies Fakoussa unter Hinweis auf unbestechliche Gewährspersonen jedoch zurück. Nach Ansicht von „europäischen Rassenforschern" seien die Araber schließlich „selbst Semiten", die unterschiedlichsten Glaubensgemeinschaften angehörten. Deshalb könnten sie in ihrer Geschichte auch niemals „antisemitisch bzw. antijüdisch gewesen sein".[215] Der „politische

---

210 Ebd.
211 Ebd.
212 Neben diesem offensichtlich selbstgewählten Titel wurde Fakoussa gelegentlich auch als „Sprecher der Arabischen Liga" bezeichnet. Siehe beispielsweise Deutsch-arabische Gespräche in Tutzing, in: AK 1 (1957) 11 vom 03.08.1957.
213 Britische Botschaft Bonn an Foreign Office, 22.06.1960 [TNA: PRO, FO 371/150870-0019].
214 Ebd. Fakoussa *had been fairly active during his stay in Bonn, mainly in the propaganda field; for instance he brings out a badly-produced bulletin, and spreads anti-Jewish propaganda among Arab students here.*
215 F[AKOUSSA], H[ASSAN] A.: Die Araber sind keine Antisemiten, in: AK 1 (1957) 6 vom 29.06.1957, S. 1f.

Kampf" der Gegenwart richte sich somit „nicht gegen die Juden, sondern gegen den Zionismus", der durch die „Unterstützung seitens der Kolonialmächte und der Amerikaner" und neuerdings der Bundesrepublik „zu einer echten politischen und militärischen Gefahr für die an Palästina angrenzenden arabischen Staaten geworden" sei.[216] Wo immer sich ihm ein öffentliches Forum bot, nutzte Fakoussa die Möglichkeit, solche Schreckbilder der Bedrohung auszumalen und den „Fremdkörper Israel" anzugreifen.[217] Nicht ungeschickt verhielt er sich, indem er den Eindruck zu erwecken suchte, über einen diplomatischen Status zu verfügen, den das Auswärtige Amt bestritt.[218]

Fakoussa scheute auch nicht vor Kontakten zu Rechtsextremisten in der Bundesrepublik zurück. Die Adressaten seiner politischen Ansichten sah er unter anderem in der Leserschaft der „Deutschen Soldaten-Zeitung" und der „Deutschen Wochenzeitung". Beiden Blättern gab er mehrfach Interviews.[219] Einzelne Aktivisten, die eine deutsch-arabische Zusammenarbeit forcieren wollten, betrachteten ihn zudem als potenziellen Finanzier ihrer Aktivitäten.[220] Eine bemerkenswerte Arbeitsteilung pflegte Fakoussa längere Zeit auch mit Johann von Leers: Während dieser in Kairo Propagandaschriften im Auftrag der Arabischen Liga und Amin el-Husseinis redigierte, darin die „Arabische Korrespondenz" seines Bonner Freundes referierte und die so erstellten Materialien in seinem Netzwerk gleichgesinnter Antisemiten verbreitete, wiegelte jener die regelmäßig wiederkehrenden Schlagzeilen in der Presse ab, die Kairo als Zentrum flüchtiger Nationalsozialisten und geistiger Brandstifter antisemitischer Aktionen in der Bundesrepublik darstellten.[221] Die Rolle, die Johann von Leers dabei spielte, wurde von Fakoussa dementsprechend verharmlost: Zwar sei dieser in Ägypten „als Deutscher willkommen geheißen" worden. Seine Tätigkeit aber beschränke sich darauf, „als Lehrer und Übersetzer" zu arbeiten. Als „politischer Berater" dagegen sei er nie angeheuert worden, „da Ägypten selbst genug davon hat".[222] Unter den Tisch fiel dabei, dass Fakoussa anfangs als sein *sponsor*

---

216 EBD.
217 Zu seinen Auftritten siehe Deutsch-arabische Gespräche in Tutzing, in: AK 1 (1957) 11 vom 03.08.1957; Verschlucken, in: AJW vom 18.11.1960; Sudetenpost vom 18.06.1960.
218 Britische Botschaft Bonn an Foreign Office, 22.06.1960 [TNA: PRO, FO 371/150870-0019].
219 „Wir Araber sind keine Antisemiten", in: DSZ 10 (1960) 7 vom April. Zum Nachweis weiterer Interviews (DWZ vom 05.01.1963 und DNSZ vom 29.01.1965) siehe WLB 17 (1963) 2, S. 21 und WLB 19 (1965) 2, S. 23.
220 BfV, Betr. Karl-Heinz Priester, 11.03.1957 [BArch, B 443/2673, Bl. 16569]; Informationen des BfV vom 31.01.1962, S. 67 [BArch, B 443/533].
221 FAKOUSSA, H[ASSAN] A.: Wieder antiarabische Propaganda. Für wen?, in: AK 4 (1960) 3/4 vom 30.01.1960, S. 1 f. Siehe auch „Wir Araber sind keine Antisemiten", in: DNSZ 10 (1960) 7 (April).
222 EBD.

galt, ihn vor seinem Wechsel nach Bonn dem neuen „Informationsdirektor der Arabischen Liga" Tawfik Bakri [Tewfick El-Bakri] vorstellte und von Bonn aus weiter in Kontakt mit ihm stand.[223] Noch 1959 konnte Johann von Leers einem Gesinnungsgenossen in der Bundesrepublik empfehlen, Fakoussa oder dessen Presseattaché Munir Ismail, den er als *klugen und wohlwollenden Mann* kennengelernt hatte, für ein nicht näher beschriebenes Vorhaben anzusprechen.[224]

Seinen eigentlichen Fürsprecher aber fand Johann von Leers in Amin el-Husseini, mit dem ihm seit vielen Jahren eine persönliche Freundschaft auf der Basis gemeinsamer Überzeugungen verband (siehe Kap. 7.6). „Natürlich arbeitete ich im Kampf gegen das Judentum früh mit den arabischen führenden Persönlichkeiten zusammen", erinnerte er sich 1958 in einem Brief an einen Gesinnungsgenossen.[225] Eine davon war der Mufti, der nach wechselnden Aufenthalten in Syrien und im Libanon zu Beginn der 1950er Jahre ein neues Domizil in Kairo gefunden hatte und von dort aus für „Unruhe im islamischen Orient"[226] sorgte. Nicht zuletzt auf seinen Einfluss dürfte die offizielle Einladung nach Ägypten zurückzuführen sein, die Johann von Leers schließlich erhielt.[227] Ob el-Husseini ihn nach seiner Ankunft im Hafen von Alexandria tatsächlich mit Dankesworten für seine Bereitschaft begrüßte, „den Kampf gegen die Macht der Dunkelheit", die „durch das Weltjudentum verkörpert" werde, „fortzusetzen", ist allerdings fraglich.[228] Unbestritten ist dagegen, dass beide bereits vorher einen engen Kontakt unterhalten hatten. Der Mufti gehörte zu den Beziehern des „Wegs", der ihm im Oktober 1952 ein Porträt widmete. Glaubt man Verlagsleiter Vollmer, sei dieser Beitrag unter dem Pseudonym „Frak" durch die „Vermittlung" von Johann von Leers zustande gekommen.[229] Was der Mufti in dieser Eloge

---

223 Siehe Activities of Dr. Johann von Leers, 24.10.1957 [NARA, RG 263, Entry ZZ-16, Box 32, NND 36822]. Zur Amtsbezeichnung von Bakri siehe AK 4 (1960) 6/7 vom 13.02.1960, S. 1 f.
224 Johann von Leers an Schreiber (Wiesbaden), 21.07.1959 [APABIZ].
225 Johann von Leers an Brunow, 19.09.1958, zit. nach Dokumente der Gegenwart. Neue Veröffentlichungen und Urkunden zur Zeitgeschichte (Bd. VI), Pähl/Oberbayern 1963, S. 147 f.
226 AA, Runderlass des Vortragenden Legationsrates von Etzdorf vom 29.09.1952, in: Akten zur Auswärtigen Politik der Bundesrepublik Deutschland 1952, hrsg. im Auftrag des Auswärtigen Amtes vom Institut für Zeitgeschichte, München 2000, S. 645–647, hier S. 646. Siehe auch HERF, JEFFREY: The Jewish enemy. Nazi propaganda during World War II and the Holocaust, Cambridge/London 2008, S. 275
227 Ex-mufti Brought Van Leers to Egypt, German Authorities Believe, in: Jewish Telegraphic Agency (Daily News Bulletin) 38 (1956) 168 vom 30.08.1956; O. V.: Who is von Leers?, in: The Australian Jewish News vom 05.09.1956.
228 ROGGE: The Official German Report, S. 380. Rogge zitiert nach ST. JOHN, ROBERT: The Boss, New York 1960. Diese Veröffentlichung gilt allerdings als wenig zuverlässig. Im Original: „We thank you for venturing to take up the battle against the power of the darkness that has become incarnate in world Jewery."
229 VOLLMER: Bilanz vom Empfangen und Geben, S. 188.

über sich lesen konnte, dürfte seinem Selbstbild als zuverlässiger Kämpfer für die Sache seines Volkes entsprochen haben: „Als glühender Nationalist", hieß es dort frei von Distanz, „stand ihm ein freies Palästina vor Augen, und als die Engländer sowohl den Arabern als auch den Juden Palästina versprachen, wusste er, dass ein Kampf auf Leben und Tod bevorstand."[230] Die „Seele des Kampfes der arabischen Staaten gegen Israel", wie „Der Weg" ihn respektvoll bezeichnete, revanchierte sich mit einem Schreiben an die Redaktion, das die „ausgezeichneten Artikel und Beiträge" lobte und eine Kooperation mit den Kreisen, wie sie „Der Weg" repräsentierte, in Aussicht stellte. Schließlich, so der Mufti, betrachte er deren Werk als „sehr bedeutungsvoll und nützlich für die traditionelle Freundschaft zwischen dem deutschen und dem arabischen Volk".[231] Zum 10-jährigen Bestehen der Zeitschrift im Sommer 1956 würdigte er in offen antisemitischer Diktion erneut den weltanschaulichen Schulterschluss der nationalen Befreiungsbewegungen, deren „Kampf für die Gerechtigkeit" „Der Weg" stets angemessen gewürdigt habe. „Zehn Jahre hindurch" habe die Zeitschrift „unermüdlich gekämpft für die Freiheit, die als natürliches Recht einem jeden Volke ohne irgendwelchen Unterschied zustehen muss", schrieb el-Husseini und lobt die Redaktion, diese habe „immer zur Seite der Araber in ihrem Freiheitskampf gestanden und ihre gerechte Sache verfochten, gegen die im Weltjudentum verkörperten Mächte der Finsternis, welche es wagten, die Palästina-Araber aus ihrer alten, angestammten Heimat zu vertreiben und sie ihres Eigentums zu berauben".[232] Von diesen Kontakten des „Wegs" zum Mufti profitierten auch Gesinnungsgenossen der National Renaissance Party (NRP) in den USA. Die Partei unter ihrem Führer James Madole (1927–1979), die sich Anfang 1949 in New York konstituiert hatte, zeichnete sich programmatisch durch Antikommunismus, Rassismus und Antisemitismus aus. So bekannte sie sich zum „Rassenstolz" des „Ariertums" und lehnte „Mischehen" ab, während der Kommunismus als eine Spielart jüdischer Herrschaft betrachtet wurde. Aufmerksamkeit erlangte die isolierte Splittergruppe, der vermutlich nur einige hundert, wenngleich fanatisierte Mitglieder angehört haben, durch öffentliche Aktionen, die in ihren Ritualen und ihrem Erscheinungsbild nationalsozialistische Gewaltformationen wie die SS imitierten.[233] Eine gewisse Bedeutung nahm sie zeitweise auch in der „antisemitischen Internationale" ein, der „Der Weg" in den 1950er Jahren Konturen verlieh. Mit verschiedenen ihrer Protagonisten tauschte die Partei Material aus. Der Schriftsteller Eustace Mullins (1923–2010),

---

230 Frak: Porträt des Monats, S. 713.
231 El-Husseini an Dürer-Verlag, 11.12.1952, dokumentiert in: Der Weg 7 (1953) 1, S. 52.
232 Der Weg 10 (1956) 7/8, S. 449.
233 Preliminary Report on Neo-Fascist and Hate Groups, Washington, D.C. 1954, S. 3–10.

zeitweise Autor des „Bulletin" der NRP, und der Chefpropagandist der Partei, Frederick Charles F. Weiss (Lebensdaten unbekannt), gehörten zudem kurzzeitig zum Autorenkreis im „Weg".[234] Über Johann von Leers gelangte ein Funktionär der NRP, vermutlich Mana Truhill (= Emmanuel Trujillo), im Frühjahr 1954 an die Anschrift des Muftis in Kairo, der sich hocherfreut zeigte, auf diesem Weg von der ihm noch unbekannten Partei zu erfahren.[235] Truhill war es auch, mit dem Johann von Leers Materialien weltanschaulicher Gegner austauschte. Vor allem die Zeitschrift „American Hebrew" sei für ihn *of great value*, schrieb er seinem amerikanischen Freund.[236] Als Johann von Leers sich dann im Frühsommer 1956 in Kairo niedergelassen hatte, konnte er selbst die persönlichen Treffen mit el-Husseini fortsetzen, die im Winter 1944 unterbrochen werden mussten. Wie sehr beide dabei in Erinnerungen schwelgten, deutet ein Beitrag in der bereits erwähnten Jubiläumsausgabe des „Wegs" an, dessen Autor „Benno Nauheim" dem Mufti in Kairo offensichtlich nicht zum ersten Mal, dafür aber nach einer langen Pause erstmals wieder begegnete. El-Husseini, wusste „Benno Nauheim" zu berichten, habe sich „seit jener Zeit, da er in Deutschland war, wenig geändert" und erinnere sich gerne an die Kämpfer der muslimischen Einheiten in der Waffen-SS. „Herzlich gedenkt er seiner Zeit in Deutschland. Wir sprechen von dem treuen Kampf der Krim-Türken und der Bosnier an der deutschen Seite", hält der Autor fest.[237] Selbst ein altbekanntes Motto vermag er den Äußerungen des Muftis zu entnehmen: „Fragt man sich, was das tiefste Wesen dieses Löwen des islamischen Ostens sei, dann ist es ein deutsches Wort, das alles umfasst: Treue. Treue zu Gott, zu seinem Volk, zu seiner guten Sache, zu seinen Freunden – weil er Treue verkörpert, darum hassen ihn seine Feinde so sehr. Sie vermeinen Ehre und Treue nach 1945 in der Welt ausgerottet zu haben – und dennoch lebt sie!"[238] Die Euphorie wurde freilich durch die gegenwärtigen Verhältnisse getrübt, nämlich das „Leid von einer Million Araber, die man aus ihrer Heimat in Palästina gehetzt hat", sodass ein „schmerzlicher Zug"

---

234 Frederick Charles F. Weiss soll angeblich in Heidelberg und an der Sorbonne studiert haben. „His prolific writings in the ‚Bulletin' and in separate leaflets are mainly racist diatribes." Siehe Preliminary Report on Neo-Fascist and Hate Groups, 1954, S. 5, 14. Zu Veröffentlichungen im „Weg" siehe MULLINS, EUSTACE: Die Warburgs, in: Der Weg 6 (1952) 6, S. 418–422. Zum Kontakt Madoles mit Johann von Leers siehe Johann von Leers an Amaudruz, 05.07.1955 [Privatarchiv].
235 Mufti an Truhill (NRP), 17.04.1954 [Privatarchiv]. Siehe auch COOGAN: Dreamer of the Day, S. 389.
236 Johann von Leers an Truhill (NRP), 03.02.1954. Als Faksimile dokumentiert in einer französischsprachigen Publikation [BND, V-12859,1, Bl. 29].
237 NAUHEIM, BENNO: Die zwei Löwen des Ostens, in: Der Weg 10 (1956) 7/8, S. 445–449.
238 EBD.

um den Mund dieses Mannes liege, „der ihr Sprecher ist". Es spricht viel dafür, dass Johann von Leers diese Zeilen verfasst hat.

Dem Neustart in Ägypten ging somit ein längerer Prozess der Neuorientierung in Buenos Aires voraus. Es waren zudem unterschiedliche Akteure, die Johann von Leers nach Kairo lotsten, damit er dort seine antisemitische Propaganda in modifizierter Form fortsetzen konnte. Doch dann kam alles anders als erwartet. Verantwortlich dafür waren zwei Journalisten, die seine Spur aufgenommen hatten: William Stevenson, der als Korrespondent den kanadischen „Toronto Daily Star" vertrat, und Ann Sharpley vom Londoner „Evening Standard" gelang es, ihn wenige Wochen nach seiner Ankunft an seinem neuen Wohnort zu enttarnen. „Heute habe ich einen von ihnen gestellt", kehrte Stevenson seinen journalistischen Instinkt hervor, von dem er sich noch 20 Jahre später überwältigt zeigte: Der „Schock" im Augenblick der Begegnung wirke bis heute nach, berichtete er in seinen Memoiren.[239] In der Tat verdankte sich das Aufeinandertreffen Ende August 1956 hartnäckiger Recherche und Reporterglück. Eine Woche wollten Stevenson und seine Kollegin in Kairo bereits erfolglos nach Johann von Leers gesucht haben, als plötzlich ein anonymer Anrufer den entscheidenden Hinweis gab.[240] In den biografischen Versatzstücken und präzisen Dialogen, die beide aus ihrem Gespräch mit einem offenkundig gut gelaunten Johann von Leers im Informationsamt (Ministry of National Guidance) wiedergaben, mischten sich allerdings journalistische Kolportage und profundes Halbwissen. So soll sich der „Doktor der Philosophie" in seinem Büro gleich neben dem „Propagandachef" für „Aktionen gegen Israel" nicht nur seiner Begegnungen mit Adolf Hitler gerühmt haben, den er „natürlich getroffen" haben will.[241] Darüber hinaus wollten Stevenson und Sharpley aus seinem Mund auch das Eingeständnis vernommen haben, wonach es „zutreffen" würde, dass

---

239 O. V.: Expose of Nazi Jackboots as Force behind Nasser Caused Stevenson Ouster, in: Toronto Daily Star vom 27.08.1956. Siehe auch O. V.: Deutscher Nazi als Propagandist Nassers, in: NZZ vom 29.08.1956. STEVENSON, WILLIAM: The Borman Brotherhood, New York 1973, S. 124 f.: „The shock of coming face to face with this man still impresses me […]. It seemed as if he had been expecting us all his life."
240 Zu den, in Details abweichenden Varianten siehe O. V.: Expose of Nazi Jackboots as Force behind Nasser Caused Stevenson Ouster, in: Toronto Daily Star vom 27.08.1956; SHARPLEY, ANNE: Why I was expelled, in: Evening Standard vom 28.08.1956; STEVENSON: The Bormann brotherhood, S. 124 f.; LAQUEUR, WALTER Z.: Behind Egypt's Propaganda, in: ADL Bulletin Oktober 1956.
241 O. V.: Expose of Nazi Jackboots as Force behind Nasser Caused Stevenson Ouster, in: Toronto Daily Star vom 27.08.1956; O. V.: Deutscher Nazi als Propagandist Nassers, in: NZZ vom 29.08.1956.

er „als Kriegsverbrecher" gesucht werde.[242] So unglaubwürdig diese Aussagen sind, so holzschnitzartig war die ihm zugerechnete Bedeutung, die Johann von Leers zu einer „Schlüsselfigur in der Propagandamaschine von Dr. Goebbels" erhob und als Teil der Gruppe jener allgegenwärtigen Deutschen betrachtete, „die unter dem Deckmantel von Beratern Nassers den Wüstenkrieg Rommels noch immer weiterführen".[243] Gleichwohl kommt Stevenson und Sharpley das Verdienst zu, Johann von Leers in Kairo enttarnt zu haben. Ihr „Scoop" auf dem Höhepunkt der Suezkrise rückte seine Person schlagartig ins Licht der Öffentlichkeit und sorgte weltweit für Schlagzeilen.[244] Nachdem die Nachricht Ende August durch mehrere Agenturen (Reuters, Associated Press, United Press und Jewish Telegraphic Agency[245]) verbreitet worden war, griffen nicht nur zahlreiche bundesdeutsche Zeitungen die sensationelle Meldung auf. Überwältigend war auch das internationale Echo in den Leitmedien der Zeit: „Daily Telegraf" (Großbritannien) und „New York Herald Tribune" oder TIME (USA) druckten die Meldung ebenso ab wie „Le Monde" und „Le Figaro" (Frankreich), „De Telegraaf" (Niederlande), „La Prensa" (Argentinien), das „Jornal do Brasil" (Brasilien) oder „The Canberra Times" und „The Argus" (Australien).[246] Hinzu kam eine Vielzahl von Beiträgen in Zeitschriften jüdischer Gemeinden.[247] Dabei kam die Enthüllung nicht gänzlich unerwartet. Sie bestätigte vielmehr ein Gerücht, das unter Diplomaten, Geheimdienstmitarbeitern und Journalisten schon län-

---

242 „You are wanted as a war criminal – That is right. I have been three times arrested by Americans in Germany before I make my escape …", zit. nach STEVENSON: The Bormann brotherhood, S. 124 f.
243 O. V.: Expose of Nazi Jackboots as Force behind Nasser Caused Stevenson Ouster, in: Toronto Daily Star vom 27.08.1956; O. V.: Deutscher Nazi als Propagandist Nassers, in: NZZ vom 29.08.1956.
244 Siehe BERGGÖTZ: Nahostpolitik in der Ära Adenauer, S. 374–403.
245 Ex-mufti Brought Van Leers to Egypt, German Authorities Believe, in: Jewish Telegraphic Agency (Daily News Bulletin) 38 (1956) 168 vom 30.08.1956.
246 Former Nazi's Cairo Post, in: Daily Telegraf vom 28.08.1956. Der Artikel im NYHT basierte auf der Meldung von United Press, die den Artikel im „Toronto Star" referierte [PA AA, B 82, V3-88, Nr. 250, Bd. 1, Bl. 3.]. The Star's Star, in: TIME vom 10.09.1956; Von Leers, nazi notoire en fuite, est au Caire révèle le „Toronto Star", in: Le Monde vom 29.08.1956; Un journaliste canadien expulsé d'Egypte, in: Le Figaro vom 28.08.1956; Un „Ancien" de Goebbels dirige la propagande anti-israélienne du Caire, in: Le Figaro vom 29.08.1956; Duitser leidt Nasser's campagne tegen Israël, in: De Telegraaf vom 28.08.1956; Propagandist van Nasser, in: De Telegraaf vom 30.08.1956; Ex-diretor da propaganda nazista estara atuando no Egito, in: Jornal do Brasil 66 (1956) vom 28.08.1956; Egypt Arrests „Spy Ring" In News Agency, in: The Canberra Times vom 29.08.1956; Hate Monger, in: The Argus vom 30.08.1956.
247 Beispielhaft: Jew-Baiter's Cairo Post, in: The Jewish Chronicle vom 31.08.1956; Who is von Leers?, in: The Australian Jewish News vom 05.09.1956; Notorious Racist Working for Nasser, in: The Jewish Criterion 128 (1956) 22 vom 07.09.1956; Nassers adviseur schrijft voor ostenrijkste neo-nazi's, in: Nieuw Israelietisch Weekblad vom 12.10.1956.

ger die Runde machte. So hatte das Bundesamt für Verfassungsschutz bereits Anfang Mai durch einen Funktionär der DRP erfahren, dass Johann von Leers einen *Auftrag der ägyptischen Regierung angenommen* hatte.[248] Mitarbeitern der CIA waren spätestens im Juni 1956 auf seinen neuen Aufenthaltsort aufmerksam geworden. Johann von Leers, notierte ein Mitarbeiter, unterhalte dort exzellente Kontakte zu Funktionären der Arabischen Liga und Vertretern der ägyptischen Regierung und habe von einer dieser Stellen einen *politischen Auftrag* erhalten.[249] Auch DPA meldete Mitte August, der Propagandist habe sich „nach Ägypten begeben".[250] Die Botschaft der Bundesrepublik dagegen zeigte sich ahnungslos. Als sie durch die Agenturmeldung davon erfuhr, teilt sie lapidar mit, die *Wahrheit dieses Gerüchts* habe sich bisher *noch nicht bestätigen* lassen.[251]

Für die weltweite Empörung, die diese Nachricht auslöste, gibt es mehrere Gründe. Skandalös war zunächst, dass mit Johann von Leers ein versierter Propagandist von Kairo angeworben worden war, dessen Schriften aus der NS-Zeit und im „Weg" eine Ahnung davon vermittelten, welche Propaganda auch künftig von ihm zu erwarten war. Im sicheren Exil in Kairo gab er zudem freimütig Auskunft über die Umstände seiner Flucht aus amerikanischer Internierung und sein Leben als Illegaler, die Versäumnisse der Entnazifizierung und den laxen Umgang vor allem bundesdeutscher Behörden mit nationalsozialistischen Tätern seines Schlages. Befremdlich musste zudem wirken, dass Johann von Leers es im Gespräch mit Stevenson und Sharpley nicht an antisemitischen Tiraden fehlen ließ: Obgleich er ein „Mann des Friedens" sei, so Johann von Leers, fühle er sich angesichts der politischen Entwicklung im Nahen Osten dazu verpflichtet, seine Stimme gegen die „Abnormität" Israels zu erheben, das „weder groß noch fruchtbar genug" sei, „um Millionen Juden zu erhalten". Deshalb müsse es „verschwinden", zumal die „Zionisten" für „90 Prozent der Presseangriffe der Welt auf Nasser und Ägypten verantwortlich" seien.[252] Befördert wurde die Skandalisierung schließlich durch die ungeschickte Reaktion der

---

248 BfV, Betr.: Der Weg, 04.05.1956 [BfV, 054-P-10013, Bl. 29].
249 Recent Activities of Prof. Dr. Johann von Leers, 15.06.1956 [NARA, RG 263, Entry ZZ-16, Box 32, NND 36822]: *Von Leers maintains excellent contact with Arab League leaders. He may have been given a political assignment by either Arab League or Egyptian government.*
250 DPA, Information 1034 vom 15.08.1956. Siehe auch FRANÇOIS-PONCET, ANDRÉ: Un succès de Nasser renforcerait l'influence des nazis en Allemagne, in: Le Figaro vom 13.08.1956. Darin wurde auf „un petit groupe de nazis impénitents et irréductibles" verwiesen, die Einfluss auf Nasser ausüben würden.
251 Botschaft an AA, 21.08.1956 [PA AA, B 82, V3-88, Nr. 250, Bd. 1, Bl. 1 f.].
252 O. V.: Expose of Nazi Jackboots as Force behind Nasser Caused Stevenson Ouster, in: Toronto Daily Star vom 27.08.1956; O. V.: Deutscher Nazi als Propagandist Nassers, in: NZZ vom 29.08.1956.

ägyptischen Behörden auf die Pressemeldungen. Statt sich von Johann von Leers zu distanzieren und auf seine propagandistische Unterstützung zu verzichten, verwiesen sie die Überbringer der Nachricht, die beiden Journalisten, des Landes. Offiziell begründet wurde die Maßnahme damit, Stevenson habe ohne offizielle Erlaubnis ein Interview mit dem unter Hausarrest stehenden General Naguib geführt.[253] Für Johann von Leers dagegen hatte die Enttarnung keine direkten Folgen. Zwar konnten seine Gastgeber seine Anwesenheit nicht leugnen. Die Johann von Leers zugeschriebenen Äußerungen, in denen er sich als unverbesserlicher Antisemit und treuer Anhänger Hitlers zu erkennen gab, beschädigten aber weder sein Ansehen noch gefährdeten sie seinen Aufenthalt. Stattdessen mühten sich seine Gastgeber darum, ihn als harmlosen Sprachlehrer ohne besondere Bedeutung darzustellen.[254] Eine solche Beschreibung wird jedoch seinen umfangreichen publizistischen und propagandistischen Aktivitäten nicht gerecht, die er in den folgenden Jahren im Auftrag staatlicher Behörden und offiziöser Institutionen, zu einem beträchtlichen Teil aber auch in eigener Verantwortung entfaltete und die dem Bild einer „antisemitischen Internationale" mit Kairo als einem ihrer Zentren, das in den folgenden Jahren in zahlreichen Presseberichten gezeichnet wurde, Stimmigkeit zu verleihen vermochten. Es waren keineswegs nur *Lügen* geschweige denn *mehr oder minder alles Schwindel*, was über Johann von Leers verbreitet wurde.[255]

9.3 „Antisemitische Internationale"? Konturen eines Propagandanetzwerks

An einem der maßgeblichen Urheber jahrelanger Kampagnen gegen ihren Mann bestand für Gesine von Leers kein Zweifel: *Schuld an der Hetze war hauptsächlich Sefton Delmer*, zeigte sie sich 1972 überzeugt.[256] Es sei dahingestellt, ob diese Unterstellung auf den im Grenzbereich von Desinformation und Journalismus tätigen Autor aus Großbritannien tatsächlich zutrifft. Immerhin rühmte Delmor selbst sich damit, nicht näher bezeichnete „israelische Freunde" hät-

---

253 O. V.: Star's William Stevenson Told to Quit Egypt in 24 Hours, in: Toronto Daily Star vom 27.08.1956. Stevenson scheiterte allerdings offensichtlich bei dem Versuch, Zugang zu Naguib zu erlangen. Siehe O. V.: The Star's Star, in: The Times vom 10.09.1956.
254 DPA, Meldung vom 23.12.1957.
255 Gesine von Leers an Jünger, 03.10.1959 [DLA Marbach, Sig. HS 5294539]; Gesine von Leers an Jünger, o.D. [Mai 1972] [DLA Marbach, Sig. HS 5294539].
256 Gesine von Leers an Jünger, 02.02.1972 [DLA Marbach, Sig. HS 5294539].

ten ihm Einblicke in Briefwechsel von Johann von Leers ermöglicht.[257] Nicht weniger fragwürdig war allerdings auch der Versuch durch Gesine von Leers, umherlaufende Gerüchte mit einer „Gegenerzählung" zu korrigieren, in der ihr Ehemann als Harmlosigkeit in Person erschien. Dieser habe, behauptete sie gegenüber einem Gesinnungsgenossen, *nie einen Regierungsauftrag der VAR erhalten* oder *ausgeführt*.[258] Ebenso wenig konnte er sich *mit Politik und Judenfrage beschäftigt* haben, weil ihm dies *als Ausländer* gar nicht erlaubt gewesen sei.[259] Dass er in *Kairo antisemitische Artikel* verfasst und veröffentlicht habe, wies sie deshalb als *völlig unwahre Behauptung* zurück.[260] Und *[n]iemals* sei ihr Mann *an Pamphleten im ,Stürmer'-Stil beteiligt* gewesen.[261] Beschwichtigungen dieser Art waren allerdings leicht zu durchschauen (siehe Kap. 9.7.2) und wurden durch Johann von Leers selbst widerlegt. Er habe in Kairo *viel Interessantes zu arbeiten* und freue sich, *die westlichen Imperialisten, die Deutschland an das Judentum versklavt haben, nach Kräften zu schädigen*, vertraute er einem Weggefährten an.[262] Mit seiner *bescheidenen Hilfe* wolle er seine Gastgeber in ihrer *Aufklärung [...] über den Weltzionismus* unterstützen.[263] Schließlich sei er *un des connaisseurs les plus profondes du problem juif dans le monde*, der sich gerne jenen Völkern und Staatenlenkern zur Verfügung stelle, *qui se défendent contre l'agression sioniste*, hatte er zum Neustart in Kairo für sich geworben.[264] Als *Übersetzer* könne er aufgrund seiner umfassenden Sprachkenntnisse *für viele Behörden* tätig werden.[265] Es stellt sich deshalb die Frage, welche Netzwerke in Kairo es ihm ermöglichten, „seine alten Kamellen aufzuwärmen".[266] Erkennen lassen sich Auftraggeber aus Staat und Partei auf den Gebieten von Schulung und Propaganda, Einzelpersonen, die Institutionen mit offiziösem Charakter leiteten, und eine freiberufliche Publizistik in eigener Verantwortung.

---

257 DELMER, SEFTON: Israels Geheimdienst Schin Beth, in: CHURCHILL, RANDOLPH S./CHURCHILL, WINSTON S.: Und siegten am siebenten Tag, Bern/München/Wien 1967, S. 241–250. Zu Delmer (1904–1979) siehe BAYER, KAREN: How dead is Hitler? Der britische Starreporter Sefton Delmer und die Deutschen, Mainz 2008.
258 Material unklarer Herkunft, 16.12.1962. Referiert werden die Erinnerungen Gesine von Leers [APABIZ].
259 Gesine von Leers an Gauch, 14.09.1969 [NL Gauch].
260 Gesine von Leers an Helmensdorfer (FAZ), 08.04.1963 [APABIZ].
261 Ebd.
262 Johann von Leers an Kummer, 08.08.1958 [UAJ, Bestand V, Abt. XL, Nr. 54].
263 Johann von Leers an V 16.113, 06.09.1960 [BND, V-12859,1, Bl. 115–118].
264 Siehe Curriculum Vitae (Ms.), o.D. [nach 1956] [PA AA, AV-NA, Nr. 18933, o. P.].
265 Johann von Leers an V 16.113, 06.09.1960 [BND, V-12859,1, Bl. 115–118].
266 PZG.: Eisele und Zind, in: FAZ vom 13.12.1958.

9.3.1 Öffentliche Auftraggeber

Welche Aufgaben Johann von Leers tatsächlich anvertraut wurden, war Anlass zahlreicher Spekulationen: Er sei in Kairo weithin bekannt und gelte als *the first-ranking German there in terms of confidence*, stellte ein Beobachter vor Ort fest.[267] Ernst Jünger vermutete, er sei ein „außenpolitischer Berater Nassers"[268] geworden. Die wissenschaftliche Literatur dagegen charakterisiert ihn als „le responsable de la propagande antisémite égyptienne"[269], der sein „employment in the foreign propaganda service of Colonel Nasser"[270] fand und vor allem als Rundfunkpropagandist „carried on his mission of spreading anti-Semitism".[271] Gerade diese Tätigkeit war es auch, die für Empörung sorgte, schien sie doch zugleich die weltanschauliche Kontinuität zu belegen, in der Ägyptens Präsident gesehen wurde. Johann von Leers, notierte die CIA, nehme *an important position* im Radioprogramm der „Stimme der Araber" ein.[272] Ein Zeitungsreporter behauptete sogar, er sei „Leiter" des Senders „Radio Kairo" geworden, dessen Programm sich durch „Attacken im besten Goebbelsstil" auszeichnen würde.[273]

Tatsächlich war es nach dem Sturz von König Faruk seit 1952 zu einem erheblichen Ausbau des Kurz- und Mittelwellenprogramms gekommen, dem erhebliche Bedeutung zur politischen Mobilisierung beigemessen wurde. Das galt nicht nur für Sendungen, die sich an die einheimische Bevölkerung richteten. Im Sommer 1953 begann die „Stimme der Araber" (Sawt al-Arab) als Auslandsrundfunk in die arabische Welt auszustrahlen, durch die Nasser seinen Führungsanspruch in Nordafrika und im Nahen Osten unterstreichen woll-

---

267 Siehe Propaganda Activities of Dr. Johannes von Leers against Israel and West Germany, 12.03.1959; Johannes von Leers, 26.04.1960 [NARA, RG 263, Entry ZZ-16, Box 32, NND 36822]: *Since moving to Egypt in 1956 he has become widely known and is apparently considered the first-ranking German there in terms of confidence.*
268 Jünger an Schmitt, 28.12.1956, zit. nach Kiesel, Helmuth (Hrsg.): Ernst Jünger – Carl Schmitt. Briefe 1930–1983, Stuttgart 1999, S. 315. Siehe auch Gesine von Leers an Jünger o. D. [Mai 1972] [DLA Marbach, Sig. HS 5294539].
269 Fresco, Nadine: Fabrication d'un antisémite, Paris 1999, S. 46.
270 Wistrich, Robert S.: Who's who in Nazi Germany, London/New York 2002, S. 153
271 Rubin: Nazis, Islamists, and the Making of the Modern Middle East, S. 217.
272 Von Leers, Johannes, 1957/58; Near Eastern Connections, 19.03.1958; Johannes (sic) von Leers, 26.04.1960 [NARA, RG 263, Entry ZZ-16, Box 32, NND 36822]. Siehe auch Naftali, Timothy: New Information on Cold War CIA Stay-Behind Operations in Germany and on the Adolf Eichmann Case, o. O. o. J. [2006] und die darin veröffentlichten Dokumente.
273 SS-Treffpunkt Kairo, in: Frankfurter Illustrierte Nr. 33/1957 vom 17.08.1957, S. 10 f., 28–32; Nr. 34/1957 vom 24.08.1957 (Teil II), S. 16–18, 32–34; Nr. 35/1957 vom 31.08.1957 (Teil III), S. 12–16, 31 und Nr. 36/1957 vom 07.09.1957 (Teil IV), S. 32–37. Siehe auch Winkler, Willi: Der Schattenmann. Von Goebbels zu Carlos: Das mysteriöse Leben des François Genoud, Berlin 2011, S. 145.

te.²⁷⁴ Der Umfang der Sendungen nahm in den folgenden Jahren kontinuierlich zu. Nach anfänglich täglich 30 Minuten entwickelte der Sender seit Mitte der 1950er Jahre ein Vollprogramm in zahlreichen Sprachen für Hörer auch in Nordamerika und Europa. Die „Stimme der Araber", schrieb 1958 die ZEIT, strahle ihr Programm „Tag und Nacht in 17 Sprachen" aus.²⁷⁵ Eine Analyse des Programms zeigt zudem, dass die Agitation gegen „Imperialisten", „Kolonialisten" und „Zionisten" in dieser Phase ein zentrales Element der Sendungen darstellten. Zu den maßgeblichen Kräften, die den Ausbau förderten, zählte Abdel Kader Hatem (1918–2015), ein hochrangiger Militär, der 1956 das Amt des Informationsministers angetreten hatte. Sein Auftrag, hieß es, bestehe darin, die weltweite Propaganda für die „arabische Sache" voranzutreiben. Von Hatem ist außerdem bekannt, dass er mit Johann von Leers in Verbindung stand.²⁷⁶ Vor diesem Hintergrund müssen spätere Spekulationen betrachtet werden, die Johann von Leers mit einer leitenden Rolle im ägyptischen Auslandsrundfunk in Verbindung brachten. Er sei „für Sendungen verantwortlich, die über den ägyptischen Sender ‚Stimme der Araber' in deutscher Sprache ausgestrahlt werden", berichtete ein Vertreter des Auswärtigen Amtes noch 1961.²⁷⁷

Ihre Glaubwürdigkeit verdankten diese Mutmaßungen nicht zuletzt dem Umstand, dass Johann von Leers nicht der einzige NS-Propagandist gewesen ist, der sich in dieser Zeit nach Kairo anwerben ließ. „Goebbels Men Lie for Nasser: The Nazis behind the Egyptian Propaganda War", titelte im Dezember 1956 die Londoner „Daily Mail", die ihre Information offensichtlich aus einer türkischen Zeitung übernahm.²⁷⁸ Besonders plausibel schien sich diese Geschichte unter anderem mit Leopold von Mildenstein (1902–1968) veranschaulichen zu lassen, der aufgrund seiner vormaligen Stellung an einer der Schaltzentralen der

---

274 BOYD, DOUGLAS A.: Development of Egypt's Radio. "Voice of the Arabs" under Nasser, in: Journalism Quarterly 52 (1975) 4, S. 645–653; DAWISHA, ADEED: Arab nationalism in the twentieth century. From triumph to despair, Princeton/New Jersey 2003, S. 146–148.
275 Revolution und Radio, in: Die ZEIT vom 30.10.1958.
276 Dr. Johannes von Leers, 19.09.1956 [NARA, RG 263, Entry ZZ-16, Box 32, NND 36822]: Hatem *is charged with the undertaking of worldwide propaganda scheme to further the Arab cause.* Zu dem „alle Krisen überdauernden" Minister siehe auch HELMENSDORFER: 50mal Ägypten, S. 257.
277 Deutscher Bundestag, 3. WP, Auswärtiger Ausschuss, 59. Sitzung vom 09.02.1961. Siehe KOMMISSION FÜR GESCHICHTE DES PARLAMENTARISMUS UND DER POLITISCHEN PARTEIEN (HRSG.): Der Auswärtige Ausschuß des Deutschen Bundestages Sitzungsprotokolle 1957–1961, Bonn 2003, CD-ROM-Supplement, S. 1419.
278 O. V.: Goebbels Men Lie for Nasser: The Nazis behind the Egyptian propaganda war, in: Daily Mail vom 10.12.1956. Als weitere Propagandisten genannt werden ein Baron von Harder, „an administrative and executive expert, also formerly with Goebbels", und ein Dr. Werner Wietschekle, angeblich ein „meticulously perfect Arabist", genannt. Dabei handelte sich um Phantasiegestalten. Siehe auch TAUBER: Beyond Eagle and Swastika. S. 1115.

nationalsozialistischen Judenpolitik Angriffsfläche bot.[279] Der in Prag geborene *Deutschböhme*[280] hatte nach Abschluss eines Ingenieurstudiums zunächst einige Jahre in New York gelebt. Nach seiner Rückkehr schloss er sich 1929 in Eger der NSDAP an, 1932 der SS. Im August 1934 trat er ins SD-Hauptamt in Berlin ein und übernahm dort das „Judenreferat", mit dessen Einrichtung der SD begann, um „alle mit dem Judentum verbundenen Fragen, in denen bisher stets die Partei und ihr Propagandaapparat Priorität gehabt hatten, an sich zu ziehen".[281] Eine Aufforderung von Mildensteins will Eichmann veranlasst haben, sich als Sachbearbeiter in dieses Referat versetzen zu lassen. In einer Vernehmung nach seiner Festnahme 1960 jedenfalls nannte er von Mildenstein seinen „Meister", da dieser als einziger „bezüglich des Judentums eine sachlich erschöpfende Auskunft überhaupt erteilen konnte".[282] Nach einem Streit mit Heydrich musste von Mildenstein jedoch im Juni 1936 den SD verlassen und wechselte in die Auslandspresseabteilung im Propagandaministerium. Dort verfasste er eine Reihe von Schriften, die vor allem im Nahen und Mittleren Osten verbreitet werden sollten.[283] Wie andere Mitarbeiter aus dem früheren „Judenreferat" tauchte von Mildenstein nach 1945 im geheimdienstlichen Milieu unter, in dem seine Vergangenheit nicht weiter störte, solange eine künftige Mitarbeit Nutzen versprach. Nachgewiesen ist, dass er in den 1950er Jahren zeitweise für die CIA gearbeitet hat.[284] Dem amerikanischen Geheimdienst galt er jedoch als *unsavory type*. Die Beziehungen mit ihm wurden deshalb bald wieder eingestellt. Seit Juni 1956, als erneut ein *potential operational contact* erwogen wurde, wie es 1961 in einem Vermerk heißt, habe kein Interesse mehr an ihm bestanden.[285] Wenige Monate später, im Dezember 1956, soll von Mildenstein dann in Ägypten aufgetaucht sein, wo er für die „Stimme der Araber" arbeitete.[286]

Die Enthüllung der „Daily Mail" ist jedoch kritisch zu betrachten. Zwar gehörte von Mildenstein nachweislich einer Gruppe von „geladenen Journalisten" an, die im Frühjahr 1955 das Land bereisen konnten.[287] Fraglich ist aber,

---

279 Zur Biografie siehe BRECHTKEN, MAGNUS: Madagaskar für die Juden (Studien zur Zeitgeschichte, Bd. 53), München ²1998, S. 171 f.; BREITMAN, RICHARD/GODA, NORMAN J.W./ NAFTALI, TIMOTHY/WOLFE, ROBERT: U.S. Intelligence and the Nazis, New York 2005, S. 341.
280 Von Mildenstein an Reichsführer SS, 09.11.1932 [BArch, BDC-PK, von Mildenstein].
281 BRECHTKEN: Madagaskar für die Juden, S. 171.
282 EBD., S. 172.
283 BREITMAN/GODA/NAFTALI/WOLFE: U.S. Intelligence and the Nazis, S. 341.
284 EBD.
285 CIA, Dispatch vom 14.02.1961 [NARA, RG 263, Entry ZZ-16 Akte von Mildenstein, D. 17].
286 O. V.: Goebbels Men Lie for Nasser: The Nazis behind the Egyptian propaganda war, in: Daily Mail vom 10.12.1956.
287 Siehe MILDENSTEIN, LEOPOLD VON: Nahost im Erwachen. Eine Reise durch die gärende moslemische Welt von heute, in: Nordwest-Zeitung vom 19.03.1955.

ob er im Jahr darauf tatsächlich „highly prized" wurde und, wie ein Bericht der CIA aus Cairo behauptete, zu jener Gruppe von „influential former Nazis" gehörte, „who were shaping the actions of the Nasser government".[288] Die CIA berief sich dabei auf einen türkischen Pressebericht, der kurz zuvor erschienen war.[289] Dieser Artikel dürfte auch die Grundlage für den Beitrag der „Daily Mail" abgegeben haben, in dem es hieß, von Mildenstein sei einer der Radiopropagandisten der „Voice of Arabs" gewesen, die die Niederlage Ägyptens in einen Sieg umzudeuten versuchten. In einem Verleumdungsprozess gegen das Blatt wehrte von Mildenstein sich gegen die Behauptung, während der Suezkrise heimlich nach Ägypten gereist zu sein, wo er für „Radio Kairo nach [...] Goebbelstechnik die Lügenpropaganda gegen England dirigiert" haben soll, wie sein Rechtsanwalt erklärte. Dabei konnte er offensichtlich glaubhaft machen, zur fraglichen Zeit gar nicht in dem Land gewesen zu sein.[290] Die „Daily Mail" musste deshalb nicht nur ihr Bedauern über den Artikel aussprechen, sondern sogar eine finanzielle Entschädigung leisten.[291] Einem ähnlichen Verdacht sah sich auch der Schweizer Kollaborateur Daniel Perret-Gentil (Lebensdaten unbekannt) ausgesetzt, der von 1940 bis 1944 Mitarbeiter des Amtes Ausland der Abwehr war.[292] Urheber der Information, Perret-Gentil sei in Kairo für den Auslandsrundfunk tätig geworden, war offensichtlich der französische „Figaro", der später jedoch eine Berichtigung veröffentlichen musste, der zufolge Perret-Gentil Europa nie verlassen habe.[293]

---

288 BREITMAN/GODA/NAFTALI/WOLFE: U.S. Intelligence and the Nazis, S. 342 sowie Fußnote 27.
289 CIA, Dispatch vom 14.02.1961 [NARA, RG 263, Entry ZZ-16, Akte von Mildenstein, D. 17]: *According to the Turkish Press, in 1956 subject was employed by the Egyptian radio station "Voice of Arabs".*
290 DPA, Information 1042 vom 30.07.1957. Gleichwohl scheint von Mildenstein das Land regelmäßig bereist zu haben. Siehe MILDENSTEIN, LEOPOLD VON: Tunesien zwischen Ost und West. Bourguibas „praktischer Sozialismus" hat beachtliche Erfolge aufzuweisen, in: Nordwest-Zeitung vom 08.05.1965.
291 O. V.: High Court of Justice, in: The Times vom 27.07.1957.
292 MUELLER, MICHAEL: Maurice Picard (1907–1979). Ein Franzose als Diener vieler Herren, in: MÜLLER-ENBERGS, HELMUT/WAGNER, ARMIN (HRSG.): Spione und Nachrichtenhändler. Geheimdienst-Karrieren in Deutschland 1939–1989, Berlin 2016, S. 146–174, hier S. 155.
293 MALEK, A (= VON LEERS).: Nazis und Kommis in Kairo, in: Der Weg 11 (1957) 10, S. 701–706, hier S. 705. Zu den Gerüchten siehe auch LASKE, KARL: Ein Leben zwischen Hitler und Carlos. François Genoud, Zürich 1996, S. 144. Siehe zudem Deutscher Bundestag, 3. WP, Auswärtiger Ausschuss, 59. Sitzung vom 09.02.1961. Siehe KOMMISSION FÜR GESCHICHTE DES PARLAMENTARISMUS UND DER POLITISCHEN PARTEIEN (HRSG.): Der Auswärtige Ausschuss des Deutschen Bundestages Sitzungsprotokolle 1957–1961, Bonn 2003, CD-ROM-Supplement, S. 1421: Demnach hätten sich zu Perret-Gentil, der als „freier Journalist" in Wiesbaden lebe, „keine Anhaltspunkte dafür ergeben, daß er sich in Kairo betätigt hat".

Gleichwohl trifft zu, dass sich eine Reihe früherer NS-Propagandisten seit 1956 zeitweise in Kairo aufgehalten hat und dort für den Rundfunk arbeitete. Neben Johann von Leers eignete sich vor allem Georges Oltramare (1896–1960) dazu, eine direkte Verbindung zwischen der antisemitischen Propaganda der NS-Zeit und ihrer aktualisierten Variante, die jetzt in Kairo verbreitet werde, herzustellen. Von November 1956 an „leitete" er für ein knappes Jahr die französischsprachige Sendung der „Stimme der Araber".[294] In dieser Zeit unterhielt er auch Kontakt zu Johann von Leers.[295] Der gebürtige Schweizer entstammte einer alteingesessenen Genfer Familie und konnte auf eine bewegte Vergangenheit zurückblicken. Nach Abbruch seines Jurastudiums hatte er sich seit 1918 als Theaterautor und Kritiker unter anderem für die renommierte Tageszeitung „La Suisse" profiliert. Aus dieser Zeit stammte der Ruf eines respektlosen Provokateurs und Journalisten. Einen Wendepunkt stellte das Jahr 1922 dar. Im Sommer verkündete er in „La Suisse", eine Zeitung gründen zu wollen, die den Mut aufbringen werde, die „Judenfrage" offen zu diskutieren.[296] Eine Buchveröffentlichung aus dieser Zeit mit früheren Kolumnen aus „La Suisse" enthielt zudem von ihm verfasste, bislang aber unveröffentlichte antisemitische Porträts über Juden.[297] Die Hintergründe für diesen Sinneswandel sind nicht geklärt. Ausschlaggebend für die Entwicklung soll der Einfluss des antisemitischen Publizisten Jules-Ernest Gross (1892–1981) gewesen sein, der dem Gedankengut der Action Française nahestand. Nachdem Oltramare von „La Suisse" gekündigt worden war, veröffentlichte er im Mai 1923 die erste Ausgabe seiner Zeitung „Le Pilori" (Schandsäule), die neben Angriffen auf Persönlichkeiten des öffentlichen Lebens und Politiker auch verächtliche Witze über Juden enthielt, denen vorgeworfen wurde, sie „schmiedeten eine weit gespannte Verschwörung, um die ganze Welt zu beherrschen".[298] Mit dieser Linie hatte das Blatt Erfolg: Bis 1940 konnte es alle zwei Wochen und zeitweise in einer Auflage von 20.000 Exemplaren erscheinen. Daneben begann Oltramare, sich politisch zu engagieren. Im November 1930 kandidierte er für den Genfer Staatsrat und entwickelte dazu „ein offen nationalistisches, korporatives, antisemitisches und antifrei-

---

294 CERUTTI, MAURO: Oltramare, Georges, in: BENZ, WOLFGANG (HRSG.): Handbuch des Antisemitismus. Judenfeindschaft in Geschichte und Gegenwart (Bd. 2/2: Personen), Berlin/Boston 2009, S. 558 f.
295 PÉAN, PIERRE: L'Extrémiste. François Genoud, de Hitler à Carlos, Paris 1996, S. 210.
296 CLAVIEN, ALAIN: Georges Oltramare. Von der Theaterbühne auf die politische Bühne, in: MATTIOLI, ARAM (HRSG.): Intellektuelle von rechts. Ideologie und Politik in der Schweiz 1918–1939, Zürich 1995, S. 157–170, hier S. 160.
297 EBD.
298 EBD., S. 162.

maurerisches Programm".²⁹⁹ Sein Ordre Politique National (OPN) trat „für Ordnung, Tradition, Familie und [...] Heimat und gegen Parlamente, Freimaurer und Juden ein".³⁰⁰ Eine besondere Aufwertung erhielt Oltramare, als er 1937 in Rom von Mussolini, an dessen Bewegung er sich orientierte, empfangen wurde. Nachdem „Le Pilori" 1940 durch die Militärzensur eingestellt worden war, begab Oltramare sich unter dem Namen Karl Diodati (später Charles Dieudonné) über Italien nach Frankreich. Dort leitete er bis 1941 unter anderem die von der Deutschen Botschaft finanzierte Zeitschrift „La France au Travail" und ging regelmäßig in „Radio Paris" mit dem Programm „Die Juden gegen Frankreich" und „Ein Neutraler spricht" auf Sendung.³⁰¹ Als Kollaborateur „in der vordersten Reihe" folgte er Marschall Pétain 1944 nach Sigmaringen, um nach Kriegsende in die Schweiz zurückzukehren.³⁰² Dort wurde er verhaftet und im November 1947 wegen „aktiver Vergehen gegen die Unabhängigkeit der Schweiz" zu einer dreijährigen Haftstrafe verurteilt.³⁰³ Im Januar 1950 verurteilte ihn ein Gericht in Paris in Abwesenheit wegen „Kollaboration mit dem Feind" sogar zum Tod.³⁰⁴

In dieser Situation, die ihn in der Schweiz weder als Literat noch Journalist auf eine Zukunft hoffen lassen konnte, begann er, sich nach neuen Auftraggebern umzusehen. Nach Aufenthalten in Spanien und vermutlich Syrien kam der *Anti-Israel-Spezialist*³⁰⁵ im Winter 1956 schließlich nach Kairo. Wessen Initiative Oltramare diesen Schritt ermöglichte, muss offen bleiben. Seine hohen Erwartungen, die vor allem eine Besserung seiner wirtschaftlichen Verhältnisse betrafen, erfüllten sich aber offenbar nicht. Oltramare, fasste der Schweizer Botschafter in Kairo 1957 zusammen, lebe in *bescheidenen Verhältnissen* und fühle sich *mehr oder weniger in der Schuld der Ägypter*.³⁰⁶ Unklar bleibt zudem, wel-

---

299 EBD., S. 164 f.
300 EBD., S. 165.
301 CERUTTI: Oltramare, S. 558 f. Siehe auch Basler Nachrichten vom 11.01.1950. Im Auswärtigen Amt ging man davon aus, er sei während des Zweiten Weltkrieges „Kommentator beim Sender Stuttgart" gewesen. Siehe dazu Deutscher Bundestag, 3. WP, Auswärtiger Ausschuss, 59. Sitzung vom 09.02.1961 zitiert nach KOMMISSION FÜR GESCHICHTE DES PARLAMENTARISMUS UND DER POLITISCHEN PARTEIEN (HRSG.): Der Auswärtige Ausschuß des Deutschen Bundestages Sitzungsprotokolle 1957–1961, Bonn 2003, CD-ROM-Supplement, S. 1420.
302 CLAVIEN: Georges Oltramare, S. 168.
303 EBD.
304 EBD.
305 Handschriftliche Notiz zu AA an Botschaft, 18.01.1957 [PA AA, B 82, V3-88, Nr. 250, Bd. 1, Bl. 16]. Die Angabe beruhte auf einer Auskunft des syrischen Gesandten vom 24.01.1957.
306 Vertraulicher Bericht des Schweizer Botschafters Jean-Louis Pahud an das Außenministerium, 22.06.1957 [Schweiz. Bundesarchiv, E 2001 (E) 1976/17, Bd. 44]: *Oltramare a dû finalement se contenter de conditions relativement modestes [...]. Par ailleurs, j'ai pu me rendre compte que la*

ches Gewicht Oltramare in der Rundfunkpropaganda tatsächlich zukam. So versuchte ein Mitarbeiter des Informationsministeriums den Botschafter unter anderem mit dem Hinweis zu beschwichtigen, Oltramare verfasse nur Texte, die andere verlesen würden. Ob Oltramare selbst im Rundfunk aufgetreten ist, wie er behauptet hat, konnte der Botschafter nicht überprüfen, weil die Sendungen der „Stimme der Araber" in Ägypten nicht zu empfangen waren.[307]

Eine vorübergehende Tätigkeit als Radiopropagandist in Kairo wurde schließlich Jean Maurice Bauverd (geb. 1914) nachgesagt. Wie Oltramare war er in der Schweiz geboren, hatte als junger Erwachsener mit seinem Freund François Genoud den Mittleren Osten bereist und sich nach seiner Rückkehr in den 1930er Jahren in seiner Heimat für die rechtsextremen Frontisten engagiert. Aufgrund seiner Aktivitäten im besetzten Frankreich galt er als „Goebbels-Kollaborateur".[308] Nach der Befreiung wurde er deshalb zu eineinhalb Jahren Haft verurteilt. Dem Urteil entzog er sich durch die Flucht in den Vorderen Orient. 1948/49 stellte er sich in Syrien in den Dienst von Radio Damaskus. Seit 1951 hielt er sich vermutlich in Kairo auf, wo er Kontakte zu Funktionären der Arabischen Liga und zu el-Husseini unterhielt.[309] Von Kairo aus bereiste er zudem „in eindeutiger Mission europäische Hauptstädte", um dort „mit Hilfe alter Kräfte" aus dem Kreis früherer Nationalsozialisten und ihrer Kollaborateure „Werbung für die arabische Sache zu machen".[310] Später ließ Bauverd sich in Madrid nieder.

Es trifft somit zu, dass versierte antisemitische Propagandisten Mitte der 1950er Jahre nach Kairo angeworben worden sind, um dort im Auslandsprogramm des Rundfunks zu arbeiten. Viele dieser Aufenthalte dürften aber nur vorübergehend gewesen sein. Von einer konzertierten Aktion lässt sich kaum sprechen: Oltramare etwa verließ das Land bereits nach einem knappen Jahr wieder. Ähnlich kurz dürfte Bauverd in Kairo geblieben sein. Ob Perret-Gentil jemals vor Ort war, ist umstritten. Gleiches gilt für von Mildenstein, der sich bereits 1957 wieder in Wuppertal aufhielt. Insofern stellte Johann von Leers eine Ausnahme dar: Einmal angekommen, wollte er, auch in Ermangelung beruflicher Alternativen, dauerhaft bleiben. Dass seine Gastgeber ihn nach der Enttarnung aus der Schusslinie nahmen, schließt nicht aus, dass er weiterhin für

---

question personnelle de M. Oltramare dans son nouveau milieu n'est pas des plus confortables. Il se sent plus ou moins à la merci des Egyptiens. Ich danke Dr. Mauro Cerutti (Genf) für den Hinweis auf dieses Dokument.
307 Ebd.
308 WINKLER: Der Schattenmann, S. 56. Siehe auch TAUBER: Beyond Eagle and Swastika, S. 240.
309 German Nationalist and Neo-Nazi Activities in Argentinia [NARA, RG 263, Entry ZZ-16, Akte Schellenberger, Bd. 2, D. 111].
310 WINKLER: Der Schattenmann, S. 55.

Propagandaaufträge herangezogen wurde. Deutlich erkennen lässt sich allerdings auch, dass es dafür nicht zwingend seiner Person bedurfte. Dies belegt schon der Umstand, dass vergleichbare Traktate bereits lange vor seiner Ankunft in Rundfunk und Presse Verbreitung fanden. Bei genauerer Betrachtung erweist sich zudem, dass auch zu seiner Person keine stichhaltigen Belege für eine leitende Funktion im Programm der „Stimme der Araber" vorliegen. Einmal in die Welt gesetzt, wurden diese Gerüchte jedoch nicht mehr hinterfragt, sodass sie bis heute Glaubwürdigkeit entfalten.

Zu einem zweiten Standbein entwickelte sich seine Tätigkeit als Fremdsprachenlehrer. Er sei *als Professor an der großen Staatlichen Sprachen-Hochschule tätig*, beschrieb Johann von Leers 1960 seine Aufgabe.[311] Gemeint war die renommierte Einrichtung „Madrasat al-Alsun", an der seinerzeit verstärkt Deutschlehrer für den Schulunterricht ausgebildet wurden.[312] Johann von Leers gehörte *zeitweilig* dem Lehrkörper an, erinnert sich ein Mitarbeiter des Goethe-Instituts, der ihn dort angetroffen hat.[313] Ob er diese Stelle von Anfang an erhalten sollte, ist allerdings fraglich. Anzunehmen ist stattdessen, dass seine ägyptischen Gastgeber sich nach der öffentlichen Enttarnung um eine unverfänglichere Position bemühten, die weniger öffentliche Aufmerksamkeit auf sich zog und seine propagandistischen Aktivitäten besser tarnte, wie Beobachter vermuteten.[314] Darauf lässt auch die Unterstützung durch Fakoussa schließen, auf dessen *Veranlassung* hin seine Berufung als *hauptamtlicher Sprachlehrer* überhaupt erst möglich geworden sein soll.[315] Mit einer Hochschulprofessur im akademisch-wissenschaftlichen Sinne hatte diese Tätigkeit jedoch wenig zu tun. Stattdessen soll Johann von Leers den Status eines Dozenten eingenommen haben, der moderne Fremdsprachen und angeblich „Literaturgeschichte" unter-

---

311 Erklärung von Professor v. Leers (Ms.), Kairo o.D. [um Dezember 1960] [Privatarchiv]. Siehe auch Gesine von Leers an Jünger, o.D. [Mai 1972] [DLA Marbach, Sig. HS 5294539] und Johann von Leers an Botschaft Kairo, 04.02.1964 [PA AA, B 82, V3-88, Nr. 250, Bd. 2, Bl. 8].
312 Die Anfänge der Schule reichen in das frühe 19. Jahrhundert zurück. Zu Beginn der 1950er Jahre wurde sie auf Initiative des in Deutschland ausgebildeten ägyptischen Orientalisten Murad Kamil wieder gegründet. Ihre Aufgabe bestand darin, moderne Fremdsprachen von Muttersprachlern unterrichten zu lassen. Mitte der 1970er Jahre wurde die „Sprachenhochschule" als Fremdsprachenfakultät der Ain-Schams-Universität eingegliedert. Siehe auch JUNGRAITHMAYR, HERMANN: Ein Leben mit afrikanischen Sprachen, in: Paideuma. Mitteilungen zur Kulturkunde 52 (2006), S. 7–26, hier S. 12 f.
313 Auskunft Prof. Paul Kunitzsch (München) [Schreiben vom 03.04.2008].
314 Propaganda Activities of Dr. Johannes von Leers against Israel and West Germany, 12.03.1959; Johannes (sic) von Leers, 26.04.1960 [NARA, RG 263, Entry ZZ-16, Box 32, NND 36822]: *To cover these activities and to avoid embarrassment to itself, the UAR government in 1956 arranged an appointment for von Leers as a professor of language in Cairo University.*
315 Aufzeichnungen, 16.12.1962. Referiert werden Erinnerungen von Gesine von Leers [APABIZ].

richte.³¹⁶ Finanziell lukrativ dürfte die Stelle nicht gewesen sein. Innerhalb des Lehrkörpers galt er zudem als *sehr isoliert*.³¹⁷

Das geringe Dozenteneinkommen zwang Johann von Leers deshalb, sich nach weiteren Erwerbsquellen umzusehen: Er lebe *nebenbei von Übersetzungen*, erläuterte er sein drittes Standbein, bei dem er seine Fremdsprachenkenntnisse in den Dienst weltanschaulicher Überzeugungen stellen konnte.³¹⁸ Als Auftraggeber lassen sich die Arabische Liga, das Informationsministerium bzw. Informationsamt der ägyptischen Regierung und der Hohe Islamische Rat identifizieren. Auftragsarbeiten für die Arabische Liga waren kein Geheimnis und wurden nicht geleugnet: Johann von Leers sei einer ihrer *adviser* und insbesondere mit Fragen befasst, die die Bundesrepublik betreffen würden, fanden amerikanische Sicherheitsbehörden unmittelbar nach seiner Ankunft in Kairo heraus.³¹⁹ Dazu gehörten unter anderem Artikel für die Propagandaabteilung, die in westdeutschen Zeitungen erscheinen sollten.³²⁰ Seine Tätigkeit als *Übersetzer für die Arabische Liga* bestätigte auch Gesine von Leers.³²¹ Dass sich ihm diese Türen öffneten, verdankte er seinen Beziehungen zu einflussreichen Persönlichkeiten in Kairo. Johann von Leers, so die amerikanischen Beobachter, unterhalte einen *excellent contact* zu Führungskräften der Arabischen Liga.³²² Er selbst rühmt sich, mit Funktionären auf höchster Ebene zu verkehren. So erfuhr ein Mitarbeiter der Botschaft der Bundesrepublik Anfang 1959 von ihm, dass er *in Kürze* zu einer Unterredung mit dem Generalsekretär der Arabischen Liga, Abdul-Khaleq Hassouna (siehe Kap. 9.2.1), zusammentreffen werde und auch sonst *häufig Kontakt mit der Arabischen Liga* habe.³²³ Ein solches Gespräch mit Hassouna, der viele seiner Ansichten geteilt haben dürfte, ist für Anfang Februar tatsächlich nachweisbar. Bereits zuvor hatte Johann von Leers für die „Arabische Korrespondenz", die Fakoussa in Bonn verbreitete, einen Kommen-

---

316 Activities of Dr. Johann von Leers, 24.10.1957 [NARA, RG 263, Entry ZZ-16, Box 32, NND 36822]. Dort wird er als *instructor in languages at the Language school for students attached to Cairo University* bezeichnet, der *Literaturgeschichte* unterrichte. Auskunft Prof. Paul Kunitzsch (München) [Schreiben vom 03.04.2008].
317 Ebd.
318 Lebenslauf Prof. Dr. Johann von Leers (Ms.), o.D. [NL H. Achmed Schmiede].
319 Anti-Jewish Activities of von Leers in Egypt, 13.07.1956. Siehe auch die Zusammenfassung zu von Leers, o.D.; Johannes (sic) von Leers, 26.04.1960 [NARA, RG 263, Entry ZZ-16, Box 32, NND 36822].
320 Anti-Jewish Activities of von Leers in Egypt, 13.07.1956 [NARA, RG 263, Entry ZZ-16, Box 32, NND 36822].
321 Gesine von Leers an Jünger, o.D. [Mai 1972] [DLA Marbach, Sig. HS 5294539].
322 Recent Activities of Prof. Dr. Johann von Leers, 15.06.1956 [NARA, RG 263, Entry ZZ-16, Box 32, NND 36822].
323 Vermerk Botschaft Kairo, 27.01.1959 [PA AA, B 82, V3-88, Nr. 250, Bd. 1, Bl. 57].

tar Hassounas übersetzt, wonach Israel eine „fremde Einmischung in unsere inneren Angelegenheiten in ihrer widerwärtigsten Art" darstelle und Palästina von „den Zionisten" befreit werden müsse, damit „Mosleme (sic), Christen und Juden dort friedlich zusammen leben können".[324] Insofern handelte es sich bei seinen Übersetzungen für die Arabische Liga auch nicht um harmlose „Touristenbroschüren", wie ein Zeitungskorrespondent vermutete.[325] Stattdessen stand diese Tätigkeit in direktem Zusammenhang mit der „Boykottpropaganda" der Arabischen Liga, die seit Anfang der 1950er Jahre ausgeweitet worden war.

Auslöser dafür waren die Verhandlungen über ein Abkommen zwischen der Bundesrepublik Deutschland und Israel zu Fragen einer „Wiedergutmachung", das in arabischen Staaten auf Ablehnung stieß. Dort wurde befürchtet, dass die daraus resultierenden Zahlungen den „Effekt des arabischen Boykotts Israels schwächten".[326] Schließlich, zitierte eine zeitgenössische Reportage den Redakteur einer libanesischen Zeitung aus der Entourage des Mufti während seines Aufenthalts im Deutschen Reich, sei der jüdische Staat für sein Überleben auf den Handel mit arabischen Ländern angewiesen, die sich dem aber verweigern würden und so auf Dauer dafür sorgten, dass Israel und die Juden „verschwinden wie Sodom und Gomorrha".[327] Nachdem das Abkommen 1952 dennoch zustande gekommen war, intervenierten Diplomaten arabischer Staaten mehrfach im Auswärtigen Amt, um die Bundesregierung „von der Notwendigkeit zu überzeugen, das Abkommen aufzukündigen oder die Lieferbeschränkungen nach dem Vorbild des westlichen Embargos gegen die Sowjetunion zu verschärfen".[328] Dabei ging es ihnen vor allem darum, einen Lieferstopp für Güter mit Bedeutung auch für das Militär zu erreichen und Kontrolle über die Auswahl der nach Israel ausgeführten Güter zu erlangen. Um das Vorgehen arbeitsteilig zu koordinieren, richtete der Rat der Arabischen Liga 1953 eine dem Generalsekretär unterstellte Abteilung ein, die, wie mit Amed Moawad (Lebensdaten unbekannt) ein Kenner der Materie erläuterte, „alle Angelegenheiten Palästina betreffend behandelt".[329] Gegliedert war sie demnach in zwei Sektionen, von denen „eine für die politischen Angelegenheiten und die andere für die Flüchtlingsprobleme" verantwortlich war. Zur Aufgabe der politischen Sektion zählte unter anderem,

---

324 Zit. nach AK 2 (1958) 27 vom 05.07.1958, S. 1.
325 Münchner Merkur vom 25.07.1958.
326 Denkschrift des Hohen Arabischen Komitees für Palästina über die deutschen Wiedergutmachungen an die Juden, Kairo o.D. [um 1959], S. 18.
327 CARLSON, JOHN R.: Araber rings um Israel, Frankfurt am Main 1953, S. 248. Carlson war das Pseudonym des armenisch-amerikanischen Publizisten Avedis Boghos Derounian (1909–1991), der seit 1948 „Undercover" arabische Staaten bereiste.
328 JELINEK: Deutschland und Israel 1945–1965, S. 357.
329 MOAWAD, A[MED]: Frieden im Orient, Kairo 1956, S. 105 f.

die „Entwicklungen der Palästinasache" zu verfolgen, Informationen über die politischen Ziele Israels auf allen Gebieten zu sammeln sowie „die internationale Zionistenpropaganda" zu beobachten und „periodische Berichte" darüber zu veröffentlichen.[330] Eine enge Zusammenarbeit pflegte die Abteilung mit dem „Boykottbüro", das wiederum mit dem „Militär-Sekretariat" verbunden war.[331] Seine Aufgabe bestand darin, „die besten Methoden für einen Totalboykott zu studieren" und diesen Boykott so „zu überwachen" und zu steuern, dass er „den erwünschten Erfolg zu Gunsten der Palästinasache" erreiche.[332] Dementsprechend umfassend waren die Aktivitäten des „Boykottbüros", um Israels Handelsbeziehungen zu westlichen Industrienationen zu unterminieren.[333] Vom Auswärtigen Amt etwa verlangten seine Mitarbeiter „Listen von Firmen mit Handelsbeziehungen zu Israel", um diese von Geschäftsbeziehungen mit arabischen Staaten ausschließen zu können.[334] Solche Forderungen blieben zwar unerfüllt. Ganz ohne Erfolg waren die Boykottmaßnahmen aber nicht, die „zu einer Verschärfung der deutsch-israelischen Spannungen" führten und sich damit „als effektives Instrument gegen Israel" erwiesen.[335] An eine interessierte Öffentlichkeit insbesondere auch in der Bundesrepublik richteten sich dagegen die Propagandaschriften, die die Arabische Liga in zahlreichen Fremdsprachen produzieren ließ. Hier ging es vor allem darum, Israel als „Raubstaat" und Aggressionsherd in der Region zu denunzieren, gegen den zu Recht die Forderung nach Rückgabe des „geraubten" Landes erhoben werden könne. Unter den Schriften, die in diesem Kontext entstanden, gehört auch die von Moawad, zu der Johann von Leers ein Vorwort beigesteuert hat. Einige Formulierungen, mehr aber noch einzelne Gedankengänge lassen zudem darauf schließen, dass er auch redaktionelle Eingriffe in die Übersetzung des Originaltextes vorgenommen hat. Begleitet wurden solche Kampagnen durch Beiträge in Fakoussas „Arabischer Korrespondenz", die vor antisemitischen Stereotypen nicht zurückschreckten. In einem 1957 veröffentlichten Bericht zur Arbeit des Boykottbüros etwa wurde der Vorwurf der aggressiven und expansiven Politik Israels damit begründet, dass „Juden [...] immer die ganze Welt zu beeinflussen suchen" und diese in einer Weise beherrschen wollten, die sie „für die Stellung ihrer Ambitionen am

---

330 EBD.
331 EBD.
332 EBD.
333 JELINEK: Deutschland und Israel 1945–1965, S. 358.
334 EBD., S. 359.
335 EBD., S. 361.

günstigsten halten".³³⁶ Deshalb müsse das „arabische Volk" auch gemeinsam dieser „ständigen Aggression" begegnen und „das Übel [...] bekämpfen und seine Wurzeln [...] vernichten".³³⁷

Die Bedeutung solcher Veröffentlichungen für die propagandistische Arbeit der Arabische Liga muss dennoch nüchtern betrachtet werden. Moawads Machwerk, über dessen Auflage und Vertrieb nichts bekannt ist, dürfte aufgrund seines unbeholfenen Stils kaum Resonanz gefunden haben. Ähnliches gilt für spätere Veröffentlichungen der Arabischen Liga, die vermutlich ohne Unterstützung durch Johann von Leers entstanden sind.³³⁸ Viele Vorhaben blieben zudem eine vage Idee. Ebenso scheiterte der Versuch bundesdeutscher Rechtsextremisten, sich über Johann von Leers Zugang zu finanziellen Ressourcen der Arabischen Liga zu verschaffen (siehe Kap. 9.5.1). Gleichwohl ist festzuhalten, dass Johann von Leers Zeit seines Aufenthalts in Kairo Funktionären der Arabischen Liga als ernstzunehmender Ansprechpartner galt. Dies gilt etwa für Hussein Triki (1916–2012), der als Vertreter der Algerischen Befreiungsbewegung nach Argentinien gekommen war und dort später die Leitung des Büros der Arabischen Liga übernahm. Noch 1963 unterhielt der gebürtige Tunesier, der von Buenos Aires aus unter dem Deckmantel des Antizionismus antisemitische Propaganda verbreitete, einen persönlichen Kontakt zu Johann von Leers.³³⁹ Ein Instrument dazu war die seinerzeit von ihm erstellte Zeitschrift „Nación Arabe", in der er Stimmung für einen ökonomischen und politischen Boykott Israels machte und sich nicht scheute, dazu auch aus den „Protokollen der Weisen von Zion" zu zitieren.³⁴⁰ Johann von Leers und Triki, der Argentinien im Sommer 1964 als unerwünschte Person verlassen musste, versorgten sich bis dahin gegenseitig mit Materialien und Manuskripten zum publizistischen Kampf gegen Israel.

---

336 Das Ziel des Zionismus bei der Errichtung eines Staates in Palästina, in: AK 1 (1957) 14 vom 24.08.1957.
337 Ebd.
338 Siehe etwa LIGA DER ARABISCHEN STAATEN (HRSG.): Israel verfolgt deutsche Wissenschaftler, Bonn 1964. Die Broschüre, für die Fakoussa ein Vorwort verfasst hatte, bezog ihre Informationen vor allem auch aus rechtsextremen Organen wie der Deutschen National-Zeitung und der Deutschen Wochen-Zeitung. Siehe O. V.: Arab Propaganda in Bonn, in: WLB 19 (1965) 2, S. 23.
339 LERNER, NATAN: Arab Anti-Jewish Activities in Latin-America, New York 1964, S. 5f.; Triki an Johann von Leers, 18.06.1963 [Privatarchiv].
340 AJYB 1965, S. 338f. sowie Argentina Reports Hussein Triki, Arab League Agent, has left, in: Jewish Telegraphic Agency 46 (964) 31 vom 31.08.1964. Siehe LERNER: Arab Anti-Jewish Activities in Latin-America, S. 5f.: Demnach handele es sich bei „Nación Arabe" um „the most important and poisonous mouthpiece of the Arab and anti-Jewish propaganda in Latin America" (S. 12). Zu Trikis Aktivitäten siehe auch REIN, RAANAN/DINER, ILAN: Miedos infundados, esperanzas infladas, memorias apasionadas: Los grupos de autodefensa judíos en la Argentina de los años sesenta, in: Estudios (2011) 26, S. 163–185, hier S. 180f.

Während Triki ihm Exemplare seiner Schriften übermittelte, die auf Vorträgen in Südamerika basierten, ließ Johann von Leers diesem im Gegenzug Aufsätze eines spanischen Gesinnungsgenossen zukommen, um sie in „Nación Arabe" zu publizieren.[341]

Als zweiter Auftraggeber ist das ägyptische Informationsministerium bzw. Informationsamt zu nennen, in dessen Bürogebäude Johann von Leers offensichtlich auch durch die beiden Journalisten aufgespürt worden war. Seine Tätigkeit gerade für diese Behörde, die die antizionistische und antiisraelische Agitation steuerte und ihre schützende Hand über eine Reihe von Organisationen hielt, die mit ihrer Zustimmung agierten, sorgte ähnlich seiner Rolle im Rundfunk für besondere Empörung, entstand doch auch hier der Eindruck, Nassers Propaganda werden durch einen bekennenden Nationalsozialisten gesteuert. Johann von Leers sei *als Übersetzer beschäftigt,* meldete die Botschaft bald nach seiner Enttarnung nach Bonn, um im gleichen Atemzug abzuwiegeln, diese Tätigkeit erlaube ihm *keinen Einfluss auf die Propaganda-Gestaltung der Regierung.*[342] Eine amerikanische Quelle wollte im März 1958 dennoch in Erfahrung gebracht haben, er sei derzeit *entrusted with propaganda tasks by the Ministry of Information.*[343] In welchem Umfang er solche Aufgaben für das Informationsministerium übernahm und wie lange er Aufträge von dort erhielt, lässt sich allerdings nicht erkennen. So interpretierte die Botschaft eine Pressemeldung im Oktober 1956 in der Parteizeitung „Gomhuriya" dahingehend, trotz der Enttarnung bestehe *Anlass zu Vermutungen über einen Ausbau* seiner Tätigkeit. Den Ausschlag dazu gab der Hinweis, die Informationsabteilung des Ministeriums habe ein Institut eröffnet, das zur *Ausbildung der Beamten und Angestellten des Ministeriums* nicht nur Sprachkurse abhalte, sondern auch Vorträge zu Themen wie *Mittel der imperialistischen Propaganda* oder *Die Methoden des Weltjudentums* anbiete, für die sich bereits 50 Mitarbeiter angemeldet hätten.[344] Für einen engen Kontakt zum Informationsamt spricht außerdem, dass Johann von Leers wie selbstverständlich dessen Anschrift als Deckadresse für ausländische

---

341 Triki an Johann von Leers, 18.06.1963 [Privatarchiv]. Bei den beigefügten Pamphleten handelte es sich um die Titel „He aquí Palestina: El sionismo al desnudo" (die Schrift wurde auch auf Französisch unter dem Titel „Voici la Palestine" veröffentlicht) und „Los Arabes y la America Latina".
342 Botschaft an AA, 27.10.1956 [PA AA, B 82, V3-88, Nr. 250, Bd. 1, Bl. 4 f.].
343 Von Leers, Johannes, 1957/58; Johannes (sic) von Leers, 26.04.1960 [NARA, RG 263, Entry ZZ-16, Box 32, NND 36822]. Siehe auch NAFTALI: New Information on Cold War CIA Stay-Behind Operations in Germany and on the Adolf Eichmann Case.
344 Botschaft an AA, 27.10.1956 [PA AA, B 82, V3-88, Nr. 250, Bd. 1, Bl. 4 f.]. Siehe auch Gumhuriya vom 21.10.1956 [PA AA, B 82, V3-88, Nr. 250, Bd. 1, Bl. 9].

Gesinnungsgenossen nutzen konnte.[345] Noch 1964 vermittelte er zudem den Eindruck, über gute Beziehungen zum Generaldirektor des Amtes, Hamdi Bey Hafez (Lebensdaten unbekannt), zu verfügen, bei dem er sich für geschichtsrevisionistische Autoren wie Paul Rassinier (1906–1967) verwenden wollte.[346] Letzteres dürfte allerdings Wunschdenken gewesen sein. Eine ähnliche Selbstüberschätzung lässt sich bereits fünf Jahre zuvor konstatieren. So fordert Johann von Leers im Juli 1959 einen Gesinnungsgenossen in der Bundesrepublik auf, ihm eine *Liste aller Zeitschriften und Zeitungen Westdeutschlands zuzusenden*, deren Redakteure unter dem Verdacht stünden, sie könnten *antinational und zionistisch beeinflusst* sein. Diese Liste wolle er *hiesigen Behörden* übergeben, um diese *prozionistischen Blätter* überwachen zu lassen und die *Einreise etwaiger Korrespondenten* zu verhindern.[347] Im Informationsamt dürfte er mit solchen abwegigen Ideen aber kaum durchgedrungen sein.

Darüber hinaus betätigte er sich als *Übersetzer für [...] den Hohen Islamischen Rat*, wie seine Ehefrau bestätigte.[348] Gemeint war der 1954 gegründete Obersten Rat für Islamische Angelegenheiten, der, unter Aufsicht des ägyptischen Regierungsapparats, mit der „Entsendung von Lehrern für Arabisch und islamische Wissenschaften" und der „Verschickung von einschlägigen Broschüren" beauftragt war und damit zugleich als „Hüter des Islam und der islamischen Einheit" wirken sollte.[349] Über den Umfang der Tätigkeit Johann von Leers lassen sich auch hier keine genaueren Angaben treffen. Ein Zusammenhang mit seiner Konversion ist allerdings offensichtlich. Zu den nachweisbaren Übersetzungen zählen nämlich neben allgemeinpolitischen Schriften[350] verschiedene religiöse Traktate und Erbauungsliteratur für Gläubige, die noch in den 1990er Jahren auf Bazaren in Kairo erworben werden konnten.[351]

---

345 Informationsamt (Kairo) an Kramer, 22.03.1959 [NL Kramer].
346 Johann von Leers an Rassinier, 01.09.1964, zit. nach FRESCO: Fabrication d'un antisémite, S. 49 f.
347 Johann von Leers an Schreiber (Wiesbaden), 21.07.1959 [APABIZ].
348 Gesine von Leers an Jünger, o. D. [Mai 1972] [DLA Marbach, Sig. HS 5294539].
349 SCHULZE, REINHARD: Islamischer Internationalismus im 20. Jahrhundert. Untersuchungen zur Geschichte der Islamischen Weltliga, Leiden/New York/Köln 1990, S. 153 f.
350 ISMAIL, IBRAHIM MUHAMMAD: Der Islam und die heutigen Wirtschaftstheorien, Kairo o. J. [um 1960], hrsg. vom Obersten Rat für Islamische Angelegenheiten unter dem Namen von Prof. Dr. Omar Amin.
351 Als Reprint der um 1960 erschienenen Schriften nachweisbar sind NOFAL, ABD EL-RAZZAK: Al sakah (dt.: Die Armen-Steuer), Übersetzung aus dem Arabischen von Omar Amin von Leers, Kairo 1993; GHALI, MOHAMAD M.: Al ssalah (dt.: Das Gebet), Übersetzung aus dem Arabischen von Omar Amin von Leers, Kairo 1993; EL-KHOLI, EL-BAHAY: Al ssijam (dt.: Das Fasten), Übersetzung aus dem Arabischen von Omar Amin von Leers, Kairo 1993; DERS.: Al Hadj und al Omra (dt.: Die Pilgerfahrt und die Kleine Pilgerfahrt), Übersetzung aus dem

9.3.2 Helfer und Unterstützer

Der Kreis der offiziellen Auftraggeber wurde ergänzt um zwei Persönlichkeiten, die Unabhängigkeit verkörperten, gleichwohl aber mit Rückendeckung der ägyptischen Behörden agierten: Gemeint sind der Mufti Amin el-Husseini und der Propagandaexperte Mahmoud Saleh. Die persönliche Freundschaft mit dem Mufti, der noch immer voller „Bewunderung" für das nationalsozialistische Deutschland war, weil sich dieses einst den „Ränkespielen des Weltjudentums"[352] widersetzt habe, schlug sich in einer Reihe von publizistischen Projekten nieder, die Lesern in der Bundesrepublik die Persönlichkeit el-Husseinis und dessen politische Ansichten zugänglich machen sollten. Ins Auge springen zunächst mehrere glorifizierende Artikel, die Johann von Leers in rechtsextremen Organen unterbrachte. „Ein wahrer Freund der Deutschen" resümierte etwa die Zeitung „Die Anklage" im April 1957, als sich nach einer Industrieausstellung in Kairo „eine Anzahl bewährter Freunde des arabischen Freiheitskampfes" aus der Bundesrepublik und „arabische Mitarbeiter des Großmufti" noch zu „einem Tee in der Villa Seiner Eminenz" eingefunden hätten.[353] Was der Mufti seinen namentlich nicht genannten Gästen erläuterte, mussten diese als außerordentliche Sympathiebekundung eines langjährigen Bündnispartners betrachten. So habe er „die Liebe und Herzlichkeit" unterstrichen, „die er während des Krieges bei seinem Aufenthalt in Deutschland gefunden" hatte. Noch immer „tief ergriffen" zeigte er sich auch von jenem „Geist der Treue und Tapferkeit", der „damals in Deutschland herrschte", wie seines „Verständnisses [...] für das arabische Volk".[354] Eine ähnliche Eloge über den „gewaltigen Großmufti Hadj Amin el Hussein", der als „eine der größten Erscheinungen unseres Zeitalters" zu gelten habe, verbreitete im Dezember 1957 auch „Der Ring", das Monatsblatt des Bundesverbandes ehemaliger Internierter und Entnazifizierungsgeschädigter.[355]

Die Positionen des Muftis dagegen sollten in verschiedenen Publikationen verbreitet werden. So plante Johann von Leers mit Haris Korkut (Lebensdaten

---

Arabischen von Omar Amin von Leers, Kairo 1993. Siehe außerdem ED DIN EL FANDY, MUHAMMAD JAMAL: Kosmische Verse im Quran, Kairo o. J. [um 1960], hrsg. vom Obersten Rat für Islamische Angelegenheiten unter dem Namen von Prof. Dr. Omar Amin.

352 Denkschrift des Hohen Arabischen Komitees für Palästina über die deutschen Wiedergutmachungen an die Juden, Kairo o.D. [um 1959], S. 19.
353 DR. V.L.: Verständnis und Güte: Ein wahrer Freund der Deutschen, in: Die Anklage 5 (1957) April/Mai, S. 9 f.
354 EBD.
355 Omar Amin grüßt aus Ägypten, in: SPD-Pressedienst vom 18.12.1957, S. 6. Der Beitrag erschien in der Ausgabe vom 10.12.1957. Siehe auch „Deutsche Afrika Orient Information", Dezember 1957.

unbekannt), der im Zweiten Weltkrieg als Regiments-Imam einer bosnischen Einheit der Waffen-SS gedient hatte und seitdem mit el-Husseini bekannt war, die englischsprachige Fassung einer Veröffentlichung des Muftis („The Truth about the Palestine Question") ins Deutsche zu übersetzen.[356] Die Rechte daran hatte sich bereits der rechtsextreme Verleger Karl-Heinz Priester gesichert, der jedoch Entschärfungen verlangte.[357] *Angriffe gegen Israel,* so Priester, die den *merkwürdig engstirnigen Machthabern* in der Bundesrepublik einen Anlass zur *Beschlagnahme* geben könnten, seien zu vermeiden.[358] Die Übersetzung scheiterte allerdings. Erfolgreicher war Johann von Leers dagegen, die Propagandaarbeit des Hohen Arabischen Komitees für Palästina zu unterstützen: Anfang 1959 besorgte er im Auftrag des Muftis die „korrekte Übersetzung" einer „Denkschrift", in der dieser gegen „die deutschen Wiedergutmachungen an die Juden" polemisierte.[359] Das Hohe Arabische Komitee war 1936 durch el-Husseini gegründet worden und sollte dessen Kampagnen für die „Unabhängigkeit" der Araber unterstützen. Nach dem Zweiten Weltkrieg setzte er diese Arbeit von Kairo aus und mit Hilfe der Arabischen Liga fort.[360] Seit 1952 verfasste der Mufti zahlreiche Noten, die ihre Adressaten weltweit gegen Adenauers Politik einer Wiedergutmachung und wirtschaftlichen Kooperation mit Israel einnehmen sollten[361] und deren Übersetzungen als „Teil des arabischen Wirtschaftskrieges gegen Israel auf deutschem Boden"[362] zu betrachten sind. Durch den Zufluss an Kapital nach Israel und Kredite, suggerierte die „Denkschrift", die im Februar 1959 dem Generalsekretär der Arabischen Liga, Hassouna, übergeben worden war, drohten den arabischen Völkern schwere Gefahren. Insofern, erklärten ihre Verfasser, käme jede wirtschaftliche Hilfe einer „offenen Herausforderung

---

356 Activities of Professor Johannes von Leers and Dr. Hans Eisele, 04.12.1958 [NARA, RG 263, Entry ZZ-16, Box 32, NND 36822]. Dort wird ein „H. Korkut" genannt. Zu Korkuts Rolle vor 1945 siehe LEPRE, GEORGE: Himmler's Bosnian Division C. The Waffen-SS Handschar Division 1943–1945, Atglen 1997, S. 185.
357 Ebd.
358 Priester an Johann von Leers, 12.02.1959 [BArch, B 443/2673, Bl. 16633–16639].
359 Denkschrift des Hohen Arabischen Komitees für Palästina über die deutschen Wiedergutmachungen an die Juden, Kairo o.D. [um 1959].
360 GENSICKE, KLAUS: Der Mufti von Jerusalem und die Nationalsozialisten. Eine politische Biographie Amin el-Husseinis (Veröffentlichungen der Forschungsstelle Ludwigsburg der Universität Stuttgart, Bd. 11), Darmstadt 2007, S. 153 f. Zeitgenössisch CARLSON: Araber rings um Israel, S. 241.
361 AA, Aufzeichnungen Kordt über ein Gespräch mit dem syrischen Generalkonsul, 15.05.1952, in: Akten zur Auswärtigen Politik der Bundesrepublik Deutschland 1952, hrsg. im Auftrag des Auswärtigen Amtes vom Institut für Zeitgeschichte, München 2000, S. 378 f.
362 JELINEK: Deutschland und Israel 1945–1965, S. 362.

der arabischen Nation" gleich.[363] Johann von Leers fungierte allerdings nicht nur als Übersetzer, sondern kümmerte sich persönlich auch um den Vertrieb der Broschüre in rechtsextremen Kreisen. So forderte er seine Gesinnungsgenossen auf, dieses *wertvolle Dokument* in der Bundesrepublik *je nach dem dortigen Bedarf zu verbreiten*.[364] Gleichzeitig bat er um eine Liste von Organisationen, die sich die *Pflege der deutsch-arabischen Freundschaft zur Aufgabe gesetzt haben* und deren Funktionsträger *Vertrauen verdienen*, ebenso um die Namen von Zeitungsjournalisten, damit diese *mit Zusendung von Informationsmaterial und Einladung hierher bedacht* werden könnten.[365] Noch 1960 bot er sich zudem einem amerikanischen Gesinnungsgenossen als Mittler an, um Briefe an den Mufti, der Kairo zwischenzeitlich verlassen hatte, weiterzuleiten.[366]

Der Erfolg solcher Kampagnen war indessen gering. Die „Deutsche Wochenzeitung", der „Reichsruf" oder die „Freisoziale Presse", das Organ der Splittergruppe Freisoziale Union, die Auszüge aus der Denkschrift des Muftis abzudrucken bereit waren, erreichten nur einen kleinen Kreis an Lesern.[367] Ohnehin dürfen Bedeutung und Einfluss des Muftis im politischen Geschehen nicht überschätzt werden. Zwar galt er noch immer als Symbolfigur des arabischen Kampfes gegen „Zionismus, Imperialismus und den Westen".[368] Aufgrund seiner „politischen Intransigenz" und nicht zuletzt seiner Rolle als Kollaborateur der Nationalsozialisten sank er jedoch zunehmend in die „Bedeutungslosigkeit"[369] ab. Schon sein Verhalten seit 1946 hatte seine Reputation beschädigt, weil ihm eine Mitschuld an Flucht und Vertreibung [„Naqba"] hunderttausender Palästinenser aus dem britischen Mandatsgebiet angelastet wurde und die unter seiner Führung stehenden „Banden" im arabisch-israelischen Krieg 1948/49 wirkungslos blieben.[370] Damit aber entglitt ihm zunehmend die „Führerschaft der Palästinenser". Befördert wurde der Prozess durch den Umbruch in der arabischen Welt, in der seit Anfang der 1950er Jahre neue revolutionäre Bewegungen aufkamen. Die Ideale dieser Bewegungen standen oftmals in Gegensatz zu den traditionellen Zielen der arabischen Gesellschaft. Der Mufti erschien ihren

---

363 Denkschrift des Hohen Arabischen Komitees für Palästina über die deutschen Wiedergutmachungen an die Juden, Kairo o.D. [um 1959], S. 20.
364 Johann von Leers an unbekannten Adressaten, o.D. [BfV, 054-P-10013, Bl. 108]; Johann von Leers an Schreiber (Wiesbaden), 21.07.1959 [APABIZ].
365 Johann von Leers an Schreiber (Wiesbaden), 21.07.1959 [APABIZ].
366 Johann von Leers an Thompson, 16.10.1960 [Privatarchiv].
367 BfV, Vermerk vom 06.08.1959 [BfV, 054-P-10013, Bl. 125].
368 Gensicke: Der Mufti von Jerusalem und die Nationalsozialisten, S. 150 f.
369 Ebd., S. 14.
370 Ebd., S. 153 f.

Anhängern deshalb als religiöser Führer „nicht akzeptabel".³⁷¹ Zwar mochte er proklamieren, der einzig wahre Vertreter der palästinensischen Araber zu sein; als Spielball divergierender Interessen der Akteure im Nahen Osten ging sein Einfluss jedoch „spürbar"³⁷² zurück. Als zudem frühere Verbindungen zur Moslembruderschaft ruchbar wurden, der ein Attentatsversuch auf Nasser zur Last gelegt wurde, erging 1959 die Aufforderung an ihn, Ägypten zu verlassen.³⁷³ Seitdem hielt sich el-Husseini kaum noch in dem Land auf.³⁷⁴ Spätere Versuche einer Annäherung scheiterten.³⁷⁵ Mit dem „Exil" des Muftis aber verlor auch Johann von Leers einen seiner wichtigsten Fürsprecher.

Von ganz anderem Format war dagegen ein Auftraggeber, der Johann von Leers gegenüber den Eindruck eines unabhängigen Akteurs erweckte, ganz offensichtlich aber mit Rückendeckung einflussreicher Funktionäre aus den Behördenapparaten agierte, wenn nicht sogar in deren Auftrag. Dabei handelte es sich um den Publizisten Mahmoud Saleh (1903/1910–1970), eine der zwielichtigen Figuren der „antisemitischen Internationale".³⁷⁶ Spätestens 1954 startete er den Versuch, von Kairo aus das Propagandanetzwerk wiederzubeleben, das zwischen 1933 und 1944 um die Zeitschrift „Welt-Dienst" bestanden hatte.³⁷⁷ Es lag somit nahe, dass auch Johann von Leers in sein Blickfeld geriet, der nach seiner Übersiedlung nach Kairo dann sein „Sachverständiger" gewesen sein soll.³⁷⁸ Saleh, dem Gesine von Leers eine *ND-Verbindung* unterstellte, umgab eine geheimnisvolle Aura.³⁷⁹ Dafür bürgt schon sein Lebensweg, soweit er sich überhaupt nachvollziehen lässt. Wohl 1903, vielleicht aber auch um 1910 geboren, soll er in Paris und Berlin studiert haben.³⁸⁰ Während des Zweiten Weltkriegs sei er, wie es vieldeutig heißt, *im Interesse der damaligen Arabienpolitik des Dritten*

---

371 Ebd., S. 160 f.
372 Ebd., S. 155.
373 Ebd., S. 157.
374 Ebd., S. 161.
375 Ebd., S. 159.
376 Zu den Lebensdaten siehe die allerdings oftmals unzuverlässigen Angaben bei Fowler, R.G. (Hrsg.): And Time Rolls on. The Savitri Devi Interviews, Atlanta 2005, S. 69. Zur Altersangabe siehe auch Toulmer, Paul Henry: Goebbels am Nil. Ziel und Praxis der ägyptischen Großmachtpolitik, in: Rheinischer Merkur vom 30.06.1961. Dort ist von einem „fünfzigjährigen Mahmud Saleh" die Rede.
377 Coogan: Dreamer of the Day, S. 382: Demnach handele es sich bei Saleh um „one of the most significant figures in the anti-Jewish International".
378 Pearlman, Moshe: Die Nazi-Untergrundbewegung, in: Deutsche Rundschau 87 (1961), S. 327–334, hier S. 331.
379 BND, Betr.: Dr. Mahmoud Saleh, Kairo, 28.02.1964 [BND, V-12859,1, Bl. 67].
380 Botschaft Kairo an AA, 16.03.1960 [PA AA, B 82, V3-88, Nr. 250, Bd. 1, Bl. 64].

Reiches tätig gewesen.[381] Damals dürfte er sich in den Kreisen um el-Husseini in Berlin und Oybin (Sachsen) bewegt haben.[382] Auf diese Zeit reicht vermutlich auch die Verbindung zu Johann von Leers zurück. *Saleh and Leers have been in contact for many years,* hielten amerikanische Sicherheitsbehörden fest.[383] Ob sie tatsächlich „Freunde" waren, sei dahingestellt.[384] 1945/46 wurde Saleh von der englischen Mandatsregierung in Palästina *interniert*. Dabei habe er sich, wie die Botschaft in Kairo in Erfahrung bringen konnte, *ausgesprochen deutschfreundlich, antibritisch und judenfeindlich verhalten*.[385] Seit Anfang der 1950er Jahre lebte er dann in Kairo. Nach eigenen Angaben betätigte er sich dort als *Pressekorrespondent* und *Publizist*.[386] Darüber hinaus bezeichnete Saleh sich als *Vertreter von Natinform* in Ägypten.[387] Unter dieser Bezeichnung hatten sich in *lockerer Weise* publizistisch aktive Rechtsextremisten zusammengeschlossen, um *eine Art Presse-Dienst* zu betreiben, der eine *Zwischenstufe* zwischen *spontanem Briefwechsel und Presse-Agentur* darstellte (siehe Kap. 8.5.4).[388]

Inwiefern Salehs Angaben zutreffen, lässt sich im Detail nicht überprüfen. Das liegt auch daran, dass Gerüchte über seine Vita auf Übertreibungen beruhten, die von ihm selbst in die Welt gesetzt worden waren. Über seine Vergangenheit verbreite er *zum Teil unglaubwürdige Darstellungen*, urteilte ein Mitarbeiter der Botschaft in Kairo. Dazu zählte unter anderem die Aussage, er habe *am Frankreichfeldzug aktiv teilgenommen*.[389] Auch die Auskunft, als *Protegé von Goebbels* einen *Doktorgrad* persönlich durch den Propagandaminister erhalten zu haben, dürfte kaum den Tatsachen entsprechen.[390] Zahlreiche Presseveröffentlichungen zu seiner Person seit Ende der 1950er Jahre saßen zudem Gerüchten und Verwechselungen auf, die zwar das Bild über Kairo als Anlaufstelle flüchtiger Nazis im Nahen Osten zu bestätigen schienen, sich bei genau-

---

381 BND, Betr.: Dr. Mahmoud Saleh, Kairo, 28.02.1964 [BND, V-12859,1, Bl. 66]. Siehe auch PEARLMAN, MOSHE: The Capture of Adolf Eichmann, London 1961, S. 100; DERS.: Die Nazi-Untergrundbewegung, S. 331: Demnach verbachte Saleh „einige Kriegsjahre in Deutschland".
382 Dossier „Leers-Komplex" (Ms.), o. O. o. J., S. 6 f. [AfZ, JUNA-Archiv].
383 Activities of Dr. Johann von Leers, 24.10.1957 [NARA, RG 263, Entry ZZ-16, Box 32, NND 36822].
384 HELMENSDORFER, ERICH: Deutsche im Solde Nassers, in: FAZ vom 30.03.1963.
385 Botschaft Kairo an AA, 16.03.1960 [PA AA, B 82, V3-88, Nr. 250, Bd. 1, Bl. 64].
386 Saleh an Fischer, 17.10.1955 [AfZ, NL Fischer].
387 Saleh an Fischer, 12.11.1954 [AfZ, NL Fischer].
388 Amaudruz an Fischer, 19.12.1954 [AfZ, NL Fischer]. Zu „Natinform" siehe TAUBER: Beyond Eagle and Swastika, S. 243–253.
389 Botschaft Kairo an AA, 16.03.1960 [PA AA, B 82, V3-88, Nr. 250, Bd. 1, Bl. 64].
390 Dossier „Leers-Komplex" (Ms.), o. O. o. J., S. 6 f. [AfZ, JUNA-Archiv].

erer Betrachtung aber als unzutreffend erwiesen.[391] So undurchsichtig die Vita, so undurchschaubar war seine Arbeit. Zutreffend erschien dem Mitarbeiter der Botschaft die Information, Saleh habe 1952 durch die Regierung des Landes die *Erlaubnis* und *Mittel* erhalten, *ein Propagandabüro gegen den Zionismus zu eröffnen*.[392] Angesichts der seinerzeit, wie bereits dargestellt, verstärkten Agitation in dem Land dürfte dies zutreffen. Der Korrespondent der FAZ wollte sogar herausgefunden haben, Salehs Büro habe sich in einem Bürogebäude befunden, in dem gleichzeitig „in Seminaren für Beamte Antizionismus gelehrt" werde.[393] Seine Aufgabe soll zudem darin bestanden haben, durch sein *privateigenes Büro* antizionistische und antiisraelische Schriften in verschiedenen Sprachen verfassen zu lassen und unter Gesinnungsgenossen im Ausland zu verbreiten.[394] In diesem Zusammenhang wird immer wieder ein Verein unter seiner Leitung erwähnt, der über Ableger in verschiedenen europäischen Staaten verfügt haben soll und seine propagandistischen Bemühungen absicherte.[395]

Nicht ohne Geschick verhielt er sich auch angesichts wechselhafter innenpolitischer Konjunkturen. So soll ihm etwa in der Phase der wirtschaftlichen Annäherung Nassers an die Sowjetunion der Vertrieb antisemitischer Broschüren *untersagt* und nahegelegt worden sein, die *Verbreitung der These,* wonach

---

391 Der „Bonner Generalanzeiger" mutmaßte im März 1959, ein verurteilter Deutscher, der sich nach Ägypten abgesetzt hatte, trage jetzt den Namen „Mahmud Saleh". Gemeint war allerdings Zind (siehe Kap. 9.6.3), der offensichtlich Salehs Anschrift für den Empfang von Briefen nutzte. Siehe Bonner Generalanzeiger vom 07.03.1959. Siehe auch SPIEGEL 13 (1959) 6 vom 04.02.1959, S. 65; Feinde der Demokratie, Ausgabe VIII/6–7 April/Mai 1959 [dort „Machmud Salah"] sowie Botschaft Kairo an AA, 16.03.1960 [PA AA, B 82, V3-88, Nr. 250, Bd. 1, Bl. 63]. Der „Rheinische Merkur" dagegen unterstellte, Saleh sei „für den Hitlerischen Geheimdienst" tätig gewesen. Siehe TOULMER, PAUL HENRY: Goebbels am Nil. Ziel und Praxis der ägyptischen Großmachtpolitik, in: Rheinischer Merkur vom 30.06.1961. Andere Zeitungen wollten in Erfahrung gebracht haben, hinter dem Namen verberge sich ein früherer SS-Angehöriger namens „Alfred Zingler". Siehe O. V. Nazis in Cairo, in: Patterns of Prejudice 1 (1967) 3, S. 6–8. Siehe dagegen die Zweifel bei CHAIROFF, PATRICE (= IVAN DOMINIQUE CALZI): Dossier Néo-Nazisme, Paris 1977, S. 456: „De nombreux articles de presse l'ont présenté comme étant un ancien officier SS du nom Alfred Zingler, ce qui est absolument faux." Siehe dort auch die Schreibweise „Ziedler" (S. 3).
392 Botschaft Kairo an AA, 16.03.1960 [PA AA, B 82, V3-88, Nr. 250, Bd. 1, Bl. 64]. Unklar bleibt, um welche Art von Mittel es sich handelte.
393 HELMENSDORFER: 50mal Ägypten, S. 241. Siehe bereits DERS.: Deutsche im Solde Nassers, in: FAZ vom 30.03.1963.
394 Botschaft Kairo an AA, 16.03.1960 [PA AA, B 82, V3-88, Nr. 250, Bd. 1, Bl. 63].
395 Siehe bereits PEARLMAN: The Capture of Adolf Eichmann, S. 100. Zu Variante „Institut für die Erforschung des Zionismus" siehe TOULMER, PAUL HENRY: Goebbels am Nil. Ziel und Praxis der ägyptischen Großmachtpolitik, in: Rheinischer Merkur vom 30.06.1961. Zur Variante Anti-Zionist Society siehe COOGAN: Dreamer of the Day, S. 382, dort auch die Schreibweise „Dr. Mahoud Saleh".

Zionismus und *jüdischer Bolschewismus* gleichzusetzen seien, *zu unterlassen*.[396] Tatsächlich schien er sich zeitweise mit Veröffentlichung zurückzuhalten und auf die *Beeinflussung und Beratung von Redakteuren* sowie gelegentliche Vorträge vor Angehörigen der Armee, des Informationsamtes und verschiedener Ministerien zu beschränken.[397] Solche Einschränkungen hinderten ihn allerdings nicht, weiter mit Publizisten seiner Geisteshaltung in Europa und Übersee zu korrespondieren.[398] Saleh sei in Kairo als *Vertrauensmann* für *Kontakte zu deutschen beziehungsweise deutschsprachigen Neofaschisten und Antisemiten zuständig*, ermittelte der BND.[399] Was die Haltung zu Israel betraf, dürfte dagegen eine sowjetisch-ägyptische Interessenkohärenz bestanden haben. Dies gilt etwa für einen Beschluss der Arabischen Liga 1957, wonach in Kairo eine Antizionistische Gesellschaft gegründet werden sollte, deren Aufgabe darin bestand, „die Thesen der Zionisten zu widerlegen und die Voraussetzungen für eine arabische Lösung des palästinensischen Flüchtlingsproblems zu schaffen", wie Fakoussa den Sachverhalt seinen Lesern in der Bundesrepublik erläuterte.[400] Im März 1960 gab die Arabische Liga eine „Woche zur Bekämpfung des Zionismus" in den arabischen Staaten bekannt, um gegen „Verfälschungen der geschichtlichen Wahrheiten" vorzugehen und „den Bestrebungen des Zionismus entgegenzuarbeiten".[401] Es ist unwahrscheinlich, dass Salehs Büro in diese Kampagnen in Ägypten nicht eingebunden gewesen ist. Es spricht deshalb einiges für die Annahme, dass Saleh auch daran beteiligt gewesen ist, Johann von Leers für propagandistische Aufgaben in Kairo anzuwerben. In der ersten Hälfte der 1950er Jahre hatte Saleh begonnen, mit Antisemiten vor allem in Europa schriftlich in Kontakt zu treten. Von ihnen erhoffte er sich Material für eine Veröffentlichungen über, so Saleh, *das Judentum und den Zionismus vom Altertum bis zur modernen Zeit*.[402] Gegenüber einem seiner Korrespondenzpartner rühmte er sich 1955 zudem, *seit 20 Jahren* daran zu arbeiten, *diesen üblen Feind der Menschheit zur Strecke zu bringen*.[403] Als Referenz führte Saleh sich unter anderem mit dem Hinweis

---

396 Botschaft Kairo an AA, 16.03.1960 [PA AA, B 82, V3-88, Nr. 250, Bd. 1, Bl. 65].
397 Ebd.
398 Genannt werden u. a. eine Reihe von Funktionären der Europäischen Sozialen Bewegung, darunter Wilhelm Landig (Österreich), Karl-Heinz Priester (Deutschland) und Einar Aberg (Schweden). Botschaft Kairo an AA, 16.03.1960 [PA AA, B 82, V3-88, Nr. 250, Bd. 1, Bl. 64].
399 BND, Betr.: Dr. Mahmoud Saleh, Kairo, 28.02.1964 [BND, V-12859,1, Bl. 66].
400 Siehe AK 1 (1957) 24 vom 02.11.1957, S. 3.
401 Siehe AK 4 (1960) 9 vom 05.03.1960, S. 1 sowie AK 4 (1960) 11/12 vom 26.03.1960, S. 3.
402 Saleh an Fischer, 12.11.1954 [AfZ, NL Fischer].
403 Saleh an Fischer, 11.03.1955 [AfZ, NL Fischer].

ein, bis 1939 *Mitarbeiter von Herrn Col[onel] Fleischhauer und Herrn Kessemeier im Deutschen Fichtebund und im ‚Weltdienst' gewesen zu sein*.[404]

Dieser Hinweis wirft ein Schlaglicht auf die publizistische Tradition, die Saleh fortzusetzen gedachte. Der Deutsche Fichte-Bund, dessen Gründung auf das Jahr 1914 datiert werden kann, bezeichnete sich als „Hauptstelle für In- und Auslandsaufklärung" und publizierte in den 1920er Jahren zahlreiche Flugschriften gegen die Folgen des Vertrags von „Versailles". Seit 1933 betätigte er sich auch in der Auslandspropaganda der NSDAP und verbreitete er Übersetzungen von Reden prominenter Nationalsozialisten sowie Flugblätter und Broschüren mit antisemitischem Inhalt unter anderem in Großbritannien und seit Kriegsbeginn verstärkt auch unter deutschfreundlichen Kreisen in den USA, um das politische Klima zu beeinflussen.[405] Als „selbsternannter Experte für Judenfragen"[406] und „Vorkämpfer eines weltweiten Antisemitismus"[407] hatte dagegen Oberstleutnant a. D. Ulrich Fleischhauer (1876–1960) von Erfurt aus Anfang der 1930er Jahre ein internationales Netzwerk Gleichgesinnter aufgebaut, das der „jüdischen Internationale" eine „Internationale der Judenkenner" entgegenstellen sollte, wie es 1938 hieß.[408] Seit Dezember 1933 erschien dazu in seinem Bodung-Verlag der „Welt-Dienst". Außerdem verlegte der missionarische Eiferer eine Buchreihe mit einschlägigen Machwerken über das konspirative Treiben von „Alljuda" und seinen Helfern. Die Zeitschrift, die in den folgenden Jahren eine wechsel-

---

404 Saleh an Fischer, 12.11.1954 [AfZ, NL Fischer].
405 Zum Deutschen Fichte-Bund mit Sitz in Hamburg, nicht zu verwechseln mit der 1916 ebendort gegründeten Deutschen Fichte-Gesellschaft von 1914, zu der durch Theodor und Heinrich Kessemeier offensichtlich auch personelle Überschneidungen bestanden, siehe BONDY, LOUIS W.: Racketeers of Hatred. Julius Streicher and the Jew-Baiters' International, London o. J. [1946], S. 109 f.; EDMONDSON, NELSON: The Fichte Society. A Chapter in Germany's Conservative Revolution, in: The Journal of Modern History 38 (1966) 2, S. 161–180, hier S. 169 (FN 33), sowie WILHELM, CORNELIA: Bewegung oder Verein? Nationalsozialistische Volkstumspolitik in den USA (Transatlantische historische Studien, Bd. 9), Stuttgart 1998, S. 69–71.
406 BRECHTKEN: Madagaskar für die Juden, S. 46.
407 HEIBER, HELMUT: Walter Frank und sein Reichsinstitut für Geschichte des neuen Deutschlands (Quellen und Darstellungen zur Zeitgeschichte, Bd. 13), Stuttgart 1966, S. 1062.
408 SCHÖRLE, ECKART: Internationale der Antisemiten. Ulrich Fleischhauer und der „Welt-Dienst", in: WerkstattGeschichte 51 (2009), S. 57–72, hier S. 60. Zur Geschichte der Zeitschrift siehe auch DERS.: Erfurt – ein „Mekka der Antijudaisten"? Die antisemitische Propagandazentrale von Ulrich Fleischhauer, in: Mitteilungen des Vereins für die Geschichte und Altertumskunde von Erfurt 71 (2010), S. 108–136; PLASS, HANNO: Der „Welt-Dienst". Internationale antisemitische Propaganda 1939 bis 1945, in: NAGEL, MICHAEL/ZIMMERMANN, MOSHE (HRSG.): Judenfeindschaft und Antisemitismus in der deutschen Presse über fünf Jahrhunderte. Erscheinungsformen, Rezeption, Debatte und Gegenwehr (Bd. 2), Bremen 2013, S. 821–840, zur älteren Literatur BONDY: Racketeers of Hatred; WEITKAMP, SEBASTIAN: Braune Diplomaten. Horst Wagner und Eberhard von Thadden als Funktionäre der „Endlösung", Bonn 2008, S. 250–275.

volle Geschichte erleben sollte, wurde zunächst in deutscher, englischer und französischer Sprache im In- und Ausland verbreitet. Ihre Aufgabe sah sie ausweislich ihres Impressums darin, „die schlecht orientierten Nichtjuden aufzuklären".[409] Seinem Charakter nach war der „Welt-Dienst" jedoch ein Blatt der antisemitischen Kolportage, wobei die Redaktion in der Öffentlichkeit stets den privaten Charakter ihres Anliegens betonte. Tatsächlich aber wurde die Zeitschrift Ende der 1930er Jahre vom Amt Rosenberg übernommen und unter dessen Überwachung stark ausgebaut. Aus dieser Phase ist auch die Information überliefert, dass Saleh in Kairo als Strohmann der Zeitschrift den Vertrieb dort besorgte.[410] 1944 erschien der „Welt-Dienst", zusätzlich unterstützt durch das Propagandaministerium und das Auswärtige Amt, zweimal monatlich in über 350.000 Exemplaren und 20 Sprachen zur „antijüdischen Aufklärung" einerseits unter Fremdarbeitern und Kriegsgefangenen, andererseits aber auch in den besetzten oder neutralen Staaten.[411] Zugleich verfügte die Redaktion über ein umfassendes Archiv und eine umfangreiche Bibliothek mit Fachliteratur. Den Stellenwert der Propagandaarbeit, die der „Welt-Dienst" leistete, unterstrich überdies ein Besuch des Muftis el-Husseini im April 1943, der in einer Ansprache die gemeinsame Feindschaft des nationalsozialistischen Deutschlands und der arabischen Völker gegen Juden, Engländer und Bolschewisten betonte.[412] Eben diese Materialien, die Saleh gut bekannt waren und die er für seine propagandistische Arbeit nutzen wollte, galten seit 1945 als verschollen. Über seinen schweizerischen Gesinnungsgenossen Theodor Fischer (1895–1957) bemühte er sich deshalb, sie ausfindig zu machen. Fischer war Mitte der 1930er Jahre im sogenannten Berner Prozess, in dem über die Echtheit der „Protokolle der Weisen von Zion" verhandelt wurde (siehe Kap. 4.4.3), einer der Hauptangeklagten und von Fleischhauer mit abstrusen Gutachten unterstützt worden.[413] Sollte es gelungen sein, *dieses Archiv zu retten*, werde es heute vermutlich *irgendwo versteckt*, um es *vor den sich in Deutschland überall ausstreckenden*

---

409 Siehe dazu das regelmäßig wiederkehrende Selbstporträt auf dem Deckblatt des „Welt-Dienstes".
410 Leopold Schwarzschild, Les effectifs du pan-germanisme IX, 1939 [BArch, N 2277/7]. Ich danke Dr. Michael Hagemeister (Bochum) für den Hinweis auf diese Quelle. Zu Salehs Verbindung mit Fleischauers Netzwerk in den 1930er Jahren siehe auch HAGEMEISTER, MICHAEL: Die „Protokolle der Weisen von Zion" vor Gericht. Der Berner Prozess 1933–1937 und die „antisemitische Internationale" (Veröffentlichungen des Archivs für Zeitgeschichte ETH Zürich, Bd. 10), Zürich 2017, S. 536, 566f.
411 RUPNOW, DIRK: Judenforschung im Dritten Reich. Wissenschaft zwischen Politik, Propaganda und Ideologie, Baden-Baden 2011, S. 148.
412 EBD., S. 144.
413 Zum Prozess ausführlich HAGEMEISTER: Die „Protokolle der Weisen von Zion" vor Gericht, S. 79–133.

Klauen des internationalen Judentums zu schützen, phantasierte Saleh.[414] Über welche Macht dieser Gegner verfügte, wollte er auch darin erkannt haben, dass 1955 ein Buch mit offensichtlich antisemitischem Inhalt deshalb nicht erscheinen konnte, weil sein Herausgeber *das internationale Judentum fürchtet*, wie er einem Gesinnungsgenossen erklärte.[415] Auch wenn nicht ersichtlich ist, in wessen Auftrag Saleh seine Spurensuche begann, ist davon auszugehen, dass er nicht alleine aus eigener Initiative tätig wurde. Immerhin war er einflussreich genug, Ägyptens Botschaft in Bern für sein Vorhaben in Anspruch zu nehmen. Mehr als eine rhetorische Floskel dürfte zudem gewesen sein, dass er weiteres Material, mit dem ihn bereits andere Korrespondenzpartner in der Schweiz versorgt hatten, für *Kampagnen* gegen *die Zionisten in Amerika und die jüdischen Kapitalisten* verwenden wolle.[416] Wie gut Saleh informiert war, bezeugt überdies sein Hinweis an Fischer bereits im Oktober 1955, Johann von Leers werde möglicherweise von Argentinien nach Ägypten übersiedeln.[417] Als dieser dann in Kairo angekommen war, knüpfte Saleh enge Beziehungen zu ihm. In der Folge beauftragte er Johann von Leers *mehrfach* damit, *Propagandaschriften zu übersetzen*, notierte ein aufmerksamer Beobachter.[418] Ihrer Zusammenarbeit soll zuzuschreiben sein, dass während der Suezkrise „erstmals" Propagandamaterial „mit für die semitischen Ägypter neuartigen antisemitischen Argumenten im ‚Stürmer'-Stil verbreitet wurde", wie der Korrespondent der FAZ bemerkte.[419] Ob, trotz ungelenkem Deutsch, auf diesem Wege auch das Buch „Frieden im Orient" von Moawad zustande gekommen ist, das 1956 erschien, ist nicht auszuschließen.[420] In seinem Vorwort warb Johann von Leers für „Verständnis und Sympathie" für die Araber „in ihrem Kampf für die Heimat" und stellte sich auf die Seite derer, die gegen Israel, die „zionistische Propaganda" und die „ungeheure Macht" der Zionisten „in der Weltpresse" kämpften.[421] Darüber hinaus stellte er Saleh Anschriften *nationalistischer Kreise* in der Bundesrepublik zur Verfügung, die dieser dann durch *gezielte Ansprache* mit seinen Pamphleten

---

414 Saleh an Fischer, 11.03.1955 [AfZ, NL Fischer].
415 Ebd.
416 Saleh an Fischer, 17.10.1955 [AfZ, NL Fischer].
417 Ebd.
418 Dossier „Leers-Komplex" (Ms.), o. O. o. J., S. 6 f. [AfZ, JUNA-Archiv]. Siehe auch BND, Betr.: Dr. Mahmoud Saleh, Kairo, 28.02.1964 [BND, V-12859,1, Bl. 66].
419 HELMENSDORFER, ERICH: Deutsche im Solde Nassers, in: FAZ vom 30.03.1963.
420 MOAWAD, A[MED]: Frieden im Orient, Kairo 1956. Siehe auch DERS.: Krieg oder Frieden im Heiligen Land, Kairo 1956; DERS.: Sicher ist unsere Heimkehr, Kairo 1956 sowie die Übersetzungen „If I Forget thee, o Palestine" bzw. „Un cri vers le ciel" [Angaben lt. Buchrücken der deutschen Ausgabe]. Die Bücher erschienen im Verlag Mondiale-Presse, der zahlreiche offiziöse Schriften verlegte.
421 MOAWAD: Frieden im Orient, S. 5–9.

versorgte.[422] Zu den Adressaten, die regelmäßig „Pakete mit antisemitischem Propagandamaterial"[423] erhielten, zählte beispielsweise der Mediziner Hermann Gauch (1899–1978). Der frühere Adjutant Himmlers, der in den 1930er Jahren als Autor rassenkundlicher Schriften hervorgetreten war und seinerzeit darüber mit Johann von Leers in Kontakt stand (siehe Kap. 4.4.1), betätigte sich in den 1950er Jahren in der Schulungsarbeit der DRP in Rheinland-Pfalz und gehörte dort zu den radikalen Kräften.[424]

Gleichwohl blieb das Verhältnis zwischen Johann von Leers und Saleh auf Dauer nicht frei von Spannungen. Ein Beobachter führte dies darauf zurück, dass Saleh Johann von Leers für seine Zwecke instrumentalisierte. Demnach *rühmte* dieser sich seiner *Verbindung* zu Johann von Leers, was im Ausland zunehmend den Eindruck erweckte, jener sei *die Spinne im Netz* der „antisemitischen Internationale".[425] Von einer *Freundschaft* könne keine Rede sein, behauptete auch Gesine von Leers 1963. Ihr Mann habe mit Saleh *nicht das Geringste* zu tun gehabt und *nie seine Räume betreten*.[426] Ihn als dessen Mitarbeiter zu bezeichnen, sei deshalb *eine glatte Lüge*[427], zumal er schon seit Jahren *jede Verbindung abgebrochen* habe.[428] Ähnlich äußerte sie sich nach ihrer Rückkehr in die Bundesrepublik. Die *Pamphlete,* die man ihrem verstorbenen Mann *andichtet,* stammten *samt und sonders* von Saleh, der überdies in seinen Korrespondenzen mit dem Namen ihres Mannes *Missbrauch getrieben* habe.[429] Sie selbst will deshalb schon in Kairo *diesen edlen Zeitgenossen* bei einem seiner Besuche *hinausbefördert* haben.[430] Hält man sich Anlass und Zeitpunkt dieser Erklärungen vor Augen, liegt allerdings die Vermutung nahe, dass taktische Erwägungen sie zu dieser Distanzierung veranlassten. Der Streit um den Reisepass für Johann von Leers, dessen Verlängerung die Botschaft der Bundesrepublik in Kairo hintertrieb (siehe Kap. 9.6.4), und die Auseinandersetzung um Pensionszahlungen, die Gesine von Leers später als Witwe führte, ließen es angebracht erscheinen, das öffentliche Bild ihres Mannes zu korrigieren. Insofern war auch ihre 1964 vorgebrachte Behauptung, dieser unterhalte *keine*

---

422 Dossier „Leers-Komplex" (Ms.), o. O. o. J., S. 6f. [AfZ, JUNA-Archiv].
423 GAUCH, SIGFRID: Vaterspuren. Eine Erzählung, Königstein/Ts. 1979, S. 62.
424 SOWINSKI, OLIVER: Die Deutsche Reichspartei 1950–1965. Organisation und Ideologie einer rechtsradikalen Partei, Frankfurt am Main 1998, S. 84. Zu den Verbindungen während der NS-Zeit siehe Johann von Leers an Gauch, 13.12.1933 [NL Gauch].
425 Dossier „Leers-Komplex" (Ms.), o. O. o. J., S. 7 [AfZ, JUNA-Archiv].
426 Gesine von Leers an Helmensdorfer (FAZ), 08.04.1963 [APABIZ].
427 Ebd.
428 Vermerk Dr. Saleh, Kairo, 19.06.1963 [APABIZ].
429 Gesine von Leers an Gauch, 14.09.1967 [NL Gauch].
430 Ebd.

persönliche Bekanntschaft zu Saleh, unglaubwürdig.[431] Nach den vorliegenden Veröffentlichungen zu urteilen, die Johann von Leers bis zu seinem Tod weiterhin verfasste, resultierten die Spannungen aus persönlichen Gegensätzen, nicht aber aus weltanschaulichen Differenzen.

9.3.3 Publizistik in eigener Verantwortung

Zu den publizistischen Projekten, die Johann von Leers für öffentliche Auftraggeber und solchen in offiziöser Mission übernahm, trat in den ersten Jahren nach der Übersiedlung schließlich ein von seinen Gastgebern geduldeter Aktivismus in eigener Verantwortung: Er selbst wollte Glauben machen, Autor für *rein literarische, kulturelle Reportagen, Berichte und Artikel* zu sein.[432] Tatsächlich jedoch verfasste er „fieberhaft Pamphlete"[433] für Gesinnungsgenossen weltweit und entwickelte einen *unheimlichen Schriftwechsel*, der *eindeutig nazistisch* und *ausgesprochen antisemitisch* gewesen sei, wie ein Beobachter notiert.[434] Als Kontaktmann vor Ort unterstützte er zeitweise rechtsextreme Publizisten aus der Bundesrepublik, die zu Recherchen durch Nordafrika reisten. Fielen ihm Flugblätter aus der Bundesrepublik in die Hände, deren Inhalt er teilte, streute er sie innerhalb der deutschen Kolonie am Nil, wie das Pamphlet einer Gemeinschaft reichstreuer Verbände belegt.[435] Mit Vertretern der völkisch-religiösen und neopaganen Bewegung schließlich, die sich nach 1945 wieder sammelten, setzte er frühere Diskussionen fort. Seine uferlosen Kontakte zu Gesinnungsgenossen in Deutschland, Europa und Übersee und seine Beiträge nicht nur in deutschsprachigen Zeitschriften, in denen er seine antisemitische Propaganda in aktualisierter Form reproduzierte, legen das Ausmaß seiner Vernetzung mit Gleichgesinnten offen und verleihen dem Bild einer „antisemitischen Internationale" Stimmigkeit. Die geringe Bedeutung vieler der von ihm belieferten Publikationen und die lange Liste gescheiterter Projekte als literarischer Agent und Übersetzer (siehe Kap. 8.5.1) deuten aber bereits seinen Weg in die Isolation an.

„Der Weg" in Buenos Aires etwa, für den er nach seiner Übersiedlung weiter Manuskripten verfasste, befand sich im Niedergang. Neben harmlosen Feuille-

---

431 BND, Betr.: Dr. Mahmoud Saleh, Kairo, 28.02.1964 [BND, V-12859,1, Bl. 67].
432 Johann von Leers an Ryschkowsky, 26.10.1957 [BfV, 054-P-10013, Bl. 51].
433 H.P.G.: Deutsches Strandgut am Nil. Professor von Leers will den arabischen Nationalismus noch stärker in den Judenhass drängen, in: Vorwärts vom 30.01.1959.
434 Dossier „Leers-Komplex" (Ms.), o. O. o. J., S. 8 [AfZ, JUNA-Archiv].
435 BND, Meldungsbeurteilung 22/60 vom 20.06.1960 [BND, V-12859,1, Bl. 121]. Bei der erwähnten Organisation handelte es sich vermutlich um die „Notgemeinschaft reichstreuer Verbände", die auf Priesters Initiative hin zu Ostern 1960 gegründet werden sollte. Siehe SPIEGEL 14 (1960) 25 vom 15.06.1960, S. 36 f.

tons über Streifzüge an seinem neuen Wohnort und einem Bekenntnis zu Theodor Fritsch, in dessen Geist sich „Deutsche völkischer Gesinnung" heute „einigen" müssten, standen Beiträge mit politischem Charakter, die den Ansichten seiner Gastgeber im deutschsprachigen Raum Gehör verschaffen sollten.[436] So verteidigte Johann von Leers im September 1956 in Israel inhaftierte „arabische Heimatvertriebene", die dort „verschiedene Arten grauenhafter Folterungen durch die jüdische Polizei durchstehen" müssten. 1957 präsentierte er in Anlehnung an eine Schrift, die im Auftrag der Arabischen Liga erschienen war, einen „Lösungsvorschlag für das Nahost-Problem".[437] In der letzten Ausgabe des „Wegs", die im Oktober 1957 erschien, trat er nochmals unter den neuen Pseudonymen „A. Malek" und „Kai Jensen" in Erscheinung.[438] Ergänzt wird diese Publizistik durch Veröffentlichungen in Zeitschriften rechtsextremer und völkischer Splittergruppen von unterschiedlicher Relevanz. Stand hinter „Der Ring" (Düsseldorf) immerhin ein Interessenverband mit einigen tausend Mitgliedern, die sich als Opfer der Entnazifizierung fühlten, und konnte „Die Anklage" (Bad Wörishofen) seit 1953 zeitweise eine Auflage von mehreren tausend Exemplaren erreichen, dürfte „Die Plattform" aus Wels (Österreich) nur in einem kleinen, wenngleich fanatisierten Leserkreis zirkuliert sein.[439] Gerade bei dieser Zeitschrift ist ohnehin fraglich, ob Johann von Leers tatsächlich um den Abdruck seiner Beiträge wusste, die zuvor bereits in der in Wien verlegten „Nordische Rundschau" erschienen waren.[440] Beide Zeitschriften stellten ihr Erscheinen

---

436 Siehe EULER, HANS: Uralte Moscheen erzählen, in: Der Weg 10 (1956) 11/12, S. 711–716; WIETHOLD, FELIX (BAGDAD): Rätselhafte Drusen, in: Der Weg 11 (1957) 4, S. 250–254; LEERS, JOHANN VON: Theodor Fritsch, der alte Waffenmeister, in: Der Weg 11 (1957) 9, S. 592–598.
437 SCHWARZENBORN, FELIX: Shatta, in: Der Weg 10 (1956) 9, S. 544–546; LEERS: Das blies ihnen der Teufel ein!, S. 175; LEERS, JOHANN VON: Lösungsvorschlag für das Nahost-Problem, in: Der Weg 11 (1957) 5/6, S. 391–393. Siehe auch KHOURY, JACQUES G.: Les Biens des Arabes et leurs Fonds Bloqués en Paléstine Ocupée, Kairo o. J. [1956].
438 MALEK: Nazis und Kommis in Kairo, S. 701–706; JENSEN: Erobererstaat Israel, S. 707–710.
439 Zu Beiträgen in „Die Anklage" siehe DR. V.L.: An die Adresse von Herrn Marx. Wofür bezahlt das deutsche Volk?, in: Die Anklage 4 (1956) 11 vom 01.06.1956. Weitere Artikel befinden sich in Nr. 9, 16 und 19–20 („Ein neuer Weltkrieg steht bevor"). Zu Beiträgen in „Die Plattform" siehe LEERS, JOHANN VON: Einer wird es sein, in: Die Plattform. Völkische Monatsschrift Österreichs für Einigkeit, Recht und Freiheit 6 (1957) April, S. 1 f.; DERS.: Muss man am deutschen Volk verzweifeln?, S. 1. Der erste dieser Artikel erschien bereits im „Weg", siehe DERS.: Einer wird es sein, in: Der Weg 10 (1956) 11/12, S. 636–638. Er wurde vermutlich aus der „Nordischen Rundschau – Monatsschrift für nationale Freiheit" übernommen.
440 LEERS, J[OHANN] V[ON]: Muss man am deutschen Volk verzweifeln?, in: Nordische Rundschau 1 (1956) 1, S. 2–3; DERS.: Einer wird es sein, in: Nordische Rundschau 1 (1956) 2, S. 1 f. Als Herausgeber der in einem Thule-Verlag publizierten „Monatsschrift für nationale Freiheit" trat Otto Rolf Braun (geb. 1931) auf.

rasch wieder ein.⁴⁴¹ Das gilt auch für die „Deutsche Afrika Orient Information", die Karl Otto Düpow (Lebensdaten unbekannt), ein ebenso umtriebiger wie großspuriger Publizist und Vortragsredner mit Kontakten nach Frankreich und in den Nahen Osten, 1957 kurzzeitig in Bonn publizierte.⁴⁴² Den Schwundformen der völkisch-religiösen Bewegung können dagegen „Die Volkswarte" und „Der Quell" zugerechnet werden, die die nach wie vor aktive Anhängerschaft der Lehren Mathilde Ludendorffs (1877–1966) in ihrer Weltanschauung bestätigten. Aus der Rolle fallen einige Beiträge, die 1958 das seinerzeit von Joachim Nehring (1903–1991) verantwortete „Nationalpolitische Forum" pseudonym publizierte.⁴⁴³ Ob auch die „Neue Politik" von Wolf Schenke (1914–1989) ihn zu Wort kommen ließ, ist nicht ausgeschlossen. Der Nationalneutralist forderte ihn zumindest dazu auf, *gelegentlich [...] Beiträge berichtender Art* einzusenden.⁴⁴⁴ Konturen erhielt das Bild einer „Internationale der Antisemiten" aber erst durch zahlreiche Beiträge in den Publikationen Gleichgesinnter vor allem im europäischen Ausland. Nachweise lassen sich unter anderem für Zeitschriften in Schweden, Norwegen, Belgien und Österreich führen. „Nordisk Kamp", das Organ der Skandinaviska Rikspartiet in Schweden unter Leitung von Assar Oredsson (1933–2010), war in den Augen von Johann von Leers *a very fine*

---

441 Ende der „Nordischen Rundschau", in: Vertrauliche Briefe der Gesellschaft zum Studium von Zeitfragen 5 (1957) 23 vom 02.08.1957, S. 5. Auch „Die Plattform" stellte nach zwei Ausgaben ihr Erscheinen wieder ein.
442 Deutsche Afrika Orient Information, Ausgabe November 1957, S. 24 [BArch, B 145/5004]. Düpow hatte Johann von Leers offensichtlich zur Mitarbeit aufgefordert. Siehe Johann von Leers an unbekannten Adressaten, 14.08.1957 [BfV, 054-P-10013, Bl. 39]. Zu Düpows Herkunft aus dem 1934 gegründeten „Verdener Dichterkreis" siehe ULBRICHT, JUSTUS H.: Verden, der „Sachsenhain" und die Geschichte völkischer Religiosität in Deutschland, in: Heimatkalender für den Landkreis Verden (1996), S. 224–267, hier S. 242–244.
443 1958 erschienen in der Zeitung pseudonym zwei Beiträge, die nach Angaben des Herausgebers „[v]on unserem ständigen Mitarbeiter in Kairo" verfasst worden waren und aufgrund ihres Sujets vermutlich von Johann von Leers stammten. O. V.: Arabischer, islamischer Nationalismus, in: Nationalpolitisches Forum 7 (1958) 8, S. 16–19; O. V.: Al-Azhar. Das geistige Zentrum des Islam, in: Nationalpolitisches Forum 7 (1958) 9, S. 16–18. Zur pseudonymen Veröffentlichung siehe Gesine von Leers an unbekannten Adressaten, 15.09.1958 [BfV, 054-P-10013, Bl. 69] sowie die Bibliografie bei SENNHOLZ: Johann von Leers, S. 397. Zu Nehring und seinen Ost-Kontakten siehe GALLUS, ALEXANDER: Die Neutralisten. Verfechter eines vereinten Deutschland zwischen Ost und West 1945–1990 (Beiträge zur Geschichte des Parlamentarismus und der politischen Parteien, Bd. 127), Düsseldorf 2001, S. 244–247 und ROTH, MARKUS: Herrenmenschen. Die deutschen Kreishauptleute im besetzten Polen. Karrierewege, Herrschaftspraxis und Nachgeschichte, Göttingen ²2009, S. 283–288.
444 Schenke an Johann von Leers, 16.10.1961 [NL Schenke].

little newspaper, das es nach Kräften zu fördern galt.⁴⁴⁵ „Folk og Land" dagegen, das Organ norwegischer Kollaborateure der Nasjonal Samling Vidkun Quislings, die eine Revision der seit 1945 vollzogenen strafrechtlichen Abrechnung forderten, lieferte er zwischen 1958 und 1961 rund 20 Artikel zu.⁴⁴⁶ Einige Zeit bezeichnete ihn die Zeitschrift sogar als ihren „Korrespondenten" in Kairo.⁴⁴⁷ Zu nennen ist außerdem die Monatsschrift „L'Europe Réelle", die der ehemalige SS-Freiwillige Jean-Robert Debbaudt (1926/27–2003) seit 1958 in Brüssel verantwortete und die der Europäischen Neuordnung („Nouvel Ordre Européen") zuzurechnen war.⁴⁴⁸ Auf den Kreis um die Herausgeber der „Europa-Korrespondenz" (Österreich) wird noch genauer einzugehen sein (siehe Kap. 9.5.6). Ob er auch in „La Prima Fiamma", die von 1952 bis 1962 erschien und dem Umfeld des italienischen MSI zuzurechnen ist, publizierte, lässt sich nicht mit Gewissheit sagen. Belegt ist allerdings, dass er mit Massimo Invrea (1898–1976), dem in seinen Augen *sehr wertvollen* Herausgeber dieser Zeitschrift, in Kontakt stand.⁴⁴⁹

Von besonderer Bedeutung sind schließlich Verbindungen zu solchen Akteuren, die bereits in die Netzwerke der „antisemitischen Internationale" der Zwischenkriegszeit eingebunden waren. Diese Kontinuität lässt sich beispielhaft an dem türkischen General Cevat Rıfat Atilhan (1892–1967) aufzeigen.⁴⁵⁰ Atilhan hatte nach der türkischen Staatsgründung die Armee verlassen und seit Ende der 1920er Jahre zahlreiche antisemitische Traktate über den angeblichen Einfluss von Juden und Freimaurern im Osmanischen Reich verfasst. Sein Hass auf Juden speiste sich unter anderem aus einem persönlichen Fiasko als Geschäftsmann. Die Schuld daran wies er jüdischen Bankiers zu, wie er auch bei allen

---

445 LEERS, JOHANN V[ON]: Israels Eroberungspläne gefährden den Weltfrieden, in: Nordisk Kamp September-Dezember 1956, S. 5 f. Zur Bewertung der Zeitung siehe Johann von Leers an Thompson, 15.06.1957 [Privatarchiv].
446 Erstmals wohl LEERS, OMAR AMIN VON: Arabisk, muhamedansk nasjonalisme, in: Folk og Land 7 (1958) 34 vom 1. November 1958 und letztmals vermutlich DERS.: Bakgrunnen for oppstanden i Etiopia, in: Folk og Land 10 (1961) 2 vom 14.01.1961. Zu „Folk og Land" siehe MÄRZ, SUSANNE: Die langen Schatten der Besatzungszeit. „Vergangenheitsbewältigung" in Norwegen als Identitätsdiskurs (Nordeuropäische Studien, Bd. 20), Berlin 2008, S. 100.
447 Siehe dazu LEERS, OMAR AMIN VON (Korrespondent): Masseinnvandring til Israel fra kommunistlandene, in: Folk og Land 8 (1959) 12 vom 07.12.1959, S 1,7; DERS.: Truer det med et nytt Suez-overfall?, in: Folk og Land 8 (1959) 37 vom 28.11.1959, S 5–7; DERS.: Krustsjov understøtter. Nasser i Suez-kanalspørsmålet, in: Folk og Land 8 (1959) 39 vom 12.12.1959, S. 5, 7.
448 LEERS, JOHANNES VON: La Décadence de l'Europe, in: L'Europe Réelle, September 1958 [PA AA, B 82, V3-88, Nr. 250, Bl. 48]. Zu der Zeitschrift siehe auch Lagebricht BfV und Informationen BfV vom 30.11.1960 [BArch, B 443//530, Bl. 6684, 6758].
449 Johann von Leers an unbekannten Adressaten, 06.03.1960 [BfV, 054-P-10013, Bl. 149].
450 In der Literatur findet sich für die Schreibweise auch Cifat Rıvat Atilahn bzw. Cevat Rıfat Bey.

weiteren Widrigkeiten seines Lebens Juden am Werk sah.[451] Seine Publizistik orientierte sich eng am Antisemitismus der Nationalsozialisten. Atilhan berief sich auf Theodor Fritsch und veröffentlichte Schriften von Rosenberg und Hitler in türkischer Übersetzung.[452] Stilbildend wirkte auch Streicher, dessen „Stürmer" ihm zugleich als Vorbild seiner Zeitschrift „Millî Inkilâp" (Nationale Revolution) diente, die seit September 1933 für einige Monate erschien und die er als Chefredakteur leitete. Antisemitische Karikaturen aus Streichers Hetzblatt fanden sich darin ebenso, wie Aufrufe zur Gewalt gegen Juden.[453] Dass der „Frankenführer" Atilhans Zeitschrift subventioniert hat, erscheint plausibel.[454] In jedem Fall belegt ist seine Nähe zum „Welt-Dienst" und zu Fleischhauers Bodung-Verlag in Erfurt, der die deutschsprachige Übersetzung einer seiner Schriften publizierte.[455] Nach 1945 blieb Atilhan der „antisemitischen Internationale" weiter erhalten, wenn auch der Wahrheitsgehalt der zahlreichen Gerüchte, die über ihn im Umlauf waren, sich kaum überprüfen lässt. Das gilt etwa für die Annahme, er habe aus türkischen Freiwilligen eine Armee gebildet, die 1948 an der Seite der Araber gegen Israel kämpfte.[456] Verbürgt ist dagegen Atilhans Kontakt mit dem Mufti. Außerdem war er in dieser Phase an der Gründung einer Reihe nationalistischer Parteien beteiligt. Sein publizistisches Werk setzte Atilhan zunächst als Herausgeber einer Zeitschrift neuerlich unter dem Titel „Millî Inkilâp" fort, hatte damit aber wiederum keinen Erfolg.[457] 1956 versuchte er mit einer Zeitschrift unter dem Titel „The Islamic United Nations" zu reüssieren.[458] Finanzielle Mittel dafür will Atilhan, wie er selbst bestätigte, von einer „Pan-Islamischen

---

451 BALI, RIFAT N.: Les relations entre Turcs et Juifs dans la Turquie moderne, Istanbul 2001, S. 75–106, hier S. 78, 86.
452 EBD., S. 92.
453 „Millî Inkilâp" war aus der seit 1933 zunächst unter dem Titel erscheinenden Zeitschrift „Inkilâp" hervorgegangen. Atilhan unterhielt offensichtlich auch Kontakte zu antisemitischen Kreisen um die Zeitschrift „Nationen" in Schweden. Siehe BALI: Les relations entre Turcs et Juifs dans la Turquie moderne, S. 90 f. Die Karikaturen stammten unter anderem vom Zeichner des „Stürmers". Siehe dazu BAYRAKTAR, HATICE: Türkische Karikaturen über Juden (1933–1945), in: Jahrbuch für Antisemitismusforschung 13 (2004), S. 85–110, hier S. 92.
454 PEKESEN, BERNA: Zwischen Sympathie und Eigennutz: NS-Propaganda und die türkische Presse im Zweiten Weltkrieg, Münster 2014, S. 41.
455 RIFAT BEY, CEVAT: Die schöne Simi Simon, Erfurt 1934. Siehe auch: Die Juden in der Türkei, in: Welt-Dienst vom 15.07.1934. Welchen Wert die antisemitische Propaganda dem Buch beimaß zeigt die Tatsache, dass es in verschiedene Sprachen – Englisch, Französisch, Finnisch und Ungarisch – übersetzt wurde. Siehe auch BONDY: Racketeers of Hatred, S. 91.
456 Siehe auf breiter Quellenbasis BAYRAKTAR, HATICE: „Zweideutige Individuen in schlechter Absicht" Die antisemitischen Ausschreitungen in Thrakien 1934 und ihre Hintergründe, Berlin, 2011, S. 146–177.
457 BALI: Les relations entre Turcs et Juifs dans la Turquie moderne, S. 88 f.
458 TAUBER: Beyond Eagle and Swastika, S. 1090 f.

Liga" mit Sitz in Pakistan erhalten haben.[459] Auch in diesem Blatt knüpfte er an seine Agitation der 1930er Jahre an. In seinem *leidenschaftlichen Kampf gegen alles Jüdische* verband er vor allem *antizionistische und antisemitische Elemente*, wie ein Beobachter festhielt.[460] Zu diesem Zeitpunkt arbeitete er auch *eng* mit Johann von Leers zusammen, wie sich spätestens 1961 in einer Kampagne gegen den Eichmann-Prozess (siehe Kap. 9.5.3) zeigen sollte.[461]

Nicht weniger intensive Verbindungen unterhielt Johann von Leers nach seiner Ankunft in Kairo auch zu bundesdeutschen Rechtsextremisten, wie die Besuche zahlreicher prominenter Akteure belegen, die ihn in den ersten Jahren aufsuchten. Neben Hans-Ulrich Rudel, Adolf von Thadden und Rudolf Diels ist insbesondere der Schriftsteller und Journalist Erich Kernmayr alias Erich Kern (1906–1991) zu nennen, der als Autor der „Deutschen Soldaten-Zeitung" zahlreiche Artikel über die politische Entwicklung in der arabischen Welt publizierte.[462] Als er im März 1958 gemeinsam mit Waldemar Schütz (1913–1999), Inhaber des Plesse-Verlags in Göttingen und seinerzeit Abgeordneter der DRP im Niedersächsischen Landtag, und dem früheren Diplomaten Peter Kleist (1904–1971) zu einer *Reise durch Nordafrika* aufbrach, standen auf seinem Programm nicht nur Besuche im „algerische[n] Grenzgebiet" und Gaza, sondern auch eine Station bei Johann von Leers in Kairo.[463] Zwischen beiden entwickelte sich offensichtlich eine enge Arbeitsbeziehung. So soll Johann von Leers Kernmayr nicht nur dabei geholfen haben, Material für ein geplantes Buch unter dem

---

459 BALI: Les relations entre Turcs et Juifs dans la Turquie moderne, S. 92.
460 Dossier „Leers-Komplex" (Ms.), o. O. o. J., S. 9 [AfZ, JUNA-Archiv]. Ein anderer Beobachter notierte, Atilhan sei *ein ausgesprochener Anti-Jude, der den Kampf gegen die Juden als die allererste Haupt-Voraussetzung für das Wohlergehen der Völker hält*. Kt.: General Atilhan, 28.12.1961 [APABIZ].
461 Kt.: General Atilhan, 28.12.1961 [APABIZ]. Siehe auch Dossier „Leers-Komplex" (Ms.), o. O. o. J., S. 9 [AfZ, JUNA-Archiv].
462 KERN, ERICH: Die arabische Welt, eine echte Chance, in: DSZ 5 (1955) 4 (April); DERS.: Pakistan. Die Republik des Korans. Ein Reisebericht aus Karatschi, in: DSZ 5 (1955) 6 (Juni) 1955; DERS.: In Nordafrika wird gekämpft, in: DSZ 5 (1955) 7 (Juli). Zur Biografie GRADWOHL-SCHLACHER, KARIN: Der Grazer Journalist und Schriftsteller Erich Knud Kernmeyer [sic], in: Historisches Jahrbuch der Stadt Graz 20 (1989), S. 111–125; POZORNY, REINHARD: Erich Kernmayr zum Gedenken, in: Deutschen Annalen 1992, S. 205–207 sowie RIEGLER, THOMAS/SÄLTER, GERHARD: Nachkriegsorganisationen der Nationalsozialisten in Österreich und die Geheimdienste: NS-Netzwerke im Untergrund, im Verband der Unabhängigen, in der Organisation Gehlen und im BND, in: Journal for Intelligence, Propaganda and Security Studies 14 (2020) 1, S. 13–33, hier S. 17–20.
463 Zum Aufenthalt der Gruppe siehe Informationen des BfV vom 30.04.1958, S. 53 [BArch, B 443/53072].

Titel „Algerien in Flammen" zu sammeln, wie ein Beobachter vermerkte.[464] Auf seine Vermittlung hin dürften zudem Treffen mit dem stellvertretenden Generalsekretär der Arabischen Liga und dem Mufti zurückzuführen gewesen sein. El-Husseini zeigte sich später jedenfalls erfreut über Kernmayrs Veröffentlichungen. Gerade dessen Buch über Algerien bringe interessierten Lesern in der Bundesrepublik in einer „guten Form" die „Probleme des Arabertums" nahe, ließ er sich im Dezember 1958 in der „Europa-Korrespondenz" zitieren.[465] In der gleichen Ausgabe wusste Johann von Leers zudem bereits mitzuteilen, Kernmayrs Buch werde Ende des Jahres „in Marokko in die arabische Sprache übersetzt".[466]

9.3.4 Zuträger des BND: „Nazi-Emi" und „Hannes"

Angesichts dieses ungebremsten Aktivismus und seiner zahllosen Verbindungen zu Rechtsextremisten und antisemitischen Propagandisten seines Schlages liegt es nahe, dass Johann von Leers ins Blickfeld verschiedener Geheimdienste geriet. Der britische Geheimdienst etwa war durch die Affäre um den früheren Staatssekretär im Propagandaministerium, Werner Naumann, auf ihn aufmerksam geworden.[467] Das Bundesamt für Verfassungsschutz beobachtete seine publizistischen Aktivitäten im „Weg" aufgrund ihres *aggressiven neo-faschistischen Inhalt[s]*.[468] Die amerikanische CIA unternahm erhebliche Anstrengungen, um seine Netzwerke erst in Argentinien und dann in Ägypten auszuleuchten. Israel wiederum setzte einen Agenten auf ihn an, der sich 1961 unter einer Legende Zugang zu seiner Wohnung in Kairo verschaffen konnte.[469] Das Ministerium

---

464 Propaganda Activities of Dr. Johannes von Leers against Israel and West Germany, 12.03.1959 [NARA, RG 263, Entry ZZ-16, Box 32, NND 36822].
465 Europa-Korrespondenz Nr. 47/1958 (Dezember), S. 14.
466 LEERS, J[OHANN] V[ON]: Israel setzt zum Dritten Weltkrieg an!, in: Europa-Korrespondenz Nr. 47/1958 (Dezember), S. 4f.
467 British Intelligence Organisation: Dr. Friedrich-Carl Bornemann – Contacts, 18.03.1953 [TNA, FO 371/103910]. Zur Naumann-Affäre siehe FREI: Vergangenheitspolitik, S. 361–396; BUCHNA, KRISTIAN: Nationale Sammlung an Rhein und Ruhr. Friedrich Middelhauve und die nordrhein-westfälische FDP 1945–1953 (Schriftenreihe der Vierteljahrshefte für Zeitgeschichte, Bd. 101), München 2010, S. 127–134 und BALDOW, BEATE: Episode oder Gefahr? Die Naumann-Affäre (Diss. phil.), Berlin 2012.
468 Bundesamt für Verfassungsschutz an Auswärtiges Amt, 24.03.1956 [PA AA, B 33, Band 10, Nr. 2].
469 LOTZ, WOLFGANG: Fünftausend für Lotz. Der Bericht des israelischen Meisterspions Wolfgang Lotz, Frankfurt am Main 1973, S. 62–73. Zu Lotz' Beziehungen zum BND siehe ZOLLING, HERMANN/HÖHNE, HEINZ: Pullach intern. General Gehlen und die Geschichte des Bundesnachrichtendienstes, Hamburg 1971, S. 295–296 sowie LÜDKE, TILMAN: Die Aktivitäten von Organisation Gehlen und BND im Nahen Osten, 1946–1968, in: KRIEGER, WOLFGANG (HRSG.) in Verbindung mit Andreas Hilger und Holger M. Meding: Die Auslandsauf-

für Staatssicherheit (MfS) in Ost-Berlin erfasste ihn in einem „Objektvorgang" und ließ für einen „Forschungsvorgang" noch nach seinem Tod in zahlreichen Archiven auf dem Gebiet der DDR nach Unterlagen über ihn recherchieren.[470] Für die hier aufgezählten Geheimdienste war Johann von Leers ein Objekt der Beobachtung. Der 1956 gegründete Bundesnachrichtendienst (BND) dagegen ging einen Schritt weiter. Mehrere Jahre lang führte er Johann von Leers unter der Registriernummer V 12.859,1 als „Politische Quelle". Über dessen Weltanschauung bestand in Pullach kein Zweifel: *Nationalsozialist*, heißt es lapidar in den Unterlagen, in denen Johann von Leers gleich mit zwei Tarnnamen aktenkundig ist – seit Februar 1957 als *Nazi Emi* und später als *Hannes*.[471]

So befremdlich es erscheinen mag, einen fanatischen Antisemiten anzuwerben, so nachvollziehbar erscheinen die Motive im Lichte der Zeit. Als der BND, vermutlich über den Mittelsmann Fritz Zietlow (1902–1972), der seinen Auftrag allerdings nicht zu erkennen gab, mit Johann von Leers Kontakt aufnahm, ging es zunächst um eine, wie es später hieß, *mögliche Abschöpfung als uneingewiesene Quelle*.[472] Der Geheimdienst erhoffte sich dadurch Zugang zu Informationen über das Netzwerk der Antisemiten, in dem Johann von Leers eine Schlüsselstellung einnahm. Ebenso wichtig war dem BND allerdings, Gefahren, die durch den überzeugten Antisemiten selbst drohten, rechtzeitig erkennen zu können. Der Kontakt sei auch unter dem Gesichtspunkt aufgenommen worden, so *über einen der prominentesten Nazis in Ägypten Bescheid zu wissen*, ver-

---

klärung des BND. Operationen, Analysen, Netzwerke (Unabhängige Historikerkommission zur Erforschung der Geschichte des Bundesnachrichtendienstes 1945–1968, Bd. 13), Berlin 2021, S. 396–502, hier S. 468–472.

470 Behörde des Bundesbeauftragten für die Stasi-Unterlagen, Archiv der Zentralstelle, MfS-HA IX/11, FV 270/68, Bd. 11, Teil 2/2. Der „Objektvorgang" ist offensichtlich nicht überliefert.

471 BND, Anmeldung, 04.02.1957 [BND, V-12859,1, Bl. 39]. Der Verdacht, Johann von Leers sei „Mitarbeiter in der westdeutschen Spionage-Organisation Gehlen", wurde bereits 1960 in der (Ost-)„Berliner Zeitung" geäußert. Siehe WUNDERLICH, R.: Ein Pass für den Professor, in: Berliner Zeitung vom 12.07.1960. Ausführlich dazu FINKENBERGER, MARTIN: Tarnname „Nazi Emi" und „Hannes", in: Journal for Intelligence, Propaganda and Security Studies 8 (2014) 1, S. 23–29.

472 BND, Abschaltmeldung (II), 25.11.1959 [BND, V-12859,1, Bl. 43]. Zu Zietlow, einem NS-Propagandisten, der wie Johann von Leers Anfang der 1930er Jahre in der Redaktion des „Angriff" tätig war und in den 1950er Jahren dem BND als „Undercoveragent, Werber und Forscher" diente, siehe MEDING, HOLGER M.: Organisation Gehlen und Bundesnachrichtendienst in Lateinamerika, in: KRIEGER, WOLFGANG (Hrsg.) in Verbindung mit Andreas Hilger und Holger M. Meding: Die Auslandsaufklärung des BND. Operationen, Analysen, Netzwerke (Unabhängige Historikerkommission zur Erforschung der Geschichte des Bundesnachrichtendienstes 1945–1968, Bd. 13), Berlin 2021, S. 538–813, hier S. 762 f.; RIEGLER/SÄLTER: Nachkriegsorganisationen der Nationalsozialisten in Österreich und die Geheimdienste, S. 27.

merkt der BND in seinen Unterlagen.[473] Dass die Behörde damit den Bock zum Gärtner gemacht hatte, spielte in den Überlegungen ihrer Agenten offensichtlich keine Rolle. Die fixe Ideenwelt, in der Johann von Leers lebte, war den Mitarbeitern des BND nämlich nicht verborgen geblieben. Von einer Zusammenarbeit mit ihm hielt sie das aber nicht ab. Schon bald zeigte sich allerdings, dass der Informant die Erwartungen nicht erfüllte, die in ihn gesetzt worden waren. Als Quelle zeichne er sich durch *völlige Unergiebigkeit* aus, urteilte der BND.[474] Ein Mitarbeiter äußerte sogar die *Befürchtung,* dass es sich *um einen Geisteskranken handeln könnte.*[475] Was wie eine Pathologisierung klingt, die Johann von Leers' antisemitische Agitation verharmlost, entbehrt angesichts zweier Herzinfarkte 1958 nicht völlig der Tatsachen. Deren Folgen zeichneten ihn nicht nur körperlich. Auch seine Gedanken waren zunehmend der Wirklichkeit entrückt, wie zahlreiche überlieferte Korrespondenzen zeigten. Am 25. November 1959 schaltete der BND Johann von Leers deshalb wieder ab – freilich nur vorübergehend. Aus den Augen verlor der Geheimdienst ihn nämlich nicht. Im Sommer 1961 entwickelte eine Dienststelle, offensichtlich in Unkenntnis der früheren Beziehung zum BND, erneut *Interesse* an seiner Person. Seine *Ansprache und Anwerbung* löste allerdings eine kontroverse Diskussion in der Behörde aus.[476] Da der *Verdacht der Geisteskrankheit,* der zuvor zur *Abschaltung* geführt hatte, *sicherheitsmäßig nach wie vor als belastend angesehen* wurde, empfahl ein Mitarbeiter zunächst eine *eingehende Personenklärung.*[477] Suspekt war dem BND weniger, dass Johann von Leers als antisemitischer Überzeugungstäter seine Pamphlete in alle Welt verschickte. In der Hochphase des Kalten Kriegs irritierten stattdessen mutmaßliche Kontakte zu *östlichen Gesprächspartnern* und seine Haltung zu Sowjetunion (siehe Kap. 9.4.4).[478] Die Bedenkenträger im BND setzten sich jedoch nicht durch. Ausweislich der lückenhaften Archivunterlagen wurde er ein zweites Mal angemeldet – diesmal unter dem Tarnnamen *Hannes.* Obwohl er als *politischer Fanatiker*[479] auch jetzt nur *unbefriedigende Leistungen* zeigte und der BND *keine Möglichkeit zur Verbesserung der Arbeit* erwartete, schöpfte der Geheimdienst Johann von Leers bis in sein letztes Lebensjahr ab.

---

473 BND, Abschaltmeldung (II), 25.11.1959 [BND, V-12859,1, Bl. 43].
474 Ebd.
475 BND, 519 an 502 / S 2, 04.07.1961 [BND, V-12859,1, Bl. 38].
476 BND, 502 / S an 519, 07.07.1961 [BND, V-12859,1, Bl. 37].
477 Ebd.
478 Johann von Leers an unbekannten Adressaten, 15.10.1960 [BND, V-12859,1, Bl. 107–110].
479 BND, Abschaltmeldung, 01.07.1964 [BND, V-12859,1, Bl. 36].

Eine *Abschaltmeldung* ist erst unter dem Datum 1. Juli 1964 dokumentiert, wenige Monate vor seinem Tod.[480]

Die Qualität der so gesammelten Informationen dürfte jedoch wenig brauchbar gewesen sein. Selbst wohlwollende Korrespondenzpartner vermochten seinen Ausführungen über *trotzkistische Juden* in der *Sowjetzonenregierung* oder *zionistische Spione* in rechtsextremen Parteien kaum zu folgen.[481] Ähnliche Erfahrungen mit Johann von Leers machte auch der Herausgeber einer Zeitschrift mit offensichtlich engen Beziehungen zum BND, dem regelmäßig Artikel angeboten wurden. Seine Manuskripte zeichneten sich durch einen *Mangel an Substanz* aus, musste Johann von Leers sich belehren lassen. Gelinge es ihm nicht, das *primitive Niveau* zu heben, bestünden *keine Chancen mehr*, seine Arbeiten *abzusetzen*.[482] Aufschlussreich waren allenfalls Ausführungen über die Lebensumstände der Familie, die in Kairo in prekären finanziellen Verhältnissen lebte. Solche zweifelsohne zutreffenden Urteile erklären, weshalb der BND zwar Informationen über von Leers sammelte, ihn als *Quelle* aber weitgehend ungenutzt ließ, sodass seine Mitarbeit allenfalls flüchtigen Charakter hatte. Es deutet nichts darauf hin, dass er für seine nachrichtendienstliche Arbeit durch Mitarbeiter des BND geschult wurde, geschweige denn weitere Agenten angeworben hat. Er sei *verbittert, kränkelnd und nach einer Gehirnblutung hysterisch-verkrampft*, urteilte ein Beobachter 1962.[483] Tatsächlich war von Leers nach den Herzinfarkten in seinem Aktionsradius deutlich eingeschränkt. Umso mehr zeigte der Geheimdienst dagegen Interesse an der Tochter, die *über ausgezeichnete Verbindungen in Diplomatenkreisen* in Kairo verfüge. Durch ihren langen Aufenthalt in Argentinien und Ägypten beherrsche sie zudem Spanisch und Arabisch. *Ich weiß nicht, ob Sie in irgendeinem Ihrer Unternehmungen Verwendung für die Dame haben*, setzte sich ein Gewährsmann des BND für die Tochter ein, nachdem diese Anfang 1964 in die Bundesrepublik zurückgekehrt war.[484] Später entwickelte ein Mitarbeiter in Pullach sogar einen detaillierten Plan, wie der BND eine direkte Ansprache vornehmen solle, um sich ihrer Mitarbeit zu versichern. Das Vorhaben wurde allerdings nicht in die Praxis umgesetzt. Verglichen mit NS-Verbrechern, die ebenfalls in den 1950er Jahren vom BND und seinem Vorläufer angeworben wurden und gegen Bezahlung Aufträge ausführten, ist Johann von Leers im Dickicht zweifelhafter Geheim-

---

480 Ebd.
481 Johann von Leers an V 16.113, 06.09.1960 [BND, V-12859,1, Bl. 115–118]. Siehe auch BND, Information 927 an 283, 10.08.1964 [BND, V-12859,1, Bl. 55].
482 Unbekannte Person an Johann von Leers, 06.07.1958 [BND, V-12859,1, Bl. 146–148].
483 BND, Betr.: Gesine von Leers, 04.12.1962 [BND, V-12859,1, Bl. 85–87].
484 Schreiben Otto E., 04.02.1964 [BND, V-12859,1, Bl. 60].

dienstmitarbeiter eine Randfigur. Im Gegensatz zum Erfinder der mobilen Gaswagen (Walther Rauff) oder dem „Schlächter von Lyon" (Klaus Barbie) stand er nach 1945 weder auf einer Fahndungsliste, noch suchte er die Anonymität. Im Gegenteil: Seine Propaganda setzte er, von den Medien nicht nur in der Bundesrepublik aufmerksam beobachtet, ungeschmälert fort. Dass der BND dennoch versuchte, sich der Mitarbeit dieses fanatischen Antisemiten zu versichern, wirft eher ein Licht darauf, wie bedenkenlos dieser bei der Auswahl seiner Zuträger vorging.

9.4 Weltanschauung: Vernichtung, Befreiung, Erlösung

Obgleich die Qualität der Informationen, die der BND durch Johann von Leers erhielt, nur gering gewesen sein dürfte, sollte seine Bedeutung als Stichwortgeber für die „Internationale der Antisemiten" und zeitweise auch für Propagandaaktivitäten seiner Gastgeber nicht unterschätzt werden. An seinen fixen Ideen hatte sich schließlich trotz des epochalen Umbruchs seit 1945 nichts Grundlegendes geändert. Im *politischen Zionismus*, erläuterte er einem Korrespondenzpartner, äußere sich das ungebrochene Streben der Juden nach einer *Herrschaft über die ganze Welt*, sodass die daraus resultierende *Judenfrage* weiterhin als *Kernproblem* zu betrachten sei, das zur Lösung dränge.[485] Ein Wandel war nur insofern zu bemerken, als seine Vernichtungsphantasien sich jetzt explizit gegen den „Raubstaat"[486] Israel richteten, dem jede Berechtigung einer Existenz abgesprochen wurde.

9.4.1 „Israel should be eliminated form the Near East"

Israel should be eliminated form the Near East, schrieb Johann von Leers einem Gesinnungsgenossen in unverhohlener Offenheit.[487] Wie es gelingen könnte, dieses „Krebsgeschwür"[488] auszulöschen, wurde zu einem beherrschenden Thema seiner Überlegungen. So griff er erneut die Vision der antisemitischen Bewegung bereits im 19. Jahrhundert auf, wonach die „Lösung" der „Judenfrage" in deren Ansiedlung auf Madagaskar liegen könnte. Die Voraussetzungen für ein solches „Neu-Israel" schienen Johann von Leers jedenfalls gegeben: Angesichts des

---

485 Johann von Leers an unbekannten Adressaten, 15.10.1960 [BND, V-12859,1, Bl. 107–110, hier 108 f.].
486 LEERS: Das blies ihnen der Teufel ein!, S. 176.
487 Johann von Leers an Thompson, 15.11.1957 [Privatarchiv].
488 LEERS: Lösungsvorschlag für das Nahost-Problem, S. 391.

„Pioniertums" und „Aufbauwillens" spätestens seit der Gründung des Staates Israel, die er als „achtenswerte Eigenschaften" anzuerkennen bereit war, habe sich „ein neues Volk [...] sehr anderen Stils" entwickelt, das sich der „harten Arbeit" nicht entziehe und dem der dünn besiedelte Süden Madagaskars mit seinem „Glimmer, Gold, Graphit und viel[en] Metallen" alle Möglichkeiten industrieller Entwicklung und landwirtschaftlicher Produktion biete.[489] Diese vermeintlich „menschliche Lösung", die sich zudem „ohne blutige Kämpfe und Verfolgungen" erreichen lassen sollte, war allerdings nicht weniger realitätsfremd wie 20 oder 70 Jahre zuvor. Abgesehen davon, dass die Insel noch immer zum französischen Einflussbereich gehörte, lief der von Johann von Leers formulierte „Lösungsvorschlag" nämlich auf ein Protektorat unter Kontrolle und finanzieller Verantwortung der Vereinten Nationen hinaus, die einem solchen Plan kaum zugestimmt hätten.[490] Umso mehr kreisten seine Gedanken deshalb um radikale Maßnahmen bis hin zur Anwendung paramilitärischer Gewalt. Hatte er 1939 den „Freiheitskampf der Araber" gegen Briten und Juden in Palästina propagiert und eine Parallele zum damaligen „Kampf um völkische Erneuerung"[491] in Deutschland gezogen, rief er jetzt zum „echten Volkskrieg" gegen die *Israel-Horden* auf, die sich zu Unrecht des Landes *bemächtigt*[492] hätten und seitdem die Konflikte in der Region schürten: Mit der Staatsgründung 1948 sei es zur „Ausmordung der rechtmäßigen Bewohner" gekommen, um ein „jüdisches Imperium" zu errichten.[493] In der Suezkrise dann habe das Land „ohne wirkliche Ursache" und alleine aus „Eroberungslust" sein Territorium vor allem deshalb erweitern können, weil es durch den „ungeheuren Einfluss des Weltzionismus" unterstützt worden sei. Die „entsetzlichen Verbrechen" und „Gemeinheiten", die es dabei begangen hätte, müssten jedoch den „Abscheu aller Kulturmenschen gegen Israel" erregen.[494] Israels „Eroberungspläne" und die ihnen zugrundeliegende Absicht, „sich durch blutigen Schrecken zur herrschenden Macht des Orients zu erheben", stellten aber nicht nur eine Gefährdung der Region dar, sondern auch eine Bedrohung für den „Weltfrieden" an sich, wie Johann von

---

489 EBD. S. 391–393.
490 EBD.
491 LEERS, [JOHANN] V[ON]: Islam und Judentum, in: Bericht über die erste Vortragsreihe im Sommer-Semester 1939, hrsg. von der Arbeitsgemeinschaft über arabische Lebensfragen an der Friedrich-Schiller-Universität, Jena 1939, S. 20–23, hier S. 22.
492 DR. V.L.: An die Adresse von Herrn Marx. Wofür bezahlt das deutsche Volk?, in: Die Anklage 4 (1956) 11 vom 01.06.1956. Siehe auch Johann von Leers an Jünger, 17.05.1959 [DLA Marbach, Sig. HS 5294539].
493 LEERS: Das blies ihnen der Teufel ein!, S. 175.
494 v.L.: Den Zeitungen entnommen. Israels Kriegsverbrechen und Verbrechen gegen die Menschlichkeit, in: Die Anklage 5 (1957) April/Mai, S. 6.

Leers seinen Gesinnungsgenossen erläuterte. Den „Widerstand der Araber" nämlich wolle das Land „notfalls mit Atombomben" brechen, die die „zumeist jüdischen Atombombenspezialisten in [den] USA" im Falle eines Krieges „zuzuschmuggeln" versuchen würden.[495] Solche Pläne aber führten neuerlich eine Situation herbei, die antisemitische Überzeugungstäter wie Johann von Leers zu einschlägigen historischen Vergleichen veranlassen mussten. So nämlich, wie einst „das Weltjudentum den Zweiten Weltkrieg wollte, um Deutschland zu teilen und zu verfechten (!), so will es heute den Dritten Weltkrieg, um den Orient zu erobern."[496] Nicht ungeschickt war in diesem Zusammenhang, Erfahrungen von Flucht und Vertreibung als verbindende Parallele zu suggerieren. Vergleichbar den seit Kriegsende aus Mittel- und Osteuropa vertriebenen Deutschen, die ihre frühere Heimat nicht aufzugeben bereit seien, verfolgten auch die Araber in ihrem Kampf um Palästina einen rechtmäßigen Anspruch. Ähnliche Assoziationen sollten Klagen über die Willkürherrschaft der Siegermächte und ihrer Helfer wecken, die die Bundesrepublik und die DDR zu *kolonialversklavten Völkern*[497] herabgedrückt hätten. Das „Unrecht" der Alliierten seit 1945 an einem „großen Teil des deutschen Volkes" entspräche „fast Punkt für Punkt" der „Behandlung der rechtmäßigen alten Bevölkerung von Palästina durch den eingedrungenen Staat Israel".[498] Diese Überzeugung erklärt zudem seine rhetorische Unterstützung antikolonialer Bewegungen weltweit und vor allem in Nordafrika. Der Krieg in Algerien seit Ende 1954, vor allem aber die Bewegung der blockfreien Staaten in Asien und Afrika, die auf einer Konferenz 1955 in Bandung Stellung gegen Kolonialismus und Rassismus bezogen hatten, zeige, dass es „eben nicht nur USA und UdSSR, Kapitalismus und Kommunismus gibt", sondern einen anderen „Weg in die Freiheit", der allerdings nur durch „das Zusammengehen arabischer und deutscher Patrioten"[499] gelingen könne. Das deutsche Volk habe deshalb allen Grund, sich *an die Seite der um ihre Freiheit kämpfenden afro-asiatischen Völker zu stellen und deren Freundschaft zu suchen*[500] und müsse sich, *verzweifelnd über seine nationale Versklavung und Entwürdigung,* der *Revolution der sogenannten Kolonialvölker* anschließen.[501]

---

495 LEERS: Israels Eroberungspläne gefährden den Weltfrieden, S. 5 f.
496 LEERS, JOHANN V[ON]: Ein neuer Weltkrieg steht bevor, in: Die Anklage 19–20/1956, zit. nach Urteil BGH, 22.05.1959 (1 St E 3/58). Zum Urteilstext siehe https://www.dejure.org [Eingesehen am 11.10.2022].
497 Johann von Leers an unbekannten Adressaten, 15.10.1960 [BND, V-12859,1, Bl. 107–110].
498 DR. V.L.: Wofür bezahlt das deutsche Volk?, in: Die Anklage 4 (1956) 11 vom 01.06.1956.
499 DR. V.L.: Verständnis und Güte: Ein wahrer Freund der Deutschen, in: Die Anklage 5 (1957) April/Mai, S. 9 f.
500 Johann von Leers an unbekannten Adressaten, 15.10.1960 [BND, V-12859,1, Bl. 110].
501 Ebd.

Entsprechend bedingungslos gerieten seine Erlösungs- und Vernichtungsphantasien. Bereits 1952 hatte er im „Weg" verkündet, dass weder „Wallstreet" noch „Marxismus" den Völkern „Erlösung" und „Freiheit" brächten, sondern nur eine „Weltrevolution der Goyim gegen Israel", in der alle ihre „Gewehre umdrehen" und „jeder gegen seine Juden und alle gegen Israel" kämpften.[502] Vier Jahre später verlangte er danach, Israels „Verschwörung gegen den Weltfrieden" ein für alle Mal „ein Ende zu setzen".[503] Forderungen nach einem „echten Volkskrieg"[504] mochten zwar nur Gedankenspiele eines fanatischen Agitators sein, waren aber offensichtlich nicht gänzlich aus der Luft gegriffen. So wusste Johann von Leers schon zum Zeitpunkt seiner Übersiedlung nach Kairo über eine „Palästina-Armee" aus „Flüchtlingen und Vertriebenen" zu berichten, „die das von Israel okkupierte Palästina zurückerobern will". Die „Freiheitstruppe der Palästina-Araber" sei zwar „kein ägyptischer Heeresverband", erhalte aber „von den Ägyptern die nötige Ausrüstung", um „den Kampf gegen Israel entschlossen führen"[505] zu können. Im Oktober 1957 machten sogar Gerüchte über seine Beteiligung an solchen Planungen die Runde. Amerikanische Beobachter war damals zugetragen worden, Johann von Leers wolle frühere Panzeroffiziere kontaktieren, die bereit wären, sich in den Sold arabischer Staaten zu stellen. Der Auftrag dazu soll ihm von el-Husseini erteilt worden sein.[506] Selbst in der Bundesrepublik schienen Johann von Leers Gewalttaten begründet, trotz aller Zwiespältigkeit. Attentate auf „Schiffe, die nach Israel geliefert werden sollen", oder „Fabriken, die militärisch verwertbares Material für Israel herstellen", seien zwar „juristisch" gesehen problematisch, „moralisch" aber zu vertreten, handele es sich dabei doch „um die Verhinderung einer Aggression Israels" und damit „um die Abwehrhandlung eines bedrückten Volkes gegen unmoralische Hilfeleistung für seine Bedrücker".[507]

9.4.2 Die „blutige Saugpumpe des Israelvertrages"

So ernst solche Vernichtungsphantasien gemeint waren, so sehr waren sie jedoch Hirngespinste eines Phantasten ohne jede Möglichkeit, zur Tat zu schreiten. Einen stärkeren Bezug zur Realität wiesen dagegen Propagandatexte auf, die

---

502 SCHWARZENBORN, FELIX: Wird der Bolschewismus judenfeindlich?, in: Der Weg 6 (1952) 7, S. 490–495, hier S. 495.
503 LEERS, Israels Eroberungspläne gefährden den Weltfrieden, S. 5 f.
504 DR. v.L.: Wofür bezahlt das deutsche Volk?, in: Die Anklage 4 (1956) 11 vom 01.06.1956.
505 EBD.
506 Activities of Dr. Johann von Leers, 24.10.1957 [NARA, RG 263, Entry ZZ-16, Box 32, NND 36822].
507 DR. v.L.: Wofür bezahlt das deutsche Volk?, in: Die Anklage 4 (1956) 11 vom 01.06.1956.

an die politischen Debatten in der Bundesrepublik im Zuge einer „Wiedergutmachung" anknüpften. Bereits von Argentinien aus hatte Johann von Leers gegen Reparationszahlungen und Restitutionen agitiert, wie sie 1952 von Adenauer im Luxemburger Abkommen ausgehandelt worden waren. „Machtherrlichkeit" und „Siegeranmaßungen der Juden", hieß es seinerzeit im „Weg" polemisch, hätten es Israel ermöglicht, „ungeheure Summen" von der Bundesrepublik zu „erpressen"[508], um so deren „Totalausraubung"[509] zu betreiben. Möglich geworden sei ein solcher „Tribut" aber nur deshalb, weil sich westdeutsche Politiker in „tiefster sittlicher Verlumpung und ehrloser Knechtsgesinnung" jüdischem Druck gebeugt hätten.[510] Ausfälle dieser Art gegen die „blutige Saugpumpe des Israelvertrages"[511] kennzeichneten dann auch seine Propaganda von Kairo aus, die zahlreiche Stereotype des Antisemitismus aktualisierte. Raffgier und Erpressung hätten demnach nicht nur ermöglicht, „Juden in Frankfurt, in Berlin und anderen Städten prunkvolle Synagogen zu erbauen", sondern in gleicher Weise „Israel zu finanzieren und ihm jetzt auch Waffen zuzuschieben".[512] Wieder aufgenommen wurde zudem die nationalsozialistische Propagandaparole vom „jüdischen Krieg" gegen Deutschland, die als Argument gegen jede Wiedergutmachung ins Spiel gebracht wurde, zugleich aber einem zentralen Sujet des aufkommenden Geschichtsrevisionismus als Begründung diente: „Monat für Monat", polemisierte Johann von Leers gegen die Wirtschaftshilfen der Bundesrepublik, würden „Schiffsladungen der schönsten Maschinen" mit „serviler Eilfertigkeit" als „Tribut" an Israel „abgeliefert", obgleich doch „genau" bekannt sei, „dass nach 1933 das Judentum der ganzen Welt in seiner Presse laut den Krieg gegen Deutschland verlangt" habe und „die führende jüdische Schicht den Krieg herbeisehnte", während „die Behauptung von den ‚sechs Millionen ermordeter Juden' eine Propaganda-Masche ist".[513] Ganz in der Diktion dieses Geschichtsrevisionismus bewegten sich überdies Formulierungen über eine vermeintlich perfide Strategie der Siegermächte, „unseres Volkes Seele zu zerbrechen und es in Unterwürfigkeit zu halten", indem nachwachsenden Generationen der „große Volkskampf" in beiden Weltkriegen „für die Freiheit des deutschen Landes" als „Verbrechen" dargestellt und, schlimmer noch in seinen

---

508 SCHWARZENBORN: Wird der Bolschewismus judenfeindlich?, S. 490.
509 SCHWARZENBORN, FELIX: Ein Drittel des deutschen Volksvermögens – den Juden!, in: Der Weg 7 (1953) 1, S. 56f., hier S. 57.
510 EBD.
511 SCHWARZENBORN: Der Fluch eines Tributs, S. 791.
512 LEERS, JOHANN VON: So klopft das Schicksal an die Pforte, in: Der Weg 11 (1957) 10, S. 695–698, hier S. 697.
513 DR. V.L.: Wofür bezahlt das deutsche Volk?, in: Die Anklage 4 (1956) 11 vom 01.06.1956.

Augen, ihnen „die Schuld an den sechs Millionen ermordeten Juden – die nicht ermordet wurden! – eingeschrie[e]n" werde.[514]

9.4.3 „[O]pposed to all jewish and mob movements"

Der bisweilen trübselige Unterton seiner Artikel sollte nicht darüber hinwegtäuschen, dass Johann von Leers vermutlich an den Erfolg seiner Erlösungs- und Vernichtungsphantasien glaubte. Dafür sorgte neben der antijüdischen und antizionistischen Politik unter Nasser[515] auch der *Frühling der Völker im arabischen Raum*[516], den er zu registrieren vermeinte. Die *arabisch-islamische Welt*, notierte er, sei zum *Vorkämpfer der nationalen Freiheit gegen Zionismus, Imperialismus und Kolonialismus*[517] geworden. Sofern dieser Kampf künftig auch um die *Befreiung Deutschlands*[518] geführt werde, wolle er sich *von hier aus gern zur Verfügung* stellen, um seine *Verbindungen [...] dafür einzusetzen*[519], fügte er vielsagend hinzu. Welche Verbundenheit er mit seinen Gastgebern gerade auch auf geistig-weltanschaulichem Gebiet unterhielt, fand sichtbarsten Ausdruck in seinem Übertritt zum Islam, den er bald nach seiner Übersiedlung vollzog.

Die Faszination, die gerade diese Religion auf ihn ausübte, war nicht neu. Es sei dahingestellt, ob er diese *Neigung* tatsächlich bereits in seiner *Kinderzeit* verspürt hatte (siehe Kap. 2.2).[520] Gleichwohl waren aus seiner Beschäftigung mit dem Islam, vor allem aber seinen Beziehungen zu el-Husseini und dessen Entourage, spätestens seit 1942 zahlreiche Propagandaartikel erwachsen, die dessen hohe Sittlichkeit in Abgrenzung zu christlichen Glaubensbekenntnissen hervorhoben und historische Argumente für eine deutsch-arabische Achse im Kampf gegen das „Weltjudentum" liefern wollten (siehe Kap. 7.6). Was die religiöse Dimension betraf, wollte er vor allem in der christlichen Trinitätslehre einen Irrweg erkennen. Im Gegensatz dazu sah er die *klaren und verständigeren Formen*[521] des Islams, der einen „reinen Gottesbegriff verkünden"[522] würde, wie

---

514 LEERS: Einer wird es sein, S. 1f.
515 Siehe KRÄMER, GUDRUN: Die Juden als Minderheit in Ägypten 1914–1956. Islamische Toleranz im Zeichen des Antikolonialismus und des Antizionismus, in: Saeculum 34 (1983) 1, S. 36–69, hier S. 67f.
516 Johann von Leers an Jünger, 27.06.1959 [DLA Marbach, Sig. HS 5294539].
517 Johann von Leers an V 16.113, 06.09.1960 [BND, V-12859,1, Bl. 115–118].
518 Ebd.
519 Ebd.
520 Johann von Leers an Schrumpf, 11.04.1944 [RGVA, Fond 1283/10a, Bl. 345].
521 Johann von Leers an Pfarrer Klapp (Weimar), 06.11.1943 [RGVA, Fond 1283/12, Bl. 139f.].
522 LEERS, JOHANN VON: Judentum und Islam als Gegensätze, in: Die Judenfrage in Politik, Recht, Kultur und Wirtschaft 6 (1942) vom 15.12.1942, S. 275–278, hier S. 276.

er bereits 1942 geschrieben hatte. Dieser sei, bekräftigte er 1956, „einfach der richtige", erscheine hier Gott doch „allmächtig, barmherzig [und] gewaltig" und damit „im Grunde" so, „wie sich unser niederdeutscher Bauer ‚Uns' Herrgott' immer vorgestellt hat".[523] Auch mit diesem Gedanken, demzufolge der Islam in Europa als eine Variante alternativer Religiosität Akzeptanz beanspruchen konnte, bewies Johann von Leers Kontinuität. Schon 1944 hatte er gegenüber einem seiner Korrespondenzpartner eingeräumt, nur auf jene *große religiöse Persönlichkeit* zu warten, die *die Grundwahrheiten des Islam in unserem Lande verkündet unter äußeren Formen, die sich für unser Volk eignen und ohne uns mit Dingen zu belasten, die einem anderen Volkstum und einer anderen Kulturepoche angehören.*[524] Dass überdies der Islam in seinem Kern sich schon immer *opposed to all jewish and mob movements*[525] verhalte habe und in keiner Weise mit einer *gangster religion*[526] verglichen werden könne, griff ebenfalls auf fest verankerte Überzeugungen seit den 1930er Jahren zurück. Insofern musste in seiner Gedankenwelt ein Bündnis mit allen Moslems, *who stand steadfastly against Zionism, Colonia[li]sm] and Imperialism for God, Freedom and Country,* als einzig denkbarer Weg erscheinen, *to free the world from jewish tyranny.*[527]

Dennoch war sein Bild vom Islam schablonenhaft und blendete Widersprüche zu eigenen Überzeugungen aus. Legt man beispielsweise die von ihm selbst vertretene Überzeugung zugrunde, wonach „Rasse" als „Einheit von Körper und Seele, körperlichen und geistigen Eigenschaften" betrachtet werden musste und das „tiefste religiöse Empfinden eines Menschen [...] letzten Endes rassisch bedingt" sei, irritiert die Leichtfüßigkeit, mit der er später die Konversion zu einer Religion vollzog, die „seine[r] Art"[528] entgegenstand. Ähnlich verhielt es sich mit dem Charakter des Islams als „Weltreligion", die sich einem übernationalen Prinzip verpflichtet fühlt und „Rasse" nicht als Kategorie betrachtet. Geradezu hanebüchen muten Argumente an, die sich aus der jüngsten Vergangenheit ergaben. Für den Islam sprach demnach in seinen Augen, dass kein Muslim nach 1945 „Rachejustiz"[529] an Deutschen geübt habe. „Kein Muslim hat in Nürnberg oder einem der anderen Henkergerichte als Richter über Deutschland gesessen, keine islamische Macht hat sich an der Besetzung

---

523 Siehe Korrespondenz zwischen Alfred Conn und von Leers Ende 1956, dokumentiert in: Ring der Treue 3 (1959) 6, S. 1–4.
524 Johann von Leers an Schrumpf, 11.04.1944 [RGVA, Fond 1283/10a, Bl. 345].
525 Johann von Leers an Cox, 19.06.1955 [Duke University, NL Earnest Sevier Cox].
526 Ebd.
527 Johann von Leers an Thompson, 15.11.1957 [Privatarchiv].
528 LEERS, JOHANN V[ON]: Land der Verheißung, in: SS-Leithefte 5 (1939/40) 2, S. 10–16, hier S. 16.
529 LEERS: Das blies ihnen der Teufel ein!, S. 176.

Deutschlands beteiligt", schrieb er Ende 1956 einem Weggefährten aus der ADG und ähnlich auch im „Weg".[530]

Die Konversion, die er Anfang 1957 vollzog, war somit nicht nur, wie ihm später unterstellt wurde, ein Zeichen der Loyalität gegenüber seinen neuen Gastgebern, geschweige denn ein Ausweg, um unter neuem Namen ein von „lästigen Nachstellungen der deutschen Justiz befreites Leben" beginnen zu können, wie dies flüchtige NS-Verbrecher zum Ziel haben mochten, sondern Ausdruck tiefer Gläubigkeit.[531] Was seinen *Übertritt zum Islam anbetrifft*, erklärte er einem Gesinnungsgenossen, sei dieser *aus innerster Überzeugung* erfolgt, nachdem er sich *Jahrzehnte vorher mit diesem Problem beschäftigt hatte*.[532] Dem angenommenen Namen „Omar Amin" kam dabei programmatische Bedeutung zu.[533] Mit „Omar" wollte er zweifelsohne an jenen Kalifen erinnern, der als Nachfolger Mohammeds von 634 bis 644 regierte und in dieser Zeit eine Fülle diskriminierender Vorschrift für Nichtmuslime erlassen hatte.[534] Nicht zuletzt aufgrund dessen hatte er schon in der NS-Zeit immer wieder auf „Omar" verwiesen, um Parallelen zur nationalsozialistische Judenpolitik der Entrechtung, Vertreibung und Vernichtung herzustellen: 1939, als die Ausgrenzung der Juden aus dem öffentlichen und wirtschaftlichen Leben im Deutschen Reich weitgehend abgeschlossen war, lobt er in einem Vortrag vor Mitgliedern einer Arbeitsgemeinschaft über arabische Lebensfragen an der Universität Jena „die Klugheit Omars in der Judenfrage", dem das „Verdienst" zugekommen sei, „durch Gesetze die Stellung der Juden im islamischen Orient festgelegt und eingeengt zu haben".[535] Drei Jahre später, als die Deportationen in die Vernichtungslager eingesetzt hatten, rühmte Johann von Leers in einem Aufsatz der Zeitschrift „Die Judenfrage in Politik, Recht, Kultur und Wirtschaft" die „Entschlossenheit", mit der Omar „die Juden aus Arabien ausgetrieben" und „unter sehr

---

530 Siehe dazu die Korrespondenz zwischen Alfred Conn und Johann von Leers Ende 1956, dokumentiert in: Ring der Treue 3 (1959) 6, S. 1–4; LEERS: Das blies ihnen der Teufel ein!, S. 176.
531 SPIEGEL 11 (1957) 45 vom 06.11.1957, S. 64. Aus der Meldung ging hervor, dass auch der frühere SRP-Bundestagsabgeordnete Fritz Rößler, der sich ebenfalls in Kairo aufhielt, zum Islam konvertiert sei. Siehe Johann von Leers an Thompson, 16.09.1957 [Privatarchiv].
532 Johann von Leers an Schenke, 10.10.1961 [NL Schenke].
533 Über den Namen sind unterschiedliche Varianten im Umlauf. Tauber schreibt, Johann von Leers habe sich „Sidi Mohamed Ali" genannt. Siehe TAUBER: Beyond Eagle and Swastika, S. 1112. Er bezieht sich dabei auf ST. JOHN: The Boss, S. 153, der jedoch als wenig zuverlässig gilt. Die Angabe übernahm auch ROGGE: The Official German Report, S. 380. In der Zeitschrift „Stern" (Ausgabe 47/1961 vom 19.11.1961) wird er irrtümlich als „Omar Manin" bezeichnet.
534 Siehe COHEN, MARK R.: Unter Kreuz und Halbmond. Die Juden im Mittelalter, München ²2011, S. 70–87.
535 LEERS: Islam und Judentum, S. 22.

einschränkende und drückende Sonderbestimmungen gestellt" habe.[536] 1944, als die Vernichtung der europäischen Juden ihren Höhepunkt erreicht hatte, hob er zu der grundsätzlichen Bemerkung an, dass zwar durch den Propheten Mohammed, der „selber die Juden aus der Medina vertrieb", der „alte, große, anständige Orient mit seiner großen Kulturleistung und seiner echten religionsschöpferischen Art gegen das Judentum wieder auf[gestanden]" sei, allerdings erst der „Rechtgeleitete Khalif Omar" als sein Nachfolger den weitergehenden Schritt vollzog, indem er „ihnen Arabien überhaupt wegen ihrer Gotteslästerung verbot".[537] Dass Omar *a grim enemy of the jews* gewesen sei und er sich bewusst an diesem *rechtgeleiteten Khalifen* orientiere, der *die Muslime immer vor den Juden gewarnt hat*, erläuterte er in den 1950er Jahren auch Gesinnungsgenossen in seinem Netzwerk.[538]

Mit „Amin" dagegen zog Johann von Leers eine Parallele zum Propheten selbst, dessen Charakter und Tugenden er offensichtlich als vorbildhaft erachtete. Bereits Zeitgenossen, so Johann von Leers, hätten Mohammed diesen Namen gegeben, um den „Ehrlichen" und „Getreuen" zu würdigen, der „kein Kapitalist" gewesen sei, sondern „ein treuer und erfolgreicher Karawanenführer", der „niemand[en] getäuscht und niemand[en] betrogen" habe.[539] „Amin" galt ihm zugleich als Ehrbezeugung für den *wundervollen Großmufti* und *lieben väterlichen Freund*, den er seit 1937 kenne.[540] El-Husseini war es angeblich auch, in dessen Haus Johann von Leers seine Konversion vollzog und der ihn in die Glaubenspraxis des Islams einführte.[541] Zu der Pilgerreise nach Mekka, die beide gemeinsam antreten wollten, kam es jedoch nicht.[542]

Die tiefe Gläubigkeit, die hier zum Ausdruck kommt, darf zudem nicht darüber hinwegtäuschen, dass Johann von Leers ein Orientierungsloser geworden war, dem das Scheitern seiner politischen Mission immer deutlicher vor Augen stehen musste. Umso mehr suchte er nach Halt, den er in den Glaubenssätzen

---

536 Leers: Judentum und Islam als Gegensätze, S. 278.
537 Leers, Johann von: Wirklich das alte Gottesvolk?, in: Der SA-Führer 9 (1944) 5, S. 9–12, hier S. 12.
538 Johann von Leers an Kummer, 11.07.1958 [UAJ, Bestand V, Abt. XL, Nr. 54]; Johann von Leers an Thompson, 15.11.1957 [Privatarchiv].
539 Wietholdt: Russland und Deutschland, S. 9.
540 Johann von Leers an Thompson, 15.11.1957 [Privatarchiv]: Demnach habe er Amin *in honour of my friend Hadj Amin al Husseini, the wonderful Grandmufti*, gewählt.
541 Lebenslauf Prof. Dr. Johann von Leers (Ms.), o.D. [NL H. Achmed Schmiede]; Propaganda Activities of Dr. Johannes von Leers against Israel and West Germany, 12.03.1959 [NARA, RG 263, Entry ZZ-16, Box 32, NND 36822].
542 Propaganda Activities of Dr. Johannes von Leers against Israel and West Germany, 12.03.1959 [NARA, RG 263, Entry ZZ-16, Box 32, NND 36822]; BND, Meldedienstliche Verschlusssache, Betr.: Johann von Leers, 20.05.1960 [BND, V-12859,1, Bl. 121].

des Islam zu finden vermeinte. Die *letzte Teilung Deutschlands* ließe sich durch die *tiefe seelische Schwäche* der *versklavten* Deutschen kaum mehr überwinden, hieß es resignierend.⁵⁴³ Die Ursache dafür sah er im *Christentum,* das ihnen aufgedrängt worden sei. In seiner *maßlosen Verzweiflung* über das derart *verratene und geschändete Vaterland* sei es *immer wieder* der Islam gewesen, der auch ihm die *starke Kraft der Selbstbehauptung* zu geben vermochte.⁵⁴⁴ Noch einmal spannte er den großen historischen Bogen, wonach seine *germanischen Vorfahren* möglicherweise *schon gefühlt* hätten, was er selbst *gesehen* und *getan* habe, nämlich *Muslim [zu] werden [...], um das viehische, hundsgemeine Christentum zu vernichten.*⁵⁴⁵

Die Reaktionen unter Gesinnungsgenossen auf solche Attacken blieben zwiespältig: Seine Propagandaschriften gegen Israel und die Konversion führten Johann von Leers zwar neue Bewunderer zu, die Ende der 1950er Jahre einen ähnlichen Wandel vollzogen. Dafür kann beispielhaft der schweizerische Journalist Ahmad Huber (1927–2008) gelten, der unter dem Eindruck des Algerienkrieges zum Islam konvertierte.⁵⁴⁶ 1962 soll er dann erstmals nach Kairo gereist sein, wo er auch Johann von Leers besuchte.⁵⁴⁷ Gleichwohl ist festzuhalten, dass die Hinwendung zum Islam unter Rechtsextremisten keineswegs auf ungeteilte Zustimmung stieß. Der einflussreiche Verleger Helmut Sündermann etwa, dem der Name Johann von Leers aus seiner Zeit als stellvertretender Pressechef der Reichsregierung geläufig gewesen sein dürfte, warf diesem offensichtlich vor, durch den Übertritt zum Islam sein *Deutschtum verleugnet* zu haben.⁵⁴⁸ Zum Gegenstand einer öffentlichen Kontroverse wurde dieser Schritt, als die Monatszeitschrift „Nation Europa" ihn 1958 schroff abkanzelte. Nachdem im April-Heft ein kritischer Beitrag über Mohammed erschienen war⁵⁴⁹, fühlte sich Johann von Leers aufgefordert, den Islam und seinen Propheten zu verteidigen: „Zu Unrecht", belehrte er den Herausgeber Arthur Ehrhardt, werde Mohammed vorgeworfen, dass er „Frauen gefallener Weggefährten in seinen Harem genommen habe, um sie zu versorgen". Aus „keiner Quelle" lasse sich

---

543 Johann von Leers an Jünger, 27.06.1959 [DLA Marbach, Sig. HS 5294539].
544 Ebd.
545 Johann von Leers an Kummer, 11.07.1958 [UAJ, Bestand V, Abt. XL, Nr. 54].
546 Péan: L'Extrémiste, S. 212. Siehe auch die Darstellung seiner Gesinnungsfreunde einer „Avalon Gemeinschaft" (Schweiz), wonach Huber sich „ab 1959 mit dem Islam zu befassen" begann und 1963 in Al-Azhar (Kairo) vor Scheich Mahmud Schaltut das Glaubensbekenntnis (Schehada) abgelegt habe. Der Artikel auf der Website der Gemeinschaft ist nicht mehr online.
547 Péan: L'Extrémiste, S. 212.
548 Johann von Leers an Schenke, 10.10.1961 [NL Schenke].
549 Berger, Paul C.: Mohammed, Islam, Araber, in: Nation Europa 8 (1958) 4, S. 33–36.

zudem belegen, dass er seinen Gegnern „die Augen ausstechen oder die Hände abhacken ließ". Schon gar nicht aber konnte Johann von Leers akzeptieren, ein so „erfolgreicher Feldherr" und „mutiger Kriegsmann" könne unter dem Einfluss jener gestanden haben, die er als Weltfeind bekämpfte: „Kein Jude noch etwa ein Rabbiner", wusste Johann von Leers, „hat Muhammed beraten oder Einfluss auf seine Lehre gehabt", sodass er seinen Protest dagegen erheben müsse, wenn in dem Artikel „der Islam als vom Judentum beeinflusst dargestellt wird" und damit „der großen Persönlichkeit des Gesandten Gottes Unrecht getan wird".[550] Was Ehrhardt davon hielt, stellte er allerdings in einem ergänzenden Kommentar zum Leserbrief klar: „Orientalische Importe", wies er Johann von Leers in die Schranken, hätten „schon genug Unheil gebracht", sodass jeder neue Versuch dazu „die Verwirrung nur verschlimmern" könne.[551] Der Verleger scheute auch nicht davor zurück, ihn drei Jahre später erneut bloßstellen zu lassen, als er einen Leserbrief des an der Universität Maryland lehrenden Politikwissenschaftlers Klaus J. Herrmann (1929–1998) veröffentlichte, der in scharfer Weise die „völlige Haltlosigkeit" des „unsinnigen Argumentes" von Johann von Leers zurückwies, der Islam verfüge über keine Wurzeln im „Judentum".[552] Unabhängig von allen theologischen und historischen Kontroversen in dieser Frage musste es Johann von Leers als Affront auffassen, ausgerechnet in „Nation Europa" derart vorgeführt zu werden.

Zu der öffentlichen Ablehnung trat die Distanzierung langjähriger Weggefährten. *Glaubensdinge,* mahnte Wolf Schenke, machten die *ureigenste Persönlichkeit jedes einzelnen* aus. Kritik übte er deshalb daran, dass Johann von Leers seine *Freunde in Deutschland* dazu aufforderte, zum Islam überzutreten, weil dies *die einzige Rettung aus ihrer gegenwärtigen Lage* sei.[553] Symptomatisch ist zudem der Disput mit Alfred Conn (1889–1974), den Johann von Leers als „Wortführer"[554] der Deutschgläubigen Gemeinschaft noch aus den 1930er Jahren kannte und mit dem er seit 1956 wieder in Kontakt stand. Ihn hatte er

---

550 Leserbrief Johann von Leers in: Nation Europa 8 (1958) 6, S. 64.
551 Kommentar zum Leserbrief Johann von Leers in: Nation Europa 8 (1958) 6, S. 64.
552 Leserbrief Klaus J. Herrmann in: Nation Europa 11 (1961) 12, S. 40.
553 Schenke an Gesine von Leers, 03.10.1961 [NL Schenke].
554 PUSCHNER, UWE/VOLLNHALS, CLEMENS: Die völkisch-religiöse Bewegung im Nationalsozialismus. Forschungs- und problemgeschichtliche Perspektiven, in: DIES. (HRSG.): Die völkisch-religiöse Bewegung im Nationalsozialismus. Eine Beziehungs- und Konfliktgeschichte (Schriften des Hannah-Arendt-Instituts für Totalitarismusforschung, Bd. 47), Göttingen 2012, S. 13–28, hier S. 19. Zur Fortführung der „Deutschgläubigen Gemeinschaft" nach 1945 und Conns Rolle dabei siehe KNÜPPEL, CHRISTOPH: Völkisch-religiöse Einigungsversuche, in: PUSCHNER, UWE/VOLLNHALS, CLEMENS (HRSG.): Die völkisch-religiöse Bewegung im Nationalsozialismus. Eine Beziehungs- und Konfliktgeschichte (Schriften des Hannah-Arendt-Instituts für Totalitarismusforschung, Bd. 47), Göttingen 2012, S. 149–192, hier S. 157 f.

mit der Frage konfrontiert, ob sich „die völkische religiöse Bewegung so steuern" ließe, „dass sie in der Gottesfrage mit dem Islam übereinstimmt?"[555] Das bedeute zwar nicht, die „typisch arabischen Züge des Islam" zu übernehmen, da dies „eine neue Überlagerung durch eine fremde Religion" zur Folge habe. Allerdings spreche nichts gegen die Übernahme der „großen Wahrheiten des Islam", die „für alle Welt gelten wie die Wahrheiten der Mathematik" und die „im Gegensatz zum Christentum, seiner Erbsünde, Theologie und Dreieinigkeitslehre" stünden.[556] Der Islam sei zudem „weit genug, dass sich jedes Volk nach seiner Art darin einrichten kann".[557] Conn indessen wollte von solchen Überlegungen nichts wissen: Für ihn war auch der Islam eine „semitische Religion", die zudem eine „enge Verbindung mit dem Judenchristentum" aufweise. Religionsgeschichtlich gesehen, könne man den Islam „geradezu als eine christliche Sekte ansehen, die auf dem Standpunkt der Judenchristen beharrt".[558] Der universelle Anspruch der „großen Wahrheiten" des Islams, den Johann von Leers reklamierte, mache daraus „Allerweltwahrheiten", nicht aber „deutsche und völkische" Wahrheiten. Religionen aber, so Conn, seien stets Ausdruck eines „artgemäßen Volkstum[s]" und zeichneten sich durch eine „blutliche, geistige und seelische […] Grundlage" aus. Werde dieses „eingeborene Erbe" verneint und durch ein „orientalisches Fatum" ersetzt, drohe „völkischer Untergang und seelisches Versanden".[559] Einen Islam, der „nach Deutschland überzugreifen" versuche, würden er und seine Kreise deshalb „ebenso erbittert abwehren wie das Christentum".[560] Für „unverantwortlich" hielt er zudem, wenn „deutsche Menschen" wie Johann von Leers sich bemühten, „im Dienste volksfremder Ideen unsere Blutsgemeinschaft noch mehr als bereits geschehen zu verwirren und zu verspalten".[561]

9.4.4 Erneuerung der deutsch-russischen Freundschaft

Die Isolation, in die Johann von Leers sich durch sein Bekenntnis zum Islam begeben hatte, wurde durch weltfremde Phantastereien über politische Zweckbündnisse zur Bekämpfung seiner Erzfeinde befördert. So setzten Johann von

---

555 Siehe Korrespondenz zwischen Alfred Conn und von Leers Ende 1956, dokumentiert in: Ring der Treue 3 (1959) 6, S. 1–4. Siehe auch Studien von Zeitfragen vom 14.11.1959, S. 11.
556 Ebd.
557 Ebd.
558 Ebd.
559 Ebd.
560 Ebd.
561 Ebd.

Leers und seine Frau ihre Hoffnung auf eine Erneuerung der *deutsch-russische Freundschaft*, in der sie einen Garanten gegen *die Zionisten und sonstigen Feinde Deutschland* zu erkennen vermeinten.[562] Darüber hinaus aber dachten beide längst in globalen Zusammenhängen: *Würde [a]uch Japan [...] sich da anschließen, dann wäre es aus mit der Macht Israels*, setzt Gesine von Leers einem Gesinnungsgenossen auseinander. Könnte zudem *die volle Neutralität der arabischen Länder gesichert* werden, *dann gibt es keinen Krieg und die zionistischen Verbrecher können ihr Geld im Ozean vergraben.*[563]

So befremdlich solche Ansichten auch erscheinen mögen, so sehr entsprangen sie doch fest in seiner Gedankenwelt verwurzelten Überzeugungen, die auf seine Anfänge als nationalsozialistischer Propagandist zurückreichen und hier in modifizierte Form vorgetragen wurden. Das betrifft vor allem seine Ansichten über das Verhältnis „Deutschlands" zu der Großmacht im Osten, die im Kalten Krieg zu einer Weltmacht aufgestiegen war. *Russland bleibt der gegebene Verbündete*, ließ Johann von Leers einen Gesinnungsgenossen wissen.[564] Dies ergebe sich zum einen daraus, dass eine *Befreiung des deutschen Volkes*[565] und die Wiederherstellung des *Reich[es]* einschließlich seiner *Ostgebiete* nur über Verhandlungen mit *den Russen* und nicht ohne *deutsch-russische Freundschaft zustande käme.*[566] Entsprechend glaubwürdig erschienen ihm deshalb auch Stalins Noten 1952 an die Westmächte und die Bundesregierung. Entscheidender für solche Einschätzungen aber dürfte der virulente Antisemitismus gewesen sein, wie er sich etwa in der Kampagne gegen Mediziner jüdischer Herkunft gezeigt hatte: Das *nationale Russland* jedenfalls sei *längst erwacht* und zeichne sich durch *einen grimmigen Judenhass*[567] aus, stellte er nicht ohne Genugtuung fest.

Ähnlich wie seine Hinwendung zum Islam rückten ihn auch solche Äußerungen angesichts der allgegenwärtigen Ablehnung des Sowjetkommunismus in ein fragwürdiges Licht (siehe Kap. 9.3.4). Der BND hielt es sogar für *wahrscheinlich*, er könne *kommunistisch infizierter ND-Träger sein.*[568] Genährt wurden solche Spekulationen nicht zuletzt durch sein Verhalten. *Ich habe schon seit langem hier die Verbindung zu den Russen geschaffen*, behauptete Johann von Leers

---

562 Gesine von Leers an V 16.113, 05.09.1960 [BND, V-12859,1, Bl. 113 f.].
563 Ebd.
564 Johann von Leers an unbekannten Adressaten, 15.10.1960 [BND, V-12859,1, Bl. 107–110].
565 Johann von Leers an V 16.113, 06.09.1960 [BND, V-12859,1, Bl. 115–118].
566 Gesine von Leers an V 16.113, 05.09.1960 [BND, V-12859,1, Bl. 113 f.].
567 Ebd.
568 BND, Vermerk vom 03.06.1958 [BND, V-12859,1, Bl. 12]. Zur Fortschreibung solcher Gerüchte in der Sekundärliteratur siehe STEVENSON: The Borman Brotherhood, S. 127.

im Herbst 1960.[569] Zuvor hatte er Kummer erklärt, er *scheue* sich keineswegs davor, dass *die schweinische Pfaffenpresse in Westdeutschland* ihm *Ostkontakte* nachsage.[570] Und obgleich er die *Sowjetzonenregierung* für durchsetzt hielt von *trotzkistischen Juden*[571], hinderte dies seine Frau nicht, sich bei der *Pankower Regierung*[572] nach Ausweisdokumenten für ihren Mann zu erkundigen, *der ja Mecklenburger ist und in Jena Ordinarius war.*[573] Anders als erwartet, bestand dort allerdings kein Interesse an der Unterstützung eines unverbesserlichen Nationalsozialisten, der *erst die ‚Verbrechen der Nazis' ermöglicht*[574] habe, wie ihr beschieden wurde. Diese Erfahrungen hielt Gesine von Leers jedoch nicht von der irrigen Annahme ab, ihre *nächste Reise [...] in die BRD* könne durch die Bonner Sowjetbotschaft *finanziert*[575] werden. Entrückt klingt zudem der Vorschlag, dort während eines Besuchs ein von ihrem Mann ausgearbeitetes Memorandum[576] zu übergeben, um damit *die Deutsch-Sowjetische Zusammenarbeit zu proklamieren.*[577] Es war abwegig, dass die Diplomaten einem Papier Aufmerksamkeit schenken würden, das allein dazu geeignet war, seinem Urheber einen Anschein von Bedeutung zu verleihen. Nicht weniger abenteuerlich muten Behauptungen von Johann von Leers an, die Bedeutung eher vorgaukelten, denn belegten. *Auch mit den Chinesen habe ich Verbindung,* schrieb er einem Gesinnungsgenossen, wenngleich er diesen gegenüber auf Distanz geblieben sei, nachdem er sie als *noch fanatischer Marx-besessen*[578] kennengelernt habe. Mit der Realität dürften solche Äußerungen kaum etwas zu tun gehabt haben. Stattdessen unterstreichen sie die Bedeutungslosigkeit seiner Person als ernstzunehmender politischer Akteur.

---

569 Johann von Leers an V 16.113, 06.09.1960 [BND, V-12859,1, Bl. 115–118].
570 Johann von Leers an Kummer, 11.07.1958 [UAJ, Bestand V, Abt. XL, Nr. 54].
571 Johann von Leers an V 16.113, 06.09.1960 [BND, V-12859,1, Bl. 115–118].
572 Ebd.
573 Gesine von Leers an Ryschkowsky, 01.03.1961 [APABIZ].
574 Ebd.
575 BND, Meldedienstliche Verschlusssache, Betr.: Kontakte der Frau Gesine v. Leers zur sowjetischen Botschaft in Rolandseck, 29.11.1961 [BND, V-12859,1, Bl. 89].
576 Die Möglichkeit, wie eine sinnvolle und verständige Zusammenarbeit zwischen dem Volk der Sowjetunion und dem deutschen Volke gefunden werden kann (Ms.), o.D. [BfV, 054-P-10013, Bl. 310–350].
577 BND, Meldedienstliche Verschlusssache, Betr.: Kontakte der Frau Gesine v. Leers zur sowjetischen Botschaft in Rolandseck, 29.11.1961 [BND, V-12859,1, Bl. 89].
578 Johann von Leers an V 16.113, 06.09.1960 [BND, V-12859,1, Bl. 115–118].

9.5 Wege in die Bedeutungslosigkeit

Der Weg in die Bedeutungslosigkeit, der sich bald nach der Ankunft in Ägypten abzuzeichnen begann, kann nicht allein den der Wirklichkeit entrückten Ansichten Johann von Leers' zugeschrieben werden, für die selbst in Kairo der Resonanzraum kleiner wurde. Befördert wurde dieser Prozess durch das persönliche Unvermögen, als Publizist und Propagandist die Existenz seiner Familie zu sichern.

9.5.1 Publizistische und kommerzielle Erfolglosigkeit

So umtriebig Johann von Leers auch agierte, so sehr schien es ihm doch an geschäftlichem Geschick zu fehlen. Kommerziellen Unternehmungen unter seiner Beteiligung blieb trotz aller Bemühungen der Erfolg versagt. Selbst publizistische Projekte, zu denen er am ehesten Expertise beisteuern konnte, mündeten aufgrund unrealistischer Planungen, seiner fanatischen Überzeugungen und seines körperlichen Verfalls nach einem ersten Herzinfarkt 1958 zumeist in Sackgassen und reiften selbst dann nicht über vollmundige Ankündigungen oder konzeptionelle Überlegungen hinaus, wenn aufgrund seiner Erfahrungen und seines weitläufigen Netzwerkes gute Voraussetzungen dazu bestanden.

He is editing a book, hieß es beispielsweise im Oktober 1957 in Anspielung auf eine geplante Veröffentlichung unter dem Titel „Welcher Preis für Israel", zu der ein amerikanischer Jude namens Lilienfeld den Auftrag erteilt haben soll. Als Herausgeber war die Arabische Liga vorgesehen, die das Machwerk mitfinanzieren sollte.[579] Soweit ersichtlich, ist dieses Buch nie erschienen. Gleiches trifft auf den Plan zu, für Deutsche mit Wohnsitz in den arabischen Staaten eine Zeitung zu produzieren. Gegenüber seinem Gesprächspartner Karl-Heinz Priester, der ihn Ende September 1957 besuchte, ließ Johann von Leers verlauten, *that necessary funds and suitable housing for this venture would be provided by the Information Office of the Arab League.*[580] Dem Wiesbadener Kleinverleger und Führer einer bedeutungslosen Splittergruppe soll er sogar vorgeschlagen haben, zu diesem Zweck nach Kairo zu übersiedeln. Überzeugen konnte er seinen Gast jedoch nicht: *Priester declined the offer,* vermerkte die CIA.[581] Eine Zeitung hat es denn auch nie gegeben. Als unrealistisch erwies sich zudem ein Vorhaben vom Frühsommer 1957, Druckmaschinen aus der Bundesrepublik nach Ägyp-

---

579 Activities of Dr. Johann von Leers, 24.10.1957 [NARA, RG 263, Entry ZZ-16, Box 32, NND 36822].
580 Near Eastern Connections, 19.03.1958 [NARA, RG 263, Entry ZZ-16, Box 32, NND 36822].
581 Ebd.

ten einzuführen, um damit Propagandaschriften zu produzieren, die im bevorstehenden Bundestagswahlkampf verteilt werden sollten.[582]
Ohnehin gestaltete sich die Zusammenarbeit mit Priester schwierig. So plante Johann von Leers eine Veröffentlichung unter dem Titel „Der Weltkampf gegen Imperialismus und Kolonialismus", die Geschichte und Gegenwart der Völker Asiens und Afrikas, die sich einst unter Kolonialherrschaft befunden hätten oder immer noch befänden, darstellen und mit einer *discussion on the occupied countries of Europe* abschließen sollte.[583] Priesters Bemühungen, ein solches Werk unter *möglichst völlig neutralem* Pseudonym herauszubringen, scheiterten jedoch.[584] Einer grotesken Selbstüberschätzung unterlag zudem die Annahme, Presseorgane der Staaten, die 1955 an der Konferenz in Bandung teilgenommen hatte, würde durch Johann von Leers und Priester initiierte Artikel veröffentlichen, in denen Deutschland als *colonial area* dargestellt würde.[585] Auch die Übersetzung einer Schrift des Muftis unter dem Titel „The Truth about the Palestine Question", die Johann von Leers besorgen und Priester aufgrund einer mündlichen Absprach mit el-Husseini in seinem Verlag veröffentlichen wollte (siehe Kap. 9.3.2), schlug fehl.[586] Priester fehlten dazu die finanziellen Ressourcen. Ebenso wenig ließen sich in Kairo Geldgeber ausfindig machen. Seit Johann von Leers gesundheitlich angeschlagen war und sich nur langsam erholte, stockten zudem viele seiner Projekte.[587] Als Priester dann überraschend im April 1960 im Alter von 48 Jahren starb, verlor Johann von Leers einen seiner wichtigsten Kontaktmänner in der Bundesrepublik.[588] Alternative Publikationsmöglichkeiten für Bücher taten sich in der Folgezeit kaum auf.

Das lag vor allem auch daran, dass Verleger seiner Manuskripte in der Bundesrepublik angesichts seiner antisemitischen Entgleisungen stets mit straf-

---

582 Die Information zu diesem Vorhaben stammt von einem Zuträger aus dem rechtsextremen Milieu. Siehe Activities of Johannes von Leers, 05.08.1957 [NARA, RG 263, Entry ZZ-16, Box 32, NND 36822]
583 So die Übersetzung des Titels in den Unterlagen der CIA. Das Buch ist möglicherweise identisch mit dem Titel „The Fight for Freedom of the Peoples Repressed by Colonialism". Siehe Activities of Professor Johannes von Leers and Dr. Hans Eisele, 04.12.1958; Propaganda Activities of Dr. Johannes von Leers against Israel and West Germany, 12.03.1959 [NARA, RG 263, Entry ZZ-16, Box 32, NND 36822].
584 Priester an Johann von Leers, 12.02.1959 [BArch, B 443/2673, Bl. 16633–16639].
585 CIA, Vermerke vom 30.01.1958 und 19.03.1958; Near Eastern Connections, 19.03.1958 [NARA, RG 263, Entry ZZ-16, Box 32, NND 36822].
586 Activities of Professor Johannes von Leers and Dr. Hans Eisele, 04.12.1958 [NARA, RG 263, Entry ZZ-16, Box 32, NND 36822].
587 Propaganda Activities of Dr. Johannes von Leers against Israel and West Germany, 12.03.1959 [NARA, RG 263, Entry ZZ-16, Box 32, NND 36822]. Siehe auch Gesine von Leers an unbekannten Adressaten, 15.09.1958 [BfV, 054-P-10013, Bl. 69].
588 „ek" [Erich Kern]: Ein tapferes Herz hörte auf zu schlagen, in: Reichsruf vom 30.04.1960.

rechtlichen Konsequenzen zu rechnen hatten. Diese Erfahrung musste beispielsweise Hans Robert Kremer (geb. 1919) machen, der als „Schriftleiter" und Herausgeber die Zeitschrift „Die Anklage" verantwortete.[589] Unmittelbar nach seiner Übersiedlung nach Kairo veröffentlichte Johann von Leers eine Reihe von Beiträgen in dem Blatt, dessen geistige Nähe zum „Weg" nicht zu verkennen war.[590] In einem Urteil des Bundesgerichtshofes vom 22. Mai 1959 zogen die Richter des 3. Strafsenats ausdrücklich antisemitische Tiraden aus Beiträgen von Johann von Leers heran, um den Vorwurf der Verbreitung verfassungsfeindlicher Schriften sowie der Beleidigung und Verunglimpfung des Andenkens Verstorbener zu begründen.[591] Strafrechtliche Konsequenzen bekam auch das frühere DRP-Mitglied Klaus Jahn (Lebensdaten unbekannt) zu spüren, als er in seinem Verlag eine Schriftenreihe unter dem Titel „Deutsche Geschichte – deutsch gesehen" veröffentlichte und gleich im ersten Band über „Hintergründe, Verlauf und Folgen" des Ersten Weltkrieges den Parlamentarismus diskreditierte und Juden als „Fremdstämmige" diffamierte. Anders als Jahn glauben machen wollten, war *in Wirklichkeit* Johann von Leers *Verfasser der [...] Schriftenreihe*, wie aus einem Schreiben hervorging, das 1961 bei einer Hausdurchsuchung sichergestellt werden konnte.[592]

Eine kurzlebige Existenz beschieden war auch dem Scheinverlag Maison d'Edition Saif al Omar, der einen Sitz in Kairo vortäuschte und Schriften

---

589 „Die Anklage" firmierte im Untertitel zunächst als „Organ der Besatzungsgeschädigten Deutschlands", später als „Organ der entrechteten Nachkriegsgeschädigten", und erschien in Bad Wörishofen. Zur Entstehung siehe Urteil BGH vom 22.05.1959 [PA AA, B 82, V3-88, Nr. 444, Bd. 2, Bl. 2–28].

590 Dr. v.L.: An die Adresse von Herrn Marx. Wofür bezahlt das deutsche Volk?, in: Die Anklage 4 (1956) 11 vom 01.06.1956; LEERS, JOHANN v[ON]: Ein neuer Weltkrieg steht bevor, in: Die Anklage 19–20/1956; v.L.: Den Zeitungen entnommen. Israels Kriegsverbrechen und Verbrechen gegen die Menschlichkeit, in: Die Anklage 5 (1957) April/Mai, S. 6; Dr. v.L.: Verständnis und Güte: Ein wahrer Freund der Deutschen, in: Die Anklage 5 (1957) April/Mai, S. 9 f. Zu weiteren Nachweisen für das Jahr 1956 (Ausgabe 9 und 16) siehe Urteil BGH vom 22.05.1959 [PA AA, B 82, V3-88, Nr. 444, Bd. 2, Bl. 2–28]. Das Blatt hatte auch vorher schon mehrere tendenziöse Beiträge aus dem „Weg" übernommen.

591 Urteil BGH vom 22.05.1959 [Abschrift in PA AA, B 82, V3-88, Nr. 444, Bd. 2, Bl. 2–28]. Siehe auch Feinde der Demokratie, VI/7–8 (Juni/Juli 1957), S. 19–21. Zum Prozess siehe SCHALLIES, WALTER: Geschäft mit politischer Hetze, in: Süddeutsche Zeitung vom 13.05.1959; O. V.: Der Herausgeber der „Anklage" vor Gericht, in: FAZ vom 13.05.1959. Bemühungen, „die nationalsozialistischen Verbrechen an den Juden zu verkleinern und zu verharmlosen", erkannten die Richter vor allem in den Beiträgen von Johann von Leers in Ausgabe 9/1956 und 19–20/1956.

592 Informationen des BfV vom 08.06.1962, S. 86 [BArch, B 443/533]. Siehe auch KLAUS JAHN VERLAG (HRSG.): Von der Reformation bis Bismarck (Deutsche Geschichte – Deutsch gesehen, H. 2), Hannover o. J.

in deutscher Sprache veröffentlichen wollte.[593] Titel und Inhalt der einzigen bekannten Publikation aus dem Jahr 1956, die in gehässiger Weise den sozialdemokratischen Kanzlerkandidaten Erich Ollenhauer und dessen Mitarbeiter verunglimpfte, lassen zwar die Handschrift Johann von Leers vermuten. Tatsächlich jedoch, so die Erkenntnisse der Ermittlungsbehörden in dem eingeleiteten Strafverfahren, verbarg sich hinter dem Pseudonym „Fritz Büttner" der Heidelberger Schriftsteller und Kleinverleger Friedrich Lenz (1900–1968), der seit Anfang der 1950er Jahre mit den Kreisen um den Dürer-Verlag in Buenos Aires in Verbindung gestanden hatte.[594] Bereits damals war Johann von Leers ein *[m]aßgeblicher Mitarbeiter* eines seinerzeit von Lenz geplanten Buches über die „Judenfrage", in dem der Nachweis geführt werden sollte, *dass der letzte Krieg durch die Juden angezettelt* worden sei.[595] Als Herausgeber trat eine von Lenz initiierte Historische Gesellschaft – Bund zur Feststellung geschichtlicher Wahrheiten auf, die in ihrem wissenschaftlichen Anspruch zwar keine Bescheidenheit an den Tag legte – Lenz sah in ihr das Gegenstück zum Institut für Zeitgeschichte in München –, im Wesentlichen aber aus dem Verfasser und seinen Gesinnungsfreunden bestand.[596]

Ähnlich abwegig blieb eine neuerliche Verlagsunternehmung zwei Jahre später, diesmal in Argentinien. So behauptete Johann von Leers 1959 gegenüber einem Gesinnungsgenossen in der Bundesrepublik, *Freunde* in Buenos Aires seien derzeit damit befasst, einen *nationalistisch-revolutionären Verlag in das Leben zu rufen,* der *Literatur unserer Richtung* veröffentlichen wolle.[597] Wie entrückt Johann von Leers zu diesem Zeitpunkt war und welche Zerrbilder ihn beherrschten, deuten seine weiteren Ausführungen über das vorgesehene Programm und die erhofften Wirkungen an. Geplant sei demnach die Herstellung solcher Schriften, die aufgrund der *Judentyrannei in der grauenvollen Bundesrepublik nicht [...] gedruckt werden* könnten. Diese sollte dann nach

---

593 BÜTTNER, FRITZ (= FRIEDRICH LENZ): Unser Kanzler Ollenhauer und seine Paladine, Kairo 1956. Weitere Titel des Verlags lassen sich nicht nachweisen.
594 Urteil BGH vom 11.09.1957, S. 5 sowie Entscheidung [StR 53/60] vom 06.03.1961 in: Entscheidungen des BGH in Strafsachen 15 (1961), S. 399. Zu den Kontakten zwischen Johann von Leers und Lenz siehe auch Dossier „Leers-Komplex" (Ms.), o. O. o. J., S. 8 [AfZ, JUNA-Archiv]. TAUBER: Beyond Eagle and Swastika, S. 485 (wie auch Bd. II, S. 1406), vermutete hinter dem Pseudonym irrtümlich Johann von Leers, ebenso FRANK, MICHAEL: Die letzte Bastion. Nazis in Argentinien, Hamburg 1962, S. 131. Laut Frank äußerte der Vertreter der Anklage gegen Lenz eine entsprechende Vermutung, gegen deren weitere Verbreitung durch eine Zeitung Johann von Leers rechtliche Schritte einleitete. Dessen Urheberschaft behauptet auch Sennholz in seiner Bibliografie, siehe SENNHOLZ: Johann von Leers, S. 365.
595 Informationen des BfV vom 28.02.1954, S. 45 [BArch, B 443/53071].
596 Ebd.
597 Johann von Leers an Schreiber (Wiesbaden), 21.07.1959 [APABIZ].

Westdeutschland eingeschleust werden, um damit der, so seine typische Diktion, *teuflischen 'Bewältigung der Vergangenheit'* und der daraus resultierenden *planmäßigen Verleumdung unserer Volksgeschichte und unserer Toten, entgegen zu treten*. Diese an sich schon unrealistische Vorstellung wurde noch durch die abstruse Annahme gesteigert, ein *Jugendverband* in der Bundesrepublik verfüge über einen *Kampfschatz* von 50.000 DM, mit dem *einige treue Kameraden nach Argentinien hinüber gehen, um sich an der Gründung des Verlages zu beteiligen*.[598] Der Empfänger des Briefes wusste den Vorschlag angesichts der Schwäche im *nationalen Lager* jedoch realistisch einzuschätzen. Die Idee einer *Sammlung für einen nationalen Verlag* mit Sitz in Südamerika sei eine *Utopie*, sodass er *diesen schönen Traum zerstören* müsse.[599]

Gescheitert ist schließlich der Versuch, den Schriften bekannter Rechtsextremisten arabischsprachige Leserkreise zu erschließen, wie das Beispiel von Rudel zeigt. Obwohl mit Johann von Leers aus der Zeit in Buenos Aires eine spannungsreiche Beziehung bestand, stattete der Wehrmachtsveteran ihm im Frühjahr 1959 einen Besuch ab. Rudel, berichtete Johann von Leers einem Gesinnungsgenossen kurz darauf, habe ihn *vor wenigen Wochen hier in Kairo besucht*.[600] Die Übersetzung eines seiner Bücher kam jedoch nicht zustande, weil der *Verkauf von 5000 Exemplaren nicht garantiert* werden konnte.[601] Ganz offensichtlich hatte der Besuch aber auch alte Konflikte zwischen beiden wieder aufbrechen lassen, die Rudel noch durch Gerüchte einer mögliche Zusammenarbeit mit den *Nationalen in der Ostzone* anfeuerte.[602]

Eine ähnliche Entwicklung nahm zudem jenes publizistische Projekt, das bei Johann von Leers besondere Hoffnungen geweckt haben dürfte. So gab es in den späten 1950er Jahren Überlegungen, den „Weg" von Kairo aus in *neuem Gewand* wiederzubeleben, inhaltlich aber an das völkisch-antisemitische Profil anzuknüpfen.[603] Dass sich dafür Leser gewinnen ließen, davon war zumindest Fritsch überzeugt. Zwar hätten sich die Umstände, die ihn 1947 zur Herausgabe des „Wegs" veranlassten, *inzwischen gewandelt*. Die *grundsätzliche Problematik unserer Zeit* jedoch bestehe fort, schrieb er zum Jahreswechsel 1957/58 seinen ehemaligen Lesern.[604] Aus ihrer *Aufgabe* und *Pflicht* könnten er und seine Mitstreiter sich deshalb erst dann entlassen, *wenn Deutschland eins, frei und wieder*

---

598 Ebd.
599 Schreiber an Johann von Leers, 22.09.1959 [BfV, 054-P-10013, Bl. 135–137].
600 Johann von Leers an Gauch vom 05.06.1959, zit. nach GAUCH: Vaterspuren, S. 59 f.
601 Botschaft Kairo an AA, 16.03.1960 [PA AA, B 82, V3-88, Nr. 250, Bd. 1, Bl. 64 f.].
602 Gesine von Leers an Ryschkowsky, 01.03.1961 [APABIZ].
603 Dossier „Leers-Komplex" (Ms.), o. O. o. J., S. 19 [AfZ, JUNA-Archiv].
604 Rundschreiben Fritsch an „Weg-Gefährten" vom 31.12.1957 [DMM, NL 184, Zischka].

deutsch ist und wenn die Völker Europas sich zu einer gesunden Schicksalsgemeinschaft zusammengeschlossen haben, die in der Lage ist, die Zukunft der weißen Völker zu sichern.[605] Ein Verlagssitz außerhalb der Bundesrepublik erschien schon deshalb zweckmäßig, solange in Lüneburg ein Strafverfahren mit ungewissem Ausgang lief. Geldgeber für das Vorhaben, die er sich in Kairo erhoffte, ließen sich dort allerdings nicht finden.[606] Wenig Interesse zeigten zudem Gesinnungsgenossen in Europa. Eine *Initiative,* die Carlberg 1959 gestartet hatte, stieß auf keine nennenswerte Resonanz.[607] Johann von Leers allerdings begegnete Fritsch aufgrund seiner Erfahrungen aus Buenos Aires misstrauisch.[608] Auch Bemühungen, den „Weg" in Österreich herauszugeben oder mit der „Zeitschrift für Geopolitik" zu kooperieren, verliefen im Sande. Gleiches gilt für die Übersetzung seiner Schriftenreihe „Reichverräter", die zwischen 1954 und 1956 im Dürer-Verlag erschienen war. Angeblich erwog der türkische Antisemit Atilhan, die drei Bände mit *ein paar Mitarbeitern* in einer türkischen Fassung aufzulegen. Der anfängliche Optimismus, wonach sie *bald herausgebracht* würden, erwies sich aber als verfrüht.[609] Tatsächlich ist eine türkischsprachige Ausgabe nicht erschienen.

Vorhaben dieser Art lag eine fanatische Überzeugung zugrunde. Jenseits aller Sympathien für Nasser und dessen Politik nutzten einige frühere Nationalsozialisten und antisemitische Überzeugungstäter ihre – teilweise auf die Zeit des Zweiten Weltkrieges zurückreichenden – Kontakte in den Nahen Osten allerdings auch für kommerzielle Geschäfte. Von besonderer Bedeutung war dabei der Handel mit Rohstoffen, Industriewaren und militärischen Gütern, der die oft zwielichtigen Akteure vielfach in die Nähe zu Nachrichtendiensten jeglicher Couleur brachte. Zu den schillernden Persönlichkeiten mit regelmäßiger Medienpräsenz gehören beispielsweise Hartmann Lauterbacher, Ernst Wilhelm Springer, Fritz Peter Krüger oder Otto Skorzeny. Es steht außer Zweifel, dass solche Geschäfte nicht zuletzt der Sicherung der persönlichen Existenz dienten. Dass ihre Auftraggeber damit zugleich weltanschauliche Überzeugungen unterstützten, darf allerdings nicht ausgeklammert werden. Vertreter der VAR, die mit Rechtsextremisten Gespräche führten, strebten demnach, wie der Bericht eines gut informierten Beobachters urteilte, kommerzielle Kooperationen auch deshalb an, um so für die *gemeinsame Sache,* nämlich den *Kampf gegen Israel* und eine *gemeinsame Front gegen das Weltjudentum,* eine finanzielle Grundlage

---

605 Ebd.
606 Dossier „Leers-Komplex" (Ms.), o. O. o. J., S. 20 [AfZ, JUNA-Archiv].
607 BfV, Vermerk vom 26.11.1959 [BfV, 054-P-10013, Bl. 139].
608 Johann von Leers an Thompson, 16.10.1960 [Privatarchiv].
609 Kt.: General Atilhan, 28.12.1961 [APABIZ].

zu schaffen.⁶¹⁰ Der Kreis um Johann von Leers erwies sich für solche Geschäfte jedoch als untauglich. Priester etwa versuchte sich auch im Waffenhandel und gab vor, über Verbindungen nach Syrien und Algerien zu verfügen.⁶¹¹ Johann von Leers dagegen versuchte von der industriellen Entwicklung in Ägypten zu profitieren. Im Sommer 1957 unternahm er gemeinsam mit Rudel den Versuch, Baugeräte nach Ägypten zu verkaufen. Er habe in Kairo *einen sehr angesehenen Rechtsanwalt kennengelernt, der in der Suez-Kanal-Verwaltung sitzt und möglicherweise Interesse an unseren Baggern fassen könnte*, ließ er seinem Weggefährten wissen.⁶¹² Nachdem er diesem *die ganzen Angebote unterbreitet* habe, hoffe er nun darauf, *dass wir möglicherweise zu Geschäften kommen*.⁶¹³ Soweit ersichtlich, blieb diese Initiative aber erfolglos. Episodenhaft dürften auch Kontakte zu einem norwegischen Gesinnungsgenossen geblieben sein, der mithilfe von Johann von Leers *Fischkonserven* in Ägypten vertreiben wollte.⁶¹⁴ Zu einem persönlichen Fiasko führten die Geschäftsbeziehungen mit dem Bonner „Konsul" Lorenz Hoffstätter (1904–1987). Der Ordensfabrikant, NSDAP-Mitglied seit 1928 und ein profilierter antisemitischer Propagandist im Rheinland, kam in den 1930er Jahren durch die Produktion parteiamtlicher Zeichen zu beträchtlichem Vermögen.⁶¹⁵ In den 1950er Jahren konnte er an seine wirtschaftlichen Erfolge anknüpfen. Hoffstätter fertigte seinerzeit unter anderem für die Armée de Libération Nationale der algerischen Front de Libération Nationale Rangabzeichen an, die diese vergab.⁶¹⁶ Gleichzeitig unterhielt er, wie die Zeitschrift „Stern" 1968 enthüllte, Kontakte zu prominenten Vertretern der extremen Rechten, so etwa zum damaligen Vorsitzenden der Nationaldemokratischen Partei Deutschlands (NPD), Adolf von Thadden (1921–1996). Worum es 1958 in offenen Fragen einer *geschäftlichen Angelegenheit* mit Johann von Leers ging, ist unklar. Hoffstätter gab jedoch zu erkennen, dass diese *noch von seiner Anwesenheit in Südamerika herrührt*.⁶¹⁷ Zu vermuten ist, dass Hoffstätter vor allem geschäftliche Interessen

---

610 Vermerk Ägypten/Kairo [und] die Nationalen in Österreich, 22.03.1960 [APABIZ].
611 Siehe dazu die Korrespondenz Priesters mit der Handelsfirma „AGCO" in Amsterdam und der Gesandtschaft Syriens in Bonn Anfang 1957 [BArch, B 443/2673, Bl. 16647–16657].
612 Johann von Leers an Rudel, 06.06.1957 [NLA, HStA Hannover, VVP 39, Bd. 11/2, Bl. 324].
613 Ebd.
614 Johann von Leers an Bergsvik, 05.08.1957 [SNO, Dok. 116516]. Bergsvik, ein norwegischer Kollaborateur, der nach der Besatzungszeit eine Rechtfertigungsschrift veröffentlicht hatte, siehe BERGSVIK, ARNE: Vi er ikke forbrytere [Wir sind keine Verbrecher], Oslo 1950, war durch Johann von Leers kontaktiert worden.
615 Siehe HENRICHS ANNEGRET: „Einer der ersten Gefolgsmänner Adolf Hitlers am Rhein", in: BONNER GESCHICHTSWERKSTATT (HRSG.): „Die Beueler Seite ist nun einmal die Sonnenseite …" Ein historisches Lesebuch, Bonn 1996, S. 82–88.
616 RITZI/SCHMIDT-EENBOOM: Im Schatten des Dritten Reiches, S. 163.
617 Hoffstätter an AA, 01.09.1958 [PA AA, B 82, V3-88, Nr. 250, Bd. 1, Bl. 25].

verfolgte und *lediglich Abzeichen-Geschäfte machen wollte*, während Johann von Leers ihn als Zuträger für *Meldungen über Vorgänge in rechtsextremistischen Kreisen der Bundesrepublik* zu instrumentalisieren suchte.[618]

Ins Leere liefen auch seine Bemühungen, Schriften zu tagespolitischen Kontroversen, weltanschaulichen Grundsatzfragen und Sujets des rechtsextremen Geschichtsrevisionismus als Übersetzer und publizistischer Mittler zu fördern. Seine umfangreichen Korrespondenzen mit zahlreichen Autoren und gleichgesinnten Wissenschaftlern bezeugen zwar den hohen Grad seiner Vernetzung mit zahlreichen wichtigen Akteuren auf diesem Gebiet. Andeutungen über seinen angeblichen Einfluss als literarischer Agent entsprachen aber in keiner Weise der Realität. Neu war diese Form der Selbstinszenierung allerdings nicht, wie Episoden aus seiner Zeit in Buenos Aires verdeutlichen: Nachdem Johann von Leers dort das Buch „Teutonic Unity" von Earnest Sevier Cox (1880–1966) erhalten hatte, kündigte er diesem eine *friendly critic* nicht nur im „Weg", sondern auch *in a great Spanish written review* an.[619] Kurz darauf behauptete er sogar, das Buch für den Druffel-Verlag übersetzen zu wollen.[620] Soweit kam es freilich nie. Gleiches gilt für „I Testify" von Robert Edward Edmondson (siehe Kap. 8.5.3), dem er 1953 seinen Plan *to find a publishing house* präsentiert hatte, um dieses Pamphlet in Deutsch und Spanisch zu veröffentlichen.[621] Selbst Darré gegenüber hatte er angedeutet, diesem zu einer Publikation im Dürer-Verlag verhelfen zu können: *Haben Sie […] etwas geschrieben? Hier besteht immer die Möglichkeit, gute Bücher herauszubringen, die in Deutschland unter dem Joch nicht erscheinen können*, schrieb er seinem langjährigen Weggefährten von Buenos Aires aus, ohne dass allerdings eine solche Veröffentlichung nachweisbar wäre.[622]

An dieses Muster knüpfte Johann von Leers in Kairo an, wie zahlreiche erfolglose Projekte dokumentieren. So suggerierte er im Juli 1958 Bernhard Kummer, ihm Publikationsmöglichkeiten in Ägypten eröffnen zu können. *In jedem Fall*, schmeichelte er seinem früheren Kollegen aus Jena, würde hierzulande *eine Darstellung der islamischen Welt im Lichte der alten nordischen Quellen sehr interessieren*.[623] Er selbst könne aufgrund seiner einflussreichen Stellung als

---

618 BND, Betr.: Dr. von Leers, 11.05.1959 [BND, V-12859,1, Bl. 122].
619 Johann von Leers an Cox, 18.04.1955 [Duke University, NL Earnest Sevier Cox].
620 Johann von Leers an Cox, 19.06.1955 [Duke University, NL Earnest Sevier Cox].
621 Johann von Leers an Edmondson, o.D. [1953], in: EDMONDSON, ROBERT EDWARD: I Testify. Amazing memoir-exposure of international secret war-plotting, Bend (Oregon) ²1954 [EA 1953], S. 296.
622 Johann von Leers an Darré, 17.05.1952 [BArch, N 1094/I/15].
623 Johann von Leers an Kummer, 11.07.1958 [UAJ, Bestand V, Abt. XL, Nr. 54].

Mittler auftreten. *Eine besondere Abteilung des hiesigen Unterrichtsministeriums*, raunte er, bereite *unter der Leitung meines Freundes Generaldirektor Manfaluti* eine *neue kulturgeschichtliche Zeitschrift* in verschiedenen Weltsprachen vor.[624] Von ihm angeregte Beiträge ließen sich deshalb dort *gut unterbringe[n]*.[625] Doch nicht nur als Mittler zur Redaktion wollte er sich zur Verfügung stellen. Zugleich bot er sich als Übersetzer *ins Englische und Französische* an.[626] Dass Kummer ein solcher Beitrag *gut honoriert* würde, verstand sich selbst, war aber nur eines der Lockmittel.[627] Selbst berufliche Perspektiven meinte Johann von Leers in Aussicht stellen zu können und verstieg sich zu der Behauptung, eine solche Veröffentlichung könne Kummer *den Weg zu einer Einladung zu Gastvorlesungen hier ebnen*.[628] Dieser scheint allerdings auf die abwegigen Offerten nicht eingegangen zu sein. Ähnlich bizarr verhielt Johann von Leers sich auch gegenüber Ezra Pound (1885–1972), den er zeitgleich kontaktiert hatte. Nachdem Pound offensichtlich über seinen Schwiegersohn Boris de Rachewiltz (1926–1997) Erkundigungen vor Ort über Johann von Leers eingezogen hatte, ließ er sich auf einen Briefwechsel ein. Johann von Leers gaukelte nämlich auch ihm gegenüber vor, eine *official invitation* in dieses *wonderful country* besorgen zu wollen, um an einer Universität Vorlesungen zu halten.[629] Anders als bei Kummer kam er Pound gegenüber allerdings direkt darauf zu sprechen, welche Voraussetzungen dafür erfüllt sein müssten: So bedürfe es insbesondere einer Publikationsliste *with some outcries of fury of the Jews against you*, die er dann an die zuständigen Stellen weiterleiten wolle. Wie selbstverständlich ging er zudem davon aus, dass beide sich auch als Schriftstellerkollegen im Kampf gegen den gleichen Gegner befänden und deshalb *about all the problems of our fight [...] against the forces of Evil* diskutieren könnten.[630]

Als Johann von Leers mit Kummer Verbindung aufnahm, knüpfte er an eine seit mehr als 20 Jahren bestehende Bekanntschaft an. Aus der Zeit seiner Mitarbeit des Dürer-Verlags dürfte dagegen der Kontakt zu Pound zurückgereicht haben, der unter Pseudonym Beiträge für den „Weg" verfasst haben soll.[631] Aus dieser Zeit stammte zweifelsohne auch die Beziehung zu Mauricio

---

624 Ebd.
625 Ebd.
626 Ebd.
627 Ebd.
628 Ebd.
629 Johann von Leers an Pound, 22.02.1960 [Yale University, Beinecke Rare Book and Manuscript Library, Ezra Pound Papers, YCAL, MSS 43, Box 53, folder 2432].
630 Ebd. Johann von Leers an Pound, 07.02.1960 [Yale University, Beinecke Rare Book and Manuscript Library, Ezra Pound Papers, YCAL, MSS 43, Box 53, folder 2432].
631 MEDING: „Der Weg", S. 120.

Carlavilla (1896–1982) aus Madrid. Der Verleger, der nach Francos Machantritt als Leiter einer Spezialbrigade der politischen Polizei in Spanien mit der Beobachtung von Juden und Freimaurern befasst war, popularisierte seit Anfang der 1950er Jahre eine Schrift unter dem Titel „Rakowski-Protokolle", die seitdem zu einem Schlüsseltext des Antisemitismus avancierte.[632] Dabei soll es sich um Aufzeichnungen handeln, die ein spanischer Soldat des Freiwilligenverbandes Blaue Division im Krieg gegen die Sowjetunion bei einem „NKWD-Arzt" namens Josef Landowsky entdeckt haben will und die den angeblichen Wortlaut einer Vernehmung des früheren Sowjet-Botschafters und „Trotzkisten" Christian Georgiewitsch Rakowski aus dem Jahre 1938 enthielten, der darin Aussagen über jüdische Pläne zur Erringung einer Weltherrschaft traf. Carlavilla übersetzte das Machwerk ins Spanische und veröffentlichte es erstmals 1950 unter dem Titel „Sinfonía en Rojo Major" in seinem Verlag NOS Editorial. Seit dieser Zeit stand er auch in Verbindung mit dem Dürer-Verlag, der die „Protokolle" durch Johann von Leers übersetzen ließ, sie als „Sonderheft" des „Wegs" verbreitete und in der Zeitsachrift entsprechend bewerben ließ.[633] Die enge Beziehung zu Carlavilla unterstrich dabei, dass Honorare einiger der in Spanien lebenden Autoren des „Wegs" zeitweise über dessen Verlag ausgezahlt wurden.[634] 1958, nach dem Niedergang des Dürer-Verlags, trat er mit Johann von Leers erneut in Verbindung, um über eine Neuauflage zum Vertrieb in der Bundesrepublik zu verhandeln. Er sei *sicher,* dass die Schrift *großen Eindruck* und künftige Verleger mit ihr *ein gutes Geschäft machen würde,* zeigte Carlavilla sich von der propagandistischen Wirkung und vom kommerziellen Erfolg seines Machwerks überzeugt.[635] Dies gelte umso mehr in einem Land, *in dem so viele Jahre vergangen sind, ohne dass jemand es gewagt hat, das Schweigen zu brechen,* das ihm durch die *Tyrannei* seiner Feinde *auferlegt* worden sei. Von Johann von Leers erhoffte er sich *eine Möglichkeit,* das Buch *in Deutschland oder der Schweiz herauszugeben.*[636] Zugleich stellte er weitere Kooperationen in Aussicht. So wollte er Johann von Leers dafür gewinnen, das 1955 in seinem Verlag erschienene Buch „El Dinero de Hitler" zu übersetzen. Dabei handelte es sich um die spanischsprachige Fassung eines Buches, dessen Verfasser, ein angeblich

---

632 Zu Carlavilla siehe MENNY, ANNA LENA: Spanien und Sepharad. Über den offiziellen Umgang mit dem Judentum im Franquismus und in der Demokratie, Göttingen 2013, S. 66.
633 UHLEN, JOHANNES: Zwillingsbrüder Kreml und Wallstreet, in: Der Weg 11 (1957) 5/6, S. 355–364, hier S. 361. Siehe auch CARLAVILLA, MAURICIO: Stalins Tod, in: Der Weg 11 (1957) 7, S. 440–446; DERS.: Stalins Tod (Teil II), in: Der Weg 11 (1957) 9, S. 611–618. Zur Übersetzung durch Johann von Leers siehe VOLLMER: Bilanz vom Empfangen und Geben, S. 208.
634 Dürer-Verlag an Zischka, 10.11.1953 [DMM, NL 184, Zischka].
635 Carlavilla an Johann von Leers, 31.03.1958 [Privatarchiv].
636 Ebd.

amerikanischer Bankier namens „Sidney Warburg", behauptete, Vertreter der amerikanischen Hochfinanz und Ölindustrie hätten Hitler zwischen 1929 und 1933 mit hohen Millionenbeträgen finanziert. Vermittelt hatte ihm das Machwerk offensichtlich René Sonderegger (1899–1965), ein gebürtiger Schweizer und glühender Antisemit, der seit Mitte der 1930er Jahre für die Echtheit der Schrift eingetreten war und sich 1951 nach Spanien abgesetzt hatte. Dass die Hintergründe der von Sonderegger fabrizierten Legenden und die damit verbundenen Fälschungen kurz darauf durch das Institut für Zeitgeschichte offen gelegt worden waren, dürfte Carlavilla und Johann von Leers in ihrem Glauben bestärkt haben, dass es sich um eine authentische Schrift handelte, die einem deutschsprachigen Publikum dringend zugänglich gemacht werden müsse.[637] Carlavilla bestätigte deshalb Johann von Leers ausdrücklich, dass von dem Buch bislang *keine deutsche Fassung erstellt wurde*.[638] Das Projekt zerschlug sich dennoch, vermutlich deshalb, weil Sonderegger längst anderweitig tätig geworden war.[639]

Unklar ist dagegen, worauf sich der Kontakt zu Concetto Pettinato (1886–1975) gründete, als Johann von Leers diesen für eine Zusammenarbeit gewinnen wollte. Der italienische Publizist und Journalist hatte während der kurzlebigen Republik von Salò die Tageszeitung „La Stampa" geleitet und gehörte 1946 zu den Mitbegründern des Movimento Sociale Italiano (MSI). Es ist nicht auszuschließen, dass Johann von Leers ihn während einer seiner Aufenthalte als „Austauschprofessor" in Rom (siehe Kap. 7.6) kennengelernt hatte. 1960 schlug er Pettinato vor, dessen bereits 1940 erschienenes, seiner Ansicht nach *bewundernswertes Buch* „La Lezione del Medioevo" ins Deutsche zu übertragen, um es, wie er vorgab, in dem der Ludendorff-Bewegung nahestehenden Verlag Hohe Warte zu veröffentlichen.[640] Soweit kam es allerdings nicht. Vielversprechender schienen sich dagegen die Verbindungen zu französischen Geschichtsrevisionisten zu entwickeln, die seit Anfang der 1950er Jahre ihre Versionen der „historische Wahrheit" über den Nationalsozialismus zu verbreiten begannen, die auf eine Relativierung, wenn nicht sogar Leugnung seiner Verbrechen hinausliefen. Dazu zählte etwa der Literaturwissenschaftler Maurice Bardèche, der nach anfäng-

---

637 LUTZ, HERMANN: Fälschungen zur Auslandsfinanzierung Hitlers, in: VfZ 2 (1954), S. 386–396; JANSSEN, KARL-HEINZ: Märchen über Hitler. Rockefeller, Warburg und die Nazis, in: ZEIT vom 17.12.1982.
638 Carlavilla an Johann von Leers, 31.03.1958 [Privatarchiv].
639 REINHARD, SEVERIN (= RENÉ SONDEREGGER): Spanischer Sommer, Affoltem 1948.
640 Johann von Leers an Pettinato, 12.07.1960 [Fondazione Ugo Spirito e Renzo de Felice, Fondo Concetto Pettinato, Serie 1, Box 69].

lichen Sympathien für die extreme Rechte zu einem „engagement total"[641] überging. Seine Popularität in den Kreisen, die auch den „Weg" lasen, verdankte sich der Schrift „Lettre à François Mauriac", in der er die Kollaboration während der Besetzung Frankreichs in Schutz nahm, mehr noch aber seinem Buch „Nuremberg ou la terre promise", das die Verbrechen der Konzentrations- und Vernichtungslager in Frage stellte.[642] Nachdem Johann von Leers Bardèche schon in Buenos Aires als „wertvolle[n] Mitkämpfer" gewürdigt hatte, der als einer der „wirklich ehrlichen Freunde des deutschen Volkes"[643] gelten dürfe, blieben beide auch nach seiner Übersiedlung nach Kairo in Kontakt. Obgleich ihre Korrespondenzen nur bruchstückhaft überliefert sind, zeugt der vertrauliche Ton von einer engen Beziehung auf der Grundlage ähnlicher politischer und weltanschaulicher Überzeugungen.[644]

So teilte Bardèche mit Johann von Leers die Bewunderung Nassers und seiner Politik: „Personnellement, je porte beaucoup de sympathie aux pays arabes et en particulier pour le régime de Nasser"[645], schrieb er im Juli 1961 nach Kairo. In de Gaulle dagegen sah er nur einen Handlanger des internationalen Finanzjudentums: „Le pouvoir du général de Gaulle représente essentiellement le pouvoir des banques juives et des maîtres d'affaires internationaux"[646], ließ er Johann von Leers wissen, der gleichwohl optimistische Schlüsse zog: Gelinge es Frankreich nämlich, sich von diesen „forces juives" zu befreien, sei dies „un coup de trompette pour tout l'Europe".[647] Selbst von Hiobsbotschaften wollten beide sich nicht irritieren lassen. So sei der Tod Louis-Ferdinad Célines zweifelsohne ein „malheur", da „aujourd'hui sa voix d'un Rabelais pourrait être utile". Gleichwohl lag auch ein Schatten auf dem Schriftsteller, der, wie Johann von

---

641 Fresco: Fabrication d'un antisémite, S. 18. Zur Einordnung Bardèches siehe Lipstadt, Deborah E.: Leugnen des Holocaust. Rechtsextremismus mit Methode, Reinbek bei Hamburg 1996, S. 103–105.
642 Bardèche, Maurice: Nürnberg oder das gelobte Land, Zürich 1949. Siehe Ders.: Die Politik der Zerstörung. Nürnberg oder Europa, Göttingen 1950. Auszüge daraus erschienen auch im „Weg", siehe: Der Weg 4 (1950) 5. Bardèche verfasste zudem eine Reihe von Beiträgen für die Zeitschrift. Zur Rezeption durch Johann von Leers siehe RZ zu Maurice Bardèche: Lettre à François Mauriac, in: Der Weg 5 (1951) 3, S. 240. Die Übersetzung ins Deutsche will Juan Maler besorgt haben. Siehe Maler: Frieden, Krieg und „Frieden", S. 343.
643 Leers, Johann von: Das Großdeutsche Reich, in: Der Weg 9 (1955) 4, S. 219–222, hier S. 220.
644 Fresco: Fabrication d'un antisémite, S. 40–57.
645 Bardèche an Johann von Leers, 15.07.1961, zit. nach Fresco: Fabrication d'un antisémite, S. 47.
646 Ebd.
647 Johann von Leers an Bardèche, 17.09.1961, zit. nach Ebd., S. 48.

Leers bemängelte, „dans son dernier temps [...] avait fait la paix avec les youpins – chose que nous deux vous et moi ne ferons jamais".⁶⁴⁸

Bardèche und Johann von Leers beließen es jedoch nicht dabei, sich gegenseitig ihrer Gesinnung zu vergewissern, sondern planten auch gemeinsame Kampagnen gegen unliebsame Veröffentlichungen. Zur Zielscheibe geriet vor allem das „Tagebuch der Anne Frank", dessen Echtheit Rechtsextremisten immer wieder bezweifelten und das beide als „zionistische Lüge"⁶⁴⁹ denunzieren wollten. Bardèche vermochte Johann von Leers jedoch nicht die erwartete Hilfestellung zu geben, da er, wie er ausweichend mitteilte, keinen Zugriff auf die nötigen Materialien und Dokumente habe, „pour vous donner des réponses précises sur les questions que vous posez à propos du ‚Journal' d'Anne Franck".⁶⁵⁰ Umso mehr setzte dieser seine Hoffnungen auf einen Mittelsmann Bardèches in Österreich, der für das Vorhaben gewonnen werden sollte, „de détruire le fétiche ‚Anne Franck'".⁶⁵¹ Gerade in Ägypten würde eine solche Schrift mit der „vérité sur les mensoges zionistes" auf großes Interesse stoßen, da hier „un intérêt naturel de combattre Israël et la propagande zioniste"⁶⁵² angenommen werden könne.

Versuche einer intensiven Zusammenarbeit gab es auch mit Paul Rassinier, der neben Bardèche zweiten Autorität des rechtsextremen Geschichtsrevisionismus der unmittelbaren Nachkriegszeit. Der frühere Kommunist und Sozialist, der sich nach der Besetzung Frankreichs der Résistance angeschlossen hatte, war 1943 verhaftet worden und bis Kriegsende in den Konzentrationslagern Buchenwald und Dora inhaftiert. Dies hielt ihn allerdings nicht davon ab, nach seiner Befreiung eine Reihe von Schriften zu publizieren, die nachweisen sollten, „dass den Berichten der Überlebenden über das Verhalten der Nazis [...] kein Glauben zu schenken war".⁶⁵³ Die größte Aufmerksamkeit zog Rassinier mit seinem Buch „Die Lüge des Odysseus" auf sich, das 1950 erstmals in Frankreich erschienen war. Eine deutschsprachige Übersetzung besorgte Priester in

---

648 Ebd.
649 Ebd. Zur rechtsextremen Agitation gegen das Tagebuch siehe BENZ, WOLFGANG (HRSG.): Rechtsextremismus in der Bundesrepublik, Frankfurt am Main 1989, S. 278–280; BAILER-GALANDA, BRIGITTE: Das Tagebuch der Anne Frank, in: BAILER-GALANDA/BENZ/NEUGEBAUER: Wahrheit und „Auschwitzlüge", S. 355–364.
650 Bardèche an Johann von Leers, 15.07.1961, zit. nach FRESCO: Fabrication d'un antisémite, S. 47.
651 Johann von Leers an Bardèche, 17.09.1961, zit. nach EBD. S. 48.
652 Ebd.
653 LIPSTADT: Leugnen des Holocaust, S. 105. Zu Rassinier siehe auch MENTEL, CHRISTIAN: Rassinier, Paul, in: BENZ, WOLFGANG (HRSG.): Handbuch des Antisemitismus. Judenfeindschaft in Geschichte und Gegenwart (Bd. 2/2: Personen), Berlin/Boston 2009, S. 669 f.

seinem Verlag[654], der im Frühjahr 1960 auch eine Vortragsreise für ihn durch die Bundesrepublik organisierte.[655] Es ist unklar, wann Rassinier mit Johann von Leers in Kontakt gekommen ist. Erwiesen ist allerdings, dass dieser dem Franzosen nach Priesters überraschendem Tod publizistische Schützenhilfe für weitere Veröffentlichungen erbot und mit Material für Gerichtsprozesse in Frankreich munitionierte. Dort nämlich war es zu einer juristischen Auseinandersetzung mit Bernard Lecache (1895–1968) von der Ligue Internationale Contre l'Antisémitisme (LICA) gekommen, nachdem diese Rassinier in ihrem Verbandsorgan „Le Droit de Vivre" als Akteur einer „nazistischen Internationale" bezeichnet hatte.[656] Rassinier, der sich verunglimpft sah, strengte daraufhin einen Prozess an. Die Unterlagen, die Johann von Leers ihm zur Verfügung stellte, umfassten allerdings nur antisemitische Propagandafloskeln aus der NS-Zeit: Lecache, wusste er mitzuteilen, heiße eigentlich „Lifschitz" und sei „un grand criminel de guerre", der bis 1939 „sans cesse" alles unternommen habe, „pour empoisonner l'atmosphère entre la France et l'Allemagne".[657] Für ein Urteil zugunsten Rassiniers hatten solche Phrasen allerdings keinen Wert.[658] Trotz der Zurückweisung der Klage, die überdies Rassiniers enge Beziehungen zu einem unbelehrbaren Antisemiten ans Licht gebracht hatte und letztlich den Vorwurf der LICA bestätigte, schien Rassinier in Johann von Leers zeitweise eine einflussreiche Person zu sehen, die ihm bei der Vermittlung eines Verlegers in der Bundesrepublik oder im Nahen Osten, insbesondere Ägypten, behilflich sein könnte. „Von Leers a écrit qu'il voulait me chercher un éditeur en Allemagne, se disant d'autre part sûr d'en trouver un", berichtete er Anfang 1963 optimistisch Bardèche.[659] Gemeint war sein 1962 in Frankreich erschienenes Buch über den Eichmann-Prozess („Le véritable procès Eichmann ou les vainqueurs incorrigibles"), von dessen Übersetzung er sich angesichts des bevorstehenden Auschwitz-Prozesses erhöhte Aufmerksamkeit versprach. Mit welchen Verlagen Johann von Leers

---

654 RASSINIER, PAUL: Die Lüge des Odysseus, Wiesbaden 1959; DERS.: Was nun, Odysseus?, Wiesbaden 1960. Zum französischen Original siehe DERS.: Le mensonge d'Ulysse, Bourg-en-Bresse 1950.
655 „ek" (= Erich Kern): Ein tapferes Herz hörte auf zu schlagen, in: Reichsruf vom 30.04.1960.
656 FRESCO: Fabrication d'un antisémite, S. 40 f. Zur LICA siehe auch DEBONO, EMMANUEL: Ligue Internationale Contre l'Antisémitisme, in: BENZ, WOLFGANG (HRSG.): Handbuch des Antisemitismus. Judenfeindschaft in Geschichte und Gegenwart (Bd. 5), Berlin/Boston 2012, S. 388–390.
657 Johann von Leers an Rassinier, 28.11.1964, zit. nach FRESCO: Fabrication d'un antisémite, S. 50. Zur Agitation gegen Lecache in der NS-Zeit siehe beispielhaft W.D.: King-Hall. Propagandachef des Weltjudentums!, in: Völkischer Beobachter vom 31.07.1939.
658 O. V.: Rassinier a perdu son procès, in: La Voix internationale de la Résistance, November 1964, S. 10. Siehe dazu FRESCO: Fabrication d'un antisémite, S. 590.
659 Rassinier an Bardèche, 25.01.1963, zit. nach FRESCO: Fabrication d'un antisémite, S. 42, 48.

darüber verhandeln wollte, bleibt offen. Eine große Auswahl dürfte allerdings nicht bestanden haben, nachdem bereits Priesters Witwe, die das Unternehmen ihres Mannes zunächst fortführte, nach längerem Hinhalten abgelehnt hatte. Zur Begründung gab sie an, dass sich entgegen früheren Erwartungen kaum genügend Käufer finden würden.[660] Dass das Buch später doch noch im einschlägigen Druffel-Verlag erscheinen konnte, dürfte allerdings kaum der vermittelnden Rolle von Johann von Leers zuzuschreiben sein. Dagegen spricht insbesondere, dass der Leiter des Verlags, Helmut Sündermann, ihm gegenüber Distanz wahrte (siehe Kap. 9.4.3).[661]

Ohne greifbares Ergebnis blieben zudem alle Bemühungen, in Kairo Interesse an Rassiniers Schriften zu wecken: „Il est en train en Égypte de mettre au point une édition gouvernementale de propagande au Moyen-Orient. Dit-il", hatte Rassinier Anfang 1963 von ihm erfahren.[662] Nachdem im Jahr darauf sein Werk „Le Drame des Juifs européens" erschienen war, das den Holocaust als eine Lüge der „zionistischen Weltbewegung" bezeichnete, wollte Johann von Leers auch diese Schrift einem arabisch sprechenden Publikum zugänglich machen. Im September 1964 empfahl er sich als Türöffner für eine „bonne solution pour le problème d'une édition de votre excellent livre".[663] Ein großer Verlag nämlich, der vom Informationsamt kontrolliert werde, wolle sich „avec plaisir" nicht nur um eine Übersetzung und Veröffentlichung kümmern, sondern „aussi payer un honoraire raisonnable à vous que corrrespond à votre travail et vos mérites"[664], behauptete er. Rassinier schien allerdings skeptisch, nachdem er bereits mehrere Exemplare nach Kairo geschickt hatte, darauf aber nie eine Reaktion erfolgt war. Fraglich ist auch, ob Johann von Leers angesichts seines unverkennbaren geistigen Verfalls überhaupt noch zu solchen Verhandlungen in der Lage war, wie sie seine Briefe suggerierten. Es erscheint deshalb zweifelhaft, dass das Informationsamt ihn damit beauftragt hatte, zu Rassiniers Buch „un résumé […] en anglais" anzufertigen.[665] Auch sein Angebot, als eine Art literarischer Agent Rassinier bei geplanten Übersetzungen ins Englische, Spanische

---

660 Ebd.
661 RASSINIER, PAUL: Zum Fall Eichmann: Was ist Wahrheit? Oder: Die unbelehrbaren Sieger, Leoni 1963. Siehe auch Rassinier an Bardèche, 12.11.1963, zit, nach FRESCO: Fabrication d'un antisémite, S. 43 f. Ebenso wenig dürfte Johann von Leers an der Vorbereitung einer Lesereise beteiligt gewesen sein, die Sündermann organisierte und Rassinier mit 2.500 DM honorierte. Siehe Rassinier an Bardèche, 16.01.1964, zit. nach EBD., S. 45.
662 Rassinier an Bardèche, 25.01.1963, zit. nach EBD., S. 42, 48
663 Johann von Leers an Rassinier, 01.09.1964, zit. nach EBD., S. 49 f.
664 Rassinier an Bardèche, 09.09.1964, zit. nach EBD., S. 50.
665 Johann von Leers an Rassinier, 28.11.1964, zit. nach EBD., S. 50.

und Deutsche zu beraten, dürfte nicht ernst zu nehmen gewesen sein.[666] Nicht zuletzt aus diesem Grund scheiterte auch die Idee, gemeinsam mit Rassinier ein Pamphlet zu verfassen, das sich gegen Eugen Kogon, den Verfasser des, wie Johann von Leers schrieb, *verlogenen Hetzbuches*[667] „Der SS-Staat", richten sollte.

In welcher Isolation Johann von Leers in seinen letzten Lebensmonaten lebte, geht aus der Korrespondenz mit Jacques Benoist-Méchin (1901–1983) hervor, die er Ende Januar 1965, wenige Wochen vor seinem Tod, aufgenommen hatte. Seine realitätsfremden Versprechungen verbanden sich in diesem Fall mit derart lückenhaftem Wissen, dass die Ernsthaftigkeit seines Anliegens in Frage steht und die Briefe als Ausdruck einer Verzweiflungstat erscheinen. Auslöser der Kontaktaufnahme war Benoist-Méchins Veröffentlichung „Ibn Seoud ou la naissance d'un royaume", die Johann von Leers offensichtlich erst wenige Tage zuvor zu seinem 63. Geburtstag von Savitri Devi (siehe Kap. 9.5.6) als Geschenk erhalten hatte. Die Lektüre dieses *livre admirable* habe ihm ein großes *plaisir intellectuel* bereitet, teilte er dem ehemaligen französischen Kollaborateur mit.[668] Die Geistesgeschichte des „ursprünglichen Islams" und dessen in der Geschichte immer wieder vollzogene Auferstehung verdiene es deshalb, so Johann von Leers, in eine Fremdsprache übersetzt zu werden.[669] So ernst ihm dieses Anliegen sein mochte, so zweifelhaft sind einmal mehr seine Andeutungen, einem Verlag in der Bundesrepublik den Vorschlag unterbreiten zu wollen, *de publier une version allemande de votre livre.*[670] Damit verbunden war die Bitte, Benoist-Méchin möge ihm die Bedingungen mitteilen, zu denen er bereit sei, *à vendre les droits d'une publication en langue allemande.*[671] Dass der Titel schon seit zehn Jahren im Verlag „Eugen Diederichs" in deutscher Übersetzung vorlag, war Johann von Leers offensichtlich nicht bekannt. Mit deren Qualität war Benoist-Méchin zwar nicht zufrieden, doch für eine Neuübertragung sah er keinen Anlass.[672] Nicht weniger uninformiert zeigte Johann von Leers sich kurz darauf, als er Benoist-Méchin vorschlug, es alternativ mit seinem „neuen"

---

666 Ebd.
667 Johann von Leers an unbekannten Adressaten, 12.09.1958 [BfV, 054-P-10013, Bl. 70].
668 Johann von Leers an Benoist-Méchin, 29.01.1965 [HIA, NL Benoist-Méchin, Box 4, Folder 46].
669 Im Original: Er vertrete die Ansicht, *que cette histoire de l'esprit de l'Islam originaire et de ses résurrections divers dans son développement mérite être traduit en langues étrangères.* Johann von Leers an Benoist-Méchin, 29.01.1965 [HIA, NL Benoist-Méchin, Box 4, Folder 46].
670 Ebd.
671 Ebd.
672 BENOIST-MECHIN, JACQUES: Ibn Sa'ud und die arabische Welt, Düsseldorf 1956. Das Buch erschien im Verlag Eugen Diederichs. Siehe auch Johann von Leers an Benoist-Méchin, 19.02.1965 [HIA, NL Benoist-Méchin, Box 4, Folder 46]. Ein zwischenzeitliches Schreiben von Benoist-Méchin an Johann von Leers vom 10.02.1965 ist nicht überliefert.

Werk „Un printemps arabe" zu versuchen.⁶⁷³ Er schätze sich *très hereux d'être permis de le traduire en allemand*, ließ er Benoist-Méchin wissen. Ebenso wolle er den Kontakt zu einem *bonne maison d'édition allemande* vermitteln.⁶⁷⁴ Dass diese Schrift ebenfalls schon sechs Jahre zuvor erschienen war, war Johann von Leers offensichtlich nicht bekannt. Sein Tod am 5. März 1965 setzte allen weiteren Plänen ein Ende.

Wunschdenken blieben auch Überlegungen zur Gründung von Organisationen Gleichgesinnter, um politischen Zielen oder weltanschaulichen Überzeugungen mehr Schlagkraft zu verleihen. So empfahl er im September 1957 dem Publizisten Nikolaus Ryschkowsky (siehe Kap. 9.6.5), dieser solle *in der Art der ‚Stillen Hilfe' der Prinzessin Ysenburg* gemeinsam mit *nationalen Verbänden und Gruppen* eine Hilfsorganisation *für politische Gefangene* ins Leben rufen, um den Familien der Verhafteten *[w]irtschaftliche Hilfe* leisten zu können.⁶⁷⁵ Unmittelbarer Auslöser dieser Initiative, für die er *Freunde in Brasilien und Argentinien* als Mitstreiter zu gewinnen versprach, war der Prozess gegen Friedrich Lenz, dem Johann von Leers zugutehielt, er habe *gegen das viehische Unrecht und die Macht der sittliche Verpestetheit in Deutschland einen treuen Kampf geführt.*⁶⁷⁶ Eine solche Organisation hat es allerdings nicht gegeben. Zu mehr als einer Ankündigung gelangte er auch nicht gegenüber Abdullah (Norbert) Weisser (1913–1982), dem selbsternannten Imam einer Islamischen Gemeinde Deutschlands, der in Schwetzingen einen Moscheeverein leitete. Ihm kündigte er in völliger Überschätzung seines Einflusses an, dass er *demnächst finanzielle Unterstützung* aus Ägypten erhalten werde.⁶⁷⁷ Hinweise auf solche Geldzahlungen sind nicht belegt.

Gelang eine Gründung doch, blieb die Schar der Anhänger klein und Johann von Leers eine Randfigur. Dies gilt etwa für die Nordische Liga, die unter anderem das Gedankengut von Cox popularisieren sollte. Die Inspiration dazu will Johann von Leers bereits in Buenos Aires durch dessen Schrift „Teutonic Unity" erhalten haben, die ihm sein *friend* Hans F. K. Günther zugeschickt hatte.⁶⁷⁸ Die Lektüre bestärkte ihn in der Überzeugung, die Ideen des amerikanischen Rassisten seien *of hight importance for the idea of Nordic race*⁶⁷⁹ und müssten mög-

---

673 BENOIST-MECHIN, JACQUES: Un printemps arabe, Paris 1959.
674 Johann von Leers an Benoist-Méchin, 19.02.1965 [HIA, NL Benoist-Méchin, Box 4, Folder 46].
675 Johann von Leers an von Ryschkowsky, 08.11.1957 [BfV, 054-P-10013, Bl. 52]. Siehe auch Near Eastern Connections, 19.03.1958 [NARA, RG 263, Entry ZZ-16, Box 32, NND 36822].
676 Ebd.
677 BfV, Vermerk vom 10.09.1957 [BfV, 054-P-10013, Bl. 41].
678 Johann von Leers an Cox, 23.03.1955 [Duke University, NL Earnest Sevier Cox].
679 Ebd.

lichst vielen Menschen zugänglich gemacht werden, sei es in Publikationen, sei es durch die Gründung einer Gesellschaft *to spread these ideas in selected and active groups of the Teutonic Nations*, wie er dem Autor schrieb.[680] Eine solche Organisation treffe sich zudem mit dem bereits länger von ihm vertretenen Standpunkt, insbesondere *racial knowledge* und *racial science* bedürften einer stärkeren Verbreitung.[681] Tatsächlich gründet 1957 der britische Armeeoffizier Roger Pearson (geb. 1927) eine solche Organisation, in der Cox eine prominente Stellung einnahm.[682] Die Vereinigung publizierte seit Ende der 1950er Jahre unter anderem die Zeitschrift „The Northlander", die sich in ihren weltanschaulichen Bezugspunkten auch an Hans F. K. Günther anlehnte. Ein von Pearson angeleitetes Organisationssekretariat nahm seit dieser Zeit von Schottland aus Kontakt mit Gesinnungsgenossen in aller Welt auf. In der Bundesrepublik gehörte die wieder gegründete Herman-Wirth-Gesellschaft dazu.[683] Aus Anlass des 1950. Jahrestags der Varusschlacht hielt die Nordische Liga Ende Juli 1959 in Detmold eine internationale Zusammenkunft ab, zu der zahlreiche Aktivisten der „antisemitischen Internationale" angereist waren. Zu den Teilnehmern, die in einem „Detmolder Programm" das Ziel proklamierten, die „Menschheit von den Fesseln der überstaatlichen Mächte und der Zinsknechtschaft zu befreien"[684], zählten unter anderem Herman Wirth, Wilhelm Landig und „Professor" Johann Friedrich Kuhfuß (ca. 1898–1971), nicht aber Johann von Leers.[685]

---

680 Johann von Leers an Cox, 21.05.1955 [Duke University, NL Earnest Sevier Cox].
681 Ebd.
682 JACKSON, JOHN P.: Science for Segregation. Race, Law, and the Case against Brown V. Board of Education, New York 2005, S. 45. Demnach nahm Cox eine „honored position" ein.
683 Zur Existenz dieser Organisation siehe WIWJORRA, INGO: Herman Wirth – Ein gescheiterter Ideologe zwischen „Ahnenerbe" und Atlantis, in: DANCKWORTT, BARBARA/QUERG, THORSTEN/SCHÖNINGH, CLAUDIA (HRSG.): Historische Rassismusforschung. Ideologen – Täter – Opfer, Hamburg 1995, S. 91–112, hier S. 108.
684 Zit. nach SMOYDZIN: Hitler lebt, S. 138. Zur Veranstaltung siehe WILHELM, RALF-DIETER: Das Hermannsdenkmal an der Grenze seiner Sprachfähigkeit. Ringen um nationale Identität in den fünfziger Jahren, in: Rosenland. Zeitschrift für lippische Geschichte 23/2019, S. 2–35, hier S. 21–23; zur Instrumentalisierung des Denkmals siehe MELLIES, DIRK: Politische Feiern am Hermannsdenkmal nach 1875, in: LANDESVERBAND LIPPE (HRSG.): 2000 Jahre Varusschlacht. Mythos, Darmstadt 2009, S. 263–272.
685 BfV, Darstellung der Tätigkeit des Bundes für Gotterkenntnis (L) e. V. (Ms.), o. D. [August 1961], S. 14. Zum Kontakt mit Kuhfuß, der in Barcelona wohnte und offensichtlich der Ludendorff-Bewegung angehörte, siehe Johann von Leers an Cox, 21.05.1955 [Duke University, NL Earnest Sevier Cox] sowie Dokumente der Gegenwart. Neue Veröffentlichungen und Urkunden zur Zeitgeschichte (Bd. VI), Pähl/Oberbayern 1963. Zum Todesjahr von Kuhfuß siehe Folk og Land vom 23.10.1973.

9.5.2 Weltanschaulicher Außenseiter statt Vordenker

So fanatisch Johann von Leers seinen weltanschaulichen Überzeugungen verhaftet blieb und so uferlos er bis Ende der 1950er Jahre weiterhin Manuskripte über jenes Thema produzierte, „das ihm am meisten am Herzen liegt"[686], so offenkundig war allerdings auch, in welche Außenseiterrolle er mittlerweile geraten war. So hatte er in seinen Aufsätzen im „Weg" zwar zahlreiche der Muster entwickelt, die der rechtsextreme Geschichtsrevisionismus aufgreifen sollte. Sein manifester Antisemitismus machte eine Veröffentlichung aber zunehmend riskant. Die einflussreichen und stilbildenden Schriften, die den apologetischen Behauptungen dieser Kreise Material an die Hand gaben, verfassten andere Autoren. Das galt auch für zeitgenössische Interpretationen der Gegenwart und der weltpolitischen Ereignisse, etwa über die krisenhaften Entwicklungen im Nahen Osten oder zu den Kolonialkriegen in Nordafrika. Bezeichnend ist, dass eine wissenschaftliche Untersuchung der rechtsextremen Publizistik der 1950er Jahre die Veröffentlichungen von Johann von Leers nicht weiter beachtet.[687]

Der Versuch, Kontakte zu Weggefährten aus den 1930er Jahren wiederherzustellen, endete oftmals im völligen Abbruch der Beziehungen. Dies galt umso mehr bei jenen, die sich mit den neuen Verhältnissen arrangiert hatten und den antisemitischen Tiraden von Johann von Leers mit Unverständnis begegneten: Otto Zierer (siehe Kap. 8.5.1) mochte schon auf seine „ellenlange[n] Briefe", die ihn seit 1951 aus Buenos Aires erreichten, nur „selten" geantwortet haben, „weil er ein unbelehrbarer NS-Barde geblieben war".[688] Nachdem Johann von Leers in Ägypten eingetroffen war, nahm der Inhalt seiner Ausführungen dann, so Zierer weiter, „den Charakter des absolut Krankhaften an".[689] Klaus Mehnert hatte 1953 jegliche Korrespondenz eingestellt. Bernhard Kummer ging 1958 auf Vorschläge für eine Zusammenarbeit nicht weiter ein. Ernst Jünger beließ es bei höflichen Floskeln, nachdem Gesine von Leers sich an ihn gewandt hatte: *Es wäre nett,* schrieb sie fast flehentlich, *wenn Sie doch mal wieder ein paar Zeilen von sich hören ließen.*[690] Mit dem Appell ihres Mannes, einem Literaten von Jüngers *Range* komme die Aufgabe zu, *das ganze Grauen der Zwangsdemokratisierung*

---

686 PEARLMAN: Die Nazi-Untergrundbewegung, S. 331.
687 KNÜTTER, HANS-HELMUTH: Ideologien des Rechtsradikalismus im Nachkriegsdeutschland. Eine Studie über die Nachwirkungen des Nationalsozialismus (Bonner Historische Forschungen, Bd. 19), Bonn 1961.
688 ZIERER, OTTO: Mein Abenteuer, zu schreiben, München 1981, S. 213.
689 EBD., S. 213. So schrieb ihm Johann von Leers: „Das vom Schaitan ausgespieene Israel muss vernichtet werden" und „wir fiebern dem Freudentag entgegen, an dem wir die Juden endgültig liquidieren und ins Meer jagen können!"
690 Gesine von Leers an Jünger, 03.10.1959 [DLA Marbach, Sig. HS 5294539].

und Seelenzerbrechung in Deutschland zwischen den Jahren 1945 und 1959 darzustellen, dürfte der Schriftsteller aber nichts anzufangen gewusst haben.⁶⁹¹

Ähnliches gilt für vermeintliche Gesinnungsgenossen außerhalb Deutschlands. So hatte Johann von Leers sich bereits 1955 respektvoll an den schwarzamerikanischen Schriftsteller William E. B. du Bois (1868–1963) gewandt, von dessen Buch „The World and Africa" er sich *highly impressed* zeigte. Aus der Schrift konnte seiner Ansicht nach nämlich nur der Schluss gezogen werden, dass es in naher Zukunft überall dort zu „Befreiungskämpfen" kommen werde, *whereever Negro people are a majority.*⁶⁹² Dies gelte nicht nur für den afrikanischen Kontinent und die dortigen Unabhängigkeitsbewegungen, sondern auch für die USA. Du Bois zeigte sich jedoch angesichts der unverkennbar antisemitischen Argumentation des Absenders, der ihm erläuterte, Erhebungen von Schwarzafrikanern seien nicht zuletzt als Auseinandersetzung mit dem Weltjudentum zu deuten, von Anfang an reserviert und vermochte in Johann von Leers keinen Mitstreiter zu erkennen: *I do not agree with you with regard to the Jews, and hope you may live to change your opinions,* teilte er ihm kurz und bündig mit.⁶⁹³ Aus einem ähnlichen Grund will auch François Genoud (1915–1996) seinen Kontakt mit Johann von Leers eingestellt haben. Der Schweizer Bankier, der sich nach 1945 die Nutzungsrechte an Schriften prominenter Nationalsozialisten gesichert hatte und als Unterstützer der antikolonialen Bewegung in Algerien Aufsehen erregte, hatte Johann von Leers um 1959 herum in Kairo kennengelernt. Dessen „antijüdischen Obsessionen" („obsédés antijuifs") hätten ihn allerdings schnell auf Distanz gehen lassen, wie er betont: „Je n'ai pas cherché à le revoir", behauptete er später.⁶⁹⁴ Andere wohlgesonnene Aktivisten wiederum waren nicht bereit, durch ihre Unterstützung beim Vertrieb seiner Schriften Konflikte mit den Sicherheitsbehörden in ihrer Heimat zu riskieren. Als Johann von Leers 1963 Bardèche für die Idee gewinnen wollte, durch Strohmänner in Frankreich eines seiner Machwerke drucken zu lassen, zeigte sich dieser skeptisch: „La question posée par von Leers au sujet de son propre livre est […] délicate", setzte dieser Rassinier angesichts der organisatorischen Schwierigkeiten auseinander, „que pose une édtion clandestine".⁶⁹⁵

---

691 Johann von Leers an Jünger, 17.05.1959 [DLA Marbach, Sig. HS 5294539].
692 Johann von Leers an Tshaka Zekelkeyzulu, 10.03.1955 [University of Massachusetts Amherst Libraries, Special Collections and University Archives, W. E. B. Du Bois Papers, MS 312].
693 Du Bois an Johann von Leers, 31.05.1955 [University of Massachusetts Amherst Libraries, Special Collections and University Archives, W. E. B. Du Bois Papers, MS 312].
694 Zit. nach Péan: L'Extrémiste, S. 247. Siehe auch Winkler: Der Schattenmann, S. 145.
695 Bardèche an Rassinier, 08.02.1963, zit. nach Fresco: Fabrication d'un antisémite, S. 49.

Zu dieser Entwicklung trug bei, dass sein Denken und Handeln einen zunehmenden Realitätsverlust offenbarte. Bereits 1958 hatte ein wohlmeinender Korrespondenzpartner Johann von Leers mit seinem Eindruck konfrontiert, dieser habe sich *Zug um Zug* und immer stärker *in Ablehnung und Feindschaft gegen alles Mögliche und Unmögliche hineingesteigert, gegen die Juden, gegen die Kirchen, gegen den gesamten Westen im allgemeinen und gegen die westdeutsche Bundesrepublik im besonderen.*[696] Seine *irreale Einschätzung und Deutung politischer Vorgänge* war auch einem Beobachter aufgefallen, der 1960 mit ihm in Kontakt stand.[697] Johann von Leers sei zudem *verbittert, kränkelnd* und *nach einer Gehirnblutung hysterisch-verkrampft*, hieß es später.[698] Wie entrückt seine Gedankenwelt war, zeigte etwa sein Vorschlag, Palästina durch einen „echten Volkskrieg" zu „befreien" (siehe Kap. 9.4.1). Gleiches gilt für die ursprünglich von Priester aufgeworfene Idee an, wie sich die Spekulationen über das Schicksal des nach dem Krieg in Polen hingerichteten früheren Gauleiters von Danzig, Albert Forster (1902–1952), neu befeuern ließen. Der Plan sah vor, dass ein in Kairo untergetauchter NS-Täter Forster als Entlastungszeugen benennen solle, um so den ägyptischen Behörden einen Grund an die Hand zu geben, *offiziell an die polnische Reg[ierun]g das Ansuchen zu richten, Forster dazu zu vernehmen.*[699] Weltfremd war zudem das Bild, das Johann von Leers sich von den politischen Verhältnissen in der Bundesrepublik machte. Dem *Proporz* in Österreich, setzte er 1962 einem Wiener Schuldirektor auseinander, entspreche *in Westdeutschland [...] die Teilung der Macht zwischen Zionismus und Klerikalismus und ihrer beiderseitigen Knechte, die alle gegen das Volk und den nationalen Gedanken verbündet sind.*[700]

Vorstellungen dieser Art, die sinistere Mächte in Medien, Politik und Justiz am Werk sahen, die die Geschicke eines Landes und den Lauf der Dinge nach ihren Plänen bestimmten, gerieten zu fixen Ideen, die mit hanebüchenen Behauptungen belegt werden sollten. Kritische Berichte eines FAZ-Korrespondenten etwa führte er darauf zurück, dieser sei vermutlich *Jude oder jüdischer Abstammung.*[701] Ohnehin müsse die Zeitung als *un journal aus* [sic] *service du*

---

696 Schreiben einer unbekannten Person an Johann von Leers, 06.07.1958 [BND, V-12859,1, Bl. 146–148, hier 146].
697 BND, Betr.: Ehepaar v. Leers, 17.10.1960 [BND, V-12859,1, Bl. 111].
698 BND, Meldedienstliche Verschlusssache, Betr.: Gesine von Leers, 04.12.1962 [BND, V-12859,1, Bl. 85–87].
699 Priester an Johann von Leers, 12.02.1959 [BArch, B 443/2673, Bl. 16633–16639].
700 Johann von Leers an Wesely, 21.05.1962 [Privatarchiv].
701 Johann von Leers an unbekannten Adressaten, 08.01.1958 [BfV, 054-P-10013, Bl. 59].

*zionism*⁷⁰² betrachtet werden. Den Journalisten Hans Germani (1927–1983), der zeitweise in Kairo lebte, hielt er dagegen für einen *von bestimmter Seite eingesetzten Juden, der seine Nase operieren ließ, um nicht aufzufallen.*⁷⁰³ Die Redaktion des „Mannheimer Morgens" galt als *ein von nach Amerika emigrierten Juden aufgezogenes Nachrichtenagentenzentrum gegen die Vereinigte Arabische Republik.*⁷⁰⁴ Das Justizwesen in der Bundesrepublik war für ihn *der verlängerte Arm der Synagoge.*⁷⁰⁵ In Adenauer schließlich sah er *den schlimmsten Agenten der Fremdherrschaft.*⁷⁰⁶ Als verantwortliche Kräfte dahinter machte er die Organisation B'nai B'rith aus, durch die die *Umerziehung* der Deutschen *überwacht*⁷⁰⁷ werde, mehr noch aber den langjährigen Generalsekretär des Zentralrats der Juden in Deutschland, Hendrik George van Dam (1906–1973), der, wie Johann von Leers wissen wollte, *sich selber zu den 300* [Anm.: Persönlichkeiten] *bekannte, die maßgebend die Geschicke der Welt lenken.*⁷⁰⁸ Selbst rechtsextreme Organisationen und vermeintliche Gesinnungsgenossen blieben von Verdächtigungen dieser Art nicht verschont. Der bereits erwähnte Publizist Karl Otto Düpow (siehe Kap. 9.3.3) war in seinen Augen ein *Bonner Agent.*⁷⁰⁹ Die DRP hielt er *von Verfassungsschutz-Agenten völlig durchsetzt,* weshalb ihr Parteiorgan „Reichsruf" als *Zionsruf*⁷¹⁰ bezeichnet werden müsse. Hinter den Aktivisten der American Nazi Party sah er *zionistische Spione* am Werk.⁷¹¹ Eine ähnlich radikale Verdammnis erfuhren sogar zwei prominente Nationalsozialisten, die Johann von Leers und seinen Anhängern eine bizarre Erklärung für das Scheitern des Nationalsozialismus bot. Ähnlich wie Eichmann (siehe Kap. 9.5.3) wurden auch Goebbels und Rosenberg jetzt als Angehörige jener überstaatlichen Mächte „enttarnt", die sich gegen das Deutsche Reich verschworen hätten. Während Johann von Leers den früheren Propagandaminister als *Jesuiten*⁷¹² entlarvte, phantasierte seine Frau, dass der *eigentliche Totengräber des Reiches* der Parteiideologe gewesen sei, ein *rassenreiner Jude,* dessen Eltern *noch in die*

---

702 Johann von Leers an Benoist-Méchin, 19.02.1965 [HIA, NL Benoist-Méchin, Box 4, Folder 46].
703 Johann von Leers an Wesely, 21.05.1962 [Privatarchiv].
704 Gesine von Leers, 28.02.1960 [APABIZ].
705 Johann von Leers an Schönborn, 17.12.1959 [BfV, 054-P-10013, Bl. 158].
706 Ebd.
707 Johann von Leers an unbekannten Adressaten, 15.10.1960 [BND, V-12859,1, Bl. 107–110].
708 Ebd.
709 Düpow an Ryschkowsky, 01.02.1964 [APABIZ].
710 Johann von Leers an V 16.113, 06.09.1960 [BND, V-12859,1, Bl. 115–118].
711 BND, Information 927 an 283, 10.08.1964 [BND, V-12859,1, Bl. 55]. Die Nachricht entstammte einem Brief, den Johann von Leers an Calzi geschickt hatte, der allerdings kein zuverlässiger Gewährsmann ist.
712 Johann von Leers an unbekannten Adressaten, 15.10.1960 [BND, V-12859,1, Bl. 107–110].

*Synagoge gingen.*⁷¹³ Den Beweis dazu hätte der *alte Fleischhauer* erbracht, der *die Synagogennummer der Rosenberg'schen Eltern in seinem Archiv* hatte, wie Johann von Leers ergänzte.⁷¹⁴

So abstrus solche Behauptungen erscheinen, die sich einer ernsthaften Auseinandersetzung entzogen, so zustimmend wurden sie von unentwegten Nationalsozialisten aufgenommen. Dass Johann von Leers seit Ende der 1950er Jahre in diesen Kreisen dennoch zunehmend diskreditiert war und auch die Sicherheitsbehörden alarmierte, ist auf umlaufende Gerüchte über „Ostkontakte" zurückzuführen. So ließ der BND Anfang 1960 die Behauptung überprüfen, Johann von Leers stehe *mit SBZ-Stellen wegen Übernahme einer Professur in der SBZ in Verbindung.*⁷¹⁵ Ähnliches wurde auch dem Bundesamt für Verfassungsschutz von einem Informanten zugetragen, der behauptete, es lägen *dokumentarische Beweise* dafür vor.⁷¹⁶ Allerdings hätten die *sowjetzonalen Stellen* daran die Bedingung geknüpft, dass Johann von Leers sich *nicht mehr politisch im bisherigen Sinne betätigen dürfe.*⁷¹⁷ Als ein Urheber dieser phantasievollen Gerüchte lässt sich Erich Nietsch (1916–2000) identifizieren.⁷¹⁸ *Der Zweck der ganzen Sache war, meinen Mann kommunistisch zu verdächtigen und zu diffamieren,* empörte Gesine von Leers sich später über ihn.⁷¹⁹ Denn *geradezu ein Witz* sei die Behauptung, sie und ihr Mann hätten *eine neue politische Heimat für uns drüben* – gemeint war die DDR – *gesucht* und zu diesem Zweck *mit Rechtsextremisten Gespräche geführt.*⁷²⁰ Eine nähere Betrachtung der Hintergründe legt die Vermutung nahe, dass Nietsch den Verdacht in kalkulierter Absicht streute. Über Erfahrungen mit solchen Operationen verfügte Nietsch, der nach eigenen Angaben Psychologie und Zeitungswissenschaft studiert hatte, zweifelsohne. Von 1936 bis 1944 will er als „Auslandsberichterstatter für ostdeutsche [sic] Angelegenheiten im Dienste der Presseabteilung des deutschen Nachrichtenwesens" tätig gewesen sein.⁷²¹ Während des Krieges geriet er in russische Gefangenschaft, aus der er im Oktober 1955 zurückkehrte. Nach einem

---

713 Gesine von Leers an V 16.113, 05.09.1960 [BND, V-12859,1, Bl. 113]; Gesine von Leers an Schenke, 09.11.1965 [NL Schenke].
714 Johann von Leers an unbekannten Adressaten, 15.10.1960 [BND, V-12859,1, Bl. 107–110].
715 BND, Betr.: Prof. Dr. Johannes von Leers, 05.01.1960 [BND, V-12859,1, Bl. 126].
716 BfV, Vermerk 28.03.1960 [BfV, 054-P-10013, Bl. 161].
717 Ebd.
718 Zum Folgenden siehe auch FINKENBERGER, MARTIN: Johann von Leers (1902–1965): NS-Propagandist und „internationaler" Antisemit. Biografische Korrekturen, in: Journal for Intelligence, Propaganda and Security Studies 6 (2012) 1, S. 118–138, hier S. 127f.
719 Gesine von Leers an Ryschkowsky, 01.03.1961 [APABIZ].
720 Gesine von Leers an unbekannten Adressaten, 26.01.1962 [APABIZ].
721 Siehe dazu die Aufzeichnungen zu einzelnen Journalisten im Bestand „Pressewesen" des Presse- und Informationsamtes der Bundesregierung [BArch, B 145/3629, o. P.].

kurzen Aufenthalt in Kärnten siedelte er nach Nürnberg über. Dort entwickelte er schnell rege journalistische Aktivitäten für Zeitungen sowohl der extremen Rechten in der Bundesrepublik und in Österreich (u. a. für „Reichsruf", „Nation Europa", „Deutscher Beobachter", „Europakorrespondenz" und „Europaruf") als auch für Zirkulare völkisch-religiöser Provenienz („Der Quell" aus dem Umfeld der „Ludendorffer"). Wenige Monate bevor „Der Weg" eingestellt wurde, veröffentlichte er darin noch einen Aufsatz.[722] Darüber hinaus stand er mit zahlreichen Einzelpersonen – unter ihnen Johann von Leers – sowie rechtsextremen Parteien und Sammlungsbewegungen brieflich in Verbindung.[723]

Nietschs *Indiskretion und aufdrängerische Neugierde* stieß jedoch auf Misstrauen.[724] Dass er sich *betont national* gab und als *radikaler Nationalist* gebärdete, legten einige seiner Mistreiter als geschickte Tarnung aus. Gegen Nietsch sprach aus ihrer Sicht, dass er *noch nie von einer der kommunistischen Zeitungen angegriffen* worden war, wie ein Beobachter verwundert notierte.[725] Hinzu kam, dass er *über ungeklärte, aber reichliche finanzielle Quellen zu verfügen* schien. Für die Unterstellung, er arbeite *im Auftrag des sowjetischen Nachrichtendienstes,* blieben die Urheber freilich jeden Beleg schuldig. Nietsch räumt zwar ein, er sei *in der Sowjetunion auf dem Gebiet des Nachrichtenwesens geschult* worden. Seine Begründung, er habe sich darauf nur deshalb eingelassen, *um mit dem Leben davonzukommen,* klang jedoch plausibel. Nach seiner Rückkehr habe er darüber *sowohl dem deutschen Abwehrdienst als auch dem amerikanischen Geheimdienst [...] berichtet*. Doch nicht nur seine Biografie schien ihn verdächtig zu machen. Zweifel wurde auch an seinen politischen Ansichten geäußert. Nietsch soll nämlich *für eine Verständigung mit Ostdeutschland und der Sowjetunion* eingetreten sein und den *Austritt aus der NATO* propagiert haben – was im Widerspruch zur antikommunistischen Haltung der großen Mehrheit der extremen Rechten stand. Wie andere Rechtsextremisten warb er zudem für eine Zusammenarbeit insbesondere mit den arabischen Völkern, deren Aufbruch er mit Sympathie betrachtete: „In die dumpfe Nacht überstaatlicher Verschwörungen gegen die Freiheit der erwachten Völker Afrika und Asiens", phantasierte Nietsch beispielsweise 1958, „dringen schon die wärmespendenden Sonnenpfeile völkischen Lebenswillens hinein. Vor allem wird es den arabischen Völkern zu eng in dem kolonialistischen Dogmengebäude; die arabische Jugend, die Zukunft hat und

---

722 NIETSCH, ERICH: William Shakespeare, in: Der Weg 11 (1957) 1/2, 14–18.
723 Ein Hinweis auf die Korrespondenz mit Nietsch findet sich in dem Artikel „In de shaduw van proces-Eichmann" im Utrechtisch Nieuwsblad vom 13.05.1961. Die Information hatte ein Mitarbeiter der Zeitung dem schwedischen Wochenmagazin „Vecko Journalen" entnommen.
724 Kt. (Ms.), 01.11.1961 [APABIZ].
725 Manuskript (Ms.), o.D. [APABIZ].

Zukunft ist, strebt nach Freiheit, Licht und Luft."[726] Im Mai 1959 hielt er sich – nicht zum ersten Mal – für *einige Wochen* in Kairo auf.[727] Dass sein Besuch auf *Einladung der ägyptischen Regierung* erfolgte, mag zutreffen. Ob Nietsch tatsächlich *mit Präsident Nasser persönlich einige Unterredungen hatte,* erscheint jedoch zweifelhaft. Insofern dürfte die Darstellung übertrieben sein, er habe in einem dieser Gespräche mit dem ägyptischen Staatschef den Auftrag erhalten, *die besten völkischen Kräfte im deutschen Raum [...] vor allem auf dem Informations- und Pressesektor für Kairo ausfindig zu machen.*[728] Diffus sind auch die Umstände und Inhalte der Gespräche, die Nietsch während seiner Aufenthalte in Kairo mit Johann von Leers über dessen persönliche Zukunft führte. Zunächst versuchte er offensichtlich, diesen *wieder für Fritsch zu gewinnen, um endlich eine neue Zeitschrift zu starten.*[729] Gemeint war „Der Weg", den Fritsch wiederbeleben wollte (siehe Kap. 9.5.1). In seinem Gespräch 1959 betätigte Nietsch sich dann als Bote einer weiteren Anfrage, die grotesk erscheint. Demnach soll er Johann von Leers *die Einladung der ostdeutschen Regierung* überreicht haben, *an der Universität Leipzig eine Professur zu übernehmen.*[730] Ganz abgesehen davon, dass alle sonstigen verfügbaren Quellen keinen Anhaltspunkt für ein solches Angebot enthalten, dürfte ein solcher Schritt für Johann von Leers zu diesem Zeitpunkt außerhalb seiner Vorstellungen gelegen haben. Die politischen Verhältnisse in der Bundesrepublik wie in der DDR verachtete er gleichermaßen. Beide Systeme seien „unter fremden [...] Befehlen geschaffen" worden und „Dienertum für europafremde Mächte".[731] Adenauer hielt er für einen „Verbrecher am Reich", der seiner Strafe zugeführt werden müsse.[732] Ähnliches forderte er für die „Landesverräter" Pieck, Ulbricht und Grotewohl.[733] An solchen Positionen, die er seit 1950 unablässig im „Weg" ausgebreitet hatte, hielt er 1959 unvermindert fest. Den Vorschlag, in die DDR zu übersiedeln, konnte er deshalb nicht ernst nehmen. Wie Nietsch die Einladung zustande gebracht hatte, sofern es sie überhaupt gab, ist unklar. Die offensichtlich brüske Ablehnung durch Johann von Leers scheint ihn allerdings veranlasst zu haben, nach seiner Rückkehr eine andere Version zu verbreiten – und das Gerücht in die Welt

---

726 NIETSCH, ERICH: Freiheit oder Friedhof, in: Europa-Korrespondenz Nr. 44/1958 (September), S. 15–17.
727 Manuskript (Ms.), o.D. [APABIZ]. Es handelte sich dabei vermutlich um den zweiten Besuch in Kairo. Das Datum des ersten Aufenthalts ließ sich nicht ermitteln.
728 Ebd.
729 Gesine von Leers an Ryschkowsky, 01.03.1961 [APABIZ].
730 Manuskript (Ms.), o.D. [APABIZ].
731 L[EERS]: Sind wir am Ende?, S. 1073.
732 EULER, HANS: Ein kerndeutsches Land, in: Der Weg 9 (1955) 9, S. 569–576, hier S. 576.
733 SCHWARZENBORN, FELIX: Mit tiefem Ernst, in: Der Weg 7 (1953) 6, S. 369–373, hier S. 369.

zu setzen, Johann von Leers habe versucht, „aus Ägypten nach Ostdeutschland zu flüchten", wozu „er beruflich mit Ostdeutschland Kontakt gesucht habe".[734]

9.5.3 Im „Souterrain von Publizistik und Literatur"

Die bizarre Gedankenwelt beschleunigte eine Entwicklung, die Johann von Leers schon bald nach seiner Übersiedlung nach Kairo endgültig in das „Souterrain von Publizistik und Literatur"[735] absteigen ließ. Wie bereits dargestellt wurde, erreichten seine Beiträge in „hektographierten Miniaturzeitschriften"[736] eine zwar fanatisierte, gleichwohl überschaubare Zahl an Lesern.[737] In den kulturpolitischen Netzwerken völkischer Schriftsteller und Literaten, die sich seit Beginn der 1950er Jahre etwa im Deutschen Kulturwerk Europäischen Geistes (DKEG) organisierten und regelmäßig bei Hans Grimm auf dem Lippoldsberg versammelten, fand er keinen Platz. Bemerkenswert ist in diesem Zusammenhang auch, dass ihm die ernstzunehmende Rechtspresse in dieser Phase kaum Publikationsmöglichkeiten bot. Dafür gibt es mehrere Ursachen. Eine davon ist darin zu sehen, dass die verantwortlichen Redakteure dieser Organe und ihre Verleger, denen Johann von Leers aus den Kontroversen der 1930er Jahre in Erinnerung geblieben war, ihm weiterhin mit Ablehnung begegneten. Heinrich Härtle (1909–1986) etwa, der ihn aus seiner Studienzeit zwischen 1934 und 1936 an der Deutschen Hochschule für Politik kannte und später als Mitarbeiter im Amt Rosenberg Stellung gegen Johann von Leers und dessen *Massenproduktion*[738] bezog (siehe Kap. 4.5.1), bestimmte in den 1950er Jahren die kulturpolitische Linie zunächst im „Reichsruf" der DRP und später in der „Deutschen Wochen-Zeitung".[739] Helmut Sündermann, der sich als Verleger etabliert hatte, zeigte sich durch den Übertritt zum Islam irritiert (siehe Kap. 9.4.3). Für Bei-

---

734 Manuskript (Ms.), o.D. [APABIZ].
735 PUSCHNER, UWE: Die völkische Bewegung im wilhelminischen Kaiserreich. Sprache – Rasse – Religion, Darmstadt 2001, S. 18.
736 So KNÜTTER: Ideologien des Rechtsradikalismus im Nachkriegsdeutschland, S. 36 über die seit der Gründung der Bundesrepublik verstärkt erscheinenden Publikationen.
737 LEERS, JOHANN VON: Einer wird es sein, in: Die Plattform. Völkische Monatsschrift Österreichs für Einigkeit, Recht und Freiheit 6 (1957) April, S. 1 f.; DERS.: Muss man am deutschen Volk verzweifeln?, in: Die Plattform. Völkische Monatsschrift Österreichs für Einigkeit, Recht und Freiheit 6 (1957) Juni, S. 1.
738 Amt Rosenberg, Hauptamt Wissenschaft (Härtle), an Stabsleiter, 16.11.1942 [NS 15/219, Bl. 113].
739 Zu Härtle siehe FINKENBERGER, MARTIN: Härtle, Heinrich, in: BENZ, WOLFGANG (HRSG.): Handbuch des Antisemitismus. Judenfeindschaft in Geschichte und Gegenwart (Bd. 8: Nachträge und Register), Berlin/Boston 2015, S. 67–69. Zur Einordnung aus rechtsextremer Sicht SUDHOLT, GERT: Deutsche Annalen. Jahrbuch des Nationalgeschehens 1987, S. 271–274.

träge über die antikolonialen Kämpfe der „nationalen Befreiungsbewegungen" in Nordafrika bedienten sich diese Zeitungen und Verlage Autoren wie Peter Kleist, Erich Kernmayr oder Otto Karl Düpow.[740] Insbesondere Kernmayr ließ es nach einem Besuch in Kairo nicht an verächtlichen Kommentaren fehlen. Bei den Kreisen um Johann von Leers, so sein Eindruck, handele es sich um *Narren und Abenteurer,* die mit ihren Forderungen etwa nach Attentaten *Dummheiten* beginnen.[741] Dass Johann von Leers ihn im Gegenzug zum *Verräter* erklärte, war kaum verwunderlich.[742] Auf Distanz blieb auch Otto Straßer, mit dem er sich 1930 überworfen hatte. Für seine „Strasser-Vorschau", in der er seit 1958 seine Gedanken verbreitete, zeigte er kein Interesse an Beiträgen von Johann von Leers. Noch 1969 bedauerte Gesine von Leers, dass es bis zum Tod ihres Mannes *nicht mehr zu einem guten Kontakt* gekommen sei, obwohl beide sich sicher *blendend verstanden*[743] hätten. In der Beziehung zu Protagonisten der völkischen Literatur, vor allem zu Hans Grimm, dürften zudem die Konflikte aus den 1930er Jahren nachgewirkt haben.

Hinzu kamen die zunehmend verworrenen Gedankengänge seiner Manuskripte. Arthur Ehrhardt etwa, der Anfang der 1950er Jahre mindestens zwei Artikel von ihm in seiner Zeitschrift „Nation Europa" publiziert hatte[744], soll bereits Anfang 1957 zu der Auffassung gelangt sein, *dass v[on] Leers verrückt geworden ist.*[745] In der Tat fiel es diesem zunehmend schwer, Abnehmer für eigene Manuskripte oder die seiner Gesinnungsgenossen zu finden. Dies zeigte sich etwa bei einem Beitrag, den der türkische Antisemit Atilhan (siehe Kap. 9.3.3) in seiner Zeitschrift „The Islamic United Nations" publiziert hatte und von dem Johann von Leers anschließend eine Übersetzung besorgte, um sie in deutschsprachigen Publikationen zu veröffentlichen. Atilhans Ausführungen schie-

---

740 DÜPOW, OTTO KARL: Deutsche in Libyen. Die letzten Rommelsoldaten in Nordafrika, in: DSZ 5 (1955) 12 (Dezember); DERS.: Partnerschaft in Afrika, in: DSZ 6 (1956) 1 (Januar).
741 BfV, Betr.: Bedeutung der Tätigkeit des Dr. von Leers und anderer Nazis in Ägypten, 20.02.1960 [BfV, 054-P-10013, Bl. 147].
742 Ebd.
743 Gesine von Leers an Straßer, 30.12.1969 [IfZ, ED 118, Bd. 34].
744 FITZSTUART, GORDON: Die schwarzen Yankees, in: Nation Europa 2 (1952) 11, S. 39–41 (Übernahme aus dem „Weg"); L[EERS], [JOHANN] V[ON]: Marsz, marsz, Dombrowski (recte: Dąbrowski), in: Nation Europa 3 (1953) 6, S. 23–27. Siehe dagegen die Behauptung des Verlags, Johann von Leers habe im dortigen Archiv *keine Spuren hinterlassen* und für eine Mitarbeit unter Pseudonym gebe es *keine Anzeichen.* Später wurden noch ein Leserbrief sowie die Abschrift seiner im Dezember 1960 in Kairo abgegebenen Erklärung, in der Johann von Leers die gegen seine Person erhobenen Anschuldigungen zurückwies, veröffentlicht. Diese Stellungnahmen seien allerdings *nicht redaktionell angefordert worden* [Nation Europa Verlag, 06.01.2009].
745 BfV, Betr.: Dr. Johannes von Leers, 29.01.1957 [BfV, 054-P-10013, Bl. 34].

nen allerdings *derart an den Haaren herbeigezogen, dass es keine Zeitschrift gab, die so etwas veröffentlicht hätte*, notierte ein Beobachter.[746] Die entrückte Gedankenwelt erkannte seinerzeit auch ein Publizist, den Johann von Leers regelmäßig mit Manuskripten belieferte.[747] Je länger er diese lese, *desto weniger könne er mit ihnen anfangen*, schrieb er unverblümt.[748] Zu bemängeln hatte er zunächst, dass der exklusive Charakter nicht gewährleistet schien. Nicht immer sei nämlich zu erkennen, ob es sich um Originaltexte handele oder nur Kopien, die auch anderen Organen zur Veröffentlichung angeboten wurden. Deutlich ablehnender urteilte der Empfänger allerdings über den Inhalt der Manuskripte. Die außenpolitischen Kommentare stellten *eine einzige Schwarz-Weiß-Malerei* dar, bestünden aus einer *geballten Häufung von Ressentiments verschiedener Prägung* und zeichneten sich durch einen *Mangel an Substanz* aus.[749] Hinzu kam, dass sie angesichts des weitschweifigen Stils ihres Autors mühsam zu lesen seien, wie Johann von Leers am Beispiel seines Beitrags über den Algerienkrieg belehrt wurde. Statt, wie vereinbart, *Umrisse zu Einzelheiten zum aktuellen algerischen Geschehen* zu geben, habe er *langatmige historisierende Riemen* verfasst, *die grundsätzlich bei den Säulen des Herkules begannen*, monierte der Publizist.[750] Schwer wog zudem, dass zahlreiche Fakten und Namen nicht stimmten und einige Manuskripte aufgrund ihrer *Diktion* den Verdacht nahelegten, sie stammten gar nicht aus der Feder von Johann von Leers selbst.[751] Dementsprechend vernichtend fiel das Urteil über die Beiträge aus, die *unverwertbar* seien.[752] Gelinge es nicht, *dieses allzu ‚billige' und primitive Niveau merklich zu heben*, bestehe *keine Chancen mehr, Arbeiten von Ihnen abzusetzen*.[753] Ähnliches bemerkte der rechtsextreme Verleger Gerhard Frey (1933–2013), der sich mehrfach in Ägypten aufhielt und auch Johann von Leers besuchte (siehe Kap. 9.7.2). Bereits Mitte 1960 soll Frey den Eindruck gewonnen haben,

---

746 Dossier „Leers-Komplex" (Ms.), o. O. o. J., S. 9 [AfZ, JUNA-Archiv].
747 Dabei handelte es sich möglicherweise um den Nationalneutralisten Wolf Schenke (1914–1989), der 1934 ebenfalls in Berlin an der Deutschen Hochschule für Politik studiert hatte und seit 1956 in Hamburg die Zeitschrift „Neue Politik" herausgab. Zu Schenkes politischen Vorstellungen siehe GALLUS: Die Neutralisten, S. 195–203 und 287–295; LEE, DONG-KI: Option oder Illusion? Die Idee einer nationalen Konföderation im geteilten Deutschland 1949–1990, Berlin 2010, S. 194–217, sowie SCHENKE, WOLF: Siegerwille und Unterwerfung. Auf dem Irrweg zur Teilung. Erinnerungen 1945–1955, München 1988.
748 Schreiben einer unbekannten Person an Johann von Leers, 06.07.1958 [BND, V-12859,1, Bl. 146–148, hier 146].
749 Ebd., hier Bl. 147.
750 Ebd.
751 Ebd.
752 Ebd.
753 Ebd., hier Bl. 148.

Johann von Leers sei *ein noch größerer Judenhasser geworden*.[754] Unklar bleibt, worauf diese Einschätzung beruhte. Der Zeitpunkt jedoch deutet auf einen direkten Zusammenhang mit den Ereignissen im Mai hin, als ein Kommando des israelischen Geheimdienstes Adolf Eichmann aus Argentinien entführte. Die darauf folgende öffentliche Diskussion über die Hintergründe der Flucht des früheren Judenreferenten im Reichssicherheitshauptamt zehn Jahre zuvor nach Argentinien und Spekulationen über seine Helfer in Buenos Aires richteten erneut den Blick auf die Netzwerke ehemaliger Nationalsozialisten in dem Land. Anders als Fritsch und Sassen gehörte Johann von Leers allerdings nicht zum engen Zirkel derer, die seit April 1957 Interviews mit Eichmann geführt hatten und nunmehr Kapital daraus zu schlagen suchten.[755] Die Aufmerksamkeit der Medien erregte er vielmehr deshalb, weil seine früheren Zusammentreffen mit dem Organisator der „Endlösung", die er freimütig einräumte, plötzlich auch seine Person in einem grellen Licht erscheinen ließen. Darüber hinaus war er geistiger Urheber einer antisemitisch akzentuierten Kampagne, die mit abstrusen Argumenten die Legitimität des Strafverfahrens in Frage stellen wollte und darauf abzielte, die „angeblichen Verbrechen" Eichmanns zu bezweifeln.[756] Anders als sein Weggefährte Herman Wirth beschränkte er sich nicht darauf, bizarre Gutachten zu verfassen und Eichmanns Verteidiger unaufgefordert zur Verfügung zu stellen.[757] Die in diesem Kontext erstellten Artikel und Broschüren lassen aber auch erkennen, in welche Isolation Johann von Leers sich mit seinen Ansichten begeben hatte. Seine Behauptungen nämlich entzogen sich jeder ernsthaften Auseinandersetzung. Die Reichweite der internationalen Kampagne, die er und seine Gesinnungsgenossen anstrebten, blieb deshalb gering.

Besonders deutlich lässt sich das an einer Broschüre mit dem umständlichen Titel „Der Eichmann-Schauprozess soll die atomare Aufrüstung gegen die arabischen Länder finanzieren helfen" aufzeigen, die wohl Anfang 1961 in Kairo erschienen ist und von der, nicht unbemerkt von den Sicherheitsbehörden, „mehrere tausend Exemplare"[758] auf dem Postweg in die Bundesrepublik ein-

---

754 BfV, Vermerk o. D. [um Juni 1960] [BfV, 054-P-10013, Bl. 234].
755 WOJAK: Eichmanns Memoiren, S. 54. Fritsch und Eichmann hatten 1957/58 einen Vertrag geschlossen, durch den Fritsch sich das Recht der Verwertung des literarischen Eigentums Eichmanns und seiner „Memoiren" sicherte.
756 Der Eichmann-Schauprozess soll die atomare Aufrüstung gegen die arabischen Länder finanzieren helfen, o. O. [Kairo] o. J. [um 1961], S. 5.
757 Siehe GROSS, RAPHAEL: Anständig geblieben. Nationalsozialistische Moral, Frankfurt am Main ²2011, S. 193, der auf ein solches „Gutachten" in den Unterlagen des Eichmann-Verteidigers Robert Servatius (1894–1983) verweist.
758 Rechtsradikalismus hat im Bundesgebiet keine Chance, in: Passauer Neue Presse vom 17.04.1962.

geschleust wurden.⁷⁵⁹ Anstößig war dabei weniger die Charakterisierung des Verfahrens als „Schauprozess" – ein Begriff, den später auch Hannah Arendt, wenngleich in anderem Zusammenhang, in ihrem Bericht über die „Banalität des Bösen" verwendet hat.⁷⁶⁰ Abstrus erschien vielmehr die „Gegenbiografie", die über den früheren Judenreferenten im Reichssicherheitshauptamt konstruiert wurde, um den Völkermord auf eine von langer Hand geplante Verschwörung im Auftrag einer „geheimen obersten jüdischen Regierung" zurückführen zu können: Eichmann, seinem „Aussehen" nach selbst Jude und damit ein „Element der Zersetzung", wie der namentlich nicht genannte Autor aufgrund seiner „Kenntnis von Rassetypen" vortrug, soll demnach in den 1930er Jahren „nach den bewährten Regeln der Untergrundarbeit und Provokation" in die SS eingeschleust worden sein, „um von dort aus das politische Geschäft des Zionismus zu besorgen und möglichst viele Juden zu zwingen, nach Palästina auszuwandern".⁷⁶¹ Ähnliche Ziele habe er noch 1944 in Ungarn mit dem „Zionisten Kastner" verfolgt. Wer diesen absonderlichen Ansichten nicht zu folgen vermochte, den versuchte der Autor durch eine historische Parallele zu überzeugen. Demnach wäre Eichmann „nicht der erste Jude" in der Geschichte, der als „Judenverfolger die Geschäfte der jüdischen Führung betrieben" habe. Insofern könne er als „der Torquemada unserer Zeit" gelten, hieß es in Anspielung auf den spanischen Großinquisitor aus dem 15. Jahrhundert, der Muslime und Juden verfolgen ließ, die sich nicht zum Christentum bekehren lassen wollten.⁷⁶² Auch über den Dominikaner ging das Gerücht um, einer zum Katholizismus konvertierten jüdischen Familie zu entstammen. Der Autor konnte damit nicht nur Torquemadas unnachgiebiges Verhalten gegenüber Muslimen erklären und eine Parallele zu den politischen Verhältnissen der Gegenwart ziehen, in der „die Zionisten in Palästina die Muslime verfolgen".⁷⁶³ Auch der Völkermord und seine Organisatoren erschienen vor diesem Hintergrund in einem ande-

---

759 Lagebericht des BfV vom 30.04.1961, S. 15 [BArch, B 443/531, Bl. 7935].
760 ARENDT, HANNAH: Eichmann in Jerusalem. Ein Bericht von der Banalität des Bösen, München 1986, S. 72.
761 Der Eichmann-Schauprozess soll die atomare Aufrüstung gegen die arabischen Länder finanzieren helfen, S. 4–7. Zu schon vor 1945 kolportierten Legenden um Eichmanns „Abstammung" siehe STANGNETH: Eichmann vor Jerusalem, S. 48–50 und 236. Demnach wies bereits im Dezember 1940 die Zeitschrift „Aufbau" darauf hin, Eichmann stamme aus Palästina, wo er „in der Templer-Siedlung von Sarona in der Nähe von Tel Aviv geboren" worden sei. Dass solche Vermutungen insbesondere in rechtsextremen Kreisen verbreitet waren, belegt die Äußerung eines Mitglieds der DRP auf einer Versammlung 1956, der zufolge Eichmann „Volljude" gewesen sei und mit Hilfe Himmlers sowie ausländischer Juden in die SS eingeschleust wurde.
762 Ebd., S. 7.
763 Ebd., S. 6.

ren Licht. Es sei „so offensichtlich, dass von Eichmann und seinen Mitarbeitern mehr Juden gerettet als vernichtet worden sind", behauptete der Autor dieser frühen Variante der Holocaustleugnung, nicht ohne im gleichen Atemzug sein Unverständnis über „die Lüge von den unschuldig ermordeten sechs Millionen Juden" zum Ausdruck zu bringen.[764] Dies gilt auch für die Konsequenzen, die der Autor angesichts dieser „Entlarvung" erwartete. Nicht Eichmann müsse demnach auf der Anklagebank sitzen, sondern die „Gangsterbanden des Zionismus in Palästina", die kein moralisches Recht besäßen, „über einen Mann zu Gericht zu sitzen, dem es Verbrechen vorwirft, die es selber in weit bestialischer Weise begangen hat". Viel „humaner als das, was die Zionisten in Palästina getan haben", sei es schließlich gewesen, „Menschen mit Gas zu töten".[765] Was die eigentlichen Absichten der Ankläger in Jerusalem betraf, fügte der Autor seinen grotesken Ansichten unverhohlene Drohungen hinzu. Seiner Argumentation lag die Überzeugung zugrunde, Deutsche wie Araber würden gleichermaßen durch „Israel und die zionistischen Weltorganisationen" bedroht. Der „großaufgezogene Schauprozess" gegen Eichmann verfolge nämlich einerseits das Ziel, „dem verbrecherischen Raubstaat Israel weitere Milliarden aus den Taschen des werktätigen deutschen Volkes zu verschaffen", nachdem das Luxemburger Abkommen, das Adenauer 1952 ausgehandelt hatte, nunmehr auslaufe.[766] Der Prozess stelle dazu ein „psychologisches Druckmittel" dar. Andererseits aber richte sich das Verfahren „gegen das arabische Volk", gegen das Israel „einen Atomkrieg und Massenausrottung vorbereitet, um das zionistische Ziel eines großen Judenstaates vom Euphrat bis zum Nil zu verwirklichen".[767] Im Prozess gegen Eichmann müsse deshalb nicht nur „eines der größten Schwindelunternehmen der Weltgeschichte" gesehen werden, sondern auch „die Ouvertüre zum Dritten Weltkrieg", den abzuwenden nur dann gelinge, „wenn die Völker […] endlich den wirklichen Weltfeind und Friedensstörer erkennen und unschädlich machen".[768]

Ob ausschließlich Johann von Leers die Broschüre verfasst hat, lässt sich nicht zweifelsfrei bestimmen. Die wirren Ausführungen, das Muster der Argumente sowie Andeutungen in seinen Korrespondenzen legen jedoch eine geistige Urheberschaft nahe. Das Bundesamt für Verfassungsschutz (BfV) vermutete

---

764 Ebd., S. 11.
765 Ebd., S. 12 f.
766 Ebd., S. 3.
767 Ebd., S. 13.
768 Ebd., S. 15.

denn auch, Johann von Leers sei an ihrer *Herstellung* beteiligt gewesen.[769] Eine Anspielung darauf findet sich bei ihm selbst, als er im Oktober 1960 gegenüber einem amerikanischen Gesinnungsgenossen durchblicken ließ, die beste Antwort auf die über ihn angeblich verbreiteten Lügen sei ein *bigger and more thrilling hoax*.[770] Einzelne Elemente der Argumentation der Borschüre lassen sich zudem in öffentlichen Artikeln und privaten Korrespondenzen aus dieser Phase nachweisen. „Israel setzt zum Dritten Weltkrieg an", behauptete er bereits 1958 in der „Europa-Korrespondenz", als die politische Lage in der Region sich krisenhaft zuspitzte und an der Grenze zu Jordanien ein „bedrohlicher Aufmarsch" der israelischen Armee zu beobachten war. Dass sich gegen den bevorstehenden „Eroberungskrieg" kein Protest erhob, erklärte Johann von Leers mit der „Macht des Weltzionismus" über die „reichen Völker", die „geknebelt sind und nicht protestieren dürfen".[771] Wenige Tage nach Eichmanns Entführung stellte er bereits in einem Interview mit einem britischen Journalisten die Legitimität des Verfahrens in Frage: „I am of the opinion that Israel has no right to judge Eichmann. That State has no right to judge anybody", zitierte ihn der Journalist John Osman im „Daily Telegraph", der ihn Ende Mai 1960 in Kairo besucht hatte.[772] Die verschwörerischen Ausführungen der Broschüre zeichneten sich bereits hier in ihren Grundzügen ab. So sei in Argentinien überall bekannt gewesen, „that Eichmann was living under the protection of Jews whom he had helped to escape from Germany", phantasierte Johann von Leers, um hinzuzufügen: „Many people felt that Eichmann himself was a Jew who had been made an honorary Aryan".[773] Kaum verwundern konnte des-

---

769 Lagebericht des BfV vom 30.04.1961, S. 15 [BArch, B 443/531]. Unklar ist, ob Johann von Leers auch als Urheber einer weiteren 1961 in Kairo publizierten Veröffentlichung mit dem Titel „Eichmann: Das Gesicht im Spiegel Israels" mitgewirkt hat. Eichmann, so der unbekannte Verfasser, sei durch die Propaganda „in einen Satan der Nachkriegsdämonologie verwandelt" worden und werde „am Leben erhalten", um „die Juden in Schrecken zu versetzen, damit sie nach Israel auswandern und damit die Nichtjuden Israel nicht kritisieren". Wer nämlich das Verhalten Israels gegenüber den Arabern kritisiere, laufe Gefahr, als „ein neuer Eichmann" bezeichnet zu werden. Im Gegensatz zu der Veröffentlichung, die Johann von Leers zu verantworten haben dürfte, wird hier eingestanden, dass Juden „bei grausamen Massakern niedergemetzelt wurden". Die „Verbrechen Eichmanns" ließen sich deshalb nicht „entschuldigen". Allerdings seien die Deutschen „ganz einfach der Einseitigkeit dieser Angriffe überdrüssig". Die „Klarheit über die Taten Eichmanns" solle deshalb der Geschichte überlassen werden.
770 Johann von Leers an Thompson, 16.10.1960 [Privatarchiv]. Er bezog sich dabei auf die „Lügen", die über ihn und angebliche Naziführer im Dienste Nassers verbreitet wurden.
771 LEERS: Israel setzt zum Dritten Weltkrieg an!, S. 4 f.
772 OSMAN, JOHN: Ex-Nazi Tells of Meeting Eichmann, in: Daily Telegraph vom 26.05.1960.
773 EBD. Auf das Muster griff er auch in der seit Dezember 1960 verbreiteten Erklärung zurück. Siehe Erklärung von Professor v. Leers (Ms.), Kairo o.D. [um Dezember 1960] [Privatarchiv].

halb, dass Johann von Leers die Hintergründe der Entführung in gewohnter Diktion als „Teil einer großen Verschwörung Israels" wertete.[774] Seine Überzeugung, Eichmanns Auftrag habe darin bestand, zionistische Juden gemeinsam mit der *wehrfähige[n] Jugend* außer Landes zu bringen, die *assimilierten Juden aber in die KZ abzuschieben,* verbreitete er seit dem Herbst auch in Briefen an Gesinnungsgenossen in der Bundesrepublik.[775] Eben dies mache ihn zum *Torquemada unserer Zeit,* der *treu seine Pflicht erfüllte,* hieß es dort.[776]

Broschüren dieser Machart dürften jedoch nur fanatisierte Einzelpersonen in ihren Auffassungen bekräftigt haben. Die Umstände der Entführung und der bevorstehende Prozess in Israel veranlassten rechtsextreme Presseorgane zwar zu zahlreichen Polemiken und Kommentaren über den „schändlichen Eichmann-Rummel", der, wie etwa ein Leser in „Nation Europa" klagte, „zur Zeit ganz Europa stört".[777] Eine internationale Kampagne antisemitisch gesinnter Publizisten in Europa und Amerika, zu denen auch Johann von Leers zählte, verfing allerdings nicht. Zwar gab es *Papierproteste,* wie ein Beobachter vermerkt. Dazu gehörte beispielsweise eine Veröffentlichung im Herbst 1960 in der in Buenos Aires erscheinenden Illustrierte „Pregonando Verdades" (Ausgerufene Wahrheiten). Eichmanns Entführung nahm die den Perónisten nahestehende Redaktion zum Anlass, vor den „Gefahren des internationalen Judentums" zu warnen. Die Expertise dazu erhielt sie durch Johann von Leers, der in einem Beitrag die „exzellente Zeitschrift" lobte, seinen Übertritt zum Islam erläuterte und erklärte, weshalb er die Araber nach Kräften in ihrem „Kampf gegen die Welttyrannei Israels und die Zionisten" unterstütze.[778] Übersetzungen davon schickte er anschließend an seine Gesinnungsgenossen, um auf den *unerhörten Menschenraub* aufmerksam zu machen, der nur der *frechen Verletzung der Souveränität von Argentinien* zu verdanken sei.[779] Weitere langatmige Manuskripte („Zionisten und Trotzkisten über Argentinien") stießen allerdings auf keinen nennenswerten Zuspruch. Kleingruppen wie die Nordische Reichspartei in Schweden, die in ihrer Programmatik an die Weltanschauung des Nationalsozialismus anknüpfte, seit ihrer Gründung 1956 antisemitische und

---

774 OSMAN: Ex-Nazi Tells of Meeting Eichmann. Zwischen Dichtung und Wahrheit bewegte sich, was Johann von Leers über die Lebensverhältnisse Eichmanns in Argentinien wusste. So war ihm die Beschäftigung bei der Firma „Capri" bekannt. Allerdings verbreitete er auch Fehlinformationen, etwa, ein Deutscher habe ihm erzählt, Eichmann vor wenigen Wochen in Damaskus gesehen zu haben.
775 Johann von Leers an unbekannten Adressaten, 15.10.1960 [BND, V-12859,1, Bl. 107–110].
776 Ebd.
777 Leserbrief Kenneth Walton (UK), in: Nation Europa 11 (1961) 6, S. 65.
778 Anti-Semitic Publication on Eichmann Case, in: W.J.A. vom 11.10.1960.
779 Johann von Leers an unbekannten Adressaten, 29.07.1960 [BfV, 054-P-10013, Bl. 167].

rassistische Literatur vertrieb und sich an der Kampagne beteiligte, hatten keine größere Bedeutung.[780] Und die als *Aufklärungsschriften* gedachten Pamphlete aus Kairo fanden nur geringe Resonanz.[781] Zu den wenigen Ausnahmen, die Eichmanns „Gegenbiografie" fortschrieben, gehörte Jahre später Friedrich Jarschel. Als dieser 1969 unter dem Pseudonym Werner Brockdorff seine „Forschungsergebnisse" über die „Pläne und Organisation der Fluchtwege der NS-Prominenz" nach Kriegsende präsentierte, begründete er seine „Zweifel am Tod Eichmanns" damit, alle „Nichtjude[n]", die seiner Hinrichtung beigewohnt hätten, seien „später auf geheimnisvolle Weise ums Leben gekommen".[782] Bei Würdigung „alle[r] Fakten" spreche deshalb einiges dafür, „sich den abschließenden Gedanken der Kairoer Broschüre „Der Eichmann-Prozess" anzuschließen".[783] Es ist auch anzunehmen, dass Jarschel um die Hintergründe ihres Autors wusste. Schon 1960 hatte Johann von Leers ihm gegenüber ähnliche Theorien vertreten und behauptet, Eichmann als *Exponent des Judentums* sei *selber Jude* gewesen, *wie Israel selbst bekannt gegeben hat.*[784]

Bewiesen wurde seine Urheberschaft an dem Pamphlet allerdings nie. Unklar blieb auch das Ausmaß der Zusammenarbeit mit Gesinnungsgenossen. Umso mehr blühten Spekulationen und Gerüchte. Die belgische Zeitung „La Voix internationale de la résistance" wusste Mitte November 1960 in Zusammenhang mit einem angeblichen Aufenthalt Bormanns in Buenos Aires zu enthüllen, Léon Degrelle und Johann von Leers hätten im Oktober in Paris ein Treffen des Nouvel Ordre Européen initiiert, um eine internationale Zusammenkunft „demnächst" in Malmö vorzubereiten, die als Reaktion auf den bevorstehenden Eichmann-Prozess eine weltweite antisemitische Kampagne plane. Über „Le Monde" (Paris) und die „Jewish Telegraphic Agency" (New York)

---

780 LÖÖW, HELENE: Incitement of Racial Hatred, in: Journal of Scandinavian Studies in Criminology and Crime Prevention 1 (2000), S. 109–120, hier S. 113 f.
781 Johann von Leers an unbekannten Adressaten, 15.10.1960 [BND, V-12859,1, Bl. 107–110].
782 BROCKDORFF, WERNER (= FRIEDRICH JARSCHEL): Flucht vor Nürnberg. Pläne und Organisation der Fluchtwege der NS-Prominenz im „Römischen Weg", München/Wels 1969, S. 255. Zu Jarschel siehe BUSCHFORT, WOLFGANG: Geheime Hüter der Verfassung. Von der Düsseldorfer Informationsstelle zum ersten Verfassungsschutz der Bundesrepublik (1947–1961), Paderborn 2004, S. 166, sowie SCHNEPPEN: Walther Rauff, S. 96.
783 BROCKDORFF: Flucht vor Nürnberg, S. 250.
784 Johann von Leers an unbekannten Adressaten, 15.10.1960 [BND, V-12859,1, Bl. 107–110].

fand diese Nachricht Eingang in zahlreiche Medien.[785] Für ein Zusammentreffen Degrelles mit Johann von Leers gibt es allerdings keinen Beleg. Dies gilt auch für die Darstellung, Johann von Leers habe den 1958 nach Ägypten geflohenen Studienrat Ludwig Zind (siehe Kap. 9.6.3) „in besonderer Mission nach Europa geschickt", um mit rechtsextremen Gruppen „Fühlung aufzunehmen" und deren Anhänger „zu überreden, eine Hilfsaktion für ihren ‚in Not befindlichen Freund' Adolf Eichmann zu starten".[786] Zu den in rechtsextremen Kreisen ventilierenden Ideen zählte zudem, Eichmann durch ein von Otto Skorzeny angeleitetes Luftlandemanöver zu befreien oder den Vorsitzenden des Jüdischen Weltkongresses, Nahum Goldmann, als Geisel zu entführen, um damit Eichmann freizupressen.[787] Was als *koordinierte Aktion* geplant war, entpuppte sich als Schaumschlägerei und irrsinniges Gedankenspiel fanatisierter Einzelgänger, die zu grotesker Selbstüberschätzung neigten.[788]

9.5.4 Organisationsverbote

Ein wirkungsloser Wichtigtuer ist Johann von Leers dennoch nicht gewesen, wenngleich entgegen seinen Erwartungen. Zeitschriften und Verlage nämlich, die sich seiner Mitarbeit versicherten, riskierten nicht nur strafrechtliche Konsequenzen (siehe Kap. 9.5.1). Fatale Folgen konnten Veröffentlichungen auch für die Organisationen selbst haben. In zwei Verbotsverfahren spielte die Autorschaft von Johann von Leers eine entscheidende Rolle, dessen Mitarbeit somit zunehmend zum unkalkulierbaren Sicherheitsrisiko wurde.

So ließ Nordrhein-Westfalens Innenminister Josef Hermann Dufhues (CDU) im April 1959 den in Bonn als Verein registrierten Bundesverband der ehemaligen Internierten und Entnazifizierungsgeschädigten sowie dessen Landesverband, das Soziale Hilfswerk für Zivilinternierte mit Sitz in Wuppertal, durch die zuständigen Regierungspräsidien in Köln und Düsseldorf auflösen. Beide

---

785 O. V.: Selon un organe de la résistance l'"Internationale des anciens Nazis" préparerait une nouvelle campagne antisémitique, in: Le Monde vom 16.11.1960 ; O. V. Ex-Nazis Plan „Reprisal Campaign" Against Jews for Eichmann Trial, in: Jewish Telegraphic Agency. Jewish Daily Bulletin 42 (1961) 221 vom 22.11.1960. Zur weiteren Verbreitung siehe auch O. V.: Knesset Approves Eichmann Defense Attorney, in: The Jewish Criterion vom 02.12.1960; O. V.: L'Internationale nazie prépare (à sa façon) le procès Eichmann, in: Droite et Liberté Nr. 198/1961 (März), S. 1, 8.
786 PEARLMAN: Die Nazi-Untergrundbewegung, S. 332. Erneut bei LAURYSSENS, STAN: De fatale vriendschappen van Adolf Eichmann, Leuven 1998, S. 274. Er nennt, allerdings ohne Beleg, u. a. HIAG und ESB, mit denen Zind in Kontakt getreten sein soll.
787 RIEGLER: „The Most Dangerous Man in Europe"?, S. 27; WINKLER: Der Schattenmann, S. 134.
788 Dossier „Leers-Komplex" (Ms.), o. O. o. J., S. 12 [AfZ, JUNA-Archiv].

Organisationen agierten als Sachwalter der materiellen und berufsständischen Interessen nach dem Krieg internierter Nationalsozialisten, die sich als Opfer angeblich alliierter Willkür sahen und unter dem Schlagwort der „Erforschung der geschichtlichen Wahrheit" historische Tatsachen leugneten.[789] Bei den zu diesem Zeitpunkt noch rund 2.000 bis 3.000 Mitgliedern habe es sich in der Mehrzahl um „alte Mitglieder der NSDAP" gehandelt, „darunter zahlreiche ‚alte Kämpfer' mit goldenen Parteiabzeichen, hohe SA- und SS-Führer, Kreisleiter, Reichs- und Gauredner", wie der Minister gegenüber der Presse erläuterte.[790] Das Verbandsorgan „Der Ring" dagegen soll angeblich in einer Auflage von 150.000 Exemplaren erschienen sein. Verschiedene Beiträge, die Johann von Leers zeitweise für die Zeitschrift verfasst hatte, dienten dem Innenministerium dabei explizit als Beleg seiner Einschätzung, der Verband verfolge „eindeutig politische Ziele", die „die verfassungsmäßige Ordnung untergraben hätten".[791] Das Verbot einer Lobbyorganisation „Entnazifizierungsgeschädigter", die zu diesem Zeitpunkt ihre Bedeutung weitgehend verloren hatte, sorgte jedoch nur kurzzeitig für Aufmerksamkeit.

Schlagzeilenträchtiger waren die Maßnahmen gegen den Bund für Gotterkenntnis, in dem sich nach dem Zweiten Weltkrieg erneut die Anhänger der Lehre Mathilde Ludendorffs (1877–1966) sammelten.[792] Ein Aufsatz aus der Feder von Johann von Leers, den das Verbandsorgan „Der Quell" im Januar 1959 publiziert hatte[793], brachte dem Leiter des Hausverlags Hohe Warte, Franz Freiherr Karg von Bebenburg (1910–2003), später nicht nur ein Verfahren vor einer Strafkammer am Landgericht München ein, die ihn im Februar 1960 wegen Beleidigung (Paragraf 185 StGB) zu zwei Monaten auf Bewährung und Über-

---

789 Eine Studie zu beiden Organisationen steht aus. Einige wenige Informationen finden sich bei JENKE, MANFRED: Verschwörung von rechts? Ein Bericht über den Rechtsradikalismus in Deutschland nach 1945, Berlin 1961, S. 336–338. Siehe auch ARNSPERGER, KLAUS: Schlag gegen Naziorganisationen, in: Süddeutsche Zeitung vom 20.04.1959; O.V.: Zwei rechtsradikale Gruppen aufgelöst, in: FAZ vom 21.04.1959. Vorsitzender des Bundesverbandes war der Rechtsanwalt Julius Wilbertz, ein früherer SS-Hauptsturmführer und Mitarbeiter der Sicherheitspolizei, einer seiner Stellvertreter der frühere Reichstagabgeordnete Kurt Martius (1903–1969).
790 O.V.: Zwei rechtsradikale Gruppen aufgelöst, in: FAZ vom 21.04.1959.
791 Ebd.
792 Siehe SPILKER, ANNIKA: Geschlecht, Religion und völkischer Nationalismus. Die Ärztin und Antisemitin Mathilde von Kemnitz-Ludendorff (1877–1966), Frankfurt am Main 2013, S. 20; AMM, BETTINA: Die Ludendorff-Bewegung. Zwischen nationalistischem Kampfbund und völkischer Weltanschauungssekte, Hamburg 2006.
793 WIETHOLDT: Russland und Deutschland, S. 7–14. Zur Urheberschaft siehe LOEWENSTERN, OTTO VON: Mathilde Ludendorffs gefährlicher Unsinn, in: Die Zeit (1963) 23 vom 02.06.1961; Dokumente der Gegenwart. Neue Veröffentlichungen und Urkunden zur Zeitgeschichte (Bd. II), Pähl/Oberbayern 1963, S. 29 f.

nahme der Kosten verurteilte.[794] Die antisemitischen Tiraden in dem Aufsatz spielten auch in der Verbotsverfügung der Innenminister gegen die Bewegung der „Ludendorffer" ein Jahr später eine Rolle.[795] Vor dem Hintergrund seiner distanzierten Haltung Anfang der 1930er Jahre gegenüber Ludendorff und seinen Anhängern (siehe Kap. 4.4.2) erscheint es kurios, dass Johann von Leers jetzt ausgerechnet die Nähe zu dieser Bewegung suchte. Je isolierter er allerdings in Kairo lebte, desto weniger bedeutsam schienen die weltanschaulichen Differenzen mit früheren Kontrahenten. Hinzu dürfte gekommen sein, dass der Bund für Gotterkenntnis zu den vergleichsweise regen Gruppen in der von Schwund geprägten völkisch-religiösen Bewegung der Nachkriegszeit zählte, deren noch immer beträchtliche Anhängerschaft sich weiterhin nicht *in den allein seligmachenden Schoss der römischen Kirche aufnehmen*[796] lassen wollte und deshalb unverdrossen gegen die christlichen Konfessionen wetterte. Ein *dem Ludendorffkreis nahestehender Anwalt*[797] war es auch, der Johann von Leers Anfang der 1960er Jahre dabei unterstützte, Pensionszahlungen aus seiner früheren Lehrtätigkeit in Jena zu erstreiten.

Den Kontakt zu den Ludendorffern hatte Johann von Leers im Sommer 1957 aufgenommen, um sich als Mitarbeiter der Zeitschrift „Volkswarte" (Untertitel: „Freie Urteile zur Weltpolitik"), die seinerzeit wiederbelebt worden war, zu empfehlen. Zwar zeigte er sich nicht mit allen Äußerungen ihrer Autoren einverstanden und monierte insbesondere „Angriffe auf den toten Hitler". „Vieles in dem Blatt" aber sage ihm „durchaus zu", erwies er den Herausgebern seine Anerkennung. „[V]on Herzen" begrüßen würde er vor allem „die scharfe Stellungnahme gegen das Christentum".[798] Die „Volkswarte" sei damit „eines der wenigen" Blätter, in denen man „als völkischer Deutscher sich offen aussprechen kann".[799] Besonderen Respekt verdiente in seinen Augen auch Mathilde Ludendorff, die ungebrochen allen Anfeindungen widerstehe und „nicht an dem deutschen Volk in seiner heutigen abstoßenden Minderwertigkeit verzweifelt" sei. „Was eigentlich eine deutsche Regierung [...] tun müsste, machen Sie alles

---

794 LG München II, Urteil vom 19.02.1960 [BArch, B 106/102223, o. P.]. Auszugsweise in: Der Quell 12 (1960), S. 506 f.
795 Siehe dazu AMM: Die Ludendorff-Bewegung, S. 278.
796 Johann von Leers an Schenke, 10.10.1961 [NL Schenke].
797 Gesine von Leers an Kummer, 15.01.1961 [UAJ, Bestand V, Abt. XL, Nr. 54].
798 Johann von Leers an Stötzer, 06.08.1957, zit. nach Dokumente der Gegenwart. Neue Veröffentlichungen und Urkunden zur Zeitgeschichte (Bd. VI), Pähl/Oberbayern 1963, S. 120 f.
799 Johann von Leers an von Bebenburg, 14.06.1958, zit. nach Dokumente der Gegenwart. Neue Veröffentlichungen und Urkunden zur Zeitgeschichte (Bd. VI), Pähl/Oberbayern 1963, S. 142.

allein. Das ist bewundernswert und rührend", teilte er ihr mit.[800] Tatsächlich ging von Bebenburg auf das Angebot zur Mitarbeit ein und forderte Johann von Leers auf, „jeden Monat einen eingehenden Bericht samt Pressezitaten [...] aus dem Orient zu liefern".[801] Spätestens im Mai 1958 setzte eine Reihe von Beiträgen in der „Volkswarte" unter seinem Namen ein.[802] Die Zusammenarbeit wurde allerdings schnell auf eine Probe gestellt. Eine Ursache dürften die „knapp gehaltenen Vergütungen"[803] der Autoren gewesen sein, die obendrein in Teilen mit Büchern aus dem hauseigenen Verlag abgegolten werden sollten.[804] Entscheidender aber war, dass die Qualität des gelieferten Materials die Empfänger nicht zufriedenstellte. Zwar könne sein Manuskript über „Julfeuer am Nil" demnächst im Kulturteil der „Volkswarte" erscheinen und zur Veröffentlichung vorgesehen seien auch solche über „Rauschgifthintergründe im Libanon" und „Papyrifunde".[805] Andere noch ungedruckte Artikel sollten aber allenfalls als Hintergrundmaterial im Verlagsarchiv aufbewahrt werden. Erklärt wurde diese Zurückhaltung damit, die Beiträge enthielten nur „Schlagworte", für die „der moderne Leser nicht ansprechbar ist", sodass sie „einfach nicht mehr ankommen", wie ihm der Verlagsmitarbeiter Gerulf Stix Anfang Juni 1958 mitgeteilt hatte.[806] Mehr noch als das Desinteresse der Leser fürchtete der Ver-

---

800 Johann von Leers an Mathilde Ludendorff, 23.12.1960, zit. nach Dokumente der Gegenwart. Neue Veröffentlichungen und Urkunden zur Zeitgeschichte (Bd. VI), Pähl/Oberbayern 1963, S. 30.
801 Stötzer an Johann von Leers, 23.09.1957, zit. nach Dokumente der Gegenwart. Neue Veröffentlichungen und Urkunden zur Zeitgeschichte (Bd. VI), Pähl/Oberbayern 1963, S. 121.
802 Vermutlich nur beispielhaft LEERS, JOHANN VON: Ein islamischer Prophet, in: Volkswarte 2 (1958) 22 vom 30.05.1958; DERS.: Ein Kapitel Vergebung. Über die Literatur des Morgenlandes, in: Volkswarte 2 (1958) 25 vom 20.06.1958; DERS.: Rauschgiftkrieg im Libanon, in: Volkswarte 2 (1958) 26 vom 27.06.1958; DERS.: Charles de Gaulle und das Weltjudentum, in: Volkswarte 2 (1958) 30 vom 25.07.1958; DERS.: Theologische Nöte um Khirbet Qumran. Verlorener Anspruch einer orientalischen Kleinreligion, in: Volkswarte 2 (1958) 33 vom 15.08.1958; DERS.: Weltaufstand der Hochkulturvölker, in: Volkswarte 2 (1958) 36 vom 05.09.1958; DERS.: Aus des Sachsenherzog Wittekinds Tagen, in: Volkswarte 2 (1958) 49 vom 05.12.1958.
803 AMM: Die Ludendorff-Bewegung, S. 276.
804 Stötzer an von Bebenburg, 20.01.1958: „Kann ich Prof. Leers den Vorschlag machen, dass er für sein Zeilenhonorar Bücher aus dem Verlag haben kann. Zum Beispiel die beiden Günther?" Zit. nach Dokumente der Gegenwart. Neue Veröffentlichungen und Urkunden zur Zeitgeschichte (Bd. VI), Pähl/Oberbayern 1963, S. 120 f. Zu Günthers Veröffentlichungen im Verlag Hohe Warte siehe GÜNTHER, HANS F. K.: Lebensgeschichte des hellenischen Volkes, Pähl 1956; DERS.: Lebensgeschichte des römischen Volkes, Pähl 1957.
805 Von Bebenburg an Johann von Leers, 20.06.1958, zit. nach Dokumente der Gegenwart. Neue Veröffentlichungen und Urkunden zur Zeitgeschichte (Bd. VI), Pähl/Oberbayern 1963, S. 142 f.
806 Johann von Leers an von Bebenburg, 14.06.1958, zit. nach Dokumente der Gegenwart. Neue Veröffentlichungen und Urkunden zur Zeitgeschichte (Bd. VI), Pähl/Oberbayern 1963, S. 142.

lag aber die strafrechtlichen Konsequenzen, die sich aus einer Veröffentlichung ergeben konnten. Schon Stix hatte Johann von Leers klarzumachen versucht, „dass wir uns in der VW keinen allzu scharfen Ton erlauben dürfen".[807] Von Bebenburg wurde schließlich deutlicher: Durch ein „Flugblatt zur Wiedergutmachung", das auch einen Beitrag von Johann von Leers enthielt, habe man ein Strafverfahren wegen Beleidigung des Bundeskanzlers auf sich gezogen. Solche Prozesse und die damit verbundenen finanziellen Konsequenzen bärgen jedoch die Gefahr, dass dem Verlag „bald die Luft" ausgehe.[808]

Wie begründet diese Sorge war, sollte kurz darauf ein Aufsatz in der gleichfalls wiederbelebten Zeitschrift „Der Quell" zeigen.[809] Unter dem bereits aus „Weg"-Zeiten bekannten Pseudonym „Felix Wietholdt" ließ Johann von Leers darin angeblich arabische Studenten aus Kairo zu Wort kommen, die über ihre Aufenthalte zu „Studienzwecken" in „Russland" sowie in West- und Ostdeutschland berichteten. Die wiedergegebenen Dialoge führten die Studenten nicht nur als wortwitzige Redner mit gründlichen Kenntnissen selbst des hannoverschen Platt vor, sondern auch als exzellente Experten zu Fragen der deutschen Geschichte. Ihre Diktion legte freilich nahe, dass die Gespräche allein der Phantasie von Johann von Leers entsprungen waren, der so seinen Ressentiments über Kirche und Kommunismus sowie Judentum und Islam eine Spur von Authentizität verleihen wollte. Besonderes Interesse, so der Autor, brächte die junge Generation in Kairo den Rückkehrern aus der Sowjetunion entgegen, die „für die arabische Jugend heute das große Zauberland" darstelle, das sie „in erster Linie interessiert".[810] Ausschlaggebend dafür sei allerdings weniger die dort herrschende Weltanschauung, die sie angesichts ihrer offenkundigen Unzulänglichkeiten im Alltag kaum zu „Propagandisten des Kommunismus" mache, sondern das militärische Exportgut des Landes, das in Ägypten anlangte. Dazu zählten insbesondere „die schönen MIG-Düsenjäger, mit denen man die israelischen Schlächterhorden niederkämpfen kann, wenn sie wieder eine Aggression versuchen wie im Herbst 1956". Gerade die Entwicklung solcher Güter zeige den Studenten auch auf, „dass die technischen Wissenschaften bei den Russen vorbildlich behandelt werden". Andere Töne waren dagegen von den

---

807 Von Bebenburg an Johann von Leers, 20.06.1958, zit. nach Dokumente der Gegenwart. Neue Veröffentlichungen und Urkunden zur Zeitgeschichte (Bd. VI), Pähl/Oberbayern 1963, S. 142 f.
808 Ebd.
809 Zur Zeitschrift siehe Amm, Die Ludendorff-Bewegung, S. 273. An Beiträgen nachweisbar sind L[eers, Johann von]: Toleranz, in: Der Quell 10 (1958) 11 vom 09.06.1958, S. 525 f.; Wietholdt, Felix: Wie kommunistisch ist Israel, in: Der Quell 10 (1958) 15 vom 09.08.1958, S. 690–695; Ders.: Russland und Deutschland, in: Der Quell 11 (1959) 1 vom 09.01.1959, S. 7–14.
810 Wietholdt: Russland und Deutschland, S. 7–14. Dort auch die folgenden Zitate.

Rückkehrern aus der DDR zu vernehmen, so etwa „Fawziya", „ein bildschönes Mädel von echt altarabischem Typ". Während ihres Aufenthalts in Leipzig, will der Autor von ihr erfahren haben, sei sie mit einem Studenten der dortigen Universität „zusammengerasselt", einem „kommunistische[n] Gottlose[n]", der sie von den Vorzügen seiner Heimat überzeugen wollen, wo neuerdings „Proletarierkinder" statt „Kinder der Bourgeoisie" studieren dürften. Das aber sei „Quatsch" und bedeute, „Gottes Ordnung auf den Kopf zu stellen". Ähnliche Erfahrungen machte auch ein Medizinstudent, der einen „SED-Journalisten" mit seinen Sympathiebekundungen für den Nationalsozialismus provozierte und in gehässiger Weise Adolf Hitlers Weitblick rühmte: Dieser habe schließlich „die Juden bekämpft und so viele von ihnen getötet", sodass heute „alle Juden, die er umgebracht hat, [...] nicht nach Palästina gehen und dort unser arabisches Volk abschlachten und ihm die Heimat rauben können". Die daraufhin aufgelegte „Anti-Hitler-Schallplatte" seines Gesprächspartners will er mit dem Hinweis gekontert haben, dass auch die SED-Presse Israel als „Brückenkopf des verbrecherischen Imperialismus" bezeichnet und Chruschtschow sich über „die volksfremden jüdischen Kosmopoliten" geäußert habe. Und doch schien dies alles harmlos im Vergleich zu den Eindrücken, die namenlose Studenten in Westdeutschland und im Westteil Berlins gemacht haben wollen. Ihre Schilderungen nach bewegte sich die Bundesrepublik zwischen Tyrannei und Sündenpfuhl, deren Urheber und Profiteure jedoch klar zu erkennen waren: „Das Furchtbarste an moralischer Verkommenheit ist Westberlin! An jeder Straßenecke steht eine hungernde Frau und bietet sich an. Ganz Westberlin sieht aus wie eine Kolonie von Israel. Zwei vor Hass gegen die Deutschen berstende Juden, Heinz Galinski und Joachim Lipschitz, tyrannisieren das rechtlos gemachte deutsche Volk in Westberlin", hieß es in offen antisemitischer Diktion.

Es sei dahingestellt, ob erst dieser Aufsatz der „Auslöser"[811] für die Verbotsverfügung der Innenminister der Länder gegen den Ludendorff-Bund gewesen ist. Unter den Beweismitteln des Bundesamtes für Verfassungsschutz finden sich auch so zahlreiche Belege, anhand derer das Verbot begründen werden konnte. Gleichwohl sticht dieser Aufsatz von Johann von Leers, dessen Urheberschaft der Verlag in einer Dokumentenreihe zum Prozess später eingeräumt hat[812], angesichts seines beleidigenden Stils und unverblümten Antisemitismus hervor. Wie gefährlich dem Bund gerade dieser Beitrag zu werden drohte, schien der verantwortliche „Schriftleiter" des „Quells", Walter Löhde, schnell erkannt

---

811 Siehe dazu Amm: Die Ludendorff-Bewegung, S. 278.
812 Dokumente der Gegenwart. Neue Veröffentlichungen und Urkunden zur Zeitgeschichte (Bd. II), Pähl/Oberbayern 1963, S. 29 f.: „Es ist richtig, dass Herr von Leers unter dem Pseudonym ‚Wiethold' den Artikel verfasst hat."

zu haben. Bereits in der folgenden Ausgabe sah er sich zu der Klarstellung veranlasst, dass das Manuskript ihm vor dem Druck „nicht vorgelegen" habe und er den Inhalt „in manchen Zeilen nicht billige".[813] Auch wenn nicht auszuschließen ist, dass vor allem taktische Erwägungen ihn zu der Distanzierung veranlassten, stellte der Verlag doch seine weitere Zusammenarbeit mit Johann von Leers ein.

9.5.5   Bruch mit rechtsextremen Wahlparteien

So sehr Randfiguren des rechtsextremen Lagers in der Bundesrepublik und Gleichgesinnte der „antisemitischen Internationale" Johann von Leers und seine Wohnung als Anlaufstelle schätzen mochten: Gegenüber Funktionären rechtsextremer Wahlparteien in der Bundesrepublik, insbesondere der Deutschen Reichspartei (DRP), setzte seit Frühjahr 1957 ein Prozess der Entfremdung ein, der schließlich im Bruch endete. Unmittelbarer Auslöser waren die bevorstehenden Wahlen zum Bundestag im September, für die Vertreter der DRP in Kairo finanzielle Unterstützung einzuwerben versuchten und irrtümlich annahmen, Johann von Leers könne und wolle sie in diesem Vorhaben unterstützen. Der Bruch, 1958 durch eine Attacke auf Johann von Leers in der Parteizeitung „Reichsruf" öffentlich vollzogen, darf allerdings den Blick auf tiefer liegende Ursachen dieser konfliktreichen Beziehung nicht verstellen.

Das gilt zunächst für die Haltung von Johann von Leers gegenüber systemoppositionellen Parteien wie der DRP, denen er keine realistische Chance auf politischen Erfolg einräumte: Weder ihr noch einer anderen Organisation traute er zu, bei den Wahlen zum Bundestag im September 1957 Abgeordnetenmandate zu erringen. Ihre Unterstützung hielt er deshalb für *unprofitable*, wie es in den Unterlagen der amerikanischen Sicherheitsbehörden heißt.[814] Diese Einschätzung schien sich in den folgenden Jahren zu festigen. Über ein Gespräch, das Gesine von Leers im Herbst 1961 während eines Besuchs in der Bundesrepublik mit dem Rechtsextremisten Erwin Schönborn (siehe Kap. 9.5.6) geführt hatte, ist festgehalten, Johann von Leers zeige sich *allgemein resigniert* und setze kein Vertrauen darauf, dass *oppositionelle Gruppen* des rechtsextremen Lagers *in absehbarer Zeit an dem immer schlechter werdenden Zustand Deutschlands etwas zu ändern vermochten*.[815] Als eine Ursache dafür erkannte Johann von Leers insbesondere die Fraktionierung der Systemopposition. Ein *Jammer* sei

---

813   Mitteilung an die Leser, in: Der Quell 11 (1959) 2 vom 23.01.1959, S. 94.
814   Activities of Johannes von Leers, 05.08.1957 [NARA, RG 263, Entry ZZ-16, Box 32, NND 36822].
815   Betrifft: Gersine [sic] von Leers, Kairo, 21.09.1961 [APABIZ].

es, *dass die nationalen Kräfte so völlig zersplittert und teilweise korrumpiert sind*, klagte er gegenüber einem Korrespondenzpartner in Österreich.[816]

Diese Distanz gegenüber der DRP resultierte allerdings auch aus seiner Verachtung für die Bundesrepublik an sich, die er als *viehische Demokratie* diffamierte.[817] Dass Parteien in *lächerlichen* Wahlen um Stimmen warben, widersprach seiner Vorstellung von Führung und Gefolgschaft.[818] Die „Auferstehung" eines Volkes, schrieb er 1957, könne nur gelingen, wenn „faustisch überzeugte, tapfere, nicht zu brechende Menschen" die Dinge in die Hand nähmen. Solche „Eliten" aber „finden sich kaum in Parlamentsparteien zusammen".[819] Die Fünfprozenthürde und der „Terror" der Sicherheitsbehörden würden überdies jegliche Formen der freien Meinungsäußerung unterdrücken.[820] Ohnehin stellte sich ihm die Frage nach der Legitimität des politischen Systems der Bundesrepublik, wie er gegenüber Rudel unumwunden erklärte. Demnach sei er nach 1945 *nie einer Partei in Deutschland beigetreten*, bedeute dies doch *die Anerkennung des viehischen Unrechtsstaates*. Dazu aber sei er *nicht bereit*.[821]

Mit dieser fundamentalen Systemopposition geriet er zwangsläufig in Widerspruch zu den strategischen Überlegungen der DRP, namentlich ihrer Wortführer Adolf von Thadden und Waldemar Schütz aus Göttingen, die seinerzeit dem Niedersächsischen Landtag angehörten. Dass die beiden Funktionäre sich darum bemühten, in der Politik *salonfähig* zu werden, um so Gestaltungsspielraum zu erlangen, konnte Johann von Leers nicht nachvollziehen: Seinem *geschichtlichen Wissen* nach sei *noch nie eine unterdrückte und geteilte Nation durch ‚Salonfähige' befreit worden*, kritisierte er dieses Verhalten.[822] Eine Anpassung aber an die *Salons der Bonner Juden- und Pfaffendiener, Separatisten und Besatzungsgewinnler* kam für ihn *unter keinen Umständen* in Frage, wie er in der ihm eigenen Verblendung schrieb.[823] Hoffnung lasse sich allenfalls auf die *völkischen Kräfte der inneren Emigration* setzen oder diejenigen, die *ins Ausland gegangen sind und von dort den Kampf gegen Zionismus und Imperialismus fortgesetzt haben*.[824] Parallelen zu seiner Propaganda vor 1933, als er Auftritte des Schriftstellers Hans Grimm vor konservativ-bürgerlichen Eliten ähnlich scharf

---

816 Johann von Leers an Wesely, 21.05.1962 [Privatarchiv].
817 Johann von Leers an V 16.113, 06.09.1960 [BND, V-12859,1, Bl. 115–118].
818 Johann von Leers an Rudel, 06.06.1957 [NLA, HStA Hannover, VVP 39, Bd. 11/2, Bl. 324].
819 Leers: Muss man am deutschen Volk verzweifeln?, S. 1.
820 Activities of Johannes von Leers, 05.08.1957 [NARA, RG 263, Entry ZZ-16, Box 32, NND 36822].
821 Johann von Leers an Rudel, 06.06.1957 [NLA, HStA Hannover, VVP 39, Bd. 11/2, Bl. 324].
822 Ebd.
823 Johann von Leers an Meinberg, 06.07.1957 [NLA, HStA Hannover, VVP 39, Bd. 11/2, Bl. 321].
824 Johann von Leers an V 16.113, 06.09.1960 [BND, V-12859,1, Bl. 115–118].

kritisierte, waren nicht zu verkennen. Wie 25 Jahre zuvor, kam es auch diesmal zu einem Zerwürfnis – insbesondere mit von Thadden, der politischen Einfluss anstrebte und dazu Kompromisse einzugehen bereit war. Dass Johann von Leers sich solchen Überlegungen verweigerte, erschien dem Vorsitzenden der DRP unverständlich: Wer in Kairo wohne, könne *die Verhältnisse in Deutschland ganz sicher nie wandeln*, hielt er diesem vor. Dies gelinge *nur von hier aus* und werde auch *nur dann zu erreichen sein, wenn wir politisch etwas bedeuten*. In den vielen Jahren *fern der Heimat* hätte Johann von Leers aber offensichtlich Auffassungen entwickelt, *die fern jeder Wirklichkeit liegen*.[825] Hinzu kamen inhaltliche Differenzen, etwa durch dessen Haltung gegenüber Russland – wenn auch nicht dem Sowjetkommunismus – und seiner Forderung nach einer *deutsch-russische[n] Annäherung*.[826] *Es sei bisher [...] jeder, der mit Russland einen Krieg angefangen hat [...], daran zugrunde gegangen*, schrieb Johann von Leers einem Gesinnungsgenossen. Umso mehr hoffe er, *dass die nationalen Kräfte Wege finden, um sich mit den Russen ohne Kommunismus zu einigen*.[827] Damit dürfte Johann von Leers allerdings in Widerspruch zur großen Mehrheit der Rechtsextremisten gestanden haben, die solche Überlegungen ablehnten. Ähnliches galt für die Europakonzeption der extremen Rechten, denen er vorhielt, sie würden *der Idee eines Europa[s] nachrennen, das es gar nicht gibt*.[828] Eine programmatische Nähe konnte es allenfalls mit jenen Vertretern der DRP geben, die die Partei seit 1953 vorübergehend auf einen national-neutralistischen Kurs verpflichtet hatten.[829]

Die Verachtung für Parlamentarismus und Demokratie wie auch Differenzen in politischen Fragen erklären das Verhalten, das Johann von Leers gegenüber von Thadden und Schütz zeigte, die ihn im April 1957 gemeinsam mit Rudolf Diels in Kairo besuchten. Bezeichnend für seine öffentliche Wahrnehmung seinerzeit ist, dass die Besucher offensichtlich davon ausgingen, über ihren Gastgeber Zugang zu einflussreichen Vertretern des Staatsapparates und der Arabischen Liga zu erhalten. Drei *führende Herren dieser Partei* hätten ihn aufgesucht, um mit seiner Hilfe *bei arabischen Stellen Geld für ihren Wahlkampf [...] zu schnurren*, berichtete Johann von Leers anschließend.[830] Anders als von den Besuchern erhofft, zeigte er sich allerdings zu keiner Unterstützung bereit.

---

825 Von Thadden an Rudel, 03.07.1957 [NLA, HStA Hannover, VVP 39, Bd. 11/2, Bl. 323].
826 Gesine von Leers an V 16.113, 05.09.1960 [BND, V-12859,1, Bl. 113 f.].
827 Johann von Leers an Wesely, 21.05.1962 [Privatarchiv].
828 Ebd.
829 SOWINSKI: Die Deutsche Reichspartei 1950–1965, S. 192; BUSCHFORT: Geheime Hüter der Verfassung, S. 149.
830 Johann von Leers an Rudel, 06.06.1957 [NLA, HStA Hannover, VVP 39, Bd. 11/2, Bl. 324]. Siehe auch Gesine von Leers an Ryschkowsky, 01.03.1961 [APABIZ].

Anlass für dieses unkonventionelle und innerhalb der DRP umstrittene Vorgehen war der desolate Zustand der Partei, die aufgrund der schlechten Beitragsmoral vieler Mitglieder permanent mit finanziellen Sorgen zu kämpfen hatte. Zum Jahresende 1953 stand sie erstmals vor dem Ruin. Ein Zuwachs in der Entwicklung der Mitgliederzahl änderte daran nichts. Ebenso wenig erhielt die Partei größere Geldzuwendungen aus Industriekreisen, die sie durch den Umzug ihre Geschäftsstelle 1955 nach Duisburg erhofft hatte.[831] Um handlungsfähig zu bleiben, musste die DRP deshalb neue Geldquellen erschließen. Dies galt insbesondere für die bevorstehenden Wahlen zum Bundestag 1957, auf die die Partei „finanziell völlig ungenügend vorbereitet"[832] war. *Wir brauchen einige Millionen, um in Bonn gesellschaftsfähig zu werden,* bezifferten von Thadden und Schütz die Dimension.[833] Die Suche nach neuen Finanziers jedoch nahm „abenteuerlich-groteske Züge" an.[834] Die DRP ging offensichtlich davon aus, ihre propagandistische Unterstützung des „nationalen Befreiungskampfes" in der arabischen Welt erweise sich in Kairo als Türöffner. Überdies glaubten einzelne Funktionäre wie etwa Heinrich Stulle aus Niedersachsen, Johann von Leers verfüge in Ägypten über *einen gewissen Einfluss* und sei damit der geeignete Mittelsmann.[835] Stulle, zugleich Vorsitzender einer Fördergesellschaft der Partei, bezog seine Informationen freilich nur aus dritter Hand über einen *Gefolgsmann,* der mit Johann von Leers in Kontakt stand. Gleichwohl konnte er von Thadden und Schütz davon überzeugen, die Reise anzutreten, um auf diesem Weg Geld für die Parteikasse zu organisieren. Die Rede war von einem Betrag in Höhe von sieben Millionen Mark.[836] Nachdem die Gespräche „mit den leitenden Herren der Liga" in den Bonner Botschaften Syriens und Ägyptens – unter ihnen Hassan Fakoussa – vorbereitet worden waren, flogen Parteivertreter

---

831 BUSCHFORT: Geheime Hüter der Verfassung, S. 143–145.
832 SOWINSKI: Die Deutsche Reichspartei 1950–1965, S. 192.
833 Betrifft: Gersine [sic] von Leers, Kairo, 21.09.1961 [APABIZ].
834 SOWINSKI: Die Deutsche Reichspartei 1950–1965, S. 192.
835 Stulle an von Thadden, 27.06.1957 [NLA, HStA Hannover, VVP 39, Bd. 11/2, Bl. 328–330, hier 328]. Stulle, Jahrgang 1902, war während des Nationalsozialismus *Landwirtschaftsrat im Reichsnährstand* und betrieb nunmehr einen Hof. Siehe Gesine von Leers an von Thadden, 17.06.1957 [NLA, HStA Hannover, VVP 39, Bd. 11/2, Bl. 332]. Schon 1950 gehörte er der DRP an, trat später aber zur Deutschen Partei (DP) über. 1954 war er Mitbegründer der Landwirte-Partei, die er in die DRP überführte. 1956 bis 1962 gehörte er dem Parteivorstand der DRP an. Im September 1962 verließ Stulle abermals die Partei und trat erneut der DP bei. In den 1970er Jahren war er dann in der CDU aktiv. Siehe SOWINSKI: Die Deutsche Reichspartei 1950–1965, S. 60; SCHMOLLINGER, HORST W.: Deutsche Partei, in: STÖSS, RICHARD (HRSG.): Parteienhandbuch. Die Parteien der Bundesrepublik Deutschland 1945–1980 (Bd. 2), Opladen 1988, S. 1025–1111, hier S. 1076.
836 Stulle an von Thadden, 27.06.1957 [NLA, HStA Hannover, VVP 39, Bd. 11/2, Bl. 328–330, hier 328].

nach Kairo. Dort allerdings prallten die hohen Erwartungen der Besucher aus der Bundesrepublik auf die Realitäten vor Ort, die schließlich zum Zerwürfnis mit Johann von Leers führten.[837] *Mein Mann ist Ihnen nach bestem Können behilflich gewesen*, versuchte Gesine von Leers im Anschluss die Wogen noch zu glätten.[838] Der Bruch war allerdings nicht mehr zu kitten.

Von Thadden und Schütz hofften vor allem, über Johann von Leers Kontakt mit Funktionären im Staatsapparat – eine amerikanische Quelle nennt das Amt für Propaganda, das Informationsbüro und die Geheimpolizei – und in der Arabischen Liga aufnehmen zu können, in denen sie potenzielle Finanziers sahen. Ob Johann von Leers dies von Anfang an bekannt war, ist unklar. Als er jedoch erkennen musste, dass seine Gesprächspartner ausschließlich finanzielle Zuwendungen für den im Herbst bevorstehenden Wahlkampf einwerben sollten, lehnte er seine Unterstützung ab.[839] Ein Motiv dürfte dabei die bereits erwähnte Haltung gegenüber einer rechtsextremen Wahlpartei gewesen sein, die er für überflüssig und chancenlos hielt. Hinzu kamen prinzipielle Erwägungen: So habe er ihnen *[v]ergebens* klarzumachen versucht, wie *unwürdig es sei, wenn eines der wohlhabendsten Völker* sich ausgerechnet von einer der *ärmsten Nationen der Welt, die außerdem im verzweifelten Kampf gegen das satanische Weltjudentum steht*, Unterstützung für eine *lachhafte Wahl* erwarte, schrieb er später.[840] Ein Beobachter behauptet sogar, Johann von Leers selbst habe der Arabischen Liga und dem Informationsamt empfohlen, nationalistischen Gruppen in der Bundesrepublik keine finanzielle Unterstützung zu gewähren. Der Versuch seiner Besucher, in Eigenregie Kontakt zu Geldgebern aufzunehmen, scheiterte denn auch. *The Germans went to the various offices without introduction but had no success with any of them*, stellten amerikanische Geheimdienstmitarbeiter fest.[841] Sofern von Thadden und Schütz überhaupt vorgelassen wurden, begegneten ihnen ihre Gesprächspartner reserviert und verwiesen auf finanzielle Engpässe. Offenkundig machten sie ihren Besuchern aber auch deutlich, dass gar kein Interesse daran bestand, rechtsextreme Wahlparteien in der Bundesrepublik zu fördern.

---

837 SOWINSKI: Die Deutsche Reichspartei 1950–1965, S. 192 f.
838 Gesine von Leers an von Thadden, 07.06.1957 [NLA, HStA Hannover, VVP 39, Bd. 11/2, Bl. 335].
839 Activities of Johannes von Leers, 05.08.1957 [NARA, RG 263, Entry ZZ-16, Box 32, NND 36822].
840 Johann von Leers an Rudel, 06.06.1957 [NLA, HStA Hannover, VVP 39, Bd. 11/2, Bl. 324].
841 Activities of Johannes von Leers, 05.08.1957 [NARA, RG 263, Entry ZZ-16, Box 32, NND 36822].

Die Reise war damit auf ganzer Linie gescheitert. Die kontroversen Diskussionen, die bereits in Kairo geführt wurden, gipfelten schließlich in einem öffentlich vollzogenen Bruch. Dass von Thadden eine regelrechte „Kampagne" gegen Johann von Leers lancierte, wie später unterstellt wurde, erscheint jedoch übertrieben. Eher skurril mochte in dieser Auseinandersetzung die Episode erscheinen, dass von Thadden und seine Begleiter Gesine von Leers auch durch ihr wenig heroisches Auftreten in Kairo in Erinnerung geblieben waren. Als sie während eines Ausflugs zu kulturhistorischen Sehenswürdigkeiten der Region in der Nähe der Pyramiden von Einheimischen *angegriffen* worden waren, die in ihnen *Engländer vermuteten,* hätten *die Helden der DRP* in dieser bedrohlichen Situation *Reißaus genommen* und seien im Wagen *abgerauscht,* während ihre Tochter *ihrem Schicksal* überlassen worden sei. Nur durch Glück und aufgrund ihrer Arabischkenntnisse sei sie *mit heiler Haut davongekommen.*[842]

Bedeutsamer war, dass von Thadden nach seiner Rückkehr aus Kairo gegenüber Kritikern innerhalb der DRP dem Kontakt zu Johann von Leers jegliche Relevanz abzusprechen versuchte. *An sich hätten wir gar nicht zu Leers hingehen brauchen,* teilte er Rudel lapidar mit. Auch will er selbst es gewesen sein, der in den Gesprächen die *Unmöglichkeit einer Geldhilfe* aus Ägypten angesprochen habe. Schon während der ersten Unterhaltung habe er Johann von Leers darauf hingewiesen, *dass es eine merkwürdige Sache sei, wenn einer aus dem reichen Westdeutschland käme, um ausgerechnet in Kairo Geld für eine Wahl flüssig zu machen.* Ohnehin hätten Schütz und er an *keine einzige ägyptische Stelle* finanzielle Erwartungen gehabt. In einem Gespräch *mit einigen Herren des Presse- und Informationsamtes* sei es ausschließlich um den *Austausch von Informationen* gegangen. Über Geld dagegen wollte er sich *nur mit den zuständigen Herren der Liga unterhalten* haben. Die Gespräche dazu seien durch die Botschaft Ägyptens und Syriens *von Bonn aus vorbereitet worden.*[843]

Solche Äußerungen dürften vor allem taktischen Erwägungen geschuldet gewesen sein. Der Besuch in Ägypten, der mit dem Vorstand nicht abgesprochen war, hatte den Parteivorsitzender innerhalb der DRP unter Druck gesetzt. Von Thadden selbst deutete dies in seiner Bemerkung an, seinen Kritikern Rudel und Wilhelm Meinberg (1898–1973) auf dem Landesparteitag am 30. Juni 1957 in Bückeburg *die notwendige Aufklärung* erteilt zu haben.[844] Keineswegs abwegig

---

842 Betrifft: Gersine [sic] von Leers, Kairo, 21.09.1961 [APABIZ]. Die Episode fand auch Eingang in die zeitgenössische Literatur. Siehe DEHNEN, DIETRICH: Der Führer und seine Gefolgschaft. Die Thadden-Clique oder die Verhöhnung der Demokratie, Velbert 1969, S. 141.
843 Von Thadden an Rudel, 03.07.1957 [NLA, HStA Hannover, VVP 39, Bd. 11/2, Bl. 323].
844 Von Thadden an Gesine von Leers, 01.07.1957 [NLA, HStA Hannover, VVP 39, Bd. 11/2, Bl. 325].

erscheint allerdings auch, dass von Thadden und Schütz durch ihre Gespräche mit Johann von Leers vor Augen geführt bekommen hatten, dass dieser entgegen allen Mutmaßungen der Presse kaum die ihm zugeschriebene Bedeutung hatte und keineswegs über eine *Vertrauensstellung bei Nasser* verfügte, die ihm nachgesagt worden war.[845] Insofern ist es unerheblich, ob von Thadden tatsächlich der Urheber des Gerüchts gewesen ist, wonach Johann von Leers in Kairo *das Privileg eines unseriösen Menschen* genieße, wie Gesine von Leers anschließend behauptete.[846] Falsch war eine solche Einschätzung nicht. Dass von Thadden und Schütz ihn nach den Erfahrungen in Kairo in der ihnen zugänglichen Rechtspresse diskreditierten, ist allerdings nicht von der Hand zu weisen.[847] Dies zeigte insbesondere eine Attacke im „Reichsruf" mehr als ein Jahr später. Anlass dazu bot ein im SPIEGEL veröffentlichter Leserbrief aus der Feder von Johann von Leers, der auf ein Interview des Hamburger Magazins mit dem früheren Präsidenten der Reichsbank, Hjalmar Schacht, Bezug nahm. Einmal mehr erwies Johann von Leers sich dabei als unbelehrbarer Antisemit. Von „skandalöser Verschleuderung des Ertrags der deutschen Arbeit durch sogenannte Wiedergutmachung an das Judentum" und dessen „Entnazifizierungsgauner" war in dem nur wenige Zeilen umfassenden Pamphlet die Rede. Dies habe zur Folge, dass „Millionen faulpelzender und schiebender Juden gemästet werden". Zugleich brachte er seine Hoffnung zum Ausdruck, dass „das Volk gegen das Parteienparlament den Ruf erhebt: Schacht an die Front!"[848] Im Kreise seiner fanatisierten Gesinnungsgenossen stieß er damit zwar auf Zustimmung. Über die Zuschrift *haben wir uns gefreut*, schrieb ihm etwa Walther Kramer begeistert, der ebenfalls in Darmstadt interniert gewesen war und ihn aus „Weg"-Zeiten kannte (siehe Kap. 9.2.1).[849] Ganz anders fiel dagegen die Reaktion im „Reichsruf" aus. Unter der Überschrift „Bärendienst" stellte das DRP-Organ die rhetorische Frage, ob Schacht „dankbar" sein könne für ein „Loblied", das von

---

845 Stulle an von Thadden, 27.06.1957 [NLA, HStA Hannover, VVP 39, Bd. 11/2, Bl. 328–330, hier 329].
846 Gesine von Leers an von Thadden, 07.06.1957 [NLA, HStA Hannover, VVP 39, Bd. 11/2, Bl. 335]; Gesine von Leers an von Thadden, 17.06.1957 [NLA, HStA Hannover, VVP 39, Bd. 11/2, Bl. 332]; von Thadden an Gesine von Leers, 01.07.1957 sowie Gesine von Leers an von Thadden, 02.07.1957 [NLA, HStA Hannover, VVP 39, Bd. 11/2, Bl. 319 und 325]. Siehe auch die Erklärung von Stulle vom 29.06.1957, von Thadden habe sich *niemals mit mir über seine Reise nach Kairo unterhalten* [NLA, HStA Hannover, VVP 39, Bd. 11/2, Bl. 326].
847 Im Original: *Von Leers' refusal of assistance was the cause of the campaign carried on by von Thadden und Schuetz in West Germany to discredit him.* Activities of Johannes von Leers, 05.08.1957 [NARA, RG 263, Entry ZZ-16, Box 32, NND 36822].
848 SPIEGEL 12 (1958) 45 vom 05.11.1958, S. 8.
849 Kramer an Johann von Leers, 20.01.1959 [NL Kramer].

einem „unheilbaren Antisemiten" angestimmt worden sei.[850] Was auch immer die Redaktion, die sonst nur halbherzig gegen antisemitische Vorfälle auftrat, wie später etwa die Berichterstattung über die Welle antisemitischer Schmierereien zur Jahreswende 1959/60 zeigte, zu diesem Urteil bewogen hat: deutlicher konnte eine Distanzierung nicht ausfallen.

Der Bruch mit dem, so Johann von Leers verächtlich, *famosen Thadden* ließ sich nicht wieder kitten.[851] Selbst mit Meinberg, der Johann von Leers aus seiner Zeit im Reichsnährstand kannte und sich jetzt als Vermittler einschaltete, kam es zum Zerwürfnis.[852] Die Kontroverse mit ihm entzündete sich vor allem an der Frage, an welchem Ort systemoppositionelle Kräfte sich sammeln sollten. Dass Johann von Leers nach Kairo ausgewichen war, wertete Meinberg als eine Form des nationalen Vaterlandsverrats, wie er zwischen den Zeilen zu erkennen gab. Auch den Vorwurf, die Anführer der DRP strebten nach „Salonfähigkeit", wies er zurück. Die eigentlichen Absichten seien damit *völlig missverstanden* worden, warf Meinberg Johann von Leers vor und verwies auf sein eigenes Schicksal: Nach seiner Rückkehr aus der Kriegsgefangenschaft habe auch er vor der Frage gestanden, *zu emigrieren oder den Kampf in Deutschland um eine deutsche Zukunft aufzunehmen*. Ein Angebot aus Ägypten Anfang der 1950er Jahre, dort als Ernährungswissenschaftler zu arbeiten, habe er jedoch abgelehnt, um jenen *ein Beispiel zu geben, die nicht emigrieren konnten*.[853] Seine Entscheidung für den *schweren Weg* des parteipolitischen Kampfes in der Bundesrepublik sollte allerdings nicht um den Preis erfolgt sein, jetzt *von denen mit Spott und Hohn überschüttet* zu werden, *die früher einmal mit uns im gleichen Schritt marschierten, heute aber einen anderen Weg gehen*. Zu der Auffassung von Johann von Leers, wonach der *zähe Freiheitskampf im Inneren* der *von den Teilungsmächten vergewaltigte[n] Nation* ohne *kompromisslose nationale Emigration* nicht denkbar schien, musste das in Widerspruch stehen.

---

850 Bärendienste, in: Der Reichsruf vom 15.11.1958. Siehe auch Gesine von Leers an Ryschkowsky, 01.03.1961 [APABIZ].
851 Johann von Leers an V 16.113, 06.09.1960 [BND, V-12859,1, Bl. 115–118].
852 Zu Meinberg, der 1937 mit Darrés Entmachtung aus dem Reichsnährstand ausscheiden musste, siehe CORNI, GUSTAVO/GIES, HORST: Brot – Butter – Kanonen. Die Ernährungswirtschaft in Deutschland unter der Diktatur Hitlers, Berlin 1997, S. 183–197.
853 Meinberg an Johann von Leers, 01.07.1957 [NLA, HStA Hannover, VVP 39, Bd. 11/2, Bl. 322].

9.5.6 Anlaufstelle für Fanatiker

Der Bruch mit rechtsextremen Wahlparteien, den die Kontroverse mit Thadden und Meinberg aufgezeigt hatte, schmälerte allerdings in keiner Weise die Bedeutung, die Johann von Leers als Anlaufstelle für politische Randfiguren des Rechtsextremismus und Akteure der „antisemitischen Internationale" hatte. Unter ihnen genoss Johann von Leers beträchtliches Ansehen, das auf seinem Ruf eines unbeugsamen Antisemiten seit der NS-Zeit gründete und dessen ungebrochenen Fanatismus zahlreiche Presseartikel immer wieder bestätigten. Radikale Antisemiten, die Antizionismus und Holocaustleugnung verbanden, spekulierten ebenso darauf, von seinen Kontakten in Kairo profitieren zu können, wie Veteranen der völkischen Bewegung und weltanschauliche Phantasten, die in einer ähnlich entrückten Ideenwelt lebten wie Johann von Leers.

So reichen die ersten Ansätze für ein internationales Netzwerk rechtsextremer Geschichtsrevisionisten, die den Völkermord an den Juden bagatellisierten oder leugneten, bis in die späten 1950er Jahre zurück, als radikale Aktivisten und antisemitische Autoren mit Johann von Leers Verbindung aufnahmen. Zu ihnen zählte der Wiener Verwaltungsjurist und Privatgelehrte Franz Josef Scheidl (1890–1971), der seine politische Laufbahn 1918 bei der Sozialdemokratischen Arbeiterpartei begonnen hatte, 1934 der NSDAP beigetreten war und sich 1950 der SPÖ und ihrem Akademikerbund anschloss. Ihm kommt der zweifelhafte Ruf zu, „einer der ersten Holocaustleugner im deutschsprachigen Raum" gewesen zu sein. Erworben hatte er sich ihn unter anderem als Autor einer Reihe antisemitischer Machwerke, die er seit Ende der 1950er Jahre zu publizieren begann und denen ein Gerichtspsychiater später attestierte, sie seien „von wahnähnlichen Ideen beherrscht".[854] Eine der ersten Veröffentlichungen unter dem Titel „Israel: Traum und Wirklichkeit" erschien im rechtsextremen Schild-Verlag in München und war Nasser gewidmet.[855] Scheidl polemisierte darin gegen die „Raub- und Angriffskriege der Zionisten gegen die friedlichen palästinensischen Araber" und stellte die Existenz Israels infrage. Der Autor befürworte dessen *Liquidation*, fasste ein Mitarbeiter der Botschaft Kairo die zentrale Aussage des Buches zusammen, in dem er *antijüdische Propaganda für*

---

854 Zu Scheidl siehe FINKENBERGER, MARTIN: Scheidl, Franz-Josef, in: BENZ, WOLFGANG (HRSG.): Handbuch des Antisemitismus. Judenfeindschaft in Geschichte und Gegenwart (Bd. 8: Nachträge und Register), Berlin/Boston 2015, S. 117 f.; NEUGEBAUER, WOLFGANG/SCHWARZ, PETER: Der Wille zum aufrechten Gang. Offenlegung der Rolle des BSA bei der gesellschaftlichen Integration ehemaliger Nationalsozialisten, Wien 2005, S. 83 f.
855 SCHEIDL, FRANZ-JOSEF: Israel. Traum und Wirklichkeit, München 1959.

Fortgeschrittene erkannte.[856] Ein Ermittlungsverfahren wegen Staatsgefährdung führte zur Beschlagnahme der Schrift in der Bundesrepublik, da sie nach Ansicht der Richter zum Hass gegen Juden aufstachele und sich durch einen unwissenschaftlichen Charakter auszeichne.[857] Angesichts der Unterstützung, die der Autor für sein Manuskript erhalten hatte, traf dies zweifelsohne zu. Scheidl nämlich stand *zwecks Veröffentlichung dieses Buches* auch mit *dem extremen Antisemiten Johannes v. Leers* in Kontakt, wussten die Sicherheitsbehörden.[858]

Zum Kreis der radikalen Stimmen gehört überdies Erwin Schönborn (1914–1989), der seit den 1950er Jahren im Rhein-Main-Gebiet propagandistisch in Erscheinung trat. Der Antisemit und Holocaustleugner, in den Augen von Johann von Leers ein *Opfer der [...] Judendiktatur* in der Bundesrepublik, stand mit diesem bereits in Kontakt, bevor er nach Kairo übersiedelte.[859] Schönborns Aktivismus äußerte sich in der Gründung zahlreicher Kleinstparteien und Splittergruppen, die trotz vollmundiger Bezeichnungen wie etwa Freie Sozialistische Partei, Arbeitsgemeinschaft Nation Europa oder Kampfbund Deutscher Soldaten und rhetorischem Imponiergehabe nicht darüber hinwegtäuschen können, dass hinter ihnen nur eine Handvoll Anhänger stand.[860] Dies trifft auch für eine im Herbst 1956 in Frankfurt am Main gegründete Deutsch-Arabische Gemeinschaft zu, die den Schulterschluss bundesdeutscher Rechtsextremisten mit der Vereinigten Arabischen Republik demonstrieren sollte. Schönborn, der den Vorsitz übernahm, sah in dem Zusammenschluss eine *Dritte Kraft zwischen Ost und West*, mit der eine *Kampfgemeinschaft gegen den Bolschewismus und gegen den imperialistischen Kolonialismus* geformt werden sollte.[861] Die Deutsch-Arabische Gemeinschaft entfaltete jedoch nur sporadische Aktivitäten und beschränkte sich weitgehend darauf, provozierende Erklärungen abzugeben. Auf einem Deutsch-Arabischen Kongress im Oktober 1957 etwa behauptete Schönborn über seine Anhängerschaft, niemand kämpfe „entschiedener" gegen

---

856 Vermerk Botschaft Kairo, 29.02.1960 [PA AA, B 82, V3-88, Nr. 250, Bd. 1, Bl. 68].
857 Informationen des BfV vom 12.01.1963, S. 53 [BArch, B 443/534].
858 Informationen des BfV vom 31.01.1962, S. 71 f. [BArch, B 443/533].
859 Johann von Leers an unbekannten Adressaten, 09.08.1958 [BfV, 054-P-10013, Bl. 74]; BfV, Schreiben vom 31.03.1955 [BfV, 054-P-10013, Bl. 19].
860 Zu Schönborn und seinem Aktivismus siehe Stöss, Richard: Freie Sozialistische Partei, in: Ders. (Hrsg.): Parteienhandbuch. Die Parteien der Bundesrepublik Deutschland (Bd. 3), Opladen 1986, S. 1382–1396, hier S. 1383.
861 Informationen des BfV vom 30.11.1958, S. 56 [BArch, B 443/53072]. Nach Angaben des Informationsdienstes „Feine der Demokratie" soll Schönborns Stellvertreter Otto Karl Düpow gewesen sein. Siehe Feinde der Demokratie, VII/1-2 (November/Dezember 1957), S. 35. Zu der Organisation siehe auch Finkenberger, Martin: Deutsch-Arabische Gemeinschaft, in: Benz, Wolfgang (Hrsg.): Handbuch des Antisemitismus. Judenfeindschaft in Geschichte und Gegenwart (Bd. 5), Berlin/Boston 2012, S. 129.

den „israelitischen Antisemitismus", der „in der Vertreibung der einen Million semitischer Araber aus ihrer Heimat Palästina zum Ausdruck kommt".[862] Zu den Hakenkreuzschmierereien in der Bundesrepublik, die zum Jahreswechsel 1959/60 die Öffentlichkeit erregten, erklärte er im Namen der Deutsch-Arabischen Gemeinschaft, diese seien ein Schachzug Israels gewesen, um höhere Kredite und weitere Entschädigungszahlungen zu erreichen.[863] Das Ausmaß seiner Selbstüberschätzung zeigte sich auch darin, dass Schönborn tatsächlich annahm, Nasser wolle ihn in die VAR einladen. Da eine solche Einladung jedoch über die diplomatischen Vertretungen laufen müsse, er aber zu jenen Personen zähle, *die in Bonner Regierungskreisen in Ungnade stünden,* könne er ihr nicht Folge leisten.[864] Im Dezember 1959 unternahm Schönborn den Versuch, Johann von Leers für ein aberwitziges Vorhaben zu gewinnen. Eine Erklärung des indischen Ministerpräsidenten Nehru hatte ihn veranlasst, einen „Plan zur Wiedervereinigung Deutschlands im Sinne der Dritten Kraft" auszuarbeiten. Abschriften davon verbreitete er anschließend nicht nur im Kreis der Nationalneutralisten in der Bundesrepublik, unter ihnen Wolf Schenke und Otto Straßer. In seiner Eigenschaft als Präsident der Deutsch-Arabischen Gemeinschaft wollte er dafür sorgen, den Plan vor die UNO zu bringen. Dazu ließ er Übersetzungen ins Arabische anfertigen, die er Johann von Leers nach Kairo schickte *mit der Bitte um Weitergabe an arabische Staatsstellen und Veröffentlichung in arabischen Zeitungen.*[865] Ein solches Vorgehen zeugte nicht nur von einem hohen Maß an Selbstüberschätzung der eigenen Bedeutung. Es belegt zugleich, dass über die Johann von Leers unterstellten Einflussmöglichkeiten ein völlig falsches Bild bestand. Es liegen keine Anhaltspunkte dafür vor, dass der Plan, den Johann von Leers *an die zuständigen Stellen weiter geleitet* haben will, arabische Behörden zu weiteren Schritten veranlasst hätte oder von Presseorganen abgedruckt worden wäre.[866] Wie vermessen Schönborns Idee war, zeigte sich überdies daran, dass der Plan auch Nehru zugestellt werden sollte, nahmen seine Absender doch ernsthaft an, der Präsident eines Millionenvolkes würde sich für die Überlegungen des selbsternannten Führers einer Kleinpartei interessieren, die selbst im bundesdeutschen Rechtsextremismus nur ein Schattendasein führte. Ähnliches gilt für das Vorhaben des schweizerischen Publizisten Gaston Amaudruz (1920–2018), der seit Anfang der 1950er Jahre an verschiedenen europäischen Sammlungsbewegungen beteiligt war und die von ihm initiierte Europäische Neuordnung

---

862 Zit. nach Feinde der Demokratie, VII/1–2 (November/Dezember 1957), S. 35.
863 JELINEK: Deutschland und Israel 1945–1965, S. 361.
864 Betrifft: Gersine [sic] von Leers, Kairo vom 21.09.1961 [APABIZ].
865 Informationen des BfV vom 31.01.1960, S. 54 [BArch, B 443/529].
866 Johann von Leers an Schönborn, 17.12.1959 [BfV, 054-P-10013, Bl. 158].

(ENO) leitete. Funktionäre dieser Organisation, die im Oktober 1960 in Paris zusammengekommen waren, beauftragten Amaudruz, über Johann von Leers *Verbindung zur ägyptischen Regierung aufzunehmen,* um deren *Einstellung zum ENO-Programm zu prüfen.*[867]

So realitätsfremd die Überlegungen dieser Aktivisten im Rückblick erscheinen, so deutlich wird allerdings auch, dass hier ein kleines, gleichwohl organisiertes Netzwerk bestand, dessen Mitglieder auf der Basis ähnlicher Überzeugungen zeitweise einen beträchtlichen Ausstoß an Propagandaschriften entwickelten und durch provozierende Aktionen Handlungsfähigkeit bewiesen. An den Rändern des bundesdeutschen Rechtsextremismus bewegten sich dagegen isolierte Kleinstgruppen und versprengte Einzelpersonen, die ihre weltanschaulichen Bezugspunkte den Schriften von Johann von Leers entnahmen und deshalb seine Nähe und Anerkennung suchten. Bemerkenswert sind zudem eine Reihe von Veteranen der völkischen und antisemitischen Bewegung der 1920er und 1930er Jahre, die in den 1950er Jahren deren Schwundformen repräsentierten. Hinzu kommen schließlich Phantasten, die okkulten Wurzeln im Nationalsozialismus auf der Spur waren, diese in Riten und Praktiken, wie sie zeitweise durch Himmler und die SS gefördert wurden, zu erkennen glaubten und in Johann von Leers einen prominenten Vertreter dieser Strömung zu sehen meinten.

Zu den Randfiguren muss Leo Liebelt (Lebensdaten unbekannt) gerechnet werden, der im Selbstverlag eine Schrift unter dem Titel „Dr. Adenauer und das deutsche Schicksal" publiziert hatte, in der er sich als „Mann aus dem Volke" mit der Politik der Westintegration der Bundesregierung auseinandersetzte.[868] Ihm ging es vor allem um die Anerkennung durch einen in rechtsextremen Kreisen angesehenen Publizisten. Tatsächlich erhielt er die gewünschte Bestätigung des vermeintlichen Experten, der sich wohlwollend über die *ausgezeichnete kleine Schrift* äußerte.[869] Nennenswerte Verbreitung fand die Broschüre trotzdem nicht. Ähnliches gilt für den Malermeister und Heimatforscher Emil Kritzler (Lebensdaten unbekannt) aus Breckerfeld (Westfalen), der als *Mitarbeiter einer nichtorganisierten Gruppe ehemaliger Nazis* eine rund 40 Personen starke Gruppe namens Bewegung Reich anleitete und *engen Kontakt zu v[on] Leers in Kairo*

---

867 Informationen des BfV vom 30.11.1960, S. 73 [BArch, B 443/530].
868 LIEBELT, LEO: Dr. Adenauer und das deutsche Schicksal. Was hätte uns Bismarck heute zu sagen?, Bremen-Arsten 1962. Siehe auch DERS.: Unsere künftigen Partner, in: Gemeinschaft und Politik & Zeitschrift für Geopolitik 9 (XXXII) (1961), S. 329–332. Zur Charakterisierung siehe BÄTZ, KURT: Nachruf auf einen starken Mann von gestern, in: Gemeinschaft und Politik & Zeitschrift für Geopolitik 11 (XXXIV) (1963), S. 13.
869 Gesine von Leers an Schenke, 03.02.1963 [NL Schenke].

unterhielt.⁸⁷⁰ Welche Fähigkeiten Johann von Leers in solchen Kreisen zugetraut wurde, zeigte zudem die Einschätzung eines hessischen Funktionärs des Bundesverbandes ehemaliger Internierter und Entnazifizierungsgeschädigter, der im Herbst 1959 eine Urlaubsreise durch das Mittelmeer *mit einem Aufenthalt in Kairo verbinden* wollte, um dort eine *Aussprache* mit Johann von Leers zu führen, glaubte er doch, der Exilant sei in der Lage, nach einer Rückkehr *alle Gruppen der nationalen Opposition in der Bundesrepublik zu vereinigen*.⁸⁷¹ Ob er Johann von Leers tatsächlich einen Besuch abgestattet hat, ist allerdings unklar.

Diese Randfiguren des Rechtsextremismus vermuteten in Johann von Leers vor allem einen potenziellen Mitstreiter im aktuellen politischen Kampf. Andere Motive leiteten dagegen Veteranen der völkischen Bewegung wie die bereits erwähnten Hermann Gauch und Walther Kramer, die schon während der NS-Zeit oder unmittelbar danach mit Johann von Leers in Verbindung gestanden hatten und an diesen Kontakt anknüpften. Gauch (siehe Kap. 4.4.1) dürfte vor allem der Austausch über weltanschauliche Fragen interessiert haben. Seine Auffassungen über die *Beziehungen zwischen Ägypten und Germanien* waren allerdings zu abstrus, um publiziert werden zu können. Einen im Sommer 1958 vage in Aussicht gestellten Besuch in Ägypten, wo Gauch sich einen dort stehenden *Runenstein [...] ansehen* wollte, hat es nicht gegeben.⁸⁷² Unterstützung nicht nur bei der Veröffentlichung seiner Manuskripte, sondern zugleich einen Ausweg aus seiner finanziellen Misere versprach sich dagegen Kramer. In den 1920er Jahren ein „führender Autor" des „Hammers"⁸⁷³, hatte er sich in der Nachkriegszeit rasch in die wiederbelebten Netzwerke der Völkischen integriert und an verschiedenen Treffen auf dem Lippoldsberg teilgenommen. Außerdem gehörte er der 1952 verbotenen SRP an.⁸⁷⁴ Unter seinem Pseudonym Arno Gilde-

---

870 BND, Betr.: Neonazisten, o.D. [um August 1960] [BND, V-12859,1, Bl. 20]. Zur „Bewegung Reich" und der Rolle Kritzlers siehe BLANK, RALF: Zur Biografie des Hagener Oberbürgermeisters und stellvertretenden Gauleiters in Westfalen-Süd, Heinrich Vetter (1890–1969), in: Westfälische Zeitschrift 151/152 (2002), S. 413–447, hier S. 443 f.
871 Informationen des BfV vom 30.09.1959, S. 65 [BArch, B 443/532].
872 Johann von Leers an Gauch, o.D. [Anfang Juli 1958] und 22.08.1958 [NL Gauch].
873 KRAMER, WAL[H]TER: Was unterscheidet die Völkischen von den Nationalen, in: Hammer (1924) 524, S. 144–147; DERS.: Zur Krisis des völkischen Gedankens (Brief an einen Völkischen), in: Hammer (1929) 640, S. 89–95. Zu weiteren Nachweisen siehe BREUER, STEFAN: Die Völkischen in Deutschland. Kaiserreich und Weimarer Republik, Darmstadt 2008, S. 154.
874 Kramer an Johann von Leers, 25.07.1955 [NL Kramer]. Siehe auch KNÜPPEL, CHRISTOPH: „Mit Wenigen, doch Gleichgesinnten blüht mir ein Leben, neu und frei ..." Ausstellung zur Geschichte der völkischen Siedlung Heimland bei Rheinsberg (Mark) in Luhme-Heimland, 2002; BÖNISCH, MICHAEL: Die „Hammer"-Bewegung, in: Handbuch zur „Völkischen Bewegung" 1871 bis 1918, München 1999, S. 341–365, hier S. 358 f.

mann veröffentlichte er einen Aufsatz im „Weg".[875] Wie Johann von Leers lebte auch Kramer in prekären Verhältnissen. Seinen kümmerlichen Lebensunterhalt bestritt er unter anderem mit der *Herstellung von Springrollos*, die er gerne nach Argentinien exportiert hätte.[876] Schließlich, erklärte er Johann von Leers seinerzeit, sei nicht einzusehen, weshalb solche Geschäfte *den internationalen Juden überlassen* bleiben sollten. Johann von Leers zeigte sich jedoch reserviert, weil solche Produkte in dem Land selbst hergestellt würden und daher *bestimmt keine Einfuhrgenehmigung dafür erteilt wird*.[877] Ohne Erfolg blieb auch Kramers 1959 geäußerte Bitte, ihm beim Zugang zu Absatzmärkten *in den Städten der arabischen Länder* zu unterstützen und hier die *Fühler auszustrecken*.[878] Umso mehr Hilfe erhoffte er sich bei der Veröffentlichung eines Manuskripts, das er unter dem Titel „Zur Bekämpfung zweitausendjähriger Irrtümer" verfasst hatte und in völliger Selbstüberschätzung für eine *umstürzende Schrift* hielt.[879] So glaubte er tatsächlich, nur ein Verlag wie Rowohlt könne den Mut haben, eine solche *aus dem üblichen Rahmen herausfallende Schrift* zu veröffentlichen. Immerhin war Kramer, der sich durch die *Knülche vom Verfassungsschutzamt* und den *gut funktionierenden Nachrichtendienst des Weltjudentum[s]* verfolgt fühlte, realistisch genug, um erkennen, dass seine Schrift wegen ihrer *Tendenz* für den Hamburger Verlag *nicht in Frage* kommen konnte. Skeptisch musste ihn allerdings stimmen, dass auch Sündermanns Druffel-Verlag ihm bereits eine Absage geschickt hatte. Seine letzte Hoffnung setzte er auf Johann von Leers, nahm er doch an, dieser könne *den Großmufti* oder keinen geringeren als Staatspräsident Nasser *für die Sache interessieren*. Dementsprechend frage er an, ob Johann von Leers das Manuskript *ansehen und ev[entuell] ins Arabische übersetzen* wolle, um es *unter einem arabischen Decknamen* erscheinen zu lassen.[880]

Was den Inhalt betraf, dürfte Johann von Leers kaum Einwände gehabt haben. Die Schrift, gab sich Kramer überzeugt, werde unter den Arabern *Aufsehen erregen*, weil sie *die Hebräer abmalt, wie sie wirklich gewesen sind*, und den *historische[n] Anspruch der Juden auf Palästina als Schwindel entlarvt*.[881] Doch auch im Westen würde sie ihre Wirkung nicht verfehlen. Die Schrift zeige näm-

---

875 GILDEMANN: Leibeigene der Finanz, S. 159–162. Zu den Kontakten siehe Dürer-Verlag (Vollmer) an Kramer, 01.04.1952 [NL Kramer]. Über Johann von Leers ließ Kramer dem „Weg" weitere Manuskripte zukommen, die aber offensichtlich nicht veröffentlicht worden sind. Siehe Kramer an Johann von Leers, 15.06.1955 und 25.07.1955 [NL Kramer].
876 Kramer an Johann von Leers, 25.07.1955 [NL Kramer].
877 Johann von Leers an Kramer, 03.08.1955 [NL Kramer].
878 Kramer an Johann von Leers, 25.07.1955 [NL Kramer].
879 Kramer an Johann von Leers, 20.01.1959 [NL Kramer].
880 Ebd.
881 Ebd.

lich auf, dass erst eine *raffinierte und unverfrorene Irreführung der Weltöffentlichkeit* dazu geführt habe, die *maßgeblichen Männer der westlichen Welt* in den Glauben zu versetzen, *die Juden hätten irgendeinen Anspruch auf Palästina*. Eben deshalb ging er auch davon aus, dass *die Herausgabe der Schrift von Staates wegen gefördert* werden müsse. So weit ist es nie gekommen. Ebenso wenig erreichte Johann von Leers ein weiteres Manuskript, in dem er, wie Kramer ankündigte, über die *Herkunft der Hebräer* zu *geradezu verheerenden Schlussfolgerungen* gelangt sein will.[882] Zu den Veteranen der völkischen Bewegung treten Phantasten, deren Ansichten sich wissenschaftlicher Ratio entzogen und der Sphäre okkulter Grenzwissenschaften zuzuordnen sind, sowie Vertreter eines „esoterischen Nationalsozialismus", die in ihrer Ohnmacht nach dem Zusammenbruch der Reichsidee, wie sie diese im Nationalsozialismus verkörpert sahen, die Idee vom „Fortbestehen esoterischer Kreise der SS" entwickelten, „die als Hüter alten gnostischen Wissens" den „Kampf gegen die Mächte des Bösen" geführt hätten und noch heute führten.[883] Dabei mussten sie auch auf die Schriften von Herman Wirth und Johann von Leers stoßen. So knüpften Johann und Gesine von Leers schon bald nach dem Krieg an den Kontakt mit Georg Lomer (1877–1957) an. Der Nervenarzt mit einem Faible für Astrologie und Graphologie war ihnen aus der völkisch-religiösen Bewegung der 1920er Jahre bekannt. Lomer proklamierte seinerzeit eine „Sonnenkirche" und gab die Zeitschrift „Asgard" heraus. Ende der 1940er Jahre gehörte er zum Kreis derer, die Johann von Leers und seine Familie bei der Ausreise nach Argentinien unterstützten. Vermutlich ebenfalls auf diese Phase reicht auch der Kontakt zu Wilhelm Moufang (1895–1989) zurück, einem passionierten Astrologen, der *gute Bücher über Träume und Mysterien veröffentlicht hat*, wie Gesine von Leers wusste.[884] Nach ihrer Ankunft in Argentinien kam Johann von Leers bald mit dem Anthropologen Jacques de Mahieu (1915–1990) in Verbindung, dem er erläuterte, wie sich der Geist der SS wiederbeleben lasse. Dazu, erklärte er, bedürfe es *une certaine organisation hierarchique, une sorte de loge ou d'ordre chevaleresque pour faire revivre cette esprit*.[885] Dabei scheute er auch nicht einen Vergleich mit den mittelalterlichen Tempelrittern, die zwar ausgelöscht worden seien, ihre Traditionen aber in der Freimaurerei erhalten hätten, um dereinst Rache üben zu können.

---

882 Ebd.
883 Zum Konstrukt eines „esoterischen Nationalsozialismus" in der Nachkriegsliteratur, zu den Begriffen „NS-Esoterik" und „esoterischer Neonazismus" sowie zur Mythisierung der SS als archaischen und schwarzmagischen „Orden" siehe STRUBE, JULIAN: Vril. Eine okkulte Urkraft in Theosophie und esoterischem Neonazismus, München 2013, S. 139–145.
884 Gesine von Leers an Jünger, 03.10.1959 [DLA Marbach, Sig. HS 5294539].
885 Johann von Leers an de Mahieu, 05.04.1951 [Privatarchiv].

Solche Kontakte waren jedoch vereinzelt, zufällig und oft nur von kurzer Dauer. Netzwerkcharakter hatte dagegen ein Kreis um den österreichischen Schriftsteller Wilhelm Landig (1909–1997), der als ein exponierter Vertreter „nationalsozialistischer Esoterik" gelten kann.[886] Dieser Ruf gründet vor allem auf einer Romantrilogie, die er zwischen 1971 und 1991 im Eigenverlag publizierte und die sich bis heute in rechtsextremen Kreisen größerer Nachfrage erfreut.[887] Darin fasste Landig seine kruden Ansichten über „Thule" und die Fortexistenz der SS nach dem Zweiten Weltkrieg in Südamerika und polaren Regionen zusammen. Vor allem im dritten Band wird Himmlers Terrorapparat „zur Trägerin alten esoterischen Wissens verklärt".[888] Zugleich entwickelte Landig eine konfuse Vision vom Wiederaufstieg des Nationalsozialismus, der die durch Israel und seine Büttel USA und Sowjetunion errichtete „neue Weltordnung" beseitigen werde. Die Grundlagen für dieses „Gespinst aus Weltverschwörungen und Mysterien"[889] wurden in den frühen 1950er Jahren formuliert, als Landig in Wien einen „Kreis okkultistischer Rassisten" um sich sammelte, der sich mit „arisch-nordischer Mythologie" befasste.[890]

Landig hatte den Beruf eines „Zeichners" erlernt und sich politisch offensichtlich zunächst im Umfeld Otto Straßers betätigt.[891] Zeitungsberichten zufolge jedenfalls soll er 1934 einer der Angeklagten eines in Wien geführten Prozesses gegen Angehörige der „Kampfgemeinschaft ‚Schwarze Front'" gewesen sein. 1937/38 will er angeblich in Berlin studiert, im Krieg dann in der Waffen-SS auf dem Balkan gekämpft haben. 1944 wurde er nach Wien versetzt, wo er mit nicht näher bezeichneten „Sonderaufgaben" bei der Entwicklung von Kriegstechnologien betraut gewesen sein soll. Aus dieser Episode leitete sich sein späterer Ruf eines Experten ab, der Kenntnisse über geheime Forschungsprojekte während der NS-Zeit besitze. Mit Kriegsende internierten ihn die Briten. Nach seiner Freilassung 1947 eröffnete er eine Kunstgewerbehandlung und „verdingte [...] sich als inter-alliierter Spion", der „mit Informationen über Sowjet-Aktivitäten von geringer bis mittlerer Sicherheitsrelevanz bei den westlichen

---

886 Zu Landig und seinem Kreis siehe Strube: Vril, S. 144–149.
887 Zur Entstehung und Rezeption siehe Strube: Vril, S. 150–153.
888 Strube, Julian: Die Erfindung des esoterischen Nationalsozialismus, in: ZfR 20 (2012) 2, S. 223–268, hier S. 236.
889 Goodrick-Clarke, Nicholas: Im Schatten der Schwarzen Sonne. Arische Kulte, Esoterischer Nationalsozialismus und die Politik der Abgrenzung, Wiesbaden 2009, S. 291.
890 Ebd., S. 272 f.
891 Der Prozess gegen die „Schwarze Front", in: Der Wiener Tag vom 05.01.1934. Siehe auch Goodrick-Clarke: Im Schatten der Schwarzen Sonne, S. 273; Lange, Hans-Jürgen: Weisthor. Karl-Maria Wiligut – Himmlers Rasputin und seine Erben, Engerda 1998, S. 26.

Geheimdiensten hausieren" ging.[892] Die amerikanischen Geheimdienste trauten ihm jedoch nicht über den Weg. In ihren Unterlagen ist ein Hinweis aus den Akten österreichischer Behörden überliefert, wonach Landig als *kommunistischer Kurier* verdächtigt wurde.[893] Worauf sich dieser Verdacht stützte, ist unbekannt. Umso offensichtlicher ist dagegen seine anfängliche Nähe zu den europäischen Sammlungsbewegungen des Rechtsextremismus. So leitete Landig die Österreichische Soziale Bewegung (ÖSB) als Arm der Europäischen Sozialen Bewegung (ESB), die mit ihren verschiedenen Ablegern in den 1950er Jahren maßgeblich das Bild der „faschistischen Internationale" prägte. Außerdem war er in der Northern League aktiv.[894] Sein eigentliches Feld der Betätigung fanden Landig und der Kreis, der sich um ihn sammelte, auf dem Gebiet kruder Spekulationen, die sich um „uralte nordische Rassen, Thule, Atlantis und germanische Religionen" drehten.[895] Zu den bizarren Persönlichkeiten gehörte unter anderem der Ariosoph Rudolf Mund (1920–1985). Der gelernte Automechaniker, offensichtlich schon während der Verbotszeit der NSDAP in Österreich Mitglied der SA, war im November 1937 der Waffen-SS beigetreten.[896] Nachdem er Anfang 1943 an der SS-Junkerschule in Bad Tölz einen Lehrgang absolviert hatte, kämpfte er in der Panzerdivision „Das Reich" an der Ostfront und in den Ardennen. Im Urteil seiner Vorgesetzten galt er als überzeugter Nationalsozialist: *Weltanschaulich*, hieß es über Mund, sei er *unbedingt gefestigt* und *sicher.*[897] Diesen Überzeugungen blieb er auch nach dem Krieg treu. Bestätigung suchte er in den okkulten Forschungen der SS, mit denen er sich „unablässig und verbissen" zu befassen begann. Vor allem in der durch Himmler zeitweise geförderten Arbeit des „Gralssuchers" Otto Rahn (1904–1939)[898] und in der Person von Karl-Maria Wiligut, der Mitte der 1930er Jahre Einfluss auf Himmler ausgeübt hatte (siehe Kap. 4.4.1), fand Mund, „was er als Beweise für die mys-

---

892 GOODRICK-CLARKE: Im Schatten der Schwarzen Sonne, S. 273.
893 Dispatch Trace Reply Ferdinand Deutsch et. al., o. D. [Juni 1963]; Dispatch Associates of Lothar Greil, o. D. [um Mai 1963] [NARA, RG 263, Entry ZZ-16, Akte Greil, D. 28, 32].
894 The European Social Movement, o. D. [NARA, CIA-RDP78-00915R000400120005-9]. Siehe auch SMOYDZIN: Hitler lebt, S. 137–143.
895 GOODRICK-CLARKE: Im Schatten der Schwarzen Sonne, S. 272 f.
896 Personalakte Mund [BArch, BDC-SSO, Mund].
897 Beurteilung vom 20.06.1944 [BArch, BDC-SSO, Mund].
898 Zur kritischen Bewertung der Person siehe LINSE, ULRICH: Der Chiemsee-Goldkessel – ein völkisch-religiöses Kultobjekt aus der NS-Zeit? The State of the Affairs, in: PUSCHNER, UWE/VOLLNHALS, CLEMENS (HRSG.): Die völkisch-religiöse Bewegung im Nationalsozialismus. Eine Beziehungs- und Konfliktgeschichte (Schriften des Hannah-Arendt-Instituts für Totalitarismusforschung, Bd. 47), Göttingen 2012, S. 527–568, hier S. 550–556. Zu den Kontakten Rahns, der 1937 den Rang eines SS-Untersturmführers einnahm, zu Johann von Leers siehe Himmler an Darré, 13.01.1937 [Privatarchiv].

tische Mission der SS werten konnte".[899] Ende der 1950er Jahre trat er zudem dem rassistischen, 1900 durch Jörg Lanz von Liebenfels (d. i. Joseph Adolf Lanz, 1874–1954) begründeten Orden der Neutempler (ONT) bei, der in „Organisation, Denkweise und Gebaren" mittelalterliche Rittergemeinschaften imitierte und eine „häretische, dualistische, ario-christliche Theologie" vertrat.[900] In dieser Zeit begann er auch, mit noch lebenden Zeitzeugen zu korrespondieren, von denen er sich genauere Auskünfte über okkulte Praktiken in der SS erhoffte.[901]

Folgerichtig rezipierten Landig und Mund nicht nur Schriften von Julius Evola und Herman Wirth, sondern suchten direkten Kontakt zu prominenten Nationalsozialisten wie Johann von Leers.[902] Mund etwa erhoffte sich im Herbst 1958 Hinweise auf Wiligut, ging er doch davon aus, Johann von Leers, den er der Gruppe „namhafter Wissenschaftler und Geisteswissenschaftler der völkischen und nationalsozialistischen Ära" zurechnete, habe in den 1930er Jahren in enger Beziehung mit ihm gestanden und so Details über dessen *Überlieferung* und *Wissen* erfahren.[903] Johann von Leers konnte allerdings nur mit nichtssagenden Auskünften dienen. Landig dagegen hatte als „Verleger, Hersteller und Schriftleiter" des Organs der ÖSB „Europa-Korrespondenz" schon zu einem Zeitpunkt mit Johann von Leers korrespondiert, als dieser sich noch in Argentinien aufhielt.[904] Johann von Leers stellte dem Rundbrief seines *Freundes* einige Beiträge, die teilweise auch im „Weg" erschienen waren, zur Verfügung.[905] Später verfasste er von Kairo aus mehrere Artikel, in denen er politische Ereignisse im Nahen Osten, etwa in Zusammenhang mit der Suezkrise oder Deutschland, kommentierte.[906] Johann von Leers vermittelte Landig möglicherweise auch den Kontakt zu Herman Wirth, der ebenfalls Artikel für die „Europa-Korrespondenz"

---

899 GOODRICK-CLARKE: Im Schatten der Schwarzen Sonne, S. 282.
900 EBD. Siehe auch HIERONYMUS, EKKEHARD: Jörg Lanz von Liebenfels, in: PUSCHNER, UWE/ SCHMITZ, WALTER/ULBRICHT, JUSTUS H. (HRSG.): Handbuch zur „Völkischen Bewegung" 1871–1918, München 1999, S. 131–146.
901 Siehe LANGE: Weisthor, S. 251.
902 Siehe STRUBE: Vril, S. 145.
903 MUND, RUDOLF J.: Der Rasputin Himmlers. Die Wiligut-Saga, Wien 1982, S. 101, 114. Dort dokumentiert Johann von Leers an Mund, 21.10.1958.
904 Siehe handschriftliche Widmung *Herrn Prof. J. v. Leers in Verehrung zugeeignet! Wien 1955 Wilhelm Landig* in LANDIG, WILHELM: Humor hinter Stacheldraht. Heitere Seiten eines ernsten Kapitels, Wien/Basel 1951.
905 Zur Beziehung siehe Johann von Leers an unbekannten Adressaten, 12.09.1958 [BfV, 054-P-10013, Bl. 70]. Zu Veröffentlichungen LEERS, JOHANN V[ON] (VINCENTE LOPEZ): Die Forschungen von Herman Wirth, in: Europa-Korrespondenz Nr. 14/1956 (März), S. 8–10 und bereits DERS.: Die Forschungen des Herman Wirth, in: Der Weg 8 (1954) 7, S. 465–469.
906 LEERS, JOHANN VON: Hochstaudamm von Assuan, Suezkanal und ägyptische Landnot, in: Europa-Korrespondenz Nr. 19/1956 (Juli), S. 4–8; DERS.: Eine Beleidigung Japans – unerhörte Beschimpfung toter japanischer Kameraden, in: Europa-Korrespondenz Nr. 42/1958 (Juli);

beisteuerte und dessen frühere Schriften Landig in seinem Volkstum-Verlag wieder auflegen wollte.[907] Dass Johann von Leers die „Leitung" dieses Zirkulars oblag, wie später behauptet wurde, wird seiner Bedeutung allerdings nicht gerecht.[908] Die Mitarbeit war ohnehin nur von kurzer Dauer. Um 1958 herum kam es zum Zerwürfnis mit Landig, nachdem dieser durch *außerordentlich große Unzuverlässigkeit* aufgefallen war.[909] Gerüchte über angebliche Kontakte, die Johann von Leers zu kommunistischen Staaten unterhielt (siehe Kap. 9.4.4), veranlassten den Herausgeber der „Europa-Korrespondenz", in *befreundete[n] interessierte[n] Kreise[n]* die Behauptung zu streuen, Johann von Leers falle damit *als ‚Potential' der ‚Nationalen' aus*.[910] Landig wollte seinerzeit erfahren haben, *arabische Dienststellen in Kairo* hätten *eindeutig ermittelt*, dass Johann von Leers *wegen Übernahme einer Professur mit den entsprechenden Stellen in der SBZ in Verbindung steht.* Als ihm zudem zugetragen wurde, dass dieser sich bei seiner Übersiedlung nach Kairo einige Jahre zuvor sowohl von *schwedischer Seite* als auch von *ägyptischen Dienststellen* die Reisekosten habe erstatten lassen, nutzte er dies, Johann von Leers als eigennützigen Egoisten zu diskreditieren und warnte *vor jeder Zusammenarbeit* mit ihm.[911]

Das Wiener Netzwerk um Landig bestand nur aus einer kleinen Zahl von Anhängern. Immerhin waren diese aber über einen längeren Zeitraum zu kontinuierlicher Arbeit und der Herausgabe einer Zeitschrift fähig. Als exzentrische Einzelgängerin muss dagegen Savitri Devi (1905–1982) gelten, in deren Weltanschauung sich in bizarrer Weise Hinduismus, Arierkult und eine Anbetung Hitlers, den sie für einen Avatar des Gottes Vishnu hielt, verbanden. Als Prophetin einer „arischen Widergeburt" ist sie bis heute „leuchtende Kultfigur der internationalen Neonazi-Szene" und beeinflusst „Nazis aller Schattierun-

---

DERS.: Warum wird bei den KZ-Prozessen der Hauptschuldige vergessen?, in: Europa-Korrespondenz Nr. 44/1958 (September), S. 7 f.; DERS.: Israel setzt zum Dritten Weltkrieg an!, S. 4 f.

907 WIRTH, HERMAN: Die urreligionsgeschichtliche Gemeinschaftsgrundlage von Europa und Ägypten (Teil II), in: Europa-Korrespondenz Nr. 19/1956 (Juli), S. 11 f. Bereits die „Europa-Korrespondenz" vom März 1956 kündigte eine Veröffentlichung Wirths an, vermutlich „Was heißt deutsch" aus dem Jahre 1931. Die Schrift ist allerdings nicht erschienen. Siehe dazu auch Feinde der Demokratie, VI/3–4 (Februar/März 1957), S. 36. Für spätere Veröffentlichungen im Volkstum-Verlag siehe WIRTH, HERMAN: Um den Ursinn des Menschseins. Die Werdung einer neuen Geisteswissenschaft, Wien 1960.
908 TOULMER, PAUL HENRY: Goebbels am Nil. Ziel und Praxis der ägyptischen Großmachtpolitik, in: Rheinischer Merkur vom 30.06.1961.
909 Priester an Johann von Leers, 12.02.1959 [BArch, B 443/2673, Bl. 16633–16639].
910 BND, BfV an BND, 03.12.1959 [BND, V-12859,1, Bl. 24]. Siehe auch BND, Betr.: Prof. Dr. Johannes von Leers, 17.12.1959 [BND, V-12859,1, Bl. 129]; BfV, Vermerk vom 26.11.1959 [BfV, 054-P-10013, Bl. 139 f.].
911 BND, Karteikarte, o.D. [BND, V-12859,1, Bl. 15].

gen".⁹¹² Vermutlich im Frühsommer 1957 besuchte sie Johann von Leers in Kairo und blieb bis zu seinem Tod mit ihm in Kontakt.⁹¹³ Savitri Devi, bürgerlich Maximine Julia Portaz, hatte in Lyon und Athen Chemie und Philosophie studiert. Bereits in dieser Zeit sympathisierte sie auch mit dem Antisemitismus der Nationalsozialisten.⁹¹⁴ Zugleich wollte sie im Hinduismus die „Überbleibsel eines indoeuropäischen Heidentums" erkennen, dem einst alle arischen Nationen angehangen hätten.⁹¹⁵ 1936 lernte sie den hinduistischen Publizisten Asit Krishna Mukherji (1898–1977) kennen, der Hitler-Deutschland bewunderte und in Indien ein NS-freundliches Blatt herausgab, bis es 1937 von den britischen Behörden verboten wurde. Bis 1945 blieb sie in dem Land, arbeitete zeitweise als Lehrerin und begann selbst Bücher zu schreiben. In dieser Phase nahm sie auch den Namen Savitri Devi an. Ihr weltanschauliche Nähe zum Nationalsozialismus und ihre Verachtung des Christentums ließen sie zu einer „fanatischen Hitleranbeterin" werden.⁹¹⁶ Ihn und seine Bewegung unterstütze sie, weil sie die weltweit einzigen seien, die das arische Heidentum gegen die jüdisch-christliche Zivilisation des Westens verteidigten.⁹¹⁷ Ihr Wissen dazu bezog sie aus „Mein Kampf", vor allem aber aus den Schriften von Johann von Leers, der ihr als *der weitsehende Theoretiker des Nationalsozialismus* galt.⁹¹⁸ Auf seine Veröffentlichungen nahm sie später immer wieder Bezug. Ein exemplarischer Beleg dafür ist das deutschsprachige Manuskript „Hart wie Kruppstahl", das sie im Sommer 1963 in Frankreich abgeschlossen hatte. Mit seinem „Odal"-Buch, schrieb Savitri Devi, habe Johann von Leers ein *Meisterwerk* verfasst, in dem auch der Kommunismus als das dargestellt würde, was er sei, nämlich *die Spitze der jüdischen, geistigen Verschwörung gegen unsere arische Menschheit*. Auch ihre Interpretation der jüngsten Geschichte bewegte sich in den Bahnen des rechtsextremen Geschichtsrevisionismus. So habe im September 1939 ein *Krieg des gesamten Judentums* gegen das zur *Selbsterhaltung entschlossene Weltariertum* begonnen, das seinerzeit durch das *rassenbewusste und rassenstolze* deutsche Volk verkörpert worden sei.⁹¹⁹ Wann und unter welchen Umständen sie Johann von Leers persönlich kennengelernt hat, ist allerdings unklar. Nach-

---

912 GOODRICK-CLARKE: Im Schatten der Schwarzen Sonne, S. 184 f.
913 So die Darstellung auf einer Website, die das geistige Erbe Savitri Devis pflegt. Im Original: „Meets Johannes von Leers and Mahmoud Saleh in El Maadhi, near Cairo". Siehe https:// savitridevi.org [Eingesehen am 11.10.2022].
914 GOODRICK-CLARKE: Im Schatten der Schwarzen Sonne, S. 186.
915 EBD., S. 192.
916 SMOYDZIN: Hitler lebt, S. 145.
917 GOODRICK-CLARKE: Im Schatten der Schwarzen Sonne, S. 194 f.
918 DEVI, SAVITRI: Hart wie Kruppstahl (Ms.), Montbrison 1963, Bl. 123 [Privatarchiv].
919 EBD., Bl. 116–125.

dem Savitri Devi im Herbst 1945 nach Europa zurückgekehrt war, führte sie mehrere Jahre ein unstetes Leben in Großbritannien, Frankreich, verschiedenen skandinavischen Ländern und der Britischen Besatzungszone. Anfang 1949 hielt sie sich kurzzeitig in Bonn auf. Ihre öffentliche NS-Propaganda brachte sie mit den Justizbehörden in Konflikt und verschaffte ihr unter Rechtsextremisten eine gewisse Prominenz. Es ist deshalb nicht auszuschließen, dass Rudel, den sie später mehrfach während seiner Aufenthalte in der Bundesrepublik besuchte, ihr den Kontakt zu Johann von Leers vermittelt hat. Ein Zusammentreffen 1957 in Kairo, wo sie auf einer Reise nach Indien Station machte, dürfte allerdings die einzige Begegnung gewesen sein.[920] Weitere Besuche in Ägypten sind nicht bekannt. Der Kontakt zu Johann von Leers blieb dennoch bis zu dessen Tod bestehen, wie Widmungen in verschiedenen Büchern aus seinem Nachlass belegen.[921] Johann von Leers soll es zudem gewesen sein, auf dessen *Veranlassung* hin das Manuskript ihres Buches „Das Gold im Schmelztiegel", in dem sie ihre „Erlebnisse im Nachkriegsdeutschland" zusammenfasste, in der Bundesrepublik veröffentlicht worden ist.[922]

9.6 Dynamiken öffentlicher Skandalisierung: „SS-Treffpunkt Kairo"

Spätestens Ende der 1950er Jahre hatte sich das Bild über Johann von Leers und seine Rolle als maßgeblicher Akteur der „antisemitischen Internationale" und als Anlaufstelle flüchtiger Nazis in der öffentlichen Wahrnehmung etabliert: *Die Zentrale dieses Antisemitismus ist in Cairo,* behauptete etwa der SPD-Bundestagsabgeordnete Jakob Altmaier (1889–1963) wie selbstverständlich. Dort, führte der Politiker weiter aus, säßen *die Leers, Zind und Konsorten* und hätten *die alten Nazis ihre Fahne aufgepflanzt.*[923] Von einem „Refugium nationalsozialistischer Verbrecherelemente" sprach der CDU-Abgeordnete

---

920 Siehe dazu FOWLER: And Time Rolls on, S. 69.
921 Siehe etwa in einem Exemplar von BENOIST-MECHIN, JACQUES: Arabie Carrefour des Siecles, Paris 1961 die Widmung: *An Omar Amin von Leers zum Geburtstag von Savitri Devi Mukherji 1962.* Siehe auch *Zum Geburtstag, 1965 in Verehrung, von Sawitri Devi-Mukherji, 24.1.1965* in DERS.: Le Loup et le Léopard Ibn-Seoud ou la naissance d'un royanne, Paris 1955. Die Widmung in diesem Buch war es auch, die Johann von Leers wenige Wochen vor seinem Tod zur Kontaktaufnahme mit Benoist-Méchin veranlasste. Siehe Johann von Leers an Benoist-Méchin, 29.01.1965 [HIA, NL Benoist-Méchin, Box 4, Folder 46].
922 BfV, Vermerk vom 14.04.1958 [BfV, 054-P-10013, Bl. 66].
923 Altmaier an Kurt Kersten (New York), 22.02.1960 [Leo Baeck Institute Archives, siehe archive.org/stream/kurtkerstencolle01kersrs].

Georg Kliesing (1911–1992).⁹²⁴ Einen „SS-Treffpunkt" wollte die „Frankfurter Illustrierte", die in einer fünfteiligen Serie zahlreiche der seit 1956 verbreiteten Behauptungen kompilierte, ausfindig gemacht haben.⁹²⁵ Von einer „SS-Kolonie" am Nil berichtete das Organ der Naziverfolgten in Österreich.⁹²⁶ Der Publizist Moshe Pearlman (1911–1986) behauptete, die HIAG, die in den 1950er Jahren „ihren Wirkungsbereich" nach Übersee ausgedehnt habe und von dort aus frühere SS-Angehörige betreue, besitze „Zweigstellen oder Gewährsleute" in vielen Staaten, darunter Ägypten, wo sie mit Johann von Leers „in Verbindung" gestanden haben soll.⁹²⁷ BND und CIA informierten sich gegenseitig über einen *grand council of the Egyptian SS group*, der Ende 1960 und im Januar 1961 mehrfach in Kairo zusammengetreten sei und dem neben Johann von Leers auch Alois Brunner und Fritz Katzmann angehörten. Brunner habe dabei angeblich behauptet, über eine Liste mit Namen von Juden zu verfügen, die mit den Nationalsozialisten kollaboriert und so den Völkermord erst ermöglicht hätten. Mit der Drohung, ihre Namen zu veröffentlichen, sollten sie, so ein Vorschlag, der angeblich von Johann von Leers stammte, zu Geldzahlungen erpresst werden.⁹²⁸ Dass in Kairo das „Spinnennetz" einer „5. Kolonne" seinen Mittelpunkt hatte, erfuhren Zeitungsleser auch in der DDR⁹²⁹, während die amerikanische Zeitschrift „Comments" Johann von Leers zum „new leader of the international Nazi underground movement" erhob.⁹³⁰ Noch wenige Tage vor seinem Tod war-

---

924 Deutscher Bundestag, 3. WP, Auswärtiger Ausschuss, 59. Sitzung vom 09.02.1961. Siehe Kommission für Geschichte des Parlamentarismus und der politischen Parteien (Hrsg.): Der Auswärtige Ausschuß des Deutschen Bundestages Sitzungsprotokolle 1957–1961, Bonn 2003, CD-ROM-Supplement, S. 1422.

925 SS-Treffpunkt Kairo, in: Frankfurter Illustrierte Nr. 33/1957 vom 17.08.1957, S. 10f., 28–32; Nr. 34/1957 vom 24.08.1957 (Teil II), S. 16–18, 32–34; Nr. 35/1957 vom 31.08.1957 (Teil III), S. 12–16, 31 und Nr. 36/1957 vom 07.09.1957 (Teil IV), S. 32–37.

926 O. V.: NS-Geheimorganisation am Werk, in: Der neue Mahnruf 17 (1964) 1, S. 1, 3. Siehe auch Kubainsky, Peter: Der Mann, der sich Amin Rashad nennt, in: Der neue Mahnruf 17 (1964) 1, S. 3; O. V.: Kriegsverbrecherparadies Ägypten, in: Der neue Mahnruf 13 (1960) 6, S. 3.

927 Pearlman: Die Nazi-Untergrundbewegung, S. 333. Siehe dagegen Wilke, Karsten: Die „Hilfsgemeinschaft auf Gegenseitigkeit" (HIAG) 1950–1990. Veteranen der Waffen-SS in der Bundesrepublik, Paderborn 2011. Ich danke Dr. Karsten Wilke für die ergänzende Information, der zufolge für Johann von Leers in den HIAG-Zeitschriften „Der Freiwillige" und „Wiking-Ruf" keine Beiträge – auch nicht unter den bekannten Pseudonymen – nachweisbar sind [E-Mail vom 17.04.2011].

928 CIA, Disptach vom 10.05.1961 [NARA, RG 263, Entry ZZ-16, Akte Brunner]. Siehe auch Breitman, Richard/Goda, Norman J.W.: Hitler's Shadow. Nazi War Criminals, U.S. Intelligence, and the Cold War, o. O. [Washington] o. J. [2011], S. 29. Katzmann war bereits 1957 verstorben.

929 O. V.: Das Spinnennetz der 5. Kolonne, in: Berliner Zeitung vom 12.02.1960.

930 Hitler's Nazis in Nasser's Egypt, in: Comments [Ende 1964].

tete eine Lokalzeitung neuerlich mit der Schlagzeile auf, Johann von Leers sei der „Führer der NS-Organisation in Ägypten".[931] Gesine von Leers, die zahlreiche dieser Artikel in Kopie erhielt, reagierte darauf in einer Mischung aus Galgenhumor und Bagatellisierung: Wo immer Antisemitismus sich bemerkbar mache, *steckt Johann von Leers aus Cairo dahinter, ob das nun in Guatemala, am Nordpol oder in Amerika stattfindet*, stellte sie 1960 fest.[932] Gegen die *einmal eingefahrene[n] Lügen* jedoch lasse sich kaum etwas ausrichten. Ihr Mann müsse deshalb weiterhin als *Prügelknabe* herhalten, *hinter dem sich weit prominentere Judenfeinde verstecken*, klagte sie 1963.[933] In der Empörung über diese, wie Johann von Leers ergänzte, *schamlose Schwindelei* geriet allerdings aus dem Blick, dass dieser selbst das Bild durch gezielte Provokationen nährte.[934] Beiträge in rechtsextremen Zirkularen, ausfällige Beleidigungen in Interviews mit Journalisten oder provokative Briefe, die er Zeitungen wie dem SPIEGEL oder Kulturmittlern wie „Inter Nationes" zukommen ließ, waren die ihm verbliebenen Mittel, mit denen er sich als unbeugsamer Überzeugungstäter inszenierte. Je weiter er in Isolation geraten war und je geringer sein Einfluss als Akteur einer „antisemitischen Internationale" tatsächlich veranschlagt werden kann, desto schriller wurde das ihm unterstellte Gefahrenpotenzial gezeichnet. Die Dynamik dieses Prozesses soll deshalb beispielhaft untersucht und eingeordnet werden.

9.6.1   „Mein Kampf" im Marschgepäck

Die öffentliche Skandalisierung seiner Person, die mit seiner Enttarnung im Sommer 1956 begonnen hatte, setzte sich in der Suezkrise fort. In Presseartikel wurde seinerzeit das Gerücht verbreitet, Johann von Leers sei an einer arabischsprachigen Übersetzung von „Mein Kampf" beteiligt gewesen, sofern er diese nicht sogar selbst vorgenommen habe. Die Schlussfolgerung, die in Anlehnung an die zeitgenössische Totalitarismustheorie daraus zu ziehen war, erschien naheliegend: Demnach bediene sich die ägyptische Führung unter Nasser in ihrer antiisraelischen Propaganda nicht nur eines Schlüsseltextes der nationalsozialistischen Weltanschauung, sondern sie habe diesen durch einen der übelsten Antisemiten der NS-Zeit übersetzen lassen. Dies wiederum bezeuge die Kontinuität jener unheilvollen Politik der 1930er Jahre, als das Deutsche Reich im Konflikt um Palästina auf Seiten der Araber stand.

---

931   Siehe dazu die „Stimme der Anderen" in FAZ vom 01.03.1965.
932   Erklärung (Ms.), o.D. [um August 1960] [BfV, 054-P-10013, Bl. 187–190].
933   Gesine von Leers an Helmensdorfer (FAZ), 08.04.1963 [APABIZ]. Siehe auch Gesine von Leers an Schenke, 09.11.1965 [NL Schenke].
934   Johann von Leers an Ryschkowsky, 14.11.1957 [BfV, 054-P-10013, Bl. 53].

Einen ersten Hinweis auf diese Erzählung enthält ein Bericht, der Ende November 1956 dem American Jewish Committee in New York übermittelt worden war und behauptete, zahlreiche der von Israel gefangen genommenen ägyptischen Soldaten hätten ein Exemplar dieser Schrift mit sich geführt. Der Urheber, ein nicht näher benannter Kenner der politischen Verhältnisse der Region, sah darin einen Beleg für jene Überzeugungen, von denen Nassers Regime sich leiten lasse.[935] In der Bundesrepublik wurden die Gerüchte spätestens Anfang Dezember 1956 aufgegriffen. Der Club republikanischer Publizisten dokumentierte in seiner Mitgliederzeitung eine Aufnahme, die das Cover einer arabischen Übersetzung des Hitler-Buches zeigen sollte. Ähnliches berichtete unter der bezeichnenden Überschrift „Hakenkreuz und Sowjetstern" auch ein Reporter der „Allgemeinen Sonntagszeitung", der zugleich den Schluss zog, dass es sich offensichtlich um eine „beliebte Lektüre der Kämpfer des ägyptischen Führers" handele.[936] Bearbeiter dieser „Tornisterausgabe" aus dem Jahre 1955 soll Johann von Leers gewesen sein. An dieser Stelle interessieren nicht die passrechtlichen Folgen für Johann von Leers, die Beamte vor allem des Innenministeriums in Bonn zu erörtern begannen (siehe Kap. 9.6.4). Auch die skeptische Haltung der Botschaftsangehörigen in Kairo gegenüber der Meldung, die ihnen nicht zuletzt deshalb *wenig glaubhaft* erschien, weil mit „Mein Kampf" eine *besondere propagandistische Wirkung unter der Truppe [...] nicht erzielt werden* könne, wird hier nicht vertieft.[937] Stattdessen soll untersucht werden, auf welche Belege sich die Darstellung stützt, wonach Johann von

---

935 Special Report from Israel, 27.11.1956 [AJC]. Im Original: „In the Sinai campaign, Israeli soldiers found many copies of Hitler's "Mein Kampf" distributed to those Egyptians who were literate. What more was there needed to show which way Nasser's regime was heading!" Der Autor sei „an Israeli observer of affairs in that country". Siehe auch TOULMER, PAUL HENRY: Goebbels am Nil. Ziel und Praxis der ägyptischen Großmachtpolitik, in: Rheinischer Merkur vom 30.06.1961.

936 Zum Club republikanischer Publizisten, der im Mai 1956 gegründet worden war und dem Publizisten wie Erich Kuby sowie Politiker wie Hans-Jochen Vogel angehörten, die die Öffentlichkeit „über die nationalsozialistische Vergangenheit und die Aktivitäten politischer Gruppen, die in den fünfziger Jahren in der Kontinuität dieser Vergangenheit standen" aufklären wollten, siehe HEESCH, JOHANNES: Der Grünwalder Kreis, in: SCHWAN, GESINE (HRSG.): Demokratische politische Identität. Deutschland, Polen und Frankreich im Vergleich, Wiesbaden 2006, S. 54 f. Zur zeitgenössischen Berichterstattung siehe auch VOGEL, ROLF: Hakenkreuz und Sowjetstern, in: Allgemeine Sonntagszeitung vom 02.12.1956, der Cover und Rückseite reproduzierte. In späteren Ausführungen vor der Bundespressekonferenz im Januar 1959 wird zudem behauptet, ein Artikel sei im Dezember 1956 auch in der „Deutschen Soldatenzeitung" erschienen [Abschrift in PA AA, B 82, V3-88, Nr. 444, Bl. 25–27]. Eine Veröffentlichung ist nicht belegt. Die Coveraufnahme stammte von der amerikanischen Bildagentur „Keystone". Siehe auch AA an Botschaft Kairo, 30.12.1956 [PA AA, B 82, V3-88, Nr. 250, Bl. 10].

937 Botschaft Kairo an AA, 11.01.1957 [PA AA, B 82, V3-88, Nr. 250, Bl. 11].

Leers sich an einer solchen Übersetzung beteiligt hat, wenn er nicht sogar ihr Urheber gewesen ist. Die intensiven Recherchen, zu denen sich Auswärtiges Amt und Innenministerium veranlasst sahen, waren nämlich nicht allein ihrem Informationsdefizit geschuldet. Sie unterstreichen zugleich, wie glaubhaft solche Behauptungen zeitweise erschienen.

Schwierigkeiten bereitete es den Behörden zunächst, überhaupt an ein Exemplar der genannten „Tornisterausgabe" zu gelangen. Dem Auswärtigen Amt war nur eine 1952 in Beirut produzierte Übersetzung von „Mein Kampf" bekannt. Diese aber, vermuteten die Beamten, konnte kaum durch die Mitwirkung von Johann von Leers entstanden sein, der seinerzeit in Buenos Aires lebte. Dass er an der „Tornisterausgabe" von 1955 beteiligt gewesen sei, hielten sie nur dann für denkbar, wenn ihm der Auftrag *bereits in Argentinien* vom damaligen Militärattaché der ägyptischen Botschaft, Hassan Fahmy Ismail, erteilt worden sei, zu dem er *freundschaftliche Beziehungen unterhalten* haben soll.[938] Dafür aber liegen keine Belege vor. Das Innenministerium wollte zwar dennoch nicht ausschließen, Johann von Leers habe *an einer im Jahre 1955 erschienen Ausgabe des Buches in arabischer Sprache maßgeblich mitgewirkt*.[939] Die Vermutung stützte sich allerdings auf die irrige Annahme, er habe *sich zu dieser Zeit bereits in Ägypten aufgehalten*.[940] Tatsächlich aber erfolgte die Übersiedlung erst im Frühjahr 1956 (siehe Kap. 9.2.1). Gleichwohl hielt sich das Interesse der Botschaft an einer Aufklärung in Grenzen. Stattdessen vertraute sie den entlastenden Auskünften, die sie durch Franz Wimmer-Lamquet (1919–2010) erhielt. Dieser behauptete beispielsweise, dass der Druck der „Tornisterausgabe" *nicht in Ägypten erfolgt sei, sondern in Israel*.[941] Den angekündigten Nachweis dafür blieb er jedoch schuldig. Angesichts der windigen Biografie dieses Zuträgers, einem erfahrenen Experten aus dem Milieu der Nachrichtendienste, war ihm gegenüber ohnehin Skepsis geboten. „Was macht der Kerl in Nordafrika", fragte bereits im August 1956 der New Yorker „Aufbau" und erinnerte an seine „dunkle Rolle" während des Krieges.[942]

Wimmer-Lamquet, nach eigenen Angaben *früher SS-Standartenführer*, hatte sein militärisches und nachrichtendienstliches Handwerkszeug Anfang der

---

938 Ebd.
939 BMI an AA, 15.02.1957 [PA AA, B 82, V3-88, Nr. 444, Bl. 5].
940 Ebd.
941 Vermerk Botschaft Kairo, 11.01.1957 [PA AA, B 82, V3-88, Nr. 250, Bd. 1, o. P.].
942 Was macht der Kerl in Nordafrika?, in: Aufbau 22 (1956) 31 vom 03.08.1956.

1930er Jahre erlernt.⁹⁴³ Bedeutungsvoll verweist er in seinen Memoiren darauf, SD-Chef Reinhard Heydrich habe ihn 1934 als 15-Jährigen für eine abenteuerliche Mission ausgewählt, für die er eine „besondere Ausbildung" durchlief, die ihn „in allen möglichen Fähigkeiten" instruierte.⁹⁴⁴ Was darunter zu verstehen war, zeigte sich 1936. Als „Kaffeepflanzer und Unruhestifter in Ostafrika" sollte er dort „gegen die Briten" arbeiten. Seine Aufgabe habe unter anderem darin bestanden, als „geheimer Wahlwerber gegen die Mandatsverwaltung" tätig zu werden. Mit Unterstützung lokaler „Medizinmänner" will es ihm gelungen sein, „die Stimmung unter den Afrikanern" so „zu beeinflussen", dass diese sich „zum „Widerstand gegen England" entschlossen. Nach Kriegsbeginn 1939 wurde er interniert, konnte aber bald nach Europa zurückkehren, wo eine neue Aufgabe auf ihn wartete: 1941 unterstützte er den irakischen Ministerpräsidenten Raschid Ali Ghailani, als dieser einen Staatsstreich gegen die Briten unternahm. Nach der Kapitulation des Afrikakorps im Mai 1943 wurde Wimmer-Lamquet beauftragt, aus arabischen Freiwilligen eine Sondereinheit für den Einsatz in Afrika, so genannte „Arabische Sicherungsverbände", aufzustellen.⁹⁴⁵ Fast zeitgleich begann er, einen Agentenring in Nordafrika aufzubauen. Mit welchen Aufgaben dieser betraut war, schilderte Wimmer-Lamquet unverblümt: „Das hieß verstärkter Partisanenkrieg und Sabotage zur Bindung alliierter Einheiten [...] – Ziel war es eben, Unsicherheit und Nervosität zu verbreiten und so möglichst viele alliierte Truppen in Nordafrika zu halten."⁹⁴⁶ Ob dem sowjetischen Geheimdienst NKWD, der ihn Ende Mai 1945 in Potsdam festnahm, diese Tätigkeiten bekannt waren, ist unklar. Wimmer-Lamquet, der seine Verhaftung auf Verrat zurückführte, wurde zu 15 Jahren Zwangsarbeit verurteilt und in ein Straflager in Workuta überstellt.⁹⁴⁷ Erst im Oktober 1955 kehrte er in die Bundesrepublik zurück. Unter dem sprechenden Pseudonym Stefan Sturm⁹⁴⁸ veröffentlichte er bald darauf den Dokumentarbericht „Wie leben die Sowjetmenschen nun wirk-

---

943 Botschaft Kairo an AA, 04.12.1956 [BArch, B 145/7660, o. P.] Siehe auch RITZI/SCHMIDT-EENBOOM: Im Schatten des Dritten Reiches, S. 61. Dort wird Wimmer-Lamquet als „SS-General" bezeichnet. In den SS-Dienstalterslisten vom SS-Sturmbannführer bis SS-Oberstgruppenführer vom Herbst 1944 wird der Name nicht genannt.
944 Zur Biografie bis 1945 siehe WIMMER-LAMQUET, FRANZ: Balkenkreuz und Halbmond. Als Abwehroffizier in Afrika und im Vorderen Orient, Graz 2005.
945 EBD., S. 105.
946 EBD., S. 164.
947 HEDELER, WLADISLAW/HENNIG, HORST: Schwarze Pyramiden, rote Sklaven. Der Streik in Workuta im Sommer 1953, Leipzig 2007, S. 51 f., 282.
948 Die Anfangsbuchstaben des Pseudonyms „Stefan Sturm" standen für „SS", „Ansturm" für die Grundhaltung des Häftlings während des Lageraufenthalts und der zusammengezogene Vor- und Nachname „Stefans Turm" für das Wahrzeichen Wiens. Siehe HEDELER/HENNIG: Schwarze Pyramiden, rote Sklaven, S. 51 (FN 90).

lich?" Im Sommer 1956 tauchte er mit seiner Lebensgefährtin Annelise Fleck (geb. 1923), auch sie eine Überlebende von Workuta, in Ägypten auf.[949] Er wolle sich *für längere Zeit in Kairo niederlassen,* um, wie er vorgab, für einen Würzburger Verlag *ein Buch über das neue Ägypten zu schreiben.*[950] Ferner wollte er dort Zeitungen wie die „Rheinpost" oder den „Hamburger Anzeiger" vertreten haben. Ob er unter Pseudonym auch in der „Deutschen Soldatenzeitung" veröffentlichte, wie gemutmaßt wird, ist nicht belegt.[951] Im Juli 1957 soll er vorübergehend wieder nach Wien zurückgekehrt sein.[952] Anfang 1958 hielt er sich jedoch erneut in Nordafrika auf, diesmal in Marokko, wo er die Botschaft der Bundesrepublik um Hilfe bat, um *bei hohen marokkanischen Regierungsstellen eingeführt* zu werden.[953] Im April 1959 weilte er „unter dem Decknamen ‚Monsieur Le Roy' in Tunis", wo er, wie der dortige BND-Resident berichtet haben soll, als einer „der fähigsten Spitzel des franz[ösischen] Geheimdienstes bekannt" gewesen sei.[954]

Wimmer-Lamquet steht exemplarisch für jenen Personenkreis in Nordafrika, um den sich zahlreiche Gerüchte rankten, über dessen tatsächlichen Motiven aber ein Schleier liegt.[955] Er selbst räumte in einem Gespräch auf der Botschaft ein, Angaben über publizistische Aufträge seien vorgeschoben gewesen. Seine eigentliche Aufgabe bestehe darin, *Untersuchungen* über die *kommunistische Wühlarbeit in Ägypten* anzustellen, *um später hierüber ebenfalls ein Buch zu veröffentlichen.*[956] Auch die Behauptung, an einem Buch über Ägypten zu arbeiten, traf offensichtlich nicht zu, wie eine Nachfrage beim Verlag ergab. Nach *anfäng-*

---

949 Siehe FLECK, ANNELISE: Workuta überlebt! Als Frau in Stalins Straflager, Berlin 1994.
950 Botschaft Kairo an AA, 04.12.1956 [BArch, B 145/7660, o. P.].
951 Aufzeichnung BPA, 21.01.1958 [BArch, B 145/7660 o. P.].
952 Auskunft Kanzleramt Wien, 27.01.1958 [BArch, B 145/7660, o. P.].
953 Botschaft Rabat an AA, 06.01.1958 [BArch, B 145/7660, o. P.].
954 RITZI/SCHMIDT-EENBOOM: Im Schatten des Dritten Reiches, S. 203.
955 So behauptete das SED-Organ „Neues Deutschland", Wimmer-Lamquet sei „während des letzten Krieges SS-Verbindungsoffizier zwischen Generalleutnant Gehlen und dem Chef des SS-Auslandsspionageamtes VI, Walter Schellenberg", gewesen. Jetzt gehöre er zu den „Mittelsleute[n]", die der BND nach Nordafrika geschickt habe, „um für die Franzosen Verbindungswege der FLN und für die westdeutsche Industrie „lohnende Objekte" auszukundschaften". Siehe O.V.: Gehlens grausige Blutspuren. Neue Einzelheiten über Verbrechen der faschistischen Bonner Geheimdienste, in: Neues Deutschland vom 11.11.1961. Siehe dagegen RITZI/SCHMIDT-EENBOOM: Im Schatten des Dritten Reiches, S. 203. Demnach seien die ostdeutschen Propagandisten „der Fehlinformation aufgesessen, der SS-Offizier sei schon bald nach Kriegsende in der Organisation Gehlen verantwortlich für Nordafrika gewesen. Tatsächlich arbeitete er ab den 1950er Jahren für den französischen Geheimdienst". Zu Wimmer-Lamquet siehe auch LÜDKE: Die Aktivitäten von Organisation Gehlen und BND im Nahen Osten, S. 461–466.
956 Botschaft Kairo an AA, 04.12.1956 [BArch, B 145/7660, o. P.].

lich sehr gutem persönlichem Eindruck, ließ dessen Inhaber vernehmen, habe man sich entschieden, sich von Wimmer-Lamquet *zu distanzieren.*⁹⁵⁷ Ausschlaggebend dafür waren nicht nur *recht erhebliche Unzuverlässigkeiten,* sondern auch der biografische Hintergrund: Dass Wimmer-Lamquet bereits als 26-Jähriger *Oberst der Waffen-SS* gewesen sei, deutete der Verlag als *reine Partei-Karriere.* Hinzu komme das Milieu, in dem er sich bewege: *Die Kreise, von denen W.-L. sich lancieren lässt, sind ausgesprochen ‚Uralt-Nazis'.*

Von wem Wimmer-Lamquet finanzielle Mittel bezog, ist unklar. Spekulativ bleibt die Behauptung, er habe zu den Propaganda- oder Militärexperten gehört, die durch ägyptische Regierungsstellen angeworben worden waren. Bereits vor seiner Einreise nach Ägypten hatte die „Allgemeine Wochenzeitung der Juden in Deutschland" ihn aus der Beiruter Zeitung „L'Orient" mit den Worten zitiert, ihm sei „sowohl von den Israelis wie von den Arabern angeboten worden [...], im Nahen Osten Geheimtruppen zu organisieren".⁹⁵⁸ Der britische Nachrichtendienst MI6 verdächtigte ihn des Waffenschmuggels und als Unruhestifter *probably working for the Egyptians.*⁹⁵⁹ Insofern zeugt die Einschätzung der Botschaft von Arglosigkeit, die Wimmer-Lamquet *einen offenen und glaubwürdigen Eindruck* attestierte, wohl aufgrund seines Bekenntnisses, er wolle sich *loyal gegenüber der Bundesrepublik verhalten.*⁹⁶⁰ Dass Wimmer-Lamquet nicht abstritt, Johann von Leers zu kennen, dass er jedoch *unter allen Umständen vermeiden wolle, ihm hier zu begegnen,* traf keineswegs zu.⁹⁶¹ Ein Widmungsexemplar seines Buches, das er Johann von Leers zu Weihnachten 1956 überreichte, steht dazu in deutlichem Kontrast.⁹⁶² Ebenso erstaunlich ist das Detailwissen, über das Wimmer-Lamquet verfügte. So wusste er um die enge Verbindung zwischen Johann von Leers und Hassan Fahmy Ismail, der ihn 1956 in Kairo eingeführt

---

957 Holzner-Verlag an BPA, 20.12.1956 [BArch, B 145/7660, o. P.].
958 Siehe dazu den Bericht in der „Allgemeinen Wochenzeitung der Juden in Deutschland" vom 25.05.1956: „Wimmer soll [...] bereits Verbindungen mit zahlreichen Mitgliedern seiner früheren arabischen Agentengruppen aufgenommen haben, die gerne wieder unter seinem Kommando stehen würden." Abschrift in den Unterlagen des Bundespresseamtes [BArch, B 145/7660, o. P.]. Siehe zudem O. V.: Nazi "Lawrence of Arabia" eager to operate again in N. Africa, in: The Sentinel vom 17.05.1956. Urheber dieses Gerüchts dürfte Wimmer-Lamquet selbst gewesen sein, der dies gegenüber Antony Terry, seinerzeit Bonner Korrespondent der Zeitung „Empire News", behauptet hatte. Siehe TERRY ANTONY: Gestapo's "Lawrence" will run Arab terror gang, in: Empire News, 18.03.1956.
959 MI6, Dossier zu Wimmer-Lamquet [TNA, Records of the Security Service. Personal Files 605787, o. P.]
960 Botschaft Kairo an AA, 04.12.1956 [BArch, B 145/7660, o. P.].
961 Ebd.
962 Wimmer-Lamquet widmete Johann von Leers im Dezember 1956 sein Buch *mit den besten Wünschen zum Weihnachtsfest.*

hatte.⁹⁶³ Der BND kam denn auch zu der Einschätzung, Johann von Leers sei *ein guter Freund von Wimmer-Lamquet* und arbeite *in Propagandasachen ab und zu mit ihm zusammen.*⁹⁶⁴

So fragwürdig Wimmer-Lamquet als Zeuge erscheinen musste, so skeptisch ist aber auch vielen Einlassungen zu begegnen, die Johann von Leers in dieser Angelegenheit über sich verbreitete. Als er etwa im Februar 1964 *an Eides statt* gegenüber Botschaftsangehörigen versicherte, *weder ‚Mein Kampf' noch irgend ein anderes Buch je ins Arabische übersetzt* geschweige denn *je etwas in arabischer Sprache veröffentlicht* zu haben, entsprach dies keineswegs der Wahrheit.⁹⁶⁵ Seine Beteiligung an der „Tornisterausgabe" erscheint dennoch wenig plausibel. Dagegen spricht, dass Hitlers Kampfschrift schon seit Anfang der 1930er Jahre zumindest auszugsweise in arabischer Sprache vorlag. Hinzu kommt, dass als Urheber einer nach dem Zweiten Weltkrieg erschienenen Übersetzung der Beiruter Journalist und Verleger Louis al-Hadsch (geb. 1907) ausfindig gemacht werden kann.

Erste Veröffentlichungen einzelner Kapitel aus „Mein Kampf" in arabischer Sprache waren schon bald nach der Machtübertragung an Hitler 1933 erschienen, etwa im Irak oder Libanon. Die Übersetzungen wurden dabei anhand einer englischen Vorlage vorgenommen, waren aber weder durch den Eher-Verlag autorisiert, noch entsprachen sie mit ihren zahlreichen Fehlern den Vorstellungen deutscher Arabisten, die sie einer kritischen Überprüfung unterzogen hatten. Versuche des Auswärtigen Amtes, „eine wirklich gute arabische Übersetzung des Werkes des Führers" zu erstellen, scheiterten an den hohen Kosten. Eine offiziöse Übersetzung hat es deshalb bis Kriegsbeginn nicht gegeben.⁹⁶⁶ Den „Völkischen Beobachter" hielt dies freilich nicht davon ab, 1938 anerkennend auf die arabischsprachigen Ausgaben dieses „ungelesenen Bestsellers" hinzuweisen, für die es zweifelsohne ein Publikum gegeben hat.⁹⁶⁷ Als im gleichen Jahr in Kairo eine „Islamische Parlamentarierkonferenz zugunsten Palästinas" organisiert wurde, kursierten unter den Teilnehmern arabische Ver-

---

963 Vermerk Botschaft, 11.1.1957 [PA AA, B 82, V 3-88, Nr. 250, o. P.] Zu Ismail siehe auch Subject: Von Leers, Johann, 26.03.1957 [NARA, RG 263, Entry ZZ-16, Box 32, NND 36822].
964 BND, Vermerk o.D. [BND, V-12859,1, Bl. 11].
965 Johann von Leers an Botschaft Kairo, 04.02.1964 [PA AA, B 82, V 3-88, Nr. 250, Bd. 2, Bl. 8].
966 WILD, STEFAN: National Socialism in the Arab Near East between 1933 and 1939, in: Die Welt des Islams 25 (1985), S. 126–173, hier S. 147–164.
967 PLÖCKINGER, OTHMAR: Geschichte eines Buches. Adolf Hitlers „Mein Kampf" 1922–1945, München 2006, S. 200 f. Kritisch zur Rezeption WILD: National Socialism in the Arab Near East between 1933 and 1939, S. 169.

sionen der „Protokolle der Weisen von Zion" und von „Mein Kampf".[968] Das „Time Magazin" behauptete im März 1939 sogar, Araber in Palästina zählten zu den eifrigsten Lesern des Buches.[969]

Diese Vorläufer spielten jedoch keine Rolle in den seit Ende 1956 lancierten Meldungen über die Verbreitung von „Mein Kampf" während der Suezkrise. Ins Blickfeld geriet stattdessen Johann von Leers, dem die Verantwortung für die „Tornisterausgabe" zugeschrieben wurde, und insbesondere Louis al-Hadsch, dessen Biografie in den kommenden Jahren sukzessiv in Darstellungen über frühere Nationalsozialisten, die in Ägypten abgetaucht seien und dort eine neue Identität angenommen hätten, eingeflochten wurde. Er nämlich soll nicht nur die Verantwortung dafür tragen, dass angeblich 1951 „erstmals" eine „vollständige und ungekürzte" Ausgabe der programmatischen Schrift Hitlers ins Arabische übersetzt worden sei. Zugleich verkörpere seine Biografie eine bezeichnende personelle Kontinuität, trage er doch in Wahrheit den Namen „Luis Heiden" und habe im „Dritten Reich" in Berlin einer „Reichsdeutsche[n] Presseagentur" als „Direktor" vorgestanden.[970] Eine nähere Betrachtung macht jedoch deutlich, dass diese Behauptung Teil jener propagandistisch-publizistischen Auseinandersetzung über „Nazis im Nahen Osten" gewesen ist, in der faktisch Zutreffendes mit fiktiven Elementen angereichert wurde.

Louis al-Hadsch hatte in Damaskus Jura studiert. Statt allerdings Rechtsanwalt zu werden, zog es ihn in den Journalismus. 1934 stieß er zu der gerade gegründeten Zeitung „al-Nahar" (Der Morgen), deren Chefredaktion er 1948 übernahm. Daneben übertrug er, angeblich aus finanziellen Gründen, Texte aus dem Französischen ins Arabische. Vor diesem Hintergrund entstand Anfang der 1950er Jahre seine Übersetzung von „Mein Kampf". Dass zugleich eine „Affinität" zum Nationalsozialismus bestand, ist nicht auszuschließen. In jedem Fall aber dürfte er „um die Begeisterung arabischer, insbesondere libanesischer

---

968 MALLMANN, KLAUS-MICHAEL/CÜPPERS, MARTIN: Halbmond und Hakenkreuz. Das Dritte Reich, die Araber und Palästina, Darmstadt ³2011, S. 45.

969 Das Magazin berichtete, "there have also been respectable sales among Palestine Arabs". O. V.: Best Seller, in: TIME Magazin vom 13.03.1939. Siehe auch PLÖCKINGER: Geschichte eines Buches, S. 200 f.; LAQUEUR, WALTER: Gesichter des Antisemitismus. Von den Anfängen bis heute, Berlin 2008, S. 219.

970 Im Original: "The complete and unabridged version of 'Mein Kampf' was first translated into Arabic in 1951 by the Syrian journalist, author and owner of the Beirut Printing & Publishing House, Louis al-Haj, former Luis Heiden, director of Die Reichsdeutsche Presseagentur, Berlin." Siehe Inside Egypt, in: The National Jewish Monthly, Februar 1957, S. 4–7. Siehe auch Botschaft Kairo an AA, 14.01.1959 [PA AA, B 82, V3-88, Nr. 444, Bl. 50–52], sowie Aufzeichnung AA, 31.01.1959, dieses Gerücht aufnehm [PA AA, B 82, V3-88, Nr. 444, Bl. 63–71]. Demnach soll es sich bei „Louis al-Haj" um einen früheren Deutschen mit Namen Heiden gehandelt haben.

Leser für die Person Adolf Hitlers gewusst haben".⁹⁷¹ Seine Übersetzung erschien seit Sommer 1952 zunächst in fünf Einzelbänden eines Beiruter Verlagshauses. Die jeweiligen Titel („Hitler und die Juden", „Hitler und die Rassen" usw.) hatte Louis al-Hadsch eigenständig formuliert. Aufgrund des großen Verkaufserfolgs veröffentlichte er noch im gleichen Jahr alle fünf Einzelbände unter dem Titel „Mein Kampf".⁹⁷² Dem ersten Band fügte er ein Vorwort hinzu, in dem er seine „Sympathie für Adolf Hitler und den Nationalsozialismus" äußerte und „Stolz" auf seine Übersetzung bekundete.⁹⁷³ Hitler, erklärte Louis al-Hadsch, zähle zu den „wenigen großen Männer" der Weltgeschichte, deren Erbe „nie vergehen kann". Zugleich empfahl er den Nationalsozialismus als Waffe im Kampf gegen den Kommunismus. Unter den verschiedenen Fassungen von „Mein Kampf", die nach dem Zweiten Weltkrieg im arabischen Sprachraum zirkulierten, gilt diese Veröffentlichung als „Originalübersetzung".⁹⁷⁴ Ob der Sammelband später als Vorlage der „Tornisterausgabe" diente, ist aber ungewiss. Unzutreffend ist jedoch die Behauptung, es habe sich bei der 1952 publizierten Fassung um eine „vollständige und ungekürzte" Ausgabe von „Mein Kampf" gehandelt. Das Buch stellte vielmehr eine „stark gekürzte Zusammenfassung"⁹⁷⁵ dar, in der überdies „an sehr vielen Stellen paraphrasiert" wurde.⁹⁷⁶ Eine Gesamtausgabe erschien allem Anschein nach erst 1963.⁹⁷⁷ Unbekannt ist zudem, aus welcher Sprachfassung Louis al-Hadsch arbeitete. Zwar betonte er, die Übersetzung „aus dem Original" vorgenommen zu haben, die „von der Hand der Zensur weder gekürzt noch abgeändert" worden sei. Dadurch will es ihm gelungen sein, Hitlers „Ansichten und Theorien [...] ohne jeglichen Eingriff zu übertragen".⁹⁷⁸ Trotz aller „fundierte[n] Kenntnisse der Zielsprache" wie auch der attestierten „überdurchschnittlich sorgfältigen und geschickten Übersetzung"⁹⁷⁹ legen jedoch falsche Transkriptionen etwa von Ortsnamen nahe, dass die Übertragung „nicht allein auf dem deutschen Original basiert" haben kann.⁹⁸⁰ Faktisch zutreffend war demnach, dass Louis al-Hadsch als Übersetzer von „Mein

---

971 Antisemitismus in der arabischen Welt. Ein Streitgespräch zwischen Jochen Müller, Omar Kamil und Walid Abd El Gawad, Leipzig 2008, S. 73.
972 Ebd., S. 65.
973 Ebd., S. 66.
974 Ebd., S. 63, 71.
975 Ebd., S. 65.
976 WILD, STEFAN: „Mein Kampf" in arabischer Übersetzung, in: Die Welt des Islams 9 (1964), S. 207–211, hier S. 208.
977 Antisemitismus in der arabischen Welt, S. 64 f.
978 Ebd., S. 68.
979 WILD: „Mein Kampf" in arabischer Übersetzung, S. 208.
980 Antisemitismus in der arabischen Welt, S. 74.

Kampf" dazu beigetragen hat, Hitlers Weltanschauung im arabischsprachigen Raum zu popularisieren. Propagandistisches Beiwerk sind dagegen die unterstellten Verbindungen zum Deutschen Reich vor 1945, die in den kommenden Jahren vielfach verbreitet und immer weiter ausgeschmückt wurden.[981]

Das gilt in ähnlicher Weise auch für Mutmaßungen über eine „Tornisterausgabe", die bald in die Erzählung über flüchtige Nationalsozialisten im Nahen Osten eingegangen sind. Zutreffend ist, dass „Mein Kampf" in arabischer Übersetzung vorlag und Anfang der 1950er Jahre erneut publiziert wurde. Belege dafür, dass Johann von Leers die 1955 gedruckte „Tornisterausgabe" besorgt haben könnte, wurden jedoch nie erbracht. Es stellt sich ohnehin die Frage, weshalb ausgerechnet er ein Buch übersetzt haben sollte, das seit mehr als 20 Jahren im Nahen Osten zirkulierte, wenn auch nur auszugsweise, schlecht übersetzt und vor 1945 weder in einer durch das Auswärtige Amt noch den Eher-Verlag autorisierten Fassung. Spekulationen in der Presse über Umfang und Hintergründe der Verbreitung rissen dennoch nicht mehr ab. Die FAZ beispielsweise behauptete im Sommer 1957, eine „verkürzte und bebilderte Ausgabe" habe „seit 1956 eine Auflage von 911.000 Stück erreicht".[982] Im Januar 1960 hieß es in der „Bonner Rundschau", ein früherer SS-Obersturmbannführer, der den Namen Hassan Soleiman angenommen habe, sei im ägyptischen Propagandadienst „speziell mit der Aufgabe betraut […], für die Verbreitung von Hitlers ‚Mein Kampf' in der arabischen Welt zu sorgen".[983] Von der arabischsprachigen Ausgabe sollen dabei „allein in den Jahren 1956 und 1957 mehr als 900.000 Exemplare verbreitet" worden sein.[984] Im Mai 1964 erklärte eine englischsprachige Zeitung unter der reißerischen Überschrift „Nazis have found a new Hilter" erneut, Johann von Leers sei für die Veröffentlichung einer Übersetzung verantwortlich, die sich reger Nachfrage erfreue.[985]

Obgleich bezweifelt werden kann, dass Johann von Leers Urheber einer solchen Übersetzung gewesen ist, bekam er dennoch Konsequenzen zu spüren.

---

981 Zum Fortleben in der Literatur siehe ROGGE: The Official German Report, S. 381; GOODRICK-CLARKE: NICHOLAS: Hitler's Priestess. Savitri Devi, the Hindu-Aryan Myth, and Neo-Nazism, New York/London 1998, S. 176; KIEFER, MICHAEL: Antisemitismus in den islamischen Gesellschaften. Der Palästina-Konflikt und der Transfer eines Feindbildes, Berlin 2002, S. 93; PRIESTER, KARIN: Warum Europäer in den Heiligen Krieg ziehen. Der Dschihadismus als rechtsradikale Jugendbewegung, Frankfurt am Main 2017, S 260.
982 O.V.: SS-Führer leiten die Gestapo Ägyptens, in: FAZ vom 25.07.1957.
983 O.V.: Kairo Zentrum der Kampagne? Paris: SS-Männer schüren von dort aus Antisemitismus, in: Bonner Rundschau vom 17.01.1960.
984 Ebd.
985 GRANT, BILL: Nazis have found a new Hitler, in: The Daily Gleaner (Kingston) vom 21.05.1964: "He is also responsible for publishing a translation of Hitler's Mein Kampf, enjoying a brisk sale."

Den Beamten im Bonner Innenministerium, die über seine Biografie gut im Bilde waren, gaben solche Mutmaßungen vor allem in der Ende der 1950er Jahre geführten Auseinandersetzung um seinen Reisepass ein schlagkräftiges Argument an die Hand (siehe Kap. 9.6.4). Mit Verweis auf das Passgesetz, wonach ein solches Dokument zu versagen sei, nicht verlängert werden müsse oder eingezogen werden könne, wenn Tatsachen die Annahme rechtfertigten, sein Inhaber gefährde die innere und äußere Sicherheit oder sonstige Belange der Bundesrepublik, machten sie sich für einen Einzug seines Passes stark. Dass ein solcher Verstoß vorliege, wenn ein deutscher Staatsbürger Hitlers Bekenntnis *in arabischer Sprache herausgibt*, daran bestand im Innenministerium kein Zweifel.[986] Im Auswärtigen Amt allerdings war der Wille zur Aufklärung begrenzt. Zwar wies die Zentrale ihre Botschaft in Kairo am 30. Dezember 1956 an, festzustellen, *ob die Behauptung zutrifft*, Johann von Leers habe diese Veröffentlichung besorgt.[987] Gleichwohl aber wurde die Angelegenheit dilatorisch behandelt. Der Entzug des Passes nämlich, vermerkten Mitarbeiter über das Ansinnen des Innenministeriums, erscheine im Augenblick *weder zweckmäßig noch zulässig*.[988] In der Tat dürfte kaum die Möglichkeit bestanden haben, auf der Grundlage unbewiesener Behauptungen *einem deutschen Staatsangehörigen den Reisepass zu entziehen*.[989] Nur für den Fall einer Bestätigung der Meldung sollten Maßnahmen ergriffen werden. Diese wären dem Auswärtigen Amt umso leichter gefallen, weil Johann von Leers keine Hilfe durch *Kommunisten* erwarten dürfe, die einen solchen Schritt *in einem anders gelagerten Fall* zweifellos *zum Gegenstand einer gegen die Bundesrepublik gerichteten Agitation* gemacht hätten.[990] Die Zweckmäßigkeit des Passentzuges zu bestreiten, schien allerdings auch im Eigeninteresse geboten. Wäre das Auswärtige Amt nämlich der Bitte des Innenministeriums nachgekommen, von seinen Botschaften in Argentinien und Ägypten feststellen zu lassen, ob Johann von Leers dort bekannt sei, ob er über einen bundesdeutschen Reisepass verfüge und durch welche Behörde er ausgestellt wurde, wären unweigerlich frühere Versäumnisse ans Licht gekommen. Daran aber konnte aus der Perspektive der Diplomaten kein Interesse bestehen (siehe Kap. 9.6.4).[991]

---

986 BMI an AA, 19.12.1956 [PA AA, B 82, V3-88, Nr. 444, Bl. 2].
987 AA an Botschaft Kairo, 30.12.1956 [PA AA, B 82, V3-88, Nr. 250, Bl. 10].
988 Handschriftliche Notiz zu BMI an AA, 19.12.1956 [PA AA, B 82, V3-88, Nr. 444, Bl. 2]; Aufzeichnung AA (Ref. 502), 13.01.1959 [PA AA, B 82, V3-88, Nr. 444, Bl. 18–20].
989 Vermerk AA (Ref. 200), 10.01.1957 [PA AA, B 82, V3-88, Nr. 444, Bl. 3].
990 Ebd.
991 BMI an AA, 19.12.1956 [PA AA, B 82, V3-88, Nr. 444, Bl. 2].

9.6.2 Das Memorandum von B'nai B'rith

Mitten in die Kontroverse um die Tornisterausgabe von „Mein Kampf" platzte eine weitere Sensation, die Mutmaßungen über flüchtige Nationalsozialisten im Dienste Nassers perfekt zu ergänzen schien. Das Memorandum „Inside Egypt", das die jüdische Organisation B'nai B'rith Mitte Januar 1957 in New York präsentierte und in der Februar-Ausgabe ihres Periodikums „The National Jewish Monthly" publizierte, sah in der Übersetzung und Verbreitung von Hitlers Buch nicht nur eine Bestätigung der weltanschaulichen Grundlagen, an denen Nasser sich orientiere. Biografische Details zu zahlreichen Nationalsozialisten, die nach Ägypten geflohen seien und dort arabische Namen angenommen hätten, sollten zusätzlich den Beweis antreten, das Regime stütze seine Herrschaft auf einen Terrorapparat, der in seiner Struktur Parallelen und in seiner personellen Ausstattung Kontinuität zum Nationalsozialismus aufweise. Wer seine Augen nicht verschließe, so die Botschaft, müsse erkennen, dass es eine „ägyptische Spielart des Nazismus" gebe.[992] Das Memorandum wurde später vom Auswärtigen Amt zwar nicht zu Unrecht als *unqualifiziert* bezeichnet[993], dennoch erwies sich sein Inhalt als außergewöhnlich wirkungsmächtig. Die Behauptungen, die „Inside Egypt" verbreitete, wurden seitdem in politisch brisanten Situationen immer wieder instrumentalisiert: ob im Zusammenhang mit den antijüdischen Ausschreitungen während der Suezkrise 1956/57, nach der neuerlichen Flucht verurteilter Straftäter aus der Bundesrepublik nach Kairo 1958 (siehe Kap. 9.6.3), als Teil der Kampagne gegen die ägyptische Raketenrüstung Anfang der 1960er Jahre oder während des Sechstagekrieges 1967. Egal ob es sich um Wissenschaftler oder Propagandisten handelte, betont wurde stets jene unheilvolle Kontinuität, die es diesem Personenkreis ermögliche, sein 1945 unterbrochenes „Werk der Vernichtung des Judentums mit Hilfe der Regierungen arabischer Länder fortzusetzen", wie Simon Wiesenthal (1908–2005) in einer Pressekonferenz erklärte.[994]

Elemente, auf die das Memorandum zurückgriff, waren schon im Herbst 1956 in Umlauf gekommen. Im September erschien im „Aufbau" ein Bericht, der einige der später kolportierten Namen enthält.[995] Woher die Redaktion ihre

---

992 O. V.: Inside Egypt, in: The National Jewish Monthly, Februar 1957, S. 4–7.
993 Botschaft Kairo an AA, 16.03.1960 [PA AA, B 82, V3-88, Nr. 250, Bd. 1, Bl. 63].
994 MESKIL: Hitler's Heirs; Hitler's Nazis in Nasser's Egypt, in: Comments [Ende 1964]; Flüchtige Naziverbrecher im Nahen Osten (Ms.), Wien 1967, S. 8. Siehe auch SEGEV, TOM: Simon Wiesenthal. Die Biographie, München 2010, S. 264–267.
995 Nasser und die Nazis, in: Aufbau 22 (1956) 36 vom 07.09.1956. Siehe auch Deutscher Informationsdienst Nr. 599 vom 10.10.1956.

Informationen bezog, ist nicht erkennbar. Schon Tauber, der trüben Berichten über „Nazis in Ägypten" nur geringe Glaubwürdigkeit attestierte, vermutete sie im Umfeld interessierter Geheimdienstkreise Frankreichs oder Israels.[996] In diese Phase fallen auch Artikel, die den Einsatz früherer NS-Propagandisten in Kairo skandalisierten. „Goebbels Men Lie for Nasser" überschrieb beispielsweise „Daily Mail" am 10. Dezember 1956 einen Beitrag, wonach frühere Nationalsozialisten hinter der ägyptischen Kriegspropaganda stünden. Bei zwei der vier genannten Namen handelte es sich allerdings um freie Erfindungen.[997] Zum eigentlichen Auslöser der Skandalisierung wurde aber erst das Mitte Januar 1957 veröffentlichte Memorandum „Inside Egypt". Schon dessen Ankündigung ließ im Auswärtigen Amt die Alarmglocken läuten: Der Bericht stelle dar, *dass frühere Nationalsozialisten, die zum Teil unter falschen Namen in dem Land lebten, die gegenwärtigen Ausschreitungen gegen in Ägypten lebende Juden organisierten,* hatte die Behörde vorab durch den Bonner Korrespondenten der „New York Times" erfahren.[998] Der Bericht selbst, für den aus Gründen der Sicherheit kein Autor genannt wurde, für dessen genauestens überprüften Inhalt sich aber die Herausgeber verbürgten, nannte zahlreiche Namen angeblich flüchtiger Nationalsozialisten, die nunmehr im Dienste Nassers stünden und Ausschreitungen gegen Juden in dem Land organisierten.[999] Eine Parallele zum Nationalsozialismus ergab sich aus der Struktur eines so bezeichneten „State Security Cadre" und einer „Secret State Police". Diese stellten eine Kopie des Sicherheitsdienstes bzw. der Geheimen Staatspolizei dar und hätten „Konzentrationslager" für Tausende Häftlinge eingerichtet, in denen Gefangene „auf der Flucht erschossen" würden.[1000] Der Hinweis auf ihren Übertritt zum Islam und die Annahme eines arabischen Namens sollte zudem bekräftigen, dass die genannten Personen nicht einfache Söldner waren, sondern sich mit der Religion und Politik ihrer neuen Heimat identifizierten.

Das Memorandum fand weltweit Resonanz in der Tagespresse und zahlreichen jüdischen Gemeindezeitschriften.[1001] Zwar wurde Johann von Leers in diesen ersten Veröffentlichungen nicht erwähnt, in der allgemeinen Erregung

---

996 Siehe TAUBER: Beyond Eagle and Swastika, S. 243 bzw. S. 1114–1116 (Bd. 2).
997 O. V.: Goebbels Men Lie for Nasser: The Nazis behind the Egyptian propaganda war, in: Daily Mail vom 10.12.1956. Siehe auch Botschaft Kairo an Botschaft London, 18.01.1957 [PA AA, B 82, V3-88, Nr. 250, Bd. 1, Bl. 13].
998 AA an Botschaft, 16.01.1957 [PA AA, B 82, V3-88, Nr. 250, Bd. 1, Bl. 15].
999 Ebd.
1000 O. V.: Inside Egypt, in: The National Jewish Monthly, Februar 1957, S. 4–7, hier S. 6.
1001 O. V.: A Report on Anti-Semitism Says Ex-Nazis Stage Drive. Inquiry by U.S. Urged, in: New York Times vom 16.01.1957; O. V.: Nouvelles précisions sur l'entourage nazi du colonel Nasser, in: Le Figaro vom 16.04.1957; O. V.: Ex-Nazis Accused In Egypt Terror, in: The Milwau-

über die Meldung, die durch die politische Krise im Nahen Osten angeheizt wurde, geriet aber auch er ins Blickfeld. Schon Mitte Februar richtete ein Abgeordneter der Labour-Partei im britischen Unterhaus an den Außenminister die Frage, ob diesem bekannt sei, dass eine Reihe früherer NS-Propagandisten, unter ihnen Johann von Leers, *sich jetzt in ägyptischen Diensten befänden* und ob dieser *eine Untersuchung durch die Vereinten Nationen anregen wolle*.[1002] Einen verstärkenden Effekt erfuhr die Skandalisierung durch einen Beitrag in der Juni-Ausgabe des „Bulletin on German Questions", das der Publizist Hans Jaeger (1899–1975) in London herausgab. Er verband fiktive Gestalten des Memorandums, die den Terrorapparat repräsentierten, mit den Namen tatsächlich identifizierbarer Propagandisten.[1003] Spätestens damit wurde die Geschichte auch in der Bundesrepublik zum Gegenstand aufgeregter Diskussionen. „SS-Führer leiten die Gestapo Ägyptens" informierte beispielsweis die FAZ ihre Leser. Von „Terror und KZs am Nil" wusste die „Allgemeine Wochenzeitung der Juden" zu berichten.[1004] In einer fünfteiligen Serie verbreitete die „Frankfurter Illustrierte" ausführlich das Zerrbild vom „SS-Treffpunkt Kairo".[1005] Damit war das Muster der Erzählung vorgegeben, die bis in die späten 1960er Jahre immer wieder aktualisiert wurde und nach den Terroranschlägen in den USA im September 2001 erneut Verbreitung gefunden hat.[1006]

Für die langanhaltende Wirkung des Memorandums gibt es mehrere Gründe. Der Erfolg beruhte zunächst darauf, dass der Erzählung ein wahrer Kern zugrunde lag. Dass eine große Zahl früherer Nationalsozialisten und ihrer Kollaborateure, wenn auch aus unterschiedlichen Motiven, nach 1945 auf zum Teil verschlungenen Pfaden in den Nahen Osten und insbesondere nach Ägypten entschwinden konnte, ließ sich nicht leugnen. Von Geschick zeugte es, Personen, deren Existenz nicht abgestritten werden konnte, unzutreffende, allerdings kaum überprüfbare biografische Details anzudichten und diese neben komplett erfundene Phantasiegestalten zu stellen, zu denen weder von Behörden

---

kee Sentinal vom 12.02.1957; ARONSFELD, C.C.: Ex-Nazis in Egypt, in: The Jewish Chronicle vom 22.02.1957. Siehe auch den Beitrag in „Jewish Affairs" des South African Jewish Board of Deputies, Ausgabe Februar 1957, S. 31–33.

1002 Botschaft London an AA, 12.03.1957 [PA AA, B 82, V3-88, Nr. 250, Bd. 1, Bl. 22].

1003 Bulletin on German Questions 9 (1957) 191 vom 20. Juni 1957 und 9 (1957) 195 vom 21. August 1957.

1004 O. V.: Terror und KZs am Nil, in: AJW vom 12.07.1957; SS-Führer leiten die Gestapo Ägyptens, in: FAZ vom 25.07.1957; O. V. Nazis um Nasser, in: Frankfurter Neue Presse vom 18.04.1957.

1005 SS-Treffpunkt Kairo, in: Frankfurter Illustrierte Nr. 33/1957 vom 17.08.1957, S. 10 f., 28–32; Nr. 34/1957 vom 24.08.1957 (Teil II), S. 16–18, 32–34; Nr. 35/1957 vom 31.08.1957 (Teil III), S. 12–16, 31 und Nr. 36/1957 vom 07.09.1957 (Teil IV), S. 32–37.

1006 Siehe zum Beispiel KIEFER: Antisemitismus in den islamischen Gesellschaften, S. 93; RUBIN: Nazis, Islamists, and the Making of the Modern Middle, S. 221.

geschweige denn Betroffenen oder Angehörigen ein Dementi zu erwarten war. Der Journalist und Verleger Louis al-Hadsch aus Beirut etwa ließ sich tatsächlich ausfindig machen (siehe Kap. 9.6.1). Ebenso verbürgt ist die Existenz eines „Al Nacher". Er stammte, wie ein Mitarbeiter der Botschaft ermitteln konnte, wohl von einem ägyptischen Vater und einer deutschen Mutter ab und hielt sich zu Kriegsbeginn 1939 in Deutschland auf, wo er durch *Wehrmacht oder SS eingezogen* gewesen sein soll. Sein tatsächlicher Name ließ sich allerdings nicht ermitteln.[1007] Als reines Produkt der Phantasie können dagegen die Biografien von „Leopold Gleim", „Bernhard Bender" oder „Gruppenleiter Moser" gelten.[1008]

Dem Memorandum spielte in die Hände, dass seit dem Sommer 1956 tatsächlich eine Reihe früherer NS-Propagandisten von Ägypten angeworben worden waren. Johann von Leers stellte somit keinen Einzelfall dar. Ebenso traf zu, dass sich seit Beginn der 1950er Jahre immer wieder flüchtige Täter aus den NS-Terrorapparaten in dem Land aufhielten oder zumindest, wie der frühere „Judenreferent" des Auswärtigen Amtes Franz Rademacher, zeitweise hier vermutet werden konnten. Die Biografien von Joachim Deumling (1910–2007), 1943/44 Führer des Einsatzkommandos in Kroatien, oder Rudolf Mildner (geb. 1902), dem ehemaligen Chef der Gestapo in Kattowitz, der nach einer Korruptionsaffäre ins Reichssicherheitshauptamt versetzt worden war, ließen Deutungen, wie sie „Inside Egypt" verbreitete, plausibel erscheinen.[1009] Dass diese Aufenthalte keineswegs zeitgleich stattfanden und oft nur von kurzer Dauer waren, und dass zumindest die Propagandisten nicht die ihnen zugeschriebene Rolle spielten und einige von ihnen das Land enttäuscht wieder verlassen hatten, solche Differenzierungen nahmen die Pressevertreter in ihren Berichten nicht vor. Durchschaubar mussten auch Entgegnungen rechtsextremer Presseorgane erscheinen, die sich, wie etwa „Der Weg" in einer seiner letzten Aus-

---

1007 Botschaft an AA, 26.01.1957 [PA AA, B 82, V3-88, Nr. 250, Bd. 1, Bl. 17]. Die Botschaft bestätigte diese Information auch gegenüber einem Vertreter des American Jewish Committee. Siehe AJC, Memorandum „Germans in Egypt" des Pariser Büros vom 27.02.1957 [AJC]. Siehe dagegen MALEK: Nazis und Kommis in Kairo, S. 701–706, wonach diese Person nicht existiert haben soll.

1008 Zu Bender siehe FINKENBERGER: Johann von Leers (1902–1965), S. 129. Siehe dagegen Deutscher Bundestag, 3. WP, Auswärtiger Ausschuss, 59. Sitzung vom 09.02.1961. Siehe KOMMISSION FÜR GESCHICHTE DES PARLAMENTARISMUS UND DER POLITISCHEN PARTEIEN (HRSG.): Der Auswärtige Ausschuß des Deutschen Bundestages Sitzungsprotokolle 1957–1961, Bonn 2003, CD-ROM-Supplement. S. 1420: Demnach soll es sich bei ihm um einen „früheren SS-Obersturmbannführer" gehandelt haben, der „jedoch in keiner staatlichen Stellung", sondern „als Kaufmann" in Kairo lebe.

1009 Zu Deumling siehe WILDT, MICHAEL: Generation des Unbedingten. Das Führungskorps des Reichssicherheitshauptamtes, Hamburg ²2002, S. 739, 932; zu Mildner FRIEDLÄNDER, SAUL: Die Jahre der Vernichtung. Das Dritte Reich und die Juden (Bd. 2), München 2006, S. 573.

gaben, über den „frechen Schwindel" dieser „Märchenerzähler" empörten.[1010] Sie wurden ebenso wenig wahrgenommen wie eine Korrektur, in der Johann von Leers unter dem Pseudonym „Kai Jensen" seine Sicht der Dinge verbreitete. Nur wenige Redaktionen waren bereit, seine Einlassungen abzudrucken.[1011] Hilflos musste denn auch Fakoussa in der „Arabische Korrespondenz" einräumen, gegen diese Behauptungen, die „eher von zionistischen Agenten als von deutschen Journalisten" verfasst worden seien, nichts ausrichten zu können.[1012] Die Erzählung wurde in den folgenden Jahren nicht nur vielfach aktualisiert, sondern mit weiteren erfundenen Biografien ausgeschmückt. Beispielhaft ist eine im September 1960 vorgelegte Liste mit den Namen von 23 angeblichen Nazi-Kollaborateuren.[1013] Wie bereits „Inside Egypt", stieß sie eine Reihe weiterer Veröffentlichungen an.[1014] Eine davon stammt von Paul Meskil (1923–2005). Sein 1961 erschienenes Buch über „Hitlers Erben" zeichnete sich vor allem dadurch aus, dass es einigen der bereits bekannten Phantasiefiguren weitere biografische Elemente hinzudichtete, neue Namen einführte und diese wiederum mit tatsächlich existierenden Personen in Verbindung brachte: Über einen „Sellman" etwa, der den Namen „Mohammed Sulleiman" angenommen habe und Gleims Mitarbeiter sei, wusste Meskil zu berichten, dieser sei „Polizeimann" in Bayern gewesen und werde als Kriegsverbrecher in Deutschland gesucht.[1015] Präzise Angaben, die Leser zu naheliegenden Schlüssen verleiten sollten, vermochte er auch über Nassers „Sicherheitsdienst" zu machen. Dieser verfüge über eine „Abteilung Israel", bei der es sich um „eine moderne Nachahmung" von Eichmanns „Amt IVA 4b" handele. Vergleichbares gilt zu seinen Angaben über „Bender", auf den ein Dekret mit dem einprägsamen Titel „The Final Solution of the Jewish-Zionist Problem Within Territories of the United Arab

---

1010 Malek: Nazis und Kommis in Kairo, S. 703.
1011 Jensen, Kai: SS-Treffpunkt Kairo – eine dicke Ente!, in: Die Brücke (Auslandsdienst) 4 (1957), 18/19 vom 01. bzw. 15.10.1957; O. V.: SS-Treffpunkt Kairo…, in: Reichsruf 44/1957 vom 02.11.1957. Ein Abdruck erfolgte auch in der Zeitung des „Deutschen Blocks", Ausgabe Oktober/November 1957.
1012 Anti-arabische Propaganda, in: AK 1 (1957) 17 vom 14.09.1957, S. 4.
1013 Israel Names 23 in U.A.R. as Nazis. Report Says Ex-Hitlerites Hold High Posts in Cairo, Some Using Arab Names, in: New York Times vom 30.09.1960. The mysterious Nazi Leaders of Cairo, in: New York Post vom 04.10.1960. Die Namen finden sich auch bei John: The Boss.
1014 Pearlman: Die Nazi-Untergrundbewegung, S. 327–334; Rogge: The Official German Report, S. 380 f.; Sedar, Irving/Greenberg, Harold J.: Behind the Egyptian Sphinx. Nasser's Strange Bedfellows. Prelude to World War III? Philadelphia/New York 1960. Letztere Veröffentlichung bezeichnete Tauber als ein "sensationalist and unreliable tract". Siehe Tauber: Beyond Eagle and Swastika, S. 1111.
1015 Meskil: Hitler's Heirs, S. 166–169.

Republic" zurückgehen solle.¹⁰¹⁶ Das Buch des New Yorker Zeitungsreporters wäre kaum der Rede wert, hätte dieser sich nicht in hanebüchener Weise auch mit Johann von Leers befasst, dessen Biografie er mit Spekulationen über Bormann und dessen geheimnisvolles Treiben in Südamerika, wo er von Buenos Aires aus die Untergrundorganisation „Die Spinne" kommandiert habe, verwob. Als sein Gehilfe dort betätige sich Johann von Leers, der hunderten von Kriegsverbrechern einschließlich Eichmann bei ihrer Flucht nach Südamerika geholfen und heute von seiner Villa in Kairo aus damit befasst sei, ihnen den Weg in arabische Staaten zu öffnen.¹⁰¹⁷

Die Zählebigkeit solcher Behauptungen ist allerdings nicht allein darauf zurückzuführen, dass hier Fakten und Fiktionen phantasievoll verquickt waren und damit den Anschein von Stimmigkeit erhielten. Ihr Erfolg hing auch damit zusammen, dass sie mit einem Narrativ des Kalten Krieges kompatibel waren, demzufolge die totalitäre Bedrohung durch Nationalsozialismus und Kommunismus zwei Seiten einer Medaille darstellten und der von Nasser proklamierte panarabische Sozialismus zu beiden Weltanschauungen anschlussfähig war. Der Anwerbung früherer Nationalsozialisten widersprach somit nicht, dass Ägypten seit Anfang 1953 seine Beziehungen zur Sowjetunion ausgeweitet hatte.¹⁰¹⁸ Die „Frankfurter Illustrierte" zitierte denn auch eine Quelle, wonach Ernst Wollweber, bis 1957 Minister für Staatssicherheit der DDR, der „Mann im Hintergrund" bei der „Anwerbung ehemaliger SS-Führer für Nasser" gewesen sein soll. Dass frühere Nationalsozialisten von Argentinien nach Ägypten übersiedeln konnten, wollte ihr nach Kairo entsandter Reporter herausgefunden haben, verdanke sich „Moskaus Geld" und „Wollwebers falschem Pass".¹⁰¹⁹ Über die in Ägypten verbreitete Ausgabe von „Mein Kampf" wusste das Blatt, diese habe das Orientalische Institut in Moskau gedruckt. Ähnlich unglaubwürdige Zusammenhänge stellte auch ein vertrauliches Memorandum eines Mitarbeiters der US-Botschaft in Lima her, das im April 1965 wenige Wochen nach dem Tod von Johann von Leers entstand. Es beruhte auf Gesprächen mit einem früheren peruanischen Polizeifunktionär, der erfahren haben wollte, dass derzeit mehr als 3.000 frühere Nationalsozialisten *under the payroll of the Egyptian Government* stünden, und mit der sensationellen Nachricht aufwartete, einer von ihnen, ein ehemals hochrangiger Nationalsozialist und Kriegsverbrecher, werde gegen Ende

---

1016 Ebd.
1017 Ebd.
1018 Siehe Bachmann, Wiebke: Die UdSSR und der Nahe Osten. Zionismus, ägyptischer Antikolonialismus und sowjetische Außenpolitik bis 1956, München 2011, S 167–190.
1019 SS-Treffpunkt Kairo, in: Frankfurter Illustrierte Nr. 33/1957 vom 17.08.1957.

des Jahres 1964 in Peru erwartet.[1020] Diese Information habe sich, so der Botschaftsmitarbeiter, als zutreffend erwiesen, da am 3. Dezember mit Johann von Leers, ausgestattet mit einem ägyptischen Pass auf den Namen Omar Amin von Leers, ein prominenter NS-Propagandist in das Land eingereist sein soll, wo er, vermittelt durch den Hochstapler Friedrich Schwend (1906–1980), Falschgeld im Wert von 100.000 US-Dollar erwerben wollte. Mit ihm sei der Gast einen Tag nach seiner Ankunft in der Botschaft der Vereinigten Arabischen Republik zusammengetroffen.[1021] Am 9. Dezember 1964 dann habe Johann von Leers seine Reise nach São Paulo fortgesetzt, um von dort nach Kairo zurückzukehren. So abenteuerlich schon diese Erzählung angesichts der angeschlagenen Gesundheit Johann von Leers' klingt, so unglaubwürdig waren die weiteren Details, die der Mitarbeiter der US-Botschaft von seinem Gewährsmann erhalten haben wollte. Demnach sollte das Falschgeld in Frankreich eingesetzt werden, wo die Kommunistische Partei *with the help of the former German, von Leers, will introduce over a million dollars queer dollar bills.*[1022] Angesichts der gegenwärtigen Politik der französischen Regierung *of selling dollars for gold* räumte der Botschaftsmitarbeiter dieser Behauptung sogar eine gewisse Plausibilität ein. Als Akteur in dem Memorandum trat auch die Phantasiefigur „Bernhard Bender" in Erscheinung, der als Leiter von Nassers *Political Department* bezeichnet wurde und dem die Aufgabe zufalle, die Verbindung mit den französischen Kommunisten herzustellen, um das Falschgeld in Umlauf zu bringen.[1023]

Was der Mitarbeiter der US-Botschaft in Lima im April 1965 in einem vertraulichen Memorandum notiert, muss als blanker Unsinn erscheinen. Auch viele der Behauptungen, wie sie „Inside Egypt" komprimiert zusammenfasste, entbehrten jeglicher Grundlage. Die *wenigen* in Kairo tätigen *ehemaligen Nazis* seien *zum großen Teil bekannt,* berichtete die Botschaft bereits Ende Januar 1957 nach Bonn. Ihre Einschätzung des Memorandums war somit eindeutig: Die *[g]roteske Übertreibung [...] widerlegt sich selber.*[1024] Politiker, Sicherheitsbehörden, Medienvertreter und sogar Fachwissenschaftler jedoch nahmen die Aussagen zunehmend ernst und stellten verblüffende Zusammenhänge her. Die „Entwicklung der ägyptische Geheimdienstorganisation", hieß es etwa 1969, sei „weitgehend von einer kleinen Gruppe von Nazi-Fanatikern beeinflusst" worden, „die unter arabischen Namen in Kairo ihre gelehrigen Schüler mit SD-

---

1020 Counterfeit U.S. Currency, Peru, 29.04.1965 [NARA, RG 263, Entry ZZ-16, Akte Schwend, D. 93].
1021 Ebd. Zu Schwend und seiner Rolle siehe STAHL: Nazi-Jagd, S. 221–224.
1022 Ebd.
1023 Ebd.
1024 Botschaft an AA, 26.01.1957 [PA AA, B 82, V3-88, Nr. 250, Bd. 1, Bl. 17].

und Gestapo-Methoden vertraut machten". Seine „Hand im Spiel" habe dabei „zweifellos Professor Omar Amin, alias Dr. Johannes von Leers" gehabt, der bis 1945 „vor allem durch seine phantasievollen Berichte über die Wirkung der V-Waffen" bekannt geworden sei, kolportierte der Historiker und Schriftsteller Gert Buchheit (1900–1978), von dem mittlerweile bekannt ist, dass er seit Mitte der 1960er Jahre als „geschichtspolitischer Spindoktor für den Bundesnachrichtendienst" arbeitete und Retuschen an dessen Geschichte vorgenommen hat.[1025] Journalisten, die ihren Lesern skandalumwitterte NS-Geschichten präsentieren wollten, hielten die ausgelegten Spuren für so glaubwürdig, dass sie ihnen vielfach unkritisch gefolgt sind.

Die regelmäßige Aktualisierung dieser Erzählungen geschah vor allem in tagespolitisch motivierten Auseinandersetzungen. Zugleich rief sie immer wieder in Erinnerung, dass tatsächlich zahlreiche NS-Verbrecher, die zur Fahndung ausstanden, unentdeckt lebten und einige von ihnen, so etwa Brunner, Gelny oder Heim, im Nahen Osten zu vermutet waren. Im Gegensatz dazu steht freilich, dass sich diese Berichte über zahlreiche Akteure mit einschlägiger NS-Vergangenheit ausschwiegen und von ihnen ablenkten. Umso zahlreicher dagegen blühten Spekulationen über Kunstfiguren wie „Franz Bünsche" oder „Leopold Gleim", die ein skurriles Eigenleben entwickelt haben.[1026] Selbst professionelle Beobachter des Bundesamtes für Verfassungsschutz nehmen die Erzählung über „Leopold Gleim" inzwischen für bare Münze.[1027]

1025 BUCHHEIT, GERT: Die anonyme Macht. Aufgaben, Methoden, Erfahrungen der Geheimdienste, Frankfurt am Main 1969, S. 125. Zu Buchheits biografischem Hintergrund siehe MEYER, WINFRIED: „Nachhut"-Gefechte. Die Arbeitsgemeinschaft ehemaliger Abwehr-Angehöriger (AGEA), der Bundesnachrichtendienst und die Geschichtsschreibung über den deutschen militärischen Nachrichtendienst im Zweiten Weltkrieg, in: Journal for Intelligence, Propaganda and Security Studies 6 (2012) 2, S. 56–79; WIEGREFE, KLAUS: Gekaufte Geschichte, in: SPIEGEL 67 (2013) 3 vom 14.01.2013, S. 32.
1026 Zu Gleim siehe HOLZ: Die Gegenwart des Antisemitismus, S. 19: Demnach gehörte Gleim zu den Nationalsozialisten im „ägyptischen Exil", die dort „führende Funktionen im Propagandaapparat" übernahmen. Siehe auch SCHMIDINGER, THOMAS: Zur Islamisierung des Antisemitismus, in: DOKUMENTATIONSARCHIV DES ÖSTERREICHISCHEN WIDERSTANDES (HRSG.): Jahrbuch 2008, Wien 2008, S. 103–139, hier S. 121. Er behauptet, Gleim habe Nassers Geheimpolizei geleitet und sei „für die Überwachung der ägyptischen Juden und Jüdinnen zuständig" gewesen. Schmidinger referiert HAFNER: Die Akte Alois Brunner, S. 267. Zu „Bünsche" als Kunstfigur siehe FINKENBERGER: Johann von Leers (1902–1965), S. 129.
1027 PFAHL-TRAUGHBER, ARMIN: Der Ideologiebildungsprozess beim Judenhass der Islamisten. Zum ideengeschichtlichen Hintergrund einer Form des „Neuen Antisemitismus", in: Jahrbuch Öffentliche Sicherheit 2004/05, S. 189–208, hier S. 206. Die Angabe wird referiert nach WISTRICH, ROBERT: Der antisemitische Wahn. Von Hitler bis zum Heiligen Krieg gegen Israel, Ismaning 1987, S. 314 f.

9.6.3 Flüchtige NS-Täter und „politische" Exilanten

Es versteht sich von selbst, dass die Flucht einer so großen Zahl von NS-Verbrechern kaum ohne ein Netzwerk von Helfern und Mittelsmännern funktionieren konnte. Dass Johann von Leers als „Anlaufstelle"[1028] eine maßgebliche Rolle spielte, ging nicht nur in Behördenakten ein, sondern galt auch in der Öffentlichkeit als unumstößliche Tatsache: Ein Informationsbrief etwa, der sich aus Quellen der Bundesregierung speiste, behauptete, Johann von Leers habe *eine gewisse Rolle bei der Abwanderung ehemaliger Nationalsozialisten in die arabischen Staaten* gespielt.[1029] Wem in der Bundesrepublik ein Strafverfahren drohe, dem eröffne sich über Dénia an der Mittemeerküste Spaniens eine Route nach Kairo, wo er von Johann von Leers *empfangen* werde, der überdies auch einen *Weiterflug nach Pretoria* in die Wege leiten könne, wollte ein Chemiker während eines beruflichen Aufenthalts Anfang der 1960er Jahre in Südafrika erfahren haben.[1030] „Wer in Ägypten Zuflucht suchte, tat gut daran, sich an Amin ben Omar zu wenden, denn er verfügte über beste Kontakte und half gern", wird die Erzählung bis heute fortgeschrieben.[1031] Tatsächlich unterhielt er sowohl während seines Aufenthalts in Buenos Aires als auch in Kairo Kontakt zu Personen, die sich dort strafrechtlicher Verfolgung entziehen wollten. Von einem „systematischen Wirken des Herrn Johannes von Leers" als Drahtzieher hinter den Kulissen einer weltumspannenden Fluchthilfe kann jedoch nicht gesprochen werden.[1032] Ganz abgesehen davon, dass es eine dazu erforderliche Organisation nicht gegeben hat, hätte dies Ende der 1950er Jahre auch seine organisatorischen Fähigkeiten überfordert. Johann von Leers, fasste ein Beobachter zutreffend zusammen, sei ein *zum Islam übergetretene[r] Phantast* gewesen, der *bei weitem keine Organisation leiten* konnte.[1033] Deutlich wird dies an den skandalträchtigen Fluchtfällen des Offenburger Studienrats Ludwig Zind (1907–1973) und des KZ-Arztes Hans Eisele (1912–1967), in denen sein Name

---

1028 Bundespass für Antisemit Leers verlängert, in: PPP vom 09.01.1959.
1029 Bonner Informationen aus erster Hand vom 03.12.1958. Nach Angaben des Auswärtigen Amtes handelte es sich hier *um einen der Regierung nahestehenden, wöchentlichen Pressedienst, dessen Quellen für zuverlässig angesehen* würden. Siehe AA an Generalstaatsanwalt Karlsruhe vom 04.12.1958 [StAF F 179/2 Nr. 18 H. 15].
1030 Vernehmung vom 12.08.1964 [PA AA, B 82, V3-88, Nr. 250 , Bd. 2, Bl. 26–32, hier Bl. 27].
1031 HAFNER: Die Akte Alois Brunner, S. 267.
1032 O. V.: Die Antisemiten am Werk, in: Frankfurter Hefte 14 (1959) 2, S. 161 f.
1033 Dossier „Leers-Komplex" (Ms.), o. O. o. J., S. 7 f. [AfZ, JUNA-Archiv]. Siehe auch das 1960 dem Auswärtigen Amt zugetragene Gerücht, Johann von Leers stehe in Verbindung zur Islam-Gemeinde in Hamburg, weil er *durch diese Gemeinde eine antisemitische Bewegung in der Bundesrepublik zu starten* beabsichtige. Verbindungen Amin Lahar aus Kairo nach der Bundesrepublik, 18.02.1960 [PA AA, ZA 105783].

erneut Teil jener „publizistischen Unruhe" wurde, deren Urheber eine systematische Aufarbeitung der Vergangenheit einforderten.[1034] Kritisch zu hinterfragen ist allerdings, welche Rolle er tatsächlich spielte.

Der Gymnasiallehrer Ludwig Zind, ein früherer Mitarbeiter des SD, der nach 1945 zunächst mit zwei Jahren Berufsverbot belegt worden war, hatte im April 1957 in einem Wirtshausgespräch den jüdischen Textilhändler Kurt Lieser durch antisemitische Äußerungen beleidigt.[1035] Nachdem er eine Entschuldigung verweigert hatte, strengte Lieser ein Disziplinarverfahren gegen Zind an, das offensichtlich nur schleppend bearbeitet wurde. Ein Artikel im SPIEGEL kurz vor Weihnachten, der diesen Sachverhalt aufgriff, verhalf der Auseinandersetzung zum Jahreswechsel zu überregionaler Publizität und gab ihr eine politische Dimension.[1036] Empörte Äußerungen von Gewerkschaften und Berufsverbänden, Skandalisierungen in der überregionalen Presse und parlamentarische Anfragen im Landtag von Baden-Württemberg setzten die Behörden unter Druck.[1037] Entsprechend groß war das Medieninteresse zum Auftakt eines Prozesses, den Lieser zusätzlich als Privatkläger angestrengt hatte. Zind gab die ihm vorgeworfenen und durch Zeugen bestätigten Äußerungen zu, konnte sich aber der Sympathien der kleinstädtisch geprägten Bevölkerung sicher sein. Wegen Beleidigung und Verunglimpfung des Andenkens Verstorbener verurteilten ihn die Richter zu einem Jahr Gefängnis. In einer Revisionsverhandlung, die Zind erreichte, bestätigte der Bundesgerichtshof im November 1958 das Urteil der Vorinstanz.

Parallel dazu, wenn auch in keinem Zusammenhang mit dem Prozess gegen Zind, entwickelte sich der Fall von Hans Eisele zu einem „Justizskandal".[1038] Der SS-Obersturmführer war zwischen 1940 und 1942 Lagerarzt in verschiedenen Konzentrationslagern, unter anderem in Buchenwald. Menschenexperimente,

---

1034 STEINBACH, PETER: Nationalsozialistische Gewaltverbrechen. Die Diskussion in der deutschen Öffentlichkeit nach 1945, Berlin 1981, S. 48.
1035 Zum Vorfall BERGMANN, WERNER: Antisemitismus in öffentlichen Konflikten. Kollektives Lernen in der politischen Kultur der Bundesrepublik 1949–1989, Frankfurt am Main/New York 1997, S. 191.
1036 PZG.: Zind will in Kairo Deutschlehrer werden, in: FAZ vom 10.12.1958.
1037 Landtag Baden-Württemberg 2/1413 vom 04.01.1957: Kleine Anfrage des Abgeordneten Krause betr. die Äußerungen des Offenburger Studienrats Ludwig; Landtag Baden-Württemberg 2/1444 vom 17.01.1957: Große Anfrage der Abgeordneten Krause u. a. betr. die Äußerungen des Offenburger Studienrats Ludwig Zind; Landtag Baden-Württemberg 2/1453 vom 22.01.1957: Antrag der Abgeordneten Krause u. a. zu der Großen Anfrage betr. die Äußerungen des Offenburger Studienrats Ludwig Zind.
1038 So Frankfurter Rundschau und Süddeutsche Zeitung jeweils in ihrer Ausgabe vom 12./13.07.1958. Zum Verlauf und zur Presseberichterstattung sowie zur Einordnung siehe BERGMANN: Antisemitismus in öffentlichen Konflikten, S. 200–204 und CHRISTMANN, BERND: Hanns Eisele. Biographische Nachforschungen zu einem SS-Arzt, Marburg 2011, S. 91–93. Die Familie selbst spricht von einer „Pressekampagne", siehe EISELE, ARMIN/BEN NESCHER, RAPHAEL (HRSG.):

die er dort verantwortet haben soll, sind bereits unmittelbar nach dem Krieg von Eugen Kogon in seinem Werk über den „SS-Staat" dokumentiert worden.[1039] Von den Amerikanern zunächst zum Tode verurteilt, konnte Eisele die Umwandlung in eine zehnjährige Haftstrafe erreichen. Bis Februar 1952 saß er als Häftling in Landsberg ein. Nach seiner Freilassung praktizierte er mehrere Jahre unbehelligt in München.[1040] Diese Situation änderte sich schlagartig im Sommer 1958. Aufgrund belastender Aussagen in einem Prozess gegen den früheren Leiter des sogenannten Aresthauses im KZ Buchenwald, der Mitte Juni vor dem Amtsgericht Bayreuth eröffnet worden war, wurde gegen Eisele erneut ein Ermittlungsverfahren eingeleitet. Um sich der Anklage zu entziehen, tauchte er unter und flüchtete Ende Juni 1958 über Neapel, wo ihm das Ägyptische Konsulat ein Touristenvisum ausstellte, nach Kairo.[1041] Im weiteren Verlauf der öffentlichen Debatte kamen schwere Versäumnisse der Staatsanwaltschaft ans Licht, die eine bereits seit 1955 vorliegende Strafanzeige nicht bearbeitet haben soll.[1042] Bemühungen der Justizbehörden um eine Auslieferung Eiseles, der politisches Asyl beantragt hatte, blieben erfolglos. Die Behörden in Kairo zeigten sich dabei offensichtlich wenig kooperativ und bestritten zunächst, dass Eisele sich überhaupt in dem Land aufhalte.[1043] In seiner „Arabischen Korrespondenz" bagatellisierte Fakoussa die Flucht als harmlose Begebenheit und fragte scheinheilig, wer „Interesse" daran haben könne, „die Beziehungen Bonn-Kairo wegen eines juristischen Falles zu stören?"[1044]

So wenig die beiden Verfahren bis zu diesem Zeitpunkt miteinander zu tun hatten, so sehr wurden Eiseles Flucht im Juli und die Affäre um Zind, der sich

---

Audiatur et altera pars, Hamburg 2013, S. 7. Zur unterschiedlichen Schreibweise [„Hannes", „Hans] siehe die verschiedenen Angaben in Dokumenten im Bundesarchiv [BArch, BDC-SSO, Eisele].

1039 Siehe KOGON, EUGEN: Der SS-Staat. Das System der deutschen Konzentrationslager, München 1980, S. 163–165: „Der schlimmste dieser Sorte von SS-Ärzten war ohne Zweifel Dr. Eisele. Seine Taten von 1940 bis 1943 übertrafen wohl jede andere von SS-Ärzten begangene Gemeinheit. Auch er nahm zu seiner persönlichen ‚fachlichen' Weiterbildung Vivisektionen an Menschen vor, worauf er die Opfer ermordete, und holte sie sich wahllos von der Lagerstraße weg, führte sie in die Ambulanz, um ihnen Apomorphinspritzen zu geben und sich an den Wirkungen zu ergötzen." Zur Sichtweise der Angehörigen siehe EISELE/BEN NESCHER: Audiatur et altera pars, Hamburg 2013.

1040 Siehe CHRISTMANN: Hanns Eisele, S. 89–100.

1041 Eintrag im Reisepass Hans Eisele. Das Visum wurde am 28. Juni 1958 ausgestellt [Privatarchiv].

1042 Siehe BERGMANN: Antisemitismus in öffentlichen Konflikten, S. 200; CHRISTMANN: Hanns Eisele, S. 93 f.

1043 HELMENSDORFER: 50mal Ägypten, S. 240.

1044 So die Überschrift über einer Zusammenstellung verschiedener Pressestimmen in: AK 2 (1958) 36/37 vom 25.10.1958, S. 3.

ebenfalls nach Ägypten absetzte, in den folgenden Wochen immer wieder aufeinander bezogen. In einer Wendephase westdeutscher Vergangenheitspolitik personifizierten die Latenz antisemitischer Ressentiments, die sich im Prozess gegen Zind gezeigt hatte, und strafrechtliche Versäumnisse im Umgang mit NS-Tätern, wie sie im Fall Eisele zutage traten, das ambivalente Verhältnis der westdeutschen Gesellschaft zu ihrer nationalsozialistischen Vergangenheit. Hinzu kamen die ungeklärten Hintergründe der Flucht vor allem Zinds, nachdem der Bundesgerichtshof das Urteil gegen ihn bestätigt hatte. Eiseles Flucht, gegen die, so zahlreiche Presseartikel, die Justizbehörden keine Vorkehrung getroffen hätten, soll ihm dabei „als direktes Vorbild" gedient haben.[1045] Doch nicht nur die Behörden gerieten ins Visier der Öffentlichkeit. Zu den Facetten der Berichterstattung zählten auch Mutmaßungen über eine „Untergrundorganisation"[1046] von Alt-Nazis, die „bei der Flucht bzw. der Verschleierung des Falles behilflich gewesen" sei.[1047] „Schlamperei oder stille Hilfe", fragte etwa „Die ZEIT" in Anspielung auf eine der bekannten Organisationen in der Bundesrepublik.[1048] Als vermeintlicher Komplize und Helfer vor Ort geriet zudem Johann von Leers ins Blickfeld, der, wie die „Frankfurter Hefte" Anfang 1959 apodiktisch feststellten, die Flucht der „Herren Eisele und Zind [...] nach Ägypten organisiert" habe.[1049] Der improvisierte Verlauf ihrer Übersiedlung legt allerdings nahe, dass von einem gesteuerten Vorgehen nicht gesprochen werden kann.[1050] Widersprüchlich gestaltete sich auch das Verhältnis, das Johann von Leers zu beiden unterhalten hat. Zwar stand er nachweislich in Kontakt mit Eisele und Zind. Beide hätten *sofort nach ihrem Eintreffen in Kairo Kontakt mit von Leers*

1045 BERGMANN: Antisemitismus in öffentlichen Konflikten, S. 199.
1046 PEARLMAN: Die Nazi-Untergrundbewegung, S. 331.
1047 BERGMANN: Antisemitismus in öffentlichen Konflikten, S. 201. Er zitiert auch auf der Grundlage eines Artikels der SZ vom 11.07.1958 einen FDP-Abgeordneten des Bayerischen Landtags, der in der problemlosen Einreise Eiseles in Ägypten den Hinweis auf die Existenz einer „ausgezeichnet funktionierenden Organisation alter Nazis" sah. Siehe auch SPD-Pressedienst vom 09.07.1958 unter der Überschrift „Unbegreifliche Fahrlässigkeit": „Die Untergrundorganisation der ‚Ehemaligen' hat gut funktioniert."
1048 O. V.: Schlamperei oder stille Hilfe?, in: Die ZEIT 13 (1958) 29 vom 18.07.1958. Über die „guten Beziehungen" Eiseles und die Rolle „Stillen Hilfe" spekulierte auch die Süddeutsche Zeitung. O. V.: Der unglaubliche Fall Eisele, in: Süddeutsche Zeitung vom 09.07.1958.
1049 O. V.: Die Antisemiten am Werk, in: Frankfurter Hefte 14 (1959) 2, S. 161 f.
1050 Siehe CHRISTMANN: Hanns Eisele, S. 89–100; LÖRCHER, ANDREAS: Antisemitismus in der öffentlichen Debatte der späten fünfziger Jahre. Mikrohistorische Studie und Diskursanalyse des Falls Zind (Diss. phil.), Freiburg 2008. Christmanns Darstellung beruht im Wesentlichen auf zeitgenössischen Presseartikeln. Lörcher befasst sich am Beispiel der öffentlichen Auseinandersetzung um Zind mit dem Umgang mit Antisemitismus und rechtsextremem Gedankengut in der Bundesrepublik Deutschland der späten 1950er Jahre. Zur Sichtweise der Familie EISELE/BEN NESCHER: Audiatur et altera pars.

aufgenommen, konnte die Botschaft in Erfahrung bringen.[1051] Dies deutet aber vor allem darauf hin, dass sie kaum über Alternativen verfügten und den Einfluss des prominenten Antisemiten völlig falsch einschätzten.

Eisele hoffte vor allem, als politischer Flüchtling anerkannt zu werden.[1052] Nachdem er Anfang Juli in Kairo gestrandet war und vorübergehend im Restaurant „Löwenbräu" Unterschlupf gefunden hatte, schien er zunächst ohne Orientierung. In Kontakt zu Johann von Leers kam er offensichtlich erst, nachdem der damalige DPA-Korrespondent in Kairo, Erich Helmensdorfer (1920–2017), ihn aufgespürt hatte und sich als Vermittler anbot.[1053] Er sei es gewesen, der *uns den Dr. Eisele ins Haus brachte* und damit die Aufforderung verband, man müsse sich für ihn *einsetzten* und *ihm helfen,* rief Gesine von Leers 1963 dem inzwischen für die FAZ tätigen Journalisten in Erinnerung.[1054] Eiseles erster Besuch war allerdings nur von kurzer Dauer. Nach einer Nacht auf der *Terrasse* wurde er in Polizeihaft genommen.[1055] In der Folgezeit scheint er dann auf Distanz zu seinen kurzzeitigen Gastgebern gegangen zu sein. Zwar versorgte Eisele Johann von Leers medizinisch, nachdem dieser einen zweiten Schlaganfall erlitten hatte. Seiner Behandlung sei es zu verdanken, dass dieser einen *extraordinary progress towards health* mache und *almost entirely* in der Lage sei, *to work again,* wie ein Beobachter notierte.[1056] Aus dieser Sicht war es somit plausibel, Eisele als *Freund* zu bezeichnen.[1057] Wohl deshalb wurden beide Namen immer wieder in Verbindung gebracht. Spätestens zum Jahreswechsel will Eisele den Kontakt aber eingestellt haben. Zu Johann von Leers und dessen Frau bestünden *seit sieben Monaten keinerlei Beziehungen* mehr, weil er weder *an hasstriefender Politik* noch *Weibergezänk interessiert* sei, wie er im Juli 1959 seinem Rechts-

---

1051 Botschaft Kairo an AA, 05.01.1959 [PA AA, B 82, V3-88, Nr. 250, Bl. 32 f.].
1052 O. V.: Eisele bei Johannes von Leers, in: FAZ vom 12.07.1958. Siehe auch ELTEN, JÖRG ANDREAS: Dr. Eisele will tot umfallen..., in: Süddeutsche Zeitung vom 24.07.1958.
1053 Aufzeichnungen Hans Eisele, o.D. [Privatarchiv]. Demnach traf Eisele am 3. Juli in Kairo ein, wo er sich im „Löwenbräu" einquartierte und ein *Gespräch mit Schuck* führte. Siehe dagegen die Darstellung des Sohnes. Demnach *kannte Eisele von Leers nur dem Namen nach, bevor er nach Ägypten kam.* Den Kontakt zu ihm *vermittelte* der Inhaber des Gasthauses „Löwenbräu", bei dem es sich um einen *ehemaligen SA-Mann* gehandelt habe [Auskunft Armin Eisele vom 09.05.2014]. Siehe auch PzG.: Eiseles Deckadresse: Löwenbräu Kairo, in: FAZ vom 26.08.1958.
1054 Gesine von Leers an Erich Helmensdorfer (FAZ), 08.04.1963 [APABIZ].
1055 Aufzeichnungen Hans Eisele, o.D. [Privatarchiv].
1056 Activities of Professor Johannes von Leers and Dr. Hans Eisele, 04.12.1958 [NARA, RG 263, Entry ZZ-16, Box 32, NND 36822].
1057 Johann von Leers an unbekannten Adressaten, 12.09.1958 [BfV, 054-P-10013, Bl. 70].

anwalt in der Bundesrepublik wissen ließ.[1058] Eiseles Helfer zu diesem Zeitpunkt werden denn auch direkt im ägyptischen Staatsapparat vermutet.[1059]

Eher schon lässt sich Johann von Leers im Fall von Zind als geistiger Urheber und tatkräftiger Fluchthelfer charakterisieren. Dafür spricht, dass er dessen antisemitischen Entgleisungen ungeteilt zugestimmt haben dürfte. Johann von Leers soll es gewesen sein, der Zind den Gedanken „eingegeben" habe, „am Nilufer Zuflucht zu suchen", berichtete später die FAZ.[1060] Dass eine solche Vermutung nicht abwegig war, nährte Johann von Leers selbst in seinen Korrespondenzen. Bereits im Juli 1958, auf dem Höhepunkt der öffentlichen Diskussion um Eiseles Flucht, schrieb er einem Korrespondenzpartner, dass nicht nur *Flüchtlinge* vor der *grauenhaften Judentyrannei* in der Bundesrepublik bei ihm *Schutz* suchten, sondern *[i]mmer wieder* auch *unglückliche Lehrer* sich an ihn wenden würden, um ihnen *eine Stellung zu besorgen*.[1061] Der Hintergrunddienst „Bonner Informationen aus erster Hand" wusste später, Zind habe nach einem Besuch der Botschaft der VAR Ende Oktober „einen Briefwechsel mit dem für seinen Antisemitismus bekannten Prof. von Leers aufgenommen".[1062] Insofern stellte eine Erklärung von Gesine von Leers im März 1959, wonach ihr Mann *Zind und Eisele nicht zur Flucht verholfen* habe, nur einen Teil der Wahrheit dar.[1063] Nicht völlig unzutreffend war dagegen die Annahme der Botschaft, *die Anregung für die Flucht zumindest von Zind* stünde mit Johann von Leers *in Zusammenhang*.[1064] Nachdem dieser dann in Kairo eingetroffen war, bestand zeitweise eine intensive Beziehung, wie Korrespondenzen mit Priester belegen, die später ihren Weg in den SPIEGEL fanden: „Zind kommt alle Tage zu uns zum Mittagessen; ein tapferer, gerader Mann", zitierte das Nachrichtenmagazin aus einem Brief, den Johann von Leers dem Wiesbadener Verleger geschickt hatte.[1065] Anders als Eisele soll Zind zudem längere Zeit in seiner Wohnung *untergekommen* sein.[1066] Allerdings erwies sich auch diese Beziehung als wenig

---

1058 Eisele an Rudolf Aschenauer, 12.07.1959. Dokumentiert bei EISELE/BEN NESCHER: Audiatur et altera pars, S. 161 f.
1059 HELMENSDORFER: 50mal Ägypten, S. 240: „Ein ehemaliger Deutscher, der zum Unterstaatssekretär im ägyptischen Innenministerium aufgestiegen war, soll dem KZ-Arzt Dr. Hans Eisele nach dessen eigenen Angaben ständig geholfen haben."
1060 PZG.: Zind will in Kairo Deutschlehrer werden, in: FAZ vom 10.12.1958.
1061 Johann von Leers an Gauch, o.D. [um Anfang Juli 1958] [NL Gauch].
1062 Bonner Informationen aus erster Hand vom 03.12.1958.
1063 Botschaft Kairo an AA, 18.03.1959 [PA AA, B 82, V3-88, Nr. 444, Bl. o. P.].
1064 Botschaft Kairo an AA, 05.01.1959 [PA AA, B 82, V3-88, Nr. 250, Bl. 32 f.].
1065 DELMER, SEFTON: Der Chef trägt niemals ein Jackett, in: SPIEGEL 21 (1967) 35 vom 21.08.1967, S. 89–94. Siehe bereits „Personalia" in: SPIEGEL 16 (1962) 4 vom 14.01.1962, S. 15.
1066 BfV, Vermerk vom 06.03.1959 [BfV, 054-P-10013, Bl. 101].

tragfähig. Bereits Anfang 1960 hieß es, beide würden sich *persönlich keinesfalls mehr gut verstehen,* sodass Zind nicht als sein Mitarbeiter *anzusehen* sei.[1067] Es ist deshalb fraglich, in welchem Umfang Zind und Eisele eine *Unterstützung für ihre ersten Schritte in Ägypten* durch Johann von Leers *gefunden* haben, die mehr umfasste als verbale Bekenntnisse für zwei Schicksalsgenossen.[1068] Zind und Eisele, die sich zum „Opfer jüdischer Verfolgung"[1069] stilisierten, wurden in seinen Augen völlig zu Unrecht verfolgt. Das „Kesseltreiben" gegen den „unschuldigen Arzt" hielt er denn auch für „bezeichnend für die derzeitige westdeutsche Justiz", die sich damit als „Instrument des Weltzionismus" und der „überstaatlichen Mächte" blamiere.[1070] Dass er glaubte, „auf Grund seiner Beziehungen zur ägyptischen Regierung" dem flüchtigen Lehrer „eine sofortige Anstellung als Professor in Aussicht stellen" zu können, wie „Der Tag" im Dezember 1958, berichtete, überschätzte seinen Einfluss jedoch enorm. Auch Zinds spätere „Verbindung mit dem Islamischen Kongress"[1071] und eine Vortragsreihe angeblich 1961 für „Radio Kairo" dürften kaum durch eine „Intervention" von Johann von Leers zustande gekommen sein.[1072]

Sein Verhalten in beiden Fluchtfällen und seine ungeschickten Äußerungen gegenüber Pressevertretern blieben jedoch auch für Johann von Leers nicht ohne Folgen. Die zahlreichen Berichte, in denen Kairo zum Zentrum einer durch ihn angeleiteten „faschistischen Internationale" erklärt wurde, mussten seine Gastgeber zunehmend vor den Kopf stoßen. Zwar stellten sie seine Lehrtätigkeit nicht in Frage, versorgten ihn weiter mit Aufträgen und ließen ihn publizistisch gewähren. Nicht von der Hand zu weisen ist allerdings, dass Skandalberichte dieser Art das Verhältnis zwischen der Bundesrepublik und Ägypten belasteten.[1073] Affären wie die um Eisele und Zind dürften deshalb mit dazu beigetragen haben, dass sich die Reihen seiner Förderer in Ägypten weiter lichteten. Einen ungewollten Effekt lösten solche Skandale auch in der Bundesrepublik aus. Am Beispiel von Eisele geriet erneut die Frage ungesühnter NS-Verbrechen in die Schlagzeilen. Am Fall Zind entzündete sich eine öffentliche Debatte „um die offenkundig gewordenen Mängel der politischen Rechtsprechung" anläss-

---

1067 BND, Meldungsbeurteilung 22/60 vom 20.06.1960 [BND, V-12859,1, Bl. 119].
1068 Botschaft Kairo an AA, 05.01.1959 [PA AA, B 82, V3-88, Nr. 250, Bl. 32 f.]. Siehe auch Aufzeichnung AA, 31.01.1959 [PA AA, B 82, V3-88, Nr. 444, Bl. 63–71].
1069 Zit. nach Süddeutsche Zeitung vom 14.07.1958.
1070 LEERS: Warum wird bei den KZ-Prozessen der Hauptschuldige vergessen?, S. 7 f.
1071 O. V.: Frau Eisele besucht Zind in Kairo, in: FAZ vom 09.12.1958.
1072 Zind im Rundfunk Kairo (Verfasser: Manfred von Juterczenka), in: SPD-Pressedienst vom 12.05.1961. Zur angeblichen „Intervention" siehe O. V.: Denial by Cairo Nazi, in: The Jewish Echo vom 28.04.1961.
1073 BERGMANN: Antisemitismus in öffentlichen Konflikten, S. 203.

lich antisemitischer Provokationen.[1074] Als „Schlüsselereignis" gab gerade er den Bezugsrahmen für die weitere Berichterstattung über Antisemitismus vor und sensibilisierte Journalisten für das Thema, zumal den Fluchtfällen eine Welle antisemitischer Skandale folgte, die in den Friedhofsschändungen 1959/60 ihren Höhepunkt finden sollte. Die damit verbundene Suche nach Urhebern und „Drahtziehern" rückte Johann von Leers immer wieder in den Blickpunkt, auch wenn er kaum jene Gefahr darstellte, die Medien ihm zusprachen. Angesichts der vielen Mythen, die sich um seine Person rankten und nicht immer mit seiner faktischen Bedeutung im Netzwerk einer „antisemitischen Internationale" korrespondierten, bot er sich jedoch in idealer Weise dazu an, ihm die Rolle eines „geistigen Brandstifters" und bestens vernetzten Fluchthelfers zuzuschreiben. Dass die vermeintlichen Profiteure seiner Fluchthilfe in ihrer neuen Heimat nicht Fuß zu fassen vermochten und das Land deshalb, wie Zind, bald wieder verließen oder, wie Eisele, sich zurückzogen und in Vergessenheit gerieten, blieb außen vor.[1075] Scharf und unnachgiebig reagierten deshalb in der Folgezeit bundesdeutsche Behörden, wie die Auseinandersetzung um seinen Reisepass seit 1959 sowie die Bemühungen zur Rückkehr in die Bundesrepublik zeigen sollte.

9.6.4 „NS-Kontinuität in Bonn"? Passaffäre(n)

Die Ursprünge der skandalträchtigen Auseinandersetzung um die Verlängerung des Reisepasses für Johann von Leers, die zeitweise selbst Außenminister Heinrich von Brentano (1904–1964) beschäftigen sollte[1076], reichen auf die Umstände seiner Vergabe durch die Botschaft in Buenos Aires zurück, die Johann von Leers im Juni 1953 ein solches Dokument ausgestellt hatte.[1077] Um sich ausweisen zu können, zeigte er seinerzeit einen Reisepass vor, den er im März 1942 von der Botschaft Rom während seines Gastsemesters in Italien (siehe Kap. 7.6) erhalten hatte und nach wie vor bei sich führte. Den Mitarbeitern der Botschaft Buenos Aires schien das Dokument unbedenklich. Dass der Pass lange nicht mehr gültig sein konnte und somit 1950, wie Johann von Leers den Zeitpunkt wahrheitsgemäß angab, kaum eine Einreise unter diesem Namen nach Argentinien ermöglicht haben dürfte, veranlasste sie offensichtlich zu keinerlei Nachfragen. Ausweislich der überlieferten Unterlagen wurde der neue Pass anstandslos ausgestellt.

1074 EBD., S. 207.
1075 Zum weiteren Schicksal siehe EBD., S. 206; CHRISTMANN: Hanns Eisele, S. 105 f.
1076 Außenminister an Botschafter Kairo, 21.04.1959 [PA AA, B 82, V3-88, Nr. 444, Bl. o. P.].
1077 Passnummer 1 845 324 1537/53. Siehe Antrag vom 29.05.1953 [PA AA, B 82, V3-88, Nr. 444, Bl. 61] sowie Aufzeichnung über den Fall „Dr. Johann von Leers" [PA AA, V3-88, Nr. 444, Bd. 2, Bl. 32].

Diese Haltung erstaunt zunächst. Die Botschaft hatte nämlich die Exilgruppen, in denen sich Johann von Leers bewegte, genau im Blick. Auch die antisemitische Ausrichtung des „Wegs" im Allgemeinen und die Bedeutung von Johann von Leers dafür im Besonderen waren ihr bekannt. Zwar vertraten Botschaftsmitarbeiter seinerzeit die fragwürdige Ansicht, das „sehr aufgebauschte Kameradenwerk", dessen Führung auch „zweifellos extrem rechts gerichtete Element" angehörten, sei „mit seinem nie besonders großen Einfluss immer mehr abgesunken".[1078] Eine Übersicht über „Deutsche Gruppen in Argentinien" vom Juni 1952 kam dagegen zu der realistischen Einschätzung, die Zeitschrift habe sich *immer mehr zum Sprachrohr der im Exil lebenden früheren SS-Angehörigen, namentlich auch nicht-deutscher Nationalität, entwickelt* und vertrete *eine scharf gegen die Bundesrepublik und die Bundesregierung gerichtete neo-nazistische Richtung.*[1079] Als „Der Weg" kurz darauf sogar behauptete, Bundeskanzler Konrad Adenauer und sein außenpolitischer Berater Herbert Blankenhorn hätten von jüdischer Seite finanzielle Zuwendungen erhalten, erging an Botschafter Hermann Terdenge (1882–1959) die Aufforderung, „gegen die Verleumdungen der Zeitschrift bei der argentinischen Regierung unter Hinweis auf die in Argentinien damals bestehende Pressekontrolle zu protestieren". Wie ernst der Botschafter diesen Auftrag nahm, zeigte seine Reaktion. Nach einem Bericht von DPA soll Terdenge sich geweigert haben, „diesen Protestschritt zu unternehmen".[1080] Zweifel bestehen auch an der Integrität seines Nachfolgers Werner Junker (1902–1990), der bereits Ribbentrop als Diplomat gedient hatte.[1081] Als der flüchtige Karl Klingenfuß, der zu den Förderern von Johann von Leers gezählt werden kann (siehe Kap. 8.5.1), sich Ende der 1950er Jahre mit einem Haftbefehl konfrontiert sah, legte Junker diesem gegenüber besondere Fürsorge an den Tag.[1082] 1962 dann soll der Botschafter sogar „alles in seiner Macht Stehende" getan haben, um die Auslieferung des Massenmörders Josef Schwammberger zu verhindern.[1083] Angesichts eines solchen Klimas verwundert es nicht, dass ein schon seit Jahren ungültiger Pass in der Botschaft keine Irritationen auslöste. Im Gegensatz

---

1078 Schneppen, Heinz: Odessa und das Vierte Reich. Mythen der Zeitgeschichte, Berlin 2007, S. 211.
1079 Deutsche Gruppen in Argentinien, Botschaft Buenos Aires für AA, 17.06.1952 [PA AA, B 11, Band 988, Nr. 1, Bl. 52–57].
1080 DPA-Spezial vom 01.10.1956. Zu Terdenges Verhalten siehe Meding, Holger M.: Flucht vor Nürnberg? Deutsche und österreichische Einwanderung in Argentinien 1945–1955, Köln/Weimar/Wien 1992, S. 266–271 sowie aus Sicht eines Verlagsmitarbeiters Vollmer: Bilanz vom Empfangen und Geben, S. 183 f.
1081 Goñi: Odessa, S. 274.
1082 Siehe Conze: Das Amt und die Vergangenheit, S. 604–607.
1083 Stangneth: Eichmann vor Jerusalem, S. 452.

zu mutmaßlichen Straftätern in schwerwiegenden Fällen, etwa denen von Josef Mengele oder dem wegen seiner Beteiligung an den Euthanasieverbrechen flüchtigen Gerhard Bohne, denen gegenüber die Botschaft ein nicht weniger nachlässiges Verhalten zeigte, stand Johann von Leers trotz seiner exponierten Rolle im Nationalsozialismus auf keiner Suchliste und war zu keinem Zeitpunkt zur Fahndung ausgeschrieben.[1084] Ähnlich verhielt es sich auch fünf Jahre später, als die Botschaft in Kairo über eine Verlängerung des Passes zu befinden hatte.

Dabei hätten die dortigen Mitarbeiter zu diesem Zeitpunkt bei dem Namen Johann von Leers alarmiert sein müssen. Nachdem zwei Journalisten im August 1956 seine Rolle als Staatspropagandist enttarnt hatten und Spekulationen die Runde machten, er sei an einer Übersetzung von „Mein Kampf" beteiligt gewesen (siehe Kap. 9.6.1), war im Dezember im Innenministerium die Frage erörtert worden, ob Johann von Leers die Verlängerung des Passes versagt oder dieser eingezogen werden könne. Gestützt auf das Passgesetz hielt ein Mitarbeiter diesen Schritt für zulässig, sofern Tatsachen die Annahme rechtfertigen würden, der Inhaber des Dokuments gefährde die innere und äußere Sicherheit oder sonstige Belange der Bundesrepublik. Die Herausgabe von „Mein Kampf" *in arabischer Sprache* zählte dazu.[1085] Auf seine Bitte, das Auswärtige Amt möge bei den Botschaften in Argentinien und Ägypten überprüfen lassen, ob Johann von Leers dort bekannt sei, ob er einen Reisepass besitze und welche Behörde ihn ausgestellt habe, reagierte die Zentrale jedoch zurückhaltend. Nachforschungen der Botschaft vor Ort in Kairo, ob die Behauptungen überhaupt zuträfen, blieben ohne greifbare Erkenntnis.[1086] Den Pass aber allein aufgrund ungeprüfter Zeitungsmeldungen zu entziehen, hielt sie weder für *zweckmäßig* noch für *zulässig*.[1087] Eine ähnlich abwartende Haltung hatte die Botschaft bereits im Oktober eingenommen, nachdem Johann von Leers enttarnt worden war. In einem Bericht empfahl sie der Zentrale lediglich, der ägyptischen Regierung über deren Botschaft in Bonn *nahe zu legen, von der Beschäftigung derartiger Personen abzusehen*.[1088] Eine Intervention in Kairo dagegen erschien ihr *im gegenwärtigen Augenblick nicht opportun*.[1089] Entsprechend dilatorisch

---

1084 Zu Mengele siehe KELLER, SVEN: Günzburg und der Fall Josef Mengele. Die Heimatstadt und die Jagd nach dem NS-Verbrecher (Schriftenreihe der Vierteljahrshefte für Zeitgeschichte, Bd. 87), München 2003, S. 52 f.; zu Bohne siehe SCHNEPPEN: Odessa und das Vierte Reich, S. 149.
1085 BMI an AA, 19.12.1956 [PA AA, B 82, V3-88, Nr. 444, Bl. 2]
1086 AA an Botschaft Kairo, 30.12.1956 [PA AA, B 82, V3-88, Nr. 250, Bl. 10].
1087 Handschriftliche Notiz zu BMI an AA, 19.12.1956 [PA AA, B 82, V3-88, Nr. 444, Bl. 2]
1088 Botschaft Kairo an AA, 27.10.1956 [PA AA, B 82, V3-88, Nr. 250, Bd. 1, Bl. 4 f.]. Siehe auch Botschaft Kairo an AA, 14.01.1959 [PA AA, B 82, V3-88, Nr. 444, Bl. 50–52].
1089 Botschaft Kairo an AA, 27.10.1956 [PA AA, B 82, V3-88, Nr. 250, Bd. 1, Bl. 4 f.].

behandelte das Auswärtige Amt die Angelegenheit. Weder das Mitte Januar 1957 publizierte Memorandum von B'nai B'rith (siehe Kap. 9.6.2) noch zahlreiche weitere Schreiben des Innenministeriums an das Auswärtige Amt vermochten an dem geringen Ermittlungseifer etwas zu ändern.[1090] Im Januar 1959, auf dem Höhepunkt der Affäre um den ein Jahr zuvor verlängerten Reisepass, erklärte das Auswärtige Amt sogar entgegen den Tatsachen, das Innenministerium sei nach einem Zwischenbescheid im April 1957 *auf die von ihm angeregte Frage einer Passentziehung nicht mehr zurückgekommen*.[1091]

Zum Zeitpunkt dieser Behauptung hatte sich das Desinteresse des Auswärtigen Amtes nämlich längst zum Bumerang entwickelt. Auslöser der Affäre, die später selbst den Bundestag beschäftigen sollte, war jener Pass, den Johann von Leers im Januar 1958 ohne weitere Rückfragen erhalten hatte.[1092] Dass er für seinen Antrag nicht persönlich auf der Botschaft erschienen war, sondern die erforderlichen Unterlagen durch seine Ehefrau aushändigen ließ, irritierte die Mitarbeiter nicht.[1093] Ihnen genügte offensichtlich, dass Johann von Leers zu diesem Zeitpunkt mit dem im Juni 1953 in Buenos Aires ausgestellten Ausweis über ein gültiges Dokument verfügte.[1094] Auch die öffentliche Diskussion über seine tatsächliche oder vermeintliche Bedeutung als Propagandist im Dienste Nassers und als Akteur einer „antisemitischen Internationale" schien nicht von Belang. Dass die Botschaft den Antrag in so unkomplizierter Weise bearbeitete, lag nicht an der Schlampigkeit Einzelner, sondern an grundsätzlichen Fehleinschätzungen und kommunikativen Defiziten sowohl der Zentrale als auch der Botschaft. Denn obgleich den Beamten in Bonn zwischenzeitlich umfangreiche Erkenntnisse über Johann von Leers vorlagen, versäumten sie es, die Botschaft in Kairo darüber zu informieren, die wiederum sich zu keinen Rückfragen veranlasst sah. Erklärt wurde das später damit, Johann von Leers sei weder im *Fahndungsbuch ausgeschrieben* gewesen noch habe die Zentrale im Sommer 1957 *passbeschränkende Maßnahmen* verlangt.[1095] Der Pass sei deshalb *im*

1090 BMI an AA, 01.03.1957, 29.05.1957, 15.07.1957 und 02.09.1957. Siehe Aufzeichnung AA, 31.01.1959 [PA AA, B 82, V3-88, Nr. 444, Bl. 63–71]. Zu den Verfassern der Aufzeichnung gehörte u. a. Franz Nüßlein. Die Schreiben werden dort und in weiteren Unterlagen des Auswärtigen Amtes erwähnt, sind aber nicht überliefert.
1091 Aufzeichnung AA, 31.01.1959 [PA AA, B 82, V3-88, Nr. 444, Bl. 63–71].
1092 Passantrag vom 16.01.1958 [PA AA, B 82, V3-88, Nr. 250, Bd. 1, Bl. 81 f.].
1093 Johann von Leers war allerdings offensichtlich keine Ausnahme. Der Botschaft seien „weitere Inhaber deutscher Reisepässe" bekannt gewesen, die Anlass hatten, „die Verlängerung ihrer Reisedokumente nicht persönlich zu beantragen, sondern ein Familienmitglied zu schicken." Siehe HELMENSDORFER: 50mal Ägypten, S. 241.
1094 Aufzeichnung AA (Ref. 502), 13.01.1959 [PA AA, B 82, V3-88, Nr. 444, Bl. 18–20].
1095 Botschaft Kairo an AA, 12.01.1959 [PA AA, B 82, V3-88, Nr. 444, Bl. 17].

Einvernehmen mit der Botschaftsleitung ausgestellt worden.[1096] Offensichtliche Bedenken eines Mitarbeiters, der Rückfragen in Bonn angemahnt hatte, wurden mit dem Hinweis abgetan, diese seien überflüssig, da gegen Johann von Leers *offiziell nichts vorliege*.[1097] *Maßgebend* für die Entscheidung soll überdies gewesen sein, dass Johann von Leers zum Zeitpunkt des Antrags *nicht mehr politisch hervortrat* und *Loyalitätserklärungen gegenüber der Bundesrepublik abgegeben* habe.[1098] Eine solche Gutgläubigkeit war allerdings in einer Phase des gesellschaftlichen Wandels im Umgang mit NS-Verbrechen und ihrer strafrechtlichen Aufarbeitung problematisch. Obgleich von der Botschaft nicht erwartet werden konnte, dass sie jede Veröffentlichung in Zeitschriften und Zirkularen bedeutungsloser Kleingruppen registrierte, hätten die Mitarbeiter nach den zahlreichen Skandalisierungen seit Ende 1956 alarmiert sein müssen. Denn hinter den Loyalitätsbekundungen, von denen die Botschaft Kenntnis erlangt haben wollte, standen vor allem taktische Erwägungen, die durch aktuelle Ereignisse immer wieder konterkariert wurden. So riefen die Fälle Eisele und Zind (siehe Kap. 9.6.3) auch den Namen Johann von Leers regelmäßig in Erinnerung, zumal über seine Rolle als deren Fluchthelfer, denen er vorübergehend Aufenthalt in seiner Wohnung gewährt hatte. Auf diese Vermutung stützte sich zeitweise sogar die Argumentation des Auswärtige Amtes, als die Frage des Passentzugs erörtert wurde.[1099] Gleichwohl glaubten die Mitarbeiter der Botschaft einer Erklärung vom Herbst 1957, als Johann von Leers über seine Frau die Botschaft darüber informieren ließ, er halte sich *völlig von einer aktiven politischen Tätigkeit fern*, erteile *lediglich Sprachunterricht* und nehme gelegentlich *Übersetzungsarbeiten* vor.[1100] Wie wenig dies zutraf, zeigen auch provokative Stellungnahmen, durch die er öffentliche Aufmerksamkeit zu erhaschen suchte. Vor allem die antisemitischen Ausfälle in einem Leserbrief an den SPIEGEL, den das Nachrichtenmagazin im November 1958 abdruckte, sorgten für empörte Reaktionen und ermunterten Trittbrettfahrer zu vergleichbaren Aktionen.[1101] Die fatale Fehleinschätzung der politischen Bedeutung von Johann von Leers, dessen Antrag nicht

---

1096 Botschaft Kairo an AA, 16.01.1959 [PA AA, B 82, V3-88, Nr. 444, Bl. 45].
1097 Vermerk Botschaft, 10.01.1959 [PA AA, B 82, V3-88, Nr. 250, Bd. 1, Bl. 34].
1098 Botschaft Kairo an AA, 16.01.1959 [PA AA, B 82, V3-88, Nr. 444, Bl. 45]. Siehe erneut Aufzeichnung AA, o.D. [1964] [PA AA, B 82, V3-88, Nr. 444, Bd. 2, Bl. 71–75].
1099 Aufzeichnung, AA, 31.01.1959 [PA AA, B 82, V3-88, Nr. 444, Bl. 63–71].
1100 Botschaft Kairo an AA, 14.01.1959 [PA AA, B 82, V3-88, Nr. 444, Bl. 50–52]. Die Botschaft verweist dabei auf einen Bericht vom 01.08.1957.
1101 Zu den Leserzuschriften siehe SPIEGEL 12 (1958) 47 vom 19.11.1958, S. 5 f. Die Kritiker hatten mit anonymen Reaktionen zu rechnen. Der Marburger Literaturwissenschaftler Johannes Klein beispielsweise musste sich belehren lassen, Johann von Leers habe *vollauf Recht*. Anonymer Verfasser an Klein, 26.11.1958 [UA Marburg, Abt. 312/3/4, Nr. 98].

mit der Routine der Konsularischen Abteilung hätte behandelt werden dürfen, war es denn auch, die Außenminister Brentano auf dem Höhepunkt der Affäre in hohem Maße erzürnte: Jedem Mitarbeiter in Kairo, klagte er, hätte bekannt sein müssen, dass Johann von Leers *ein Übelbeleumundeter und berüchtigter Propagandist* aus der NS-Zeit sei und weiterhin *Antisemit ist.* Das Passgesetz hätte somit *ohne jeden Zweifel* die Möglichkeit eröffnet, einen neuen Reisepass zu verweigern. In jedem Fall aber wäre eine Anfrage in Bonn erforderlich gewesen. Dass sie unterblieben war, hielt er für *nicht sachgemäß*.[1102]

Ihren Lauf hatte die Affäre Anfang 1959 genommen. Durch eine Indiskretion war einem Pressedienst die Information zugespielt worden, dass Johann von Leers ein knappes Jahr zuvor in Kairo einen um fünf Jahre verlängerten Pass erhalten hatte.[1103] Der unbekannte Autor war zudem bestens über die Verwerfungen im Amt orientiert: Nach Ansicht der Botschaft nämlich, schrieb er, säßen die Verantwortlichen dieser „als skandalös empfundenen Passverlängerung" nicht in Kairo, „sondern im Bonner AA".[1104] Noch bevor dieser Sachverhalt zwischen Zentrale und Botschaft aufgeklärt worden war, hatte die Information bereits ihren Weg in die Medien gefunden: „Bundespass für Antisemit Leers verlängert", lautete die Schlagzeile im Pressedienst der SPD.[1105] „Passverlängerung für Nazigröße", titelte die „Stuttgarter Zeitung".[1106] „Einen neuen Pass für Leers?", fragte die FAZ zunächst, um am Tag darauf Details nachzutragen.[1107] Brisanz bekam die peinliche Enthüllung durch ein Ereignis, das zunächst keinen Bezug zu der sich anbahnenden Affäre um den Reisepass aufwies. Ein als privat deklarierter Besuch des DDR-Ministerpräsidenten Otto Grotewohl Anfang Januar 1959 in Kairo, der die diplomatische Anerkennung seines Landes befördern sollte, rückte einmal mehr die deutsch-deutsche Systemkonkurrenz im Nahen Osten ins Licht der Öffentlichkeit.[1108] Obgleich die ostdeutsche Tagespresse das fragwürdige Verhalten bundesdeutscher Behörden im Umgang mit einem ebenso prominenten wie unbelehrbaren Nationalsozialisten

---

1102 Brentano an Botschaft, 23.02.1959 [PA AA, B 82, V3-88, Nr. 250, Bd. 1, Bl. 73].
1103 Information Nr. 3, in: Aus erster Hand 9 (1959) 3 vom 02.01.1959.
1104 Ebd.
1105 Bundespass für Antisemit Leers verlängert, in: PPP vom 09.01.1959.
1106 Zum Verlauf siehe Aufzeichnung über den Fall „Dr. Johann von Leers" [PA AA, B 82, V3-88, Nr. 444, Bd. 2, Bl. 32]. Zu einem der ersten Presseberichte siehe O. V.: Passverlängerung für Nazigröße, in: Stuttgarter Zeitung vom 12.01.1959.
1107 O. V.: Einen neuen Pass für Leers?, in: FAZ vom 12.01.1959; O. V.: Der Pass für Leers verlängert, in: FAZ vom 13.01.1959. Siehe auch UPI: Deutscher Pass für Johannes von Leers?, in: Süddeutsche Zeitung vom 13.01.1959.
1108 DAS GUPTA, AMIT: Ulbricht am Nil. Die deutsch-deutsche Rivalität in der Dritten Welt, in: WENGST, UDO/WENTKER, HERMANN (HRSG.): Das doppelte Deutschland. 40 Jahre Systemkonkurrenz, Berlin 2008, S. 111–133.

propagandistisch offensichtlich nicht aufgegriffen hat, blieb Grotewohls Kairo-Reise nicht ohne Folgen. Der Botschafter der Bundesrepublik, der zur Berichterstattung nach Bonn gerufen wurde, sah sich dort vor allem mit der Passaffäre konfrontiert. Als immer weitere Meldungen über die Hintergründe der Verlängerung ans Licht kamen und den Eindruck vermittelten, der Pass sei „auf Weisung des Auswärtigen Amtes in Bonn nach einer Entscheidung durch das Bundesinnenministerium um fünf Jahre verlängert worden"[1109], trat die Bundesregierung die Flucht nach vorne an. Am 14. Januar 1959 erläuterte Brentanos Sprecher Karl-Günther von Hase vor Journalisten, wie sich die Hintergründe seinem Ministerium darstellten: Da 1956 keine Belege beigebracht werden konnten, dass Johann von Leers „Mein Kampf" herausgegeben habe, *musste man damals davon absehen, passrechtliche Maßnahmen zu ergreifen*[1110], erklärte er unter Hinweis auf die Rechtslage. *Dieselbe Situation,* führte der Vertreter des Auswärtigen Amtes weiter aus, *bestand noch im Januar 1958.*[1111]

In ruhige Bahnen ließ sich die Kontroverse damit jedoch nicht lenken. Dafür sorgte vor allem das Verhalten jener Ministerialbeamten, die in den kommenden Tagen weitere Informationen streuten und damit das Ausmaß an Widersprüchlichkeit in der Angelegenheit verdeutlichten. So kolportierte etwa die SPD-Zeitung „Vorwärts", die Botschaft in Kairo habe den Pass 1958 stillschweigend verlängert, um „kein Aufsehen zu erregen" und „so wenig wie möglich daran [zu] rühren".[1112] Im Gegensatz dazu standen durch DPA verbreitete Behauptungen, wonach die Botschaft „seit Jahren" Johann von Leers und dessen Tätigkeit „verfolgt" und „darüber wiederholt an das Auswärtige Amt berichtet" habe.[1113] Dass sie dennoch den Pass verlängerte, sei auf „Weisung" der Zentrale erfolgt. Die Opposition sah sich überdies durch die wenig aufschlussreiche Erläuterung des Ministeriumssprechers in ihrem Misstrauen bestätigt und verlangte nach weiteren Details. Schon einen Tag nach von Hases Auftritt vor den Journalisten warf der SPD-Abgeordnete Heinz Putzrath (1916–1996), der 1934 selbst in die Emigration gezwungen worden war, im Pressedienst seiner Partei eine Reihe von Fragen auf, die nicht nur das Versäumnis der Botschaft in Kairo, sondern auch das Verhalten fünf Jahre zuvor in Argentinien kritisierten: „Wer besorgte

---

1109 O. V.: Der Pass für Leers verlängert, in: FAZ vom 13.01.1959. Siehe auch DPA, Meldung aus Kairo vom 13.01.1959.
1110 Abschrift in PA AA, B 82, V3-88, Nr. 444, Bl. 25–27. Siehe auch PPP vom 20.01.1959.
1111 Ebd.
1112 H.P.G.: Deutsches Strandgut am Nil. Professor von Leers will den arabischen Nationalismus noch stärker in den Judenhass drängen, in: Vorwärts vom 30.01.1959. Unklar bleibt der Urheber der Zitate.
1113 Ff.: Notizen zum Fall Johann von Leers. Dem Auswärtigen Amt war nicht bekannt ..., in: Vorwärts vom 13.02.1959.

ihm [...] zehn Jahre lang die jeweilige Verlängerung dieses Passes, wenn er auf ein solches deutsches Dokument gereist sein sollte?", wollte er wissen.[1114] In eine rhetorische Frage gekleidet war seine Forderung, „ein Verfahren" gegen Johann von Leers anzustrengen und „seine Auslieferung" zu verlangen. Es sei, so Putzrath, „im Interesse der demokratischen Glaubwürdigkeit unseres Staates geboten, dass sich die zuständigen Behörden zu diesen Fragen äußern". Um dem Anliegen weiteren Druck zu verleihen, richtete die SPD-Fraktion im Bundestag zusätzlich eine Kleine Anfrage an die Regierung.[1115]

Das Auswärtige Amt geriet damit in eine unangenehme Situation. Auf Druck von Brentanos sollte zwar, wie von Hase bereits in der Pressekonferenz verlautbaren ließ, überprüft werden, *ob Gründe vorliegen, die jetzt den Entzug des Passes rechtfertigen.*[1116] Das immerhin bedeutete eine Wende, nachdem die Diplomaten noch einen Tag vorher mit Bestimmtheit zu sagen wussten, bis Anfang 1958 seien ihnen *keine Tatsachen bekannt geworden, die eine Passversagung hätten rechtfertigen können.*[1117] Eine umfassende Antwort und womöglich Diskussion im Parlament, in der Versäumnisse der Behörde zur Sprache zu kommen drohten, wollten die Beamten aber vermeiden. Begründet wurde dies mit dem fadenscheinigen Argument, die damit verbundene Publizität für Johann von Leers könne sein Ansehen *vor allem im arabischen Raum* fördern und ihm zugleich *Hinweise an die Hand* geben, *wie ein von ihm anzustrengender Verwaltungsprozess geführt* werden sollte. Mit Rückendeckung des Außenministers wollten die Beamten stattdessen das Gespräch mit der SPD-Fraktion suchen, um gemeinsam die Möglichkeit zu prüfen, *entweder die Kleine Anfrage zurückzuziehen oder in sehr lapidarer Form zu beantworten.*[1118] Tatsächlich trafen daraufhin Mitte Februar 1959 Vertreter des Auswärtigen Amtes mit Abgeordneten der SPD in den Räumen der Fraktion zusammen und hatten Erfolg.[1119] Nachdem die Diplomaten ihre Sicht der Sach- und Rechtslage dargelegt hatten, nicht ohne die Nachteile eines Passentzuges zu erläutern und *mit Nachdruck auf die Unzweckmäßigkeit einer eingehenden Beantwortung der Kleinen Anfrage* hin-

---

1114 SPD-Pressedienst vom 15.01.1959.
1115 Kleine Anfrage der Fraktion der SPD betr. Passerteilung für von Leers vom 21.01.1959, Deutscher Bundestag, DS 3/805.
1116 Siehe Abschrift in PA AA, B 82, V3-88, Nr. 444, Bl. 25–27.
1117 Aufzeichnung AA (Ref. 502), 13.01.1959 [PA AA, B 82, V3-88, Nr. 444, Bl. 18–20].
1118 Ministerbüro an Staatssekretär, 10.02.1959 [PA AA, B 82, V3-88, Nr. 444, Bl. 78].
1119 Teilnehmer von Seiten des Auswärtigen Amtes waren Botschafter Karl Heinrich Knappstein (1906–1989) und Franz Nüßlein (1909–2003) als Leiter des zuständigen Referats 502 sowie von Seiten der SPD deren parlamentarischer Geschäftsführer Walter Menzel (1901–1963) und die Experten für Verfassungs- und Innenpolitik, Adolf Arndt (1904–1974) und Friedrich Maier (1894–1960).

zuweisen, zeigte die SPD sich einsichtig.[1120] Zwar wollten die Abgeordneten auf eine formelle Antwort auf die gestellten Fragen nicht verzichten, um so nicht unnötig Aufsehen zu erregen. Gleichwohl hätten sie aber nicht verkannt, dass eine ausführliche Antwort mit Rechtfertigungsgründen versehen werden müsste, die Johann von Leers in die Hände spielen würden. Nach längeren Verhandlungen entstand so eine Antwort, die *zwar inhaltlich keine sachlich ausreichende Erwiderung auf den Wortlaut der Fragen* sei, wie das Auswärtige Amt einräumte, mit der sich die SPD aber zufriedengab.

Welche Argumente letztlich den Ausschlag gaben, ist nicht ersichtlich. Den rechtlichen Aspekten, die für einen Passentzug entscheidend waren und mit denen sich die Mitarbeiter im Auswärtigen Amt zwischenzeitlich gründlich auseinandergesetzt hatten, dürfte aber entscheidendes Gewicht zugekommen sein. Wenig tragfähig war in diesem Zusammenhang das Konstrukt, das die Flucht von Zind und Eisele mit Johann von Leers in Verbindung brachte. Zwar standen beide nach ihrer Ankunft in Kairo kurzzeitig mit ihm in Kontakt (siehe Kap. 9.6.3). Darüber hinaus bestand auch der Verdacht, dass zumindest die Flucht von Zind durch Johann von Leers angeregt worden war.[1121] Schlüssige Belege dafür lagen dem Auswärtige Amt jedoch zu keinem Zeitpunkt vor.[1122] Größere Bedeutung konnte dagegen dem Leserbrief im SPIEGEL beigemessen werden, der *heftige antisemitische Äußerungen* enthielt.[1123] Auf den zentralen Punkt ihrer Argumentation waren die Diplomaten allerdings durch die SPD selbst gestoßen worden. In ihrer Kleinen Anfrage hatte die Bundestagsfraktion auch auf einen Beschluss des Landgerichts Oldenburg vom Dezember 1954 aufmerksam gemacht, wonach das seinerzeit von Johann von Leers verfasste, im Dürer-Verlag in Buenos Aires publizierte und an zahlreiche Adressaten in der Bundesrepublik verschickte Pamphlet „Reichsverräter" „als staatsgefährdende Schrift" nach den einschlägigen Paragrafen des Strafgesetzbuches einzuziehen

---

1120 Aufzeichnung Abt. 5 (Nüßlein) für Außenminister, 19.02.1959 [PA AA, B 82, V3-88, Nr. 444, Bl. 84 f.].

1121 Botschaft Kairo an AA, 05.01.1959 [PA AA, B 82, V3-88, Nr. 250, Bl. 32 f.]. Siehe auch Aufzeichnung AA, 31.01.1959 [PA AA, B 82, V3-88, Nr. 444, Bl. 63–71].

1122 Siehe AA an Botschaft Kairo, 27.02.1959. In dem Schreiben wurde die Botschaft deshalb ausdrücklich darauf hingewiesen, diese Behauptung nur dann als Grund für die zeitliche und örtliche Beschränkung des Passes aufzunehmen, wenn solche Beweise vorliegen [PA AA, B 82, V3-88, Nr. 444, o. P.]. Siehe Aufzeichnung Abt. 5 (Nüßlein) für Stellv. Staatssekretär, 20.03.1959 [PA AA, B 82, V3-88, Nr. 444, Bl. 106 f.]. Solche Beweise lagen offensichtlich nicht vor, sodass dieser Punkt in der Verfügung zur Passbeschränkung entfiel. Siehe Botschaft Kairo an AA, 26.03.1959 [PA AA, B 82, V3-88, Nr. 250, Bd. 1, Bl. 84].

1123 Aufzeichnung AA, 31.01.1959 [PA AA, B 82, V3-88, Nr. 444, Bl. 63–71]. Siehe auch AA an Botschaft Kairo, 27.02.1959 [PA AA, B 82, V3-88, Nr. 444, o. P.].

sei.¹¹²⁴ In seiner Begründung, die der Pressedienst der SPD auszugsweise verbreitete, hatte das Landgericht ausführlich dargestellt, wie in der Broschüre die verfassungsmäßige Ordnung der Bundesrepublik „böswillig verächtlich" gemacht und die NS-Zeit „verherrlicht" werde.¹¹²⁵ Der Richter zog daraus den Schluss, der Verfasser sei „offenbar heute noch Nationalsozialist" und wolle durch seine Schrift „Bestrebungen zur Wiederbelebung des Nationalsozialismus fördern". Es erstaunt zwar, dass dieser Beschluss, wie es in der späteren Antwort vieldeutig hieß, „der Botschaft in Kairo zur Zeit der Ausstellung des Passes für von Leers nicht bekannt" gewesen sei. Die Formulierung ließ nämlich offen, ob diese Information möglicherweise den Diplomaten in der Zentrale vorgelegen hat.¹¹²⁶ Umso mehr sahen sie in dem Beschluss aber eine Bestätigung ihrer Position: Wenngleich die Broschüre bereits vor fünf Jahren erschienen sei, könne sie doch *als Unterstützung dafür herangezogen werden*, dass Johann von Leers *auch heute noch als unbelehrbarer Nationalsozialist jede ihm geeignet erscheinende Gelegenheit ergreift, um die verfassungsmäßige Ordnung der Bundesrepublik zu bekämpfen.*¹¹²⁷ Ebenso erstaunlich ist allerdings auch, dass ein Prozess gegen den „Weg", der Ende Januar 1959 vor dem Landgericht Lüneburg begonnen hatte und der inzwischen eingestellten Zeitschrift wie ihrem Autor Johann von Leers nochmals zu überregionaler Publizität verhelfen sollte, in den Aufzeichnungen des Auswärtigen Amtes keine Rolle spielt.¹¹²⁸

Nicht weniger gründlich hatten sich die Diplomaten auch mit Argumenten gewappnet, die aus ihrer Sicht gegen einen Passentzug sprachen. So griffen sie einen Hinweis ihrer Botschaft in Kairo auf, wonach diese gegenüber Behörden in Ägypten nur dann über eine Legitimation verfüge, sofern ein Staatsbürger der Bundesrepublik betroffen war. Mit dem Entzug des Passes und aufgrund seines Übertritts zum Islam stehe jedoch zu befürchten, dass Johann von Leers die ägyptische Staatsbürgerschaft erlange. Damit aber würde der Botschaft *jede Möglichkeit genommen werden, seine Tätigkeit durch Vorstellungen bei den ägyptischen Behörden einzudämmen.*¹¹²⁹ Hinzu kam die Furcht vor der öffentlichen Wirkung, die ein solcher Schritt auslösen musste: Johann von Leers, so die Dip-

---

1124 Kleine Anfrage der Fraktion der SPD betr. Passerteilung für von Leers vom 21.01.1959, Deutscher Bundestag, DS 3/805.
1125 Johann von Leers und das Auswärtige Amt, in: PPP vom 20.01.1959.
1126 Passerteilung für von Leers, Deutscher Bundestag, DS 3/887 vom 19.02.1959.
1127 Aufzeichnung AA, 31.01.1959 [PA AA, B 82, V3-88, Nr. 444, Bl. 63–71].
1128 Prozess um antisemitische Zeitschrift aus Buenos Aires (DPA, Meldung vom 29.01.1959); O. V.: Ein Naziblatt kam aus Buenos Aires, in: Süddeutsche Zeitung vom 04.02.1959; O. V.: Anklage gegen den „Weg", in: FAZ vom 04.02.1959. Zum Urteil nach 14 Tagen Verhandlung siehe O. V.: „Der Weg" wurde verurteilt, in: Die Welt vom 23.02.1959.
1129 Aufzeichnung AA, 31.01.1959 [PA AA, B 82, V3-88, Nr. 444, Bl. 63–71].

lomaten, spiele im arabischen Raum *nur eine kaum beachtete Rolle*. Ein Passentzug jedoch würde ihm *eine erneute Publizität* verschaffen und ihn *in arabischer Sicht leicht als eine Art ‚Märtyrer' erscheinen lassen.* Einen solchen Effekt aber galt es zu vermeiden. Riskant erschien den Diplomaten zudem, dass Johann von Leers einen Prozess vor dem Veraltungsgericht anstrengen könnte. Der Ausgang eines solchen Verfahrens sei aufgrund der bislang engen Auslegung des Passgesetzes nicht vorhersehbar und könne deshalb unerwünschte Folgen zeitigen. Ein für das Auswärtige Amt ungünstiger Ausgang, der nach Einschätzung der Diplomaten *im Bereich des Möglichen* lag, würde somit für Johann von Leers und seine Gesinnungsfreunde *einen erheblichen Auftrieb bedeuten*. Nicht weniger schlagkräftig war schließlich das Argument, ein Passentzug ließe sich in der Praxis schwerlich durchführen, da Johann von Leers kaum dazu bereit sein werde, den Pass für einen Eintrag, der seine Gültigkeit auf die Rückreise in die Bundesrepublik beschränke, vorzulegen. Eine Mitteilung an die ägyptischen Behörden über die Passbeschränkung würde überdies *kaum zu Maßnahmen der ägyptischen Stellen führen* und diese in keiner Weise beeindrucken.[1130]

In ihrer Antwort auf die Kleine Anfrage ging die Bundesregierung auf diese hinter geschlossenen Türen diskutierten Erwägungen nicht ein. Die für die Öffentlichkeit bestimmte Erklärung fiel schmallippig aus. Gleichwohl konnte die SPD für sich verbuchen, dass es ihr gelungen war, Versäumnisse der Diplomaten aufzudecken, die nun in die Pflicht genommen wurden. So anerkannte die Bundesregierung, dass Johann von Leers durch seine antisemitische Publizistik Belange der Bundesrepublik gefährde und deshalb sein Pass „für Reisen im Auslande" einzuziehen sei.[1131] Dies entsprach der Position, auf die sich Auswärtiges Amt und Innenministerium bereits Ende Januar verständigt hatten. Aufgrund der *staatspolitischen Notwendigkeiten* sahen die Vertreter der beiden Ministerien *trotz der politischen und prozessualen Risiken* eine *hinreichende Grundlage* dafür, *passbeschränkende Maßnahme* gegen Johann von Leers vornehmen zu können.[1132] Eine entsprechende Weisung an die Botschaft wurde unmittelbar erteilt, deren Mitarbeiter sich für ihr Verhalten zudem eine öffentliche Rüge gefallen lassen mussten: Von der Bundesregierung „beanstandet" wurde nämlich, „dass die Botschaft in Kairo vor Ausstellung des Passes für von Leers im Januar 1958 nicht dem Auswärtigen Amt berichtet hat".[1133] Am weitreichendsten war jedoch ein Zugeständnis, durch das der Einzelfall Johann von Leers eine grundsätzliche Bedeutung erhielt. Angesichts der Versäumnisse, die sowohl in

---

1130 Ebd.
1131 Passerteilung für von Leers, Deutscher Bundestag, DS 3/887 vom 19.02.1959.
1132 Aufzeichnung AA, 31.01.1959 [PA AA, B 82, V3-88, Nr. 444, Bl. 63–71].
1133 Passerteilung für von Leers, Deutscher Bundestag, DS 3/887 vom 19.02.1959.

Buenos Aires als auch Kairo geschehen waren, wies die Bundesregierung alle ihre Auslandsvertretungen an, „zu prüfen und zu berichten, ob und gegebenenfalls welche deutsche Staatsangehörige, die nach 1945 wegen ihrer Verbindung zum Nationalsozialismus in das Ausland geflüchtet oder deswegen dort verblieben sind, erhebliche Belange der Bundesrepublik durch neuerliche Betätigung im Sinne des Nationalsozialismus gefährden und ob passrechtliche Maßnahmen gegen diese Personen angezeigt erscheinen."[1134]

Die in der Antwort der Bundesregierung erwähnte Weisung des Auswärtigen Amtes blieb dennoch wirkungslos. Alle Versuche der Botschaft in den folgenden Monaten und Jahren, den Pass einzuziehen, scheiterten. Dies lag nicht etwa am fehlenden Willen ihrer Mitarbeiter in Kairo, sondern an den praktischen Gegebenheiten vor Ort. De facto verfügte die Botschaft nämlich über kein Mittel, um auf kooperationsunwillige Bundesbürger Druck auszuüben. Anfangs zeigte sie sich sogar unsicher, in welcher Form Johann von Leers die *Passeinziehung* überhaupt mitgeteilt werden sollte und wie *Versagungsgründe* rechtlich unanfechtbar zu formulieren seien.[1135] Außerdem trat ein, was insgeheim befürchtet wurde: Statt der Aufforderung der Botschaft zu folgen und den Pass abzugeben, behauptete Johann von Leers plötzlich, diesen verloren zu haben, und beantragte ein neues Dokument.[1136] Es lag nahe, dass es sich hierbei *offenbar um einen taktischen Schachzug* handelte, wie das Bonner Innenministerium erklärte.[1137] Immerhin gab Johann von Leers der Botschaft mit seinem Antrag die Möglichkeit an die Hand, einen neuen Ausweis von vorn-

---

1134 Ebd. Zur Umsetzung dieser Verpflichtung siehe Aufzeichnung Abt. 5 (Nüßlein) für Stellv. Staatssekretär, 20.03.1959 [PA AA, B 82, V3-88, Nr. 444, Bl. 106 f.]: *Eine allgemeine Weisung an sämtliche Auslandsvertretungen ist in Vorbereitung.*
1135 Botschaft Kairo an AA, 03.03.1959 [PA AA, B 82, V3-88, Nr. 444, Bl. 97; siehe auch AA, B 82, V3-88, Nr. 250, Bd. 1, Bl. 74].
1136 Johann von Leers an Botschaft Kairo, 03.03.1959 [Original in PA AA, B 82, V3-88, Nr. 250, Bd. 1, Bl. 71; Abschrift in PA AA, B 82, V3-88, Nr. 444, Bl. 104]. Johann von Leers hatte durch eine deutsche Zeitungsmeldung offensichtlich bereits von der „Passentziehung" erfahren, wie ein Beamter der Botschaft durch ein Telefonat mit der Tochter erfuhr.
1137 BMI an AA, 12.05.1959 [PA AA, B 82, V3-88, Nr. 444, Bl. 140]. Das BMI empfahl deshalb dem AA, den Pass durch die Botschaft für ungültig erklären zu lassen und die ägyptischen Polizeidienststellen darüber zu unterrichten. Gesine von Leers, die den Termin, zu dem ihr Mann auf die Botschaft vorgeladen war, wahrnahm, behauptete gegenüber der Botschaft, ihr Mann habe den Verlust des Passes *bei hiesiger Polizei gemeldet*. Botschaft Kairo an AA, 18.03.1959 [PA AA, B 82, V3-88, Nr. 250, Bd. 1, Bl. 77]. Botschaft Kairo an Johann von Leers, 25.03.1959, in dem die Darstellung als nicht *glaubhaft* bezeichnet wird [PA AA, B 82, V3-88, Nr. 444, Bl. 118]. Aus diesem Grund verzichtete die Botschaft auch darauf, den Passverlust dem Bundeskriminalamt zu melden. Siehe Botschaft Kairo an AA, 08.05.1959 sowie AA an Botschaft Kairo, 15.05.1959 [PA AA, B 82, V3-88, Nr. 250, Bd. 1, Bl. 86 f.]. Wie richtig sie damit lag, zeigte sich im Oktober 1960, als die Botschaft *aus zuverlässiger Quelle*

herein auf die gewünschte Dauer und nur zum Zwecke der Einreise in die Bundesrepublik innerhalb von drei Monaten zu beschränken. Der Antrag verlief aber im Sande. Weiteren Vorladungen auf die Botschaft folgte Johann von Leers ohnehin nicht mehr.[1138]

Dass sich die Weisung des Auswärtigen Amtes als wirkungslos erwies, ist jedoch auch auf das Verhalten der ägyptischen Behörden zurückzuführen, die Johann von Leers weiterhin protegierten. Eine Note der Botschaft an das Außenministerium im März hatte die dortigen Funktionäre zwar über die Passbeschränkung informiert.[1139] Rechtshilfe aber leisteten sie nicht. Die Botschaft schien dies bereits zu ahnen, noch ehe sie den ersten Schritt unternommen hatte. Es sei zu erwarten, dass ihr Ersuchen *dilatorisch behandelt* werde und *ergebnislos bleibt,* berichtete sie nach Bonn.[1140] Dies trat ein. Noch im Juli 1961 konnte Gesine von Leers deshalb bei einem Gespräch in der Botschaft mit *einer gewissen Genugtuung* darauf hinweisen, dass die *Aufenthaltsgenehmigung* für sie und ihre Angehörigen *bisher stets ohne Schwierigkeiten verlängert* worden sei, obwohl eine Verfügung der Botschaft zur Beschränkung des Passes ihres Mannes seinerzeit *den ägyptischen Behörden mitgeteilt worden* war.[1141]

Der Anfang 1959 ausgelöste Skandal um seinen Reisepass ist allerdings auch Ausdruck des vergangenheitspolitischen Wandels, der sich zu diesem Zeitpunkt vollzog. Als das Dokument 1953 erstmals in Buenos Aires unter Vorlage eines zweifelhaften Nachweises ausgestellt wurde, ließen die Mitarbeiter dort jegliches Gespür vermissen. 1959 dagegen wuchs sich die abermalige Verlängerung ein Jahr zuvor, wenngleich zufällig, zu einem handfesten Skandal aus. Dass es so weit kam, lag an den Akteuren: Hier der unbelehrbare Nationalsozialist, der die Grenzen des Möglichen ausreizte und dem mit juristischen Mitteln nur schwer beizukommen war. Dort die gutgläubigen, zum Teil überforderten Mitarbeiter der Botschaft in Kairo und desinteressierte Diplomaten in der Bonner Zentrale, die sich, nachdem die Skandalisierung eingesetzt hatte und Versäumnisse offenkundig geworden waren, um Schadensbegrenzung bemühten. Hinzu kam schließlich die Opposition im Bundestag, die aus dem Vorfall medienwirksam Kapital zu schlagen suchte und weitreichende Zugeständnisse erreichen konnte,

---

      erfuhr, dass von Leers immer noch in Besitz des 1958 ausgestellten Passes sei. *Ein Passverlust ist somit niemals erfolgt.* Siehe Botschaft Kairo an AA, 04.10.1960 [PA AA, B 82, V3-88, Nr. 250, Bd. 2, Bl. 2].

1138 Botschaft Kairo an AA, 18.03.1959 [PA AA, B 82, V3-88, Nr. 444, Bl. o. P.]. Siehe auch Botschaft Kairo an Johann von Leers, 25.03.1959 [PA AA, B 82, V3-88, Nr. 444, Bl. 118].
1139 Verbalnote Botschaft Kairo vom 25.03.1959 [PA AA, B 82, V3-88, Nr. 250, Bd. 1, Bl. 83].
1140 Botschaft Kairo an AA, 03.03.1959 [PA AA, B 82, V3-88, Nr. 444, Bl. 97].
1141 Botschaft Kairo an AA, 18.07.1961 [PA AA, B 82, V3-88, Nr. 444, Bd. 2, Bl. 38 f.].

der zufolge das Auswärtige Amt seine bisherige Praxis zur Vergabe von Pässen im Ausland einer Überprüfung unterziehen musste.

9.6.5 Korrekturversuche

Die Dynamiken der öffentlichen Skandalisierungen hatten ein Bild von Johann von Leers produziert, das seiner tatsächlichen Bedeutung zunehmend weniger gerecht wurde. Die zahlreichen Gerüchte über seine Person, die nach der Eichmann-Entführung in der Öffentlichkeit zirkulierten, und seine anhaltende Präsenz in den Medien, die er durch provozierende Äußerungen förderte, konnten nicht überdecken, in welcher Isolation Johann von Leers spätestens seit Ende der 1950er Jahre lebte. Selbst einstige Förderer in der Arabischen Liga und aus dem Umfeld der ägyptischen Ministerialverwaltung, die ihn nach Kairo gelotst hatten, gingen auf Distanz. Zwar duldeten die Behörden weiterhin seinen Aufenthalt im Land und stellten ihm Ressourcen zur Verfügung. Briefe an Johann von Leers etwa, die an das staatliche Informationsamt in Kairo adressiert waren, wurden anstandslos weitergeleitet.[1142] Die Arabische Liga, das Informationsamt der Regierung und staatlich alimentierte Propagandainstitutionen versorgten ihn zudem gelegentlich mit Aufträgen. Die beiden Schlaganfälle schränkten Johann von Leers jedoch in seinem Aktionsradius deutlich ein. Die finanziellen Verhältnisse der Familie galten deshalb als prekär. Ihr Mann *verdiene durch Sprachunterricht und Übersetzungen nur sehr wenig* und eine *Altersversorgung* habe er *überhaupt nicht,* klagte Gesine von Leers 1961.[1143] Den Lebensunterhalt bestritt weitgehend die Tochter, die eine Stelle an der Botschaft Uruguays angenommen hatte. Je bedeutungsloser Johann von Leers wurde, desto stärker provozierte er durch beleidigende Äußerungen und inszenierte sich gegenüber tatsächlichen oder vermeintlichen Gesinnungsfreunden als Spinne im Netzwerk einer „faschistischen Internationale". Die von ihm selbst mehrfach in die Welt gesetzte Behauptung, er habe sich 1952 *in den Bergen von Bolivien*[1144] an „der Vorbereitung der herrlichen blutigen Osterrevolution" beteiligt, „in deren Ergebnis die ganzen jüdisch-amerikanischen Bergwerksgesellschaften der Moritz Hochschild, Guggenheim usw. nationalisiert, der Kirche das ganze

---

1142 Kramer an Informationsamt (Kairo), 02.02.1959 [NL Kramer]; Informationsamt (Kairo) an Kramer, 22.03.1959 [NL Kramer].
1143 Botschaft Kairo an AA, 18.07.1961 [PA AA, B 82, V3-88, Nr. 444, Bl. 38 f.].
1144 Johann von Leers an Kummer, 08.08.1958 [UAJ, Bestand V, Abt. XL, Nr. 54].

Land weggenommen und an die indianischen Bauernschaften aufgeteilt wurde"[1145], dürfte seiner Phantasie entsprungen sein.

Parallel dazu begann Johann von Leers allerdings auch damit, in der öffentlichen Deutung seiner Person das Bild eines an sich harmlosen Menschen zu zeichnen. Bereits nach seiner Enttarnung 1956 hatte er sich als „Mann des Friedens" beschrieben.[1146] Im Januar 1960 erklärte er dem Korrespondenten der DPA, „dass sein Einfluss nicht so weit reiche, wie dies angenommen werde".[1147] Seine Frau stellte seine Tätigkeit gar als *völlig harmlos* dar, die *niemandem schadet*.[1148] Im Dezember 1960 dann trat er mit einer Erklärung an die Öffentlichkeit, um die *seit Jahren immer wiederholten lügenhaften Angriffe der Weltpresse* zu korrigieren.[1149] Wer aber in der Bundesrepublik, abgesehen von rechtsextremen Presseorganen, sollte diese Stellungnahme publizieren, die sich, was etwa seine Rolle während der NS-Zeit betraf, durch Verharmlosungen und Geschichtsklitterung auszeichnete und damit offenbarte, wie gefangen Johann von Leers in seinen Vorstellungen lebte?[1150] Nachdem er einmal mehr *über Radio* und *durch die großen Zeitungen*, wie Gesine von Leers sich 1963 beklagte, *beschmutzt* worden sei, sei es an der Zeit, *dass Sie auch mal eine Erklärung meines Mannes dazu aufnehmen*, forderte sie Wolf Schenke auf, nachdem dieser 1961 eine solche Veröffentlichung *aus heiterem Himmel* abgelehnt hatte, immerhin aber signalisierte, seine *Stellungnahme* zu publizieren, wenn sich *Angriffe auf Ihren Gatten in der deutschen Presse wieder mehren*.[1151]

1145 Johann von Leers an Brunow, 19.09.1958, zit. nach Dokumente der Gegenwart. Neue Veröffentlichungen und Urkunden zur Zeitgeschichte (Bd. VI), Pähl/Oberbayern 1963, S. 147 f.; Johann von Leers an Pound, Juli 1958 [Yale University, Beinecke Rare Book and Manuscript Library, Ezra Pound Papers, YCAL, MSS 43, Box 53, folder 2432]: *I did my best to help the heroic nationalist revolution in Bolivia in Eastertime 1952, when the Inca people overthrow the colonialist exploiting government [...] and freed Bolivia from the Wallstreet tyranny.* Siehe auch SENNHOLZ: Johann von Leers, S. 311. Dort heißt es vage, Johann von Leers habe „maßgeblich zur Eskalation jener Ereignisse beigetragen, die im April zu bewaffneten Aufstand der politisch und sozial weitgehend entrechteten Bergwerksarbeiter führten".
1146 O.V.: Deutscher Nazi als Propagandist Nassers, in: NZZ vom 29.08.1956.
1147 DPA, Meldung vom 19.01.1960. Siehe auch O. V.: Von Leers heißt jetzt Amin Omar, in: Passauer Neue Presse vom 20.01.1960.
1148 Gesine von Leers an BMI, 30.04.1964 [PA AA, B 82, V3-88, Nr. 444, Bd. 2, Bl. 156–158].
1149 Erklärung von Professor v. Leers (Ms.), Kairo o.D. [Dezember 1960] [Privatarchiv].
1150 Ein Abdruck erfolgte in der Monatszeitschrift „Nation Europa". Siehe LEERS, [JOHANN] VON: Eine Richtigstellung, in: Nation Europa 11 (1961) 4, S. 68. Zur auszugsweisen Veröffentlichung in der „Freisozialen Presse" siehe Gesine von Leers an Schenke, 03.02.1963 [NL Schenke].
1151 Schenke an Gesine von Leers, 07.04.1961; Gesine von Leers an Schenke, 03.02.1963 [NL Schenke].

Eine der wenigen Ausnahmen stellten Nikolaus Ryschkowsky (1919–1996) und die von ihm in Frankfurt am Main verlegten „Studien von Zeitfragen" dar.[1152] Dabei handelte es sich um einen zwar einfach hektographierten, redaktionell aber aufwendig erarbeiteten Informationsdienst, in dem der Herausgeber Positionen der außerparlamentarischen Linken wie des rechtsextremen Milieus dokumentierte. Da er Wertungen weitgehend unterließ und den dokumentarischen Charakter des Materials betonte, versuchten zahlreiche Kleinorganisationen und Einzelpersonen, ihre Ansichten dort zu verbreiten. Ryschkowsky wiederum erwies sich als Grenzgänger, weil sein Interesse an den Überzeugungen seiner Korrespondenzpartner glaubhaft erschien, er die so zusammengetragenen internen Informationen aber auch anderweitig verwendete. Nicht zuletzt deshalb dürften Johann und Gesine von Leers über einen längeren Zeitraum mit dieser schillernden Persönlichkeit korrespondiert haben.

Ryschkowsky entstammte einer deutsch-russischen Familie mit Wurzeln in Kiew und Moskau. Als Anhänger des Zaren kehrte sie nach dem Ersten Weltkrieg nicht nach Russland zurück. Obgleich Ryschkowsky zunächst nicht deutscher Staatsangehöriger war, begann er hauptamtlich für die Hitler-Jugend (HJ) der Gebietsführung Wiesbaden und in Hessen-Nassau zu arbeiten. 1942 wurde er in die Wehrmacht einberufen. Es sei ihm seinerzeit „zur Lebensaufgabe" geworden, „deutsch zu werden und zu sein", beschrieb er mehr als 50 Jahre später seine Einstellung.[1153] Jugendlicher Fanatismus schien ihm dabei nicht fremd. Als im Frühjahr 1945 die Kapitulation abzusehen war, bereitete Ryschkowsky sich als „Werwolf" auf einen Guerillakrieg vor. Sein Auftrag habe darin bestanden, „Grundlagen für eine Einheit zu schaffen, die auch nach Kriegsende gegen die amerikanische Besatzung kämpfen sollte". Ryschkowsky tauchte in die Illegalität ab, geriet aber „als Folge des Verrats durch einstige Kameraden" in Gefangenschaft. Ein US-Militärgericht verurteilte ihn zu fünf Jahren Haft. In dieser Phase ließ er sich vom Counter Intelligence Corps (CIC) anwerben. Diese Entscheidung dürfte dazu beigetragen haben, dass er bereits eineinhalb Jahre später wieder auf freien Fuß kam. Nach eigenen Angaben betätigte sich Ryschkowsky dann seit Ende der 1940er Jahre als „Verbindungsbeamter des CIC zu den deutschen Behörden". Seine Aufgabe habe darin bestanden, für Einzelpersonen „Complete Background Investigations" vorzunehmen, „die für die Übernahme verantwortlicher Funktionen notwendig waren". Hinzu traten

---

1152 Auszugsweise abgedruckt unter der Überschrift „Prof. von Leers gegen Falschmeldungen" in: Studien von Zeitfragen vom 17.01.1963.
1153 RYSCHKOWSKY, [NIKOLAUS]: Eine Welt – oder keine? Anmerkungen zur „Neuen Weltordnung", in: wir selbst (1996) 3–4, S. 30–33. Für ergänzende Auskünfte danke ich Prof. Arno Klönne (Paderborn) und Dr. Eckhard Fascher (Göttingen).

analytische Arbeiten. „Verständnisvolle Amerikaner", so Ryschkowsky, ermöglichten es ihm, „Untersuchungen anzustellen, inwieweit Nationalismus und Nationalsozialismus den Zusammenbruch überdauert und in welcher Gestalt sie sich neu etabliert hätten". Nachdem das CIC teilweise in den neu formierten Auslandsnachrichtendienst CIA integriert und Ryschkowskys Dienststelle 1953 aufgelöst worden war, musste er sich neu orientieren. Das Angebot, in die USA zu übersiedeln, lehnte er ab. Stattdessen betätigte er sich als Journalist, Publizist und Rechercheur für verschiedene Institutionen und Wissenschaftler. Seit spätestens Anfang der 1950er Jahre besuchte er dazu Veranstaltungen der extremen Rechten und korrespondierte mit Vertretern zahlreicher Parteien, Verbände und Organisationen dieses Spektrums.

Die Beziehungen zu vielen dieser Aktivisten reichten in die Zeit des Nationalsozialismus zurück. Aus dem Jahr 1935 stammte vermutlich die *besonders enge Bekanntschaft* zwischen Karl-Heinz Priester und Ryschkowsky, *die vielleicht schon Freundschaft genannt werden kann.*[1154] Otto Straßer nannte er einen „langjährigen Freund". Kontakte pflegte er ferner zu Adolf von Thadden, den langjährigen Mandatsträger der DRP und späteren Vorsitzenden der NPD, sowie zu August Haußleiter (1905–1989), Mitbegründer der Deutschen Gemeinschaft. Seine Recherchen in nationalistischen und rechtsextremen Kreisen publizierte Ryschkowsky „objektiv und unpolemisch", wie er für sich in Anspruch nahm, in dem seit 1952 erscheinenden Informationsdienst „Die Brücke", der später in den „Studien von Zeitfragen" aufging.[1155] Die Auflagen dieser Dienste wurden bewusst klein gehalten. Ihre Beiträge hatten dokumentarischen Charakter, die auf Skandalisierungen verzichteten. Zahlreiche seiner Korrespondenzpartner aus diesem Milieu – so auch Johann von Leers – versorgten Ryschkowsky bereitwillig mit Informationen, nicht zuletzt deshalb, weil sie sich in den „Studien von Zeitfragen" eine wohlwollende Berichterstattung über ihre Person oder ihr politischen Ziele erhofften und so *für eigene Zwecke* zu instrumentalisieren suchten.[1156] Entsprechend gut war Ryschkowsky über biografische Hintergründe informiert: *Er kennt den Lebensweg des Herrn von Leers [...] bis in die letzte Phase,* wusste ein Zuträger dem BND zu berichten.[1157]

Ryschkowsky war freilich nicht unumstritten. So aufmerksam seine Informationsdienste gelesen wurden, so unklar erschienen einigen seiner Korrespondenzpartner seine Auftraggeber und Abnehmer. Es verwundert deshalb nicht, dass Gerüchte die Runde machten, wonach seine Recherchen nicht nur

---

1154 Manuskript, 19.01.1955 [APABIZ].
1155 RYSCHKOWSKY: Eine Welt – oder keine?, S. 30–33.
1156 Landig an Priester, 22.08.1957 [BArch, B 443/2673, Bl. 16661].
1157 Otto E. an BND (Winterstein), 04.02.1964 [BND, V-12859,1, Bl. 60].

journalistischen Zwecken dienten.[1158] Bereits im März 1955 kam es zu einem öffentlichen Zerwürfnis mit Priester. Dieser ließ Ryschkowsky wissen, er lege keinen Wert darauf, „in dem ‚Informationsdienst' eines langjährigen Agenten und Handlangers der das deutsche Volk beherrschenden V[ereini]gt[en] Staaten erwähnt zu werden".[1159] Ryschkowsky wies Priesters Behauptung zwar als „absurd" zurück, machte aber aus seiner „früheren beruflichen Tätigkeit" kein Hehl. Ehrenrühriges wollte er in dieser „Beschäftigung" jedoch nicht erkennen: Er habe „vielmehr in der Notzeit des deutschen Volkes, deren Tiefen und Härten mir keineswegs erspart blieben, [...] eine redliche Vermittlung unternommen", die „im aufrichtigen Gespräch und in einer loyalen Zusammenarbeit mit den Amerikanern" die „Wiederherstellung eines normalen und besseren Lebens" zum Ziel gehabt habe, ließ er seine Leser wissen. Nicht ohne Süffisanz fügte er hinzu, Priester habe „in genauer Kenntnis" dieser Tätigkeit „die nach 1945 wieder aufgenommene kameradschaftliche Verbindung zu mir persönlich und brieflich unterhalten".[1160] Von einer *Agententätigkeit* Ryschkowskys war auch Gesine von Leers überzeugt. Allerdings sei er *der einzige gewesen, der die vielen Berichtigungen gegen all die weltweiten Lügen gegen meinen Mann an die richtige Stelle lancierte,* hielt sie ihm zugute.[1161]

Manuskripte, die Johann von Leers auf Bitten Ryschkowskys verfasste, dürften jedoch selten brauchbar gewesen sein. Seine Gedankengänge über Machenschaften des *Weltzionismus*[1162] werfen stattdessen ein Licht auf seine zunehmend wahnhaften Vorstellungen. In Otto Straßer, der ihm aus den Auseinandersetzungen innerhalb der NSDAP Anfang der 1930er Jahre bekannt war, sah Johann von Leers nun einen *Agenten [...] im Dienste der Juden, der seit 1937 den Juden Fritz Max Cahen als seinen Führer anerkannt* und bereits *seit 1932 [!] in allen Berliner Ministerien Widerstandsgruppen gegen Adolf Hitler organisierte* habe.[1163] Als *Knecht des internationalen Judentums* und *widervölkischer Schädling schlimmster Art* verdiene Straßer deshalb den *siedenden Hass aller treuen*

1158 Zur Einschätzung seiner Person aus rechtsextremer Sicht siehe beispielhaft Lisbeth Grolitsch (1922–2017), eine langjährige Funktionsträgerin der „Deutschen Kulturgemeinschaft Österreich". Noch 1975 echauffierte sie sich über Ryschkowsky, der für das „Verfassungsschutzamt Köln" tätig sei, weshalb sich bei dessen Name „jedem Eingeweihten in volktreuen Kreisen die Haare sträuben" müssten. Siehe SCHMIDT-EENBOOM, ERICH: Undercover. Der BND und die deutschen Journalisten, Köln 1998, S. 368. Zur Kooperation amerikanischer Sicherheitsbehörden mit einer „Well-informed rightist figure" siehe auch BREITMAN: Hitler's Shadow, S. 24.
1159 In eigener Sache, in: Die Brücke (1955), 4/5 (Mai).
1160 Ebd.
1161 Gesine von Leers an unbekannten Adressaten, 29.10.1963 [BND, V-12859,1, Bl. 52].
1162 Erklärung von Professor v. Leers (Ms.), Kairo o.D. [um Dezember 1960] [Privatarchiv].
1163 Johann von Leers an Ryschkowsky, o.D. [um 1962] [APABIZ].

Patrioten. So wenig sich mit solchen für Johann von Leers typischen Ausfällen anfangen ließ, so wertvoll waren dagegen die Ausführungen seiner Ehefrau. Was Ryschkowsky so über die Lebensumstände der Familie erfuhr, ermöglichte ihm zweifelsohne eine realistische Einschätzung der Rolle, die Johann von Leers im internationalen Netzwerk der Antisemiten spielte. Zwar dürfte er Gesine von Leers kaum darin gefolgt sein, sie und ihr Mann hätten *nichts mit dem Rechtsdschungel zu tun*.[1164] Ein Nachruf in den „Studien von Zeitfragen" im April 1965 zeichnete sich dennoch durch eine bemerkenswerte Milde aus. Dies betraf etwa die Behauptung, Johann von Leers habe sich in der letzten Phase des Erscheinens des „Wegs" wiederholt „von den Praktiken" der Zeitschrift „distanziert". Ryschkowskys Hinweis auf die „Legendenbildung" um seine Biografie, der Johann von Leers „nicht entgehen" konnte, unterschätzt zudem die Tatsache, dass dieser noch 1957 zu den maßgeblichen Autoren des Blattes gehörte und seine antisemitische Publizistik in Kairo bis an sein Lebensende fortsetzte. Insofern ist zu bezweifeln, dass nur aufgrund „missverständlicher antizionistischer Artikel und politischer Äußerungen" das Bild einer „Spinne im Netz des internationalen Faschismus" entstanden sei.[1165]

9.7 „Staatsfeind Nr. 1": Die gescheiterte Rückkehr in die Bundesrepublik

Hinter den Versuchen, die Deutung seiner Biografie als einstiger NS-Propagandist und nunmehr zentraler Akteur einer „antisemitischen Internationale" nicht länger der Presse zu überlassen, stand vor allem aber die Absicht, der Familie einen Weg zur Rückkehr in die Bundesrepublik zu ebnen. Entsprechende Überlegungen wies Johann von Leers zwar hartnäckig zurück: Er wolle *nicht nach Europa kommen*, müsse er doch befürchten, hier *von Juden oder vom amerikanischen Geheimdienst umgelegt zu werden*, ließ er 1958 in typischer Diktion verlautbaren.[1166] Ernst Jünger erfuhr kurz darauf von ihm, er wolle *unter der dortigen Despotie* nicht mehr leben.[1167] Einem Gesinnungsgenossen in Österreich teilte er 1962 mit, es entspreche *nicht den Tatsachen*, dass er nach Deutschland *zurückkehren* wolle.[1168] Seine Verachtung der politischen Verhältnisse der Bundes-

---

1164 Gesine von Leers an unbekannten Adressaten, 29.10.1963 [BND, V-12859,1, Bl. 52].
1165 Studien von Zeitfragen vom 14.04.1965, S. 7.
1166 Schreiben einer unbekannten Person an Johann von Leers, 06.07.1958 [BND, V-12859,1, Bl. 146–148, hier 146].
1167 Johann von Leers an Jünger, 27.06.1959 [DLA Marbach, Sig. HS 5294539].
1168 Johann von Leers an Wesely, 21.05.1962 [Privatarchiv].

republik, die er in Kontinuität seiner Propaganda der 1930er Jahre weiterhin als "Judenrepublik" denunzierte, schien allenfalls seine Bereitschaft zu fördern, sich andernorts niederzulassen. So brachte etwa im April 1958 der irakische Militärattaché in Kairo gegenüber dem Botschafter der Bundesrepublik *streng vertraulich* zum Ausdruck, seine Land habe *Interesse* an einer *Anstellung* jener *Propagandisten-Gruppe*, die, wie er zu wissen glaubte, von der ägyptischen Regierung entlassen worden sei.[1169] Im Sommer 1961 überraschte Johann von Leers seinen türkischen Gesinnungsgenossen Atilhan angeblich mit dem Bekenntnis, in die Türkei zu kommen, sofern sich dort eine Möglichkeit der Existenz eröffnen würde.[1170] Realistisch waren solche Optionen allerdings nicht. Umso mehr können Bemühungen seiner Frau und Tochter bemerkt werden, die spätestens seit 1960 mit dem Gedanken spielten, in die Bundesrepublik zurückzukehren. Ob sie dies hinter dem Rücken von Johann von Leers taten, wie seine Tochter behauptete, erscheint angesichts der Erklärung, die dieser im Dezember 1960 abgegeben hatte, zweifelhaft.[1171] Spekulation müssen auch zahlreiche Gerüchte bleiben, die seine Zukunft betrafen. Ob er "politischen Freunden" gegenüber tatsächlich "mehrfach" angedeutet hat, in der Bundesrepublik warte "eine lohnende Professur" auf ihn, ist nicht belegt. Gleiches gilt für Vermutungen, als früherer Beamter könne er mit einer vierstelligen Pension rechnen.[1172] Zwar glaubte er tatsächlich daran, aus seiner Universitätsprofessur in Jena seien ihm Ansprüche erwachsen, nachdem er das Gerücht vernommen hatte, sein ehemaliger Kollege Kummer erhalte *70 Prozent* einer ihm zustehenden Pension.[1173] Angesichts des überraschenden Todes von Johann von Leers im März 1965 blieb diese Frage, die ein Rechtsanwalt der Familie im Bonner Innenministerium klären sollte, unbeantwortet.[1174] Unabhängig davon aber gab es eine Reihe von Motiven, die die Familie zu einer Rückkehr in die Bundesrepublik bewogen.

1169 Botschaft Kairo an AA, 19.04.1958 [PA AA, B 82, V3-88, Nr. 250, Bl. 29].
1170 Kt.: Professor von Leers, 15.09.1961 sowie 07.09.1962 [APABIZ].
1171 Auskunft Gesine von Leers [Interview 26.02.2006].
1172 Heim, uns reicht's (Ms.), 27.09.1961 [AdsD, Sammlung Personalia]. Siehe auch "Heimkehrer", in: CrP-Informationsdienst Oktober 1961; Telegraf vom 03.10.1961; Stern Nr. 47/1961 vom 19.11.1961.
1173 Gesine von Leers an Kummer, 15.01.1961 [UAJ, Bestand V, Abt. XL, Nr. 54]. Kummer wies dies als falsch zurück und empfahl zur weiteren Unterstützung den Tübinger Verleger Herbert Grabert, der als Vorsitzender des Verbandes der nicht-amtierenden amtsverdrängten Hochschullehrer die Interessen des 1945 aus den Universitäten entlassenen Personals vertrat. Kummer an Gesine von Leers, 26.01.1961 [UAJ, Bestand V, Abt. XL, Nr. 54]. Zum Verband siehe SCHAEL, OLIVER: Herbert Grabert als Hochschullobbyist, in: FINKENBERGER, MARTIN/JUNGINGER, HORST (HRSG.): Im Dienste der Lügen. Herbert Grabert (1901–1978) und seine Verlage, Aschaffenburg 2004, S. 94–123.
1174 AA an Göhring, 09.03.1964 [PA AA, B 82, V3-88, Nr. 444, Bd. 2, Bl. 105].

9.7.1 Motive

Eine kritische Überprüfung seiner Lebensumstände in Kairo musste Johann von Leers vor Augen führen, dass sich der Kreis seiner Förderer gelichtet hatte. Die Präsenz bundesdeutscher Experten mit nationalsozialistischer Vergangenheit zumindest in den Bereichen Militär und Propaganda, die seit Anfang der 1950er Jahre angeworben worden waren, schien sich mittlerweile überlebt zu haben. Die Aufnahme diplomatischer Beziehungen zu Staaten des Ostblocks führte überdies dazu, dass zunehmend sowjetische Berater in den Ministerien den Ton angaben. Diese vermittelten nicht nur militärisches Knowhow, sondern brachten auch Versatzstücke ihrer Weltanschauung mit. Eine vergleichbare Entwicklung vollzog sich im Apparat der Arabischen Liga. Zwar mochte in Bonn mit Hassan Fakoussa weiterhin einer seiner Sympathisanten die Geschäfte führen. In Kairo aber gingen personelle Revirements mit einem Wechsel weltanschaulicher Prämissen einher, wie Gesine von Leers im September 1960 konstatierte: Ihre Gesprächspartner seien nur mehr *an ägyptischen Belangen interessiert* und obendrein *stur marxistisch*.[1175] Das schloss nicht aus, dass es sich um überzeugte Antizionisten handelte. Mit einem antisemitischen Propagandaexperten, der sein Handwerkszeug in der NS-Zeit perfektioniert hatte, wollten sich seine Auftraggeber allerdings öffentlich nicht länger schmücken, geschweige denn diplomatische Verwicklungen riskieren, nachdem die Bundesregierung ägyptischen Offiziellen „klarzumachen" versucht hatte, „dass es so nicht gehe", wie 1961 ein Staatssekretär des Auswärtigen Amtes es darstellte.[1176] Frühere Nationalsozialisten würden schon lange als *lästig* empfunden, fasste ein Beobachter die Situation 1963 zusammen.[1177] Sie fielen den Regierungsstellen *auf die Nerven*, die zwar gegen Israel *politische Vorbehalte* hätten, *mit Antisemitismus* aber *nichts zu tun haben* wollten. Bereits die Enthüllungen der Journalisten über Johann von Leers im August 1956 (siehe Kap. 9.2.1) hätten sie „peinlich berührt".[1178] Durch seine regelmäßigen Ausfälle in den folgenden Jahren manövrierte Johann von Leer sich weiter ins Abseits. Spätestens 1958 war ein Zustand eingetreten, wonach sein Aufenthalt zwar weiter geduldet wurde, er mit seinen Vorschlägen

---

1175 Gesine von Leers an V 16.113, 05.09.1960 [BND, V-12859,1, Bl. 113].
1176 Deutscher Bundestag, 3. WP, Auswärtiger Ausschuss, 59. Sitzung vom 09.02.1961. Siehe Kommission für Geschichte des Parlamentarismus und der politischen Parteien (Hrsg.): Der Auswärtige Ausschuß des Deutschen Bundestages Sitzungsprotokolle 1957–1961, Bonn 2003, CD-ROM-Supplement, S. 1422.
1177 Andel an Bundestagspräsident Gerstenmaier, 06.02.1963 [BArch, B 166/26666, Bl. 128].
1178 H.P.G.: Deutsches Strandgut am Nil. Professor von Leers will den arabischen Nationalismus noch stärker in den Judenhass drängen, in: Vorwärts 30.01.1959.

jedoch kaum noch Gehör fand. Beispielhaft genannt werden kann eine „Denkschrift über jüdische Anklagen und Zeugen-Aussagen aus Deutschland", die er im Sommer 1958 dem Ägyptischen Innenministerium übergeben hatte, ohne dass seine Empfänger darauf reagierten.[1179] Kurz darauf soll sogar seinem Fürsprecher im Propagandaministerium *von ägyptischer Regierungsseite verboten* worden sein, weiterhin Post für ihn *in Empfang zu nehmen*.[1180] Damit verlor er zugleich eine seiner Deckadressen. Johann von Leers schien seinen Gastgebern zu unbedeutend, um aus seiner Anwesenheit diplomatische Verwicklungen mit der Bundesrepublik erwachsen zu lassen. Befördert wurde diese Entwicklung durch den Bedeutungsverlust el-Husseinis. Der Mufti, der 1956 zu seinen Lotsen nach Kairo gehört hatte und ihn in den ersten Jahren mit Aufträgen versorgte, war in seinem Einfluss zunehmend beschnitten worden. 1959 musste er sogar in den Libanon ausweichen (siehe Kap. 9.3.2). Dass mit diesem Exil ein „wahrer Freund der Deutschen" abgetreten war, wie Johann von Leers bereits 1957 geschrieben hatte, dürfte auch seine Position beschädigt haben.[1181] All das hatte zur Folge, dass Johann von Leers in seinen Publikationsmöglichkeiten zunehmend eingeschränkt wurde. Im Gegensatz zu der uferlosen Flut seiner Veröffentlichungen, die er anfangs für seine neuen Gastgeber verfassen und in den Zirkularen der „antisemitischen Internationale" weltweit publizieren konnte, geriet er seit Ende der 1950er Jahre zunehmend in die Rolle eines Bittstellers selbst gegenüber Gesinnungsgenossen. Als er im September 1962 noch einmal mit Harald Keith Thompson Kontakt aufnahm, geschah dies vor allem in der Absicht, dieser möge seine *good articles* über *problems of the Oriental World* an amerikanische Zeitungen und Magazine verkaufen.[1182] Erfolg hatte er damit nicht. Hinzu kam der fortschreitende körperliche und geistige Verfall. Vor allem nach einem zweiten Schlaganfall sei er zunächst längere Zeit *nicht mehr ausgehfähig* und anschließend kaum arbeitsfähig gewesen, beobachtete ein Dozent des Goethe-Instituts Anfang 1959. Seine *zusammenhanglosen* und *unter starken Beschwerden mühsam hervorgebrachten Worte* hätten Johann von Leers freilich nicht davon abgehalten, *antisemitische [...] Bemerkungen* zu machen.[1183] Zwei

---

1179 Denkschrift über jüdische Anklagen und Zeugen-Aussagen aus Deutschland (Ms.), o. D. [BfV, 054-P-10013, Bl. 79–81]. Zur Erstellung siehe BfV, Vermerk vom 31.01.1959 [BfV, 054-P-10013, Bl. 82].
1180 BfV, Vermerk vom 06.03.1959 [BfV, 054-P-10013, Bl. 101].
1181 Dr. v. L.: Verständnis und Güte: Ein wahrer Freund der Deutschen, in: Die Anklage 5 (1957) April/Mai, S. 9 f.
1182 Johann von Leers an Thompson, 24.09.1962, dokumentiert in HAMILTON, CHARLES: Leaders and Personalities of the Third Reich. Their Biographies, Portraits and Autographs, San Jose (Kalifornien) 1984, S. 207.
1183 Kunitzsch an Botschaft Kairo, 15.02.1959 [PA AA, B 82, V3-88, Nr. 250, Bd. 1, Bl. 58].

Jahre später beriefen sich Zeitungsreporter darauf, dass es ihm nach „Augenzeugenberichten" weiterhin „denkbar schlecht" gehe.[1184] 1963 galt er den Sicherheitsbehörden als *schwer krank*.[1185]

Dementsprechend eingeschränkt waren die finanziellen Möglichkeiten. Er lebe *in ärmlichen Verhältnissen*, fasste der BND die Lage zusammen.[1186] Dass Johann von Leers und seine Familie *ziemlich mittellos* seien, erkannte auch das Bundesamt für Verfassungsschutz.[1187] Durch seine Tätigkeit als Sprachlehrer und gelegentliche Übersetzungen *auf Bestellung* ließ sich nur unregelmäßig ein geringes Einkommen erzielen.[1188] Die Folgen dieser Deklassierung lasteten nicht zuletzt auf der Tochter. Nachdem sie im Oktober 1957 an der Botschaft von Uruguay eine Stelle als *Sekretärin, Übersetzerin und Dolmetscherin* angetreten hatte, lebte die Familie weitgehend von ihren Einkünften.[1189] Eine dauerhafte Perspektive bot dies mangels beruflicher Alternativen vor Ort allerdings nicht. Auf *Weisung von Bonn*, unterstellte Gesine von Leers, sei nämlich eine Art *Sippenhaft* verhängt worden, sodass Vertretungen bundesdeutscher Firmen in Kairo sie nicht *beschäftigen* dürften.[1190] Umso mehr erwärmte sie sich für den Gedanken einer Rückkehr in die Bundesrepublik, wo sie eine *interessante Tätigkeit* für ihre Tochter erhoffte, *am liebsten in der Presse und da am liebsten beim 'Spiegel'*, wie sie 1963 gegenüber Wolf Schenke andeutete.[1191]

9.7.2 Initiativen

Seit Anfang 1960 trug sich die Familie mit dem Gedanken, in die Bundesrepublik zurückzukehren. Alle Anstrengungen, die dazu unternommen wurden, blieben jedoch ohne Erfolg. Schon die Einlassungen seiner öffentlichen Erklärung vom

---

1184 Heim, uns reicht's (Ms.), 27.09.1961 [AdsD, Sammlung Personalia]. Siehe auch „Heimkehrer", in: CrP-Informationsdienst Oktober 1961, ok: Johann von Leers – Spätheimkehrer, in: Aufbau vom 09.02.1962.
1185 BND, Tätigkeit Deutscher für arabische Staaten (unter Übertritt zum Islam bzw. mit Annahme arabischer Namen), 15.05.1964, Bl. 2 [AdsD, Bestand SPD-Bundestagsfraktion, 4. Wahlperiode, Mappe 872]. Siehe auch BfV, Vermerk vom 16.12.1963 [BfV, 054-P-10013, Bl. 238].
1186 Ebd.
1187 BfV, Vermerk vom 27.09.1960 [BfV, 054-P-10013, Bl. 184].
1188 BND, Meldedienstliche Verschlusssache, Betr.: Johann von Leers, 07.02.1964 [BND, V-12859,1, Bl. 72]. Siehe auch BND, Meldedienstliche Verschlusssache, 23.04.1964 [BND, V-12859,1, Bl. 57–59].
1189 Arbeitszeugnis, Dezember 1963 [BND, V-12859,1, Bl. 61].
1190 Gesine von Leers an unbekannten Adressaten, 02.09.1960 [BfV, 054-P-10013, Bl. 185f.]. Siehe auch Gesine von Leers an Auswärtiges Amt, 31.08.1964 [PA AA, B 82, V3-88, Nr. 444, Bd. 2, Bl. 178f.].
1191 Gesine von Leers an Schenke, 03.02.1963 [NL Schenke].

Dezember, zu der sich Johann von Leers durchgerungen hatte, um, wie seine Frau schrieb, *den nicht enden wollenden lügenhaften Angriffen in der Presse* etwas entgegenzusetzen, waren kaum geeignet, diesen Prozess zu fördern.[1192] Dabei war ihm dieser Schritt ohnehin schwer gefallen, wie die Vorgeschichte zeigt. An den Urhebern dieser Kampagnen nämlich bestand für ihn kein Zweifel: *To give a dementi to Jewish lies is generally useless,* schrieb Johann von Leers noch im Oktober seinem Gesinnungsgenossen Harald Keith Thompson, nachdem eine amerikanische Boulevardzeitung kurz zuvor seinen Tod vermeldet hatte.[1193] Juden, hieß es in wohlbekannter Diktion, *will continue lying as a skunk will continue stinking.* Dass er jetzt dennoch einen Sinneswandel vollzog, dürfte dem Druck seiner Ehefrau zuzuschreiben sein. Einen ersten Entwurf vom Sommer stimmte sie vermutlich mit Ryschkowsky ab, der dafür sorgte, einige Formulierungen zu entschärfen oder zu streichen.[1194] Die Passage etwa, mit dem Namen von Eichmann müsse *im gleichen Atemzug auch Henry Salomon alias Trumann* genannt werden, findet sich in der abschließenden Fassung nicht mehr.[1195] Gleichwohl blieb die Erklärung, die Johann von Leers seitdem immer wieder verbreitete, wenn sein Name in sensationsheischenden Presseartikeln erwähnt wurde, weitgehend wirkungslos.[1196] Zu durchschaubar war der Versuch, seine Bedeutung als antisemitischer Überzeugungstäter durch tiefstapelnde Bewertungen umzudeuten, während er die spannungsreiche Beziehung zu Goebbels oder Rosenberg zum fundamentalen Gegensatz erhob. Die Wortwahl belegte zudem, wie gefangen er in seinen Vorstellungen war. So gestand er zwar ein, „ein konsequenter Gegner des politischen Judentums und des Weltzionismus" zu sein, worin er sich einig wisse „mit großen Teilen des völkischen Judentums".[1197] Den Vorwurf des Antisemitismus aber wollte er nicht akzeptieren, wie er mit den Kategorien der früheren Rassenforschung schlüssig zu erklären vermeinte. Schließlich „hasse" er „weder die semitischen arabischen Völker noch die schwarzen,

---

1192 Gesine von Leers an unbekannten Adressaten, 05.07.1960 [BfV, 054-P-10013, Bl. 165].
1193 Johann von Leers an Thompson, 16.10.1960 [Privatarchiv]. Siehe auch O. V.: The mysterious Nazi Leaders of Cairo, in: New York Post vom 04.10.1960 [Privatarchiv].
1194 BfV, Vermerk vom 27.09.1960 [BfV, 054-P-10013, Bl. 184].
1195 Erklärung (Ms.), o.D. [um August 1960] [BfV, 054-P-10013, Bl. 187–190].
1196 Beispielhaft dafür ein Beitrag in der schwedischen Wochenzeitung „Vecko-Journalen" vom 14.04.1961, der gegenüber er jede politische Aktivität in Kairo bestritt und verneinte, jemals ein Restaurant in Buenos Aires besucht zu haben, das nach Angaben der Zeitung als „Treffpunkt nationalsozialistischer Führer" bekannt gewesen sei. Siehe: Denial by Cairo Nazi, in: The Jewish Echo vom 28.04.1961. Ebenso nach Erscheinen des Artikels „NS-Führer beim ägyptischen Geheimdienst" in der FAZ vom 08.12.1962, nachdem der UN-Delegierte Israels seinen Namen im Politischen Ausschuss der Vollversammlung Anfang Dezember 1962 genannt hatte. Siehe dazu Johann von Leers an FAZ, 03.01.1963 [Privatarchiv].
1197 Erklärung von Professor v. Leers (Ms.), Kairo o.D. [um Dezember 1960] [Privatarchiv].

gelben und braunen Rassen", zu denen er „seit Jahrzehnten beste Beziehungen unterhalte". Vermessen musste auch erscheinen, in welchem Ausmaß er die Bedeutung seiner Propaganda beschönigte. So „wage" er „zu bezweifeln", sein Gedankengut habe „die Verbrechen der Nazis erst ermöglicht", und zeigte sich „überzeugt" davon, „dass keiner der wirklicher Verbrechen überführten Nazis oder SS-Angehörigen je einen Artikel, geschweige denn ein Buch von mir gelesen hat". Angesichts seiner Auftragsarbeiten und uferlosen Publizistik vor allem auch für weltanschauliche Leitmedien der Nationalsozialisten war das absurd. Das Machwerk „Juden sehen Dich an", das in den zahlreichen Presseartikeln besonders erwähnt wurde, begründete er mit jenem Argument, das schon der NS-Propaganda als Erklärung der antijüdischen Politik seit 1933 gedient hatte. So habe die Broschüre „deutlich" aufgezeigt, „zu welchen Schlüsselstellungen unsere jüdischen Mitbürger sich aufschwingen konnten". Ohnehin habe er darin nur zu Mitteln gegriffen, die auch seine Gegner angewandt hätten, ergänzte er unter Hinweis auf Kurt Tucholsky und dessen Buch „Deutschland, Deutschland über alles", das unter der Überschrift „Tiere sehen Dich an" „acht verdiente deutsche Generale abbildet". Wenn heute Hetze betrieben werde, dann nicht durch ihn, sondern die „Allgemeine Wochenzeitung der Juden in Deutschland", die ihn zum „gefährlichsten Judenhetzer der arabischen Länder" erklärt habe. Dies aber sei ebenso eine „zweckbedingte Lüge" wie die Behauptung, früher „die Seele von Goebbels" und heute „Schef [sic] des Propagandabüros von Nasser" zu sein: Goebbels nämlich sei „stets" sein „Gegner" und mit ihm „sogar verfeindet" gewesen. Und in Ägypten übe er „keinerlei politische Tätigkeit" aus.[1198] Auch in Argentinien habe er „als armer politischer Flüchtling von Sprachunterricht und bescheidener Mitarbeit an argentinischen Zeitschriften" gelebt, fügte er hinzu. Für „absurd" hielt er es überdies, ihn „einen Freund und engen Mitarbeiter Rosenbergs zu nennen". Als „tief überzeugter Anhänger der deutsch-russischen Zusammenarbeit im Sinne Bismarcks" sei er gerade für diese Haltung 1935 „auf Betreiben Rosenbergs und seines antirussischen Referenten" als Leiter der akademischen Abteilung der Hochschule für Politik „fristlos entlassen" worden. Spitzfindige Bemerkungen schließlich sollten seine Bedeutung als „Leiter einer Ortgruppe Kairo" im weltweit aktiven Netzwerk von Antisemiten bagatellisieren. Von solchen „Einrichtungen" sei ihm „nichts bekannt". Mit Blick auf flüchtige Nationalsozialisten erklärte er, in Kairo „nicht einen einzigen Nationalsozialisten" kennengelernt zu haben, abgesehen von Zind und Eisele, die ihm vorher nicht bekannt gewesen seien und mit denen er „trübe Erfahrungen" gemacht habe. Der angeblich durch Israels Präsiden-

---

1198 Erklärung von Professor v. Leers (Ms.), Kairo o.D. [um Dezember 1960] [Privatarchiv].

ten Ben Gurion verbreiteten Behauptung, als „Freund Eichmanns" gehöre er zu jenen „Naziverbrechern", die noch aufzuspüren seien und gekidnappt gehörten, hielt er entgegen, diesen Namen „erstmalig 1955 in Buenos Aires gehört" zu haben. Seine direkte Beziehung zu ihm wollte er darauf beschränkt sehen, „einmal kurz" mit ihm gesprochen zu haben, um „die historische Wahrheit über die Zahl der in den KZ gestorbenen Juden zu erfahren". Eichmann jedoch sei zu „keinerlei Auskunft" bereit gewesen, wie es wenig glaubwürdig heißt. Dies erscheine ihm heute „verständlich, wenn es zutrifft, dass Einmann [sic] jüdischer Abstammung ist, wie aus Tel Aviv bekannt wurde".[1199]

Im Sommer 1961 begann Gesine von Leers zunächst in Kairo, die Möglichkeit zur Rückkehr in die Bundesrepublik zu sondieren. In einem Gespräch in der Botschaft äußerte sie gegenüber einem Beamten den Wunsch, *die ganze Angelegenheit* nunmehr *bereinigen* zu wollen.[1200] Dass es nicht alleine um den Reisepass ging, sondern auch die finanzielle Lage sie zu diesem Schritt veranlasste, erklärte sie unumwunden. Von Blauäugigkeit zeugt jedoch die Vermutung, ausgerechnet die Botschaft würde ihr dabei behilflich sein, angeblich erworbene Pensionsansprüche ihres Mannes aus seiner Zeit in Jena oder gar als Attaché im Auswärtigen Amt zu ermitteln. Dies, so der Standpunkt der Botschaft, sei *ausgeschlossen*.[1201] An dieser Haltung änderte sich auch nichts, nachdem Gesine von Leers im September 1961 „[u]nter strengster Geheimhaltung"[1202] zu einem ersten Besuch in die Bundesrepublik gereist war, wo sie, vermittelt durch das Innenministerium, direkt in der Zentrale des Auswärtigen Amtes vorsprach. Die Mitarbeiter dort führten ihr die Grenzen jedoch deutlich vor Augen. Ein, wenn auch beschränkt gültiger, Reisepass zur Rückkehr in die Bundesrepublik werde Johann von Leers jederzeit ausgestellt, erfuhr sie dort. Sofern ihr Mann damit nicht einverstanden sei, könne er selbstverständlich Klage vor dem Verwaltungsgericht erheben. Ihr Rechtsanwalt, der dem *Ludendorffkreis* nahestand, schien Gesine von Leers allerdings schnell von den geringen Erfolgsaussichten überzeugen zu können.[1203] Mitarbeiter der Behörde hielten bereits kurz darauf fest, sie habe erkannt, dass *kaum irgendwelche Aussichten für einen erfolgreichen Prozess* bestünden.[1204] Einer Fehleinschätzung unterlag auch die Annahme,

---

1199 Ebd.
1200 Botschaft Kairo an AA, 18.07.1961 [PA AA, B 82, V3-88, Nr. 444, Bd. 2, Bl. 38 f.].
1201 Ebd.
1202 Heim, uns reicht's (Ms.), 27.09.1961 [AdsD, Sammlung Personalia]. Siehe auch „Heimkehrer", in: CrP-Informationsdienst Oktober 1961; Telegraf vom 03.10.1961; Stern Nr. 47/1961 vom 19.11.1961.
1203 Gesine von Leers an Kummer, 15.01.1961 [UAJ, Bestand V, Abt. XL, Nr. 54].
1204 Aufzeichnung AA, 22.09.1961 [PA AA, B 82, V3-88, Nr. 444, Bd. 2, Bl. 42].

Johann von Leers könne Anspruch auf eine Pension erwarten. Eine solche sei *ausgeschlossen,* bestätigten die Mitarbeiter der Bonner Zentrale die Haltung der Botschaft vor Ort.[1205] Eine unverbindliche Entwarnung gab es allein hinsichtlich drohender Strafverfahren. Da ihr Mann *auf keiner Fahndungsliste steht,* erfuhr Gesine von Leers, drohe ihm *beim Überschreiten der deutschen Grenze keine Verhaftung.*[1206] Aus Sicht von Gesine von Leers musste der Verlauf des Gesprächs eine Enttäuschung sein. „Die Besucherin ist in Bonn ziemlich kühl abgefertigt worden", brachte die „Stuttgarter Zeitung" es auf den Punkt.[1207] Alles andere wäre allerdings überraschend gewesen. Angesichts des seit Mai laufenden Prozesses gegen Eichmann, in dessen Folge der Name Johann von Leers wieder verstärkt in Presseveröffentlichungen erschienen war, musste das Auswärtige Amt jeden Anschein eines Entgegenkommens vermeiden. Den Mitarbeitern dürfte zudem die peinliche Debatte wenige Jahre zuvor noch in Erinnerung gewesen sein, nachdem die Umstände zur Verlängerung seines Passes in Kairo ans Licht gekommen waren. Zum Misserfolg des Besuchs trug außerdem bei, dass dieser sich trotz seiner konspirativ anmutenden Umstände nicht geheim halten ließ. Gesine von Leers *hält sich in der BRD auf, um die Heimkehr ihres Mannes vorzubereiten,* erfuhr der BND aus ihrem direkten Umfeld.[1208] Als dann Medien auf die Verhandlungen aufmerksam wurden, führte dies erneut zu einer Skandalisierung. Empörung riefen Spekulationen über eine mögliche Altersversorgung hervor. Die Illustrierte „Stern" etwa vermeldete Anfang November, Johann von Leers werde womöglich nach dem Gesetz zu Artikel 131 anerkannt und könne dann „eine vierstellige Pension erhalten".[1209] Anstoß erregte zudem der Verdacht, Gesine von Leers und ihr Mann hegten politische Ambitionen nach ihrer Rückkehr in die Bundesrepublik. Zwar wies Gesine von Leers dies vehement zurück. Die Behauptung, ihr Mann und sie hätten *eine neue politische Heimat […] gesucht* und deshalb *mit Rechtsextremisten Gespräche geführt,* sei *geradezu ein Witz.*[1210] Das Netzwerk einiger ihrer Unterstützer, die ihr während des Aufenthalts halfen, nährte indessen den Verdacht, dass es sich nicht um einen *völlig unpolitischen Besuch* handeln konnte, wie Gesine von Leers behauptete.[1211]

1205 Aufzeichnung AA, 19.09.1961 [PA AA, B 82, V3-88, Nr. 444, Bd. 2, Bl. 40 f.]. Siehe auch AA an Generalkonsulat New York, 05.03.1962 [PA AA, B 82, V3-88, Nr. 444, Bd. 2, Bl. 59 f.].
1206 BND, Meldedienstliche Verschlusssache, Betr.: Prof. Dr. Johannes von Leers, 31.10.1961 [BND, V-12859,1, Bl. 101].
1207 my: Kann Leers verhaftet werden?, in: Stuttgarter Zeitung vom 01.12.1961.
1208 BND, Meldedienstliche Verschlusssache, Betr.: Prof. Dr. Johannes von Leers, 31.10.1961 [BND, V-12859,1, Bl. 101].
1209 Stern vom 06.11.1961.
1210 Gesine von Leers an unbekannten Adressaten, 26.01.1962 [APABIZ].
1211 Ebd.

Unterkunft etwa fand sie bei *Freunde[n] ihres Mannes und Kameraden aus vergangenen Zeiten*.[1212] In Heidelberg traf sie mit Friedrich Jarschel (1919–1968), dem ehemaligen „Privatsekretär" Otto Straßers, zusammen.[1213] Mit ihm soll sie auch der Botschaft der Sowjetunion in Rolandseck bei Bonn einen Besuch abgestattet haben, um dort *die Deutsch-Sowjetische Zusammenarbeit zu proklamieren*.[1214] In Mainz dagegen suchte sie Erwin Schönborn auf, der mit ihrem Mann für seine Kampagnen gegen „den Zionismus" und „die Juden" in Verbindung stand (siehe Kap. 9.5.6).

Letztlich aber blieben alle Bemühungen um eine Rückkehr geschweige denn *Rehabilitierung* von Johann von Leers ohne Erfolg.[1215] In welcher Isolation die Familie inzwischen lebte, zeigte ein weiterer hilfloser Versuch, den Gesine von Leers im Frühsommer 1963 startete. Allen Ernstes schien sie nämlich davon auszugehen, für ihren Mann eine „Gnadenrente" erwirken zu können, sofern dieser sich im Gegenzug darauf verpflichte, seinen politischen und publizistischen Aktivismus einzustellen. Die weltfremde Offerte lancierte sie über eine der wenigen Zeitungen, deren Redakteure nicht im Ruf standen, es auf skandalisierende Schlagzeilen abzusehen. Stattdessen sollte ein Interview mit Gerhard Frey, dem Verleger und Herausgeber der rechtsextremen „Deutschen National- und Soldatenzeitung" (DNSZ), die Basis dafür schaffen, Johann von Leers als kränklichen Menschen und gläubigen Muslim zu beschreiben, der nach seinem Übertritt zum Islam im täglichen Gebet Ruhe suche und nichts sehnlicher wünsche, als in Frieden zu leben.[1216] Das wohlwollende Porträt erschien als fünfter Teil einer von Frey verfassten Serie, die sich, wie die Leser der Zeitung erfuhren, mit „der von der Weltpresse immer wieder hochgespielten angeblichen Gefahr einer ‚Faschistischen Internationalen', die ihren Sitz in Kairo habe", befasste und als deren Repräsentanten Johann von Leers und Eisele gelten würden. Die Abwegigkeit dieser Behauptung wollte der Verleger durch Gespräche in Ägypten unter anderem mit Johann und Gesine von Leers herausgefunden haben. So erschien ihm der frühere Agitator als harmloser Mann, der vor allem unter Realitätsverlust litt. „Von Bundesdeutschland", berichtete Frey, habe er „recht verworrene Vorstellungen" und „[u]nbestreitbare Dinge" sehe er in „mehrfacher Übertreibung". Kritisch sah Frey auch dessen Verhältnis zum Islam und

---

1212 Betrifft: Gersine [sic] von Leers, Kairo, 21.09.1961 [APABIZ].
1213 Ebd.
1214 BND, Meldedienstliche Verschlusssache, Betr.: Kontakte der Frau Gesine v. Leers zur sowjetischen Botschaft in Rolandseck, 29.11.1961 [BND, V-12859,1, Bl. 89].
1215 Gesine von Leers an Helmensdorfer (FAZ), 08.04.1963 [APABIZ].
1216 Die „Faschistische Internationale" in Kairo. Wenn die Wellen der Weltpresse anrollen, in: DNSZ vom 24.05.1963.

die „Beziehung zu seinem Asylland", die „weiter geht als bloße Loyalität". Großes Verständnis brachte er dagegen der Darstellung entgegen, wonach auch Johann von Leers als Opfer zu betrachten sei: So bagatellisierte Gesine von Leers die antisemitische Publizistik mit dem Hinweis, diese stelle nur eine Reaktion auf die „Wellen der Weltpresse gegen ihren Mann" dar, der „sich nicht wehren könne" und deshalb mit „kleinen Bosheiten" darauf reagiere. Als Folge seiner Schlaganfälle fünf Jahre zuvor hätten sich überdies „auf politischem Gebiet" seine „fixe[n] Vorstellungen immer mehr verdichtet". Eine Gefahr aber stelle dies nicht dar. Sofern ihr Mann zudem „wenigstens eine Gnadenrente erhielte", würde er „wohl heute noch zurückkehren und auch gewiss weder seinen Mund auftun noch dumme Briefe schreiben", fasste Frey die Offerte zusammen, die ihm politisch vertretbar und menschlich angemessen erschien. Gegen eine solche „Gnadenrente" schien ihm schon deshalb „nichts einzuwenden" zu sein, weil „ganz andere Leute", die während der NS-Zeit „ungleich höhere Ämter hatten" als Johann von Leers, sich in der Bundesrepublik „in hohen Regierungsfunktionen befinden". Zugleich zeige sich darin aber auch die „Humanität des Christentums".[1217]

Dass solche „Märchen"[1218] in der Zeitung eines rechtsextremen Verlegers ihren Zweck erfüllen konnten, muss allerdings bezweifelt werden. Bereits 1962 hatte eine Indiskretion im SPIEGEL deutlich gemacht, in welchem Umfang Johann von Leers weiterhin „dumme Briefe" verfasste.[1219] Auch die publizistische Produktion in seinen letzten Lebensjahren blieb beachtlich, wie eine verklärende Erinnerung an Giovanni Preziosi 1964 belegt. Vielversprechender erschien deshalb ein Gespräch mit dem Frankfurter Generalstaatsanwalt Fritz Bauer (1903–1968), mit dem Gesine von Leers im Herbst 1963 während eines neuerlichen Besuchs in der Bundesrepublik zusammentraf. Von zentraler Bedeutung war dabei die Frage, ob Johann von Leers nach seiner Rückkehr in die Bundesrepublik mit strafrechtlichen Konsequenzen zu rechnen habe. Arrangiert wurde der Termin offensichtlich durch Ryschkowsky. Der Frankfurter Nachrichtenhändler (siehe Kap. 9.6.5) hatte sich zunächst bei Bauer erkundet, *ob er Frau von Leers empfangen würde*.[1220] Im darauffolgenden Gespräch sagte dieser zu, über-

---

1217 Ebd.
1218 TAUBER: Beyond Eagle and Swastika, S. 1112.
1219 SPIEGEL 16 (1962) 4 vom 24.01.1962, S. 14 f. Siehe auch Gesine von Leers an Gauch, 11.02.1966, die behauptete, es handele sich dabei um *von den Amis gefälschte Briefe* [NL Gauch].
1220 Dossier „Leers-Komplex" (Ms.), o. O. o. J., S. 21 [AfZ, JUNA-Archiv]. Zum Inhalt des Gesprächs siehe auch BND, Meldedienstliche Verschlusssache, Betr.: Johann von Leers, 07.02.1964 [BND, V-12859,1, Bl. 73].

prüfen zu lassen, ob gegen Johann von Leers wegen *Rassenverhetzung* oder der *Beteiligung an Aktionen gegen die Juden* ermittelt würde.[1221] Da entsprechende Nachforschungen dies verneinten, schien eine Einreise in die Bundesrepublik *ohne weiteres* möglich.[1222] Der kleine Triumph, den Johann von Leers in seiner Auseinandersetzung mit der Botschaft in Kairo um die *Ausstellung eines ordnungsgemäßen Reisepasses* zu seinen Gunsten anführte[1223], war allerdings mit einer großen Bürde verbunden, die der Frankfurter Generalstaatsanwalt ihm gleichzeitig auferlegte. Bauer verlangte nämlich eine *Rechtfertigungsschrift* von Johann von Leers, in der dieser sich von den Verbrechen der Nationalsozialisten *distanziere* und erklärte, seinen *Kampf gegen die Juden* einzustellen.[1224] Dahinter stand offensichtlich die Absicht, ihn unter seinen Anhängern in der Bundesrepublik zu diskreditieren, die in einer solchen Wendung einen Verrat an seinen bisherigen Überzeugungen sehen mussten.[1225] Zu einem solchen Schritt konnte sich Johann von Leers allerdings nicht durchringen. Zwar soll er, wie der BND erfahren haben will, den Vorschlag *akzeptiert* haben.[1226] Dass er ein solches *politisches Credo* tatsächlich abgegeben hat, ist allerdings nicht überliefert. Ebenso unergiebig blieben Bemühungen von Hans-Joachim Göhring (geb. 1912), der das Vertrauen der Familie genoss. Der Düsseldorfer Rechtsanwalt, der dem Umfeld der FDP in Nordrhein-Westfalen entstammte, sondierte im Winter 1963 neuerlich unter anderem im Innenministerium *behördliche Bedenken* gegen eine Rückkehr in die Bundesrepublik und Aussichten auf Pensionszahlungen.[1227]

All dies schien Johann von Leers zunehmend mit *Resignation* zu erfüllen.[1228] Und je auswegloser ihm seine Situation in Kairo vorkommen musste, desto verbissener setzte er die nutzlose Auseinandersetzung um seinen Reisepass fort. Unbeschadet der de facto zunächst wirkungslosen Verfügung des Auswärtigen Amtes vom März 1959, mit der sein ein Jahr zuvor ausgestellter Pass beschränkt worden war, verlor dieses Dokument am 20. Januar 1963 seine

---

1221 Dossier „Leers-Komplex" (Ms.), o. O. o. J., S. 21 [AfZ, JUNA-Archiv].
1222 Ebd.
1223 Johann von Leers an Botschaft, 02.07.1964 [PA AA, B 82, V3-88, Nr. 444, Bd. 2, Bl. 163].
1224 Dossier „Leers-Komplex" (Ms.), o. O. o. J., S. 21 [AfZ, JUNA-Archiv].
1225 Ebd.
1226 BND, Meldedienstliche Verschlusssache, Betr.: Johann von Leers, 07.02.1964 [BND, V-12859,1, Bl. 73].
1227 Göhring an BMI, 06.12.1963 [PA AA, B 82, V3-88, Nr. 444, Bd. 2, Bl. 103]. Zu seinen politischen Ansichten siehe GÖHRING, HANS-JOACHIM: Die Versorgungsansprüche von Kriegsverbrechern sowie deren Hinterbliebenen nach dem BVG, in: SGb 1958, S. 241–245. In Bezug auf den Auschwitzprozess siehe auch seine Beiträge in der Deutschen National- und Soldatenzeitung, etwa DERS.: Politische Justiz mit rechtsstaatlichem Denken nicht vereinbar, in: DNSZ vom 11.12.1964.
1228 Betrifft: Gersine [sic] von Leers, Kairo, 21.09.1961 [APABIZ].

Gültigkeit. Es war deshalb zu erwarten, dass die Botschaft spätestens mit der anstehenden Verlängerung das Kräftemessen zu ihren Gunsten beenden wollte. In offensichtlicher Vorahnung dessen beantragte Johann von Leers denn erst im Dezember 1963 einen neuen Pass. Damit geriet die Affäre erneut ins Rollen. Die unnachgiebige Haltung der Botschaft ihm gegenüber gipfelte schließlich in seinem ebenso abwegigen wie unhaltbaren Vorwurf, einzelne Diplomaten hätten ihn *zum Staatsfeind Nr. 1 erklärt*.[1229] An den Positionen beider Seiten hatte sich nämlich nichts geändert. Johann von Leers vertrat weiterhin die Ansicht, die 1959 genannten Gründe zur Beschränkung seines Passes *entbehrten jeder Rechtsgrundlage* und seien in Teilen *nicht zutreffend* gewesen. So habe er sich in Buenos Aires *niemals* als *Herausgeber oder Mitherausgeber* des „Wegs" betätigt. Für seine Äußerungen berufe er sich zudem *auf das Recht der freien Meinungsäußerung*.[1230] Sollten ihm diese dennoch zur Last gelegt werden können, seien sie *inzwischen längst verjährt*. Sein gesundheitlicher Zustand wie auch die finanzielle Situation der Familie hatten sich allerdings weiter verschärft. Ihr Mann *verdiene durch Sprachunterricht sehr wenig*, erklärte Gesine von Leers im Januar 1964 gegenüber der Botschaft. Dass er *körperlich sehr hinfällig* sei und ein noch bestehender Vertrag mit der Sprachenschule *wohl nicht mehr verlängert* werde, erkannte auch ein mit der Familie befreundeter Deutschlehrer.[1231] Nicht nur Gesine von Leers wolle deshalb *lieber heute als morgen* nach Deutschland zurückkehren. Auch Johann von Leers sei inzwischen offensichtlich *heimkehrwillig*, notierte ein Mitarbeiter der Botschaft.[1232] In jedem Fall, ergänzte Gesine von Leers im März, sei er bereit, sich *völlig von jeglichem politischem Leben* zurückzuziehen, zumal er sich *mindestens 3 Monate in ein Sanatorium begeben müsse*.[1233] Dass er keine politischen Ambitionen verfolge, bestätigte auch Johann von Leers. Er werde sich *in keiner Weise politisch betätigen* und *am allerwenigsten mit so genannten rechtsradikalen Gruppen Verbindung aufnehmen*, erklärte er jetzt.[1234]

Solche Äußerungen mochten mehr sein als taktische Zugeständnisse, von ihrer Haltung rückte die Botschaft aber dennoch nicht ab. Es gebe keinen

---

1229 Zu der Kontroverse siehe Johann von Leers an Botschaft Kairo, 04.02.1964 [PA AA, B 82, V3-88, Nr. 250, Bd. 2, Bl. 8]; Stellungnahme AA (Enders), 04.04.1964 [PA AA, B 82, V3-88, Nr. 444, Bd. 2, Bl. 111]; Johann von Leers an Botschaft Kairo, 13.06.1964 [PA AA, B 82, V3-88, Nr. 250, Bd. 2, Bl. 14]; Botschaft Kairo an AA, 31.07.1964 [PA AA, B 82, V3-88, Nr. 444, Bd. 2, Bl. 171].
1230 Johann von Leers an Botschaft Kairo, 01.12.1963 [PA AA, B 82, V3-88, Nr. 250, Bd. 2, Bl. 5].
1231 Aktennotiz Botschaft Kairo, 27.01.1964 [PA AA, B 82, V3-88, Nr. 250, Bd. 2, Bl. 23].
1232 Ebd.
1233 Gesine von Leers an Botschaft Kairo, 08.03.1964 [PA AA, B 82, V3-88, Nr. 444, Bd. 2, Bl. 104].
1234 Johann von Leers an Botschaft Kairo, 25.04.1964 [PA AA, B 82, V3-88, Nr. 250, Bd. 2, Bl. 12]. Siehe auch Botschaft Kairo an AA, 30.04.1964 [PA AA, B 82, V3-88, Nr. 444, Bd. 2, Bl. 120].

Grund, *von den früheren Entscheidungen abzugehen,* stellte das Auswärtige Amt gegenüber dem Innenministerium fest.[1235] Eine Überprüfung kam sogar zu dem Schluss, dass einer der *maßgeblichen Gesichtspunkte,* der seinerzeit zu der Beschränkung geführt hatte, der strafbare Inhalt seiner Veröffentlichungen nämlich, *fortbestehen* würde.[1236] Entgegen kam dem Auswärtigen Amt in dieser rigiden Haltung die zutreffende Einschätzung, es könne nach wie vor nicht davon ausgegangen werden, dass Johann von Leers die ägyptische Staatsangehörigkeit annehmen werden, wodurch *jegliches Eingreifen von deutscher Seite unmöglich wird.* Aus den Gesprächen mit seiner Frau gehe nämlich hervor, dass er *von ägyptischer Seite keine Hilfe erwartet.*[1237] Entgegen kam ihr zudem, dass Johann von Leers sich allen Gesprächen verweigerte. Ende Juni 1964 beschied ihm deshalb die Botschaft, einen neuen Pass nur unter der Maßgabe auszustellen, ihm damit innerhalb von drei Monaten die *Rückkehr in das Bundesgebiet* zu ermöglichen.[1238] Da Johann von Leers gegen den Bescheid weder Klage beim Bundesverwaltungsgericht noch Beschwerde im Auswärtigen Amt erhob, wurde er schnell rechtskräftig.[1239] Alle weiteren Initiativen seiner Ehefrau erwiesen sich somit als nutzlos.[1240] Die unergiebigen Scharmützel führten allein dazu, dass vorerst nur die Tochter die Rückkehr antreten konnte. Bereits im Januar 1964 war sie in die Bundesrepublik eingereist, um von hier aus die *Rückwanderung ihrer Eltern* zu unterstützen.[1241] Deren *Übersiedlung* sei *für das Frühjahr [...] ins Auge gefasst,* fasste ein Beobachter den zunächst noch vorhandenen, letztlich unbegründeten Optimismus zusammen.[1242] Denn weder eine erneute Unterredung der Tochter mit Bauer, die Ryschkowsky vermittelt hatte, noch Gespräche im Auswärtigen Amt, die sie, parallel zu den Initiativen ihrer Eltern in Kairo, in Bonn führte, konnten etwas bewirken. Den Boden der Bundesrepublik sollte Johann von Leers bis zu seinem Tod nicht mehr betreten.

1235 AA (Entwurf) an BMI, 04.02.1964 [PA AA, B 82, V3-88, Nr. 444, Bd. 2, Bl. 69 f.].
1236 AA an Botschaft Kairo, 21.05.1964 [PA AA, B 82, V3-88, Nr. 250, Bd. 2, Bl. 13].
1237 Aufzeichnung AA o.D. [1964] [PA AA, B 82, V3-88, Nr. 444, Bd. 2, Bl. 71–75].
1238 Bescheid Botschaft Kairo, 29.06.1964 [PA AA, B 82, V3-88, Nr. 444, Bd. 2, Bl. 160; auch: AA, B 82, V3-88, Nr. 250, Bd. 2, Bl. 15 f.].
1239 AA an BMI, 27.10.1964 [PA AA, B 82, V3-88, Nr. 444, Bd. 2, Bl. 180].
1240 Botschaft Kairo an AA, 03.07.1964 [PA AA, B 82, V3-88, Nr. 444, Bd. 2, Bl. 159].
1241 Otto E. an BND (Winterstein), 04.02.1964 [BND, V-12859,1, Bl. 60]. Siehe auch BND, Gesine von Leers, 01.02.1964 [BND, V-12859,1, Bl. 62].
1242 BND, Meldedienstliche Verschlusssache, Betr.: Johann von Leers, 07.02.1964 [BND, V-12859,1, Bl. 73].

9.7.3 Scheitern

Die letzten Lebensjahre von Johann von Leers in Kairo zeichneten sich durch eine widersprüchliche Entwicklung aus. Zwar blieb er bis zu seinem Tod ein rastloser Publizist, der in ungebrochenem Fanatismus weiterhin antisemitische Traktate im Akkord verfasste. Die Euphorie, die seinen Neustart am Nil begleitet hatte, war jedoch verflogen. Seine öffentliche Enttarnung unmittelbar nach seiner Ankunft im Sommer 1956 machte ihn für seine neuen Auftraggeber schnell wertlos. Aufgrund seines körperlichen und geistigen Verfalls seit 1958 geriet er zudem, anders als die zahlreichen Skandalisierungen in der Presse vermuten lassen, zunehmend in Isolation und finanzielle Nöte. Dieser Bedeutungsverlust erklärt die Bemühungen vor allem seiner engsten Angehörigen, die Rückkehr in die Bundesrepublik einzuleiten.

Alle Initiativen dazu erwiesen sich aber als fruchtlos. Dies lag sowohl an der Starrsinnigkeit Johann von Leers', der sich seit Ende der 1950er Jahre in einem Kleinkrieg gegen die Botschaft Kairo und einzelne ihrer Mitarbeiter verzettelte, als auch an der rigiden Haltung der Bonner Behörden, die alle Bemühungen hintertrieben. Die Ausweglosigkeit ließ Johann von Leers verbittert reagieren: Er sei „ein heimatlos und landflüchtig gemachter letzter Patriot", erging er sich schon Ende 1960 in Selbstmitleid.[1243] Erstaunlich dabei ist, dass die Rückkehr schließlich an der wenig bedeutsamen Frage nach Beschränkungen in seinem Reisepass scheiterte. Im Gegensatz zur großen Zahl weiterhin flüchtiger NS-Täter wie Mengele, Barbie oder Rauff, die ins Ausland abgetaucht waren und sich dort strafrechtlicher Verfolgung entzogen, stand Johann von Leers zu keinem Zeitpunkt auf einer Fahndungsliste. Ermittlungen gegen ihn in Zusammenhang mit nationalsozialistischen Verbrechen hat es in der Bundesrepublik nie gegeben. Ebenso wenig geriet er aufgrund von Gewalttaten ins Visier der Behörden. Zwar setzten Juristen sich mit dieser Frage auseinander. Die Mitarbeiter der Zentralen Stelle der Landesjustizverwaltungen in Ludwigsburg gaben allerdings schon früh zu bedenken, dass der Nachweis einer *strafrechtlich fassbare[n] Teilnahme an noch nicht verjährten NS-Gewaltverbrechen* kaum zu führen sei.[1244] Dem einst erhobenen Vorwurf, Johann von Leers zähle *zu den intellektuellen*

1243 Johann von Leers an Mathilde Ludendorff, 23.12.1960, zit. nach Dokumente der Gegenwart. Neue Veröffentlichungen und Urkunden zur Zeitgeschichte (Bd. VI), Pähl/Oberbayern 1963, S. 30.
1244 Zentrale Stelle der Landesjustizverwaltungen an Hessischen Generalstaatsanwalt, 14.05.1963, ebenso an Präsidenten des Deutschen Bundestags, 26.02.1965 [BArch, B 166/26666, Bl. 124 bzw. Bl. 129].

Urhebern namenloser Verbrechen, schien in den 1960er Jahren keine strafrechtliche Relevanz zuzukommen.[1245]

Eine Verhaftung nach seiner Rückkehr in die Bundesrepublik stand somit nicht zu befürchten, war aber nicht gänzlich ausgeschlossen. Zwar hatte Gesine von Leers während eines Gesprächs im September 1961 in Bonn im Auswärtigen Amt erfahren, ihr Ehemann stehe *auf keiner Fahndungsliste,* sodass ihm *beim Überschreiten der deutschen Grenze keine Verhaftung drohe.*[1246] In seiner internen Korrespondenz schloss das Amt jedoch nicht aus, dass aufgrund von Publikationen aus jüngerer Zeit bei *Bekanntwerden* einer Einreise ein *neues Verfahren gegen ihn eingeleitet* werden könnte.[1247] Eben diese Sorge schien auch Johann von Leers umzutreiben. Die Beschränkungen im Pass, die ihm die Botschaft auferlegen wollte, deutete er fälschlicherweise so, bundesdeutsche Behörden würden *bei einer Rückkehr gegen ihn vorgehen.*[1248] Seine Rolle als NS-Propagandist bot dazu allerdings keinen Ansatz, wie die Zentrale Stelle der Landesjustizverwaltungen in Ludwigsburg intern bestätigte. Seine Behörde habe an Johann von Leers *kein strafrechtliches Interesse,* teilte deren Leiter im März 1962 dem Bundesministerium des Innern mit.[1249]

Eher schon musste er damit rechnen, dass einzelne Veröffentlichungen aus jüngerer Zeit aufgrund ihres diffamierenden und beleidigenden Inhalts justiziabel waren. Nach den Paragrafen des Presserechts war die Mehrzahl seiner Artikel, nicht nur im „Weg", allerdings verjährt. Fraglich ist deshalb, ob solche Prozesse überhaupt angestrengt worden wären, zumal die damit verbundene Publizität Johann von Leers unter seinen zahlreichen Gesinnungsgenossen in die Rolle eines Märtyrers gebracht hätte. Daran aber zeigten Behördenvertreter kein Interesse. Es bleibt deshalb unklar, warum Johann von Leers so erbittert um einen zeitlich und örtlich unbeschränkt gültigen Pass kämpfte. Eine Erklärung dazu liegt in seinem Selbstbild. Schon im Herbst 1950, wenige Wochen nach seiner Einreise in Argentinien, merkte er Wittfogel gegenüber ebenso stolz wie triumphierend an, in amerikanischer Gefangenschaft *ungebrochen und ungebeugt [...] nicht vor den Hunden zu Kreuze gekrochen zu sein.*[1250] Diese Haltung, sowohl Ausdruck eines überkommenen Ehrgefühls als auch trotzige

---

1245 Andel an Bundestagspräsident Gerstenmaier, 06.02.1963 [BArch, B 166/26666, Bl. 128].
1246 BND, Meldedienstliche Verschlusssache, Betr.: Prof. Dr. Johannes von Leers, 31.10.1961 [BND, V-12859,1, Bl. 101].
1247 AA an Generalkonsulat New York, 05.03.1962 [PA AA, B 82, V3-88, Nr. 444, Bd. 2, Bl. 59 f.].
1248 Aufzeichnung AA, o.D. [1964] [PA AA, B 82, V3-88, Nr. 444, Bd. 2, Bl. 71–75].
1249 Zentrale Stelle der Landesjustizverwaltungen (Schüle) an BMI, 08.03.1962 [PA AA, B 82, V3-88, Nr. 444, Bd. 2, Bl. 101].
1250 Johann von Leers an Wittfogel, 01.11.1950 [HIA, Collection K. Wittfogel, Box Nr. 29].

Reaktion eines Unbelehrbaren, gab er den Behörden gegenüber nicht auf. *Es ist zwar heute Selbstmord, so etwas zu tun, aber es ist immerhin noch achtenswerter als die weitverbreitete Heuchelei ehemaliger Größen,* schrieb Gesine von Leers.[1251] Dass eben dieser Starrsinn den Behörden die Möglichkeit eröffnete, die Rückreise zu verzögern und schließlich zu verhindern, erkannte Johann von Leers offensichtlich nicht.

Die Konsequenzen daraus stellten für die beteiligten Bundesministerien eine bequeme Lösung dar. Ein zwar unbelehrbarer, zunehmend aber isolierter Aktivist wie Johann von Leers schien aus Bonner Perspektive in Kairo gut aufgehoben zu sein. Was er dort plante, blieb in seinem Einfluss und Wirkungskreis begrenzt. Eine *Wiedereinbürgerung* (!) dagegen barg die Gefahr, im Ausland zu *sehr unliebsamen Erörterungen für die Bundesrepublik* zu führen, gab der Leiter der Zentralen Stelle der Landesjustizverwaltungen zu bedenken.[1252] Entgegen seiner taktisch motivierten Beteuerung, er wolle sich *weder mit Politik, noch mit der Judenfrage und noch mit Rechtsradikalen beschäftigen*[1253], bestand zudem die Gefahr, dass Johann von Leers erneut einen Freundeskreis um sich sammeln könnte. In jedem Fall aber wäre seine Agitation schwerer zu kontrollieren gewesen. *Wenn ein kranker alter Mann die Bundesrepublik gefährden kann, muss sie ja auf verdammt wackeligen Füßen stehen,* mokierte Gesine von Leers sich gegenüber dem Auswärtigen Amt.[1254] In Unkenntnis seiner genaueren Lebensumstände in Kairo jedoch war die Furcht, dass Johann von Leers nach seiner Rückkehr in die Bundesrepublik *den Rest seines Lebens benutzt, um erneut sein Gift über unserem Land auszustreuen,* begründet.[1255] Insofern verhielten sich die Mitarbeiter des Innenministeriums und des Auswärtigen Amtes jetzt nicht ungeschickt, nachdem sie bei der Ausstellung des Passes 1953 in Buenos Aires wie auch bei seiner Verlängerung in Kairo fünf Jahre später jedes Problembewusstsein hatten vermissen lassen. Ob dieses Verhalten einer planvollen Absicht entsprach, ist eine andere Frage.

So zeichnen denn auch die Korrespondenzen der letzten Lebensmonate das Bild eines resignierten Menschen, der sich, wie kaum anders erwartet werden konnte, zum Opfer einer jüdischen Verschwörung stilisierte. Spätestens seit sei-

---

1251 Gesine von Leers an AA, 31.08.1964 [PA AA, B 82, V3-88, Nr. 444, Bd. 2, Bl. 178 f.].
1252 Aktenvermerk Zentrale Stelle der Landesjustizverwaltungen, 22.02.1962 [BArch, B 166/26666, Bl. 118].
1253 Johann von Leers an AA, 25.05.1964 [PA AA, B 82, V3-88, Nr. 444, Bd. 2, Bl. 140]. Siehe auch Johann von Leers an Botschaft Kairo, 02.07.1964 [PA AA, B 82, V3-88, Nr. 444, Bd. 2, Bl. 163], wonach er sich nicht mit *Politik, Judenfragen und Rechtsextremisten* beschäftigen wolle.
1254 Gesine von Leers an AA, 31.08.1964 [PA AA, B 82, V3-88, Nr. 444, Bd. 2, Bl. 178 f.].
1255 Andel an Bundestagspräsident Gerstenmaier, 06.02.1963 [BArch, B 166/26666, Bl. 128].

ner Ankunft in Argentinien, schrieb er im Juni 1964 an das Auswärtige Amt, werde er *in der unerhörtesten und verlogensten Weise von Juden in aller Welt angegriffen,* ohne dass auch nur die *geringste Möglichkeit* bestanden habe, sich *dagegen zu wehren.*[1256] Die *jahrelange Hetze* gegen ihn *ohne Grund* habe ihn *in eine Verbitterung hineingetrieben,* von der er sich *nur schwer erholen* könne, ließ er die Botschaft wissen.[1257] Solche Formulierungen, die seine Ehefrau teilte, zeigen nicht nur das Ausmaß an Realitätsverlust.[1258] Sie belegen zudem, wie fern ihm eine selbstkritische Reflexion gewesen ist. Insofern konnte er auch nicht auf Zugeständnisse etwa durch das Innenministerium hoffen, einem *schwer leidenden alten Mann ein wenig Hoffnung wiederzugeben.*[1259]

9.8 Epilog: Der Streit um die Deutungshoheit

Der Wunsch nach Rückkehr erfüllte sich nicht. Am 3. März 1965 starb Johann von Leers „vor Heimweh" und „aus Gram über das geteilte Vaterland", wie seine Witwe es in einer Trauerkarte pathetisch formulierte.[1260] Ein letztes Mal zeigten sich seine Gastgeber großzügig. Wohl um Aufsehen zu vermeiden, übernahmen sie die Kosten für *Umzug und Überführung* in die Bundesrepublik, die seine Angehörigen selbst *niemals* hätten aufbringen können. Die Beisetzung am 19. Juni 1965 auf dem *schönen Dorffriedhof* in Schutterwald nahe von Offenburg umrahmte eine *muslimische Feierstunde,* die ein Imam aus München gestaltete. In welch finanziellen Engpässen die Angehörigen lebten, zeigte der anschließende Disput zur Übernahme seiner Fahrtkosten. Nur unter großer Anstrengung sah Gesine von Leers sich in der Lage, ihm die Anreise zu *vergüten.*[1261] Die finanzielle Malaise sollte sie in den kommenden Jahren begleiten. Sie bekomme *keinen Pfennig Pension* aus der Beamtenzeit ihres Mannes, wolle aber *darum kämpfen,* erklärte sie. Enttäuscht zeigte sie sich über das Verhalten früherer Kameraden. Die „Stille Hilfe" etwa, ein Unterstützungsverein ehemaliger SS-Angehöriger, habe sich *überhaupt nicht* um sie *gekümmert,* sondern *nur gute Ratschläge gegeben.*[1262] Später musste sie sogar das „Armenrecht"

1256 Johann von Leers an AA, 27.06.1964 [PA AA, B 82, V3-88, Nr. 444, Bd. 2, Bl. 146 f.].
1257 Johann von Leers an Botschaft Kairo, 13.06.1964 [PA AA, B 82, V3-88, Nr. 250, Bd. 2, Bl. 14].
1258 Gesine von Leers an BMI, 30.04.1964 [PA AA, B 82, V3-88, Nr. 444, Bd. 2, Bl. 156–158].
1259 Ebd.
1260 Trauerkarte, o. D. [1965] [Privatarchiv].
1261 Gesine von Leers an Schmiede, 08.06.1965 [NL H. Achmed Schmiede]; Gesine von Leers an Jünger, o. D. [Mai 1972] [DLA Marbach, Sig. HS 5294539]. Zur Beerdigung siehe auch Deutsche Wochenzeitung vom 25.06.1965.
1262 Gesine von Leers an Gauch, 14.09.1967 [NL Gauch].

bemühen, um mit juristischem Beistand gegen missliebige Publikationen vorzugehen.[1263] Die *gerechte Altersversorgung,* die sie reklamierte, belief sich am Schluss auf kümmerliche 96 DM monatlich, wie sie verbittert feststellte.[1264]

Der Name Johann von Leers dürfte zu diesem Zeitpunkt außerhalb des kleinen Kreises fanatisierter Anhänger weitgehend in Vergessenheit geraten sein. Schon sein Tod 1965 war der aktuellen Presse allenfalls eine flüchtige Notiz wert.[1265] Selbst die rechtsextreme Publizistik reagierte zurückhaltend. *Wenn Sie einen Nachruf bringen können, wäre das natürlich sehr erwünscht,* appellierte Gesine von Leers an einen vermeintlichen Weggefährten.[1266] Würdigungen finden sich aber nur in wenigen Veröffentlichungen.[1267] Zu den Ausnahmen zählten die „Deutschen Kommentare am Rio de la Plata", die „Studien von Zeitfragen" und die DNSZ. Aufgrund „missverständlicher antizionistischer Artikel und politischer Äußerungen" sei Johann von Leers in der Presse verschiedentlich als „Spinne im Netz des internationalen Faschismus" bezeichnet worden, hieß es relativierend in Ryschkowskys Informationsdienst. Mit seinem Tod jedoch „dürfte diese durch die Tatsachen längst widerlegte Legendenbildung gegenstandslos geworden sein".[1268] Als „kämpferischer nationaler Publizist", dessen Werk „gelegentlich visionären Charakter" getragen habe, blieb er dagegen von Oven in Erinnerung.[1269] Zwiespältig äußerte sich dagegen Freys Wochenzeitung: Obgleich man seine Schriften aus der NS-Zeit heute „absolut verurteilen" möge, sei er doch völlig zu Unrecht zur „Zielscheibe einer internationalen Hetze ohnegleichen" geworden, obwohl er „seit 20 Jahren [...] poli-

---

1263 a-z: Wieviel „rechte Hände" hatte Goebbels?, in: Stuttgarter Nachrichten vom 05.04.1974.
1264 Gesine von Leers an Zischka, 02.03.1971 [DMM, NL 184, Zischka].
1265 Siehe etwa den Nachruf im SPIEGEL 19 (1965) 11 vom 10.03.1965, S. 150, demzufolge Johann von Leers „bis Kriegsende Mitarbeiter für Rassefragen im Reichspropagandaministerium" gewesen sei und sich nach seinem Übertritt zum Islam den Namen „Omar Manin von Leers" genannt habe. Siehe auch O. V.: Leers in Kairo gestorben, in: Die Welt vom 05.03.1965, dort findet sich der Hinweis auf „zwei Schlaganfälle". Siehe zudem die Meldung in verschiedenen amerikanischen Medien, z. B. Buffalo Courier-Express vom 26.04.1965.
1266 Gesine von Leers an Schmiede, 08.06.1965; Prof. Dr. Omar Amin von Leers gestorben (Ms.), o. D. [Frühjahr 1965] [NL H. Achmed Schmiede].
1267 O. V.: Johannes v. Leers død, in: Folk og Land 14 (1965) 9 vom 27.03.1965, S. 2; O. V.: Johannes v. Leers till det tysta ledet, in: Folk og Land 14 (1965) 12 vom 01.05.1965, S. 2. Zum angeblichen Nachruf in „Corrispondenza Europea", dem italienischsprachigen Ableger der Zeitschrift „Europa-Korrespondenz", siehe CHAIROFF: Dossier Néo-Nazisme, S. 456: Die Redaktion betrauerte demnach „la mort du meilleur d'entre nous, du combattant fidèle et du lutteur infatigable qui avait consacré sa vie à la lutte essentielle contre le judaisme: notre camarade Johannes von Leers que, bras tendu, nous saluons".
1268 Nachruf in SvZ VI/1965 vom 14.04.1965, S. 7.
1269 Davon spricht man nicht ..., in: Deutsche Kommentare am Rio de la Plata 4 (1965) 78, S. 5 f. Siehe auch Deutsche Kommentare am Rio de la Plata 4 (1965) 88, S. 7.

tisch nicht mehr die geringste Rolle" gespielt habe, bemühte sich die Redaktion um eine zwar differenzierte, wenngleich fragwürdige Einschätzung.[1270] Umso schneller setzte dagegen eine Entwicklung ein, durch reißerische Berichte und schrille Kolportagen die Bedeutung seiner Person im internationalen Netzwerk der Antisemiten seit Ende der 1950er Jahre zu überzeichnen und seine Bedeutung in der NS-Zeit zu verklären. In den folgenden Jahren verwendete Gesine von Leers einen nicht unerheblichen Teil ihrer Energie darauf, um das ihrer Ansicht nach fehlerhafte Bild der Öffentlichkeit über ihren stets *guten* und *hilfsbereiten* Mann zu korrigieren.[1271] Sie wolle für seine *volle Rehabilitierung* kämpfen und sich gegen die *sagenhaften Lügen* wehren, hieß es trotzig.[1272] Wer immer nach seinem Tod über Johann von Leers schrieb, durfte mit Post von ihr rechnen. Verleger tatsächlich fragwürdiger Veröffentlichungen waren davon ebenso betroffen wie Autoren wissenschaftlicher Studien. Ihre zahlreichen Versuche, durch die Korrektur einzelner Fakten und zum Teil banaler Aussagen das öffentliche Bild über Johann von Leers grundlegend zu revidieren, hatten jedoch nur geringen Erfolg.

Ein Beispiel dafür ist der reportartige Bericht „Fünftausend für Lotz" von Wolfgang Lotz (1921–1993), der 1973 im Verlag Goverts Krüger Stahlberg erschienen war und angesichts seiner romanhaften Ausschmückungen Angriffsfläche bot.[1273] Der, so der Buchtitel reißerisch, „israelische Meisterspion", der Anfang 1961 unter dem Deckmantel eines Pferdezüchters nach Ägypten eingeschleust worden war und die militärischen Planungen unter Nasser auskundschaften sollte, pflegte auch enge Beziehungen zur Kolonie der Deutschen am Nil. Was er über angebliche Begegnungen im Haus von Johann von Leers berichtete, war allerdings weitgehend frei erfunden. Dass Johann von Leers „früher Goebbels rechte Hand" gewesen sei, musste als Wertung akzeptiert werden. Dass er „ein bekannter Kriegsverbrecher" war, wie Lotz behauptete, war dagegen strittig. Eine angebliche Äußerung von Johann von Leers, er habe „gegen Ende

---

1270 Nachruf in DNSZ 15 (1965) 11 vom 12.03.1965.
1271 Gesine von Leers an Wittfogel, 09.06.1974 [HIA, Collection K. Wittfogel, Box Nr. 29].
1272 Gesine von Leers an Schmiede, 08.06.1965 [NL H. Achmed Schmiede]; Gesine von Leers an Zischka, 02.03.1971 [DMM, NL 184, Zischka].
1273 LOTZ, WOLFGANG: Fünftausend für Lotz. Der Bericht des israelischen Meisterspions Wolfgang Lotz, Frankfurt am Main 1973. Zu weiteren Auflagen siehe DERS.: Fünftausend für Lotz. Der Bericht des israelischen Meisterspions Wolfgang Lotz, Frankfurt am Main 1975 (Fischer-Verlag) und DERS.: Der Champagnerspion. Der Bericht des israelischen Meisterspions Wolfgang Lotz, München 1988 (Piper-Verlag). Zu den Hintergründen SHPIRO, SHLOMO: Nachrichtendienstliche und militärische Kooperationen zwischen Israel und Deutschland. Einblicke in die frühen Jahre, in: GLÖCKNER, OLAF/SCHOEPS, JULIUS H. (HRSG.): Deutschland, die Juden und der Staat Israel. Eine politische Bestandsaufnahme, Hildesheim 2016, S. 115–147, hier S. 130–132.

des Krieges" an „irgendeiner Konferenz am Wannsee" teilgenommen, dürfte ihm dagegen in den Mund gelegt worden sein. Unglaubwürdig erschienen zudem solche Passagen, wonach der Autor als Gast der Familie Zeuge ausschweifender Partys mit reichlich Alkoholkonsum geworden sei und „den ehemaligen Reichsleiter Bormann" getroffen habe.[1274] In der folgenden Auseinandersetzung vor dem Landgericht Stuttgart in zum Teil spitzfindigem Tonfall konnte Gesine von Leers allerdings nicht mehr als einen Vergleich erreichen.[1275] Die langfristige Wirkung der von Lotz produzierten Mythen ließ sich damit nicht unterbinden. Unbefriedigend endete auch die Kontroverse mit dem kanadischen Historiker Michael H. Kater (geb. 1937), nachdem 1973 in der Schriftenreihe des Instituts für Zeitgeschichte eine überarbeitete Fassung seiner Dissertation über das „Ahnenerbe" der SS erschienen war. Im Gegensatz zu der Veröffentlichung von Lotz entpuppten sich die *verschiedene[n] krasse[n] Irrtümer,* die Gesine von Leers bemängelte, als teilweise nichtige Details, die in Widerspruch zu ihren eigenen Aussagen standen.[1276] So wies sie die Darstellung Katers zurück, Wirths *Sekretärin* gewesen zu sei, wohl auch deshalb, weil dies ihre Bedeutung schmälerte. In der Tat trifft zu, dass Gesine von Leers eine der treibenden Kräfte der 1929 gegründeten und anfangs nach dem Laienforscher benannten Gesellschaft gewesen ist, den sie *aus lauter Begeisterung* unterstützt hat. Ihre Behauptung, ihr Mann und sie hätten *keinerlei Verbindung* zur späteren Forschungsorganisation der SS unterhalten, konterkarierte dagegen ihr Hinweis auf den Kontakt zu Sievers.[1277] An Spitzfindigkeit kaum zu überbieten waren schließlich ihre Einlassungen zu den Umständen, unter denen Darré und Himmler Wirth kennengelernt hatten. Katers Darstellung, erst eine Abendgesellschaft im Oktober 1934 in der Wohnung des Ehepaares von Leers habe dies ermöglicht, nannte sie *absurd* und eine *glatte Erfindung*. Himmler nämlich, darauf legte sie Wert, sei *niemals in unserem Hause verkehrt*.[1278] Wie irrelevant gerade diese Anmerkung zu Katers bahnbrechender Studie war, ergibt sich aus dem Umstand, dass es Gesine von Leers ausschließlich um Ort und Zeitpunkt ging. Ihre *Bekanntschaft mit Himmler* selbst stritt sie ebenso wenig ab wie Zusammenkünfte in der von Kater geschilderten Konstellation, zu denen es

---

1274 LOTZ: Fünftausend für Lotz, S. 62–73.
1275 Klageschrift vom 04.02.1974; Vergleich zwischen der zwischenzeitlich verstorbenen Witwe und dem Verlag vor der 17. Zivilkammer des LG Stuttgart vom 30.05.1974 sowie gemeinsame Pressemitteilung vom 13.08.1974 [Privatarchiv]. Zur Presseberichterstattung siehe a-z: Wieviel „rechte Hände" hatte Goebbels?, in: Stuttgarter Nachrichten vom 05.04.1974; a-z: Spannendes Buch künftig um zehn Zeilen kürzer, in: Stuttgarter Nachrichten vom 31.05.1974.
1276 Gesine von Leers an IfZ (Wolfgang Benz), 08.01.1974 [IfZ, ZS 3084].
1277 Ebd.
1278 Ebd.

schon längst durch meine Tagungen und Veranstaltungen gekommen sei.[1279] Kater selbst hatte die Schilderung über jene Abendgesellschaft von Wirth erhalten, der sich *über das Datum ganz sicher* gewesen sei, sodass er zu Zweifeln *keinen Anlass* sah, wie er Gesine von Leers lapidar wissen ließ.[1280] Ähnliches traf auch auf Hielschers Darstellung zu, wie es 1934 zur Freilassung und Rettung von Wittfogel gekommen sein soll. Gesine von Leers hielt diese für *glatt erfunden* und verwies auf jene Erklärung, die Wittfogel nach 1945 zum *mutigen Eingreifen* ihres Mannes abgegeben hatte.[1281] Für Kater handelte es sich dabei allerdings um nicht mehr als einen *Persilschein, wie sie der Menschenfreund* Wittfogel *nach dem Kriege zum Nutzen manches vom Nationalsozialismus belasteten Menschen* in großer Zahl *ausgestellt* habe.[1282]

So bleibt abschließend die Frage, welche Bedeutung Johann von Leers als prominente Persönlichkeit für nachfolgende Generationen von Rechtsextremisten hatte und in welchem Umfang seine Schriften heute noch von diesen rezipiert werden. Wie bereits erwähnt, waren rechtsextreme Presseorgane wie „Nation Europa" oder die DNSZ ihm schon vor seinem Tod distanziert begegnet. Auch seine Veröffentlichungen wirkten nicht stil- oder schulbildend. Obgleich seine Beiträge im „Weg" in den 1950er Jahren bereits zahlreiche Argumentationsmuster des rechtsextremen Geschichtsrevisionismus enthalten, hat er doch keine der wirkungsmächtigen Schriften verfasst, auf die ihre Apologeten sich berufen würden.[1283] Ebenso wenig galt und gilt er als Leitfigur im Spektrum des bundesdeutschen Rechtsextremismus, das sich programmatisch und habituell am Nationalsozialismus orientiert. Dazu waren viele seiner Ansichten, insbesondere sein Bekenntnis zum Islam, zu umstritten. Eine breite Zustimmung erfahren dagegen die von ihm popularisierten antisemitischen Stereotype. Sein Name wird in diesem Zusammenhang allerdings selten direkt genannt. Dies ist vor allem darauf zurückzuführen, dass die Veröffentlichung und Verbreitung einer Vielzahl seiner Schriften zumindest in der Bundesrepublik die Gefahr strafrechtlicher Konsequenzen nach sich ziehen würden, wie die Prozesse der 1960er Jahre etwa gegen Lenz oder die Anhänger Mathilde Ludendorffs gezeigt

---

1279 Ebd.; Gesine von Leers an Benz, 18.01.1974 [IfZ, ZS 3084].
1280 Kater an Gesine von Leers, 11.01.1974 [IfZ, ZS 3084].
1281 Gesine von Leers an IfZ (Wolfgang Benz), 08.01.1974 [IfZ, ZS 3084].
1282 Kater an Gesine von Leers, 11.01.1974 [IfZ, ZS 3084].
1283 Zu einer der wenigen bekannten Ausnahmen siehe DEHOUST, PETER (HRSG.): Die Niederwerfung des Reiches. Krieg, Verrat, Prozesse. Revisionistische Thesen zur Zeitgeschichte. Dokumentation der drei zeitgeschichtlichen Kasseler Kongresse der Gesellschaft für freie Publizistik, Coburg 1984, S. 348. In der Rubrik „Werke, die der Suche nach der Wahrheit dienen", die dem rechtsextremen Geschichtsrevisionismus Literaturtipps an die Hand gibt, wird auf die Schrift „Reichsverräter" hingewiesen.

hatten. Es dürfte deshalb kaum ein Zufall sein, dass eines seiner übelsten Machwerke, die 1936 erschienene Schrift „Die Kriminalität des Judentums", 1987 zwar in spanischsprachiger Übersetzung in einem Verlag in Buenos Aires erschienen ist, Nachdrucke der deutschen Originalfassung aber nicht vorliegen.[1284]

Zu den wenigen Ausnahmen in der Bundesrepublik, die Johann von Leers ihre Referenz erwiesen, zählte der Finanzrichter Wilhelm Stäglich (1916–2006). In seinem 1979 im rechtsextremen Grabert-Verlag erschienenen Machwerk „Der Auschwitz-Mythos", bis heute einer der Schlüsseltexte der Holocaust-Leugner, berief er sich auf Johann von Leers und dessen Pamphlet „14 Jahre Judenrepublik".[1285] Im Lexikon „Der Große Wendig" aus dem gleichen Unternehmen führt Autor Rolf Kosiek (geb. 1934) in seinem Eintrag „Die Balfour-Erklärung von 1917 und ihre Folgen" Johann von Leers als Nachweis dafür an, dass „Zionisten" 1903 den Vorschlag der britischen Regierung abgelehnt hätten, in Uganda eine „jüdische Heimstätte" einzurichten.[1286] Das umfangreiche „Odal"-Buch erschien zu Beginn der 1990er Jahre als zweibändiger Nachdruck im Verlag für ganzheitliche Forschung und Kultur (Viöl), der vor allem nationalsozialistische und völkische Literatur aus den 1920er bis 1940er Jahren reproduzierte.[1287] Die Publikation lässt zumindest auf eine Nachfrage schließen. Im Verlag Liberty Bell in den USA war in dieser Zeit eine Schrift unter dem Titel „Kurzgefasste Geschichte des NS" und im Nordland-Verlag des Holocaust-Leugners Thies Christophersen (1918–1997), der seinerzeit nach Aalborg in Dänemark aus-

---

1284 LEERS, JOHANN VON: La criminalidad del judaismo (Biblioteca de Formación Política, Bd. 6), Buenos Aires 1987.
1285 STÄGLICH, WILHELM: Der Auschwitz-Mythos. Legende oder Wirklichkeit? Eine kritische Bestandsaufnahme, Tübingen 1979, S. 42 f. Zu Stäglich siehe GRUMKE, THOMAS/WAGNER, BERND (HRSG.): Handbuch Rechtsradikalismus. Personen – Organisationen – Netzwerke vom Neonazismus bis in die Mitte der Gesellschaft, Opladen 2002, S. 334 f.
1286 KOSIEK, ROLF: Die Balfour-Erklärung von 1917 und ihre Folgen, in: Der Große Wendig (Bd. 3). Richtigstellungen zur Zeitgeschichte (Veröffentlichungen des Institutes für deutsche Nachkriegsgeschichte, Bd. 41), Tübingen 2008, S. 82–87, hier S. 82. Kosiek zitiert den Aufsatz „Madagaskar" aus der Zeitschrift „Volksaufklärung und Schule" (Ausgabe 42/1937) des NS-Lehrerbundes. Auf Aussagen von Johann von Leers verweist er zudem in seinem Beitrag „Überfiel die Wehrmacht Dänemark?" (S. 270–274). Zu Kosiek siehe HEIDENREICH, GERT/WETZEL, JULIANE: Die organisierte Verwirrung, in: BENZ, WOLFGANG (HRSG.): Rechtsextremismus in der Bundesrepublik. Voraussetzungen, Zusammenhänge, Wirkungen, Frankfurt am Main 1989, S. 151–168, hier S. 157.
1287 LEERS, JOHANN VON: Odal. Das Lebensgesetz eines ewigen Deutschland (2 Bd.), Struckum 1991/93. Zum Verlag und seinem früheren Inhaber Roland Bohlinger (1937–2013) siehe PFAHL-TRAUGHBER, ARMIN: Rechtsextremismus in der Bundesrepublik, München ⁴2006, S. 43.

gewichen war, das Pamphlet „Wie kam der Jude zum Geld" erhältlich.[1288] Das Erbe dieser Unternehmungen hat seit etwa Mitte der 2010er Jahre der klandestin operierende Verlag „Der Schelm" angetreten, der, verbrämt als „Wissenschaftlicher Quellentext", einige der Schriften von Johann von Leers verbreitet, darunter „Juden sehen Dich an" und „Wie kam der Jude zum Geld".[1289] In Kairo konnten zudem religiöse Erbauungsschriften für Moslems käuflich erworben werden, die Johann von Leers übersetzt haben soll.[1290] Gelegentlich drucken rechtsextreme Zeitschriften ältere seiner Beiträge aus dem „Weg" ab. Das Fanzine „Ostara" beispielsweise, das um 2000/01 im Raum Sangerhausen (Sachsen-Anhalt) mehrfach verbreitet worden ist, veröffentlichte den Beitrag „Das grundsätzliche Nein!" aus dem Jahre 1953.[1291] Als der Kreisverband Heilbronn der NPD Anfang April 2009 eine Vortragsveranstaltung unter dem Motto „Wer nicht für Freiheit sterben kann, der ist der Kette wert" ankündigte, empfahl er als Grundlage für den Vortrag „Betrachtungen des in Argentinien lebenden Deutschen Johann von Leers aus dem Jahre 1953". Gemeint war auch hier der Artikel „Das grundsätzliche Nein".[1292] In verschiedenen Internetforen, die bis zu ihrem Verbot von Rechtsextremisten betrieben oder frequentiert wurden, wählte 2008 ein Nutzer zeitweise das Pseudonym „v. Leers".[1293] Dass sein Urheber dies in

---

1288 Siehe dazu Anzeige in: Die Bauernschaft 23 (1991) 2, S. 72. Zur Person siehe MENTEL, CHRISTIAN: Christophersen, Thies, in: BENZ, WOLFGANG (HRSG.): Handbuch des Antisemitismus. Judenfeindschaft in Geschichte und Gegenwart (Bd. 2/2: Personen), Berlin/Boston 2009, S. 139–141.
1289 Gesamtverzeichnis schelmischer Bücher 2019/20, S. 92–94. Zum Verlag und seinem Betreiber, einen rechtsextremen Aktivisten, siehe KELLERHOFF, SVEN FELIX/MÜLLER, UWE: Das Netzwerk der braunen Verlage, in: Welt vom 29.05.2016; LANGE, MARCUS: Geld aus Dreck, in: Neues Deutschland vom 15.02.2020.
1290 Siehe die Nachweise in Kapitel 11.2.2.3.
1291 MITEINANDER E. V., NETZWERK FÜR DEMOKRATIE UND WELTOFFENHEIT IN SACHSEN-ANHALT/ZENTRUM FÜR ANTISEMITISMUSFORSCHUNG DER TU BERLIN (HRSG.): Rechtsextreme Jugendkultur und Gewalt. Eine Herausforderung für die pädagogische Praxis, Berlin 2002, S. 123–127. Siehe auch ROEDER, MANFRED: Ein Kampf ums Reich, Schwarzenborn/Knüll o. J., S. 14 f.
1292 Amts- und Mitteilungsblatt Heuss-Stadt Brackenheim vom 03.04.2009, S. 26.
1293 Siehe dazu die inzwischen eingestellten Plattformen http://de.altermedia.info/general/blind-offenbar-nicht-schlimm-genug-aber-auch-noch-naiv-240908_16821.html oder http://patriotischesforumsueddeutschland.wordpress.com/2009/01/20/exklusiv-im-gespraech-mit-andreas-molau-npd [Eingesehen am 09.01.2009]. Ich danke Dr. Michael Kohlstruck vom Zentrum für Antisemitismusforschung (Berlin) für diesen Hinweis. Ein User mit Namen „michael" äußerte sich auf Altermedia in einem Kommentar in einer Kolumne zu dem damaligen NPD-Funktionär Jürgen Schwab, es „wäre zu wünschen, wenn uns allen seine Werke wieder zugänglich wären, darunter insbesondere ‚Juden sehen dich an' […] und vor allem ‚Die Verbrechernatur der Juden'". Siehe http://de.altermedia.info/general/nichts-neues-im-westen-eine-kolumne-von-jurgen-schwab-080507_9487.html [Eingesehen am 29.05.2009].

Kenntnis von dessen Biografie und Bedeutung als antisemitischer Propagandaexperte getan hat, darf angenommen werden. Ebenso kurzzeitig lebte er 2012 auch auf Facebook weiter. Bevor er dort wieder abgeschaltet wurde, hatte er zwölf Freunde um sich gesammelt.

10. Zusammenfassung

Johann von Leers gehörte zweifelsohne zu den produktivsten antisemitischen Publizisten der NS-Bewegung. Rhetorische Begabung und schriftstellerisches Talent verhalfen ihm seit seinem Beitritt zur NSDAP im August 1929 in Berlin zu einem raschen Aufstieg als Versammlungsredner und Journalist an der Seite von Joseph Goebbels. Seine weltanschaulichen Überzeugungen verdankte der promovierte Jurist, der seit Kindheit und Jugend „in völkischen Gedanken" gelebt haben will, der Begegnung mit einer Reihe von Ideologen, die er zu Erweckungserlebnissen stilisierte. Dazu zählte vor allem Theodor Fritsch, dessen „Handbuch der Judenfrage" er nach dessen Tod seit Mitte der 1930er Jahre fortführte. Darüber hinaus orientierte er sich in Stil und Technik an Julius Streicher, dem er eine seiner Schriften widmete. In Richard Walther Darré und Hans F. K. Günther, vor allem aber in dem Laienforscher Herman Wirth, erkannte er ernstzunehmende Wissenschaftler und „Propheten" einer verheißungsvollen Zukunft. Von Leers förderte die Verbreitung ihres Gedankengutes und synthetisierte Versatzstücke ihrer Ansichten zu einem dualistischen Weltbild, das die Verantwortung aller politischen Krisen und gesellschaftlichen Verwerfungen einem imaginären „Weltjudentum" zuschob. Rettung und Erlösung erschienen dabei nur in einem siegreichen „Endkampf" gegen diesen „Weltfeind" möglich. Zahlreiche Bücher, Aufsätze und Beiträge in Tageszeitungen sowie regelmäßige Rundfunkansprachen, in denen er seine Überzeugungen verbreitete, machten ihn bis Frühjahr 1945 zu einer weithin vernehmbaren Stimme der nationalsozialistischen Propaganda.

In enger Verbindung zu seinem publizistischen Werk stand ein zügelloser Aktivismus. Nach der Machtübertragung an Hitler profilierte von Leers sich in der Phase der Gleichschaltung auf kulturpolitischem Gebiet und beteiligte sich an verschiedenen Sammlungsbewegungen. Sein bereits als junger Erwachsener vollzogener Bruch mit dem Christentum, das ihm „wegen seiner jüdischen Grundlagen" als „in tiefster Seele verhasst" erschien, führte ihn in die völkischreligiöse Bewegung. 1933/34 gehörte er kurzzeitig dem „Führerrat" der Arbeitsgemeinschaft Deutsche Glaubensbewegung an, die ein heterogenes Spektrum an Gemeinschaften und Bünden repräsentierte und auf eine Anerkennung als dritte Konfession neben Katholizismus und Protestantismus hoffte. Als Vorstandsmitglied der Gesellschaft für Germanische Ur- und Vorgeschichte und als Herausgeber der Zeitschrift „Nordische Welt" war er darum bemüht, Wirths Theorien zu popularisieren. Eine besondere Bedeutung kam zudem dem Bund Völkischer Europäer zu, an dessen internationales Netzwerk er Anfang der 1950er Jahre anknüpfen sollte.

Seine eigentliche Berufung aber fand von Leers, der 1936 Mitglied der SS geworden war, in der weltanschaulichen Schulungsarbeit. Einige seiner Schriften hatten zeitweilig sogar kanonischen Charakter. Ein 1935 aufgelegtes „Verzeichnis wertvoller Bücher für den SS-Mann" des Rasse- und Siedlungs-Hauptamtes empfahl seine Bücher zur Lektüre. Für das Schulungsorgan der SS, das „Leitheft", war er von Anbeginn an einer der wichtigsten Autoren. Gleiches gilt für „Odal", die Zeitschrift des Reichsnährstandes. Kennzeichen seiner Schriften bis 1945 waren die Idealisierung eines an Boden und „Scholle" gebundenen und rassisch gereinigten Bauerntums sowie ein aggressiver und paranoider Antisemitismus, der sich gängiger antisemitischer Stereotype und Klischees in der Tradition der einschlägigen Literatur bediente. Gerade in diesen Vorstellungen, die von Leers unablässig reproduzierte, zeigte sich allerdings auch das epigonenhafte seiner Anschauungen.

Seine Bedeutung als Wissenschaftler dagegen blieb marginal. Das monumentale Werk „Odal" aus dem Jahr 1936, das den „nordischen bäuerlichen Menschen" zum Träger der „körperlichen und seelischen Erbwerte der deutschen Nation" erhob und das Reichserbhofgesetz als „Lebensgesetz eines ewigen Deutschland" mit einer rassenideologischen Begründung versehen wollte, entstand als Auftragsarbeit Darrés. Auf eine Initiative des Reichsstandes des deutschen Handwerks ging die nicht weniger voluminöse Schrift „Das Lebensbild des deutschen Handwerks" aus dem Jahr 1938 zurück, die im Handwerker den „Träger einer arteigenen Wirtschaftsethik und eines arteigenen Wirtschaftsrechts" erkannte. Der Protektion des Reichsbauernführers, mehr aber noch Heinrich Himmlers und des Thüringer Gauleiters Fritz Sauckel, verdankte von Leers schließlich seine Hochschullaufbahn. Nachdem er von 1933 bis 1935 als Dozent an der Deutschen Hochschule für Politik in Berlin gewirkt hatte, wo ihn seine prorussische Haltung in Konflikt unter anderem mit Goebbels und Rosenberg brachte, wurde von Leers im Herbst 1936 zunächst Lehrbeauftragter und im März 1940, trotz fehlender Habilitation, ordentlicher Professor an der Universität Jena. Die Berufung dorthin wurde nicht zuletzt durch den Umstand befördert, dass die Hochschule in diesem „Mustergau" mit Unterstützung einflussreicher Kräfte in Partei und SS zu einer nationalsozialistischen Vorzeigeuniversität umgestaltet werden sollte, in der Wissenschaft, Weltanschauung und Politik eine enge Verbindung eingingen.

In den folgenden Jahren tat sich von Leers vor allem mit Arbeiten zur Bauern- und Agrargeschichte hervor, die er als Forschungsschwerpunkte reklamierte. Auf lange Sicht gelang es ihm dabei, sich gegen konkurrierende Kollegen, insbesondere Günther Franz, durchzusetzen. Einen zweiten Schwerpunkt bildete die von ihm betriebene „Judenforschung", deren Richtung er bereits in seiner ersten Übung im Wintersemester 1936/37 unter dem Titel „Das Judentum in der deutschen Geschichte vom Ausgang des Dreißigjährigen Krieges bis zur Mitte des 19. Jahrhunderts, insonderheit seine Kriminalität" skizziert hatte. Trotz zahlreicher Publikationen und interdisziplinärer Initiativen, so etwa eine Ringvorlesung über „Die Judenfrage" im Sommersemester 1943, entwickelte sich Jena allerdings nicht zu einem weiteren Zentrum nationalsozialistischer „Judenforschung". Mit Einrichtungen, wie sie sich andernorts (u. a. Frankfurt am Main, München und Berlin) etablierten, konnte die Universität sich nicht messen lassen. Zugleich ist zu konstatieren, dass seit der Entmachtung Darrés und aufgrund verschiedener Affären, die seinen plagiatorischen Arbeitsstil betrafen, auch die Vorbehalte gegen von Leers wuchsen. Umso förderlicher erwies sich deshalb die enge Beziehung zu Himmler, dessen weltanschaulichen Marotten er durch Gefälligkeitsgutachten den Ausweis wissenschaftlicher Erkenntnis verlieh.

Seine eigentliche Bedeutung liegt stattdessen in seiner Allgegenwart als antisemitischer Propagandist aus der zweiten Reihe. Je offenkundiger sich nämlich die Niederlage im Krieg abzuzeichnen begann und die Dimension der Verbrechen im Zuge der „Endlösung der Judenfrage" zu einem „öffentlichen Geheimnis" (Longerich) geriet, das nach Einordnung und Erklärung verlangte, desto präsenter war sein Name in Presse und Rundfunk. Von Leers zeichnete sich vor allem dadurch aus, den wechselnden Konjunkturen antisemitischer Propaganda schnell und zuverlässig publizistischen Rückhalt zu verschaffen. Bemerkenswert sind in dieser Phase auch Initiativen zu einem Ideentransfer, die antisemitische Propaganda Bündnispartnern anzudienen suchte. Dies zeigte sich in der Kooperation mit Gesinnungsgenossen in Italien, vor allem aber in der intensiven Zusammenarbeit mit arabischen Nationalisten und dem Kreis um Amin el-Husseini, nachdem dieser ins „Deutsche Reich" geflohen war. Obgleich hinsichtlich der Wirkungen etwa der arabischsprachigen Rundfunkpropaganda keine leichtfertigen Schlüsse gezogen werden sollten, unterstreichen el-Husseinis engen Beziehungen zu einem fanatischen Antisemiten wie von Leers doch das Ausmaß seiner Bereitschaft zur Kollaboration im Kampf gegen das zum gemeinsamen Feind erhobene „Weltjudentum".

Von Leers ist zugleich ein Beispiel unbeugsamer Kontinuität. Nach 1945 zeigte er sich zu keinerlei Anpassung an die gewandelten politischen Verhältnisse bereit. Stattdessen blieb er fest in seiner Weltanschauung verhaftet und setzte seine Propaganda bruchlos vom Ausland her fort, nachdem sich ihm dazu in der Bundesrepublik keine Perspektive eröffnete. Seit 1950 geschah dies zunächst in Argentinien, das während der Herrschaft Peróns flüchtigen Nationalsozialisten zu einem „sicheren Hafen" (Meding) geworden war. Dort gehörte er einige Jahre zu den maßgeblichen Autoren der Zeitschrift „Der Weg", die sich unter seinem Einfluss zu einem Schulungsorgan im Geiste der SS wandelte und Sujets des rechtsextremen Geschichtsrevisionismus entwickelte, die heute noch reproduziert werden. Dazu zählen insbesondere die Glorifizierung des NS-Herrschaftssystems und die Relativierung, wenn nicht gar Leugnung des Völkermords an den europäischen Juden.

Am Beispiel von Leers' lässt sich zudem erkennen, dass Auswanderung und Flucht früherer Nationalsozialisten nach Südamerika sich zwar auf planvoll tätige Netzwerke stützen konnten, Behauptungen über klandestin agierende Organisationen und finanzstarke Förderer aber das Produkt medialer Skandalisierung und literarischer Kolportage gewesen sind. Ähnliches lässt sich für die letzte Lebensphase seit 1956 in Ägypten konstatieren. Als sich mit dem Niedergang des Perónismus auch das Ende des „Weg" abzuzeichnen begann, siedelte von Leers nach Kairo über, wo er sich in den Dienst der unter Präsident Nasser geförderten antizionistischen und antiisraelischen Propaganda stellte. Einmal mehr knüpfte er dabei an seine Kontakte zu Gleichgesinnten weltweit an, deren Ursprünge in die Zwischenkriegszeit zurückreichten. Trotz uferloser Korrespondenzen und zahlreicher Presseartikel, die ihn zu einer der maßgeblichen Akteure einer „antisemitischen Internationale" mit Sitz in Kairo erklärten, sollte seine Bedeutung, vor allem seit einem krankheitsbedingten körperlichen Verfall nach zwei Schlaganfällen, nicht überbewertet werden. Zwar existierte eine solche „antisemitische Internationale" als lose strukturiertes Netzwerk Gleichgesinnter, deren Ausstoß an Propagandaschriften zeitweise beträchtlich gewesen ist. Die Dynamiken und das Ausmaß der öffentlichen Debatte über von Leers in dieser Phase, die dieser nicht zuletzt durch sein Verhalten immer wieder provozierte, müssen aber vor allem im Kontext sowohl der politischen Entwicklung im Nahen Osten als auch des vergangenheitspolitischen Wandels seit Ende der 1950er Jahre in der Bundesrepublik gesehen werden. Von Leers personifizierte dabei jene Bedrohung, die von den Zirkeln fanatisierter Antisemiten ausging und damit zum Sinnbild nationalsozialistischer Kontinuität wurde. Sein tatsächlicher Einfluss zu diesem Zeitpunkt war jedoch deutlich geringer, als dies die öffentliche Wahrnehmung annehmen lässt.

11. Quellen und Literatur

11.1 Archivalien

Antifaschistisches Presse- und Bildungszentrum, Berlin

Archiv der sozialen Demokratie der Friedrich-Ebert-Stiftung, Bonn
Bestand SPD-Bundestagsfraktion, 4. Wahlperiode, Mappe 872
Sammlung Personalia (Telegraph-Archiv)

Archiv für Zeitgeschichte des Instituts für Geschichte der ETH Zürich
JUNA-Archiv
NL Theodor Fischer
NL Hans Oehler

Bayerische Staatsbibliothek, München
Ana 302.I.A.20.a.2 (Nachlass Franz-Eher-Verlag)

Bayerisches Hauptstaatsarchiv, München
MK 39703
Plakatsammlung: 10321, 10536, 10842

Bundesamt für Verfassungsschutz, Köln
BfV, 054-P-10013
BfV, 054-P-40009/61

Bundesarchiv, Berlin/Koblenz/Ludwigsburg
BDC (DS, PK, RKK, RSK, SSO): Personenbezogene Bestände
R 31.01 (Reichsbank): 18567
R 43/II (Reichskanzlei): 745b
R 55 (Reichsministerium für Volksaufklärung und Propaganda): 1000
R 56/I (Reichskulturkammer): 102
R 58 (RSHA): 960, 988, 1029, 5623b, 6016
R 64 IV (Deutsch-Japanische Gesellschaft): 31, 231
R 72 (Gesellschaft zum Studium des Faschismus): 73, 260
R 187 (Sammlung Schumacher): 221

R 1501 (Reichsministerium des Innern): 206284
R 8034 (Deutsche Stiftung): 1557
R 9208 (Deutsche Gesandtschaft Peking): 2314
NS 2 (Rasse- und Siedlungshauptamt): 300
NS 5-VI (Deutsche Arbeitsfront): 17648
NS 6 (Parteikanzlei): 220
NS 8 (Kanzlei Rosenberg): 103, 125, 126, 131, 132, 139, 143, 146, 152, 161, 234, 283
NS 10 (Persönliche Adjutantur des Führers): 37
NS 12 (Reichswaltung NS-Lehrerbund, Hauptamt für Erzieher): 1433
NS 15 (Der Beauftragte des Führers für die Überwachung der gesamten geistigen und weltanschaulichen Schulung und Erziehung der NSDAP): 27, 36, 59, 67, 158b, 219, 253, 256
NS 18 (Reichspropagandaleiter der NSDAP): 287, 288
NS 19 (Persönlicher Stab Reichsführer SS): 392
NS 21 (Ahnenerbe): 46, 386, 684, 694
NS 26 (Hauptarchiv der NSDAP): 87, 2524
NS 38 (Reichsstudentenführung): 3587, 3769
NS 43 (Außenpolitisches Amt): 18
N 1094 (Richard Walther Darré): I/15
N 1131 (Jakob Wilhelm Hauer): 52, 55, 57, 63
N 1182 (Eduard Spranger): 215
N 1375 (Lenore Kühn): 176, 1032
N 2168 (Johann von Leers): 1–64
N 2049 (Herbert von Dirksen): 61
Zwischenarchiv Dahlwitz Hoppegarten, RSHA Film C, Bl. 450080–86
B 145 (Presse- und Informationsamt der Bundesregierung): 3676, 6204, 7660
B 162 (Zentrale Stelle der Landesjustizverwaltungen): 26666
B 305 (Zentrale Rechtsschutzstelle): 24425
B 443 (Bundesamt für Verfassungsschutz): 527, 529–534, 53071, 53072

Bundesbeauftragte für die Unterlagen des Staatssicherheitsdienstes, Berlin

Archiv der Zentralstelle, MfS, HA IX/11, FV 270/68, Bd. 11, Teil 2/2
BStU, MfS, AOP, 860 57, Bd. 1 AK

Bundesnachrichtendienst, Pullach

Sig. 24.822, Slg. V-12859,1

Columbia University Libraries, New York

Non-Sectarian Anti-Nazi League Papers

Deutsches Literaturarchiv, Marbach

NL Ernst Jünger
NL Hans Grimm

Deutsches Museum, München

NL 184 (Anton Zischka)

Duke University, Durham
NL Earnest Sevier Cox

Fondazione Ugo Spirito e Renzo de Felice, Rom
Fondo Concetto Pettinato

Franklin D. Roosevelt Presidential Library and Museum
Report on Key Nazis, http://docs.fdrlibrary.marist.edu/PSF/BOX3/a25k03.html

Hauptstaatsarchiv Düsseldorf
LA NRW, NW 1054-888

Hauptstaatsarchiv Stuttgart
Q 1/30 (Klaus Mehnert): 3, 5, 9, 11, 36, 76

Hessisches Hauptstaatsarchiv Wiesbaden
521 (Lager Darmstadt): 30, 189

Hoover Institute Archiv, Stanford (Kalifornien)
NL Jacques Benoist-Méchin
NL Karl August Wittfogel

Humboldt-Universität Berlin, Archiv
Rektorat, Nr. 1248/112

Institut für Zeitgeschichte, München
MA: 45, 128, 286, 297, 297/1, 603, 647/1, 734
ZS (Zeugenschrifttum): 1871-2, 2205, 3084
ZS (Michael Kater): A 25, Bd. I.2.22, Bd. I.2.33
ED 110 (Richard Walther Darré): 11
ED 118 (Otto Straßer): 34, 41

Institut de hautes études internationales et du développement, Genf
Studentenakte Fakoussa

Kreisarchiv Saalfeld-Rudolstadt
Sig. E 53, Bd. 988

Landesarchiv Berlin
A Rep. 060-57, Nr. 1, 2, 3, 4
B. Rep. 042 Nr. 9138

Landesarchiv Schleswig-Holstein
Abt. 460, Nr. 955, o.P.

Archivalien

Leo Baeck Institut, New York
Emil J. Gumbel Collection: Bd. 2
Max Kreutzberger Collection 1848–1998: Bd. 13

Liechtensteinisches Landesarchiv
RF 230/0430/014

The National Archives, Kew
Public Record Office, FO 371/150870-0019
Public Record Office, FO 371/103910
Records of the Security Service, Personal Files 605787

National Archives and Records Administration, Washington
RG 263 (Records of the Central Intelligence Agency)

Niedersächsische Staats- und Universitätsbibliothek, Göttingen
NL Heberer

Niedersächsisches Hauptstaatsarchiv, Hannover
VVP 39 (Adolf von Thadden): Bd. 11/2

Politisches Archiv des Auswärtigen Amtes, Berlin
AV-NA, 18933
B 11: Bd. 988/1
B 33: Bd. 10/2, Bd. 11
B 82: V3-88, Nr. 250, Bd. 1 und 2, Nr. 444

Russisches Staatliches Militärarchiv, Moskau
Fond 1283 (Johann von Leers)
Fond 1299 (Bund Völkischer Europäer)

Schleswig-Holsteinische Landesbibliothek, Kiel
NL Blunck
NL Frenssen

Schweizerisches Bundesarchiv, Bern
E 2001 D 10001551, 260 (Fakoussa)
E 2001 E 1976/17, 44 (Oltramare)

Staatliche Museen zu Berlin, Preußischer Kulturbesitz
SMB-ZA, I/IM (Islamisches Museum): 70

Staatsarchiv Marburg
B 165 (Regierung Kassel): 7015

Staatsbibliothek zu Berlin, Preußischer Kultusbesitz
N 488 (Verlagsarchiv Siebeck-Mohr): 512,4

Stadtarchiv Goslar
NL Darré

Stadtarchiv München, Monacensia
NL Mann, Nr. 476, 501

Stiftelsen norsk okkupasjonshistorie

Thüringisches Hauptstaatsarchiv, Weimar
RStH Nr. 365/371, 372
PA Nr. 18260
C 330 1

Universitätsarchiv Bonn
PA Fakoussa, Nr. 8688
PA al-Hamui, Nr. 2808

Universitätsarchiv Gießen
NL Sommer, Bd. 34, 71

Universitätsarchiv Jena
BA: 2120, 2160, 2161
C: 878
D: 1868, 3195
M: 607, 608, 610, 611, 632
U: IV, 3
V: XL, Nr. 54 (Nachlass Kummer)

Universitätsarchiv Leipzig
Phil. Fak. Prom. 3006 (Schramm)

Universitätsarchiv Marburg
Abt. 312/3/4, Nr. 98

Universitätsarchiv Rostock
Matrikel
Wossidlo-Archiv, NRW, K II-0046

University of Massachusetts
Amherst Libraries, Special Collections and University Archives, W. E. B. Du Bois Papers, MS 312

Wiener Library Archive, London/Tel Aviv
WL Newspaper Cuttings Collection, Section G 15: MF Reel 237
Testaments of the Holocaust: Doc Ref 069-WL-1646, Doc Ref 065-WL-1622, Doc Ref 065-WL-1623, Doc Ref 065-WL-1624, Doc Ref 066-WL-1625, Doc Ref 068-WL-1628 (Jewish News), Doc Ref 068-WL-1629 (The Nazis at War), Doc Ref 069-WL-1642 (Wiener Library Bulletin).

Yad Vashem, Jerusalem
Yitzhak Stone Collection of NS Documents, O.18/260

Yale University, New Haven
Beinecke Rare Book and Manuscript Library, Ezra Pound Papers, YCAL, MSS 43, Box 53, Folder 2432

Zentralarchiv der Evangelischen Kirche der Pfalz, Speyer
Abt. 160 (Sammlung Kirchenkampf), Nr. 888

11.2 Johann von Leers: Schriftenverzeichnis

11.2.1 Veröffentlichungen bis 1945

Johann von Leers hat, wie in der Einleitung erwähnt, ein kaum überschaubares Œuvre dutzender Bücher, hunderter Aufsätze und tausender (!) Zeitungsartikel hinterlassen. Der Gesamtumfang lässt sich allenfalls im Ansatz erfassen. Angesichts erheblicher Redundanzen in seinen Veröffentlichungen erscheint es allerdings in der Tat „müßig und überflüssig", eine vollständige Übersicht seines Werkes anzustreben.[1] Die nachfolgende Bibliografie beschränkt sich deshalb auf eine Übersicht seiner Monografien, aus denen in vorliegender Arbeit zitiert wurde. Darüber hinaus werden Schulungsorgane und Fachzeitschriften genannt, in denen Beiträge von ihm ermittelt werden konnten, ebenso Tageszeitungen, die seine journalistischen und feuilletonistischen Artikel veröffentlichten.

---

1 So bereits GOTTWALD, HERBERT: Die Jenaer Geschichtswissenschaft in der Zeit des Nationalsozialismus, in: HOSSFELD, UWE/JOHN, JÜRGEN/LEMUTH, OLIVER/STUTZ, RÜDIGER (HRSG.): „Kämpferische Wissenschaft". Studien zur Universität Jena im Nationalsozialismus, Köln/Weimar/Wien 2003, S. 913–942, hier S. 925.

11.2.1.1 Monografien

LEERS, JOHANN-JAKOB VON: Die Werkwohnung in der Gesetzgebung (Diss. jur.), Rostock 1925 (Ms.).

LEERS, JOHANN VON: Memelland (Großdeutsche Forderungen, H. 1), München 1932.

LEERS, JOHANN VON: Polnischer Korridor oder deutsches Weichselland? (Großdeutsche Forderungen, H. 2), München 1932.

LEERS, JOHANN VON: Oberschlesien (Großdeutsche Forderungen, H. 4), München 1932.

LEERS, JOHANN VON: Bomben auf Hamburg! Vision oder Möglichkeit, Leipzig 1932.

LEERS, JOHANN VON: Autarkie. Notwendigkeit oder Wahnsinn?, Berlin 1932.

LEERS, JOHANN VON: Adolf Hitler (Männer und Mächte), Leipzig 1932.

LEERS, JOHANN VON: 14 Jahre Judenrepublik. Die Geschichte eines Rassenkampfes, Berlin o. J. [^{2}1933].

LEERS, JOHANN VON: Juden sehen Dich an, Berlin o. J. [1933] [^{5}1935].

LEERS, JOHANN VON: Deutsche Geschichte. Vortrag gehalten im August 1933 vor Amtswaltern der N.S.B.O Gau Groß-Berlin, Berlin o. J. [1933].

LEERS, JOHANN VON: Deutschlands Stellung in der Welt (Das Dritte Reich. Bausteine zum neuen Staat und Volk), Leipzig o. J. [1933].

LEERS, JOHANN VON: Vor 10 Jahren. Hitler-Putsch vom 9. November 1923, Plauen im Vogtland o. J. [1933].

LEERS, JOHANN VON: Die große Aufgabe! Werke am Neubau Deutschlands (Bd. 1), Berlin 1933.

LEERS, JOHANN VON: Der Junge von der Feldherrenhalle. Ein Weg ins deutsche Morgenrot, Stuttgart/Berlin/Leipzig o. J. [^{2}1933, ^{13}1941 (19. bis 22. Tsd.)].

LEERS, JOHANN VON: Kurzgefasste Geschichte des Nationalsozialismus. Für den Schulgebrauch, Bielefeld/Leipzig 1933.

LEERS, JOHANN VON: Das ist Versailles! (Hillgers Deutsche Jugendbücherei, Bd. 485), Berlin/Leipzig 1933.

LEERS, JOHANN VON: Forderung der Stunde: Juden raus!, Berlin o. J. [um 1933].

LEERS, JOHANN VON (HRSG.): John Retcliffe. Auf dem Judenkirchhof in Prag, Berlin 1933.

LEERS, JOHANN VON: Spenglers weltpolitisches System und der Nationalsozialismus, Berlin 1934.

LEERS, JOHANN VON: Geschichte auf rassischer Grundlage Leipzig 1934.

LEERS, JOHANN VON/FRENZEL, KONRAD (HRSG.): Atlas zur deutschen Geschichte der Jahre 1914 bis 1933, Bielefeld/Leipzig 1934.

LEERS, JOHANN VON: Der Kardinal und die Germanen. Eine Auseinandersetzung mit Kardinal Faulhaber, Hamburg 1934.

LEERS, JOHANN VON: Rassische Geschichtsbetrachtung. Was muss der Lehrer davon wissen? Langensalza/Berlin/Leipzig 1934 [^{2}1936, ^{3}1940, ^{4}1941].

LEERS, JOHANN VON: Das alte Wissen und der neue Glaube, Hamburg 1935.

LEERS, JOHANN VON: Der deutschen Bauern 1000jähriger Kampf um deutsche Art und deutsches Recht, Goslar 1935 [Neuauflage 1942 unter dem Titel „Der tausendjährige Kampf. Um Art und Recht der deutschen Bauern"].

LEERS, JOHANN VON: Der Weg des deutschen Bauern von der Frühzeit bis zur Gegenwart, Leipzig, o. J. [1935] [^{2}1936, ^{3}1940].

LEERS, JOHANN VON: Kanonen über der Steppe. Erzählung aus dem revolutionären Durchbruch der ersten Nachkriegsjahre, Stuttgart/Berlin/Leipzig o. J. [1934, ^{6}1935].

LEERS, JOHANN VON: Bauerntum (Landwirtschaftliche Lehrbuch-Reihe, hrsg. von Prof. Dr. Marquis, Cottbus, 5. Teil), Berlin 1935 [^{4}1938, ^{7}1940 (= 96. bis 110. Tsd.)].

LEERS, JOHANN VON: Odal. Das Lebensgesetz eines ewigen Deutschland, Goslar 1935 [^{2}1936].

LEERS, JOHANN VON: Der deutschen Bauern Kampf ums Recht, Berlin 1936.

LEERS, JOHANN VON: Die bäuerliche Gemeindeverfassung in der deutschen Geschichte (Schriften des Reichsverbandes Deutscher Verwaltungs-Akademien, H. 2), Berlin 1936.

LEERS, JOHANN VON: Geschichte des Deutschen Bauernrechts und des Deutschen Bauerntums (Neugestaltung von Recht und Wirtschaft, H. 32, 1. Teil), Leipzig 1936 [³1942].

LEERS, JOHANN VON: Rassengeschichte des deutschen Volkes (Grundlagen, Aufbau und Wirtschaftsordnung des nationalsozialistischen Staates, hrsg. von H. H. Lammers und Hans Pfundtner, I. Band, Gruppe I: Die weltanschaulichen Grundlagen, H. 4), Berlin/Wien 1936.

LEERS, JOHANN VON: Vom großen Krieg deutscher Bauern (Goslarer Volksbücherei, Bd. 1), Goslar o. J. [1936].

LEERS, JOHANN VON: Blut und Rasse in der Gesetzgebung. Ein Gang durch die Völkergeschichte, München 1936.

LEERS, JOHANN VON: Die Kriminalität des Judentums (Das Judentum in der Rechtswissenschaft, Bd. 3: Judentum und Verbrechen), Berlin 1936.

LEERS, JOHANN VON: Arteigenes Recht und Unterricht (Bayreuther Bücher für Erziehung und Unterricht, hrsg. von der Reichswaltung des NSLB), Dortmund/Breslau/München o. J. [1937].

LEERS, JOHANN VON: Deutsche – die Kolonialpioniere Europas, Stuttgart o. J. [1937].

LEERS, JOHANN VON: Vorwort, in: ROSE, FRANZ: Mönche vor Gericht. Eine Darstellung entarteten Klosterlebens nach Dokumenten und Akten, Berlin 1939, S. 9–14.

LEERS, JOHANN VON: Europas Auswanderungsrückgang und seine Folgen (Wirtschaftlich-soziale Weltfragen, Bd. 9), Stuttgart 1938.

LEERS, JOHANN VON: Das Lebensbild des deutschen Handwerks [Hrsg. vom Deutschen Handwerksinstitut im Reichsstand des deutschen Handwerks], München o. J. [1938].

LEERS, JOHANN VON: Führer durch die Kulturhistorische Schau (I. Internationale Handwerksausstellung 1938 Berlin), Berlin 1938.

LEERS, JOHANN VON: Rassen, Völker und Volkstümer, Langensalza/Berlin/Leipzig 1938.

LEERS, JOHANN VON: Die geschichtlichen Grundlagen des Nationalsozialismus (Rechtspflege und Verwaltung, I. Allgemeiner Teil, H. 1), Berlin 1938.

LEERS, JOHANN VON: Deutsche Rechtsgeschichte und deutsches Rechtsdenken (Rechtspflege und Verwaltung, II. Deutsche Rechtspflege, H. 6), Berlin 1939.

LEERS, JOHANN VON/HANSEN, HENRICH: Der deutsche Lehrer als Kulturschöpfer, Frankfurt am Main 1939.

LEERS, JOHANN VON: Wie kam der Jude zum Geld? (Schriften zur Judenfrage, H. 1), Berlin o. J. [1939].

LEERS, JOHANN VON: Für das Reich. Deutsche Geschichte in Geschichtserzählungen, Langensalza/Berlin/Leipzig 1939 [²1941].

LEERS, JOHANN VON: Aus den dunkelsten Tagen Deutscher Geschichte (Volk und Staat, Bd. 7), Leipzig o. J. [um 1939].

LEERS, JOHANN VON: Die Geschichte des deutschen Handwerks. Eine Zusammenfassung der Grundzüge, Berlin 1940.

LEERS, JOHANN VON: Unser Glaube Deutschland! Gedanken um das ewige Reich, Erfurt o. J. [1940] [³1944 (= 41. bis 76. Tsd.)].

LEERS, JOHANN VON: Kräfte hinter Roosevelt, Berlin 1940 [²1941, ³1942].²

LEERS, JOHANN VON: Heinrich I. siegt über die Ungarn bei Riade (Volk und Staat, Bd. 13), Leipzig o. J. [um 1940].

LEERS, JOHANN VON: Die Schlacht von Hohenmölsen. Heinrizianer gegen Gregorianer, Kaiser gegen Papst (Volk und Staat, Bd. 18 [?]), Leipzig o. J. [um 1940].

---

2 Die Erstauflage (1. bis 7. Tsd.) erschien 1940, gelangte aber offensichtlich nicht in den Buchmarkt, sondern wurde „durch Sonderauftrag" vertrieben. Siehe Verlagsanzeige im Börsenblatt des Deutschen Buchhandels vom 28.11.1941. In der Anzeige wird bereits für die 2. Auflage (8. bis 13. Tsd.) geworben wurde. Die 3. Auflage (14. bis 28. Tsd.) erschien 1942.

LEERS, JOHANN VON: Judentum und Gaunertum. Eine Wesens- und Lebensgemeinschaft, Berlin o. J. [1940].
LEERS, JOHANN VON: Brennpunkte der Weltpolitik, Stuttgart 1940 [²1941].
LEERS, JOHANN VON: Der Kampf um die deutsche Erneuerung (Rechtspflege und Verwaltung, Schriftenreihe für Ausbildung und Praxis, I. Allgemeiner Teil, H. 1), Berlin/Leipzig/Wien 1941.³
LEERS, JOHANN VON: Geschichtlicher Kampf um die deutsche Westgrenze. Festvortrag gehalten auf der Eröffnungsfeier der Verwaltungs-Akademie Straßburg am 18. Dezember 1940 (Schriften des Reichsverbandes Deutscher Verwaltungs-Akademien, H. 7), Berlin 1941.
LEERS, JOHANN VON: Deutschland. Die geistige Wiedergeburt einer Nation, Berlin o. J. [1941].
LEERS, JOHANN VON: Juden hinter Stalin, o. O. [Berlin] o. J. [1941].
LEERS, JOHANN VON: Vorwort, in: SCHRAMM, HELLMUT: Der jüdische Ritualmord. Eine historische Untersuchung, Berlin 1943, S. XI–XVII.
LEERS, JOHANN VON: Die Verbrechernatur der Juden, Berlin o. J. [1944].⁴

11.2.1.2 Aufsätze und Artikel

Das journalistisch-publizistische Werk von Johann von Leers ist in seinem Umfang kaum überschaubar und entzieht sich einer auch nur im Ansatz vollständigen Erfassung. *Ich bin heute Schriftsteller und Journalist,* schrieb er 1936 zutreffend über sich selbst.⁵ Zeugnis davon legen die zahlreichen bibliografierten Monografien ab, mehr noch aber die große Zahl an Aufsätzen und Artikeln für Zeitschriften und in der Tagespresse. Seit Anfang der 1930er Jahre war er neben seinen redaktionellen Arbeiten für den „Angriff" zeitweise auch *Berliner Vertreter großer Provinzzeitungen.*⁶ Dazu zählten insbesondere die im Gau Pfalz bzw. Saarpfalz unter Gauleiter Bürckel erscheinende „NSZ-Rheinfront"⁷ und der „Hakenkreuzbanner", das Organ der NSDAP in Mannheim, für den er seit April 1935 als „ständiger Berliner Mitarbeiter" Beiträge verfasste.⁸ Diese Tätigkeiten setzte er nach seinem Wechsel an die Universität Jena 1936 fort. So ließ er seinen Förderer Günther 1940 wissen, dass er für den Fall, *einmal zu meiner*

---

3   Zweite, veränderte Auflage des Titels „Die geschichtlichen Grundlagen des Nationalsozialismus" (1938).
4   Das Buch selbst gibt kein Veröffentlichungsjahr an. Laut SENNHOLZ, MARCO: Johann von Leers. Ein Propagandist des Nationalsozialismus, Berlin 2013, S. 267, sei es „im Jahr 1944" erschienen, laut BIEBER, HANS-JOACHIM: SS und Samurai. Deutsch-Japanische Kulturbeziehungen 1933–1945 (Monographien aus dem Deutschen Institut für Japanstudien, Bd. 55), München 2014, S. 1008, „Ende Oktober 1944". Die darin veröffentlichten Beiträge beruhten vor allem auf Rundfunksprachen aus den Jahren 1942 bis 1944.
5   Lebenslauf, o.D. [um 1936] [UAJ, Bestand D 1868].
6   Johann von Leers an Wittfogel, 26.01.1952 [HIA, Collection K. Wittfogel, Box Nr. 29].
7   Johann von Leers behauptete, „langjähriger Mitarbeiter der ‚NSZ-Rheinfront' und des verstorbenen Gauleiters Bürckel" gewesen zu sein. Siehe LEERS, JOHANN VON: Deutsch ist die Saar, in: Der Weg 8 (1954) 11, S. 751–756, hier S. 753.
8   Siehe Hakenkreuzbanner vom 26.01.1936 mit der Ankündigung einer Kundgebung mit Johann von Leers in Mannheim am 28.01.1936.

Zeitung den ‚Hakenkreuzbanner' in Mannheim hinunter[zu]fahren, sich *ganz besonders freuen* werde, *einen kleinen Abstecher zu Ihnen* [= nach Freiburg] *zu machen.*⁹ Im März 1939 war er zudem „Ständiger Berliner Mitarbeiter" der „Innsbrucker Nachrichten" geworden, dem Organ des Gaus Tirol-Vorarlberg.¹⁰

Was Veröffentlichungen in Zeitschriften betrifft, kann folgende Typologie vorgenommen werden: Zu nennen sind zunächst Titel, die vor allem akademisch gebildete Leser aus dem bürgerlich-konservativen Milieu oder dem Adel, dem weitläufigen Spektrum der antidemokratischen Rechten sowie der nordischen, völkischen oder völkische-religiösen Bewegung ansprechen sollten und in der Phase der Gleichschaltung zunächst weiter erscheinen konnten: Zeitschrift für Politik, Der Türmer, Westermanns Monatshefte, Deutsches Adelsblatt, Die Tat, Deutschbund-Blätter, Der Hammer, Rasse, Volk und Rasse, Sigrune, Nordland (Wochenschrift für gottgläubige Deutsche) oder Völkischer Wille (Kampfblatt für Bevölkerungspolitik und Familie). Auffällig sind daneben genuin nationalsozialistische Zeitschriften, die der programmatischen Selbstvergewisserung dienten oder für die Schulungsarbeit einzelner Formationen bestimmt waren: NS-Briefe, NS-Monatshefte, Weltkampf, Wille und Macht (Führerorgan der nationalsozialistischen Jugend), Deutsche Studenten-Zeitung, Unser Wille und Weg (Monatsblätter der Reichspropaganda-Leitung der NSDAP), NS-Wirtschaftspolitik, Odal (Monatsschrift für Blut und Boden), Der SA-Führer oder SS-Leitheft. Diesem Bereich sind auch neu entstandene Zeitschriften auf dem Gebiet der „Judenforschung" (Mitteilungen über die Judenfrage) zuzurechnen, ebenso die zahlreichen Zeitschriften, die sich an die „Erzieherschaft" bzw. Kinder und Jugendlichen richteten, so etwa: Der Deutsche Erzieher, Der Schulhelfer oder Hilft mit (Schülerzeitung). Des Weiteren kann die Presse sowohl der Partei als auch ständischer Institutionen (DAF, Reichsnährstand) genannt werden: Neben überregionalen Tageszeitungen (Völkischer Beobachter, Der Angriff, NS-Landpost) ist hier vor allem die Gaupresse hervorzuheben. Hinzu kommen schließlich die Fachorgane zahlreicher akademischer Disziplinen, so etwa: Deutsche Gemeindezeitung, Deutsche Juristenzeitung, Asienberichte (Vierteljahresschrift für asiatische Geschichte und Kultur), Deutsche Medizinische Wochenschrift, Deutsches Ärzteblatt, Der Jungarzt, Der Jungingenieur, Deutscher Wissenschafts-Dienst, Europäischer Wissenschafts-Dienst.

---

9   Johann von Leers an Günther, 03.09.1940 [RGVA, Fond 1283/10a, Bl. 191]
10 Soweit ersichtlich erstmals genannt im Impressum der Innsbrucker Nachrichten vom 20.03.1939.

11.2.1.3 Übersetzungen eigener Schriften

LEERS, JOHANN VON: Forces occultes derrière Roosevelt, Bruxelles o. J.

LEERS, JOHANN VON: Elementi comuni nella storia Italiana e Germanica, Wien 1940.

LEERS, JOHANN VON: L'Inghilitèrra – l'avversario del continente Europeo (Veröffentlichungen der Abteilung für Kulturwissenschaft des Kaiser Wilhelm-Instituts für Kunst und Kulturwissenschaften im Palazzo Zuccari, Rom, Reihe 1, H. 24), Wien 1940.

LEERS, JOHAN[N] VON: Makten bakom presidenten, Stockholm 1941.

ĬOHAN FON LEERS: Silitie, koito stoiat zad Ruzvelt (Силите, които стоят зад Рузвелт), Berlin [?] 1942.

LEERS, JOHANN VON: Histoire du National-socialisme. Quel est le secret des succès allemands, Berlin 1942.

LEERS, JOHANN VON: Brännpunkter och stormcentra. Den swenska upplagan översedd och delvis omarbetad av författaren, Malmö 1942.

LEERS, JOHANN VON: En nations panyttfödelse, Malmö 1942.

LEERS, JOHANN [VON]: L'Unione sovietica pericolo mondiale, Rom 1942.

LEERS, JOHANN VON: Germania, renasterea spirituala a unei natiuni, Bucuresti 1942.

LEERS, JOHANN VON: De Poort van Rusland opengebroken. 25 jaar Sovjet- en jodenheerschappij, 25 jaar verschrikking en ellende (Westland-Serie, H. 6), Amsterdam 1942.

LEERS, JOHANN VON: Uniunea Sovietică Sovietică o primeidie mondială, o. O. 1943.

LEERS, JOHANN VON: 独逸農民史 (Der Weg des deutschen Bauern von der Frühzeit bis zur Gegenwart), Tokio 1943.

11.2.1.4 Übersetzungen ins Deutsche

PETRIE, CHARLES: Mussolini (Männer und Mächte), Leipzig 1933.[11]

OLIVERO, LUIGI: Babylon unter Davidsternen und Zuchthausstreifen: Amerikanische Jugend von heute, Berlin o. J. [1944].

11.2.2 Veröffentlichungen nach 1945

Spätestens 1949 begann Johann von Leers wieder publizistisch tätig zu werden. Für seine Aufsätze, zumal nach seiner Übersiedlung nach Buenos Aires, bediente er sich zahlreicher Pseudonyme. Vor allem aus „Der Weg" bekannt sind Hans A. Euler – in verschiedenen Varianten und möglicherweise auch nur „A. E." –, Felix Schwarzenborn und Gordon (anfangs auch Gorden) Fitzstuart. Für weitere Pseudonyme liegt der Verdacht nahe, insbesondere „Martin Faustus", „Paulus van Obbergen", „Martin Steinbauer", „Johannes Uhlen", „A. Malek" und „Kai Jensen". Ab Jahrgang 1954 wurden Autorennamen in „Der Weg" regelmäßig mit Ortsangaben versehen. Genannt wurden neben Buenos Aires zahlreiche europäische und nordamerikanische Hauptstädte sowie Metropolen im Nahen Osten. Sie werden in der folgenden Übersicht in Klammern hinzugefügt. Für

---

11 Die Übersetzung erfolgte unter dem Pseudonym „M. Thomas". Siehe dazu Kürschners Deutscher Gelehrten-Kalender 1940/41, Berlin 1941, Sp. 28/29.

andere Zeitschriften und Periodika griff von Leers auf weitere Pseudonyme zurück, so etwa „Felix Wietholdt" für die Zeitschrift „Der Quell". Artikel, die von März 1950 bis Anfang 1952 in „Christ und Welt" veröffentlicht wurden, erschienen unter dem Pseudonym „eu.". Die nachfolgende Bibliografie erhebt ebenfalls keinen Anspruch auf Vollständigkeit.

11.2.2.1 Monografien

EULER, HANS A.: Rom, die ewige Stadt, Bonn 1949.
EULER, HANS A.: Spanisch, Bonn 1949.
LEERS, JOHANN VON: Reichsverräter (Sonderheft „Der Weg", Bd. 1-3), Buenos Aires 1954-1956.

11.2.2.2 Aufsätze und Artikel

EU.: Kommunismus und Islam, in: Christ und Welt 3 (1950) 9 vom 02.03.1950, S. 9 f.
EU.: Pakistan – Staatsgründung aus dem Glauben, in: Christ und Welt 3 (1950) 26 vom 29.06.1950, S. 4.
A. E.: Die Ihr als Opfer fielet. Nürnberg am 16. Oktober 1946, in: Der Weg 4 (1950) 10, S. 905-909.[12]
A. E.: Wieder zum Sterben gehen?, in: Der Weg 4 (1950) 11, S. 1005-1007.
EU.: Der Weg der Mrs. Utley, in: Christ und Welt 3 (1950) 40 vom 05.10.1950, S. 5 f.
EULER, HANS A.: Die spanische Sprache und das Deutsche, in: Die lebende Fremdsprache. Zeitschrift für Neusprachler 2 (1950) 10, S. 289-297.[13]
J. v. L.: Sind wir am Ende? Prüfung des Gewissens, in: Der Weg 4 (1950) 12, S. 1072-1074.
LEERS, JOHANN VON: Moorfeuer [Gedicht], in: Der Weg 5 (1951) 1, S. 50.
EULER, A.: Jus rebellionis, in: Der Weg 5 (1951) 1, S. 51-55.
EULER, A.: In wessen Auftrage? LIFE hetzt gegen Dr. Malan, in: Der Weg 5 (1951) 2, S. 123-125.[14]
EU.: Ein Schiff nach Argentinien, in: Christ und Welt 4 (1951) 7 vom 15.02.1951.
LEERS, J. VON: Stalin's Europe would no longer be Europe, in: Union vom 17.03.1951.
LEERS, JOHANNES VON: Tote auf Urlaub [Gedicht], in: Der Weg 5 (1951) 3, S. 179.
J. v. L.: Die Tragödie der Demokratie, in: Der Weg 5 (1951) 4, S. 295-299.
v. L.: Baut Graf die ostdeutsche Luftwaffe auf?, in: Afrika-Woche 1 (1951) 23 vom 07.06.1951, S. 29.
v. L.: Neue kommunistische Flutwelle in der Welt?, in: Afrika-Woche 1 (1951) 24 vom 05.07.1951, S. 9 f.
FITZSTUART, GORDEN: Aus dem Wege!, in: Der Weg 5 (1951) 8, S. 560-564.
SCHWARZENBORN, FELIX: Ganoven-Gerichte gegen Reichstreue, in: Der Weg 5 (1951) 8, S. 568-570.
SCHWARZENBORN, FELIX: Imperium Europaeum, in: Der Weg 5 (1951) 9, S. 644-647.
FITZSTUART, GORDON: Aus dem Wege! (Fortsetzung), in: Der Weg 5 (1951) 9, S. 649-653.
EULER, H.A.: Argentiniens Nöte, in: Zeitschrift für Geopolitik 22 (1951) 9, S. 565-567.
FITZSTUART, GORDON: Aus dem Wege! (Schluss), in: Der Weg 5 (1951) 10, S. 729-732.

---

12 Angesichts der behandelten Sujets und des Stils spricht einiges dafür, dass Beiträge unter dem Autorenkürzel „A.E." Johann von Leers zugeordnet werden können.
13 Siehe als Reaktion darauf SCHNEIDER, HANS: Zum Aufsatz von Hans A. Euler, in: Die lebende Fremdsprache 2 (1950) 12, S. 378 f.; EULER, HANS: Erwiderung auf die Kritik von Dr. Hans Schneider (Hamburg) zu meinem Aufsatz „Die spanische Sprache und das Deutsche", in: Die lebende Fremdsprache 3 (1951) 3, S. 89 f.
14 Obwohl im Inhaltsverzeichnis unter „A. Euler" ausgewiesen, ist der Beitrag selbst mit „v. L." gezeichnet.

v. L.: Die innere Lähmung der U.S.A., in: Afrika-Woche vom 1 (1951) 27 vom 04.10.1951, S. 8 f.
Leers, Johannes von (Rom): Östliche Prophetie, in: Der Weg 5 (1951) 11, S. 787–795.[15]
Eu.: Kommunismus unüberwindlich?, in: Afrika-Woche 1 (1951) 28 vom 01.11.1951, S. 10 f.
Leers, J. J. von: Das alte Licht, in: Der Weg 5 (1951) 12, S. 851–854.
Fitzstuart, Gordon: Der unsichtbare Knebel, in: Der Weg 6 (1952) 1, S. 64–68.
v. L.: Wohin treibt Deutschland?, in: Afrika Woche vom 2 (1952) 2 vom 07.02.1952, S. 23–25.
eu.: Die religiöse Problematik Südamerikas, in: Christ und Welt 5 (1952) 5 vom 31.01.1952
Schwarzenborn, Felix: Welttyrannei ab 1955?, in: Der Weg 6 (1952) 3, S. 209–214.
Fitzstuart, G.: Benjamin Franklins verschwundene Prophezeiung, in: Der Weg 6 (1952) 4, S. 271 f.
Fitzstuart, Gordon: Wer bestimmt, was geschieht?, in: Der Weg 6 (1952) 5, S. 343–346.
v. L.: Schatten im Wind, in: Afrika-Woche vom 2 (1952) 6 vom 05.06.1952, S. 13–15.
Euler, Hans A.: Arbeitgeberverbände und Gewerkschaften in Argentinien, in: Der Arbeitgeber 4 (1952) vom 01.07.1952, S. 512–514.
Leers, Joh[ann] von: Revolution und Glaube, in: Der Weg 6 (1952) 7, S. 472–477.
Schwarzenborn, Felix: Wird der Bolschewismus judenfeindlich?, in: Der Weg 6 (1952) 7, S. 490–495.
Fitzstuart, Gordon: Die schwarzen Yankees, in: Der Weg 6 (1952) 8, S. 537–541. Erschienen auch in: Nation Europa 2 (1952) 11, S. 39–41.
Euler, Hans A.: Unsterbliche Mission der Persönlichkeit. Was bedeutet Eva Péron für Argentinien?, in: Der Arbeitgeber 4 (1952) vom 01./15.08.1952, S. 610 f.
Leers, Joh[ann] von: Vom Ressentiment zur Revolution, in: Der Weg 6 (1952) 9, S. 589–594.
Leers, Joh[ann] von: Der neue Herr im Orient, in: Der Weg 6 (1952) 10, S. 663–667.
Euler, Hans: Zweimal Marokko, in: Der Weg 6 (1952) 10, S. 705–707.
Schwarzenborn, Felix: Die Sudanfrage, in: Der Weg 6 (1952) 10, S. 708–712.
Faustus, Martin: Erez Israel und das Weltjudentum, in: Der Weg 6 (1952) 11, S. 755–763.
Schwarzenborn, Felix: Ein Drittel des deutschen Volksvermögens – den Juden!, in: Der Weg 7 (1953) 1, S. 56 f.
F.S.: Dänische Soldaten gefangen in – Dänemark, in: Der Weg 7 (1953) 1, S. 59 f.
H.E.: Kommunistische Wühlarbeit in Afrika, in: Der Weg 7 (1953) 2, S. 122 f.
Leers, J. v.: Die landwirtschaftliche Marktordnung 1933–1945, in: Der Weg 7 (1953) 3/4, S. 151–158.
Fitzstuart, Gordon: Kleine Chronik der Schiff, in: Der Weg 7 (1953) 3/4, S. 199–201.
Euler, Hans: Churchills Verrat an Polen, in: Der Weg 7 (1953) 3/4, S. 218–221.
Leers, Johann von: John Foster Dulles, in: Der Weg 7 (1953) 5, S. 305–308.
Leers, Johann von: „God is selven recht", in: Der Weg 7 (1953) 6, S. 333–339.
Schwarzenborn, Felix: Mit tiefem Ernst, in: Der Weg 7 (1953) 6, S. 369–373.
Leers, J. von: Recht und Notwendigkeit Kroatiens, in: Der Weg 7 (1953) 7, S. 443–450.
Schwarzenborn, Felix: Wehrt Euch, Deutsche!, in: Der Weg 7 (1953) 7, S. 451 f.
Fitzstuart, Gordon: Whittaker Chambers sagt aus, in: Der Weg 7 (1953) 7, S. 466–468.
Schwarzenborn, Felix: Verdrängung der deutschen Wissenschaft, in: Der Weg 7 (1953) 8, S. 529–532.
Leers, J. von: Heute: Korea – morgen?, in: Der Weg 7 (1953) 8, S. 546–548.
Leers, Johann von: Gedanken zu einem Buch, in: Der Weg 7 (1953) 8, S. 556–558.
Leers, Johann von: Das grundsätzliche Nein, in: Der Weg 7 (1953) 9, S. 593 f.
Fitzstuart, Gordon: Das Königreich Davids und die Sassoons, in: Der Weg 7 (1953) 9, S. 603–607.
Euler, H.A.: Gewerkschaften und Staat in Lateinamerika, in: Zeitschrift für Geopolitik 24 (1953) 9, S. 477–480.
Schwarzenborn, Felix: New York, Stadt der nichtjüdischen Leibeigenen, in: Der Weg 7 (1953) 10, S. 697 f.

---

15 Die Autorenangabe enthält erstmals als Zusatz eine Ortsangabe.

LEERS, J[OHANN] VON: Heute Korea – Morgen?, in: Deutschlandbrief 4 (1953) 13 vom 12.10.1953, S. 7 f.
LEERS, J[OHANN] VON: Recht und Notwendigkeit Kroatiens, in: Deutschlandbrief 4 (1953) 13 vom 12.10.1953, S. 14–16.
LEERS, JOHANNES VON: Der Löwe am Suez, in: Der Weg 7 (1953) 11, S. 753–756.
SCHWARZENBORN, FELIX: „Ich bezeuge", in: Der Weg 7 (1953) 11, S. 777–781.
SCHWARZENBORN, FELIX: „Antijudaismus" in Sowjetrussland?, in: Der Weg 7 (1953) 12, S. 850–854.
FITZSTUART, G.: Wie der amerikanische Sieg in Korea verspielt wurde, in: Der Weg 7 (1953) 12, S. 859–862.
LEERS, JOHANN VON: Sin hogar [Heimatlos], in: Dinámica Social 3 (1953) 36 (August), S. 12 f.
LEERS, JOHANN VON: El futuro de Alemania. Satélite de EEUU? Piemonte alemán o nueva Suiza?, in: Dinámica Social 4 (1953) 38 (Oktober), S. 27 f.
LEERS, J[OHANN] VON: Alemania en el torniquete, in: Dinámica Social 4 (1953) 40 (Dezember), S. 21 f.
LEERS, JOHANN VON (BUENOS AIRES): Der Verrat des 9. November 1918, in: Der Weg 8 (1954) 1, S. 7–14.
SCHWARZENBORN, FELIX (KAIRO): Landräuber am Jordan, in: Der Weg 8 (1954) 1, S. 43–47.
FITZSTUART, GORDON (NEW YORK): Sie werden erschossen!, in: Der Weg 8 (1954) 1, S. 48–55.
LEERS, JOHANN VON (BUENOS AIRES): Versailles 1919, in: Der Weg 8 (1954) 2, S. 97–103.
FITZSTUART, GORDON (NEW YORK): Schwarze Handlanger für roten Mord, in: Der Weg 8 (1954) 2, S. 125–129.
LEERS, JOHANN VON (BUENOS AIRES): Die Zeit der Freikorps, in: Der Weg 8 (1954) 3, S. 174–180.
FITZSTUART, GORDON (NEW YORK): Morgen früh werden sie abgeholt und umgelegt!, in: Der Weg 8 (1954) 3, S. 211–213.
FITZSTUART, GORDON (NEW YORK): Aufforderung zum Verrat, in: Der Weg 8 (1954) 3, S. 213–215.
LEERS, JOHANN VON (BUENOS AIRES): Rechtsempfinden und Sittlichkeit des germanischen Menschen, in: Der Weg 8 (1954) 4, S. 253–258.
FITZSTUART, GORDON (NEW YORK): In der Wurzel verfault, in: Der Weg 8 (1954) 4, S. 288–292.
LEERS, JOHANN VON (BUENOS AIRES): Die innere Krise in der evangelischen Kirche Deutschlands, in: Der Weg 8 (1954) 5/6, S. 373–377.
FITZSTUART, GORDON (NEW YORK): Lauter Unbegreiflichkeiten, in: Der Weg 8 (1954) 5/6, S. 411–416.
SCHWARZENBORN, FELIX (KAIRO): Mister Sheldon ärgert sich, in: Der Weg 8 (1954) 5/6, S. 421 f.
LEERS, JOHANN VON (BUENOS AIRES): Die Forschungen des Herman Wirth, in: Der Weg 8 (1954) 7, S. 465–469.
LEERS, JOHANN VON (BUENOS AIRES): „Seid Deutsche und lest Lagarde", in: Der Weg 8 (1954) 8, S. 539–544.
LEERS, JOHANN VON (BUENOS AIRES): Zum Fall Otto John, in: Der Weg 8 (1954) 9, S. 619–626.
LEERS, JOHANN VON (BUENOS AIRES): Der Rechtsstaat als Maske, in: Der Weg 8 (1954) 10, S. 695–698.
FITZSTUART, GORDON (NEW YORK): Ein Geheimbericht des American Jewish Committee, in: Der Weg 8 (1954) 10, S. 711–715.
LEERS, JOHANN VON (BUENOS AIRES): Deutsch ist die Saar, in: Der Weg 8 (1954) 11, S. 751–756.
H. E.: Noch einmal warnt Spengler, in: Der Weg 8 (1954) 11, S. 785 f.
SCHWARZENBORN, FELIX (KAIRO): Der Fluch eines Tributs, in: Der Weg 8 (1954) 11, S. 791–794.
FITZSTUART, GORDON (NEW YORK): Ein Programm für die Juden, in: Der Weg 8 (1954) 11, S. 795 f.
OBBERGEN, PAULUS VON: Vom Reichstagsbrand zum Untergang des Reiches, in: Der Weg 8 (1954) 12, S. 851–858.
SCHWARZENBORN, FELIX (KAIRO): Die Affäre Dides, in: Der Weg 8 (1954) 12, S. 877 f.
EULER, HANS (BUENOS AIRES): Der Niedergang des französischen Bauerntums, in: Der Weg 9 (1955) 1, S. 39–43.

FITZSTUART, GORDON (NEW YORK): Gangsterherrschaft droht!, in: Der Weg 9 (1955) 1, S. 51–54.
FITZSTUART, GORDON (NEW YORK): Der Westen fault, in: Der Weg 9 (1955) 2, S. 113–116.
LEERS, JOHANN VON (BUENOS AIRES): De Gasperi doch ein Lump, in: Der Weg 9 (1955) 3, S. 195–196.
LEERS, JOHANN VON (BUENOS AIRES): Das Großdeutsche Reich, in: Der Weg 9 (1955) 4, S. 219–222.
EULER, HANS (BUENOS AIRES): Deutsch-ungarische Schicksalsgemeinschaft, in: Der Weg 9 (1955) 4, S. 243–248.
SCHWARZENBORN, FELIX (KAIRO): Folterknechte aus Luxemburg, in: Der Weg 9 (1955) 5, S. 325–330.
LEERS, JOHANN VON (BUENOS AIRES): Monsieur Pierre Poujade, in: Der Weg 9 (1955) 6, S. 403–406.
LEERS, JOHANN VON (BUENOS AIRES): Reich und Sonnenordnung, in: Der Weg 9 (1955) 9, S. 555–558.
EULER, HANS (BUENOS AIRES): Ein kerndeutsches Land, in: Der Weg 9 (1955) 9, S. 569–576.
LEERS, JOHANN VON (BUENOS AIRES): Die grünen Banner der Freiheit, in: Der Weg 9 (1955) 10, S. 633–640.
FITZSTUART, GORDON (NEW YORK): Alarm in Mexiko, in: Der Weg 9 (1955) 10, S. 663–665.
LEERS, JOHANN VON (BUENOS AIRES): Volk und Staat, in: Der Weg 9 (1955) 11, S. 687–692.
LEERS, JOHANN VON (BUENOS AIRES): Gott gebe dem Heil, der bei mir kämpft (Ulrich von Hutten), in: Der Weg 9 (1955) 12, S. 748–754.
FITZSTUART, GORDON (NEW YORK): Trotzki wurde Zionist, in: Der Weg 9 (1955) 12, S. 787 f.
LEERS, JOHANN VON (BUENOS AIRES): Geschichte des Deutschen Volkes, deutsch gesehen, in: Der Weg 10 (1956) 1, S. 29–36 [Beginn einer achtteiligen Serie].
FITZSTUART, GORDON (NEW YORK): Jedes Atom eine Bastion der Fremden, in: Der Weg 10 (1956) 1, S. 37–40.
FITZSTUART, GORDON (NEW YORK): Die Rabbiner stehen links, in: Der Weg 10 (1956) 3, S. 173 f.
LEERS, JOHANN V[ON] (VINCENTE LOPEZ): Die Forschungen von Herman Wirth, in: Europa-Korrespondenz Nr. 14/1956 (März), S. 8–10.
FITZSTUART, GORDON (NEW YORK): Ab in die Schlangengrube nach Alaska, in: Der Weg 10 (1956) 4, S. 235–239.
SCHWARZENBORN, FELIX: Wahrheit in Ketten, in: Der Weg 10 (1956) 5, S. 297–301.
LEERS, JOHANN VON: Hochstaudamm von Assuan, Suezkanal und ägyptische Landnot, in: Europa-Korrespondenz Nr. 19/1956 (Juli), S. 4–8.
DR. V. L.: An die Adresse von Herrn Marx. Wofür bezahlt das deutsche Volk?, in: Die Anklage 4 (1956) 11 vom 01.06.1956.
LEERS, JOHANN VON: Ein neues Weltzeitalter, in: Der Weg 10 (1956) 7/8, S. 429–434.
SCHWARZENBORN, FELIX (KAIRO): Shatta, in: Der Weg 10 (1956) 9, S. 544–546.
LEERS, JOHANN VON: Wir sind nicht gemeint, in: Der Weg 10 (1956) 9, S. 547–550.
LEERS, JOHANN VON (KAIRO): Soll das vergessen sein?, in: Der Weg 10 (1956) 10, S. 599–603.
LEERS, JOHANN VON (KAIRO): Einer wird es sein, in: Der Weg 10 (1956) 11/12, S. 636–638.
EULER, HANS: Uralte Moscheen erzählen, in: Der Weg 10 (1956) 11/12, S. 711–716.
LEERS, JOHANN VON: Vorwort, in: MOAWAD, A. (HRSG.): Frieden im Orient, Kairo 1956, S. 5–9.
LEERS, J[OHANN] VON: Apuntes sobre Egipto [Anmerkungen über Ägypten], in: Dinámica Social 6 (1956) 68 (Mai), S. 11.
LEERS, JOHANN V[ON]: Ein neuer Weltkrieg steht bevor, in: Die Anklage 19–20/1956.
LEERS, J[OHANN] V[ON]: Muss man am deutschen Volk verzweifeln?, in: Nordische Rundschau 1 (1956) 1, S. 2 f.
LEERS, [JOHANN] VON: Einer wird es sein, in: Nordische Rundschau 1 (1956) 2, S. 1 f.
LEERS, JOHANN V[ON]: Israels Eroberungspläne gefährden den Weltfrieden, in: Nordisk Kamp September-Dezember 1956, S. 5 f.
LEERS, JOHANN VON (KAIRO): Das blies ihnen der Teufel ein!, in: Der Weg 11 (1957) 3, S. 173–178.
WIETHOLD, FELIX (BAGDAD): Rätselhafte Drusen, in: Der Weg 11 (1957) 4, S. 250–254.

EULER, HANS (MAEDI): Ein Reichsverräter bekennt, in: Der Weg 11 (1957) 4, S. 255–258.
DR. L[EERS], [JOHANN] V[ON]: Verständnis und Güte: Ein wahrer Freund der Deutschen, in: Die Anklage 5 (1957) April/Mai, S. 9 f.
L[EERS], [JOHANN] V[ON]: Den Zeitungen entnommen. Israels Kriegsverbrechen und Verbrechen gegen die Menschlichkeit, in: Die Anklage 5 (1957) April/Mai, S. 6.
LEERS, JOHANN VON (KAIRO): Lösungsvorschlag für das Nahost-Problem, in: Der Weg 11 (1957) 5/6, S. 391–393.
LEERS, JOHANN VON (KAIRO): Theodor Fritsch, der alte Waffenmeister, in: Der Weg 11 (1957) 9, S. 592–598.
OBBERGEN, PAULUS VON: Die gefälschten Göbbels-Tagebücher, in: Der Weg 11 (1957) 9, S. 631–634.
SCHWARZENBORN, FELIX: Stalin lebt im Westen, in: Der Weg 11 (1957) 9, S. 638–640.
EULER, HANS: Über das Vaterland, in: Der Weg 11 (1957) 10, S. 667–670.
LEERS, JOHANN VON (KAIRO): So klopft das Schicksal an die Pforte, in: Der Weg 11 (1957) 10, S. 695–698.
MALEK, A (= VON LEERS).: Nazis und Kommis in Kairo, in: Der Weg 11 (1957) 10, S. 701–706.
JENSEN, KAI: Erobererstaat Israel, in: Der Weg 11 (1957) 10, S. 707–710.
JENSEN, KAI: SS-Treffpunkt Kairo – eine dicke Ente!, in: Die Brücke (Auslandsdienst) 4 (1957), 18/19 vom 01. bzw. 15.10.1957.
LEERS, JOHANN VON: Einer wird es sein, in: Die Plattform. Völkische Monatsschrift Österreichs für Einigkeit, Recht und Freiheit 6 (1957) April, S. 1 f.
LEERS, JOHANN VON: Muss man am deutschen Volk verzweifeln?, in: Die Plattform. Völkische Monatsschrift Österreichs für Einigkeit, Recht und Freiheit 6 (1957) Juni, S. 1.
LEERS, JOHANN VON: Ein islamischer Prophet, in: Volkswarte 2 (1958) 22 vom 30.05.1958.
L[EERS, JOHANN VON]: Toleranz, in: Der Quell 10 (1958) 11 vom 09.06.1958, S. 525 f.
LEERS, JOHANN VON: Ein Kapitel Vergebung. Über die Literatur des Morgenlandes, in: Volkswarte 2 (1958) 25 vom 20.06.1958.
LEERS, JOHANN VON: Rauschgiftkrieg im Libanon, in: Volkswarte 2 (1958) 26 vom 27.06.1958.
LEERS, JOHANN VON: Charles de Gaulle und das Weltjudentum, in: Volkswarte 2 (1958) 30 vom 25.07.1958.
LEERS, JOHANN VON: Eine Beleidigung Japans – unerhörte Beschimpfung toter japanischer Kameraden, in: Europa-Korrespondenz Nr. 42/1958 (Juli).
WIETHOLDT, FELIX: Wie kommunistisch ist Israel, in: Der Quell 10 (1958) 15 vom 09.08.1958, S. 690–695.
LEERS, JOHANN VON: Theologische Nöte um Khirbet Qumran. Verlorener Anspruch einer orientalischen Kleinreligion, in: Volkswarte 2 (1958) 33 vom 15.08.1958.
O. V.: Arabischer, islamischer Nationalismus, in: Nationalpolitisches Forum 7 (1958) 8, S. 16–19.
LEERS, JOHANN VON: Weltaufstand der Hochkulturvölker, in: Volkswarte 2 (1958) 36 vom 05.09.1958.
LEERS, J[OHANN] V[ON]: Warum wird bei den KZ-Prozessen der Hauptschuldige vergessen?, in: Europa-Korrespondenz Nr. 44/1958 (September), S. 7 f.
LEERS, JOHANNES VON: La Décadence de l'Europe, in: L'Europe Réelle, September 1958.
O. V.: Al-Azhar. Das geistige Zentrum des Islam, in: Nationalpolitisches Forum 7 (1958) 9, S. 16–18.
LEERS, OMAR AMIN VON: Arabisk, muhamedansk nasjonalisme, in: Folk og Land 7 (1958) 34 vom 01.11.1958.
Die Fortsetzung finden sich unter der Überschrift „Øst- og Syd–Arabia" im Jahrgang 1958 in den Ausgabe Nr. 36 vom 15.11.1958 (Teil II), Nr. 37 vom 22.11.1958 (Teil III), Nr. 38 vom 29.11.1958 (Teil IV), Nr. 39 vom 06.12.1958 (Teil V) und Nr. 40 vom 13.12.1958 (Teil VI) sowie im Jahrgang 8 (1959) in Ausgabe 2 vom 17.01.1959 (Teil VII).
OMAR (= VON LEERS): Kairobrev til Folk og Land, in: Folk og Land 7 (1958) 35 vom 08.11.1958.
LEERS, JOHANN VON: Aus des Sachsenherzog Wittekinds Tagen, in: Volkswarte 2 (1958) 49 vom 05.12.1958.

Leers, J[ohann] v[on] (Kairo): Israel setzt zum Dritten Weltkrieg an!, in: Europa-Korrespondenz Nr. 47/1958 (Dezember), S. 4 f.
Wietholdt, Felix: Russland und Deutschland, in: Der Quell 11 (1959) 1 vom 09.01.1959, S. 7–14.
Leers, Omar Amin von: Nasser legger en provins til landet i fred, in: Folk og Land 8 (1959) 3 vom 24.01.1959.
Leers, Omar Amin von: Araberne og Palestina, in: Folk og Land 8 (1959) 5 vom 07.02.1959.
Leers, Omar Amin von (Korrespondent): Masseinnvandring til Israel fra kommunistlandene, in: Folk og Land 8 (1959) 12 vom 07.12.1959.
Leers, Omar Amin von: Revolusjon i Snelandet, in: Folk og Land 8 (1959) 13 vom 11.04.1959.
Leers, Omar Amin von: Bakgrunnen for kommunismen i Irak, in: Folk og Land 8 (1959) 15 vom 25.04.1959.
Leers, Omar Amin von: Hvorfor er verdenspressen så taus om Irak?, in: Folk og Land 8 (1959) 17 vom 16.05.1959.
Leers, Omar Amin von: Israel G Suezkanalen, in: Folk og Land 8 (1959) 22 vom 11.07.1959.
Leers, Omar Amin von: Litt om Esaus gamle land, in: Folk og Land 8 (1959) 28 vom 26.09.1959.
Leers, Omar Amin von (Korrespondent): Truer det med et nytt Suez-overfall?, in: Folk og Land 8 (1959) 37 vom 28.11.1959.
Leers, Omar Amin von (Korrespondent): Krustsjov understøtter. Nasser i Suez-kanalspørsmålet, in: Folk og Land 8 (1959) 39 vom 12.12.1959.
Leers, Omar Amin von: Frankrikes forbrytelser i Algerie, in: Folk og Land 9 (1960) 10 vom 12.03.1960.
Leers, Omar Amin von: Slutten på demokratiet y Tirkia?, in: Folk og Land 9 (1960) 22 vom 23.07.1960.
Leers, Omar Amin von: Shahen av Iran foran sitt fall?, in: Folk og Land 9 (1960) 27 vom 10.09.1960.
Leers, Omar Amin von: Na er sor – Afrika – Sambandet Godt A Ha, in: Folk og Land 9 (1960) 29 vom 24.09.1960.
Leers, Omar Amin von: Kampen om oljen, in: Folk og Land 9 (1960) 34 vom 29.10.1960
Leers, Omar Amin von: Bakgrunnen for oppstanden i Etiopia, in: Folk og Land 10 (1961) 2 vom 14.01.1961.

11.2.2.3 Übersetzungen ins Deutsche

Ismail, Ibrahim Muhammad: Der Islam und die heutigen Wirtschaftstheorien (Oberster Rat für Islamische Angelegenheiten, Reihe Studien über den Islam, durchgesehen und revidiert von Ezz El-Din Ismail; übersetzt von Omar Amin von Leers, Kairo o. J. [um1960].
Ed Din El Fandy, Muhammad Jamal: Kosmische Verse im Quran, Kairo o. J. [um 1960], hrsg. vom Obersten Rat für Islamische Angelegenheiten unter dem Namen von Prof. Dr. Omar Amin.
Scheich Muhammad Abu Zahra: Begriff des Krieges in Islam. Aus dem Arabischen übersetzt von Omar Amin von Leers (Oberster Rat für Islamische Angelegenheiten, Studien über den Islam), Kairo o. J.
Nofal, Abd el-Razzak: Al sakah. Die Armen-Steuer. Übersetzung aus dem Arabischen von Omar Amin von Leers (Oberster Rat für Islamische Angelegenheiten), Kairo 1993.
Ghali, Mohamad M.: Al ssalah. Das Gebet, Übersetzung aus dem Arabischen von Omar Amin von Leers (Oberster Rat für Islamische Angelegenheiten), Kairo 1993.
El-Kholi, El-Bahay: Al ssijam. Das Fasten. Übersetzung aus dem Arabischen von Omar Amin von Leers (Oberster Rat für Islamische Angelegenheiten), Kairo 1993.
El-Kholi, El-Bahay: Al Hadj und al Omra. Die Pilgerfahrt und die kleine Pilgerfahrt. Übersetzung aus dem Arabischen von Omar Amin von Leers (Oberster Rat für Islamische Angelegenheiten), Kairo 1993.

11.3 Private Unterlagen und Auskünfte

Gaston Amaudruz (†), Lausanne
Antiquariat Inlibris, Wien
Antiquariat Niedersätz, Berlin
Mauro Cerutti, Genf
Kevin Coogan (†), New York
Prof. Dr. Bernward Dörner, Berlin
Armin Eisele, Seelbach
Dr. René Fakoussa, Bonn
Dr. Eckhard Fascher, Göttingen
Dr. Sigfrid Gauch, Mainz
Prof. Dr. Horst Gies, Berlin
Dr. Michael Hagemeister, Bochum
Anton Kammerl, Gröbenzell
Dieter Kersten, Berlin
Vagner Kristensen (†), Rastatt
Ernst Klee (†), Frankfurt am Main
Prof. Arno Klönne (†), Paderborn
Christoph Knüppel, Herford
Prof. Dr. Paul Kunitzsch (†), München
Susan Lambrecht, Waren
Gesine von Leers (†), Berlin
Anton Maegerle
Familie de Mahieu, Buenos Aires
Hassan Ingo Schmiede, Köln
Dr. Bettina Stangneth, Hamburg
Hanno von Wackerbarth, Rethen
Dr. Ingo Wiwjorra, Nürnberg

11.4 Nachschlagewerke, Editionen und Quellensammlungen

Adressbuch der Stadt Bad Godesberg, Ausgabe 1951, Bad Godesberg 1951.
Akten zur Auswärtigen Politik der Bundesrepublik Deutschland 1952, hrsg. im Auftrag des Auswärtigen Amtes vom Institut für Zeitgeschichte, München 2000.
AUSWÄRTIGES AMT (HRSG.): Biographisches Handbuch des deutschen Auswärtigen Dienstes 1871–1945 (Bd. 2), Paderborn 2005.
Central Registry of War Criminals and Security Suspects Corporation: Wanted list, Teil 1: A–L, Paris 1945.
BARTHEL, LUDWIG FRIEDRICH (HRSG.): Rudolf G. Binding. Die Briefe, Hamburg 1957.
BENZ, WOLFGANG (HRSG.): Handbuch des Antisemitismus. Judenfeindschaft in Geschichte und Gegenwart (Bd. 1 bis 8), Berlin/Boston 2009–2015.
BOBERACH, HEINZ (HRSG.): Meldungen aus dem Reich. Die geheimen Lageberichte des Sicherheitsdienstes der SS 1938–1945 (Band 1–17), Herrsching 1984.
BOHRMANN, HANS/TOEPSER-ZIEGERT, GABRIELE (HRSG.): NS-Presseanweisungen der Vorkriegszeit. Edition und Dokumentation (Bd. 1–7), München 1984–2001.
BUDDRUS, MICHAEL/FRITZLAR, SIGRID (HRSG.): Die Professoren der Universität Rostock im Dritten Reich. Ein biografisches Lexikon (Texte und Materialien zur Zeitgeschichte, Bd. 16), München 2007.

DAS DEUTSCHE FÜHRERLEXIKON 1934/35, Berlin 1934.
DEGENER, HERRMANN A.L. (HRSG.): Degeners „Wer ist's" (X. Ausgabe), Berlin 1935.
Die Verfolgung und Ermordung der europäischen Juden durch das nationalsozialistische Deutschland 1933–1945. Deutsches Reich 1933–1937 (Bd. 1), München 2008.
DOKUMENTE ZUM ZWEITEN WELTKRIEG. Alliierte Kriegsverbrechen und Verbrechen gegen die Menschlichkeit, Buenos Aires 1953.
FRICKE, DIETER U. A. (HRSG.): Lexikon zur Parteiengeschichte. Die bürgerlichen und kleinbürgerlichen Parteien und Verbände in Deutschland (1789–1945), Bd. 1–3, Leipzig 1985.
GÖPPINGER, HORST: Juristen jüdischer Abstammung im „Dritten Reich", München ²1990.
GRUBER, HUBERT: Katholische Kirche und Nationalsozialismus 1930–1945. Ein Bericht in Quellen, Paderborn 2006, S. 489–494.
GRÜTTNER, MICHAEL: Biographisches Lexikon zur nationalsozialistischen Wissenschaftspolitik, Heidelberg 2004.
HEHL, ULRICH VON (HRSG.): Priester unter Hitlers Terror. Eine biographische und statistische Erhebung (Veröffentlichungen der Kommission für Zeitgeschichte, Reihe A: Quellen, Bd. 37), Paderborn ³1996.
HÖPP, GERHARD: Texte aus der Fremde. Arabische politische Publizistik in Deutschland, 1896–1945. Eine Bibliographie (Zentrum Moderner Orient, Arbeitshefte 18), Berlin 2000.
HÖPP, GERHARD (HRSG.): Mufti-Papiere. Briefe, Memoranden, Reden und Aufrufe Amîn El-Husainîs aus dem Exil, 1940–1945 (Zentrum Moderner Orient, Studien 16), Berlin 2001.
HUFENREUTER, GREGOR/KNÜPPEL, CHRISTOPH (HRSG.): Wilhelm Schwaner – Walther Rathenau. Eine Freundschaft im Widerspruch. Der Briefwechsel 1913–1922 (Neue Beiträge zur Geistesgeschichte, Bd. 10), Berlin 2008.
ISPHORDING, BERND/KEIPER, GERHARD/KRÖGER, MARTIN (BEARB.): Biographisches Handbuch des deutschen Auswärtigen Dienstes 1871–1945 (Bd. 4: S), Paderborn 2012.
JOHN, JÜRGEN/WALTHER, HELMUT G. (HRSG.): Wege der Wissenschaft im Nationalsozialismus. Dokumente zur Universität Jena 1933–1945 (Quellen und Beiträge zur Geschichte der Universität Jena, Bd. 7), Stuttgart 2007.
KIESEL, HELMUTH (HRSG.): Ernst Jünger – Carl Schmitt. Briefe 1930–1983, Stuttgart 1999.
KLEE, ERNST: Das Personenlexikon zum Dritten Reich, Frankfurt am Main 2007 (EA 2003).
KOERNER, BERNHARD (HRSG.): Genealogisches Handbuch Bürgerlicher Familien. Ein deutsches Geschlechterbuch (Bd. 17), Görlitz 1910.
KOMMISSION FÜR GESCHICHTE DES PARLAMENTARISMUS UND DER POLITISCHEN PARTEIEN (HRSG.): Der Auswärtige Ausschuss des Deutschen Bundestages Sitzungsprotokolle 1957–1961, Bonn 2003, CD-ROM-Supplement.
LANGE, HANS-JÜRGEN: Weisthor. Karl-Maria Wiligut – Himmlers Rasputin und seine Erben, Engerda 1998.
LEHNERT, ERIK (HRSG.): Armin Mohler. Lieber Chef ... Briefe an Ernst Jünger 1947–1961, Schnellroda 2016.
LENZ, WILHELM (HRSG.): Deutschbaltisches biografisches Lexikon 1710–1960, Köln 1970.
LÜDTKE, GERHARD (HRSG.): Kürschners Deutscher Gelehrtenkalender 1940/41 (2 Bd.), Berlin 1941.
MACHO, THOMAS (HRSG.): Johan Huizinga. Briefe II (1928–1945), Paderborn 2017.
MASS, LIESELOTTE: Handbuch der deutschen Exilpresse, hrsg. von Eberhard Lämmert (Bd. 4: Die Zeitungen des deutschen Exils in Europa von 1933 bis 1939 in Einzeldarstellungen), München 1990.
MOHLER, ARMIN: Die Konservative Revolution in Deutschland 1918–1932. Ein Handbuch, Graz ⁶2005.
MOHLER, ARMIN (HRSG.): Carl Schmitt – Briefwechsel mit einem seiner Schüler, Berlin 1995.
MOLL, HELMUT (HRSG.): Zeugen für Christus. Das deutsche Martyrologium des 20. Jahrhunderts, Bd. 1, Paderborn 2000.

Munzinger (Internationales Biographisches Archiv).
Neue Deutsche Biographie.
NEUHAUS, STEFAN/SCHOLZ, GERHARD/ZANOL, IRENE U. A. (HRSG.): Ernst Toller. Briefe 1915–1939 (Bd. 1), Göttingen 2017.
PIPER, ERNST: Nationalsozialistische Kunstpolitik. Ernst Barlach und die „entartete Kunst", Frankfurt am Main 1983.
STEEN, ANDREAS/LEUTNER, MECHTHILD (HRSG.): Deutsch-chinesische Beziehungen 1911 bis 1927. Vom Kolonialismus zur „Gleichberechtigung". Eine Quellensammlung, Berlin 2006.
Die Tagebücher von Joseph Goebbels (Teil I und II), München 1993–2008.
WEISS, HERMANN (HRSG.): Biographisches Lexikon zum Dritten Reich, Frankfurt am Main 2002 (EA 1998).
WILDT, MICHAEL (HRSG.): Die Judenpolitik des SD 1935–1938. Eine Dokumentation (Schriftenreihe der Vierteljahrshefte für Zeitgeschichte, Bd. 71), München 1995.
WISTRICH, ROBERT: Wer war wer im Dritten Reich? Ein biographisches Lexikon, Frankfurt am Main 1987 (EA 1983).
WOLF, WALTER: Ernst Leonhardt, in: Historisches Lexikon der Schweiz [www.hls-dhs-dss.ch/textes/d/D43422.php; eingesehen am 19.05.2016] .
WULF, JOSEPH: Literatur und Dichtung im Dritten Reich. Eine Dokumentation, Reinbek bei Hamburg1966.
WULF, JOSEPH: Presse und Funk im Dritten Reich. Eine Dokumentation, Frankfurt am Main/Berlin/Wien 1983.

11.5 Zeitgenössische Literatur, Memoiren und Selbstzeugnisse

ABUSCH, ALEXANDER: Der Deckname. Memoiren, Berlin (Ost) 1981.
AJC (Hrsg.): Bigotry in Action. Organized Anti-Semitism in the United States Today, o. O. [New York] o. J. [1963].
ARONSFELD, C.C.: Ex-Nazis in Egypt, in: The Jewish Chronicle vom 22.02.1957.
BAEUMLER, ALFRED (HRSG.): Was bedeutet Herman Wirth für die Wissenschaft?, Leipzig 1932.
BERGSVIK, ARNE: Vi er ikke forbrytere [Wir sind keine Verbrecher], Oslo 1950.
BLUNCK, HANS FRIEDRICH: Licht auf den Zügeln. Lebensbericht (Bd. 1), Mannheim 1952/53.
BLUNCK, HANS FRIEDRICH: Unwegsame Zeiten (Bd. 2), Mannheim 1952/53.
BRANDT, HEINZ: Ein Traum, der nicht entführbar ist. Mein Weg zwischen Ost und West, München 1967.
Braunbuch über Reichstagsbrand und Hitler-Terror, Basel ³1933.
BROCKDORFF, WERNER (= FRIEDRICH JARSCHEL): Flucht vor Nürnberg. Pläne und Organisation der Fluchtwege der NS-Prominenz im „Römischen Weg", München/Wels 1969.
BÜTTNER, FRITZ (= FRIEDRICH LENZ): Unser Kanzler Ollenhauer und seine Paladine, Kairo 1956.
CARLSON, JOHN R.: Araber rings um Israel, Frankfurt am Main 1953.
CHAIROFF, PATRICE (= IVAN DOMINIQUE CALZI): Dossier Néo-Nazisme, Paris 1977.
DELMER, SEFTON: Israels Geheimdienst Schin Beth, in: CHURCHILL, RANDOLPH S./CHURCHILL, WINSTON S.: Und siegten am siebenten Tag, Bern/München/Wien 1967.
Denkschrift des Hohen Arabischen Komitees für Palästina über die deutschen Wiedergutmachungen an die Juden, Kairo o.D. [um 1959].
DEVI, SAVITRI: Hart wie Kruppstahl (Ms.), Montbrison 1963.
Die „Faschistische Internationale" in Kairo. Wenn die Wellen der Weltpresse anrollen, in: DNSZ 3 (1963) vom 24.05.1963.
DIELS, RUDOLF: Die Nacht der langen Messer …, in: SPIEGEL 3 (1949) 22 vom 19.05.1949.

Dokumente der Gegenwart. Neue Veröffentlichungen und Urkunden zur Zeitgeschichte (Bd. VI), Pähl/Oberbayern 1963.

Dokumentensammlung über die Entrechtung, Ächtung und Vernichtung der Juden in Deutschland seit der Regierung Adolf Hitler, o. O. [Amsterdam] 1936.

EDMONDSON, ROBERT EDWARD: I Testify. Amazing memoir-exposure of international secret warplotting, Bend (Oregon) ²1954 [EA 1953].

Der Eichmann-Schauprozess soll die atomare Aufrüstung gegen die arabischen Länder finanzieren helfen, o. O. [Kairo] o. J. [um 1961].

ENGELBRECHTEN, J[ULIUS]-K[ARL] VON (BEARBEITER): Eine braune Armee entsteht. Die Geschichte der Berlin-Brandenburger SA, München/Berlin 1937.

FAKOUSSA, HASSAN A.: The Anglo-Egyptian Treaty of Alliance, Genf 1938.

FANPOL, PAUL: „Ungehängt!", in: Die neue Weltbühne 2 (1933) 20 vom 18.05.1933, S. 621–622.

FAUL, ERWIN: Adolf Grabowsky 80 Jahre, in: PVS 1 (1960) 2, S. 177–189.

FOWLER, R.G. (HRSG.): And Time Rolls on. The Savitri Devi Interviews, Atlanta 2005.

FRANZ, GÜNTHER: Mein Leben (Ms), o. O. 1982.

FRITSCH, EBERHARD: Manchem ein Dorn im Auge – manchem ein Pfahl im Fleische, in: Der Weg 10 (1956) 7/8, S. 397–412.

FRITZ, TOBIAS: Der Reichstagsbrand, Rastatt/Baden 1962.

GLAESER, ERNST: Jahrgang 1902, Potsdam 1928.

GLOEGE, GERHARD: Die Weltanschauung des Herman Wirths, in: KÜNNETH, WALTHER/SCHREINER, HELMUTH (HRSG.): Die Nation vor Gott. Zur Botschaft der Kirche im Dritten Reich, Berlin 1933, S. 393–421.

GRIMM, HANS: Suchen und Hoffen aus meinem Leben 1928–1934, Lippoldsberg 1960.

GÜNTHER, HANS F. K.: Mein Eindruck von Adolf Hitler, Pähl 1969.

HAMBRUCH, PAUL: Die Irrtümer und Phantasien des Herrn Prof. Dr. Herman Wirth, Marburg, Verfasser von „Der Aufgang der Menschheit" und „Was heißt deutsch?", Lübeck 1931.

HARAND, IRENE: „Sein Kampf". Antwort an Hitler, Wien 1935.

HARICH-SCHNEIDER, ETA: Charaktere und Katastrophen. Augenzeugenberichte einer reisenden Musikerin, Berlin/Frankfurt am Main/Wien 1978.

HAUSHOFER, HEINZ: Mein Leben als Agrarier. Eine Autobiographie 1924–1978, München 1982.

HELMENSDORFER, ERICH: Deutsche im Solde Nassers, in: FAZ vom 30.03.1963.

HEIDEN, KONRAD: Die Geschichte des Nationalsozialismus bis Herbst 1933, Zürich 1934.

HEIMANN, GUIDO: Die Lüge von den sechs Millionen, in: Der Weg 8 (1954) 7, S. 479–487.

HENTIG, WERNER OTTO VON: Im Auswärtigen Dienst während des Dritten Reiches, in Frankfurter Hefte 10 (1955) 4, S. 194–198.

HENTIG, WERNER OTTO VON: Mein Leben. Eine Dienstreise, Göttingen 1962.

HIELSCHER, FRIEDRICH: 50 Jahre unter Deutschen, Hamburg 1954.

H[OLLÄNDER], L[UDWIG]: Wem nützt das?, in: C.V.-Zeitung 12 (1933) 8 vom 23.02.1933, S. 57 f.

HOTZEL, CURT: Die „Neue Rechte" von Robert Fabre Luce, in: Der Türmer 29 (1926/27) Januar, S. 343 f.

H.P.G.: Deutsches Strandgut am Nil. Professor von Leers will den arabischen Nationalismus noch stärker in den Judenhass drängen, in: Vorwärts vom 30.01.1959.

HÜBNER, ARTHUR: Herman Wirth und die Ura Linda-Chronik, Berlin/Leipzig 1934.

JÜNGER, ERNST: Jahre der Okkupation, Stuttgart 1958.

KADNER, SIEGFRIED: Urheimat und Weg des Kulturmenschen (Veröffentlichung der Herman-Wirth-Gesellschaft), Jena 1931.

KANTOROWICZ, ALFRED: Juden sehen Dich an, in: Das Blaue Heft 12 (1933) 22 vom 15.06.1933, S. 696 bzw. 12 (1933) 23 vom 01.07.1933, S. 724.

LAQUEUR, WALTER Z.: Nasser's Egypt, London o. J. [1956].

LAQUEUR, WALTER Z.: Behind Egypt's Propaganda, in: ADL Bulletin Oktober 1956.

Lerner, Natan: Arab Anti-Jewish Activities in Latin-America, New York 1964.
Liga der Arabischen Staaten (Hrsg.): Israel verfolgt deutsche Wissenschaftler, Bonn 1964.
Liebelt, Leo: Dr. Adenauer und das deutsche Schicksal. Was hätte uns Bismarck heute zu sagen?, Bremen-Arsten 1962.
Lotz, Wolfgang: Fünftausend für Lotz. Der Bericht des israelischen Meisterspions Wolfgang Lotz, Frankfurt am Main 1973.
Maler, Juan: Frieden, Krieg und „Frieden", Bariloche 1987.
Mehnert, Klaus: Ein Deutscher in der Welt. Erinnerungen 1906–1981, Stuttgart 1981.
Meskil, Robert: Hitler's Heirs. Where are they now?, New York 1961.
Moawad, A[med]: Frieden im Orient, Kairo 1956.
Mund, Rudolf J.: Der Rasputin Himmlers. Die Wiligut-Saga, Wien 1982.
Naziführer sehen dich an. 33 Biographien aus dem Dritten Reich, Paris 1934.
Niekisch, Ernst: Das Reich der niederen Dämonen, Hamburg 1953.
Niekisch, Ernst: Gewagtes Leben. Begegnungen und Begebnisse, Köln/Berlin 1958.
Nowojski, Walter (Hrsg.): Victor Klemperer. Tagebücher 1933–1945, Berlin ²1999.
Oven, Wilfred von: Ein „Nazi" in Argentinien, Duisburg ²1999.
Pearlman, Moshe: The Capture of Adolf Eichmann, London 1961.
Preliminary Report on Neo-Fascist and Hate Groups, Washington, D.C. 1954.
Putlitz, Wolfgang Gans Edler Herr zu: Unterwegs nach Deutschland. Erinnerungen eines ehemaligen Diplomaten, Berlin (Ost) ⁴1957.
Rahm, Hans-Georg: „Der Angriff" 1927–1930. Der nationalsozialistische Typ der Kampfzeitung (Diss. phil.), Berlin 1939.
Rassinier, Paul: Das Drama der Juden Europas. Eine technische Studie, Hannover 1965.
Reichmann, Eva: Die Flucht in den Hass, Frankfurt am Main 1956.
Reinhard, Severin (= René Sonderegger): Spanischer Sommer, Affoltem 1948.
R.E.M.: Juden sehen Dich an, in: Das Blaue Heft 12 (1933) 23 vom 01.07.1933, S. 724.
Riemeck, Renate: Ich bin ein Mensch für mich. Aus einem unbequemen Leben, Stuttgart 1992.
Riess, Curt: Sensationelles aus Österreich, in: Süddeutsche Zeitung vom 23.09.1949.
Rogge, John O.: The Official German Report. Nazi Penetration 1924–1942. Pan-Arabism 1939–Today, New York/London 1961.
Rudel, Hans-Ulrich: Trotzdem, Buenos Aires 1949.
Rudel, Hans-Ulrich: Aus Krieg und Frieden, Buenos Aires 1953.
Rudel, Hans-Ulrich: Zwischen Deutschland und Argentinien. Fünf Jahre in Übersee, Göttingen o. J. [1954].
Rühle, Gerd: Kurmark. Die Geschichte eines Gaues, Berlin 1934.
Ryschkowsky, [Nikolaus]: Eine Welt – oder keine? Anmerkungen zur „Neuen Weltordnung", in: wir selbst (1996) 3–4, S. 30–33.
Scheidl, Franz-Josef: Israel. Traum und Wirklichkeit, München 1959.
Scheinpflug, F. (= Remarque): Nacht an der Front, in: Der Angriff vom 06.05.1931.
Schirach, Baldur von: Die Pioniere des Dritten Reiches, Essen o. J. [1933].
Schreiber, Otto Andreas: Bekenntnis der Jugend zur deutschen Kunst, in: Deutsche Allgemeine Zeitung vom 10.07.1933.
Schröder, Edgar: SA- und SS-Appell der Gruppe Berlin-Brandenburg und der Gruppe Ost in Berlin, Berlin 1933.
Schüddekopf, Ernst Otto: Linke Leute von rechts. Die nationalrevolutionären Minderheiten und der Kommunismus in der Weimarer Republik, Stuttgart 1960.
Sedar, Irving/Greenberg, Harold J.: Behind the Egyptian Sphinx. Nasser's Strange Bedfellows. Prelude to World War III? Philadelphia/New York 1960.
Sobański, Antoni Graf: Nachrichten aus Berlin 1933–1936, Berlin 2007.
St. John, Robert: The Boss, New York 1960.

STEVENSON, WILLIAM: The Borman Brotherhood, New York 1973.
STRASSER, OTTO: Der Aufbau des deutschen Sozialismus, Leipzig 1932.
STRASSER, OTTO: Mein Kampf. Eine politische Autobiografie, Frankfurt am Main 1969.
Sturm 33. Hans Maikowski. Geschrieben von Kameraden des Toten, Berlin o. J. [1934, ⁵1937].
TATARIN-TARNHEYDEN, E[DGAR]: Der Einfluss des Judentums in Staatsrecht und Staatslehre, in: Das Judentum in der Rechtswissenschaft (Bd. 5), Berlin 1938, S. 5–35.
THOMPSON, FRANKLIN: America's Ju-Deal, New York 1935.
TOLLER, ERNST: Rede auf dem Penklub-Kongress, in: Die neue Weltbühne 2 (1933) 24 vom 15.06.1933, S. 741–744.
TORBERG, FRIEDRICH: Ruhestörung in Ragusa, in: Die neue Weltbühne 2 (1933) 24 vom 15.06.1933, S. 744–747.
URBAN, RUDOLF: Eine dritte Konfession? (Der Kampf-Bund, H. 14), Gütersloh 1934.
VASMER, MAX: Germanisches und Ungermanisches bei den Südslaven, in: Zeitschrift für Slavische Philologie 13 (1936), S. 329–337.
V[ESPER], W[ILL]: Unsere Meinung, in: Die neue Literatur 34 (1933) Juni, S. 365 f.
VOLLMER, DIETER: Bilanz vom Empfangen und Geben, von eigenem Tun und Erleben, Schleswig 1991/93.
WIEGERS, FRITZ: Herman Wirth und die deutsche Wissenschaft, München 1932.
WIESENTHAL, SIMON: Recht, nicht Rache. Erinnerungen, Frankfurt am Main/Berlin ⁶1989.
WIESER, MAX: Aufbruch des Nordens. Einführung in die Forschungen Professor Herman Wirths, Berlin 1933.
WILLIAMS, ROBERT H.: The Anti-Defamation League and its use in the World Communist Offensive, Hollywood (Kalifornien) 1947.
WILLRICH, WOLFGANG: Bauerntum als Heger deutschen Blutes. Mit einem Geleitwort von Reichsbauernführer Darré, Goslar 1935.
WILLRICH, WOLFGANG: Kunst und Volksgesundheit (Schriftenreihe des Reichsausschusses für Volksgesundheitsdienst, Heft 7), Berlin 1935.
WILLRICH, WOLFGANG: Säuberung des Kunsttempels. Eine kunstpolitische Kampfschrift zur Gesundung deutscher Kunst im Geiste nordischer Art, München/Berlin 1937.
WIMMER-LAMQUET, FRANZ: Balkenkreuz und Halbmond. Als Abwehroffizier in Afrika und im Vorderen Orient, Graz 2005.
WIRTH, HERMAN: Was heißt deutsch? Ein urgeistesgeschichtlicher Rückblick zur Selbstbesinnung und Selbstbestimmung (Veröffentlichung der Herman-Wirth-Gesellschaft), Jena 1931.
WIRTH, HERMAN: Die Heilige Urschrift der Menschheit. Symbolgeschichtliche Untersuchungen diesseits und jenseits des Nordatlantik (Band I: Text, Band II: Bilderatlas), Leipzig 1931–1936.
WIRTH, HERMAN: Um die wissenschaftliche Erkenntnis und den nordischen Gedanken, Berlin o. J. [1932].
WIRTH, HERMAN: Die Ura Linda Chronik, Leipzig 1933.
WIRTH, HERMAN: Die urreligionsgeschichtliche Gemeinschaftsgrundlage von Europa und Ägypten (Teil II), in: Europa-Korrespondenz Nr. 19/1956 (Juli), S. 11 f.
WIRTH, HERMAN: Um den Ursinn des Menschseins. Die Werdung einer neuen Geisteswissenschaft, Wien 1960.
WISSELL, RUDOLF: Aus meinen Lebensjahren. Mit einem Dokumenten-Anhang herausgegeben von Ernst Schraepler, Berlin 1983.
ZIEGLER, WILHELM: Die Judenfrage in der modernen Welt (Schriftenreihe der Deutschen Hochschule für Politik, Reihe „Idee und Gestalt des Nationalsozialismus", H. 27), Berlin 1937.
ZIERER, OTTO: Mein Abenteuer, zu schreiben, München 1981.

11.6 Sekundärliteratur

ACKERMANN, JOSEF: Heinrich Himmler als Ideologe, Göttingen 1970.
ADAM, UWE DIETRICH: Judenpolitik im Dritten Reich, Düsseldorf 1979 (EA 1972).
AHRENS, RÜDIGER: Bündische Jugend. Eine neue Geschichte 1918–1933, Göttingen 2015.
AMM, BETTINA: Die Ludendorff-Bewegung. Zwischen nationalistischem Kampfbund und völkischer Weltanschauungssekte, Hamburg 2006.
Antisemitismus in der arabischen Welt. Ein Streitgespräch zwischen Jochen Müller, Omar Kamil und Walid Abd El Gawad, Leipzig 2008.
BÄRSCH, CLAUS-E.: Der Jude als Antichrist in der NS-Ideologie, in: ZRGG 47 (1995) 2, S. 160–188.
BAILER-GALANDA, BRIGITTE/BENZ, WOLFGANG/NEUGEBAUER, WOLFGANG (HRSG.): Wahrheit und „Auschwitzlüge". Zur Bekämpfung „revisionistischer" Propaganda, Wien 1995.
BAJOHR, FRANK: Neuere Täterforschung, Version 1.0, in: Docupedia-Zeitgeschichte, 18.6.2013.
BALDOW, BEATE: Episode oder Gefahr? Die Naumann-Affäre (Diss. phil.), Berlin 2012.
BARBIAN, JAN-PIETER: Literaturpolitik im „Dritten Reich". Institutionen, Kompetenzen, Betätigungsfelder, München 1995.
BARTIKOWSKI, KILIAN: Der italienische Antisemitismus im Urteil des Nationalsozialismus 1933–1943, Berlin 2013.
BAUERKÄMPER, ARND: Die „radikale Rechte" in Großbritannien. Nationalistische, antisemitische und faschistische Bewegungen vom späten 19. Jahrhundert bis 1945 (Kritische Studien zur Geschichtswissenschaft, Bd. 95), Göttingen 1991.
BAYRAKTAR, HATICE: Türkische Karikaturen über Juden (1933–1945), in: Jahrbuch für Antisemitismusforschung 13 (2004), S. 85–110.
BECKER, ULRIKE: Die deutsche Militärberatergruppe in Ägypten 1951–1958, in: CÜPPERS, MARTIN/ MATTHÄUS, JÜRGEN/ANGRICK, ANDREJ (HRSG.): Naziverbrechen. Täter, Taten, Bewältigungsversuche (Veröffentlichungen der Forschungsstelle Ludwigsburg der Universität Stuttgart, Bd. 25), Wiesbaden 2013, S. 335–349.
BEHRINGER, WOLFGANG: Bauern-Franz und Rassen-Günther. Die politische Geschichte des Agrarhistorikers Günther Franz (1902–1992), in: SCHULZE, WINFRIED/OEXLE, OTTO GERHARD (HRSG.): Deutsche Historiker im Nationalsozialismus, Frankfurt am Main 1999, S. 114–141.
BEIN, ALEXANDER: „Der jüdische Parasit". Bemerkungen zur Semantik der Judenfrage, in: VfZ 13 (1965), S. 121–149.
BENZ, WOLFGANG: Die Protokolle der Weisen von Zion. Die Legende von der jüdischen Weltverschwörung, München 2007.
BENZ, WOLFGANG: „Der ewige Jude". Metaphern und Methoden nationalsozialistischer Propaganda (Dokumente, Texte, Materialien: Veröffentlichungen vom Zentrum für Antisemitismusforschung der Technischen Universität Berlin, Bd. 75), Berlin 2010.
BERG, MATTHIAS: Karl Alexander von Müller. Historiker für den Nationalsozialismus, Göttingen 2014.
BERG, RAINER MICHAEL: Kurt Tucholskys „Deutschland, Deutschland über alles" im Spiegel der Presse der Weimarer Republik. Ein Beitrag zur Rezeptionsgeschichte eines kontroversen „Bilderbuches" (Diss. phil.), Frankfurt am Main 2008.
BERGGÖTZ, SVEN OLAF: Nahostpolitik in der Ära Adenauer. Möglichkeiten und Grenzen 1949–1963, Düsseldorf 1998.
BERGMANN, WERNER: Antisemitismus in öffentlichen Konflikten. Kollektives Lernen in der politischen Kultur der Bundesrepublik 1949–1989, Frankfurt am Main/New York 1997.
BIEBER, HANS-JOACHIM: SS und Samurai. Deutsch-Japanische Kulturbeziehungen 1933–1945 (Monographien aus dem Deutschen Institut für Japanstudien, Bd. 55), München 2014.
BLASCHITZ, EDITH: NS-Flüchtlinge österreichischer Herkunft: Der Weg nach Argentinien, in: DOKUMENTATIONSARCHIV DES ÖSTERREICHISCHEN WIDERSTANDES (HRSG.): Jahrbuch 2003, Wien 2003, S. 103–136.

BÖNISCH, MICHAEL: Die „Hammer"-Bewegung, in: PUSCHNER, UWE/SCHMITZ, WALTER/ULBRICHT, JUSTUS H. (HRSG.): Handbuch zur „Völkischen Bewegung" 1871–1918, München 1999, S. 341–365.

BOLLMUS, REINHARD: Das Amt Rosenberg und seine Gegner. Studien zum Machtkampf im nationalsozialistischen Herrschaftssystem, Stuttgart 1970.

BONACKER, MAX: Goebbels' Mann beim Radio. Der NS-Propagandist Hans Fritzsche (1900–1953) (Schriftenreihe der Vierteljahrshefte für Zeitgeschichte, Bd. 94), München 2007.

BONDY, LOUIS W.: Racketeers of Hatred. Julius Streicher and the Jew-Baiters' International, London o. J. [1946].

BOTT, MARIE-LUISE: „Deutsche Slavistik" in Berlin? Zum Slavischen Institut der Friedrich-Wilhelms-Universität 1933–1945, in: BRUCH, RÜDIGER VOM (HRSG.): Die Berliner Universität in der NS-Zeit (Bd. II: Fachbereiche und Fakultäten), Stuttgart 2005, S. 277–298.

BOURDIEU, PIERRE: Die biographische Illusion, in: BIOS. Zeitschrift für Biographieforschung, oral history und Lebensverlaufsanalysen 3 (1990) 1, S. 75–81.

BOYD, DOUGLAS A.: Development of Egypt's Radio. „Voice of the Arabs" under Nasser, in: Journalism Quarterly 52 (1975) 4, S. 645–653.

BRACHER, KARL DIETRICH/SAUER, WOLFGANG/SCHULZ, GERHARD: Die nationalsozialistische Machtergreifung. Studien zur Errichtung des totalitären Herrschaftssystems 1933/34, Wiesbaden 1960.

BRECHTKEN, MAGNUS: Madagaskar für die Juden (Studien zur Zeitgeschichte, Bd. 53), München ²1998.

BREITMAN, RICHARD: „Gegner Nummer eins". Antisemitische Indoktrination in Himmlers Weltanschauung, in: MATTHÄUS, JÜRGEN/KWIET, KONRAD/FÖRSTER, JÜRGEN/BREITMAN, RICHARD (HRSG.): Ausbildungsziel Judenmord? „Weltanschauliche Erziehung" von SS, Polizei und Waffen-SS im Rahmen der „Endlösung", Frankfurt am Main 2003, S. 21–34.

BREITMAN, RICHARD/GODA, NORMAN J. W.: Hitler's Shadow. Nazi War Criminals, U.S. Intelligence, and the Cold War, o. O. [Washington] o. J. [2011].

BRENNER, HILDEGARD: Die Kunstpolitik des Nationalsozialismus, Reinbek bei Hamburg 1963.

BREUER, STEFAN: Neuer Nationalismus in Deutschland, in: UWE BACKES (HRSG.): Rechtsextreme Ideologie in Geschichte und Gegenwart, Köln 2003, S. 53–72.

BREUER, STEFAN: Gescheiterte Milieubildung. Die Völkischen im deutschen Kaiserreich, in: ZfG 52 (2004), S. 995–1016.

BREUER, STEFAN: Die Völkischen in Deutschland. Kaiserreich und Weimarer Republik, Darmstadt ²2010.

BREUER, STEFAN: Der völkische Flügel der Bündischen Jugend, in: BOTSCH, GIDEON/HAVERKAMP, JOSEF (HRSG.): Jugendbewegung, Antisemitismus und rechtsradikale Politik. Vom „Freideutschen Jugendtag" bis zur Gegenwart (Europäisch-jüdische Studien-Beiträge, Bd. 13), Berlin/Boston 2014, S. 110–133.

BREUER, STEFAN/SCHMIDT, INA: Vom Wiking zur Ehrhardtzeitung. Hermann Ehrhardts publizistische Strategie in der zweiten Hälfte der Weimarer Republik, in: Historische Mitteilungen 15 (2002), S. 175–194.

BROWNING, CHRISTOPHER: Ganz normale Männer. Das Reserve-Polizeibataillon 101 und die „Endlösung" in Polen, Reinbek bei Hamburg 1993.

BUCHHEIM, HANS: Glaubenskrise im Dritten Reich. Drei Kapitel nationalsozialistischer Religionspolitik, Stuttgart 1953.

BUCHNA, KRISTIAN: Nationale Sammlung an Rhein und Ruhr. Friedrich Middelhauve und die nordrhein-westfälische FDP 1947–1953 (Schriftenreihe der Vierteljahrshefte für Zeitgeschichte, Bd. 101), München 2010.

BUSCHFORT, WOLFGANG: Geheime Hüter der Verfassung. Von der Düsseldorfer Informationsstelle zum ersten Verfassungsschutz der Bundesrepublik (1947–1961), Paderborn 2004.

CHRISTMANN, BERND: Hanns Eisele. Biographische Nachforschungen zu einem SS-Arzt, Marburg 2011.
CLAVIEN, ALAIN: Georges Oltramare. Von der Theaterbühne auf die politische Bühne, in: MATTIOLI, ARAM (HRSG.): Intellektuelle von rechts. Ideologie und Politik in der Schweiz 1918–1939, Zürich 1995, S. 157–170.
COHN, NORMAN: „Die Protokolle der Weisen von Zion". Der Mythos von der jüdischen Weltverschwörung. Mit einer kommentierten Auswahlbibliographie von Michael Hagemeister, Baden-Baden/Zürich 1998.
CONZE, ECKART: Adel unter dem Totenkopf. Die Idee eines Neuadels in den Gesellschaftsvorstellungen der SS, in: CONZE, ECKART/WIENFORT, MONIKA (HRSG.): Adel und Moderne. Deutschland im europäischen Vergleich im 19. und 20. Jahrhundert, Köln/Weimar/Wien 2004, S. 151–176.
CONZE, ECKART/FREI, NORBERT/HAYES, PETER/ZIMMERMANN, MOSHE: Das Amt und die Vergangenheit. Deutsche Diplomaten im Dritten Reich und in der Bundesrepublik, München 2010.
COOGAN, KEVIN: Dreamer of the Day. Francis Parker Yockey and the Postwar Fascist International, o. O. 1999.
CORNI, GUSTAVO: Richard Walther Darré. Der „Blut-und-Boden"-Ideologe, in: SMELSER, ROLAND/ZITELMANN, RAINER (HRSG.): Die braune Elite, Wiesbaden ²1990, S. 15–27.
CORNI, GUSTAVO/GIES, HORST: Blut und Boden. Rassenideologie und Agrarpolitik im Staat Hitlers, Idstein 1994.
CORNI, GUSTAVO/GIES, HORST: Brot – Butter – Kanonen. Die Ernährungswirtschaft in Deutschland unter der Diktatur Hitlers, Berlin 1997.
CUCCHETTI, HUMBERTO: Droites radicales en Argentine. Une première approche des circulations intellectuelles et de la circulation d'intellectuels dans Dinámica Social (1950–1965), in: DARD, OLIVIER (HRSG.): Supports et vecteurs des droites radicales au XXe siècle (Europe/Amériques) (Convergences, Bd. 73), Frankfurt am Main 2013, S. 201–220.
CÜPPERS, MARTIN: Walther Rauff. In deutschen Diensten. Vom Naziverbrecher zum BND-Spion (Veröffentlichungen der Forschungsstelle Ludwigsburg der Universität Stuttgart, Bd. 24), Darmstadt 2013.
DAMS, CARSTEN/STOLLE, MICHAEL: Die Gestapo. Herrschaft und Terror im Dritten Reich, München 2008.
DIAMANT, ADOLF: Gestapo Frankfurt am Main. Zur Geschichte einer verbrecherischen Organisation in den Jahren 1933 bis 1945, Frankfurt am Main 1988.
DIERKER, WOLFGANG: Himmlers Glaubenskrieger. Der Sicherheitsdienst der SS und seine Religionspolitik 1933–1941 (Veröffentlichungen der Kommission für Zeitgeschichte, Reihe B: Forschungen, Bd. 92), Paderborn 2002.
DIERKER, WOLFGANG: „Niemals Jesuiten, niemals Sektierer". Die Religionspolitik des SD 1933–1941, in: WILDT, MICHAEL (HRSG.): Nachrichtendienst, politische Elite und Mordeinheit. Der Sicherheitsdienst des Reichsführers SS, Hamburg 2003, S. 86–117.
DIERKS, MARGARETE: Jakob Wilhelm Hauer 1881–1962. Leben – Werk – Wirkung, Heidelberg 1986.
DYCK, JOACHIM: Der Zeitzeuge. Gottfried Benn 1929–1949, Göttingen 2006.
DÖRNER, BERNWARD: Die Deutschen und der Holocaust. Was niemand wissen wollte, aber jeder wissen konnte, Berlin 2007.
DÖSCHER, HANS-JÜRGEN: Das Auswärtige Amt im Dritten Reich. Diplomatie im Schatten der „Endlösung", Berlin 1987.
DONHUIJSEN, KONRAD/DONHUIJSEN-ANT, ROSEMARIE (HRSG.): Otto Andreas Schreiber. Ein Malerleben 1907–1978, Köln 2015.
DUDEK, PETER/JASCHKE, HANS-GERD: Entstehung und Entwicklung des Rechtsextremismus in der Bundesrepublik. Zur Tradition einer besonderen politischen Kultur, 2 Bd., Opladen 1984.

DIRK, WALTER: Antisemitische Kriminalität und Gewalt in der Weimarer Republik, Bonn 1999.
EISELE, ARMIN/BEN NESCHER, RAPHAEL (HRSG.): Audiatur et altera pars, Hamburg 2013.
ELZER, HERBERT: Deutsche Militärberater in Ägypten. Wilhelm Voss, General Fahrmbacher und die Bundesregierung 1951–1955, in: Historische Mitteilungen 24 (2011), S. 221–250.
ESCHE, ALEXANDRA: Hitlers „völkische Vorkämpfer". Die Entwicklung nationalsozialistischer Kultur- und Rassenpolitik in der Baum-Frick-Regierung 1930–1931 (Zivilisationen & Geschichte, Bd. 47), Frankfurt am Main 2017.
ESSNER, CORNELIA: Die „Nürnberger Gesetze" oder: Die Verwaltung des Rassewahns 1933–1945, Paderborn 2002.
FEHLHABER, NILS: Netzwerke der „Achse Berlin-Rom". Die Zusammenarbeit faschistischer und nationalsozialistische Führungseliten 1933–1943, Köln/Weimar 2019.
FINKENBERGER, MARTIN: Ziegler, Wilhelm, in: BENZ, WOLFGANG (HRSG.): Handbuch des Antisemitismus. Judenfeindschaft in Geschichte und Gegenwart (Bd. 2/2: Personen), Berlin/Boston 2009, S. 900 f.
FINKENBERGER, MARTIN: Johann von Leers und die „faschistische Internationale" der fünfziger und sechziger Jahre in Argentinien und Ägypten, in: ZfG 59 (2011) 6, S. 522–543.
FINKENBERGER, MARTIN: Der völkische Antisemit Johann von Leers in den religionspolitischen Auseinandersetzungen 1933/34, in: PUSCHNER, UWE/VOLLNHALS, CLEMENS (HRSG.): Die völkisch-religiöse Bewegung im Nationalsozialismus. Eine Beziehungs- und Konfliktgeschichte (Schriften des Hannah-Arendt-Instituts für Totalitarismusforschung, Bd. 47), Göttingen 2012, S. 375–398.
FINKENBERGER, MARTIN: Deutsch-Arabische Gemeinschaft, in: BENZ, WOLFGANG (HRSG.): Handbuch des Antisemitismus. Judenfeindschaft in Geschichte und Gegenwart (Bd. 5), Berlin/Boston 2012, S. 129.
FINKENBERGER, MARTIN: Johann von Leers (1902–1965): NS-Propagandist und „internationaler" Antisemit. Biografische Korrekturen, in: Journal for Intelligence, Propaganda and Security Studies 6 (2012) 1, S. 118–138.
FINKENBERGER, MARTIN: Tarnname „Nazi Emi" und „Hannes", in: Journal for Intelligence, Propaganda and Security Studies 8 (2014) 1, S. 23–29.
FINKENBERGER, MARTIN: Härtle, Heinrich, in: BENZ, WOLFGANG (HRSG.): Handbuch des Antisemitismus. Judenfeindschaft in Geschichte und Gegenwart (Bd. 8: Nachträge und Register), Berlin/Boston 2015, S. 67–69.
FINKENBERGER, MARTIN: Scheidl, Franz-Josef, in: BENZ, WOLFGANG (HRSG.): Handbuch des Antisemitismus. Judenfeindschaft in Geschichte und Gegenwart (Bd. 8: Nachträge und Register), Berlin/Boston 2015, S. 117 f.
FINKENBERGER, MARTIN: „Die Judenfrage ist der Prüfstand völkischer Gesinnung". Der „Bund Völkischer Europäer" 1933 bis 1936, in: Jahrbuch für Antisemitismusforschung 26 (2017), S. 61–89.
FINKER, KURT: Bund Wiking (BW) 1923 bis 1928, in: FRICKE, DIETER U. A. (HRSG.): Lexikon zur Parteiengeschichte. Die bürgerlichen und kleinbürgerlichen Parteien und Verbände in Deutschland (1789–1945), Bd. 1, Leipzig 1985, S. 368–373.
FISCHER, ERNST: Das Zentrum in der Weimarer Republik. Von der Gründung bis zur Auflösung unter nationalsozialistischer Herrschaft (1923–1933), in: BORES, DOROTHÉE/HANUSCHEK, SVEN (HRSG.): Handbuch PEN. Geschichte und Gegenwart der deutschsprachigen Zentren, Berlin/Boston 2014, S. 71–132.
FLEISCHHAUER, MARKUS: Der NS-Gau Thüringen 1939–1945. Eine Struktur- und Funktionsgeschichte (Veröffentlichungen der Historischen Kommission für Thüringen, Kleine Reihe Bd. 28), Köln/Weimar/Wien 2010.
FRANK, MICHAEL: Die letzte Bastion. Nazis in Argentinien, Hamburg 1962.
FREES, DANIELA: Egmont Zechlin (1896–1992). Biografische Studie eines Historikers vom Kaiserreich bis zum Ende des Nationalsozialismus, zwischen wissenschaftlicher Autonomie und politischer Anpassung (Diss. phil.), Oldenburg 2004.

FREI, NORBERT: Vergangenheitspolitik. Die Anfänge der Bundesrepublik und die NS-Vergangenheit, München ²1997.
FRESCO, NADINE: Fabrication d'un antisémite, Paris 1999.
FRICKE, DIETER: Der „Deutschbund", in: PUSCHNER, UWE/SCHMITZ, WALTER/ULBRICHT, JUSTUS H. (HRSG.): Handbuch zur „Völkischen Bewegung" 1871–1918, München 1999, S. 328–340.
FRIEDEL, MATHIAS: Der Volksbund für Frieden und Freiheit (VFF). Eine Teiluntersuchung über westdeutsche antikommunistische Propaganda im Kalten Krieg und deren Wurzeln im Nationalsozialismus, St. Augustin 2001.
FRIEDLÄNDER, SAUL: Das Dritte Reich und die Juden (Bd. 1). Die Jahre der Verfolgung 1933–1939, München ³2007.
FRIEDLÄNDER, SAUL: Das Dritte Reich und die Juden (Bd. 2). Die Jahre der Vernichtung, München 2006.
FRIEDRICH, THOMAS: Die missbrauchte Hauptstadt: Hitler und Berlin, Berlin 2007.
FRIESE, EBERHARD: Japaninstitut Berlin und Deutsch-Japanische Gesellschaft Berlin. Quellenlage und Ausgewählte Aspekte ihrer Politik 1926–1945 (Berliner Beiträge zur sozial- und wirtschaftswissenschaftlichen Japan-Forschung Bd. 9), Berlin 1980.
FÜGENER, JENS: Amerikanisches Intermezzo. Jena zwischen Drittem Reich und Sowjetischer Besatzungszone (April bis Juli 1945), in: STUTZ, RÜDIGER (HRSG.): Macht und Milieu. Jena zwischen Kriegsende und Mauerbau (Bausteine zur Jenaer Stadtgeschichte, Bd. 4), Rudolstadt/Jena 2000, S. 25–51.
FURUYA, HARUMI SHIDEHARA: Nazi Racism Toward the Japanese. Ideology vs. Realpolitik, in: Nachrichten der Gesellschaft für Natur- und Völkerkunde Ostasiens (NOAG) 157–158 (1995), S. 17–75.
GAJEK, ESTHER: „Feiergestaltung". Zur planmäßigen Entwicklung eines „aus nationalsozialistischer Weltanschauung geborenen, neuen arteigenen Brauchtums" am „Amt Rosenberg", in: Bayerisches Jahrbuch für Volkskunde 2000, 75–86.
GALLUS, ALEXANDER: Die Neutralisten. Verfechter eines vereinten Deutschland zwischen Ost und West 1945–1990 (Beiträge zur Geschichte des Parlamentarismus und der politischen Parteien, Bd. 127), Düsseldorf 2001.
GASSERT, PHILIPP: Amerika im Dritten Reich. Ideologie, Propaganda und Volksmeinung 1933–1945, Stuttgart 1997.
GEIGER, PETER/SCHLAPP, MANFRED: Russen in Liechtenstein. Flucht und Internierung der Wehrmacht-Armee Holmstons 1945–1948, Vaduz/Zürich 1996.
GENSICKE, KLAUS: Der Mufti von Jerusalem und die Nationalsozialisten. Eine politische Biographie Amin el-Husseinis (Veröffentlichungen der Forschungsstelle Ludwigsburg der Universität Stuttgart, Bd. 11), Darmstadt 2007.
GERSTNER, ALEXANDRA: Neuer Adel. Aristokratische Elitenkonzeptionen zwischen Jahrhundertwende und Nationalsozialismus, Darmstadt 2008.
GIES, HORST: Walter Darré und die nationalsozialistische Bauernpolitik in den Jahren 1930 bis 1933, Frankfurt am Main 1966.
GIES, HORST: Zur Entstehung des Rasse- und Siedlungsamtes der SS, in: Paul Kluke zum 60. Geburtstag dargebracht von Frankfurter Schülern und Mitarbeitern (Festschrift), Frankfurt am Main 1968, S. 127–139.
GIES, HORST: Richard Walther Darré. Der „Reichsbauernführer", die nationalsozialistische „Blut und Boden"-Ideologie und Hitlers Machteroberung, Köln 2019.
GILLEN, ECKHART: Zackig … schmerzhaft … ehrlich … Die Debatte um den Expressionismus als „deutscher" Stil 1933/34, in: RUPPERT, WOLFGANG (HRSG.): Künstler im Nationalsozialismus. Die „Deutsche Kunst", die Kunstpolitik und die Berliner Kunsthochschule, Köln/Weimar/Wien 2015, S. 201–229.
GOLDHAGEN, ERICH: Weltanschauung und Endlösung. Zum Antisemitismus der nationalsozialistischen Führungsschicht, in: VfZ 24 (1976), S. 378–405.

GOLCZEWSKI, FRANK: Deutsche und Ukrainer 1914–1939, Paderborn 2010.
GOÑI, UKI: Odessa. Die wahre Geschichte. Fluchthilfe für NS-Kriegsverbrecher, Berlin ²2007.
GOODRICK-CLARKE, NICHOLAS: Die okkulten Wurzeln des Nationalsozialismus, Wiesbaden 2004.
GOODRICK-CLARKE, NICHOLAS: Im Schatten der Schwarzen Sonne. Arische Kulte, Esoterischer Nationalsozialismus und die Politik der Abgrenzung, Wiesbaden 2009.
GOTTWALD, HERBERT: Die Jenaer Geschichtswissenschaft in der Zeit des Nationalsozialismus, in: HOSSFELD, UWE/JOHN, JÜRGEN/LEMUTH, OLIVER/STUTZ, RÜDIGER (HRSG.): „Kämpferische Wissenschaft". Studien zur Universität Jena im Nationalsozialismus, Köln/Weimar/Wien 2003, S. 913–942.
GREBE, ANJA: „Dürer als Führer". Zur Instrumentalisierung Albrecht Dürers in völkischen Kreisen, in: PUSCHNER, UWE/GROSSMANN ULRICH G. (HRSG.): Völkisch und national. Zur Aktualität alter Denkmuster im 21. Jahrhundert, Darmstadt 2009, S. 379–399.
GROSS, JOHANNES T.: Ritualmordbeschuldigungen gegen Juden im deutschen Kaiserreich (1871–1914), Berlin 2002.
GROSS, BABETTE: Willi Münzenberg. Eine politische Biographie (Schriftenreihe der Vierteljahrshefte für Zeitgeschichte, Nr. 14/15), Stuttgart 1967, S. 277.
GROSS, RAPHAEL: Anständig geblieben. Nationalsozialistische Moral, Frankfurt am Main ²2011.
GROSSE KRACHT, KLAUS: „Schmissiges Christentum". Die Wochenzeitung „Christ und Welt" in der Nachkriegszeit (1948–1958), in: GRUNEWALD, MICHEL/PUSCHNER, UWE (HRSG.): Das evangelische Intellektuellenmilieu in Deutschland, seine Presse und seine Netzwerke (1871–1963), Bern 2008, S. 505–531.
GRUMKE, THOMAS/WAGNER, BERND (HRSG.): Handbuch Rechtsradikalismus. Personen – Organisationen – Netzwerke vom Neonazismus bis in die Mitte der Gesellschaft, Opladen 2002.
GRUNEWALD, MICHEL: Die jungkonservative „Ring-Bewegung" und die Nationalsozialisten (1923–1934), in: DARD, OLIVIER/GRUNEWALD, MICHEL/PUSCHNER, UWE (HRSG.): Confrontations au nationalsocialisme en Europe francophone et germanophone 1919–1949 (Bd. 4), Brüssel u. a. 2020.
GRÜNERT, HEINZ: Gustaf Kossinna (1858–1931). Vom Germanisten zum Prähistoriker. Ein Wissenschaftler im Kaiserreich und in der Weimarer Republik, Rahden/Westfalen 2002.
GÜMBEL, ANNETTE: „Volk ohne Raum". Der Schriftsteller Hans Grimm zwischen nationalkonservativem Denken und völkischer Ideologie (Quellen und Forschungen zur hessischen Geschichte, Bd. 134), Darmstadt 2003.
HAAR, INGO: Historiker im Nationalsozialismus. Deutsche Geschichtswissenschaft und der „Volkstumskampf", Göttingen 2000.
HAASCH, GÜNTHER (HRSG.): Die Deutsch-Japanischen Gesellschaften von 1888 bis 1996, Berlin 1996.
HACHMEISTER, LUTZ: Der Gegnerforscher. Die Karriere des SS-Führers Franz Alfred Six, München 1998.
HAFNER, GEORG M./SCHAPIRA, ESTHER: Die Akte Alois Brunner. Warum einer der größten Naziverbrecher noch immer auf freiem Fuß ist, Reinbek bei Hamburg 2002.
HAGEMANN, JÜRGEN: Die Presselenkung im Dritten Reich, Bonn 1970.
HAGEMEISTER, MICHAEL: Sergej Nilus und die „Protokolle der Weisen von Zion". Überlegungen zur Forschungslage, in: Jahrbuch für Antisemitismusforschung 5 (1996), S. 127–147.
HAGEMEISTER, MICHAEL: The Protocols of the Elders of Zion in Court. The Bern trials, 1933–1937, in: ESTHER WEBMAN (HRSG.): The Global Impact of The Protocols of the Elders of Zion: A century-old myth, London/New York 2011, S. 241–253.
HAGEMEISTER, MICHAEL: Brandt, Erwin Werner Eugen, in: BENZ, WOLFGANG (HRSG.): Handbuch des Antisemitismus. Judenfeindschaft in Geschichte und Gegenwart (Bd. 8: Nachträge und Register), Berlin/Boston 2015, S. 48 f.

HAGEMEISTER, MICHAEL: Die „Protokolle der Weisen von Zion" vor Gericht. Der Berner Prozess 1933–1937 und die „antisemitische Internationale" (Veröffentlichungen des Archivs für Zeitgeschichte des Instituts für Geschichte der ETH Zürich, Bd. 10), Zürich 2017.

HAIGER, ERNST: Politikwissenschaft und Auslandswissenschaft im „Dritten Reich". (Deutsche) Hochschule für Politik 1933–1939 und Auslandswissenschaftliche Fakultät der Berliner Universität 1940–1945, in: GÖHLER, GERHARD/ZEUNER, BODO (HRSG.): Kontinuitäten und Brüche in der deutschen Politikwissenschaft, Baden-Baden 1991, S. 94–136.

HALLE, UTA: 936 Begräbnis Heinrich I. 1936 die archäologische Suche nach den Gebeinen in Quedlinburg und die NS-Propaganda, in: Mitteilungen der Arbeitsgemeinschaft für Archäologie des Mittelalters und der Neuzeit 16 (2005), S. 14–20.

HAMANN, ANNETT: „Männer der Kämpfenden Wissenschaft": Die 1945 geschlossenen NS-Institute der Universität Jena, in: HOSSFELD, UWE/JOHN, JÜRGEN/LEMUTH, OLIVER/STUTZ, RÜDIGER (HRSG.): „Kämpferische Wissenschaft". Studien zur Universität Jena im Nationalsozialismus, Köln/Weimar/Wien 2003, S. 202–234.

HAMMERSCHMIDT, PETER: Deckname Adler. Klaus Barbie und die westlichen Geheimdienste, Frankfurt am Main 2014.

HARTEN, HANS-CHRISTIAN/NEIRICH, UWE/SCHWERENDT, MATTHIAS: Rassenhygiene als Erziehungsideologie des Dritten Reiches. Bio-bibliographisches Handbuch (Edition Bildung und Wissenschaft, Bd. 19), Berlin 1999.

HARTEN, HANS-CHRISTIAN: Himmlers Lehrer. Die Weltanschauliche Schulung in der SS 1933–1945, Paderborn 2014.

HARTUNG, GÜNTER: Völkische Ideologie, in: PUSCHNER, UWE/SCHMITZ, WALTER/ULBRICHT, JUSTUS H. (HRSG.): Handbuch zur „Völkischen Bewegung" 1871–1918, München 1999, S. 22–41.

HAUSMANN, FRANK-RUTGER: „Deutsche Geisteswissenschaft" im Zweiten Weltkrieg – Die „Aktion Ritterbusch" (1940–1945) (Schriften zur Wissenschafts- und Universitätsgeschichte, Bd. 1), Dresden 1999.

HAUSMANN, FRANK-RUTGER: „Auch im Krieg schweigen die Musen nicht". Die Deutschen Wissenschaftlichen Institute im Zweiten Weltkrieg, Göttingen ²2002.

HAUSMANN, FRANK-RUTGER: Anglistik und Amerikanistik im „Dritten Reich", Frankfurt am Main 2003.

HAUSMANN, FRANK-RUTGER: „Vom Strudel der Ereignisse verschlungen". Deutsche Romanistik im „Dritten Reich", Frankfurt am Main ²2008.

HAVERKAMP, ALFRED. Aufbruch und Gestaltung. Deutschland 1056–1273, München ²1993.

HEDELER, WLADISLAW/HENNIG, HORST: Schwarze Pyramiden, rote Sklaven. Der Streik in Workuta im Sommer 1953, Leipzig 2007.

HEIBER, HELMUT: Walter Frank und sein Reichsinstitut für Geschichte des neuen Deutschlands (Quellen und Darstellungen zur Zeitgeschichte, Bd. 15), Stuttgart 1966.

HEIBER, HELMUT: Universität unterm Hakenkreuz (Teil I, II/1 und II/2), München 1991–1994.

HEIN, BASTIAN: Elite für Volk und Führer? Die Allgemeine SS und ihre Mitglieder 1925–1945 (Quellen und Darstellungen zur Zeitgeschichte, Bd. 92), München 2012.

HEINEMANN, ISABEL: „Rasse, Siedlung, deutsches Blut". Das Rasse- und Siedlungshauptamt der SS und die rassenpolitische Neuordnung Europas, Göttingen 2003.

HELLFELD, MATTHIAS VON: Bündische Jugend und Hitlerjugend. Zur Geschichte von Anpassung und Widerstand 1930–1939, Köln 1987.

HELMENSDORFER, ERICH: 50mal Ägypten, München 1979.

HELZEL, FRANK: Die nationalideologische Rezeption König Heinrichs I. im 19. und 20. Jahrhundert (Diss. phil.), Marburg/Lahn 1999.

HEPP, MICHAEL: Kurt Tucholsky. Biografische Annäherungen. Reinbek bei Hamburg 1993.

HERBERT, ULRICH: Rückkehr in die Bürgerlichkeit? NS-Eliten in der Bundesrepublik, in: WEISBROD, BERND (HRSG.): Rechtsradikalismus in der politischen Kultur der Nachkriegszeit. Die verzögerte Normalisierung in Niedersachsen (Veröffentlichungen der Historischen Kommission für Niedersachsen und Bremen; 38: Quellen und Untersuchungen zur Geschichte Niedersachsens nach 1945, Bd. 11), Hannover 1995, S. 157–173.

HERBERT, ULRICH: Best. Biographische Studien über Radikalismus, Weltanschauung und Vernunft 1903–1989, Bonn 2001.

HERBST, LUDOLF: Hitlers Charisma. Die Erfindung eines deutschen Messias, München 2010.

HERF, JEFFREY: The „Jewish War": Goebbels and the Antisemitic Campaigns of the Nazi Propaganda Ministry, in: Holocaust and Genocide Studies 19 (2005) 1, S. 51–80.

HERF, JEFFREY: The Jewish enemy. Nazi propaganda during World War II and the Holocaust, Cambridge/London 2008.

HERF, JEFFREY: Hitlers Dschihad. Nationalsozialistische Rundfunkpropaganda für Nordafrika und den Nahen Osten, in: VfZ (2010), S. 259–286.

HERF, JEFFREY: Arabischsprachige nationalsozialistische Propaganda während des Zweiten Weltkriegs und des Holocaust, in: Geschichte und Gesellschaft 37 (2011), S. 359–384.

HERMAND, JOST: Der alte Traum vom neuen Reich. Völkische Utopien und Nationalsozialismus, Frankfurt am Main 1988.

HEUSS, ANJA: Walter Hansen. Ein gescheiterter Prähistoriker als NS-Kunstpolitiker, in: Jahresschrift für mitteldeutsche Vorgeschichte 85 (2002), S. 419–432.

HEYLL, UWE: Wasser, Fasten, Luft und Licht. Die Geschichte der Naturheilkunde in Deutschland, Frankfurt am Main 2006.

HILBERG, RAUL: Die Vernichtung der europäischen Juden, Frankfurt am Main ⁹1999.

HIRSCHFELD, GERHARD: Die Universität Leiden unter den Nationalsozialismus, in: Geschichte und Gesellschaft 23 (1997), S. 560–591.

HOCKERTS, HANS GÜNTER: Die Sittlichkeitsprozesse gegen katholische Ordensangehörige und Priester 1936/37. Eine Studie zur nationalsozialistischen Herrschaftstechnik und zum Kirchenkampf (Veröffentlichungen der Kommission für Zeitgeschichte bei der Katholischen Akademie Bayern, Reihe B: Forschungen, Bd. 6), Mainz 1971.

HÖPP, GERHARD: Ruhmloses Zwischenspiel. Fawzi al-Qawuqji in Deutschland, 1941–1947, in: HEINE, PETER (HRSG.): Al Rafidayn. Jahrbuch zu Geschichte und Kultur des modernen Iraq (Bd. 3), Würzburg 1995, S. 19–46.

HÖVER, ULRICH: Joseph Goebbels – ein nationaler Sozialist, Bonn/Berlin 1992.

HOFFEND, ANDREA: Zwischen Kultur-Achse und Kulturkampf. Die Beziehungen zwischen „Drittem Reich" und faschistischem Italien in den Bereichen Medien, Kunst, Wissenschaft und Rassenfragen. Frankfurt am Main 1998.

HOFMANN, HASSO: „Die deutsche Rechtswissenschaft im Kampf gegen den jüdischen Geist", in: MÜLLER, KARLHEINZ/WITTSTADT, KLAUS (HRSG.): Geschichte und Kultur des Judentums (Quellen und Forschungen zur Geschichte des Bistums und Hochstifts Würzburg, Bd. 38), Würzburg 1988, S. 223–240.

HOFMANN, MURAD WILFRIED: Journey to Makkah, o. O. 1998.

HOLZ, KLAUS: Die Gegenwart des Antisemitismus. Islamistische, demokratische und antizionistische Judenfeindschaft, Hamburg 2005.

HOSSFELD, UWE: Gerhard Heberer (1901–1973). Sein Beitrag zur Biologie im 20. Jahrhundert, Berlin 1997.

HOSSFELD, UWE/JOHN, JÜRGEN/LEMUTH, OLIVER/STUTZ, RÜDIGER (HRSG.): „Kämpferische Wissenschaft". Studien zur Universität Jena im Nationalsozialismus, Köln 2003.

HOSSFELD, UWE/JOHN, JÜRGEN/LEMUTH, OLIVER/STUTZ, RÜDIGER (HRSG.): „Im Dienst an Volk und Vaterland". Die Jenaer Universität in der NS-Zeit, Köln/Weimar/Wien 2005.

HOSSFELD, UWE/THORNSTRÖM, CARL-GUSTAF: „Rasches Zupacken". Heinz Brücher und das botanische Sammelkommando der SS nach Russland 1943, in: HEIM, SUSANNE (HRSG.): Autarkie und Ostexpansion. Pflanzenzucht und Agrarforschung im Nationalsozialismus (Geschichte der Kaiser-Wilhelm-Gesellschaft im Nationalsozialismus, hrsg. von Reinhard Rürup und Wolfgang Schieder im Auftrag der Präsidentenkommission der Max-Planck-Gesellschaft, Bd. 2), Göttingen 2002, S. 119–142.

HUFENREUTER, GREGOR: „… ein großes Verzeichnis mit eingestreuten Verbrechern." Zur Entstehung und Geschichte der antisemitischen Lexika Semi-Kürschner (1913) und Sigilla Veri (1929–1931), in: Jahrbuch für Antisemitismusforschung 15 (2006), S. 43–63.

HUFENREUTER, GREGOR: Philipp Stauff. Ideologe, Agitator und Organisator im völkischen Netzwerk des Wilhelminischen Kaiserreichs. Zur Geschichte des Deutschvölkischen Schriftstellerverbandes, des Germanen-Ordens und der Guido-von-List-Gesellschaft (Zivilisation & Geschichte, Bd. 10), Frankfurt am Main 2011.

HUFENREUTER, GREGOR: Deutschbund, in: BENZ, WOLFGANG (HRSG.): Handbuch des Antisemitismus. Judenfeindschaft in Geschichte und Gegenwart (Bd. 5: Organisationen, Institutionen, Bewegungen), Berlin/Boston 2012, S. 131–133.

HUFENREUTER, GREGOR: Völkisch-religiöse Strömungen im Deutschbund, in: PUSCHNER, UWE/ VOLLNHALS, CLEMENS (HRSG.): Die völkisch-religiöse Bewegung im Nationalsozialismus. Eine Beziehungs- und Konfliktgeschichte (Schriften des Hannah-Arendt-Instituts für Totalitarismusforschung, Bd. 47), Göttingen 2012, S. 219–231.

HUNGER, ULRICH: Runenkunde im Nationalsozialismus, in: PUSCHNER, UWE/GROSSMANN, G. ULRICH (HRSG.): Völkisch und national. Zur Aktualität alter Denkmuster im 21. Jahrhundert, Darmstadt 2009, S. 312–328.

IMPEKOVEN, HOLGER: Die Alexander von Humboldt-Stiftung und das Ausländerstudium in Deutschland 1925–1945. Von der „geräuschlosen Propaganda" zur Ausbildung der „geistigen Wehr" des „Neuen Europa", Göttingen 2013.

INGRAO, CHRISTIAN: Hitlers Elite. Die Wegbereiter des nationalsozialistischen Massenmords, Berlin 2012.

JACKSON, JOHN P.: Science for Segregation. Race, Law, and the Case against Brown V. Board of Education, New York 2005.

JAEGER, HANS: Die Faschistische Internationale, in: Deutsche Rundschau 78 (1952) 9, S. 993–1003.

JÄCKEL, EBERHARD: Hitlers Weltanschauung, Stuttgart ⁴1991.

JAHR, CHRISTOPH: Antisemitismus vor Gericht. Debatten über die juristische Ahndung judenfeindlicher Agitation in Deutschland (1879–1960), Frankfurt am Main/New York 2011.

JARAUSCH, KONRAD: Deutsche Studenten 1800–1970, Frankfurt am Main ²1989.

JASPER, GOTTHARD: Der Schutz der Republik. Studien zur staatlichen Sicherung der Demokratie in der Weimarer Republik 1922–1930 (Tübinger Studien zur Geschichte und Politik, Bd. 16), Tübingen 1963.

JEANSONNE, GLEN: Gerald L. K. Smith. Minister of Hate, Louisiana 1997.

JELINEK, YESHAYAHU A.: Deutschland und Israel 1945–1965. Ein neurotisches Verhältnis, München 2004.

JENKINS, PHILIP: Hoods and shirts. The extreme right in Pennsylvania, 1925–1950, North Carolina 1997.

JOHN, JÜRGEN/WALTHER, HELMUT G. (HRSG.): Wege der Wissenschaft im Nationalsozialismus. Dokumente zur Universität Jena 1933–1945 (Quellen und Beiträge zur Geschichte der Universität Jena, Bd. 7), Stuttgart 2007.

JUNGINGER, HORST: Von der philologischen zur völkischen Religionswissenschaft. Das Fach Religionswissenschaft an der Universität Tübingen von der Mitte des 19. Jahrhunderts bis zum Ende des Dritten Reiches (Conubernium, Bd. 51), Stuttgart 1999.

JUNGINGER, HORST: Die Verwissenschaftlichung der „Judenfrage" im Nationalsozialismus (Veröffentlichungen der Forschungsstelle Ludwigsburg der Universität Stuttgart, Bd. 19), Darmstadt 2011.

JUNGRAITHMAYR, HERMANN: Ein Leben mit afrikanischen Sprachen, in: Paideuma. Mitteilungen zur Kulturkunde 52 (2006), S. 7–26.

Kater, Michael: Die Artamanen – Völkische Jugend in der Weimarer Republik, in: HZ 213 (1971), S. 577–638.
Kater, Michael H.: Der NS-Studentenbund von 1926 bis 1928, in: VfZ 22 (1974), S. 148–190.
Kater, Michael H.: Das „Ahnenerbe" der SS 1935–1945. Ein Beitrag zur Kulturpolitik des Dritten Reiches (Studien zur Zeitgeschichte, Bd. 6), München ³2001.
Kaul, Camilla G.: Friedrich Barbarossa im Kyffhäuser. Bilder eines nationalen Mythos im 19. Jahrhundert (Bonner Beiträge zur Kunstgeschichte N.F., Bd. 4), Bonn 2007.
Keller, Sven: Günzburg und der Fall Josef Mengele. Die Heimatstadt und die Jagd nach dem NS-Verbrecher (Schriftenreihe der Vierteljahrshefte für Zeitgeschichte, Bd. 87), München 2003.
Kershaw, Ian: Der Hitler-Mythos. Führermythos und Volksmeinung, Stuttgart 1999.
Kiefer, Michael: Antisemitismus in den islamischen Gesellschaften. Der Palästina-Konflikt und der Transfer eines Feindbildes, Berlin 2002.
Kimmel, Elke: Methoden antisemitischer Propaganda im Ersten Weltkrieg. Die Presse des Bundes der Landwirte, Berlin 2001.
Kimmel, Elke: Roth, Alfred, in: Benz, Wolfgang (Hrsg.): Handbuch des Antisemitismus. Judenfeindschaft in Geschichte und Gegenwart (Bd. 2/2), Berlin/Boston 2009, S. 695 f.
Kissenkoetter, Udo: Gregor Straßer und die NSDAP (Schriftenreihe der Vierteljahrshefte für Zeitgeschichte, Bd. 37), Stuttgart 1978.
Klingemann, Carsten: Soziologie an der Universität Jena 1933 bis 1945, in: Hossfeld, Uwe/John, Jürgen/Lemuth, Oliver/Stutz, Rüdiger (Hrsg.): „Kämpferische Wissenschaft". Studien zur Universität Jena im Nationalsozialismus, Köln/Weimar/Wien 2003, S. 679–722.
Knüppel, Christoph: „Mit Wenigen, doch Gleichgesinnten blüht mir ein Leben, neu und frei …" Ausstellung zur Geschichte der völkischen Siedlung Heimland bei Rheinsberg (Mark) in Luhme-Heimland, 2002.
Knüppel, Christoph: Völkisch-religiöse Einigungsversuche, in: Puschner, Uwe/Vollnhals, Clemens (Hrsg.): Die völkisch-religiöse Bewegung im Nationalsozialismus. Eine Beziehungs- und Konfliktgeschichte, Göttingen 2012, S. 149–192.
Knütter, Hans-Helmuth: Ideologien des Rechtsradikalismus im Nachkriegsdeutschland. Eine Studie über die Nachwirkungen des Nationalsozialismus (Bonner historische Forschungen, Bd. 19), Bonn 1961.
Köck, Julian: „Die Geschichte hat immer Recht". Die Völkische Bewegung im Spiegel ihrer Geschichtsbilder (Campus Historische Studien, Bd. 73), Frankfurt am Main/New York 2015.
Köck, Julian: Völkische Publizistik als Lebensmodell. Zum sozialen Typus des völkischen Publizisten, in: Archiv für Geschichte des Buchwesens 72 (2017), S. 149–171.
Körner, Klaus: Von der antibolschewistischen zur antisowjetischen Propaganda. Dr. Eberhard Taubert, in: Der Kalte Krieg – Vorspiel zum Frieden? (Jahrbuch für Historische Friedensforschung, Bd. 2), hrsg. von Arnold Sywottek, Münster 1994, S. 54–68.
Körte, Mona/Stockhammer, Robert (Hrsg.): Ahasvers Spur. Dichtungen und Dokumente vom „Ewigen Juden", Leipzig 1995.
Kösters, Christoph: Die deutschen katholischen Bischöfe 1933–1945, in: Kösters, Christoph/Ruff, Mark Edward (Hrsg.): Die katholische Kirche im Dritten Reich. Eine Einführung, Freiburg ²2018, S. 79–92.
Kogon, Eugen: Der SS-Staat. Das System der deutschen Konzentrationslager, München 1980.
Kohl, Ulrike: Die Präsidenten der Kaiser-Wilhelm-Gesellschaft im Nationalsozialismus. Max Planck, Carl Bosch und Albert Vögeler zwischen Wissenschaft und Macht, Stuttgart 2001.
Kohlstruck, Michael: Der Fall Mehnert, in: König, Helmut (Hrsg.): Der Fall Schwerte im Kontext, Opladen/Wiesbaden 1998, S. 138–172.
Kohlstruck, Michael: „Salonbolschewist" und Pionier der Sozialforschung. Klaus Mehnert und die „Deutsche Gesellschaft zum Studium Osteuropas" 1931–1934, in: Osteuropa 55 (2005) 12, S. 29–47.

Kohlstruck, Michael: Klaus Mehnert. Ein Intellektueller für Nichtintellektuelle, in: Faber, Richard/Puschner, Uwe (Hrsg.): Intellektuelle und Antiintellektuelle im 20. Jahrhundert (Zivilisation & Geschichte, Bd. 20), Frankfurt am Main 2013, S. 189–212.

Krämer, Gudrun: Die Juden als Minderheit in Ägypten 1914–1956. Islamische Toleranz im Zeichen des Antikolonialismus und des Antizionismus, in: Saeculum 34 (1983) 1, S. 36–69.

Krings, Stefan: Hitlers Pressechef. Otto Dietrich (1897–1952). Eine Biografie, Göttingen 2010.

Kroll, Frank-Lothar: Utopie als Ideologie. Geschichtsdenken und politisches Handeln im Dritten Reich, Paderborn 1998.

Krumm, Christian: Johan Huizinga, Deutschland und die Deutschen. Begegnung und Auseinandersetzung mit dem Nachbarn, Münster/New York/München/Berlin 2011.

Kühl, Stefan: „Die Deutschen schlagen uns mit unseren…", in: Kaupen-Haas, Heidrun/Rothmaler, Christiane (Hrsg.): Moral, Biomedizin und Bevölkerungskontrolle (Sozialhygiene und Public Health, Bd. 5), Frankfurt am Main 1997, S. 115–133.

Kühnl, Reinhard: Die nationalsozialistische Linke 1925–1930 (Diss. phil.), Marburg/Lahn 1965.

Küntzel, Matthias: Von Zeesen bis Beirut. Nationalsozialismus und Antisemitismus in der arabischen Welt, in: Rabinovici, Doron/Speck, Ulrich/Sznaider, Natan (Hrsg.): Neuer Antisemitismus? Eine globale Debatte, Frankfurt am Main 2004, S. 271–293.

Kufeke, Kay: Rassenhygiene und Rassenpolitik in Italien. Der Anthropologe Guido Landra als Leiter des „Amtes zum Studium des Rassenproblems" in: Jahrbuch für Antisemitismusforschung 10 (2001), S. 265–286.

Kufeke, Kay: Anthropologie als Legitimationswissenschaft. Zur Verbindung von Rassentheorie und Rassenpolitik in der Biographie des italienischen Eugenikers Guido Landra (1939–1949), in: Quellen und Forschungen aus italienischen Archiven und Bibliotheken 82 (2002), S. 552–589.

Kwiet, Konrad: Von Tätern zu Befehlsempfängern, in: Matthäus, Jürgen/Kwiet, Konrad/Förster, Jürgen/Breitman, Richard (Hrsg.): Ausbildungsziel Judenmord? „Weltanschauliche Erziehung" von SS, Polizei und Waffen-SS im Rahmen der „Endlösung", Frankfurt am Main 2003, S. 114–138.

Laak, Dirk van: Energie von A bis Z: Anton Zischka erschließt die Welt, in: Non Fiction. Arsenal der anderen Gattungen 2 (2007) 1, S. 79–93.

Langer, Hermann: Der Mann, der mit den Medien tanzte. Zum Wirken Herman Wirths in Mecklenburg 1932/33, in: Zeitgeschichte regional. Mitteilungen aus Mecklenburg-Vorpommern 7 (2003) 2, S. 30–42.

Laqueur, Walter: Gesichter des Antisemitismus. Von den Anfängen bis heute, Berlin 2008.

Laske, Karl: Ein Leben zwischen Hitler und Carlos. François Genoud, Zürich 1996.

Lauryssens, Stan: De fatale vriendschappen van Adolf Eichmann, Leuven 1998.

Lee, Dong-Ki: Option oder Illusion? Die Idee einer nationalen Konföderation im geteilten Deutschland 1949–1990, Berlin 2010.

Lemmons, Russel: Goebbels and „Der Angriff", Lexington/Kentucky 1994.

Lepre, George: Himmler's Bosnian Division C. The Waffen-SS Handschar Division 1943–1945, Atglen 1997.

Lerchenmueller, Joachim: Die Geschichtswissenschaft in den Planungen des Sicherheitsdienstes der SS. Der SD-Historiker Hermann Löffler und seine Gedenkschrift „Entwicklung und Aufgaben der Geschichtswissenschaft in Deutschland" (Archiv für Sozialgeschichte, Beiheft 21), Bonn 2001.

Ley, Gabriele: Deutsche Naturwissenschaftler an argentinischen Universitäten nach 1945, in: Meding, Holger M. (Hrsg.), Nationalsozialismus und Argentinien. Beziehungen, Einflüsse und Nachwirkungen, Frankfurt am Main/Berlin/Bern/New York/Paris/Wien 1995, S. 149–160.

Liebrandt, Hannes: „Das Recht mich zu richten, das spreche ich ihnen ab!" Der Suizid der nationalsozialistischen Elite am Ende des Zweiten Weltkriegs, Paderborn 2017.

LINSE, ULRICH: Völkisch-jugendbewegte Siedlungen im 20. und 21. Jahrhundert, in: BOTSCH, GIDEON/HAVERKAMP, JOSEF (HRSG.): Jugendbewegung, Antisemitismus und rechtsradikale Politik. Vom „Freideutschen Jugendtag" bis zur Gegenwart (Europäisch-jüdische Studien-Beiträge, Bd. 13), Berlin/Boston 2014, S. 29-73.

LIPSTADT, DEBORAH E.: Leugnen des Holocaust. Rechtsextremismus mit Methode, Reinbek bei Hamburg 1996.

LÖÖW, HELENE: Incitement of Racial Hatred, in: Journal of Scandinavian Studies in Criminology and Crime Prevention 1 (2000), S. 109-120.

LÖRCHER, ANDREAS: Antisemitismus in der öffentlichen Debatte der späten fünfziger Jahre. Mikrohistorische Studie und Diskursanalyse des Falls Zind (Diss. phil.), Freiburg 2008.

LÖW, LUITGARD SOFIE: Gottessohn und Mutter Erde auf bronzezeitlichen Felsbildern. Herman Wirth und die völkische Symbolforschung (Zivilisationen und Geschichte, Bd. 41), Frankfurt am Main 2016.

LOEWY, RONNY/RAUSCHENBERGER, KATHARINA (HRSG.): „Der Letzte der Ungerechten". Der Judenälteste Benjamin Murmelstein in Filmen 1942-1975, Frankfurt am Main JAHR.

LOKATIS, SIEGFRIED: Weltanschauungsverlage, in: FISCHER, ERNST (HRSG.): Geschichte des deutschen Buchhandels im 19. und 20. Jahrhundert (Bd. 2: Die Weimarer Republik 1918-1933), Berlin 2012, S. 111-138.

LONGERICH, PETER: Die braunen Bataillone. Geschichte der SA, München 1989.

LONGERICH, PETER: „Davon haben wir nichts gewusst!" Die Deutschen und die Judenverfolgung 1933-1945, München 2006.

LONGERICH, PETER: Tendenzen und Perspektiven der Täterforschung, in: APZG 57 (2007) 14-15.

LONGERICH, PETER: Heinrich Himmler, München 2008.

LONGERICH, PETER: Joseph Goebbels. Biographie, München 2010

LÜBBE, HERMANN: Drews, Christian Heinrich Arthur, in: Neue Deutsche Biographie 4 (1959), S. 117.

LUTZHÖFT, HANS-JÜRGEN: Der Nordische Gedanke in Deutschland 1920-1940 (Kieler Historische Studien, Bd. 14), Stuttgart 1971.

MAHLKE, BERNHARD: Organisation Consul (OC) 1920 bis 1923, in: FRICKE, DIETER U. A. (HRSG.): Lexikon zur Parteiengeschichte. Die bürgerlichen und kleinbürgerlichen Parteien und Verbände in Deutschland (1789-1945), Bd. 3, Leipzig 1985, S. 549-554.

MALINOWSKI, STEPHAN: Politische Skandale als Zerrspiegel der Demokratie. Die Fälle Barmat und Sklarek im Kalkül der Weimarer Rechten, in: Jahrbuch für Antisemitismusforschung 5 (1996), S. 46-65.

MALINOWKSI, STEPHAN: Vom blauen zum reinen Blut. Antisemitische Adelskritik und adliger Antisemitismus 1871-1944, in: Jahrbuch für Antisemitismusforschung 12 (2003), S. 147-169.

MALINOWSKI, STEPHAN: Vom König zum Führer. Deutscher Adel und Nationalsozialismus, Frankfurt am Main ²2004.

MALLMANN, KLAUS-MICHAEL/CÜPPERS, MARTIN: Halbmond und Hakenkreuz. Das Dritte Reich, die Araber und Palästina, Darmstadt ³2011.

MARTIN, BERND: Die deutsch-japanischen Beziehungen während des Dritten Reiches, in: BRACHER, KARL DIETRICH/FUNKE, MANFRED/JACOBSEN, HANS-ADOLF (HRSG.): Nationalsozialistische Diktatur 1933-1945. Eine Bilanz, Bonn 1986, S. 370-389.

MATTHÄUS, JÜRGEN: Ausbildungsziel Judenmord? Zum Stellenwert der „weltanschaulichen Erziehung" von SS und Polizei im Rahmen der „Endlösung", in: ZfG 47 (1999), S. 677-699.

MATTHÄUS, JÜRGEN/KWIET, KONRAD/FÖRSTER, JÜRGEN/BREITMAN, RICHARD (HRSG.): Ausbildungsziel Judenmord? „Weltanschauliche Erziehung" von SS, Polizei und Waffen-SS im Rahmen der „Endlösung", Frankfurt am Main 2003.

MEDING, HOLGER M.: Flucht vor Nürnberg? Deutsche und österreichische Einwanderung in Argentinien 1945-1955 (Lateinamerikanische Forschungen, Bd. 19), Köln/Weimar/Wien 1992.

MEDING, HOLGER M.: „Der Weg". Eine deutsche Emigrantenzeitschrift in Buenos Aires 1947–1957, Berlin 1997.
MEHRING, REINHARD: Carl Schmitt. Aufstieg und Fall, München 2009.
MEIER, KURT: Kreuz und Hakenkreuz. Die evangelische Kirche im Dritten Reich, München 1992.
MELLIES, DIRK: Politische Feiern am Hermannsdenkmal nach 1875, in: LANDESVERBAND LIPPE (HRSG.): 2000 Jahre Varusschlacht. Mythos, Darmstadt 2009, S. 263–272.
MERKI, CHRISTOPH MARIA: Die nationalsozialistische Tabakpolitik, in: VfZ 46 (1998), S. 19–43.
METZGER, THOMAS: Antisemitismus in der Stadt St. Gallen 1918–1939, Fribourg 2006.
MEYER, BERNHARD: „Personifiziertes Sozialbewusstsein", in: Berliner Monatsschrift (1997) 12, S. 68–70.
MEYER, WINFRIED: „Nachhut"-Gefechte. Die Arbeitsgemeinschaft ehemaliger Abwehr-Angehöriger (AGEA), der Bundesnachrichtendienst und die Geschichtsschreibung über den deutschen militärischen Nachrichtendienst im Zweiten Weltkrieg, in: Journal for Intelligence, Propaganda and Security Studies 6 (2012) 2, S. 56–79.
MEYER, JOCHEN/BONITZ, ANTJE (HRSG.): „Entlaufene Bürger". Kurt Tucholsky und die Seinen, Marbach am Neckar 1990.
MEYER ZU UPTRUP, WOLFRAM: Kampf gegen die „jüdische Weltverschwörung". Propaganda und Antisemitismus der Nationalsozialisten 1919–1945, Berlin 2003.
MITEINANDER E. V. (HRSG.): Rechtsextreme Jugendkultur und Gewalt. Eine Herausforderung für die pädagogische Praxis, Berlin 2002.
MOGGE, WINFRIED: „Ihr Wandervögel in der Luft ...". Fundstücke zur Wanderung eines romantischen Bildes und zur Selbstinszenierung einer Jugendbewegung, Würzburg 2009.
MOMMSEN, HANS: Forschungskontroversen zum Nationalsozialismus, in: APZG 57 (2007) 16/17, S. 14–21.
MOREAU, PATRICK: Nationalsozialismus von links. Die „Kampfgemeinschaft Revolutionärer Nationalsozialisten" und die „Schwarze Front" Otto Straßers 1930–1935 (Studien zur Zeitgeschichte, Bd. 28), Stuttgart 1985.
MOSSE, GEORGE L.: Die völkische Revolution. Über die geistigen Wurzeln des Nationalsozialismus, Meisenheim 1991.
MOTADEL, DAVID: Für Prophet und Führer. Die Islamische Welt und das Dritte Reich, Stuttgart 2017.
MORAES, LUÍS EDMUNDO: Barroso, Gustavo Dodt, in: BENZ, WOLFGANG (HRSG.): Handbuch des Antisemitismus. Judenfeindschaft in Geschichte und Gegenwart (Bd. 2/1), Berlin/Boston 2009, S. 54.
MÜHLMANN, WILHELM EMIL: Gesemann, Gerhard Friedrich Franz, in: Neue Deutsche Biographie 6 (1964), S. 339.
MÜLLER, LAURENZ: Diktatur und Revolution. Reformation und Bauernkrieg in der Geschichtsschreibung des „Dritten Reiches" und der DDR, Stuttgart 2004.
MUELLER, MICHAEL: Maurice Picard (1907–1979). Ein Franzose als Diener vieler Herren, in: MÜLLER-ENBERGS, HELMUT/WAGNER, ARMIN (HRSG.): Spione und Nachrichtenhändler. Geheimdienst-Karrieren in Deutschland 1939–1989, Berlin 2016, S. 146–174.
MÜNKEL, DANIELA: Nationalsozialistische Agrar- und Bauernpolitik, Frankfurt am Main/New York 1996.
NAFTALI, TIMOTHY: New Information on Cold War CIA Stay-Behind Operations in Germany and on the Adolf Eichmann Case, o. O. o. J. [2006].
NANKO, ULRICH: Die Deutsche Glaubensbewegung. Eine historische und soziologische Untersuchung (Religionswissenschaftliche Reihe, Bd. 4.), Marburg 1993.
NANKO, ULRICH: Religiöse Gruppenbildungen vormaliger „Deutschgläubiger" nach 1945, in: CANCIK, HUBERT/PUSCHNER, UWE (HRSG.): Antisemitismus, Paganismus, Völkische Religion, München 2004, S. 121–134.

NEUGEBAUER, WOLFGANG/SCHWARZ, PETER: Der Wille zum aufrechten Gang. Offenlegung der Rolle des BSA bei der gesellschaftlichen Integration ehemaliger Nationalsozialisten, Wien 2005.

NEUHAUS, VOLKER: Der zeitgeschichtliche Sensationsroman in Deutschland 1855–1878. „Sir John Retcliffe" und seine Schule, Berlin 1980.

NIEMEYER, CHRISTIAN: Werner Kindt und die Dokumentation der „Jugendbewegung". Text und quellenkritische Beobachtungen, in: Historische Jugendforschung. Jahrbuch des Archivs der Jugendbewegung NF 2 (2005), S. 230–250.

NIEMEYER, CHRISTIAN: 100 Jahre Meißnerformel – ein Grund zur Freude? Oder: Wie und warum sich die deutsche Jugendbewegung wider besseres Wissen einen Mythos schuf, in: Zeitschrift für Pädagogik 59 (2013) 2, S. 219–237.

NIETHAMMER, LUTZ: Die Mitläuferfabrik. Die Entnazifizierung am Beispiel Bayerns, Bonn 1982.

NOLTE, ERNST: Zur Typologie des Verhaltens der Hochschullehrer im Dritten Reich, in: APZG 15 (1965) 46, S. 3–14.

OMLAND, SABINE: NS-Propaganda im Unterricht deutscher Schulen 1933–1943. Die nationalsozialistische Schülerzeitschrift „Hilf mit!" als Unterrichts- und Propagandainstrument (2 Bd.), Münster 2014.

ORTMEYER, BENJAMIN: Indoktrination. Rassismus und Antisemitismus in der Nazi-Schülerzeitschrift „Hilf mit!" (1933–1944), Weinheim/Basel 2013.

OTTERSPEER, WILLEM: Huizinga before the Abyss: The von Leers Incident and the University of Leiden, April 1933, in: Journal of Medieval and Early Modern Studies 27 (1997) 3, S. 385–444.

PAEHLER, KATRIN: Ein Spiegel seiner selbst. Der SD-Ausland in Italien, in: WILDT, MICHAEL (HRSG.): Nachrichtendienst, politische Elite und Mordeinheit. Der Sicherheitsdienst des Reichsführers SS, Hamburg 2003, S. 241–266.

PAPEN, PATRICIA VON: Schützenhilfe nationalsozialistischer Judenpolitik. Die Judenforschung des „Reichsinstituts für Geschichte des neuen Deutschland" 1933–1945, in: FRITZ BAUER INSTITUT (HRSG.): „Beseitigung des jüdischen Einflusses …" Antisemitische Forschung, Eliten und Karrieren im Nationalsozialismus, Frankfurt am Mai 1999, S. 17–42.

PARSONS, LEILA: The Commander. Fawzi al-Qawuqji and the Fight for Arab Independence 1914–1948, New York 2016.

PAUL, GERHARD: Von Psychopathen, Technokraten des Terrors und „ganz gewöhnlichen" Deutschen. Die Täter der Shoah im Spiegel der Forschung, in: DERS. (HRSG.): Die Täter der Shoah. Fanatische Nationalsozialisten oder ganz normale Deutsche?, Göttingen ²2003, S. 13–90.

PAUL, GERHARD/MALLMANN, KLAUS-MICHAEL: Sozialisation, Milieu und Gewalt. Fortschritte und Probleme der neueren Täterforschung, in: MALLMANN, KLAUS-MICHAEL/PAUL, GERHARD (HRSG.): Karrieren der Gewalt. Nationalsozialistische Täterbiographien (Veröffentlichungen der Forschungsstelle Ludwigsburg und Universität Stuttgart, Bd. 2), Darmstadt 2004, S. 1–32.

PAUL, INA ULRIKE: Paul Anton de Lagarde, in: PUSCHNER, UWE/SCHMITZ, WALTER/ULBRICHT, JUSTUS H. (HRSG.): Handbuch zur „Völkischen Bewegung" 1871–1918, München 1999, S. 45–93.

PAUL, INA ULRIKE: Paul Anton de Lagarde und „die Juden", in: BEHLMER, HEIKE/GERTZEN, THOMAS L./WITTHUHN, ORELL (HRSG.): Der Nachlass Paul de Lagarde. Orientalistische Netzwerke und antisemitische Verflechtungen (Europäisch-jüdische Studien, Bd. 46), Berlin/Boston 2020, S. 9–29.

PÉAN, PIERRE: L'Extrémiste. François Genoud, de Hitler à Carlos, Paris 1996.

PEARLMAN, MOSHE: Die Nazi-Untergrundbewegung, in: Deutsche Rundschau 87 (1961), S. 327–334.

PEITSCH, HELMUT: „No Politics"? Die Geschichte des deutschen PEN-Zentrums in London 1933–2002, Göttingen 2006.

PEKESEN, BERNA: Zwischen Sympathie und Eigennutz: NS-Propaganda und die türkische Presse im Zweiten Weltkrieg, Münster 2014.

PETERSEN, JENS: Vorspiel zu „Stahlpakt" und Kriegsallianz: Das deutsch-italienische Kulturabkommen vom 23. November 1938, in: VfZ 36 (1988), S. 41–77.

PETRICK-FELBER, NICOLE: Kriegswichtiger Genuss. Tabak und Kaffee im „Dritten Reich", Göttingen 2015.
PEUKERT, DETLEV J.K.: Die Weimarer Republik. Krisenjahre der Klassischen Moderne, Frankfurt am Main 1987.
PFAHL-TRAUGHBER, ARMIN: Der antisemitisch-antifreimaurerische Verschwörungsmythos in der Weimarer Republik und im NS-Staat (Vergleichende Gesellschaftsgeschichte und politische Ideengeschichte der Neuzeit, Bd. 9), Wien 1993.
PICHT, BARBARA: 15. September 1935: Propaganda und Erinnerung. Der Tag des Erlasses der Nürnberger Gesetze, in: FRANÇOIS, ETIENNE/PUSCHNER, UWE (HRSG.): Erinnerungstage. Wendepunkte der Geschichte von der Antike bis zur Gegenwart, München 2010, S. 272–285.
PIECHA, OLIVER M.: Das Weltbild eines deutschen Diätarztes. Anmerkungen zum Verhältnis zwischen Lebensreform und völkischem Fundamentalismus, in: Schriften der Erich-Mühsam-Gesellschaft 27 (2006), S. 118–158.
PIPER, ERNST: Alfred Rosenberg: Hitlers Chefideologe, München 2005.
PLASS, HANNO: Der „Welt-Dienst". Internationale antisemitische Propaganda 1939 bis 1945, in: NAGEL, MICHAEL/ZIMMERMANN, MOSHE (HRSG.): Judenfeindschaft und Antisemitismus in der deutschen Presse über fünf Jahrhunderte. Erscheinungsformen, Rezeption, Debatte und Gegenwehr (Bd. 2), Bremen 2013, S. 821–840.
PLÖCKINGER, OTHMAR: Geschichte eines Buches. Adolf Hitlers „Mein Kampf" 1922–1945, München 2006PLÖGER, CHRISTIAN: Von Ribbentrop zu Springer. Zu Leben und Wirken von Paul Karl Schmidt alias Paul Carell, Marburg 2009.
PLONTKE-LÜNING, A.: Strzygowski, Josef, in: Österreichisch Biographisches Lexikon 1815–1950, 13 (2007–2010), S. 434f.
PLOSS, CHRISTOPH JOHANNES: Die „New Commonwealth Society". Ein Ideen-Laboratorium für den supranationalen europäischen Integrationsprozess (Studien zur Modernen Geschichte, Bd. 64), Stuttgart 2017.
POHANKA, REINHARD: Der Euthanasie-Arzt Emil Gelny (1890–1961). Direktor in den Heil- und Pflegeanstalten Gugging und Mauer-Öhling 1943–1945, in: DERS.: Pflichterfüller. Hitlers Helfer in der Ostmark, Wien 1997, S. 57–63.
PONS, ROUVEN: Esoteriker des Klangs. Das Leben des Dresdner Komponisten Roland Bocquet (1878–1945?), in: Neues Archiv für Sächsische Geschichte 86 (2015), S. 145–176.
POSTERT, ANDRÉ: Von der Kritik der Parteien zur außerparlamentarischen Opposition. Die jungkonservative Klub-Bewegung in der Weimarer Republik und ihre Auflösung im Nationalsozialismus, Baden-Baden 2014.
POTHMANN, UTE: „Ära Voss". Zur Karriere des Wirtschaftsprüfers Dr. Wilhelm Voss (1896–1974) in der Konsolidierungsphase des NS-Regimes 1933/1934, in: Jahrbuch für Wirtschaftsgeschichte 58 (2017) 1, S. 279–316.
PRICK, GEORG: Rechtsanwalt Dr. Erwin Noack – Facetten zu einem Lebensbild, in: LÜCK, HEINER/HÖLAND, ARMIN (HRSG.): Die Rechts- und Staatswissenschaftliche Fakultät der Martin-Luther-Universität Halle-Wittenberg im Nationalsozialismus, Halle 2011, S. 141–190.
PROCTOR, ROBERT N.: Blitzkrieg gegen den Krebs. Gesundheit und Propaganda im Dritten Reich, Stuttgart 2002.
PUSCHNER, UWE: Die völkische Bewegung im wilhelminischen Kaiserreich. Sprache – Rasse – Religion, Darmstadt 2001.
PUSCHNER, UWE: Die Germanenideologie im Kontext der völkischen Weltanschauung. In. Göttinger Forum für Altertumswissenschaft 4 (2001), S. 85–97.
PUSCHNER, UWE: Germanenideologie und völkische Weltanschauung, in: BECK, HEINRICH/GEUENICH, DIETER/STEUER, HEIKO (HRSG.): Zur Geschichte der Gleichung „germanisch-deutsch" (Ergänzungsbände zum Reallexikon der Germanischen Altertumskunde, Bd. 34), Berlin/New York 2004, S. 103–129.

PUSCHNER, UWE: Völkische Diskurse zum Ideologem „Frau", in: SCHMITZ, WALTER/VOLLNHALS, CLEMENS (HRSG.): Völkische Bewegung, Konservative Revolution, Nationalsozialismus. Aspekte einer politisierten Kultur, Dresden 2005, S. 45-75.

PUSCHNER, UWE: Weltanschauung und Religion, Religion und Weltanschauung. Ideologie und Formen völkischer Religion, in: Zeitenblicke 5 (2006) 1.

PUSCHNER, UWE: Völkisch. Plädoyer für einen „engen" Begriff, in: CIUPKE, PAUL/HEUER, KLAUS/JELICH, FRANZ-JOSEF/ULBRICHT, JUSTUS H. (HRSG.): „Erziehung zu deutschen Menschen". Völkische und nationalkonservative Erwachsenenbildung in der Weimarer Republik (Geschichte und Erwachsenenbildung, Bd. 23), Essen 2007, S. 53-66.

PUSCHNER, UWE: Mittgart. Eine völkische Utopie, in: GEUS, KLAUS (HRSG.): Utopien, Zukunftsvorstellungen, Gedankenexperimente. Literarische Konzepte von einer „anderen" Welt im abendländischen Denken von der Antike bis zur Gegenwart (Zivilisationen & Geschichte, Bd. 9), Frankfurt am Main 2011, S. 155-185.

PUSCHNER, UWE: Völkische Bewegung und Jugendbewegung. Eine Problemskizze, in: BOTSCH, GIDEON/HAVERKAMP, JOSEF (HRSG.): Jugendbewegung, Antisemitismus und rechtsradikale Politik. Vom „Freideutschen Jugendtag" bis zur Gegenwart (Europäisch-jüdische Studien-Beiträge, Bd. 13), Berlin/Boston 2014, S. 9-28.

PUSCHNER, UWE: Heimland. Eine völkische Siedlung, in: BARZ, CHRISTIANE (HRSG.): Einfach. Natürlich. Leben. Lebensreform in Brandenburg 1890-1939, Berlin 2015, S. 123-127.

PUSCHNER, UWE: Antisemitische Drachen. Das Theodor-Fritsch-Denkmal in Berlin-Zehlendorf, in: KOHLSTRUCK, MICHAEL/SCHÜLER-SPRINGORUM, STEFANIE/WYRWA, ULRICH (HRSG.): Bilder kollektiver Gewalt. Kollektive Gewalt im Bild. Annäherungen an eine Ikonographie der Gewalt, Berlin 2015, S. 157-164.

PUSCHNER, UWE: Sparta – „Lichtblick in der Menschheitsgeschichte": Völkische Perspektiven, in: SCHUOL, MONIKA/WENDT, CHRISTIAN/WILKER, JULIA (HRSG.): exempla imitanda. Mit der Vergangenheit die Gegenwart bewältigen? Festschrift für Ernst Baltrusch zum 60. Geburtstag, Göttingen 2016, S. 139-152.

PUSCHNER, UWE: Antisemiten, Alldeutsche, Völkische und der Zionismus. Radikale Diskurse in der langen Jahrhundertwende, in: HAN, SARA/MIDDELBECK-VARWICK, ANJA/THURAU, MARKUS (HRSG.): Bibel – Israel – Kirche. Studien zur jüdisch-christlichen Begegnung, Münster 2018, S. 223-238.

PUSCHNER, UWE/SCHMITZ, WALTER/ULBRICHT, JUSTUS, H. (HRSG.): Handbuch zur „völkischen Bewegung" 1871-1918, München 1999.

PUSCHNERAT, TANIA: Antizionismus im Islamismus und Rechtsextremismus, in: BFV (HRSG.): Feindbilder im politischen Extremismus. Gegensätze, Gemeinsamkeiten und ihre Auswirkungen auf die Innere Sicherheit, Köln 2004, S. 35-62.

RASSLOFF, STEFFEN: Der „Mustergau". Thüringen zur Zeit des Nationalsozialismus. München 2015.

REICHARDT, SVEN: Faschistische Kampfbünde. Gewalt und Gemeinschaft im italienischen Squadrismus und in der deutschen SA, Köln/Weimar/Wien ²2009.

REICHARDT, SVEN: Vergemeinschaftung durch Gewalt. Der SA-"Mördersturm 33" in Berlin-Charlottenburg, in: HÖRDLER, STEFAN (HRSG.): SA-Terror als Herrschaftssicherung. „Köpenicker Blutwoche" und öffentliche Gewalt im Nationalsozialismus, Berlin 2013.

REIMERS, KIRSTEN: Das Bewältigen des Wirklichen. Untersuchungen zum dramatischen Schaffen Ernst Tollers zwischen den Weltkriegen, Würzburg 2000.

REITER, FRANZ RICHARD (HRSG.): „Sein Kampf". Antwort an Hitler von Irene Harand (Dokumente, Berichte, Analysen, Bd. 13), Wien 2005.

RESCHKE, OLIVER: Der Kampf der Nationalsozialisten um den roten Friedrichshain, Berlin 2004.

RESCHKE, OLIVER: Kampf um den Kiez. Der Aufstieg der NSDAP im Zentrum Berlins 1925-1933, Berlin 2014.

Riegler, Thomas: „The Most Dangerous Man in Europe"? Eine kritische Bestandsaufnahme zu Otto Skorzeny, in: JIPSS 11 (2017) 1, S. 15–61.
Riegler, Thomas/Sälter, Gerhard: Nachkriegsorganisationen der Nationalsozialisten in Österreich und die Geheimdienste: NS-Netzwerke im Untergrund, im Verband der Unabhängigen, in der Organisation Gehlen und im BND, in: Journal for Intelligence, Propaganda and Security Studies 14 (2020) 1, S. 13–33.
Ritter, Gerhard A.: Die Verdrängung von Friedrich Meinecke als Herausgeber der Historischen Zeitschrift 1933–1935, in: Hein, Dieter/Hildebrand, Klaus/Schulz, Andreas (Hrsg.): Historie und Leben. Der Historiker als Wissenschaftler und Zeitgenosse, München 2006, S. 65–88.
Ritzi, Matthias/Schmidt-Eenboom, Erich: Im Schatten des Dritten Reiches. Der BND und sein Agent Richard Christmann, Berlin 2011.
Rock, David: Authoritarian Argentina. The nationalist movement, its history and its impact, Berkely/Los Angeles 1995.
Röpke, Andrea/Schröm, Oliver: Stille Hilfe für braune Kameraden. Das geheime Netzwerk der Alt- und Neonazis, Berlin ²2002.
Roos, Daniel: Julius Streicher und „Der Stürmer" 1923–1945, Paderborn 2014.
Rubin, Barry/Schwanitz, Wolfgang G.: Nazis, Islamists, and the Making of the Modern Middle, New Haven (Connecticut) 2014.
Rupnow, Dirk: Judenforschung im Dritten Reich. Wissenschaft zwischen Politik, Propaganda und Ideologie, Baden-Baden 2011.
Ruppert, Wolfgang: Künstler im Nationalsozialismus. Künstlerindividuum, Kunstpolitik und die Berliner Kunsthochschule, in: Ders. (Hrsg.): Künstler im Nationalsozialismus. Die „Deutsche Kunst", die Kunstpolitik und die Berliner Kunsthochschule, Köln/Weimar/Wien 2015, S. 20–73.
Rusinek, Bernd-A: Schwerte/Schneider. Die Karriere eines Spagatakteurs 1936–1995, in: König, Helmut (Hrsg.): Der Fall Schwerte im Kontext, Opladen/Wiesbaden 1998, S. 14–47.
Ryad, Umar: From an Officer in the Ottoman Army to a Muslim Publicist and Armament Agent in Berlin. Zeki Hishmat-Bey Kiram (1886–1946), in: Bibliotheca Orientalis 63 (2006) 3/4, S. 235–268.
Sabrow, Martin: Der Rathenaumord. Rekonstruktion einer Verschwörung gegen die Weimarer Republik (Schriftenreihe der Vierteljahrshefte für Zeitgeschichte, Bd. 69), München 1994.
Sachslehner, Johannes: Hitlers Mann im Vatikan. Bischof Alois Hudal. Ein dunkles Kapitel in der Geschichte der Kirche, Wien 2019.
Saehrendt, Christian: „Die Brücke" zwischen Staatskunst und Verfemung. Expressionistische Kunst als Politikum in der Weimarer Republik, im „Dritten Reich" und im Kalten Krieg, Stuttgart 2005.
Sandkühler, Hans-Jörg: „Eine lange Odyssee". Joachim Ritter, Ernst Cassirer und die Philosophie im „Dritten Reich", in: Dialektik 15 (2006) 1, S. 139–180.
Sarfatti, Michele: Die Juden im faschistischen Italien. Geschichte, Identität, Verfolgung, Berlin/Boston 2014.
Sauer, Bernhard: Goebbels „Rabauken". Zur Geschichte der SA in Berlin-Brandenburg, in: Berlin in Geschichte und Gegenwart (Jahrbuch des Landesarchivs Berlin), Berlin 2006, S. 107–164.
Sauer, Bernhard: „Auf nach Oberschlesien". Die Kämpfe der deutschen Freikorps 1921 in Oberschlesien und den anderen ehemaligen deutschen Ostprovinzen, in: ZfG 58 (2010) 4, S. 297–320.
Schafmeister, Julia: „Aufgedeckte Geschichtsirrtümer" und „fließende Kraftquellen", in: Eikermann, Larissa/Haupt, Stefanie/Linde, Roland/Zelle, Michael (Hrsg.): Die Externsteine. Zwischen wissenschaftlicher Forschung und völkischer Deutung (Veröffentlichungen der Historischen Kommission für Westfalen N.F., Bd. 31), Münster 2018, S. 315–333.
Scheffler, Thomas: Fritz Steppat – Werkbiographische Einführung, in: Scheffler, Thomas (Hrsg.): Fritz Steppat. Islam als Partner. Islamkundliche Aufsätze. Würzburg 2001.

SCHICK, CHRISTA: Die Internierungslager, in: BROSZAT, MARTIN/HENKE, KLAUS-DIETMAR/ WOLLER, HANS (HRSG.): Von Stalingrad zur Währungsreform. Zur Sozialgeschichte des Umbruchs in Deutschland (Quellen und Darstellungen zur Zeitgeschichte, Bd. 26), München ³1990, S. 301-326.

SCHIEDER, WOLFGANG: Faschismus im politischen Transfer. Guiseppe Renzetti als faschistischer Propagandist und Geheimagent in Berlin 1922-1941, in: REICHARDT, SVEN/NOLZEN, ARMIN (HRSG.): Faschismus in Italien und Deutschland. Studien zu Transfer und Vergleich (Beiträge zur Geschichte des Nationalsozialismus, Bd. 21), Göttingen 2005, S. 28-58.

SCHIEDER, WOLFGANG: Mythos Mussolini. Deutsche in Audienz beim Duce, München 2013

SCHIEFELBEIN, DIETER: Das „Institut zur Erforschung der Judenfrage Frankfurt am Main". Antisemitismus als Karrieresprungbrett im NS-Staat, in: Fritz Bauer Institut (Hrsg.): „Beseitigung des jüdischen Einflusses ..." Antisemitische Forschung, Eliten und Karrieren im Nationalsozialismus, Frankfurt am Main 1999, S. 43-72.

SCHLEMMER, THOMAS/WOLLER, HANS: Der italienische Faschismus und die Juden 1922 bis 1945, in: VfZ 53 (2005), S. 165-201.

SCHLÖGEL, KARL: Von der Vergeblichkeit eines Professorenlebens. Otto Hoetzsch und die deutsche Russlandkunde, in: Osteuropa. Zeitschrift für Gegenwartsfragen des Ostens 55 (2005) 12, S. 5-28.

SCHMID, MARKUS: Karl Weinländer: einer der vielen Wegbereiter ins Dritte Reich, in: Villa Nostra. Weißenburger Blätter für Geschichte, Heimatkunde und Kultur von Stadt und Weißenburger Land, Weißenburg 2002, S. 5-17.

SCHMIDINGER, THOMAS: Zur Islamisierung des Antisemitismus, in: DOKUMENTATIONSARCHIV DES ÖSTERREICHISCHEN WIDERSTANDES (HRSG.): Jahrbuch 2008, Wien 2008, S. 103-139.

SCHMIDT, INA: Geschlechterpolitik, Religion, Nationalismus und Antisemitismus im Leben der Publizistin und Philosophin Lenore Kühn, in: Recherches Germaniques Nr. 32/2002, S. 69-93.

SCHMOLLINGER, HORST W.: Deutsche Partei, in: STÖSS, RICHARD (HRSG.): Parteienhandbuch. Die Parteien der Bundesrepublik Deutschland (Bd. 2), Opladen 1988, S. 1025-1111.

SCHNEPPEN, HEINZ: Odessa und das Vierte Reich. Mythen der Zeitgeschichte, Berlin 2007.

SCHNEPPEN, HEINZ: Walther Rauff. Organisator der Gaswagenmorde, Berlin 2011.

SCHÖLCH, ALEXANDER: Das Dritte Reich, die zionistische Bewegung und der Palästina-Konflikt, in: VfZ 30 (1982), S. 646-674.

SCHOEPS, MANFRED: Der Deutsche Herrenklub. Ein Beitrag zur Geschichte des Jungkonservativismus in der Weimarer Republik (Diss. phil.), Erlangen/Nürnberg 1974.

SCHÖRLE, ECKART: Internationale der Antisemiten. Ulrich Fleischhauer und der „Welt-Dienst", in: WerkstattGeschichte 51 (2009), S. 57-72.

SCHÖRLE, ECKART: Erfurt - ein „Mekka der Antijudaisten"? Die antisemitische Propagandazentrale von Ulrich Fleischhauer, in: Mitteilungen des Vereins für die Geschichte und Altertumskunde von Erfurt 71 (2010), S. 108-136.

SCHOLDER, KLAUS: Die Kirchen und das Dritte Reich (Bd. 2). Das Jahr der Ernüchterung 1934, Frankfurt am Main/Berlin 1988.

SCHREIBER, CARSTEN: Elite im Verborgenen. Ideologie und regionale Herrschaftspraxis des Sicherheitsdienstes der SS und seines Netzwerks am Beispiel Sachsens (Studien zur Zeitgeschichte, Bd. 77), München 2008.

SCHREIBER, MAXIMILIAN: Walther Wüst. Dekan und Rektor der Universität München 1935-1945 (Beiträge zur Geschichte der Ludwig-Maximilians-Universität München, Bd. 3), München 2008.

SCHULTE, JAN ERIK/VOLLNHALS, CLEMENS: Einführung, in: Totalitarismus und Demokratie 7 (2010), S. 179-181.

SCHULZ, GERHARD: Der „Nationale Club von 1919" zu Berlin. Zum politischen Zerfall einer Gesellschaft, in: DERS.: Das Zeitalter der Gesellschaft. Aufsätze zur politischen Sozialgeschichte der Neuzeit, München 1969, S. 299-322.

SCHULZE, HAGEN: Freikorps und Republik 1918–1920 (Wehrwissenschaftliche Forschungen: Abteilung militärgeschichtliche Studien, Bd. 8), Boppard am Rhein 1969.
SCHUSTER, MARTIN: Die SA in der nationalsozialistischen „Machtergreifung" in Berlin und Brandenburg 1926–1934 (Diss. phil.), Berlin 2004.
SCHWARTZ, THOMAS A.: Die Begnadigung deutscher Kriegsverbrecher. John J. McCloy und die Häftlinge von Landsberg, in: VfZ 38 (1990), S. 375–414.
SCHWARZ, MANUEL: „Judenforschung im Mustergau". Die Brüder Buchmann und die Schriftenreihe „Thüringer Untersuchungen zur Judenfrage" (1939–1944), Berlin 2014.
SEE, KLAUS VON: Deutsche Germanen-Ideologie vom Humanismus bis zur Gegenwart, Frankfurt am Main 1970.
SEGEV, TOM: Simon Wiesenthal. Die Biographie, München 2010.
SEIDLER, FRANZ W.: Die Kollaboration 1939–1945, München 1995.
SENNHOLZ, MARCO: Johann von Leers. Ein Propagandist des Nationalsozialismus, Berlin 2013.
SERENY, GITTA: Am Abgrund. Gespräche mit dem Henker. Franz Stangl und die Morde von Treblinka, München/Zürich ²1995.
SHAIN, MILTON: Antisemitism in the Far Right in South Africa, 1930–1994, in: BAUMGARTEN, MURRAY/KENEZ, PETER/THOMPSON, BRUCE (HRSG.): Varieties of Antisemitism. History, Ideology, Discourse, Cranbury/NJ 2010, S. 277–291.
SHIMONI, GIDEON: Community and Conscience. The Jews in apartheid South Africa, New England 2003.
SHPIRO, SHLOMO: Nachrichtendienstliche und militärische Kooperationen zwischen Israel und Deutschland. Einblicke in die frühen Jahre, in: GLÖCKNER, OLAF/SCHOEPS, JULIUS H. (HRSG.): Deutschland, die Juden und der Staat Israel. Eine politische Bestandsaufnahme, Hildesheim 2016, S. 115–147.
SIEG, ULRICH: Deutschlands Prophet. Paul de Lagarde und die Ursprünge des modernen Antisemitismus, München 2007.
SIEMENS, DANIEL: Prügelpropaganda. Die SA und der nationalsozialistische Mythos vom „Kampf um Berlin", in: WILDT, MICHAEL/KREUTZMÜLLER, CHRISTOPH (HRSG.): Berlin 1933–1945, München 2013, S. 33–48.
SIEMENS, DANIEL: Dem SA-Mann auf der Spur. Nationalsozialistische Erinnerungspolitik im Berlin der 1930er Jahre, in: HÖRDLER, STEFAN (HRSG.): SA-Terror als Herrschaftssicherung. „Köpenicker Blutwoche" und öffentliche Gewalt im Nationalsozialismus, Berlin 2013, S. 147–163.
SIMPSON, CHRISTOPHER: Der amerikanische Bumerang. NS-Kriegsverbrecher im Sold der USA, Wien 1988.
SMOYDZIN, WERNER: Hitler lebt. Vom internationalen Faschismus zur Internationale des Hakenkreuzes, Pfaffenhofen/Ilm 1966.
SÖLLNER, ALFONS: „Kronjurist des Dritten Reiches". Das Bild Carl Schmitts in den Schriften der Emigranten, in: Jahrbuch für Antisemitismusforschung 1 (1992), S. 191–216.
SOWINSKI, OLIVER: Die Deutsche Reichspartei 1950–1965. Organisation und Ideologie einer rechtsradikalen Partei, Frankfurt am Main 1998.
SPILKER, ANNIKA: Geschlecht, Religion und völkischer Nationalismus. Die Ärztin und Antisemitin Mathilde von Kemnitz-Ludendorff (1877–1966), Frankfurt am Main 2013.
STAHL, DANIEL: Nazi-Jagd. Südamerikas Diktaturen und die Ahndung von NS-Verbrechen, Göttingen 2013.
STANGNETH, BETTINA: Eichmann vor Jerusalem. Das unbehelligte Leben eines Massenmörders, Hamburg 2011.
STAUDENMAIER, PETER: Between Occultism and Nazism. Anthroposophy and the Politics of Race in the Fascist Era, Leiden/Boston 2014.
STEIBLE, HORST: Oluf Krückmann zum Gedenken, in: Freiburger Universitätsblätter 87–88 (1985), S. 5–7.

STEINACHER, GERALD: Nazis auf der Flucht. Wie Kriegsverbrecher über Italien nach Übersee entkamen (Innsbrucker Forschungen zur Zeitgeschichte, Bd. 26), Innsbruck 2008.
STEINACHER, GERALD: Argentinien als NS-Fluchtziel. Die Emigration von Kriegsverbrechern und Nationalsozialisten an der Río de la Plata 1946–1955. Mythos und Wirklichkeit, in: MEDING, HOLGER M./ISMAR, GEORG (HRSG.): Argentinien und das Dritte Reich. Mediale und reale Präsenz, Ideologietransfer, Folgewirkungen (Deutsch-Lateinamerikanische Forschungen, Bd. 4), Berlin 2008, S. 231–253.
STEINBACH, MATTHIAS: Friedrich Schneiders „Kaiserpolitik des Mittelalters": Zur Karriere eines Bestsellers im Spannungsfeld ideologisierter Geschichtsbilder und universitärer Machtkämpfe, in: HOSSFELD, UWE/JOHN, JÜRGEN/LEMUTH, OLIVER/STUTZ, RÜDIGER (HRSG.): „Kämpferische Wissenschaft". Studien zur Universität Jena im Nationalsozialismus, Köln/Weimar/Wien 2003, S. 943–966.
STEINWEIS, ALAN E.: Studying the Jew. Scholarly Antisemitism in Nazi Germany, Cambridge 2006.
STEUER, HEIKO (HRSG.): Eine Hervorragend Nationale Wissenschaft. Deutsche Prähistoriker zwischen 1900 und 1995 (Reallexikon der Germanischen Altertumskunde, Ergänzungsbände: 29), Berlin/New York 2001.
STEUWER, JANOSCH: Die andere Europäische Einigung: Entwicklungslinien der transnationalen Kooperation rechtsextremer Parteien in der zweiten Hälfte des 20. Jahrhunderts, in: Mitteilungsblatt des Instituts für soziale Bewegungen (2011) 46, S. 87–96.
STÖSS, RICHARD: Freie Sozialistische Partei, in: STÖSS, RICHARD (HRSG.): Parteienhandbuch. Die Parteien der Bundesrepublik Deutschland (Bd. 3), Opladen 1986, S. 1382–1396.
STORM, SÖNJE: Die öffentliche Aussprache über Herman Wirths „Ura-Linda-Chronik" in Berlin (1934), in: ALMGREN, BRIGITTA (HRSG.): Bilder des Nordens in der Germanistik 1929–1945. Wissenschaftliche Integrität oder politische Anpassung?, Södertörns Högskola 2002, S. 79–97.
STREUBEL, CHRISTIANE: Radikale Nationalistinnen. Agitation und Programmatik rechter Frauen in der Weimarer Republik, Frankfurt am Main 2006.
STREUBEL, MANFRED: Zum Tode Kurt Liebmanns, in: Neue Deutsche Literatur 30 (1982) 1, S. 164–166.
STRUBE, JULIAN: Die Erfindung des esoterischen Nationalsozialismus, in: ZfR 20 (2012) 2, S. 223–268.
STRUBE, JULIAN: Vril. Eine okkulte Urkraft in Theosophie und esoterischem Neonazismus, München 2013.
STRUPP, CHRISTOPH: Johan Huizinga. Geschichtswissenschaft als Kulturgeschichte, Göttingen 2000.
SURETTE, LEON: Pound in Purgatory. From Radical Economics to Anti-Semitism, Illinois 1999.
TAGUIEFF, PIERRE-ANDRÉ: Fanatiques antijuifs sur la voie du jihad. Dans le sillage de Haj Amin al Husseini et de Johann von Leers, in: Revue d'Histoire de la Shoah 2/2016 (Nr. 205), S. 475–510.
TAUBER, KURT P.: Beyond Eagle and Swastika. German Nationalism since 1945, 2 Bd., Middletown (Connecticut) 1967.
TOCZEK, NICK: Haters, Baiters and Would-Be Dictators: Anti-Semitism and the UK Far Right, London/New York 2016.
TRESS, WERNER: „Wer ist der eigentliche Feind?" Die Bücherverbrennungen in Deutschland und der Beginn der Literaturindizierungen im Zeitumbruch des Jahres 1933 (Diss. phil.), Berlin 2011.
TRIEBEL, FLORIAN: Der Eugen Diederichs Verlag, 1930–1949. Ein Unternehmen zwischen Kultur und Kalkül (Schriftenreihe zur Zeitschrift für Unternehmensgeschichte, Bd. 13), München 2004.
ULBRICHT, JUSTUS H.: „Heil Dir, Wittekinds Stamm", in: Heimatkalender für den Landkreis Verden (1995), S. 69–123.
ULBRICHT, JUSTUS H.: Verden, der „Sachsenhain" und die Geschichte völkischer Religiosität in Deutschland, in: Heimatkalender für den Landkreis Verden (1996), S. 224–267.

ULBRICHT, JUSTUS H.: „Ein heimlich offener Bund für das große Morgen …" Methoden systematischer Weltanschauungsproduktion während der Weimarer Republik, in: CANCIK, HUBERT/PUSCHNER, UWE (HRSG.): Antisemitismus, Paganismus, Völkische Religion, München 2004, S. 65–81.

VOLKOV, SHULAMIT: Kontinuität und Diskontinuität im deutschen Antisemitismus 1878–1945, in: VfZ 35 (1985), S. 221–243.

VOLLNHALS, CLEMENS: Oswald Spengler und der Nationalsozialismus. Das Dilemma eines konservativen Revolutionärs, in: Jahrbuch des Instituts für Deutsche Geschichte, Tel-Aviv 1984, S. 263–303.

VOLLNHALS, CLEMENS (HRSG.): Entnazifizierung. Politische Säuberung und Rehabilitierung in den vier Besatzungszonen 1945–1949, München 1991.

VOLLNHALS, CLEMENS: Praeceptor Germaniae. Spengler politisch Publizistik, in: SCHMITZ, WALTER/VOLLNHALS, CLEMENS (HRSG.): Völkische Bewegung, Konservative Revolution, Nationalsozialismus. Aspekte einer politisierten Kultur, Dresden 2005, S. 117–138.

VORDERMAYER, THOMAS: Bildungsbürgertum und völkische Ideologie. Konstitution und gesellschaftliche Tiefenwirkung eines Netzwerks völkischer Autoren (1919–1959), Berlin 2016.

WALDMANN, PETER: Der Peronismus 1943–1955, Hamburg 1974.

WALTER, DIRK: Antisemitische Kriminalität und Gewalt. Judenfeindschaft in der Weimarer Republik, Bonn 1999.

WAZECK, MILENA: Wer waren Einsteins Gegner?, in: APZG 55 (2005) 25/26, S. 17–23.

WEBER, PETRA: Justiz und Diktatur. Justizverwaltung und politische Strafjustiz in Thüringen 1945–1961, München 2000.

WEDEMEYER-KOLWE, BERND: Aufbruch. Die Lebensreform in Deutschland, Wiesbaden 2017.

WEINDLING, PAUL: „Mustergau" Thüringen: Rassenhygiene zwischen Ideologie und Machtpolitik, in: HOSSFELD, UWE/JOHN, JÜRGEN/LEMUTH, OLIVER/STUTZ, RÜDIGER (HRSG.): „Kämpferische Wissenschaft". Studien zur Universität Jena im Nationalsozialismus, Köln/Weimar/Wien 2003, S. 1013–1026.

WEINGARDT, MARKUS A.: Deutsche Israel- und Nahostpolitik. Die Geschichte einer Gratwanderung seit 1949, Frankfurt am Main/New York 2002.

WEINGART, PETER/KROLL, JÜRGEN/BAYERTZ, KURT: Geschichte der Eugenik und Rassenhygiene in Deutschland, Frankfurt am Main 1988.

WEINGART, PETER: Doppel-Leben. Ludwig Ferdinand Clauss. Zwischen Rassenforschung und Widerstand, Frankfurt am Main 1995.

WEINREICH, MAX: Hitler's Professors. The Part of Scholarship in Germany's Crimes against the jewish People, New York 1946.

WEISBROD, BERND: Generation und Generationalität in der Neueren Geschichte, in: APZG 55 (2005) 8, S. 3–8.

WEISENBURGER, ELVIRA: Hans Friedrich Karl Günther, Professor für Rassekunde, in: KISSENER, MICHAEL/SCHOLTYSECK, JOACHIM (HRSG.): NS-Biographien aus Baden und Württemberg (Karlsruher Beiträge zur Geschichte des Nationalsozialismus, Bd. 2), Konstanz 1997, S. 161–199.

WEISS, VOLKER: Moderne Antimoderne. Arthur Moeller van den Bruck und der Wandel des Konservatismus. Paderborn 2012.

WEITKAMP, SEBASTIAN: Braune Diplomaten. Horst Wagner und Eberhard von Thadden als Funktionäre der „Endlösung", Bonn 2008.

WEMBER, HEINER: Umerziehung im Lager. Internierung und Bestrafung von Nationalsozialisten in der britischen Besatzungszone Deutschlands (Düsseldorfer Schriften zur Neueren Landesgeschichte und zur Geschichte Nordrhein-Westfalens, Bd. 30), Essen 1991.

WETZEL, RICHARD F.: Kriminalbiologische Forschung an der Deutschen Forschungsanstalt für Psychiatrie in der Weimarer Republik und im Nationalsozialismus, in: SCHMUHL, HANS-WALTER (HRSG.): Rassenforschung an Kaiser-Wilhelm-Instituten vor und nach 1933. Göttingen 2003, S. 68–98.

WICHERT, SVEN: Vademecum Rethram. Eine Revision, in: Bodendenkmalpflege in Mecklenburg-Vorpommern 56 (2008), S. 103–113.

WICHMANN, MANFRED: Die Gesellschaft zum Studium des Faschismus. Ein antidemokratisches Netzwerk zwischen Rechtskonservativismus und Nationalsozialismus, in: Bulletin für Faschismus- und Weltkriegsforschung 31/32 (2008), S. 72–104.

WIEDEMANN, FELIX: Der doppelte Orient. Zur völkischen Orientromantik des Ludwig Ferdinand Clauß, in: ZRGG 61 (2009) 1, S. 1–24.

WIEN, PETER: Arabs in Nazi Germany, in: Geschichte und Gesellschaft 37 (2011), S. 332–358.

WIENFORT, MONIKA: Der Adel in der Moderne, Göttingen 2006.

WILD, STEFAN: „Mein Kampf" in arabischer Übersetzung, in: Die Welt des Islams 9 (1964), S. 207–211.

WILD, STEFAN: National Socialism in the Arab Near East between 1933 and 1939, in: Die Welt des Islams 25 (1985), S. 126–173.

WILDANGEL, RENÉ: „Der größte Feind der Menschheit". Der Nationalsozialismus in der arabischen Öffentlichkeit in Palästina während des Zweiten Weltkrieges, in: HÖPP, GERHARD/WIEN, PETER/WILDANGEL, RENÉ (HRSG.): Blind für Geschichte? Arabische Begegnungen mit dem Nationalsozialismus, Berlin o. J. [2004], S. 115–154.

WILDANGEL, RENÉ: Zwischen Achse und Mandatsmacht. Palästina und der Nationalsozialismus (ZMO-Studien, Bd. 24), Berlin 2007.

WILDT, MICHAEL: Generation des Unbedingten. Das Führungskorps des Reichssicherheitshauptamtes, Hamburger 2002.

WILKE, KARSTEN: Die „Hilfsgemeinschaft auf Gegenseitigkeit" (HIAG) 1950–1990. Veteranen der Waffen-SS in der Bundesrepublik, Paderborn 2011.

WILHELM, CORNELIA: Bewegung oder Verein? Nationalsozialistische Volkstumspolitik in den USA (Transatlantische historische Studien, Bd. 9), Stuttgart 1998.

WILHELM, RALF-DIETER: Das Hermannsdenkmal an der Grenze seiner Sprachfähigkeit. Ringen um nationale Identität in den fünfziger Jahren, in: Rosenland. Zeitschrift für lippische Geschichte 23/2019, S. 2–35.

WINKLER, WILLI: Der Schattenmann. Von Goebbels zu Carlos: Das mysteriöse Leben des François Genoud, Berlin 2011.

WISTRICH, ROBERT: Der antisemitische Wahn. Von Hitler bis zum Heiligen Krieg gegen Israel, Ismaning 1987.

WIWJORRA, INGO: Herman Wirth – Ein gescheiterter Ideologe zwischen „Ahnenerbe" und Atlantis, in: DANCKWORTT, BARBARA/QUERG, THORSTEN/SCHÖNINGH, CLAUDIA (HRSG.): Historische Rassismusforschung. Ideologen – Täter – Opfer, Hamburg 1995, S. 91–112.

WIWJORRA, INGO: In Erwartung der „Heiligen Wende". Herman Wirth im Kontext der völkisch-religiösen Bewegung, in: PUSCHNER, UWE/VOLLNHALS, CLEMENS (HRSG.): Die völkisch-religiöse Bewegung im Nationalsozialismus. Eine Beziehungs- und Konfliktgeschichte (Schriften des Hannah-Arendt-Instituts für Totalitarismusforschung, Bd. 47), Göttingen 2012, S. 399–416.

WOJAK, IRMTRUD: Eichmanns Memoiren. Ein kritischer Essay, Frankfurt am Main 2001.

WOLLER, HANS: Die Abrechnung mit dem Faschismus in Italien 1943 bis 1948 (Quellen und Darstellung zur Zeitgeschichte, Bd. 38), München/Wien 1996.

WOLLER, HANS: Mussolini. Der erste Faschist. Eine Biografie, München ²2016.

ZECK, MARIO: Das Schwarze Korps. Geschichte und Gestalt des Organs der Reichsführung SS (Medien in Forschung & Unterricht: Ser. A, Bd. 51), Tübingen 2002.

ZERNACK, JULIA: „Wenn es sein muss, mit Härte ..." Die Zwangsversetzung des Nordisten Gustav Neckel 1935 und die „Germanenkunde im Kulturkampf", in: SEE, KLAUS VON/ZERNACK, JULIA: Germanistik und Politik in der Zeit des Nationalsozialismus. Zwei Fallstudien: Hermann Schneider und Gustav Neckel (Frankfurter Beiträge zur Germanistik, Bd. 42), Heidelberg 2004, S. 113–211.

ZIEGE, EVA-MARIA: Sophie Rogge-Börner: Wegbereiterin der Nazidiktatur und völkische Sektiererin im Abseits, in: HEINSOHN, KIRSTEN/VOGEL, BARBARA/WECKEL, ULRIKE (HRSG.): Zwischen Karriere und Verfolgung. Handlungsräume von Frauen im nationalsozialistischen Deutschland, Frankfurt am Main 1997, S. 44–77.

ZIMMERMANN, MOSHE: Mohammed als Vorbote der NS-Judenpolitik? Zur Instrumentalisierung von Antisemitismus und Antizionismus, in: Tel Aviver Jahrbuch für Deutsche Geschichte Bd. 25 (2005), S. 290–305.

ZUMBINI, MASSIMO FERRARI: Die Wurzeln des Bösen. Gründerjahre des Antisemitismus: Von der Bismarckzeit zu Hitler (Das Abendland, N.F. 32), Frankfurt am Main 2003.

12. Abbildungsnachweis

Cover: BArch, Bild 183-2004-0825-502/Alexander Bengsch. Auswärtiges Amt, Pol. Archiv, BAV 104 KAIR/1893
Abb. 1, 2, 4: Privatarchiv
Abb. 3: Bayerische Staatsbibliothek München/Bildarchiv

13. Anhang: Lebensdaten im Überblick

* 25. Januar 1902 in Vietlübbe (Mecklenburg-Schwerin)
† 3. März 1965 in Kairo

Abb. 4: Das Bild (Aufnahme um 1940) zeigt Johann von Leers (re.) und, laut handschriftlicher Notiz auf der Rückseite, Albert Holfelder (1903–1968), seit 1938 Ministerialdirektor und Leiter des „Amtes Erziehung" des Reichsministeriums für Wissenschaft, Erziehung und Volksbildung.

Formative Jahre

1921	Abitur nach Schulbesuch in Stralsund, Waren und Neustrelitz
bis 1925	Studium in Berlin, Kiel und Rostock (Rechtswissenschaft)
	Nach eigenen Angaben zeitweise aktiv in rechtsradikalen Organisationen: O.C., Wiking, Brigade Ehrhardt
	Referendariat und Promotion (Dr. jur.; Rostock 1925)
1926	Eintritt als Attaché im Auswärtigen Amt, Abbruch der Ausbildung 1928

Eintritt in die Arena der Politik

1.8.1929	Eintritt in die NSDAP nach Besuch einer Streicher-Rede in Berlin
	Seitdem Journalist für zahlreiche NS-Tageszeitungen und Parteiredner v. a. in Berlin und Brandenburg
	Zeitweise Vertrauter von Goebbels; Beteiligung an Flügelkämpfen (Stennes, Straßer); enge Kontakte insbesondere zu Darré und Himmler; Zerwürfnis mit Rosenberg
bis 1931	SA-Führer im Gausturm Brandenburg; Beteiligung an div. Saalschlachten
1932/33	Reichsschulungsleiter des NS-Studentenbundes
1933	Mitverfasser eines Entwurfs zu einem Gesetz der Regelung der Stellung der Juden
1933/36	Studienleiter der Akademischen Abteilung „Außenpolitik und Auslandskunde" der Deutschen Hochschule für Politik in Berlin
1934/35	Hauptschriftleiter „Unser Wille und Weg" (Propagandaministerium)
1936	Eintritt in die SS; Beförderungen bis zum Sturmbannführer (1939)

Johann von Leers als völkischer Netzwerker

seit 1930/33	Betätigung als Redner für eine Vielzahl von Organisationen und Zirkeln, u. a. Gesellschaft zum Studium des Faschismus, Nationaler Klub 1919, Deutsche Adelsgesellschaft, Tat-Kreis, PEN-Zentrum
	Gemeinsam mit Ehefrau Gesine von Leers Organisator der Gesellschaft für germanische Ur- und Vorgeschichte (ehem. Herman-Wirth-Gesellschaft)
1933/37	Herausgeber der Zeitschrift „Nordische Welt"
1933/34	Beteiligung an verschiedenen Sammlungsbewegungen, u. a. am Bund Völkischer Europäer (mit zu Reventlow) und an der Arbeitsgemeinschaft Deutsche Glaubensbewegung
1936	Referent auf der von Carl Schmitt organisierten Tagung „Das Judentum in der Rechtswissenschaft"

Akademische Karriere seit 1936

seit 1936   Dozent (1936), n.b. a.o. Professor (1938), o. Professor seit 1940 an der Universität Jena, beteiligt an div. Intrigen, enge Kontakte zum SD
1941   Umzug von Berlin auf die Weißenburg an der Saale
WS 1941/42   Gastprofessor in Rom; Zusammenarbeit mit führenden Antisemiten Italiens
1942   Studienreise nach Ungarn
1942/44   Aufbau eines Seminars für Seegeschichte und Seegeltung in Jena
1.12.1942   Wissenschaftlicher Leiter des Europäischen Handwerksinstituts in Frankfurt am Main
1943   Organisator einer Ringvorlesung in Jena zur „Judenfrage"

„Die Judenfrage wurde fast zu meinem Hauptstudium": Publizistik

Zwischen 1930 und 1944/45 Autor und Herausgeber zahlreicher antisemitischer Propagandaschriften (u. a. Juden sehen Dich an, 14 Jahre Judenrepublik, Wie kam der Jude zum Geld, Judentum und Gaunertum. Eine Wesens- und Lebensgemeinschaft, Juden hinter Stalin, Kräfte hinter Roosevelt, Die Verbrechernatur der Juden), die tw. auch in andere Sprachen übersetzt wurden, einiger hundert Aufsätze in nationalsozialistischen Leitmedien (u. a. „NS-Monatshefte", „Weltkampf", „Mitteilungen über die Judenfrage", „Odal", „Unser Wille und Weg", „SS-Leitheft") und eine kaum überschaubare Zahl von Zeitungsartikeln (u. a. „Der Angriff" und „Völkischer Beobachter" sowie Organe der NS-Gaupresse); darüber hinaus kontinuierliche Rundfunkpropaganda.

Nachkriegsbiografie

1945/46   Automatic Arrest und Internierung im Lager Darmstadt, Flucht Ende 1946
1947/50   Leben in der Illegalität in der Nähe von Bonn; Reaktivierung alter Kontakte (u. a. Ernst Jünger, Klaus Mehnert, H. F. Blunck), pseudonyme Veröffentlichungen u. a. in „Christ & Welt" und in diversen Verlagen (Polyglott).
1950   Auswanderung bzw. Flucht nach Argentinien; dort einer der maßgeblichen Autoren der NS-apologetischen Monatszeitschrift „Der Weg" (erschienen 1947 bis 1957 im Dürer-Verlag in Buenos Aires). In seinen zahlreichen Beiträgen knüpfte von Leers nahtlos an seine Propaganda vor 1945 an.
1956   Übersiedlung nach Kairo; dort Propagandist und Übersetzer verschiedener staatlicher und halbstaatlicher Auftraggeber (u. a. Arabische Liga, Informationsministerium); Korrespondenzen mit einer

	Vielzahl von Antisemiten und Rechtsextremisten in Europa und Übersee; Beiträge für zahlreiche Periodika rechtsextremer Kleinstgruppen in versch. europäischen Staaten; 1957 bis 1964 „uneingewiesene Quelle" des BND (DN Nazi Emi und Hannes).
Seit 1959	Nach Schlaganfällen erkennbar körperlicher und geistiger Verfall; Versuche zur Rückkehr in die Bundesrepublik Deutschland scheitern.
3.3.1965	Gestorben in Kairo

14. Personenregister

A
Abdul-Samad, Hadj Mahm[o]ud 639
Åberg, Einar 602 f.
Acerbo, Giacomo 463
Adenauer, Konrad 154, 482, 525 f., 600, 621, 669, 693, 724, 727, 733, 754, 792
Ahlwardt, Hermann 443
al-Azma, Nabih 480
al-Gailani, Raschid 480
al-Hadsch, Louis 771–773, 779
al-Hamui, Mamun 479–483
al-Nacher 779
al-Qawuqji, Fawzi 639
Altmaier, Jakob 763
Amaudruz, Gaston 753 f.
Astel, Karl 380–384, 387, 391, 396, 398 f., 407, 409, 558
Atilhan, Cevat Rifat 272, 682 f., 708, 729, 810
Augier, Marc 601 f.
Aulock, Wilhelm von 516

B
Bachmann, Franz 187
Backe, Herbert 425, 587
Baeumler, Alfred 217, 300
Bakri, Tawfik 646
Barbie, Klaus 543, 689, 823
Bardèche, Maurice 515, 605, 713–716, 722
Barduzzi, Carlo 460 f.
Barlach, Ernst 287, 289
Baron, Francis Xavier 605 f.
Barroso, Gustavo 272
Barth, Karl 599
Baruch, Bernard 582
Bauer, Fritz 819 f., 822
Bauverd, Jean-Maurice 660
Bebenburg, Franz Freiherr Karg von 738, 740 f.

Becker, Rudolf 346, 350
Becker, Willy 420
Belisha, Leslie Hore 439, 459
Bender, Bernhard (Kunstfigur) 779 f., 782
Bendjelloul, Mohamed Salah 278
Benn, Gottfried 179
Benoist-Méchin, Jacques 718 f.
Bergmann, Ernst 123, 217 f., 222, 243
Berning, Wilhelm 48
Best, Werner 27
Beumelburg, Werner 567, 586
Bey, Franz J. 260
Biermann, Georg 291
Binding, Rudolf G. 144, 180
Blankenhorn, Herbert 792
Bley, Wulf 172
Bloem, Walter 170, 172
Blumhardt, Johann Christoph 59
Blunck, Hans Friedrich 22, 41 f., 172, 514, 517, 519, 527 f., 562, 565, 567, 619
Böckel, Otto 111, 443
Bocquet, Roland 266
Boehncke, Georg 186
Bohm, Ewald 85
Bohne, Gerhard 793
Boissel, Jean 253, 273
Bois, William E. B. du 722
Bondy, Louis 251
Bonne, Georg 187
Borah, William Edgar 578
Bormann, Martin 281, 425, 635, 736, 781, 829
Bornemann, Friedrich Karl 552 f., 565
Brackmann, Friedrich 184 f.
Brandt, Erwin 272
Brandt, Heinz 145
Brandt, Karl 567

Bräutigam, Otto 294
Brentano, Heinrich von 791, 796–798
Brenzinger, Heinrich 197
Brown, Sidney Eustace Denys 606
Brücher, Heinz 558
Bruck, Arthur Moeller van den 87
Brüning, Heinrich 117, 131
Brunner, Alois 613, 764, 783
Buch, Elisabeth von 44
Buch, Friedrich Otto von 44
Buchheim, Hans 23
Buchheit, Gert 783
Buch, Johann von 57
Buchmann, Erich 411
Buchmann, Gerhard 411
Buch, Nicolaus von 57
Bühler, Engelhardt 466 f.
Bünsche, Franz (Kunstfigur) 783
Busch, Fritz Otto 176–178
Büttner, Fritz. Siehe Lenz, Friedrich

C

Campbell, Clarence G. 272
Carell, Paul 20
Carlavilla, Mauricio 712 f.
Carlberg, Carl Ernfrid 602, 708
Chamberlain, Houston Stewart 59, 94, 108, 297, 337
Chaplin, Charlie 161
Christophersen, Thies 831
Clauß, Ludwig Ferdinand 22, 427 f., 519, 541
Clouth, Ernst 621
Conn, Alfred 699 f.
Coston, Henry 273, 603
Cox, Earnest Sevier 710, 719 f.
Cutelli, Stefano Maria 456, 462, 465
Cutting, Bronson 578 f.

D

Daluege, Kurt 232
Dam, Hendrik George van 724
Danneel, Margarete 195
Darré, Richard Walther 15, 22, 31, 39, 64, 88, 94, 96–102, 124, 197, 224, 244, 279, 292, 308, 336, 350, 369–371, 388, 392, 424–427, 433, 459, 468, 490, 493, 498, 540 f., 567, 587 f., 641, 710, 829, 834–836, 839 f., 842, 860, 863, 865
Daudistel, Albert 173
Daye, Pierre 602

Debbaudt, Jean-Robert 682
Deeg, Peter 338
Degrelle, Léon 300, 736 f.
Delmer, Sefton 652
Deumling, Joachim 779
Deutschmann, Karl 253
Devi, Savitri (= Maximine Julia Portaz) 718, 761–763
Diederichs, Eugen 188 f., 197, 200 f., 574
Diederichs, Lulu 197
Diels, Rudolf 232, 346, 535 f., 684, 745
Dierks, Margarete 23
Dietrich, Otto 20, 323, 442, 541
Diewerge, Wolfgang 541
Dirksen, Herbert von 81, 88
Dorls, Fritz 633
Drews, Arthur 196
Drumont, Eduard 337
Dufhues, Josef Hermann 737
Dühring, Eugen 337
Düpow, Karl Otto 681, 724, 729

E

Edmondson, Robert Edward 573, 603, 710
Ehrhardt, Arthur 626, 698 f., 729
Ehrhardt, Hermann 76–78, 111, 312, 531
Ehrt, Adolf 280
Eichmann, Adolf 19, 37, 162, 560 f., 571, 602, 613, 621, 656, 684, 716, 724, 731–737, 780 f., 804, 814, 816 f.
Eipper, Paul 160
Eisele, Hans 784–791, 795, 799, 815, 818
el-Husseini, Amin 37, 455, 468–470, 473, 475 f., 483, 565, 633 f., 639, 641, 645–648, 660, 668 f., 671 f., 676, 685, 692, 694, 697, 704, 812, 836
Elster, Hanns Martin 172, 175
Engdahl, Per 604 f., 623
Erzberger, Matthias 78, 154, 263, 511
Esau, Abraham 393
Evola, Julius 466–468, 622, 760

F

Fabre-Luce, Robert 218, 247, 254–257, 260, 268–270, 273–275, 279
Fahrmbacher, Wilhelm 612
Fakoussa, Hassan A. 470, 641–646, 661 f., 664, 674, 746, 780, 786, 811
Fanpol, Paul (Pseudonym) 156
Farinacci, Roberto 459

Farrag, Ahmed 633 f.
Faulhaber, Michael von 219, 242
Feuchtwanger, Lion 153
Fischer, Hanns 195, 200
Fischer, Renate von 515
Fischer, Theodor 604, 676 f.
Fischer, Walther 188, 191, 194 f., 197–206, 209–212, 232 f., 346
Fleck, Annelise 769
Fleischhauer, Ulrich 250–252, 261, 270, 272, 276, 603, 675 f., 683, 725
Flor, Gustav 627
Foerster, Richard 401
Ford, Henry 198, 603
Forster, Albert 723
Frankfurter, Felix 582
Frank, Hans 345, 456, 486
Frank, Walter 378, 382
Franz, Günther 21, 383, 385, 387–393, 416, 432, 486 f., 836
Freedman, Benjamin H. 634
Frenssen, Gustav 245, 455
Frey, Gerhard 730, 818 f., 827
Freywald, Hans Jonak von 338
Frick, Wilhelm 203, 288, 354
Fritsch, Eberhard 560–566, 568 f., 571, 589, 601, 604, 616, 618–621, 626 f., 707 f., 727, 731
Fritsch, Theodor 31, 40, 92 f., 136, 207, 261, 264, 327, 337, 340, 414, 443, 452, 571, 603, 680, 683, 834
Fritzsche, Hans 20, 511, 531, 541, 567

G
Galinski, Heinz 742
Gauch, Hermann 222, 678, 755
Gelny, Emil 636–639, 783
Genoud, François 660, 722
Gercke, Achim 249, 343, 345, 348 f.
Germani, Hans 724
Gesemann, Gerhard 196
Gildemann, Arno. Siehe Kramer, Walther
Glagau, Otto 335
Gleim, Leopold (Kunstfigur) 779 f., 783
Gobineau, Arthur Comte de 59, 94, 108, 219, 320, 337, 395
Goebbels, Joseph 20, 32, 90, 109, 120, 122–124, 126–129, 137, 143, 149, 153, 166, 168, 173, 255 f., 273, 279 f., 283–285, 287, 289, 291, 301–305, 307–309, 311, 314, 316–318, 320–323, 433, 440, 442, 587, 650, 655, 672, 724, 777, 814 f., 828, 834 f.
Goedsche, Hermann 339 f.
Göhring, Hans-Joachim 820
Grabert, Herbert 5, 224, 568, 574, 810, 831
Grabowsky, Adolf 74, 80
Grau, Wilhelm 378
Grimm, Friedrich 401
Grimm, Hans 32, 117, 310–314, 515, 567 f., 589, 728 f., 744
Gross, Jules-Ernest 658
Groß, Walter 356 f.
Grosz, George 159 f.
Grotewohl, Otto 600, 727, 796 f.
Grzesinski, Albert 154
Günther, Hans F. K. 22, 31, 39, 50, 65, 93–100, 108, 197, 203, 217, 244, 297, 320, 355, 385, 388, 424–428, 432 f., 475, 519, 540, 568, 719 f., 834
Gutbrod, Karl 429
Gütt, Arthur 345

H
Hafez, Hamdi Bey 667
Hagen, Hans W. 567
Hansen, Henrich 365, 368
Hansen, Walter 289–291, 298, 385
Harand, Irene 144, 158
Härtle, Heinrich 425, 728
Hart, Merwin K. 634
Hartner-Hnizdo, Herwig 338
Hase, Karl-Günther von 797
Hasselbacher, Friedrich 271, 276, 282
Hassouna, Abdul-Khaleq 633 f., 662 f., 669
Hatem, Abdel Kader 655
Hauer, Jakob Wilhelm 21, 23, 218, 238, 242–244, 246, 429, 568
Hausen, Ludwig Müller von 348
Haushofer, Heinz 22
Haußleiter, August 807
Heartfield, John 160
Heberer, Gerhard 382, 431, 550, 558
Heckel, Erich 287
Heiber, Helmut 16
Heiden, Konrad 18
Heiden, Luis. Siehe al-Hadsch, Louis
Heider, Otto 373
Heim, Aribert 613, 783
Heines, Edmund 104

Heitmann, Adolf. Siehe Abdul-Samad, Hadj Mahm[o]ud
Helbock, Adolf 217
Helmensdorfer, Erich 788
Hentig, Werner Otto von 21, 87 f., 477 f., 507
Herrmann, Albert 231
Herrmann, Klaus J. 699
Herzfelde, Wieland 160
Hess, Rudolf 197, 279, 354
Heydrich, Reinhard 273, 281 f., 656, 768
Hielscher, Friedrich 21, 830
Hillger, Hermann 364
Himmler, Heinrich 15 f., 64, 93, 101 f., 110, 122, 186, 207 f., 224, 229, 232–237, 273, 281 f., 285, 292 f., 297, 308, 338, 351, 369–373, 376 f., 380 f., 390–392, 451, 453 f., 467, 477, 487, 492, 511, 585–587, 678, 754, 758 f., 829, 835 f., 861–863, 867, 871 f.
Hinkel, Hans 171 f., 178, 180
Hippler, Fritz 288 f.
Hitler, Adolf 76, 87, 93, 99 f., 102–109, 117, 120, 131, 135, 158, 166, 168 f., 174, 182, 184, 197, 200, 203, 236, 241, 255 f., 263, 269, 279, 296, 299, 305–309, 311, 332, 336 f., 342, 349, 352, 360, 366, 370 f., 398 f., 407, 409, 441 f., 477, 510, 512, 521, 581, 585–587, 589, 592, 598 f., 613, 632, 649, 652, 683, 712 f., 739, 742, 761, 766, 771–775, 808, 834
Hoetzsch, Otto 70, 255
Hoffmann, Johannes 600
Hoffstätter, Lorenz 709
Höhne, Rolf 488
Holfelder, Albert 457
Holmston, Arthur 558 f.
Hoppenstedt, Werner 457, 465
Hörbiger, Hanns 195
Höttl, Wilhelm 589
Huber, Ahmad 698
Huber, Engelbert 261
Hübner, Arthur 227
Hudal, Alois 571
Hugenberg, Alfred 168, 312
Huizinga, Johan 163, 181–185, 397, 399
Husseini, Musa 479
Huth, Otto 228

I
Interlandi, Telesion 459 f., 462
Invrea, Massimo 682

Ismail, Hassan Fahmy 640, 767, 770
Ismail, Munir 646

J
Jacob-Friesen, Karl Hermann 227
Jaeger, Hans 778
Jahn, Klaus 705
Jarschel, Friedrich (= Werner Brockdorff) 736, 818
Johst, Hanns 171 f., 179 f.
Jünger, Ernst 23, 495, 517–519, 521, 532, 550, 654, 721, 809
Junker, Werner 792

K
Kadner, Siegfried 200, 218
Kaltenbrunner, Ernst 453 f.
Kantorowicz, Alfred 144, 146, 154, 157–159
Kater, Michael H. 829 f.
Katzmann, Fritz 764
Kaufmann, Erich 74
Keiper, Wilhelm 602
Kemal, Mustafa (Atatürk) 167, 586
Kernmayr (= Kern), Erich 684 f., 729
Kerr, Alfred 153, 170
Killinger, Manfred von 77
Kips, Vlackenier 196
Kiram, Zeki 477 f.
Kitson, Arthur 272
Kleist, Peter 567, 684, 729
Klemperer, Viktor 377, 438
Kliesing, Georg 764
Klingenfuß, Karl 554 f., 792
Kochanowski, Erich 171 f., 175
Koerner, Bernhard 18
Kogon, Eugen 496, 507, 591, 718, 786
Korkut, Haris 668
Kosiek, Rolf 831
Kossinna, Gustaf 215 f., 413
Kraeger, Heinrich 276
Krainz, Othmar 439
Kramer, Walther 571, 624, 749, 755–757
Krause, Hans Erich 624
Kremer, Hans Robert 705
Kristensen, Vagner 544
Kritzler, Emil 754
Krückmann, Oluf 471
Krüger, Fritz Peter 708
Krüger, Hans-Caspar 559
Krüger, Hans Jürgen 558

Kuhfuß, Johann Friedrich 720
Kühn, Leonore 65, 195
Kümmel, Otto 353
Kummer, Bernhard 225, 383, 431, 702, 710 f., 721, 810

L

Lagarde, Paul Anton de 59, 337, 360
LaGuardia, Fiorello 579
Lahn, Arthur 244
Lammers, Hans Heinrich 168, 409
Landig, Wilhelm 720, 758–761
Landra, Guido 97, 461–463
Lauterbacher, Hartmann 708
Lecache, Bernard 716
Leers, Axel von (1895-1959) 167, 534
Leers (ehem. Fischer), Gesine von 19, 88, 96, 98, 100 f., 105, 186, 188 f., 192, 194, 198, 201, 204–207, 209 f., 212–214, 217 f., 220, 224, 229–231, 233, 235, 237 f., 284, 286, 298, 325, 378, 391, 433, 495, 508, 513–522, 527 f., 530, 534, 536, 542, 546–551, 558, 560, 562, 590, 611, 620 f., 635, 641, 652 f., 662, 671, 678, 701 f., 721, 725, 729, 743, 747–749, 757, 765, 788 f., 803–806, 808 f., 811, 813, 816–819, 821, 824–830
Leers, Elisabeth von (1877-1940) 44
Leers, Johann Jakob von (1732-1814) 45
Leers, Johann Jakob von (1782-1855) 45
Leers, Kurt Mathias von (1912-1945) 46–49, 51, 209
Leers, Kurt von (1871-1917) 44 f., 49
Leers, Werner von (1904-1954) 46 f., 83
Leese, Arnold Spencer 21, 266, 272, 603, 605, 607
Lennox, Richmond 74
Lenz, Friedrich 706, 719, 830
Leonhardt, Ernst 272
Lessing, Theodor 162, 510
Liebelt, Leo 754
Liebenfels, Jörg Lanz von 760
Liebermann, Max 136
Liebeschütz, Hans 185
Liebknecht, Karl 153
Liebmann, Kurt 195
Lieser, Kurt 785
Lietzman, Joachim 559
Linke, Max 201
Lippe, Marie Adelheid Gräfin zur 197

Lippert, Julius 346
Lipschitz, Joachim 742
Loesten, Karl 232
Löffler, Hermann 486 f.
Löhde, Walter 742
Lohoff, Paul 553
Lombroso, Cesare 331
Lomer, Georg 757
Lonardi, Eduardo 617
Lotz, Wolfgang 828 f.
Ludendorff, Erich 240–242, 259, 263, 282 f.
Ludendorff, Mathilde 568, 681, 738 f., 830
Lundeen, Ernest 578
Lütgert, Wilhelm 219
Lutzhöft, Hans-Jürgen 23
Luxemburg, Rosa 153, 263, 511

M

Mack, Christian Wilhelm 188, 197
Madole, James 647
Mahieu, Jacques de 535, 757
Mahraun, Artur 255
Maler, Juan (= Reinhard Kops) 561, 568 f., 601, 617 f., 621, 626
Mandel, Hermann 201, 217
Mannheim, Karl 29
Mann, Klaus 144
Marcuse, Herbert 509
Maschke, Erich 383, 385
Mayer, Theodor 416
McFadden, Louis T. 577 f.
McGinley, Conde J. 608
Mehnert, Klaus 21, 517, 521–526, 528 f., 554, 619, 721
Mehring, Walther 161 f.
Meier, Alexander 346
Meinberg, Wilhelm 748, 750 f.
Meinecke, Friedrich 184 f.
Mengele, Josef 560, 793, 823
Menghin, Oswald 535
Mentzel, Rudolf 416, 430
Menzel, Walter 627
Merck, Carlos von 624
Merck, Mathilde 197 f.
Merck, Willy 198
Meskil, Paul 780
Meyer, Eugene 577
Meyer, Konrad 391
Mezzasoma, Fernando 459

Miegel, Agnes 173
Mildenstein, Leopold von 655–657, 660
Mildner, Rudolf 779
Moawad, Amed 663–665, 677
Mohler, Armin 23
Mommsen, Wilhelm 388
Mosley, Oswald 607, 625 f.
Moufang, Wilhelm 757
Mühsam, Erich 153
Mukherji, Asit Krishna 762
Müller, Karl Alexander von 285
Mullins, Eustace 647
Mund, Rudolf 759 f.
Münzenberg, Willi 154, 161
Mussert, Anton 300
Mussolini, Benito 97, 167, 398 f., 461, 463, 468, 551, 586, 594, 659

N
Nadir, Yusif 634
Nasser, Gamal Abdel 19, 612, 627–632, 638, 650 f., 654 f., 657, 666, 671, 673, 694, 708, 714, 727, 749, 751, 753, 756, 765 f., 776 f., 780–782, 794, 815, 828, 837
Naumann, Werner 433, 545, 552 f., 625, 685
Neckel, Gustav 222, 228
Nehring, Joachim 681
Neubert, Erwin Fritz 569
Neumann, Friedrich 227
Neurath, Konstantin Freiherr von 256, 354
Neustädter, Ilse 536
Nicolai, Helmut 345
Niekisch, Ernst 22
Niemöller, Martin 599
Nietsch, Erich 725–727
Noack, Erwin 259
Nolde, Emil 287, 289

O
Oehler, Hans 604
Olivero, Luigi 468
Ollenhauer, Erich 599, 706
Oltramare, Georges 658–660
Omar Amin (= Johann von Leers) 696, 782–784
Omar, Djabir 473 f.
Oredsson, Assar 681
Ortner, Felix »Omar« 613
Osiander, Friedrich Wilhelm 488
Osman, John 734

Ould, Hermon 179
Oven, Wilfred von 616, 827

P
Pabst, Waldemar 166, 169
Pastenaci, Kurt 219
Pauler, Ludwig 271, 276
Pavolini, Alessandro 466
Pearlman, Moshe 560, 764
Pearson, Roger 720
Perón, Evita 556 f.
Perón, Juan Domingo 533 f., 551, 553, 556, 614–616, 624, 632, 837
Perret-Gentil, Daniel 657, 660
Petersen, Asmus 387
Petras, Otto 243 f.
Pettinato, Concetto 713
Pfeffer, Karl Heinz 555
Pfundtner, Hans 168 f.
Piscator, Erwin 153 f.
Pistor, Ernst 247, 251, 257 f., 265 f., 268–270, 273–276, 279 f., 283
Podewils, Graf Heinrich von 56
Polosow, Boris 602
Pottere, Georg de 261
Pound, Ezra 497, 711
Precht, Ernst 236 f.
Preziosi, Giovanni 300, 413–415, 460 f., 463, 465, 819
Priester, Karl-Heinz 634, 669, 703 f., 709, 715–717, 723, 789, 807 f.
Putlitz, Wolfgang Gans Edler Herr zu 87
Putzrath, Heinz 797 f.

Q
Quisling, Vidkun 682

R
Rachewiltz, Boris de 711
Rademacher, Franz 555, 635, 779
Rahm, Hans-Georg 120, 127
Rahn, Otto 759
Rakowski, Christian Georgiewitsch 712
Rassinier, Paul 667, 715–718, 722
Rathenau, Walther 78, 510
Rauff, Walther 543, 637, 689, 823
Rechberg, Arnold 255
Rehwaldt, Hermann 282
Reichenberger, Emmanuel J. 502–504
Reichmann, Hans 137, 162, 509–511

Reinerth, Hans 292
Reinhardt, Fritz 304
Reischle, Hermann 220
Rélink, Karl 264
Rellini, Ugo 413, 465
Remarque, Erich Maria 302
Remer, Otto Ernst 628
Renzetti, Guiseppe 167
Repgow, Eike von 56, 376
Retcliffe, John. Siehe Goedsche, Hermann
Reventlow, Ernst Graf zu 41, 240 f., 243, 247 f., 256 f., 260 f., 274 f., 306
Ribbentrop, Joachim von 567, 792
Richthofen, Bolko Freiherr von 229 f.
Riemeck, Renate 22, 412
Riem, Johannes 196
Riess, Curt 539
Ritterbusch, Paul 415
Roesicke, Gustav 62
Rogge-Börner, Sophie 244
Roselius, Ludwig 194, 197, 202, 210, 537
Rosenberg, Alfred 5, 15–17, 20, 32, 90, 93, 95 f., 166, 170 f., 196, 218, 231–233, 237, 271, 283–289, 291–301, 308, 318, 322, 337–339, 352, 378, 390, 399, 413, 417, 421, 423–425, 468–470, 558, 567, 622, 641 f., 676, 683, 724 f., 728, 814 f., 835, 839, 862, 875
Roth, Alfred 270
Rotter, Alfred 162, 510
Rubatscher, Franz 507
Rudel, Hans-Ulrich 561, 565, 616, 619–622, 626, 684, 707, 709, 744, 748, 763
Rust, Bernhard 289, 382 f., 458
Ryschkowsky, Nikolaus 719, 806–809, 814, 819, 822, 827

S

Sachsen-Coburg und Gotha, Carl Eduard Herzog von 166
Saleh, Mahmoud 668, 671–679
Sassen, Wim (Willem) 560 f., 602, 615, 621, 731
Sauckel, Fritz 379, 381 f., 392, 394, 406, 411, 493, 835
Schacht, Hjalmar 317, 749
Schäfer, Dietrich 70 f.
Scheidemann, Philipp 153
Scheidl, Franz Josef 751 f.
Schemann, Ludwig 394

Schemm, Hans 229 f., 368
Schenke, Wolf 681, 699, 753, 805, 813
Schirach, Baldur von 86, 122 f., 127
Schlaf, Johannes 195
Schlechta, Karl 485
Schlichting, Kurt von 259
Schliessmann, Leonhard 454
Schlösser, Rainer 172, 174 f., 315
Schmidt, Kurt 317
Schmidt-Pauli, Edgar von 172, 179
Schmidt-Rottluff, Karl 287
Schmitt, Carl 17, 22 f., 73, 331, 518
Schmitt-Ott, Friedrich 203
Schmitz-Kairo, Paul 614
Schmitz, Paul »Amin« 613 f.
Schneider, Friedrich 387, 393–399, 417, 424, 432
Scholz, Robert 297, 299
Schönborn, Erwin 743, 752 f., 818
Schramm, Hellmut 297, 452 f., 511
Schreiber, Otto Andreas 288, 290
Schrimpff, Margarethe 125
Schroer, Hermann 338
Schuchhardt, Carl 52
Schuck, Valentin 610
Schultz, Wolfgang 229
Schulz, Edgar Hans 346
Schütz, Waldemar 684, 744–749
Schwammberger, Josef 792
Schwaner, Wilhelm 187
Schwartz-Bostunitsch, Gregor 338
Schweitzer, Hans Herbert 153
Schwend, Friedrich 782
Schwerin, Claudius Freiherr von 423
Scorza, Carlo 551
Sharpley, Ann 649–651
Siebold, Friedrich Karl von 88
Sievers, Wolfram 235 f., 829
Six, Franz Alfred 27, 390, 479, 486, 520, 555
Skalweit, August 417
Skorzeny, Otto 612, 708, 737
Smith, Gerald L. K. 608
Sobański, Antoni Graf 144, 154
Soleiman, Hassan 774
Sommer, Robert 234
Sonderegger, René 713
Sorel, Georges 269
Spahn, Martin 255
Spengler, Oswald 108, 293, 317–320, 607
Spindler, Robert 230

Springer, Ernst Wilhelm 708
Stäglich, Wilhelm 831
Stahl, Friedrich Julius 74
Stählin, Karl August 70
Stangl, Franz 613
Stauch, Erich 259
Staudinger, Wilhelm 437
Steche, Theodor 227
Stengel von Rutkowski, Lothar 244 f., 391–393, 396, 399, 568
Stephani, Hermann 196
Stevenson, William 497, 649–652
Stix, Gerulf 740 f.
Stoecker, Adolf 136
Straßer, Gregor 16, 31, 127, 304
Straßer, Otto 16, 22, 103 f., 118, 127, 187, 295, 304–307, 318, 729, 753, 758, 807 f., 818
Streicher, Julius 18, 31, 90 f., 131, 149, 252–254, 281, 338, 347, 413, 459, 511, 634, 683, 834
Stresemann, Gustav 85
Strobel, Hans 299
Stroessner, Alfredo 615
Strünckmann, Karl 187
Strzygowski, Josef 196
Stulle, Heinrich 746
Sündermann, Helmut 567, 698, 717, 728, 756

T
Tatarin-Tarnheyden, Edgar 71, 73
Taubert, Eberhard 323, 541
Terdenge, Hermann 624, 792
Teudt, Wilhelm 215, 222, 235
Thadden, Adolf von 684, 709, 744–751, 807
Thälmann, Ernst 81
Thieme, Hans 422 f.
Thompson, Franklin D. 581
Thompson, Harald Keith 562, 601, 812, 814
Toller, Ernst 153, 157, 175–179
Torberg, Friedrich 178
Trautmann, Oskar 81, 88
Treitschke, Heinrich von 71
Triki. Hussein 665 f.
Trotha, Thilo von 96
Truhill, Mana 571, 648
Tucholsky, Kurt 153, 158–160, 815

V
Vasmer, Max 421 f.
Vesper, Will 173, 175, 567
Vetter, Karl 498
Vollmer, Dieter 561 f., 568, 570, 597, 617, 619, 622, 624, 626, 646
Voss, Wilhelm 611
Vowinckel, Kurt 555

W
Wachler, Ernst 51
Walden, Herwarth 178
Wegner, Max 222
Weidemann, Hans 288
Weinländer, Karl 270
Weiß, Bernhard 128
Weisser, Abdullah (= Norbert) 719
Weiss, Frederick Charles F. 648
Weizmann, Chaim 524
Wells, Herbert George 176
Wells, H. G. 177
Wiegers, Fritz 199, 207
Wiener, Alfred 251
Wiesenthal, Simon 776
Wieser, Max 201
Wiligut, Karl-Maria 208, 759 f.
Wille, Hermann 218
Williams, Robert H. 574, 637
Willrich, Wolfgang 290 f., 568
Wimmer-Lamquet, Franz 767–771
Winghene, Egon von. Siehe Pottere, Georg de
Winrod, Gerald B. 634
Wirth, Albrecht 351
Wirth, Herman 18, 20, 31, 39, 41, 58, 64, 95 f., 100, 165, 185–189, 191–194, 197–215, 218–220, 223–225, 227–233, 235, 237 f., 284–286, 290, 297–299, 308, 322, 370, 428–431, 519, 720, 731, 757, 760, 829 f., 834 f.
Wissell, Rudolf 536 f., 634
Wittfogel, Karl August 520, 528, 532, 548, 550, 824, 830
Wolff, Otto 315
Wolff, Theodor 132
Wollheim, Norbert 535, 538
Wollweber, Ernst 781
Wossidlo, Richard 52–55
Wurm, Paul 252 f.
Wüst, Walther 228–230

Y
Yockey, Francis Parker 607
Youssef, Salah Ben 633

Z
Zarnack, Wolfgang 138
Zechlin, Egmont 401 f.
Zehrer, Hans 168
Ziegler, Matthes 292

Ziegler, Wilhelm 322, 341, 346, 410, 416, 507, 541
Zierer, Otto 549, 721
Zietlow, Fritz 686
Zind, Ludwig 737, 784–787, 789–791, 795, 799, 815
Zischka, Anton 565, 567, 569, 619
Zobeltitz, Fedor von 171
Zoll, Allan 633 f.